Roland Müller
Stuttgart zur Zeit des Nationalsozialismus

Roland Müller

Stuttgart zur Zeit des Nationalsozialismus

Konrad Theiss Verlag

Gedruckt mit Unterstützung der Stadt Stuttgart

CIP-Titelaufnahme der Deutschen Bibliothek

Müller, Roland:
Stuttgart zur Zeit des Nationalsozialismus / Roland Müller. – Stuttgart : Theiss, 1988
  Zugl.: Stuttgart., Univ., Diss.
  ISBN 3-8062-0541-8

Bearbeitete Fassung der von der Fakultät für Geschichts-, Sozial- und Wirtschaftswissenschaften der Universität Stuttgart angenommenen Dissertation „Stuttgart zur Zeit des Nationalsozialismus. Lokalgeschichte und nationalsozialistisches Herrschaftssystem"

Umschlaggestaltung: Jürgen Reichert, Kornwestheim

© Konrad Theiss Verlag GmbH & Co., Stuttgart 1988
ISBN 3 8062 0541 8
Alle Rechte vorbehalten
Gesamtherstellung: Grafische Betriebe Süddeutscher Zeitungsdienst, Aalen
Printed in Germany

Geleitwort

Noch heute fällt es schwer zu begreifen, wie schnell und wie mühelos im Jahre 1933 die rechtsextreme Bewegung des Nationalsozialismus die freiheitlich-demokratische Staats- und Gesellschaftsordnung in Deutschland zerstören und im Verlauf weniger Wochen ihre totalitäre Herrschaft fest etablieren konnte. Ein großer Teil der Deutschen, von der Demokratie enttäuscht oder überhaupt noch nicht für sie gewonnen, erlag in den Jahren der Weltwirtschaftskrise den Propagandatiraden Hitlers und seiner Gefolgsleute. Er hoffte im Zeichen des Hakenkreuzes auf einen neuen politischen und wirtschaftlichen Aufstieg des durch den verlorenen Ersten Weltkrieg und durch den Friedensvertrag von Versailles allzusehr gedemütigten Deutschen Reiches. Nur eine Minderheit erkannte von Anfang an, daß sich das deutsche Volk durch seine politische Selbstentmündigung auf Gedeih und Verderben einem verbrecherischen Regime ausgeliefert hatte. Auch in Stuttgart brachte das Hitler-Regime ohne nennenswerte Schwierigkeiten die entscheidenden Machtpositionen an sich. Es veränderte das öffentliche Leben von Grund auf. Die Gleichschaltung der Stadt vollzog sich rasch, fast reibungslos. Presse und Rundfunk, nunmehr zum Sprachrohr der neuen Herren umfunktioniert, verkündeten tagtäglich die großen Errungenschaften des Regimes und alles „Bedeutende", was im hiesigen kommunalen Bereich geschah. Auf dem Rathaus wurde jetzt im nationalsozialistischen Geist regiert und verwaltet. In dem zu einem gefügigen Beratergremium des Oberbürgermeisters degradierten Gemeinderat hatten die Nationalsozialisten das Sagen.
Die Stadt Stuttgart war nach 1933 eine „braune" Stadt, als Stadt der Auslandsdeutschen fest eingefügt in den totalitären Führerstaat. Indes bewahrte sie sich auch unter dem Nationalsozialismus manche Besonderheit, manche Eigenheit. Die Männer, die den maßgeblichen politischen Einfluß ausübten, wie Oberbürgermeister Dr. Karl Strölin, unterschieden sich von den „NS-Potentaten" anderer deutscher Großstädte. Sie interpretierten die Anweisungen Hitlers unterschiedlich, gestalteten ihren Macht-

bereich, soweit ihnen dies möglich war, nach eigenen Vorstellungen, prägten der Stadt den Stempel ihrer Persönlichkeit auf. Auch der sogenannte nationalsozialistische Alltag zeigte hier nicht wenige von anderen Städten abweichende Erscheinungsformen. Eine wissenschaftliche Aufarbeitung der Geschichte der Stadt Stuttgart in der Zeit des Nationalsozialismus ist seit langem ein dringender Wunsch der Bürgerschaft. Der Gemeinderat hat zu diesem Zweck beträchtliche Mittel für das Projekt Zeitgeschichte, das durch seine Ausstellungen und seine zwischen 1982 und 1984 erschienenen Publikationen ein sehr positives Echo in der Öffentlichkeit gefunden hat, für das in Vorbereitung befindliche Ausstellungsprojekt Zweiter Weltkrieg sowie für spezielle wissenschaftliche Forschungsvorhaben bewilligt. Die junge Generation fordert zu Recht ein ebenso klares wie historisch verläßliches Bild von den Verhältnissen in Stuttgart im Dritten Reich. Sie will wissen, was damals hier geschah, wie der nationalsozialistische Alltag aussah, wie sich das Regime etablierte und wie es sich behauptete, wer seine Hauptakteure waren und wie sich diese verhielten, wie die Bürgerschaft auf den totalitären Führerstaat reagierte, wer Widerstand leistete und welcher Art dieser Widerstand war, was die Juden und die anderen aus rassischen oder religiösen Gründen verfolgten oder schlimm bedrückten Bevölkerungsgruppen zu erdulden und zu erleiden hatten.

Ich freue mich deshalb sehr, daß Herr Roland Müller als Ergebnis jahrelanger intensiver Forschungen nunmehr eine umfassende Darstellung vorgelegt hat, die ausgewogen die verschiedenen Aspekte der zwölfjährigen NS-Herrschaft in Stuttgart berücksichtigt. Die Arbeit von Herrn Müller, die der Gemeinderat durch ein Stipendium gefördert hat, ist eine bemerkenswerte wissenschaftliche Leistung. Herr Müller hat in umfassender Weise die einschlägigen archivistischen Quellen ausgewertet und ein Werk geschaffen, das nicht nur stadt- und landesgeschichtliches Neuland erschließt und den Leser vielseitig informiert, sondern das auch anschaulich und lebendig geschrieben ist. Ich danke Herrn Müller für diese grundlegend wichtige Untersuchung zur Stuttgarter Zeitgeschichte. Mein Dank gilt sodann allen Archivaren und Historikern, die Herrn Müller bei der Ermittlung von Quellen behilflich waren. Insbesondere danke ich Herrn Professor Dr. Eberhard Jäckel von der Universität Stuttgart und Herrn Dr. Fritz Richert, dem früheren Leiter unseres Kulturamts. Herr Professor Jäckel hat die Arbeit von Herrn Müller wissenschaftlich betreut, Herr Dr. Richert hat sie von Anfang an engagiert unterstützt und das Manuskript im Einvernehmen mit dem Autor für den Druck sorgsam komprimiert.

In dem Buch von Roland Müller „Stuttgart zur Zeit des Nationalsozialismus" sehe ich einen Beitrag unserer Stadt zu dem Gedenktag im November 1988 „50 Jahre Reichskristallnacht". Ich bin sicher, daß die Erinnerung an die ungeheuerlichen Verbrechen, die 1938 und in den folgenden Kriegsjahren an unseren jüdischen Mitbürgern begangen wurden, das schon seit langem lebhafte Fragen nach den Hintergründen für jenes schreckliche Geschehen in der Zeit der nationalsozialistischen Gewaltherrschaft insgesamt verstärkt entfacht. Das Buch von Herrn Roland Müller wird hierbei sehr hilfreich sein, zumal es auch eine gesicherte Basis für weitergehende Spezialuntersuchungen über die NS-Zeit in Stuttgart bietet. Ich wünsche, daß diese bedeutsame Neuerscheinung in der Bürgerschaft eine gute Aufnahme und reges Interesse findet.

Manfred Rommel

Oberbürgermeister
der Landeshauptstadt Stuttgart

Inhaltsverzeichnis

Geleitwort		V
Die Geschichte der Geschichtsschreibung über Stuttgart zur Zeit des Nationalsozialismus. Ein Vorwort		XV

EINLEITUNG: VORAUSSETZUNGEN, BEDINGUNGEN, MÖGLICHKEITEN — 1

I	Stuttgart, Oase in der Krise	
II	Wie wählten die Stuttgarter?	12
III	„Das organisatorische Zentrum der nationalsozialistischen Bewegung im gesamten Südwesten" Die Stuttgarter Nationalsozialisten 1920 bis 1933	17
	1. Die Geschichte der NSDAP bis zur Machtübernahme	17
	2. „Zurückhaltung und Abstinenz" Kommunalpolitische Anfänge der Stuttgarter Nationalsozialisten	27

ERSTER TEIL: UMSCHALTUNG, GLEICHSCHALTUNG, AUSSCHALTUNG — 35

I	Stuttgart im Wartestand	37
II	Die Umschaltung im Rathaus	43
	1. Ein geräuschloser Umbau	43
	2. Vom Betriebsrat zum Vertrauensmann Die Formierung der städtischen Belegschaft	55

3. „Die Änderung des Gemeindeverfassungsrechts trat völlig zurück gegenüber der tatsächlichen Verhältnisse."
Weichenstellungen in der Kommunalpolitik ... 61
4. Stuttgart und die „Arbeitsschlacht" ... 69
5. „Der neue Staat ist Arbeitsstaat und kein Wohlfahrtsstaat."
Die Sozialpolitik der Stadtverwaltung und der NSV ... 83
6. „Die rassisch wertvollen Volksgenossen wieder mit Grund und Boden verbinden"
Nationalsozialistische Bau- und Siedlungspolitik ... 96

III „Es soll sich keiner einbilden, daß der Nationalsozialismus auch nur einen Finger breit von seinem Anspruch auf Totalität abgeht."
Die Gleichschaltung des öffentlichen Lebens ... 105
1. Methoden und Themen der Gleichschaltung ... 105
2. „Die Zeitung muß ein Sekundant der Führung sein."
Die Gleichschaltung der Presse ... 112
3. Vom Süddeutschen Rundfunk zum Reichssender Stuttgart
Die Gleichschaltung des Rundfunks ... 118
4. Keine arischen Lustspieldichter
Die Gleichschaltung des Theaterwesens ... 122
5. Nationalsozialistischer Fasching in Stuttgart ... 126
6. „Ein Junge, der nicht Kämpfer ist, kann auch seiner Mutter keine Ehre machen."
Die Gleichschaltung der Jugend ... 132

IV Widerstand und Verfolgung ... 147
1. „Jetzt hat der andere Kurs nichts mehr zu sagen."
Die Ausschaltung der politischen Gegner 1933 ... 147
2. „Im Massenstreik allein stürzt die faschistische Diktatur."
Die illegale KPD in Stuttgart ... 152
3. Schlechte Erfahrungen mit früheren Bonzen
Sozialdemokratisch, sozialistisch – oder illegal ... 165
4. Die illegale KPO und die Einheitsfront ... 175
5. Zwei Stuttgarter Einzelgänger bei der Schwarzen Front:
Hella Hirsch und Rudolf Formis ... 183
6. „Heutzutage muß der Sicherungsgedanke ganz besonders hervorgehoben werden: dem Verbrecher gegenüber befindet sich der Staat in der Notwehr."
Vom Polizei- zum Sicherheitsapparat ... 185

Inhaltsverzeichnis

V	Kommunalpolitik und Herrschaftssystem	193
	1. Beratung oder Kontrolle Die Kommunalverwaltung nach Erlaß der Deutschen Gemeindeordnung	193
	2. Der Konflikt um die städtische Personalpolitik	200
	3. „Täglich neue Forderungen an die Gemeinden" Die kommunale Finanzwirtschaft	213
	4. „Diese Ecke ist für die nächsten Jahrzehnte vom Reich her fertig. Stuttgart, die Stadt der Auslandsdeutschen"	221
	5. Die Stadt ohne Wohnungen	230
	6. Die „Stadt ohne Raum"	235
	7. „Eine Politik, die nationalsozialistischer Planung widerspricht" Der Streit um den Neckarkanal	242
	8. „Die Erzeugung und Verteilung bis zur letzten Lampe zusammenfassen" Die Auseinandersetzung um die kommunale Energieversorgung	247
	9. „Monumentalbauten" oder „Gartenstadt"	255
VI	„Früher war es schöner, SA-Mann zu sein." Die Gleichschaltung der Nationalsozialisten	274
VII	Vom Boykott zum Pogrom Die Verfemung und Verfolgung der Stuttgarter Juden 1933 bis 1938	282
	1. „Unsere Sicherungen sind dahin." Nationalsozialistische Bedrückung und jüdische Identität	282
	2. „Das Tempo im Kampf gegen das Judentum" Nürnberger Gesetze und Stuttgarter Wirklichkeit	292
	3. „Mir wäre lieber gewesen, ihr hättet 200 Juden erschlagen und hättet nicht solche Werte vernichtet." Die Ausschaltung aus dem Wirtschaftsleben und der Pogrom	299
VIII	„In vollem Umfang eine Kürzung der Reallöhne" Die soziale Lage zwischen Krise und Krieg	310
IX	„Je stärker wir sind, je besser wir uns alle den gesamten Schutz- und Abwehrmaßnahmen einfügen, desto sicherer dürfen wir auf die Erhaltung des Friedens hoffen." Die Volksgemeinschaft und die Vorbereitung des Krieges	316

ZWEITER TEIL: TOTALISIERUNG, TERROR, ZERSTÖRUNG — 323

I Die Auswirkungen des Krieges auf das alltägliche Leben — 325
 1. „Ernste Ruhe"
    Stuttgarts Weg in den Krieg — 325
 2. „Als seien wir mitten im tiefsten Frieden"
    Anpassungsschwierigkeiten der Bevölkerung — 327
 3. „Es muß normal weitergearbeitet werden."
    Die soziale Lage in den ersten Kriegsjahren — 331
 4. „Wir haben eine Reichskartenschau bekommen."
    Ernährung und Versorgung zur Zeit der Blitzkriege — 336

II Kommunalpolitik im Schatten des Krieges — 345
 1. „Die Gesamtlage unseres inneren deutschen Lebens
    ist der Verwirklichung wahrer Selbstverwaltung nicht günstig."
    Die neue Lage der Kommunalverwaltung — 345
 2. „Private Wohnungssuche ist fast aussichtslos."
    Das Ende des Wohnungsbaus und die Wohnungsnot — 351
 3. „Babylonische Vorhaben" oder Maßhalten
    Die Neugestaltung der Stadt der Auslandsdeutschen, Teil 2 — 355
 4. In der Betonleistung Spitze
    Luftschutzbau in Stuttgart — 359
 5. Der Sprung auf die Filder
    Eingemeindung im Krieg — 369
 6. „Eine historische Reminiszenz"
    Das Scheitern der auslandsdeutschen Ambitionen — 376
 7. „Machtkämpfe in kapitalistischer Form"
    Kommunale Energiewirtschaft während des Krieges — 381

III Die Vernichtung „lebensunwerten Lebens" — 386
 1. Die Vernichtung von „Ballastexistenzen"
    Stuttgart und die sogenannte Euthanasie — 386
 2. Kennzeichnung und Konzentration in Stuttgart,
    Deportation und Vernichtung im Osten
    Die Ermordung der Stuttgarter Juden — 396
 3. Kriegsgefangene und Fremdarbeiter in Stuttgart — 411

IV	Stuttgart und der totale Krieg	426
	1. „Nun erst recht dürfen wir den fanatischen Glauben an unsere Gemeinschaft nie wieder lassen." Der totale Krieg erreicht Stuttgart	426
	2. „Stuttgart ist verhältnismäßig noch recht gut weggekommen." Alliierte Luftangriffe – Reaktionen und Folgen	430
	3. Die Infanterie der Heimat Der Kampf der Bevölkerung ums Überleben	441
	4. „Nach dem Rest wird geforscht." Eine Großstadt wird entvölkert	449
	5. „Der Feind konnte wohl unser Heim und unsere Arbeitsstätte vernichten, aber alle, die leben, sehen nur Arbeit und Pflichterfüllung." Die Zerstörung Stuttgarts	464
V	Nonkonformes Verhalten, Widerstand, Verfolgung	480
	1. „Nicht milde Maßnahmen, sondern Straffung der Disziplin und Strafen müssen helfen." Jugend im Krieg	480
	2. „Ich möchte nur wissen, was eigentlich vor sich geht." Die Öffentlichkeit und der Krieg	489
	3. Für eine Äußerung Geldbuße oder Todesstrafe Der Sicherheitsapparat und die Bevölkerung	493
	4. „Eine unbewußte Volksabstimmung" Der 20. Juli 1944	509
VI	Das Ende der nationalsozialistischen Herrschaft	518
	1. Der Volkssturm	518
	2. „Die Ereignisse waren rascher als der Verwaltungsapparat." Die Auflösung der nationalsozialistischen Herrschaft in Stuttgart	523

Anhang
Abkürzungsverzeichnis 539
Anmerkungen 543
Verzeichnis der Tabellen 648
Unveröffentlichte Quellen 649
Gedruckte Quellen und Literatur 651
Namenregister 667
Ortsregister 676

Die Geschichte der Geschichtsschreibung über Stuttgart zur Zeit des Nationalsozialismus

Ein Vorwort

I

„Die Stadt Stuttgart erlebt in unserer Zeit die bedeutendsten Tage ihrer Geschichte." Mit diesen Worten begründete Stadtbaudirektor Ströbel am 28. Februar 1944 seinen Vorschlag an Oberbürgermeister Strölin, Unterlagen für eine Chronik der Stadt zu sammeln.[1] Jener reagierte zustimmend und beauftragte einen Mitarbeiter des Stadtarchivs mit der Aufgabe. In den nächsten Monaten erlebte Stuttgart jedoch die schlimmsten Tage seiner Geschichte. Die Aufzeichnungen des Schriftleiters Werner wurden so ein Dokument der Zerstörung der Stadt; an eine Verwirklichung des Vorhabens war nicht mehr zu denken.[2] Bereits vier Jahre zuvor war ein Versuch der Stadtverwaltung im Sande verlaufen, die wegen des Ersten Weltkriegs unterbrochene Reihe der offiziösen „Chronik der Stadt Stuttgart" bis zur Gegenwart weiterzuführen. Nach dem Sieg über Frankreich, der „die Schmach des Weltkrieges tilgte", hielt die Stadt die Zeit für eine aktuelle Stadtgeschichte für gekommen. Stadtschulrat Cuhorst wußte Ende August 1940 schon die Gliederung des Werks: Der Weltkrieg – Das Zwischenreich – Der nationalsozialistische Aufbau – Der Englische Krieg.[3] Als Autoren wollte er die aktiven und pensionierten Berichterstatter des Bürgermeisteramts gewinnen. Andere Aufgaben wurden jedoch dringlicher, als der „englische Krieg" nicht, wie gewohnt, mit einem Blitzsieg zu Ende ging und im folgenden Jahr die Wehrmacht die Sowjetunion überfiel.

Was der Stadtverwaltung vor 1945 nicht gelungen war – nämlich eine Zeitgeschichte der Stadt vorzulegen, bereitete auch in den Nachkriegsjahren erhebliche Schwierigkeiten. Die Gründe freilich waren andere. Als die „bedeutendsten Tage" der Stuttgarter Geschichte in Schutt und Asche untergegangen waren, bestanden große Probleme, die Zeit des Nationalsozialismus als Teil der Stadtgeschichte zu akzeptieren. Zu viele Personen und Gruppen hatten im Räderwerk der NS-Herrschaft, an welcher Stelle auch immer, aktiv mitgewirkt. Je mehr sich Fragen auf den unmittelbaren Lebenskreis bezogen, um so weniger verfingen allgemeine Antworten und um so mehr waren die einzelnen existentiell betroffen. Neue und wichtige Aufgaben des Wiederaufbaus und der Existenzsicherung erleichterten das Vergessen und Verdrängen der Vergangenheit.

Ein Kontinuum der Stuttgarter Stadtgeschichtsschreibung blieb die Initiative der Stadtverwaltung. Oberbürgermeister Klett, von Strölin als Nachfolger vorgeschlagen, beschäftigte sich 1950 mit dem Gedanken an eine „Chronik der Stadt über die Ereignisse des Jahres 1945".[4] Dies war ein vergleichsweise unverfängliches Thema, denn das viel wichtigere Entstehen und Funktionieren der nationalsozialistischen Herrschaft blieben ausgespart. Die Stadt und die Bevölkerung erschienen ausschließlich als Opfer, als Objekte nationalsozialistischen Zerstörungswahns und des alliierten Luftkriegs. Kletts Vorgänger nahm der Stadt jedoch die Mühe ab. Strölin veröffentlichte 1950 seine Erinnerungen an „Stuttgart im Endstadium des Krieges".[5] Es war nicht verwunderlich, daß er sich mit diesem Zeitraum beschäftigte, in dem fast alle wesentlichen Entscheidungsprozesse ohne schriftlichen Niederschlag blieben. Damit sicherte er seiner Darstellung der Ereignisse und seines Wirkens in der öffentlichen Meinungsbildung einen Vorsprung, der aus großer zeitlicher Distanz kaum mehr einzuholen ist. Fünf Jahre nach seiner Amtsenthebung gelang Strölin doch noch ein gewisser Erfolg in seinem Bemühen um eine „Kriegschronik".

Die nächste Anregung ließ lange auf sich warten; auch sie ging von der Stadtverwaltung aus. Noch bevor die Landesregierung von Baden-Württemberg 1962 der Staatlichen Archivverwaltung einen Auftrag zur Dokumentation der Verfolgung der jüdischen Bürger in Baden und Württemberg erteilte[6], hatte der Erste Bürgermeister Josef Hirn ein ähnliches Projekt in die Wege geleitet. Seit 1960 sammelte das Stadtarchiv Erlebnisberichte von emigrierten ehemaligen jüdischen Bürgern und von Überlebenden des Holocaust. Als Ergebnis legte 1964 Maria Zelzer „Weg und Schicksal der Stuttgarter Juden" vor. Sie behandelte darin vor allem die Verfolgung und Vernichtung der Stuttgarter Juden, aber auch die Geschichte der jüdischen Gemeinde der Stadt. Die Publikation war als „Gedenkbuch" für einen breiten Leserkreis konzipiert, fand aber dennoch – oder gerade deshalb – in der Stadt nur mäßige Resonanz. Heinz Barduas 1967 erschienene Arbeit „Stuttgart im Luftkrieg 1939–1945" konnte trotz umfangreicher Archivbenutzung und eines wissenschaftlichen Apparates die Tradition der sogenannten Luftkriegschronik nicht verleugnen.[7] Sie enthielt eine Chronologie der 53 alliierten Luftangriffe zwischen dem 25. August 1940 und dem 19. April 1945, von der Situation in der Stadt während dieser Zeit war allerdings nur am Rande die Rede. Die Historikerzunft hatte zu diesem Zeitpunkt die Stadtgeschichte zumindest im Bereich der Zeitgeschichte kaum als Forschungsgegenstand und als Ort historischer Erkenntnis wahrgenommen. Immerhin lagen bereits einige bedeutende Lokalstudien zum Thema Widerstand und Verfolgung vor[8], als der ehemalige KPD-Stadtrat Willi Bohn 1969 einen dokumentarischen Bericht unter dem Titel „Stuttgart: Geheim!" und ein Jahr später einen Erinnerungsbericht über die von ihm geleitete „Transportkolonne Otto" vorlegte.⁹ Die Bände erschienen in der „Bibliothek des Widerstands" und beruhten auf den Unterlagen der Vereinigung der Verfolgten des Nazi-Regimes (VVN). Bohn kam das Verdienst zu, zweieinhalb Jahrzehnte nach dem Zusammenbruch des NS-Regimes auf Verfolgung und Widerstand von politischen und weltanschaulichen Gegnern der Nationalsozialisten in der Geburtsstadt des Attentäters vom 20. Juli 1944, Claus Graf Schenk von Stauffenberg, hingewiesen zu haben.

1972 entstand im Bücherschrank eine unangenehme Lücke: Nachdem bereits 1964 und 1967 zwei Chronik-Bände für die Jahre 1918–1933 und 1913–1918 erschienen waren, veröffentlichte das Stadtarchiv nun die Chronik der Jahre 1945–1948, die sein früherer Leiter Hermann Vietzen (1938–1945 und 1965–1968) verfaßt hatte.¹⁰ In diesem Jahr verabschiedete die Stadt in Ungnade Maria Zelzer, die nach dem Gedenkbuch über die Stuttgarter Juden auch die Chronik der Jahre 1933 bis 1945 bearbeitet hatte. Schon zu Beginn der Arbeit hatten sich Probleme abgezeichnet, in der Zwischenzeit waren drei verschiedene Manuskriptfassungen abgelehnt worden.¹¹ Um die Lücke möglichst rasch zu schließen, übernahm das Stadtarchiv zusätzlich zu den laufenden Aufgaben die Erstellung der Chronik. Im Unterschied zu den bis dahin veröffentlichten Chronik-Bänden sollte die Chronik 1933–1945 jedoch in Form eines Tageskalenders angelegt werden.

Damit begann, wie Dieter Rebentisch formulierte, eine „Tragikomödie" um die Chronik der Jahre 1933 bis 1945.¹² Sie wurde aber erst Ende der siebziger Jahre bekannt und erregte dann Aufmerksamkeit weit über die Grenzen der Stadt hinaus. Noch vor ihrer Fertigstellung geriet diese Form der Geschichtsschreibung innerhalb und außerhalb Stuttgarts ins Kreuzfeuer der Kritik: Es ist „weder wissenschaftlich noch politisch vertretbar, die Epoche der nationalsozialistischen Herrschaft als bloße Sammlung von Fakten ohne Analyse von Zusammenhängen, Hintergründen und Strukturen darzustellen" (Rebentisch). Es war kein Zufall, daß gerade zu dieser Zeit in Stuttgart und auch in anderen Städten Konflikte um die Stadtgeschichtsschreibung zur NS-Zeit aufbrachen.¹³ Das öffentliche Interesse an Geschichte wuchs und richtete sich im besonderen auf die Geschichte überschaubarer Räume, von Regionen, Orten und Stadtvierteln. Dieses neu erwachte Interesse und seine Perspektive waren Ausdruck einer Suche nach Identität, die in weiten Bereichen der Gesellschaft zu beobachten war.¹⁴ Historiker wiederum erkannten, daß orts- und regionalgeschichtliche Untersuchungen einen genuinen Beitrag zur Forschung leisten können. Sie vermögen den Forschungsstand zu konkretisieren und zu differenzieren, in bestimmten Forschungssituationen und für bestimmte Forschungsobjekte können sie sich aber auch als notwendig erweisen.¹⁵ Ein solcher Gegenstand war die Untersuchung von Verfolgung und Widerstand im nationalsozialistischen Deutschland. Orts- und Regionalstudien erwiesen vielfältige Formen der Opposition und Verweigerung gegenüber dem Regime und trugen dadurch entscheidend zu einem neuen Verständnis des Problems bei. Vor dem Hinter-

grund dieses Wandels konnten die Geschichtsschreibung über und die Geschichte von Stuttgart in den Jahren 1933 bis 1945 ein öffentliches Thema werden.
Die Veränderung und Diskussion führte zu der Einsicht: „Amtliche Geschichtsschreibung ist obrigkeitliche Geschichtsschreibung. (...) Geschichte ist nicht mehrheitsfähig."[16] Ende 1982 erschien die umstrittene, längst zu einem Politikum gewordene Chronik der Stadt Stuttgart 1933–1945 in der angekündigten Form.[17] Andererseits gab die Stadt das vor mehr als einem Jahrzehnt fertiggestellte Manuskript Maria Zelzers für eine erzählende Stadtchronik zum Druck frei. Es wurde, nur leicht verändert, 1983 unter dem Titel „Stuttgart unterm Hakenkreuz" veröffentlicht.[18] Das Buch freilich enthielt nicht die Sensationen, die teilweise erwartet worden waren und die die frühere Ablehnung erklärt hätten. Die Rezeption zeigte – wie im übrigen auch andere Erscheinungen des „Gedenkjahres" 1983 –, daß gerade die alltägliche Normalität der NS-Zeit Schwierigkeiten bereitet. Bereits 1980 richtete der Gemeinderat außerdem ein Projekt Zeitgeschichte ein, das er mit der Vorbereitung und Durchführung mehrerer Ausstellungen zum Thema „Stuttgart im Dritten Reich" beauftragte. Die Ausstellungen selbst hatten vor allem eine didaktische Zielsetzung, in umfangreichen Katalogen ergänzte das Projekt Zeitgeschichte jedoch die in Chronik und „Gegen-Chronik" ausgebreiteten Informationen.[19] Das Projekt fand Beachtung und Anerkennung über Stuttgart hinaus. Daß es im vorgesehenen Zeitraum das vorgesehene Programm nicht zu erfüllen vermochte, lag nicht zuletzt an der geringen Zahl von Arbeiten, auf die zurückgegriffen werden konnte.

II

Die vorliegende Arbeit steht in einem Zusammenhang mit den geschilderten Auseinandersetzungen. Anläßlich einer Dokumentation zur 40. Wiederkehr der „Reichskristallnacht" und der wissenschaftlichen Arbeit zum selben Thema war ich 1978/79 erstmals auf die Geschichte der Geschichtsschreibung über Stuttgart zur Zeit des Nationalsozialismus gestoßen.[20] Später bot sich die Möglichkeit, mich im Rahmen einer Dissertation eingehender mit diesem Gegenstand zu beschäftigen. Von Anfang an zeigte sich die Stadtverwaltung in hohem Maße interessiert. Auf ihren Vorschlag gewährte mir der Gemeinderat ein Stipendium, das die Arbeit erst ermöglichte. Prompt war von einem Alibi die Rede, nicht zuletzt deshalb, weil der Gemeinderat der Drucklegung der umstrittenen Chronik unter der Prämisse zugestimmt hatte, daß ein Kommentarband verfaßt werde. Angesichts der vorausgegangenen Diskussionen liegen Zusammenhänge auf der Hand. Tatsächlich hat dem Gemeinderat keine Zeile der Arbeit vorgelegen, noch hat die Stadt auch nur einen einzigen Vorschlag unterbreitet.
Obwohl Zelzers „Chronik aus Stuttgart" und die fünf Kataloge des Projekts Zeitgeschichte wichtige Beiträge leisteten, blieb es doch eine vordringliche Aufgabe, wesent-

liche Ereignisse und Handlungsabläufe zu rekonstruieren. Ortsgeschichte kann ihren Anspruch gegenüber der traditionellen Heimatgeschichte jedoch nur einlösen, wenn sie sich nicht als bloße Ereignisgeschichte begreift. Stadtgeschichtsschreibung sollte vielmehr verstanden werden „als Erforschung und Darstellung der lokal differenzierten Teilnahme an gesamtgesellschaftlichen Prozessen".[21] Sie sollte nicht den Blick auf den Gesamtzusammenhang verstellen, andererseits aber nicht bloß abgeleitet werden.[22] Das lokal Besondere verdient ebensolche Betonung wie das Allgemeine und Typische.

Diese Arbeit verstehe ich deshalb sowohl als Beitrag zur Stuttgarter Stadtgeschichte wie auch als Beitrag zur Erforschung der Herrschaftsstruktur und -praxis des NS-Staates. Das nationalsozialistische Herrschaftssystem war alles andere als ein monolithisches Gebilde. Dies ist, trotz unterschiedlicher Bewertung, mittlerweile unbestritten. Selbst wenn man davon ausgeht, daß die grundlegenden Entscheidungen von Hitler getroffen wurden[23], so bleibt im Reich, in den Ländern und Städten eine Fülle von Ansatzpunkten für ein komplexes Machtgeflecht verschiedener Herrschaftsträger. Gerade für die Kommunen, die wie die Innenpolitik insgesamt abseits von Hitlers Interesse lagen, trifft Hüttenbergers Definition polykratischer Strukturen zu: „Polykratie bezeichnet einen Zustand von Herrschaft, der nicht auf einer allseits anerkannten Verfassung beruht, sondern sich entsprechend einem ‚Wildwuchs' der jeweiligen Kräfteverhältnisse entwickelt. Position und Eigenschaften der einzelnen Herrschaftsträger formieren sich dabei aus den Konstellationen ihrer Beziehungen zueinander während der unterschiedlichen Phasen des Geschichtsverlaufes."[24] Um so wichtiger ist es, die Gegensätze von Kommunalverwaltung und den Dienststellen der Partei, das Verhältnis der Kommune zu Reichs- und Staatsbehörden, die Konflikte innerhalb der NSDAP und deren jeweiligen Funktion zu erforschen. Zugleich bietet die mikroanalytische Untersuchung die Möglichkeit, das Leben der Bevölkerung unmittelbar einzubeziehen. Die Erforschung des Konflikts von Herrschaft und Gesellschaft[25] verhindert, daß sich die Auseinandersetzungen um die Struktur des NS-Staates von der gesellschaftlichen Basis entfernen.

Die lokalgeschichtliche Forschung ist in besonderem Maße von der Quellenlage abhängig. Auf eine Reihe von Fragen können deshalb nur unzureichende oder überhaupt keine Antworten gegeben werden. Eine Aussage von Ludolf Herbst besitzt auch für die Geschichte Stuttgarts in der NS-Zeit Gültigkeit: „Der mit der Geschichte des Nationalsozialismus befaßte Forscher steht vor einem paradoxen Dilemma: er droht einerseits in der Fülle des archivierten Aktenmaterials zu ertrinken und kann andererseits wesentliche Handlungsvollzüge nicht oder nur unzureichend rekonstruieren."[26] Im Stadtarchiv Stuttgart sowie im Hauptstaatsarchiv Stuttgart und im Staatsarchiv Ludwigsburg fand sich eine teilweise erstaunlich dichte Überlieferung, obwohl es sich dabei überwiegend um Restbestände handelt. Dokumente des Bundesarchivs Koblenz, des Instituts für Zeitgeschichte München, des Berlin Document Center, des Archivs bei der Landesvereinigung der VVN-BdA sowie anderer Archive und Einrichtungen hatten ergänzende, im Einzelfall auch erhebliche Bedeutung. Außerdem stand mir die Sammlung des Projekts Zeitgeschichte mit zahlreichen Interviews zur Verfügung. Die „oral history" wurde jedoch lediglich ergänzend verwendet, da die vorliegende Arbeit keine dezidierte Geschichte des Stuttgarter Alltags in der NS-Zeit intendiert.

Auf dieser Grundlage konnten wesentliche Abläufe und Entscheidungsprozesse rekonstruiert werden. In erster Linie gilt dies für die Stuttgarter Kommunalpolitik 1933 bis 1945 und den Stellenwert der Kommune im Herrschaftssystem sowie den Konflikt von Herrschaft und Gesellschaft. Die Quellen dieses Bereichs entstanden zum größten Teil bei den Sicherheitsorganen; sie geben deshalb über die soziale Basis nur verzerrt Auskunft und dokumentieren nur selten, wie repräsentativ erhobene Fälle sind.[27]

Für die Geschichte der Verfemung und Vernichtung der Stuttgarter Juden lagen bereits bedeutende Vorarbeiten vor, die dennoch ergänzt und aus lokalgeschichtlicher Perspektive neu analysiert werden konnten.[28] Durch indirekte Überlieferung waren außerdem wesentliche Aspekte der Geschichte der NSDAP und ihrer Gliederungen zu erforschen, obwohl die Registraturen der Stuttgarter Kreisleitung und einzelner Ortsgruppen fehlen.

Als gravierendes und letztlich nicht zu lösendes Problem erwiesen sich die Quellenverluste im Bereich der Wirtschaft. Einerseits führten nur wenige der überwiegend mittelständischen Stuttgarter Industriebetriebe ein nennenswertes Firmenarchiv. Andererseits verbrannten die Akten der Industrie- und Handelskammer, der Handwerkskammer und des Wirtschaftsministeriums. Besonders bedauerlich ist die Tatsache, daß die Daimler-Benz AG gegenwärtig keinen uneingeschränkten Zugang zu ihrem offenbar weitgehend erhaltenen und wertvollen Firmenarchiv gewährt. Andere Unternehmen versicherten zwar ihr Interesse, bedauerten aber: „Unsere Firma ist während des Krieges ausgebrannt, so daß wir keine Unterlagen mehr haben." Ein Unternehmen hatte noch am 1. März 1945 der Stadtverwaltung zugesagt, nach Durchsicht die – zu diesem Zeitpunkt anscheinend noch vorhandenen – Unterlagen für die städtische Kriegschronik zur Verfügung zu stellen.[29] Die Vermutung liegt nahe, daß gelegentlich Kriegszerstörung und Nachkriegsvernichtung verwechselt wurden. So war es nur ansatzweise möglich, die Geschichte der Arbeiterschaft und der Fremdarbeiter sowie den Anteil der Wirtschaft am Herrschaftsgeflecht zu erforschen.

Die Stadt ist weder räumlich noch institutionell eindeutig abzugrenzen.[30] In einem industrialisierten Ballungszentrum wie dem mittleren Neckarraum bestehen enge wirtschaftliche und kulturelle Verflechtungen zwischen dem Zentrum und der umliegenden Region. Diese Beziehungen, insbesondere in den Bereichen Energiewirtschaft und Verkehrswesen, sowie die Stuttgarter Eingemeindungspolitik sind angesichts des ambivalenten Verhältnisses der Nationalsozialisten zur Großstadt wichtige Bestandteile der Stadtgeschichte. Die Landes- und Gauhauptstadt war Sitz zahlreicher Einrichtungen des Reiches, des Landes und öffentlicher Körperschaften. Im Unterschied zur räumlichen Abgrenzung habe ich im Hinblick auf diese Institution eine deutliche Trennung vorgenommen. Sicherlich können Gleichschaltungsprozesse etwa im Pressewesen und im kulturellen Leben nicht auf spezifisch kommunale Vorgänge beschränkt werden. Und wesentliche Zusammenhänge würden geradezu zerrissen und verschleiert, wollte man die Vernichtung körperlich und geistig Kranker oder die Verfolgung und Ermordung der Juden innerhalb der Stadtgrenzen abhandeln. Andererseits erschien es mir sinnvoll, die Geschichte der Technischen Hochschule, die für die Stadt einen ganz anderen Stellenwert besaß als die Landesuniversität für Tübingen, die Geschichte der Landesregierung, der evangelischen Landeskirche und anderer überörtlicher Einrichtungen nur zu thematisieren, soweit sie für die Stadt unmittelbare Bedeutung hatten. Außerdem liegen hier einige Untersuchungen vor.[31]

Die lokalgeschichtliche Forschung zur NS-Zeit konzentriert sich bislang überwiegend auf die Komplexe Machtübernahme, Widerstand und Verfolgung sowie Verfolgung und Vernichtung der Juden. Hier besteht mittlerweile eine Basis für vergleichende Analysen. Zwar hat in den vergangenen Jahren die Zahl lokalgeschichtlicher Untersuchungen erheblich zugenommen; auch sind die Fragestellungen vielfältiger und differenzierter geworden. Dennoch befindet sich die Geschichtsschreibung auf lokaler Ebene nach wie vor in einer Phase, in der die Rekonstruktion der örtlichen Handlungsvollzüge eine wichtige Aufgabe ist. Untersuchungen der lokalen Herrschaftsstruktur und des Gesamtzusammenhangs einer Kommune im System sind nach wie vor selten. Wohl hat die grundlegende Arbeit von Matzerath „Nationalsozialismus und kommunale Selbstverwaltung" für die Stellung der Kommunalverwaltung bereits wesentliche Ergebnisse formuliert.[32] Trotzdem kann auf weitere Lokalstudien, die die örtlichen Herrschaftsträger und ihre Beziehungen untersuchen, nicht verzichtet werden.[33] Ich habe mich für einen Vergleich auf Hinweise im Anmerkungsteil beschränkt. Statt dessen sollen teils ausführliche Quellenzitate nicht nur zur Anschaulichkeit beitragen, sondern vor allem Material für künftige vergleichende Untersuchungen liefern. Eine Einschränkung ist zu machen: Die Dissertation, die die Fakultät für Geschichts-, Sozial- und Wirtschaftswissenschaften der Universität Stuttgart im Dezember 1986 angenommen hat, mußte für den Druck gekürzt werden. Es ließ sich nicht vermeiden, gerade vergleichende Aspekte und explizite Verweise auf die (Debatte um die) Herrschaftsstruktur zu straffen. Die vollständige Fassung steht der Forschung wenigstens in Exemplaren im Stadtarchiv Stuttgart und im Hauptstaatsarchiv Stuttgart zur Verfügung.[34]

Zahlreiche Aufgaben stellen sich auch in Zukunft der Geschichtsschreibung über Stuttgart zur Zeit der nationalsozialistischen Herrschaft. Lange Zeit lag das Privileg der Stadtgeschichtsschreibung in den Händen der Stadtverwaltung. Nun ist es an der Zeit, daß die Bürger sich selbst um die Stadtgeschichte kümmern. „Sie sollen sie nicht von der Stadtverwaltung erwarten, um sie dann kritisieren zu können. Sie sollen sie selbst in die Hände nehmen. Die Stadtverwaltung mag die Stadtgeschichte fördern und unterstützen. Schreiben müssen sie die Bürger."[35]

III

An dieser Stelle gilt es Dank zu sagen. Herr Professor Dr. Eberhard Jäckel hat diese Arbeit betreut und durch seinen Ratschlag und seine Kritik gefördert. Herr Professor Dr. Axel Kuhn hat mir bereits während des Studiums Anregungen für die Stuttgarter Stadtgeschichte vermittelt und die Dissertation mit seinem Interesse begleitet. Ihnen bin ich zu großem Dank verpflichtet. Ebenso danke ich allen Mitgliedern des Historischen Instituts der Universität Stuttgart, die mich unterstützten, insbesondere Herrn Professor Dr. Johannes Voigt, der manch hilfreichen Hinweis gab.
Erst das Stipendium der Stadt Stuttgart ermöglichte diese Arbeit. Dem Gemeinderat und der Stadtverwaltung danke ich für ihre Großzügigkeit und ihre Geduld. Besonders weiß ich mich Herrn Dr. Fritz Richert verpflichtet, vor allem für sein außerordentliches Engagement bei der Drucklegung. Herr Hans Schleuning vom Theiss Verlag hat das Entstehen der Arbeit mit großem Interesse verfolgt; ihm, Frau Gabriele Süsskind und Herrn Ltd. Stadtarchivdirektor Dr. Paul Sauer bin ich für ihre Mühe bei der Publikation dankbar.
Herzlichen Dank darf ich Herrn Alt-Stadtrat Eugen Eberle sagen; ohne seinen Einsatz hätte die Geschichte Stuttgarts zur Zeit des Nationalsozialismus nicht jenen Stellenwert, der ihr heute zukommt. Ich danke allen Mitarbeiterinnen und Mitarbeitern der Archive und Bibliotheken, deren Dienste ich in Anspruch genommen habe; viele haben mehr als ihre Pflicht getan. Dank gilt auch allen Mitgliedern des Doktoranden-Kreises des Historischen Instituts sowie allen Freundinnen und Freunden in Donzdorf, Marbach und Stuttgart. Ihre Bereitschaft zur Diskussion und zum Zuhören war mir eine große Hilfe. Ein besonderes Verdienst kommt meinem Freund Frieder Schmidt zu, dessen fachlichen Ratschlags und persönlicher Ermutigung ich immer sicher sein konnte. Nicht zuletzt danke ich meinen Eltern, die mich in hohem Maß unterstützt haben.

Das Manuskript wurde im Sommer 1986 abgeschlossen.

Einleitung
Voraussetzungen, Bedingungen, Möglichkeiten

Kapitel I
Stuttgart, Oase in der Krise

„Stuttgart empor!" Unter diesem Motto faßten Befürworter und Kritiker die Entwicklung Stuttgarts in den zwanziger Jahren zusammen. Die Residenzstadt wurde zur modernen Großstadt. Nach außen dokumentierten die Eingemeindungen von Botnang, Kaltental, Hedelfingen und Obertürkheim im Jahre 1922 sowie die Eingemeindung Hofens sieben Jahre später das Wachstum der Stadt, die zwischen 1924 und 1928 einen Wanderungsgewinn von über 31 000 Personen verzeichnete und zu Jahresbeginn 1930 364 353 Einwohner zählte gegenüber 295 839 im Januar 1919.[1] Die Stadtverwaltung förderte den genossenschaftlichen Wohnungs- und Siedlungsbau und trat selbst als Bauherr auf. Trotzdem herrschte in Stuttgart Wohnungsnot, die Kehrseite der Attraktivität mit einer florierenden Industrie. Diese war dennoch für Krisenerscheinungen höchst anfällig, wie ein Blick auf die Beschäftigtenzahlen der beiden größten Stuttgarter Unternehmen zeigt. Die Robert Bosch AG hatte 1925 noch 12 826 Arbeiter und Angestellte beschäftigt, ein Jahr später nur noch 7031 und in den Jahren 1927 und 1928 jeweils rund 10 500.[2] Nach der Fusion der Stuttgarter Daimler-Motoren-Gesellschaft mit Benz & Cie. in Mannheim arbeiteten im Jahr danach insgesamt 18 124 Beschäftigte in den Werken der neuen Daimler-Benz AG. 1928 sank diese Zahl auf 16 733.[3] Die „goldenen" zwanziger Jahre brachten dem Arbeitsmarkt keine oder nur kurzfristige Entlastung, zumal die Großindustrie verstärkt rationalisierte.
Die Kommunalverwaltung, seit 1911 unter Karl Lautenschlager als Oberbürgermeister, hatte nicht nur im Wohnungsbau ihren Beitrag zu einer günstigen Entwicklung Stuttgarts geleistet. Sie baute und förderte Großprojekte, die Stuttgart ein neues Gesicht verliehen. So trieb die Stadt die Bebauung des alten Bahnhofsgeländes im Bereich der Lautenschlagerstraße voran. Gegenüber von Bonatz' neuem Hauptbahnhof entstanden zwischen 1926 und 1928 der Hindenburgbau und anschließend der Zeppelinbau; das Hahn & Kolb-Hochhaus datiert aus dem Jahr 1926, und ein Jahr später bezog die württembergische Regierung den von Eisenlohr & Pfennig konzipierten Mittnachtbau in der oberen Königstraße. Die Stadt begrüßte Erich Mendelsohns gläsernes Kunstwerk, das Kaufhaus Schocken an der Eberhardstraße (1927) und Oßwalds Tagblatt-Turm gegenüber (1928), der der Innenstadt im Talkessel eine neue Dominante

verlieh. Andererseits zeigte die Stadtverwaltung durch Einschränkungen von Bauplänen der Kaufhäuser Breuninger und Englisch, daß sie Rücksicht auf das Stadtbild nehmen wollte. Der Marktplatz mit seinen Renaissance-Giebeln galt als herausragendes Baudenkmal. Die berühmte Siedlung auf dem Weißenhof, 1927 als Werkbund-Ausstellung „Die Wohnung" eröffnet, erhob Stuttgart zu einem Zentrum des modernen Städtebaus. Mit der Stadthalle in der Neckarstraße schließlich hatte die Stadt 1926 einen modernen Versammlungsraum erhalten, der sowohl für Großkundgebungen und Ausstellungen wie für Sportveranstaltungen (Sechstagerennen) geeignet war. Die Stadt hatte wesentlichen Anteil am Ausbau der Infrastruktur der Region, ebenso kam der Ausbau der Gas- und Elektrizitätsversorgung dem Land zugute. Sichtbares Zeichen für diese Bemühungen war der neue Gaskessel, das Wahrzeichen Gaisburgs, der im August 1930 in Betrieb genommen wurde. Ein Erbe der Residenzstadt war der geringe Anteil der Kommune an Grund und Boden im engen Talkessel. So widmete sich die städtische Administration gleichermaßen der Eingemeindung der weitgehend dörflichen Nachbargemeinden und dem kostspieligen Grunderwerb. Dabei profitierte sie nicht nur vom wachsenden Steueraufkommen, sie zeigte sich durch eine gezielte Anleihepolitik innovations- und investitionsfreundlich. Der Stadt kam zugute, daß sie ihre Schulden in der Inflationszeit drastisch hatte verringern können.

Die Entwicklung des modernen Stuttgart war nicht unumstritten. Das Motto „Stuttgart empor" war für die Gegner zu einem Reizwort, zu einem Vorwurf an die Adresse der Stadtväter geworden. Sie kritisierten die Ausgaben, die eine Neuverschuldung nach sich zogen, als unsolide und erhoben Bedenken sowohl gegen die Bauinvestitionen wie gegen den Grunderwerb. Sie verwarfen besonders die wirtschaftlichen Aktivitäten der Kommune, sei es bei Beteiligungen an verschiedenen Gesellschaften, sei es in der Energiewirtschaft, als Bauherr oder bei den technischen Ämtern. Die Kritik kam vorwiegend von konservativer Seite, von den Interessenvertretern des Handwerks, der kleinen und mittleren Gewerbetreibenden. Ökonomisch allerdings profitierten diese Kreise von der städtischen Baupolitik und Investitionsförderung. So blieb der Chor der Kritiker angesichts der konjunkturellen Entwicklung gedämpft, und die Stuttgarter Bevölkerung schien diesen Kurs zu begrüßen. Im Dezember 1928 bestätigte sie bei den Gemeinderatswahlen diejenigen Parteien, die die Richtung im Rathaus maßgeblich bestimmten (Tabelle 1). Die SPD gewann drei Sitze und das Zentrum ein Mandat hinzu. Die Verluste der Liberalen – bei der DDP zwei Sitze, bei der DVP ein Sitz – kamen dem Christlichen Volksdienst und der Volksrechtspartei zugute, zwei kleinen Gruppierungen auf der Rechten. Die deutschnationale Bürgerpartei büßte drei Sitze ein.[4]

Oberbürgermeister Lautenschlager setzte die starke Stellung, die ihm die Württembergische Gemeindeordnung verlieh, nicht gegen den Gemeinderat ein. Er suchte vielmehr einen breiten Konsens der Fraktionen, der freilich die Kommunisten nicht ein-

Tabelle 1: Die Sitzverteilung im Gemeinderat nach den Wahlen im Dezember 1928

SPD	(31,7%)	18	Zentrum	(9,4%)	6
DDP	(13,9%)	9	Christl. Volksdienst	(5,3%)	2
Bürgerpartei	(11,9%)	9	Volksrechtspartei	(4,3%)	1
KPD	(11,6%)	9	NSDAP	(1,1%)	0
DVP	(9,7%)	6			

schloß. Nach deren Spaltung bekannten sich fünf der neun kommunistischen Stadträte zur KPD-Opposition. Obwohl sie eigenständige Positionen entwickelten, wurden auch sie ins Abseits gestellt. Stimmberechtigte Mitglieder des Gemeinderats waren auch die besoldeten Bürgermeister Walter Hirzel, Paul Dollinger, Gottfried Klein, Georg Ludwig und Daniel Sigloch. Dieser rechtlich umstrittene Passus der Gemeindeordnung trug in Stuttgart zweifellos zur Stabilisierung und Konsolidierung bei. Zwar gehörte keiner der Bürgermeister der SPD an, doch konnte im Gemeinderat nicht an ihr vorbei regiert werden. Auf der anderen Seite des politischen Spektrums kam die Bürgerpartei, wie in Württemberg die Deutschnationalen hießen, bei aller Kritik nicht an der Tatsache vorbei, daß ihr Landesvorsitzender Hirzel (seit 1927) ein Repräsentant der „Regierung Lautenschlager" war. Die Belastungsprobe für den Konsens bildete jedoch erst die Weltwirtschaftskrise, deren Auswirkungen Stuttgart im Lauf des Jahres 1930 einholten.

Gradmesser der Krise war der Arbeitsmarkt. Es war in der Weimarer Zeit nur über eine kurze Zeit hinweg, zwischen 1926 und 1928, gelungen, die hohe Arbeitslosigkeit zu beseitigen. Auch in Stuttgart, wo die Erwerbslosenquote niedriger war als im Reich, spürte man im Winter 1928/29 eine Verschlechterung auf dem Arbeitsmarkt. Ende Januar 1929 zählte man im Arbeitsamtsbezirk Stuttgart, der neben dem Stadtgebiet die Oberämter Stuttgart-Amt, Waiblingen, Böblingen, Leonberg sowie Zuffenhausen umfaßte, über 10 800 arbeitslose Unterstützungsempfänger, von denen die Hälfte auf Stuttgart entfiel.[5] Die Zahl der nichtunterstützten Arbeitslosen lag in gleicher Höhe, so daß Anfang 1929 in Stuttgart rund zehntausend Menschen erwerbslos waren.[6] Der Sommer 1929 brachte eine saisonal bedingte Besserung, so daß die wachsende Zahl der Arbeitslosen im kommenden Winter und die nur geringfügige Verbesserung im Frühjahr 1930 in Stuttgart zunächst nicht in voller Bedeutung erkannt wurden. Erst als im Herbst 1930 30 000 Arbeitslose gezählt wurden, meinte Stadtkämmerer Hirzel, die Krise habe „verhältnismäßig spät mit verhältnismäßig noch schwacher Wirkung" Stuttgart erreicht.[7]

Tabelle 2: Die Arbeitslosigkeit in Stuttgart 1930–1932[8]

	März	Juni	Sept.	Dez.
1930	17 005	14 383	19 734	26 725
1931	30 430	28 928	30 318	37 133
1932	39 958	38 094	36 097	37 794

Im Vergleich mit anderen Großstädten verzeichnete Stuttgart eine günstige Arbeitslosenquote (Tabelle 3).

Tabelle 3: Die Stuttgarter Arbeitslosigkeit im Vergleich[9] *(auf 1000 Einwohner)*

	30. 6. 31	31. 12. 31	30. 6. 32	31. 12. 32	31. 3. 33
Stuttgart	80,5	102,1	104,8	104,0	97,6
Durchschnitt von 50 dt. Großstädten über 100 000 Einw.	99,0	123,5	129,9	134,3	131,6
Dt. Reich insgesamt	65,8	90,8	87,7	92,5	89,7

Im Dezember 1932 schrieb Württembergs Wirtschaftsminister Reinhold Maier in der „Vossischen Zeitung" einen Artikel mit der Überschrift: „Warum geht es den Schwaben besser?"[10] Wie der Vergleich der Arbeitslosenquote nahelegte, ging es Stuttgart besser als anderen Großstädten und Württemberg besser als anderen Flächenstaaten im Reich. Die Ursachen hierfür lagen in der wirtschaftlichen und sozialen Situation der württembergischen Hauptstadt.[11] (Tabelle 4)

Tabelle 4: Die Stuttgarter Bevölkerung nach ihrer sozialen Stellung (in Klammern der Rang Stuttgarts unter den 20 größten Städten)

	Selbständige	Mithelfende Familienangehörige	Beamte	Angestellte	Arbeiter	Hausangestellte
Stuttgart	13,34%(5)	3,67%(1)	8,08%(3)	23,95%(9)	43,71%(19)	7,22%(1)
20 Großstädte	12,08%	2,76%	6,64%	22,91%	50,35%	5,24%

Stuttgart besaß nach München den geringsten Anteil von Arbeitern unter den Großstädten – auch nach den Eingemeindungen. Bemerkenswert war auch die Spitzenposi-

Einleitung: I. Stuttgart, Oase in der Krise

tion bei den mithelfenden Familienangehörigen und den Hausangestellten. Letzteres verwies auf eine relativ wohlhabende Struktur. Die Stuttgarter Verhältnisse waren denjenigen in Frankfurt am Main und in München am ähnlichsten. Diametral entgegengesetzt war das Sozialprofil in den Städten des Ruhrgebiets; in der dortigen Metropole Essen zum Beispiel waren rund 60 Prozent der Erwerbspersonen Arbeiter. Keine Überraschungen bot die Gliederung der Erwerbspersonen nach Wirtschaftszweigen; sie entsprach den Erwartungen aufgrund des Sozialprofils (Tabelle 5).

Tabelle 5: Die Stuttgarter Bevölkerung nach Berufsgruppen der Erwerbspersonen (in Klammern der Rang unter den 20 größten Städten)

	Land- und Forstwirtschaft	Industrie und Handwerk	Handel und Verkehr	Öffentliche Dienste	Häusliche Dienste
Dt. Reich	28,92%	40,12%	18,36%	8,35%	3,93%
20 Großstädte	1,88%	48,18%	31,34%	13,03%	5,49%
Stuttgart	2,30%(3)	46,19%(13)	30,92%(12)	12,77%(7)	7,49%(1)
München	1,30%(16)	40,18%(17)	34,15%(7)	16,95%(2)	7,35%(2)
Frankfurt/M	2,20%(5)	44,73%(15)	34,44%(6)	12,10%(10)	6,30%(6)

Ein Vergleich von München und Stuttgart zeigt jedoch, daß nicht nur der Anteil der Arbeiter über die Arbeitslosenquote entschied. In Stuttgart war der Arbeiteranteil geringfügig höher als in der bayerischen Hauptstadt, die eine größere Zahl von Arbeitslosen verzeichnete als Stuttgart. Bezogen auf die Arbeiterschaft in der Industrie und im Handwerk, kamen in München auf zwei arbeitslose Arbeiter gerade drei beschäftigte, in Stuttgart waren es fünf – in Duisburg übrigens lautete die Relation nahezu 1:1. Entscheidend war neben einer ausgewogenen Gliederung der Wirtschaft die spezifische Struktur der industriellen Produktion. Denn wie wiederum der Vergleich der beiden süddeutschen Großstädte zeigt, nahm die Zahl der Betriebe in Industrie und Handwerk zwischen 1925 und 1933 in München ab (– 3,7%), in Stuttgart aber trotz der Krise zu (+ 1,2%). Der Rückgang der Beschäftigten betrug in München 36,4%, in Stuttgart lediglich 25,7%.[12] In Stuttgart wie in Württemberg „dominierte eine arbeitsintensive, dezentralisierte, stark exportorientierte Textil-, Maschinenbau- und feinmechanische Industrie mit hochqualifizierter Arbeiterschaft".[13] In der metallverarbeitenden Industrie arbeiteten in Stuttgart 1925 fast 40 Prozent aller Beschäftigten, 1933 waren es noch immer 36 Prozent.[14] Die Stuttgarter Metallindustrie hatte sich, fern von Rohstoffen gelegen, auf die Produktion von hochwertiger Qualitätsware konzentriert, die in der Krise vergleichsweise günstige Exportchancen besaß und auf dem Inlandsmarkt bis zu dessen Zusammenbruch konkurrenzlos war. Die quantitativ stärkste Gruppe bildeten der Maschinen-, Apparate- und Fahrzeugbau, nur wenig schwächer war die elektrotechnische Industrie vertreten. Beide Branchen waren von je einem Großunternehmen, der Daimler-Benz AG und der Robert Bosch AG dominiert. Vor allem letztere verfügte über hervorragende internationale Beziehungen; außerdem verhinderte die breite Produktionspalette einen überdurchschnittlichen Rückgang. Die Stuttgarter Textilindustrie erwies sich als erstaunlich stabil. Die Zahl der Beschäftigten sank um 15,7 Prozent, in München waren es über 42 Prozent, im Reich 29,5.[15] Dies war insofern wichtig, als in Stuttgart der Frauenanteil besonders groß war. Stuttgart und München besaßen im Vergleich zu anderen Großstädten eine ausgewogene Struktur. Zu der Stuttgarter „Sonderstellung" (Mayer) trugen im Unterschied zu München ein höherer Grad an Dezentralisierung, an Spezialisierung und eine engere Verflechtung mit dem Umland bei. Letztere gründete sich sowohl auf die weniger exponierte Zentrumsfunktion von Stuttgart, das ein Kranz von industrialisierten Städten umgab, wie auf die geradezu sprichwörtlich gewordene Verbindung von industriellem Arbeitsplatz und Nebenerwerbslandwirtschaft. Wegen der topographischen Lage der Stadt besaßen nicht nur die 23 000 Einpendler Haus und Garten.[16] Angesichts von Spezialisierung und Qualitätsproduktion mußten sich die Arbeitgeber bemühen, einen Stamm von Facharbeitern zu halten. Infolgedessen war der Kurzarbeiteranteil in Stuttgart groß (Tabelle 6).

Tabelle 6: Die Zahl der Kurzarbeiter in den Arbeitsamtsbezirken Stuttgart und München[17]

	1931	1932	1933
Stuttgart	5173	8289	3775
München	540	649	278

Deuten die hohe Spezialisierung der Facharbeiter, die günstige Wirtschaftslage sowie die Spitzenposition Stuttgarts unter den deutschen Großstädten hinsichtlich der Zahl der Hausangestellten auf einen entsprechenden Wohlstand hin? Die verallgemeinernde Statistik läßt daran keinen Zweifel. Während 1932 etwa im Durchschnitt der 52 Großstädte im Reich (mehr als 100 000 Einwohner) 37 von tausend Einwohnern einkommensteuerpflichtig waren, betrug ihr Anteil in Stuttgart 65.[18] Mit weitem Abstand rangierte Stuttgart vor Bremen (46,5) und Berlin (45,1). Auch in den folgenden Jahren behauptete Stuttgart seinen Platz als reichste Stadt Deutschlands. Das von den einkommensteuerpflichtigen Bürgern verdiente Durchschnittseinkommen lag allerdings unter dem Durchschnitt. Dies deutet auf ausgeglichenere Einkommen hin. Auch wer als Facharbeiter seinen Arbeitsplatz in der Krise behalten konnte, stellte sich relativ

günstig. Facharbeiter in der Metallindustrie verdienten in Stuttgart überdurchschnittlich gut (Tabelle 7).
Die höheren Lebenshaltungskosten schmälerten diese Spitzenposition. Die mit Beginn der Deflationspolitik versprochenen Preissenkungen hielten außerdem mit den Lohneinbußen nicht Schritt.

Tabelle 7: Die tariflichen Stundenlöhne der Metall-Facharbeiter im Vergleich (in RPf)[19]

	1929	1930	1931	1932	1933
München	86,2	89,8	84,8	71,6	71,6
Nürnberg	86,6	90,2	85,2	72,0	72,0
Stuttgart	96,7	96,7	92,4	83,7	83,7
Dt. Großstädte	93,4	95,4	90,1	78,0	78,5

Stuttgart genoß einen Ruf als „Wirtschaftsoase" (Mayer). Die Stadtverwaltung mußte ebenso wie der württembergische Wirtschaftsminister Maier mehrfach beteuern: „So gut, wie man uns nachsagt, geht es nicht mehr."[20] In dieser Oase suchten im Durchschnitt des Jahres 1932 über 37 000 Menschen Arbeit. Sie konnten solche Kommentare bestenfalls als nutzlose Theorie begreifen. Stuttgarts Sonderstellung nutzte ihnen nichts. Die Krise war nicht hausgemacht; sie ließ sich hier nur mildern. Das soziale Netz war lückenhaft. Eine obligatorische Arbeitslosenversicherung bestand erst seit 1927, so daß keine Rücklagen vorhanden waren.[21] Die aus Arbeitslosen- und Krisenunterstützung ausgesteuerten Langzeit-Arbeitslosen fielen den Kommunen anheim, deren Steueraufkommen zugleich sank.
In Stuttgart wirkte sich die Krise erstmals im Herbst 1930 deutlich aus, als nacheinander zwei Nachtragshaushalte fällig waren. Die monatlichen Ausgaben der Stadt für Arbeitslose betrugen im Oktober 1930 58 000 RM gegenüber 23 000 RM im April, die Gesamtausgaben für Wohlfahrts- und Fürsorgeleistungen stiegen im gleichen Zeitraum von 735 000 RM auf 1,17 Millionen RM.[22] Kämmerer Hirzel kritisierte die Politik der Reichsregierung, die sich auf Kosten der Gemeinden saniere: „Man macht alle halben Jahre Gesetze, die die Kommunen mit starken Lasten bedenken, und entlastet die Reichsanstalten. Uns beißen die Hunde, weil wir die letzten sind."[23] Noch schärfer fiel die Kritik an der Staatsregierung aus, die 1930 den Finanzausgleich änderte und Stuttgart zusätzlich 1,2 Millionen RM aufbürdete.[24] Mit Blick auf das Kabinett Bolz erklärte Lautenschlager: „Wer so fern den Verhältnissen steht, wer so wenig in die Nöte der heutigen Zeit eingegangen ist, kann fast nicht mehr ernst genommen werden."[25]
Im Gemeinderat kam es zu heftigen Auseinandersetzungen um die Lösung der Fi-

nanzkrise. Angesichts eines ungedeckten Betrags von über zwei Millionen RM stimmten im November 1930 Sozialdemokraten, Zentrum, Christlicher Volksdienst sowie die drei stimmberechtigten Bürgermeister einer Umlageerhöhung zu; bei Stimmengleichheit entschied Lautenschlager. Die Konservativen und Liberalen mobilisierten daraufhin ihre Anhänger und die Staatsregierung. Deren Vertreter setzten die Stadt unter Druck, forderten Einsparungen und monierten eine soeben beschlossene „Steigung der Wohlfahrtslasten"[26]. Lautenschlager erklärte demgegenüber: „Sparen ist nicht immer der Weisheit letzter Schluß gewesen."[27] Bei einer neuerlichen Abstimmung spaltete sich die Zentrumsfraktion; der frühere Beschluß wurde aufgehoben. Damit war die Stadtverwaltung durch das Eingreifen des Landes vom Weg der Einnahmenerhöhung zur Ausgabensenkung gezwungen. Die folgenden Debatten verdeutlichten wiederholt die gegensätzlichen Konzepte: Die Linksparteien wollten die Krise durch höhere Investitionen und die Stärkung der Kaufkraft bekämpfen. Die Rechte und die Liberalen kritisierten dagegen die Investitionen als „Rekordfimmelei" und nannten das Sparen „unsere verdammte Pflicht und Schuldigkeit".[28]

Das Lamento über eine zügellose Ausgabenwirtschaft entsprach nicht den Tatsachen. Von zusätzlichen, krisenorientierten Investitionen konnte, abgesehen von Ansätzen einiger Arbeitsbeschaffungsprojekte, nicht die Rede sein. Dennoch verstummte die Kritik der württembergischen Regierung nicht. Im Oktober 1931 verlangte die Ministerialabteilung für Bezirks- und Körperschaftsverwaltung als Aufsichtsbehörde, die Getränke- und die Bürgersteuer einzuführen, Unterstützungssätze zu kürzen und Sonderbeihilfen ganz zu streichen.[29] Im Sommer 1932 gab die Stadtverwaltung dem Druck nach, um nicht einer durch eine Notverordnung der Regierung Papen ausgelobten Arbeitslosenhilfe verlustig zu gehen.[30]

Während Hirzel diese Eingriffe nicht als „Verlust des Selbstverwaltungsrechts" wertete, ließ sich der Gemeinderat seine Beschlüsse nicht vorschreiben. Er lehnte mit wechselnden Mehrheiten im Juli 1932 die Einführung neuer Steuern und eine Erhöhung der Umlage trotz des Defizits von sieben Millionen RM ab.[31] Lautenschlager setzte die Maßnahmen trotzdem in Kraft. Er war zu diesem Schritt, den er als den schwersten seiner Amtszeit bezeichnete, verpflichtet.[32] Die Reichsregierung hatte nämlich in einer Notverordnung die Aufsichtsbehörden ermächtigt, zum Ausgleich der Haushalte in die Selbstverwaltung einzugreifen.[33] Unter Berufung darauf drohte die Staatsregierung entsprechende Maßnahmen an.[34] Lautenschlager wollte also einem Haushaltsdiktat zuvorkommen.

Dies bedeutete das Ende der Versuche des Gemeinderats, angesichts der relativen Sonderstellung Stuttgarts eigene Wege zu gehen. Mit Hilfe von außen setzten DVP, DDP und Bürgerpartei ihre wirtschaftspolitische Konzeption durch, mit der sie bislang am Bürgermeisteramt, Teilen des Zentrums sowie SPD, KPD und KPO gescheitert waren. Erstmals kündigte die SPD ihr Nein zum Etat an. Allerdings brachten Verwaltung

Stuttgart, eine Stadt des Aufstiegs

2 Werkbund-Ausstellung „Die Wohnung" auf dem Weißenhof (1926–1928)
3 Erich Mendelsohns Kaufhaus Schocken an der Eberhardstraße (1927/28)

Vorhergehende Seite:
1 Oßwalds Tagblatt-Turm (1928), Symbol für Stuttgarts Aufstieg zur Großstadt

Einleitung: I. Stuttgart, Oase in der Krise

und Gemeinderat auch im Herbst 1932 gemeinsam Initiativen, darunter ein Arbeitsbeschaffungsprogramm, auf die Bahn.[35] Es konnte aber kein Zweifel bestehen, daß die Wirtschaftskrise auch in der Oase Stuttgart den demokratischen Prozeß untergraben hatte. Bedenklicher als einige agitatorische Anträge von Rechts und Links waren die staatlichen Eingriffe in die kommunale Selbstverwaltung und antidemokratische Tendenzen bei den Gemeinderäten des Bürgerblocks. Sie wollten beispielsweise 1932 auf eine Aussprache zum Haushaltsplan völlig verzichten.[36] Der Fraktionsvorsitzende der Bürgerpartei Schott nannte den Etat „die Abschlußziffern" der vergangenen 13 Jahre, in denen „die Gedankengänge des Marxismus" weite Volkskreise erfaßt hätten.[37] Der fachlich unumstrittene Kämmerer Hirzel führte als Landesvorsitzender derselben Partei in öffentlichen Reden aus: „Es geht (...) einzig und allein darum, ob die Parteien der Erfüllung und *Völkerversöhnung* ihre Ämter und Pfründen behalten können."[38] Die Kanzlerschaft Schleichers löste bei ihm Bedenken aus, daß die „autoritäre Staatsführung wieder zurückgedrängt werde und wir langsam wieder in das parlamentarische System mit allen seinen Folgen hineinschlittern".[39] Auch in der „Oase" Stuttgart saßen die antidemokratischen Brunnenvergifter an maßgeblicher Stelle.

Kapitel II
Wie wählten die Stuttgarter?

Am 31. Juli 1932 gingen die Wähler in Stuttgart zum fünftenmal seit Ende 1931 an die Urnen. Nach den Gemeinderatswahlen am 6. Dezember 1931 hatten am 13. März und 10. April die beiden Wahlgänge zur Wahl des Reichspräsidenten und am 24. April die Landtagswahl stattgefunden. Die Wahlbeteiligung bei den Reichstagswahlen am 31. Juli lag bei über 81 Prozent; von einer Wahlmüdigkeit konnte somit keine Rede sein, wenngleich bei der Reichstagswahl im September 1930 noch 84,8 Prozent der wahlberechtigten Stuttgarter von ihrem Wahlrecht Gebrauch gemacht hatten.[1]
Die Frage, welche gesellschaftlichen Gruppen zum Erfolg der NSDAP beigetragen haben, läßt sich gerade auf lokaler Ebene durch eine Analyse der Wahlergebnisse beantworten. Trotz einiger Unwägbarkeiten liefert eine Untersuchung des Wahlverhaltens verläßliche Indizien, besonders wenn man das Wahlergebnis bis in die Stimmbezirke zurückverfolgen und mit der Sozialstruktur dieser Bezirke in Relation setzen kann. Als idealtypischen Wähler der NSDAP hat man einen selbständigen Angehörigen des Mittelstandes protestantischer Konfession bezeichnet, „der auf einem Hof oder in einer kleinen Ortschaft lebte und der früher für eine Partei der politischen Mitte gestimmt hatte".[2] Nun war Stuttgart freilich Großstadt, zugleich aber protestantisch und mittelständisch geprägt.
Die Nationalsozialisten erhielten am 31. Juli 1932 in Stuttgart 27,2 Prozent der Wählerstimmen. Trotz eines enormen Zugewinns von über 17 Prozent blieben sie deutlich unter dem Ergebnis im Reich, wo sie 37,3 Prozent erringen konnten. Auch im Vergleich mit anderen Großstädten, die in geringerem Maße von der Arbeiterschaft geprägt waren, schnitten die Stuttgarter Nationalsozialisten schlecht ab: In Hannover wählten 40,2 Prozent die NSDAP, in Frankfurt 38,7 und in Hamburg 33,3 Prozent. Selbst die katholische Hochburg München mit vergleichbarer Sozialstruktur meldete mit 28,9 Prozent ein besseres Ergebnis der NSDAP als das protestantische Stuttgart.[3]
Die SPD blieb mit knappem Vorsprung die stärkste politische Kraft. Während sie im Reich gegenüber 1930 drei Prozent einbüßte, gewann sie in Stuttgart über zwei Prozent hinzu. Der in Württemberg traditionell starke Liberalismus sank nun auch in der schwäbischen Metropole zu einer Randerscheinung herab. Die beiden liberalen Par-

Einleitung: II. Wie wählten die Stuttgarter?

teien, die 1930 gemeinsam angetreten waren, verloren fast 14 Prozent und damit drei Viertel ihrer Wähler. Die sonstigen Parteien wurden von 11,7 auf 5,9 Prozent halbiert. Ansonsten ergaben sich nur geringfügige Veränderungen (Tabelle 8).

Tabelle 8: Die Ergebnisse der Reichstagswahlen 1928–1932 in Stuttgart[4]

	Beteiligung	NSDAP	DNVP/BP	DVP	DDP	Zentrum	SPD	KDP	Sonst.
1928	73,3%	2,5%	10,3%	9,9%	13,2%	7,7%	31,0%	14,7%	10,5%
1930	84,8%	9,8%	8,2%	18,9%		8,6%	25,4%	16,5%	11,7%
1932, Juli	81,3%	27,2%	7,6%	1,7%	3,3%	10,1%	27,7%	16,5%	5,9%
1932, Nov.	80,9%	23,2%	10,5%	2,9%	4,2%	9,3%	22,6%	20,5%	6,7%

Am 31. Juli 1932 gab es in Stuttgart 265 Stimm- und 45 Wahlbezirke, die wiederum in sechs größere Einheiten gegliedert waren: die Innen- und Höhenbezirke, den Bezirk Cannstatt, die angrenzenden Stadtbezirke sowie die älteren und neueren Außenbezirke[5]. Diese Einteilung spiegelte die markante Topographie und die städtebauliche Entwicklung der Stadt. Die Innenbezirke umfaßten die Kernstadt im Talkessel einschließlich der größten Wahlbezirke im dichtbesiedelten Westen. Über 100 000 der 263 283 Stuttgarter Wahlberechtigten wohnten im Bereich der Innenbezirke. Zu den Höhenbezirken gehörten nicht nur die ausgesprochenen Höhenlagen am Killesberg, Kräherwald und auf der Gänsheide, sondern auch die Gebiete beim Zahnradbahnhof im Süden, um das Justizviertel im Osten und im Vogelsang im Westen. In den sogenannten Höhenbezirken schnitt die NSDAP mit insgesamt 33,7 Prozent am besten ab.[6] Heslach im Süden sowie Ostheim, Gablenberg, Berg und Gaisburg bildeten die angrenzenden Stadtbezirke. Mit Ausnahme von Berg befanden sich hier die traditionellen Quartiere der Arbeiterschaft, die im Zug der Industrialisierung ihren dörflichen Charakter weitgehend verloren hatten. SPD und KPD konnten hier rund zwei Drittel der Stimmen auf sich vereinigen, während sich die NSDAP mit Ergebnissen zwischen 13 und 21 Prozent bescheiden mußte. In den sogenannten älteren Außenbezirken waren Degerloch, die Neckarvororte sowie Botnang und Kaltental zusammengefaßt, die kurz vor und nach dem Weltkrieg eingemeindet worden waren. Während die armen Vororte Kaltental und Botnang ihr ländliches Gepräge bewahrten, hatte sich die alte Weinbaugemeinde Untertürkheim zu einem Industrieviertel entwickelt. Diese Bezirke trugen nicht zum relativen Erfolg der NSDAP bei. Eine Ausnahme bildete Obertürkheim. Zu den neueren Außenbezirken schließlich gehörten die seit 1929 eingemeindeten Stadtteile Hofen, Zuffenhausen, Münster und Rotenberg. Münster war eine Hochburg der Arbeiterbewegung; die SPD erzielte 41,2 Prozent, die KPD 29,3 Prozent. Das ländliche Hofen war eine katholische Enklave im Stadtgebiet. Das Zen-

trum errang hier 61,9 Prozent der Stimmen, während die Nationalsozialisten mit 5,4 Prozent ihr schlechtestes Ergebnis verzeichneten. Der am 1. Mai 1931 eingemeindete Weiler Rotenberg bildete das Gegenstück. Mehr als die Hälfte der Wähler des Vororts, der überwiegend landwirtschaftlich strukturiert und zu 95 Prozent protestantisch war, gaben der NSDAP ihre Stimme. Rotenberg war jedoch atypisch für die Stuttgarter Verhältnisse (Tabelle 9).

Tabelle 9: Die zehn Wahlbezirke mit dem höchsten Stimmanteil der NSDAP bei den Reichstagswahlen am 31. Juli 1932

Bezirk	Wähler	Beteiligung	NSDAP	SPD	KPD	Zentrum	BP	DVP	DDP	Sonstige
Rotenberg	458	84,1%	50,5%	21,3%	1,3%	0,5%	1,0%	–	1,5%	23,4%
Altstadt	2340	73,3%	39,9%	20,3%	19,1%	9,1%	5,6%	1,7%	2,0%	2,3%
Weinsteige	4252	81,6%	39,4%	24,6%	6,6%	9,7%	9,4%	1,4%	4,0%	6,4%
Vogelsang/ Kräherwald	3668	79,1%	36,6%	15,7%	6,6%	9,6%	15,9%	4,2%	5,6%	5,8%
Obertürkheim	3389	83,1%	36,4%	27,7%	12,7%	6,5%	3,6%	1,0%	3,2%	8,9%
Obere Stadt	7310	74,8%	35,6%	21,4%	12,5%	11,1%	8,6%	1,7%	4,0%	5,1%
Stadtgarten/ Hbf.	5685	74,4%	35,1%	18,7%	6,9%	14,5%	12,1%	3,5%	4,1%	5,1%
Waiblinger Vorstadt	6130	83,3%	34,6%	23,7%	9,6%	11,8%	8,6%	2,4%	2,9%	6,4%
Karlshöhe/ Hasenberg	5568	82,1%	33,9%	22,0%	8,2%	10,7%	12,3%	2,5%	5,7%	4,7%
Gänsheide	4337	78,5%	33,5%	11,5%	4,7%	12,6%	19,4%	4,7%	7,3%	6,3%
Stuttgart insgesamt	263283	81,3%	27,2%	27,7%	16,5%	10,1%	7,6%	1,7%	3,3%	5,7%

Der Vergleich der Wahlergebnisse vom 31. Juli 1932 mit der Sozialstruktur ausgewählter Wahlbezirke liefert aufschlußreiche Materialien für das politische Verhalten der Stuttgarter.[7] Die Arbeiterparteien SPD und KPD konnten gegenüber den Reichstagswahlen von 1930 ihre Position stabilisieren und im großen und ganzen die Arbeiterschaft hinter sich bringen. In einigen Ortsteilen ergab sich eine geradezu erstaunliche Kongruenz von Arbeiteranteil in der Bevölkerung und Stimmanteil von SPD und KPD. Auch das Zentrum hatte in Stuttgart seine Stellung ausgebaut, die auf der konfessionellen, nicht einer sozialen Bindung der Wählerschaft beruhte. Die Bürgerpartei und die Liberalen profitierten in erster Linie von der Stuttgarter Oberschicht. Erreichten DDP, DVP und BP in Stuttgart zusammen 12,6 Prozent, so buchten sie im Wahlbezirk Gänsheide 31,4 Prozent, in den dortigen Stimmbezirken Bubenbad und Heidehof sogar 37,4 bzw. 38,6 Prozent.

Es bleibt die Frage nach den Wählern der NSDAP. Rein rechnerisch zog sie auch in Stuttgart ihren Vorteil aus dem Niedergang des politischen Liberalismus. Außerdem kamen ihr die Verluste der kleineren Parteien zugute. Schwieriger gestaltet sich die Bestimmung jener gesellschaftlichen Gruppen, die zum Erfolg der NSDAP beitrugen. Aushängeschild der Nationalsozialisten in der Innenstadt war der Wahlbezirk Altstadt (39,9%). In diesem Quartier um das Rathaus wohnten besonders Angehörige des alten, handwerklichen Mittelstands, der ökonomisch bedroht war, Angestellte und Arbeiter des Dienstleistungsgewerbes sowie kleinere Händler und Kaufleute. Überdurchschnittlich war der Anteil der Hilfsarbeiter und Taglöhner. Die Altstadt war kein bevorzugtes Wohngebiet; die Flucht der Hausbesitzer liefert ein verläßliches Indiz.[8] Gleichauf mit der NSDAP lagen in diesem Bezirk, in dem kaum gehobener Mittelstand lebte, SPD und KPD (zusammen 39,4%). Sie besaßen hier einen festen Wählerstamm, während die Steigerungsrate der NSDAP mit 24 Prozent größer war als im übrigen Stadtgebiet (17%).

Die meisten Stimmen heimsten die Nationalsozialisten in den sogenannten Höhenbezirken ein. Der Bezirk Weinsteige, in dem die NSDAP mit 37,4 Prozent herausragend abschnitt, umfaßte zwar auch die exklusive Wohnlage an der Alten Weinsteige, vor allem aber die vier- und fünfgeschossigen Häuserzeilen im Bereich der Immenhofer- und der Heusteigstraße, durchaus keine privilegierten Wohngegenden. Dieses Gebiet war Ende des 19. Jahrhunderts ein bevorzugtes Ziel der Flucht aus der Innenstadt; die Hausbesitzer wohnten hier meist im eigenen Haus.[9] Konnte man den Mittelstand der Altstadt ziemlich eindeutig dem Kleinbürgertum zuordnen, so besaß der Bezirk Weinsteige eine gemischte Struktur. Neben den Hausbesitzern verwies auch der relativ hohe Anteil der berufslosen Selbständigen und Beamten auf den gehobenen Mittelstand. Im dichtbesiedelten Bereich zwischen Zahnradbahnhof und Fangelsbachfriedhof wohnten hingegen zahlreiche Angehörige des alten Mittelstands mit kleinen und kleinsten Werkstätten. Das Wahllokal in der Heusteigstraße, topographisch und sozial im Bezirk am niedrigsten, verzeichnete mit 39,3 Prozent das beste, das am höchsten gelegene Wahllokal in der Olgastraße mit allerdings respektablen 35,4 Prozent das schwächste Ergebnis der NSDAP an der Weinsteige. Ganz ähnlich waren die Verhältnisse im Wahlbezirk Gänsheide. Dort lag das Resultat der NSDAP in den beiden stadtnahen Stimmbezirken nahe der Traumgrenze von 40 Prozent, in den eigentlichen Höhenlagen des Ostens mit seiner Oberschichtbevölkerung blieb die NSDAP unter 30 Prozent.[10]

Wenngleich die von der Statistik ausgewiesenen Höhenbezirke nicht mit den Wohnvierteln der Oberschicht und des gehobenen Mittelstands gleichgesetzt werden können, so zeigt sich doch, daß auch der gehobene Mittelstand der NSDAP Sympathien entgegenbrachte. Die wichtigere Rolle spielten in Stuttgart fraglos das kleine und mittlere Bürgertum, die Kaufleute, Händler und die Angehörigen des alten, handwerklichen Mittelstands. Dagegen war die Unterstützung aus dem traditionellen landwirtschaftlichen Milieu in einigen Stadtrandgebieten nicht typisch für die Großstadt Stuttgart.

Kapitel III
„Das organisatorische Zentrum der nationalsozialistischen Bewegung im gesamten Südwesten"

Die Stuttgarter Nationalsozialisten 1920 bis 1933

1. Die Geschichte der NSDAP bis zur Machtübernahme

Am 13. Juli 1920 konnte man in der „Süddeutschen Zeitung", die der Bürgerpartei nahestand, folgende Meldung lesen:
„Am letzten Samstag versammelte sich im Herzog Christoph eine Anzahl Kopf- und Händearbeiter, um zur Gründung einer Ortsgruppe Stuttgart der Nationalsozialistischen Arbeiterpartei Stellung zu nehmen. Der Referent, Herr Ulshöfer, verbreitete sich in ausführlicher 1½-stündiger Rede über das Programm. (. . .) Das Ergebnis dieser von starken Beifallsbezeugungen unterbrochenen Ausführungen des H. Ulshöfer war die Gründung einer Ortsgruppe der Nationalsozialen Arbeiterpartei."[1]
Die Stuttgarter NSDAP ging aus dem Deutschvölkischen Schutz- und Trutzbund hervor, der größten der zahlreichen völkisch-antisemitischen Gruppierungen. Mitte 1920 verfügte er in Stuttgart über 1677 Mitglieder, zumeist aus dem Mittelstand, darunter kleine Geschäftsleute, Ingenieure, Beamte und Freiberufler.[2] Um das Image eines konservativen Vereins loszuwerden und um Arbeiter anzusprechen, hatten Teile des Bundes nach dem Kapp-Putsch einen „judenfreien Arbeiterverein" gegründet.[3] Diese Kreise verfügten über Kontakte nach München, wo Anfang 1919 die Deutsche Arbeiterpartei mit ähnlichen Zielen gegründet worden war. Im Februar 1920 änderte sie ihren Namen in Nationalsozialistische Deutsche Arbeiterpartei (NSDAP) und stellte ihr 25 Punkte umfassendes Parteiprogramm vor. Es trug die Handschrift des Propagandaobmanns der Partei, Adolf Hitler, und enthielt ein Sammelsurium von Vorstellungen der antisemitischen, völkischen Zirkel. Im April 1920 warb eine Anzeige in der „Süddeutschen Zeitung" für einen „organisatorischen Zusammenschluß" der Antisemiten. Als Kontaktmann war der Geschäftsführer der Bürgerpartei genannt, die in der Folgezeit neben dem Schutz- und Trutzbund die wichtigste Stütze der Nationalsozialisten war.
Am 7. und am 26. Mai redete Hitler auf Einladung des Bundes in Stuttgart. Bei seinem Auftritt traten linke Gegenredner seinen „von direktem Rassenhaß" geprägten Tira-

den entgegen, so daß die Veranstaltung im Tumult endete.[4] Am 10. Juli 1920 schließlich erfolgte im Herzog Christoph die offizielle Gründung einer Ortsgruppe, vier Tage später erhielt die Parteileitung einen entsprechenden Bericht.[5] Hitler weilte am 17. September 1920 erneut in Stuttgart und sprach über das Thema: „Warum sind wir Nationalsozialisten?"[6] Erstmals trat hierbei die Stuttgarter Ortsgruppe unter Führung Ulshöfers als Veranstalter auf. Bis Mitte 1921 bestand eine gemeinsame Geschäftsstelle mit dem Schutz- und Trutzbund, der vorerst die bedeutendere Organisation war. Am 7. Mai 1921 veranstaltete der Bund heimattreuer Oberschlesier im Schloßhof eine Protestkundgebung „gegen die Vergewaltigung" Oberschlesiens. Dabei sprachen Vertreter der Staatsregierung und der Stadt, des Zentrums, der DVP und der DDP, der Bürgerpartei sowie „Herr Ulshöfer namens der Nat.-Soz. Arbeiterpartei".[7] Dies war der erste Auftritt der NSDAP gemeinsam mit den Parteien der Mitte und der Rechten. Die Stuttgarter Ortsgruppe war bei sämtlichen bedeutenden Parteitreffen vertreten. Ihr Führer Ulshöfer sprach im September 1920 neben Hitler auf einer Münchner Kundgebung; bei den Parteitagen 1921 und 1922 wurde Ulshöfer besonders herzlich begrüßt.[8] Von Stuttgart gingen Neugründungen von Ortsgruppen in Südwestdeutschland, auch in Baden, aus.[9] Nach der organisatorischen Trennung vom Schutz- und Trutzbund brachte die Gründung einer eigenen Sturmabteilung im Jahre 1922 einen weiteren Gewinn. Der SA gehörten Schüler und Studenten an, die eigene Veranstaltungen schützen und gegnerische stören sollten und die eine paramilitärische Ausbildung erhielten. Trotz einer vorübergehenden Auflösung durch die württembergische Regierung im April 1923 verzeichnete die SA unter dem Tarnnamen „Wander- und Sportabteilung Württemberg" einen ungebrochenen Zulauf. Die Hauptsorge stellte im Sommer 1923 nicht das Verbot, sondern die Beschaffung von Geld und Waffen dar.[10]

Nachdem Ulshöfer Anfang 1922 nach Mannheim umgezogen war, stagnierte die Arbeit der Ortsgruppe. Bald jedoch setzte unter Theodor Jaschek eine Versammlungswelle ein; ein Treffen sämtlicher württembergischer Ortsgruppen im Oktober 1922 dokumentiert ebenfalls die organisatorische Stabilisierung. Diese ging auf eine Anweisung der Parteileitung zurück, die einen Instrukteur nach Württemberg entsandt hatte. Im Dezember 1922 kam es in Geislingen, Stuttgart und Göppingen zu schweren Auseinandersetzungen zwischen Nationalsozialisten und der Linken, vor allem den Kommunisten, die mit der SA am 10. Dezember im Reichshof in der Tübinger Straße aneinandergerieten. Für den folgenden Abend forderten Jaschek und SA-Führer Rauser bayerische Verstärkung nach Göppingen.[11] Die Entsendung eines Stoßtrupps nach Württemberg schlug hohe Wellen. Am 12. Dezember 1922 verbot die Staatsregierung öffentliche Versammlungen der NSDAP. Bei einer von der SPD beantragten Debatte im Landtag trat die Bürgerpartei als Protektor der NSDAP auf und kritisierte das Verbot.[12]

III. 1. Die Geschichte der NSDAP bis zur Machtübernahme

Das Verbot öffentlicher Versammlungen stellte bestenfalls Ruhe und Ordnung an der Oberfläche her, denn die erlaubten Mitgliederversammlungen wurden, wie auch das Innenministerium feststellte, „zu einer planmäßigen Umgehung des Verbots" mißbraucht.[13] Die öffentlichen Auseinandersetzungen schadeten den Nationalsozialisten nicht: Hatte die Ortsgruppe im Juli 1922 knapp 100 Mitglieder, so verzeichnete sie im Januar 1923 schon 300 und im Mai 1923 gar 800 Mitglieder.[14] Auch ein interner Konflikt schmälerte die Attraktivität der NSDAP nicht. Der Münchner Beauftragte Weber, die Finanziers und die deutschnationalen Förderer warfen Jaschek, der die antikapitalistischen Programmpunkte betonte, parteischädigendes Verhalten vor: „er wandte sich in seiner Propaganda zu stark an links gerichtete Radikale und stieß andererseits national bürgerlich denkende von sich" (Weber). Im Januar 1923 wurde Jaschek auf einer Mitgliederversammlung abgesetzt, bald darauf aus der Partei ausgeschlossen.[15] Zu den wichtigsten Geldgebern der NSDAP zählten Richard Franck von der Ludwigsburger Zichorienfabrik, die Textilunternehmer Becker und Otto sowie Unternehmer aus dem Umkreis der Bürgerpartei. Jascheks Kurs fand offenbar in der Ortsgruppe zahlreiche Anhänger, denn nach einem kurzen Intermezzo von Arnold Waldschmidt, Professor an der Kunstakademie, übernahm der Bosch-Arbeiter Eugen Dihlmann den Vorsitz. In seine Zeit fiel eine gemeinsame Veranstaltung mit dem kommunistischen Reichstagsabgeordneten Remmele, als die KPD angesichts des Ruhrkampfs nationale Töne anschlug. Dies blieb jedoch ein Einzelfall, da die KPD ihren Kurs bald wieder änderte und Dihlmann im Oktober 1923 starb. Mit seinem Nachfolger Bodo Kaltenboeck kam ein Mann an die Spitze, der 1920 in Tübingen promoviert worden war und über gute Beziehungen zu den Geldgebern der Partei und den reaktionären Kräften verfügte.[16]

Im Herbst 1923 strebte die politische und wirtschaftliche Situation des Reiches dem Abgrund zu. Die arbeitende Bevölkerung kämpfte um ihre Existenz, da die Löhne mit den galoppierenden Preisen nicht Schritt hielten. Seit August 1923 löste eine Demonstration in der Stadt die andere ab, Gerüchte von einem Losschlagen der Nationalsozialisten in München liefen um.[17] Die Geldentwertung mögen wenige Zahlen verdeutlichen: Am 30. Oktober 1923 kostete ein Ei eine Milliarde RM, am 6. November 10 Milliarden und am 9. November 17 Milliarden RM, im gleichen Zeitraum verteuerte sich ein Pfund Butter von 24 über 120 auf 290 Milliarden RM und Margarine von 12,5 über 98 auf 170 Milliarden RM. Selbst wöchentliche Lohnerhöhungen verflogen ins Nichts.

Die Nationalsozialisten in Stadt und Land bereiteten während der Krise einen Staatsstreich vor.[18] In Zusammenarbeit mit anderen rechtsextremen Gruppen, die zum Teil über hervorragende Beziehungen zur Reichswehr verfügten, legten sie Waffenlager an und veranstalteten militärische Übungen. Im September 1923 schufen sie einen militärischen Nachrichtendienst unter Führung des Stuttgarter Bildhauers Oskar Glöckler.

Die politische Speerspitze der Bewegung bildete die Bürgerpartei, die sich auf einer Kabinettsliste nach einem erfolgreichen Staatsstreich die Ämter des Staatspräsidenten (Bazille), des Innenministeriums (Wider), des Kultusministers (Beißwenger) und des Justizministers (Kirchgeorg) vorbehalten hatten, während der Finanzier der NSDAP, Heinrich Becker, als Polizeiminister und General Bopp, der SA-Instrukteur, als Chef des Militärs vorgesehen waren.[19]

Am Abend des 8. November 1923 proklamierte Hitler im Münchner Bürgerbräukeller die „nationale Republik" und erklärte die „Regierung der Novemberverbrecher in Berlin" samt dem Reichspräsidenten für abgesetzt. Hitler ließ sich jedoch vom bayerischen Generalstaatskommissar von Kahr und vom Chef der Reichswehr in München, General von Lossow, täuschen. Einen Demonstrationszug am nächsten Vormittag stoppten Sicherheitskräfte bei der Feldherrnhalle. Hitler geriet nach kurzer Flucht in Polizeigewahrsam. Der Putschversuch war kläglich gescheitert. In Stuttgart sperrten die Militärbefehlshaber und die Staatsregierung nach Eintreffen der Meldungen aus München am Abend die Verbindungen nach Bayern. Am Morgen des 9. November verhaftete die Polizei die Stuttgarter SA-Führer Rauser und Steyrer, schloß vorübergehend die Geschäftsstelle und beschlagnahmte Material. Die politischen Leiter hingegen galten als besonnene Kräfte; sie sollten sich lediglich politischer Tätigkeit enthalten. SPD und KPD, denen die Mobilisierung ihrer Selbstschutzverbände untersagt worden war, kritisierten die Trennung in gute und schlechte Nationalsozialisten und die Zurückhaltung der Polizei. Am 21. November 1923 verbot die Staatsregierung NSDAP und KPD, die 1923 vergeblich einen „deutschen Oktober" vorbereitet hatte.[20]

Das Verbot hatte keinen Zerfall der nationalsozialistischen Bewegung zur Folge. Bereits bei den Landtagswahlen am 5. Mai 1924 kandidierte ein Völkisch-Sozialer Block gemeinsam mit dem Bauern- und Weingärtnerbund und errang in Stuttgart über 12 000 Stimmen (6,8%). Insgesamt reichte es zu drei Mandaten im Landtag.[21] Als Sachwalter der NSDAP trat die Nationalsozialistische Freiheitsbewegung (NSFB) unter dem frischgebackenen Landtagsabgeordneten und Gymnasialprofessor Mergenthaler an. Daneben bestanden zahlreiche andere Ersatzorganisationen. Auch in Stuttgart existierte eine aktive Ortsgruppe der NSFB, die, obwohl Nachfolgeorganisation der NSDAP, dennoch hoffähig war.[22] Die wohlwollende Haltung des Stuttgarter Polizeipräsidenten Klaiber erleichterte das Geschäft der Völkischen. Klaiber begnügte sich mit der Feststellung, daß „der Nachweis, daß solche Organisationen lediglich die Fortsetzung der aufgelösten NSDAP seien, nicht zu führen war".[23] Dennoch waren Erosionserscheinungen, nicht zuletzt aufgrund der erheblichen Zersplitterung, nicht zu vermeiden. Obwohl die NSFB zu einer Kundgebung mit General Ludendorff in Stuttgart rund 1000 Anhänger mobilisieren konnte, wurde bei den Reichstagswahlen im Dezember 1924 der Stimmanteil vom Frühjahr in Stuttgart mehr als halbiert.[24] Hit-

III. 1. Die Geschichte der NSDAP bis zur Machtübernahme

ler selbst hatte bereits während seines kurzen Aufenthalts auf der Festung Landsberg die Konsequenzen aus der Fraktionierung gezogen. Er legte die Führung der – wohlgemerkt verbotenen – Partei nieder, freilich nur, um bald nach seiner Entlassung die Heerscharen neu zu sammeln. Am 27. Februar 1925 gründete er die NSDAP mit altem Programm neu. Da er eine streng hierarchische Gliederung anstrebte, mußten alle Mitgliedschaften neu beantragt werden. Hitler kam selbst mehrfach zu Verhandlungen nach Stuttgart. Er beauftragte Stuttgarter Anhänger mit dem Aufbau der Partei in Württemberg.[25] Zum Vorstand ernannte er Munder, Professor Waldschmidt wurde Vertreter der Parteileitung im Land. Als Hitler am 15. August und am 16. Dezember öffentlich auftrat, war die Liederhalle jeweils mit 3000–4000 Personen gefüllt. Munder vergaß beide Male nicht den Dank an die Staatsregierung, die den ansonsten mit Redeverbot belegten Hitler in Stuttgart zu Wort kommen lasse.[26]

Um so enttäuschender war die Niederlage bei der Gemeinderatswahl, die der NSDAP in Stuttgart gerade 1325 Stimmen (1,3%) bescherte. Von diesem Zeitpunkt datierte ein Niedergang, der die NSDAP bis ins Jahr 1930 zur politischen Bedeutungslosigkeit degradierte. Auch die Landesparteitage im April 1926 und im Mai 1927, bei denen Hitler und Goebbels in Stuttgart sprachen, konnten nicht darüber hinwegtäuschen. Das Bild der Ortsgruppe prägten fortgesetzte Querelen. Im Land blockierten sich NSDAP und NSFB gegenseitig, der allgemeine Trend in Wirtschaft und Politik lief gegen die Nationalsozialisten.

Im Januar 1928 trat die Gauleitung mit Munder, Kassenwart Essich und SA-Führer Gundlach zurück, obwohl inzwischen Mergenthaler mit den Resten der NSFB zur NSDAP gestoßen war. Persönliche Differenzen spielten ebenso eine Rolle wie Mergenthalers Anspruch, Spitzenkandidat für die Landtagswahl im Mai 1928 zu werden.[27] Kurz vor den Wahlen mußte die Reichsleitung rasch handeln. Sie ernannte „bis zu einer allgemeinen, späteren endgültigen Regelung" den bisherigen Gaupropagandaleiter Wilhelm Murr, einen kaufmännischen Angestellten der Esslinger Maschinenfabrik, zum Nachfolger Munders. Die Wahlergebnisse spiegelten Zustand und Standort der Partei. Die NSDAP erhielt in Stuttgart bei der Reichstagswahl am 20. Mai 1928 4468 Stimmen (2,5%), bei der gleichzeitig stattfindenden Landtagswahl 4410 Stimmen (2,4%). Von den drei völkischen Landtagsabgeordneten blieb nur Mergenthalers Mandat übrig. Der erst seit kurzem amtierende Ortsgruppenleiter Dreher, den Murr aus Ulm geholt hatte und dem die Polizei „außergewöhnliche Energie" bescheinigte, zog in den Reichstag ein.[28] Am 9. Dezember 1928 gingen die Stuttgarter ein drittes Mal zu den Urnen und wählten gemäß der Gemeindeordnung die Hälfte der Mitglieder des Gemeinderats. Spitzenkandidat der NSDAP war der alte Antisemit Hugo Kroll, nachdem Murr erst im August den bisherigen SA-Standartenführer Kuhn zum Ortsgruppenleiter bestellt hatte. Die NSDAP buchte nur 1461 Stimmen (1,1%). Der Gauleiter sprach von einem katastrophalen Zustand der Stuttgarter Ortsgruppe, die er nach Abzug der „Papiersoldaten" auf rund 200 Parteigenossen und kaum 50 SA-Männer schätzte.[29]

Ortsgruppenleiter Kuhn trat nach diesem Ergebnis wieder zurück. Aber auch Murr geriet unter Beschuß. Es dauerte nahezu ein Jahr, ehe er einen Nachfolger für Kuhn präsentierte, um ihn nach sechs Wochen wieder abzulösen, als dieser Schulden der Ortsgruppe beim Gau nicht bezahlte.[30] Murr verdankte sein Bleiben in erster Linie dem Mangel an personellen Alternativen. Selbst Hitlers langjähriger Bekannter Fritz Weidle bat im Juli 1928 im Namen anderer alter Nationalsozialisten um einen neuen Führer, „der uns Schwaben wieder aus der Reserve an die Front führt".[31] Schärfer ging Mergenthaler, der Munder gerne beerbt hätte, mit seinem Konkurrenten ins Gericht. Er nannte Murrs Personalpolitik einen groben Mißgriff, sprach von einem „Kampf aller gegen alle" und einem verheerenden Eindruck nach außen. Murr und sein neuer Geschäftsführer von Jagow, zugleich Gau-SA-Führer, seien durch Beruf und Anderweitiges zu sehr beansprucht. Außerdem arbeite Murr „trotz erfolgter Aussöhnung" nicht mit ihm zusammen. Mergenthaler wollte gemeinsam mit Dreher die Gauleitung übernehmen und empfahl für die Ortsgruppe Stuttgart vorerst eine direkte Unterstellung unter die Reichsleitung. Als einziger Landtagsabgeordneter war er immerhin stark genug, um mit seinem Rücktritt zu drohen. Aber auch andere regionale Größen der Partei kritisierten Murr.

Die innerparteilichen Auseinandersetzungen erreichten Anfang 1930 ihren Höhepunkt. Vor einem geplanten Ausmarsch verweigerten am 16. Februar die beiden Stuttgarter SA-Führer Kuhn und Heinle zusammen mit 28 SA-Männern von Jagow die Gefolgschaft. Zwar verkündete das Gaugericht mit Murr und Jagow noch am selben Abend den Ausschluß der Rebellen. Bei einer außerordentlichen Mitgliederversammlung stellten sich rund 70 von 100 Anwesenden gegen die Gauleitung, die den „meuternden Sturm" auflöste. Entscheidend war, daß sich die Reichsleitung hinter Murr stellte.[32]

Im Frühjahr 1930 begann eine erstaunliche Aufwärtsentwicklung. Der wichtigste lokale Grund dafür war, daß der neue Ortsgruppenleiter Weinmayr die Propagandarichtlinien in die Tat umsetzte, die Reichsorganisationsleiter Gregor Strasser der Partei verordnet hatte.[33] Murr notierte in einem Rechenschaftsbericht schon Ende 1929, daß „überfüllte Versammlungen in großen Sälen, wie sie im Oktober mit Pg. Strasser in Esslingen, Nagold, Stuttgart und Ulm durchgeführt wurden", kurz zuvor undenkbar waren.[34] Die NSDAP habe dadurch in der Öffentlichkeit ein hohes Maß an Wirkung erzielt:

„Während noch im letzten Jahr die gegnerische Presse uns nur selten und höhnisch behandelte, vergeht seit längerer Zeit fast kein Tag, ohne daß sie uns nicht mit wütenden Artikeln begeifert. Die SPD sowohl wie die KPD veranstalten überall Versammlungen, in denen sie sich ausschließlich schon im Thema, mit uns beschäftigen."

Die Ortsgruppe konnte im ersten Quartal 1930 ihre Mitgliederzahl auf 460 mehr als verdoppeln.[35] Nach Ansicht eines Lebensmittelhändlers aus dem Stuttgarter Westen mußte die Partei lediglich ihre inneren Kämpfe und ihre schlechte Selbstdarstellung überwinden. Die politischen Inhalte hingegen gaben Anlaß zum Optimismus. Er stellte fest, „daß ein großer Teil der Stuttgarter Bevölkerung mit den Zielen unserer Bewegung sympathisiert, ja, daß die Geschäftswelt des Mittelstandes wenigstens teilweise von den Nationalsozialisten direkt erhofft, daß sie es sind, die sie von ihrem unabwendbaren Untergang erretten".[36]

Am 14. September 1930 feierte die NSDAP im Reich einen Wahlsieg. Bei der Reichstagswahl steigerte sie ihren Anteil auf 18,3 Prozent der Stimmen und stellte mit 107 Abgeordneten – bisher zwölf – nach der SPD die zweitstärkste Fraktion. In Stuttgart buchte die Partei 9,8 Prozent; das Ergebnis lag knapp über dem Landesdurchschnitt von 9,4 Prozent. Damit bildete der Wahlkreis Württemberg im Reich das Schlußlicht.[37] Gegenüber 1928 hatte die NSDAP in Stuttgart die Zahl ihrer Wähler von 4468 auf 21 360 gesteigert. Das war ein respektabler Zuwachs. Angesichts der Ergebnisse im Reich konnten Gau- und Ortsgruppenführung aber nicht zufrieden sein. Sie intensivierten die Propaganda und veranstalteten einen permanenten Wahlkampf. Eine Woche nach der Wahl traten Murr, Dreher und der Bayreuther Lehrer Schemm, alle drei inzwischen Mitglieder des Reichstags, vor 6000 Zuhörern in der Stadthalle auf, und Anfang Oktober lockte Mergenthaler 3000 Personen in die Liederhalle. Am 7. Dezember 1930 erschien Hitler erstmals seit Mai 1927 wieder zu einem öffentlichen Auftritt in Stuttgart. Die Stadthalle war mit 10 000 Besuchern gefüllt, ebenso viele Menschen hörten Hitler nach Polizeiangaben bei Parallelveranstaltungen.[38]

Die weitere Entwicklung der Stuttgarter NSDAP-Ortsgruppe war einerseits von einem weiteren Ausbau der Parteiorganisation und ihrer Gliederungen, andererseits von innerparteilicher Disziplinierung bestimmt. Hugo Kroll überführte seine völkische Jugend in die Hitlerjugend (HJ). „Vater Kroll" war 1928 erster Gauführer der HJ, gründete 1929 an der Technischen Hochschule eine Ortsgruppe des Nationalsozialistischen Deutschen Studentenbundes und Anfang März 1930 eine Mädchengruppe in der HJ unter dem neutralen Namen „Schwäbisches Jungvolk".[39]

Die Pressearbeit der Nationalsozialisten spiegelte bis 1930 den miserablen Zustand der Partei. Zwar brachte die NSDAP im Sommer 1927 den „Südwestdeutschen Beobachter" heraus, der unregelmäßig erschien und bald eingestellt werden mußte.[40] Weiteren Versuchen, zum Teil in Kooperation mit der Reichsleitung, war dasselbe Schicksal beschieden. Am 8. März 1930 erschien erstmals der „Schwäbische Angriff" als Wochenzeitung der Gauleitung. Herausgeber war Josef Weixler (Kirchheim/Teck), als Geschäftsführer des Verlags fungierte Weinmayr, die Schriftleitung übernahm Hans Dähn, der schon vor 1923 aktiver Nationalsozialist gewesen war. Nach Erkenntnissen der Staatspolizei lag die Auflage zunächst bei 2000 Exemplaren; nachdem ein Heilbronner Lokalblatt sein Erscheinen – wohl auf Druck der Gauleitung – eingestellt hatte, stieg sie auf 4000 Exemplare. Zum Besuch Hitlers am 7. Dezember 1930 gab die NSDAP die Nullnummer einer neuen Tageszeitung heraus. Sie nützte die günstige Gelegenheit, den „NS-Kurier", der ab Januar 1931 erscheinen sollte, einem breiten Kreis von Anhängern und Parteigenossen vorzustellen. Als verantwortlicher Herausgeber zeichnete Gauleiter Murr, den Druck besorgte die Firma Rath in Vaihingen auf den Fildern. Die Gauleitung bootete die Druckerei Weixler aus, wie ihr Inhaber bei seinem Kriegskameraden Adolf Hitler bitter beklagte.[41] Der „NS-Kurier" hatte Anfang 1931 angeblich 7000–8000 Abonnenten, drei Monate später sogar zwischen 10 000 und 12 000.[42]

Die Ortsgruppe, die am 1. Dezember 1930 eine neue Geschäftsstelle in der Kronenstraße 18 bezog, führte seit Sommer 1930 der Diplomingenieur Otto Maier. Maier, Jahrgang 1901, war der NSDAP im Mai 1928 beigetreten (Pg.-Nr. 85661). Er galt als befähigter, kämpferischer Ortsgruppenleiter, dem Parteigenossen bisweilen Starrsinn und Fanatismus, aber auch Aufrichtigkeit attestierten.[43] Gemäß den Richtlinien der Reichsleitung forcierte Maier in Zusammenarbeit mit der Gauleitung den organisatorischen Ausbau „der Bewegung". So entstanden noch 1930 die ersten nationalsozialistischen Betriebszellen in Stuttgart. Nach einer unvollständigen Liste der Staatspolizei existierten Anfang Oktober 1930 NS-Betriebszellen bei Bosch, Bleyle, Hahn und Kolb sowie bei den „Taxameter-Chauffeuren".[44] Während sich im Rahmen der Parteiorganisation das Verhältnis zwischen Gauleitung und Ortsgruppe offenbar entspannt hatte, bildete die Stuttgarter SA noch immer das Sorgenkind. So zählte die Stuttgarter SA Ende 1930 erst 180 aktive SA-Männer, bei der SA-Reserve befanden sich 40 Männer, und die SS zählte 30 Mitglieder.[45] Karl Dempel hatte sie 1925 aus Anlaß des Hitler-Besuchs auf Weisung der Reichsleitung gegründet. Sie hatte bislang keine eigenständige Rolle gespielt.[46] Dies änderte sich 1931. Bei einer Besprechung mit den Stuttgarter SA- und SS-Führern teilte der oberste SS-Führer für Süddeutschland, Dietrich, mit, daß es in Abkehr von der bisherigen Haltung nunmehr darauf ankomme, Massen aufzubieten.[47] Während die SA zu einer Massenorganisation aufgebaut werden sollte, gewann die SS als Kadertruppe an Bedeutung. In Stuttgart schlug sich dies nieder in der Einrichtung einer separaten SS-Geschäftsstelle in der Alleenstraße, obwohl die SS formell ein Teil der SA blieb.

Am 1. Mai 1932 bezog die Ortsgruppe Stuttgart der NSDAP samt der Gauleitung das „Braune Haus" in der Goethestraße 14. Einzelne Sektionen verfügten zu diesem Zeitpunkt über eigene Geschäftsräume. An Fahnen und Parolen erkenntlich, breitete sich die NSDAP im Stadtgebiet aus. Auch die Stuttgarter Ortsgruppe schickte sich an, zugleich Massenpartei und „Bewegung" zu werden. Die Veränderungen zeigten sich an scheinbar nebensächlichen Dingen. Trotz permanenten Wahlkampfs und intensiver Propaganda nahm die Geselligkeit einen immer größeren Raum ein. Sogenannte Deutsche Abende mit einer Mischung von gehobener und leichter Unterhaltung standen gleichberechtigt neben den politischen Sprechabenden. Im Juli 1931 lud die Ortsgruppe erstmals zu einer Fahrt nach München ein, wo das dortige Braune Haus, die Feldherrnhalle und die Sehenswürdigkeiten der Stadt besichtigt wurden. Ende September fand bereits die achte München-Fahrt statt.[48]

Einen Höhepunkt der paramilitärischen Aktivitäten bildeten 1932 die öffentlich angekündigten Herbstübungen der SA-Gruppe Südwest, die unter den Augen des obersten SA-Führers Röhm Gelände- und Wehrübungen demonstrierte. Der „NS-Kurier" berichtete: „Rein kriegsmäßig, ohne Schonung von Uniform und Mann, arbeiteten sich die Gruppen (...) vor." Anschließend nahm Röhm beim Kemnater Hof einen Vorbeimarsch von 2000 SA-Männern mit 300 Fahrzeugen ab.[49]

Der Loyalitätskurs der Nationalsozialisten bedeutete keinen Rückzug von der Straße. Die Parole lautete: „Die Straße frei den braunen Bataillonen." In Stuttgart kam es im Herbst 1930 erstmals seit 1927 wieder zu tätlichen Auseinandersetzungen zwischen Nationalsozialisten und ihren politischen Gegnern, insbesondere Kommunisten. Die Staatspolizei verzeichnete besorgt die Gewalttätigkeiten und ließ keinen Zweifel, wem sie ihre Sympathie schenkte. In ihren regelmäßigen Berichten hatte sie das Wahlergebnis vom 14. September 1930, das der NSDAP großen Zuwachs bescherte, unter der Überschrift kommentiert: „Das Anwachsen der KPD".[50] Wenig später wurde sie noch deutlicher. In einem Bericht war die Rede von planmäßigen kommunistischen Störversuchen bei Veranstaltungen der NSDAP, die bislang eine bemerkenswerte Zurückhaltung und Disziplin bewiesen habe. Der Berichterstatter fuhr dann jedoch verständnisheischend fort, langsam mache sich bei den Nationalsozialisten eine gereizte Stimmung breit.[51] Die Erregung entlud sich wenige Tage später bei einer NSDAP-Veranstaltung in Zuffenhausen. Obwohl den Gegnern eine freie Aussprache zugesichert worden war, verweigerten SA-Männer Feuerbacher Kommunisten, an der Uniform des Rotfrontkämpferbundes kenntlich, den Zutritt. Als jene dennoch den Saal betraten, wurden sie von den SA-Leuten niedergestochen. Vierzehn Tage später erlag der Arbeiter Hermann Weißhaupt seinen Verletzungen.[52] In der Neujahrsnacht 1931 kam vor einem Lokal in der Sophienstraße der SA-Mann Ernst Weinstein ums Leben. Eine Verhandlung vor dem Stuttgarter Schöffengericht im Juli 1931 konnte den Tod Weinsteins, nach dem die Sophienstraße zwischen 1933 und 1945 benannt war, nicht aufklären. Das Gericht folgte zwar der Darstellung der Nationalsozialisten in wesentlichen Punkten und sprach von einem planmäßigen kommunistischen Überfall.[53] Mehrere Indizien sprachen jedoch für einen Unglücksfall, zumal Weinstein durch sein eigenes Messer starb.

Es gehörte zur Taktik der NSDAP, für politische Unruhe zu sorgen, um nachher um so lauter an das Ordnungsbedürfnis der Bürger appellieren zu können. Am 4. Juli 1931 schrieb der „NS-Kurier":

„Die Terrorwelle gegen den Nationalsozialismus wächst von Woche zu Woche. Ein Überfall auf SA, SS und Parteigenossen folgt dem anderen. Politische Notverordnungen bringen Parteigenossen ins Gefängnis. Parteigenossen verlieren Arbeitsstellen, müssen wochenlang im Krankenhaus liegen, liegen monatelang im Gefängnis, nur weil sie nichts anderes wollen als deutsche Freiheit."[54]
Fortlaufend berichtete das Organ der NSDAP von Überfällen und Schlägereien und versuchte, dadurch ein Bürgerkriegsklima zu erzeugen. Dabei war in Stuttgart die Intensität der Auseinandersetzungen geringer als in Großstädten, in denen die sozialen Gegensätze stärker waren. So beklagte sich der „NS-Kurier" schon über „unglaubliche Fälle von Zentrumsterror", als Kirchenbesucher Flugblätter zerknüllten. Bewußte Provokationen stellten die sogenannten Propagandamärsche der Nationalsozialisten dar. Die erste größere Unternehmung dieser Art war der „Vorstoß ins rote Heslach" am 21. Mai 1931, als einige hundert SA-Männer in Stuttgarts südlichen Arbeiterbezirk marschierten. Es kam zu Gewalttätigkeiten. Eine Skizze im „NS-Kurier" zeigte eine geschlossene SA-Formation, die ein ungeordneter Haufen von Kommunisten mit Steinen bewarf.[55] Mit einer solchen Darstellung wollten sich die Nationalsozialisten, die Angst vor den Bolschewisten nützend, als Hüter von Ruhe und Ordnung präsentieren. Die Staatsregierung nahm den Vorfall zum Anlaß, für SA und SS ein befristetes Verbot sowie ein Verbot von Versammlungen unter freiem Himmel zu verhängen. Wie schon 10 Jahre zuvor tat dies den Nationalsozialisten keinen Abbruch. In der Nacht zum 26. Juni 1932 wurde der SA-Mann Paul Scholpp lebensgefährlich verletzt, als er nach einem Preisschießen bei der Hedelfinger Schießanlage Nachtwache hielt. Bei der Verfolgung von angeblich kommunistischen Störern erhielt er eine Schußverletzung, an der er nach einjähriger Leidenszeit verstarb. Die Vermutung der „Schwäbischen Tagwacht" und der „Süddeutschen Arbeiterzeitung", Scholpp sei von seinen Kameraden in den Rücken geschossen worden, ließ sich ebensowenig belegen wie die nationalsozialistische Version eines kommunistischen Überfalls. Scholpps Begräbnis im August 1933 gestaltete die NSDAP zu einer Propagandaveranstaltung. Gauleiter Murr führte zusammen mit anderen Führern der württembergischen NSDAP den Trauerzug an; die Stadt benannte Scholpps Heimatstraße in Hedelfingen nach dem Toten.[56] Nur einen Monat nach den nächtlichen Schüssen starb der SA-Mann Gregor Schmid nach einer Schlägerei in der oberen Königstraße. Obwohl die Todesursache nicht genau zu ermitteln war, sprachen die Nationalsozialisten von einem neuerlichen „Rotmord".[57]
Die NSDAP mußte sich in Geduld üben. Sie erlangte den erhofften „Endsieg" weder bei den Wahlen im Juli noch im November 1932, als sie erstmals Stimmen verlor. Ohne daß die Parteigenossen die näheren Umstände erfuhren, trat am 8. Dezember 1932 Reichsorganisationsleiter Strasser zurück. Strasser, der in Stuttgart als Redner gute Resonanz gefunden hatte, schied aus allen Parteiämtern aus.[58]

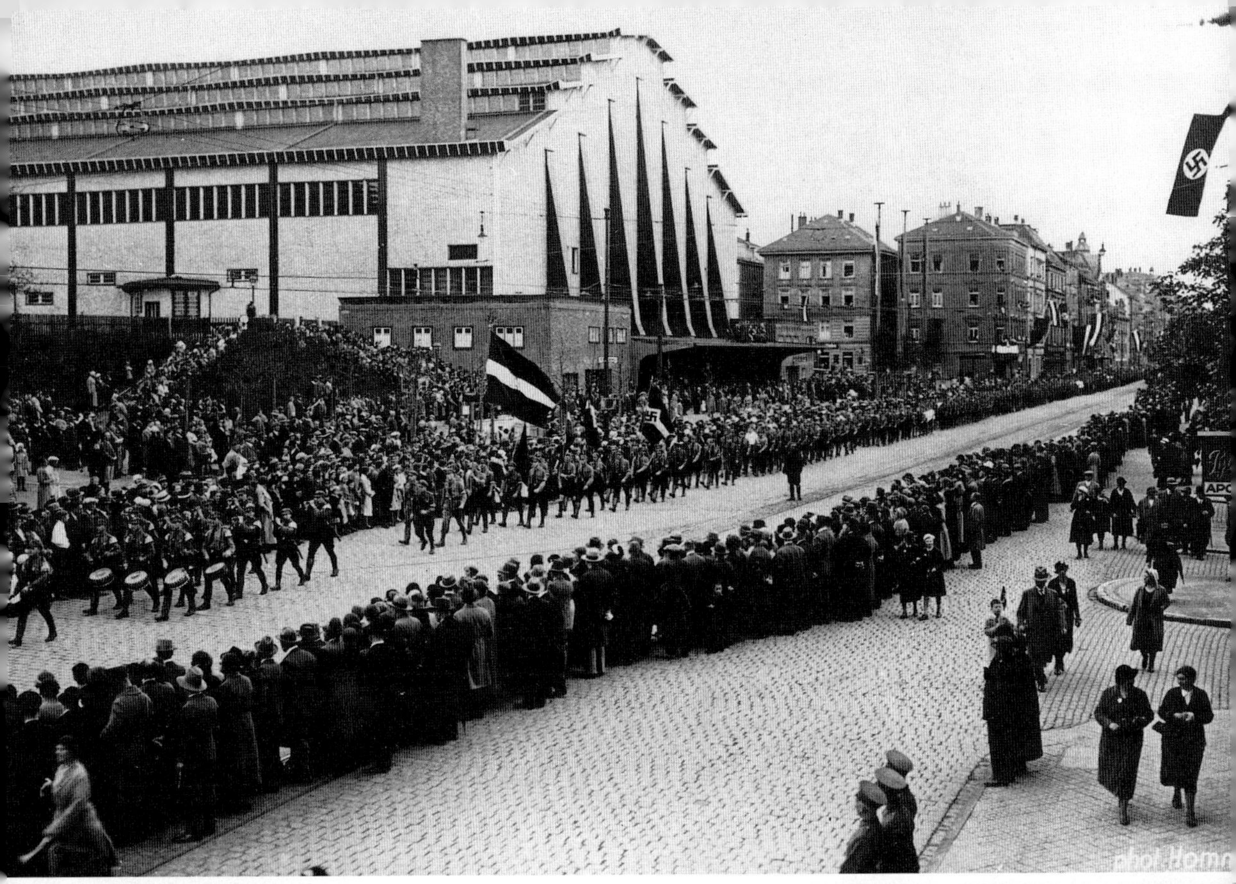

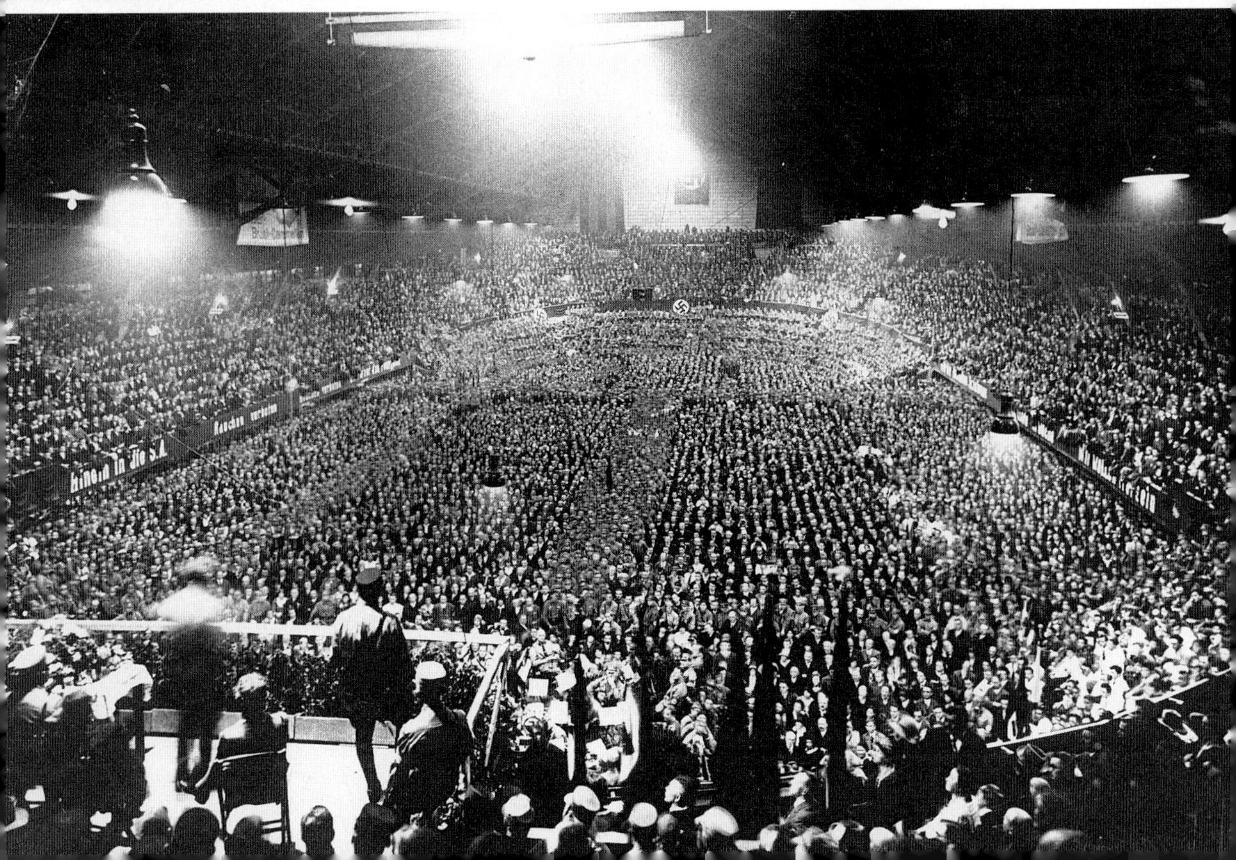
hinein in die S.A.
Rauchen verboten

6 Eintrittskarte zu Hitlers erstem Auftritt in Stuttgart am 7. Mai 1920

7 Begräbnis des SA-Manns Paul Scholpp (17. 8. 1933), Bildmitte Reichsstatthalter Murr, links daneben Ministerpräsident Mergenthaler, rechts Innenminister Schmid

Vorhergehende Seite:
4 Aufmarsch vor der 1925/26 gebauten Stadthalle in der Neckarstraße ...
5 ... und Kundgebung der NSDAP (1932)

Der „NS-Kurier" veröffentlichte nur die entsprechenden Verfügungen Hitlers. Die Gauleitung setzte umgehend eine Tagung sämtlicher Amtswalter von Partei, SA und SS an. Im übrigen verkündete die Führung einen „Burgfrieden" und suchte die Mitglieder mit Deutschen Abenden, Kulturveranstaltungen und Weihnachtsfeiern bei Laune zu halten.[59] Das gut informierte Polizeipräsidium sprach zwar von einer „ernsten Krise", nannte aber Vermutungen über einen Zusammenbruch voreilig.[60]

2. „Zurückhaltung und Abstinenz"
Kommunalpolitische Anfänge der Stuttgarter Nationalsozialisten

Der Erfolg der NSDAP bei der Wahl am 14. September 1930 spiegelte sich in den Debatten im Rathaus. Die Nationalsozialisten hatten sich in Stuttgart nach den Wahlschlappen von 1925 und 1928 sowie angesichts des Fehlens einer Konzeption nicht zu Wort gemeldet. Sie waren sich ihrer Schwäche durchaus bewußt. Im Vorfeld der Oberbürgermeisterwahl, die wegen der Häufung der Wahltermine auf April 1931 vorverlegt worden war, wandte sich Ortsgruppenleiter Maier hilfesuchend an die Reichsleitung: „Wir in Stuttgart haben keinen Kandidaten, der mit Erfolg gegen Lautenschlager antreten könnte. Vielleicht weiß der Organisationsleiter uns einen erfahrenen Kommunalpolitiker." Er hegte keine allzu großen Erwartungen: „Der seitherige Oberbürgermeister wurde von der bürgerlichen Mitte, dem Zentrum und der SPD gehalten. Da sich Lautenschlager erneut zur Wahl stellt, dürfte er auch wieder die Unterstützung dieser Parteien finden."[1] Zwei Wochen später bat Gauleiter Murr um einen Kandidaten, „der Aussicht hat, auch Stimmen über die nationalsozialistischen Kreise hinaus" zu bekommen. Strasser sah sich dazu nicht in der Lage. Wenige Wochen vor dem Wahltermin am 26. April standen die Stuttgarter Nationalsozialisten ohne Kandidaten da.

Erst am 7. April 1931 präsentierte die NSDAP ihren Bewerber. Dr. Karl Strölin, Amtmann beim Gaswerk, kandidierte gegen seinen Dienstherrn. Strölin stammte aus einer angesehenen württembergischen Familie und hatte es im alt-württembergischen Heer bis zum Hauptmann gebracht. Nach dem Ende des Weltkriegs bekämpfte er die Räterepublik in München, studierte nach der Demobilisierung in Stuttgart, Gießen und Wien Staatswissenschaft und wurde im Oktober 1923 in Gießen mit einer Arbeit über „Die wirtschaftliche Lage der Arbeiterklasse und des Mittelstandes der Stadt Stuttgart vor und nach dem Kriege" promoviert. Wiederholt bezog er sich später auf seinen Wiener Lehrer Othmar Spann, dessen Lehre er mit der nationalsozialistischen Forderung „Gemeinnutz statt Eigennutz" in Übereinstimmung brachte. Der NSDAP war Strölin erstmals im Herbst 1923 beigetreten und blieb in der Verbotszeit in der NSFB aktiv. Der neuen NSDAP trat er erst nach ihrem Wahlerfolg zum 1. Januar 1931 wieder bei. Bis zu diesem Zeitpunkt hatte die Stuttgarter Stadtverwaltung ihren Beamten eine Mitgliedschaft verboten. Nun machte Strölin eine Blitzkarriere.[2]

Die NSDAP fand in der Volksrechtspartei einen Bundesgenossen. Die protestantisch-deutschnationale Partei, die im September 1930 in Stuttgart drei Prozent der Stimmen (6600) erhalten hatte, war im Gemeinderat durch den früheren Stadtpfleger Wagner vertreten, den sowohl persönliche Animositäten gegenüber Lautenschlager als auch seine politischen Auffassungen an die Seite Strölins brachten. Beide Parteien bildeten einen Wahlausschuß, der sich den Anschein der Überparteilichkeit gab und Strölin als den „Kandidaten des schaffenden Volkes" und als „Kandidaten aller Stände" präsentierte.[3] Schützenhilfe erhielt Strölin auch von der Reichsleitung. Am 18. April trat er mit dem Münchner Stadtrat Fiehler im Kursaal und am 24. April in der Stadthalle mit Hitler auf. Mit bis zu vier Veranstaltungen an einem Abend versuchte Strölin ganz im Stile Hitlers die kurze Frist zu nutzen. Sein Wahlausschuß äußerte sich vor allem im „NS-Kurier" sowie mit Flugblättern. Dabei griff er wenige Tage vor der Wahl Lautenschlager persönlich an, was Strölin jedoch eher schadete als nützte. Am 26. April 1931 wählten 69,7 Prozent Lautenschlager zum Oberbürgermeister. Strölin mußte sich mit dem zweiten Platz vor dem KPD-Kandidaten Torgler zufriedengeben und erzielte 15,6 Prozent. Die NSDAP war über den Wahlausgang enttäuscht und attackierte vor allem die Deutschnationalen, die trotz teilweiser heftiger Kritik Lautenschlager unterstützt hätten: „Der Kandidat der SPD auf den Krücken der Bürgerpartei."[4] Strölin hatte 25 808 Stimmen erhalten, das waren 2000 Stimmen weniger, als NSDAP und Volksrechtspartei bei den Reichstagswahlen im Vorjahr erhalten hatten. Damals waren jedoch fast 50 000 Stuttgarter mehr zur Urne gegangen. Strölin hatte mit einiger Sicherheit eine Reihe von deutschnationalen Sympathisanten angezogen. In der deutschnationalen Hochburg Azenberg erzielte er mit 22 Prozent ein herausragendes Ergebnis.

Strölins Konzept für die Oberbürgermeisterwahl war zugleich das kommunalpolitische Programm der Stuttgarter NSDAP. Ansatzpunkt war die allgemeine Kritik an der sogenannten Erfüllungspolitik des Reiches gegenüber den Siegermächten. Die Finanzprobleme der Kommunen und die Wirtschaftskrise galten der NSDAP als Folge der Reparationen.[5] In der Finanzpolitik lehnte Strölin jegliche Neuverschuldung, insbesondere aber die Aufnahme von Auslandsanleihen ab und forderte statt dessen die Schaffung eigener Steuerquellen. Er schlug eine gestaffelte Beteiligung an der Einkommensteuer sowie „im Interesse der Erhaltung des Mittelstandes" die Einführung einer Warenhaus- und Filialsteuer vor, während er die durch die Notverordnungen vorgesehenen Bürger-, Bier- und Getränkesteuern als unsozial verwarf. Weiter forderte Strölin „äußerste Sparsamkeit" in der Verwaltung: „Die Sparsamkeit muß aber ihre Grenze in der Erhaltung der Existenzfähigkeit des Mittelstandes und der Arbeiterschaft finden. Auch die notwendige Wohlfahrtsfürsorge darf nicht beeinträchtigt wer-

den." Die aktuellen Krisenerscheinungen spiegelten sich deutlich im Programm, in dem unter anderem der Abbau der Spitzengehälter und – entsprechend einem Vorschlag der Stuttgarter Gewerkschaften – „die Kürzung der 48-Stundenwoche auf die 44-Stundenwoche ohne Ersatz für Lohnausfall" verlangt wurde. Zum Abbau der Arbeitslosigkeit sollte das Land Arbeitsbeschaffungsmaßnahmen („produktive Erwerbslosenfürsorge") finanzieren. Die Stadtverwaltung sollte ihre Siedlungs- und Verkehrspolitik intensivieren („Mietskasernen im orientalischen Stil sind aber keine behaglichen Wohnungen") sowie den privaten und genossenschaftlichen Wohnungsbau fördern. Andererseits sollte sich die öffentliche Hand aus der Wirtschaftspolitik weitgehend heraushalten, insbesondere dort, „wo sie sich zum Nachteil des gewerblichen Mittelstandes auswirkt". Die Eingemeindungspolitik der Stadt stieß bei Strölin auf Kritik: „Eingemeindungen sind nur vorzunehmen, wo sich für die Stadt besondere wirtschaftliche Vorteile oder zwingende kommunalpolitische Notwendigkeiten ergeben." Innerhalb der Stadtverwaltung forderten die Nationalsozialisten eine Ausschaltung von Partei- und Interessenpolitik im Personalbereich, bei Vergaben von Subventionen. Der „Führergedanke" sei in den Vordergrund zu stellen, und zwar nicht nur im Hinblick auf den Oberbürgermeister, sondern auch auf die Amtsvorstände gegenüber den einzelnen Abteilungen des Gemeinderats. In diesem Zusammenhang verlangten die Nationalsozialisten ein größeres Maß an Öffentlichkeit bei den Sitzungen. Seinen Wahlkampf hatte Strölin unter das Motto „Gemeinnutz statt Eigennutz" gestellt. Voraussetzung dafür sei „eine völlige Umgestaltung unserer Wirtschaft", eine „Abkehr von ihrem bisherigen anarchistischen Aufbau" und ein „bewußter Übergang zum organischen Aufbau und zur Nationalwirtschaft".
Dieses Programm enthielt keine Sensationen, blieb allgemein und hätte bis auf die Beschränkung der Spitzengehälter auch von den Vertretern der Bürgerpartei im Gemeinderat unterschrieben werden können. Der Kandidat des schaffenden Volkes fand für alle Stände warme Worte. Strölin, nach der Formulierung seines Wahlausschusses aus „einer alten Stuttgarter Familie", „ein lauterer, unbestechlicher Charakter" mit „reicher kommunalpolitischer Erfahrung" aus seiner Tätigkeit beim Gaswerk und als Geschäftsführer des Landesverbandes württembergischer Gaswerke, paßte jedoch für viele Stuttgarter nicht in das Bild, das sie von der eifernden NSDAP und von marschierender SA besaßen. Strölin bedauerte auch nach der Wahl die persönlichen Angriffe seines Wahlausschusses gegen Lautenschlager, die ohne seine Kenntnis erfolgt seien.[6]
Am 7. Dezember 1931 fanden Gemeinderatswahlen statt. Strölin bekräftigte in seinen Reden das Programm vom Frühjahr, betonte die Allgemeinplätze Gemeinnutz, Sparsamkeit, Sachlichkeit und nannte den Mittelstand ein „Bollwerk gegen Bolschewismus und Großfinanzkapital".[7] Gerne setzte er sich mit Staatspräsident Bolz auseinander, der die NSDAP als „Sammelsurium von herdenmäßig zusammengekommenen, unzu-

friedenen und mißgestimmten bürgerlichen Elementen" bezeichnet hatte. Strölin machte auch Stimmung gegen eine angebliche kulturelle Zersetzung:

„Und wir werden es nicht dulden, daß noch einmal Stücke wie der ‚Schatten über Harlem' über die Bretter der Stuttgarter Bühne gehen, Stücke, in denen die deutsche Rasse verhöhnt wird. Wir werden es nicht länger dulden, daß im Friedrichsbautheater Neger auftreten, solange deutsche Künstler brotlos auf den Straßen herumirren. Und wir werden es nicht dulden, daß Filme, wie der ‚Im Westen nichts Neues' von geschäftstüchtigen Unternehmen vorgeführt werden, Filme, in denen die Ehre des deutschen Frontsoldaten, dieses höchste Gut, das wir aus dem Zusammenbruch gerettet haben, in den Staub gezogen wird."[8]

Die NSDAP, im September 1930 noch bei 9,8 Prozent, errang am 7. Dezember 1931 21,5 Prozent der Stimmen. Sie erhielt wie die SPD sieben Mandate im Gemeinderat, die als stärkste Partei noch ein Prozent vor der NSDAP lag. Da nach der Württembergischen Gemeindeordnung alle drei Jahre nur die Hälfte der Gemeinderäte zu wählen war, blieben die Nationalsozialisten bei insgesamt 60 Sitzen deutlich in der Minderheit.[9]

Tabelle 10: Der Stuttgarter Gemeinderat nach der Wahl vom 7. Dezember 1931

Partei	Stimmergebnis	Sitze bisher	ausgeschieden	neugewählt	Bestand	Veränderung
SPD	(22,5%)	18	8	7	17	−1
NSDAP	(21,5%)	0	0	7	7	+7
KPD	(18,2%)	4	1	6	9	+5
BP	(9,5%)	9	5	3	7	−2
Zentrum	(8,8%)	6	3	3	6	−
Volksdienst	(4,4%)	2	1	1	2	−
KPO	(1,9%)	5	4	0	1	−4
DDP		8	5	2	5	−3
DVP	(11,1%)	6	3	1	4	−2
Volksrechtspartei		1	0	0	1	−

Wieder zeigte sich die Stuttgarter NSDAP trotz des Zugewinns enttäuscht. Sie richtete heftige Attacken auf das Gemeindewahlrecht, das ihr die zustehende Anzahl von Sitzen vorenthalte.

Die Ortsgruppe hatte die bekannteren Nationalsozialisten wie Stadtpfarrer Ettwein, Cannstatt, und Rechtsanwalt Glück auf schlechtere Listenplätze gesetzt, um mit Metzger und Schulz zwei Vertreter der Arbeiterschaft in den Gemeinderat schicken zu können. Schmidt und Dempel legten nach ihrer Wahl in den württembergischen

Tabelle 11: Die NSDAP-Gemeinderäte nach der Wahl vom 7. Dezember 1931[10]

Dr. Karl Strölin,	Stadtamtmann,	Pg. 1. 1. 1931
Hugo Kroll,	Zuschneider,	Pg. April 1925; Mitbegründer der NSDAP 1920
Friedrich Schmidt,	Lehrer z. A.,	Pg. 15. 5. 1925; Gaupropagandaleiter
Karl Dempel,	Handwerksmeister,	Pg. 11. 4. 1925; Gründer der SS 1925
Paul Sauer,	Steuerrevisor,	Pg. 1. 1. 1930; Sektionsleiter Bopser
Karl Metzger,	Packer,	
Friedrich Schulz,	Elektriker,	Pg. 1. 6. 1930; Gaubetriebszellenobmann

Landtag 1932 ihre Mandate nieder. Nachrücker waren der kaufmännische Angestellte Paul Hayer und der Untertürkheimer Bäcker Georg Gienger, seit Januar 1928 Mitglied der NSDAP und seit März 1929 Ortsgruppenleiter im Neckarvorort.[11]

Bei seiner Jungfernrede erklärte Strölin als Fraktionsvorsitzender am 28. Januar 1932: „Ich glaube, daß niemand etwas anderes von uns erwarten wird, als daß wir auch auf dem kommunalpolitischen Gebiet mit Ihnen den Kampf um die Durchführung unserer weltanschaulichen Grundsätze führen werden. Aber wir sind uns durchaus bewußt, daß die Lage der Gemeinden in erster Linie bedingt ist durch die Erfüllungspolitik des Reiches, die durch die ständige Herabsetzung der Einnahmen und durch die Überwälzung der Lasten auf die Gemeinden überhaupt nur möglich gewesen ist. Wir wollen daher, weil wir diese Grundtatsache anerkennen, heute noch besonders klar zum Ausdruck bringen, daß meine Fraktion den ernsten Willen mitbringt, im Gemeinderat bei der Behandlung der schwierigen Fragen und Aufgaben (...) aktiv und sachlich mitzuarbeiten."[12]

Die NSDAP-Fraktion bestand praktisch aus einem Mann. Strölin war nicht nur für die Mehrzahl der Zwischenrufe, sondern für sämtliche grundsätzlichen Stellungnahmen zuständig. Lediglich Propagandaleiter Schmidt fiel gleich zu Beginn seines Mandats aus der Rolle:

„Wir sehen in der kommunistischen Bewegung einen jüdisch-asiatischen Zersetzungswillen, einen jüdisch-asiatischen Zerstörungswahnsinn, dessen Ziel die Vernichtung der abendländischen Kultur, vor allem der deutschen Kultur, des deutschen Staates, der deutschen Wirtschaft ist. Wir lehnen es ab, daß eine Bewegung, die ihr geistiges Rüstzeug vom Juden Marx, vom Tartaren Lenin, vom Kaukasier Stalin bezieht, in deutschen Angelegenheiten, insbesondere im Erziehungswesen auch nur den bescheidensten Einfluß hat."[13]

Angesichts der vielen Nöte und ihres eigenen Anspruchs erwiesen sich die nationalsozialistischen Beiträge zur Kommunalpolitik des Jahres 1932 als dürftig. Ihr erster großer Antrag endete mit einem kompletten Reinfall. Bei den Haushaltsberatungen in der Finanzabteilung am 11. Mai 1932 brachte die NSDAP folgenden Antrag ein:

„Beim Landtag ist zu beantragen, daß auf die Reichsregierung dahin eingewirkt wird, daß im Reich die städtischen und staatlichen Besoldungssätze dahin abgemindert werden, daß als Höchstgehalt für einen Beamten 12000 RM festgesetzt werden."[14]
In einem Zusatzantrag forderten sie außerdem eine Anpassung der Löhne und Gehälter der Privatwirtschaft „in angemessener Weise". Daraufhin faßte die SPD-Fraktion diese Forderungen in einem Antrag zusammen, der eine allgemeine Höchstgrenze von 12000 RM enthielt und die Erhebung einer Einkommensteuer offenließ, „die alle Einkommen über 12 000 RM restlos wegsteuert". Strölin erklärte sich damit „völlig einverstanden" und zog den eigenen Antrag zurück. Die Finanzabteilung nahm mit den Stimmen von SPD, NSDAP, KPD und einem der zwei Zentrumsvertreter den sozialdemokratischen Antrag an. Damit waren die Stuttgarter Nationalsozialisten ihren politischen Gegnern buchstäblich in die Falle gegangen. Mit sichtlichem Vergnügen zählte Stadtrat Hirn, der Finanzexperte der SPD, wenig später im Plenum die Reaktionen inner- und außerhalb der NSDAP auf: Die Parteileitung der NSDAP habe Strölin einen „Rüffel" erteilt und einen Erlaß herausgegeben, wonach sämtliche NS-Anträge in allen Parlamenten der Zustimmung aus München bedürften.[15] Schließlich wies Hirn auf den Aufschrei der „Koalitionsfreunde", der Deutschnationalen, hin. Strölin versuchte zwar, durch Erklärungen im „NS-Kurier" sowie in rechtsstehenden Blättern verlorenes Terrain wiederzugewinnen, und beklagte sich larmoyant über „die innere Unwahrhaftigkeit" des sozialdemokratischen Vorgehens. Bei der namentlichen Abstimmung im Plenum flüchteten die NSDAP-Gemeinderäte schließlich in die Stimmenthaltung.
Vor Wahlen gebärdete sich die NSDAP zuweilen als Anwalt der Arbeiter. Vor der Reichstagswahl im Juli 1932 wandte sie sich – zusammen mit SPD, KPD und Zentrum – gegen eine Kürzung der Unterstützungssätze. Stuttgart zahle zwar verhältnismäßig hohe Sozialleistungen, sei jedoch eine teure Stadt. Bevor den unteren Schichten weitere Opfer zuzumuten seien, sollten die Höchstgehälter gekürzt werden.[16] Im Herbst 1932 forderte die KPD eine Beihilfe für alle Unterstützungsempfänger. Als die Beschlußfassung anstand, waren soeben Wahlen für den 6. November anberaumt worden. Die NSDAP wollte sich keine Blöße geben und pflichtete den Kommunisten bei.[17] Sie lehnte aber einen Streik der städtischen Wohlfahrtsarbeiter ab, den die KPD organisiert hatte. Stadtrat Metzger verwies auf den parlamentarischen Weg.[18]
Mitbedingt durch das württembergische Gemeindewahlrecht, besaßen die Nationalsozialisten im Stuttgarter Gemeinderat eine schwache Position. Im Gegensatz zu Reichs- und Landtag, wo die NSDAP am 24. April 1932 stärkste Fraktion geworden war und mit Christian Mergenthaler den Präsidenten stellte, mußte sie sich im Rathaus mit einer Nebenrolle begnügen.[19] Zwar fehlten auch im Gemeinderat die Versuche nicht, Politik durch Agitation zu ersetzen. Der Effekt blieb indes gering. Strölin erklärte die Not zur Tugend. Er wertete die Schwäche als Zeichen konstruktiver Mitar-

III. 2. Kommunalpolitische Anfänge der Stuttgarter Nationalsozialisten

beit und räumte ein, „daß wir Nationalsozialisten uns in den Abteilungen des Gemeinderats ganz bewußt eine gewisse Zurückhaltung auferlegt haben".[20] Solche Eingeständnisse schmerzten nur wenig, denn sie hatten – vor allem bei Wahlen – keine negativen Folgen. Die schwache Vorstellung der nationalsozialistischen Gemeinderäte bestärkte vielmehr die Auffassung, diese Partei sei praktischer Verantwortung nicht gewachsen. Kämmerer Hirzel etwa rechnete mit Strölin als einem „besonders starken Fabrikanten" von blauem Dunst ab, und SPD-Stadtrat Hirn stellte eher amüsiert fest: „Die Hechte im Karpfenteich haben sich als freundliche und harmlose Spießbürger entpuppt." Nie habe es eine Fraktion im Rathaus gegeben, die „eine derartige Zurückhaltung und Abstinenz an den Tag legte".[21]

Erster Teil
Umschaltung, Gleichschaltung, Ausschaltung

Kapitel I
Stuttgart im Wartestand

Am 30. Januar 1933 ernannte Reichspräsident von Hindenburg den Führer der NSDAP, Adolf Hitler, zum Reichskanzler.[1] Die Nachricht von der Bildung einer Koalitionsregierung von Nationalsozialisten und Deutschnationalen verbreitete sich am Montagnachmittag. Die KPD mobilisierte ihre Anhänger. Nach Betriebsschluß versammelten sich Mitglieder und Anhänger der Partei vor dem Redaktionsgebäude der „Süddeutschen Arbeiterzeitung".[2] Während in Berlin Gauleiter Goebbels einen gewaltigen Aufmarsch von SA, SS und Stahlhelm inszenierte, beherrschten in Stuttgart die Gegner der neuen Regierung das Straßenbild.
Am nächsten Morgen verteilten Kommunisten an den Werkstoren Flugblätter, mit denen sie zum Generalstreik aufriefen. Die Resonanz blieb gering. Bezeichnend war der mißglückte Versuch von rund 40 Kommunisten, das Fahrpersonal der Stuttgarter Straßenbahnen im Depot Südheim von der Arbeit abzuhalten. Als sich die Arbeiter weigerten, versuchten die Streikwilligen vergeblich, die Schienen mit einem Lastwagen zu blockieren. Die Polizei rückte an und verhaftete einige Kommunisten.[3] Auch bei der Firma Elektronmetall GmbH kam es zu Arbeitsniederlegungen.[4] Nur noch ein Fünftel der KPD-Mitglieder standen zu diesem Zeitpunkt in Arbeit, dem Wirken waren also enge Grenzen gesetzt.[5] Vor allem aber lehnten Reichsleitung des Allgemeinen Deutschen Gewerkschaftsbundes (ADGB) und Parteivorstand der SPD einen Generalstreik ab, obwohl in Stuttgart einzelne Gruppen auf entsprechende Befehle warteten. Jene wollten den Streik als letzte und stärkste Waffe zu diesem Zeitpunkt nicht gegen eine auf legalem Weg an die Macht gelangte Regierung einsetzen.
Am Abend des 31. Januar 1933 feierten Stuttgarts Nationalsozialisten den Sieg. SA, SS, Hitlerjugend und auch Stahlhelm-Formationen zogen mit Fackeln vom Braunen Haus in der Goethestraße zum Marktplatz. Während der Berichterstatter des „NS-Kurier" „Zehntausende (...) bei der gewaltigsten und größten Freiheitskundgebung Stuttgarts" gesehen haben wollte, waren nach einem Polizeibericht 6000–7000 Menschen auf den Beinen.[6] SA-Gruppenführer Jagow, Gaugeschäftsführer Schmidt und Gauleiter Murr traten als Redner auf, der Große Zapfenstreich sorgte für die Emotion. Zur gleichen Zeit rief im Saalbau Dinkelacker der Redakteur der „Süddeutschen Ar-

beiterzeitung", Willi Bohn, namens der KPD zum gemeinsamen Kampf und zum Generalstreik gegen das „Kabinett der nationalen Erhebung" auf. Der Veranstaltung schloß sich ein Demonstrationszug zum Wilhelmsplatz an, wo Bezirksleiter Buchmann vor etwa 4000 Zuhörern das Wort ergriff. Anschließend sprachen in der Innenstadt wieder die Fäuste. Der Aufruf zum Generalstreik trug der „Süddeutschen Arbeiterzeitung" ein Verbot für eine Woche „wegen hochverräterischen Inhalts" durch das württembergische Innenministerium ein.[7]

Die Ernennung zum Reichskanzler hatte Hitler mit der Auflösung des Reichstags und der Ausschreibung von Neuwahlen verknüpft. Am 1. Februar unterzeichnete Hindenburg eine entsprechende Verordnung, als Termin für die Wahlen wurde der 5. März festgesetzt. Nicht nur die „Schwäbische Tagwacht" zeigte sich davon überrascht, daß entgegen demokratischen Gepflogenheiten zuerst eine Regierung ernannt werden und anschließend eine Bestätigung durch die Wähler stattfinden sollte. Die Deutschnationalen wiederum wunderten sich, daß eine nationale Regierung unter einem nationalsozialistischen Kanzler nichts Eiligeres zu tun wisse, als Wahlen auszuschreiben. Die überraschende Ankündigung von Reichstagswahlen gestaltete eine Kundgebung der Eisernen Front am Abend des 1. Februar zum unbeabsichtigten Wahlkampf-Auftakt. Von der Hauptstätter Straße und vom Wilhelmsplatz marschierten die Teilnehmer zum Marktplatz, wo Kurt Schumacher, Mitglied des Reichstags und ehedem „Tagwacht"-Redakteur, zu 7000–8000 Anhängern sprach. Er setzte sich in erster Linie mit dem Verhältnis zur KPD auseinander. Er verteidigte die Haltung der SPD zum Generalstreik, der schärfsten Waffe gegen den Staatsstreich und die Gegenrevolution, und forderte die KPD zum gemeinsamen Kampf für Freiheit und Demokratie auf. Die jahrelange Auseinandersetzung zwischen SPD und KPD ließ sich jedoch auch im Angesicht einer nationalsozialistischen Regierungsbeteiligung nicht überwinden. Eine gemeinsame Aktion aus Anlaß einer Wahlrede Hitlers scheiterte schon im Ansatz. Die Anregung war von der Bezirksleitung der KPD ausgegangen, erreichte die SPD-Geschäftsstelle jedoch erst am Tag vor der Veranstaltung. Die Sozialdemokraten werteten es als „nicht zu überbietende Unehrlichkeit, wenn man von Einheit spricht in Fällen, in denen die KPD ganz allein und selbständig eine Aktion anzettelt und dann zur Durchführung und Verantwortung der Aktion allen anderen Organisationen es überläßt, sich entweder bedingungslos der KPD anzuschließen, oder sich beschimpfen und verdächtigen zu lassen."[8]

Der Wahlkampf verstärkte die Polarisierung des politischen und gesellschaftlichen Lebens in der Stadt. Die SA-Männer und Parteigenossen ließen ihren Emotionen freien Lauf, gelegentliche Aufrufe von Parteiführern zur Mäßigung und zur Vermeidung von Übergriffen richteten sich in dieser Phase eher an das Publikum. Auf der anderen Seite mußten dies insbesondere die Kommunisten spüren. Von Waffengleichheit konnte keine Rede mehr sein, nachdem sich die Verbote für die „Süddeutsche Ar-

1. Teil: I. Stuttgart im Wartestand

beiterzeitung" im Laufe des Februar wiederholten. Kundgebungen und Propagandamärsche bestimmten nahezu allabendlich das Stadtbild und endeten in tätlichen Auseinandersetzungen. Die heftigsten Zusammenstöße ereigneten sich in den Abend- und Nachtstunden des 9. sowie des 11. Februar.[9]

Die Parteien der Mitte resignierten zum Teil schon lange vor dem Wahltermin. In einem Schreiben an Hindenburg erklärte die württembergische DVP, sie stelle angesichts des nationalsozialistischen Wahlterrors ihre Versammlungstätigkeit ein. Die Regierungsparteien freilich höhnten, die DVP suche einen starken Abgang, nachdem sie keine Resonanz finde.[10] Die DDP und das Zentrum protestierten ebenfalls bei Hindenburg, wobei sich das Zentrum vor allem auf außerwürttembergische Ereignisse berief. Im Land führte Staatspräsident Bolz einen hartnäckigen Wahlkampf, in dem er besonders die Bedrohung der württembergischen Eigenständigkeit durch die neue Regierung und den von ihr verkörperten „Geist von Potsdam" ins Feld führte.

Höhepunkt des Stuttgarter Wahlkampfes der NSDAP sollte ein Auftritt Hitlers am 15. Februar 1933 werden. Die Parteigenossen, SA- und SS-Männer begrüßten Hitler, der traditionsgemäß im Hospiz Viktoria abgestiegen war, mit einem Fackelzug. Anschließend zogen sie zum Marktplatz, denn sie sollten „die Stadthalle den politisch Schwankenden überlassen, damit dieselben durch die große Überzeugungskraft des Führers dem Nationalsozialismus endgültig gewonnen werden".[11]

Hitlers Rede wurde vom Rundfunk übertragen. Die Übertragung brach um 21.17 Uhr ab; Hitler war nur noch in der Stadthalle zu hören.[12] Wie die Verantwortlichen des Rundfunks umgehend feststellten, lag die Schuld nicht beim Rundfunk. Vielmehr stellte sich heraus, daß am Gebäude Werderstraße 20 die oberirdisch verlegte Leitung zum Telegrafenamt durchtrennt worden war. Der Staatskommissar für den Südfunk, Oberregierungsrat Vögele, erstattete zusammen mit dem Gaufunkwart der NSDAP, Werber, Goebbels Bericht. Dieser war über den Sabotageakt empört und sorgte für die Suspendierung von drei Beschäftigten der Post und des Südfunks, die jedoch nach einer Untersuchung rehabilitiert wurden. Die Blamage war besonders für die Stuttgarter Nationalsozialisten, deren SA die Kabelleitung hätte bewachen sollen, enorm. Sie machten ihrem Unmut bei Schlägereien mit politischen Gegnern Luft. Am Morgen des 16. Februar verteilten Kommunisten Bekennerflugblätter. Sie hätten durch einen wohlgezielten Axthieb Hitler das Wort entzogen. Die Täter entkamen zunächst, gerieten jedoch drei Jahre später in die Hände der Polizei. Sie fanden beim Oberlandesgericht vergleichsweise milde Richter, die den Sabotageakt nicht als Hochverratsdelikt ahndeten und Gefängnisstrafen zwischen 21 und 24 Monaten verhängten.[13]

Am Abend des 27. Februar 1933 brannte in Berlin der Reichstag. Die Nationalsozialisten nahmen dies zum Anlaß, Grundrechte der Weimarer Verfassung durch eine eilig entworfene Notverordnung „zum Schutze von Volk und Staat" außer Kraft zu setzen.[14] Das Reich konnte vorübergehend Länderregierungen ablösen und die Polizeigewalt übernehmen. Auf legalem Weg wurde illegaler Terror eingeführt – die Jagd auf die deutschen Kommunisten war freigegeben: „Jetzt muß durchgegriffen werden und es wird durchgegriffen", lautete am 28. Februar die Schlagzeile der „Süddeutschen Zeitung".[15] Die Polizei durchsuchte die Büros der KPD, nahm Haussuchungen bei Funktionären vor, eine Verhaftungswelle setzte ein. Einige kommunistische Spitzenpolitiker gingen in den Untergrund. Mit Datum vom 1. März verbot die Staatsregierung, gestützt auf ein „Ersuchen des Reichsministers des Inneren", sämtliche Veranstaltungen und Versammlungen sowie sämtliche periodischen Druckschriften der KPD. Die „Süddeutsche Arbeiterzeitung" war zu diesem Zeitpunkt ohnehin verboten gewesen. Der Stuttgarter Polizeipräsident hatte ein Verbot bereits am 28. Februar erlassen, und zwar summarisch „für die nächsten Tage".[16] Ganz offensichtlich wollte er damit die KPD behindern.

Die heiße Phase des Wahlkampfs fand also unter Ausnahmerecht statt. Am 1. März sprach Hans Frank, oberster „Rechtswahrer" der NSDAP, während die Eiserne Front den SPD-Landesvorsitzenden Roßmann und den Stuttgarter Parteisekretär Schöttle auf dem Marktplatz aufbot. Am nächsten Abend erinnerten Reinhold Maier und Wolfgang Haußmann an Stuttgarts liberale Tradition. Maier lehnte dabei scharf die Einsetzung eines „Nazi-Vogtes" und die Entrechtung Württembergs zu einer „Filiale von Berlin" ab. Den Gegnern der Nationalsozialisten gelang an diesem Tag eine ebenso spektakuläre wie wirkungslose Aktion. Vier junge Sozialdemokraten störten eine Direktübertragung des Rundfunks, der soeben einen Englisch-Sprachkurs sendete. Ehe die Mikrofone abgeschaltet worden waren, ging ein Ruf über den Äther: „Nieder mit Hitler! Es lebe die Freiheit! Wählt Sozialdemokratie!" Ein Schnellrichter verurteilte die jungen Leute noch vor dem Wahltag zu mehreren Wochen Gefängnis. Am 3. März lockte Vizekanzler Papen rund 8000 Menschen in die Stadthalle und erhielt für seine Komplimente an den württembergischen Föderalismus viel Beifall.[17] Am Vorabend des Wahltags schließlich mobilisierten NSDAP und Eiserne Front nochmals ihre Anhänger; Kurt Schumacher sprach in der Stadthalle. An- und Abmärsche hatte Polizeipräsident Klaiber vorbeugend verboten, weil die Gefahr bestehe, „daß sich die Teilnehmer aufreizende Sprechchöre und Aufrufe gegen die Reichsregierung und den Herrn Reichskanzler zuschulden kommen lassen".[18] Diese Gefahr bestand bei den Nationalsozialisten freilich nicht, denen Klaiber Stuttgarts Straßen und Plätze überließ. Nachdem sie auf dem Marktplatz eine Hitler-Rede aus Königsberg angehört hatten, zogen die Stuttgarter Nationalsozialisten mit Fackeln zum Bismarckturm, wo Gauleiter Murr und SS-Standartenführer Sommer sprachen. In der Woche zuvor waren sämtliche KPD-Veranstaltungen verboten worden, bei insgesamt rund 60 Hausdurchsuchungen in Stuttgart hatte die Polizei Personen festgenommen und am Abend des 4. März eine Sitzung von Funktionären ausgehoben.[19] Dennoch schürte die NSDAP die Kommunistenfurcht. Unter der Überschrift „Achtung! Kommunistische Terrorabsichten" schrieb der „NS-Kurier" am Vortag der Wahl: „Wir erfahren, daß die KPD in einer Reihe von Wahllokalen beabsichtigt, das Auszählen der Stimmscheine zu verhindern. Die Gauleitung ordnete deshalb für alle Ortsgruppen und Stützpunkte an: Sofort nach Schluß der Wahlhandlung (5 Uhr) begeben sich zwei Parteigenossen in das Wahllokal, um der Auszählung der Stimmen beizuwohnen."[20] Abgesehen davon, daß bei ernsten Störversuchen zwei Parteigenossen wenig hätten ausrichten können, unterstrich die Notiz, daß die NSDAP das Auszählen der Stimmen beeinflussen wollte.

Die lokalen Ereignisse standen im Schatten der großen Politik. Der Gemeinderat beschäftigte sich ausdauernd mit einem Rauchverbot für die Stadthalle. Am 9. Februar platzte eine Gemeinderatssitzung, bei der die NSDAP den Antrag gestellt hatte, dem ihr nahestehenden Deutschen Sportclub – in der SA-Verbotszeit deren Tarnorganisation – städtische Turnhallen zu überlassen. Nach einem Zwischenruf des NS-Stadtrats Metzger, der zumindest indirekt die Erschießung eines sozialdemokratischen Bürgermeisters durch einen Hitlerjungen gebilligt hatte, zogen nach Tumultszenen und Beschimpfungen das Zentrum, die Sozialdemokraten und die Kommunisten aus dem Plenum aus. Der „Schwäbische Merkur", Organ der Nationalliberalen, und die deutschnationale „Süddeutsche Zeitung" verstanden die Aufregung „auf der Linken" nicht. Sie gaben einer „Hetzrede" des Sozialdemokraten Engelhardt die Schuld: „Sozi und Kommunisten drängen gegen die Bänke der Nationalsozialisten vor, die von den Vorgängen völlig überrascht sind und sich ganz ruhig verhalten."[21]

Weitere Plenarsitzungen kamen vor dem Wahltag nicht mehr zustande, in einzelnen Abteilungen des Gemeinderats wurden jedoch Maßnahmen zur Arbeitsbeschaffung beschlossen und schließlich dem Deutschen Sportclub nach Stichentscheid mit der Stimme von Bürgermeister Dollinger städtische Turnhallenplätze überlassen. Anfang März legte das Bürgermeisteramt den Entwurf des Haushaltsplans für das Rechnungsjahr 1933 mit einem Fehlbetrag von 1,13 Millionen RM vor.[22]

Das Wahlergebnis war für die NSDAP in Stuttgart nicht überzeugend. Bei einer Wahlbeteiligung von 89,1 Prozent erzielte sie 33,8 Prozent und ihr Berliner Koalitionspartner, die von den Deutschnationalen dominierte Kampffront Schwarz-Weiß-Rot 9,8 Prozent der Stimmen. Trotz weiterer Zugewinne blieb die NSDAP in Stuttgart wie bisher rund zehn Prozent unter dem Reichsdurchschnitt. Die SPD erhielt 23,6 Prozent, die KPD trotz des Terrors 14,8 Prozent, das Zentrum 9,7 Prozent, und die Liberalen bekamen 4,4 Prozent der Stimmen.[23]

Der Wahlausgang änderte nichts an der Entschlossenheit der Reichsregierung und insbesondere der Nationalsozialisten, die Gleichschaltung bis in jedes Dorf in Angriff zu nehmen. Den Auftakt zur Machtübernahme in den Gemeinden bildete der Versuch, auf den Rathäusern die Hakenkreuzflagge zu hissen.[24] Mit Rücksicht auf die Deutschnationalen wurde die Fahne Schwarz-Weiß-Rot in der Regel ebenfalls aufgezogen.

In Stuttgart erreichte die Flaggenkampagne am 7. März, zwei Tage nach dem Wahlsonntag, ihren Höhepunkt. Erstes Ziel war der Landtag, dem der Nationalsozialist Christian Mergenthaler präsidierte. Anschließend lautete die Parole „Auf zum Rathaus!".[25] An der Spitze von SA-Leuten wollten die NSDAP-Stadträte Paul Sauer und Karl Dempel das Hakenkreuz auf dem Rathaus hissen. Bürgermeister Gottfried Klein, der den in Friedrichshafen weilenden Oberbürgermeister vertrat, stellte sich ihnen entgegen und lehnte das Ansinnen ab. Klein nannte nach dem Bericht der „Süddeutschen Zeitung" das Vorhaben einen „Unfug", den er nicht dulden werde. Er stand aber auf verlorenem Posten. SA-Gruppenführer Dietrich von Jagow beendete die Auseinandersetzung, Klein mußte der Gewalt weichen. Sauer, Dempel und die SA befestigten die Fahnen an der Brüstung im ersten Stock über dem Eingang auf der Marktplatzseite. Im Konferenzzimmer vor dem Balkon blieb eine Wache vom SA-Sturm 7/119 zurück. Oberbürgermeister Lautenschlager habe bei einer Visite, so der „NS-Kurier", mit „süßsaurer Miene" seine Zufriedenheit über Mannschaften und Lokal geäußert.[26] Bürgermeister Klein wurde von den Nationalsozialisten heftig angegriffen und von Lautenschlager beurlaubt. Ihm wurde der Vorwurf gemacht, er habe Klein auf Druck der NSDAP preisgegeben, um seine Stellung halten zu können.[27]

Der Blick richtete sich nun auf die Villa Reitzenstein und das Schicksal der Regierung Bolz. Am 8. März übernahm die Reichsregierung unter Berufung auf die Notverordnung vom 28. Februar die vollziehende Gewalt in Württemberg und ernannte SA-Gruppenführer von Jagow zum Polizeikommissar für das Land. Eben jener Nationalsozialist, der am Vortag die Straßenumzüge angeführt hatte, sollte jetzt die öffentliche Sicherheit gewährleisten. Die Staatsregierung nannte die Einsetzung eines Polizeikommissars in einem Telegramm an Hindenburg eine offenkundige Verletzung der Notverordnung; keiner der dort genannten Gründe treffe auf Württemberg zu. Finanzminister Dehlinger schloß sich diesem Protest nicht an, der die Ereignisse nicht mehr aufhalten konnte. Jagow übernahm sofort das Kommando über die württembergische Polizei. Während sich die Minister von ihren Mitarbeitern schon verabschiedeten, konnten sich die Nationalsozialisten über das weitere Vorgehen nicht einigen. Einerseits gab es Meinungsunterschiede zwischen Reichs- und Gauleitung, andererseits hatten sowohl Murr als auch Mergenthaler Ambitionen auf die Führung im Land.[28] Erst nach mehrmaliger Verschiebung wählte der Landtag in Abwesenheit der kommunistischen Abgeordneten bei Stimmenthaltung des Zentrums und gegen die SPD Gauleiter Wilhelm Murr zum Staatspräsidenten. Sofort bildete Murr eine Regierung. Er übernahm zusätzlich die Ämter des Innen- und des Wirtschaftsministers, sein parteiinterner Rivale Mergenthaler wurde Kult- und Justizminister. Der Deutschnationale Alfred Dehlinger, der schon der Regierung Bolz angehört hatte, behielt das Finanzministerium.

Kapitel II
Die Umschaltung im Rathaus

1. Ein geräuschloser Umbau

Der Staatskommissar kommt, der Oberbürgermeister bleibt

Am Nachmittag des 16. März richtete Staatspräsident Murr in seiner Funktion als Innenminister ein Schreiben an Oberbürgermeister Lautenschlager: „Die Zeitverhältnisse zwingen mich, die Verwaltung der Landeshauptstadt kommissarisch in eigene Hand zu nehmen. Ich bestelle hiermit als Staatskommissar Herrn Stadtrat Dr. Karl Strölin."[1]
Der Oberbürgermeister wurde jedoch nicht abgesetzt. Als ihm Strölin seine Bestellung zum Staatskommissar überbrachte, teilte er gleichzeitig mit, Lautenschlager bleibe im Amt. Das Innenministerium begründete sein Vorgehen in einer Presseerklärung damit, daß „der Gemeinderat in seiner derzeitigen Gestalt der politischen Zusammensetzung der Bevölkerung in keiner Weise mehr" entspreche.[2] Lautenschlager selbst stand außerhalb der Schußlinie. Im Gegenteil verlautete aus dem Innenministerium: „Der Herr Staatskommissar hat mit dem Herrn Oberbürgermeister die Art der Ausübung der beiderseitigen Tätigkeit vereinbart." Die städtischen Beamten und Angestellten wurden aufgefordert, „ihre Geschäfte wie bisher zu erledigen".[3]
Lautenschlager enthielt sich jeder öffentlichen Stellungnahme, obwohl ihn der Staatskommissar seiner Aufgaben und Rechte beraubt hatte. In einer Verfügung über den Schriftverkehr hatte Strölin festgelegt: „(. . .) Angelegenheiten wichtiger oder grundsätzlicher Art sind mir zur Entscheidung vorzulegen. In Zweifelsfällen ist meine Entscheidung einzuholen. Sämtliche Personalangelegenheiten werde ich bis auf weiteres selbst zeichnen. Vorbesprechungen mit dem Herrn Oberbürgermeister in allen Angelegenheiten sind wie bisher unmittelbar vorzunehmen. Schreiben jeglicher Art an mich sind über den Herrn Oberbürgermeister zu leiten."[4] Lautenschlager war damit in die Rolle eines privilegierten Sachbearbeiters versetzt, der das Büro des Staatskommissars führen und dessen dienstliche Post mitlesen durfte.
Strölin kamen seine Kenntnis und Erfahrung in der Stadtverwaltung zustatten. Noch

am Abend des 16. März nahm er seine Amtsgeschäfte auf und versammelte die Bürgermeister und Berichterstatter des Bürgermeisteramts. Man kam schnell zur Sache – die Herren kannten sich.[5] Wichtigstes Thema war der Haushalt. Nachdem bereits zweimal eine Gemeinderatssitzung abgesagt worden war, wurde der Etat jetzt direkt an die Finanzabteilung überwiesen. Dabei sollte auf Wunsch Strölins einer alten Forderung der NSDAP Rechnung getragen und die Hundesteuer ermäßigt werden. Außerdem verbot der Staatskommissar das Schächten im Vieh- und Schlachthof.[6]

Die Hauptaufgabe des Staatskommissars war die Ausschaltung des Gemeinderats. Am 18. März gab Strölin bekannt, daß die Befugnisse des Gemeinderats laut Gemeindeordnung auf ihn übergegangen seien. Die Ämter sollten zwar wie bisher an die jeweils zuständige Abteilung herantreten, aber er behielt sich die Tagesordnung der Sitzungen und die Ausführung von Beschlüssen vor.[7] Zwei Tage später „warnte" Strölin die führenden Mitglieder der SPD-Fraktion Großhans, Beer, Engelhardt, Miller und Öchsle vor dem Betreten des Rathauses. Zugleich versetzte er SPD-Gemeinderat Bayh, der Betriebsratsvorsitzender beim Gaswerk war.[8]

Die Entmachtung des Gemeinderats kam in drei Abteilungssitzungen zum Ausdruck. Die Finanzabteilung nahm am 20. März die Haushaltsberatungen auf. Staatskommissar Strölin, der den Vorsitz führte, äußerte Verständnis für die schwierige Situation der Gemeinderäte und appellierte an das Pflichtgefühl derjenigen, „die zu positiver Mitarbeit auf der neuen politischen Grundlage bereit seien". Anschließend präzisierte er seine Vorstellungen zum Haushaltsplan für 1933. Er forderte „rücksichtslose Sparsamkeit" und eine beschleunigte Beratung. Alle Maßnahmen, die dem Handwerk und dem Einzelhandel Konkurrenz machten, müßten abgebaut werden. Danach überließ Strölin den Vorsitz Lautenschlager. Dieser bat die Gemeinderäte, mit den Etatberatungen zu beginnen, und so geschah es.[9]

Am 27. März diskutierte die Technische Abteilung über die Landeswasserversorgung. Anwesend war ein von Strölin ernannter Unterkommissar. Das Protokoll vermerkt: „Der Beauftragte des Staatskommissars für die Verwaltung der Stadt Stuttgart, Diplomingenieur Lutz, führt aus, es sei nicht beabsichtigt, in dieser Zusammensetzung der Technischen Abteilung irgend welche Beschlüsse zu fassen."[10] Eine Sitzung der Inneren Abteilung am folgenden Tag war die letzte eines Gremiums des freigewählten Gemeinderats.

Der Staatskommissar mußte nicht lange mit dem Stadtparlament regieren. Die Reichsregierung verkündete am 31. März das Vorläufige Gesetz zur Gleichschaltung der Länder mit dem Reich.[11] Die Selbstverwaltungskörperschaften der Gemeinden wurden aufgelöst und ihre Neubildung nach dem jeweiligen örtlichen Wahlergebnis der Reichstagswahl vom 5. März angeordnet. Strölin schien auf eine solche Regelung gewartet zu haben. Er gab die Auflösung des Gemeinderats, seiner Abteilungen und Ausschüsse bekannt. „Sitzungen (...) finden daher nicht mehr statt. Ihre sämtlichen

II. 1. Ein geräuschloser Umbau

Obliegenheiten gehen damit auf mich über."[12] Zur Erledigung laufender Geschäfte besonders im Wohlfahrts- und Fürsorgewesen blieben einige Gremien bestehen.
Am 21. März fand aus Anlaß der Reichstagseröffnung in Potsdam der Feiertag der Nationalen Erhebung statt. Veranstalter der Kundgebung war die Kreisleitung der NSDAP. Nach einem Fackelzug aller uniformierten Gliederungen der NSDAP sprachen Stadtrat Kroll, Stadtpfarrer Ettwein und Staatskommissar Strölin – alle drei alte Kämpfer der Bewegung in Stuttgart. Entsprechend der Funktion des Feiertags beschworen die Redner Gottesfurcht, Vaterlandsliebe und Pflichttreue (Ettwein) und bekannten sich zur Bildung einer deutschen Volksgemeinschaft ohne kleinliche Rache (Strölin). Zugleich nahm Strölin die Gelegenheit wahr, der Planie den Namen Adolf-Hitler-Straße zu verleihen, um den Namen des Führers „ein(zu)brennen für alle Ewigkeit in das Herz Stuttgarts".
Bemerkenswert war der Verlauf einer Mittelstandskundgebung wenige Tage später, die vom Kampfbund für den gewerblichen Mittelstand ausgerichtet wurde.[13] Wiederum war Strölin Hauptredner, der auch in den Presseberichten dominierte, obwohl mit den Landtagsabgeordneten der NSDAP Bätzner und Dempel zwei prominente Mittelstandspolitiker der Partei das Wort ergriffen. Der deutschnationale Stadtrat Kächele hatte die Veranstaltung eröffnet, sein Parteifreund MdR Wider sprach für den kaufmännischen Mittelstand. Es kamen je zwei Vertreter der Nationalsozialisten und der Deutschnationalen zu Wort.
Neben der Entmachtung des Gemeinderats und der reibungslosen Weiterführung der Verwaltungsgeschäfte widmete sich Strölin besonders den politischen und weltanschaulichen Gegnern in- und außerhalb der Stadtverwaltung. An erster Stelle stand die personelle „Säuberung". Das erste Opfer war Bürgermeister Klein gewesen. Nach Denunziationen, deren Haltlosigkeit sich schnell herausgestellt hatte, zwang Strölin Klein, um seine sofortige Pensionierung zu ersuchen. Unter massivem Druck beugte sich Klein.[14] Die übrigen Berichterstatter und Bürgermeister blieben im Amt. Strölin ernannte allerdings für bestimmte Gebiete eigene Beauftragte und schuf sich auf diese Weise einen Kreis vertrauter Mitarbeiter. Diplomingenieur Paul Lutz wurde Beauftragter für den Bereich der Technischen Abteilung[15], Hugo Kroll für das Baupolizeiamt und das Stadterweiterungsamt, den Bezirksplanungsverband und die Baulandumlegung.[16] Für Fragen der Stadtrandsiedlungen waren Architekt Oswald Bareiß und Regierungsbaumeister Eberhard Kuen zuständig.[17] Dr. Friedrich Pursche bestellte Strölin zum Kommissar für ärztliche Angelegenheiten, im Mai löste ihn Dr. Hermann Feldmann ab.[18] Kommissarischer Kunstreferent und Vorsitzender der neu gegründeten städtischen Kunstkommission wurde Studienrat Dr. Hans Kleinert.[19] Diese Personalentscheidungen waren Übergangserscheinungen, die zum Teil nach dem Ende des Kommissariats aufgehoben wurden.
Weniger ruhig verlief der Machtwechsel unterhalb der Verwaltungsspitze. Dort gab es

eine ganze Reihe von Beschäftigten, die aufgrund ihrer politischen Einstellungen und Aktivitäten die neuen Machthaber störten. Am 20. März beurlaubte Strölin die Direktoren Plebst (Elektrizitätswerk), Mößner (Katharinenhospital) und Fischer (Bäderverwaltung), die Oberrechnungsräte Winker und Thumm, Rechnungsrat Waldvogel, Stadtbaumeister Lorenz, Veterinärrat Ziefle und die Verwaltungssekretärin Hägele. Stadtbaurat Dr. Färber wurde strafversetzt. Mit Ausnahme von Plebst und Ziefle, die in Disziplinarverfahren bestraft worden waren, gehörten die übrigen Beamten der SPD an.[20] Auch sieben jüdische Beschäftigte mußten ihren Arbeitsplatz räumen. Unter ihnen war Dr. Max Wolf, den SA-Leute am Betreten des Vieh- und Schlachthofs hinderten.[21]

Die Beurlaubungen und die Unsicherheit über ihre Zukunft verunsicherten die Beamten. Strölin sah sich zu einer Stellungnahme veranlaßt. Er hielt die Unruhe „in gewissen Kreisen der Beamtenschaft für unbegründet". In der Sache blieb er hart: „Ich werde freilich auch weiterhin unnachsichtlich gegen solche Beamte einschreiten, die ihre Pflicht verletzen oder die sich gegen die nationale Regierung betätigen. Wer nicht gewillt ist, an dem Wiederaufbau unseres Vaterlandes auf nationaler Grundlage positiv mitzuarbeiten, von dem erwarte ich, daß er freiwillig aus dem Dienst der Stadt ausscheidet."[22]

Neben der Ausschaltung politischer Gegner in der Stadtverwaltung setzte Strölin einen zweiten Schwerpunkt in der Mittelstandspolitik. Es hatten bereits Demonstrationen vor Warenhäusern, Einheitspreisgeschäften und Läden des Konsumvereins stattgefunden. Am späten Nachmittag des 10. März waren SA- und SS-Formationen vor den jüdischen Warenhäusern Kadep, Schocken und Tietz aufgezogen. Sie hatten die Eingänge besetzt und Kunden den Zutritt verwehrt. Auf Plakaten und Handzetteln war zu lesen: „Deutsche, kauft nur in deutschen Geschäften."[23] Der „NS-Kurier" sprach von einer „begreiflichen Erregung", meinte aber, im Interesse der Beschäftigten dieser Betriebe und zur Aufrechterhaltung der öffentlichen Ordnung sollte man andere Mittel anwenden, „um den Mittelstand vor dem Vampir Warenhaus zu schützen".[24]

Strölin verbot den städtischen Ämtern und Betrieben, in Warenhäusern, Konsumvereinen, Einheitspreisgeschäften und Großfilialbetrieben einzukaufen. Sie sollten außerdem das Feilbieten von Waren und Vertreterbesuche verhindern. Stadtamtmann Maußer, der Leiter des Marktamtes, mußte sein Amt als Vorstand des Stuttgarter Konsumvereins niederlegen.[25]

Mit seinem Einspruch gegen ein Baugesuch der Stuttgarter Filiale der „jüdischen" Warenhaus-Kette Schocken setzte Strölin ein besonders deutliches Zeichen für den Mittelstand. Schon 1932 hatte die Schocken AG ihr Stuttgarter Geschäft, den berühmten Bau Mendelsohns, erweitern wollen, das Vorhaben aber nach Einsprüchen und Beanstandungen ruhen lassen. Als sie im März 1933 einen überarbeiteten Entwurf ein-

II. 1. Ein geräuschloser Umbau

reichte, hatte sich die Situation zu ihren Ungunsten verändert. Als Strölin am Abend des 18. März von den Plänen Kenntnis erhielt, ließ er sich die Akten vorlegen und formulierte umgehend seinen Einspruch.[26] Der zuständige Oberbaurat und Bürgermeister Dollinger lieferten ihm dabei bereitwillig die Argumente für eine vorgeblich sachliche Ablehnung. Wenige Tage später wurden Pläne der als jüdisch apostrophierten Textilfirma Etam bekannt, in Stuttgart eine Filiale zu errichten. Strölin nannte das Vorhaben eine Schädigung Stuttgarter Firmen und eine Beunruhigung der Bevölkerung. Er forderte den Polizeikommissar auf, „das Weitere unmittelbar zu veranlassen".[27]

Beide Vorfälle unterstreichen den engen Zusammenhang zwischen mittelständischen Forderungen und dem Antisemitismus. Der Staatskommissar hatte in der Tat Möglichkeiten gefunden, die Übergriffe überflüssig machten. Als er am 27. März in der Stadthalle das Hauptreferat auf einer Mittelstandskundgebung hielt, konnte er unter starkem Beifall seine Erfolgsbilanz vorlegen. Seine Bemerkung, daß der „Mittelstand und die Träger der nationalen Revolution (...) das gleiche Ziel" verfolgten, schien mehr als nur eine Phrase zu sein.[28]

Am 18. März entzog der Staatskommissar den Ortsgruppen des Deutschen Freidenkerverbands die Schulräume für Jugendweihen. Die städtischen Turnhallen, die bisher den Sportgruppen des Reichsbanners zur Verfügung gestanden hatten, überließ er dem nationalsozialistischen Deutschen Sportclub.[29]

Wenige Tage später brachten die Nationalsozialisten die auf dem Kochenhof-Gelände geplante Bauausstellung „Deutsches Holz für Haus und Wohnung" zu Fall. Die Planung stammte vom Deutschen Werkbund, den die Nationalsozialisten nicht zuletzt wegen der Stuttgarter Weißenhof-Siedlung aus dem Jahr 1927 als „kulturbolschewistisch" ablehnten.[30] Strölin begrüßte zwar das Projekt, lehnte jedoch den Werkbund ab. Am 8. März 1933 hatte der Professor für Baukonstruktion an der Technischen Hochschule, Paul Schmitthenner, zu dieser Zeit für die Nationalsozialisten in Stuttgart die Autorität in Architekturfragen schlechthin, in einem Gutachten vernichtende Kritik an den Plänen des Werkbunds geäußert. Sie sprächen „dem Holzbau geradezu Hohn", die Verschiedenartigkeit der Baukörper und ihrer Dachformen biete „ein verheerendes Bild", wie bei der Weißenhof-Siedlung stünden „das fortschrittliche Formalistische und die Sensation" im Vordergrund, kurz: „Der Bebauungsplan ist einfach schlecht."[31] Am 16. März lehnte auch Paul Bonatz, Schmitthenners Kollege und seit dem Bau des Hauptbahnhofs berühmt, die Aufforderung von Richard Döcker ab, an der Bauausstellung mitzuwirken. Bonatz bemängelte ein „entsetzliches Durcheinander" bei den Dach- und Gebäudeformen. Neben den äußeren Schwierigkeiten des Bauplatzes machte er dafür in erster Linie den Einfluß der verschiedenen Bauherren verantwortlich, die das Projekt finanzierten. „Mein Haupteinwand ist aber die formal ästhetische Art, in der experimentiert wird, statt daß in straffer Beschränkung viel weniger gezeigt würde, dieses aber in technisch sachlicher Weise." Bonatz versicherte Döcker, sein Entschluß sei nicht von politisch-taktischen Erwägungen bestimmt: „Wenn in Zukunft eine Staatsdiktatur die freie Äußerung auf allen Gebieten gefährdet, so ist mein Platz auf Seiten derer, die um die Freiheit kämpfen, also wahrscheinlich auf Seiten der Unterdrückten. Diese Fronten werden sich sehr bald deutlich abzeichnen."[32] Schließlich übernahmen Schmitthenner und sein Kollege Wetzel die künstlerische Leitung, als Träger fungierte eine „Gemeinnützige Vereinigung Deutsches Holz für Haus und Wohnung". Dieser Verein arbeitete eng mit dem Kampfbund für deutsche Kultur zusammen.[33]

Staatskommissar Strölin regierte nach der Auflösung des Gemeinderats in jeder Hinsicht als Stadtvorstand, obwohl Lautenschlager nach wie vor im Amt war. Zusammen mit Kämmerer Hirzel und Stadtpfleger Schäfer arbeitete er einen Etat aus, den er am 15. April auf dem Verordnungswege in Kraft setzte.[34] Der Haushalt, von Lautenschlager Anfang März mit einem Defizit von über einer Million RM eingebracht, war nun ausgeglichen. Hirzel berichtete am 21. April vor der Presse, die Deckung sei „in erster Linie erleichtert worden durch die Verringerung der Ausgabensätze im Wohlfahrtswesen". Zum einen lasse die neue politische Lage auf einen wirtschaftlichen Aufschwung schließen, zum anderen werde in Zukunft jeder einzelne Antrag auf Unterstützung geprüft, so daß gegenüber einer schematischen Hilfe mit zusätzlichen Einsparungen zu rechnen sei. Die Gesamtersparnis bezifferte Kämmerer Hirzel auf annähernd eine Million RM. Außerdem wurden in Stuttgart eine Gemeindeumlage von 16,5 Prozent und die Filialsteuer eingeführt, die der Mittelstand sowie die Gemeinderäte von NSDAP und DNVP früher vergeblich gefordert hatten. Auch die Verringerung der Gemeinderatssitze, die 35 000 RM einbrachte, diente angeblich dem Etat-Ausgleich.

In „Anordnungen zur Vereinfachung und Verbilligung der Stadtverwaltung" veränderte der Staatskommissar die Organisation und Struktur der Administration. Er berief sich auf Vorschläge, die Reichsparteikommissar Sämisch 1932 in einem Gutachten der Stadt unterbreitet hatte, sofern diese in sein Konzept paßten.[35] Auf diesem Wege zentralisierte Strölin die städtische Vermögens- und Finanzverwaltung, straffte er die Tätigkeit bei verschiedenen Dienststellen und vereinigte einige städtische Ämter.[36] Die Rathausbücherei wurde dem Archiv zugeordnet, das Reinigungs- und Kraftfahramt zum Fuhramt zusammengeschlossen und das Fürsorgeamt als Abteilung in das Wohlfahrtsamt eingegliedert. Kleinere städtische Handwerksbetriebe wurden geschlossen, die übrigen auf Instandhaltung und Reparaturen beschränkt. Strölin ließ fünf Schreiner, drei Schmiede, einen Buchbinder und einen Hilfsarbeiter einsparen. Die Neuregelung im Wohlfahrtswesen nahm Strölin zum Anlaß, die bisherigen Bemessungssätze überprüfen zu lassen. Außerdem verloren alle jüdischen Ärzte das Recht zur Behandlung von Unterstützungsempfängern, sofern diese nicht selbst Juden waren.[37] Von grundsätzlicher Bedeutung, die ebenfalls über das Sparkonzept hinausreichte, war die Zusammenfassung der städtischen Energiewirtschaft in den Technischen Werken zum 1. Mai.[38] Strölins früherer Chef beim Gaswerk, der Parteigenosse der NSDAP Dr. Richard Nübling, übernahm die Leitung des kommunalen Großunternehmens.

Große Überraschung löste in der Öffentlichkeit die Nachricht aus, daß zum 1. Mai 1933 Feuerbach nach Stuttgart eingemeindet werde. Staatskommissar Bühler war im April an die Stelle von Oberbürgermeister Geiger getreten, der um seine vorzeitige Beurlaubung gebeten hatte. Bühler hatte ähnlich wie Strölin Kürzungen im Haushaltsentwurf angeordnet und schlug am 25. April dem Innenministerium die Entlassung von 30 Beamten, das war nicht weniger als ein Drittel, vor.[39] Zu diesem Zeitpunkt stand allerdings die Eingemeindung nach Stuttgart bereits fest. Die Presse in Stuttgart und Feuerbach, die am 15. April zum erstenmal über eine mögliche Eingemeindung Mutmaßungen angestellt hatte, meldete ihren Lesern bereits wenige Tage später den Abschluß eines entsprechenden Vertrages.[40] Strölin begründete die Eingemeindung damit, daß beide Städte seit langem ein gemeinsames Wirtschaftsgebiet darstellten und daß der Feuerbacher Ortsteil Weil im Dorf günstige Siedlungsmöglichkeiten biete. Zusammen mit Feuerbach kamen auch Zazenhausen und Mühlhausen nach Stuttgart; Strölin sprach „vom Abschluß der großen Linie der Stuttgarter Eingemeindungspolitik". Bühler verhehlte nicht, daß die Eingemeindung Feuerbachs nur deshalb so schnell und so reibungslos über die Bühne gegangen sei, weil kein Gemeinderat vorhanden gewesen sei.[41]

Wende und Würde

Die Karte Stuttgarts und das Gesicht der Stadtverwaltung veränderten sich, während der alte Gemeinderat nicht mehr und der neue noch nicht existierte. Das „Vorläufige Gesetz über die Gleichschaltung der Länder mit dem Reich" hatte bestimmt, die Neubildung der Gemeinderäte erfolge „nach der Zahl der gültigen Stimmen, die bei der Wahl zum Deutschen Reichstag am 5. März 1933 im Gebiet der Wahlkörperschaft abgegeben worden sind".[42] Kommunistische Vereinigungen waren nicht zugelassen. Die württembergische Staatsregierung erließ die Ausführungsbestimmungen und reduzierte die Zahl der Gemeinderatssitze in Stuttgart von 60 auf 44.[43] Die Mandatsverteilung lautete: 20 Sitze für die NSDAP, zwölf für die SPD, jeweils fünf für das Zentrum und die Deutschnationalen, ein Sitz blieb für den Christlichen Volksdienst und einer für die Staatspartei.[44]

Die feierliche Eröffnung des gleichgeschalteten Gemeinderats am 9. Mai 1933 bildete den Höhepunkt des Machtwechsels. Auf der Tagesordnung standen die Verabschiedung von Oberbürgermeister Lautenschlager und die Verleihung der Stuttgarter Ehrenbürgerwürde an Reichspräsident von Hindenburg und Reichskanzler Hitler.[45]

Staatskommissar Strölin eröffnete die Sitzung im großen Rathaussaal, der mit der Hakenkreuzfahne sowie mit Bildnissen Hindenburgs und Hitlers dekoriert war. Strölin gab zunächst einen Überblick über die Maßnahmen, die er seit der Auflösung des Gemeinderats getroffen hatte. Anstelle bisheriger „Obstruktionsversuche" und dem „unfruchtbaren parlamentarischen Getriebe" herrsche nun das Führerprinzip. Strölin verpflichtete die neuen Gemeinderäte mit Eid und Handschlag, dankte den ausgeschiedenen, soweit sie „ihre Aufgabe im Dienste des Volkes pflichtgemäß erfüllt und wahrhaft sachliche Arbeit geleistet haben". Dies war ein Affront für die früheren Gemeinderäte von KPD und SPD, deren zwölfter Vertreter Boyna zudem inhaftiert war.[46]

Für den neuen Gemeinderat trat eine Geschäftsordnung in Kraft, die die Zuständigkeit des Gremiums verringerte. Die Zahl der Abteilungen wurde reduziert, vor allem aber behielt sich Strölin Beschlüsse vor. Er sah dennoch genügend Aufgaben: Er nannte die Vereinfachung und Verbilligung der Verwaltung, des Verkehrs, die Wasserversorgung („Los vom Neckar"), die vorstädtischen Kleinsiedlungen, die Bodenpolitik und die Förderung „echter, deutscher, bodenständiger Kunst". Die größte Aufgabe sei die Beseitigung der Arbeitslosigkeit.

Der Höhepunkt der Sitzung nahte, als Oberbürgermeister Lautenschlager das Wort zu einem Rückblick auf seine 22jährige Tätigkeit nahm. Er betonte, daß er der dienstälteste Oberbürgermeister einer deutschen Großstadt sei. Über seine Beziehungen zum Staatskommissar berichtete er mit Anerkennung: „In den sechs Wochen, in denen der Herr Staatskommissar seines Amtes waltete, hat kein Mißton, kein ungutes Wort unsere Arbeit, soweit sie gemeinsam war, gestört. (Beifall) Bei aller Bestimmtheit seiner Anordnungen spielte sich der dienstliche und kollegiale Verkehr in den freundschaftlichsten Formen ab."

Lautenschlager begrüßte die Entpolitisierung des Gemeinderats, die starken Vollmachten des Stadtvorstands und beneidete Strölin, der ohne Rücksicht auf Mehrheiten weitreichende Maßnahmen habe treffen können. Dann kam der wichtigste Satz: „Da ich am 15. des Monats mein 65. Lebensjahr vollende, scheide ich mit diesem Tage kraft Gesetz aus dem Amt."[47] Lautenschlager hatte damit seine Pensionierung eigenmächtig vorverlegt. Denn die Elfte Notverordnung des Staatsministeriums über das Beamten- und Besoldungsgesetz vom 24. März 1933 hatte als Pensionierungsdatum den Tag bestimmt „ein Vierteljahr nach dem Monat, in dem (...) das 65. Lebensjahr vollendet" wurde.[48] Lautenschlager und Strölin war dies bekannt. Der Oberbürgermeister hatte mit der Stadtgemeinde Stuttgart, vertreten durch den Staatskommissar, einen Vertrag geschlossen, der ihm die vollen Bezüge bis zum 31. August, „dem Tag seines gesetzlichen Ausscheidens", gewährte. Strölin wiederum war damit einverstanden, daß Lautenschlager den Vorsitz im Aufsichtsrat der Stuttgarter Straßenbahnen AG beibehielt.[49] Offenbar hatten die Nationalsozialisten Lautenschlager dazu bewegen können,

II. 1. Ein geräuschloser Umbau

sein Amt im Interesse eines raschen und reibungslosen Machtwechsels ein Vierteljahr früher abzugeben.
Angesichts dieses Entgegenkommens fiel es Strölin nicht schwer, Lautenschlager für seine Arbeit zu danken. Er rühmte den scheidenden Oberbürgermeister als Schöpfer des modernen Stuttgart und hob besonders die persönliche Integrität hervor, die der Stuttgarter Stadtverwaltung den Ruf der Sachlichkeit und Redlichkeit eingebracht habe. Strölin bat Lautenschlager, der Verwaltung auch weiterhin mit Rat und Tat zur Seite zu stehen. „Wir Stuttgarter Bürger sind stolz darauf, daß Sie mit blankem Schild den Platz verlassen können, auf den Sie dreimal das Vertrauen der Bürgerschaft berufen hat."
Strölin selbst, der 1931 Lautenschlager klar unterlegen war, mußte sich um eine andere Legitimation bemühen. Hugo Kroll ergriff das Wort:
„Da eine allgemeine Wahl nicht mehr in Frage kommt, stelle ich namens der Fraktion der Nationalsozialistischen Deutschen Arbeiterpartei, der Deutschnationalen Volkspartei, der Zentrumspartei sowie dem Vertreter der Deutschdemokratischen Partei und des Christlich-sozialen Volksdienstes den Antrag, den Herrn Staatskommissar Dr. Strölin als neuen Oberbürgermeister vorzuschlagen. (Lebhafter Beifall, Händeklatschen) Vorsitzender, Oberbürgermeister Dr. Lautenschlager: Ich stelle fest, daß sich kein Widerspruch erhebt. Damit ist der Antrag des Herrn Kroll angenommen. (Lebhafter Beifall) Sehr geehrter Herr Kollege Dr. Strölin! Mit dem Beschluß, der soeben gefaßt wurde, ist Ihnen das Vertrauen des Gemeinderats ausgesprochen."
Der Staatskommissar für Körperschaftverwaltung, Landrat Dr. Battenberg, erklärte, dies decke sich mit den Absichten des Innenministeriums und der Staatsregierung. Mit sofortiger Wirkung übertrug er Strölin die „Ausübung sämtlicher Befugnisse des Ortsvorstehers". Bis zu einer endgültigen Ernennung, für die die gesetzgeberischen Voraussetzungen noch fehlten, blieben auch die Befugnisse eines Staatskommissars in vollem Umfang bestehen. Damit war Strölin Oberbürgermeister und Staatskommissar zugleich. Aber er wurde nicht gewählt, wie im Zusammenhang einer „würdigen" Verabschiedung von Lautenschlager behauptet worden ist.[50] Die Württembergische Staatsregierung hatte mit Gesetz vom 8. April ohnehin jede Wahl von Ortsvorstehern verboten.[51]
Die letzte Amtshandlung Lautenschlagers beschloß die Sitzung. Er gab den Beschluß des Ältestenrats bekannt, Hitler und Hindenburg die Ehrenbürgerwürde Stuttgarts zu verleihen.[52] Allein die Sozialdemokraten spendeten keinen Beifall. Lautenschlager bezeichnete diesen Abschied als große Ehre: „Für einen jeden ergibt sich die heilige Pflicht, dem Herrn Reichspräsidenten, dem Herrn Reichskanzler und seiner Regierung bei ihrem gigantischen Ringen und Mühen um eine bessere Zukunft unseres deutschen Volkes mit aller Kraft rückhaltlos zur Seite zu stehen." Abschließend erklangen das Deutschland- und das Horst-Wessel-Lied.

Die Nationalsozialisten waren mit dem Verlauf der Sitzung zufrieden und nutzten ihn in ihrer Propaganda entsprechend aus:
„Auch von politischen Gegnern muß anerkannt werden, in welch herzlichen und vornehmen Formen sich der Abschied Dr. Lautenschlagers vollzog, der am 15. Mai 65 Jahre alt wird und damit die Altersgrenze erreicht. (...) Es ist (...) wohl das erste- und letztemal, daß einem Oberbürgermeister einer Großstadt von einem von der Regierung eingesetzten Staatskommissar, der auch sein Nachfolger wurde, ein solch ehrenvoller Abschied zuteil wurde."[53]
In den nächsten Jahren traten Strölin und Lautenschlager in der Öffentlichkeit mehrfach gemeinsam auf, und Lautenschlager blieb dem öffentlichen Leben in Ehrenämtern verbunden.
Der Gemeinderat, der am 9. Mai feierlich eröffnet worden war, traf sich zu keiner einzigen Plenarsitzung. Lediglich einige Abteilungen wurden im Mai und Juni vom neuen Stadtvorstand zusammengerufen, der offenbar wenig Interesse an einer Mitarbeit besaß. Bald schlug die letzte Stunde der sozialdemokratischen Gemeinderäte. Reichsinnenminister Frick erklärte am 22. Juni sämtliche SPD-Mandate in allen Parlamenten für unwirksam und legte Anfang Juli ein entsprechendes Gesetz vor.[54] Die staatlichen Aufsichtsbehörden wurden ermächtigt, die freiwerdenden Sitze gemäß „dem Volkswillen nach Überwindung des Parteienstaates" zu besetzen. In Stuttgart hatte Strölin die gesetzliche Regelung nicht abgewartet. Einen Tag nach der Ankündigung Fricks hob er die SPD-Mandate im Gemeinderat auf und entließ die Sozialdemokraten als Vertreter der Stadt bei Körperschaften und Verbänden.[55]
Am 12. Mai 1933 ernannte Strölin Rechtsrat Hirzel, der kurze Zeit ehrenamtlicher Staatsrat im Staatsministerium gewesen war, unter Verleihung des Titels Städtkämmerer zu seinem Stellvertreter. Hirzel hatte viele Jahre im Dienst der Stadt Stuttgart gestanden und war Verwaltungsfachmann. Ein neuer Geschäftsverteilungsplan des Bürgermeisteramts sah die Bildung von neun Referaten vor. Mit Ausnahme des kommissarischen Kunstreferenten Kleinert und des dem Rechtsreferat zugeteilten Ratsassessors Eduard Könekamp wurden die bisher amtierenden Berichterstatter des Bürgermeisteramts nun zu Referenten ernannt. Das Personalreferat wurde mit den Reichswehrangelegenheiten und das Technische Referat II mit Luftschutzfragen betraut. Der Konzentration der Entscheidungsgewalt beim Stadtvorstand entsprach der großzügige Ausbau und die innerdienstliche Stärkung der Stellung der Kanzlei des Bürgermeisteramts. Der bis dahin planmäßig beim Tiefbauamt beschäftigte alte Parteigenosse Gotthilf Hablizel wurde am 15. Mai mit dem Titel Verwaltungsdirektor neuer Amtsvorstand. Ihm unterstanden die Registratur, das Nachrichtenamt, die Botenmeisterei und die Geschäftsstellen in den Stadtbezirken. Vor allem aber war Hablizel, der zusammen mit Strölin die nationalsozialistische Beamtenschaft aufgebaut und geführt hatte und in der Parteihierarchie als Kreisamtsleiter für Beamte geführt wurde, der

II. 1. Ein geräuschloser Umbau

Verbindungsmann der Stadt zur Partei und ihren Gliederungen.[56] Dieses wichtigste Aufgabengebiet Hablizels war in der entsprechenden Veröffentlichung nicht enthalten. Hablizel erwarb sich den Beinamen „Brieföffner des Oberbürgermeisters", sein Einfluß wird damit jedoch unterschätzt.

Am 1. Juli wurde Karl Strölin offiziell zum Oberbürgermeister Stuttgarts auf Lebenszeit ernannt.[57] Das Staatskommissariat für die Verwaltung der Stadt Stuttgart ging zur selben Zeit zu Ende, als mit dem Ausschluß der Sozialdemokraten und dem Verbot von Abstimmungen der Gemeinderat endgültig entmachtet wurde.[58]

Der Schlag gegen politisch Andersdenkende wurde mit Hilfe des „Gesetzes zur Wiederherstellung des Berufsbeamtentums" vom 7. April geführt.[59] Alle mißliebigen Beschäftigten konnten gemaßregelt werden. So galt mangelnde Eignung als Entlassungsgrund, wobei nicht nur die fachliche Ausbildung gemeint war: Mitglieder kommunistischer Organisationen galten grundsätzlich als ungeeignet. Beschäftigten „nicht arischer Abstammung" und solchen, „die nach ihrer bisherigen politischen Betätigung nicht die Gewähr dafür bieten, daß sie jederzeit rückhaltlos für den nationalen Staat eintreten", drohte gleichfalls die Kündigung.

In einem Erlaß an die städtischen Ämter vom 15. Mai drängte Strölin auf Erfüllung des Gesetzes.[60] Er überließ den Amtsvorständen die Behandlung des § 6 – Versetzung in den vorzeitigen Ruhestand zur Vereinfachung der Verwaltung – und wies besonders auf die Rücksichtnahme gegenüber Frontsoldaten und Schwerkriegsbeschädigten hin, wobei er sich durchaus bewußt war, „daß solche Maßnahmen Härten mit sich bringen, die aber angesichts der Gesamtlage nicht zu vermeiden sind". Die Amtsleiter verhielten sich ziemlich reserviert: Eine Zusammenstellung vom 1. Juni verzeichnet lediglich 23 Vorschläge zum Personalabbau. Das Durchschnittsalter der genannten Personen lag bei 58 Jahren.[61] Für die Überprüfung der politischen Zuverlässigkeit und der arischen Abstammung setzte Strölin eine Kommission ein, die seinem Kanzleichef Hablizel unterstand. Vorsitzender war Rechnungsrat a. D. Wilhelm Hurlebaus, unter den fünf Mitgliedern befanden sich der Gablenberger Ortsgruppenleiter Mäckle und Herbert Lundie vom Chemischen Untersuchungsamt, führend im NS-Beamtenbund tätig.[62] Im Juni und Juli 1933 füllten im Bereich der Stadtverwaltung und der Stuttgarter Straßenbahnen rund 11 000 Beschäftigte einen Fragebogen aus. Er betraf den Ausbildungsgang, die Abstammung, eine Teilnahme am Ersten Weltkrieg und die militärische Laufbahn sowie die Zugehörigkeit zu Parteien und den Organisationen, die der SPD und der KPD nahegestanden hatten. Außerdem verlangte man Angaben über eine Mitgliedschaft in Freimaurerlogen und über die Beschäftigungs- und Lohnverhältnisse von Familienangehörigen. Die Stadtverwaltung konnte über Arbeiter und Angestellte selbst entscheiden, während sie bei der Beamtenschaft dem Staatsministerium einen Vorschlag unterbreiten mußte.[63]

Am 1. April 1933 beschäftigte die Stadtverwaltung 3336 Arbeiter, 647 Angestellte und

2260 Beamte.[64] Die städtische Kommission bezweifelte die politische Zuverlässigkeit von 594 Arbeitern, von 57 Angestellten und 120 Beamten.[65] Die Stadt entließ 159 Arbeiter und sechs Angestellte. In nahezu sämtlichen Fällen waren Mitgliedschaft und Aktivitäten für KPD, SPD oder diesen Parteien nahestehende Organisationen Gründe für die Maßregelung. Andere disziplinarische Mittel waren Verwarnung und die Anordnung polizeilicher Überwachung. Ein bemerkenswertes Ergebnis zeitigte ein Vergleich der Vorschläge der städtischen Prüfungskommission und der Entscheidungen des Staatsministeriums bzw. des Reichsstatthalters Murr bei den Beamten (Tabelle 12).

Tabelle 12: Die Maßregelung der städtischen Beamten nach dem Gesetz zur Wiederherstellung des Berufsbeamtentums.
Vergleich der städtischen Vorschläge und der Entscheidung[66]

	Vorschlag städt. Kommission	Entscheidung Staatsmin.
Entlassung	55	25
Zurruhesetzung	0	8
Versetzung	21	27
Verwarnung, Anordnung und Überwachung	68	62
Beförderungssperre, Versagung der Dienstalterszulage und Rückversetzung in Gehaltsgruppe	27	25
	171	147

In einigen Fällen verzichtete Murr auf einen definitiven Entscheid und stellte der Stadt die Maßregelung anheim. Die städtische Kommission wollte unter anderen auch drei Beamtinnen wegen ihrer nichtarischen Abstammung entlassen. Diesem Votum schloß sich die Prüfstelle beim Staatsministerium nicht an, sie entschied sich für eine vorzeitige Pensionierung.[67] Die Gründe hierfür blieben unklar, da andererseits eine Reihe von höchst fragwürdigen Anschuldigungen mit einer Entlassung bestraft wurden. Ein wegen kommunistischer Propaganda entlassener städtischer Arbeiter, der Hitler einen „hergelaufenen Mausefallenhändler" genannt haben sollte, erhob Beschwerde bei der Aufsichtsbehörde. Auf Rückfrage teilte Kommissionsvorsitzender Hurlebaus mit, von einem Parteigenossen und SA-Mann liege ein einwandfreies Zeugnis für diese Äußerung sowie für positive Darstellungen der „russischen Zustände" vor. Die Denunziation reichte aus; die Ministerialabteilung für Bezirks- und Körperschaftsverwaltung bestätigte die Entlassung.[68] Vergeblich blieb auch die Intervention des evangelischen Pfarramts in Stuttgart-Münster für einen städtischen Oberaufseher, der zwi-

schen 1920 und 1924 passives Mitglied der KPD gewesen war. Der „seelsorgerlichen Bitte" stand der Wortlaut des Gesetzes entgegen, wonach für ehemalige KPD-Mitglieder nur dann eine Ausnahme möglich war, wenn sie sich vor dem 30. Januar 1933 einem nationalen Verband angeschlossen hatten.[69]
In der Öffentlichkeit vermied die Stadt genaue Angaben. Im Verwaltungsbericht für das Jahr 1933 war lediglich davon die Rede, daß je ein Prozent der Beamten und Angestellten, fünf Prozent der Arbeiter sowie zweieinhalb Prozent der Belegschaft der Straßenbahnen AG entlassen worden seien.[70] In Stuttgart wurde das Gesetz besonders scharf angewendet; von 414 Entlassungen im gesamten öffentlichen Dienst in Württemberg entfiel nahezu die Hälfte auf die Landeshauptstadt.[71]

2. Vom Betriebsrat zum Vertrauensmann
Die Formierung der städtischen Belegschaft

Unmittelbar nach seinem Amtsantritt hatte Strölin dem Gesamtbetriebsratsvorsitzenden, SPD-Gemeinderat Großhans, Hausverbot erteilt und den Einzug von Gewerkschaftsbeiträgen auf städtischem Gelände untersagt.[1] Andere aktive Gewerkschafter wurden zur gleichen Zeit verfolgt.
Die Anhänger der NSDAP sahen ihre Chance gekommen. So forderten Arbeiter im Elektrizitätswerk die Amtsenthebung des Arbeiterrats. Sie beriefen sich auf drei Viertel der Belegschaft, die hinter ihrem Antrag stünden.[2] Die folgenden Disziplinierungsmaßnahmen widerlegen jedoch diese Angaben. Für Strölin war der Vorfall eine willkommene Gelegenheit. Er schränkte die Rechte der Betriebsräte ein und begründete dies mit bevorstehenden Änderungen des Betriebsrätegesetzes.[3] In der Tat verkündete die Reichsregierung am 4. April 1933 ein Gesetz über Betriebsvertretungen und über wirtschaftliche Vereinigungen.[4] Danach konnten die Arbeitgeber „das Erlöschen der Mitgliedschaft solcher Betriebsvertretungsmitglieder anordnen, die in staats- oder wirtschaftsfeindlichem Sinne eingestellt sind". Der Willkür der Arbeitgeber war vollends die Tür geöffnet, da sie die freigewordenen Plätze nach eigenem Gutdünken besetzen konnten. Strölin machte von dieser Möglichkeit reichlichen Gebrauch.
Am 28. April, vier Tage bevor die Gewerkschaften zerschlagen wurden, verpflichtete Strölin im Rathaus 132 Vertreter der städtischen Arbeiter und Angestellten per Handschlag als neue Betriebsräte.[5] Nur elf von ihnen hatten dem alten Gesamtbetriebsrat angehört. Strölin sprach von der Pflicht, die deutschen Arbeiter auf den Boden des Vaterlandes zurückzuführen. Der neue Betriebsratsvorsitzende, Parteigenosse Eugen Notter, versprach, „getreu den gegebenen Richtlinien" zu handeln.[6] Nach seiner feierlichen Inthronisation verschwand der neue Betriebsrat in der Versenkung. Er meldete sich nicht zu Wort, und der Stadtvorstand verfuhr mit ihm ähnlich wie mit dem gleichgeschalteten Gemeinderat – er nahm ihn nicht zur Kenntnis.

Das Gesetz zur Ordnung der Arbeit in öffentlichen Verwaltungen und Betrieben vom 23. März 1934 beendete die Übergangsphase und schuf eine neue Rechtsgrundlage.[7] Es entsprach im wesentlichen dem Gesetz zur Ordnung der Nationalen Arbeit vom 20. Januar 1934 für die freie Wirtschaft. Die Gesamtheit der Beamten, Angestellten und Arbeiter bildete die Gefolgschaft, die dem Stadtvorstand als Führer der Verwaltung „die in der Dienstgemeinschaft begründete Treue" zu halten hatte, während jener zur Sorge um das Wohl der Beschäftigten verpflichtet war. In allen Ämtern und Betrieben mit mehr als 20 Beschäftigten sollte ein Vertrauensrat gebildet werden, der dem Betriebsführer „beratend zur Seite" stehen durfte. Der Vertrauensrat hatte die Pflicht, für gegenseitiges Vertrauen und für vorbildliche Pflichterfüllung zu sorgen; er besaß keine Rechte, sondern beratende Funktion in Fragen der Dienstordnung, der Arbeitsbedingungen, der Kameradschaftspflege und nicht zuletzt der Verbesserung der Arbeitsleistung. Seine Mitglieder mußten der Deutschen Arbeitsfront (DAF) angehören. Der Betriebsführer berief den Rat ein, auf Antrag der Hälfte der Vertrauensmänner mußte er eine Sitzung einberufen. Die Regelung von Tariffragen sowie eine Entscheidung in Streitfällen lag bei dem staatlichen „Treuhänder der Arbeit" für den öffentlichen Dienst. Die Tarifautonomie war abgeschafft. Die Liste für die Wahl von Vertrauensräten stellten die Amtsvorstände gemeinsam mit den Vertretern des Nationalsozialistischen Betriebszellen-Organisation (NSBO) auf, das Personalamt hatte anschließend seine Zustimmung zu erteilen.[8]

Am 1. Mai 1934 versammelten sich alle städtischen Beschäftigten, über 8000 Personen, zu einer Maifeier in der Stadthalle. Die Vertrauensmänner und die NSBO-Obleute wurden mit der üblichen Feierlichkeit verpflichtet. Einen Zuschuß für einen Festanzug für die bei der DAF organisierten Arbeiter und Angestellten zum Festzug lehnte Strölin ab:

„Viel größeren Wert lege ich auf eine gute nationalsozialistische Gesinnung. Der Wert des Menschen im Neuen Reich richtet sich nicht nach seinem Kleide, sondern nach seiner restlosen Einsatzbereitschaft für den heutigen Staat und für die deutsche Volksgemeinschaft."[9]

Für die Vertreter der Gefolgschaft richtete die Stadtverwaltung Sprechstunden beim Personalamt ein.[10] Sie wurden auch regelmäßig von Vertrauensmännern und NSBO-Obleuten in Anspruch genommen. Dabei sprachen besonders die Vertreter jener Ämter und Betriebe vor, bei denen der Arbeiteranteil relativ hoch war.[11] Die Vertrauensmänner und NSBO-Obleute kritisierten dabei niemals grundsätzlich. Sie kamen vielmehr mit praktischen Fragen, vor allem den drängenden materiellen Sorgen der Kollegen, zu Personalreferent Locher. Sie wünschten eine bessere Bezahlung, wenigstens eine Erhöhung von Zuschlägen oder eine bessere Urlaubsregelung als Ausgleich sowie die Gewährung von Dienstfahrscheinen für NSBO-Veranstaltungen. Der Personalreferent konnte keiner dieser Forderungen entsprechen, weil er nicht zuständig war. Das

II. 2. Die Formierung der städtischen Belegschaft

Ausmaß der Anfragen und Vorsprachen, so bescheiden es sich ausnahm, überstieg offenbar die Erwartungen. Strölin mahnte schon im Dezember 1934, ein Vierteljahr nach der Einführung der Sprechstunden, die Arbeiter, mit ihren Fragen und Problemen nicht gleich zum Personalreferenten zu kommen, sondern sich zuerst an die Vertrauensmänner, NSBO-Obleute und die Amtsvorstände zu wenden.[12]

Die Formierung der Beschäftigten im öffentlichen Dienst war leichter zu bewerkstelligen als in der Privatwirtschaft. Sie ging meist auf Verordnungen der Reichsregierung zurück, die von den „Gefolgschaften" politische Zuverlässigkeit forderte. Dazu zählte auch der „Deutsche Gruß", den Strölin für die Stadtverwaltung am 19. Juni 1933 für verbindlich erklärte.[13] Nach wiederholten Ermahnungen erhielten die Ämter im Januar 1935 Plakate mit der Aufschrift „Der deutsche Gruß ist Heil Hitler!" Die engagierten Nationalsozialisten fühlten sich als berufene Wächter. Einmal beschwerte sich ein Vertrauensmann, ein andermal der Kreisgeschäftsführer der NSDAP über eine laxe Handhabung des Grußes bei der Stadtverwaltung.[14] Personalreferent Locher mahnte Ende 1934 bei einer Besprechung mit den Vertrauensmännern:

„Es ist nicht angängig, nur mit ‚Heil' zu grüßen oder nur den Arm zu heben und dabei einen anderen Gruß, z. B. Guten Morgen zu sagen. Es muß angenommen werden, daß die innere Haltung desjenigen, der bei der Abgabe des Deutschen Grußes etwas schüchtern verfährt, nicht gefestigt ist. Andererseits wird nicht verlangt, daß jeder meint, zeigen zu müssen, wie sehr er nationalsozialistisch gesinnt ist, weil genau bekannt ist, daß dies bei vielen noch nicht möglich sein kann."[15]

Strölin klagte, daß die bei der Stadt beschäftigten Frauen lässiger und zögernder grüßten als ihre männlichen Kollegen. Er schrieb daher: „Meine Anordnungen über den deutschen Gruß gelten selbstverständlich auch für das weibliche Personal."[16] Alle Frauen mußten unterschriftlich bestätigen, daß sie von dem Erlaß Kenntnis genommen hatten.

In der Folgezeit kam zum richtigen Grußverhalten der Wunsch nach einer aktiven Mitarbeit bei nationalsozialistischen Organisationen sowie nach einem konformen Verhalten auch im Privatleben: „In der Opferbereitschaft müssen die Beamten an erster Stelle stehen. Der Beamte ist auch für die nationalsozialistische Haltung seiner Familie verantwortlich. Es darf nicht vorkommen, daß eine Beamtenfrau in einem jüdischen Geschäft einkauft."[17] Im Frühjahr 1936 ließ der Personalreferent feststellen, wie viele städtische Gefolgschaftsmitglieder Parteigenossen der NSDAP waren oder bei einer ihrer Gliederungen und Verbände aktiven Dienst leisteten. Unter über 8000 Bediensteten ermittelte das Personalamt 1560 Parteigenossen, darunter 452 politische Leiter. 724 Beschäftigte waren Mitglied der SA, 121 der SS, 59 waren im Nationalsozialistischen Kraftfahrkorps, 163 gehörten zur HJ und 224 Frauen zur NS-Frauenschaft. Weiter zählte die Stadt 418 Amtswalter der Nationalsozialistischen Volkswohlfahrt (NSV), 228 DAF-Walter, 346 Luftschutzwalter, Mitglied bei der NS-

Kriegsopferversorgung waren 157 Beschäftigte, des NS-Bundes Deutscher Techniker 38 und des NS-Juristenbundes 29 Personen (Doppelnennungen waren möglich). Die Zahl der Mitglieder der NSV erhob die Stadtverwaltung nicht; lediglich eine aktive Betätigung fand Beachtung.[18] Die Werbung verschiedener Parteiorganisationen und die Anpassung der Beschäftigten ließen in der Folgezeit diese Zahlen noch ansteigen. Mitunter wurde dies auch der Stadtverwaltung zuviel; so lehnte sie eine Werbekampagne der Marine-SA ab. Die Stadtverwaltung unterstützte dagegen die Aufforderung des Kreisamtsleiters im Amt für Volksgesundheit, der zugleich Kreisobmann des NS-Ärztebundes war, alle städtischen Ärzte sollten in den Ärztebund eintreten. Dem Drängen war voller Erfolg beschieden.[19] Wiederholt überprüfte das Personalamt auch die Mitgliedschaft in Standesorganisationen, die der DAF korporativ angeschlossen waren. Eine Mitgliedschaft erkannte die DAF jedoch nur an, wenn sie direkt die Mitgliedsbeiträge kassierte.[20] Ihrem Appell an die Spendenbereitschaft des öffentlichen Dienstes verliehen die Arbeitgeber dadurch Nachdruck, daß sie direkt vom Lohn abbuchten. Die Beiträge betrugen für Lohnsteuerpflichtige bis zu zehn und für Einkommensteuerpflichtige bis zu 13 Prozent der Steuersumme. Offiziell war die Spende freiwillig; wer jedoch weniger oder gar nichts spenden wollte, mußte sich vom Abzugsverfahren abmelden.[21]

Nach dem Tod Hindenburgs mußten die Beamten aller Körperschaften einen Eid auf Hitler ablegen. Reichsinnenminister Frick gab dies am 21. August 1934 in einem Schnellbrief bekannt und erwartete schon acht Tage später die Vollzugsmeldung.[22] Die Ministerialabteilung für Bezirks- und Körperschaftsverwaltung bestellte Strölin und die übrigen Bürgermeister der württembergischen Städte am Vormittag des 27. August zur Eidesleistung. Am Nachmittag fand in der Stadthalle die Zeremonie für alle städtischen Beamten statt. Strölin erwartete eine Eidesleistung „mit reinem Gewissen und festem Willen": „Wer hierzu nicht in der Lage zu sein glaubt, hat hiervon dem Personalamt unverzüglich Mitteilung zu machen und die Folgen hieraus zu ziehen. Der Eid ist nicht nur ein Lippenbekenntnis."[23] Nach den vorhandenen Unterlagen kam bei seiner Gewissenserforschung niemand zu einem ablehnenden Entschluß. In den Jahren 1936 und 1937 wurden auch Angestellte und Arbeiter vereidigt.[24]

Bei der Überwachung der Beschäftigten bediente sich die Stadtverwaltung der Politischen Polizei. Als das Reichsinnenministerium eine entsprechende Mitteilung anforderte, wandte sich Locher im September 1934 an das Landespolizeiamt mit der Frage, „ob aus etwa dort vorhandenen Mitgliederlisten der Internationalen Bibelforschervereinigung festgestellt werden kann, daß auch städtische Beamte Mitglieder dieser Vereinigung waren".[25] Die Politische Polizei konnte lediglich mit einem Verzeichnis von Personen dienen, die im August 1933 an einer Veranstaltung teilgenommen hatten. Locher meldete daraufhin sechs Beamte. 1935 forschte das Reichsinnenministerium nach ehemaligen Mitgliedern von Freimaurer-Logen. Die Angaben, die aus Anlaß des

8 Oberbürgermeister Lautenschlager bei seiner Abschiedsrede am 9. Mai 1933

9 SS-Wache vor dem Süddeutschen Rundfunk im Alten Waisenhaus

10 Flaggenhissung am Landtagsgebäude am 7. März 1933
11 Einführung der Beigeordneten und Ratsherrn am 5. Juli 1935 (in der Mitte Strölin, nach rechts Kreisleiter Mauer, Sigloch, Kroll, Ettwein, Locher, dahinter Schwarz)

II. 2. Die Formierung der städtischen Belegschaft

Gesetzes zur Wiederherstellung des Berufsbeamtentums gesammelt worden waren, genügten offenbar nicht mehr.[26] Das Personalamt ermittelte neun Beamte. Sie sollten gemäß Fricks Erlaß keine Nachteile erleiden. Als sich jedoch Vorwürfe gegen die Stadtverwaltung erhoben, sah der Oberbürgermeister einen Handlungsbedarf: „Wir sollten vertraulich der Kreisleitung und der Gauleitung eine Liste derjenigen Beamten geben, die Freimaurer waren, damit das blödsinnige Gerede endlich aufhört."[27] Kreisleiter Mauer zeigte sich erstaunt, bedankte sich aber für die Liste und reichte sie an sein Personalamt weiter. 1937 wurden die Bestimmungen über die Beschäftigung von ehemaligen Freimaurern verschärft: Sie durften nur noch mit Zustimmung des Stellvertreters des Führers weiterbeschäftigt werden.[28] Nun zeigte sich, daß die Stadtverwaltung den Betroffenen einen schlechten Dienst erwiesen hatte. Während die Stadt für zwei Beamte einen entsprechenden Antrag stellte, verloren zwei andere im Zusammenwirken von Stadt und Partei ihren Arbeitsplatz. Der eine Beamte mußte einem alten Parteigenossen weichen, der andere – Arzt an einem städtischen Krankenhaus – geriet nach einem Streit mit einem der NSDAP angehörenden Assistenzarzt ins Abseits. Zwar setzten sich der Vertrauensmann der Ärzteschaft und seine Kollegen für den Angegriffenen ein. Als aber just zu diesem Zeitpunkt die Bestimmungen verschärft wurden, mußte der Arzt ein Gesuch um Pensionierung einreichen.[29]

Die Behörden wollten auch das Leben der Familien von Beamten reglementieren. Die wiederholte Mahnung an die Ehefrauen von Beamten, nicht in jüdischen Geschäften einzukaufen, wurde bereits erwähnt. Wurde die Mitgliedschaft in der NSV von der Familie als selbstverständlich erwartet, war nicht immer „ein ungünstiger Schluß zu ziehen", wenn eine Beamtengattin nicht der NS-Frauenschaft angehörte.[30] Ebenso galt es als selbstverständlich, daß die Kinder der HJ angehörten.[31] Die einschlägigen Erlasse richteten sich besonders gegen eine Mitgliedschaft in konfessionellen Jugendverbänden.[32] Ende 1937 teilte die Ministerialabteilung für die Höheren Schulen der Stadt mit, daß nach ihren Erkenntnissen neun Beamte ihre Kinder in die Waldorf-Schule schickten. Da Waldorf-Schulen „weder in politischer noch in erzieherischer Hinsicht den Anforderungen des neuen Staates" entsprächen, sei eine Änderung dringend geboten. Wenig später konnte Locher melden, alle Beamten hätten sich bereit erklärt, die Kinder von der Schule zu nehmen.[33]

Die Rathausfraktion der NSDAP verlangte Ende 1934 genaue Auskunft über die Beschäftigung und die Aufstiegsmöglichkeiten der „bewährten Kämpfer". Das Ergebnis fiel nicht zu ihrer vollen Zufriedenheit aus.[34] Zwischen dem 30. Januar 1933 und dem 1. Dezember 1934 waren auf feste Stellen insgesamt 464 Personen eingestellt worden, von den 82 der NSDAP vor und 83 nach der Machtübernahme beigetreten waren. Die Selbsthilfe beschäftigte probeweise 209 Personen, unter denen sich 72 alte Parteigenossen und 30 Neumitglieder befanden. Unter den 386 nur vorübergehend verwendeten Hilfskräften befanden sich 133 Parteigenossen, davon 69 mit einem Eintrittsdatum vor dem 30. Januar 1933. Die Übersicht wies neben der Parteizugehörigkeit auch die Mitgliedschaft in den wichtigsten Gliederungen aus. Bemerkenswert war, daß beim Dauerpersonal sich 165 Parteigenossen und 199 SA- oder SS-Männer befanden, d. h. eine erhebliche Anzahl von diesen war nicht Mitglied der Partei. Dieser Befund galt ebenso für die Hilfskräfte und die auf Probe Angestellten. Immerhin ergab sich eine Gesamtzahl von 400 Parteigenossen, die in knapp zwei Jahren von der Stadtverwaltung eingestellt worden waren, von denen wiederum mehr als die Hälfte, nämlich 223, zu den sogenannten alten Kämpfern zählten.

Die mangelnde Qualifikation verbot eine Anstellung im mittleren und höheren Dienst. Daher waren von den 400 eingestellten Parteigenossen lediglich 26 im höheren Dienst. Die Möglichkeit, den verdienten Nationalsozialisten materiell unter die Arme zu greifen, war deshalb die Berechnung der Dienstalterszeiten. Stuttgart ging dabei über die staatliche Regelung hinaus. Jene Nationalsozialisten, die bereits vor der Machtübernahme bei der Stadt gearbeitet hatten, wurden außerplanmäßig befördert: Beamtete Parteigenossen mit einer Mitgliedsnummer unter einer Million rückten in die nächste Gehaltsgruppe, die anderen erhielten zwei bis vier Jahre auf ihr Besoldungsdienstalter angerechnet. Bei den Arbeitern wurde die sogenannte Kampfzeit in die Dienstzeit eingerechnet. Bei den Angestellten, und das war der überwiegende Teil, rechnete die Stadtverwaltung außerdem noch die Arbeitsjahre in der Privatwirtschaft ein![35] Die Bezüge verbesserten sich dadurch teilweise ganz erheblich, insbesondere für ältere und der NSDAP frühzeitig beigetretene Angestellte. So verdiente ein Angestellter des Wohlfahrtamts, Jahrgang 1875 und Pg. von 1925, statt 207,48 RM im Monat aufgrund tatsächlicher sechs Dienstjahre nun 260,10 RM auf der Basis von 27 Dienstjahren. Entsprechend geringer wirkte sich für einen ledigen Angestellten beim Gemeindegericht, Jahrgang 1909 und Parteigenosse seit 1929, der Zuwachs aus: Er erhielt 157,19 RM statt 142,68 RM monatlich.[36]

Ein bemerkenswertes Beispiel für die Möglichkeiten eines alten Nationalsozialisten stellt die Karriere von Oskar Bröll dar. Er war am 1. Juni 1929 in die SA und einen Monat später in die NSDAP eingetreten. Wegen Beteiligung an der Ermordung des Kommunisten Weißhaupt im Jahre 1930 mußte er vor der Machtübernahme 21 Monate Gefängnis absitzen. Nach dem Machtwechsel war er für kurze Zeit als Hilfsbeamter (vermutlich als Aufseher o. ä.) im Cannstatter Rathaus tätig, bevor er als Hilfsarbeiter mit einem Wochenlohn von 29 RM unterkam. Er beschwerte sich beim Reichsstatthalter darüber, daß dies keine angemessene Beschäftigung für einen Mann sei, der fast zwei Jahre für den Nationalsozialismus im Gefängnis gesessen habe. Der Reichsstatthalter und die Kreisleitung verwendeten sich mit Erfolg bei der Stadt für Bröll. Anfang 1935 wurde er zunächst probeweise und ab Oktober als Angestellter bei den TWS beschäftigt. Seine Zeit als SA-Mann wurde auf die Dienstzeit angerechnet. Bröll gab sich noch immer nicht zufrieden. Bereits ein halbes Jahr später forderte er eine Aufbesserung seiner Bezüge auf 250 RM im Monat sowie seine Übernahme ins Beamtenverhältnis. Er hatte wiederum Erfolg. Zuerst rechnete ihm die Stadtverwaltung seine Gefängnisstrafe auf sein Dienstalter an, im April 1937 stellte sie ihn als Beamten des mittleren Dienstes ein und beförderte ihn schließlich zum 50. Geburtstag seines Führers 1939 nochmals außerplanmäßig, obwohl mittlerweile ein Strafverfahren in einer Wirtschaftssache gegen ihn anhängig war.[37] Allerdings erlebten nur wenige Nationalsozialisten einen solchen Aufstieg im öffentlichen Dienst.

3. „Die Änderung des Gemeindeverfassungsrechts trat völlig zurück gegenüber der Änderung der tatsächlichen Verhältnisse."
Weichenstellungen in der Kommunalpolitik

Die neue Lage im Reich schuf neue Bedingungen für die Kommunalpolitik. Die Beseitigung der Länderhoheit erlaubte der Reichsregierung einen unmittelbaren Einfluß auf die Gemeinden, wenngleich die Aufsicht über die Kommunen nach wie vor eine Aufgabe des württembergischen Innenministeriums bzw. der Ministerialabteilung für Bezirks- und Körperschaftsverwaltung blieb.
Ein-Parteien-Staat und Führerprinzip fanden ihren Niederschlag auch in den Gemeinden. Der Stadtvorstand, so führte Strölin in einer Grundsatzrede aus, werde künftig „nicht mehr fast ausschließlich das Vollzugsorgan des Gemeinderats sein, vielmehr muß er der ausgesprochene Führer der gesamten Gemeindeverwaltung werden".[1] Der Stadtvorstand sei letztlich nur „dem Führer" verantwortlich. Dieser sei wiederum „von dem einmütigen Willen des gesamten deutschen Volkes getragen".[2]
Zugleich hielt Strölin am Prinzip der Selbstverwaltung fest:
„Im Mittelpunkt aller kommunalpolitischen Fragen steht der Gedanke der Selbstverwaltung. (...) Selbstverwaltung bedeutet einmal die Selbständigkeit und Selbstverantwortlichkeit der Gemeindeverwaltung gegenüber der Staatsverwaltung. Der nationalsozialistische Staat wird kein zentralistischer Staat sein; er wird nicht die Gemeinden zu staatlichen Verwaltungsbezirken machen."[3]
In Stuttgart war das neue Stadtoberhaupt Aushängeschild und Motor der neuen Kommunalpolitik. Strölin hatte als Staatskommissar von allem Anfang nicht nur an die Übernahme und die Sicherung der Macht gedacht. Symbol der kommunalpolitischen Wende war die Ausschaltung des Gemeinderats. Die Gleichschaltung des Gremiums im Mai 1933 war nur ein erster Schritt. Am 7. August 1933 ordnete Strölin an, daß künftig nicht mehr abgestimmt werden dürfe. Es sei ausreichend, eine „übereinstimmende Auffassung" von Verwaltung und Gemeinderat festzustellen.[4] Das Schwergewicht verlagerte sich somit auf die Verwaltung, der Gemeinderat durfte lediglich akklamieren. Zugleich stärkte der Oberbürgermeister seine eigene Position dadurch, daß

er sich in Streitfällen die Entscheidung vorbehielt. Noch immer galt die Württembergische Gemeindeordnung aus dem Jahr 1930. Der Stadtvorstand blieb nach wie vor an die Beschlüsse des Gemeinderats gebunden. Sowohl eine Neufassung der Gemeindeordnung vom 3. Juni 1933 als auch eine weitere Novelle vom 29. Januar 1934 rüttelten nicht an der beschließenden Funktion des Gemeinderats.[5] Die Staatsregierung wies jedoch auf das Instrument der „dringenden Anordnung" hin. Danach war der Ortsvorsteher befugt, „dringende Anordnungen, die sofort vollzogen werden müssen und mit denen nicht bis zur nächsten Gemeinderatssitzung gewartet werden kann, zu treffen". Er mußte lediglich in der folgenden Sitzung Kenntnis über die Anordnungen geben.[6] Strölin machte diese Bestimmung, die für Ausnahmefälle gedacht war, zur Regel. Je seltener er den Gemeinderat einberief, um so mehr dringende Anordnungen konnte er treffen. Für Strölin brachen gleichsam paradiesische Zeiten an. Zwischen Ende 1933 und Mitte 1935, als die Deutsche Gemeindeordnung die Württembergische Gemeindeordnung aufhob, fanden nur sechs Plenarsitzungen des Gemeinderats statt. Im gleichen Zeitraum erließ Strölin mehr als 200 dringende Anordnungen. Er selbst umriß den Charakter der kommunalpolitischen Wende mit der lapidaren Bemerkung: „Die Änderung des Gemeindeverfassungsrechts trat hier völlig zurück gegenüber der Änderung der tatsächlichen Verhältnisse."[7]

Die Verordnung über die Sicherung der Staatsführung vom 7. Juli 1933 hatte nicht nur den Ausschluß der Sozialdemokraten, sondern zugleich die Besetzung der freigewordenen Sitze in den Gemeindeparlamenten „entsprechend dem Volkswillen nach Überwindung des Parteienstaates" verfügt.[8] In Stuttgart nützten die Nationalsozialisten diese Möglichkeit. Bei der ersten Gemeinderatssitzung seit der Eröffnung am 9. Mai 1933 führte Strölin am 21. Dezember 1933 zwölf neue Stadträte in ihr Amt ein, die die Ministerialabteilung für Bezirks- und Körperschaftsverwaltung auf Vorschlag des Reichsstatthalters und des Oberbürgermeisters ernannt hatte.[9] Sie alle hatten sich um die nationalsozialistische Bewegung verdient gemacht, sei es als Ortsgruppenleiter, Mittelstandsvertreter oder wie Stadtrat Bühler als Staatskommissar in Feuerbach. Ein Vierteljahr später kamen mit den beiden Architekten Erich Leistner und Ernst Schwaderer zwei „baukünstlerisch sachverständige Nationalsozialisten" im Hinblick auf die „Fülle von technischen Aufgaben" hinzu.[10] Eugen Reuter, als Vertreter des Zentrums im Gemeinderat, ersuchte am 14. Mai 1934 um Entbindung von seinem Amt. Strölin entsprach dem Antrag mit Wirkung vom 1. Juni des Jahres.[11] Die Majorisierung des Gemeinderats durch die NSDAP war angesichts der Bedeutungslosigkeit des Gremiums sekundär. Wichtiger war die Belohnung verdienter Stuttgarter Nationalsozialisten mit einem repräsentativen Posten.

Das Schwergewicht der Tätigkeit des Gemeinderats verlagerte sich vom Plenum auf die Abteilungen. Den Vorsitz führte in der Regel der zuständige Referent des Bürgermeisteramts in Vertretung des Oberbürgermeisters, der sein Recht meist nur in der

II. 3. Weichenstellungen in der Kommunalpolitik

Hauptabteilung in Anspruch nahm. Die Tätigkeit der einzelnen Abteilungen verlief anfangs ziemlich unterschiedlich. Die Technische Abteilung nahm am 19. Mai 1933 ihre Arbeit auf und tagte ab Juli regelmäßig. Die Wohlfahrtsabteilung, die sich am 22. Mai konstituierte, traf sich dagegen erst im November zur zweiten Sitzung. Als letzte wurde die Hauptabteilung auf den 18. Juli eingeladen; von da an bewältigte sie wöchentlich ihr Pensum. Die Anzahl der Sitzungen nahm nach dem Machtwechsel rapide ab.[12]

Vom 12. bis 16. März 1934 verhandelte die Hauptabteilung jeweils rund drei Stunden den Haushaltsplan für das Rechnungsjahr 1934.[13] Einleitend wies der Oberbürgermeister darauf hin, daß sich die Stadträte als „Vertreter der gesamten Einwohnerschaft", nicht als Anwälte partikularer Interessen fühlen sollten. Er erinnerte an die gespannte Finanzlage, deretwegen man zur Deckung des Etats auf Abschreibungen habe zurückgreifen müssen. Die Sitzungen verliefen zügig, denn Strölin hatte mit einem Küchenkabinett bewährter Nationalsozialisten den Entwurf und den Sitzungsverlauf geplant.[14] Die Haushaltsberatungen 1935 liefen nach dem gleichen Schema ab. Das Plenum änderte keinen einzigen Planansatz, obwohl das Protokoll der Hauptabteilung einzelne kritische Äußerungen vermerkte.[15] Einige Stadträte beanstandeten die Wohnungspolitik, andere die Behandlung von Nationalsozialisten durch das Personalamt oder die Aufwendungen für die Staatstheater.

Gelegentlich kam es in den Abteilungen, die im Unterschied zu früher grundsätzlich nicht öffentlich tagten, zu einigen Umstimmigkeiten sowohl unter ihren Mitgliedern als auch mit der Verwaltung. Die Konflikte beruhten in erster Linie auf divergierenden Interessen innerhalb der NSDAP-Fraktion. Die Vertreter der früheren Parteien hielten sich zurück. Die Wirtschaftsabteilung äußerte sich zunehmend kritisch über die Baupolitik, die von der Technischen Abteilung mitgetragen wurde. Man warf dem Technischen Referat vor, nur technische Gesichtspunkte im Auge zu haben und die sozialen zu vernachlässigen. Um diese angemessener zur Geltung zu bringen, schlug Abteilungsführer Sauer gemeinsame Sitzungen vor, sofern Fragen der Bau- und Wohnungspolitik auf der Tagesordnung stünden.[16] Die Anregung wurde jedoch nicht aufgenommen. Die beiden hauptsächlichen Kritikpunkte der Wirtschaftsabteilung bezogen sich auf die Gestaltung der Mietpreise und die Siedlungsfrage. Die Abteilung forderte eine stärkere Entlastung der Hausbesitzer, um deren Kauf- und Investitionskraft zu fördern. Die Stadtverwaltung wollte, unterstützt von der Technischen Abteilung, die in Stuttgart außergewöhnlich hohen Mieten senken.

In der Siedlungspolitik verlangten die Mitglieder der Wirtschaftsabteilung, besonders Sauer und August Häffner, der die Interessen des Reichsnährstandes vertrat, ein Ende der „uferlose(n) Ausdehnung der Großstadt". Sie begründeten dies zum einen mit dem begrenzten Landschaftsraum, zu anderen damit, daß die Arbeiter eine stadt- und betriebsnahe Wohnung wünschten.[17] Immer wieder kam in der Wirtschaftsabteilung

die Rede auf die städtische Mittelstandspolitik. Sämtliche Mitglieder der Abteilung gehörten der NS-Handels- und Gewerbeorganisation (HAGO) an, repräsentierten also die traditionelle mittelständische Anhängerschaft der NSDAP.[18] Dies vermag auch die Distanz zu manchen Maßnahmen der Stadtverwaltung in baulichen und technischen Fragen erklären. Die Abteilung wies einen Antrag des mittlerweile gleichgeschalteten Konsumvereins auf eine Ladenvergrößerung „im Interesse des Kleingewerbeschutzes" zurück. Die Haltung der Verwaltung dazu war nicht eindeutig, während sich das württembergische Wirtschaftsministerium im Sinne des Konsumvereins aussprach.[19] Ähnlich wie in der Wirtschaftsabteilung lebte das Gespräch in der Technischen Abteilung von den Beiträgen und Anregungen einiger weniger Stadträte. Vor allem die Abteilungsleiter Otto Schwarz, sein späterer Nachfolger Erwin Reuff, der Kreisgeschäftsführer der NSDAP, und Werner Kind, der als Fachmann 1937 das Amt des Tiefbauchefs der Stadt übernahm, setzten sich mit den Entwürfen der Stadtverwaltung auseinander und brachten eigene Vorschläge ein. Nur in seltenen Fällen kam es in der Abteilung zu Kontroversen. Heftige Diskussionen löste lediglich die Absicht des Hochbauamts aus, hundert Einfachwohnungen für obdachlose Familien zu erstellen.[20] Die Stadträte lehnten besondere Aufwendungen für, wie sie es nannten, „asoziale Elemente" ab. Nach über halbjähriger Auseinandersetzung einigte man sich schließlich darauf, in Zuffenhausen, Zazenhausen und Hedelfingen insgesamt 27 Einfachwohnungen zu errichten. Sie sollten sozial schwachen, aber „anständigen ordentlichen Leuten" Unterkunft bieten. Konnte in seltenen Fällen keine Einigung erzielt werden, so wurde die Entscheidung des Oberbürgermeisters eingeholt.[21]
Meist verweigerten die Gemeinderäte den Vorlagen der Verwaltung ihre Zustimmung nicht. Die Fachbeamten legten Entwürfe und Entschließungen vor, die Abteilungen nahmen „ohne Einwendungen Kenntnis", wie der stereotype Protokollvermerk lautete. Die Stadträte rüttelten nicht an jenem Zustand, den Strölin entgegen der Württembergischen Gemeindeordnung herbeigeführt hatte.
Strölin hatte, als er Stadtvorstand geworden war, nur wenige Spitzenpositionen in der Verwaltung neu besetzt. Ende 1933 holte er zu einem Revirement aus. Da zu dieser Zeit auch der Gemeinderat neu formiert wurde, kann man von einem zweiten Schub der Umschaltung in der Verwaltung sprechen. Äußerer Anlaß war der Rücktritt von Bürgermeister Ludwig, dessen Antrag auf Pensionierung mit Wirkung vom 10. Januar 1934 entsprochen wurde.[22] Strölin verabschiedete Ludwig vor dem Gemeinderat am 21. Dezember mit Worten des Dankes und gab zugleich bekannt, daß er neue Berichterstatter bestellt habe. Seine eigene Position untermauerte er dadurch, daß er sich zusätzlich zum Organisationsbüro und zur vergrößerten Kanzlei einen Rechtsrat zur besonderen Verwendung direkt unterstellte.[23] Dr. Eduard Könekamp, bisher Hilfsberichter am Gemeindegericht, war für Fragen des Auslanddeutschtums, das Veranstaltungs- und Messewesen sowie für den Frauenbeirat zuständig.

II. 3. Weichenstellungen in der Kommunalpolitik

Das Personalreferat übernahm Dr. Albert Locher, ein aktiver Nationalsozialist, der als Rechtsanwalt in der „Kampfzeit" manchen SA-Mann vor Gericht vertreten hatte. Wenig später wurde Locher auch städtischer Sportreferent. Sein Vorgänger, Rechtsrat Dr. Weidler, erhielt eine Stelle im Technischen Referat. Zu seinen Aufgaben gehörten die Arbeitsbeschaffung, das Vermessungswesen, Feuerwehr und Luftschutz sowie das Bäder- und das Gartenamt. Da jedoch Angelegenheiten der Arbeitsbeschaffung tatsächlich in den Händen von Strölins Beauftragtem Lutz lagen, bedeutete die Versetzung für Weidler einen Abstieg.[24]
Der ausscheidende Ludwig war seit Mai 1933 im Volksbildungsreferat für den Bereich Bildung und Erziehung verantwortlich gewesen, der Nationalsozialist Dr. Kleinert hatte ihn als Kommissar für den eigens abgetrennten Bereich Kunst, Wissenschaft und Kirchen „eingerahmt". Diesem gelang es aber nicht, Ludwig zu beerben. Kreispropagandaleiter Dr. Fritz Cuhorst übernahm nach dem Rücktritt Ludwigs zunächst dessen Teilgebiet und ab 1. April 1934 schließlich das gesamte Referat. Kleinert kehrte in den Schuldienst zurück.[25] Ob die Kreisleitung bei diesem Personalkarussell mitspielte, war nicht zu ermitteln. Der Anteil aktiver Nationalsozialisten in Spitzenpositionen der Stadtverwaltung hatte sich jedenfalls verstärkt.
Schließlich trat am 1. August 1934 Bürgermeister Paul Dollinger im Alter von 58 Jahren in den Ruhestand. Dollinger, der das Wirtschafts- und Polizeireferat geleitet hatte, hatte beim Machtwechsel offenbar keine Schwierigkeiten gehabt und war in der Frage der Schocken-Erweiterung sofort auf die Seite Strölins getreten. Abteilungsführer Sauer bescheinigte ihm zum Abschied eine gute und reibungslose Zusammenarbeit. Dollinger, der seit 1911 an über 1000 Sitzungen der Wirtschaftsabteilung teilgenommen hatte, erklärte, die neue Zeit stelle neue Anforderungen, und deshalb sollten „die Älteren der Jugend, die die Trägerin der Revolution" gewesen sei, Platz machen.[26] Für Dollinger wurde kein neuer Berichterstatter eingestellt, sondern man verteilte die Aufgaben neu. Rechtsrat Dr. Karl Waldmüller, der in den zwanziger Jahren dem städtischen Ausschuß für Leibesübungen vorgestanden hatte, übernahm Dollingers Ressort. Das Polizeiamt wurde abgetrennt und Rechtsrat Weidler übertragen, der Leiter des neuen Wirtschaftsreferats II wurde. Damit hatte sich auch ohne „Säuberung" der Kreis der Referenten an der Spitze der Stadtverwaltung im Lauf eines Jahres erheblich verändert. Eine in Stuttgart beliebte Methode, die schon Oberbürgermeister Lautenschlager gewählt hatte, war der Rückzug in den Ruhestand. Ohne großes Aufsehen hatte Strölin mit Ettwein, Locher, Cuhorst sowie Hablizel aktive und für Stuttgarter Verhältnisse prominente Nationalsozialisten in leitende Stellungen gebracht. Ihm kaum weniger ergeben waren die Fachbeamten, vor allem die neuen NS-Parteigenossen Asmuß und Könekamp, die Strölin im Bürgermeisteramt unmittelbar zuarbeiteten, sowie Kämmerer Hirzel. Der letzte Bürgermeister der Ära Lautenschlager, der im Amt verblieb, war der Technische Referent Dr. Daniel Sigloch. Er hatte nach dem

Machtwechsel einen Aufpasser bekommen. Zuerst hatte diese Aufgabe Paul Lutz übernommen. Im Sommer 1934 folgte dem offenbar nicht unumstrittenen Lutz der Abteilungsführer der Technischen Abteilung, Dr. Otto Schwarz. Der Bezirksleiter der NSDAP im Stuttgarter Osten, der in der Materialprüfung der Robert Bosch AG gearbeitet hatte und seit 1. Mai 1933 auch Gesamtbetriebsratsvorsitzender des Unternehmens gewesen war, erhielt zum 1. Juli 1934 die Stelle eines Hilfsberichterstatters im Technischen Referat.[27] Schwarz würdigte die sachliche Arbeit Siglochs und war sich seiner Rolle als nationalsozialistische Ergänzung nach eigenen Angaben durchaus bewußt. Sigloch, obwohl dienstältester Referent, wurde in der Reihenfolge der Stellvertreter des Oberbürgermeisters nach Hirzel und Ettwein erst an dritter Stelle genannt.[28]

In dieser Zeit gab es keine gemeinsamen Besprechungen der Referenten. Strölin empfing sie einzeln. Dies erleichterte es ihm, Entscheidungen zu zentralisieren, als Mittler aufzutreten und unterschiedliche Auffassungen intern zu regeln. Es erregte seinen besonderen Unmut, als einmal Referenten vor einer Abteilung gegensätzliche Meinungen äußerten. „Dies muß unter allen Umständen vermieden werden", erklärte Strölin. Sämtliche Angelegenheiten seien zu klären, bevor sie auf die Tagesordnung gesetzt würden.[29] Mit Nachdruck überwachte er die Einhaltung des Dienstwegs.

Der Stuttgarter Beirat für Frauenangelegenheiten

Dem Gemeinderat hatten nach der Neubildung im Mai 1933 nur drei Frauen angehört: Frau Evert von der SPD verlor ihr Mandat Ende Juni 1933; im Herbst legten Frau Armbruster vom Zentrum und Frau Kiefner von der Bürgerpartei ihre Ämter nieder. Das Ausscheiden der Frauen entsprach, wie Strölin es formulierte, „der nationalsozialistischen Grundauffassung, wonach dem Mann die Leitung der öffentlichen Angelegenheiten allein zusteht. (...) Das bedeutet aber nicht, daß die Frau von der Mitwirkung bei der Gemeindeverwaltung überhaupt ausgeschaltet wird. Ich lege vielmehr großen Wert darauf, daß der Frau in der Gemeindeverwaltung Gelegenheit zur Mitarbeit geboten wird."[30]

Anfang November 1933 schuf die Stadtverwaltung einen Frauenbeirat für Gemeindeangelegenheiten, ein Novum der deutschen Parlamentsgeschichte. Zwar hatte Hamburg bereits im Mai 1933 eine Frauenwirtschaftskammer eingerichtet, doch war dies eine ständische, keine politische Vertretung.

Die Initiative zur Gründung eines solchen Gremiums stammte nicht von den Nationalsozialisten. Sie ging auf die Berufsorganisation der Hausfrauen Stuttgarts (BOH) zurück, die eine Anregung der Stuttgarter Frauenvereine aufgriff. Die Vorsitzende des Stadtverbands der Frauenvereine, Ilse Eberhardt, hatte im Januar 1932 an die Fraktionen des Gemeinderats appelliert, „bei der bevorstehenden Neuverteilung der Sitze für die städtischen Kommissionen Frauen in die Marktkommission und in den Aufsichtsrat für die Milchhof-AG entsenden zu wollen".[31] Sie bezeichnete die Frauen auf diesen Gebieten als besonders sachverständig. Im Oktober 1933 beantragte die Vorsitzende der BOH, Lise Enke, beim Bürgermeisteramt, „bei denjenigen Abteilungen der Stadtverwaltung hinzugezogen zu werden, in denen es sich um Fragen der Verbraucher, der Arbeitgeber und Arbeitnehmer und der Hauswirtschaft handelt".[32] Sie verwies auf die Hamburger Einrichtung und schlug vor, einen Ausschuß fachlich gebildeter Hausfrauen zu berufen. Strölin reagierte positiv und beauftragte Hugo Kroll mit den Vorbereitungen. Bei einer Besprechung mit Frau Enke und führenden Nationalsozialistinnen erzielte Kroll am 31. Oktober 1933 eine Einigung; wenig später gab die NSDAP-Fraktion im Gemeinderat grünes Licht.

Die personelle Besetzung des Beirats gewährleistete eine reibungslose Integration in die nationalsozialistisch geführte Stadtverwaltung. Strölin erklärte bei der Einführung unmißverständlich: „Wir können (...) nur wirkliche Nationalsozialistinnen brauchen".[33] Als Führerin fungierte Elisabeth Bosch, bis 1932 Gauleiterin der NS-Frauenschaft und inzwischen Landesleiterin des Deutschen Frauenwerks. Ihre Stellvertreterin Else Kötzle hatte schon 1923 einer von Strölin mitgegründeten NS-Frauengruppe angehört. Frau Enke wurde zwar gelegentlich als dritte Vorsitzende angesprochen, tatsächlich sah die Geschäftsordnung dieses Amt aber nicht vor. Die übrigen Mitglieder waren Theodora Lütze, seit 1933 Kreisfrauenschaftsleiterin, Dr. Marie Tscherning, Lehrerin am Königin-Katharina-Stift und Gründungsmitglied der NS-Frauenschaft in Stuttgart; auch Frau Dr. Kommerell und Lise Schlenker, die Mitglied des Kampfbundes für deutsche Kultur war und beim Reichssender Stuttgart die Frauenstunde leitete, waren aktive Nationalsozialistinnen. Außerdem war Agnes Kiefner für ihren Rückzug aus dem Gemeinderat mit einem Sitz im Frauenbeirat entschädigt worden. Als „geeignete Parteigenossin" für Belange der arbeitenden Frauen kam Anfang 1934 noch Johanna Berrer hinzu, Betriebsratsvorsitzende der Firma Benger.[34] Ihre Berufung konnte nicht darüber hinwegtäuschen, daß „die zugehörenden Frauen doch alle den bessergestellten Kreisen angehören, die für die kleinen, zermürbenden Sorgen und Nöte der unbemittelten Kreise kein Verständnis haben", wie eine Stuttgarterin an Strölin schrieb.[35]

Den Vorsitz im Frauenbeirat führte Rechtsrat Eduard Könekamp. Über seinen Schreibtisch mußte der Frauenbeirat seinen Schriftverkehr abwickeln. Bei der konstituierenden Sitzung steckte Strölin enge Grenzen. Der Beirat sei auf den der Frau „eigenen, naturgegebenen Wirkungskreis" beschränkt und besitze nur das Recht zu unverbindlichen Anregungen. In folgenden Bereichen gestand Strölin den Frauen einen eigenen Beitrag zu: im Fürsorgewesen, bei der Pflege der Volksgesundheit und in Rassenfragen, im Erziehungswesen, in wirtschaftlichen Angelegenheiten, soweit sie den weiblichen Arbeitsdienst, Hauswirtschafts- und Marktfragen betrafen, und schließlich bei der Auswahl und der Betreuung der städtischen Siedler. Mehrfach betonte Strölin den untergeordneten Rang des Beirats: „Die Tätigkeit des Gemeinderats wird durch die Arbeit des Frauenbeirats in keiner Weise berührt. Der Frauenbeirat ist nicht etwa ein mit dem Gemeinderat irgendwie in Konkurrenz tretendes Gemeindeorgan."[36] Keinesfalls sollte der Frauenbeirat als Beschwerdeorgan fungieren. Elisabeth Bosch stellte ihre einleitenden Worte unter das Motto „Wir dienen!" und versprach der Stadtverwaltung die Beachtung des vorgegebenen Rahmens: „Hier auf unseren fraulichen Gebieten reicht die naturgemäß rein verstandesmäßig betonte Arbeit des Mannes nicht hinreichend aus. (...) So gehen wir also an unsere neuen Aufgaben nicht heran als politische Frau, sondern als mütterlich deutsche Frau."[37] Die Stadt entfaltete eine Pressekampagne, in deren Verlauf Strölin den Beirat im „Völkischen Beobachter" der Öffentlichkeit vorstellte. Auch von seiten der NS-Frauenschaft heimste die Stadt viel Lob ein.[38] Das Reich blickte nach Stuttgart; die Bildung eines Frauenbeirats galt als vorbildlich und wurde zur Nachahmung empfohlen.

Nach dem spektakulären Auftakt machte sich der Beirat nur noch selten bemerkbar. Er trat zwar regelmäßig zusammen, die Arbeit fand jedoch nur geringen Niederschlag.[39] Ebenso geräuschlos ging die Ausschaltung der nicht-nationalsozialistischen Frauen über die Bühne, begleitet von persönlichen Auseinandersetzungen. Frau Enke als Mitinitiatorin übermittelte Könekamp bereits nach den ersten Sitzungen Vorschläge für die organisatorische und inhaltliche Arbeit. Sie bemängelte „Wursteleien" und forderte straffe Richtlinien für jede Beirätin innerhalb ihres Aufgabengebiets. Bezeichnenderweise bat sie Könekamp, die Vorschläge ohne Erwähnung ihres Namens weiterzuverwenden.[40] Einen Eklat verursachte Anfang April 1934 ein Aufruf an die Stuttgarter Hausfrauen, sich aus Anlaß von Hitlers Geburtstag an einer Spende zu beteiligen.[41] Frau Enke beschwerte sich, daß der Aufruf vom Frauenbeirat unterzeichnet sei, sie als Mitglied desselben aber „nicht die geringste Ahnung" habe. Sie richtete an Könekamp die dringliche Bitte, „in Zukunft derartige Veröffentlichungen nur noch nach Rücksprache mit dem gesamten Frauenbeirat zu machen". Die führenden Herren der Stadtverwaltung hatten dem Gremium eben in erster Linie eine propagandistische Funktion zugedacht.

1934 geriet der Frauenbeirat in die Auseinandersetzungen um die Gleichschaltung der bürgerlichen Frauenorganisationen. Die neue Reichsfrauenschaftsleiterin Scholtz-Klink hatte die NS-Frauenschaft zur Dachorganisation aller Frauenverbände erklärt. Könekamp wies andererseits auf die Selbständigkeit des Beirats gegenüber der NS-Frauenschaft hin und hielt organisatorische Änderungen für überflüssig.[42] Die Stadt wollte die Kontrolle behalten und nicht etwa mit der NS-Frauenschaft teilen. Da aber zu diesem Zeitpunkt bereits sämtliche Eingaben von Stuttgarter Frauenverbänden an die Stadtverwaltung über den Beirat laufen mußten, erhielt die Frauenschaft über Beirätin Lütze auf jeden Fall Einblick in deren Arbeit. Zuschüsse gewährte die Stadt außerdem nur jenen Frauenorganisationen, die im Beirat vertreten waren. Könekamp bekannte: „Damit gewinnt der Frauenbeirat Einfluß auf die Frauenverbände, ohne daß es notwendig ist, die Verbände sei es nun aufzulösen, zusammenzulegen oder in ein organisatorisches Verhältnis zum Frauenbeirat zu bringen."[43] Aus dem Nebeneinander von Beirat und NS-Frauenschaft resultierte ein Konflikt zwischen der Gaufrauenschaftsleiterin Anni Haindl und ihrer Vorgängerin Elisabeth Bosch. Nur mit Mühe ließ sich ein Bruch vermeiden. Frau Bosch fand Rückhalt bei Strölin und blieb bis zu ihrer Übersiedlung nach Tübingen die wichtigste Ansprechpartnerin der Stadtverwaltung im Beirat. Unter diesen Umständen verschoben sich die Gewichte vollends zuungunsten der nicht-nationalsozialistischen Mitglieder. Zuerst fand sich ein Anlaß, die ehemalige deutschnationale Gemeinderätin Kiefner aus dem Gremium zu drängen. Frau Enke schied im Juli 1935 aus, als nach dem Erlaß der Deutschen Gemeindeordnung die Vertretungskörperschaften neu gebildet wurden.[44]

Das mit viel Vorschußlorbeeren bedachte und mit propagandistischem Aufwand begonnene Werk wurde brüchig. Zu persönlichen und politischen Differenzen kam die Unzufriedenheit über die geringen Mitwirkungsmöglichkeiten. Aufschlußreich war eine Bemerkung der Kreisfrauenschaftsleiterin Lütze gegenüber Könekamp: „Über die Arbeit des Frauenbeirats möchte ich hier lieber schweigen, z. Zt. ist ein Stillstand eingetreten."[45] Und als Mitte 1935 Kroll den Vorsitz übernahm, klagte ihm Elisabeth Bosch, der Frauenbeirat stehe meist vor vollendeten Tatsachen.[46]

4. Stuttgart und die „Arbeitsschlacht"

In seiner Antrittsrede am 9. Mai 1933 nannte Strölin die Beseitigung der Arbeitslosigkeit die wichtigste Aufgabe. In der Tat führte die mittelfristige Stabilisierung ihrer Herrschaft für die Nationalsozialisten über eine Lösung dieses Problems. Ende Februar 1933 hatte man in Stuttgart 41 500 registrierte Arbeitslose gezählt, Ende April 1936 herrschte bei 2469 Arbeitslosen Vollbeschäftigung.[1] Die Nationalsozialisten hatten das erste Etappenziel erreicht. Die Stadtverwaltung nahm dies zum Anlaß für ein Resümee ihrer Politik unter dem Vorzeichen der „Arbeitsschlacht". Sie legte eine bebilderte Broschüre über den „Kampf gegen die Arbeitslosigkeit in der Stadt Stuttgart" vor.[2] Die Leser erfuhren aber weder die Gründe der wirtschaftlichen Entwicklung noch die tatsächliche Funktion der von der Stadt beschriebenen Maßnahmen.

Die Früchte der Vorgänger
Notstandsarbeiten in Stuttgart

Notstandsarbeiten für Arbeitslose waren nur ein Tropfen auf den heißen Stein. Sie schufen weder langfristige Arbeitsplätze noch eine wirtschaftliche Basis für die Be-

schäftigten, denn die Entlohnung entsprach gerade den Unterstützungssätzen. Notstandsarbeiten waren daher weniger gezielte Arbeitsbeschaffungsmaßnahmen als ein Beitrag zur Arbeitslosenfürsorge.[3] Strölin wußte um den begrenzten ökonomischen Effekt, erkannte aber auch die psychologische Wirkung der Notstandsarbeiten.[4] Die Stadtverwaltung betrieb Etikettenschwindel, denn sie vereinnahmte für ihre Zwecke vor allem Projekte, die schon 1932 geplant und begonnen worden waren. Sie rühmte sich anläßlich des Deutschen Turnfestes 1933 sogar der Bauten, die mehrere Jahre zurückreichten.[5] Der Ausbau der Neckarkanalisierung mit einer Staustufe bei Hofen war nach langen Verhandlungen mit dem Reich und dem Land im Dezember 1932 beschlossen worden, ebenso ein Krankenhaus-Neubau in Cannstatt. Alle diese bereits früher eingeleiteten Vorhaben verbuchte die nationalsozialistisch geführte Stadtverwaltung auf ihr Konto. Größtes Projekt war der vierspurige Ausbau der Neuen Weinsteige, der schon in den zwanziger Jahren erwogen und im November 1932 als Notstandsarbeit begonnen worden war. Mit wenigen Ausnahmen für Spezialaufgaben arbeiteten hier wie an den übrigen Notstandsbauten nur Arbeitslose sowie Angehörige des Freiwilligen Arbeitsdienstes. Am 21. März 1934 gab Strölin mit dreimonatiger Verspätung den Verkehr wieder frei. Die Verzögerung kam nicht ungelegen, denn an diesem Tag eröffnete die Reichsregierung die sogenannte Frühjahrsoffensive der Arbeitsschlacht mit dem ersten Spatenstich für die Reichsautobahn. Der Leiter der Reichspropagandastelle im Gau Württemberg-Hohenzollern, der spätere Stuttgarter Kreisleiter Mauer, hatte ein minuziöses Programm für die Betriebe und Schulen ausgearbeitet.[6] Die Stadt und das Arbeitsamt veranstalteten im Anschluß an die Eröffnung der Neuen Weinsteige in der Stadthalle eine Kundgebung mit Direktübertragung der Reden von Hitler und Goebbels. Um eine eindrucksvolle Kulisse zustande zu bringen, erklärte das Arbeitsamt die Kundgebung für alle Arbeitslosen unter 50 Jahren zur Meldekontrolle: Wer nicht erschien, erhielt künftig keine Arbeitslosenunterstützung mehr.[7] Von den Vertretern der Wirtschaft, die er hatte einladen lassen, forderte Strölin einen Beitrag zum Aufschwung durch vermehrte Neueinstellungen. Es fand sich auch ein „arbeitsloser Volksgenosse", der der Stadt und dem Arbeitsamt für die Veranstaltung dankte und ein „Sieg-Heil" auf den Reichskanzler ausbrachte.[8]
Auch die meisten übrigen Notstandsarbeiten, die die Stadt in ihrer Erfolgsbilanz verbuchte, zeigten, in welch hohem Maß sie die Früchte ihrer Vorgängerin ernten durfte. Die Notstandsarbeiten des Jahres 1933 gingen auf einen Plan zurück, den die württembergische Regierung gemeinsam mit den Gemeinden aufgestellt und Ende 1932 dem Reichskommissar für Arbeitsbeschaffung vorgelegt hatte.[9] Für die Landeshauptstadt waren folgende Projekte aufgelistet: die weitere Kanalisation der Altstadt (Kosten rund eine Million RM), Entwässerung von Münster (300 000 RM), zusammen mit Feuerbach der Bau einer Sammeldole und Kläranlage (400 000 RM) sowie diverse Straßenbauten, darunter ein Straßentunnel unter der Uhlandshöhe, der später als Wagen-

burgtunnel realisiert wurde. Noch am 10. März 1933, eine Woche vor der Wahl von Gauleiter Murr zum württembergischen Staatspräsidenten, stellte die Regierung Bolz die entsprechenden Darlehensanträge an die Deutsche Bank für öffentliche Arbeiten (Öffa) in Berlin, die die Anträge wenige Monate später größtenteils bewilligte.
Am 22. Juli 1933 beauftragte Strölin das Tiefbauamt, auf der Basis des sogenannten Reinhardt-Programms Arbeitsbeschaffungsmaßnahmen für rund 500 Arbeitslose in Stuttgart vorzubereiten. Dieses Programm der Reichsregierung vom 1. Juni 1933 setzte ebenfalls die Politik früherer Kabinette fort.[10] Im Vordergrund standen wiederum Notstands- und Instandsetzungsarbeiten. Träger der Projekte waren die Länder, die Gemeinden und öffentlichen Körperschaften. Die Vergütung für die Arbeiter erfolgte mittels Bedarfsdeckungsscheinen, die die beschäftigten Arbeitslosen bei den Fürsorgeverbänden gegen Lebensmittel und Gegenstände des täglichen Bedarfs einlösen, nicht aber in Bargeld ummünzen konnten. Das Tiefbauamt mußte nicht mehr tun, als die früheren Programme fortzuschreiben und zu ergänzen.[11] Eine Arbeitsbeschaffungsstelle beim Technischen Referat koordinierte seit Ende August 1933 sämtliche Arbeitsbeschaffungsmaßnahmen, zu denen man auch den Kleinsiedlungsbau zählte.[12] Ein wichtiges Betätigungsfeld dieser Stelle war die Propaganda, nachdem die Stadt direkte Eingriffe in die Wirtschaft weitgehend ablehnte. Ende 1933 trat die Arbeitsbeschaffungsstelle mit „Zehn Forderungen gegen die Arbeitslosigkeit" an die Öffentlichkeit, die gemeinsam mit dem Arbeitsamt Stuttgart formuliert worden waren.[13] Die Stadt rief in Presse, Rundfunk und mit Plakatanschlägen dazu auf, Renovierungsarbeiten unverzüglich zu beginnen, sich als Landhelfer oder Arbeitsdienstmann zu melden. Schwarzarbeit und Doppelverdienertum wurden gebrandmarkt, Auswärtige vor dem Zuzug nach Stuttgart gewarnt.
Die gesetzliche Verpflichtung, im Rahmen der Notstandsmaßnahmen nur volkswirtschaftlich sinnvolle Arbeiten zu fördern, erfüllte die Stuttgarter Stadtverwaltung vor und nach dem Machtwechsel. Die Stadt nützte die öffentlichen Zuschüsse und Darlehen zu Verbesserungen der Infrastruktur. So war etwa der Ausbau der Kanalisation und der Abwasserklärung unausweichlich geworden. Vor dem Ausbau des Nesenbachbettes im Bereich der Neckarstraße (Teil der heutigen Konrad-Adenauer-Straße) und der Regulierung des Feuerbachs hatten Hochwasserstände immer wieder für Probleme gesorgt. Mit dem Ausbau der Neuen Weinsteige und mit Straßenbauarbeiten trug die Stadtverwaltung der zunehmenden Motorisierung Rechnung. Auch das Straßenbahnnetz wurde ausgebaut. Zusammen mit der Eröffnung der Neuen Weinsteige am 21. März 1934 wurde mit dem Ausbau der Strecke Degerloch–Möhringen begonnen. Bei den späteren Eingemeindungswünschen kam der Stadtverwaltung das seit 1930 erweiterte Netz der Straßenbahnen zugute.[14]
Bei der Stadt wurde es üblich, jedes Bauvorhaben als Arbeitsbeschaffungsmaßnahme zu feiern. Der Neubau eines Verwaltungsgebäudes der Technischen Werke bildete

keine Ausnahme, obgleich die Stadt hier einen repräsentativen Bau auch als Zeichen für die Bedeutung der TWS und für neue kommunale Großbauten im allgemeinen setzen wollte. Die Überlegungen für das Projekt begannen unmittelbar nach Gründung der TWS. Als Bauplatz bot sich das Areal zwischen Oberpostdirektion und altem Hauptbahnhof an der Lautenschlagerstraße an. Die Nutzung des ehemaligen Bahnhofsgeländes stellte damals eine der städtebaulichen Hauptaufgaben Stuttgarts dar. Die Stadtverwaltung nützte die Gelegenheit, dabei ihre „Baugesinnung" zu entfalten. Im Juni 1934 begannen die Bauarbeiten, am 9. Oktober erfolgte die Grundsteinlegung. Der schwäbische Dichter August Lämmle reimte dem Oberbürgermeister für dessen Hammerschläge einen Bauherrnspruch, in dem es hieß:

„Daß Deutschland gesunde an Seel und Leib,
der Führer uns erhalten bleib,
Für Deutschland komme der Freiheit Tag –
daß dieses Gott im Himmel sag:
darauf tu ich den dritten Schlag!"[15]

Das städtische Hochbauamt unter Leitung von Baudirektor Schmidt legte besonderen Wert auf eine organische Einordnung in die bauliche Umgebung, die das Gebäude der Reichspostdirektion und der Ufa-Palast dominierten. Die künstlerischen Arbeiten galten als Beitrag zur Unterstützung des notleidenden einheimischen Kunsthandwerks. Die Eingangsbereiche waren mit heldischen Plastiken und Reliefs, die Innenräume mit Gemälden und Intarsien gestaltet. Im Zimmer des Generaldirektors wachte eine Hitlerbüste des Stuttgarter Bildhauers Fritz von Graevenitz über die städtische Energiepolitik. Am Bau waren 290 Firmen beteiligt; die Erd- und Grabarbeiten wurden mit Rücksicht auf den Arbeitsmarkt größtenteils ohne Maschinen ausgeführt.[16] Nach über zweijähriger Bauzeit fand am 19. September 1936 die Einweihung statt, als bereits Arbeitskräftemangel die Lage in der Bauindustrie bestimmte.

„Zurück aufs Land"

Am 1. März 1934 erklärte das württembergische Innenministerium die Stadt Stuttgart auf Antrag der Stadtverwaltung zur „Notstandsgemeinde".[17] Nach einer Änderung der Reichsfürsorgeverordnung war dies bei Kommunen möglich, deren „Haushalt durch Wohlfahrtslasten in außerordentlichem Umfang belastet war".[18] Diese Gemeinden erhielten das Recht, zuziehenden Personen die Unterstützung „auf das zur Fristung des Lebens Unerläßliche" zu beschränken oder nur in geschlossener Fürsorge, das heißt bei Unterbringung in Arbeitshäusern, zu gewähren.

II. 4. Stuttgart und die „Arbeitsschlacht"

Die Stadtverwaltung hatte schon vor 1933 vor einem Zuzug nach Stuttgart gewarnt. Die vom Wohnungsamt zwangsbewirtschafteten Wohnungen durften nur Neubürger beziehen, die eine „auskömmliche Existenzgrundlage" nachweisen konnten.[19] Zwischen April und Oktober 1933 waren 306 Einzelpersonen und 40 Familien nach Stuttgart gekommen, die der Fürsorge anheimfielen. Die Stadt rechnete vor, daß dies zusätzliche Kosten von rund 40 000 RM verursacht habe.[20] Schon vor der gesetzlichen Ermächtigung hatte man Alleinstehenden, die im ersten Jahr nach dem Zuzug unterstützungsbedürftig wurden, jegliche Barunterstützung entzogen und sie in Beschäftigungsanstalten eingewiesen.[21] Nachdem Stuttgart zur Notstandsgemeinde erklärt worden war, verschärfte die Stadtverwaltung ihre Kampagne. Zusammen mit dem Arbeitsamt und dem Polizeipräsidium überwachte sie den Zuzug, um „unter arbeitspolitischen Gesichtspunkten" diejenigen Personen auszusieben, die früher in der Landwirtschaft gearbeitet hatten.[22]

Die Propaganda begleitete diese Maßnahmen mit Schlagworten von der Verwurzelung auf deutschem Grund und Boden, von der Wiederseßhaftmachung auf der Scholle. Die beginnende Konjunktur erwies sich aber schon bald als effektiver. Denn 1934 verzeichnete Stuttgart den mit Abstand höchsten Wanderungszuwachs seit 1927.[23]

Die Landhilfe war ein Instrument der Arbeitslosenfürsorge; arbeitslose Unterstützungsempfänger sollten durch landwirtschaftliche Hilfsarbeiten aus der Arbeitslosenstatistik und aus den Ausgabenbüchern der Wohlfahrtsämter verschwinden. Während die Reichslandhilfe Arbeitslose bis zum 25. Lebensjahr erfaßte, entwickelte Stuttgart im Herbst ein eigenes Modell, das auch die 25–40jährigen einbezog. Die Reichsanstalt für Arbeitsvermittlung und Arbeitslosenversicherung genehmigte die Stuttgarter Landhilfe Ende 1933.[24] Die Entlohnung des Helfers und die Förderung des Landwirts erfolgte nach einem komplizierten System; Strölin nannte es „psychologisch besonders wirkungsvoll". Der Landhelfer erhielt über ein halbes Jahr hinweg lediglich einen Unterstützungsbeitrag. Erst wenn er diese Zeit durchgehalten hatte, wurde ihm der restliche Lohn in Form einer Treueprämie ausbezahlt. Der Landwirt sollte an die Beschäftigung einer zusätzlichen Arbeitskraft gewöhnt werden. Deshalb zahlte man ihm im ersten Halbjahr die Lohn- und Sozialversicherungsbeiträge für den Landhelfer, im zweiten Halbjahr dagegen nur noch einen pauschalen Förderungsbeitrag. Blieb das Gespann über ein ganzes Jahr zusammen, konnten beide mit einer Treue- und Lehrprämie rechnen. Die von Strölin gerühmte psychologische Wirkung bestand also darin, eine vorzeitige Rückkehr des Landhelfers in die Stadt zu verhindern und ihm möglichst wenig Bargeld in die Hand zu geben, solange er auf dem Land war. Anfänglich unterstrichen die Stadt und die Landesbauernschaft den freiwilligen Charakter, doch änderte sich der verbindliche Ton rasch. Die Bereitschaft, sich als Landhelfer zu verdingen, war verständlicherweise gering. Strölin forderte im April 1934 die

Arbeitslosen ultimativ auf, sich zur Landhilfe zu melden. Wer sich weigere, stelle sich außerhalb die Volksgemeinschaft und habe die Folgen zu tragen.[25] Anstelle der erwarteten 2000–3000 Landhelfer hatten sich bis Anfang April 1934 nur 514 Männer und zehn Frauen bereit erklärt.[26] Die Landhilfe bedeutete für viele eine ungewohnte Tätigkeit, die sie zudem abseits der vertrauten Umgebung unter mehr oder minder spürbarem Druck verrichteten. Von Anfang an gab es Klagen darüber, daß sich Landhelfer von ihren Arbeitsplätzen entfernten.[27] Die Drohung mit dem Entzug der Arbeitslosenfürsorge blieb jedoch nicht ohne Wirkung. Im Mai 1934 meldete das Amtsblatt, 800 Arbeitslose hätten sich als Landhelfer zur Verfügung gestellt, die in über 25 „Transporten" vor allem in den Räumen Bad Mergentheim und Schwäbisch Hall eingesetzt würden.[28] Insgesamt vermittelte die Stadt 1933 und 1934 über 2000 Arbeitslose als Landhelfer.[29] Ende April 1934 konnte die Stadt einen weiteren Erfolg verbuchen, als Wirtschaftsminister Lehnich die Arbeitgeber aufforderte, die seit Januar 1933 eingestellten Arbeiter vom Land freiwillig zu entlassen.[30] Die Arbeitgeber zeigten freilich wenig Neigung, die gerade erst eingestellten und eingelernten Arbeiter auszutauschen. Die Landflüchtigen waren zudem junge Leute, deren Lohn niedriger war als der der stärker von der Arbeitslosigkeit betroffenen älteren Arbeiter.[31]

Propaganda und tatsächliche Wirkung kontrastierten in auffälliger Weise. Intern räumte Strölin ein, daß gerade 1000 Arbeitslose bei der Landhilfe eingesetzt werden könnten. Auch das Lamento über den Arbeitskräftemangel auf dem Land erschien in einem anderen Licht, nachdem das Arbeitsamt Mitte August 1933 der Landwirtschaft mitgeteilt hatte, es stünden „verschiedene hundert Erntearbeiter, also geschulte landwirtschaftliche Kräfte zur Verfügung".[32] Wenige Monate später klagten Strölin und Landesbauernführer Arnold in bewegten Tönen über gewaltige personelle Engpässe. Die Propaganda für die Landhilfe erreichte ihren Höhepunkt, als die offiziell bekanntgegebene Zahl der Arbeitslosen in Stuttgart auf ein Fünftel des Höchststandes zurückgegangen war. Ganz offensichtlich standen andere Aspekte im Vordergrund: Die Stadt wollte die Unterstützungsempfänger auf jede Weise loswerden.

Die Stadt war mangels eigener Kompetenz auf eine enge Zusammenarbeit mit dem Arbeitsamt angewiesen. Sie stellte diesem ihren Fuhrpark zur Verfügung, um Kontrollen gegen Schwarzarbeiter zu fördern. Auch die Kosten einer Kontrollstelle für Schwarzarbeit übernahm die Stadtverwaltung.[33] Strölin bekannte 1936 rückblickend, daß sich die Maßnahmen der Stadt „zum größten Teil nicht auf eine bestimmte Rechtsgrundlage stützen konnten".[34]

Als die Stadtverwaltung noch verschiedene Arbeitsbeschaffungsmaßnahmen forderte und Stuttgart gerade erst zur Notstandsgemeinde erklärt worden war, überraschte der „NS-Kurier" am 13. März 1934 mit der Überschrift „Es fehlt bereits an Facharbeitern".[35] Das Arbeitsamt registrierte einen Mangel im Baugewerbe sowie bei Flaschnern und Malern. Es fehlte auch an ausgebildeten weiblichen Arbeitskräften. Während die

12 Kleineigenheim-Siedlung Reisach im 1933 eingemeindeten Weil im Dorf
13 Plattenfabrik Gaisburg, 1933/34 Pflichtarbeiterlager

14 Verwaltungsgebäude der Technischen Werke Stuttgart an der Lautenschlagerstraße (1934–1936)

15 Eingangsgestaltung von Julius Frick

II. 4. Stuttgart und die „Arbeitsschlacht"

Theoretiker der NSDAP lautstark die Berufstätigkeit der Frauen ablehnten und noch Programme zu einem Austausch von Frauen durch Männer entwarfen, wollten die Praktiker nicht auf die billigere Arbeitskraft der Frauen verzichten.

„Durch Arbeit Geld schaffen"
Die mittelbaren Eingriffe der Stadtverwaltung ins Wirtschaftsleben

Die Stadt erwartete von den Arbeitsbeschaffungsmaßnahmen eine Belebung der Privatwirtschaft. Dabei hatte die Entlastung der Stadtkasse Priorität. Es gelte, so Strölin, „nicht durch Geld Arbeit (...), sondern durch Arbeit Geld zu schaffen".[36] Subventionen lehnte er entschieden ab. Statt dessen beschränkte sich die Stadtverwaltung auf Appelle und einige flankierende Maßnahmen, die nur indirekt mit der Lage auf dem Arbeitsmarkt zusammenhingen. Zunächst standen Kampagnen gegen die sogenannten Doppelverdiener und die Schwarzarbeiter im Blickpunkt. Den „Kampf gegen die Schwarzarbeit" betrieb die Stadt mit der Intention, alle arbeitslosen Unterstützungsempfänger, die auf diese Weise ihr Auskommen zu verbessern suchten, von der Sozialhilfe auszuschließen. Ende September 1933 ordnete das Wohlfahrtsamt Kontrollen an, um Nebeneinkünfte aller Art zu ermitteln: „Gegen jeden Unterstützten, bei dem festgestellt wird, daß er vom 1. Oktober 1933 an Nebeneinkommen verschweigt, wird Strafanzeige erstattet und der Name des Betreffenden veröffentlicht, sowie in besonders krassen Fällen die Verbringung des Betrügers in das Konzentrationslager veranlaßt."[37] Im Dezember 1933 fand eine erste Razzia der Polizei im Baugewerbe statt. In den beiden vorausgegangenen Monaten hatte die Kontrollstelle der Stadt und das Arbeitsamt 133 Schwarzarbeiter ermittelt.[38] Bei über 16 000 Einzelprüfungen in den folgenden Jahren kam es nur zu neun Strafanzeigen, das Wohlfahrtsamt erhielt zwischen November 1933 und Januar 1936 rund 19 000 RM an Fürsorgeleistungen zurück.[39] Der Propagandaaufwand übertraf auch hier das Ergebnis bei weitem.
Neben dem Austausch von jüngeren gegen ältere Arbeitnehmer bildete der „Kampf gegen die Doppelverdiener" einen zweiten Bereich, wo die Stadt als Arbeitgeber über Appelle hinaus unmittelbar eingreifen konnte. Unter dem Motto „Sei kein Doppelverdiener" bemühte sich die Stadtverwaltung, berufstätige Frauen an den heimischen Herd zurückzuschicken oder in sogenannte frauenmäßige, soziale Berufe zu drängen. Im Hintergrund standen sowohl traditionelle, von den Nationalsozialisten aufgegriffene gesellschaftspolitische Vorstellungen wie auch das materielle Interesse der Stadt. Es sollten Plätze für männliche Arbeitslose freigemacht werden, während die ausscheidenden Frauen sich nicht alle arbeitslos melden würden. Die Stadtverwaltung hatte schon vor der Machtübernahme weibliche Angestellte bei der Heirat entlassen.[40] Solche Forderungen waren freilich wirtschaftspolitisch längst obsolet, wie die Klagen über den Mangel an ausgebildeten Frauen gezeigt hatten. Dennoch veranstaltete die

Stadt unter den 200 größten Betrieben eine Umfrage zur Ermittlung von Doppelverdienern. Sie drängte die Unternehmer, von der Möglichkeit der Entlassung Gebrauch zu machen, wie sie der Reichsarbeitsminister im November 1933 ausgesprochen hatte.[41] In Zusammenarbeit mit der Textilindustrie organisierte die Stadt eine Aktion, bei der Frauen gegen Männer ausgetauscht wurden – „schon bevor eine gesetzliche Regelung bestand", wie Strölin später stolz vermerkte.[42]

In Stuttgart war die Zahl der im Haushalt angestellten Frauen zwischen 1923 und 1933 erheblich zurückgegangen. Die Stadt wollte die Frauen verstärkt in, wie es hieß, ihnen gemäßen Berufen unterbringen. Sie förderte deshalb von November 1933 an die Neueinstellung von Hausangestellten. Die Beihilfe war an die Bedingung geknüpft, daß die Eingestellte bisher Wohlfahrtsunterstützung bezogen und in Stuttgart gewohnt hatte.[43]

Anfang 1934 wandte sich Strölin ans Staatsministerium mit der Bitte, die Landesbehörden sollten dem städtischen Beispiel folgen und Mädchen unter 16 Jahren überhaupt nicht, im übrigen aber nur solche Frauen einstellen, die eine hauswirtschaftliche Ausbildung absolviert hatten. Die Landesregierung kam wenig später dieser Aufforderung nach.[44] Junge Frauen aus Betrieben, Modehäusern und kaufmännischen Unternehmen sollten zu Hausangestellten umgeschult werden. Diese Politik fand nicht den ungeteilten Beifall der Betroffenen, wie ein Artikel im „NS-Kurier" am 3. Januar 1934 verdeutlichte. Darin hieß es: „Es ist verständlich, daß dieser Plan nicht von allen Betroffenen mit Begeisterung aufgenommen wird. Manches Mädchen fürchtet, ihre Berufskenntnisse zu vergessen und die Möglichkeit, jemals wieder in sein Fach zurückkehren zu können, zu verpassen."[45] Die Autorin verwarf zwar solche Bedenken, warnte aber zugleich vor einer Diskriminierung von Hausangestellten als Menschen zweiter Klasse und einer schlechten Behandlung seitens der Hausfrauen.

Im Frühjahr 1934 sollten die schulentlassenen jungen Frauen zum erstenmal in ein sogenanntes hauswirtschaftliches Volljahr überwechseln. Die NS-Frauenschaft warb mit den Stuttgarter Hausfrauenorganisationen in Elternversammlungen für die Einrichtung. Rund 800 Mädchen meldeten sich; die Initiatoren waren überrascht und mußten in großer Eile nach weiteren Stellen suchen.[46] Zu diesem Andrang hatte wohl auch die Tatsache beigetragen, daß sich zahlreiche Betriebe dem Vorgehen der Behörden anschlossen und eine hauswirtschaftliche Ausbildung zur Voraussetzung einer späteren Einstellung erklärten.[47]

Die Stadtverwaltung zählte im September 1934 den Anteil von Frauen und Männern bei Arbeitern und Angestellten: 2425 Arbeiter und 512 Arbeiterinnen sowie 243 männliche und 425 weibliche Angestellte wurden beschäftigt. Den hohen Anteil der Frauen unter den Angestellten begründete das Personalreferat mit dem Kanzleipersonal. In Zukunft sollten jedoch alle freiwerdenden Stellen mit Versorgungsanwärtern, Schwerbeschädigten und „alten Kämpfern" besetzt werden.[48] Um den Anteil der

Frauen zu verringern, lobte die Stadtverwaltung eine Heiratsbeihilfe aus. In den Genuß kamen Angestellte, die über 21 Jahre alt waren, mindestens zwei Jahre bei der Stadtverwaltung gearbeitet hatten und sich binnen eines halben Jahres nach ihrem Ausscheiden verheirateten.[49]

Die Heiratsbeihilfe war eine Stuttgarter Variante zum Ehestandsdarlehen, das im Juni 1933 im Rahmen eines Gesetzes über die Arbeitsbeschaffung eingeführt worden war. „Die Ehe ist die Urzelle des Staates", propagierte der „NS-Kurier". „Darum erfährt gerade im neuen Reich die gesunde Ehe jede Förderung und Erleichterung. Im Interesse des ganzen Volkes ist eine strenge Auslese notwendig, denn nur aus der gesunden Ehe kann ein gesunder Nachwuchs kommen."[50] Nach diesem Gesetz konnten Frauen über 21 Jahren, die in den vergangenen fünf Jahren mindestens ein halbes Jahr berufstätig gewesen waren, im Falle einer Heirat und bei Verzicht auf ihren Erwerb ein Darlehen bis zu einer Höhe von 1000 RM erhalten. Darüber hinaus mußten die Eheleute ihre arische Abstammung und einen guten Leumund nachweisen, sich einer ärztlichen Untersuchung unterziehen und die Gewähr bieten, daß sie jederzeit für den nationalsozialistischen Staat einträten.[51] Ende März 1934 verschärfte man die Bedingungen. Die Frauen mußten sich zusätzlich verpflichten, kein neues Arbeitsverhältnis aufzunehmen, solange das Darlehen nicht getilgt war.[52] Die Wohlfahrtsämter gaben kein Bargeld, sondern Bedarfsdeckungsscheine aus, die zum Kauf von Haushaltsgegenständen dienten. Das Abzahlen von Schulden oder der Kauf von Wäsche war unmöglich.[53] Strenge Vorschriften galten auch für die Geschäftsinhaber, bei denen die Scheine eingelöst werden konnten. So lehnte das Bürgermeisteramt einen Ladenbesitzer ab, da dieser vorbestraft sei und politisch nicht als zuverlässig gelten könne.

Bis Ende 1933 waren 1243, nach einem Jahr rund 2000 Anträge eingegangen, von denen 1410 positiv, 300 negativ entschieden und der Rest noch nicht beantwortet worden war.[54] Die Darlehen kamen jedoch nicht den am meisten bedürftigen Personen zugute. Voraussetzung waren vielmehr ein gesichertes Einkommen und eine geordnete Haushaltsführung. Aufgrund der gesetzlichen Regelung, die lediglich eine sechsmonatige Berufstätigkeit seit 1928 verlangte, konnte aus der Zahl der Darlehensanträge nicht auf die Summe derjenigen Frauen geschlossen werden, die aufgrund dieses Gesetzes ihren Beruf aufgaben. Zwischen Januar und Oktober 1935 waren es immerhin 580 Frauen.[55]

In ihrer Propaganda stellte die Stadtverwaltung die Ehestandsdarlehen als wesentliches Element nationalsozialistischer Sozialpolitik dar und veröffentlichte fortlaufend neue Erfolgsmeldungen. Tatsächlich aber war man im Rathaus unzufrieden. Im April 1934 teilte Strölin dem Deutschen Gemeindetag mit, daß die Zahl der Anträge erheblich zurückgegangen sei. Er zitierte die Kritik der Heiratswilligen, daß sie mit einem durchschnittlichen Betrag von 500 RM nicht die notwendigen Dinge anschaffen könnten. Sie gerieten dadurch in Abzahlungsgeschäfte mit hohen Tilgungsraten, wodurch auch die Rückzahlung des Darlehens gefährdet sei. Auch halte der Verzicht auf eine Berufstätigkeit viele Interessenten von einem Antrag ab. Waren im Januar 1934 noch 139 Anträge eingegangen, so reichten im Juni lediglich 72 Paare ein Gesuch ein. Strölin wiederholte daraufhin seinen Vorschlag, den Darlehenssatz zu erhöhen und auch jene Frauen einzubeziehen, die erst nach Juni 1933 ihren Beruf verlassen hatten: „Eine solche Regelung wird zweifellos viele weibliche Arbeitskräfte veranlassen, ihre Arbeitsstelle aufzugeben."[56]

Die Stadtverwaltung beschloß auf Anregung des Frauenbeirats Ende 1934, nach Berliner Vorbild Ehrenpatenschaften für 100 viertgeborene Kinder aus „erbgesunden, geordneten, arischen Familien" zu übernehmen.[57] Die Verleihung sollte alljährlich am Muttertag stattfinden. Bei „unwürdigem" Verhalten war eine Aberkennung der Patenschaft möglich. Die Stadtverwaltung begrüßte die Zunahme der Eheschließungen und Geburten; Überschriften wie „Die heiratslustigen Stuttgarter" und „Hochbetrieb in den Standesämtern" verdeutlichten dies. Die Zahl der Geburten hatte sich von 2070 im ersten Halbjahr 1932 auf 3449 im ersten Halbjahr 1935 erhöht, bei den Eheschließungen stand Stuttgart mit 10,5 auf 1000 Einwohner an der Spitze der deutschen Großstädte.[58] Die Nationalsozialisten werteten diese Zahlen als Beweis für das Vertrauen der Menschen in die weitere Entwicklung.

Während die Stadt Frauen aus dem Arbeitsleben zu verdrängen trachtete, suchte das Arbeitsamt Anfang Februar 1934 Rundstuhlweberinnen, Motornäherinnen und Zuschneiderinnen für die Textilindustrie.[59] In der Folgezeit boten sich für Frauen günstige Arbeitsmöglichkeiten. 1939 ergab eine Volks- und Betriebszählung, daß der Anteil der Frauen an den Beschäftigten zwar prozentual von 35,9 auf 34,1 Prozent abgenommen hatte. Angesichts des hohen Beschäftigungsgrades im Reich bedeutete dies aber real eine Zunahme.[60]

Unmittelbaren Einfluß nahm die Stadtverwaltung bei der Neuansiedlung von Betrieben. Der Polizeipräsident mußte vor seiner Entscheidung eine Stellungnahme der Stadtverwaltung einholen, die die Wirtschaftsabteilung des Gemeinderats dazu befragte. Als der Polizeipräsident gegen das Votum der Stadt einer Krefelder Krawattenfirma die Eröffnung eines Ladens genehmigte, beschwerte sich die Wirtschaftsabteilung des Gemeinderats. Bei der Vergabe von Lebensmittellieferungen für die städtischen Krankenanstalten und Heime schloß die Stadt einige Geschäfte aus und ersetzte sie durch „hiesige deutsche Geschäfte, die nach den Grundsätzen des ehrbaren Kaufmanns zu arbeiten pflegen, Kriegsbeschädigte, nationale Kämpfer usw., jeweils unter Berücksichtigung ihrer Leistungsfähigkeit".[61] Über solche Angelegenheiten kam es gelegentlich zu Auseinandersetzungen und Beschwerden, denn die mittelständischen Konkurrenten hatten ein wachsames Auge. Als Strölin mit Rücksicht auf die große Zahl der Beschäftigten die Firma Gaißmaier ausnahmsweise als städtischen Lieferanten zugelassen hatte, rief dies umgehend den Konkurrenten Nanz auf den Plan, der im

II. 4. Stuttgart und die „Arbeitsschlacht"

März 1933 als Großfilialbetrieb ausgeschlossen worden war. Die Stadtverwaltung löste das Problem, indem sie Nanz besondere Berücksichtigung im freien Einkauf zusagte.[62] Unzufrieden mit der Stadtverwaltung waren die Gastwirte. Zunächst lehnte im Oktober 1934 Kämmerer Hirzel ein Gesuch zur Aufhebung der Gemeindegetränkesteuer ab. Das Steueraufkommen von knapp einer Million RM hielt er für unverzichtbar. Die Gastwirte und auch Angehörige der Wirtschaftsabteilung beklagten eine Überbesetzung des Gewerbes, die Stadt und das Polizeipräsidium verteilten aber relativ großzügig Konzessionen. Die Stadt hatte auch trotz der Proteste des Verbands des deutschen Gaststättengewerbes und der Stuttgarter Wirte keine Einwendungen gegen die Einrichtung einer Kantine bei der Firma Daimler-Benz, der später weitere Werkskantinen folgten.[63]

Zwangsinnungen ermöglichten dem Handwerk das Ausschalten von Außenseitern. Handel und Handwerk in Stuttgart nützten dies zu kräftigen Preiserhöhungen. Das Deutsche Turnfest im Juli 1933 verursachte einen Preisschub. In der Presse wandte sich Polizeipräsident Klaiber gegen „Preistreibereien": „Ich warne alle Geschäftsleute davor, ihre Preise in ungerechtfertigter Weise zu erhöhen, und werde in solchen Fällen mit sofortiger Betriebsschließung eingreifen."[64] Offenbar blieb es bei der Drohung. Auch die Stadtverwaltung mahnte: „In gewissen Kreisen von Handel und Handwerk wird die durch Maßnahmen des Führers eingetretene Wirtschaftsbelebung dazu benützt, die Preise zu erhöhen. Ein solches Vorgehen ist auf das schärfste zu verurteilen. Die Stadtverwaltung, der immer wieder Klagen über ungerechtfertigte Preissteigerungen zugehen, wird dafür sorgen, daß gegen gewissenlose Elemente in nachhaltiger Weise vorgegangen wird. Sie ruft die Bevölkerung auf, Preissteigerungen entgegenzutreten."[65] Allerdings besaß die Stadt kein Mittel, um den Worten Taten folgen zu lassen; noch weniger konnte die Bevölkerung einer Verteuerung entgegentreten.

So hatten sich Handel und Handwerk das Dritte Reich nicht vorgestellt. Auch die internen Auseinandersetzungen nahmen zu; die Innungen suchten sich beispielsweise gegen auswärtige Konkurrenten abzuschließen. Die Stuttgarter Flaschner und Installateure hielten mit Unterstützung der TWS die Kollegen aus den benachbarten Orten vom Stuttgarter Markt fern. Dadurch entwickelten sich 1933 und 1934 zwischen den Innungen in Stuttgart und Vaihingen mehrfach Auseinandersetzungen, mit denen sich auch das württembergische Wirtschaftsministerium befassen mußte.[66] Im weiteren Verlauf rückte der Mittelstand zunehmend ins zweite Glied. Die Unternehmen der Metall- und Elektroindustrie besaßen für die künftigen Aufgaben weit größere Bedeutung. Dem Handwerk blieb nur der nostalgische Blick auf eine kurze Phase des Glücks: „Die Gesetzgebung der Jahre 1934 und 1935 hat jahrhundertealte Forderungen und Wünsche des Handwerks erfüllt."[67]

Der Einfluß der Stadt auf die größeren Industrieunternehmen wie Bosch und Daimler-Benz war unbedeutend. Andererseits vertraten aber Strölin und Hirzel den Standpunkt, alle Behörden sollten sich direkter Eingriffe in die Industrie enthalten. Die rasche wirtschaftliche Belebung, die die Stadt im Baugewerbe und im Handwerk beeinflussen konnte, beseitigte ohnehin die Arbeitslosigkeit und schlug schon 1935 in einen Arbeitermangel um. Für die Stadtverwaltung waren die Industriebetriebe vor allem als Steuerzahler wichtig. So mußte die Firma Kreidler ihre Gewerbesteuerschuld aus den Jahren 1928 bis 1931 in Höhe von fast 60 000 RM nach kurzer Stundungsfrist Anfang 1934 voll bezahlen.[68] Nur in einem einzigen Fall ließ die Stadt einen nennenswerten Steuerbetrag nach. Nutznießer war die Firma Daimler-Benz, der Strölin und Hirzel 20 000 RM aus dem Jahr 1931 nach längeren Verhandlungen und anfänglicher Weigerung im Juni 1933 erließen.[69] Mit florierender Rüstungskonjunktur stellten sich dem Unternehmen solche Schwierigkeiten in den folgenden Jahren nicht mehr.

Stuttgart und der Bau der Reichsautobahn

Die württembergische Landes- und Gauhauptstadt profitierte als Zentrum des deutschen Südwestens vom Bau der Reichsautobahn, den die Regierung Hitler in Weiterführung früherer Pläne nach der Machtübernahme forcierte.[70] Im Sommer 1933 wurde die Gesellschaft „Reichsautobahnen" als Tochtergesellschaft der Reichsbahn gegründet, der aus Pforzheim stammende Fritz Todt zum Generalinspekteur für das deutsche Straßenwesen ernannt.[71] Stuttgart war als Schnittpunkt der Ost-West-Verbindung von München nach Karlsruhe und einer Nord-Süd-Strecke aus Richtung Heilbronn vorgesehen, die später bis zur schweizerischen Grenze verlängert werden sollte. Stadt und Land sahen im Autobahnbau beschäftigungs- und verkehrspolitische Vorteile und beteiligten sich an der Vorbereitung und an der Finanzierung.[72] Strölin erklärte sich Ende 1933 bereit, in den beiden kommenden Jahren eine halbe Million RM, ein Fünftel der Grunderwerbskosten, zur Verfügung zu stellen. Er machte eine bevorzugte Einstellung von Stuttgarter Arbeitslosen zur Bedingung. Oberregierungsrat Stahlecker vom Büro des Reichsstatthalters entsprach dem Wunsch und wies das Landesarbeitsamt an, 30 Prozent der Arbeitskräfte aus Stuttgart zu holen.[73]
Im Herbst 1933 legten die Sachbearbeiter der Abteilung Straßen- und Wasserbau im Stuttgarter Innenministerium mit Todts Behörde den genauen Streckenverlauf fest.[74] Das Land drängte auf einen raschen Baubeginn und wollte jede Verzögerung vermeiden. Die Stadt setzte sich dafür ein, die Wälder auf den stadtnahen Stuttgarter Höhen als Naherholungsgebiete zu erhalten.[75] Stahlecker nannte die Strecke von Stuttgart nach Ulm mit dem Albaufstieg die Krönung des württembergischen Arbeitsbeschaffungsprogramms. Er kündigte an, daß über zwei Jahre hinweg 12 000–15 000 Arbeiter auf der Baustelle beschäftigt würden.[76] Solche Zahlen waren jedoch Propaganda. Ende August 1934 arbeiteten hier rund 2300 Personen, Ende April 1935 waren es fast 3000. Im Bereich der Bauleitung Stuttgart waren Ende 1934 1900 Arbeiter beschäftigt, aus

Stuttgart stammten lediglich 223.[77] Die Arbeitsbedingungen auf den Baustellen der Reichsautobahn waren wenig angenehm. Die Arbeiter, die aus strukturschwachen Gebieten des Reiches zu den Baustellen verfrachtet worden waren, wurden nur mäßig entlohnt. Die Stuttgarter Bauleitung unterhielt zwei Lager mit insgesamt 360 Betten, dazu kamen die Baracken einzelner Baufirmen. Das Gewerbeaufsichtsamt rügte die Firma Stephan aus Stuttgart wegen unzureichender Unterbringung ihrer Arbeiter im Lager bei Unterboihingen; sowohl die räumlichen wie die hygienischen Verhältnisse seien ungenügend.[78]
Im September 1936 konnte Reichsstatthalter Murr den Streckenabschnitt von Stuttgart bis Unterboihingen dem Verkehr übergeben, und ein Jahr später war die Verbindung nach Ulm fertiggestellt. Die Überwindung des Albaufstiegs, die unter maßgeblichem Einfluß von Paul Bonatz geplant worden war, galt in Europa als technische Meisterleistung.[79]

„Ein kleiner Schritt"
Vom Freiwilligen Arbeitsdienst zur Arbeitsdienstpflicht

Wie dem Autobahnbau maß die nationalsozialistische Propaganda dem Arbeitsdienst ein Verdienst an der Beseitigung der Arbeitslosigkeit zu, das dessen Bedeutung bei weitem überstieg. Der Gedanke eines Arbeitsdienstes war eine Folge der Beschäftigungsprobleme nach dem Ersten Weltkrieg.[80] In den Jahren der Wirtschaftskrise wurde er erneut aufgegriffen. Die gesetzlichen Voraussetzungen für die Einführung des Freiwilligen Arbeitsdienstes schufen die Präsidialkabinette Brüning und Papen in den Jahren 1931 und 1932.
In Stuttgart ging die Initiative von der Studentenschaft der Technischen Hochschule („Stuttgarter Bund"), von karitativen Einrichtungen („Heimatwerk") sowie von politischen Gruppierungen aus.[81] NSDAP und DNVP gründeten den Nationalen Hilfsdienst, die Arbeiterwohlfahrt organisierte ebenfalls einen Arbeitsdienst. Die Stadtverwaltung schuf im Herbst 1932 in Zusammenarbeit mit privaten Unternehmen Arbeitsmöglichkeiten bei der Gewinnung und Bearbeitung von Steinen, beim Wegebau sowie bei der Regulierung und Kanalisierung von Flußläufen. Sie gewährte pro Tagwerk einen Zuschuß von 1,50 RM. Bis Anfang April 1933 hatten 285 Arbeitsdienstleute rund 60 000 Tagwerke geleistet. Allerdings hatte die Bauabteilung des Gemeinderats noch kurz vor dem Machtwechsel am 10. und 17. März die Mittel verdoppelt und die Zahl der Arbeitsplätze auf über 400 erhöht.
Nach der Wende wurden die freien Träger ausgeschaltet. An ihre Stelle trat der Nationale Hilfsdienst, der jedoch seinerseits bereits im Sommer 1933 gleichgeschaltet wurde. Im Juli übernahmen die Nationalsozialisten die alleinige Führung. Hauptmann a. D. Müller, langjähriger Parteigenosse der NSDAP, löste Ministerialdirektor

Dill in der Führung des Hilfsdienstes ab, der in „NS-Arbeitsgauverein Württemberg" umbenannt wurde. Sämtliche Stuttgarter Lager waren bis Mitte Oktober 1933 in seiner Hand.[82]

Unter nationalsozialistischer Führung vollzog sich im Arbeitsdienst ein Wandel. War er früher als soziale Überbrückungsmaßnahme für Arbeitslose gedacht, so sahen die Nationalsozialisten darin eine Vorstufe zum Wehrdienst. Der Reichsleiter des Arbeitsdienstes, Hierl, kritisierte die Kommunen, die ihn als bloße Arbeitsbeschaffungsmaßnahme mißverstünden. Der Arbeitsdienst sei kein Sammelbecken der „stempel- und großstadtmüden Jugend oder ein Prüfstein für den Arbeitswillen arbeitsscheuer Elemente", sondern ein Ehrendienst.[83] Demgemäß wurde Arbeitsdienst nur noch in geschlossenen Lagern nach einheitlichen Richtlinien zugelassen. Die Stammlager besaßen 216 Plätze, das Kommando hatten NS-Arbeitsführer. Im Mai 1934 eröffnete man in Stuttgart-Mühlhausen das erste, ein Jahr später in Feuerbach ein weiteres solches Stammlager.[84]

Die paramilitärische Ausrichtung des Arbeitsdienstes kam bei einer „großen Heerschau" des württembergischen Arbeitsdienstes Anfang Februar 1934 in Stuttgart zum Ausdruck. Nach dem Großen Zapfenstreich verpflichtete Hierl über 8000 Führer und Männer. In seiner Ansprache sagte er, der Arbeitsdienst überwinde Klassenhochmut und Klassenhaß sowie die Geringschätzung der Handarbeit. Er nannte den Arbeitsdienst eine Gemeinschaft, „die unserem Führer in bedingungslosem Gehorsam und unerschütterlicher Treue folgt".[85]

Überall im Reich fanden am 24. Januar 1934 Kundgebungen der Studentenschaften statt, die „als Anfang zur Arbeitsdienstpflicht" zwischen dem Winter- und dem Sommersemester 1934 einen zehnwöchigen Dienst abzuleisten hatten.[86] An den Technischen Hochschulen waren die ersten bis dritten Semester aufgerufen, die TH Stuttgart meldete 172 Studenten. Befreit waren diejenigen Kommilitonen, die vor dem 1. Januar 1933 in der HJ, SA oder SS aktiv gewesen waren. Sie mußten sich die Zulassung zum Studium nicht mehr verdienen. Der Arbeitsdienst erfaßte nun auch alle Abiturienten, die ein Studium anstrebten. Sie mußten zwischen Mai und September 1934 erstmals einen halbjährigen Dienst ableisten, an den sich eine sechswöchige Geländeausbildung durch die SA-Hochschulämter anschloß.[87] Die generelle Einführung der Arbeitsdienstpflicht erfolgte am 26. Juni 1935 für alle deutschen Männer zwischen 18 und 25 Jahren[88] – wenige Monate nach der Einführung der allgemeinen Wehrpflicht.

5. „Der neue Staat ist Arbeitsstaat und kein Wohlfahrtsstaat."
Die Sozialpolitik der Stadtverwaltung und der NSV

Am 1. Juni 1933 übernahm einer der Vorkämpfer der NSDAP in Stuttgart, der frühere Pfarrer an der Cannstatter Martin-Luther-Kirche Friedrich Ettwein, die Leitung des Wohlfahrtsreferats der Stadtverwaltung, das aus den bisher getrennten Referaten für die Armenfürsorge und für die gehobene Fürsorge gebildet worden war.[1] Die Personalentscheidung war ein Programm. Ettwein verkündete als Motto seiner Tätigkeit: „Der neue Staat ist Arbeitsstaat und kein Wohlfahrtsstaat. (...) Als erster Grundsatz gilt für den einzelnen im neuen Staate der Grundsatz: Wer nicht will arbeiten, der soll auch nicht essen."[2]

Im September 1933 verminderte die Stadtverwaltung die Richtsätze der Fürsorge für Arbeitslose und Kurzarbeiter (Tabelle 13).

Tabelle 13: Die Neuregelung der Fürsorge (Sozialhilfe) für Arbeitslose und Kurzarbeiter im September 1933[3]

	Alleinstehende	Ehepaare	Zuschuß je Kind	
Bisherige Unterstützungssätze:				
Arbeitslose	45 RM	70 RM	17 RM	im Sommerhalbjahr
	50 RM	77 RM	19 RM	im Winterhalbjahr
Kurzarbeiter	50 RM	77 RM	19 RM	im Sommerhalbjahr
	55 RM	86 RM	21 RM	im Winterhalbjahr
Neuregelung:				
Arbeitslose und Kurzarbeiter	42 RM	67 RM	17 RM	über das ganze Jahr

Trotzdem kritisierte Wirtschaftsminister Lehnich die Stuttgarter Unterstützungssätze. Sie seien zu hoch, selbst wenn man die teure Lebenshaltung in der Stadt berücksichtige.[4] Die neuen Richtsätze galten aber lediglich als Anhaltspunkte; Arbeitslose und Kurzarbeiter konnten sich nicht auf eine feste Unterstützung verlassen. Die Stadtverwaltung sah in der Sozialhilfe ein letztes Mittel, das nur nach strengster Prüfung anzuwenden sei. Allein dadurch könne man verhindern, daß „der Wille zur Arbeit geschwächt wird".[5] Man nannte dies „Individualisierung" der Fürsorge. Stärker als bisher zog das Wohlfahrtsamt bei der Berechnung das Einkommen von Angehörigen heran. Außerdem mußten Unterstützte einen Teil zurückerstatten. Das Innenministerium ermahnte die örtlichen Fürsorgebehörden, Außenstände erst dann einzufordern, wenn die betroffenen Personen Arbeit gefunden und sich ein finanzielles Polster verschafft hatten.[6]

Das Wohlfahrtsamt ersetzte die finanzielle Unterstützung durch Naturalfürsorge.[7] An die Stelle einer gesicherten, regelmäßigen Sozialhilfe traten halbstaatlich organisierte Sammlungen und Spendenaktionen der Nationalsozialistischen Volkswohlfahrt (NSV). Das Winterhilfswerk (WHW), das am 1. Oktober 1933 mit einem Eintopfessen und einer Straßensammlung begann, war die bekannteste Aktion; sie hatte ihren Vorläufer in der Winterhilfe der Weimarer Republik.

Personen, die nach Stuttgart zogen und dort unterstützungsbedürftig wurden, erhielten Mietbeihilfen und Bezugscheine nur, wenn sie in städtischen Beschäftigungsanstalten dafür arbeiteten. Ebenso verfuhr die Stadtverwaltung mit Unterstützungsempfängern, die bei gelegentlichen Razzien „in einer Spielhalle" angetroffen wurden. Strölin beantragte beim Polizeipräsidenten die Schließung von Spielhallen und das Verbot von Münzautomaten.[8] Den Richtsatz für die Unterstützung von alleinstehenden Frauen reduzierte die Stadt von 42 RM auf 37 RM, ledigen Frauen unter 25 Jahren zahlte sie eine Unterstützung nur dann, wenn diese den „Nachweis für den Besuch eines hauswirtschaftlichen Schulungskurses" beibringen konnten.[9]

Vor dem Machtwechsel hatte die Stadt für die jüngeren Arbeitslosen Fortbildungs- und Sportkurse eingerichtet und Beschäftigungsmöglichkeiten angeboten. Die Kurse fanden Zuspruch; rund 20 Prozent der Arbeitslosen beteiligten sich. Im Herbst 1933 war es mit der Freiwilligkeit vorbei. Für immer neue Gruppen von unterstützten Arbeitslosen erklärte die Stadtverwaltung den Besuch der Kurse zur Pflicht, wollten sie ihrer Unterstützung nicht verlustig gehen. Den Anfang machten Angehörige jener Berufsgruppen, bei denen angeblich ein hoher Anteil von Schwarzarbeitern festgestellt worden war.[10] Die Altersgrenze von 25 Jahren wurde auf 30 Jahre angehoben. Wöchentlich waren 18 Pflichtstunden angesetzt: neun Stunden Berufskunde, sechs Stunden Einführung in nationalsozialistisches Gedankengut und drei Stunden Leibesübungen. Die städtischen Gewerbeschulen und die Volkshochschule übernahmen bei den Männern die Trägerschaft, bei den Frauen waren es die Stuttgarter Hausfrauenorganisationen, die beiden großen Kirchen und die Volkshochschule. Die Kurse für arbeitslose Frauen beschränkten sich auf Hauswirtschaftslehre, denn sie sollten „für ihre spätere Tätigkeit im Haushalt das notwendige Rüstzeug" erhalten.

Die Stadtverwaltung kam nach kurzer Zeit von den Pflichtkursen wieder ab, obwohl sie sich nach Aussagen von Strölin günstig auf den Arbeitseinsatz ausgewirkt hatten. Die neue Zauberformel hieß Pflichtarbeit. Die Reichsfürsorgeverordnung von 1924 hatte „in geeigneten Fällen" die Unterstützung von einer Arbeitsleistung abhängig gemacht. Sinn und bisherige Praxis hatten die Ermächtigung auf Einzelfälle begrenzt. Nun aber sollten alle ausgesteuerten Arbeitslosen, die auf die städtische Fürsorge angewiesen waren, als Pflichtarbeiter ihre Unterstützung verdienen. Strölin begründete dies damit, daß die Arbeitslosen „zu einer gesunden Lebensauffassung zurückgeführt und wieder an Arbeit gewöhnt werden" müßten. Die Einberufung, wie es hieß, erfolgte durch das Wohlfahrtsamt.[11] Die erste Gruppe von Arbeitslosen, die zur Zwangsarbeit kommandiert wurde, waren die ledigen und kinderlos verheirateten Frauen. In den Tagheimen nähten und flickten die Frauen drei, später fünf Stunden für das Hilfswerk Mutter und Kind der NSV.

Im Januar 1934 führte die Stadtverwaltung für alle unterstützten Arbeitslosen die Pflichtarbeit ein, soweit sie eine amtsärztliche Untersuchung für tauglich befand. Lediglich die über 60jährigen waren davon befreit. Die männlichen Pflichtarbeiter beschäftigte das Tiefbauamt im Steinbruch Killesberg, in der Plattenfabrik Gaisburg sowie bei den Erdbewegungsarbeiten in den Stadtrandsiedlungen. Der Leiter des Amts klagte im letzteren Fall über die schlechten Ergebnisse, doch ließ nach seiner Meinung der hohe Anteil von Pflichtarbeitern nichts anderes erwarten.[12] Die arbeitenden Arbeitslosen erhielten ein warmes Essen und ein Vesper, die Arbeitskleidung wurde ihnen leihweise überlassen. Die Arbeitszeit betrug 40 Wochenstunden; für jede Arbeitsstunde rechnete die Stadt 50 Pfennige auf den Bargeldanteil der Unterstützung an. Im Rückblick nahm Strölin kein Blatt vor den Mund, als er das System 1936 lobte: „Bei der Einrichtung der Pflichtarbeit für männliche Arbeitslose Anfang des Jahres 1934 wurden vom Wohlfahrtsamt zunächst rund 5000 Arbeitslose in die Pflichtarbeit eingewiesen. Von diesen leistete nahezu die Hälfte der Einweisung keine Folge. Da sie demnach nicht als hilfsbedürftig anzusehen waren, so schieden sie aus der Unterstützung aus. Hierbei wurden verständlicherweise sehr viele Auseinandersetzungen notwendig, da sich gerade diese Elemente nicht scheuten, sich beschwerdeführend an alle nur möglichen Stellen zu wenden."[13]

Bei Frauen und Männern erreichte die Zahl der Pflichtarbeiter im Sommer 1934 ihren höchsten Stand.[14] Im März 1935 kündigte Ettwein den Abbau der Pflichtarbeit und eine verstärkte Förderung von Umschulungsmaßnahmen an. Bis zu diesem Zeitpunkt hatte das Wohlfahrtsamt über 7000 Frauen einberufen, von denen etwa die Hälfte Folge geleistet hatte.[15] In den Monaten März bis September 1935 vermittelte die Stadt fast 1000 Männer und Frauen in ein Arbeitsverhältnis, über 700 allerdings nur in Notstandsarbeiten. Da zu dieser Zeit auf dem Arbeitsmarkt bereits eine rege Nachfrage herrschte, mußte man davon ausgehen, daß es sich bei den Pflichtarbeitern des Jahres 1935 um schwer vermittelbare Arbeitskräfte handelte.

Im November 1933 teilte Finanzreferent Hirzel dem württembergischen Justiz- und Innenminister mit, die Stadt wolle ein eigenes „Beschäftigungslager" errichten.[16] Nach Razzien gegen „Bettler und Hausierer" im Herbst 1933 vertrat die Stadt die Ansicht, für eine große Zahl von Personen seien Aufwendungen der öffentlichen Fürsorge zu schade.[17] Ministerialdirektor Dill genehmigte das Vorhaben als Übergangslösung, sofern im Einzelfall die gesetzlichen Voraussetzungen erfüllt seien.[18]

Nach Ettweins Auffassung mußte der „Bodensatz der Großstadt" von den übrigen Pflichtarbeitern getrennt werden: „Diese Elemente drücken sich vor jeder Arbeit, wühlen unter den übrigen Pflichtarbeitern und versuchen so, die Ruhe und Ordnung in den Beschäftigungsstellen zu stören."[19] Strölin sah nur zwei Möglichkeiten des Umgangs mit solchen Menschen: „sie zu positiver Arbeit heranzuziehen und damit auf den Weg zur Volksgemeinschaft zu führen oder sie zum mindesten für die Volksgemeinschaft unschädlich zu machen".[20] Die so diffamierten Personen waren zum Teil Alkoholiker, Nichtseßhafte, Prostituierte, zum anderen Teil auch Leute, die Unterhaltszahlungen nicht nachkommen konnten.

Zuerst richtete die Stadtverwaltung auf dem Killesberg ein Lager für 100 Männer ein.[21] Zugleich suchte sie nach einem Lager weitab von der Großstadt, um den „anständigen und arbeitswilligen Leuten" die Zusammenarbeit mit den „asozialen Elementen" zu ersparen. In Göttelfingen im Oberamt Freudenstadt wurde man fündig.[22] Am 1. Oktober 1934 eröffnete die Stadtverwaltung dort ein Beschäftigungs- und Bewahrungsheim. Das Anwesen gehörte der Gustav-Werner-Stiftung, die gegen Bezahlung von 1,50 RM pro Tag die Lagerinsassen verpflegte. Die Stadt stellte Lagerleiter und Aufseher. Schon nach kurzer Zeit war das Heim mit rund 50 Personen überbelegt.[23] Die Stadt gründete mit der Werner-Stiftung eine „Beschäftigungs- und Bewahrungsheim GmbH", um das Provisorium zu erweitern. In Buttenhausen bei Münsingen wurde ein Landgut erworben und für 100 Insassen umgebaut.

Die Stadtverwaltung schickte Pflichtarbeiter nach Göttelfingen und Buttenhausen, die laut Strölin durch „Unwirtschaftlichkeit und Arbeitsscheu" aufgefallen waren und nicht den „nötigen Arbeitswillen" gezeigt hatten.[24] Der neue „Arbeitsstaat" nahm aber nur jene in seine Volksgemeinschaft auf, die „positive Arbeit" leisteten. Wer die Normen nicht erfüllte, hatte aus der Volksgemeinschaft auszuscheiden; die Stadtverwaltung versteckte ihn im Schwarzwald und auf der Alb. In den Lagern herrschte ein strenges Regiment. Verfehlungen und Verstöße gegen die Hausordnung hatten Taschengeldentzug zur Folge – es gab zehn Pfennig am Tag – oder wurden mit Ausgehverboten geahndet. Wer sich unerlaubt entfernte, hatte mit einer Strafanzeige zu rechnen. Ebenso verfuhr die Stadtverwaltung mit Personen, die sich weigerten, nach Buttenhausen zu gehen. Mehrmals sprachen die Stuttgarter Gerichte Gefängnisstrafen aus.[25] Die Stadt legte großen Wert auf eine enge Zusammenarbeit mit der Justiz; am 15. November 1934 besichtigten Richter und Staatsanwälte unter Führung von Ettwein die beiden Lager. Den eingewiesenen Unterstützungsempfängern nützte es auch nichts, wenn sie auf die städtische Sozialhilfe verzichteten, um in Freiheit zu bleiben: „Vorsorglich wird in solchen Fällen aber wenigstens bei Alleinstehenden Anzeige an die Polizei erstattet, damit diese überwacht, aus welchen Mitteln der bisherige Unterstützungsempfänger für die Zukunft seinen Lebensunterhalt bestreitet."[26]

Beschwerden an Parteidienststellen und an die staatlichen Aufsichtsbehörden zeigten,

II. 5. Die Sozialpolitik der Stadtverwaltung und der NSV

wie rücksichtslos das Wohlfahrtsamt verfuhr und seine Kompetenz überschritt. Ein Bauschreiner wurde nach Buttenhausen geschickt, weil er als Arbeitsloser nicht in der Lage war, seiner Unterhaltspflicht für die Kinder aus erster Ehe nachzukommen. Als er nach vier Wochen zu seiner schwangeren zweiten Frau zurückkehrte und in Stuttgart einen Arbeitsplatz fand, intervenierte das Wohlfahrtsamt beim Arbeitsamt. Es drohte dem Mann mit Zwangsmaßnahmen, wenn er nicht sofort freiwillig nach Buttenhausen gehe.[27] Der Betroffene berichtete von Lagerinsassen, die sich das Leben genommen oder einen Selbstmordversuch unternommen hätten. Das Innenministerium belehrte die Stadt, daß ein aus dem Lager Geflohener zwar formell gegen die Hausordnung verstoßen, die Stadtverwaltung aber keine Strafgewalt außerhalb des Lagers habe:

„Wenn er außerdem nach Stuttgart zurückgekehrt ist, dort Arbeit gesucht und sofort gefunden hat, dadurch mit seiner Familie ganz aus der Hilfsbedürftigkeit herausgekommen ist, so kann jene Ordnungsverletzung nicht derartig ins Gewicht fallen, daß der in das bürgerliche Leben Zurückgekehrte nachträglich noch mit 6 Tagen Haft bestraft wird."[28]

Das Wohlfahrtsamt vollstreckte die „Anordnung von Arbeitszwang" sofort. Den Betroffenen blieb keine Beschwerdemöglichkeit, die ihnen nach dem Gesetz zustand. Die Aufsichtsbehörde ermahnte die Stadt, die Fristen einzuhalten und gegebenenfalls den Ausgang eines Beschwerdeverfahrens abzuwarten. Strölin ignorierte dieses Schreiben und beschwerte sich seinerseits: „Durch den Erlaß (...) wird (...) der Erfolg des Kampfes gegen die Asozialen, also gegen Elemente, die eines besonderen Schutzes nicht würdig sind, sondern gegen die Staat und Volk so wirksam als möglich geschützt werden müssen, überhaupt in Frage gestellt."[29] Er erinnerte daran, daß die Aufsichtsbehörde ohnehin jede Beschwerde abgelehnt habe. Innenminister Schmid, dem es weniger um die Belange der Betroffenen als um die Zuständigkeit ging, beharrte auf seinem Standpunkt, die Stuttgarter Praxis sei nicht mit der Reichsfürsorgeverordnung in Einklang zu bringen. Pflichtarbeitern könne man zwar die Unterstützung entziehen, wenn sie zumutbare Arbeit verweigerten, sie aber nicht in eine Zwangsanstalt einweisen. Das Wohlfahrtsamt habe keinerlei Strafgewalt, lediglich ein Disziplinarrecht in den Lagern.[30] Schmid betonte, daß im nationalsozialistischen Staat der Begriff „asozial" weit auszulegen sei. Es gehe aber nicht an, Personen nach Buttenhausen zu schicken, die überhaupt nicht arbeitsfähig oder bisher gar nicht der öffentlichen Fürsorge zur Last gefallen seien.[31] Der Stuttgarter Oberbürgermeister gab nicht nach. Er forderte den Innenminister auf, „die Angelegenheit einer wiederholten Prüfung unterziehen zu wollen, um die Asozialenbekämpfung der Großstadt zu einem wirklich schlagkräftigen Werkzeug in der Hand nationalsozialistischer Führung werden zu lassen".[32] Strölin verwies auch auf den Arbeitsausfall, der durch die Flucht entstehe. Er mußte sich belehren lassen, daß nicht wirtschaftliche Erwägungen entscheidend seien, sondern die Frage, „ob im Einzelfall die Voraussetzungen für die Einweisung und Festhaltung in Buttenhausen erfüllt sind".[33] Schmid ordnete an, daß künftig jeder Unterstützte vor einer Einweisung anzuhören und gegebenenfalls die Dauer des Arbeitszwangs zeitlich zu befristen sei. Strölin mußte eine Rüge des Innenministers einstecken:

„Ich muß es ernstlich mißbilligen, wenn eine unerwünschte Maßnahme der staatlichen Aufsichtsbehörde mißachtet wird, und erwarte von dem Oberbürgermeister, daß er hierwegen das Nötigste verfügt, denn es ist mit einer geordneten öffentlichen Verwaltung unvereinbar, daß eine Gemeindebehörde die ihr unwillkommene Anordnung der ihr vorgesetzten Aufsichtsbehörde einfach unbeachtet läßt."[34]

Im Februar 1936 ersuchte Sozialreferent Ettwein die Beiräte für Frauenangelegenheiten um Anregungen zur „Bekämpfung des Dirnenunwesens". Da man dort „mehr auf das Religiöse" eingestellt sei, hielt er eine Einweisung nach Buttenhausen für ungeeignet.[35] Die Frauen im Beirat machten jedoch keine praktikablen Vorschläge; sie erwarteten solche von den Gesundheitsbehörden und vom Landesverband zur Bekämpfung von Geschlechtskrankheiten. Die Beratung geriet zu einer einzigen Klage über die moralische Verderbtheit der jungen Generation. Frau Kommerell beklagte, daß das Verhalten der männlichen Jugend gegenüber den jungen Mädchen sehr zu wünschen übriglasse.

Die Stadt verteidigte ihr Modell Buttenhausen und suchte gegenüber dem Innenministerium Rückendeckung bei der Kreisleitung und der NSV. Wie Ettwein berichtete, waren bis März 1937 insgesamt 344 Männer und 45 Frauen in die Beschäftigungs- und Bewahrungsanstalt eingeliefert worden. Ettwein rühmte in seiner Bilanz die „guten Erfolge" und kritisierte das Ministerium, das „die wirksame Bekämpfung der Asozialen außerordentlich erschwere, ja sie nahezu unmöglich mache".[36]

Ende 1937 schwenkte das Innenministerim um. Der Reichsführer SS und Chef der deutschen Polizei, Himmler, hatte bereits im Februar in einem Geheimerlaß angeordnet, 2000 sogenannte Gewohnheits- und Sittlichkeitsverbrecher in Konzentrationslager einzuliefern. Im Dezember 1937 folgte ein Erlaß, wonach auch derjenige verhaftet werden könne, der „ohne Berufs- und Gewohnheitsverbrecher zu sein, durch sein asoziales Verhalten die Allgemeinheit gefährde".[37] Diese Erlasse bestätigten die bisherige Politik der Stadt Stuttgart. Die Praxis, Arbeitszwang auch dann zu verhängen, wenn eine Hilfsbedürftigkeit erst künftig zu erwarten war oder eine Arbeitsleistung „beharrlich" verweigert wurde, besaß nun eine Rechtsgrundlage.[38] Aufgrund des vorbeugenden Verfahrens und des summarischen Begriffs der Asozialität konnte das Wohlfahrtsamt so viele Personen nach Buttenhausen schicken, wie im dortigen landwirtschaftlichen Betrieb für einen angemessenen „Beitrag zur Erzeugungsschlacht" notwendig waren.[39]

In der Phase des Arbeitskräftemangels bestand das Kriterium für angeblich asoziales

II. 5. Die Sozialpolitik der Stadtverwaltung und der NSV

Verhalten nicht selten in geringer Arbeitsproduktivität. Ratsherr Locher beklagte beispielsweise, daß er vor einer Gaststätte in der Gerberstraße täglich eine Anzahl junger Leute herumlungern sehe; in einer Zeit der Vollbeschäftigung sei dies „eine auffallende und verdächtige" Erscheinung.[40] Wenig später regte das Marktamt die Einweisung von sieben Personen nach Buttenhausen an, die sich „mehr oder weniger beschäftigungslos" in der Markthalle herumgetrieben und einen verwahrlosten Eindruck gemacht hätten.[41] Immer häufiger forderten die Beiräte, die angeblich wachsende Zahl von Bettlern, Hausierern, wandernden Musikanten sowie Prostituierten nach Buttenhausen einzuweisen.[42]

Das Regiment in der Anstalt wurde verschärft. Entstand einmal Unruhe, so ließ der Leiter die Rädelsführer von der Gestapo ins Konzentrationslager Welzheim bringen – und es „kehrte eine wunderbare Ruhe" ein.[43] Unter diesen Umständen nahm es nicht wunder, daß beim Plebiszit vom 10. April 1938 über den Anschluß Österreichs alle 99 damaligen Lagerinsassen mit „Ja" stimmten.[44]

Anfang 1938 setzte Himmler eine „Aktion Arbeitsscheu" in Gang. Asoziale und Gewohnheitsverbrecher sollten mit Hilfe von Arbeits- und Wohlfahrtsämtern festgenommen und ins Konzentrationslager Buchenwald verbracht werden.[45] Vermutlich im Rahmen dieser Aktion wies das württembergische Innenministerium Anfang März 1938 das Polizeipräsidium an, im Hinblick auf die Erfordernisse des Vierjahresplans „alle einsatzfähigen Wanderer in Arbeit zu bringen". Die Leiter der Wanderarbeitsstätten und Obdachlosenheime hatten dem Arbeitsamt geeignete Personen zu benennen. Bis zum Oktober wurden im Land insgesamt 19 Wanderarbeitsstätten geschlossen.[46]

Im September 1938 beauftragte Reichsstatthalter Murr den Gauamtsleiter für Rassepolitik, den früheren Herrenberger Kreisleiter Dr. Lechler, im Gaugebiet „eine umfassende Erhebung der asozialen Elemente durchzuführen". Murr ersuchte alle Parteidienststellen und Behörden, Lechler bei dieser „umfangreichen und schwierigen Arbeit" zu unterstützen.[47] Lechler forderte die Gesundheitsämter angesichts der „drohenden Gefahr" für den rassischen Bestand des Volks zur Mithilfe auf:

„Diese Gefahr beruht bekanntlich nicht nur darauf, daß von diesen Elementen fortgesetzt gemeinschafts- und moralzerstörende Wirkungen ausgehen, sondern insbesondere darauf, daß sich die Zahl asozialer Menschen, die erfahrungsgemäß 10 Jahre früher als gewöhnlich heiraten und das 3–4fache der Kinderzahl höherwertiger Volksgenossen haben, mit jeder Generation vervielfacht. Die letztere Tatsache ist deshalb von entscheidender Bedeutung, weil die Asozialität oder Gemeinschaftsunfähigkeit, wie dies durch Untersuchungen aus der letzten Zeit mehrfach nachgewiesen wurde, in den allermeisten Fällen auf erheblicher Charakterminderung beruht, also ein Erbschicksal und kein Milieuschicksal ist."[48]

Lechlers Ziel war eine umfassende Familienkartei auf der Basis umfangreicher „sozialbiologischer Untersuchungen". Angesichts dieses Ansatzes – Sozialbiologie, die Asozialität als ererbtes, gemeinschaftswidriges Verhalten definierte – war es nur konsequent, wenn Lechler von den Gesundheitsämtern nicht nur eine Meldung im Sinn bestehender Gesetze über die Sterilisierung Erbkranker forderte. Vielmehr verlangte er sämtliche Informationen auch über das „Vorliegen einer krankhaften Veranlagung" sowie über „alle diejenigen Fälle, in denen ein Sterilisierungsverfahren wohl angeregt, aber nicht eingeleitet und durchgeführt werden konnte, weil Asozialität, aber nicht Erbkrankheit im Sinne des Gesetzes vorlag".

In der Geschichte der Verfolgung von körperlich und geistig Kranken seit 1933 muß kurz zurückgeblättert werden. Bereits am 14. Juli 1933 verabschiedete das Kabinett ein „Gesetz zur Verhütung erbkranken Nachwuchses".[49] Der Kommentar zu diesem Gesetz zählte zwar acht verschiedene Krankheiten sowie schweren Alkoholismus auf, nahm jedoch in jedem Fall eine Erblichkeit als gegeben an.[50] Bezeichnenderweise hieß es darin, daß „auch die Anlagen zum Verbrecher erblich bedingt" seien, und folgerichtig beschloß die Regierung in derselben Sitzung ein „Gesetz gegen gemeingefährliche Gewohnheitsverbrecher und über Maßregeln der Sicherung und Besserung".[51] Die Verbindung von Krankheit und Kriminalität kam dadurch sinnfällig zum Ausdruck. Im Zusammenhang des schweren Alkoholismus tauchte als ein wesentliches Kriterium außerdem eine sozialbiologische Wertung auf: „Die Familie, aus der ein schwerer Trinker stammt, ist fast immer minderwertig." Die Kommentatoren fügten den Erbkranken entsprechend die sogenannten Erbbelasteten, den Geisteskranken die Geistesschwachen und Hilfsschüler hinzu; die Ausführungen über „unzählige Minderwertige" gingen über den Gesetzestext hinaus und deuteten in Übereinstimmung mit zeitgenössischen Stellungnahmen bereits weitergehende Maßnahmen an. Das Verfahren sah eine Meldepflicht für alle im Gesundheitswesen tätigen Personen vor; die Entscheidung trafen Erbgesundheitsgerichte, die bei den Amtsgerichten eingerichtet wurden, und Erbgesundheitsobergerichte bei den Oberlandesgerichten. Die Einwilligung von Betroffenen war nicht erforderlich, gegebenenfalls konnten Zwangsmaßnahmen angewendet werden. 1935 schließlich erlaubte man in den genannten Fällen auch Zwangsabtreibungen.

Bis Ende 1935 waren in Stadt und Oberamt Stuttgart bereits 120 Männer und 134 Frauen, davon insgesamt 39 unter Gewaltanwendung, sterilisiert worden, bei 43 Frauen hatten die Mediziner Zwangsabtreibungen vorgenommen.[52] Sterilisationskliniken waren in Stuttgart die Städtische Frauenklinik, das Städtische Krankenhaus Bad Cannstatt und das Karl-Olga-Krankenhaus; später kamen auf Wunsch Strölins noch die Landeshebammenschule in Berg (für Frauen) und das Katharinenhospital (für Männer) hinzu. Das Marienhospital, das sich in katholischer Trägerschaft befand, lehnte eine Mitwirkung ohne weitere Folgen ab. Der erste Todesfall bei einer Zwangssterilisation ereignete sich im Mai 1934, als eine ledige Frau nach dem Eingriff starb.[53]

II. 5. Die Sozialpolitik der Stadtverwaltung und der NSV

Mit welcher Brutalität vorgegangen wurde, illustriert der Fall eines Mannes aus Vaihingen, den das Gesundheitsamt Anfang 1937 zur Sterilisierung binnen vier Wochen aufforderte.[54] Nach Einwendungen seitens des Betroffenen setzte das Gesundheitsamt ultimativ einen Termin an. Als dieser verstrichen war, ohne daß sich der Betroffene im Katharinenhospital eingefunden hatte, ordnete man eine zwangsweise Vorführung an. Ein Vaihinger Polizeibeamter berichtete darüber:
„A. erklärte mir heute, daß er sich mit allen Mitteln weigern werde, die Sterilisation durchführen zu lassen. Er wurde daraufhin von mir festgenommen und auftragsgemäß dem Katharinenhospital in Stuttgart vorgeführt. Dort wehrte sich A. mit Leibeskräften gegen die Sterilisation und mußte von mir mit einigen Wärtern auf den Operationstisch gelegt werden, worauf die Sterilisation sofort vorgenommen wurde."[55]
Nach Angabe des städtischen Gesundheitsamts wurden bis 1941 1261 Männer und Frauen in Stuttgart zwangssterilisiert, an 80 Frauen wurden Zwangsabtreibungen vorgenommen. Auch in den folgenden Jahren, für die Zahlen fehlen, gingen die Zwangsmaßnahmen weiter; zwischen 1942 und Februar 1945 wurden 109 Fälle registriert.[56] Als Gauamtsleiter Lechler 1938 die Gesundheitsämter zur tätigen Mithilfe an einer Familienkartei der Asozialen aufforderte, verfügte das Stuttgarter Gesundheitsamt bereits über Vorarbeiten. Denn im Jahr 1935 hatte das Wohlfahrtsamt mit dem Aufbau einer Erbgesundheitskartei begonnen, die „neben den besonders wertvollen Sippen auch die besonders gefährdeten" erfaßte.[57] Nach Aussage von Strölin waren die Arbeiten bis Ende 1937 so weit gediehen, daß demnächst „alle Erbkranken im Stadtbezirk Stuttgart restlos" erfaßt seien.[58] Dabei trugen die städtischen Gesundheitsbehörden nicht nur dem Wortlaut des Sterilisationsgesetzes von 1933 Rechnung. Vielmehr achteten sie vorbeugend auf sogenannte Erbbelastete. Lechler, seit 1938 auch Ratsherr der Stadt Stuttgart, konnte zufrieden sein.

Die Nationalsozialistische Volkswohlfahrt war eine der rührigsten Gliederungen der NSDAP in Stuttgart. Unter Führung des 1903 geborenen Herbert Güntner war sie unablässig bemüht, die konfessionellen und freien Träger der Wohlfahrtspflege zu verdrängen. Sie machte dabei vor kommunalen Kompetenzen nicht halt. Seit 1935 Ratsherr der Stadt, nützte Güntner dieses Forum, um seinen Forderungen Nachdruck zu verleihen. Die Geschichte der Stuttgarter NSV hatte 1933 mit einem bemerkenswerten Mißerfolg begonnen. Die NSV versuchte, sich im Reich mit dem Winterhilfswerk des deutschen Volkes zu profilieren. Als Hitler und Goebbels am 13. September 1933 das WHW als „Sozialismus der Tat" bekanntgaben, besaß die NSV noch keine organisatorische Basis. Der Gauleitung der NSDAP blieb daher nichts anderes übrig, als auf bestehende Organisationen zurückzugreifen und den Landesleiter der Zentralleitung für Wohltätigkeit, Karl Mailänder, zum Landesführer des WHW und als solchen zum Gauführer der NSV zu berufen, obwohl Mailänder nicht der NSDAP angehörte.[59] Bereits bei einer Vorbesprechung Ende August 1933 hatte der stellvertretende Gauleiter,

Friedrich Schmidt, Mailänder das Vertrauen der NSDAP ausgesprochen und eine langsame „Überführung der freien Wohlfahrtspflege" in Württemberg angekündigt, um das WHW nicht zu stören.[60] Die Zentralleitung hatte vor 1933 eine württembergische Nothilfe durchgeführt. Ihr Apparat sollte nun angesichts des organisatorischen Defizits der NSV in Württemberg eingespannt werden.

Das WHW begann am 1. Oktober 1933 mit einer Straßensammlung, an der sich vorwiegend Mitglieder der NS-Frauenschaft, der HJ und des BDM beteiligten. Am folgenden Tag setzte eine Kleidersammlung ein, an der Angehörige der Reichswehr und der SA mitarbeiteten, während der Arbeitsdienst sich am Sortieren und Flicken beteiligte. Der Erlös aus Sonderveranstaltungen und Lebensmittelsammlungen in den Geschäften floß ebenfalls dem WHW zu. Im Oktober 1933 verteilte das WHW Kartoffeln, im Dezember eine Weihnachtsspende und Ende Januar 1934 und Anfang März weitere Lebensmittel. Kleider und Brennstoffe sollten im Bedarfsfall ausgegeben werden. Als schwierige Aufgabe bezeichnete Mailänder die Verteilung der Güter. Er verlangte eine sorgfältige Prüfung und nannte die „Eindämmung des Bettlerunwesens" eine wichtige Voraussetzung. Razzien sollten Abhilfe schaffen.

Während das WHW unter maßgeblicher Beteiligung der früheren Träger der württembergischen Nothilfe begann, bemühte sich die NSDAP um einen raschen organisatorischen Aufbau der NSV. Anfang Dezember 1933 war er so weit vorangeschritten, daß die NSV die Führung des WHW übernehmen konnte. In allen Ortsgruppen wurden sogenannte NSV-Walter eingesetzt, die einen Beirat bildeten, dem die Betreuung der Bedürftigen oblag und der Vorschläge an die Landesführung einreichte. Zu diesem Zweck legte der Ortsgruppenwalter eine Kartei an.[61] Ende Januar 1934 schließlich ordnete der Reichsführer der NSV, Hilgenfeldt, an, die NSV sei als nunmehr selbständiges Amt der NSDAP von einem Parteigenossen im Gau zu führen. Er ernannte Adolf Kling, MdR und Kreisleiter der NSDAP in Aalen, zum Gauwalter. Auf die Dienste des erfahrenen Mailänder wollte man indes nicht verzichten und beließ ihn als Stellvertreter und als Landesführer des WHW.[62] Das propagandistisch wirksame WHW wurde zu einem gewaltigen Unternehmen ausgebaut. Bereits beim WHW 1933/34 waren in Stuttgart 62 haupt- und rund 1000 ehrenamtliche Mitarbeiter tätig.[63]

Die vom WHW unterstützten Personen erhielten fast ausschließlich Naturalleistungen sowie Gutscheine, die sie gegen Sachwerte einlösen konnten. Im Oktober und November 1933 verteilte das WHW in Stuttgart 50 000 Zentner Kartoffeln an 24 000 Familien. Zu Weihnachten erhielten kinderreiche Familien ein Lebensmittelpaket mit Mehl, Zucker, Nudeln, Kakao, Kornfranck-Kaffee, Haferflocken sowie Gutscheine über Schweineschmalz und Suppenwürfel. Insgesamt gab das WHW 30 000 Weihnachtspakete und im ersten Quartal 1934 weitere 167 000 Lebensmittelgutscheine aus; in Notküchen wurden täglich rund 1500 Personen verpflegt, die Kleiderhilfe bedachte über 17 000 Familien mit rund 100 000 getragenen und 25 000 neuen Kleidungsstük-

II. 5. Die Sozialpolitik der Stadtverwaltung und der NSV

ken.[64] Wer kam in den Genuß der Spenden? Bei einer Besprechung nannte Mailänder folgenden Personenkreis: Arbeitslose, Sozial- und Kleinrentner, kinderreiche Familien, Personen, die sich nach langer Arbeitslosigkeit noch in einer Notlage befanden, sowie von der Krise besonders betroffene Kreise wie etwa die Künstler.[65] Zu Vorschlägen beim ersten WHW waren das städtische Wohlfahrtsamt, die NSV, die NS-Frauenschaft, die Evangelische Stadtmission und der katholische Caritasverband sowie der Stuttgarter Wohlfahrtsverein berechtigt. Mailänder deutete in seinem Bericht über das WHW 1933/34 an, daß die Amtswalter der NSV die Vergabe dominierten.[66]

Mit bemerkenswerter Geschwindigkeit ging in Stuttgart der Ausbau der NSV-Schwesternstationen voran. Nach einem Erlaß des Reichsinnenministeriums waren die Gemeinden zur finanziellen Förderung verpflichtet. Um die vertraglichen Vereinbarungen mit anderen, konfessionellen Trägern nicht zu verletzen, waren aber nur freiwillige Vereinbarungen mit der NSV zugelassen.[67] Als Anfang August 1935 die ersten beiden Schwesternstationen der NSV in Feuerbach eröffnet wurden, betonte Kreisamtsleiter Güntner, die „Braunen Schwestern", wie sie wegen ihrer Tracht auch genannt wurden, stünden nicht im Gegensatz zu den Konfessionen, seien aber ohne konfessionelle Bindung.[68] Güntners Drängen als Ratsherr zeigte freilich, daß es ihm um die Ausschaltung der freien Wohlfahrtspflege insgesamt ging.[69] In Stuttgart betraf dies vor allem die evangelischen Diakonissen, die in städtischen Krankenhäusern und eigenen Pflegestationen Dienst taten. 1935 setzte Strölin folgende Zuschüsse für die Pflegestationen fest: Die NSV erhielt für zwölf Schwestern 6000 RM, die Evangelische Landeskirche für 83 Schwestern 18 270 RM und die katholische Gesamtkirchengemeinde für 27 Schwestern 5360 RM.[70] Die Bevorzugung der NSV war offensichtlich. Dennoch hätte es die NSV lieber gesehen, wenn die Stadt den kirchlichen Trägern ihre Zuschüsse völlig gestrichen hätte. In dieser Situation kam es der NSV gerade recht, daß die konfessionellen Träger ihre Verbindungen mit der Stadt lösten. So teilte die Diakonissenanstalt mit, sie wolle ihre 41 Schwestern im Cannstatter Krankenhaus bis Ende 1936 zurückziehen.[71] Die NSV plante daraufhin, das Cannstatter Krankenhaus zu einem „Mutterhaus" der Braunen Schwestern im Gau auszubauen.[72] Die Stadt zeigte sich diesem Wunsch aufgeschlossen, wenngleich sie Mehrkosten auf sich zukommen sah: Die NSV-Schwestern kannten keinen „Gotteslohn". Am 25. Januar 1937 führte Strölin die 50 Braunen Schwestern offiziell in ihren Dienst ein.[73] Die NSV riskierte keinen Konflikt, als die Stadt wenig später auf die Ablösung einiger ungeeigneter Schwestern drängte.[74] Güntner ging noch einen Schritt weiter. Er wollte die Krankenhausseelsorge ausschließlich solchen Pfarrern vorbehalten, die fest auf nationalsozialistischem Boden stünden. Er beantragte, im nächsten Haushalt keine Mittel für die Krankenhausseelsorge mehr bereitzustellen. Der frühere Pfarrer und damalige Sozialreferent Ettwein schlug in dieser nach eigenem Bekunden „heiklen Angelegenheit" Strölin vor, zwar alle Geistlichen zuzulassen, Zuschüsse aber zu streichen. Der NSV war dies zu wenig, und sie setzte sich durch. Nachdem er sich beim Innenministerium rückversichert hatte, hob Strölin das Amt der Hausgeistlichen auf und kündigte alle bevorstehenden Verträge. Wenn Kranke den Beistand eines Geistlichen wünschten, war ein Besuch erlaubt.[75]

Angesichts dieser Entwicklung hatte die Absicht der Diakonissenanstalt, beim Paulinenhospital einen weiteren Klinikbau mit 200 Betten zu errichten, keine Aussicht auf Verwirklichung. Das städtische Gesundheitsamt erhob zwar keine Einwände und bejahte auch ein Bedürfnis. Gauärzteführer Stähle meldete jedoch, unterstützt von der NSV, seinen Widerspruch an. Die Nähe der Bosch-Werke und des AOK-Verwaltungsgebäudes stelle im Kriegsfall eine enorme Luftgefährdung dar. Stähle hielt ein Krankenhaus in der Innenstadt mit ihren schlechten Luftverhältnissen für ungeeignet. Ähnlich äußerte sich Landesplaner Bohnert, der einen Neubau auf den Fildern anregte. Als Stadtrat Schwarz im Juni 1938 die von der Stadt und vom Luftgaukommando gebilligten Pläne den Landesbehörden vorlegte, erübrigte die Lage der Bauwirtschaft eine Diskussion des Projekts.[76]

Im Oktober 1937 übernahmen die Braunen Schwestern auch den Dienst im Feuerbacher Krankenhaus. Hatten die Diakonissen bisher 71 RM im Monat als Entschädigung erhalten, so bekamen die NSV-Schwestern nun 115 RM. Aufgrund einer günstigeren Freizeitregelung arbeiteten zwölf statt zehn Schwestern.[77] Für Kreisamtsleiter Güntner war die Sache denkbar einfach. Die NSV sollte alle Krankenpflegestationen und Krankenhäuser übernehmen, nichts einzuwenden hatte er hingegen, „wenn die Krüppel und Siechen weiterhin von konfessionellen Verbänden betreut werden".[78] Diese Aufgabe mochte er seinen Schwestern nun doch nicht zumuten. Kreisärzteführer Kötzle war skeptischer und bezweifelte, ob öffentliche Anstalten leistungsfähiger seien als die freie Wohlfahrtspflege. Nachdem die Stadt die Mittel für konfessionelle Pflegestationen stark gekürzt hatte – die NSV erhielt für zehn Prozent der Schwestern fast zwei Drittel der Finanzmittel –, erhöhte sie Ende 1938 auf Antrag der Diakonissenanstalt die Entschädigung für deren Krankenhausdienst geringfügig. Güntner und Gauamtsleiter Lechler, opponierten vergebens.[79]

Die NSV beanspruchte auch die Leitung der Kindertagesstätten.[80] In Stuttgart gab es zu wenig Plätze in Kindergärten und -horten. Dies hinderte allerdings die Stadtverwaltung nicht daran, städtische Kindergärten zu schließen und kirchlichen Einrichtungen die Zuschüsse zu kürzen. Frau Kötzle, Mitglied des Frauenbeirats und Gattin des Kreisärzteführers, forderte die Stadt 1935 auf, zusammen mit der NSV neue Horte zu gründen.[81] Dieser Vorstoß zeitigte Anfang 1936 ein erstes Ergebnis. Die Stadt schloß ihren Kinderhort in der Eberhardstraße in Feuerbach und stellte das Gebäude dem Jungvolk zur Verfügung.[82] Nach einer Auseinandersetzung mit der evangelischen Gesamtkirchengemeinde beschloß die Stadt im Sinne der NSV, keine Zuschüsse mehr für konfessionelle Kindergärten zu gewähren, Umbauten abzulehnen und die laufen-

II. 5. Die Sozialpolitik der Stadtverwaltung und der NSV

den Beiträge sukzessiv abzubauen.[83] Lediglich Stadtpfarrer Lohß in Münster erhielt für die dortige Kleinkinderpflege einen einmaligen Zuschuß. Gegenüber der Kritik Güntners erinnerte Ettwein an den Einsatz von Lohß für den Nationalsozialismus in der „Kampfzeit". Ettwein wies außerdem darauf hin, daß die Bevölkerung eine Ablehnung im „roten" Münster als bewußte Benachteiligung von Arbeiterkindern auffassen könnte.[84]

Im Sommer 1939 zählte die NSV im Kreis Stuttgart fast 6000 ehrenamtliche Walterinnen und Walter, von denen knapp 2000 Parteigenossen waren. Sie unterhielt im Stadtgebiet elf gegenüber 60 Schwesternstationen konfessioneller Träger.[85] Im März 1939 freilich standen keine Braunen Schwestern zur Verfügung: „Eine besondere Freude hat ihnen der Umstand bereitet, daß sie in den Märztagen geschlossen im Protektorat Böhmen und Mähren eingesetzt worden sind." Mittlerweile besuchten über 1200 Kinder die 18 NSV-Kindertagesstätten. Die NSV leitete außerdem die Müttererholung und ein Hilfswerk „Mutter und Kind". Die Arbeit galt nach den Worten Güntners „ausschließlich der erbbiologisch gesunden und kinderreichen Familie". 1936 hatte die NSV mit dem Aufbau einer „Jugendhilfe" begonnen; die formelle Gründung datierte vom Vorjahr.[86] Mit der Jugendhilfe schaltete sich die NSV in das Vormundschaftswesen, in die Fürsorgeerziehung und in die Überwachung von Jugendlichen ein. Güntner beschrieb Anfang 1937 die Aufgabe der Jugendhilfe: „Statt Fürsorge an bereits Verwahrlosten tritt die vorsorgende und aufbauende Hilfe für Kinder und Jugendliche aus erbgesunden, jedoch durch äußere Umstände oder erzieherische Mängel gefährdete oder geschwächte Familien."[87] Im November 1937 waren im Bereich der Jugendhilfe drei Personen hauptamtlich bei der Kreisführung, 52 ehrenamtliche Sachbearbeiter bei den Ortsgruppen und über 200 Helfer mit Sonderaufgaben tätig. Der Referent der NSV-Kreisleitung leitete in Personalunion das Referat bei der HJ-Bannführung. Der Schwerpunkt verlagerte sich auf die Überwachung von Jugendlichen in der Öffentlichkeit. In einer Entscheidung des Stuttgarter Landgerichts hieß es 1937:
„Ein schulentlassener Minderjähriger, der die üblichen Verwahrlosungsmerkmale nicht an sich trägt, aber infolge falscher Erziehung zu einem einzelgängerischen, schlappen und verpimpelten Knaben geworden ist, der weder Selbstbehauptungstrieb noch Disziplin und Kameradschaft kennt und den seine Lebensgestaltung betreffenden Entscheidungen unwissend und fassungslos gegenübersteht, kann als verwahrlost (...) angesehen werden."[88]
Erstmals überwachten Mitarbeiter der NSV-Jugendhilfe das Verhalten von Jugendlichen beim Volksfest im Jahre 1937. In der Folgezeit kontrollierte die Jugendhilfe regelmäßig Gaststätten, insbesondere Lokale mit einem Tanzbetrieb. In einem Rundschreiben an die Jugendsachbearbeiter nannte Güntner im April 1939 diejenigen Gaststätten, die in Stuttgart „am meisten gefährdend wirken". Er klagte über die geringe Zahl von Helfern und stellte fest: „Im letzten halben Jahr konnten wir auf Grund un-

serer Arbeit feststellen, daß ein Teil der Jugend in sittlicher Beziehung weitgehend verwahrlost ist und weiterhin zu verwahrlosen droht. Davon erfaßt ist insbesondere der Teil der weiblichen Jugend, die nicht im BdM und meistens von auswärts zugezogen ist."[89]

6. *„Die rassisch wertvollen Volksgenossen wieder mit Grund und Boden verbinden"*
Nationalsozialistische Bau- und Siedlungspolitik

„Blumentopfsiedlungen" oder Auflockerung der Großstadt

Der Bau von Siedlungen nahm in der nationalsozialistischen Propaganda einen hervorragenden Platz ein. Dies war einerseits auf die Blut-und-Boden-Ideologie der Nationalsozialisten zurückzuführen, andererseits behaupteten sie die Bedeutung des Siedlungsbaus bei der Arbeitsbeschaffung. Zweifellos war der Bausektor ein Schlüsselgewerbe bei der Wirtschaftsbelebung. Der Siedlungsbau blieb jedoch weit hinter den Aussagen der Propaganda zurück. Das Reich kürzte seine Zuschüsse, der Anteil des Siedlungsbaus sank. So wurde der Siedlungsbau ab 1935 von einem Instrument der krisenbedingten Fürsorge zu einem der Bevölkerungs- und Ordnungspolitik. Das Ziel war, „den deutschen Volksgenossen den ideellen und praktischen Wert wieder zugänglich zu machen, der in der Verbindung mit der Heimaterde, in der Arbeit auf dem fruchttragenden Heimatboden liegt".[1] Auf dem Land war die Arbeitslosigkeit geringer als in Stuttgart, wo 15 Prozent der württembergischen Bevölkerung, aber ein Drittel der Arbeitslosen des Landes lebten.[2] Die Stadt warb zusammen mit dem Land, der Landesbauernschaft und den Arbeitsämtern unablässig für eine Rückkehr von Arbeitskräften auf das Land. Präsident Jäck vom Stuttgarter Arbeitsamt betonte, daß es nicht um eine kurzfristige Beseitigung der Arbeitslosigkeit, sondern um die „Auflockerung der Großstadt" gehe:
„Das Ziel muß sein eine starke Durchdringung von Stadt und Land. Der städtische Industriearbeiter muß als Zusatz und Grundlage für seine Lebensexistenz ein Stück eigenen Grund und Boden bekommen, die Industrie muß hinaus aufs Land, um hier der Landwirtschaft die Möglichkeit zusätzlichen Verdienstes zu geben."[3]
In Stuttgart wurden bis Ende 1932 145 Siedlerstellen im Hoffeld bei Degerloch und 186 Stellen im Steinhaldenfeld bei Cannstatt errichtet.[4] Die Siedler beteiligten sich an den Bauarbeiten, durch die Eigenleistung sollten die Kosten auf 2800 RM begrenzt werden.[5] Die Nationalsozialisten hatten im Gemeinderat 1932 die Stadtrandsiedlungen aus grundsätzlichen Erwägungen abgelehnt. Stadtrat Dempel spottete über „Blumentopfsiedlungen" und „Elendshütten" und forderte statt dessen eine gezielte Land-

siedlung zur Auflockerung der „Asphaltwüste der Großstadt".[6] Nach der Wende mußten sich die Nationalsozialisten im Rathaus den Gegebenheiten anpassen und die alten Richtlinien übernehmen. Danach gewährte die Stadt eine langfristige Abzahlung des von ihr überlassenen Geländes, eine Ermäßigung der Anliegerbeiträge und der Darlehen sowie in besonderen Fällen Bürgschaften. Nur ortsansässige Unternehmer sowie Arbeiter, die mindestens ein Jahr in Stuttgart gewohnt hatten, waren zu den Bauarbeiten zugelassen. Der Personenkreis, der sich um eine Siedlerstelle bewerben durfte, wurde im Herbst 1933 neu festgelegt: verheiratete Arbeitslose oder Kurzarbeiter, kinderreiche Familien mit fünf und mehr Kindern sowie kleine Gewerbetreibende, die jeweils in Stuttgart wohnberechtigt sein mußten.[7] Die nationalsozialistisch geführte Stadtverwaltung hielt also zunächst an der bisherigen Form der Erwerbslosensiedlung im wesentlichen fest.

Frühzeitig versuchte die Stadt jedoch, die bisherigen Träger von Siedlungsvorhaben auszuschalten. Sie gründete daher Mitte Mai 1933 zusammen mit dem Nationalen Hilfsdienst die Stuttgarter Siedlungsgesellschaft. Beide Gesellschafter legten ein Stammkapital von 12 500 RM ein.[8] Die Stadt erhöhte jedoch ständig ihre Einlage, der Nationale Hilfsdienst war lediglich Staffage und schied 1935 aus. Die Stadt verfügte nun als alleiniger Gesellschafter über eine Kapitalsumme von 200 000 RM. Die Siedlungsgesellschaft führte die Projekte im Hoffeld und Steinhaldenfeld zu Ende und plante weitere Kleinsiedlungen im Gewann Seelachwald bei Weil im Dorf sowie beim Neuwirtshaus in Zuffenhausen, wo sie das Gelände vom Haus Württemberg erwarb. Im Steinhaldenfeld baute die Stadt zwischen 1933 und 1935 weitere 223 Siedlerstellen, im Hoffeld nur noch sechs. Sie nahm den Siedlern des ersten Bauabschnitts von der Landzulage von acht Ar zwei Ar wieder ab mit der Begründung, die Fläche werde häufig nicht genutzt und solle deshalb frei verpachtet werden. Auf diese Weise verbesserte die Siedlungsgesellschaft auch ihre Einnahmen. Die Stadt übte heftige Kritik an der Auswahl der Siedler durch die früheren freien Träger: „Die Hoffeldsiedler wurden vor 1933 nach den Grundsätzen der Wohlfahrtssiedlung und der Zugehörigkeit zu sozialdemokratischen Verbänden ausgewählt."[9] Eine Statistik, die den Einblick der Behörden in die persönlichen Verhältnisse verdeutlicht, widerlegte den Vorwurf. Neben 86 parteilosen Siedlern hatten 46 der SPD, sieben der KPD sowie vor der Machtübernahme zwei, später sieben Siedler der NSDAP angehört.[10] In der Siedlung Neuwirtshaus, die nach der Machtübernahme entstand, erhielt ein Siedler nach Rücksprache mit der Kreisleitung der NSDAP eine Kündigung. Er habe während der Probezeit nicht den Beweis erbracht, daß er sich jederzeit rückhaltlos für den nationalsozialistischen Staat einsetze.[11] Das Privatleben der Siedlerfamilien wurde ebenfalls überwacht. Frauenbeirätinnen beklagten beispielsweise sittliche Mißstände in der Siedlung Steinhaldenfeld. Zusätzlich zum Obmann der Siedlungsgesellschaft sollte deshalb eine – verheiratete – hauptamtliche Siedlungsberaterin eingestellt werden.[12]

Die einfache Bauweise der Siedlungshäuser entsprach dem Zweck der Kleinsiedlung, war aber für kinderreiche Familien kaum geeignet. Die bescheidenen Ausmaße der Wohnung (überbaute Fläche 51,12 m²) regten zahlreiche Siedler zum Ausbau an; im Hoffeld wendeten sie bis Ende 1936 rund 120 000 RM hierfür auf.[13] Die Stadt achtete dabei streng auf eine einheitliche Bauweise und verhinderte „wildes Bauen".[14]

1933 begann die Siedlungsgesellschaft im Auftrag der Stadt mit dem Bau von 109 Kleinsiedlerstellen im Seelachwald und von 304 Stellen in Neuwirtshaus nach den Richtlinien, die bereits 1932 für Hoffeld und Steinhaldenfeld festgelegt worden waren. Die Finanzierung erfolgte wiederum über Darlehen des Reiches und der Stadt, die Eigenbelastung des Siedlers bzw. ersatzweise seine Eigenarbeit wurde jedoch etwas höher als bisher veranschlagt und betrug 18 RM pro Monat. Jede Siedlerstelle war mit acht Ar Land ausgestattet. Die Auswahl der Siedler nahm die Siedlungsgesellschaft in Übereinstimmung mit der Stadtverwaltung und den Parteidienststellen vor.[15] In einem Vortrag nannte der Oberbürgermeister die Kriterien für einen würdigen Siedler: Gesundheit, insbesondere Erbgesundheit, Arbeitsfreude, politische Zuverlässigkeit und „Neigung zur Siedlung". Die Bevorzugung von Kinderreichen und Kriegsteilnehmern war für Strölin eine Selbstverständlichkeit; nach seinen Angaben waren rund zwei Drittel der Siedler Kriegsteilnehmer.[16]

Die Siedlungsgesellschaft behielt die Praxis bei, nach Auswahl der Siedler diese in Arbeitsgruppen einzuteilen und die Häuser erst nach Fertigstellung des Rohbaus zu verlosen.[17] Als im Sommer 1935 die letzten Siedler in Neuwirtshaus einzogen, gab es in Stuttgart 976 Kleinsiedlerstellen, die im Rahmen der produktiven Erwerbslosenfürsorge errichtet worden waren. Zwei Drittel waren nach dem 30. Januar 1933 fertiggestellt, über die Hälfte danach geplant worden. Die Gesamtkosten beliefen sich auf über 2,75 Millionen RM, wovon das Reich über 2,3 Millionen RM als Darlehen beigesteuert hatte.[18]

Während das Kleinsiedlungsprogramm noch in vollem Gange war, liefen die Vorbereitungen für eine neue Siedlungsform bereits auf Hochtouren. Die Kritik an den traditionellen Kleinsiedlungen wurde immer lauter. Strölin argumentierte, man könne nicht länger eine negative Auslese von Arbeitslosen und Kurzarbeitern verantworten. „Dem Nationalsozialismus geht es darum, gerade die rassisch wertvollsten Volksgenossen wieder mit Grund und Boden zu verbinden. (...) Als Kleinsiedler mußten deshalb die tüchtigsten Kräfte der Arbeiterschaft und der ihr nach den Einkommensverhältnissen gleichstehenden Kreise der Beamten, der Angestellten und des Mittelstandes berücksichtigt werden."[19]

Bereits im Januar 1934 veröffentlichte die Stadt einen ersten Bewerberaufruf für ein neues Siedlungsprogramm. Sie forderte besonders die Kurzarbeiter zur Meldung auf. Bemerkenswerterweise ersuchte die Stadt die Interessenten, sich an ihre Arbeitgeber zu wenden. Die Stadt erhoffte sich davon einen doppelten Vorteil. Zum einen garan-

tierte die Vorauswahl der Firmen, daß gerade „die tüchtigsten Kräfte" zum Zuge kamen, zum anderen wollte die Stadt die Betriebe zur Mitfinanzierung der Siedlungen veranlassen. Strölin lud zu diesem Zweck Vertreter von Industrie, Handel und Handwerk zu einer Besprechung, an der auch Kreisleiter Maier für die NSDAP teilnahm. Er schlug dabei eine Mischfinanzierung vor, an der sich die Siedler selbst, die Stadt, die Kreditinstitute und die Arbeitgeber beteiligen sollten.[20] Hintergrund des Vorschlags war der Rückzug des Reiches aus der Förderung des vorstädtischen Siedlungsbaus. Insgesamt beteiligten sich 26 Unternehmen mit Darlehen in Höhe von 76 000 RM für 84 Siedler, acht Siedler unterstützte anstelle des Arbeitgebers die Kriegshilfe Württemberg. Weitere 84 Siedler verzichteten auf ein Arbeitgeberdarlehen; sie brachten den Eigenkapitalanteil von 1200 RM beziehungsweise 3000 RM selbst auf.[21]
Der erste Spatenstich für die Siedlung Reisach im Stadtteil Weil im Dorf fand am 19. Mai 1934 statt. Die Stadt beschritt nicht nur mit der Finanzierung neue Wege, sie stellte abweichend von den Richtlinien des Reiches ein eigenes Siedlungsmodell vor, das sogenannte Kleineigenheim mit Land. Der Mangel an Gelände und die hohen Stuttgarter Grundstückspreise waren ausschlaggebend dafür, daß Stuttgart die Landzulage auf vier oder fünf Ar begrenzte, während das Reich mindestens zehn Ar forderte. Die Stadt argumentierte, die voll berufstätigen Siedler hätten zur Bewirtschaftung einer großen Fläche nicht genügend Zeit und seien auf den Nebenerwerb aus der Gartenarbeit nicht angewiesen. Die Motive für die frühere vorstädtische Kleinsiedlung wurden damit zurückgewiesen.
Ebenfalls auf der Gemarkung Weil im Dorf waren auf dem Wolfbusch-Gelände im Oktober 1934 100 Kleineigenheime nach Plänen des Arbeitsbeschaffungsamts begonnen worden. Der vorläufige Kostenansatz belief sich auf 720 000 RM, der Anteil der Siedler wurde mit 536 000 RM in Rechnung gestellt. Als Bauträger fungierte wiederum die Stuttgarter Siedlungsgesellschaft.[22] Ein Musterhaus, das Architekt Dürr vorstellte, fand offenbar lebhaftes Interesse bei der Bevölkerung, die der Traum vom Eigenheim beschäftigte.[23] Die Ausstattung war gegenüber der Reisach-Siedlung weiter verbessert, die überbaute Fläche auf 52,5 m² erhöht worden. Außerdem bestanden Ausbaumöglichkeiten im Dachgeschoß. Der Preis für ein Einzelhaus betrug allerdings 9500 RM. Baubeginn der Siedlung Wolfbusch war im Frühjahr 1935, im Dezember desselben Jahres konnte sie zu zwei Dritteln bezogen werden.[24]
Die Stuttgarter Siedlungsprojekte galten als ein Aushängeschild der Kommunalpolitik seit der Machtübernahme. Ihr Beitrag zur Linderung der Wohnungsnot in Stuttgart war freilich gering. Den Wohnungsbau überließ die Stadt privaten Bauherren. Diese profitierten davon, daß dem Baugewerbe als einer Schlüsselindustrie zunächst öffentliche Unterstützung zuteil wurde.[25] Ein Motor des Wohnungsbaus waren in Stuttgart traditionell die zahlreichen Wohnungsbaugesellschaften und Baugenossenschaften. Sie konnten nach der Machtübernahme dem Wohnungsbau allerdings nur geringe Im-

pulse verleihen, denn sie wurden erst einmal gleichgeschaltet. Die württembergische Regierung hatte den früheren Staatskommissar von Feuerbach und späteren Stuttgarter Gemeinderat Karl Bühler zum Staatskommissar für die gemeinnützigen Wohnungsunternehmen des Landes bestellt.[26] Angeblich sollte das Geschäftsgebaren der Unternehmen geprüft werden, tatsächlich ging es um die Ausschaltung der von den Gewerkschaften und den früheren Parteien getragenen Gesellschaften. Die Stadtverwaltung zog im Rahmen ihrer Möglichkeiten nach; Ratsassessor Könekamp erhielt den Auftrag, die von der Stadt geförderten Wohnungsunternehmen gleichzuschalten und sein Vorgehen mit Bühler abzustimmen.[27] Bühler arbeitete eng mit der Stadtverwaltung zusammen.

Trotz wachsender Wohnungsnot verringerte sich der Anteil des öffentlichen Wohnungsbaus (Tabelle 14).

Tabelle 14: Die Anteile am Stuttgarter Wohnungsneubau 1930–1935[28]

	Öff. Körperschaften	Baugenossenschaften	Private Träger
1930	1194 (Stadt: 1133) : 37,2%	1191 : 37,1%	821 : 25,6%
1932	12 (0) : 0,8%	565 : 40,5%	816 : 58,6%
1933	13 (8) : 0,6%	377 : 14,6%	1854 : 84,8%
1935	10 (5) : 0,5%	108 : 5,7%	1769 : 93,8%

Das Bild änderte sich nur unwesentlich, wenn man den städtischen Einfluß auf die gemeinnützigen Wohnungsunternehmen in Rechnung stellt. Zwar zeichnete sich der Rückzug der Kommune bereits in den Jahren der Krise ab, als die Stadtkasse erschöpft war. Es war jedoch bemerkenswert, daß zwischen 1930 und 1933 nicht weniger Wohnungen gebaut wurden als in den folgenden drei Jahren (Tabelle 15).

Tabelle 15: Der Wohnungsbestand in Stuttgart 1930–1935[29]

1. 1. 1930: 91 410
1. 1. 1933: 103 460
1. 1. 1936: 116 965

Entgegen aller Propaganda setzte die nationalsozialistische Regierung relativ bescheidene Mittel für den Wohnungsbau ein. Diesem engen Rahmen konnten sich die Kommunen nicht entziehen. Die Regierung hatte am 21. September 1933 in einem sogenannten Zweiten Gesetz zur Verminderung der Arbeitslosigkeit Zuschüsse für Instandsetzungsarbeiten bereitgestellt, steuerliche Vorteile für neu errichtete Kleinwohnungen und Eigenheime sowie für Neubauten der Jahre 1924 bis 1930 gewährt.[30] Diese

II. 6. Nationalsozialistische Bau- und Siedlungspolitik

Maßnahmen dienten aber weniger dem Wohnungsbau insgesamt als vielmehr dem Handwerk und den Hausbesitzern.

Bis Ende 1934 flossen insgesamt rund 3,2 Millionen RM nach Stuttgart.[31] Sie veränderten nicht die Situation auf dem Wohnungsmarkt, die nach Aussage der Stadtverwaltung durch „verhältnismäßig hohe Mietpreise und den Mangel an Kleinwohnungen" gekennzeichnet war.[32] Das städtische Wohnungsamt registrierte auf eine freigewordene Wohnung bis zu 50 Bewerber. Die Wohnungsnot hatte einen Anstieg der Mietpreise zur Folge. Bereits am 1. Oktober hatte die Stadt eine Schlichtungsstelle für Mietzinsfragen eingerichtet, die sich über Mangel an Arbeit nicht beklagen konnte. Wiederholt appellierte die Stadt an die Vermieter, die Mieten in einem erträglichen Rahmen zu halten. Besonders kritisierte Strölin das Verhalten der Haus- und Wohnungsbesitzer gegenüber kinderreichen Familien.

Einigen Gemeinderäten ging dieses Engagement zu weit. Sie forderten eine Verringerung, nicht eine Vermehrung der Lasten für die Hausbesitzer.[33] Bis Ende 1934 riefen 1228 Mieter und 142 Vermieter die Schlichtungsstelle an. Diese Relation verdeutlichte die Problematik. Bei den Entscheidungen setzte sich Strölins Linie zum Teil durch. Bei den Fällen, in denen es um die Höhe der Miete ging, ermäßigte die Schlichtungsstelle in 470 Streitfällen, 21mal unterblieb eine beabsichtigte Anhebung und lediglich elfmal erlaubte die Stelle eine Mieterhöhung.[34] Die Stadtverwaltung prangerte in einigen Sonderfällen Vermieter namentlich im „Amtsblatt" an und erstattete Anzeige wegen Mietwuchers.[35] Trotz dieser Maßnahmen waren die Stuttgarter Mieten die höchsten im Vergleich mit den übrigen deutschen Großstädten.[36]

Die letzten größeren Bauvorhaben von Baugenossenschaften waren zwei Projekte der Schwäbischen Siedlungsgesellschaft in Sommerrain und im Steinhaldenfeld, die 1933 und 1934 auch unter dem Gesichtspunkt der Arbeitsbeschaffung ausgeführt wurden.[37] Die Bauherren hatten ein Eigenkapital von 35 bis 40 Prozent aufzubringen. Im Steinhaldenfeld entstanden 68 Einfamilienhäuser im Anschluß an die Kleineigenheimsiedlung, die rund 9000 RM kosteten. Noch teurer waren die 140 Einfamilienhäuser in Sommerrain, die bis zu 12 000 RM kosteten. Sie waren im Unterschied zum Steinhaldenfeld durchgehend massiv gebaut und besaßen eine größere Gartenfläche. Angesichts des hohen Eigenkostenanteils konnten jene Schichten, denen es besonders an Wohnraum mangelte, in diesen Siedlungen nicht bauen.

Das rechte Bauen und das Baurecht

Die Lage Stuttgarts in einem engen Talkessel, umgeben von relativ steilen Hängen, stellte bei dem Wachstum der Stadt in der zweiten Hälfte des 19. Jahrhunderts besondere städtebauliche Anforderungen. Erst seit dem Bahnhofneubau und im besonderen Maß seit den Auseinandersetzungen um die Weißenhofsiedlung war auch eine breitere

Öffentlichkeit an der Diskussion um die städtebauliche Gestaltung beteiligt. Unter den Fachleuten war besonders die Bebauung der Hänge umstritten. Immer lauter erhob man die Forderung nach einem strengeren Baurecht. Die Stuttgarter Nationalsozialisten hatten sich des Themas vor 1933 intensiv und polemisch angenommen, ohne jedoch eigene Vorstellungen zu entwickeln.

Folgenreich für die städtebauliche Ordnung erwies sich ein Vortrag von Paul Bonatz Anfang März 1933, in dem er die Vorstellungen der konservativen Architekten und Städteplaner formulierte. Bonatz wandte sich gegen ein Durcheinander von Bauformen und Stilrichtungen. Er forderte seine Kollegen zu einem verantwortungsbewußten Bauen auf. Allerdings hielt auch er das Genehmigungsverfahren für unzureichend und schlug die Bildung eines Beirats aus Architekten vor:

„Eine Beurteilung nur nach Paragraphen führt dahin, daß heute jedes noch so häßliche Haus genehmigt wird. Es gibt wohl einen Paragraphen gegen gravierende Verunstaltung des Ortsbildes. Aber was ist schließlich ‚Verunstaltung'? Was ist nach Polizeiauffassung schließlich häßlich? Das einzige Baugesuch, das in den letzten 20 Jahren nach meiner Erinnerung wegen Häßlichkeit vom Gemeinderat abgelehnt wurde, war mein Baugesuch zum neuen Bahnhof."[38]

Konkret verlangte Bonatz strengere Vorschriften über die Dachgestaltung sowie über den Abstand und die Form der Häuser.[39]

Bei den neuen Herren im Rathaus rannte Bonatz offene Türen ein. Am 15. Mai 1933 setzte Staatskommissar Strölin eine Baurechtskommission ein, die eine neue Ortsbausatzung ausarbeiten sollte. Eine zweite Aufgabe war, das Genehmigungsverfahren von Baugesuchen zu vereinfachen und die Entscheidungsprozesse zu straffen.[40] Der Kommission gehörte auch ein Vertreter der württembergischen Regierung an. Von dieser forderte Strölin eine rasche Änderung der württembergischen Bauordnung.[41] Bereits wenige Monate später novellierte die Landesregierung die alte Bauordnung aus dem Jahr 1910 in wenigen, aber grundsätzlichen Punkten. Sämtliche Neubauten mußten sich in die landschaftliche und bauliche Umgebung einfügen, jegliche Baumaßnahme außerhalb des Ortsbauplans war verboten, Dachaufbauten sollten nur noch unter erschwerten Bedingungen zugelassen werden und der Abriß von planwidrig errichteten Bauten war im Grundsatz erlaubt.[42] Die Stadtverwaltung griff die Änderung unverzüglich auf und gab sie zum ersten Jahrestag der Machtübernahme im „Amtsblatt" bekannt.[43]

Die Stuttgarter Architekten bekamen den neuen Kurs zu spüren. Schon Anfang August ließ Strölin zwei Architekten in „Schutzhaft" nehmen, „weil sie durch gröbliche, eine offene Verhöhnung des Gesetzes und der Behörden darstellende Verstöße gegen die baupolizeilichen Bestimmungen und Anordnungen die öffentliche Ordnung gestört haben".[44] Flachdächer, Rundbauten, kurz Individualität und Modernität der Bauformen waren damit zum Haftgrund geworden, wenngleich Strölin sein Vorgehen anders begründete. Grund und Boden seien zu Spekulationsobjekten geworden, das Profitdenken bestimme den Hausbau, und jene Architekten hätten das beste Geschäft gemacht, die es verstanden hätten, für die Bauherren „die beste Rendite herauszubringen".[45]

Die Baurechtskommission legte im Juni 1934 ihr Ergebnis vor. Unmittelbarer Niederschlag waren „Zehn Baugebote der Stadt Stuttgart".[46] Darin hieß es unter anderem: „Nimm bei deinen Bauabsichten Rücksicht auf die Landschaft (...) Stelle die Längsseite deines Hauses gleichlaufend zum Hang. Bevorzuge ein einfaches und ruhiges Dach (...) Gestalte auch die Umgebung deines Hauses so, daß eine Gartenstadt entsteht."

Damit waren zugleich die Richtung und das Ziel der städtebaulichen Gestaltung Stuttgarts bezeichnet. Zur endgültigen Verabschiedung der neuen Ortsbausatzung führte indes noch ein langer Weg. Zunächst berieten die Technische und die Baupolizei-Abteilung des Gemeinderats den Entwurf und erteilten ihm Ende September mit einigen unwesentlichen Änderungen ihre Zustimmung. Während der Einspruchsfrist startete die Stadt eine große Werbekampagne, um die Bevölkerung auf die erheblichen Veränderungen einzustimmen. Oberbürgermeister Strölin trat am 13. Oktober vor die Presse. Er erneuerte seine Kritik am „liberalistischen Geist", mit dem der Nationalsozialismus „rücksichtslos aufräumen" werde. Denn: „Das Ergebnis waren mißgestaltete, durch die sogenannte moderne Sachlichkeit gekennzeichnete Einzelformen."[47] Dem Stadtvorstand folgten die Stadträte sowie Beamte der städtischen Bauverwaltung. In 20 Versammlungen mit Lichtbildern und einem Film über „Das Stadtbild von Stuttgart" warben sie für die neuen Bestimmungen.[48] Die Einwände gegen den Satzungsentwurf waren zahlreich und kamen nicht zuletzt aus den Reihen wohlhabender Stuttgarter Bürger, die infolge der Aufhebung bisheriger Baulinien ihren Grundbesitz nicht in der vorgesehenen Weise bebauen konnten bzw. bei einem Verkauf eine Wertminderung hinnehmen mußten. So entschloß sich die Stadtverwaltung zu einem ungewöhnlichen Schritt und veranstaltete im Rathaus eine öffentliche Anhörung. Sie betonte ausdrücklich, daß dazu keine Verpflichtung bestehe.[49] Stadtrat Schwarz, der Vorsitzende der Kommission, leitete die Veranstaltung, an der zeitweise auch Strölin teilnahm. Die Stadt sicherte den Bürgern zu, daß „der Übergang von der alten zur neuen Ortsbausatzung loyal gehandhabt" und ein angemessener Interessenausgleich vorgenommen werde. Einige Einwände fanden offenbar Berücksichtigung.[50]

Wenige Tage später, am 5. Dezember 1934, fuhren die Gemeinderäte durch die Stadt, um anhand konkreter Anschauung die letzten Probleme zu klären. Sie waren keineswegs einer Meinung.[51] Strölin mahnte, man müsse sich bei der endgültigen Festlegung der Satzung zu einem übereinstimmenden und klaren Urteil durchringen. Er nannte den Nordhang des Kriegsbergs ein Beispiel dafür, wie „ein Stadtbild verhunzt" werden könne. Bei der Besichtigung von Neubauten im Vogelsang, die als beispielhafte

Hangbebauung im Rahmen einer abgesagten Bauausstellung vorgestellt werden sollte, traten die Differenzen klar zutage.[52] Offenbar befürchteten einige Gemeinderäte einen einförmigen Stil. Ähnliche Kritik kam auch aus den Reihen der Architektenschaft. Strölin widersprach:
„Wir wollen weder Schablonen noch Uniformierung noch Schematisierung, aber eine Bauweise, die einheitlich in der Linienführung, in der Dachform und in der Dachneigung ist. Innerhalb dieses Rahmens habe der künstlerisch befähigte Architekt noch genügend Spielraum zur selbständigen Schöpfung."[53]
Wieder einmal setzte sich Strölin durch. Dennoch verging ein halbes Jahr, ehe die neue Ortsbausatzung im Juni 1935 in Kraft treten konnte.[54] Sie ging nämlich in einigen Punkten über die geltende württembergische Bauordnung hinaus. Es gelang der Stadt, das Staatsministerium zu einer Änderung zu bewegen. Die im Sommer 1935 veröffentlichte neue Ordnung kann man daher als Lex Stuttgart bezeichnen.[55]
Erstmals gab es einen Gesamtbebauungsplan für Stuttgart, dem ein einheitliches Konzept zugrunde lag. An die Stelle von bisher drei Bauzonen, die lediglich Wohn-, Gewerbe- und Mischgebiete nebeneinander ausgewiesen hatten, traten nun sechs Baugebiete mit zehn Baustaffeln. Der Grundgedanke war, von der Stadtmitte in die Randgebiete eine gleichmäßige und abnehmende Bebauung anzustreben. Wohn- und Gewerbegebiete wurden schärfer geschieden und die Hangbebauung strenger reglementiert, wobei die Kettenbauweise entlang der Hanglinien vorherrschend war. Außerdem waren Flachdächer verboten und Dachausbauten zu Wohnzwecken nur in der Innenstadt in engen Grenzen zugelassen. Die Ortsbausatzung des Jahres 1935 brachte einerseits also eine stärkere Bürokratisierung, die im übrigen das Baurecht seit dieser Zeit prägt, zum anderen die Normierung und Fixierung bestimmter Bauformen (z. B. Verbot des Flachdachs).
Die Stadtverwaltung feierte die Ortsbausatzung als „erste Schöpfung nationalsozialistischer Baugesetzgebung in allen größeren Städten Deutschlands".[56] In der Tat orientierten sich kommunale Bauverwaltungen wiederholt am Stuttgarter Vorbild. Allerdings mußten Teile der Satzung schon nach wenigen Monaten wieder zurückgezogen werden. Sie ließen sich mit dem Mangel an billigen Wohnungen und den Interessen der Haus- und Grundstücksbesitzer nicht in Einklang bringen. Gegen den Widerstand des zuständigen Referenten Schwarz erlaubte man den Ausbau von Dach- und Untergeschoßwohnungen auch künftig. Um aber wegen dieses „Zickzackkurses" (Strölin) keinen Gesichtsverlust zu erleiden, entschloß sich die Stadt, lediglich „an die Presse eine kurz gefaßte farblose Mitteilung zu geben".[57]
Dennoch konnte die Stadtverwaltung die Kritiker auf den Anstieg der Baugesuche nach Inkrafttreten der Ortsbausatzung verweisen. Die Zahl stieg von 5933 im Jahr 1934 auf 6140 im nächsten Jahr und bis 1936 sogar auf 7264; die Ortsbausatzung war nach städtischer Auffassung kein Hemmschuh der allgemeinen Bautätigkeit.[58]

Kapitel III
„Es soll sich keiner einbilden, daß der Nationalsozialismus auch nur einen Finger breit von seinem Anspruch auf Totalität abgeht."

Die Gleichschaltung des öffentlichen Lebens

1. Methoden und Themen der Gleichschaltung

Am 21. März 1933 verlieh Staatskommissar Strölin der Planie den Namen Adolf Hitlers und „brannte", wie er sagte, diesen Namen ins „Herz der Stadt".[1] Von nun an verdrängten die Nationalsozialisten systematisch die Erinnerung an rassisch und politisch mißliebige Persönlichkeiten. Bis 1938 benannte die Stadtverwaltung mehr als ein Drittel aller Straßen und Plätze neu.[2] Aufsehenerregend war die Umbenennung des Marienplatzes in „Platz der SA" im Jahre 1937. Nach dem „Anschluß" Österreichs im März 1938 verwandelte sich das Feuerbacher Straßenverzeichnis in ein geographisches Lexikon der „Ostmark".[3] Ein halbes Jahr später verschwand der letzte „jüdische" Straßenname in Stuttgart: Die dem Ehrenbürger Eduard Pfeiffer gewidmete Höhenstraße auf dem Kriegsberg hieß von nun an im südlichen Teil Adalbert-Stifter-Straße und im nördlichen Abschnitt Parlerstraße.[4]
Hatten sich die Bürger ebenfalls gewandelt? Bei der Verhaftung Richard Schmids, der als angesehener Rechtsanwalt zur politischen Opposition gestoßen war, fand die Gestapo einen „Entwurf einer politischen Abhandlung über die Lage des gebildeten Bürgertums in Deutschland".[5] Der Entwurf datierte vermutlich vom Jahresende 1934. Schmid formulierte harte Worte der Kritik über jene Schicht, der er selbst angehörte. Er notierte:
„Das Beamtentum und die freien Berufe sind als soziale Schicht und ökonomisch noch einigermaßen intakt. Die Stagnation des freien Wirtschaftslebens berührt die Beamten nicht, die Wirkungen auf die übrigen Teile werden aufgehoben durch die Berieselung mit öffentlichen Mitteln, von denen der größere Teil im verdienenden Bürgertum versickert. Der ökonomische Druck ist also nicht sehr groß. (. . .) Dieser Prozeß der Sterilisierung des öffentlichen, besonders des kulturellen Lebens hat im Bürgertum geradezu verheerende Folgen gehabt. (. . .) Das Bürgertum als Kulturschicht ist noch vorhanden, aber nunmehr geistig atomisiert und außer Verwendung. Diese Atome kreisen nun umeinander herum, getrieben von zwei Kräften, die sie teils auseinanderjagen, teils zusammentreiben, die Angst und das böse Gewissen."

Die Angst, so Schmid, verstehe sich angesichts der Lage von selbst; sie mache sich gelegentlich in harmlosen Witzeleien Luft. Bedeutsamer war für ihn:
„Das schlechte Gewissen ist aber das eigentliche Charakteristikum des von seinem geistigen Nährboden abgeschnittenen Bürgers. Er weiß, oder ahnt wenigstens, daß seine Schicht den Nationalsozialismus möglich gemacht und emporgerichtet hat, weil er ihre ökonomischen Grundlagen setzen wollte, und er sieht diese Grundlage auch gesetzt, wenn auch mit Ach und Krach. Aber jetzt regt sich angesichts der geistigen und moralischen Winterlandschaft die Frage nach der Verantwortung vor der Geschichte und vor Europa. Vor beiden fühlt man sich blamiert."
Aus dieser zögerlich erwachenden Verantwortung heraus entwickelte sich nach den Beobachtungen von Schmid „an allen Ecken und Enden des Bürgertums (...) eine, wenn auch resignierte und private, aber doch eine prinzipielle Opposition. (...) Der eigentliche Höhepunkt jeder Geselligkeit ist der Punkt, in dem zwei oder drei Leute das Vertrauen zueinander allmählich gewinnend, festgestellt haben, daß sie einer Meinung über den Nationalsozialismus und seine Figuren sind. (...) Die Freude, das Aufleuchten muß man gesehen haben, wenn ein Landgerichtsrat, ein Studienrat schließlich einer Meinung sind."
Man wird Richard Schmid einen präzisen Beobachter und Analytiker nennen dürfen. Er verfügte nicht nur über Beziehungen zu politischen Widerstandskreisen, sondern auch zur sogenannten guten Gesellschaft. Sein Eintritt in die renommierte Anwaltskanzlei Heusel und Haußmann im Jahre 1937 war Ausdruck hierfür. Sein damaliger Sozius, Wolfgang Haußmann, hatte sich vor 1933 politisch engagiert und am 5. März 1933 zur Reichstagswahl auf dem fünften Listenplatz für die DDP kandidiert. Haußmann empfand noch stärker als der illegal tätige Schmid die Isolation und die öffentliche Verunsicherung; folgerichtig bewertete er den Umfang des oppositionellen Einverständnisses in kleinem, privatem Kreise geringer als Schmid.[6]
Schmid charakterisierte die traditionell führende Schicht der Stadt, für die der ökonomische Druck nach seinen Worten nicht groß war oder für die die beginnende Konjunktur Gewinn- und Aufstiegschancen bot. Es gelang den Nationalsozialisten, in weiten Teilen der Bevölkerung bis hinein in die Arbeiterschaft ihre Herrschaft durch die Beseitigung der Massenarbeitslosigkeit gleichsam zu legitimieren. Die Methoden und der Preis waren nach der tiefen Krise sekundär. Und jener Schicht der Handwerker und Händler, die besonders auf die Nationalsozialisten gehofft hatten und seit 1935 eine Reihe von Enttäuschungen erlebten, offerierte das Regime innenpolitische Sündenböcke und außenpolitische Träume. Kampagnen gegen „Meckerer und Miesmacher", gegen Juden und „politisierende Pfaffen", gegen „Hamsterer" und Asoziale gerade im Jahr 1935 vermittelten hiervon einen ebenso beredten Ausdruck wie die Einführung der allgemeinen Wehrpflicht, die Rückkehr des Saarlandes und der Einmarsch in die entmilitarisierten Westgebiete. Die teilweise Identifikation zumindest

mit Versprechungen und Erwartungen, wenn schon nicht mit den konkreten Zielen der Nationalsozialisten, und der von Schmid beschriebene Rückzug in die Privatheit sowie der Verzicht auf öffentliche Partizipation bedeutete für die nationalsozialistische Herrschaft dasselbe: Beides störte nicht die Gleichschaltung, den Aufbau und die Ausübung der Herrschaft über jene, die die Nationalsozialisten grundsätzlich aus politischen, rassischen oder sozialen Gründen diffamierten und verfolgten.

Aufgrund ihres totalen Anspruchs waren die meisten Nationalsozialisten nicht zur Differenzierung bereit; in ihrer Dynamik nahmen sie mit dem kleinen Finger die ganze Hand. Wer 1933 in der Flut der Ergebenheitsadressen mitgeschwommen war und seine immerwährende nationale und soziale Einstellung bekundet hatte, wer um die Aufnahme in die NSDAP, aus welchen Gründen auch immer, Schlange gestanden hatte, der mußte gegebenenfalls später spüren, daß ein Rückzug mit Schwierigkeiten verbunden war und einigen Mut erforderte. Um den Leistungsanforderungen der Nationalsozialisten zu genügen und das Funktionieren des Systems zu gewährleisten, reichte es aus, kein grundsätzliches Nein zu sprechen. Zu einer solchen Absage war aber die Mehrheit der Bevölkerung und der traditionellen Führungsschichten nicht bereit, denn sie verbanden wirtschaftliche, soziale und nicht zuletzt nationale Vorstellungen und Sehnsüchte mit den Nationalsozialisten. Nach den Krisen der ungeliebten Republik versprach die gerade in Stuttgart so häufig gehörte Wendung „Gemeinnutz statt Eigennutz" eine neue nationale und soziale Harmonie. Offensichtlich spielte es eine untergeordnete Rolle, daß es sich um eine im Wortsinne exklusive Art der Solidarität handelte. Sie war von oben diktiert, bedeutete einen Verzicht auf persönliche Autonomie zugunsten obrigkeitlicher Fremdbestimmung und schloß alle Personen und Gruppen aus, die das Regime zu seinen Gegnern zählte.

Die Nationalsozialisten handelten keineswegs unflexibel und paßten ihr Vorgehen der jeweiligen Situation an. Sie übernahmen äußere Formen, die sie mit neuem Inhalt füllten.[7] So war der 1. Mai 1933 nach Ansicht des stellvertretenden Gauleiters Friedrich Schmid ein „Bekenntnis des schaffenden Volkes zum nationalen Staat, im Gegensatz zu den internationalen Bestrebungen des Marxismus und (...) gleichzeitig der Beginn des ersten Jahres planmäßiger Aufbauarbeit unter Führung des Reichskanzlers Adolf Hitler".[8] Neben den Arbeitnehmern beteiligten sich nun Arbeitgeberverbände und Innungen, Turn- und Sportvereine, Musikkapellen und Schützenvereine. Schmidt warnte vor Druck oder Drohungen: „Wer den Sinn dieses Tages noch nicht begriffen hat, stellt sich damit von selbst außerhalb der Volksgemeinschaft." Die Inszenierung war ein großer Erfolg, wenn auch einige aktive Angehörige von Arbeiterorganisationen sich der Teilnahme entzogen oder sich entfernten, um verbotene eigene Maifeiern zu begehen.[9]

Das Rundschreiben des Gaupropagandaamts zur Maifeier zwei Jahre später setzte andere Akzente: „So ist uns der 1. Mai, der Tag der deutschen Arbeit, gleichzeitig auch

Frühlingsfest, das Fest des wiedererwachenden und wiederaufsteigenden Lebens und manch alter Brauch vermag die Feier des 1. Mai zu ergänzen, zu bereichern und zu verschönern."[10] In solchen öffentlichen Festen, Kundgebungen und Aufmärschen manifestierte sich für die Nationalsozialisten das Bild der sogenannten Volksgemeinschaft, die die neue soziale und nationale Harmonie verkörpern sollte. Sie schloß jene Personen und Gruppen nicht ein, die die Nationalsozialisten zu ihren Gegnern und zu Volksschädlingen erklärt hatten. Gemäß ihrem totalen Anspruch entschieden die Nationalsozialisten, wer als Mitglied der Volksgemeinschaft anzusehen sei. Wer sich den Anforderungen des Regimes verweigere, so die verbreitete Drohung, stelle sich mit allen Konsequenzen außerhalb der Volksgemeinschaft.

Zur Verweigerung zählte auch Wahlenthaltung oder ein Nein bei den Volksabstimmungen, mit denen die Führung sich und ihren Kurs bestätigen ließ. Die Nationalsozialisten bedurften augenscheinlich dieser Akklamation, die sie ernster nahmen als die Bevölkerung. Vor der Abstimmung über den Austritt aus dem Völkerbund am 12. November 1933 drohte der Betriebszellenleiter der württembergischen Privat-Telephon-GmbH den Kollegen:

„Derjenige Volksgenosse, der beim Volksentscheid nicht mit ‚Ja' stimmt und seiner Wahlpflicht zum Reichstag nicht genügt, stellt sich bewußt außerhalb der Volksgemeinschaft und hat dadurch auch jeden Anspruch auf die Rechte, die ihm als Volksgenosse zustehen, verloren. Er darf sich nicht wundern, wenn er später entsprechend behandelt wird bzw. wenn für ihn im Arbeitsprozeß kein Platz mehr vorhanden ist. Es wird dafür gesorgt, daß diejenigen bekannt werden, die ihrer Pflicht dem Deutschen Vaterland und dadurch ihren Volksgenossen gegenüber nicht nachgekommen sind."[11] Dies waren keine leeren Drohungen. Als sich Herzog Philipp Albrecht, der Chef des Hauses Württemberg, trotz mehrmaliger Aufforderung nicht an der Abstimmung beteiligte, mobilisierte die NSDAP den sogenannten spontanen Volkszorn gegen den prominenten Herrn, der in der Stuttgarter Jägerstraße wohnte. Der Reichsstatthalter verhängte gegen ihn ein Aufenthaltsverbot für Stuttgart.[12] Insgesamt blieben in Stuttgart nach offiziellen Angaben rund 13000 Personen den Urnen fern, über 23000 stimmten gegen den Austritt aus dem Völkerbund und die Einheitsliste für den Reichstag. Sie entschieden sich damit bewußt gegen die nationalsozialistische Volksgemeinschaft.[13] Die Aussagefähigkeit dieser Abstimmungen, bei denen die Zustimmung in den nächsten Jahren stetig zunahm, ist relativ gering. Bemerkenswert hingegen war, daß beim Plebiszit am 10. April 1938, als nicht nur über den Anschluß Österreichs abgestimmt, sondern auch ein neuer Reichstag „gewählt" wurde, zusammen mit den übrigen Landeskirchenführern auch der württembergische Landesbischof Wurm die Gläubigen zu einer Zustimmung aufrief. Immerhin hatten die Nationalsozialisten im Jahr 1934 mehrfach versucht, die Landeskirche organisatorisch gleichzuschalten und Wurm abzulösen.[14]

Die Anpassung weiter Kreise bis hin zu den Gewerkschaften stellte die Nationalsozialisten im Frühjahr 1933 auch vor interne Spannungen und Probleme. Obwohl sie auf die Mitarbeit traditioneller Eliten, insbesondere der Beamtenschaft, angewiesen waren, begegneten sie übereilter Anpassung mit Distanz. Hitler selbst setzte ein Zeichen. Am 1. Mai 1933 verlieh ihm der Kleine Senat der Technischen Hochschule Stuttgart auf Antrag der Architekturabteilung die Ehrendoktorwürde. Der Reichskanzler, „der durch seinen sieghaften Kampf für deutsche Art den Boden bereitet hat, auf dem allein deutsche Baukunst wachsen kann", wies die Ehrung zurück. Rektor Wetzel, der Vorstand der Architekturabteilung, Paul Schmitthenner und der alte Kämpfer im Lehrkörper der Fakultät, Wilhelm Stortz, mußten erkennen, daß Hitler nicht nur bestimmte, wer die Gegner, sondern auch, wer seine Freunde waren. Kultminister Mergenthaler versicherte denn auch eilig, er habe vom Vorhaben der Stuttgarter Professoren keine Kenntnis gehabt.[15] Die alten Kämpfer in NSDAP und SA lehnten die neu eingetretenen Parteigenossen samt ihren Ergebenheitstelegrammen ab und verhöhnten sie als „Märzgefallene". Erst die massive Intervention führender Nationalsozialisten, die aus Kreisen der Beamtenschaft stammten, wie Innenminister Schmid und Staatssekretär Waldmann, konnten den Stuttgarter Kreisleiter Maier bewegen, die Aufnahmegesuche leitender Stuttgarter Ministerialbeamter zu akzeptieren, die beim nationalen Neuaufbau nicht abseits stehen wollten.[16]

Am 10. Mai 1933 und an den darauffolgenden Tagen verbrannten Mitglieder des Nationalsozialistischen Studentenbundes in den deutschen Universitätsstädten die Werke politisch und rassisch mißliebiger Autoren auf städtischen Plätzen; Studentenführer, Professoren und örtliche NS-Prominenz traten als Redner auf.[17] In Stuttgart und den beiden anderen württembergischen Hochschulen in Tübingen und Hohenheim fanden keine Bücherverbrennungen statt. Gerhard Schumann, Führer des Tübinger SA-Studentensturms, Landesführer des Studentenbundes und neuerdings Kommissar für die württembergischen Hochschulen, hielt „solche mittelalterlichen Methoden nicht für die angemessene Art geistiger Auseinandersetzung".[18] Unterstützung fand Schumann beim Ministerpräsidenten, Kultminister Mergenthaler, und dem Führer der SA-Untergruppe Württemberg, Gottlob Berger. Die Bücher verschwanden jedoch aus Bibliotheken und Buchhandlungen. Am 19. Mai 1933 berichtete das „Deutsche Volksblatt":

„Am Donnerstag (18. 5. 1933) begaben sich Gruppen von Studenten zu den Leihbüchereien und verlangten eine sofortige Übergabe der Liste aller von der Bücherei geführten Schriften. Auch aus den Schaufenstern, nicht nur der Leihbüchereien, sondern auch aller Buchhandlungen, hat alle Schund- und Schmutzliteratur restlos zu verschwinden. Bis spätestens am Samstag müssen alle Schaufenster von derartigen Auslagen gereinigt sein. Die als solid bekannten Stuttgarter Buchhandlungen haben keinerlei Eingriffe zu gewärtigen, um so mehr wird man jedoch jene zweifelhaften kleinen

Buchläden und -stände einer eingehenden Kontrolle unterziehen, die sich im Schatten der Nebenstraßen ihr Winkeldasein gezimmert haben."[19]
Für die Württembergische Landesbibliothek ordnete Kultminister Mergenthaler an, alle inkriminierten Bände dem Leihverkehr zu entziehen und in einem sogenannten „Giftschrank" sicherzustellen.[20] Im September 1933 schließlich übernahm der Verein Volksbücherei Stuttgart, den die Stadtverwaltung beaufsichtigte, die Trägerschaft über sämtliche nichtstaatlichen Bibliotheken im Stadtgebiet.
Dem wenn auch distanzierten Einfügen gehobener Kreise ins Herrschaftssystem entsprach eine Beachtung des gesellschaftlichen Komments durch führende Nationalsozialisten in der Stadt.[21] Exemplarisch war der Prozeß der Anerkennung von Karl Strölin in Stuttgarts Öffentlichkeit. Als Fraktionsvorsitzender hatte Strölin seine Bereitschaft bekundet, konstruktive Gemeinderatsarbeit zu leisten.[22] Der Bürgerblock im Gemeinderat, gelegentlich auch Vertreter der SPD, attestierten Strölin 1932 wiederholt sachliches Bemühen. Zwar hoben die Redner der übrigen Fraktionen, je nach politischer Großwetterlage auch diejenigen der Bürgerpartei, die diametralen Gegensätze zur nationalsozialistischen Politik und deren kommunalpolitische Inkompetenz hervor, für die im Stuttgarter Gemeinderat auch und gerade Strölin stand. Sie werteten aber die Einhaltung der Spielregeln durch Strölin, den Sproß einer altwürttembergischen Offiziers- und Beamtenfamilie mit akademischem Grad, zumindest in gleichem Maße wie die politischen Inhalte. Obwohl Strölin 1932 nicht weniger überzeugter Nationalsozialist war als seine Fraktionskollegen, rechnete man ihm seine Anpassung an die traditionellen Verkehrsformen positiv an.[23] Nach der Machtübernahme verstand er mit diesem Pfund zu wuchern und für die Anpassung ans NS-Regime zu nutzen. Ähnliches galt unter Stuttgarts führenden Nationalsozialisten auch für Murrs Staatssekretär Karl Waldmann oder Innenminister Jonathan Schmid, württembergische Beamte, die sich entsprechend verhielten. Die sogenannten schlechten Nationalsozialisten waren jene, die bewußt die üblichen Spielregeln mißachteten oder sie erst gar nicht kannten.
Angehörige der SS erschossen am 1. Juli 1934 im Verlauf des sogenannten Röhm-Putsches den Leiter der Württembergischen Politischen Landespolizei, den SA-Führer Mattheiß. Der „alte Kämpfer", der auch nach der Machtübernahme die Methoden der sogenannten Kampfzeit bevorzugte, stand dem verbindlicheren und von Murr geförderten Walter Stahlecker aus den Reihen der SS im Wege, der später vom Stuttgarter Gestapo-Chef zum Einsatzgruppen-Leiter aufstieg. Mitte Juli 1934 verübte der Stuttgarter Kreisleiter der NSDAP, Otto Maier, Selbstmord. Der bisweilen fanatische Maier wurde durch den moderaten Diplomingenieur Adolf Mauer ersetzt, der als Gaupropagandaleiter im November 1938 den „Volkszorn" gegen die Stuttgarter Juden organisierte. Es ist bezeichnend, daß diese Personalveränderungen trotz der Methoden und Folgen als Beweis dafür genannt worden sind, „warum so viele trotz man-

III. 1. Methoden und Themen der Gleichschaltung

cher Enttäuschung und Ernüchterung immer wieder an die Selbstreinigung und Konsolidierung der absonderlich gärenden Bewegung glaubten".[24]
Anpassung und Gleichschaltung waren nicht total. So trug dem Präsidenten der Reichsbahndirektion Stuttgart, Walter Sigel, seine Weigerung, Beamte zu entlassen, „die dienstlich einwandfrei, aber den Parteivertretern aus politischen oder religiösen Gründen nicht genehm waren", 1934 die vorzeitige Zurruhesetzung ein.[25] Widersetzlichkeit zählte auch innerhalb der Justiz zu den Ausnahmen. Anfang November 1934 verhandelte die 3. Zivilkammer des Stuttgarter Landgerichts unter Vorsitz von Landgerichtsdirektor Göbel im Rechtsstreit der evangelischen Landeskirche gegen den kommissarischen Landesbischof Krauß. Die Reichskirchenführung hatte Landesbischof Wurm im September 1934 wegen angeblicher finanzieller Unregelmäßigkeiten abgelöst. Ziel war aber die Gleichschaltung der Landeskirche Württemberg, die sich bisher diesen Bestrebungen der Nationalsozialisten und ihrer Marionette, Reichsbischof Müller, gestützt auf das Votum von Klerus und Kirchenvolk, widersetzt hatte.[26] 74 von 82 Stuttgarter Pfarrern wandten sich gegen die Maßregelung Wurms, der unter Hausarrest gestellt worden war. Vor Wurms Wohnung in der Silberburgstraße versammelten sich am 14. und am 21. Oktober 1934 mehrere tausend Menschen. Es waren dies die größten Demonstrationen zwischen dem 5. März 1933 und April 1945, die sich zwar nicht gegen das NS-Regime insgesamt, aber doch gegen eine Maßnahme der Nationalsozialisten richteten. Das Landgericht entschied nun, daß die Kirchenleitung in alle ihre Rechte wieder einzusetzen sei. Tenor und Begründung des Urteils stießen bei der württembergischen Staatsregierung auf scharfe Kritik. Nachdem das württembergische Justizministerium zu Jahresanfang 1935 in einer Abteilung des Reichsjustizministeriums aufgegangen war, sprach der Justizminister dem Richter eine „ernste Mißbilligung" mit Eintrag in die Personalakten und Führungsliste aus. Die Landesregierung hatte sogar eine Zwangspensionierung verlangt.[27] Der Untertürkheimer Rektor Kling, früher Landtagsabgeordneter des Christlichen Volksdienstes und zuletzt noch Hospitant bei der NSDAP, drückte die verbreitete Stimmung in einem Schreiben an Mergenthaler aus: „Jedenfalls ist es heute so, daß in Württemberg (. . .) hunderttausende treuer Kirchenglieder sich auf eine Christenverfolgung einrichten. (. . .) Diese Hunderttausende sind fast restlos treue Bürger und stellen sich aus Überzeugung hinter Adolf Hitler und sind zur Mitarbeit im 3. Reich bereit. Alle gegenteiligen Behauptungen sind unrichtig, ich kenne den schwäbischen Pietismus landauf, landab und kann dies feierlich bezeugen."[28]
Auf Antrag des Oberstaatsanwalts beim Landgericht ordnete das Amtsgericht Stuttgart I am 3. April 1935 an, die Ausgabe des HJ-Organs „Reichssturmfahne" vom 9. März 1935 zu beschlagnahmen. Außerdem ermittelte der Staatsanwalt gegen die Autoren eines Artikels „Husch! Husch! Husch! die Mannesehre", die HJ-Führer Maier und Birk. Reichsstatthalter Murr teilte daraufhin Generalstaatsanwalt Heintzeler mit:

„Ich bin erstaunt darüber, daß diese Beschlagnahme des amtlichen Organs einer Gliederung der Partei verfügt worden ist, ohne daß mir als dem verantwortlichen Gauleiter oder wenigstens der Gebietsführung der HJ selbst Kenntnis gegeben worden ist."[29] Er wolle zwar keine juristische Wertung vornehmen, rügte aber mangelndes „politisches Taktgefühl" sowie „auffallend schroffe und teilweise taktlose" Vernehmungen der HJ-Führer. In Zukunft wollte Murr vorinformiert werden, „damit gegebenenfalls unliebsamen politischen Folgen vorgebeugt" werden könne.

Derlei Einschüchterung, die Sterilisierung des öffentlichen Lebens (Schmid), kluges Taktieren, Drohung und brutaler Terror (Fall Mattheiß) waren die Methoden der Gleichschaltung, denen Anpassung und vorauseilender Gehorsam entgegenkamen. Insgesamt blieb der Erfolg nicht aus, wenngleich Inseln der Verweigerung und des Protestes bestehenblieben, nicht selten auch aufgrund der Konzeptionslosigkeit und des Desinteresses der Nationalsozialisten.

2. „Die Zeitung muß ein Sekundant der Führung sein."
Die Gleichschaltung der Presse

Die Presse war 1933 das einzige Massenkommunikationsmittel. Die Stuttgarter Presselandschaft zeichnete sich nicht nur durch eine zahlenmäßige, sondern auch durch eine politische Vielfalt aus. Alle wichtigen Tageszeitungen waren entweder einer politischen Gruppierung verbunden oder standen einer Partei zumindest nahe. Die auflagenstärkste Tageszeitung in Stuttgart mit einer Auflage von 70000 Exemplaren war das „Stuttgarter Neue Tagblatt", das ebenso mit den Liberalen der Staatspartei sympathisierte wie die „Württembergische Landeszeitung", die es auf eine respektable Auflage von 45000 Exemplaren brachte.[1] Die Anhänger der SPD lasen die „Schwäbische Tagwacht", die „Süddeutsche Arbeiterzeitung" stand im Dienst der KPD. Die Kommunistische Partei-Opposition (KPO), die sich 1929 abgespalten hatte, gab in Stuttgart eine Wochenzeitung mit dem Titel „Arbeiter-Tribüne" heraus. Das „Deutsche Volksblatt" erschien in Stuttgart als Organ des Zentrums, der „Schwäbische Merkur" der den Wirtschaftsliberalen nahestand, war die tägliche Lektüre der gebildeten Stände Stuttgarts. Der „Schwäbische Merkur" konnte auf eine lange Tradition verweisen und rüstete bereits zur 150-Jahr-Feier im Jahre 1935. Wesentlich jünger war die „Süddeutsche Zeitung", nach dem Ersten Weltkrieg als Organ der Deutschnationalen in Stadt und Land gegründet. Bei diesem Blatt hatten die Stuttgarter Nationalsozialisten schon 1920 eifrige Förderer gefunden, ehe sie nach mehreren gescheiterten Versuchen erstmals an der Jahreswende 1930 auf 1931 den Stuttgarter „NS-Kurier" herausgaben. Seine Auflage betrug im ersten Jahr 8500 Exemplare, verdoppelte sich jedoch schon bis Ende 1932. Eine geringere Verbreitung hatte die Zeitung des Württembergischen Bau-

III. 2. Die Gleichschaltung der Presse

ern- und Weingärtnerbundes, die „Schwäbische Tageszeitung", die außerhalb der Stadtgrenzen mehr Beachtung fand. Das Staatsministerium besaß den „Staatsanzeiger", der nicht nur das Mitteilungsblatt der Regierung, sondern eine Tageszeitung war. Daneben existierten Zeitungen in den Stadtteilen und Vororten, die zusammen eine Auflage von rund 40000 Exemplaren erreichten und mehr als nur Farbtupfer in diesem bunten Bild waren.[2]

Die Verhaftungswelle gegen führende Kommunisten nach dem Reichstagsbrand bedeutete auch das Ende der „Süddeutschen Arbeiterzeitung". Die Politische Polizei besetzte und durchsuchte am 2. März 1933 die Redaktionsräume in der Geißstraße; diejenigen Redakteure, die sich der Verhaftung entzogen, mußten in die Illegalität flüchten.[3] Am 10. März 1933 erschien die letzte Nummer der „Schwäbischen Tagwacht". SS-Männer hielten Einzug in die Geschäftsräume in der Friedrichstraße. Ein Arbeiter berichtete:

„Ich stellte fest, daß das Gebäude von mit Karabinern bewaffneten SS-Leuten besetzt war. Ich wurde von einem dieser Posten angehalten und gefragt, was ich wolle, worauf ich zur Antwort gab, ich wolle an meinen Arbeitsplatz. Er sagte zu mir, ich solle machen, daß ich hinausgehe, ich hätte hier nichts verloren. Ich begab mich trotzdem an meinen Arbeitsplatz. In der Folgezeit habe ich noch etwa 14 Tage dort gearbeitet. Es wurde jedoch nichts mehr gedruckt, sondern lediglich nur noch die Maschinen gereinigt."[4]

Der Bestand der Buchhandlung der „Tagwacht" wurde abtransportiert, die Rotationsmaschinen, vermutlich nach Österreich, verkauft. Im Juli 1933 zog der „NS-Kurier", den die Firma Gebr. Rath bisher in der Paulinenstraße gedruckt hatte, in die Friedrichstraße ein.

Nach der Ausschaltung der Presse der Arbeiterparteien begann die Einschüchterungskampagne gegen die übrigen Zeitungen. Gauleiter Murr und Gaupresseamtsleiter Weiß waren die Gesellschafter der nationalsozialistischen Verlagsgesellschaft. Von Weiß wird berichtet, daß er 1933 in Uniform, mit umgeschnallter Pistolentasche und in Begleitung bewaffneter Parteigenossen nicht-nationalsozialistische Verleger aufsuchte, um sie zur Abtretung ihrer Rechte und Anteile – zumindest von 51 Prozent – an die NS-Presse zu drängen.[5] Murr und seinen Parteifreunden standen an Druckmitteln zur Verfügung: befristete Verbote, persönlicher, physischer und psychischer Terror, Entziehung des Amtsblatt-Charakters, Beschränkung von Papierzuteilung sowie Druck auf Anzeigenkunden und Abonnenten.[6] Weiß war im Juli 1933 Vorsitzender des Vereins Württembergischer Zeitungsverleger geworden, der wenige Monate später liquidiert wurde. Der bisherige Vorsitzende, Karl Esser, der Verlagsdirektor des „Tagblatts", sagte in seiner Abschiedsrede: „Wir waren eine Vereinigung von Berufsgenossen aus den Lagern verschiedenartiger Weltanschauung."[7] Nun konnte kein Zweifel daran bestehen, daß Kritik als „Zersetzung" galt. Der Journalist hat, wie der

Hauptschriftleiter des „NS-Kurier" und Vorsitzende des Landesverbands im Reichsverband der Deutschen Presse, Karl Overdyk, ausführte, „die Meinung der Öffentlichkeit überall da zum Ausdruck und an das Ohr des Staates zu bringen, wo Schädlinge des Volksganzen und des Staates am Werk sind".[8] Murr äußerte bei der Verpflichtung der württembergischen Schriftleiter, wie die Redakteure nun hießen, am 17. Juni 1934 im Kleinen Haus: „Die Zeitung muß ein Sekundant der Führung des Volkes sein und im Sinne der Führung des Volkes und Staates ihre erzieherische Aufgabe lösen."[9]
Das rücksichtslose Vorgehen von Murr und Weiß sorgte für Streit bei den Nationalsozialisten. Mitte Juli 1933 hatte Reicharbeitsminister Seldte nicht nur aus Gründen des Arbeitsmarktes an alle Reichstreuhänder der Arbeit telegrafiert: „Reichsleitung der NSDAP hat Gauleiter und Gauzeitungen angewiesen, Boykottmaßnahmen und Zwangsandrohungen gegen bürgerliche Zeitungen zu unterlassen."[10] Ende August 1933 teilte Staatssekretär Pfundtner vom Reichsinnenministerium dem Reichsstatthalter mit, es seien gegen ihn zahlreiche Klagen eingegangen:
„Es bedarf keiner näheren Ausführung darüber, wie bedenklich es sein würde, wenn sich in der Presse Württembergs und besonders in der stets national gesinnten Heimatpresse der Eindruck festsetzen würde, daß eine Gesellschaft, unter deren beiden Teilhabern sich der Reichsstatthalter von Württemberg befinden soll, unter Anwendung von Druckmitteln die entschädigungslose Enteignung der gesamten Provinzpresse, wie es in einer Zuschrift heißt, betreibt."[11]
Murr und Weiß betrachteten im Gegensatz zu Reichsleiter Amann, der zugleich Generaldirektor des parteieigenen Eher-Verlags in München war, ihre Gesellschafteranteile als Privatbesitz. Amann vertrat jedoch die Auffassung, die beiden Gesellschafter seien Treuhänder der Partei. Murr blieb formell Gesellschafter. Weiß, zugleich Geschäftsführer der NS-Presse-GmbH, mußte von seinen zahlreichen Posten denjenigen eines Verlagsdirektors des Stuttgarter „NS-Kurier" abgeben.[12] Bis Ende 1933 hatte Weiß jedoch über 70 Prozent aller Zeitungen in Württemberg der NS-Presse einverleiben können, und an diesem Werk rüttelte niemand mehr.[13] Bereits im Juli 1933 hatte die NS-Presse einen eigenen Materndienst gegründet, der zunächst die parteieigenen Zeitungen belieferte, aber rasch seine Stellung ausbauen konnte. 1934 belieferte die NS-Presse bereits 28 von insgesamt 53 Zeitungen in Württemberg, meist kleinere Blätter.[14]
Nach dem Erlaß des Reichskulturkammergesetzes am 22. September 1933 und der Bildung der Reichspressekammer unter Reichsleiter Amann, wurde die Mitgliedschaft in der Kammer Voraussetzung für die journalistische Tätigkeit. Das Schriftleitergesetz verlangte – mit Ausnahmen – die Hauptamtlichkeit der Schriftleiter.[15] Politische Mißliebigkeit sowie „nichtarische" Abstammung zogen ein Berufsverbot nach sich. Goebbels gründete Landesstellen für Volksaufklärung und Propaganda, die in Württemberg zunächst Franz Moraller und ab Mitte 1934 Adolf Mauer leitete. Das Gau-

III. 2. Die Gleichschaltung der Presse

presseamt unter Otto Weiß ließ sich monatlich von den Kreisleitungen berichten.[16] Die auflagenstärkste Stuttgarter Tageszeitung war 1933 das „Stuttgarter Neue Tagblatt", 1843 gegründet und im Besitz der Stuttgarter Zeitungsverlags-GmbH, der auch die „Württemberger Zeitung" gehörte. Führender Gesellschafter war neben anderen württembergischen Industriellen Robert Bosch, der über 50 Prozent der Anteile besaß.[17] Die Nationalsozialisten erzwangen schon im August 1933 das Ausscheiden von Direktor Karl Esser. Er soll in Berlin als „rotes Schwein", der Verlag als „Sauladen" und die Teilhaber als „Demokratenclique" diffamiert worden sein.[18] Nachdem das bedeutende Blatt den ersten Ansturm überstanden hatte, brachten die Maßregelung von Murr und Weiß sowie die Neuordnung des Pressewesens eine Atempause. Freilich sah sich das „Tagblatt" wiederholt wegen geringfügiger Anlässe angegriffen. So monierte Oberbürgermeister Strölin die Berichterstattung über den Schadensersatzprozeß, den die Stuttgarter Festwirte wegen ihres mangelnden Umsatzes gegen den Turnfest-Ausschuß angestrengt hatten. Er sprach von einer Schädigung Stuttgarts als Feststadt und verwahrte sich gegen solche kritischen Artikel, die er „sensationell" nannte.[19]

Die verkappte Aufrüstung im Reich bildete den Anlaß zu einer anderen Auseinandersetzung zwischen dem „Tagblatt" und dem Politischen Landespolizeiamt. Das „Tagblatt" hatte über sportliche Wettkämpfe der SA berichtet und unter anderem Siegerlisten im Handgranatenweitwurf veröffentlicht.[20] Der zuständige Polizeihauptmann Diebitsch machte – auch die SA – „auf die sorgfältige Beachtung der aus außenpolitischen Gründen notwendigen Vorsichtsmaßnahmen bei der Berichterstattung über sportliche Betätigung der SA" aufmerksam. Der verantwortliche Schriftleiter entging nur deshalb einer Anzeige wegen Landesverrats, weil „bedauerlicherweise" auch der „NS-Kurier" einen ähnlichen Bericht gedruckt hatte. Die Hauptschriftleitung des „Tagblatts" entließ mit sofortiger Wirkung den verantwortlichen Sportredakteur.[21] Die Reichspropagandastelle Württemberg-Hohenzollern hatte bereits im März 1934 strenge Auflagen für die militärisch relevante Berichterstattung bekanntgegeben.[22] Besonders die lokalen Berichterstatter wurden aufgefordert, keinerlei Nachrichten über Personalveränderungen im Heer, über Wehrmachtsbauten und Flughafenanlagen, über den zivilen Luftschutz sowie über den Geländesport von SA- und SS-Einheiten zu bringen, sofern sie nicht vom Deutschen Nachrichtenbüro stammten oder vom Stuttgarter Wehrkreiskommando autorisiert waren. Ausdrücklich hieß es in dem Rundschreiben, daß „auch Meldungen, die von untergeordneten Stellen der SA selbst stammen, nach den vorstehenden Gesichtspunkten zu prüfen sind". Als sich in einem Bericht über eine Hitler-Rede aus Anlaß der Ermordung der SA-Führung ein Inserat fand, beschlagnahmte das Württembergische Politische Landespolizeiamt die Ausgabe, weil die Öffentlichkeit dies als eine bewußte Provokation gewertet habe.[23] Diese Nadelstiche hemmten den Erfolg des „Tagblatts" bei den Lesern nicht, obgleich auch hier eine Anpassung bei der politischen Berichterstattung unübersehbar und unvermeidlich war. Als Amann im Frühjahr 1935 juristische Personen, hier also die GmbH, als Verleger ausgeschlossen hatte, gingen die Nationalsozialisten zum Angriff über. Als Bosch und die übrigen Teilhaber einen freiwilligen Rückzug ablehnten, bestellte Göring Bosch nach Berlin und erzwang sein Ausscheiden. Bosch erhielt im Gegensatz zu den übrigen Gesellschaftern eine Entschädigung. Damit befand sich das „Stuttgarter Neue Tagblatt" samt der „Württemberger Zeitung" in den Händen der NSDAP. Während die „Württemberger Zeitung" an Bedeutung verlor und 1939 mit der 1934 von den Nationalsozialisten gegründeten „Württembergischen Landeszeitung" vereinigt wurde, blieb das „Tagblatt" eine auflagenstarke Stuttgarter Tageszeitung. Die Leser erfuhren aus der Zeitung nichts über die Änderung der Besitzverhältnisse.

Der traditionsreiche „Schwäbische Merkur" war eine der renommiertesten Zeitungen des Landes und befand sich in Privatbesitz. Das Blatt stand den Nationalliberalen nahe und sah sich vor und nach der Machtübernahme scharfer Kritik der NSDAP ausgesetzt. Anläßlich der Einsetzung eines Staatskommissars für die Verwaltung der Stadt Stuttgart hatte sich die konservative Redaktion mit einer Polemik gegen Oberbürgermeister Lautenschlager bei den neuen Machthabern anzubiedern versucht, geriet freilich in der Folgezeit immer wieder in Konflikt mit den Nationalsozialisten. Mehrere Vorladungen für Chefredakteur Dörge zur Politischen Polizei, mündliche und schriftliche Verwarnungen zeugten davon.[24] Eine positive Besprechung von Niemöllers Buch „Vom U-Boot zur Kanzel" führte am 25. Oktober 1934 zur Beschlagnahme der Ausgabe durch die Polizei. Die Wiedergabe einer Rede des Rottenburger Bischofs Sproll trug dem verantwortlichen Redakteur eine Geldstrafe des Berufsehrengerichts ein. Dennoch blieb der „Schwäbische Merkur" vorerst unangetastet.

Während die ehemals bürgerlich-liberalen Tageszeitungen einen langen Kampf um ein gewisses Maß an Selbständigkeit fochten, ging die deutschnationale „Süddeutsche Zeitung", die die zweithöchste Auflage der Stuttgarter Tageszeitungen besaß, im Juli 1934 im „Schwäbischen Merkur" auf. Der ständige Einsatz für die NSDAP hatte sich für einige Redakteure dennoch gelohnt; Hermann Hirsch wechselte in eine führende Position beim „NS-Kurier", und der frühere Hauptschriftleiter Horlacher hatte schon im Herbst 1933 den „Staatsanzeiger" übernommen. Die Tageszeitung des Staatsministeriums war allerdings den Nationalsozialisten bald ein Dorn im Auge. Waren auch der Abonnentenkreis und die Anzeigenkonkurrenz gering, so galt der „Staatsanzeiger" als Konkurrenz für das Parteiorgan. Der „NS-Kurier" fand beim Gauleiter Unterstützung, der auf eine Verschmelzung der Zeitungen von Staat und Partei drängte. Ministerpräsident Mergenthaler war hingegen nicht willens, auf sein Hausblatt zu verzichten oder es in ein reines Amtsblatt umzuwandeln.[25] Der Finanzminister unterstützte Mergenthaler, denn der Staatsanzeiger erwirtschaftete einen jährlichen Nettogewinn von 15000 RM. Der Reichstreuhänder der Arbeit im Wirtschaftsgebiet Südwest argumentierte aus arbeitsmarktpolitischen Gründen gegen eine Einstellung des „Staatsanzeigers": „Das graphische Gewerbe ist das einzige Gewerbe, das durch die nationale Umwälzung eine Vergrößerung der Arbeitslosenzahl aufzuweisen vermag."[26] Ende 1934 setzte sich schließlich die Linie der NS-Presse und des Reichsstatthalters durch. Der „Staatsanzeiger" wurde zum 31. Dezember 1934 eingestellt, als Regierungsanzeiger erschien fortan ein reines „Amtsblatt" als Beilage des „NS-Kurier".

Das „Deutsche Volksblatt", das in Stuttgart erscheinende Zentrumsorgan, war auch nach Auflösung der Zentrumspartei das Blatt der Katholiken geblieben und widmete sich Fragen des kirchlichen Lebens, den Konkordatsverhandlungen und dem Verhältnis von katholischer Kirche und nationalsozialistischer Bewegung. Dabei paßte sich das Blatt in der allgemeinen Berichterstattung der Parteipresse an, verzichtete auf Kommentare und zeichnete sich durch wenig solidarische Berichterstattung über den Kirchenkampf in der evangelischen Landeskirche aus.[27] Als besonderes Ärgernis mußten die Nationalsozialisten werten, daß das „Volksblatt" Anzeigen des jüdischen Kaufhauses Schocken aufnahm.[28] Als 1935 die nationalsozialistischen Angriffe gegen den politischen Katholizismus an Heftigkeit zunahm, Übergriffe und Schauprozesse inszeniert wurden, weigerten sich die katholischen Verleger, sich in das Joch der Parteipresse spannen zu lassen. Dies führte zu einer regelrechten Welle von Verboten, der auch das „Deutsche Volksblatt" zum Opfer fiel. Am 15. Oktober gab die Verlagsleitung bekannt: „Die Neuregelung des Pressewesens nach den Verordnungen des Herrn Präsidenten der Reichspressekammer macht es notwendig, das Erscheinen unseres Deutschen Volksblattes am 1. November 1935 einzustellen." Der Verlag sehe sich nach langen Verhandlungen außerstande, den neuen Richtlinien zu genügen. Der Chefredakteur erhielt darüber hinaus Berufsverbot.[29]

Die „Sonntagszeitung" wurde von Erich Schairer zunächst in Heilbronn und seit 1925 in Stuttgart als Wochenzeitung herausgegeben. Das Politische Landespolizeiamt verbot das Blatt am 22. März 1933, weil Schairer die Ausschaltung parlamentarischer Kontrolle durch das Ermächtigungsgesetz kritisiert hatte. Das Innenministerium hob das Verbot am 1. April mit der Auflage wieder auf, daß Schairer sich loyal verhalte und auf tagespolitische Artikel verzichte.[30] Schairer ging eigene Wege, um seiner verständigen Leserschaft dennoch wichtige Nachrichten zukommen zu lassen. Der Politischen Polizei, die das Blatt nach eigenem Bekunden laufend überwachte, blieb dies nicht verborgen. Nachdem der Württembergische Landesverband den Antrag Schairers auf eine Aufnahme in den Reichsverband der Deutschen Presse abgelehnt hatte, gab Schairer die Schriftleitung des Blattes ab, blieb aber Herausgeber und Autor. Er konnte wirtschaftspolitische Leitartikel und Informationen des polizeilich gesuchten Hellmuth von Rauschenplat alias Fritz Eberhard abdrucken. Rauschenplat arbeitete illegal für den Internationalen Sozialistischen Kampfbund (ISK), dessen Inlandsleiter er bis zur Emigration nach London war. Der Leiter der Politischen Landespolizei, Stahlecker, lehnte im März 1936 eine weitere verlegerische Tätigkeit Schairers ab:

„Schairer hat in der Folgezeit einen Strohmann als verantwortlichen Schriftleiter eingestellt. Es kann jedoch kein Zweifel bestehen, daß als intellektueller Urheber des Inhalts der Sonntagszeitung nach wie vor Schairer anzusehen ist. Aus meinen Akten geht hervor, daß Schairer auch nach dem Jahr 1933 noch von staatsfeindlichen Elementen im In- und Ausland Zuschriften erhalten hat."[31]

Schairer übertrug daraufhin seine Verlagsrechte an einen „Strohmann", der ihn zum Geschäftsführer bestellte, ehe er 1937 die gefährliche Arbeit einstellte und die „Sonntagszeitung" verkaufte. Fortan mußte Schairer seinen Lebensunterhalt als Weinreisender fristen. Trotz seiner gefährdeten Position nahm Schairer 1936 einen aus der Haft geflüchteten Freund in seinem Haus in Sulzgries bei Esslingen auf und verhalf ihm zur Flucht in die Schweiz.[32]

Seit September 1933 erschien der „NS-Kurier" – wie alle großen Zeitungen – zweimal täglich; die Zahl der periodischen Beilagen wuchs.[33] Bis 1937 stieg die Auflage des Gauorgans der NSDAP auf 47000 Exemplare. Die Auflagensteigerung war freilich weniger auf die Qualität des Blattes als auf den Druck der Partei zurückzuführen. Ein Schreiben der NS-Presse Württemberg GmbH an Gauleiter Murr illustrierte das Ausmaß der Kontrolle: „Aufgrund unserer Feststellungen sind bei der Allgemeinen Ortskrankenkasse Stuttgart 211 Beamte beschäftigt. Von diesen 211 Beamten lesen: 52 den NS-Kurier und 15 die Württembergische Landeszeitung. Des weiteren liest von den bei der Allgem. Ortskrankenkasse Stuttgart beschäftigten 27 Putzfrauen nicht eine einzige eine nationalsozialistische Zeitung."[34] Verwaltungsdirektor Munder von der AOK, bis 1928 Gauleiter der NSDAP, ließ diese Kritik nicht ruhen. Er ermittelte 69 Leser des „NS-Kurier", 19 der „Württembergischen Landeszeitung" und fünf des „Völkischen Beobachter". Außerdem bildeten nach seinen Informationen neun Beschäftigte eine Lesergemeinschaft, 51 ledige Personen läsen größtenteils bei den Eltern eine Tageszeitung, ein anderer Teil informiere sich als Pendler aus der jeweiligen Heimatzeitung. Munder erinnerte an die bevorzugte Einstellung alter Kämpfer und an die Aufträge an die NS-Presse sowie Sammlungen aller Art und fügte hinzu, die NS-Presse sei wesentlich teurer als andere Firmen, so daß ständige Aufträge finanziell nicht zu verantworten seien.

3. Vom Süddeutschen Rundfunk zum Reichssender Stuttgart
Die Gleichschaltung des Rundfunks

Die Nationalsozialisten erkannten frühzeitig die Bedeutung des Rundfunks als Propagandainstrument. Nach ihrem Machtantritt setzte die Regierung Hitler ihn im Wahlkampf für die Reichstagswahl am 5. März ein. Dabei kamen ihr die Organisationsverhältnisse des deutschen Rundfunks entgegen:

III. 3. Die Gleichschaltung des Rundfunks

„Die ständig wachsende Bedeutung des Rundfunks in den ersten Jahren nach seiner Entstehung hatte ihn in zunehmendem Maß zum Streitobjekt rivalisierender politischer und gesellschaftlicher Institutionen und Gruppierungen werden lassen. Der dabei allgemein akzeptierte Primat des Staates machte den Rundfunk zu einem Bestandteil der staatlichen Macht; die Auseinandersetzungen um ihn spiegelten so auch ziemlich genau den Kampf um die politische Macht im Staat wider."[1]

Der Reichsinnenminister konnte von den Sendern die Ausstrahlung bestimmter Sendungen verlangen. Seit September 1932 amtete in Württemberg ein Staatskommissar für den Süddeutschen Rundfunk. Mit der Gleichschaltung des Landes fiel der Rundfunk den neuen Herrschern in die Hände.

Am 7. März besetzten SA- und SS-Männer das Alte Waisenhaus am Charlottenplatz, in dem das Deutsche Ausland-Institut und der Rundfunk untergebracht waren. Sie verlangten – ohne rechtliche Handhabe – die Hissung der Hakenkreuzflagge und befahlen sämtliche Mitarbeiter zu einem Appell in den Innenhof.[2] Vom folgenden Tage an kontrollierte eine Wache der SS die Ausweise von Mitarbeitern und Passanten. Wenige Tage später wurden fünf Angestellte des Senders entlassen. Als politisch unzuverlässig galten Programmleiter Karl Mayer und der Leiter der Vortragsabteilung, Josef Eberle, der zudem mit einer Jüdin verheiratet war; Kapellmeister Kahn und zwei Sekretärinnen wurden wegen ihrer „nichtarischen" Abstammung entlassen.[3] Im ersten Zugriff erklärten die Nationalsozialisten auch Spielleiter Richter zum Kommunisten, revidierten ihre Ansicht aber bald darauf. Die Wache hinderte aus eigener Machtvollkommenheit ausländische Orchestermusiker an der Ausübung ihres Berufes. Auf eine Beschwerde eines niederländischen Musikers teilte das Reichsinnenministerium dem Staatsministerium mit:

„Der Herr Reichskanzler hält eine möglichst sorgfältige und schleunige Untersuchung derjenigen Fälle von Ausschreitungen gegen ausländische Staatsangehörige für erforderlich, die angeblich von Angehörigen der SS und SA begangen worden sind. Der Herr Reichskanzler läßt im Interesse unserer Beziehungen zum Ausland wie auch im Interesse des Ansehens der NSDAP darum ersuchen, daß (. . .) festgestellt wird, welche Fälle auf Akte von Provokateuren und welche auf unbeherrschte Einzelaktionen von Mitgliedern der SS und SA zurückzuführen sind."[4]

Verantwortlich war der Stuttgarter SS-Standartenführer MdR Zeller. Er rechtfertigte sein Vorgehen mit der Erregung der arbeitslosen einheimischen Musiker:

„Es war mir ohne weiteres klar, für den Fall, daß die vielen Leute, die auf der Straße herumstanden, ihn als Ausländer erkannten und bemerkten, daß ihm das Betreten des Gebäudes gestattet wurde, Unruhe entstehen könnte und infolge dieser Unruhe er gefährdet erscheinen würde. Um ihn nun vom Rundfunkgebäude auch für die nächsten Tage fernzuhalten, wies ich ihn zurück und nahm ihm seinen Arbeitsausweis ab."[5]

Intendant Bofinger, dessen Ansehen bei den Nationalsozialisten nicht erst durch die

Kabel-Affäre im Februar 1933 gelitten hatte, blieb auf seinem Posten; angesichts der umfassenden „Säuberung" im deutschen Rundfunkwesen ein erstaunlicher Vorgang. Bofinger erklärte seinen Beitritt zur NSDAP und arrangierte sich mit den neuen Machthabern.[6]

Ende Juni 1933 wurde der Rundfunk vom Reich übernommen. Im April 1934 trat Württemberg seinen Anteil an der Süddeutschen Rundfunk GmbH an die Reichsrundfunkgesellschaft ab, die als nunmehriger Alleingesellschafter die Auflösung beschloß. Damit war die organisatorische Gleichschaltung des Süddeutschen Rundfunks vollzogen, die auch die Umbenennung in Reichssender Stuttgart zum Ausdruck brachte.[7]

Neuer Programmleiter des Südfunks und damit zweiter Mann nach dem Intendanten wurde Walter Reuschle, der als Vertrauensmann des Gauleiters galt.[8] Die Nachfolge von Emil Kahn als Musikalischem Leiter und Erstem Kapellmeister trat Heinrich Drost an, Karl Köstlin wurde anstelle von Josef Eberle Leiter der Vortragsabteilung; hier trat auch der junge HJ- und spätere SA-Führer Richard Noethlichs ein, der sich politisch besonders profilierte. Als am 28. Juni 1934 Minister Goebbels dem Reichssender Stuttgart einen Besuch abstattete, hatte er keinen Grund zu Klagen. Bofinger nannte in seiner Begrüßungsansprache Blut, Boden und die Geschichte der Heimat die Wurzeln deutscher Welt. Außerdem wies er Goebbels auf die unzureichenden Verhältnisse im Waisenhaus hin: „Es ist nur eine Werkstatt – eine armselige Werkstatt, in der wir Sie empfangen können, aber es ist ein kostbares Gut, das von hier den Weg ins deutsche Land und über diesen Planeten nimmt!"[9]

Die altgedienten Nationalsozialisten waren mit der personellen und programmatischen Gleichschaltung unzufrieden. Die Kritik verstummte nie und gelangte bis zu den höchsten Stellen des Reiches. Hitlers Adjutant, SA-Obergruppenführer Brückner, berichtete Ende 1936 der Reichsrundfunkkammer, Parteigenossen hätten „sehr ungünstige Schilderungen über die Verhältnisse des Rundfunks Stuttgart gegeben. Es sollen die alten Kämpfer niemals berücksichtigt, im Gegenteil immer andere Künstler in den Vordergrund geschoben werden".[10] Reichssendeleiter Hadamovsky versicherte Goebbels anläßlich weiterer Beschwerden, unter der männlichen Belegschaft des Reichssenders Stuttgart befänden sich 26 Prozent alte und 24 Prozent neue Parteigenossen sowie 18 Prozent Angehörige von SA- und SS-Formationen.[11]

Da die meisten Positionen spezielle Kenntnisse erforderten, waren die Möglichkeiten für fachlich nicht ausgebildete Nationalsozialisten begrenzt.[12] Stein des Anstoßes waren aber meist die Stellen im Orchester und der freien Mitarbeiter. Da gab es den fünffachen Familienvater, der seit 1931 arbeitslos und Mitglied der NSDAP war, der sich an das Propagandaministerium wandte mit der Bitte um eine Stelle als 5. Cellist im Rundfunkorchester. Er beteuerte: „Ich erhebe keinen Anspruch auf einen Posten, ich wünsche lediglich eine Dauerbeschäftigung in meinem Beruf, den ich seit meinem 17.

III. 3. Die Gleichschaltung des Rundfunks

Lebensjahr nun 23 Jahre lang ausübe, um endlich von dem seelisch demoralisierenden Minderwertigkeitsgefühl befreit zu sein."[13]

Goebbels hatte im Mai 1933 verfügt, daß in den nächsten Monaten Übertragungen politischer Kundgebungen mit Reden „aus politisch-psychologischen Gründen auf ein Mindestmaß beschränkt" werden sollten. Mit Ausnahme von Veranstaltungen der Reichsregierung gestand der Propagandaminister jedem Sender lediglich zwei Kundgebungen pro Monat zu.[14] Im September 1933 wandte sich Goebbels erneut an die Landesregierungen, das Programm nicht durch Auflagesendungen zu beschränken. Die Hörer verlören jegliches Interesse und ließen die Geräte ausgeschaltet. Goebbels führte für derartige Übertragungen eine Genehmigungspflicht ein und mahnte, nur Anträge für Sendungen mit „besonderer staatspolitischer Bedeutung" einzureichen.[15] Eine Neuerung war die Einführung einer „Stunde der Nation" im April 1933, die nationalsozialistische Propaganda in ansprechender Form verpackt darbieten sollte. Sonst wurde anstelle von Mendelssohn Wagner und anstelle von Jazz Volksmusik gespielt; HJ-Spielscharen und SA-Kapellen traten auf.[16] Literarische Experimente und moderne Hörspiele verschwanden aus dem Programm.

Die Reichsrundfunkgesellschaft gliederte die Sender nach einem einheitlichen Schema. Innerhalb der Arbeitsgruppe Sendung war in erster Linie die Abteilung Zeitfunk für politische Propaganda zuständig. Sie sollte sich jedoch nach Goebbels' Devise darum bemühen, die Propaganda nicht offen und platt, sondern in verhüllter Form zu präsentieren. Insgesamt galt für das Programm: „Unübersehbar ist, wie sehr sich der Südfunk im ersten Halbjahr 1934 aufs Heimatlich-Schwäbische verschiedener Art und verschiedenen Niveaus verlegte."[17] Die Gleichschaltung des Programms ging nicht schlagartig vor sich. Dies löste wiederum Kritik bei manchen Nationalsozialisten aus. Einer der Mitbegründer der Stuttgarter NSDAP-Ortsgruppe, Alfred Autenrieth, beschwerte sich bei Goebbels' Staatssekretär Funk im August 1933 darüber, daß der Süddeutsche Rundfunk einen Vortrag des „Pazifisten und Drückebergers" Herbert Eulenberg angekündigt habe: „Ich bitte Sie, Herr Staatssekretär, Herrn Eulenberg den Juden zu überlassen, jedoch die deutschen Menschen mit ihm zu verschonen."[18]

Die nationalsozialistischen Führer wollten allezeit das Ohr der Volksgenossen erreichen; im Rundfunk sahen sie das geeignetste Mittel. Sie propagierten den „Volksempfänger" und später den Deutschen Kleinempfänger.[19] In Stuttgart war die Werbung erfolgreich; Anfang 1938 besaßen 77 Prozent aller Haushalte ein Rundfunkgerät. Damit stand Stuttgart nicht nur im Reich, sondern unter den europäischen Großstädten an der Spitze.[20] Ebenso wichtig war den Nationalsozialisten der Gemeinschaftsempfang in Gaststätten, Schulen und Betrieben.

Die Kritik am Programm des Reichssenders Stuttgart wollte nicht verstummen. Stuttgarter Stellen bemängelten den wachsenden Einfluß des Propagandaministeriums: „Es scheint ja auch ein wahrer Hexenkessel zu sein, besonders auch dadurch, daß Berlin das Machtwort hat, das Programm bestimmt, umwirft und so kaum eine selbständige Gestaltung des Programms von hier aus zuläßt."[21]

Auf der anderen Seite standen die Klagen aus den Reihen der NSDAP, die in den Lageberichten des SD-Unterabschnitts zum Ausdruck kam. Bofinger und sein musikalischer Leiter zeigten zu wenig politisches Gespür und ließen den Sinn für einen „funkeigenen Einsatz für wesentliche Fragen der Gegenwart" vermissen. Der SD berief sich auf Stimmen aus der Bevölkerung, wonach der Reichssender zuviel unverständliche Jazzmusik, „tagsüber Schlager und Gedudel und nachts klassische Kirchenmusik" ausstrahle. Der schwäbische Bauer und Arbeiter wünsche dagegen Marschmusik und Volkslieder.[22] Trotz der Gleichschaltung des Rundfunks blieben einige Nischen im Programm. Interne Differenzen drangen nicht an die Öffentlichkeit, und die Auseinandersetzungen um das Programm waren zu einem erheblichen Teil durch Meinungsverschiedenheiten der Nationalsozialisten um Art und Weise der politischen Propaganda begründet.

4. Keine arischen Lustspieldichter
Die Gleichschaltung des Theaterwesens

Die Stuttgarter Nationalsozialisten hatten vor 1933 wiederholt den Stuttgarter Kulturbetrieb und insbesondere die Theater angegriffen. Es nahm daher nicht wunder, daß sie unmittelbar nach der Machtübernahme mißliebige Personen des Landestheaters entließen. Kultminister Mergenthaler beurlaubte am 27. März 1933 Generalintendant Albert Kehm. Da sein Vertrag erst zum August 1935 gekündigt werden konnte, war Mergenthaler bemüht, Kehm ein anderweitiges Engagement zu verschaffen. Mitte Mai 1933 übernahm er die Leitung des Stadttheaters in Freiburg, wo er 1935 vorzeitig pensioniert wurde.[1] Als Nachfolger Kehms bestellte Mergenthaler noch am 27. März Otto Krauß, der aus einer Heilbronner Theaterfamilie stammte.[2] Anläßlich der Verleihung des Professorentitels an Krauß rühmte Mergenthaler:

„Es wurde ihm hier die Aufgabe gestellt, die nationalsozialistischen kulturellen Ziele auf dem Gebiet des Theaterwesens zur Durchführung zu bringen. (. . .) Generalintendant Krauß hat sich dieser Aufgabe von Anfang an mit einer unermüdlichen Tatkraft unterzogen. Er war mit einer seltenen Aktivität bemüht, dem nationalsozialistischen Kulturprogramm an den Staatstheatern zum Durchbruch zu verhelfen."[3]

Im Spielplan galt die erste Verbeugung dem Präsidenten der Akademie für Deutsche Dichtung, Hanns Johst, und seinem Drama „Schlageter". Im Kleinen Haus wollte Krauß die süddeutsche Erstaufführung dieses Stückes mit dem Ausspruch: „Wenn ich das Wort Kultur höre, entsichere ich meinen Revolver", zeigen und bat Johst, „doch möglichst Herrn Staatskommissar Hinkel mitzubringen und vorzuführen, ob es nicht

möglich wäre, einen der Herren Minister Goebbels oder Göring nach Stuttgart zu bringen." Allerdings handelte es sich keineswegs um eine süddeutsche Erstaufführung, auch fand kein Reichsminister den Weg nach Stuttgart.[4]
Der von den Nationalsozialisten 1928 gegründete Kampfbund für deutsche Kultur unter Alfred Rosenberg erhielt in Stuttgart dadurch Einfluß, daß sein Landesleiter Otto zur Nedden als Theaterreferent ins Kultministerium einzog. Allerdings mußte er nach Meinungsverschiedenheiten mit Mergenthaler seinen Posten schon bald wieder räumen.[5] Sein Nachfolger als Landesleiter des Kampfbundes wurde Georg Schmückle, prominentester schwäbischer Schriftsteller in den Reihen der NSDAP, dessen Macht sich auf seine Tätigkeit als kultureller Berater von Reichsstatthalter Gauleiter Murr gründete, der Schmückle in kulturellen Fragen weitgehend folgte.[6] Schmückle hatte sich vor 1933 mehrfach mit den Landestheatern angelegt und erhielt nun als gefeierter und preisgekrönter Partei-Autor die Chance, seine Stücke auf den Spielplan des Kleinen Hauses zu setzen.
Die „Nichtarier", Staatsschauspieler Fritz Wisten und seine Kollegen Max Marx, Heinz Rosenthal sowie die Tänzerin Suse Rosen, hatten die Stuttgarter Staatstheater längst verlassen, als im Sommer 1933 die Fragebogen der Prüfungskommission für das Gesetz zur Wiederherstellung des Berufsbeamtentums eintrafen. Nach dieser Überprüfung verlangte das Kultministerium von der Generalintendanz die Entlassung von zwei Chorsängerinnen „wegen nichtarischer Abstammung" und von zwei Maschinenarbeitern, die der KPD angehört hatten, sowie eines politisch belasteten Musikers.[7] Die Staatstheater bemühten sich um eine finanzielle Übergangsregelung für die beiden Sängerinnen und stellten einen Antrag auf Weiterbeschäftigung der beiden Arbeiter. Das Kultministerium entschied entsprechend einer Beurteilung der Vertrauensleute der NSDAP und der NSBO beim Staatstheater. Diese stimmten der Entlassung in einem Falle zu, da der betreffende Arbeiter „die marxistische Weltanschauung mit Nachdruck vertreten habe", und nannten dessen Kollegen einen politisch inaktiven „Verführten", der an seinem Arbeitsplatz belassen werden könne.
Ein Dorn im Auge war das Stuttgarter Schauspielhaus nationalsozialistischen Kulturpolitikern wie arbeitslosen Künstlern. Claudius Kraushaar, der dort seit 1922 unter anderem Brechts „Dreigroschenoper" aufgeführt hatte, stand als Künstler wie als Nichtarier im Kreuzfeuer nationalsozialistischer Agitation. Er verlor bereits im Mai 1933 die Konzession für den Theaterbetrieb an die Generalintendanz der Staatstheater. Anlaß hierzu war die vom Polizeipräsidenten Klaiber beanstandete Operette „Eine Frau, die weiß, was sie will" – ein „künstlerisch wertloses und unmoralisches Stück" um eine Pariser Prostituierte.[8] Im Oktober 1933 pachteten die Staatstheater das Schauspielhaus von Kraushaar.[9] Zweck der Pacht sei, so Krauß gegenüber dem Kultministerium, daß die Staatstheater ihre Absichten „im Rahmen der uns zugewiesenen kulturellen Aufbauarbeit" ungestört vom „unerwünschten Spielbetrieb im Schau-

spielhaus" verwirklichen könnten. „Im Schauspielhaus werden wir jetzt das gute Volks- und Unterhaltungsstück pflegen und damit unseren Spielplan in durchaus erwünschter Weise ergänzen".[10] Vertreter der Stuttgarter Künstlerschaft, die sich zuvor beschwert hatten, das Schauspielhaus sei ein Tummelplatz für alle möglichen auswärtigen Gastspieltruppen, waren indes nicht zufrieden. Zum Jahresende verloren 20 Musiker sowie die Bühnenarbeiter ihren Arbeitsplatz.[11]

Als die Staatstheater nach Ablauf des ersten Vierteljahres 1934 ihren Pachtvertrag nicht verlängerten, übernahm Max Heye das Schauspielhaus durch einen privaten Pachtvertrag von Kraushaar.[12] Heye, der Mitglied der NSDAP war, geriet von Anfang an in finanzielle Auseinandersetzungen mit dem Staatstheater als dem früheren Pächter und hatte auch bei der Stadtverwaltung einen schweren Stand. Ihm gelang es nicht, die Qualität der Bühne zu wahren, so daß im ersten Jahr seiner Leitung der Verlust über 30000 RM betrug. Ein Versuch, neben Operetten auch Boulevardstücke anzubieten, um so das Publikum zurückzugewinnen, das vorwiegend in den Friedrichsbau zu Emil Neidhart und Willy Reichert strebte, löste bei den nationalsozialistischen Kulturwächtern Kritik aus. Heye bedauerte, daß fast alle Lustspieldichter Nichtarier seien, während die Dichter des neuen Volksstücks noch fehlten.[13]

Mitte 1935 lehnte Kämmerer Hirzel weitere Zuwendungen ab, Kulturreferent Cuhorst nannte die Zustände beim Schauspielhaus „unhaltbar".[14] Die Stadtverwaltung entschloß sich daher, das Schauspielhaus von Kraushaar zu erwerben. Eine personelle Alternative zu Heye gab es allerdings nicht; eine von Cuhorst und zeitweise von Strölin favorisierte Einbeziehung der KdF in die Führung des Hauses kam nicht zustande. Die Stadt verlangte jedoch von Heye eine Übereinkunft mit KdF, die dem Haus regelmäßige Einnahmen garantieren sollte. Heye, der keine andere Wahl hatte, stimmte dieser Lösung mit der Bemerkung zu, es sei ihm lieber, „das Theater von der Stadt zu pachten als von dem Juden Kraushaar".[15] Heye gelang es nicht, die Pachtsumme von 45000 RM zu erwirtschaften. Ende 1936 handelten Stadt und Heye einen neuen Vertrag aus, der eine Mindestpacht von 30000 RM bei einem zehnprozentigen Anteil am Umsatz festlegte. Die Reichstheaterkammer erhob jedoch Einspruch, weil sie diese Konditionen als zu hart für den Pächter betrachtete. Auch der Deutsche Gemeindetag wurde eingeschaltet. Die Stadt konnte ihre Forderungen mit Hilfe des DGT im wesentlichen durchsetzen.

1937 hatte Heye mit einer seichten Revue „Stuttgart, es dreht sich um Dich" seinen ersten Erfolg. Von nun an schrieb er schwarze Zahlen. Als die Stadtverwaltung von den Plänen für eine Stuttgart-Revue erfahren hatte, forderte sie umgehend das Exposé an, um „zu hören und zu wissen, was da gezeigt werden soll".[16] Die Wirtschaftsbeiräte nahmen sogar an einer Probeaufführung teil.[17] Den größten Erfolg stellte eine zweite Stuttgart-Revue mit dem Titel „Stuttgart, Du Stadt ohnegleichen" dar, die 1938 monatelang über die Bühne ging. Die Parteigenossen in und außerhalb der Stadtverwaltung

III. 4. Die Gleichschaltung des Theaterwesens

monierten den frivolen Ton dieser Stücke, die Stuttgarter Ratsherren verlangten nach wie vor Operetten im Spielplan – einstimmig bemängelte man das schwache Niveau. Heye fehlten geeignete Stücke für eine Unterhaltungsbühne; er selbst erwies sich in den Revuen als schwacher Textdichter. Zugleich demonstrierte der Fall des Stuttgarter Schauspielhauses die Konzeptionslosigkeit nationalsozialistischer Kulturarbeit. Einerseits sollte das Volk unterhalten werden, andererseits verhinderten Schikanen eigenständige Arbeit. Exemplarisch kam dies in der ersten Septemberwoche 1939, unmittelbar nach Kriegsanfang, zum Ausdruck, als das Schauspielhaus ein Lustspiel „Flitterwochen" auf dem Spielplan hatte. Mehrere Parteigenossen, unter ihnen Strölin, beanstandeten die Wahl des Stückes „als wenig glücklich". Heye folgte Strölins Anregungen und benannte das Stück um: „Lügen haben kurze Beine". Jedoch wies Heye darauf hin, daß die Münchner Kammerspiele das Lustspiel unter seinem Originaltitel aufführten.[18] Das Verhältnis zwischen Stadt und Schauspielhaus blieb getrübt, obwohl der finanzielle Erfolg auch in den ersten Kriegsjahren anhielt.[19]

1937 übernahm als Nachfolger von Otto Krauß, der nach Düsseldorf ging, Gustav Dehardé das Amt des Generalintendanten. Er hatte seine Bühnenlaufbahn als Sänger begonnen, war 1933 in die NSDAP eingetreten und bekleidete einen SA-Ehrenrang als Sturmbannführer, hielt aber politisch eine gewisse Distanz zu den Machthabern.[20] In künstlerischer Hinsicht war der neue Generalintendant beweglicher als sein Vorgänger; so führte er Strawinskys „Feuervogel" auf. Freilich blieb Dehardé ebensowenig wie Krauß vom Totalitätsanspruch der NS-Kulturpolitiker verschont. Stuttgarts Oberbürgermeister meldete sich 1938 bei Dehardé und wünschte, angeregt vom Kultministerium, eine Besprechung wichtiger Personal- und Theaterfragen.[21] Dehardé ließ Strölin ein halbes Jahr warten, ehe er die Anregung zu einem Gespräch aufgriff. Im Mittelpunkt stand der Neubau eines weiteren Schauspielhauses. Dehardé wollte dort Erfolgsstücke en suite aufführen.[22] Außerdem bemängelte er die geringe Zahl von Plätzen im Großen Haus sowie die häufige Belegung der Staatstheater durch Kundgebungen. Stadtkämmerer Hirzel zeigte sich von Dehardés Wünschen überrascht und betonte, daß die Stadt über keine finanziellen Reserven verfüge. Dennoch enthielten von nun an alle Neugestaltungspläne der Stadtverwaltung ein drittes Haus der Staatstheater.

Theaterkritiker nannten den Spielplan schlicht „untragbar".[23] Möglicherweise war dies der Grund dafür, daß die Zahl der KdF-Mieter stieg, während das traditionelle Theaterpublikum ausblieb. Die Eintrittskarten für KdF-Mieten waren von der Stadt subventioniert. Der städtische Zuschuß wuchs zwischen 1933 und 1939 von 600000 RM auf rund eine Million RM.[24] Stadtverwaltung und Ratsherren übten heftige Kritik an der KdF und ihrer Preisgestaltung. Kulturreferent Cuhorst hielt die Zahl der Freiplätze für überhöht – es gab nicht weniger als 165 Inhaber von Ehrenkarten. Er merkte an, daß die relativ kleinen Stuttgarter Häuser sich nicht für Massenbesuch eigneten. Er empfahl eine Anhebung der Preise für die KdF-Karten von 1,40 RM auf 1,60 RM, nachdem ein Kinobesuch mittlerweile 1,50 RM und eine Karte für ein Fußballspiel 2,00 RM koste. Ohnehin kamen laut Cuhorst wohlhabende Bürger in den Genuß der Verbilligung, weil es nicht gelungen sei, die Arbeiter nach einem anstrengenden Arbeitstag noch ins Theater zu bringen. Die Verwaltungsbeiräte stimmten Cuhorst zu; lediglich Ratsherr Locher zog aus grundsätzlichen Erwägungen einen hohen Zuschußbedarf einer Preiserhöhung vor. Er erklärte, kulturelle Einrichtungen seien eben Zuschußbetriebe und keine wirtschaftlichen Unternehmen. Dehardé hatte die Zahl der Neuinszenierungen halbiert, auch die Zahl der Vorstellungen war geringer als 1932, und doch kostete eine Vorstellung 1932 durchschnittlich 3920 RM, 1933 4964 RM und 1939 6000 RM.[25]

5. Nationalsozialistischer Fasching in Stuttgart

Im Jahr 1933 fiel die Faschingszeit mit dem Wahlkampf für die Reichstagswahlen am 5. März zusammen. Am Faschingsdienstag schwärmten die Häscher der neuen Herren aus, um politische Gegner, insbesondere Kommunisten zu verhaften: die Umzüge des 28. Februar 1933 führten in die Gefängnisse. Im Bericht des „Schwäbischen Merkur" war die gedrückte Stimmung zu spüren: Es herrsche nur ein „gedämpfter Faschingsbetrieb", in den Straßen trieben sich lediglich ein paar kostümierte Kinder herum. „Sonst war die Polizei hinter den Masken her und sogar dem Eseltreiber vom Doggenburg-Tierpark, der sein Grautier vom Hindenburg- nach dem Wilhelmsbau zu einer Aufführung zu transportieren hatte, drohte auf diesem Weg mehrfach die Verhaftung. Wo sich Ansammlungen radaulustiger junger Leute bildeten, schritt die Polizei ein und nahm auch Verhaftungen vor. In den späteren Abendstunden hatten die Ansammlungen auf der Königstraße so gut wie ganz aufgehört."[1]
1935 bildete, erstmals seit 1914, ein Umzug den Höhepunkt des närrischen Treibens. Das war angesichts der Distanz der Nationalsozialisten gegenüber dem Fasching und dessen Funktion als Ventil möglicher Kritik erstaunlich.[2] Die Initiative ging von der Stadtverwaltung aus. Die Stadträte hatten ihr Interesse an einer Belebung des Faschings ebenfalls bekundet. Die entschiedene Ablehnung von Gaukulturwart Schmückle schlug nicht zu Buche. In der Wirtschaftsabteilung des Gemeinderats kam sogleich eine Reihe von Anregungen zur Sprache.[3] Schließlich übernahm der Stuttgarter Verkehrsverein, dem seit Juli 1933 der städtische Personalreferent Locher vorstand, die Organisation eines Faschingsumzugs in Stuttgart für das Jahr 1935. Die Leitung der unmittelbaren Vorarbeiten lag in den Händen des Geschäftsführers, Verkehrsdirektor Major a. D. Kienzle. Die Stadtverwaltung sah die Belebung des Faschings unter den Aspekten Fremdenverkehr und „Volksgemeinschaft". Auf diese

Weise konnte man nicht nur das närrische Treiben in erwünschte Bahnen lenken, sondern mit Propaganda verbinden. Der „NS-Kurier" lobte: „Allgemein wurde dankbar begrüßt, daß insbesondere die Stuttgarter Stadtverwaltung die großzügige Organisation des Faschings in die Hand genommen und somit klare Verhältnisse geschaffen habe."

Der Verkehrsverein plante gründlich. Ein Ball unter dem Motto „Alt-Stuttgart tanzt" sollte die Saison eröffnen. Die Initiatoren unterbreiteten im „NS-Kurier" Kostümvorschläge, um klare Verhältnisse zu schaffen: Für den Herrn empfahlen sie Sakko, Vatermörder, Hose ohne Bügelfalten, Zylinder und Blumenstrauß oder Tabakspfeife als Accessoire, für die Dame ärmelloses Kleid, breites Schultertuch und weiße Strümpfe.[4] 4000 leisteten der Einladung Folge, unter ihnen viele Stadträte. Eine Revue „Alt-Stuttgart" sowie Tanz- und Gesangsveröffentlichungen bildeten das Programm. Negativ vermerkte man, daß „Häberle und Pfleiderer" wegen eines Engagements nur von der Platte zu hören waren.[5]

Der Fasching schlug in diesem Jahr in Stuttgart hohe Wellen. Das Künstlerfest im Kunstgebäude mußte wegen der großen Nachfrage wiederholt werden. Zweckfreie Ausgelassenheit war den Nationalsozialisten aber suspekt: „Das heurige Künstlerfest war, wenn man von dem mummenschänzlichen Treiben absieht, im Grunde genommen eine eindrucksvolle Demonstration schwäbischen Kunstschaffens."[6]

Am 1. März 1935, dem Freitag vor Faschingssonntag, ruhte in Stuttgart der Faschingsbetrieb. Die Gaupropagandaleitung der NSDAP hatte alle Veranstaltungen abgesagt: „Wenn am Freitag, 1. März, das deutsche Volk mit einem Meer von Fahnen die Rückkehr der Brüder aus der Saar ins Reich feiert (. . .), hat dann, neben einem so überwältigenden Erlebnis noch der Faschingsbetrieb Platz? Mummenschanz und Narretei in Ehren, aber eine im Grunde so tiefernste Feierstunde erlebt man nicht zwischen zwei Fastnachtsbällen."[7]

Daher verfügten die Propagandisten: „Am 1. März besteht im Volk keine Stimmung für Kappenabende und Kostümfeste." Im Großen Haus ersetzte man „Eine Nacht in Venedig" durch Wagners „Tannhäuser", im Kleinen Haus wurde statt „Frischer Wind aus Kanada" Schillers „Maria Stuart" gegeben. Auf dem Schloßplatz fand eine Kundgebung und anschließend ein Fackelzug statt, mit dem Stuttgart die Rückkehr des Saarlandes feierte.[8]

Zwei Tage später fand dann der erste große Faschingsumzug seit 21 Jahren statt. Zwölf Gruppen mit 120 einzelnen Nummern zogen vom Westen zum Hauptbahnhof, von dort über die Königstraße und die Adolf-Hitler-Straße in den Osten, wo sich der Zug auflöste. Im Mittelpunkt stand Prinz Eugen von der Gesellschaft „Möbelwagen". Aber auch die Wehrmacht, die Reichsbahn und die Reichspost, die Polizei, die Staatstheater und der Reichssender, die Studentenschaft und der Automobilclub sowie die NS-Gemeinschaft Kraft durch Freude, jedoch nur wenige Vereine beteiligten sich.

Das Gros der Umzugsteilnehmer stellten Behörden, Parteidienststellen und halbstaatliche Organisationen; der Bevölkerung wurde ein Faschingsumzug vorgeführt. Die Initiatoren des Verkehrsvereins hatten neben Musikkapellen, Garden und karnevalistischen Typen einige aktuelle Themen zugelassen. So klagte eine Straßenbahnhaltestelle „Mich hat man aufgehoben", die Tiergartenfrage wurde ebenso aufs Korn genommen wie der Stuttgarter Amtsschimmel mit einer sogenannten Stuttgarter Teppichklopfordnung. Zielscheiben närrischen Spotts waren weiter die Steuerbelastung, vor allem die Getränkesteuer; die bevölkerungspolitischen Folgen des Turnfestes von 1933 glossierte ein massenhafter Storchenanflug auf die schwäbische Metropole. Die Technischen Werke stellten auf ihrem Wagen den Oberbürgermeister als den Mann dar, der alle Fäden der Stadt in der Hand hält, und an einen Faden hängten sie ihren Generaldirektor Dr. Nübling. Selbstverständlich fehlten nicht die Attacken gegen Meckerer, Nörgler und Miesmacher sowie gegen „den letzten Spießer, der den Sportgroschen nicht kennt". Der Umzug war jedoch eher bemüht als witzig, der moralisierende Zeigefinger und Unverbindlichkeiten dominierten, wie auch in folgender, angeblich humoristischer Glosse im „NS-Kurier" zum Fasching:
„Da streicht Herr Denunzio, der Inhaber einer Ehrab-Schneiderei durchs Gewühl. Herr Krummbuckel aus Byzanz macht eine närrische Ehrenbezeugung und verschwindet dann auf höchst lautlose Weise. Während die Töne langsam und leise verklingen, die Fratzen in strotzenden Farben von den Wänden hämisch grinsen, die Faschingspärchen nach Hause schleichen, beginnt in den dumpfen Sälen die Entrümpelungsaktion."
Soweit der Faschingsbeitrag des „NS-Kurier", der eine „äußerst zufriedenstellende" Bilanz des Faschingsumzugs zog. „Das einzig Bedauerliche bei dem Umzug ist der Umstand, daß von einer gewissen Gruppe die Verfügung, keine Reklame zu machen, umgangen worden sei, eine Taktlosigkeit, die Major Kienzle aufs schärfste verurteilte."[9] In Stuttgart liefen Gerüchte um über enorm hohe Summen, die die Veranstaltung verschlungen habe. Der Verkehrsverein trat ihnen mit der Bemerkung entgegen, daß die Kosten sich auf 10000 Mark beliefen, von denen die Stadt die Hälfte zugeschossen habe.
Der Übermut des nichtorganisierten Faschingstreibens suchte sich andere Kanäle. Junge Burschen blockierten im Anschluß an den Umzug die Königstraße und versuchten, Wagen umzustürzen. Mit ihren Pritschen sorgten sie für den Auftakt zu einer heißen Nacht. Die Polizei schritt gegen die, wie sie es nannte, „Ausschreitungen radaulustiger Elemente" ein und nahm Verhaftungen vor. Davon ließen sich die „Elemente" jedoch nicht abschrecken, im Gegenteil. Sie schlossen sich zusammen und gingen in großer Zahl gegen die Ordnungshüter vor. Ihr Versuch, die Festgenommenen zu befreien, schlug fehl. Daraufhin kam es zu einem Menschenauflauf und zu einer Demonstration vor der Polizeiwache. Polizeipräsident Klaiber war sichtlich irritiert,

als er in der Presse eine „deutliche Warnung" aussprach. Er nannte die Proteste „Sabotage einer großzügigen aber anständigen Fastnachtsfeier" und stellte für die Zukunft ein Verbot des Straßenfaschings in Aussicht. Auch kündigte er unnachsichtig polizeiliche Strafverfolgungen an.[10] Am Faschingsdienstag, dem traditionellen Tag des Straßenkarnevals in Stuttgart, hatte sich die Polizei auf die Situation eingestellt. Es zeigten sich nur wenige Masken auf den Straßen. Der Prinz fuhr grüßend die Königstraße auf und ab, die HJ durfte die Vereinsmeierei karikieren. Der Beobachter des „NS-Kurier" war's zufrieden: „So kann man der närrischen Laune freien Raum geben."[11]

Die Sorge der Stuttgarter, daß der erste zugleich der letzte Faschingsumzug gewesen sei, bestätigte sich nicht. In dieser Zeit, wo es mehr auf das Scheinen als auf das Sein ankam, ließ sich die Stadt die Chance der Werbung, der Fremdenverkehrsbelebung und der Ablenkung nicht entgehen. Außerdem war der starke Mann der Stadt, der alle Fäden zusammenhielt, ein erklärter Förderer des Umzugs. Schon 1935 hatte Strölin erklärt, daß alle etwas vom Fasching haben sollten, es sich aber nur wenige leisten könnten, auf einen der Gesellschaftsbälle zu gehen. Als das Kuramt einen Ball in der Kursaalwirtschaft abhalten wollte und fünf Mark Eintritt verlangte, hagelte es Proteste. Die Kritiker erreichten, daß der Preis auf drei Reichsmark herabgesetzt wurde.[12] Aber auch für diesen Betrag mußte ein Arbeiter nahezu drei Stunden arbeiten.

Nach den Erfahrungen des Vorjahres konnte man 1936 vorbeugen. Der Polizeipräsident verbot für die Faschingszeit die Pritschen.[13] Im „NS-Kurier" mahnte Schriftleiter Hirsch, „vom Guten zum Minderwertigen ist nur ein kleiner Schritt".[14] Er forderte Fingerspitzengefühl bei der Auswahl der Kostüme. „Es gibt für die Vermummung keine Rezepte, und wir wären die Letzten, irgendwem Vorschriften zu machen." Gerade dies tat er aber dann: „Liebt man die närrische Verkleidung, da braucht man nicht etwa 'Zille-Typen' zu wählen. Auch sogenannte 'Lumpenbälle' sind nicht angebracht." Darüber hinaus rügte der Propagandist, daß gelegentlich die Uniformen „unserer alten Armee" als Faschingskostüme zweckentfremdet würden.

Der Faschingsumzug vom 23. Februar 1936 ähnelte seinem Vorgänger. Wiederum fanden aktuelle Ereignisse Eingang in den Umzug. Der MTV Stuttgart behandelte als „Friedensengel vom Völkerbund" den „Bolschewik Litwinow in Genf und anderswo". Der Krieg Italiens gegen Äthiopien war Gegenstand des Umzugs. „Ras Nasibu und seine Getreuen" wurden als „Arabiaten" verspottet. Wiederum nahmen sich einige Gruppen der lokalen Geschehnisse an. Während „die feindlichen Brüder" Flachdach und Giebeldach einen Streit ausfochten, legte der Oberbürgermeister selber Hand an: „Karl baut Wohnungen." Ein anderer Vorschlag zur Wohnungspolitik sah vor, dem Mangel mittels Hängehäusern abzuhelfen. Erneut beschäftigten die Themen Kuranlagen und Tierpark die Narren. Hierzu hatte die Karnevalszeitung das Gelände der Weißenhof-Siedlung empfohlen. Die exotischen Tiere könnten sich „rasch und ohne Scheu an ihre ebenso exotische Umgebung" gewöhnen. Der Künstlerbund setzte angesichts der „neuen technischen Bescherung in der Lautenschlagerstraße" – dem neuen TWS-Verwaltungsbau – dem „Unbekannten Architekten" ein Denkmal. Die Auseinandersetzungen zwischen Stuttgart und Heilbronn um den Weiterbau des Neckarkanals mündeten in eine Seeschlacht der beiden Oberbürgermeister. Stadtrechtsrat Könekamp, der seitens der Stadt für den Fasching zuständig war, und Paul Sauer, Mitglied des Arbeitsausschusses und Festlichkeiten nicht abgeneigt, bemängelten übereinstimmend, daß den bisherigen Umzügen zündender Humor gefehlt habe.[15] Kämmerer Hirzel sah die Möglichkeit, ein paar Tausender zu sparen, und plädierte dafür, die ganze Sache eingehen zu lassen. Mit dieser Ansicht stand er jedoch allein. Könekamp forderte ein noch stärkeres Engagement der Stadt; notfalls müsse man eben mehr als die bisherigen 5000 Mark zuschießen. Zur Belebung des Faschings in Stuttgart wollte man auch neue Formen suchen. Beispielsweise unterbreitete Ernst Stockinger vom Reichssender Stuttgart den Vorschlag, ein Narrengericht abzuhalten, das Strafen gegen Geizige, Streitsüchtige und „Verbrecher" gegen das Wohl und die Schönheit der Stadt verhängen könne. „Mit diesem Narrengericht kann ein alter Brauch erneuert und manch guter Gedanke (Volksgemeinschaft, Gerechtigkeit usw.) hineingebracht werden."[16] Die Ablehnung war jedoch einhellig. Könekamp gelang es, mit Willy Reichert einen prominenten und zugkräftigen Faschingsprinzen für 1937 zu gewinnen. Einen besseren Fang hätten die Organisatoren des Stuttgarter Faschings in der Tat kaum machen können.

Die Kampagne 1937 wurde am 1. Februar eröffnet mit der Jubiläums-Prunksitzung der Möbler unter dem Motto „Humor und Tanz".[17] Höhepunkt war jedoch die Inthronisation von Prinz Willy I., dem Verkehrsdirektor Kienzle namens der Stadt eine Amtskette überreichte. Der Einstand war den Presseberichten zufolge ein voller Erfolg. Die Karnevalisten mußten freilich mit ansehen, wie Reichert unmittelbar danach zu einem Termin nach Heilbronn hastete und auch in den folgenden Tagen den Fasching nur nebenher betrieb: Am Montag begann sein neues Engagement im Friedrichsbau-Theater. Die Bälle wurden eintöniger, weil sich der Verkehrsverein und die Stadtverwaltung nebst anderen Gruppen immer mehr in die Vorbereitungen und die Gestaltung einmischten. Das Künstlerfest unter dem Motto „Fest der Jahrhunderte" etwa bereitete ein Ausschuß vor, dem unter anderen Kulturreferent Cuhorst sowie der KdF-Gauwart Mader angehörten.[18] Darüber hinaus veranstaltete die KdF mit dem Reichssender erstmals einen Bunten Abend in der Stadthalle als Maskenball.[19]

Die Mühen lohnten sich aus der Sicht der Veranstalter. Der Faschingsumzug 1937 war wie die ganze Kampagne trotz mancher Widrigkeiten nach außen ein Erfolg. Herausragendes Thema des Umzugs war die Amerikareise Strölins, der als Indianerhäuptling Carlos Columbus begrüßt wurde.[20] Zum Dauerbrenner Tiergartenfrage gesellten sich die „Stuttgarter Olympiasieger von 1940"; Kritik übte man am „alles und jeden aufschreibenden Polizisten". Der Reichssender forderte eine neue Bleibe; die Straße mit

16 Faschingsumzug 1936: Anspielung auf die Siedlungspolitik des Oberbürgermeisters

17 Strölin mit dem Faschingsprinzen 1937, Willy Reichert

18 Obergauführerinnen-Schule des BDM im ehem. Kinderheim der Villa Berg
19 „Haus der Volkstreue", Gemeinschaftshaus für Gablenberg, eingeweiht Dezember 1935

20 Die Werkskapelle der Daimler-Benz AG konzertiert für „Kraft durch Freude".

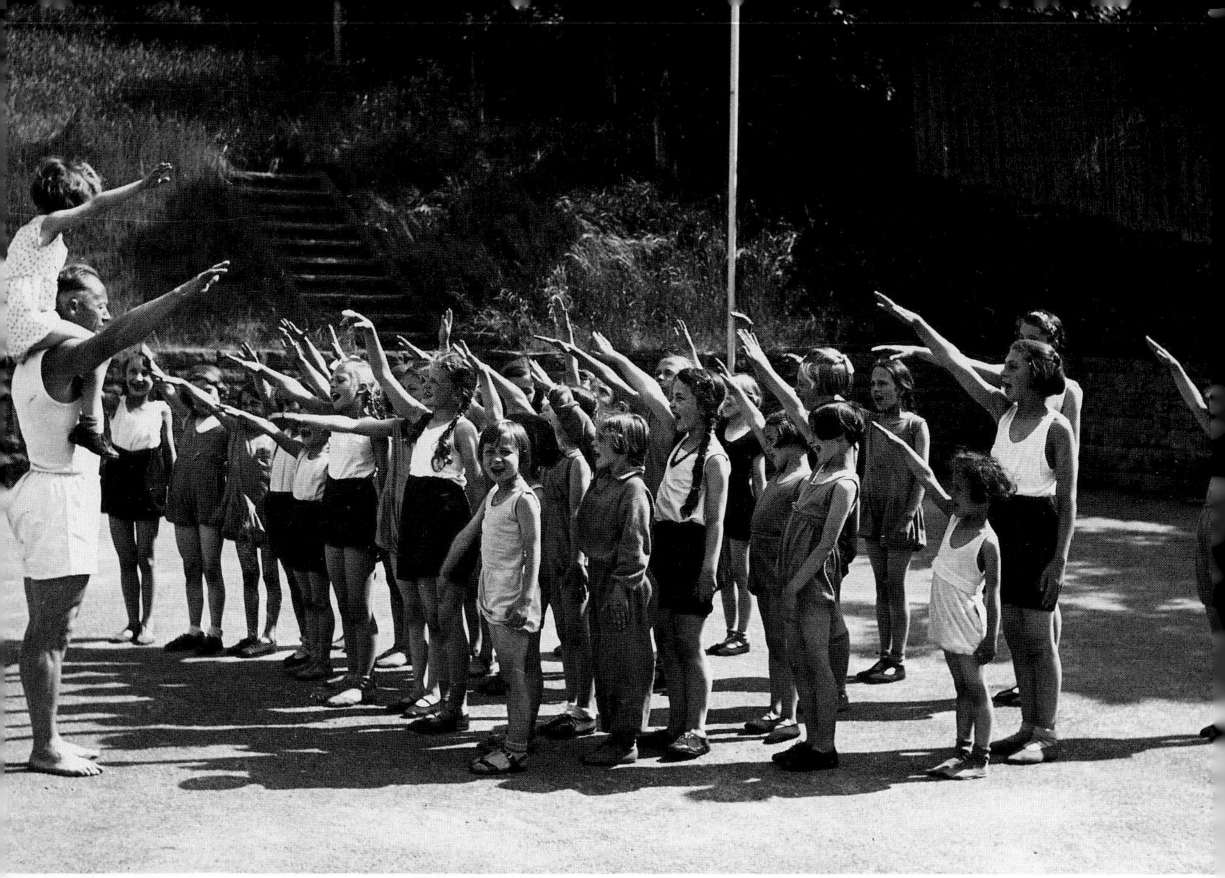

21/22 Erziehung durch Gleichschaltung, Leibesübungen als Wehrertüchtigung (Stöckach-Schule)

Reißverschluß wurde in die Diskussion gebracht und der geplante Bau eines Konzerthauses glossiert. Höhepunkt war jedoch Prinz Willy von und zu Sonnenberg auf seinem Pfauenthron. Willy Reichert gebührte unstreitig das Verdienst, wenn bei den Veranstaltern nun Blütenträume von einem bodenständigen, typisch Stuttgarter Fasching reiften. Er hatte die Ehrengabe, ein Gemälde Anna Peters', redlich verdient.[21]
Im Jahr 1938 setzte man den Weg fort, perfektionierte die Organisation und die Lenkung des Faschings. Bereits im Oktober 1937 lag ein Organisationsplan vor.[22] Die Geschäfte führte der Verkehrsverein, zusätzlich bildete man einen Finanz- und einen Arbeitsausschuß. Darin waren die Stadt und das Land, die NSDAP, die Künstlerschaft und die Karnevalsgesellschaften, die KdF sowie Industrie, Handel und Handwerk vertreten. Den Vorsitz führte Ratsherr Sauer, ein engagierter Befürworter des Faschings, der mit Kritik nicht sparte. Er bemängelte erneut die geringe Mitarbeit der Bevölkerung und der Vereine sowie die Programmgestaltung der Bälle, auf denen zuviel getanzt werde, während humorvolle Beiträge fehlten. Sauer nannte es unmöglich, einen Fasching unter behördlicher Aufsicht zu veranstalten, und schlug die Gründung eines eigenen Vereins vor. Schwer traf die Obernarren, daß der vielbeschäftigte Willy Reichert nicht mehr zur Verfügung stand. Nach Rücksprache mit der Gesellschaft „Möbelwagen" gelang es, mit Max Strecker einen bekannten schwäbischen Schauspieler zu verpflichten. Strecker entwickelte gleich eigene Vorstellungen, mit denen er allerdings bei Verkehrsdirektor Kienzle wenig Gegenliebe fand. Er wandte sich an den zuständigen städtischen Referenten Könekamp, was nun wiederum Sauer als Vorsitzenden des Arbeitsausschusses verärgerte.
Den Beginn der Kampagne 1938 proklamierte Max I. von und zu Hähnenkräh in den Stuttgarter Zeitungen. „Schließlich befehle ich meinem ganzen Volk, am nächsten Samstag beim Maskenball 'Eine Nacht in Venedig' bei meinem erstmaligen Auftreten in der Liederhalle vollzählig zu erscheinen und mich würdig und echt schwäbisch zu umjubeln. Wer nicht mitmacht, hat mit Steuererhöhungen zu rechnen."[23] Der Umzug wartete mit bekannten Themen auf und war noch stärker von Propaganda geprägt.[24] Sauberkeitsengel und Entrümpelungsaktivisten, Schweinemäster und „Kämpfer gegen den Verderb", die vorbildlich abgedunkelte Familie und die Fett-Hamsterer – kurz, der leibhaftige Vierjahresplan zog durch die Straßen. Unvermeidlich auch das Thema der „Ewig Gestrigen": Zu sehen war „der letzte Meckerer" in Spiritus, die Emigrantenpresse bei der Fütterung von Greuel-Enten und der Auslandshörer, der den Moskauer „Lügenmeldungen" aufsaß. Die jüdische Weltpresse verkörperte die „Riesengrimasse eines waschechten Juden" des Professors Spiegel.
1939 wollte Verkehrsdirektor Kienzle Stuttgarter Firmen für eine Beteiligung gewinnen und ihnen dafür erlauben, Werbeträger mitzuführen. Ratsherr Sauer beklagte, es seien keine zündenden Ideen eingegangen. Sein Vorschlag, jene im Umzug zu verulken, die nicht mitmachen wollten, war freilich auch nicht originell.[25] Als Prinz ver-

pflichteten die Organisatoren den Rundfunksprecher Heinz Laubenthal, als dessen „Kasperle und Totalminister" fungierte Fred Höger, ebenfalls vom Reichssender. Die Aufmachung war glänzend: Die Staatstheater gaben zur Eröffnung am 17. Februar 1939 in einer Festvorstellung in Anwesenheit des Prinzen die Operette „Wiener Blut". Die Mitglieder der Faschingsgesellschaften waren kostümiert erschienen und verliehen in der Pause ihre Orden. Einen großen Bahnhof mit einem Ordensregen gab es auch am folgenden Tag, als Kämmerer Hirzel und die Wirtschaftsbeiräte den Prinzen mit Gefolge im Rathaus empfingen.[26]
Über die Stuttgarter Bälle berichtete die Presse spärlich. Eine wenig überzeugende, wenngleich naheliegende Begründung fand sich im „NS-Kurier": „Es fällt mir, offen gesagt, einigermaßen schwer, einen stilistisch wohlausgefeilten und inhaltlich tiefgründigen Bericht über die letzte Nacht zu schreiben. Denn noch immer schwimmt es mir in meinem, echt schwäbisch gesagt, 'Brummschädel' schwer umher."[27] Wenige Jahre zuvor hatten die Nationalsozialisten sinnlosen Faschingstaumel kritisiert und „gesundes" Feiern verlangt. Als jetzt der obrigkeitliche Fasching auf Zurückhaltung stieß, erging sich die Propaganda in Klagen über die undankbaren Stuttgarter. Unter der Überschrift „Fassungslos" berichtete ein Fastnachtsreporter des „NS-Kuriers" über einen angeblichen „Spießrutenlauf", als er maskiert zu einem Hausball unterwegs gewesen sei.[28] Er erinnerte daran, daß sich „maßgebende Männer und Stellen" seit einigen Jahren um den Stuttgarter Fasching bemühten.
Der Faschingsumzug des Jahres 1939 galt wieder einmal als „der bisher beste". Gegenüber dem Vorjahr gab es kaum Veränderungen, auch die bekannten Gruppen waren beteiligt. Die Reichsgartenschau hatte als Thema alles übrige verdrängt.[29] Am Faschingsdienstag endete das karnevalistische Treiben mit einer „fröhlichen Konfettischlacht" in der zur „Via triumphalis" umgewandelten Königstraße, wo ein letzter „Miesmacher" zu Grabe getragen wurde.[30] Ein Jahr später hatten die Miesmacher recht behalten: Scharfe Muniton löste das Konfetti ab, und die Zeit war nicht fern, als die „Via triumphalis" in Schutt und Asche sank.

6. „Ein Junge, der nicht Kämpfer ist, kann auch seiner Mutter keine Ehre machen."
Die Gleichschaltung der Jugend

Die Nationalsozialisten gehörten einer jungen Bewegung an, vergleicht man das Alter ihrer Amtsträger mit dem der traditionellen Eliten in Staat und Gesellschaft.[1] Und sie setzten bei ihrem Bemühen, ein neues Deutschland und einen neuen deutschen Menschen zu schaffen, vor allem auf die Jugend.[2] Zum einen stützten sie sich dabei auf die Hitlerjugend, die als Instrument der Partei die Jugend frühzeitig erfassen sollte, zum anderen auf die Schule, die einen direkten Zugriff ermöglichte.

Mit der Machtübernahme und den politischen „Säuberungen" im öffentlichen Dienst verloren auch die wenigen Lehrkräfte, die der SPD angehört und sich politisch betätigt hatten, ihre Stellungen, oder sie wurden gemaßregelt.[3] Ein Großteil der Lehrer brachte den Nationalsozialisten Sympathie entgegen. Die Jahresberichte des Schulleiters der Realschule in Vaihingen vermittelten Eindrücke, die wohl allgemeine Gültigkeit beanspruchen können. Im Frühjahr 1933 schrieb er über das abgelaufene Schuljahr:
„Die Tatsache, daß am Lehrerkollegium zwei alte eingeschriebene Mitglieder der NSDAP neben der übrigen, zwar restlos national eingestellten, aber parteipolitisch fast völlig uninteressierten Lehrerschaft jahrelang in friedlichem Einvernehmen wirkten, ohne daß es jemals zu irgendwelchen schroffen Gegensätzen oder gar Unzuträglichkeiten gekommen wäre, dürfte der beste Beweis für das gute Einvernehmen im Lehrkörper sein."[4]
Ein Jahr später versicherte der Vaihinger Studiendirektor:
„Bei der echt vaterländischen Einstellung eines jeden einzelnen Lehrers bereitete auch die Umstellung auf die Lehrtätigkeit im Dritten Reich keine Schwierigkeiten. (...) Gerne und uneingeschränkt erkannte auch jeder Lehrer der Schule an, daß es im nationalsozialistischen Staat jetzt nur noch eine Erziehung im nationalsozialistischen Geiste (...) geben kann."[5] Außer den beiden alten Kämpfern konnte er inzwischen eine aktive Tätigkeit von weiteren fünf Kollegen bei SA, HJ, SS und im NS-Lehrerbund vermelden, der die Mitglieder des Philologenverbandes im Zuge der Gleichschaltung automatisch übernahm.
In den Deutschland-Berichten der Exil-SPD hieß es 1936 zusammenfassend: „Die Mehrzahl der württembergischen Lehrer hat sich sehr rasch nach dem März 1933 in die neue Lage gefunden, macht brav alles mit, was verordnet wird, und insbesondere die Jüngeren sind zum nicht geringen Teil fanatische Nazis. Die Wenigen, die im Innern nicht gleichgeschaltet sind, kommen aus den Gewissenskonflikten nicht heraus. So ist uns ein Fall bekannt, wo ein Lehrer-Genosse sich bis heute weigerte, seinen Sohn in die Hitlerjugend zu lassen. Sein Widerstand konnte erst gebrochen werden, als der Junge weinend nach Hause kam und erklärte, er halte es einfach nicht mehr aus, den Schikanen des Lehrers und der Mitschüler ausgesetzt zu sein. Auch in Württemberg ist die Schule heute in vollem Umfange das, was sie in ganz Deutschland geworden ist: 'eine Pflegestätte nationalsozialistischer Gesinnung', ein Herd nationalsozialistischer und militaristischer Verseuchung der Jugend."[6]
Die Lehrer paßten sich den Forderungen des Kultministeriums an, das Mergenthaler, ein ehemaliger Gymnasialprofessor, leitete. Es regelte den Unterricht vor allem in den Fächern Geschichte, Deutsch und Naturkunde: Geschichte im völkischen Geist, Rassenkunde, Erblehre und Bevölkerungspolitik.[7] Außerdem erhielt der Sport, paramilitärisch ausgerichtet, höheren Stellenwert. Besonders aktive nationalsozialistische Lehrkräfte wie Frau Dr. Tscherning, Studienrätin am Königin-Katharina-Stift, er-

reichten in ihren Kollegien zusätzliche Veränderungen.[8] Das Kultministerium ließ Schulbücher und Bibliotheken überprüfen. Seit Ende Juli 1933 war der Hitler-Gruß in den Schulen verbindlich, Feierstunden, Appelle und Flaggenehrungen gehörten zum Schulalltag. Das Königin-Katharina-Stift verzeichnete allein 1933 acht größere und 18 kleinere Schulfeiern, die Vaihinger Realschule im Schuljahr 1933/34 14 Sonderveranstaltungen, die Flaggenehrungen nicht eingerechnet.[9] Pausenhöfe und Turnhallen der Schulen erhielten Lautsprecher-Anlagen für den Gemeinschaftsempfang von Führer-Reden. Die nationalsozialistischen Feierstunden bedeuteten eine Störung des Unterrichts. Noch gravierender waren die außerschulischen Aktivitäten der Jugendlichen bei der HJ. Anfang 1934 gehörten 80 Prozent der Schülerinnen und Schüler der Vaihinger Realschule einer Formation der Hitlerjugend an. Und zu Beginn des Schuljahres 1935/36 hielten von insgesamt 218 Schülern noch fünf Jungen und ein Mädchen Distanz zur HJ, am Ende des Schuljahres, also ein dreiviertel Jahr vor der offiziellen Erhebung der HJ zur Staatsjugend, waren zwei Buben übriggeblieben.[10] Der Vaihinger Studiendirektor stellte bald eine „übertriebene Inanspruchnahme" der Schüler durch die HJ fest. Im Jahresbericht 1934/35 meinte er, „die Arbeit sei angesichts der mannigfachen Ablenkungen der Schülerschaft von ihrer eigentlichen Schularbeit, angesichts der immer mehr schwindenden Möglichkeit, sämtliche Schüler zur gewissenhaften Erledigung ihrer Hausaufgaben anzuhalten, nicht leicht".[11]

Im November 1938 beschäftigten sich die Frauenbeiräte auf Ersuchen von Oberbürgermeister Strölin mit der Überbeanspruchung der Jugendlichen durch den HJ-Dienst, die regelmäßigen Heimabende, Sammlungen, Aufmärsche und Ausfahrten sowie Abzeichenverkäufe.[12] Kreisfrauenschaftsleiterin Lütze hielt dies jedoch für Stimmungsmache jener Eltern, die den HJ-Dienst ablehnten. Schließlich wurden die Aktivisten der HJ von ihren Altersgenossen verspottet.[13]

Die Erinnerungen der Schüler differierten je nach Schule. Absolventen der beiden Stuttgarter Elite-Gymnasien, des Eberhard-Ludwigs- und des Karls-Gymnasiums, erinnerten sich an eine relativ geringe politische Indoktrination, wenngleich auch dort überzeugte Nationalsozialisten unterrichteten. Ein Abiturient des Jahres 1937 sprach wohl nicht allein für das Friedrich-Eugen-Gymnasium, wenn er rückblickend feststellte: „Mein Eindruck war und ist, daß sich die Lehrer – ohne Ausnahme – angepaßt haben. Zu echten, tiefgreifenden Diskussionen, Spannungen oder Konfrontationen mit den Schülern ist es meines Wissens nie gekommen. Immerhin mit Schülern, die sich in der Mehrzahl in dieser neuen Bewegung, teilweise aktiv, beteiligten. (...) Offensichtlich war die Welt eine heile Welt und auch nach 1933 heil geblieben. (...) Ich kann auch die Frage, die ich mir in späteren Jahren öfters gestellt habe, ob die Lehrer oder einzelne unter ihnen ihre Zweifel oder gar ihre Gegnerschaft zum damals herrschenden System im stillen Kämmerlein ausgetragen haben, nicht beantworten."[14] Daß an dieser Schule der „württembergische Kronprinz", wie der Sohn des Reichs-

statthalters genannt wurde, dank der unnachgiebigen Haltung einiger Lehrer die Versetzung aus Klasse 7 nicht schaffte, galt als bemerkenswertes Ereignis.[15] Der SD berichtete im Sommer 1939, daß das Verhältnis zwischen HJ und Schule insgesamt schlecht sei. Die schulischen Leistungen der HJ-Führer seien derart mäßig, daß man ihr Scheitern nicht mit dem gespannten Verhältnis entschuldigen könne.[16]
Im September 1938 denunzierten Kollegen zwei Lehrer der Feuerbacher Oberschule wegen politischer Äußerungen. Der eine hatte erklärt, regelmäßig den Straßburger Sender zu hören, weil man dort zwei Tage früher unterrichtet werde als durch den „NS-Kurier". Ein anderer Lehrer soll während der außenpolitischen Spannungen vor dem Münchner Abkommen erklärt haben: „Wir halten das Maul, und Deutschland wird hingemacht."[17] Daraufhin verlangte der Reichsstatthalter beim Kultministerium die Einleitung eines förmlichen Dienststrafverfahrens. Von einer Dienstenthebung sah das Kultministerium im Hinblick auf den Lehrermangel ab. Der Schulleiter, der sich offenbar hinter die Studienräte gestellt hatte, reichte sein Pensionierungsgesuch ein.
Nicht gleichgeschaltete Lehrkräfte hatten aber auch mit Denunziationen von seiten der Schüler zu rechnen. 1937 notierte ein Schüler des Eberhard-Ludwigs-Gymnasiums, Fähnleinführer beim Deutschen Jungvolk, was der Lehrer im Geschichtsunterricht sagte. Der Lehrer, der bereits 1933 denunziert worden war, stellte daraufhin den Schüler vor der Klasse zur Rede. Mit dem Vorgang beschäftigte sich, wohl auf Veranlassung des Vaters, die Ministerialabteilung für die Höheren Schulen. Sie erteilte nach einer Vernehmung und einem für den Lehrer wohlwollenden Bericht der Schulleitung diesem eine ernstliche Verwarnung:
„Diese Unterredung ließ den Wunsch nach einer grundsätzlichen Umstellung der Geschichtsauffassung des Professors Dr. W. dringlich erscheinen. (. . .) Wenn sich Professor Dr. W. nicht innerlich dazu aufraffen kann, dieser persönlichen und politischen Absonderung Einhalt zu bieten, erfüllt uns die Weiterentwicklung seiner beruflichen Laufbahn mit ernster Sorge."[18]
Die übrigen Schüler der Klasse ließen auch nach einer scharfen Verwarnung des Schulleiters den Klassenkameraden ihre Verachtung spüren. Der Leiter der Ministerialabteilung nannte dies eine „Unkameradschaftlichkeit gegenüber einem HJ- bzw. JV-Kameraden" und einen „ungehörigen Eingriff in ein schwebendes Verfahren, der nicht ungerügt bleiben kann. Die Klasse ist wegen dieses Vorfalls mit 2 Stunden Rektoratsarrest zu bestrafen."
In Württemberg war der Schulkampf heftig, da hier die konfessionellen Bindungen ausgeprägt waren. Der erste Angriff des Kultministers galt den Privatschulen. Ende Februar 1934 beauftragte Mergenthaler die Ministerialabteilung für höhere Schulen, eine sorgfältige Prüfung der Unterrichts- und Erziehungsarbeit der Privatschulen durch die Bezirksschulräte und Oberschulbehörden vornehmen zu lassen.[19] Die Tätig-

keit habe den „weltanschaulichen und erzieherischen Grundsätzen des Nationalsozialismus" zu entsprechen, daher sei für den Einfluß nationalsozialistischer Lehrer und Verwaltungsratsmitglieder zu sorgen. In Stuttgart waren das Evangelische Töchterinstitut Heidehofschule, die Rothert'sche Mädchenrealschule und die Katholische Mädchenrealschule St. Agnes zu prüfen. Der Bericht fiel zur Zufriedenheit der Ministerialabteilung aus: „ein Gegensatz zu den Grundsätzen des Staates über Erziehung konnte nirgends festgestellt werden".[20] Dennoch war an ein Weiterbestehen der Privatschulen eine Reihe von Bedingungen geknüpft. Die Ministerialabteilung verlangte, daß die Verwaltungsräte keinen Einfluß auf die Schulen mehr haben sollten, daß die Anstellung von Lehrern von ihr genehmigt werden mußte und mindestens zwei Lehrkräfte dem Nationalsozialistischen Lehrerbund angehörten. An der Katholischen Mädchenrealschule St. Agnes sollten auf zwei Ordensschwestern mindestens zwei weltliche Lehrkräfte kommen und auch Männer ins Kollegium berufen werden.

Die nichtkonfessionellen Privatschulen bekamen diese Schonfrist nicht. Die der Lehre Rudolf Steiners verpflichtete Stuttgarter Waldorf-Schule geriet bereits 1934 ins Visier der nationalsozialistischen Bildungspolitik. Kultminister Mergenthaler ordnete im Februar 1934 an, „daß keine Schüler in die erste Klasse der Waldorf-Schule aufgenommen werden dürfen, da der Unterricht und die Erziehung an der Waldorf-Schule den Grundsätzen des Nationalsozialismus nicht entsprechen und da auch nicht zu erwarten ist, daß die Lehrerschaft, deren hingebende Arbeit im Dienste ihrer anthroposophischen Erziehungsideale nicht verkannt werden soll, sich mit Überzeugung zu diesen Grundsätzen bekennen kann."[21]

Die Waldorf-Schule in Stuttgart, einem traditionellen Zentrum der Anthroposophen, erfreute sich bis dahin großer Beliebtheit und zählte vor der Machtübernahme rund 1000 Schüler. Auch die Umbildung des Verwaltungsrats nach dem Führerprinzip, der Ausschluß der jüdischen Lehrer, denen einige Kollegen solidarisch gefolgt waren, sowie permanente Überwachung und Bespitzelung konnten die Anziehungskraft nicht in dem von Mergenthaler gewünschten Ausmaß reduzieren. Den sukzessiven Niedergang und die politische Bedrückung konnten auch prominente Fürsprecher nicht verhindern, die sich bei Mergenthaler für die Schule verwandten.[22] Als Mergenthaler im März 1938 die endgültige Schließung der Waldorf-Schule verfügte, war die Stadt beteiligt. Sie mußte sich an einer Abfindung für 31 Lehrerinnen und Lehrer beteiligen, die im Gegensatz zu 15 Kollegen nicht in den Staatsdienst übernommen wurden. Die verbliebenen rund 500 Schüler mußten einen mehrmonatigen Umschulungslehrgang absolvieren, bevor sie auf die öffentlichen Schulen verteilt wurden. Die Stadt errechnete Ausgaben in Höhe von 70000 RM.[23] Zugleich war die Stadt jedoch Nutznießer der Schließung von Privatschulen. Ebenso wie im März 1936, als sie das Gebäude und das Inventar der geschlossenen Schieker-Grundschule übernommen hatte, kaufte sie nun Gebäude und Grundstücke vom Waldorf-Verein.[24]

Inzwischen hatte Kultminister Mergenthaler auch den konfessionellen Privatschulen die Existenzgrundlage entzogen. Vorausgegangen war eine Auseinandersetzung um die Einführung der Gemeinschaftsschule. Mergenthaler legte Anfang August 1935 einen Gesetzentwurf vor.[25] Für die Volksschulen in Württemberg galt nach einem Gesetz aus dem Jahre 1909 das Prinzip der konfessionellen Bekenntnisschule. An gemischt-konfessionellen Orten bestanden daher sowohl evangelische wie katholische Volksschulen, wobei auch die Lehrkräfte in der Regel an das Glaubensbekenntnis gebunden waren. Umfaßte eine Minderheit weniger als 60 Familien, so hatten die Erziehungsberechtigten die Möglichkeit, schulpflichtige Kinder in die Volksschule eines Nachbarortes zu schicken; sonst bestand das Recht auf eine eigene Schule. In kleineren, gemischtkonfessionellen Gemeinden begünstigte diese Regelung Zwergschulen. Vor 1933 hatten besonders die Linksparteien die weitgehenden Zugeständnisse an die großen Kirchen kritisiert und eine Abschaffung der konfessionellen Bekenntnisschule gefordert. Mergenthaler und die Gauleitung der NSDAP meinten nun, daß das Konkordat mit dem Vatikan die Beibehaltung und die Neueinrichtung katholischer Bekenntnisschulen gewährleiste, die Einrichtung von Gemeinschaftsschulen aber nicht ausschlösse.[26] Mergenthalers Gesetzentwurf formulierte deshalb ein Nebeneinander von Gemeinschafts- und Bekenntnisschulen. Reichserziehungsminister Rust meldete bei Reichsstatthalter Murr jedoch Bedenken an. Er wünschte keine landesrechtlichen Teillösungen.[27] Das Reichskirchenministerium hingegen billigte das Vorgehen und erblickte im Konkordat kein Hindernis. Der württembergischen Regierung genügte die Ermächtigung von Rust, die „allzu straffe konfessionelle Gestaltung der württembergischen Volksschulen" zu lockern.
Sowohl der Evangelische Oberkirchenrat als auch das Bischöfliche Ordinariat erfuhren von den Plänen des Erziehungsministeriums. Während sich die evangelischen Kirchenbehörden auf eine Zusicherung von Rust beriefen, argumentierte die katholische Kirche mit dem Konkordat. Es gelang dem Oberkirchenrat nicht, die nationalsozialistischen Behörden gegeneinander auszuspielen. Er mußte vielmehr erkennen, daß von einer Bestandsgarantie nicht mehr die Rede war. Die Argumentation des Ordinariats war demgegenüber gewichtiger und grundsätzlicher, doch konnten Proteste bei den Landes- und Reichsstellen ebensowenig ausrichten wie Hirtenbriefe, Kanzelworte und Flugblattaktionen.
Im Frühjahr 1936 entschloß sich das Kultministerium zum Handeln. Der stellvertretende Gauleiter Friedrich Schmidt, vor seiner Parteikarriere als Lehrer tätig, schrieb rückblickend: „Nachdem der Weg der Gesetzesänderung nicht zum Ziel geführt hatte, wurde nun praktisch gehandelt und zwar schrittweise nach ganz bestimmten Gesichtspunkten, wobei es von der Aufnahme der geplanten Maßnahme bei der Bevölkerung abhing, wie weit gegangen werden konnte."[28] Der erste Schritt war die Aufhebung von konfessionellen Zwergschulen. Die Erziehungsberechtigten der Schul-

kinder der Minderheitskonfession wurden um ihr Einverständnis gefragt und erhielten die Versicherung, daß die Lehrer an der zusammengelegten Schule unterrichten könnten. Schmidt räumte ein, daß es gegen das Konkordat verstieß, wenn evangelische Lehrer an einer katholischen Schule lehrten. Die Eltern hätten jedoch die Zweckmäßigkeit eingesehen, Zwergschulen aufzulösen. „Schwierigkeiten traten nur da und erst dann auf, als von Seiten der katholischen Geistlichkeit gegen das Vorgehen gehetzt wurde."

Die Einführung der Deutschen Volksschule in Stuttgart erfolgte in einem zweiten Schritt:

„Der glatte Verlauf der Abstimmung legte nahe, über die bisherigen Fälle, in denen die Umwandlung in erster Linie schulorganisatorisch und finanziell begründet worden war, einen grundsätzlichen Versuch der Einführung der Gemeinschaftsschule zu machen. Dafür wurde Groß-Stuttgart ausersehen, da die zentrale Leitung der Aktion in Stuttgart am besten zu ermöglichen war."[29]

Mit großem Aufwand warben Kultministerium, NS-Lehrerbund, Kreisleitung und Stadtverwaltung bei den Eltern für die Gemeinschaftsschule. Während Schmidt von völliger Freiwilligkeit sprach, beklagte Rottenburgs Bischof Sproll Druck auf Lehrer und Beamte sowie Schikanen gegen widerstrebende Eltern. Nachdem Mergenthaler bei der Einweihung der Hans-Schemm-Schule in Weil im Dorf versichert hatte, der Religionsunterricht werde auch in der Gemeinschaftsschule im Einvernehmen mit der Kirche konfessionell getrennt erteilt, gaben die evangelischen Dekane von Stuttgart und Bad Cannstatt ihren Widerstand auf.[30] In einem Rundschreiben an die „lieben evangelischen Glaubensgenossen" erklärten sie unter Hinweis auf die Versprechungen des Kultministeriums: „Auf diese Zusicherung hin ist die evangelische Kirche in der Lage, ihre Bedenken gegen die Gemeinschaftsschule zurückzustellen und die Wahl der Schulform für die evangelischen Kinder der gewissensmäßigen Entscheidung der Eltern anheimzugeben."[31] Daraufhin meldeten 94 Prozent der evangelischen Eltern in Stuttgart ihre Kinder für die Deutsche Volksschule an.[32] Auf katholischer Seite verweigerte rund ein Viertel die Zustimmung. Mit Beginn des Schuljahres 1936/37 wandelte das Kultministerium die meisten Volksschulen in Gemeinschaftsschulen um.[33] Im Stadtgebiet fielen evangelische Schulen ganz weg, während zu Schuljahresbeginn 1936/37 noch 38 Klassen mit 1184 Schülern der katholischen Bekenntnisschule bestehenblieben (davon 26 Klassen mit 830 Schülern in den Klassenstufen 1-4).[34] Schmidt vermerkte zufrieden: „Die grundsätzliche Einführung der Deutschen Volksschule war also ein voller Erfolg und damit ein Beweis dafür, daß bei der überwiegenden Mehrheit der Volksgenossen Verständnis dafür vorhanden ist, daß in *einem* Reich auch nur *eine* Schule bestehen kann."[35]

Damit war auch das Ende der konfessionellen Privatschulen besiegelt. Das Kultministerium setzte die Schulträger sowie die Eltern unter Druck und kündigte am 6. Fe-

23 Werbewagen der Straßenbahnen AG zum Winterhilfswerk 1936/37 vor dem Königsbau
24 Schwabenhalle auf dem Cannstatter Wasen (1937)

25 Stuttgarter Empfangskomitee für den Führer der DAF, Robert Ley (1939)

26 Pflege deutschen Liedguts im Lehrerinnen-Lager

bruar 1937 die Schließung aller konfessionellen Privatschulen bis zum nächsten Frühjahr an. Bereits am 16. März 1937 konnte Stadtschulrat Cuhorst den Verwaltungsbeiräten „die erfreuliche Mitteilung" machen, daß der Verwaltungsrat des Evangelischen Höheren Töchterinstituts die Auflösung der Schule beschlossen habe.[36] Die Stadt übernahm die Rother'sche Mädchenrealschule und vereinigte sie mit der Königin-Charlotte-Schule zur Hölderlin-Oberschule. Das Töchterinstitut kam ebenfalls in städtischen Besitz, während die Leiterin der katholischen Mädchenrealschule St. Agnes Verhandlungen mit der Stadt verweigerte.[37] Die Auflösung der Schule war jedoch beschlossene Sache; am 1. April 1938 öffnete in den Räumlichkeiten der früheren katholischen Mädchenrealschule die Stuttgarter Kirchenmusik-Schule ihre Pforten. Cuhorst rühmte, Stuttgart stehe in der Neuregelung des Schulwesens in Deutschland mit an erster Stelle.[38]

Entsprechend einem Erlaß des Reichserziehungsministeriums hatte das Kultministerium auch die Schularten zum Schuljahresbeginn 1937/38 am 9. April vereinheitlicht.[39] Der neue Typus der Oberschule vereinigte alle früheren Schulen mit dem Recht der Reifeprüfung wie Gymnasien, Oberrealschulen, Realgymnasien. In Stuttgart behielt lediglich das Eberhard-Ludwigs-Gymnasium seinen Namen und seine humanistische Ausrichtung. Alle anderen Gymnasien hießen von nun an Oberschulen und führten in der Oberstufe einen sprachlichen und einen naturwissenschaftlichen Zweig. Die Schulzeit wurde um ein Jahr auf acht Jahre verkürzt. An die Stelle von „theoretischem Wissensballast" sollte wirtschaftliche und militärische Praxis im Vordergrund stehen. Andererseits wurde in Württemberg das achte Volksschuljahr eingeführt; 1938 erfolgte eine einheitliche gesetzliche Regelung.[40]

Die Auseinandersetzungen um die Konfessionsschule waren kaum abgeklungen, als Mergenthaler die kirchlichen Kreise erneut überraschte. Entgegen allen anderslautenden Versicherungen griff er mit einem Erlaß vom 28. April 1937 unmittelbar in den Religionsunterricht der Schulen ein:

„Da Religion ordentliches Lehrfach an den Schulen ist, ist dieser Notwendigkeit auch im Religionsunterricht Rechnung zu tragen. Das hat zur Folge, daß Stoffe, die dem Sittlichkeitsempfinden der germanischen Rasse widersprechen, im Unterricht nicht zu behandeln sind. Gewisse Teile des Alten Testaments können daher für den Unterricht nicht mehr in Frage kommen, andere werden stark in den Hintergrund treten müssen."[41]

Einen Tag später drohte der württembergische Kultminister allen Schülern, die den Hitler-Gruß verweigerten, mit Schulverweis und Fürsorgeerziehung.[42] Eine Anordnung des Reichserziehungsministers im Juni 1937 verlangte von allen unterrichtenden Geistlichen einen Eid auf Hitler. In Württemberg verloren daraufhin 700 evangelische und 200 katholische Geistliche die Zulassung zum Religionsunterricht.[43] Schon zuvor war ein solches Verbot über einzelne mißliebige Pfarrer verhängt worden.[44] In den

Schulen meldeten sich, unterstützt von den Geistlichen, immer mehr Schüler vom Religionsunterricht ab; die Kirchen begannen mit außerschulischer religiöser Bildungsarbeit. Die evangelische Landeskirche verlängerte 1938 den Konfirmandenunterricht auf zwei Jahre, das Bischöfliche Ordinariat drohte den Katholiken mit der Exkommunikation, die ihre Kinder in einen „nichtkirchlichen Religions- und Weltanschauungsunterricht" schickten.[45]

Im Frühjahr 1939 verdichteten sich die Anzeichen für eine generelle Einführung eines Weltanschauungsunterrichts. Proteste der großen Kirchen, Kanzelabkündigungen sowie Entschließungen von Kirchenbezirkstagen konnten das Kultministerium nicht von seinem Kurs abbringen. Am 5. April 1939 führte als erster Gau Württemberg-Hohenzollern einen Weltanschauungsunterricht als Ersatz für den Religionsunterricht ein, der die Schüler mit dem nationalsozialistischen Gedankengut, vor allem der Rassenlehre, vertraut machen sollte. Seitens der evangelischen Kirche entfaltete besonders Oberkirchenrat Sautter eine vom SD sorgfältig registrierte Rednertätigkeit, in deren Verlauf er im April und Mai 1939 achtmal in Stuttgarter Gemeinden sprach. Nach einem Bericht des Stuttgarter SD-Unterabschnitts bildete eine Versammlung in der Stiftskirche am 16. Mai 1939 „den Höhepunkt seiner Hetze". Zwei Tage zuvor war in Stuttgart ein Flugblatt verbreitet worden, dessen Inhalt nach der Beschlagnahme der Auflage von 24000 Exemplaren durch die Gestapo von den Kanzeln verkündet wurde. Die Stimmung war gespannt; nach der Rede von Sautter verliehen die Zuhörer „in Gruppen auf der Straße ihrer Empörung Ausdruck".[46] Die NSDAP übte massiven Druck aus. Aus Ortsgruppen sind Berichte überliefert, wonach Parteigenossen auf Versammlungen mit Drohungen bearbeitet wurden, ihre Kinder vom Religionsunterricht ab- und zum Weltanschauungsunterricht anzumelden.

Bis zur Machtübernahme war die HJ in Stuttgart ein Anhängsel der Politischen Organisation. Sie umrahmte nationalsozialistische Veranstaltungen und half bei den Propagandakampagnen des an Wahlkämpfen reichen Jahres 1932. Trotz aller Bemühungen, insbesondere von Hugo Kroll, bestanden 1932 nur drei HJ-Scharen, „kleine Häufchen".[47] Seit 1933 erhielt die HJ wie alle nationalsozialistischen Organisationen Zulauf. Ende 1934 umfaßte sie einschließlich des Bundes Deutscher Mädel (BDM), Jungvolk und Jungmädel rund 24000 Mitglieder.[48] Den Anspruch der HJ bekamen die traditionellen Jugendverbände zu spüren. Nachdem mit den Parteien auch deren Jugendorganisationen der Aus- und Gleichschaltung zum Opfer gefallen waren, konzentrierte sich die HJ seit Sommer 1933 auf die konfessionell orientierte Jugend.

Die Eingliederung der evangelischen Jugend verlief äußerlich rasch, freilich nicht ohne Reibungen. In weiten Teilen der evangelischen Jugend bestand eine große Bereitschaft zur Kooperation mit der HJ. So unterbreitete die Landesleitung des Bundes schwäbischer Bibelkreise im Mai 1933 der HJ-Gebietsleitung den Vorschlag, diese möge Sport, Wehrsport und die allgemeine kulturelle Erziehung übernehmen.[49] Zu gleicher

III. 6. Die Gleichschaltung der Jugend

Zeit wurden Gruppenstunden der evangelischen Jugend durch die HJ gestört. Auf einen Protest des Oberkirchenrats hin teilte HJ-Gebietsführer Wacha mit, er habe „Propagandamethoden, die über das Ziel hinausgingen" verboten.[50] Wacha machte freilich bald deutlich, daß es nicht um eine Kooperation von HJ und konfessioneller Jugend ging. In einem Aufruf formulierte er Anfang Juni 1933: „Wer heute wegbleibt und konfessionelle und ständische Sonderinteressen verfolgt, begeht Verrat an seinem Volke. Heute darf es für uns nur eines geben: Arbeit an Deutschland."[51] Die Leiter der evangelischen Jugend waren vom Totalitätsanspruch der HJ überrascht und verwahrten sich gegen den Vorwurf mangelnder nationaler Zuverlässigkeit: „Unsere gesamte Jugend steht treu zur Regierung und unserem Volkskanzler Adolf Hitler, wie sie treu zu ihrer evangelischen Kirche steht."[52] So schrieb der Vorstand des Christlichen Vereins Junger Männer (CVJM) in Stuttgart im November 1933 an die Berliner Reichskirchenregierung. Zu dieser Zeit hatten Pläne zu einer Eingliederung der evangelischen Jugend in die HJ konkrete Formen angenommen. Ebenso wie sie den Anspruch der HJ unterschätzt hatten, verkannten die Führer der evangelischen Jugend die Funktion von Reichsbischof Müller, als sie ihm die Schirmherrschaft über das Evangelische Jugendwerk antrugen. Müller vereinbarte mit Reichsjugendführer von Schirach im Dezember 1933 umgehend die Eingliederung der 10- bis 18jährigen Mitglieder der evangelischen Jugendverbände in die HJ – gegen das Votum des Führerrats des Jugendwerks. Nach dem sogenannten Jugendvertrag vom 19. Dezember 1933 durfte von nun an nur Mitglied in einem evangelischen Jugendverband bleiben, wer zugleich auch der HJ angehörte. Sportliche Aktivitäten, Lagerfreizeiten und kulturelle Veranstaltungen beanspruchte die HJ für sich.[53] In Württemberg forderte Gebietsführer Wacha darüber hinaus die Heime und Einrichtungen, wurde aber vom Reichsinnenminister gebremst.[54] Die Entwicklung war trotz Ablehnung des Vertrags durch viele Jugendliche nicht mehr aufzuhalten: „Das Nationale blieb die Brücke und gab den Ausschlag in der Handlungsweise."[55] Unter diesen Umständen standen auch Jugendgruppen, die den Weg der Eingliederung ablehnten, auf verlorenem Posten. So beschloß am 20. Januar 1934 beispielsweise eine Mitgliederversammlung des Stuttgarter CVJM, sich der von Berlin aus eingeleiteten Entwicklung nicht in den Weg zu stellen. Einen letzten Marsch durch die Stuttgarter Straßen im Anschluß an die Versammlung störten die zukünftigen Kollegen in der braunen Kluft. Am 7. Februar 1934 fand in Stuttgart eine Besprechung mit dem Reichsjugendpfarrer statt, bei der Gebietsführer Wacha den Bestand an Häusern und Einrichtungen zusicherte und den Besuch des Sonntagsgottesdienstes gewährleistete. Am Abend desselben Tages feierten HJ und Landeskirche in einer Kundgebung in der Stadthalle die Eingliederung. Für die HJ bedeutete dies nicht nur einen politischen, sondern einen praktischen Erfolg. Denn aus den Reihen der evangelischen Jugend konnte sie zahlreiche Führer rekrutieren, die sie angesichts des Zulaufs für neu aufzustellende Einheiten dringend benötigte. Diese brachten Elemente der traditionellen kirchlichen und auch der bündischen Jugendarbeit in die HJ ein, die zur Attraktivität der HJ beitrugen. Die HJ, von einer kleinen propagandistischen Hilfstruppe der NSDAP zu einer Massenbewegung aufgestiegen, bediente sich dieser Erfahrungen deshalb gerne und nahm es auch in Kauf, wenn hier und dort die alte Gruppenstruktur unter neuem Firmenschild unverändert fortbestand.

Die Gleichschaltung der katholischen Jugendverbände erwies sich als schwieriger. Zwar hatte das Bischöfliche Ordinariat in Rottenburg die Geistlichen der Diözese zur Zurückhaltung auch bei Provokationen ermahnt. Die generelle Bestandsgarantie des 1933 zwischen dem Reich und dem Vatikan abgeschlossenen Konkordats, die unterschiedliche Kirchenverfassung und die größere Distanz des Kirchenvolks zu den Nationalsozialisten verhinderten eine rasche Vereinnahmung der katholischen Jugendverbände durch die HJ. In einer Großstadt wie Stuttgart hatten jedoch die konfessionellen Jugendverbände mit der Konkurrenz und mit der Sogwirkung der HJ stärker zu rechnen als im ländlich-katholisch geprägten Raum.[56] So beklagte sich der Stadthauptmann des Bundes Neudeutschland (ND), eines Zusammenschlusses von katholischen Jugendlichen an höheren Schulen, Anfang März 1934 bei Bischof Sproll über Mitgliederschwund und große Unruhe wegen der vielfältigen Benachteiligungen, nicht zuletzt in der Schule. Stadthauptmann Dollberg teilte mit, er habe mit der HJ Verhandlungen wegen eines Übertritts aufgenommen. Als Bedingungen formulierte Dollberg, daß die Gruppen samt Führern geschlossen bestehenblieben und der Besuch des Sonntagsgottesdienstes ermöglicht werde. Sproll stimmte dem Übertritt des Stuttgarter ND zwar zu, wollte ihn aber nicht öffentlich billigen.

Als Anfang April 1934 Dollberg sowie zwei von sieben Gruppenleitern mit einem Teil der Mitglieder zur HJ überwechselten, buchten dies die Nationalsozialisten als großen Erfolg: „Katholische Jugend tritt zur HJ über."[57] Tatsächlich hatte die Zahl der Übertritte den Bestand des Stuttgarter ND nicht entscheidend geschwächt. Es gelang dem angesehenen Pater Manuwald, die Gruppen zusammenzuhalten und ein weiteres Abdriften aus dem ND und den anderen katholischen Jugendverbänden zur HJ zu verhindern. Nach einer Unterredung zwischen Diözesanpräses Schuster und HJ-Gebietsführer Wacha, Vertretern der Politischen Polizei und dem württembergischen Leiter der Arbeitsgemeinschaft Katholischer Deutscher, Freiherr von Raßler, kehrte nach einigen Übergriffen der HJ eine gewisse „Befriedung" ein.

Im Sommer 1935 wurde der Kampf gegen den „politischen Katholizismus" verschärft. In der Stuttgarter NS-Presse war mehrfach von „Provokationen" katholischer Jugendgruppen gegenüber der HJ die Rede. In einem Brief an Reichsstatthalter Murr beschwerte sich Sproll über zahlreiche Ausschreitungen der HJ im sogenannten Kampfmonat Juni 1935.[58] Während in Stuttgart die Auseinandersetzung mit Flugblättern, Schaukasten-Anschlägen und nur selten mit Gewalt ausgetragen wurden, er-

III. 6. Die Gleichschaltung der Jugend

munterten in kleineren Gemeinden HJ-Führer und Nationalsozialisten die Jugendlichen zu Diffamierungen und Gewalttätigkeiten. Nachdem die HJ durch das „Gesetz über die Hitler-Jugend" am 1. Dezember 1936 offiziell zur Staatsjugend erhoben worden war, verbot ihr Führer Baldur von Schirach im Juni 1937 eine Doppelmitgliedschaft in HJ und katholischen Gruppen. Der Raum für eine selbständige Jugendarbeit der Kirchen wurde immer geringer, ehe am 26. Januar 1939 Himmler ein endgültiges Verbot aussprach.[59]

Die Reichsjugendführung gliederte 1933 ihren Unterbau neu. Der Bann Württemberg wurde zum Gebiet 20 der HJ erhoben, vier Oberbanne bildeten eine regionale Zwischengliederung, während der Standort Stuttgart mit acht Unterbann-Bezirken zum Bann 119 gehörte. Führer des Oberbanns Württemberg-Mitte war Rudi Brodbeck, der seit 1931 die Stuttgarter HJ führte und den der „NS-Kurier" als den „ersten Führer der Stuttgarter Hitler-Jugend" bezeichnete.[60] Standortführer und damit zugleich Führer des Stuttgarter Banns 119 war Paul Daiber, dem im Oktober 1934 Wilhelm Trostel folgte.[61] Die neue Macht und die großen Aufgaben überforderten einige der alten HJ-Führer. Prominentestes Opfer war der württembergische Gebietsführer Heinrich Wacha, der im Sommer 1934 plötzlich aus seinem Amt verschwand. Nach einem Bericht der Sopade war Wacha, der kurz zuvor eine Stuttgarter BDM-Führerin geheiratet hatte – Reichsstatthalter Murr hatte als Trauzeuge fungiert –, bereits verheiratet. Wacha soll unter Mitnahme der Kasse von 20000 RM verschwunden sein.[62] Die Führung sah sich zu einer öffentlichen Stellungnahme veranlaßt, weil „aus durchsichtigen Gründen (...) die unmöglichsten Gerüchte verbreitet" würden.[63] Den Grund für eine angebliche Beurlaubung gab allerdings niemand bekannt: „Diese Gerüchte sind unwahr; die Verbreiter machen sich deshalb strafbar. Die Beurlaubung des Gebietsführers Wacha war aus dienstlichen Gründen unumgänglich. Die Gründe belasten die Hitlerjugend als nationalsozialistische Jugendorganisation in keiner Weise."[64]

Nachfolger Wachas wurde dessen Stabsleiter Erich Sundermann. Oberbannführer Rudi Brodbeck, der zusätzlich das Amt des Stabsleiters von Sundermann übernahm, hatte sich mit Auseinandersetzungen an der Bannführerschule der württembergischen HJ, die am 26. Juni 1933 in Sillenbuch gegründet worden war, auseinanderzusetzen. Die Schulleitung übernahm im August 1933 der Tübinger HJ-Führer Oskar Riegraf. Zwischen ihm und dem Sportlehrer kam es zu Reibereien, insbesondere als Riegraf im Frühjahr 1934 zum Bannführer ernannt worden war, während sein älterer, verheirateter Parteigenosse sich weiterhin mit dem Rang eines Unterbannführers bescheiden mußte. Der benachteiligte Sportlehrer schrieb Brodbeck: „Wo ist ein junger Mann in Deutschland im Alter von 24 Jahren ohne abgeschlossene Berufsausbildung, ohne anstrengende Tätigkeit und ohne größere Verantwortung, der ledig ist und unter den heutigen Verhältnissen ein monatliches Einkommen von etwa RM 190,– rein netto hat."[65]

Im Sommer 1936 umfaßte die Gehaltsliste der hauptamtlichen HJ-Führer im Gebiet 20 (Württemberg) über 100 Personen. Bei der Gebietsführung bestanden zu dieser Zeit neben dem Stab Abteilungen für Organisation, Personal, Verwaltung, Presse und Propaganda, Sozialwesen, Grenz- und Auslandsfragen, Kultur, Gesundheit, körperliche und weltanschauliche Schulung, bei denen insgesamt über 50 Personen beschäftigt waren. Die Bannführung in Stuttgart umfaßte neben dem neuen Bannführer Paul Mayer (Trostel war mittlerweile Adjutant im Gebietsstab geworden) und einem Geldverwalter weitere elf hauptamtliche Mitarbeiter.[66] Der bestbezahlte HJ-Führer im Gebiet war der Gebietsgeldverwalter, der mehr verdiente als Gebietsführer Sundermann. Offenbar wollte man den obersten Kassier vor Versuchungen bewahren.

Ende 1934 gab es in Stuttgart rund 5500 Angehörige des HJ-Banns 119 und 9000 Mitglieder des Deutschen Jungvolks für die Zehn- bis Vierzehnjährigen. Der Untergau 119 des Bundes Deutscher Mädel registrierte 4500 Mitglieder, die Zahl der Jungmädel in Stuttgart belief sich auf rund 5500.[67] Die Führung des BDM unterstand der HJ-Führung sowohl im Reich wie am einzelnen Standort. Wie die Führer und Sachbearbeiter des Jungvolks waren die Führerinnen des BDM und der Jungmädel dem Bannführer verantwortlich. Neben der allgemeinen HJ waren 1933 und 1934 bereits spezielle Formationen entstanden wie Spielmanns- und Musikzüge, Spielscharen sowie eine Rundfunkspielschar. Besonderer Beliebtheit erfreuten sich Motor- und Flieger-HJ, interessante Kenntnisse vermittelten ebenso die Marine- und die Nachrichteneinheiten. Die Gliederung innerhalb Stuttgarts erfolgte nach Unterbannen bei der HJ, Stämmen beim Deutschen Jungvolk und nach Ringen beim BDM und den Jungmädeln.[68]

Aus Anlaß eines „Kampfmonats" der HJ im Juni 1935 schrieb Obergebietsführer Sundermann: „Der Dienst in der Hitler-Jugend ist eine Angelegenheit eines jeden einzelnen und der Ehre eines jeden einzelnen. Ein Junge, der nicht Kämpfer ist, kann auch seiner Mutter keine Ehre machen." Und die anderen Jugendverbände warnte Sundermann: „Es soll sich keiner einbilden, daß der Nationalsozialist auch nur einen Finger breit von dem Anspruch auf Totalität abgeht."[69] In einem Tagesbefehl zum 1. Juni 1935 wiederholte Sundermann diese Argumente in prägnanter Form: „Seid wachsam! Zerschlagt jede Sonderbündelei. (. . .) Ein Junge hat nur Ehre, wenn er kämpft!"[70] Bei den örtlichen Führern klangen die Postulate dann noch platter. So forderte der Führer der HJ in Sillenbuch und Rohracker vom Bürgermeisteramt eine Adressenliste aller 14- bis 18jährigen Buben mit folgender Begründung: „Wir wollen alle Jungs so lange bearbeiten, bis sie von unserer Idee überzeugt sind und zu uns kommen."[71] Das Sillenbucher Bürgermeisteramt händigte der HJ die Liste aus.

Das Selbstbewußtsein mancher HJ-Führer, das aus solchen Sätzen sprach, machte der Stadtverwaltung zu schaffen, denn die HJ ließ sich mit Ausnahme der Personalkosten für hauptamtliche Mitarbeiter ihre Unkosten aus der Stadtkasse bezahlen. Die direkten Aufwendungen der Stadtverwaltung und die Sachleistungen für die HJ in Stuttgart

III. 6. Die Gleichschaltung der Jugend

beliefen sich im Jahr 1937 auf über 200000 RM.[72] Klagen über das selbstherrliche Auftreten der Jugendführer und Jugendführerinnen äußerten auch Parteifunktionäre. Unterbannführer Hermann Maier, der die Interessen der Staatsjugend innerhalb der Ratsherrenschaft vertrat, stieß wiederholt auf die gemeinsame Ablehnung der Stadtverwaltung und der übrigen Ratsherren. Anfang 1937 zählte man in Stuttgart rund 16000 männliche und 15000 weibliche Jugendliche, die in der HJ organisiert waren.[73] Das entsprach einem Organisationsgrad von knapp 72 Prozent bei den Buben und fast 54 Prozent bei den Mädchen.

Die Reichsjugendführung erklärte das Jahr 1937 zum „Jahr der Heimbeschaffung". Mit Unterstützung der Reichsregierung forderte die Führung der HJ einen eigenen Raum für jede Schar (Mädelschar, Jungzug) für Gruppenabende und andere Veranstaltungen. Bezahlen sollten diese Bauten die Kommunen, während die HJ eigene Vertrauensarchitekten mit der Planung beauftragte. In Stuttgart kam es deshalb zu langwierigen Verhandlungen und ernsten Differenzen mit der Stadt, ehe die wirtschaftliche Entwicklung die Pläne überflüssig machte.[74] Der Spielraum der HJ-Führer war begrenzt: paramilitärische Ertüchtigung am Schießstand, im Gelände und bei Luftschutzübungen war das Ziel der HJ bei der männlichen Jugend. Die Mädchen übten ihre künftige Rolle als deutsche Hausfrau und opferbereite Mutter noch zu einer Zeit, da die Zahl der berufstätigen Frauen in Stuttgart angesichts der rüstungsbedingten Hochkonjunktur stieg.

Nachdem seit dem „Gesetz über die Hitler-Jugend" im Dezember 1936 ein Großteil der Jugendlichen erfaßt worden war, setzte die zweite Durchführungsverordnung zu diesem Gesetz vom 25. März 1939 den Schlußstein unter die Gleichschaltung. Sie formulierte eine Dienstpflicht für alle Jugendlichen analog zum Wehr- oder zum Arbeitsdienst.[75]

Obwohl die HJ im Prozeß der Gleichschaltung mit Unterstützung der staatlichen Stellen einen Erfolg nach dem anderen verzeichnen konnte, blieb die Situation innerhalb der württembergischen und der Stuttgarter Führung kritisch. Oberbannführer Wilhelm Trostel verübte am 30. Juli 1938 Selbstmord. Gebietsführer Sundermann schrieb an die Führer der württembergischen HJ-Banne: „Sein Tod galt der Wiederherstellung seiner Ehre", erwähnte jedoch den Freitod nicht.[76] Briefe des früheren Schulleiters der Gebietsführerschule, Riegraf, der zu dieser Zeit den HJ-Bann in Nürtingen leitete, nährten die Vermutung, daß die Führer der württembergischen HJ zerstritten waren. Im November 1938 ließ er einen Freund wissen: „Was bei uns in der HJ gegenwärtig für ein Laden ist, wirst Du ja sicher wissen. Es passieren Dinge, die man als anständiger Mensch bald nicht mehr mitmachen kann." Von einem entlassenen Bannführer erbat er eine ausführliche Schilderung der Umstände: „Bei dem allgemeinen Saustall, der gegenwärtig bei der Gebietsführung herrscht, habe ich die Absicht, mein Teil dazu beizutragen, damit diese Zustände so oder so ein baldiges Ende finden. Dazu brauche ich auch Deinen Roman."[77]

Der Selbstmord Trostels, der über entsprechende Kontakte verfügte, ließ Geldquellen versiegen. Im Gebiet 20 mußte die HJ 70 von 200 hauptamtlichen Angestellten entlassen.[78] Aber nicht nur die Führung, auch die Basis bereitete zunehmend Sorgen. Nach Angaben der Stuttgarter Kriminalpolizeileitstelle waren von 261 Sittlichkeitstätern, die sie im ersten Vierteljahr 1939 ermittelt hatte, 54 HJ-Angehörige. Ein SD-Bericht sprach von einem bedenklichen Zustand; mit allen Mitteln müsse hier gesäubert werden.[79]

Kapitel IV
Widerstand und Verfolgung

1. „Jetzt hat der andere Kurs nichts mehr zu sagen."
Die Ausschaltung der politischen Gegner 1933

Unmittelbar nach der Ernennung Hitlers zum Reichskanzler hatten Kommunisten und Sozialdemokraten in Stuttgart durch spektakuläre Einzelaktionen Zeichen gesetzt.[1] Noch vor der Reichstagswahl vom 5. März 1933 hatte die Regierung mit der Reichstagsbrandverordnung den Apparat der KPD weitgehend lahmgelegt. Im Unterschied zu Preußen betraf die erste Welle der Ausschaltung in Stuttgart nicht die SPD. Nach der Wahl gaben die Nationalsozialisten aber jede Zurückhaltung auf. Als sich mit den Aufmärschen und Flaggenhissungen am 7. März auch die Machtübernahme in Stuttgart ankündigte, bereitete der Gauführer des Reichsbanners Schwarz-Rot-Gold, Karl Molt, einen Angriff auf die Nationalsozialisten vor. Dazu kam es jedoch nicht; nachträglich kommentierte Molt:
„Die ganze Nacht lagen ca. 2000 Mann bewaffnet den Nazis gegenüber. Wir wollten in dieser Nacht die Nazis aus allen von ihnen besetzten Punkten heraushauen. Das wäre uns auch für Stuttgart gelungen, wohl sehe ich heute, daß es auf Stuttgart begrenzt geblieben wäre und wir schon in den nächsten Tagen zusammenkartätscht worden wären. Die Herren Parteibonzen haben mich aber an der Herausgabe (der Befehle) durch ihr Intrigenspiel behindert, so daß ich den Einrückbefehl geben mußte, welcher auch in vollständiger Ordnung vor sich ging."[2]
Am nächsten Tag übernahm SA-Gruppenführer von Jagow als Polizeikommissar das Kommando. Zwei Tage später ernannte er einige hundert Hilfspolizisten aus den Reihen von SA, SS und Stahlhelm, um sich eine verläßliche Truppe zu schaffen. Führende Sozialdemokraten wie Frieder Wurm, der Parteivorsitzende in Heslach, resignierten:
„An dem Tag (8. 3. 33) haben wir im Metallarbeiterheim in der Kanzleistraße getagt. Am nächsten Tag noch einmal. Als dann die Meldung kam, daß im Akademiehof die Hakenkreuzfahne hochgezogen wird und der Jagow die Parade abnimmt, da haben wir uns gesagt, jetzt hat der andere Kurs nichts mehr zu sagen, ist ein hoffnungsloser Fall. Da haben wir intern die Segel gestrichen."[3]

Bewaffneter Widerstand mit „ein paar Maschinengewehrle" schien aussichtslos. Nun ging es Schlag auf Schlag. In der Nacht zum 11. März verhaftete die Polizei rund 200 Kommunisten in Stuttgart, sammelte sie in der Reithalle und verschleppte sie über eine Kaserne in Ulm ins neugegründete Schutzhaftlager auf dem Heuberg bei Stetten am Kalten Markt.[4] Uniformierte Nationalsozialisten besetzten die Redaktionsgebäude der „Süddeutschen Arbeiterzeitung", die seit dem 2. März verboten war, und der „Schwäbischen Tagwacht", die am 10. März letztmals erschien.[5] Mit Bezug auf die Reichstagsbrandverordnung verbot Jagow an diesem Tag sämtliche Druckschriften der SPD und ihrer Nebenorganisationen.[6] Am 13. März ließ er das Vermögen aller „Hilfsorganisationen" der KPD, von Arbeitersport- und von Waldheimvereinen beschlagnahmen. Selbst der Zeitungsvertrieb eines Kommunisten in der Paulinenstraße galt in diesem Sinne als kommunistische Hilfsorganisation.[7] Die Naturfreunde konnten ihre Gaukonferenz am 11./12. März nicht mehr abhalten. Kurz vor Beginn der Veranstaltung erreichte Gauobmann Kern die Nachricht vom Verbot. Da die Delegierten nicht mehr benachrichtigt werden konnten, wurden sie bei der Ankunft am Hauptbahnhof oder vor dem Tagungslokal abgefangen. Die Konferenz fand daraufhin beim Rotwildpark statt, die letzte Tagung Ende März in einem Waldstück bei Esslingen.[8]

Die Nationalsozialisten operierten mehrgleisig. Während die kommunistischen Organisationen und Arbeitervereine verboten waren, erlaubten sie der SPD zunächst ein Schattendasein. Die SPD war weitgehend lahmgelegt und verunsichert über ihren weiteren Kurs. In der zweiten Märzhälfte wurden auch aktive Sozialdemokraten verhaftet. Die übrigen Parteien umwarb die NSDAP, weil sie deren Zustimmung zum Ermächtigungsgesetz benötigte, und bedrohte sie zugleich in ihrer Existenz.

In dieser Phase bauten die Nationalsozialisten den Polizeiapparat weiter aus. Die Gesamtstärke der Hilfspolizei betrug am 25. März bereits 2200 Personen, von denen sich 1200 in Ausbildung und 867 im Einsatz befanden. Der Schutzpolizei gehörten 3200 Männer an.[9] Bei der Polizei änderten sich laufend die Zuständigkeiten. Mit der Bildung einer neuen württembergischen Regierung unter Murr erlosch das Kommissariat Jagows, der aber vorerst noch als Polizeikommissar beim Innenminister fungierte.[10] Eher dekorative Funktion schienen Unterkommissare in den Oberämtern zu besitzen, die an Aufträge des Polizeikommissars gebunden und denen ausdrücklich Eigenmächtigkeiten untersagt waren. Schutzhaft durfte nur das Landeskriminalpolizeiamt verhängen, das dem Stuttgarter Polizeipräsidium angegliedert war. Bis zu dessen Entscheidung durften die Kommissare allerdings bei Gefahr im Verzuge Personen sistieren.[11] Aufgrund zahlreicher Übergriffe der Kommissare, zumeist SA-Führer, hob das Innenministerium diese Einrichtung schon nach wenigen Tagen wieder auf.[12] SA-Oberführer Gottlob Berger, am Anfang einer großen Karriere stehend, und SS-Standartenführer Robert Zeller blieben als ehrenamtliche Sonderkommissare beim Innen-

ministerium. Am 8. April gab Berger, nicht etwa der Innenminister, bekannt: „Anträge auf Verhängung von Schutzhaft und auf Entlassung von Schutzhäftlingen sind in Zukunft nicht mehr beim Sonderkommissar des Innenministeriums, sondern unmittelbar beim Polizeipräsidium-Landeskriminalpolizeiamt-Stuttgart, z. Hd. des Standartenführers von Haldenwang einzureichen."[13]
Offenbar hatten sich die SA- und SS-Führer lieber an ihre Kameraden Berger und Zeller gewandt und sich nicht an den schon im März vorgeschriebenen Dienstweg gehalten.
Die Ernennung des Oberndorfer Amtsrichters Dr. Mattheiß zum Sonderkommissar beim Innenministerium leitete am 21. April 1933 die Neuregelung des Polizeiwesens ein. Mattheiß erhielt die Kompetenz über Schutzhaftangelegenheiten und die Zuständigkeit für das Konzentrationslager auf dem Heuberg.[14] Eine Woche später richtete der Innenminister eine Württembergische Politische Polizei ein und löste das dem Stuttgarter Polizeipräsidium angegliederte Landeskriminalpolizeiamt auf.[15] Mattheiß, zugleich SA-Führer, übernahm die Leitung, Zeller war ihm – wohl aus Gründen des Proporzes – beigegeben. Die gleichzeitige Zuständigkeit für Polizei und Schutzhaft unter Umgehung der Justiz war damit eingerichtet.
Die Bildung von Sondergerichten brach mit der Tradition. Nach einer Verordnung der Reichsregierung wurde am 25. März beim Oberlandesgericht Stuttgart ein Sondergericht für Württemberg geschaffen, das politische Straftaten ahnden sollte. Ein vereinfachtes Verfahren und der Ausschluß der Revision öffneten der Gesinnungsjustiz Tür und Tor.[16] Dazu kamen Berufs- und Zulassungsverbote für mißliebige Richter und Anwälte. Angeklagte waren somit dem Wohlwollen der beteiligten Ermittler und Juristen ausgeliefert. Erstmals tagte das Sondergericht am 8. April 1933 unter Vorsitz von Landgerichtsdirektor Bohn. Er verurteilte einen „nichtarischen" Kaufmann wegen unberechtigten Tragens des Hakenkreuzabzeichens zu einer Geldstrafe von 300 RM; ein Schweizer Staatsbürger erhielt eine Gefängnisstrafe von einem Monat, weil er die Nationalsozialisten als Brandstifter des Reichstags bezeichnet hatte. Mit diesen Urteilen vermied das Gericht den Eindruck unmäßiger Schärfe.[17] Erst als im Jahr 1937 der Tübinger Amtsrichter Hermann Cuhorst den Vorsitz übernahm, wurde das Sondergericht zu einer berüchtigten Institution.[18]
Nach der Stabilisierung ihrer Macht verfolgten die Nationalsozialisten prominente Sozialdemokraten.[19] Die Verhaftungswelle begann, als Stuttgarts Staatskommissar Strölin die Gemeinderäte Beer, Engelhardt, Großhans, Miller und Öchsle vor dem Betreten des Rathauses gewarnt hatte.[20] Verhaftet wurde auch der Führer der religiösen Sozialisten, Stadtpfarrer Schenkel aus Zuffenhausen. Einen Tag später höhnte der „NS-Kurier": „Also wird Herr Schenkel doch noch Märtyrer, aber ohne seine Schuld! In Stuttgart interessierte sich die Polizei für einige marxistische Stadträte. Die Genossen Engelhardt und Bayh wurden gefunden und gut aufbewahrt."[21] Auch sozialde-

mokratische Juristen, unter ihnen Amtsrichter Fritz Bauer, nach 1945 Generalstaatsanwalt in Hessen, kamen in Haft.[22] Andere Funktionäre wie Erwin Schöttle, der Stuttgarter Parteisekretär, gingen in die Illegalität. Den Stuttgarter SPD-Vorsitzenden Kurt Schumacher nahm die Polizei am 6. Juli 1933 in Berlin fest.
Am 1. Mai 1933 feierten die Nationalsozialisten den „internationalen Kampftag" der Arbeiter als „Tag der Nationalen Arbeit", am 2. Mai zerschlugen sie die deutsche Gewerkschaftsbewegung. Der Allgemeine Deutsche Gewerkschaftsbund (ADGB), bisher mit der SPD eng verbunden, näherte sich seit dem 30. Januar 1933 den Nationalsozialisten und versuchte, durch Anpassung die Organisation zu retten.[23] Die Führung des ADGB rief zur Teilnahme an den nationalsozialistischen Maifeiern auf, einer Propagandaveranstaltung, bei der Arbeitgeber und Arbeitnehmer gemeinsam marschierten, umrahmt von nationalen und nationalsozialistischen Verbänden sowie bürgerlichen Sport- und Gesangvereinen.[24] Die Nationalsozialisten ließen sich durch die Haltung des ADGB nicht beeinflussen. In einem seit Wochen vorbereiteten Handstreich besetzten SA-Leute am Vormittag des 2. Mai die Büros des ADGB, seiner Einzelgewerkschaften sowie anderer Arbeitnehmerverbände. Sie verhafteten Gewerkschaftsfunktionäre, nachdem politisch aktive Gewerkschafter schon im März festgenommen worden waren. Die Aktion leiteten in Stuttgart Stadtrat Friedrich Schulz und der Geschäftsführer der Nationalsozialistischen Betriebszellenorganisation, Alex Kärcher. Die Nationalsozialisten verfolgten zwei Ziele. Sie wollten die Gewerkschaften zerschlagen und sich deren Vermögen aneignen. Der Versuch von Gewerkschaftern, wenigstens die Kassen und die Akten in Sicherheit zu bringen, gelang nur selten. Gerettete Dokumente mußten vernichtet werden, um sie dem Zugriff der Polizei zu entziehen.[25] Am 10. Mai 1933 gründeten die Nationalsozialisten die Deutsche Arbeitsfront als Zusammenschluß von Arbeitgebern und Arbeitnehmern. Die DAF sicherte sich das Vermögen, die Einrichtungen und die Häuser der Gewerkschaften.
Das zentrale „Schutzhaftlager" Württembergs befand sich auf dem Heuberg bei Stetten am Kalten Markt. Früher ein Truppenübungsplatz, stand die Anlage mit Ausnahme eines Erholungsheims lange Zeit leer und kam wegen ihrer abgeschiedenen Lage den Absichten der Nationalsozialisten entgegen. Das Lager wurde Ende der zweiten Märzwoche 1933 eröffnet. Am 24. März berichtete die Presse bereits von 1500 und eine Woche später von 2000 Häftlingen.[26] Bis etwa zum 21. März befanden sich auf dem Heuberg ausschließlich Kommunisten; der „NS-Kurier" sprach von einem „Konzentrationslager für die KPD-Arbeiterverräter". Nach einer Besichtigung durch Stuttgarter Pressevertreter am 11. April berichtete Polizeipräsident Rudolf Klaiber: „Das württembergische Landeskriminalpolizeiamt hat schon seit längerer Zeit vorgesehen, zu gegebener Zeit die kommunistischen Funktionäre auf einen Schlag festzunehmen. Ein telegraphisches Stichwort genügte auch, um zur selben Stunde etwa 500 Funktionäre zu verhaften. Auch eine zweite Garnitur von Festnahmen war längst vor-

IV. 1. Die Ausschaltung der politischen Gegner 1933

bereitet. Durch die nationale Revolution wurde der Personenkreis aber wesentlich erweitert. Da die Gefängnisse nicht ausreichten, mußte ein Konzentrationslager geschaffen werden, wozu sich das Heuberglager am besten eignete."[27]
Klaiber bestätigte damit, daß sich der nationalsozialistische Polizeikommissar auf die Vorarbeit des Landeskriminalpolizeiamts stützte. Er erläuterte auch seine Vorstellungen von der Schutzhaft: „Ein Teil der Gefangenen ist in Schutzhaft, um sich selbst zu schützen, der weitaus größere Teil aber, um die Bevölkerung vor ihnen zu schützen, weil von ihnen angenommen wird, daß sie die nationale Erhebung stören."[28] In einer Erklärung, die am 25. März in der Presse erschien, informierte die Polizei die Angehörigen der Häftlinge über das Lager:
„Die Gefangenen sind gemeinschaftlich untergebracht und werden zu geeigneter Arbeit herangezogen werden. Sie können in beschränktem Umfang Post empfangen (Schutzhaftlager Heuberg bei Stetten am Kalten Markt) und absenden. Die Post unterliegt einer scharfen Kontrolle. Besuche sind bis auf weiteres nicht gestattet. Urlaub wird nicht erteilt. Entsprechende Gesuche sind daher zwecklos."[29]
Das Lager stand zuerst unter der Leitung des Landeskriminalpolizeiamts, danach der neu eingerichteten Württembergischen Politischen Polizei. Kommandant war seit Ostern 1933 der aus Degerloch stammende SA-Mann Karl Buck.[30] Offiziell gab es drei Kategorien von Häftlingen: Stufe I bildeten Spitzenfunktionäre von KPD und SPD, wichtige Mandatsträger zumeist und führende Gewerkschafter. Klaiber nannte sie vor der Presse die „Stammkundschaft". Stufe II waren Mitglieder und niedrigere Amtsträger der Arbeiterparteien. Wer sich in Stufe III vorgearbeitet hatte, durfte mit etwas Glück auf seine baldige Entlassung hoffen.[31] Die Häftlinge ließen sich nicht auseinanderdividieren. Der Versuch der Wachmannschaften, die Häftlinge gegen prominente Politiker wie den früheren Landtagsabgeordneten Pflüger und den Landesvorsitzenden Roßmann von der SPD sowie den DDP-Landtagsabgeordneten Fischer aufzuhetzen, scheiterte.[32] Im Dezember 1933 wurde das Schutzhaftlager aufgelöst, und die Häftlinge wurden in die Gewölbe der ehemaligen Festung auf dem Ulmer Kuhberg verlegt. Auch in den Gefängnissen in und um Stuttgart sowie im Arbeitshaus Vaihingen/Enz hielt die Polizei 1933 politische Gegner ohne Prozeß fest.[33]
In einem Lagebericht zog die Württembergische Politische Polizei im November 1933 eine Bilanz.[34] Wegen der scharfen Wendungen gegenüber Großbourgeoisie und katholische Kirche kommt als Verfasser der Chef der Politischen Polizei im Land, Mattheiß, in Frage. Er zeigte sich erstaunt über das hohe Maß an Zustimmung beim Plebiszit aus Anlaß des Austritts aus dem Völkerbund. In Stuttgart hatten sich nur fünf Prozent der Wähler dagegen ausgesprochen. Die nationalsozialistische Herrschaft sei in keiner Weise gefährdet. „Mit einer gewissen Befriedigung" stellte der Berichterstatter fest, daß nicht nur die KPD, sondern „auch ihr geistiger und weltanschaulicher Zusammenhalt restlos gebrochen sei". Er warnte andererseits davor, die

Stabilität des Regimes zu überschätzen. Eine Fülle von politischen Gesinnungsgemeinschaften warte nur auf „Fehler am Schaltbrett". Nach wie vor seien bei der Industriearbeiterschaft „Elemente marxistischen (und...) bemerkenswerte Reste gewerkschaftlichen (klassenkämpferischen) Denkens" vorhanden. Nicht weniger problematisch sei die Tatsache, daß in Staat und Gesellschaft „die Übernahme meist nur oberflächlich und äußerlich gleichgeschalteter Elemente, sogar in führende Stellungen des neuen Amtswalterapparates, unvermeidlich war". Liberale und Demokraten könnten sich wesentlich leichter tarnen als „Marxisten". Zu den unzuverlässigen Gesinnungsgemeinschaften zählte die Politische Polizei Anhänger des Zentrums – „ein System von abgefeimten, verschlagenen und hinterlistigen Dunkelmännern", denen einfache Nationalsozialisten häufig nicht gewachsen seien, sowie separatistische altwürttembergische Kreise und die hochkapitalistische Großbourgeoisie. Letztere habe im Unterschied zum Ruhrgebiet keinen eigenen Stand entwickelt und sich zumeist bei den Liberalen engagiert, verfüge aber aufgrund ihrer Finanzmittel und Auslandskontakte über unerwünschten Einfluß. Breiten Raum widmete der Verfasser den inneren Zuständen der NSDAP. Er bemängelte die geringe Geschlossenheit, die die nationalsozialistische Bewegung schwäche und die Stabilität des Regimes bedrohe. Wenn das System gesichert dastehe, sei dies in erster Linie der Beamtenschaft und dem Bürgertum zu danken. „Dieses konservative, sozial empfindende Bürgertum steht heute fast restlos auf dem Boden der nationalsozialistischen Weltanschauung."[35]

2. „Im Massenstreik allein stürzt die faschistische Diktatur." Die illegale KPD in Stuttgart

Die KPD hatte sich in den Jahren vor der Machtübernahme der Nationalsozialisten in Württemberg wenig geschlossen präsentiert. Richtungskämpfe hatten die Partei geschwächt, Funktionäre verließen die Partei. Dies schlug sich bei den Wahlen nicht nieder; bei den Gemeinderatswahlen 1931 erzielte die KPO nur 1,9 Prozent, während sich die KPD auf 18,2 Prozent verbesserte.[1] Jedoch verlor die KPD mit wachsender Arbeitslosigkeit und wegen ihrer Gewerkschaftspolitik an Einfluß in den Betrieben. Die KPD, die die Sozialdemokratie als Sozialfaschisten bezeichnete, hatte bereits im Sommer 1932 damit begonnen, eine illegale Organisation zu schaffen.
So bestand trotz der Verhaftung von 500 Kommunisten im März und April 1933 ein organisierter Parteiapparat um den schon im Februar untergetauchten Bezirksleiter Albert Buchmann. Über seine Ehefrau hielt er Kontakt zu einzelnen illegal lebenden Führungsmitgliedern der Partei. Erika Buchmann berichtete: „Wir trafen uns nachts in den Wäldern um Stuttgart und bei seinen Quartiergebern in Vaihingen, Degerloch, Ostheim usw., um ihm Nachrichten, Material usw. zu bringen und von ihm entgegen-

IV. 2. Die illegale KPD in Stuttgart

zunehmen, ihn über alles Wissenswerte zu informieren und von ihm verfaßte Artikel, Flugblätter usw. zur Vervielfältigung abzuholen."[2]
Buchmann und Eugen Widmaier veranlaßten die Feuerbacher Genossen Jakob Kraus (seit 1931 dortiger Stadtrat) und Willy Claß, die Partei im Lande wieder aufzubauen.[3] Claß hielt sich mehrfach in Heilbronn auf, organisierte konspirative Gruppen und löste den bisherigen Führer Walter Leitner ab, der sich in der Stadt nicht mehr halten konnte. Zu Claß' Entsetzen hielten die Heilbronner Genossen an Ostern 1933 auf dem Heuchelberg ein Unterbezirkstreffen ab, an dem rund 30 Personen teilnahmen. Claß sprach über die illegale Arbeit, und es ereigneten sich keine unliebsamen Zwischenfälle.[4] Anschließend baute Claß mit Richard Ulmer einige Fünfer-Gruppen in Esslingen auf. Außerdem beauftragte Buchmann den früheren Chefredakteur der „Süddeutschen Arbeiterzeitung", Willi Bohn, in der Schweiz Unterstützung zu suchen, damit zum 1. Mai 1933 eine illegale Ausgabe des Blattes erscheinen konnte. Bohn gelangte mit Hilfe des Allensbacher Malers Otto Marquardt und Schweizer Freunden nach Zürich und konnte dort die Herstellung in die Wege leiten.[5] Als Anlaufstellen für die in Kisten verpackten Sendungen dienten Geschäfte von Genossen oder Deckadressen. Der Postversand an gewerbetreibende Kommunisten war ein hohes Risiko, das beispielsweise Hermann Kalb, Inhaber eines Porzellan- und Keramikgeschäfts, und seinem Verteilerkreis Mitte Juni 1933 zum Verhängnis wurde.[6]
Nachdem Anfang Mai Buchmann und Widmaier verhaftet worden waren, reorganisierte das Zentralkomitee den Apparat, Frauen übernahmen nach dem Zeugnis von Erika Buchmann wichtige Aufgaben.[7] Als erster Beauftragter des Zentralkomitees erschien der Münchner Funktionär Stenzer, der aber bereits nach zwei Sitzungen der Polizei in die Hände fiel und ermordet wurde. Die Verteilung von mehreren tausend Exemplaren der illegalen „Süddeutschen Arbeiterzeitung" sowie einige Versammlungen zum 1. Mai waren Erfolge der Widerstandsgruppe. Im Schurwald bei Esslingen fand eine Maifeier statt, an der Stuttgarter Kommunisten und die Naturfreunde Cannstatt zusammenkamen. Solche „Großveranstaltungen" widersprachen jeder konspirativen Regel. Dies mußten die Teilnehmer eines Treffens der Roten Sportler, wie sich die kommunistischen Arbeitersportler nannten, an Pfingsten 1933 leidvoll erfahren. In Überschätzung der Anfangserfolge trafen sich bei Aichhalden mehrere hundert Rote Sportler; Willy Claß sollte dabei im Auftrag der Bezirksleiter als Instrukteur nach weiteren Verbindungen suchen. SA und Polizei sprengten indessen die Versammlung und verhafteten viele der Anwesenden. Claß gelang die Flucht. Er nahm Kontakt zur illegalen KP in Schwenningen und Tuttlingen auf.
Nachfolger von Stenzer als illegaler Bezirksleiter wurde Max Opitz, der im Juli 1933 in Stuttgart eintraf. An einer ersten Besprechung in der Wohnung von Hans Meitz nahmen Jakob Kraus, Walter Leitner und zwei weitere Instrukteure, vermutlich auch Claß, teil.[8] Wegen negativer Erfahrungen und eines Spitzelverdachtes gab es keine Sit-

zungen mehr und nur Treffen einzelner, meist im Freien. Mißtrauen behinderte auch die Verbindung der Bezirksleitung des Kommunistischen Jugendverbandes (KJVD) für Württemberg, der im März 1933 nach seinem Verbot die illegale Arbeit aufgenommen hatte. In einem Flugblatt an „Jungarbeiter, Studenten und Soldaten" hieß es: „Der Kommunistische Jugendverband in Württemberg ist verboten! Mord und Terror über Deutschland. (. . .) Rüstet zum Protest und Massenstreik, bereitet den Generalstreik vor! Kämpft für die Arbeiter- und Bauernrepublik!"[9]
Bezirksleiter des KJVD war seit Dezember 1932 der aus Bremen stammende Hans Gohde. Bereits Anfang Februar wurde das Büro vom Schwarzen Bären in der Esslinger Straße in eine Werkstatt in der Weberstraße verlegt. Nachdem die Polizei die Aktivisten in Stuttgart entdeckt hatte, fiel ihr belastendes Material in die Hände, das die regelmäßige Arbeit nach März 1933 bewies. Unter anderem hatte die Bezirksleitung in Stuttgart am 1. April 1933 in einem Rundschreiben den Unterbezirken konkrete Anweisungen für eine konspirative Tätigkeit zukommen lassen. Darin hieß es: „Wir brauchen jetzt keine Leitung von 10 Mann und mehr, sondern die Hauptarbeit muß in den Bezirksstellen, Fünfer-Gruppen und Ortsgruppen liegen. Die UB-Leitung besteht in Zukunft nur noch aus drei Genossen, (. . .) Keiner soll wissen, wer zum Sekretariat gehört. (. . .) Die Fünfer-Gruppen hatten bisher nur die Aufgabe, sich zu kassieren. Sie sollen jetzt aber, neben der unbehelligt durchzuführenden Kassierung, politische Einheiten werden, d. h. die Fünfer-Gruppe muß gleichfalls auf alle Ereignisse reagieren (die Maßnahmen der Regierung, SA-Banditen, Lohn- und Unterstützungsraub usw.), Flugblätter, Orts- und Stadtteilzeitungen herausgeben, malen, kleben, Sprechchöre machen, fliegende Versammlungen usw."[10]
Im Mai erschien ein Beauftragter des ZK in Stuttgart, der zur Tarnung Sportriegen und Wandervereinigungen gründen ließ, so die „Stöckacher Wanderfreunde". Die Zeitschrift „Die Junge Garde" wurde in „IG-Sportzeitung" umbenannt. Die Sportler ließen während der Eröffnungsveranstaltung des Deutschen Turnfestes Luftballons mit antifaschistischen Parolen steigen.[11] Verbindungsmann der illegalen KPD-Bezirksleitung zur Jugendorganisation war Franz Riegg. Nach internen Differenzen bemühte sich im Juli 1933 die Instrukteurin Fanny Wiesenfeld, eine neue Bezirksleitung ohne Gohde zu bilden. Bei einem illegalen Treffen nahm die Politische Polizei am 1. August Gohde und die Mitglieder der neuen Bezirksleitung in der Nähe der Wilhelma fest. Zu diesem Zeitpunkt besaß der KJVD in Württemberg etwa 300 Mitglieder.[12]
Auch die illegale KPD hatte nach wenigen Monaten ihrer Tätigkeit Verluste zu beklagen, weil sie auch in der Illegalität als Massenpartei eine breite öffentliche Wirkung entfalten wollte. Als im Herbst 1933 die Prozesse gegen kommunistische Widerständler begannen, gehörten das Verteilen und der Kauf illegaler Schriften zu den Anklagepunkten. Diese Tätigkeit galt den Gerichten als Vorbereitung zum Hochverrat. Die Strafen für Hochverrat hatte die Regierung im April 1934 verschärft.[13] Der Volksge-

27 Erwin Schöttle, er überlebt im Exil in der Schweiz und in England.

28 Liselotte (Lilo) Herrmann, hingerichtet 20. 6. 1938

29 Alfred Merck, gestorben an Haftfolgen 1. 5. 1937

30 Jakob Kraus, ermordet im Polizeigefängnis „Büchsenschmiere" 27. 1. 1943
31 Karl Molt, er überlebt illegal in der Schweiz.
32 Wehrmacht-Ausschließungsschein für Otto Wahl, der die KZ Dachau und Buchenwald überlebt

richtshof wurde geschaffen. Doch wegen der Vielzahl gab er häufig Verfahren an die Oberlandesgerichte ab.[14] In einem der ersten Strafverfahren, in dem die Anklage auf Vorbereitung zum Hochverrat lautete, stellte der Strafsenat des Oberlandesgerichts Stuttgart fest, daß auch bei einem Nichtmitglied kommunistischer Organisationen und einer Ablehnung des Programms der KPD „aufgrund allgemeiner Lebenserfahrungen" davon auszugehen sei, daß der Besitz der „Süddeutschen Arbeiterzeitung" ein grundsätzliches Einverständnis mit kommunistischen Zielen bedeute. Diese wiederum erklärte das Oberlandesgericht generell für hochverräterisch.[15] Bei der Strafzumessung unterschieden die Richter Verkauf, Verteilung oder bloße Lektüre der illegalen Schriften.

Die illegale Ausgabe der „Süddeutschen Arbeiterzeitung" zum 1. Mai zeigte eine optimistische Einschätzung der Lage, die eher dem Wunschdenken als realer Analyse entsprang: „Die Kommunistische Partei ruft euch auf: die Straße frei für die revolutionären Massendemonstrationen des antifaschistischen Proletariats. Streiks und Demonstrationen gegen kapitalistische Ausbeutung und Unterdrückung. (. . .) Im Massenstreik allein stürzt die faschistische Diktatur."[16] Das Exekutivkomitee der Komintern zitierte die Mai-Ausgabe der „Süddeutschen Arbeiterzeitung":
„Die augenblickliche Stille nach dem Siege des Faschismus ist nur eine vorübergehende Erscheinung. Der revolutionäre Aufschwung in Deutschland wird trotz des faschistischen Terrors unvermeidlich ansteigen. Die Errichtung der offenen faschistischen Diktatur (. . .) beschleunigt das Tempo der Entwicklung Deutschlands zur proletarischen Revolution."

Diese politische Bewertung und ihre praktische Umsetzung – Erhalt der traditionellen Struktur einer Massenpartei mit regelmäßigem Materialdienst und Beitragszahlungen – gefährdeten die Beteiligten. Die Fülle von Verhaftungen und Verurteilungen zeigte dies.[17] Die Festnahme von Jakob Kraus am 18. Oktober bildete den Auftakt zu einer Verhaftungswelle, bei der am 31. Oktober auch Franz Riegg und zwei Tage später der Bezirksleiter Max Opitz neben anderen Funktionären der Polizei in die Hände fielen. Die Ermittlungsbehörden stellten fest, daß „die Angeklagten Riegg und Opitz entweder der B. L. (Bezirksleitung) angehörten oder zum mindesten derselben nahestanden". Die Untersuchungen ergaben weiter, daß im Sommer 1933 zunächst Leitner, dann Walter Vielhauer „die Überwachung der Stuttgarter Stadtteile der KPD und die Herstellung der Verbindung zwischen ihnen gemeinsam mit dem Angeklagten Kraus oblag". Leitner war hierbei für die Stadtteile Westen, Süden, Mitte, Prag und Botnang zuständig. Anschließend sei er für kurze Zeit nach Heilbronn geschickt worden. Leitner, der erst im März 1934 in München in die Fänge der Polizei geriet, war nach Festnahme des Kreises untergetaucht und in die Schweiz geflohen. Er traf sich dort mit Willi Bohn, nahm an einem Schulungskurs für die illegale Arbeit in Zürich teil und reiste Mitte Februar 1934 mit neuem Auftrag nach München. Auch die Rolle von

Willy Claß als Organisator für den Bereich Heilbronn im Frühjahr 1933 wurde aufgedeckt. Aus diesen Angaben wird deutlich, daß die Politische Polizei im Herbst 1933 den Kern der illegalen Stuttgarter KPD entdeckt hatte. Das Verfahren gegen Riegg, Opitz und Genossen bewies, daß die Bezirksleitung ein Schreibbüro unterhalten hatte. Es befand sich in der Stöckachstraße und wurde im Herbst 1933 nicht von der Polizei entdeckt. Dort diktierte Opitz Gertrud Schlotterbeck aus Luginsland, die bereits vor 1933 im Büro der KPD gearbeitet hatte, Flugblätter und illegale Schriften. Wie Claß berichtete, waren mehrere Abzugsapparate gerettet worden. Mit ihrer Hilfe konnten dann die am Stöckach auf Wachsplatten geschriebenen Texte vervielfältigt werden.[18] Den Angeklagten wurden die Vervielfältigung und Verbreitung zahlreicher Schriften nachgewiesen:

„Pionier des Marxismus-Leninismus, Funktionärsorgan der KPD, Bezirk Württemberg, Ausgabe September 1933 und Oktober 1933". Vier Nummern des „NS-Kurier, neuer Schnellkurier der KPD Württembergs", „Klassengewerkschafter, Organ zur Organisierung revolutionärer Klassengewerkschaften", Oktober 1933. Eine Broschüre „Kampf gegen imperialistischen Krieg und Faschismus".

Im Verfahren gegen Kraus und Genossen stand die Verteilung von Schriften im Mittelpunkt, die über die Transportkolonne Otto nach Stuttgart gelangt waren. Darunter befanden sich die Tarnschriften „Elektrolux, der beste Staubsauger", eine Darstellung der nationalsozialistischen Greueltaten seit dem Reichstagsbrand, und „Das gute Opelrad", eine Abhandlung des früheren Reichstagsabgeordneten der KPD Heckert über die politischen Ereignisse im Reich. In diesem Zusammenhang überführte das Oberlandesgericht den Angeklagten Dollmaier, von einem Kurier aus Schaffhausen einen Koffer mit dem „Braunbuch" zum Reichtagsbrand in Empfang genommen und seine Verteilung organisiert zu haben. Die Broschüren und Zeitschriften gelangten über ein weitverzweigtes Verteilernetz in die einzelnen Stadtteile, wo sie verkauft wurden und von Hand zu Hand gingen. Vor Inkrafttreten der verschärften Gesetze verhängten die Gerichte für diese Tätigkeit in der Regel Gefängnisstrafen bis zu zwei Jahren. Den im Oktober und November 1933 verhafteten führenden Aktivisten konnte aber zum größten Teil der Verkauf von Schriften nachgewiesen werden, was sich strafverschärfend auswirkte.

Über Gertrud Schlotterbeck stießen die ermittelnden Polizeibeamten auf Karl Ackermann, 1932 Unterbezirksleiter der Roten Hilfe in Rottweil und Spaichingen und seit April 1933 illegal in Stuttgart. Nach Erkenntnissen der Fahnder zählte Ackermann zwar nicht zur Bezirksleitung, aber zum engeren Führungskreis der illegalen Roten Hilfe (RH) in Stuttgart; einem Erinnerungsbericht zufolge war Ackermann hingegen bis zu seiner Verhaftung sogar Leiter der RH in Württemberg.[19] Gertrud Schlotterbeck versah seit Anfang August 1933 die Geschäfte einer Kassiererin im Bezirk, wo sie Beiträge, freiwillige Spenden sowie den Erlös von illegalen Schriften der

RH verwaltete und sich mit den Kassierern der Ortsgruppen traf. Ackermann prüfte die Abrechnungen, diktierte Briefe, darunter im Oktober 1933 einen Halbjahresbericht an den Zentralvorstand über die bisherige illegale Arbeit. Wie geschildert, arbeiteten KPD und RH zusammen; die Organisationen blieben getrennt. Die Verbindung ergab sich aus einem Verfahren vor dem Sondergericht am 16. Mai 1934. Es verurteilte sechs Angeklagte wegen „Verbrechens der Beihilfe zur Aufrechterhaltung einer verbotenen Partei in Tateinheit mit dem Vergehen der Betätigung für eine verbotene politische Organisation" zu Gefängnisstrafen zwischen sechs Monaten und zwei Jahren.[20] Die Angeklagten hatten in Heslach die Arbeit der Roten Hilfe weitergeführt und in einer Schuhmacherwerkstätte in der Adlerstraße eine Anlaufstelle für Kuriere und für illegale Druckschriften eingerichtet. Im Mai und Juli 1933 vermittelte der Schuhmachermeister den Kontakt eines norddeutschen Kuriers zu einem führenden Funktionär. Das Stichwort des Kuriers lautete: „Können Sie mir innerhalb 24 Stunden ein Paar Schuhe machen?' Die Antwort hatte zu lauten: 'Leider nicht möglich, ich kann aber die Adresse eines Freundes geben, der das kann.'"[21] Anfang März 1934 stellte sich in der Werkstätte ein Beamter der Geheimen Staatspolizei aus Berlin mit dieser Parole vor und ließ sich zum Unterbezirksleiter vermitteln. Als dieser vom organisatorischen Zusammenhalt und dem Einkassieren der Mitgliedsbeiträge berichtete, gab sich der Besuch aus Berlin zu erkennen und ließ sein Gegenüber festnehmen. Das Sondergericht unter Vorsitz von Landgerichtsdirektor Flaxland wertete die illegale Betätigung als Beihilfe und verzichtete auf eine Zuchthausstrafe.

Nach Erkenntnissen des Politischen Landespolizeiamts war die Rote Hilfe die einzige kommunistische Organisation, die von Beginn der Illegalität an bis Ende 1934 „fast ununterbrochen weiter funktionierte. (...) Ihr Funktionärskader schien unerschöpflich und in der Herausgabe von Material trat nie eine allzulange Pause ein."[22] Ihr Organ, der „Rote Helfer", erscheine regelmäßig in einer Auflage zwischen 500 und 1500 Exemplaren, und die zuverlässigsten Mitglieder kassierten regelmäßig Beiträge. So konnten immer wieder Angehörige von politischen Gefangenen mit kleinen Geldbeträgen und Sachspenden bedacht sowie neue Schriften finanziert werden.[23] Das Landespolizeiamt führte die Stabilität darauf zurück, daß der Kreis der RH-Funktionäre nur zum Teil aus Mitgliedern der KPD bestand und weniger bekannt war. Die Führung der RH in Stuttgart lag bei Funktionären, die erst nach dem Frühjahr 1933 nach Stuttgart gekommen waren. Nach Aussage von Anna Stegmaier, 1934 selbst in der Leitung der Roten Hilfe tätig, übernahmen nach der Verhaftung von Karl Ackermann zunächst Werner Jurr, vor 1933 führend beim KJVD und später zu lebenslangem Zuchthaus verurteilt, und anschließend Fred Steffens die Bezirksleitung. Beide hatten im Stöckach, einem von Stuttgarts roten Bezirken, Quartier gefunden.[24] Anna Stegmaier leitete im Frühsommer 1934 ein konspiratives Treffen, einen Spaziergang im Hahnwald bei Heslach, das Steffens mit dem Leiter der aktiven Heslacher Gruppe vereinbart hatte. Den Ermittlungsbehörden zufolge nahmen daran sieben Personen teil.[25] Von Heslach aus sollten Fäden zu den Sindelfinger Daimler-Werken und zu umliegenden Orten geknüpft werden. Die Verhaftung von Steffens auf einer Reise nach Berlin, die dritte Schutzhaft-Zeit für den Heslacher Leiter Karl Stohrer und die damit verbundene Gefährdung verursachten erstmals einen Bruch in der illegalen Arbeit, wie das Landespolizeiamt feststellte.

Die Verluste im Herbst 1933 hatten bei der KPD eine Phase der Stagnation eingeleitet. Aber nach kurzer Unterbrechung konnte sie die Ausfälle ausgleichen und die konspirative Tätigkeit weiterführen. Dazu trug bei, daß Max Opitz vor seiner Verhaftung die Weichen gestellt hatte, wie Willy Claß berichtete: „Der Genosse Opitz führte mich eines Tages mit einer Genossin Lotte zusammen. Er sagte, infolge der Gefährdung sei es ihm in Zukunft unmöglich, zu Instruktionen bei uns im Bezirk tätig zu sein. An seiner Stelle übernehme die Gen. Lotte diese Arbeit."[26]

Nach der Festnahme von Opitz kam „Lotte" regelmäßig nach Stuttgart, wo Claß und andere Funktionäre über die organisatorische und finanzielle Situation berichteten und Weisungen entgegennahmen. Das konspirative Schreibbüro funktionierte dank Bernhard Gehrt weiter.[27] Auf Kontakten von Jakob Kraus aufbauend, bemühte sich Claß um die Reorganisation der KP in Feuerbach, insbesondere bei den Bosch-Werken: „In Feuerbach wurde nicht nur das allgemeine Material fleißig verbreitet, hier wurden ebenfalls auf eigenem Apparat Materialien hergestellt. So habe ich zwei- bis dreimal aus allg. Material u. aus Meldungen, die ich von Genossen erhielt, den 'Roten Boschzünder' geschrieben. Er wurde in Feuerbach hergestellt und verbreitet."[28]

Die Verbindungsleute wurden im Mai 1934 verhaftet und damit die Kontakte unterbrochen. Die Stuttgarter illegale KPD produzierte in dieser Phase Flugblätter zum Gesetz über die nationale Arbeit, zum Reichserbhofgesetz oder nach der Ermordung des aus Stuttgart stammenden Fritz Rau, einem führenden KJVD-Funktionär und Redakteur der „Jungen Garde", im Dezember 1933 in Berlin-Moabit. Es existierten auch Stadtteilzeitungen, beispielsweise der „Rote Osten", die neben den aus der Schweiz eingeführten Schriften vertrieben wurden. Diese lokalen Aktivitäten ersetzten Ausfälle der Transportkolonne Otto. Die Verbreitung von Materialien erfolgte durch den Verkauf an Mitglieder und Sympathisanten sowie durch Verteilung von Flugblättern und Handzetteln in Briefkästen, in Zügen und an belebten Plätzen.

Die Verhaftungen in Feuerbach im Frühjahr 1934 waren nicht die einzigen. Festnahmen in Heilbronn führten die Politische Polizei erneut auf die Spur führender Kommunisten. Das Urteil gegen Bosch-Kontaktpersonen Anfang August 1934 dokumentierte, daß die Polizei ein Bild von der konspirativen Tätigkeit der wichtigsten Männer erhalten hatte; so war von Willy Claß beispielsweise auch der Deckname bekannt. Als Claß erfuhr, daß Genossen in Heilbronn dem Druck der Polizei nicht standgehalten hatten, suchte er sich aus der Stuttgarter Arbeit zurückzuziehen. Zunächst scheiterten

IV. 2. Die illegale KPD in Stuttgart

seine Bemühungen, da „die ZK-Genossen, die herkamen, selbst sehr schlecht standen in bezug auf Ausweichmöglichkeiten".[29] Diese Bemerkung zeigt zugleich, daß im Sommer 1934 ein regelmäßiger Austausch zwischen dem illegalen Zentralkomitee und den Stuttgarter Kommunisten bestand, den offenbar mehrere Personen herstellten. Im Juli und August 1934 stimmte „Lotte" dann einem Rückzug von Claß zu. Nach dessen Erinnerung übernahm Heinrich Heyne den Kontakt zu Cannstatt und Feuerbach, während Alfred Grözinger die Verbindungen nach Kirchheim, Ludwigsburg, Esslingen sowie zu den Betriebszellen bei Bosch und Salamander in Kornwestheim aufrechterhalten sollte. Claß versuchte, mit einem Tagesschein die Grenze zwischen Konstanz und Kreuzlingen zu passieren. Dabei nahmen ihn schweizerische Zollbeamte am 7. September 1934 fest. Sein Antrag auf politisches Asyl verhinderte eine Rückstellung an die deutschen Behörden. Als die Schweizer Bundesanwaltschaft Claß nach Auskunft der Stuttgarter Politischen Polizei als kriminellen, nicht aber politischen Verfolgten auswies, blieb ihm nichts anderes übrig, als ein Angebot der Polizei des Kantons Thurgau anzunehmen und über die grüne Grenze nach Deutschland zurückzukehren. Dort fiel er zwei Tage später der Polizei in die Hände. Eineinhalb Jahre hatte die illegale Tätigkeit von Willy Claß in Stuttgart und Umgebung gedauert, fast ebenso lange währte nun die Untersuchungshaft. Der Polizei gelang es jedoch nicht, neue Informationen zu bekommen. Da ihre Erkenntnisse in die Zeit vor Erlaß des Gesetzes über die Strafverschärfung vom April 1934 fielen, erhielt Claß „nur" die Höchststrafe nach der alten Fassung – fünf Jahre Zuchthaus.

Die Stuttgarter Bezirksleiterin „Lotte" wurde im September 1934 durch Stefan Lovasz abgelöst.[30] Lovasz, der aus Bremen stammte, war nach einem Aufenthalt in den Niederlanden vom Zentralkomitee über das Saarland nach Zürich beordert worden, wo er mit „Willy" und „Lotte" zusammentraf und Instruktionen für seine zukünftige Aufgabe als „Bauführer" (Bezirksleiter) für Württemberg erhielt.[31] Lovasz sollte die Organisation wiederherstellen und mit der SPD Kontakt aufnehmen, um nach den neuen Richtlinien der KPD eine Einheitsfront aufzubauen. Am 2. Oktober 1934 traf Lovasz in Stuttgart nochmals mit „Lotte" zusammen, die ihm wichtige Mitarbeiter vorstellte. Unter anderem lernte Lovasz dabei Alfred Grözinger, Nachfolger von Claß bei Bosch und in Feuerbach, sowie Bernhard Gehrt kennen, der als Organisationsleiter von Stuttgart für die Verteilung von Druckschriften zuständig war. Von diesem technischen Apparat sollte Lovasz einen aus Sicherheitsgründen getrennten politischen Apparat aufbauen, der an die Struktur des Anti-Militärpolitischen Apparates aus der Zeit vor der Machtübernahme anknüpfte. Dieser 1931 gegründete Apparat hatte die Aufgabe, die Reichswehr und die Polizei auszukundschaften und Spitzel zu entlarven – war also ein Geheimdienst der KPD. „Lotte" brachte Lovasz auch mit Elisabeth Schikora und Fritz Brütsch zusammen, die unter den jungen Leuten die Tradition der KJVD fortführten und jugendliche Mitglieder schulten.[32]

Mehrere Kuriere des ZK suchten Lovasz auf. Im Dezember 1934 und Januar 1935 reiste die als Oberberaterin für Südwestdeutschland tätige Maria Krollmann („Hertha") nach Stuttgart und beauftragte Lovasz, die Stadtteile zu einem Unterbezirk zusammenzufassen, um die illegale Arbeit zu verstärken. Andere Kuriere, unter ihnen Max Maddalena, Robert Stamm und Adolf Rembte, drängten auf eine Einheitsfront mit KPO und SPD. Als Kontaktleute zur SPD und zur KPO stützte sich Lovasz („Fritz") auf die Genossen Franz Bellemann und Alfons Wicker, während der bisherige Instrukteur „Neckarland", Alfred Duchrow, als Leiter einer „Korrespondenzbewegung" für Groß-Stuttgart vorgesehen war. Nach anderen Erkenntnissen sollte Georg Wohlleben den neuen Unterbezirk übernehmen, aber möglicherweise war dies auf die Trennung von politischem und technischem Apparat zurückzuführen.

Unter Führung von Lovasz intensivierte sich die illegale Arbeit der KPD in Stuttgart. Mitgliedsbeiträge wurden kassiert, von denen 25 Prozent an die Reichsleitung abgeführt werden mußten.[33] Die Politische Polizei stellte bei Lovasz fünf Einzelschriften, drei Tarnbroschüren, über 1300 verschiedene Periodika sowie Schriftstücke für die Roten Sportler und die Straßenbahner-Zelle in Stuttgart sicher. Erika Buchmann berichtet: „Im Sommer 1935 verteilten wir laufend gute und viele illegale Materialien, u. a. das 'Braunbuch' und winzig kleine Traktate, die auf öffentlichen Bedürfnisanstalten, in den Wartehallen der Arbeitsämter, in Eisenbahnzügen usw. liegengelassen wurden."[34] Der für die Verbindung zu Bosch zuständige Grözinger machte Lovasz mit Wohlleben bekannt, der Verbindungen zur Roten Hilfe besaß.[35] Nach der Verhaftung des Stuttgarter Leiters der RH, Steffens, übernahm zunächst der Kurier Konrad Führer dessen Aufgabe, ehe aus Zürich Adam Voltz nach Stuttgart beordert wurde. Voltz, der im September 1934 in Stuttgart eintraf, sicherte sich bei einem Treffen mit Lovasz in der Schweiz dessen Unterstützung für die Rote Hilfe. Nach Feststellungen der Polizei hatte Voltz einen Plan entwickelt, „unter der Parole 'Befreiung Thälmanns' ein Kampfkomitee zu bilden, eine Schrift mit diesem Titel herauszugeben, sie an bisher nicht bearbeitete Leute zu verkaufen, aus diesen neu Gewonnenen sodann Fünfer-Gruppen zu bilden und diese schließlich in die RH einzugliedern".[36] Voltz fiel jedoch in die Hände der Polizei. Über den Züricher Grenzsekretär („Anton") lernte Lovasz den Nachfolger von Voltz, Kurt Baum, kennen. Baum sollte in erster Linie von Stuttgart aus die Verbindung zu württembergischen Ortsgruppen aufnehmen und den Kontakt zu einer Gruppe von Reichsbanner-Leuten herstellen, die sich in einem „Roten Schutzbund – Brigade Karl Liebknecht" zusammengefunden hätten.[37]

Außerdem sollte Baum mit der Betriebsgruppe Salamander in Kornwestheim in Verbindung treten, die aus Sozialdemokraten bestehe. Der Instrukteur gab Baum detaillierte Hinweise für die praktische Arbeit. So hatte die RH so viel zu kassieren, daß der illegale Bezirksleiter davon seinen Unterhalt bestreiten konnte; Mitglieder der RH sollten zum Eintritt in die Nationalsozialistische Volkswohlfahrt aufgefordert wer-

den, um dort für die Unterstützung von politischen Gefangenen zu wirken. Sozialdemokraten hätten mit Erfolg diesen Weg beschritten und die NSV unterwandert, teilte „Anton" Baum mit.
Über Basel gelangte Baum Anfang Juni 1935 nach Freudenstadt, wo er über Kuriere Verbindung nach Sindelfingen (Keinath), Ludwigsburg (Münz) und Stuttgart aufnahm. Seine erste Anlaufstelle war die Familie Stegmaier in Ostheim. Bohn nannte Anna Stegmaier ein „Beispiel an Opferbereitschaft".[38] Sie hatte sich dreimal in politischer Haft befunden, ihr Ehemann war im Juni 1934 vom Oberlandesgericht Stuttgart wegen Vorbereitung zum Hochverrat ins Zuchthaus geschickt worden, die Tochter befand sich auf der Flucht. Dennoch nutzte die Rote Hilfe diese Anlaufstelle, obwohl anzunehmen war, daß die Polizei das Haus überwachte. Baum wurde am 5. Juli 1935 festgenommen, ohne daß die näheren Umstände bekannt geworden sind.[39] Zu dieser Zeit befand sich Lovasz bereits in Polizeigewahrsam; in der Gaststätte der Brauerei Leicht, wo er sich am 15. Juni 1935 mit Baum verabredet hatte, war statt diesem die Polizei erschienen. Wenig später verloren auch Grözinger und Wohlleben die Freiheit.[40]
Die illegale Stuttgarter KPD-Organisation trafen die nun einsetzenden Verhaftungen ins Mark. Die Sicherheitsbehörden zerschlugen den illegalen Apparat. Dem Widerstand der Stuttgarter KPD war damit der entscheidende Schlag versetzt. Erika Buchmann, die ebenfalls in Haft geriet, schätzte die Zahl der festgenommenen Genossen auf 120.[41] Wohl gab es auch nach dem Herbst 1935 in Stuttgart von der KPD und ihren ehemaligen Mitgliedern inspirierte Versuche zu einem Neuaufbau. Dieser Widerstand mußte jedoch auf kleine und kleinste Gruppen beschränkt bleiben, die nicht ausschließlich, aber weitgehend auf ihre eigenen Möglichkeiten angewiesen waren. Ein Bericht des Politischen Landespolizeiamts an das Reichsinnenministerium vom März 1935 schätzte die kommunistische Widerstandstätigkeit bis Mitte 1934 gering ein.[42] Die KPD hatte in den Betrieben kaum Anhänger gewonnen. Das Landespolizeiamt wußte im März 1935 über die Stuttgarter KPD Bescheid.
Betroffene haben immer wieder Genossen verdächtigt, Spitzel zu sein, so auch bei der Verhaftung der Stuttgarter Führung im Sommer 1935. Indizien nährten diese Vermutungen. Unter Verdacht stehende Personen überstanden mehrere Verhaftungswellen. Der Bericht des Landespolizeiamts erwähnte Querverbindungen zu anderen Städten und beschrieb die persönlichen Sorgen und Auseinandersetzungen einzelner Funktionäre.[43]
Als der von der KPD-Zentrale organisierte politische Widerstand in den Stuttgarter Gefängnissen verschwunden war, beschäftigte eine Widerstandsgruppe in den Nekkarvororten die Polizei.[44] Ihr gehörten ehemalige Mitglieder von KPD, KPO und SPD sowie früher nicht organisierte junge Leute an. Sie hatten sich 1933 zusammengefunden, um illegale Schriften aus dem Ausland und eigene Texte zu verbreiten. Die Arbeiterwohnbezirke in Bad Cannstatt, Unter- und Obertürkheim sowie die dortigen Be-

triebe boten ein günstiges Feld antinationalsozialistischer Propaganda. Unter anderem vertrieb die Gruppe in einer Auflage von 300 bis 400 Exemplaren den „Roten Mercedes" für die Arbeiter der Daimler-Benz-Werke. Die Gruppe hatte Kontakte zum „Jugendwiderstand"; inwieweit direkte Verbindungen zu den illegalen Parteiapparaten bestanden, konnte nicht geklärt werden.[45] Ein Lagebericht der Polizei vom Januar 1936 berichtete über eine originelle Methode, Flugblätter im Stadtzentrum zu verbreiten: „Am Abend des 20. Januar wurden auf dem Hauptbahnhof in Stuttgart und Bad Cannstatt kommunistische Flugblätter mit der Überschrift 'An die Arbeiter Stuttgarts' dadurch zur Verbreitung gebracht, daß ein mit diesen Flugblättern gefüllter Feuerwerkskörper zur Explosion gebracht wurde."[46] Ähnliche Aktionen registrierten die Stuttgarter Sicherheitsorgane auch im folgenden Monat.[47] Diese spektakuläre Aktion Anfang 1936 bildete gleichermaßen das Ende der illegalen Arbeit dieser Gruppe, die Verbindungen nach Esslingen und ins Remstal aufgebaut hatte. Der Gestapo gelang es, die Verantwortlichen zu enttarnen und zu verhaften.

Die KPD hatte nach der Verhaftung ihrer Kader möglicherweise die Neckargruppe als Keimzelle für einen Neuaufbau vorgesehen. Dem Landespolizeiamt wurde eine Unterredung von Vertretern der Roten Hilfe, des KJVD und der KPD in der Schweiz bekannt, die Ende Februar 1936 in Zürich stattgefunden hatte.[48] Zwei Vertreter aus Stuttgart hatten offenbar daran teilgenommen. Dabei war entgegen bisheriger Auffassung der Aufbau einer Einheitsfront bis hin zu kirchlichen Kreisen geplant worden. In einem Bericht war davon die Rede, daß „außer der Geheimschrift noch das Zahlenchiffriersystem Verwendung finden" sollte mit dem Stichwort „Neckarstrand". Dieses Codewort könnte eine Verbindung zur erwähnten Neckargruppe nahelegen. Im Mai 1936 jedenfalls verhaftete die Politische Polizei Ewald Funke und Max Stingel, die nach polizeilichen Erkenntnissen die KPD-Zentrale in Paris zum Neuaufbau nach Südwestdeutschland entsandt hatte. Einen Monat später wurde die Widerstandsgruppe in den Vororten verhaftet. Ein „Bericht über die Linksbewegung" der Polizei erwähnte für den Juni 1936 die Verhaftung von zwölf kommunistischen Spitzenfunktionären als Folge der Inhaftierung von Funke und Stingel.[49] Der Volksgerichtshof verurteilte Funke am 16. August 1937 zum Tode; er wurde in Berlin-Plötzensee hingerichtet.[50] Stingel wurde 1937 in Dachau ermordet.[51]

Zwischen Ende 1936 und Frühjahr 1938 standen die 1935/36 festgenommenen kommunistischen Widerständler nach bis zu zweijähriger Untersuchungshaft vor Gericht. Das größte Aufsehen erregte der Prozeß gegen Artur Göritz, Alfred Grözinger, Liselotte Herrmann, Stefan Lovasz und Josef Steidle, zu dem der Zweite Senat des Volksgerichtshofs vom 8. bis 13. Juni 1937 in Stuttgart tagte. Die Angeklagten mußten sich – mit Ausnahme von Grözinger – wegen Hochverrats in Tateinheit mit Landesverrat verantworten. Die Straffung der illegalen KPD-Arbeit war mit einer Reorganisation des Anti-Militärpolitischen Apparates verbunden gewesen. Wohl mit Wissen von Lo-

20. JUNI 1938

Lilo Herrmann
28 Jahre, Stuttgart

Josef Steidle
Arbeiter, 30 Jahre, Stuttgart

Stefan Lovasz
Arbeiter, 36 Jahre, Stuttgart

Artur Goeritz
Arbeiter, 31 Jahre, Manzell

LILO HERRMANN   JOSEF STEIDLE

am 12. Juni 1937 in einem Geheimverfahren vom „Volksgerichtshof" in Stuttgart wegen angebl. „Hochverrats" zum Tode verurteilt, am 20. Juni 1938 in Plötzensee-Berlin enthauptet.

Tiefbewegt und schmerzerfüllt geben wir Ihnen davon Kunde, dass am 20. Juni 1938 eine deutsche Mutter, die 28jährige Liselotte Herrmann zusammen mit den drei Arbeitern Steidle, Lovasz und Goeritz im Gefängnishof Plötzensee vom Scharfrichter enthauptet wurden.

Voll edler Gesinnung, war sie als Tochter ehrwürdiger Eltern ein guter Kamerad ihres Mannes und gegenüber ihren Mitmenschen stets hilfsbereit. Mit unendlicher Liebe hing sie an ihrem vierjährigen kleinen Walter, von dem sie seit dem Jahre 1935 getrennt war. Sie folgte der Stimme ihres Mutterherzens — gedrängt auch von der grossen Liebe für unsere Heimat — als sie gemeinsam mit ihren Kameraden Steidle, Lovasz und Goeritz für die Idee des Friedens eintrat. Sie gehörte zu den deutschen Müttern, die durch die Kriegsrüstung und Kriegsmassnahmen unserer Regierung voller Sorge und voller Angst um das Leben ihrer Familien in der Zukunft sind.

Hitler und seiner Gestapo hat es gefallen, einem vierjährigen Kinde die Mutter zu nehmen. Für sie eine Genugtuung — für uns tiefer Schmerz und Empörung!

Wir werden ihr Andenken einschreinen in unseren Herzen und werden die Liebe, die ihr nicht zuteil werden kann, auf das mutterlose Kind übertragen. Die Liebe aller freiheits- und friedensliebenden Menschen dem Kinde — unser Hass den Peinigern und Schuldigen am Tode dieser Mutter.

Möge dieses unschuldig geflossene Blut Mahner an alle Mütter sein: zu erkennen, wie grausam in unserer Heimat Menschenrechte, Menschenwürde und Menschenleben vernichtet werden. Und zugleich ein Rufer für die Sammlung aller deutschen Mütter und die Weckung des Widerstandes gegen solche, eines Deutschen unwürdige Grausamkeiten.

Das sind wir ihnen, die für uns gestrebt, gelitten und gestorben, schuldig.

**Ihr Andenken halten in Ehren
die Frauen, Mütter und Mädchen Deutschlands**

vasz, aber ohne dessen Zutun hatten zwei Oberberater im Mai 1935 die Einrichtung des Apparates verlangt. Steidle, bereits 1932 in führender Stellung, war als Leiter vorgesehen. Er hatte Julius Schätzle als Abwehrmann, Franz Bellemann für den Nachrichtendienst und die Studentin Lilo Herrmann als Kurier und Schreibkraft vorgesehen. Über den Stuttgarter Artur Göritz, der bei den Dornier-Werken in Friedrichshafen arbeitete, sowie über den Cannstatter Eugen Beck erhielt Steidle Kenntnis von der Aufrüstung bei Dornier sowie dem Bau einer unterirdischen Munitionsfabrik bei Celle.[52] Aufgrund dieser Tätigkeit verurteilte der Volksgerichtshof Göritz, Lilo Herrmann, Steidle und Lovasz zum Tode, während Grözinger für zwölf Jahre ins Zuchthaus sollte. Ein Sachverständiger der Luftwaffe sah im Fall von Göritz keinerlei Geheimnisverrat, da diese Mitteilung allgemein zugänglich und sogar in der Presse veröffentlicht war. In der Urteilsbegründung hieß es jedoch, dies sei unerheblich: Göritz sei schriftlich zur Geheimhaltung aller Betriebsinterna verpflichtet gewesen, zur Warnung der übrigen Belegschaft sei dieses harte Urteil erforderlich.[53] Der Verteidiger von Göritz nannte die verhängten Strafen ein „Abschreckungsurteil": „Man wollte mit diesem Kommunistenurteil allen anderen Kommunisten deutlich machen, was sie zu erwarten hätten, falls sie bei ihrer kommunistischen Betätigung blieben."[54] Das Todesurteil gegen Lilo Herrmann war das erste politische Todesurteil gegen eine Mutter im nationalsozialistischen Deutschland. Ein Stuttgarter Häftling floh nach seiner Entlassung in die Schweiz und verbreitete die Nachricht. Es erhob sich ein Proteststurm. In Westeuropa und Skandinavien forderten Antifaschisten die Begnadigung der Verurteilten. Auch im Reich erschienen Flugblätter.[55] Alles vergebens. Lilo Herrmann wurde, nachdem sie über ein Jahr in der Todeszelle gesessen und Hitler am 14. Juni 1938 beschlossen hatte, „der Gerechtigkeit freien Lauf zu lassen", am 20. Juni 1938 in Berlin mit Göritz, Lovasz und Steidle hingerichtet.
Die anderen kommunistischen Stuttgarter Widerständler kamen vor das Stuttgarter Oberlandesgericht.[56] Die Ermittlungen der Staatspolizeileitstelle zogen immer weitere Kreise. So deckte sie im Frühjahr 1938 eine kommunistische Widerstandsgruppe in Münster auf.[57] Aus dem Urteil vom Januar 1939 ging hervor, daß die illegale Arbeit 1935 endete. Danach konnte die Stapoleitstelle lediglich eine Geldsammlung für die Mutter eines inhaftierten Genossen und das Abhören von Radio Moskau feststellen. Daß 1937/38 die unterbrochene Verbindung zwischen Stuttgart und der Abschnittsleitung Süd des illegalen Zentralkomitees der KPD nochmals hergestellt werden konnte, erscheint zweifelhaft.[58] Die noch oder wieder in Freiheit befindlichen Kommunisten waren auf private und betriebliche Solidaritätsaktionen in kleinem Kreis beschränkt.

3. Schlechte Erfahrungen mit früheren Bonzen
Sozialdemokratisch, sozialistisch – oder illegal

Die SPD wollte die neue Regierung mit parlamentarisch-demokratischen Mitteln bekämpfen. Das rigorose Vorgehen der Nationalsozialisten vereitelte dies.[1] Die Verhaftung prominenter Sozialdemokraten setzte in Stuttgart am 20. März 1933 ein. Während bis zur Auflösung der Kommunalparlamente Ende des Monats einige Stuttgarter Gemeinderäte in den Ausschüssen Aufklärung über die Gleich- und Ausschaltung in der Verwaltung verlangten, waren Kollegen bereits inhaftiert. Bei der Neubildung der Gemeinderäte nach dem Reichstagswahlergebnis konnte sich die SPD zwar beteiligen, doch lehnte Strölin mißliebige Sozialdemokraten als Mandatsträger ab. Um die Zahl ihrer Sitze und die Chance zur Mitarbeit zu erhalten, bat die SPD die Betroffenen, auf ihr Mandat zu verzichten, was jene auch taten. Dem Parteiapparat war öffentliches Wirken verwehrt, da alle Publikationen verboten waren. Auch die interne Arbeit war erheblich erschwert, nachdem das Parteihaus in der Friedrichstraße 13 seit dem 10. März besetzt, Akten vernichtet und Unterlagen beschlagnahmt worden waren. Der Stuttgarter SPD-Vorsitzende Kurt Schumacher entließ den Parteisekretär Erwin Schöttle am 30. März mit folgender Begründung:
„In Anbetracht der Tatsache, daß die politischen Verhältnisse uns jede Arbeit unmöglich machen und daß die Finanzkraft der Organisation schwindet und daß das behördliche Versiegeln des Büros uns völlig lahmlegt, sehe ich mich veranlaßt, Ihnen im Namen der Sozialdemokratischen Partei die Kündigung zum 1. April auszusprechen."[2]
Zu diesem Zeitpunkt befanden sich sowohl Schumacher wie Schöttle im Untergrund. Schumacher reiste mehrere Male unerkannt nach Berlin, um sich dort Instruktionen für die weitere Arbeit zu besorgen. Er traf einen dezimierten und verunsicherten Parteivorstand an. Ein Teil, darunter Otto Wels und Friedrich Stampfer, verließ Anfang Mai Berlin und floh ins Saarland, während die Gruppe um Paul Löbe auf eine Politik des Stillhaltens und der Anpassung setzte und am 17. Mai einer außenpolitischen Erklärung Hitlers im Reichstag zustimmte. Diese Auseinandersetzung registrierten die Parteibasis und die Organisation in Stuttgart, deren profilierte Funktionäre verhaftet oder untergetaucht waren. Die Stuttgarter SPD beteiligte sich am 9. Mai 1933 an der Konstituierung des gleichgeschalteten Gemeinderats, obwohl nach Ablehnung von Alois Miller und Richard Öchsle durch die NSDAP-Fraktion mittlerweile auch der nominierte Gemeinderat Franz Boyna verhaftet worden war.[3] Von Anfang an war die SPD-Gemeinderatsfraktion nicht vollzählig. An der Akklamation Strölins als neuem Oberbürgermeister beteiligten sich die SPD-Gemeinderäte ebensowenig wie an der Verleihung der Ehrenbürgerwürde an Hindenburg und Hitler, was ihnen geharnischte Kritik der Nationalsozialisten eintrug. Andererseits nützte kein Mitglied der Fraktion dieses Forum oder unternahm den Versuch, auf die Unterdrückung der poli-

tischen Gegner hinzuweisen oder die Akklamation Strölins als ungesetzlichen Akt zu bezeichnen. Das Schweigen der SPD-Gemeinderäte zeigte die resignative Grundstimmung, die große Teile der Partei erfaßt hatte. Die Enttäuschung über das rasche Zerfallen der einst mächtigen Parteiorganisation und über die Anpassungsversuche der am 2. Mai ausgeschalteten Gewerkschaften nahm vielen langgedienten Sozialdemokraten allen Mut. Triumphierend hieß es in einem Polizeibericht vom 10. Mai 1933:

„An solch eine Katastrophe hat kein Anhänger der Sozialdemokratischen Partei jemals geglaubt. Hoffnungslos, ja verzweifelt, macht- und hilflos sehen die proletarischen Massen ihre politischen, wirtschaftlichen, sozialen und kulturellen Organisationen zusammenbrechen, untergehen. Und sie würden dieses Schicksal weniger schwer ertragen und hinnehmen, wenn Ursache des Zusammenbruchs nur die Gewaltmaßnahmen der jetzigen Machthaber wären. (. . .) Aber erst das Verhalten so vieler Führer der Partei, die feige Fahnenflucht so vieler Funktionäre, die Loyalitätsbeteuerungen so vieler Vertrauensleute, die Mandatsniederlegungen (. . .) haben die seelischen Erschütterungen erzeugt, die den Auflösungsprozeß der Partei von innen heraus in Gang setzten."[4]

Zwei Ereignisse beendeten den Schwebezustand der SPD in Stuttgart. Der emigrierte Teil des Parteivorstandes konstituierte sich Anfang Juni 1933 unter dem Namen Sopade als Auslandsvertretung der deutschen Sozialdemokraten in Prag. Er verwarf die Anpassung und veröffentlichte in der ersten Nummer des „Neuen Vorwärts" ein Manifest, in dem er zum Kampf gegen das Regime und für einen demokratischen Sozialismus aufrief. Der Kampf sollte in erster Linie mit den Mitteln der Presse und der Aufklärung geführt werden. Diese Erklärung nahmen die Nationalsozialisten zum Anlaß, um dem rechten Parteiflügel jede Illusion zu rauben: Am 7. Juli 1933 verbot der Reichsinnenminister offiziell die SPD, die nur noch ein Schattendasein geführt hatte.[5] Zugleich verhaftete die Polizei führende Sozialdemokraten wie den Landesvorsitzenden Erich Roßmann und den früheren Landtagspräsidenten Pflüger, die auf den Heuberg verschleppt wurden.[6]

Für die SPD im Inland wie in der Emigration stellte sich die Frage: Rückzug aus der politischen Arbeit oder Untergrundarbeit? Der Stuttgarter Parteisekretär Schöttle forderte vom schweizerischen Kreuzlingen aus den Kampf gegen das Regime, eine „Neuorganisierung der Partei im Inland und die Zusammenfassung der Emigration". Mit scharfen Worten kritisierte der 34jährige die älteren Führer Wilhelm Keil und Roßmann.[7] Mitte Mai, noch vor der Emigration, hatte Schöttle in einem Brief an Kurt Schumacher „eine freiwillige demonstrative Niederlegung der sozialdemokratischen Mandate in allen Parlamenten, zumindest aber im Reichstag" als eine vielleicht letzte Geste bezeichnet. Fünf Tage vor dem Verbot der SPD stellte er fest: „Es gibt keine legale politische Betätigungsmöglichkeit für eine deutsche Sozialdemokratie. (. . .) Will man aber konsequent und erfolgreich von außen und im innern gegen den Faschismus angehen, dann muß die Führung des Kampfes das Vertrauen der antifaschistischen Massen haben. Sonst ist der Kommunismus trotz seiner offenkundigen Unfähigkeit der Gewinner."[8]

Schöttle wollte „sobald als möglich wieder in irgendeiner Weise in die politische Arbeit eingreifen" und verwies auf Mitarbeiter, die ebenfalls in die Schweiz geflohen waren.

Der Prager Vorstand akzeptierte sowohl Schöttles Position wie sein Angebot und bat ihn, sich über seine weitere Tätigkeit mit dem früheren Vorsitzenden der SPD in Baden, Georg Reinbold, zu besprechen. Dieser wirkte in Straßburg als „Grenzsekretär". Die Sopade hatte Grenzsekretariate für das Reich gebildet, die Berichte sammeln und weiterleiten sowie den Vertrieb des „Neuen Vorwärts" und anderer Schriften organisieren sollten. Es lag nahe, daß sich Reinbold um Baden und die Pfalz kümmerte, während Schöttle von Kreuzlingen aus als Grenzsekretär für Württemberg arbeitete.[9] Ihm gelang es im Herbst 1933, frühere SPD und SDAJ-Mitglieder, auch Angehörige von Arbeitersportvereinen, für die illegale Arbeit zu gewinnen. Nach eigenen Angaben verfügte er im November 1933 über 300 Mitarbeiter in Stuttgart.[10] Von Anfang an hatte Schöttle Distanz zum Exilvorstand bewahrt und neben dessen Material auch eigene Texte verteilen lassen. Er verfaßte „Politische Rundbriefe", die einzeln oder in der „Marxistischen Front" in einer Auflage von 300–500 Exemplaren in Stuttgart erschienen und auch in Leonberg und München verbreitet wurden. Zum Plebiszit vom 12. November 1933 konnten in Stuttgart rund 10000 Flugblätter verteilt werden.

Aus Schöttles Distanz zum Kurs der Sopade wurden Ende 1933 Spannungen. Schöttle und – nach dessen Angaben – die Stuttgarter Basis lehnten die „alten Firmenschilder" ab. Sie suchten breite Unterstützung. Die in Stuttgart offenbar tonangebende Gruppe um Schöttle lehnte den „Neuen Vorwärts", das Organ des Prager Exilvorstandes ab. Sie forderte „eine umfassende Klassenbewegung der deutschen Arbeiter".[11] Dazu gehörte, wie Schöttle am 17. November 1933 dem Mitglied des Prager Parteivorstandes, Crummenerl, schrieb, auch eine Annäherung an die KPD: „In der Beurteilung der Reife der kommunistischen Kräfte für das Zusammengehen stimme ich mit Dir (...) absolut überein. Jedoch bildete sich bei den einzelnen unteren Einheiten im Laufe des Kampfes eine andere Mentalität, die der Zusammenarbeit günstiger ist."[12]

Der zum rechten Flügel der Sozialdemokratie zählende Reinbold lehnte Schöttles Initiative ab und schaltete sich in die illegale Arbeit in Stuttgart ein, indem er Anfang November 1933 einen eigenen Vertrauensmann ernannte. Die Stuttgarter illegale SPD lehnte diese Einmischung ab und stellte sich hinter Schöttle. Dieser erneuerte seine Kritik an der alten Richtung der SPD und ihren Vertretern in Württemberg und verwies auf die Erfolge seiner illegalen Arbeit: „Wenn es je (...) bis jetzt außerordentlich erfolgreich war, so liegt das eben daran, daß wir Ernst gemacht haben mit dem 'Neu Beginnen' und alle alten Vorstellungen von Parteiarbeit radikal über Bord warfen."[13]

„Neu Beginnen" lautete der Titel einer im August 1933 erschienenen Schrift von Walter Löwenheim alias Miles, das politische Manifest einer schon vor 1933 bestehenden sozialistischen Organisation.[14] Miles hielt „eine sozialistische Partei als kampffähige, zielklare und bewußte Organisation" für den Kampf gegen die Diktatur für erforderlich und verlangte ein breites Bündnis aller oppositionellen Gruppen. Nach seiner Auffassung konnte sich die Arbeit nicht mit den klassischen Formen, insbesondere der Information, Aufklärung und Materialverteilung, begnügen. Obwohl Miles damit auch den Exilvorstand attackierte, ließ dieser die Broschüre über die Grenzsekretariate im Reich verteilen. Im Brief an Crummenerl schrieb Schöttle, er und einige inländische Genossen hegten gegen die Broschüre „mancherlei Bedenken", und kündigte eine ausführliche Stellungnahme an.

Das Ergebnis des Plebiszits vom 12. November – Schöttle sprach von einer „Welle des Pessimismus" und von einigen Umfallern[15] – sowie die Auseinandersetzung innerhalb der SPD mit der Gruppe um Reinbold veranlaßten Schöttle, Kontakt zum Auslandsleiter der Gruppe „Neu Beginnen", Karl Frank, aufzunehmen. Schöttle reagierte damit nicht zuletzt auf Drängen der Stuttgarter Basis. Am 16. Januar bat Schöttle den Prager Vorstand um finanzielle Unterstützung für eine Besprechung der württembergischen Funktionäre in St. Gallen, wohin er mittlerweile umgezogen war.[16] Dieses Treffen fand am 10. Februar 1934 statt, regelmäßige Kontakte zur Miles-Gruppe wurden aufgenommen. Das Prager Manifest vom 28. Januar 1934, das die marxistische Analyse als Bedingung, den illegalen Kampf als Weg und den revolutionären Sozialismus als Ziel formulierte, mochte für Schöttle Grund genug sein, nicht mit der Sopade zu brechen.

Die Exil-SPD schien bereit, neue Anregungen aufzunehmen und umzusetzen.[17] Während Schöttle sowohl mit „Neu Beginnen" wie mit dem Exilvorstand in Verbindung blieb, beanspruchte die Stuttgarter Gruppe ihre Selbständigkeit. Nach dem Einbruch im November 1933 bemühte sich die Gruppe, die Grundlage für eine illegale Kadertruppe, wie es Schöttle ausdrückte, zu legen. Eine Ausweitung der Aktivitäten über Stuttgart hinaus mußte jedoch unterbleiben, da im Frühjahr 1934 die Politische Landespolizei erfolgreiche Schläge gegen kommunistische und gegen „Randgruppen" (Schöttle) der sozialdemokratisch-sozialistischen Kader führte. Obwohl von Polizeimaßnahmen gestört, machte die illegale Arbeit seit Ende April 1934 Fortschritte. Im Herbst 1934 berichtete Schöttle nach Prag von 50 organisierten Genossen und einem etwa zehnmal so großen Kreis ohne straffe Organisation.[18] Den Genossen schickte Schöttle eine eigene Zeitung, den „Roten Kurier", sowie Material zu aktuellen Fragen. Kuriere brachten die Texte auf Filmrollen nach Württemberg, wobei Helene Schöttle, die am 8. Mai Deutschland verlassen hatte, mehrfach diese Aufgabe übernahm. Daß die Organisation arbeiten konnte, lag nicht zuletzt daran, daß sie konsequent in Dreier- und Fünfer-Gruppen gegliedert war. Schöttle bemühte sich um persönlichen Kontakt zu den illegalen Genossen. Nach einer „Versuchsfahrt" ins Reich traf er am 2. September 1934 sechs württembergische Funktionäre bei Triberg. Die im Ausland tätigen Genossen sollten das Gefühl haben, daß ihr Vertrauensmann in der Emigration ihr Risiko teilte.

In seinen Berichten nach Prag hatte Schöttle die Zusammenarbeit mit der Gruppe „Neu Beginnen" verschwiegen. Ohne die Kontakte nach Prag völlig abzubrechen, schloß sich Schöttle 1935 gemeinsam mit den Grenzsekretären Waldemar von Knöringen und Franz Bögler schließlich der Miles-Gruppe an.[19] Zwei Ursachen waren dafür ausschlaggebend: Zum einen folgten dem Manifest vom Januar 1934 keine konkreten Schritte, im Gegenteil distanzierte sich der Exilvorstand von ihm.[20] Zum anderen entsprach dieser Schritt der Auffassung der Illegalen in Stuttgart und Württemberg. Für Schöttle, der Ende 1933 Bedenken gegen das Papier von Miles angemeldet hatte, war schon damals die Meinung der in vorderster Front stehenden Genossen ausschlaggebend. Dabei verhehlte er nicht, daß er mit Politik und Methoden der KPD nicht übereinstimme und verhindern wolle, daß sie Nutznießer sozialdemokratischen Versagens werde. Auch in der Phase der Volksfrontpolitik der KPD, als diese eine „Einheitsfront von oben" und damit eine Zusammenarbeit mit Sozialdemokraten, Gewerkschaften und bürgerlichen Oppositionellen anstrebte, behielten Schöttle und „Neu Beginnen" diese Politik bei.[21] Dennoch traf er die KPD-Funktionäre Walter Ulbricht und Herbert Wehner in St. Gallen.[22]

Im Mai 1938 verhaftete die Staatspolizei ein Konstanzer Ehepaar sowie dessen Verbindungsmann nach Schwenningen.[23] Ermittlungen ergaben, daß der Ehemann Flugschriften und Filmnegative über die Grenze gebracht und an die Schwenninger Gruppe weitergeleitet hatte. Es gelang der Gestapo, den Zusammenhang mit den Aktivitäten Schöttles aufzudecken und die Schwenninger-Gruppe aufzurollen.[24] Es blieb ihr nicht verborgen, daß sich Schöttle im Engadin mit Funktionären aus Berlin und Stuttgart getroffen hatte.[25] Damals plante Schöttle bereits, die Schweiz zu verlassen und nach London umzusiedeln. Wegen der Kriegsvorbereitungen des Reiches hatten führende Funktionäre von „Neu Beginnen" schon 1937 beschlossen, ihre Quartiere nach England und in die USA zu verlegen. Vier Tage vor Kriegsbeginn 1939 erreichte die Familie Schöttle die britischen Inseln.

Der Versuch des Straßburger Grenzsekretärs Reinbold, im November 1933 eine pragtreue sozialdemokratische Organisation zu gründen, schlug fehl. Sein Vertrauensmann fand in Stuttgart keine Unterstützung und mußte aufgeben. Im Sommer 1934 bemühte sich Wilhelm Braun, früher Oberturnwart beim Turnerbund Feuerbach und technischer Leiter beim Reichsbanner, eine sozialdemokratische Widerstandsgruppe aufzubauen. Nach Feststellungen des Oberlandesgerichts kam Braun auf einer Reise nach Basel mit dem früheren SPD-Reichstagsabgeordneten Dietrich und dem früheren Stuttgarter Kriminalkommissar Schlotter zusammen, die dort eine Gruppe des Sopade-Vorstands leiteten und Braun für die illegale Arbeit gewannen. Zwischen August 1934 und März 1935 nahm Braun an mehreren Besprechungen in Saargemünd, Antwerpen, Saarbrücken und Basel teil, wo er in Kontakt zu einer Mannheimer SPD-Gruppe kam.[26] Braun fungierte als Anlaufstelle für Flugblätter und Zeitschriften, vor allem für die „Sozialistische Aktion" der Exil-SPD, die er aus Basel oder über Mannheim bezog. Braun konnte eine Reihe von früheren Arbeitersportlern und SPD-Funktionären, darunter die beiden ehemaligen Gemeinderäte Rößle und Linse, sowie Albert Salm, der 1919 der Nationalversammlung in Weimar angehört hatte, für eine Mitarbeit gewinnen. Außerdem stellte Braun eine Verbindung zu Reutlinger Sozialdemokraten her. Die illegale Tätigkeit der Gruppe bestand darin, die an Braun gelieferten Exemplare der „Sozialistischen Aktion" und die Informationsblätter zu verbreiten. Für die „Sozialistische Aktion" wurden Geldbeträge abgeliefert, soweit sie in Betrieben an Gesinnungsgenossen verkauft wurden, andere Druckschriften gingen von Hand zu Hand oder wurden an öffentlichen Straßen und Plätzen ausgelegt. Drei Mitglieder der Gruppe (Gaiser, Bofinger, Linse) arbeiteten bei den Fortuna-Werken, wo Linse bis 1933 Gesamtbetriebsratsvorsitzender gewesen war.

Für den 16. Dezember 1934 setzte Braun eine als Siedlerbesprechung getarnte Zusammenkunft in der Gaststätte Uhlandshöhe in Stammheim an und organisierte umfangreiche Sicherheitsmaßnahmen. Die Teilnehmer trugen eine Stecknadel mit weißem Kopf, Gesinnungsgenossen sicherten die Fahrt nach Stammheim und das Versammlungslokal. Dennoch widersprach eine Vollversammlung der Gruppe, an der 13 Personen teilnahmen, jeder konspirativen Regel. Nachdem Braun über seine Besprechungen im Ausland und die bisherige Tätigkeit referiert hatte, forderte Schlotter die Anwesenden zur Fortsetzung ihrer illegalen Tätigkeit auf. Diese gaben später vor Gericht an, mit Hinweis auf die Gefährlichkeit der Unternehmungen Schlotter widersprochen zu haben. Den meisten ließ sich jedoch illegale Betätigung nach der Sitzung nachweisen.

Nach der Verhaftung von Wilhelm Braun und Wilhelm Erhardt stellte die Gruppe ihre Aktivitäten ein. Im Frühjahr versuchte die Mannheimer Gruppe um Hans Heilig über Salm, die Stuttgarter Gruppe erneut aufzubauen und sandte einen Kurier mit Druckschriften. Als Braun aus der Untersuchungshaft eine Warnung an die übrigen übermittelte und ihnen zur Flucht ins Ausland riet, lehnten die Mitglieder der Gruppe jede weitere Betätigung ab. Nachdem im Dezember 1935 ein weiteres Mitglied festgenommen worden war, gelang es der Politischen Polizei, die Gruppe aufzurollen. Braun war es bis dahin gelungen, den Blick der Gestapo von Stuttgart abzulenken.[27] Nach einem erfolgreichen Fluchtversuch Brauns bei einer Vorführung intensivierte die Gestapo ihre Ermittlungen und konnte schließlich Mannheimer Widerständler verhaften, bei denen sich Braun verborgen hatte. Für die illegale Tätigkeit der Sozialdemokraten bedeutete dies einen schweren und nicht wiedergutzumachenden Verlust, denn während die Stuttgarter Gruppe ihre Tätigkeit im Jahr 1935 eingestellt hatte, wurde in Mannheim eine funktionierende, aktive Gruppe ausgehoben. In einem Lagebericht resümierte der Stuttgarter Gestapo-Chef Böes im Januar 1938, daß die SPD seit Zerschlagung der genannten Gruppen „weder organisatorisch noch durch Verbreitung von Flugblättern" in Erscheinung getreten sei.[28]

1936 gelang es dem ehemaligen Stuttgarter Reichsbanner-Führer Karl Molt von der Schweiz aus, mit Hilfe seiner Beziehungen zur Internationalen Transportarbeiter-Föderation (ITF) in Süddeutschland ein Netz illegaler Stützpunkte zu errichten. Molt hatte sich 1933 dem Zugriff der Polizei entziehen können und versucht, im Inland seine Tätigkeit fortzuführen, ehe er sich zunächst nach Frankreich und schließlich in die Schweiz absetzen mußte.[29] Molt, der wie die meisten Emigranten in der Schweiz am Rande des Existenzminimums lebte, war der SPD 1909 beigetreten, aber die Enttäuschung über sozialdemokratische und gewerkschaftliche Politik 1933 hatte ihn veranlaßt, sich als Unabhängigen zu betrachten und Kontakte mit verschiedenen sozialistischen Kreisen aufzunehmen.[30] Im April 1936 vermittelte Hans Jahn, bis 1933 Sekretär der Eisenbahnergewerkschaft, einen Kontakt zum Generalsekretär der ITF, Fimmen. Nach einer Einigung über grundsätzliche Fragen konnte Molt durch seine Verbindungen zu Telegrafenbauern Stützpunkte entlang der Eisenbahnlinie von Friedrichshafen über Ulm und Stuttgart bis nach Heilbronn aufbauen. Molt konnte sich auf die Bemühungen von Jahn stützen, der 1934 und 1935 Gruppen gegründet hatte. Als besonders wichtig und erfolgreich erwies sich eine Rundreise durch Süddeutschland, die Molt im Juni 1937 unternahm. Nach eigener Aussage machte er dabei mit „früheren Bonzen" schlechte Erfahrungen, während kleinere Funktionäre sich zur illegalen Arbeit bereitfanden.

Im November 1937, als der organisierte sozialdemokratische und kommunistische Widerstand in Stuttgart und Umgebung weitgehend zerschlagen war, legten Fimmen, Jahn und Molt bei einem Treffen am Bodensee die Grundlagen der weiteren Arbeit fest. Verbindungsleute Molts gaben bei weiteren Treffen einen Bericht über die Stimmung der Arbeiterschaft im Reich und berichteten über erfolgreiche Aktionen in Betrieben. Bemerkenswert war, daß Fimmen und Molt zu dem übereinstimmenden Ergebnis kamen, nicht mehr die von der Sopade herausgegebene „Sozialistische Aktion", sondern die „Sozialistische Warte" des Internationalen Sozialistischen Kampfbundes (ISK) einzuschleusen. Allerdings bemängelte Molt auch bei der „Sozialistischen Warte" das „theoretische Literatengezänk"; außerdem bereitete der Versand der umfangreicheren wöchentlich erscheinenden Zeitung Schwierigkeiten. Wichtiger als dieser Materialversand waren die authentischen Berichte, die Molt über seine Vertrauensleute erreichten. Über einen früheren kommunistischen Landtagsabgeordneten erlangte Molt im Jahr 1938 auch Informationen über die Rüstungsindustrie und Truppenübungen im Raum Friedrichshafen/Oberschwaben.

Im Frühsommer 1938 gelang der Gestapo ein Einbruch in Molts Organisation. Ausgelöst hatten dies Ermittlungen der Stapoleitstelle in Frankfurt, die eine sogenannte Funkengruppe, die unter anderem mit Molt verbunden war, aufdeckte.[31] Im Juli 1938 verhaftete die Gestapo 15 Personen, die sie für Verbindungsleute von Molt hielt. Obwohl die Stapoleitstelle Stuttgart in ihrem Juli-Bericht weitere Festnahmen angekündigt hatte, mußte sie statt desssen im folgenden Monat neun der Festgenommenen wegen Mangels an Beweisen wieder freilassen. Darunter befanden sich Erwin Koch und Wilhelm Kraft aus Stuttgart sowie Friedrich Schlotterbeck und Otto Dillenz aus Esslingen.[32] Nachdem die Gestapo vergeblich versucht hatte, Molt über die Grenze zu locken, und zudem Züfle im Dezember 1938 in Untersuchungshaft ermordet worden war, verurteilte der Erste Senat des Volksgerichtshofs am 24. November 1939 Endraß zum Tode. Aufgrund seiner Mitteilungen über die deutschen Rüstungen erkannte das Gericht bei ihm nicht nur auf Vorbereitung zum Hochverrat, sondern auch auf Landesverrat. Am 23. Februar 1940 wurde Endraß in Plötzensee durch den Strang hingerichtet. Die illegale Betätigung konnte nicht fortgesetzt werden. Molt entging 1940 nur knapp einer Auslieferung an die Gestapo, als er mit Hilfe von Freunden aus schweizerischer Auslieferungshaft entfliehen konnte. Es gelang ihm, sich bis Kriegsende in der Schweiz verborgen zu halten.[33]

Die Sozialistische Arbeiterpartei (SAP) hatte sich am 3./4. Oktober 1931 von der SPD abgespalten. Die Tolerierung der Regierung Brüning, die Zustimmung zum Bau des Panzerkreuzers B und zum Wehretat im Frühjahr 1931 waren die Anlässe zur Trennung.[34] Obwohl die SAP in vielen Bereichen keine klare Konzeption besaß, zog sie Anfang 1932 führende Vertreter der KPO auf ihre Seite, unter ihnen das KPO-Gründungsmitglied Jakob Walcher, früher Redakteur der „Schwäbischen Tagwacht", nach der Revolution 1918/19 Gründungsmitglied der KPD. Die SAP sprach sich für eine politische Einheitsfront aus und forderte daher eine übergreifende gewerkschaftliche und kulturelle Organisation der Arbeiterbewegung. Die SAP erlebte bei den verschiedenen Wahlen des Jahres 1932 eine Reihe herber Enttäuschungen.

Bezirksleiter der SAP in Württemberg war der Stuttgarter Alfred Merck, Betriebsratsvorsitzender bei der Deutschen Bank, der mehreren linksgerichteten Gruppierungen angehört und schließlich von der KPD über die SPD zur SAP gefunden hatte. Im Frühjahr 1933 entging er einer Verhaftung. Ein Teil der württembergischen SAP-Genossen schloß sich dem Aufruf zur illegalen Arbeit an. Obwohl die Aktivisten der SAP der Politischen Polizei weniger bekannt waren und sich konspirativer Regeln befleißigten, hatte die illegale Organisation in Württemberg nur bis Ende 1933 Bestand. Ein erster Prozeß gegen Mitglieder der SAP fand vor dem Strafsenat des Oberlandesgerichts in Stuttgart Ende Juli 1933 statt.[35] Die Richter stellten fest, die SAP sei „nichts anderes als eine Abart der kommunistischen Partei" und erstrebe wie diese „die gewaltsame Änderung der fundamentalen Grundlagen der deutschen Reichsverfassung

sowie die Errichtung einer proletarischen Diktatur nach russischem Muster". Dieses Urteil schwächte ein Erlaß der württembergischen Landesregierung vom 30. September 1933 ab, der die SAP als eine Hilfsorganisation der SPD bezeichnete.[36] Bezirksleiter Merck beanspruchte zwar nach Erkenntnissen der Politischen Polizei die Führung der württembergischen SAP, treibende Kraft für die illegale Betätigung war jedoch Albert Schmid. Nach dessen Festnahme am 31. Mai dauerte es rund zwei Monate, ehe der Zusammenhalt wieder hergestellt werden konnte. Ein Mitglied der Ulmer Gruppe, Wilhelm Sauter, organisierte seit Ende Juli auf Anweisung der illegalen Reichsleitung diese Arbeit. Neben Ulm bildeten Stuttgart und der Raum Göppingen Stützpunkte der SAP. Am 6. August 1933 fand ein erstes Treffen Sauters mit Vertretern aus Esslingen und Stuttgart in der Nähe von Göppingen statt. In einem Urteil des Oberlandesgerichts hieß es: „Die Teilnehmer berichteten über ihre Bezirke, die Berichte lauteten angeblich pessimistisch, die Stuttgarter Genossen berichteten, daß sie mit der KPO zu Diskussionen zusammenkämen."[37] Wenig später besuchte Sauter in Basel Fritz Sternberg, Mitglied der illegalen Reichsleitung.[38] Sauter erhielt von Sternberg Anweisungen sowie eine Berliner Deckadresse, von wo er Informationen der Reichsleitung bezog. Ein weiteres Treffen fand Mitte Oktober 1933 bei Geislingen an der Steige statt. Daran nahmen neben Sauter fünf Genossen teil, während Merck trotz seiner Zusage nicht erschienen war. Bei der Unterredung wurde besprochen, nach Weisung aus Berlin konspirative Fünfer-Gruppen aufzubauen, Ortsgruppen zu bilden und – angesichts der Mittellosigkeit der Mitglieder – Spenden statt regelmäßiger Beiträge zu sammeln. Am 23. Oktober reiste Sauter erneut nach Basel zu Sternberg. Er hielt auch weiterhin den Kontakt zu Berlin.
In Stuttgart war es Otto Palmer, der sich um eine Verbindung zur KPO bemühte mit dem Ziel, eine gemeinsame gewerkschaftliche Organisation zu gründen. Bei einer Unterredung Anfang September 1934 beim Botnanger Sattel setzte sich jedoch offenbar Merck durch, der zwar für eine aktive illegale Arbeit, aber gegen eine Zusammenarbeit mit der KPO plädierte. Merck und Palmer arbeiteten trotzdem weiter eng zusammen; Palmer war Verbindungsmann zwischen den Ortsgruppen und der Stuttgarter Leitung, außerdem fertigten beide gemeinsam Informationsmaterial zur Vervielfältigung und Verteilung an. Merck, der von allen Aktivitäten Sauters unterrichtet war, schien der politische Kopf der SAP zu sein, während Sauter Initiator und Lenker der illegalen Aktivitäten war.
Im Dezember 1933 verhaftete die Polizei die Führer der SAP. Nach viertägiger Verhandlungsdauer erkannte das Oberlandesgericht Stuttgart am 22. September 1934 auf Gefängnis zwischen sieben Monaten und zwei Jahren für Sauter und Merck wegen Verstoßes gegen das Gesetz gegen die Neubildung von Parteien. Mercks Verteidiger war Richard Schmid, der einen Erfolg erzielte: Das Gericht folgte nicht dem Staatsanwalt, der auf Vorbereitung zum Hochverrat plädiert hatte, und differenzierte zwi-

schen der illegalen Tätigkeit der Angeklagten und einer auf Umsturz gerichteten kommunistischen Betätigung. Die Distanz zur KPO wertete das Gericht zugunsten der Angeklagten und meinte, daß „insbesondere Milderungsgründe" vorlägen, als „bei dem sehr kleinen Kreis der Beteiligten eine erhebliche Gefährdung der Staatssicherheit nicht eingetreten ist, zumal da die Hauptverhandlung keinen Beweis dafür erbracht hat, daß die Angeklagten über ihren kleinen Kreis in nennenswerter Weise hinausgewirkt haben". Als Alfred Merck 1935 aus der Haft entlassen wurde, war er schwer krank; er starb am 1. Mai 1937.[39]

Es dauerte bis zum Sommer 1935, ehe der Bezirksleiter für Südwestdeutschland, Hertz, einen Verstoß zur Wiederbelebung der SAP in Stuttgart unternahm. Er fragte bei einer Gruppe um den Studienassessor Riegraf in Heilbronn nach einer verläßlichen Person für Stuttgart.[40] Hertz gewann den Zeichner Eugen Krautwasser, mit dem er sich 1936 mehrfach traf und dem er Unterredungen mit anderen illegalen Funktionären vermittelte. Ein Kontaktmann wurde der Stuttgarter Rechtsanwalt Richard Schmid. Er hatte sich 1934 und 1935 in politischen Verfahren als Verteidiger einen Namen erworben. Neben Merck hatte Schmid 1935 auch den SAP-Funktionär Lerchenthal verteidigt, der über einen Bekannten Beziehungen zur illegalen KPO und über Albert Salm auch Kontakte zur SPD geknüpft hatte. Lerchenthal hatte im Auftrag von Hertz Anfang 1935 Schmid die illegale SAP-Zeitschrift „Das Banner" überreicht und mit ihm politische Gespräche geführt. Nach seiner bald darauf erfolgten Verhaftung bestellte er Schmid zu seinem Verteidiger. Hertz führte im September 1935 seinen Mitarbeiter Locherer bei Schmid ein, der mittlerweile den Decknamen Dr. Wägele führte. Locherer war erstaunt, wie viele illegale Schriften er offen in Schmids Wohnung aufliegen sah. Anläßlich seines Treffens mit Krautwasser im Frühjahr 1936 machte Hertz diesen mit Schmid bekannt. Schmid wiederum führte er mit dem früheren Grenzkurier Furrer zusammen, der sich zu dieser Zeit in Schmids Geburtsort Sulz am Neckar aufhielt. Bis März 1938, als der gerade 19jährige Furrer zum Arbeitsdienst mußte, trafen sich beide regelmäßig zu politischen Gesprächen, zumeist bei Sulz. Hertz mußte sich Ende 1936 ins Ausland absetzen. Darunter litt die Organisation der illegalen SAP im Südwesten; dennoch erfolgte weiterhin der Vertrieb von Zeitschriften. Die Gruppen in Heilbronn und anderen Städten blieben bis 1938 intakt. Schmid spielte, ohne jemals Mitglied der SAP gewesen zu sein, eine wichtige Rolle als Anlaufstelle, Rechtsberater, brillanter Denker und nicht zuletzt als Vermittler. Er verfügte auch über Kontakte zum linkssozialistischen Internationalen Sozialistischen Kampfbund (ISK).[41]

Der ISK war 1925 aus der SPD hervorgegangen. Er war eine kleine, geschlossene Gruppe und lehnte den Parlamentarismus ab. Die Mitglieder des ISK waren Freidenker und mieden Alkohol und Nikotin.[42] Vor 1933 waren es zehn Mitglieder um Paul Neubert. Nach der Machtübernahme richtete sich der ISK auf eine lange Zeit der Illegalität ein. Der Inlandsleiter des ISK, Hellmuth von Rauschenplat alias Fritz Eberhard

hielt sich wiederholt in Stuttgart auf. In Schairers „Sonntagszeitung" veröffentlichte er unter dem Pseudonym Fritz Werkmann mehrfach Artikel. Seine Methode beschrieb er folgendermaßen:
„Da habe ich ziemlich offen über Wirtschaft, Politik usw. gesprochen. Manchmal natürlich sehr getarnt und nur für Eingeweihte oft. Z. B. habe ich in einem solchen Artikel in der Sonntagszeitung den Mechanismus der Finanzierung der Aufrüstung (. . .) genau beschrieben. Angaben alle in Yen. Und angeblich war es die Beschreibung der japanischen Aufrüstung und deren Finanzierung."[43]
Schmid war mit dem Besitzer und Herausgeber der „Sonntagszeitung", Schairer, bekannt. Er nahm ihn mehrfach bei sich auf, als dieser nach dem Verkauf des Blattes als Weinhändler seinen Unterhalt fristen mußte. Schmid empfahl seinen SAP-Bekannten die Lektüre der „Sonntagszeitung" und vermittelte eine Begegnung mit Rauschenplat kurz vor dessen Emigration nach London. Schmid nützte die Gelegenheit zu Auslandsreisen; er weilte nach Erkenntnissen der Politischen Polizei zwischen 1933 und 1938 mindestens zehnmal in der Schweiz, besuchte 1935 die Sowjetunion und traf 1936 in Kopenhagen einen emigrierten Funktionär der KPO. Er verwendete seine Kontakte, um dem Stettiner SAP-Funktionär Fritz Lamm und Schairers früherem Mitarbeiter Fiedler über die schweizerische Grenze zu helfen. Der Weg war derselbe, den Willi Bohn im Frühjahr 1933 für die Transportkolonne Otto ausgekundschaftet hatte, und führte über den Maler Marquardt in Allensbach.
Im Lauf des Jahres 1938 gelang es der Gestapo, die illegale Organisation der SAP und des ISK in Süddeutschland aufzurollen. Am 19. November 1938 wurde Louis Pilz, Schmids Kontaktmann zur KPO, zwei Tage später Schmid selbst verhaftet. Beide kamen in Schutzhaft nach Welzheim, im Mai 1939 in Untersuchungshaft. Nachdem Gesinnungsgenossen und Verbindungsleute im Jahr 1939 abgeurteilt worden waren, standen Schmid, Pilz und Krautwasser vom 16. bis 19. Januar 1940 vor dem Volksgerichtshof in Berlin. Der Zweite Senat des Gerichts verurteilte Schmid zu drei Jahren Zuchthaus, Pilz und Krautwasser kamen mit Gefängnisstrafen von jeweils eineinhalb Jahren davon. Schmid blieb nach Verbüßung der Haft im Zuchthaus Ludwigsburg die Überstellung an die Gestapo und damit Lagerhaft erspart.[44]

4. Die illegale KPO und die Einheitsfront in Stuttgart

Bei der Verfolgung kommunistischer Regimegegner unterschieden die Nationalsozialisten nicht zwischen Angehörigen der KPD und der KPO. Im Gegenteil, sie versuchten das Etikett „kommunistisch" großzügig verschiedenen Gruppierungen anzuhängen. Tatsächlich blieben in der Zeit der Illegalität nicht nur die politischen Differenzen zwischen den kommunistischen Parteien bestehen, auch in der praktischen Arbeit und in den Zielen bestanden Unterschiede. Zwar ging es auch der KPO in ihrer alten Hochburg Stuttgart darum, Informationen zu verbreiten, den Kontakt zu den emigrierten Funktionären im Ausland zu bewahren und einen leidlich funktionierenden Apparat aufrechtzuerhalten. Im Gegensatz zur KPD versprach sich die kommunistische Opposition von einem Massenwiderstand keinen Erfolg. Sie zielte vielmehr auf eine Zusammenfassung aller kommunistischen und sozialistischen Kräfte auf gewerkschaftlicher Basis.[1] Bereits am 30. Januar hatte die Stuttgarter Bezirksleitung die Vorstände von ADGB, SPD und KPD in Stuttgart zu Verhandlungen über einen Zusammenschluß aufgefordert:

„Angesichts dieser Lage halten wir es für notwendig, daß sich sofort alle Arbeiterorganisationen zur Verwirklichung der proletarischen Einheitsfront in der Form von antifaschistischen Kartellen oder Aktionsausschüssen örtlich, bezirklich und zentral zusammenschließen und alle Maßnahmen zum geschlossenen außerparlamentarischen Kampf, zum Widerstand gegen den faschistischen Terror, gegen die Maßnahmen des Kabinetts der Konterrevolution und zur Vorbereitung des Generalstreiks unverzüglich in die Wege leiten."[2]

Gustav Mößner, früherer Stadtrat und Betriebsratsvorsitzender der Schuhfabrik Haueisen, organisierte nicht nur einen Streik, er sandte auch Delegationen zu den übrigen Organisationen.[3] Obwohl Gewerkschaftsbund und SPD einen Generalstreik ablehnten und das Verhältnis zwischen KPD und SPD auch in Stuttgart vergiftet war, kam es an der Basis zur Zusammenarbeit.[4] Am 2. Februar marschierten nach Geschäftsschluß Belegschaftsangehörige von Bosch und Werner & Pfleiderer zur Feuerbacher Turnhalle. Aufgerufen hatte die Bezirksleitung des Metallarbeiter-Verbandes, das Rückgrat der Stuttgarter KPO, zu sehen waren aber auch Fahnen der Eisernen Front und der KPD. Die Versammlung beschloß eine Resolution der Bosch-Arbeiter und forderte „die Einheitsfront aller Arbeiterorganisationen". Mit dem Gesang der Internationale ging die Kundgebung zu Ende.[5]

Die Einheitsfront stand nicht auf dem Programm der Parteispitzen von KPD und SPD, und einzelne Stadtteilkomitees in Stuttgart lebten nur kurz. Vor der Verhaftungswelle konnten führende KPO-Funktionäre über Anlaufstellen in der Schweiz und in Frankreich, wo die Bürgermeister von Schaffhausen und Straßburg Gesinnungsgenossen waren, emigrieren, an ihrer Spitze der Parteitheoretiker August Thalheimer und Heinrich Brandler, der Sekretär der Reichsleitung. Bei den Verhaftungen hatte die KPO weniger Verluste zu beklagen als die KPD.[6] Über die Arbeit der Fünfer-Gruppen der KPO berichtete Eugen Ochs, der als Montagearbeiter mehrmals im Elsaß weilte und der Auslandsleitung Informationen zukommen lassen konnte.[7] Schriften, die sich mit den Stuttgarter Verhältnissen beschäftigten, mußten selbst verfaßt und vervielfältigt werden.

Auf Wanderungen am Wochenende traf man Genossen aus anderen Orten. Im August

IV. 4. Die illegale KPO und die Einheitsfront

1933 versammelten sich 18 Delegierte der illegalen KPO in einem Waldstück bei Sindelfingen. Sie repräsentierten mehrere hundert Mitglieder, vier bis fünf Fünfer-Gruppen entsandten einen Delegierten. Im September 1933 hielt die Kommunistische Jugend-Opposition (KJO) im Siebenmühlental einen Jugendtag ab. Unter den 38 Anwesenden befanden sich Angehörige der Sozialistischen Arbeiterjugend und Vertreter des Sozialistischen Jugendverbands der SAP. Beraten wurden die Arbeitsdienstpflicht, die Militarisierung der Jugend und der Jugendschutz in den Betrieben.[8]
Die Leitung der illegalen KPO in Stuttgart lag im ersten Jahr bei Kuno Brandel und Alfred Albrecht, der der Reichsleitung der KJO angehörte. Nach der Verhaftung Albrechts mußte Brandel nach Frankreich fliehen. Ernst Körner und Eugen Ochs, die bislang nicht in vorderster Linie gestanden hatten, rückten in die örtliche Führung ein und baten die Reichsleitung in Berlin um Unterstützung. Auf Vermittlung von Robert Siewert, der als Mitglied der Reichsleitung Stuttgart besuchte, kam Hermann Scheler aus Thüringen an den Neckar. Sie bemühten sich zusammen mit dem aus dem Exil zurückgekehrten Willi Bleicher um einen gewerkschaftlichen Zusammenschluß der ehemaligen Angehörigen von Arbeiterorganisationen. Doch die Politische Polizei enttarnte ab Dezember 1934 die Gruppe um Scheler, Körner und Ochs sowie Anfang 1935 Bleicher und dessen Kreis.[9]
Damit war dem Widerstand der Stuttgarter KPO die Grundlage weitgehend entzogen. Die Bemühungen um die Einheitsfront setzten bis zu ihrer Verhaftung ehemalige Angehörige der KJO fort. Während der Stuttgarter KPO-Leiter Scheler nach Thüringen überstellt und dort zu 14 Jahren Zuchthaus verurteilt wurde – er überlebte das NS-Regime –, standen Körner, Ochs und andere Beteiligte Ende Juni 1936 in Stuttgart vor dem Oberlandesgericht. Wegen Vorbereitung zum Hochverrat erhielt Ochs eine Zuchthausstrafe von vier Jahren, die übrigen Angeklagten Gefängnisstrafen von zwei und Zuchthausstrafen bis zu dreieinhalb Jahren. Bleicher, Engemann und Osterwald mußten bis November 1937 auf ihren Prozeß warten. Walter Engemann erhielt vier Jahre Zuchthaus, Bleicher und Osterwald kamen mit Gefängnisstrafen davon. Die Stapoleitstelle besaß jedoch die Möglichkeit, „hartnäckige und unverbesserliche Gegner in ein Konzentrationslager zu verschleppen". Nach Ablauf der Haftzeit von Eugen Ochs erstattete das Ludwigsburger Zuchthaus folgende Entlassungsanzeige an die Staatspolizei:
„Ochs war seit langem Kommunist. Er war in der 'roten Zeit' bei Daimler, stand später als Monteur in guter Arbeit und hätte es nicht nötig gehabt, sich gegen den neuen Staat aufzulehnen. (...) Ochs ist kein verführter Volksgenosse, sondern wußte sehr wohl, was er tat. Im Strafvollzug war er anständig und fleißig. Eine innere Wandlung kann ich nicht feststellen. Ich bin dafür, daß eine weitere Prüfung seiner Persönlichkeit vorgenommen wird und bin deshalb für Anordnung der Schutzhaft."[10]
Die Staatspolizei verhängte häufig auch dann „Schutzhaft" in einem Konzentrations-

lager, wenn die Zuchthausdirektion auf Entlassung mit oder ohne Polizeiaufsicht plädierte.[11] Von den hier genannten Regimegegnern der KPO überlebten Eugen Ochs, Willi Rühle, Walter Engemann und Willi Bleicher in Lagern; Heinrich Krathwohl fiel nach langer Lagerhaft im Februar 1945 bei der Sträflingsdivision Dirlewanger.

Am 8. Dezember 1934 übermittelte die Württembergische Politische Landespolizei dem Reichsinnenministerium ein Rundschreiben des illegalen Apparats der KPD im Unterbezirk Stuttgart.[12] Der Verfasser, möglicherweise Bezirksleiter Lovasz, informierte seine Parteigenossen von den Bemühungen der Bezirksleitung der KPO, die Spaltung der Kommunisten zu überwinden und gemeinsam eine illegale Gewerkschaftsbewegung zu schaffen. Auf Initiative eines KPO-Mitglieds fand am 13. Oktober 1934 zu diesem Zweck eine erste unverbindliche Besprechung mit Mehrheitskommunisten statt. Während die drei KPO-Leute, unter ihnen der Sekretär, vermutlich also Hermann Scheler, offiziell die Linie ihrer Partei vertraten, besaßen die KPD-Vertreter keine Vollmachten, versprachen aber, die Vorschläge an ihre Bezirksleitung weiterzureichen. Die KPO vertrat die Ansicht, die unterschiedliche Taktik hinsichtlich der Gewerkschaftsarbeit sei durch die Entwicklung seit Anfang 1933 völlig überholt. Nach der Zerschlagung der Gewerkschaften stehe auch die KPO „auf dem Boden der Schaffung illegaler Klassengewerkschaften". Sie begrüßte den Sinneswandel bei der KPD. Im Unterschied zu SPD und SAP, die den Schwenk der KPD als opportunistisch ablehnten, hatte auch die Gruppe um Schöttle ihr Interesse signalisiert. Einem KPD-Bericht zufolge vernichteten sie Materialien des Prager Exilvorstands, statt sie zu verteilen.[13]

Der Neujahrstag 1935, als sich zum drittenmal KPD- und KPO-Funktionäre trafen, brachte einen Neuanfang gemeinsamer illegaler Betriebsarbeit. Ein KPD-Genosse „Otto" schlug der KPO vor, die den Namen des alten Metallarbeiter-Verbands übernehmen wollte, „bis zu einer zentralen Vereinbarung den Namen 'Klassengewerkschaft Gruppe Metall' zu nehmen". Bei Bosch sollte der Versuch gemacht werden, eine Gruppe zu gründen.[14] Ein Spitzelbericht vom März 1935 wollte auch von einer künftigen Mitarbeit von Sozialdemokraten und Gewerkschaftlern wissen.[15] Friedrich Oster von der SPD traf sich Ende 1935 mit Bleicher, später mit Walter Engemann und Oskar Osterwald. Diese forderten ihn auf, ehemalige Reichsbanner-Angehörige für eine Einheitsfront zu gewinnen. Noch nach der Verhaftung Bleichers am 2. Januar 1935 kam es zu Treffen. Oster wurde jedoch am 9. März 1935 festgenommen und nach 17 Monaten Untersuchungshaft zu 27 Monaten Gefängnis verurteilt. Von Zuchthaus blieb er verschont, weil ihm das Gericht keine positive Reaktion auf das Angebot der KPO nachweisen konnte.[16] Zur gleichen Zeit gerieten auch Engemann und Osterwald in die Hände der Polizei. Damit war das mühsam geknüpfte Netz zerrissen; die Pläne für eine gewerkschaftlich orientierte Einheitsfront in Stuttgart gingen in der Verhaftungswelle des Jahres 1935 unter.

IV. 4. Die illegale KPO und die Einheitsfront

Gab es in den Betrieben eine Basis für eine solche Einheitsgewerkschaft? Die KPO verfügte nach eigener Aussage über Zellen bei Bosch in Feuerbach, bei der Norma, Kodak in Wangen und der Straßenbahnen AG.[17] Die Politische Polizei erwähnte „starke Stützpunkte in einigen Großbetrieben wie Bosch und Daimler", während die KPD nur „sehr schwache Verbindungen" in die Betriebe habe. Zugleich beobachtete sie eine wachsende Verweigerung von Spenden, das Fernbleiben bei DAF-Kundgebungen und Unmut über die wirtschaftliche Entwicklung.[18] Die KPD-Bezirksleitung sprach von einer Aushöhlung der DAF dadurch, daß untere Posten von ehemaligen Mitgliedern und Sympathisanten der Arbeiterparteien besetzt seien.[19] Die Unzufriedenheit führte jedoch nicht zu einer Aktivierung der Basis; die illegale Arbeit, in welcher Zusammensetzung auch immer, blieb auf kleinste Zellen beschränkt.

Widerstand der Jugend

In den „roten" Stadtbezirken Stuttgarts fanden sich junge Leute zusammen, die über Parteigrenzen hinweg zusammenarbeiteten. Sie waren offen für Gleichgesinnte, die nicht aus der Arbeiterbewegung stammten. Jedoch waren die aus dem KJVD und der KJO hervorgegangenen Mitglieder führend. Einzelne von ihnen verfügten über Beziehungen zu den illegalen Parteiorganisationen, von wo aus sie Unterstützung für ihre Tätigkeit erhielten.
Die Tätigkeit dieser Jugendlichen ist bekannt geworden durch Berichte über die sogenannte Gruppe G (Geheim).[20] Hier hatten sich Jugendliche zwischen 15 und 17 Jahren versammelt, die den Drill und die militärische Ausrichtung in der HJ und in Sportvereinen ablehnten. „Sie trugen 'Räuberzivil' und Schlapphüte anstelle der Uniform und spielten lieber Gitarre als Trommel und Trompete." Auf Wanderungen und bei Treffen mit anderen Gruppen erhob sich bereits im Sommer 1933 die Frage nach politischen Aktionen. „Wir haben hin und her diskutiert: Die erste spontane Aktion von uns war, Geld zu sammeln für Menschen, deren Angehörige in Haft waren. Denn damals hatten ja viele Familien, die sowieso unter der Arbeitslosigkeit litten, nach der Verhaftung fast nichts mehr." Der Entschluß zu unmittelbarer Hilfeleistung resultierte also aus eigener Anschauung.
Einer der jungen Verfolgten war Fritz Brütsch, vor seiner Schutzhaft Funktionär im KJVD und dann einer der Verbindungsmänner zu Willi Bohn, der in der Schweiz illegale Schriften produzierte. Nach Aussage von Hans Gasparitsch von der Gruppe G ging die Initiative zur politischen Arbeit und Schulung nicht von Brütsch aus: „Wir haben ihn gebeten, uns zu schulen und uns seine politische Erfahrung zu vermitteln. Das hat er zunächst abgelehnt, weil er eben die Erfahrung der Verhöre und die Schläge im KZ hinter sich hatte. Aber dann hat er sich von unserer Begeisterung und unserem jugendlichen Drang anstecken lassen."[21]

Brütsch, 18 Jahre alt, besaß über Leonhard Österle und Elisabeth Schikora eine Verbindung zur illegalen Jugend der KPD, die neu organisiert werden sollte. Dies war den meisten Gruppenmitgliedern unbekannt. Die Jugendlichen entwickelten viel Einfallsreichtum; sie legten sich Tarnnamen zu und verwendeten eine Geheimschrift. Im Laufe des Jahres 1934 übernahmen sie die Einteilung der Fünfer-Gruppen. Im Sommer 1934 stießen auch Mitglieder des katholischen Gesellenvereins zur Gruppe G, im Herbst bildeten sich Untergruppen mit Kontakten über Stuttgart hinaus.

Die Gruppe G war Teil einer illegalen Stuttgarter Jugendbewegung, wenngleich dies nicht jedem Mitglied bekannt war. Die Geburtsstunde dieser Jugendbewegung lag im Juli 1932, als sich ein „vorbereitendes Komitee der Antifaschistischen Jugend-Aktion" anläßlich der bevorstehenden Reichstagswahlen zusammenfand. An diesem Komitee hatten sich der kommunistische Jugendverband, die kommunistische Jugend-Opposition, die Jugend der SAP, die Kampfbund-Jugend Stuttgart, die Rote Studentengruppe ebenso beteiligt wie die Metallarbeiter- und Schuhmacher-Jugend Stuttgart, die Naturfreunde- und Rote Sportler-Jugend sowie die christlich-soziale Arbeiter- und Bauernjugend. In einem Flugblatt rief das Komitee „zum einheitlichen Kampf gegen Faschismus und Arbeitsdienstpflicht" und zum außerparlamentarischen Kampf auf.[22] Die Verhaftungen 1933 hatten den Kontakt nicht zerrissen, und allmählich fanden einzelne Mitglieder der beteiligten Jugendorganisationen wieder zusammen. Besonders in den Arbeiterwohnbezirken und in den Neckarvororten herrschten günstige Bedingungen für eine illegale Betätigung. Von der Gruppe G unterschieden sich diese einzelnen Gruppen dadurch, daß sie eine politische Schulung genossen und ein klares politisches Ziel vor Augen hatten. Sie waren einige Jahre älter und politisch erfahrener. Aber auch sie stellten auf der Grundlage der Erklärung von 1932 den einheitlichen Kampf in den Mittelpunkt.

In der Gemeinde Rohracker waren die Bedingungen günstig.[23] Im Gemeinderat hatten die Kommunisten die Hälfte der Sitze inne, vor der Spaltung für kurze Zeit sogar die absolute Mehrheit. Das Leben in Rohracker war geprägt von der Arbeitersport- und Arbeiterkulturbewegung. Hier hatte die Uraufführung von „Bauer Baetz" von Friedrich Wolf, dem kommunistischen Arzt und Schriftsteller, stattgefunden, und 1932 hatte der zur Arbeitersportbewegung gehörende Turnerbund Rohracker sich den kommunistischen Roten Sportlern angeschlossen. Im Frühjahr 1933 wurde kein Bürger von Rohracker auf den Heuberg verschleppt. Als die Nationalsozialisten 1933 den Turnerbund auflösten, sein Vermögen und sein Turnerheim beschlagnahmten, entstand ein Vakuum. Ein Kreis von Naturfreunden schloß sich der „Skizunft Bergfreunde Cannstatt" an, in dem sich Gegner der Nationalsozialisten aus Cannstatt, Heslach, Ostheim und dem Neckartal sammelten. Da dieser Kreis dem konservativen Deutsch-Österreichischen Alpenverein angeschlossen war, ermöglichte er nicht nur einen ungestörten Meinungsaustausch, sondern auch die Lektüre verbotener Schriften

IV. 4. Die illegale KPO und die Einheitsfront

wie des Braunbuchs über den Reichstagsbrand. Die jungen Aktivisten wollten mehr als Meinungsaustausch und Lektüre. Zunächst trafen sich acht junge Leute, darunter zwei Frauen, zum wöchentlichen „Französisch-Unterricht". Eugen Zondler und nach dessen Tod Otto Wahl waren die treibenden Kräfte, die bei einer Maifeier 1934 34 Jugendliche aus dem Stuttgarter Raum im Wald zwischen Rohracker und Heumaden aufbieten konnten. Die Gruppe verfaßte eigene Schriften und verteilte sie. Ein besonders beackertes Feld waren die Berufsschulen.[24]

Als einer der ersten aus dem Kreis des Stuttgarter Jugendwiderstands wurde am 21. Dezember 1934 Fritz Brütsch verhaftet. Er konnte seine Freunde unterrichten, daß die Polizei über die Gruppe selbst nur wenig wußte. Es wurde eine spektakuläre Aktion beschlossen. Doch sie schlug fehl: Gasparitsch und zwei seiner Freunde liefen der Polizei in die Hände, als sie am 14. März 1935 in den unteren Schloßgartenanlagen die Parolen „Hitler = Krieg" und „Rotfront" auf die Sockel der Rossebändiger-Statuen gepinselt hatten. Das Material trugen sie noch in der Tasche. Anhand eines Fotoalbums, das bei einer Haussuchung zum Vorschein kam, gelang es der Polizei, die Gruppe aufzurollen. Es folgten ein Jahr Untersuchungshaft in den Stuttgarter Gefängnissen und eine Reihe von Verhören im „Hotel Silber".

Im März 1936 standen 22 junge Leute vor dem Oberlandesgericht. Die Öffentlichkeit war ausgeschlossen, die Familienangehörigen durften nur bei der Urteilsverkündung am 25. März 1936 anwesend sein. Obwohl die Hälfte der Angeklagten zur Tatzeit noch nicht 18 Jahre alt gewesen war, wurde nicht vor einem Jugendgericht gegen sie verhandelt.[25] Die Ermittlungen hatten zwar die unterschiedliche politische Herkunft der Gruppenmitglieder und die Vielfalt von KPD-, KPO- und SPD-Materialien, mit denen sich die Jugendlichen auseinandergesetzt hatten, festgestellt. Dennoch werteten die Richter die Aktivitäten als kommunistische Betätigung. Elisabeth Schikora und Leonhard Österle, die Verbindungsleute zur kommunistischen Jugend, erhielten fünfeinhalb bzw. fünf Jahre Zuchthaus. Bis auf den 14jährigen Otto Franz, der freigesprochen wurde, erhielten die übrigen Angeklagten im Alter von 17 bis 26 Jahren Haftstrafen zwischen sechs Monaten und viereinhalb Jahren Gefängnis. Brütsch, Gasparitsch, Österle, Franz Franz und Karl Wilhelm kamen aus Gefängnis und Zuchthaus nach Dachau und Buchenwald. Karl Wilhelm aus Feuerbach, 1932 einer der Initiatoren und seit ihrer Gründung Mitglied der KPO, hatte seit 1933 nur wenige Monate in Freiheit gelebt. Er starb 1945 in der Strafdivision Dirlewanger. Brütsch holte sich beim Bewährungsbataillon 999 in Afrika eine tödliche Krankheit, während vier andere Mitglieder der Gruppe G nach ihrer Freilassung aus der Haft in der Sowjetunion fielen. Elisabeth Schikora ließ ihr Leben 1943 in der Heilanstalt Zwiefalten, nachdem jahrelange Haft sie psychisch und physisch ruiniert hatte.

Im Oktober 1935 wurden Mitglieder der Gruppe aus Rohracker verhaftet. Möglicherweise hatte die Polizei drei Mitglieder beschattet, die im August 1935 nach ihrer Musterung gegen die Remilitarisierung protestiert hatten. Abends fand im Gasthaus Rose in Rohracker ein Fest statt. Die Begeisterung war nicht gering. Gotthilf Bodenhöfer hatte jedoch den Mut, aufzustehen und zu sagen: „Dieser Tag ist für uns kein Freudentag, wie er hier gefeiert wird, sondern das Gegenteil, denn die Einführung zur Wehrpflicht bedeutet Krieg."[26]

Im April 1937, nach rund eineinhalbjähriger Untersuchungshaft, verhandelte das Oberlandesgericht an fünf Tagen gegen 24 Angeklagte, die aus Rohracker und Heslach stammten und zwischen 23 und 27 Jahre alt waren. Neben sieben Freisprüchen verhängte das Gericht Haftstrafen bis zu fünf Jahren Zuchthaus. Für Otto Wahl begann eine lange Leidenszeit, die ihn bis 1945 über Dachau ins Konzentrationslager Mauthausen führte.

Der Weg in die Gefängnisse und Lager verlangte von den geschlagenen Gegnern der Nationalsozialisten Solidarität. Übereinstimmend berichteten die mit dem Leben Davongekommenen von der Solidarität im Häftlingsalltag bei allen Unterschieden der politischen Auffassungen. Solidarität war auch für die Angehörigen wichtig. So kündigte die Stadtverwaltung jenen Mietern die städtischen Wohnungen, die in politischen Strafverfahren verurteilt worden waren.[27] Andere erhielten von ihrem Arbeitgeber die – in diesem Fall rechtlich zulässige – fristlose Kündigung.

Eine politische „Belastung" war für die Handwerkskammer in Stuttgart Anlaß genug, Betroffene nicht zur Meisterprüfung zuzulassen.[28] Besonders strenge Sicherheitsüberprüfungen fanden in den Rüstungsbetrieben statt. So wurde ein Mechaniker „aus Gründen der Staatssicherheit auf besondere Veranlassung" – wohl der Stapoleitstelle – entlassen, ohne daß konkrete Vorwürfe und Anschuldigungen vorlagen. Auf seine Klage entschied das Arbeitsgericht Stuttgart, Betriebe der Rüstungsindustrie unterlägen einer strengen staatlichen Aufsicht, die geheim vollzogen werde. Es genüge daher, wenn eine namentlich nicht bekannte staatliche Stelle bindende Anweisungen ohne nähere Begründung erteile.[29] Darüber hinaus zermürbten kleinliche Racheakte des Sicherheitsapparats die unter schwerem seelischem Druck stehenden Angehörigen der Widerstandskämpfer. So beschlagnahmte die Politische Polizei nach der Verhaftung von Josef Steidle im Dezember 1935 das Rundfunkgerät der Familie, nach der Hinrichtung durfte die Witwe Steidles nur mit ausdrücklicher Genehmigung der Gestapo deren Bezirk verlassen.[30] Gegen Kinder politisch Verfolgter versuchte das Jugendamt Fürsorgeerziehung zu erwirken, weil eine geordnete Erziehung angesichts der Einstellung der Eltern nicht gewährleistet sei.[31] Die sozial-rassistische Komponente nationalsozialistischer Herrschaft zeigte sich bei der Einweisung von Regimegegnern in Heil- und Pflegeanstalten. Städtisches Gesundheitsamt und Stapoleitstelle verschleppten die Stuttgarter Johanniterschwester und Pianistin Margarete Klinckerfuß nach einem Zwischenruf bei einer Rede von Reichsjugendführer von Schirach im Herbst 1937 zunächst ins Bürgerhospital und anschließend in die Anstalt Kennenburg bei

Esslingen. Nach ihrer Freilassung im Frühjahr 1940 fiel Frau Klinckerfuß alsbald durch Kritik an antijüdischen Maßnahmen und die Verbreitung der Predigten Kardinals von Galen gegen die Ermordung von Kranken im Rahmen der sogenannten Euthanasie auf. Nach einem Verhör durch die Gestapo erklärte das Münchner Gesundheitsamt Anfang 1942 Frau Klinkerfuß erneut für „geisteskrank" und wies sie in die Anstalt Eglfing/Haar bei München ein.[32] In einem anderen bekannt gewordenen Fall verhaftete die Stuttgarter Gestapo nach einer Denunziation einen Elektromonteur und schickte ihn nach einigen Monaten Haft in die Heilanstalt Winnental. Im Jahre 1944 verschleppte man den Mann ins Konzentrationslager Mauthausen, von wo nach kurzer Zeit die Todesnachricht eintraf.[33]

5. Zwei Stuttgarter Einzelgänger bei der Schwarzen Front: Helle Hirsch und Rudolf Formis

Helmut, genannt Helle, Hirsch wurde 1916 in Stuttgart geboren, besuchte das Dillmann-Gymnasium und emigrierte nach der Reifeprüfung im Oktober 1935 mit seiner Familie nach Prag.[1] Die Eltern waren Juden und hatten einige Zeit in den USA gelebt. Nach ihrer Rückkehr nach Stuttgart gingen sie jedoch der amerikanischen Staatsbürgerschaft verlustig, die Sohn Helmut während der Schulzeit für sich beanspruchte. Hirsch wurde als Jugendlicher Mitglied der „Deutschen Jungenschaft", der „d. j. l. ll.", um den Stuttgarter Eberhard Köbel, genannt Tusk, der schillerndsten Gruppierung der Bündischen Jugend. Die Deutsche Jungenschaft war nach dem Führerprinzip organisiert und verfolgte politisch einen diffusen sozialistischen Kurs, bei dem KPD, SPD und NSDAP gleichermaßen als mögliche politische Alternativen galten. Wohl auf Vermittlung des 1934 verhafteten und dann nach London geflohenen Köbel kam Hirsch nach seiner Emigration mit der Schwarzen Front Otto Strassers in Berührung. Strasser, der eine Verstaatlichung der Großindustrie und eine innerparteiliche Mitbestimmung gefordert hatte, war 1930 aus der NSDAP ausgeschlossen worden und hatte 1931 die Schwarze Front gegründet. 1933 war er nach Prag emigriert.[2] Hirsch versandte in Prag Rundbriefe einer „Front der anständigen Deutschen", hinter der sich die Organisation Strassers verbarg, und publizierte im April 1936 in einer Strasserschen Exilzeitschrift. Im Laufe des Sommers 1936 drangen Strasser und seine Umgebung mit Attentatsplänen in den Zwanzigjährigen und setzten Hirsch unter Druck: „Strasser (...) hat gesagt, von dem, was die Juden jetzt leisten, werde es abhängen, wie die 'Schwarze Front' nach ihrer Machtergreifung in Deutschland sie behandle."[3] Schließlich erklärte sich Hirsch zu einer symbolischen Aktion bereit, die keine Menschen gefährde, und wollte eine Säule auf dem Nürnberger Reichsparteitagsgelände sprengen. Die Unternehmung war von der Schwarzen Front, die von Spitzeln durchsetzt war, dilettantisch geplant. Der Überbringer der Bombe, den Hirsch in Nürnberg treffen sollte, war Gestapo-Agent. Hirsch wurde wenige Stunden nach seiner Ankunft in Stuttgart am 20. Dezember 1936 verhaftet.[4] In einem Geheimverfahren verurteilte ihn der Volksgerichtshof am 8. März 1937 zum Tode. Als das Urteil bekannt wurde, erkannten die USA die amerikanische Staatsbürgerschaft der Familie Hirsch an, die erst durch das Urteil vom Schicksal des Sohnes erfuhr. Aber auch ein Gnadengesuch des US-Botschafters in Berlin retteten Helle Hirsch nicht. Er starb am 4. Juni 1937 in Berlin-Plötzensee unter dem Fallbeil.

Die illegalen und exilierten Organisationen der Arbeiterbewegung bekämpften die Schwarze Front. Sie sahen in der Schwarzen Front nicht nur einen politischen Gegner, sondern nannten sie eine Versammlung von Spitzeln und Provokateuren. Die „Neue Front" schrieb in einer späteren Ausgabe: „Ganz zweifellos ist das ganz verbrecherische Abenteuer mit Wissen und Willen der Gestapo arrangiert worden. (...) Der Fall Hirsch wurde aller Wahrscheinlichkeit nach angezettelt, um eine neue Judenhetze im Inland und Emigrantenhetze im Ausland steigen zu lassen."[5] Das Blatt verwies darauf, daß Hirsch ohne jede Schwierigkeit ein Visum der Gesandtschaft bekommen habe, daß die Schwarze Front zunächst jede Verbindung dementiert und schließlich den Eltern denselben Anwalt vermittelt habe, den auch die Deutsche Gesandtschaft in Prag konsultiere.

Schon im Januar 1935 war einem Stuttgarter seine Tätigkeit für die Schwarze Front zum Verhängnis geworden. Es handelte sich um den Stuttgarter Rundfunkpionier Rudolf Formis, der am 7. März 1933 anläßlich der Nationalsozialistischen Machtübernahme im Rundfunk „eine flammende Rede im Sinne der Nazis" gehalten hatte.[6] Formis hatte damit allerdings seine Kompetenzen überschritten; zudem hatte er jüdische Vorfahren. Im September 1934 erschien Formis mit einem kleinen Sender bei Otto Strasser. In einem Hotel südwestlich von Prag wurde ein Sender der Schwarzen Front installiert. Strasser erinnert sich:

„Unsere Sendungen begannen abends um sieben Uhr und dauerten mit Unterbrechungen bis drei Uhr morgens. In jeder Sendung gab ich einen viertelstündigen Lagebericht, den ich in Prag auf eine Platte sprach und samstags nach Zahory brachte. Formis erhielt täglich von unserem Büro die wichtigsten Meldungen der deutschen und ausländischen Presse, die er selbständig verarbeitete und mit Kommentaren versah. Außerdem hörte er tagsüber alle deutschen Rundfunksendungen ab und beantwortete sie – sozusagen postwendend – am Abend treffsicher, geistreich und geschickt."[7]

Berlin ging auf diplomatischem Wege gegen den Schwarzsender vor und wandte sich an die tschechoslowakischen Behörden. Als diese nicht reagierten, setzte SD-Chef Heydrich zwei Mitarbeiter auf den Sender an. Sie sollten Formis entführen und die Anlage zerstören. Beim Versuch, den Sender außer Betrieb zu setzen, stießen die SD-

Agenten auf Formis, der eine Pistole zog und beim folgenden Schußwechsel tödlich getroffen wurde.

6. „Heutzutage muß der Sicherungsgedanke ganz besonders hervorgehoben werden: dem Verbrecher gegenüber befindet sich der Staat in der Notwehr."
Vom Polizei- zum Sicherheitsapparat

Ende April 1933 entstand eine eigenständige Politische Polizei in Württemberg.[1] Zuvor waren die einschlägigen Aufgaben beim Stuttgarter Polizeipräsidium angesiedelt, das auch die erste Verhaftungswelle im März 1933 durchgeführt hatte. Einer reichsweiten Gleichschaltungswelle folgend ernannte Reichsstatthalter Murr am 9. Dezember 1933 den Reichsführer SS, Heinrich Himmler, zum Kommandeur der Württembergischen Politischen Polizei.[2] Schien dies zunächst eher ein formeller Akt, so folgten rasch praktische Konsequenzen. Am 27. Januar 1934 richtete die Staatsregierung ein Politisches Landespolizeiamt ein, gleichsam eine württembergische Kopie des Geheimen Staatspolizeiamts in Berlin.[3]
Die Zentralisierung des Polizeiwesens war jedoch kein eingleisiger Prozeß. Besonders das Verhältnis von staatlicher Innenverwaltung und der SS bot internen Konfliktstoff. Von grundsätzlicher Bedeutung war die Auseinandersetzung um die Leitung des Landespolizeiamts, bei der neben persönlichen Differenzen auch Probleme zwischen SA und der SS zum Tragen kamen. Seit dessen Gründung leitete das Amt Dr. Mattheiß, SA-Mitglied und „Alter Kämpfer". Am 5. Mai 1934 teilte Murr Innenminister Schmid lapidar mit: „Ich bitte, mir sofort die Versetzung des Präsidenten Dr. Mattheiß vorzuschlagen." Als Nachfolger sei Oberregierungsrat Stahlecker, planmäßig bei der Württembergischen Gesandtschaft in Berlin, zu berufen.[4] Ministerpräsident Mergenthaler, der der SA angehörte und Dienstvorgesetzter Stahleckers war, protestierte energisch, drohte mit einem Disziplinarverfahren und holte sich Rückendeckung beim Reichsinnenministerium. Murr wiederum, SS-Mitglied, berief sich auf eine Absprache mit Himmler. Nach heftigen Auseinandersetzungen bot die Mordaktion gegen mißliebige SA-Führer im Sommer 1934 die Gelegenheit, Mattheiß aus dem Wege zu räumen. Am 1. Juli wurde er als einziges prominentes Opfer in Württemberg in der SS-Kaserne in Ellwangen erschossen. Offenbar galt die Landespolizei nicht als absolut zuverlässig, denn in einem internen Bericht zollte das Innenministerium dem sogenannten SS-Stabssturm Stuttgart hohes Lob:
„Es war in diesen Tagen sehr zweckmäßig, jedenfalls im Stabssturm Stuttgart noch eine gewisse Macht zu haben, die ohne Inanspruchnahme der Landespolizei eingesetzt werden konnte. Ich darf dabei ausdrücklich bemerken, daß der Herr Innenminister im Einvernehmen mit dem Herrn Polizeigeneral gewünscht hat, wenn möglich bei den Auseinandersetzungen des 30. Juni keine Landespolizei zu verwenden."[5]

Der Apparat der Politischen Polizei in Württemberg wurde ab März 1933 vergrößert. Dies führte zu Auseinandersetzungen zwischen Polizei- und Finanzbehörden. Mehrfach beklagte Finanzminister Dehlinger 1933 die hohen Ausgaben für die Hilfspolizei und verlangte ihre Auflösung.[6] Gegen Jahresende erfüllte das Staatsministerium Dehlingers Forderung, doch er mußte hinnehmen, daß eine Reihe von verdienten Nationalsozialisten zusätzliche Stellen erhielt. Als das Reich Anfang 1934 die Zuständigkeit und die Aufsicht über die Politische Polizei übernahm, kritisierte das Reichsfinanzministerium den hohen Aufwand. Im Herbst und Winter 1933/34 hatten sich Innen- und Finanzministerium nicht über einen neuen Stellenplan einigen können. Im Mai und August 1934 lehnte das Reichsfinanzministerium auch überarbeitete Stellenpläne ab.[7] Am 5. März 1933 besaß die Abteilung IV im Polizeipräsidium Stuttgart 76 Stellen. Der Personalplan vom 17. Februar 1934 sah bereits 110 Stellen für ständige und 14 Stellen für unständige Beamte sowie 61 Angestellte vor, das Personal für ein württembergisches Konzentrationslager (drei Beamte, drei Angestellte und 100 Wachmänner) nicht eingeschlossen. Auch als der Stellenplan auf 90 ständige Beamte reduziert und das KZ-Personal um die Hälfte verringert worden war, billigte das Reichsfinanziministerium die Pläne nicht. Das Innenministerium verwies darauf, daß seit 1933 die Bedeutung und die Aufgaben um ein Vielfaches gewachsen seien, und entschloß sich im Herbst 1934, auch ohne haushaltsrechtliche Genehmigung 50 Angehörige des Landespolizeiamts in ein Angestelltenverhältnis zu überführen. Auch der SS-Stabssturm Stuttgart und andere Sonderkommandos waren von den Sparmaßnahmen betroffen. Während der sogenannten Röhm-Revolte 84 Personen stark, zählte der Stabssturm Stuttgart Ende August 1934 65 Mitglieder. Sie wurden vom Politischen Landespolizeiamt zu Razzien und „größeren Polizeiaktionen" herangezogen und versahen außerdem den Wachdienst bei der Polizei, der Gauleitung und dem SS-Oberabschnitt Süd-West in der Hohenheimer Straße.[8]

Allen Differenzen und Gegensätzen zwischen Reichsinnenministerium einerseits und Politischer Polizei und SS andererseits zum Trotz „fand in der Zeit zwischen Frühjahr 1934 und Juni 1936 ein Prozeß der praktischen Vereinheitlichung und schrittweisen zentralen Institutionalisierung statt".[9] Ein preußisches Gesetz vom 10. Februar 1936, das der preußischen Gestapo eine unabhängige Stellung einräumte, sowie die Personalunion von Reichsführer SS und Chef der vereinheitlichten deutschen Polizei in der Hand Himmlers vollendeten diese Entwicklung 1936.[10] Zwar hatte das Reichsinnenministerium mit diesen Gegensätzen eine eindeutige Regelung der Beziehungen und eine Unterordnung von Gestapo und Politischer Polizei angestrebt, tatsächlich aber verschafften die Veränderungen Himmler vollends den Zugriff auf die polizeilichen und damit staatlichen Machtmittel. Wenige Tage nach seiner Ernennung gliederte Himmler die Polizeiverwaltung in ein Hauptamt Ordnungspolizei (zuständig für Schutzpolizei, Gendarmerie und Gemeindepolizei) unter Kurt Daluege und ein

IV. 6. Vom Polizei- zum Sicherheitsapparat

Hauptamt Sicherheitspolizei (Politische Polizei, Kriminalpolizei) mit Reinhard Heydrich an der Spitze. Vom 1. Oktober 1936 an führte das bisherige Württembergische Politische Landespolizeiamt die Dienstbezeichnung „Geheime Staatspolizei – Stapoleitstelle Stuttgart".[11] Frühere Diskussionen um eine sparsame Personalwirtschaft waren vergessen; Ende März 1937 umfaßte die Stapoleitstelle bereits 251 Personen.[12]

Angesichts dieses expandierenden Apparats verblaßte die Gemeindepolizei, die als „Feldpolizei" den Gemeinden verblieben war. In Stuttgart besaß die Kommune die Bau-, Feuer-, Gesundheits- und Straßenpolizei sowie Teile der Gewerbepolizei. Es existierte ein Polizeiamt, dessen Leiter seit November 1934 Polizeirat Ruoff war. Bei seiner Amtsübernahme hatte er versichert, „sein verantwortungsvolles Amt im nationalsozialistischen Geiste zu führen".[13] Danach nahm Strölin auf dem Marktplatz einen Vorbeimarsch der städtischen Feldpolizei ab. Im Oktober 1935 verfügte der Reichsinnenminister, daß für die „restpolizeilichen Aufgaben" in der Regel ein Vollzugsbeamter auf 10000 Einwohner ausreiche. Überzählige Stellen galten als „künftig wegfallend".[14] Im September 1936 wurde die Stärke der Stuttgarter Gemeindevollzugspolizei auf 84 Beamte festgesetzt.[15] Nach der Vereinheitlichung der Deutschen Polizei war in allen grundsätzlichen Fragen der Chef der Deutschen Polizei zuständig.[16]

Oberstaatsanwalt Wagner kritisierte, daß die Stapoleitstelle die Befugnis zum Erlaß von Strafverfügungen erhielt. Er nannte dies einen Eingriff in die Justiz. Dies war zutreffend, denn die Stapoleitstelle konnte Personen verhaften, die rechtskräftig freigesprochen worden waren oder bei denen die Justizbehörden von vornherein kein Verfahren eingeleitet hatten. Himmler teilte jedoch im Juni 1938 dem württembergischen Innenministerium mit, die Einwendungen des Generalstaatsanwalts seien gegenstandslos, denn die Stapoleitstelle erlasse in Heimtückefällen nur dann eine Strafverfügung, wenn die Tatbestandsmerkmale des Gesetzes „nicht einwandfrei" gegeben seien.[17] Himmler hielt es also für richtig, wenn die Stapoleitstelle Personen in Schutzhaft nahm, die aufgrund der gesetzlichen Bestimmung nicht hätten belangt werden können.

Die Auffassung Himmlers entsprach der ab 1933 zunehmenden Praxis, das Recht als bürokratischen Hemmschuh abzustreifen. Nationalsozialistische Rechtssetzung geschah durch Wort und Tat des „Führers", der „dem gesunden Rechtsempfinden des Volkes" Ausdruck verlieh. So konnte die Mordaktion gegen SA-Führer und mißliebige Personen im Juni und Juli 1934 durch Hitler als Staatsnotwehr für rechtens erklärt werden. Diesen Begriff hatte Parteigenosse Autenrieth, Erster Staatsanwalt in Stuttgart, in einem Artikel für den „NS-Kurier" im September 1933 erläutert: „Neben dem Säuberungszweck kommen auch andere Zwecke in Betracht: Die Besserung des Straffälligen, seine Abschreckung vor künftigen Verbrechen, die Abschreckung anderer vor ähnlichen Taten und damit die Sicherung der Allgemeinheit. Gerade

heutzutage muß der Sicherungsgedanke ganz besonders hervorgehoben werden: dem Verbrecher gegenüber befindet sich der Staat in der Notwehr."[18]
Da durfte dem Staat jedes Mittel recht sein; eine solche Interpretation öffnete der Willkür Tür und Tor. Notwehr galt indes nicht nur im Strafverfahren gegen die politische Opposition als leitender Gedanke der gerichtlichen Strafverfolgung. Denn während auf der einen Seite politische und persönliche Überzeugungen kriminalisiert und verfolgt wurden, verschärften die Nationalsozialisten – meist unter dem Beifall des „gesunden Volksempfindens" – das Vorgehen gegen kriminelle Täter. So verfiel mit der Psychologie und Psychiatrie auch deren forensischer Zweig der Ablehnung. Anläßlich eines Mordprozesses schrieb der Berichterstatter des „NS-Kurier": „In der liberalistischen Epoche würde man zweifelsohne versucht haben, mit Freudschen Kunstkniffen die Maschen des Gesetzes zu lockern."[19] Der Sicherungsgedanke, der auch auf die als kriminell abgestempelten sozialen Randgruppen angewandt wurde, trat in zunehmendem Maß an die Stelle der Strafverfolgung.
Erhebliche Bedeutung beim Weg in den Überwachungsstaat kam dem Sicherheitsdienst des Reichsführers SS (SD) zu. Der SD, 1931 als interner Nachrichtendienst der SS gegründet, hatte im Juni 1934 das nachrichtendienstliche Monopol innerhalb der Bewegung erhalten.[20] Er war wie die SS gegliedert; in Stuttgart hatten der Oberabschnitt Südwest, der Abschnitt Württemberg-Hohenzollern und die lokalen Formationen ihren Sitz. Es war kein Geringerer als Werner Best, der im Herbst 1933 nach Stuttgart kam, um den SD aufzubauen.[21] Er war seit 1933 Landespolizeipräsident in Hessen, was ihn an der Nebentätigkeit für den SD nicht hinderte. Allerdings beschränkte sich der SD, der seinen Dienstsitz im Wilhelmspalais hatte, in dieser Phase auf Aktivitäten innerhalb der nationalsozialisischen Bewegung. Bests Nachfolger, SS-Obersturmführer Böhm, machte Mitte Mai 1935 einen offiziellen Antrittsbesuch bei Ministerpräsident Mergenthaler.[22] Der Besuch erfolgte nach Rücksprache mit SD-Chef Heydrich. Es ist anzunehmen, daß dies ein bewußter Schritt über die Grenzen der NSDAP hinaus war. Der SD bediente sich merkwürdig anmutender konspirativer Methoden; sein Briefwechsel lief über ein Postfach, bei dringlichen Eil- und Einschreibesendungen bedienten sich informierte Stellen einer Tarnadresse.[23] Noch im Februar 1937 erkundigte sich ein Beamter des württembergischen Innenministeriums nach dem SD und seiner Funktion.[24] Die Stapoleitstelle bezeichnete den SD in der Antwort als Nachrichtendienst der Partei, was längst nicht mehr den Tatsachen entsprach. Der SD hatte sich von einem internen Nachrichtendienst zu einem Überwachungsinstrument mit Außenstellen im Gaugebiet entwickelt. Die praktische Arbeit des SD in diesem Bereich begann in Stuttgart im Mai 1936.[25] Aus den Reihen der SS rekrutierten die SD-Führer ein Heer von nebenamtlichen Mitarbeitern, die Lageberichte ablieferten. Die Mitarbeiter waren in der ersten Phase für ihre Aufgabe häufig nicht genügend vorbereitet. Entsprechend unterschiedliche Qualität hatten die eingehenden Berichte.

IV. 6. Vom Polizei- zum Sicherheitsapparat

Einzelmeldungen faßte der SD-Unterabschnitt zu einem Lagebericht, der vierteljährlich erschien, und zu Sonderberichten zusammen. Himmler hatte dem SD im Januar 1937 die Aufgabe gestellt, „nur die großen weltanschaulichen Fragen" in den Gebieten Kommunismus, politisierende Konfessionen und Reaktion zu bearbeiten.[26] In Wirklichkeit entwickelte er sich zu einem Instrument der Bespitzelung des alltäglichen Lebens.

Als im März 1937 Kurt Kaul, bisher Führer des SS-Abschnitts XXIII in Berlin, die Leitung des SS-Oberabschnitts Südwest übernahm wurde er zugleich Inspekteur der Sicherheitspolizei (IdS). Kaul bereitete damit eine Verschmelzung der Sicherheitspolizei als staatlicher Einrichtung und des SD als Institution der Partei vor. Diese wurde kurz nach Kriegsbeginn bei der Bildung des Reichssicherheitshauptamts offiziell vollzogen, als Heydrich den Titel eines „Chefs der Sicherheitspolizei und des SD" erhielt und der SD zu einem Teil des sicherheitspolizeilichen Apparats wurde.[27]

Leiter des SD-Oberabschnitts Südwest war seit 1935 Gustav Adolf Scheel, der ein Jahr später auch zum Reichsstudentenführer ernannt wurde. Motor des SD in Stuttgart war indessen Eugen Steimle, den Heydrich im Oktober 1936 mit der Führung des Unterabschnitts Württemberg-Hohenzollern betraute.[28] Der damals knapp 27jährige Steimle, von Beruf Lehrer, gehörte der SS erst wenige Monate an. Er galt als außerordentlich fähiger Kopf, der beste Beurteilungen erhielt.[29] Angesichts des Personalbedarfs bot der SD jungen Leuten günstige Aufstiegschancen. Als der SD in Stuttgart unter Steimles Führung an politischem Einfluß gewann, konnte er junge Nationalsozialisten interessieren. Ein charakteristisches Beispiel lieferte der langjährige Stuttgarter HJ-Führer Rudi Brodbeck, der im April 1937 zur SS übertrat und eine hauptamtliche Stellung in der HJ-Gebietsführung mit dem Posten eines Leiters der SD-Hauptaußenstelle Stuttgart vertauschte. Am 1. März 1938 übernahm Brodbeck das Amt eines Stabsführers im Unterabschnitt Württemberg des SD.[30]

Der SD überwachte die kirchlichen Organisationen und Personen, die Juden sowie die Arbeiter. Es sollten Gespräche in Arbeiterzügen überwacht, Treffpunkte von Fernfahrern beschattet und Spitzel geworben werden.[31] Sämtliche ehemaligen Verkehrslokale der KPD und der SPD wurden aufgelistet, ehemalige Arbeitergesangvereine verfolgt, weil sie „recht oberflächlich gleichgeschaltet" worden seien und so zu Tarnorganisationen für illegale Betätigung werden könnten.[32] Nachdem sich gezeigt hatte, daß die früheren Arbeitersänger mit wenigen Ausnahmen „Unterschlupf in Ersatzvereinen" gefunden hatten, wollte der SD dort Vertrauensmänner einschleusen.[33] In einem Rundschreiben forderte der SD-Unterabschnitt Württemberg-Hohenzollern seine Mitarbeiter auf, alle Arbeitsverweigerungen und Streiks zu melden; „Aus verschiedenen hier vorliegenden Meldungen ist zu ersehen, daß als neueste marxistische Taktik ganz systematisch Arbeitsniederlegungen und Arbeitsverweigerungen in einzelnen Betrieben stattgefunden haben."[34] Der SD überwachte den Arbeitseinsatz und ordnete eine Erfassung der „Arbeitsscheuen" an. Dazu zählte man die „unproduktiv Tätigen wie Straßenmusikanten, Hausierer, eine gewisse Sorte Vertreter und Reisende, Inhaber von nicht lebensfähigen Geschäftsbetrieben, 'Ewig Studierende' u. ä.". Die SD-Mitarbeiter, denen so unpräzise Anweisungen einen breiten Spielraum ließen, hatten 1939 außerdem die Zeitungen daraufhin zu überwachen, daß diese nicht über das weibliche Pflichtjahr und über die Höhe von Löhnen berichteten. Abwerbungsversuche von Firmen sowie übermäßige Gewinne von Unternehmen aus der Rüstungsproduktion waren ebenfalls zu registrieren.[35] Der SD legte Listen von ehemaligen kommunistischen Funktionären, von allen evangelischen und katholischen Geistlichen, von Beamtenanwärtern, von Herrenklubs sowie von Aktivitäten der kirchlichen und bündischen Jugendgruppen an: „Es wurde z. B. in Stuttgart festgestellt, daß unter der nichtssagenden Firma 'Bergkameradschaft' der CVJM Württembergs sich neu organisiert hatte. Der Verein besaß im Walsertal ein Haus und kam dort des öfteren zusammen."[36] Bereits im Sommer 1936 hatte der SD in Stuttgart einen Herrenklub „mit stark reaktionärem Charakter" entdeckt. Der Klub verfolgte das Ziel, dem sich isoliert fühlenden Teil des Bildungsbürgertums die Möglichkeit zu Gesprächen und Vorträgen zu geben.[37] Im Juli 1937 wies der Unterabschnitt die Spitzel an, „alle vorkommenden Fälle von Homosexualität" zu melden.[38]

Die Erfassung der Bevölkerung war nicht allein Sache des SD und der Sicherheitspolizei. Gerade bei der Überwachung des Alltags von Familien und Einzelpersonen spielte die Politische Organisation der NSDAP seit Ende 1936 eine wichtige Rolle. Damals löste die Parteiführung den traditionellen Apparat zugunsten einer Struktur auf, mittels derer alle Einwohner in Blöcken, Häusergruppen, Zellen und Ortsgruppen erfaßt werden konnten.[39] Zu den besonderen Listen und Karteien von Stapoleitstelle, Kripoleitstelle und SD trat damit eine alle Bürger umfassende Einwohnerkartei, die eine Kontrolle erleichterte. Die Gauleitung ordnete im Oktober 1937 den Aufbau einer solchen Kartei für Zwecke der Partei, des Luftschutzes und der NSV an. Sie sollte „nicht nur die restlose Betreuung der Bevölkerung, sondern auch die Heranziehung zu verschiedenen öffentlichen Aufgaben ermöglichen. (...) Um diese Kartei auf dem laufenden halten zu können, hat die Gauleitung beantragt, die Hoheitsdienststellen der Partei durch die Meldebehörden von den Wohnungsveränderungen innerhalb einer Gemeinde verständigen zu lassen."[40]

Das Innenministerium begrüßte die Regelung, die die staatliche Verwaltung entlaste. Allerdings mußte das Stuttgarter Polizeipräsidium zusätzliches Personal einstellen. Auch Stadtverwaltung und Parteidienststellen arbeiteten beim Meldeverfahren sowie bei der Erfassung von sozialen Randgruppen zusammen.[41] Die Kontroll- und Überwachungsorgane arbeiteten allerdings nur partiell zusammen, eine großflächige Vernetzung ihrer Karteien, Dateien und Erkenntnisse erfolgte offenbar nicht. So führten die Stadtverwaltung, die NSDAP und die Sicherheitsorgane jeweils getrennte Judenkarteien, die nicht abgeglichen wurden. Auch konnten verschiedene Schwerpunkte der Ermittlung ausgemacht werden. So stammten die Unterlagen über die politische Zuverlässigkeit bei der Einstellung von Beamten in der Regel vom jeweiligen Hoheitsträger der NSDAP in den Ortsgruppen, die Stapoleitstelle überwachte politische Oppositionelle und Personen, die aus Schutz- oder Strafhaft entlassen worden waren. Der SD sammelte Material auf breitester Front.

1936 wollte ein bei der Firma Bosch tätiger Elektroingenieur aus Vaihingen einen Kurzwellensender betreiben. Auf sein Gesuch hin forderte das Ministerium beim Stuttgarter Polizeipräsidium eine Unbedenklichkeitsbescheinigung an und stellte dem Bürgermeisteramt neun Fragen zur Zuverlässigkeit. Bürgermeister Heller wandte sich an die Ortsgruppe der NSDAP mit jenem Teil der Anfrage, der die frühere und gegenwärtige politische Aktivität, Mitgliedschaft in früheren Organisationen und der NSDAP sowie generelle politische Zuverlässigkeit und die Gewähr, die Funkstelle nicht im staatsfeindlichen Sinne zu betreiben, betraf. Der Ortsgruppenleiter bezeichnete den Ingenieur als politisch desinteressiert und nicht positiv eingestellt, verneinte aber einen möglichen Mißbrauch der Anlage.[42]

Der Beweis politischer Zuverlässigkeit mußte auch von Bewerbern um Wirtschaftskonzessionen beigebracht werden, wobei die Wirtschaftsbeiräte der Stadtverwaltung in der Regel eine härtere Einstellung vertraten als das Stuttgarter Polizeipräsidium und die Gestapo.[43] Dabei spielten die Interessen des alten mittelständischen Flügels der NSDAP, der die Wirtschaftsbeiräte dominierte, eine Rolle. So betrieben die Beiräte im Frühjahr 1936 erfolgreich die Kündigung der städtischen Räume eines Lebensmittelhändlers. Er hatte, weil mit seiner Steuerlast unzufrieden, bei der Reichstagswahl am 29. März 1936 mit „Nein" gestimmt. Die Beiräte waren der Meinung, daß dem Mann zu kündigen sei, zumal viele Nationalsozialisten noch kein Geschäft hätten.[44]

An den beliebten KdF-Reisen nahmen Kriminalbeamte oder SS-Unterführer teil. Als Urlauber getarnt mischten sich die Aufpasser unter die Reisegesellschaften.[45] Die Reiseleiter waren Funktionäre der Deutschen Arbeitsfront, eine zusätzliche SS-Mitgliedschaft erwies sich als vorteilhaft. Die Mitarbeiter der Stapoleitstelle überwachten nicht nur die Reisenden, sondern unterzogen den Ablauf einer Reise, das Programm und seine Abwicklung einer kritischen Prüfung. In den Berichten an die Stapoleitstelle bemängelten sie beispielsweise, daß in manchen Lokalen KdF-Gäste schlechter bedient wurden („zuerst kommen die Herrschaften dran"). Sie notierten, wenn Männer und Frauen in einem Zimmer übernachteten oder wenn die Verpflegung zu wünschen übrig ließ. Anläßlich einer Reise an den Chiemsee hielt ein Kriminalsekretär fest, die meisten Besucher hätten sich nicht am Schloß Herrenchiemsee erfreut, sondern die Verschwendungssucht gerügt. Einen Urlauber meldete er zwecks weiterer Ermittlungen an die Stapoleitstelle, weil dieser eine Parallele zum Reichsautobahnbau gezogen hatte und überdies selten den „Deutschen Gruß" sehen ließ. Gelegentlich rügten die Gesta-

po-Beamten, daß sich einzelne Personen von der Reisegesellschaft fernhielten: „Es wäre zu erwägen, ob nicht solche Volksgenossen von künftigen KdF-Fahrten auszuschließen sind, da diese die Volksgemeinschaft nicht fördern und in ihrem Tun sehr schwer zu überwachen sind."[46] Aus demselben Grund empfahl ein Kriminalsekretär, der im Sommer 1938 eine Reise an die Nordsee überwachte, auf die Wandergruppen zu achten. Als er festgestellt hatte, daß ein „früherer Kommunist" zu einer 20köpfigen Wandergruppe gehörte, ließ er alle Mitglieder der Gruppe überprüfen.[47] Insgesamt äußerten die Gestapo-Beamten ihre Zufriedenheit über die Urlauber, die sich bis auf einige Ausnahmen lobend über die KdF geäußert hätten. „Staatsfeindliche Elemente bzw. Hetzer und Nörgler" wurden von ihnen nicht festgestellt, was angesichts der Vorauswahl der Reisenden kaum erstaunlich war. Zufriedenheit löste folgendes Fazit aus: „Politisiert wurde während des ganzen Urlaubs überhaupt nicht."[48]
Die Überwachung und das Prinzip Volksgemeinschaft schufen und erforderten eine Entpolitisierung der Gesellschaft. Daß das Überwachungssystem ohne aktive Mitarbeit oder Akzeptanz eines Teils der Bevölkerung eine erheblich geringere Wirkung entfaltet hätte, steht außer Zweifel. Sowohl in den Anklageschriften und Urteilen der Stuttgarter Gerichte wie in persönlichen Erinnerungsberichten spielten Denunzianten eine Rolle.[49]
Anfang 1939 wollte Himmler zusätzlich zu den Melderegistern eine nach Geburtsjahren geordnete Einwohnerkartei anlegen lassen. Sowohl die Bürgermeisterämter wie die staatlichen Polizeiämter sollten die Kartei führen, die auch als „Hilfsmittel für die Reichsverteidigung" gedacht war.[50] Im Mai 1939 fand schon die zweite Volkszählung seit der Machtübernahme statt. Die „Volksgemeinschaft" bildete sich zunehmend in einem Berg von Karteien und Formularen ab.[51]

Kapitel V
Kommunalpolitik und Herrschaftssystem

1. Beratung oder Kontrolle
Die Stuttgarter Kommunalverwaltung nach Erlaß der Deutschen Gemeindeordnung

Am 1. April 1935 trat die Deutsche Gemeindeordnung (DGO) in Kraft. Erstmals gab es – mit Ausnahme der Stadtstaaten Bremen, Hamburg und Lübeck – eine einheitliche Gemeindeverfassung für das Reich. Die nationalsozialistische Propaganda nannte sie ein „Grundgesetz des nationalsozialistischen Staats".[1] Das entscheidend Neue war die Einbeziehung der NSDAP in die Gemeindeverfassung und die kommunale Verwaltung. Die DGO war ein Kompromiß, der in der NSDAP selbst umstritten war. Sie brachte keine Klärung der Kompetenzen von Parteidienststellen und Kommunalverwaltung. Allein die tägliche Praxis entschied über das Verhältnis und damit über die Machtfrage.[2]
Wie in den meisten Großstädten war in Stuttgart der Kreisleiter Beauftragter der NSDAP geworden. Er hatte ein Mitspracherecht bei der Ernennung der Bürgermeister, berief im Einvernehmen mit dem Stadtvorstand Beigeordnete und Gemeinderäte (Ratsherren) und mußte der Hauptsatzung zustimmen. Adolf Mauer verband mit der Aufgabe weniger Ehrgeiz als mit der Parteiarbeit und mit der Leitung der Landesstelle des Reichspropagandaamts, wenngleich er in Personalfragen wiederholt Druck auf die Stadt ausübte. Eine gewisse Zurückhaltung war auch darin begründet, daß die Gauleitung, die in Stuttgart ihren Sitz hatte, sich direkt an die Stadt wandte. Als Mauer bei der Neueinteilung der Parteikreise im Juli 1937 abgelöst wurde, nutzte der Gauleiter und Reichsstatthalter die Gelegenheit. Murr teilte dem Oberbürgermeister am 7. Juli mit, daß er die Geschäfte des Beauftragten selbst übernehmen werde: „Ich bitte um Kenntnisnahme und mich dementsprechend über alles Wichtige zu informieren."[3]
Bei der Stadtverwaltung löste diese Nachricht keine Begeisterung aus. Strölin reagierte erst Ende des Monats mit einem kurzen Dankschreiben, nachdem er einen Entwurf in pathetischem Stil nicht abgesandt hatte.[4] Vor den Ratsherren führte er aus:
„Trotzdem bleibt nach wie vor die enge Beziehung zwischen der Stadtverwaltung und der Kreisleitung bestehen. Ich habe mich bereits mit Kreisleiter Fischer dahin verstän-

digt, daß ich mit ihm die gemeinsamen Angelegenheiten von Partei und Stadtverwaltung in derselben Weise besprechen will wie bisher mit Kreisleiter Mauer."[5]
Die Stadt wollte also neben der Gauleitung einen weiteren Ansprechpartner in der NSDAP behalten. Murr berief sich in der Folgezeit bei Auseinandersetzungen selten auf seine Funktion als Beauftragter im Sinne der DGO, sondern leitete seine Eingriffsrechte vielmehr aus seiner Stellung als Gauleiter der NSDAP ab, die für ihn von größerer Bedeutung war.

Obwohl die DGO mit den von ihm oft kritisierten liberalistischen Relikten Schluß machte, fühlte sich Strölin dennoch als Führer der Stadtverwaltung in einigen Punkten eingeschränkt. In einem vertraulichen Bericht an das Hauptamt für Kommunalpolitik kritisierte er einige Bestimmungen. Da die Beigeordneten durch Partei und Staat nach Rücksprache mit dem Stadtvorstand und den Ratsherren berufen wurden, verlangte Strölin, „daß dem Bürgermeister kein Beigeordneter gegen seinen Willen aufgedrängt wird".[6] Er befürchtete außerdem, daß die strenge Aufsicht über den Gemeindehaushalt die Selbstverwaltung im Bereich der Finanzen beeinträchtigen könnte. Der Mitwirkung der NSDAP stand er skeptisch gegenüber: „Unmittelbare Eingriffe von Parteidienststellen in gemeindliche Personalangelegenheiten, vor allem Erhebungen innerhalb der einzelnen städt. Ämter durch Vertreter von politischen Organisationen sollten nicht stattfinden." Weitere Bemerkungen galten dem problematischen Verhältnis der kommunalen Wohlfahrtspflege zur NSV, der Ausschaltung der Gemeinden aus dem Schulwesen trotz gestiegener finanzieller Leistungen sowie der weitgehenden Kompetenz des Reichsnährstands in der Lebensmittelversorgung. Knapp ein Jahr nach Inkrafttreten der DGO war dies ein stattlicher Katalog, wenngleich Strölin in einem Nachsatz abschwächte, er wolle „grundsätzlich nicht zu der Frage Stellung nehmen, ob die bestehende Abgrenzung der gemeindlichen Selbstverwaltung auf die Dauer richtig ist oder ob etwa da und dort eine Änderung wünschenswert wäre". Nach außen freilich war von Differenzierungen oder gar Differenzen nicht die Rede. Zur gleichen Zeit erschien eine Erklärung Strölins im „Völkischen Beobachter", in der er Hitler als den Retter der Gemeinden vor dem Zusammenbruch, den zersetzenden Kräften des parlamentarischen Systems und der Interessenpolitik feierte.[7]

Die Umschaltung an der Spitze der Stadtverwaltung war 1933 reibungslos verlaufen. Die Beamten hatten sich loyal in den Dienst des nationalsozialistischen Staates gestellt. Dies und die Kompetenz der erfahrenen Verwaltungsbeamten erschwerten Eingriffe von außen. Als im Sommer 1935 nach dem Inkrafttreten der DGO die Berichterstatter des Bürgermeisteramts, die jetzt Beigeordnete hießen, neu berufen werden mußten, gab es keine Veränderung. Auch die reinen Fachbeamten, die Strölin 1933 im Amt belassen hatte, erhielten ihre Ernennungsurkunden und die Zustimmung des Gaupersonalamts. Obwohl Strölin über ein zu großes Mitspracherecht stadtferner Dienststellen geklagt hatte, besaß gerade er dazu keinen Grund.[8] Die Hauptsatzung sah neben dem

Stadtkämmerer als hauptamtlichem Bürgermeister zwölf Stellen für haupt- und zwei Stellen für ehrenamtliche Beigeordnete vor.[9] Strölin meinte:
„Die Umgestaltung des Gemeindeverfassungsrechts durch die Deutsche Gemeindeordnung hat zweifellos die Wirkung, daß die initiative Tätigkeit, die bisher der Gemeinderat entfaltet hat (...), künftig wenigstens zum Teil wegfällt. Umso mehr ist es nun Aufgabe der beamteten Verwaltung, ihrerseits die Initiative in allen kommunalpolitischen Angelegenheiten zu ergreifen und die erforderlichen Vorschläge zu machen."[10]
Strölin beschönigte hier allerdings die Rolle des alten Gemeinderats, der die ihm zugesprochenen initiativen Befugnisse nur auf dem Papier innegehabt hatte.
Kreisleiter Mauer erinnerte die Beigeordneten bei ihrer festlichen Einführung am 24. Oktober 1935 daran, daß sie durch das Vertrauen der NSDAP in ihre Ämter berufen worden seien. Er ermahnte sie, dies niemals zu vergessen und stets eng mit der Partei zusammenzuarbeiten.[11] Mit besonderer Freude begrüßte Mauer den ehrenamtlichen Beigeordneten Hugo Kroll, bisher Fraktionsführer der NSDAP im Gemeinderat. Kroll hatte die Aufgabe, die Verbindung zwischen der Verwaltung und den Ratsherren und Beiräten zu pflegen und sich zusammen mit dem Wohlfahrtsamt um die Belange der HJ zu kümmern, soweit es nicht um Geld ging. Kroll fungierte innerhalb und außerhalb der Stadtverwaltung als Ansprechpartner, vor allem in Personalfragen. Zu diesem Zweck hielt er zweimal wöchentlich eine Bürger-Sprechstunde ab.[12] In diesem Amt war der alte völkische Aktivist, den alle nur „Papa Kroll" nannten, so recht in seinem Metier. Als Schlichter bei persönlichen Auseinandersetzungen, als Patriarch des Frauenbeirats und als Organisator der Kameradschaft hätte man keinen besseren Mann finden können. Alle anderen Beigeordneten behielten ihren Wirkungskreis.
Der Oberbürgermeister empfing seine Referenten jeweils gesondert. Diese Praxis wurde beibehalten, doch hatten einige Beigeordnete den Wunsch geäußert, auch über die Belange der anderen Ressorts informiert zu werden. Seit Ende 1936 fanden daher gelegentlich gemeinsame Sitzungen statt.[13] Für die Beigeordneten waren die gemeinsamen Sitzungen sinnvoll, denn sie waren nun mit Ratsherren konfrontiert, die in höherem Maß als die Vorgänger im Gemeinderat seit 1933 fachlich vorgebildet waren. Einige Ratsherren waren als Leiter oder Mitarbeiter von Parteidienststellen potentielle Konkurrenten. Besonders ausgeprägt war dies zwischen dem Kreisamtsleiter für Volkswohlfahrt, Ratsherr Güntner, und dem Wohlfahrtsreferat sowie zwischen dem Kreisamtsleiter für Technik, Ratsherr Ortmann, und dem Technischen Referat.[14]
Die 36 Ratsherren-Sitze waren umkämpft. Kein Zweifel bestand darüber, daß die letzten Vertreter der Weimarer Parteien auszuscheiden hatten. Die Stadtteile, Berufsgruppen und die Gliederungen und Verbände der NSDAP mußten berücksichtigt werden. Die Kämpfe spielten sich hinter den Kulissen ab; ob dabei letztlich Stadtverwaltung oder Kreisleitung den Ausschlag gaben, war nicht festzustellen. Jedenfalls kursierten

mehrere Listen, die Herren rechneten sich gegenseitig ihre Verdienste vor.[15] 1933 wurde die Zahl der Gemeinderatssitze von 60 auf 44 verringert, jetzt gab es nur noch 36 Mandate zu verteilen. Um den Proporz zu wahren, mußten einige alte Parteigenossen, die 1933 mit einem Sitz belohnt worden waren, ihren Posten wieder aufgeben. Paul Sauer, seit 1931 im Gemeinderat und unangefochtener Anwärter auf die Würde eines Ratsherrn, schrieb in der von ihm gegründeten „NS-Gemeindezeitung":
„Wie nicht anders zu erwarten war, haben sich eine nicht geringe Anzahl 110%iger Stuttgarter Mitbürger angeboten, das dornenreiche und sorgenvolle Amt eines ‚Ratsherrn' nur im Interesse der Allgemeinheit zu übernehmen. Sie betonen, daß sie zwar schon lange innerlich Nationalsozialisten seien, in der Kampfzeit aber aus bestimmten Gründen keine Zeit gehabt hätten, Mitglied der Bewegung zu werden."[16]
Als Provokation empfanden alte Nationalsozialisten die Berufung des Großkaufmanns Alfred Breuninger zum Ratsherrn. Jahrelang als Warenhaus attackiert und vom städtischen Steueramt 1933 erstmals zur Warenhaussteuer veranlagt, hatte die Firma soeben vor dem Verwaltungsgericht gegen die Stadtverwaltung obsiegt.[17]
Schließlich gelang es, ein Paket zu schnüren, das die meisten Organisationen, die Wirtschaft und die größeren Stadtteile berücksichtigte. Unausgewogen war jedoch die soziale Zusammensetzung der Ratsherrenschaft: zwei Arbeiter, zwölf Selbständige und 13 Angestellte, darunter acht Funktionäre nationalsozialistischer Organisationen.[18] Die NSDAP war durch die Kreisinspekteure Gschwend und Breitling sowie die Ortsgruppenleiter Eichler (Zuffenhausen) und Gienger (Untertürkheim) und drei Mitglieder des Kreisstabs vertreten: Ratsherr Reuff war Kreisgeschäftsführer, Ortmann leitete das Gauamt für Technik, und Schaufler verwaltete die Kasse des Kreises Stuttgart der NSDAP. Dr. Feldmann war im Gauamt für Volksgesundheit aktiv, Ratsherr Güntner führte die NSV im Kreis Stuttgart, und Eugen Notter war Kreiswalter der DAF. Die DAF repräsentierten außerdem Gaufachgruppenleiter (Reichsbahn) Christian Bauer sowie die Betriebsobmänner von Bosch und Daimler-Benz, Alfred Weißenborn und Karl Münzenmayer. Die Handwerkskammer Stuttgart entsandte ihren Vizepräsidenten, Schuhmachermeister Josef Hoffmann, und den Reichsinnungsmeister des Schreinerhandwerks, Theodor Kaiser. Hans Eckstein von der Firma Roser als Vizepräsident der Industrie- und Handelskammer und als stellvertretender Leiter der Wirtschaftskammer im Gau, Möbelfabrikant Karl Mayer, Bankdirektor Dr. Friedrich Weiß und Alfred Breuninger sorgten für die Kontakte zu Industrie und Handel. Ratsherr Willy Haag war Betriebsobmann bei der Allianz und zugleich Vorsitzender des Stuttgarter Mietervereins, den er gleichgeschaltet hatte; eher bescheiden war sein SA-Rang als Truppführer. Der Verbindungsmann zur SA war Standartenführer Wilhelm Gengenbach; Paul Sauer und der bereits genannte Dr. Feldmann vertraten die SS. Hermann Maier, mit 29 Jahren der Jüngste, HJ-Unterbannführer, setzte sich meist ebenso nachdrücklich wie undiplomatisch für die Belange der HJ ein.

Die Liste der Ratsherren zeigt die Struktur nationalsozialistischer Herrschaft. 1933 waren besonders verdiente Nationalsozialisten mit einem Sitz im Gemeinderat honoriert worden. 1935 repräsentierten die Ratsherren das Spektrum der nationalsozialistischen Volksgemeinschaft. Während die Ratsherren nach außen Geschlossenheit zu demonstrieren hatten, trugen sie intern ihre Interessenkonflikte aus. Auseinandersetzungen und Stellungnahmen sind nur verständlich, wenn man in den Ratsherren Vertreter von Interessengruppen sieht.

Ein Sitz war vakant geblieben; die Lücke wurde im September 1936 geschlossen, als Regierungsrat Gschwend seinen Wohnsitz verlegte. Kreisleiter Mauer als Beauftragter der NSDAP führte den Kreispropagandaleiter der NSDAP, Kurz, und den stellvertretenden Kreiswalter der DAF, Schwinger, als neue Ratsherren ein. Als Vertreter der am 1. April 1937 eingemeindeten Stadtteile Sillenbuch, Heumaden, Rohracker, Riedenberg und Uhlbach nahm Karl Deizler, Ortsgruppenleiter der NSDAP in Sillenbuch, den Platz von Werner Kind ein, der nach seiner Ernennung zum Leiter des städtischen Tiefbauamts ausscheiden mußte.

Ratsherr Feldmann hatte sich finanzielle Unregelmäßigkeiten bei der Kassenärztlichen Vereinigung zuschulden kommen lassen. Gauamtsleiter Stähle verlangte seine Abberufung.[19] Da sich Feldmann bei der SS kaum engagiert hatte, erfuhr er keine Unterstützung. Strölin entsprach der Forderung und ersuchte Feldmann, „Ihr Entlassungsgesuch als Ratsherr bei mir einzureichen".[20] Feldmann tat, was von ihm verlangt wurde, so daß der Schein gewahrt blieb. Sein Nachfolger war Dr. Karl Ludwig Lechler, als Gauamtsleiter für Rassenpolitik und früherer Kreisleiter von Herrenberg ein profilierter Nationalsozialist.[21]

Kreisleiter Mauer drängte im Frühjahr 1937 auf eine Ablösung des HJ-Vertreters Maier, doch widersetzte sich die Stadt erfolgreich. Aufschlußreich war die Begründung Krolls: „Ich sehe aber nicht ein, warum von Seiten des Oberbürgermeisters ein Wechsel gewünscht werden soll, umsomehr, als die vorgeschlagenen Vertreter der HJ vielleicht in ihren Forderungen an die Stadtverwaltung über das hinausgehen werden, was bisher gefordert worden ist."[22]

Hatte sich die Stadt in diesem Falle behauptet, so mußte sie ein Jahr später eine Niederlage hinnehmen. Ratsherr Drescher hatte in seinem Haus ohne Genehmigung eine Dachwohnung eingebaut; dies erboste nicht nur die Verwaltung, sondern vor allem die Bevölkerung, der die strengen Vorschriften der Ortsbausatzung ein Dorn im Auge waren.[23] Ratsherr Bauer meldete bei einer Besprechung, er könne sich in Cannstatt kaum noch auf der Straße sehen lassen. Strölin beantragte bei Murr, der inzwischen das Amt des Beauftragten übernommen hatte, die Entlassung Dreschers und schloß diesen von allen Sitzungen aus: „Es handelt sich darum, das Ansehen der Ratsherren zu wahren und die Stadtverwaltung gegen die schwere Disziplinlosigkeit des Ratsherrn Drescher zu schützen." Obwohl sich auch seine Kollegen für eine Abberufung

aussprachen, verweigerte Drescher einen freiwilligen Rücktritt. Er fand Unterstützung beim Gauleiter, so daß sich Strölin mit einer Geldbuße bescheiden mußte.[24]
„Der Bürgermeister führt die Verwaltung in voller und ausschließlicher Verantwortung." Mit diesem Satz aus der DGO begrüßte Strölin die neuen Ratsherren. Jener Zustand, der seit 1933 faktisch geherrscht hatte, war nun Gesetz. Die Ratsherren durften weder Anträge stellen noch Beschlüsse fassen. Allerdings war der Stadtvorstand verpflichtet, alle wichtigen Dinge mit ihnen zu besprechen und ihnen die Gelegenheit zu einer Stellungnahme zu geben (§ 55). Auch waren die Ratsherren verpflichtet, abweichende Ansichten zu Vorlagen der Stadtverwaltung zu äußern (§ 57,2). Strölin hatte versprochen, keinem Gemeindevertreter das Wort zu beschneiden.[25] Eine entsprechende Anweisung hatte er den Beigeordneten für die Arbeit in den Beiräten, die an die Stelle der Abteilungen traten, erteilt. Kämmerer Hirzel sagte zur Begrüßung der Verwaltungsbeiräte, die Verwaltung freue sich, wenn die Beiräte ihre Meinung frei und offen äußerten.[26] Er sicherte zu, Anregungen und Fragen der Bürgerschaft zu prüfen. Hirzel erwartete seinerseits von den Beiräten, die Beschlüsse der Verwaltung nach außen zu vertreten. Mit ähnlichen Worten leitete der Technische Beigeordnete Sigloch die Tätigkeit der Technischen Beiräte ein. Er bat die Herren, sich ganz offen auszusprechen. In technischen Angelegenheiten seien meist mehrere Lösungen denkbar. Er sicherte offene Information zu und erwartete eine rege Mitarbeit.[27]
In einem vertraulichen Schreiben an die Beigeordneten und die Ratsherren zog Strölin die Grenzen:
„Selbstverständlich muß das Ziel der Beratungen mit den Ratsherren und Beiräten nach wie vor sein, tunlichst zu einer Willensübereinstimmung zu gelangen. Wenn ein Berichterstatter trotz eingehender Erörterung die Auffassung der Beiräte oder Ratsherren für unrichtig hält, so muß er auf seinem Standpunkt beharren. Derartige Fälle sind mir zur Entscheidung vorzulegen. (...) Ich behalte mir auch vor, in einzelnen Fällen zu der Besprechung mit dem Berichterstatter das eine oder andere Mitglied der Beiräte herbeizuziehen, damit nicht auf Seiten der Beiräte die Vermutung aufkommen könnte, ihr abweichender Standpunkt würde mir gegenüber nicht mit der notwendigen Klarheit und Entschiedenheit vertreten."[28]
Strölin wollte die Zügel in der Hand halten und letzte Entscheidungsinstanz bleiben. Dabei stellte er sich nicht vorbehaltlos auf die Seite der leitenden Beamten. Die Ratsherren waren als Vertreter von Interessengruppen in ihr Amt berufen worden. Für den Stadtvorstand und die Verwaltung wurde das Regieren ungemütlicher. Strölins Rundschreiben signalisierte allerdings, daß er nicht gewillt war, an seiner Stellung rütteln zu lassen.
Die Ratsherren tagten einmal im Monat, während das Gemeinderatsplenum zwischen Mai 1933 und Juni 1935 insgesamt siebenmal zusammengetreten war. Stattlich war die Zahl der nichtöffentlichen Sitzungen der Beiräte. In der Hauptsatzung der Stadt Stutt-

gart waren aufgeführt: die Verwaltungsbeiräte, die Wohlfahrtsbeiräte, die Wirtschafts- sowie die Technischen Beiräte als Nachfolge-Gremien der entsprechenden Abteilungen, denen nur Ratsherren angehörten. Daneben gab es Beiräte für die Baupolizei, die Rechnungsprüfung, für Grundstücksschätzungen, für Leibesübungen sowie für Frauenangelegenheiten.[29] Die wichtigsten Beratungen fanden in den Beiräten statt. Im Gegensatz zu den öffentlichen Ratsherrensitzungen trafen hier gegensätzliche Meinungen aufeinander. Außerdem berief der Oberbürgermeister Beiräte für spezielle Aufgaben, die nur für eine begrenzte Zeit existierten. Solche Beiräte wurden anläßlich der Reichsgartenschau 1939 und nach der Erhebung zur Stadt der Auslandsdeutschen berufen, außerdem gab es Beiräte für Tiergartenfragen, für Angelegenheiten des Kurbads Cannstatt und für ärztliche Personalia.

Die Auseinandersetzungen zwischen Stadtverwaltung und Ratsherren waren mitunter so heftig, daß der Protokollführer am Ende der Tagesordnung aus dem Saal geschickt wurde.[30] Neue Ratsherren sahen ihre Hauptaufgabe darin, ihre Klientel zu fördern. Der Oberbürgermeister sah sich zu Beginn der Etatberatungen 1936 zu einem Appell an die Ratsherren veranlaßt:

„Besondere Aufgabe der Ratsherren müsse es sein, die Verwaltung zu schützen gegenüber übermäßigen Forderungen der Bevölkerung. Dasselbe treffe zu bei schlechter Behandlung der Stadtverwaltung durch den Staat, da er (Strölin) dies selbst nicht in der Weise durchführen könne, wie die Ratsherren. (...) Ferner müsse es mehr Aufgabe der Ratsherren als der Verwaltung sein, für gewisse Dinge Propaganda zu machen."[31]

Trotz aller Meinungsverschiedenheiten hielt das Bürgermeisteramt die Zügel in der Hand. Strölin hatte die Sprecher der wichtigen Beiräte in einen Ältestenrat berufen, nämlich Bühler (Verwaltungsbeiräte), Reuff (technische Beiräte), Feldmann (Wohlfahrts- und Gesundheitsbeiräte), Sauer (Wirtschaftsbeiräte) und Kind (Beiräte für die Baupolizei). An den Sitzungen nahmen auch der ehrenamtliche Beigeordnete Kroll und Kanzleireferent Hablizel teil.[32] Alle wesentlichen Entscheidungen bereitete dieses Gremium vor. Vor jeder Ratsherren-Sitzung traten außerdem die Beigeordneten zusammen und legten die Tagesordnung fest. Der Ältestenrat vereinbarte vor öffentlichen Sitzungen die Rednerliste und gab den Rednern Anweisungen („Sauer, nicht ausfällig werden gegen die technischen Ämter der Stadt!"). So vermittelten Stadtverwaltung und Ratsherren der Öffentlichkeit ein Bild der Harmonie. Strölin empfahl den Ratsherren eine Doppelstrategie:

„Zu unterscheiden zwischen der Art der Behandlung in diesem engeren Kreise, wo man die Dinge sehr scharf und kritisch beobachten und insbesondere auf die dabei entstehenden Bedenken hinweisen müsse, während man vor der Öffentlichkeit stets positiv sein solle. (...) Bei der Einteilung der Redner sollte darauf Bedacht genommen werden."[33]

Einmal wandelte Strölin eine öffentliche in eine nichtöffentliche Sitzung um, weil nach

seiner Einschätzung zu viele Probleme zur Sprache kamen.[34] Immer wieder kam es vor, daß die Ratsherren vertrauliche Informationen weitergaben. Meistens handelte es sich dabei um eine Begünstigung bei Vergaben der Stadt. Einmal ließ der aufgebrachte Oberbürgermeister alle beteiligten Ratsherren eine ehrenwörtliche Erklärung unterschreiben, mittels derer er den Übeltäter aufspürte.[35] Meistens verliefen die Nachforschungen jedoch im Sande.[36] Strölin mußte die Ratsherren wiederholt zur Einhaltung der Spielregeln ermahnen:
„Wenn auch niemand gegen die Tätigkeit der Ratsherren etwas einzuwenden wage, so dürfe man sich doch nicht darüber täuschen, daß die Zeit komme, in der Rechenschaft darüber gefordert werde, was getan worden sei, und ob es mit dem, was der Nationalsozialismus vor der Machtübernahme gelehrt habe, im Einklang stehe."[37]
Das Ansehen der Ratsherren in der Öffentlichkeit war offenbar gering. Diese bemängelten andererseits, wichtige Entscheidungen würden über ihre Köpfe hinweg getroffen und sie erst im nachhinein in Kenntnis gesetzt. Bezeichnend war eine Episode, als sich Ratsherr Bühler über den stereotypen protokollarischen Vermerk beschwerte, die Ratsherren hätten ohne Einwendungen von einer Entschließung Kenntnis genommen. Er habe sehr wohl Einwände erhoben; dies solle im Protokoll vermerkt werden.[38] Die Stadtverwaltung hatte in der Regel ihre Vorlagen so weit vorbereitet und abgesprochen, daß sie widerspruchsfrei über die Bühne gingen. Gewichtigere Debatten gab es in Personalfragen, beim Wohnungsbau, der Stadt- und Raumplanung sowie bei der Vergabe von Finanzmitteln an Parteiorganisationen. Es kam vor, daß die Ratsherren einmal eine Vorlage zurückwiesen. Strölin war klug genug, in allen grundsätzlichen Fragen die Ratsherren zu hören. Es gelang ihm, bei Konflikten, die das Ansehen und die Selbständigkeit der Stadt berührten, jene für die Stadtverwaltung zu mobilisieren, zum Teil auch gegen die Interessen von Kreis- und Gauleitung. Viele Ratsherren vertraten trotz gelegentlich scharfer Kritik die Belange der Stadtverwaltung nach außen.[39]

2. Der Konflikt um die städtische Personalpolitik

Drei Beispiele: Sigloch, Speidel, Saleck

Der letzte Referent im Range eines Bürgermeisters aus der Zeit vor 1933 war Daniel Sigloch, der das Technische Referat leitete. Er hatte sich nach der Umschaltung in den Dienst der neuen Stadtverwaltung gestellt. So sagte er bei der Begrüßung der Technischen Beiräte am 12. Juli 1935: „Bei allen Beratungen in diesem Saal werde man den Geist des Führers walten lassen müssen, dann werde die Arbeit der Technischen Beiräte für die Entwicklung der Stadt und für das gesamte deutsche Vaterland von großem

V. 2. Der Konflikt um die städtische Personalpolitik

Vorteil und Nutzen sein."[1] Sigloch war 1935 in seinem Amt bestätigt worden und feierte 1936 sein 25jähriges Dienstjubiläum.

Das Gauamt für Technik zeigte sich davon nicht beeindruckt. Im September 1936 veröffentlichte das Organ des Gauamts, die „Technik", einen Artikel mit der Überschrift „Judengenossen in der Technik".[2] Der anonyme Verfasser verband Persönliches und Sachliches zu einem scharfen Angriff auf Sigloch, der namentlich nicht genannt war. Sigloch wurden sein jüdischer Schwager und die Tätigkeit eines Sohnes bei einer angeblich jüdischen Firma vorgehalten. Außerdem warf man ihm vor, er habe das Baugesuch eines Juden genehmigt, das nicht mit der Ortsbausatzung im Einklang stand, und bei einem Juden Diensträume angemietet. Nur am Rande tauchten dagegen die Differenzen zwischen dem Gauamt und dem Technischen Referat in der Frage der Ortsbausatzung, des Neckarkanals und der Raumplanung auf. In der November-Ausgabe des Blattes wurde der Vorwurf der Begünstigung eines jüdischen Bauherrn präzisiert. Daß ein solcher Angriff nicht ohne Billigung des Gauamtsleiters Rudolf Rohrbach erschienen sein konnte, war klar. In einem Brief an Staatssekretär Waldmann vom 9. Oktober 1936 rechtfertigte Rohrbach die Attacke gegen Sigloch: „Es genügt auch nicht, zu sagen, er sei unschädlich, da er ständig von Nationalsozialisten überwacht werde. Ein solcher Zustand ist unwürdig des Amtes, das der Überwachte innehat."[3] Rohrbach meinte damit, daß die Stadt den alten Nationalsozialisten Otto Schwarz als Hilfsberichter und Aufpasser Sigloch an die Seite gestellt habe. Damit traf die Kritik an Sigloch auch den Oberbürgermeister. Dieser hatte sofort nach Bekanntwerden des Artikels scharf reagiert und sich an den Reichsstatthalter gewandt. Am 10. September schrieb er an Murr, die Angriffe seien schon deshalb völlig unverständlich, weil Sigloch auf Vorschlag des Kreisleiters Mauer „mit Ihrer Zustimmung" berufen worden sei. Auch zu den persönlichen Vorwürfen nahm Strölin Stellung:

„Daß ein Schwager von Herrn Sigloch eine Jüdin geheiratet hat, ist nicht seine Schuld und war den Parteistellen bei seiner Berufung zum Beigeordneten bekannt. Aus diesem Umstand eine falsche Einstellung des Herrn Dr. Sigloch zu seinen Amtspflichten abzuleiten und ihn als ‚Judenknecht' zu bezeichnen, ist geradezu unerhört."[4]

Strölin forderte eine Ehrenerklärung für Sigloch im nächsten Heft der „Technik". Die Ratsherren stellten sich einmütig hinter den Technischen Referenten. Strölin nannte vor den Verwaltungsbeiräten derartige Angriffe einen „Ausdruck von Anarchie" und verlangte von jedem einzelnen Anwesenden eine Stellungnahme. Dies richtete sich eindeutig gegen Ratsherr Ortmann, den Stellvertreter Rohrbachs. Das Votum fiel eindeutig aus; da war die Rede von „Disziplinlosigkeit", „Zersetzung", einem „Rückfall in die schmutzige Demokratie" – allenthalben dagegen Lob für Sigloch, der im besten Sinne nationalsozialistische Arbeit geleistet habe.[5] Die Stimmung war so eindeutig, daß auch Ortmann sich von der Veröffentlichung distanzierte und entschuldigend hinzufügte, er habe den Artikel erst zu Gesicht bekommen, als die Fahnenabzüge hergestellt waren. Strölin versäumte nicht, das Ergebnis der Besprechung umgehend Murr mitzuteilen.[6] Er ging jedoch noch einen Schritt weiter, der Murr zum Widerspruch herausfordern mußte. Er schrieb, die Beiräte hätten anerkannt, „daß Stadtrat Dr. Sigloch innerhalb seines Dienstbereiches den nationalsozialistischen Grundsatz ‚Gemeinnutz geht vor Eigennutz' verwirkliche, soweit dies überhaupt nach dem heutigen Stand der Gesetzgebung möglich ist."

Gleichviel, ob die Beiräte und mit ihnen Strölin die Gesetzgebung für zu wenig nationalsozialistisch hielten oder ob das eine Kritik am bestehenden Rechtszustand des NS-Staates war, der Konflikt war damit kein Personalstreit mehr. Die Stadtverwaltung durfte vom Reichsstatthalter keine Unterstützung für Sigloch mehr erwarten. Die von Murr erbetene Weisung an die Parteidienststellen, unsachliche Angriffe auf Beamte der Stadtverwaltung zu unterlassen, blieb aus. Strölin wandte sich dann an die Ministerabteilung für Bezirks- und Körperschaftsverwaltung und an den Innenminister mit der Bitte, öffentliche Angriffe auf Beamte zu unterbinden. „Wenn mit dieser Methode fortgefahren würde, so würde unfehlbar allmählich die Verwaltung zerrüttet."[7]

Die Gegenseite ließ jedoch nicht locker. In seiner November-Ausgabe hatte auch das „Flammenzeichen", das sich als württembergischer Nachahmer des „Stürmer" gebärdete, unter der Überschrift „Judengenosse in verantwortlicher Stellung" seinen Kommentar zu der Auseinandersetzung gegeben:

„Wir aber sind der Ansicht, daß die Judenfrage nicht nur dadurch gelöst wird, daß man die ‚Nichtarier entfernt', sondern dadurch, daß man ihren Einfluß unbarmherzig ausrottet, wo er sich festgesetzt hat. Wir sind vor allem der Ansicht, daß man Judengenossen nicht ohne Gefahr in beherrschenden Beamtenstellen lassen kann, wenn sie die rassische Verderbtheit dauernd unter Beweis stellen."[8]

Die Anschuldigungen trafen Sigloch schwer. In einem Brief an Strölin ersuchte er, eine Klarstellung zu erzwingen. Er fühlte sich als Freiwild des Gauamts für Technik.[9] Besonders kränkte ihn, daß die im zweiten Artikel zitierten Unterlagen über die Behandlung des Baugesuchs ganz offensichtlich von einem Mitarbeiter den städtischen Akten entnommen worden waren. In der Sache hatte sich Sigloch nichts vorzuwerfen. Die Durchsetzung der Ortsbausatzung bezeichnete er als einen „unaufhörlichen, schwierigen und geradezu aufreibenden Kampf".

„Dieser Kampf muß geführt werden gegen die ‚geschlossene' Phalanx der Grundbesitzer, oft auch gegen die Aufsichtsinstanzen und selbst gegen anerkannte Vertreter des Nationalsozialismus, weil die oft mit schweren Vermögenseinbußen verknüpfte ‚Auflockerung' noch lange nicht ‚Gemeingut' und allgemeine Überzeugung geworden ist. Ich erkläre, daß ich (...) der bestgehaßte Beigeordnete der Stadt geworden bin."[10]

Sigloch selbst erkannte, daß es unter den gegebenen Umständen wenig Sinn hatte, im Amt zu bleiben, und reichte Ende November sein Gesuch um Versetzung in den Ru-

V. 2. Der Konflikt um die städtische Personalpolitik

hestand ein.[11] Der Oberbürgermeister äußerte vor den Verwaltungsbeiräten, daß er dem Gesuch nicht entsprochen habe, daß aber Sigloch die Weiterführung der Amtsgeschäfte nicht zugemutet werden könne. Die Beiräte wiederholten ihre Angriffe gegen Rohrbach und Ortmann und wollten gegen den anonymen Schreiberling aus dem Gauamt ein Parteigerichtsverfahren anstrengen. Der Oberbürgermeister hatte bei dieser Sitzung am 1. Dezember 1936 den Beiräten jedoch nicht die Wahrheit gesagt. Drei Tage später schickte er Personalreferent Locher vor, der den Technischen Beiräten mitteilen mußte, Sigloch sei seit dem 30. November nicht mehr im Dienst. Die Räte waren verblüfft; Ratsherr Reuff, Kreisgeschäftsführer der NSDAP, erinnerte an die Aussagen Strölins vom 30. Oktober, auch der Reichsstatthalter sei gegen einen Rücktritt. Andere kritisierten die vorläufige Nachfolgeregelung, wonach Organisationsreferent Asmuß für die TWS zuständig war. Die Ernennung eines Juristen, der von technischen Dingen keine Ahnung habe, nannten sie unverständlich und beklagten, daß diese Personalentscheidung im Ältestenrat hätte besprochen werden müssen.[12] Dem Oberbürgermeister ging es nur noch um die Abwicklung der Angelegenheit. Er ließ Reichsstatthalter Murr wissen:

„Hinsichtlich der Person von Herrn Stadtrat Dr. Sigloch teile ich Ihren Standpunkt, daß eine Verabschiedung im Augenblick nicht angezeigt ist, da dies sonst als ein Zurückweichen vor den anonymen Artikelschreibern erscheinen müßte. Es ist daher zweckmäßig, wenn Stadtrat Dr. Sigloch zunächst in Urlaub geht und wenn dann erst in einiger Zeit die Frage seiner Weiterverwendung geprüft wird."[13]

Sigloch wurde nach Ablauf einer Schamfrist auf 30. Juni 1937 in den Ruhestand versetzt. Strölin konnte dabei als Erfolg verbuchen, daß nicht ein Quereinsteiger aus dem Amt für Technik die Nachfolge antrat, sondern Otto Schwarz. Kurz bevor Sigloch sein Rücktrittsgesuch eingereicht hatte, war Schwarz vom Oberbürgermeister zum städtischen Beauftragten für den Vierjahresplan ernannt worden. Wenngleich Schwarz und Sigloch nach beider Aussagen gut zusammengearbeitet hatten, so war doch die Ernennung des einen vom Abschied des anderen nicht zu trennen.

Gleichzeitig beschäftigte eine zweite Personalentscheidung die Stadtverwaltung, aber auch das Gauamt für Technik. Am 11. Oktober 1936 war der Generaldirektor der TWS, Dr. Richard Nübling, gestorben. Der frühere Leiter des Gaswerks war nicht nur ein anerkannter Fachmann in Versorgungsfragen, sondern hatte als früherer Chef und Parteigenosse des Oberbürgermeisters maßgeblichen Anteil an der Schaffung der TWS. Diese Stelle war für die Stadt von großer Bedeutung, da die TWS ihr größter Einzelbetrieb mit über 3000 Beschäftigten und eine wichtige Einnahmequelle war.[14] Der Oberbürgermeister ließ die Stelle in Zeitungen und Zeitschriften ausschreiben; die Stadt suchte einen bewährten Fachmann, der zugleich Nationalsozialist, Württemberger und nicht zu alt sein sollte. Der Leiter des Gauamts für Technik, Rohrbach, veranstaltete eine eigene Ausschreibung und bat die Dienststellen des Amts für Technik um die „Benennung fachlich geeigneter Nationalsozialisten". Bis Ende November 1936 hatten sich bei der Stadt zwölf, beim Amt für Technik 16 Interessenten gemeldet. Als Strölin von Anmaßung sprach, antwortete ihm Kreisamtsleiter Ortmann deutlich: Gemäß dem Willen des Führers, gehobene Stellen mit alten Parteigenossen, die zugleich hervorragende Fachleute sind, zu besetzen, sei es eine Aufgabe des Amts für Technik, entsprechende Vorschläge zu unterbreiten. Überdies handle es sich dabei um eine Gepflogenheit aller Dienststellen für Technik. Ortmann kritisierte die mangelnde Zusammenarbeit des Kreisamts für Beamte (Leiter war Strölins Kanzleireferent Hablizel) mit seiner Dienststelle und sparte nicht mit weiterer Kritik:

„Ich kann mich des Eindrucks nicht erwehren, daß allgemein in Personalfragen eine Fühlungnahme mit dem Amt für Technik nicht erwünscht ist. Um aber meiner Aufgabe als Kreisamtsleiter und Ratsherr gerecht zu werden und dem Kreisleiter und Ihnen entsprechende Vorschläge unterbreiten zu können, habe ich mich veranlaßt gesehen, eben allein nach geeigneten Parteigenossen Umschau zu halten."

Ohnehin, so Ortmann, seien die technischen Spitzenstellen bei der Stadtverwaltung „bis heute nicht übermäßig mit Parteigenossen, besonders nicht mit alten, besetzt". Strölin wollte sich dies als Stadtvorstand nicht gefallen lassen und fand Unterstützung bei den Ratsherren. Er unternahm jedoch keinen Versuch, in irgendeiner Weise disziplinarisch gegen Ortmann vorzugehen, was am Widerspruch des Kreisleiters und des Gauleiters mit Sicherheit gescheitert wäre. Schließlich fand man doch zu einer Einigung. Von 54 Bewerbern wurden acht in die engere Wahl gezogen. Dabei stellte sich heraus, daß fachliche Eignung und aktive, langjährige Mitgliedschaft in der NSDAP offenbar nur schwer zu vereinbaren waren. Auch Ortmann räumte dies ein. Die Wahl fiel einmütig auf Dr. Willy Speidel, der sowohl alter Parteigenosse (1931) als auch fachlich qualifiziert war – zuletzt hatte er bei der I.G. Farben in Halle und Merseburg gearbeitet. Speidel war Schwiegersohn des verstorbenen Nübling; im Rathaus hatte es daher zunächst Bedenken gegen den „Prinzgemahl" gegeben.[15] Strölin fand jedoch die Zustimmung des Kreisleiters und Ortmanns, der eine gute Zusammenarbeit mit dem designierten Technischen Beigeordneten Otto Schwarz erwartete.

Unbehelligt konnte die Stadtverwaltung die Nachfolge des am 20. Oktober 1937 verstorbenen Wohlfahrtsreferenten Friedrich Ettwein regeln. Strölin beauftragte Rechtsrat Felix Mayer vom Rechtsreferat, einen Fachbeamten ohne Parteiverdienste, mit der Wahrnehmung der Geschäfte. Im Februar 1938 erkundigte sich Ratsherr Häffner nach dem Stand der Dinge und erinnerte daran, daß die Ratsherren ein Mitspracherecht bei der Besetzung einer Beigeordnetenstelle besäßen. Der Personalreferent beschied ihn, vor einer endgültigen Regelung würden die Ratsherren befragt.[16] Dazu kam es jedoch nicht, und Mayer versah das Amt des Wohlfahrtsreferenten bis 1945.

Für wichtiger erachteten die zuständigen Stellen der NSDAP die Leiterstelle des städtischen Gesundheitsamts; hier zeigte sich, welche Kreise die Besetzung einer bedeu-

V. 2. Der Konflikt um die städtische Personalpolitik

tenden Position innerhalb einer Kommunalverwaltung ziehen konnte.[17] Der Amtsinhaber, Prof. Alfred Gastpar, trat zum 31. Mai 1938 altershalber in den Ruhestand. Hauptrivalen um die Nachfolge waren Dr. Saleck, Stadtarzt beim Gesundheitsamt, und Dr. Lechler, Obervertrauensarzt bei der Landesversicherungsanstalt Württemberg und früherer Kreisleiter des Kreises Herrenberg der NSDAP. Die Auseinandersetzung wurde zwischen zwei Gruppen der NSDAP geführt, die Stadtverwaltung konnte nur noch am Rande mitwirken. Lechler hatte zweifellos die höheren Verdienste um die NSDAP vorzuweisen. Er war Gauamtsleiter des Amts für Rassenpolitik und hatte als ehemaliger Kreisleiter auf eine eigene Praxis verzichtet. Bei den Ratsherren sprach außerdem die Zahl der Kinder zugunsten von Lechler. Saleck war kein alter Kämpfer und besaß weit weniger Meriten.[18] Der verstorbene Wohlfahrtsreferent Ettwein hatte Saleck anläßlich eines Rufs nach Königsberg Zusagen gemacht, auf die sich dieser nun berief. Die Ausschreibung war ganz auf Saleck zugeschnitten, wie Ministerialrat Dr. Stähle vom Innenministerium und zugleich Gauamtsleiter für Volksgesundheit bemängelte. Die alten Parteigenossen traten für Lechler ein: „der Wille der Partei sei, die Stelle mit dem alten Nationalsozialisten Dr. Lechler zu besetzen. Dahinter stehen die Kreisleiter, Gauamtsleiter und sämtliche SA-Führer", erklärte der Kreisamtsleiter für Volksgesundheit, Dr. Kötzle, als Mitglied der Beiräte für ärztliche Personalangelegenheiten. Gauamtsleiter Stähle führte aus, daß er als Beirat für ärztliche Personalangelegenheiten nur an sein Gewissen gebunden sei und sich deshalb für Lechler einsetze. Offiziell trete er aber für Saleck ein, weil er vom Ministerialdirektor im Reichsinnenministerium, SS-Obergruppenführer Gütt, eine entsprechende Weisung erhalten habe. Personalreferent Locher erhoffte sich die Entscheidung vom Reichsstatthalter. Murr entschied für Saleck; die „alten Kämpfer" waren wieder enttäuscht. Auch Strölin war nicht einverstanden. Er vermutete, dieser wolle frischen Wind im städtischen Gesundheitsamt. Das Amt habe jedoch keinen Nachholbedarf.

„Fachschaftsfimmelei" oder „Tschekasystem"

Die Stadtverwaltung hatte bis Ende 1934 rund 400 Nationalsozialisten, darunter über die Hälfte „alte Kämpfer" fest oder probeweise eingestellt. Sie waren dadurch bevorzugt, daß ihnen die Zeit als Mitglied in nationalsozialistischen Organisationen auf ihr Dienstalter angerechnet wurde. In dieser Phase hatte die Personalpolitik die Funktion von Patronage: Arbeitslose oder jedenfalls schlechter gestellte Nationalsozialisten sollten belohnt werden. Außerdem konnte die Stadtverwaltung jene Lücken schließen, die das Gesetz zur Wiederherstellung des Berufsbeamtentums gerissen hatte. Im Jahre 1935 häuften sich die Beschwerden sowohl von Einzelpersonen wie von Parteidienststellen über die städtische Personalpolitik. Angesichts der Beschwerde eines alten Parteigenossen vermerkte Personalreferent Locher:

„In letzter Zeit mehren sich überhaupt die Fälle, in welchen insbesondere bewährte Kämpfer bei mir wegen finanzieller Besserung vorsprechen. (...) Wir müssen im Lauf der Zeit dahin kommen, daß wir solche bewährten Kämpfer, deren Leistungen über den Durchschnitt hinausgehen und deren Tätigkeit eine bessere Bezahlung rechtfertigt, hinsichtlich ihrer Eingruppierung einer Nachprüfung unterziehen."[19]

Die Kritik zeigte also Wirkung. Die Partei vermutete, daß mit dem Hinweis auf die Leistung die häufig weniger qualifizierten Nationalsozialisten billig abgespeist werden sollten. Kreisleiter Mauer, bei dem sich viele Parteigenossen beklagten, war derselben Meinung. Auch die NSDAP betone die Leistung, doch müsse man berücksichtigen, daß gerade die tüchtigsten Parteigenossen wegen ihrer Parteiaktivitäten die berufliche Aus- und Weiterbildung vernachlässigten. Er regte daher – ganz im Sinne von Locher – an, bei den Beförderungen und Einstellungen aus Anlaß des Geburtstags von Hitler jene Nationalsozialisten zu bevorzugen, „welche schon während der Kampfzeit ihre ganze Person der Bewegung zur Verfügung gestellt haben, und die auch im Berufe ihren Mann stellen".[20] An anderer Stelle beschwerte sich der Kreisleiter seinerseits bei der Stadtverwaltung darüber, daß Nationalsozialisten „als Straßenkehrer und Mülleimerleerer" beschäftigt seien. Sie hätten sich vergeblich bemüht, „das eines alten Kämpfers gänzlich unwürdige Geschäft" loszuwerden.[21] Die Stadtverwaltung hatte dafür Verständnis. Die Amtsvorstände wurden am 30. August 1935 verpflichtet, die verdienten Nationalsozialisten besonders zu fördern und zu unterstützen, da den meisten „das Gebiet der öffentlichen Verwaltung vielfach noch fremd" sei. Die Möglichkeiten zur Beförderung seien wohlwollend zu prüfen.

In zunehmendem Maße schalteten sich Parteidienststellen in die städtische Personalpolitik ein. Bei den führenden Beamten wie den Beigeordneten hatte die Partei nach der DGO ein Mitspracherecht, ansonsten lag die alleinige Entscheidung beim Stadtvorstand. Die NSDAP besaß allerdings durch die von ihr abzugebende Stellungnahme über die politische Zuverlässigkeit eines Bewerbers einen Ansatzpunkt. Die Tonart zwischen Partei und Stadtverwaltung verschärfte sich zusehends. In nahezu ultimativer Form schrieb der stellvertretende Gauleiter Friedrich Schmidt im Januar 1936 an den Personalreferenten:

„Der Gauleitung wird mitgeteilt, daß der Regierungsbaumeister Hans G. vom Stadtplanungsamt anläßlich des 30. Januar zum Baurat befördert werden soll. Nach dem mir vorliegenden Bericht muß ich gegen diese Beförderung Einspruch erheben. Da ich sowieso einige Dinge mit Ihnen zu besprechen habe, möchte ich diese Angelegenheit ebenfalls in einer persönlichen Besprechung behandeln. Einen Zeitpunkt hierfür werde ich Ihnen noch mitteilen."[22]

Die Gauleitung maßte sich an, die Beförderung eines städtischen Beamten zu unterbinden. Strölin antwortete mit einer Übersicht über die Maßnahmen der Stadtverwaltung zugunsten von Nationalsozialisten, die er eine „selbstverständliche Ehren-

pflicht" nannte. Laut Strölin war das Gesetz zur Wiederherstellung des Berufsbeamtentums „mit aller Strenge" vollzogen worden – 223 Beschäftigte wurden entlassen. Die Stadt beschäftige 607 bewährte Kämpfer, davon seien 46 Beamte, 304 Angestellte und 23 Arbeiter nach dem 30. Januar 1933 eingestellt worden. Außerplanmäßige Beförderungen und die bevorzugte Berechnung des Dienstalters kosteten die Stadt rund eine halbe Million RM. Strölin kritisierte die Einmischung der Gauleitung: „Wenn aber diese Arbeit ständig dadurch gestört wird, daß Quertreibern Gehör geschenkt wird, ohne daß die Angaben konkreter Einzelfälle eine sachgemäße Untersuchung ermöglichen, dann wird die Erreichung dieses Ziels (eine einheitliche nationalsozialistische Politik) außerordentlich erschwert. (...) Diejenigen Parteigenossen, die in ernster Arbeit und im Bewußtsein ihrer Verantwortung als Nationalsozialisten täglich ihre Pflicht erfüllen und mit ihrer Arbeit und ihrem Auskommen in richtiger Erkenntnis der gegebenen Umstände zufrieden sind, haben keine Veranlassung, diese an sich selbstverständliche Tatsache noch besonders zum Ausdruck zu bringen."[23]
Der Stadt lag an einem geregelten Verfahren, auf das sie sich berufen konnte. Noch immer verfuhr man nach einer Anweisung des Innenministers aus dem Jahr 1933, wonach im Regelfall dem Kreisleiter die Gelegenheit zu einer Stellungnahme eingeräumt werden sollte. Die Kanzlei des Oberbürgermeisters, deren Chef Hablizel Leiter des Amts für Beamte im Kreis Stuttgart der NSDAP war, überprüfte zusammen mit den Vertrauensmännern die politische Zuverlässigkeit von Bewerbern, anschließend erging die Anfrage an die Kreisleitung.[24] Personalreferent Locher drängte auf eine Fixierung des Prüfverfahrens und schlug vor, beim Personalamt eigens einen politischen Sachbearbeiter zu ernennen. Strölin lehnte dies ab.[25]
1936 kam es in Sitzungen der Verwaltungsbeiräte mehrfach zu scharfen Auseinandersetzungen um die städtische Personalpolitik. Anläßlich der Haushaltsberatungen nannte Strölin die Personalpolitik den „Gegenstand seiner größten Sorge". Er sprach von einem kritischen Stadium, weil von allen möglichen Seiten der Versuch unternommen wurde, „in dieses Gebiet hineinzuregieren". Die Personalpolitik liege aber ausschließlich in der Hand des Stadtvorstands, und er werde alle Einflüsse ausschalten. Strölin verteidigte die Beamtenschaft gegen ungerechtfertigte Angriffe und geißelte „geradezu unerhörte Fälle" der Bespitzelung im Rathaus. Er bezeichnete dies als Gefahr für die Stadtverwaltung und für die nationalsozialistische Weltanschauung. In Streitfällen und bei Anschuldigungen habe jeder Beamte das Recht zu seiner Verteidigung, sonst bekomme man „ein Tschekasystem". Strölin nannte die sachliche und fachliche Befähigung erstes Kriterium städtischer Personalpolitik, an zweiter Stelle stehe die nationalsozialistische Gesinnung, die selbstverständlich sei. Er äußerte sich grundlegend zum Verhältnis von Partei und Behörden:
„Man stehe heute der Tatsache gegenüber, daß man sich in einer Auseinandersetzung befinde über die Aufgabenverteilung zwischen Partei, Staat und Behörde, wobei die

Partei in jeder Weise richtunggebend sei. Die Partei müsse aber auch Vorsorge treffen dahin, daß die von der Partei eingesetzten Vorgesetzten innerhalb ihrer Behörde und ihres Amts tatsächlich eine führende Stellung haben."[26]

Ratsherr Sauer, Exponent der alten Garde unter den Ratsherren, fühlte sich herausgefordert.[27] Er warf der Stadtverwaltung einen „Fachschaftsfimmel" vor und freute sich darüber, daß es offenbar an geprüften Verwaltungsfachleuten mangele. Man könne ohne weiteres eine Reihe von Stellen mit Nichtfachleuten besetzen. Sauer zitierte das Gaupersonalamt, daß es unmöglich sei, „auch nur einen Mann bei der Stadtverwaltung unterzubringen". Der Personalreferent lasse sich von bürokratischen Erwägungen leiten, und die Amtsvorstände sträubten sich gegen alte Kämpfer, weil sich diese nicht alles gefallen ließen. Sauer behauptete, andere Städte hätten mehr für die alten Kämpfer getan.

Strölin wies in seiner Antwort auf die finanzielle Belastung hin sowie auf die Besoldungsordnung, an die die Stadt gebunden sei. Er betonte:

„Daß die Stadt mehr tue, als sie gesetzlich verpflichtet sei, könne jederzeit nachgewiesen werden. (...) Er spreche aber hier ganz offen aus, daß diese bewährten Kämpfer im Dienst der Bewegung, beim Straßenkampf usw. in idealer Weise ihren Mann gestellt haben, sich aber im Bürodienst, der ihnen eine fremde Welt sei, in keiner Weise eignen."[28]

Die Partei hatte den längeren Arm. „Im Einvernehmen" mit dem Gauleiter und Reichsstatthalter verfügte der württembergische Innenminister am 24. Juli 1936, daß bei der Anstellung und Beförderung von Kommunalbeamten mit sofortiger Wirkung die Dienststellen der NSDAP mitzuwirken hätten. Bei den Reichs- und den Landesbeamten war dies bereits der Fall. Vor der Besetzung von planmäßigen Beamtenstellen mußten die Gemeinden grundsätzlich die Stellungnahme des Gauamts für Kommunalpolitik einholen, das ermächtigt wurde, eigene Vorschläge zu machen.[29]

Die Stadt hatte eine Niederlage einstecken müssen. Das Verfahren lief nun in der Weise ab, daß das Personalreferat dem Gauamt für Kommunalpolitik offene Stellen anzeigte („Ich bitte, diese Stelle freizugeben"). Dieses entschied entweder „Ich habe nichts einzuwenden" oder „Ich muß mir die Benennung geeigneter Bewerber vorbehalten". Strölin wandte sich vergeblich ans Reichsinnenministerium.[30] Die Stadtverwaltung bezahlte für die Prozedur, die sie die Kompetenz in der Personalpolitik kostete, dem Gaupersonalamt noch 2500 RM für den zusätzlichen bürokratischen Aufwand.[31]

Die Parteigenossen äußerten dennoch ihren Unmut. Ein Betriebszellenobmann der TWS schilderte im Sommer 1936 die Erwartungen, die nach der Machtübernahme enttäuscht worden waren:

„Keiner fühlte, daß er mit seinen Nerven und seiner Gesundheit auf dem Hund war. Der Idealismus war noch ungetrübt, das Tempo zu rasch. Der SA- oder SS-Mann ging zur Hilfspolizei oder in die Kaserne, ging dahin, wo er gerade gebraucht wurde, räumte den Schutt des alten Staates, stand für Schutz und Ordnung des Neuen. Nun kam die Zeit, in der unsere Regierung ihre Pflicht gegenüber dem nationalsozialistischen Kämpfer erfüllte, ihm Brot und Arbeit gab. Heute hat er sich verheiratet oder möchte dies tun. Vielfach stehen noch die Miets- und Kleidungsschulden. Alle haben sie noch irgendwelche Verpflichtungen aus jener Zeit. Auf der anderen Seite stehen sie als Führer, Unterführer oder Pol. Leiter vor der Front und haben somit zwangsläufig Verpflichtungen und deshalb wenig Möglichkeit, alte abzutragen."[32] Dies habe die Leute verbittert. Ihnen sei auch nicht verborgen geblieben, daß es für Beamte ein Entschuldungsgesetz gebe. Ein anderer NSBO-Obmann verlangte, daß künftig nur Nationalsozialisten in städtischen Betrieben als Meister eingestellt würden.[33]

Die Kritik der städtischen Belegschaft war verständlich. Die Lebenshaltungskosten waren spürbar angestiegen, die Löhne und Gehälter im öffentlichen Dienst jedoch auf dem Stand von 1933 geblieben. Die Industrie konnte sich aufgrund der günstigen Ertragslage übertarifliche Bezahlung leisten. Personalreferent Locher ging bei einem kommunalpolitischen Lehrgang der NSDAP auf dieses Problem ein:

„Ich höre Sie fragen, ja warum folgt denn dann die Stadt Stuttgart bzw. die öffentliche Verwaltung überhaupt nicht dieser Tendenz und trägt dieser Tatsache innerhalb ihres Bereiches durch eine entsprechende Besoldung (...) Rechnung? Diese Frage, meine Parteigenossen, ist einfach zu beantworten: Die Industrie bezahlt ihre Gefolgschaftsmitglieder mit ihrem eigenen Geld, während die öffentliche Hand zur Erfüllung der ihr gestellten Aufgaben mit dem Steueraufkommen der schaffenden Volksgenossen zu arbeiten gezwungen ist."[34]

Das Reich war wegen der Rüstungsausgaben nicht gewillt, die großzügige Praxis der Kommunen gegenüber alten Kämpfern zu tolerieren. Der Reichsfinanzminister dehnte die Regelung für Beschäftigte von Reichsbehörden im Dezember 1936 auch auf Länder und Gemeinden aus. Danach wurden Arbeitern und Beamten, nicht aber Angestellten, grundsätzlich fünf Jahre auf ihr Dienstalter angerechnet, wenn sie vor dem 14. September 1930 Mitglied der NSDAP oder einer Gliederung geworden oder vor dem 30. Januar 1933 aktiv tätig gewesen waren. Die meisten der von der Stadt eingestellten „alten Kämpfer" waren jedoch Angestellte, die mit Erbitterung reagierten.[35] Die Stadt entschloß sich zu Ersatzleistungen für die Betroffenen. Strölin verfügte, daß sie in zwei Jahren nicht wie bisher zweimal, sondern viermal um eine Stufe vorrücken konnten. Bei der Prüfung der von der Stadt eingereichten Anträge auf Anerkennung als alter Kämpfer gingen die Kreisleiter Mauer und nach dem Wechsel Fischer streng vor. Mauer forderte die Stadt zu Disziplinarmaßnahmen gegen jene auf, die falsche Angaben gemacht hatten. Fischer bat den Oberbürgermeister, einigen Bediensteten die Vergünstigung vorzuenthalten, „bis sich die Genannten, ohne besondere Aufforderung hierzu, wieder in der Partei oder einer ihrer Gliederungen aktiv beteiligen".[36]

Bei der Stadt fehlte es an Technikern und Bauaufsehern für das Hoch- und Tiefbauamt, da diese Stellen für Angestellte ausgeschrieben waren. Die Stadtverwaltung bemühte sich, neue Beamtenstellen zu schaffen.[37] Die Aufsichtsbehörden erschwerten zwar diese Bemühungen, konnten sich ihnen aber auf die Dauer nicht verschließen. Im zweiten Halbjahr 1937 wurden 19 Beamtenstellen neu geschaffen und vier höher gruppiert, im Jahr 1938 waren es insgesamt 53 neue und 19 angehobene Stellen.[38] Strölin beklagte im Dezember 1937 die Situation:
„Besonders schwierig und kritisch ist die Lage zunächst bei den kommunalen Versorgungsbetrieben geworden. (...) Man hat geradezu den Eindruck, daß die Stellung der kommunalen Energiewirtschaft von seiten der privaten Energiewirtschaft systematisch dadurch ausgehöhlt wird, daß der kommunalen Energiewirtschaft ihre tüchtigen Kräfte ausgespannt werden. Wir erleben es fast täglich, daß guten Kräften (...) Stellen angeboten werden mit Bezügen, die das Mehrfache der Gehälter in der kommunalen Wirtschaft ausmachen."[39]
Er schilderte einen Abteilungsleiter bei der TWS mit einem Jahresgehalt von 9400 RM, dem aus der Industrie ein Gehalt von 20 000 RM und die Bezahlung der Prämie für eine gut dotierte Lebensversicherung geboten worden seien. Auf eine Ausschreibung erhalte die Stadt gelegentlich eine Bewerbung. Strölin forderte eine spürbare Verbesserung und einen größeren Spielraum für die Kommunen. Der Einmarsch in Österreich brachte einen Ratsherrn auf den Gedanken, dort Beamte und Ingenieure anzuwerben. Strölin meinte, eher werde man Beamte aus dem „Altreich" dorthin schicken.[40]
Am 1. April 1938 wurden die Tarife und arbeitsrechtlichen Vorschriften für die Arbeiter des öffentlichen Dienstes einheitlich geregelt. Dies brachte den Stuttgarter Arbeitern zwar eine Verdoppelung des Kindergeldes (als Stundenlohnzulage) und bei den untersten Lohngruppen eine geringfügige Verbesserung. Insgesamt wurden jedoch zahlreiche Arbeitsplätze niedriger bewertet. Der Gesetzgeber hatte zwar bestimmt, daß kein Arbeiter weniger als bisher verdienen dürfe, die Abgruppierung wurde also erst bei einer Neubesetzung wirksam. Die Arbeiter empfanden dies dennoch als Schlag ins Gesicht. Das Echo war entsprechend; Personalreferent Locher sprach von einer „erbarmungslosen Kritik" an den neuen Vorschriften.[41] Auch die Verbesserung des Kindergeldes blieb hinter den Erwartungen der Arbeiter und den Vorschlägen der Stadtverwaltung zurück.
Strölin brachte seine Enttäuschung über die neuen Lohnvorschriften für die Arbeiter und die Kindergeldregelung in einem Schreiben an Reichsinnenminister Frick deutlich zum Ausdruck:
„Die Gefolgschaftsmitglieder des öffentlichen Dienstes haben, vor allem nachdem in der Privatwirtschaft die Löhne und Gehälter täglich steigen, damit gerechnet, daß auch für sie mit dem Erscheinen der neuen Tarifordnungen eine Verbesserung ihrer Bezüge verbunden sei. Niemals haben sie daran gedacht, daß die Löhne und Gehälter,

die ihnen unter dem vergangenen System einmal zugebilligt worden sind, im Dritten Reich herabgesetzt werden könnten."[42]

Strölin erinnerte Frick an mögliche politische Folgen und fürchtete um den Betriebsfrieden, wenn ein Arbeiter für die gleiche Arbeit schlechter bezahlt werde als sein früher eingestellter Kollege. Er nannte auch die Lage bei den Beamten unzulänglich und forderte daher einen Abbau der Notverordnungskürzungen, gleiche Zuschläge für Arbeiter und Angestellte, die Bewilligung von Lohnzuschlägen bis zu 30 Prozent, um Facharbeiter halten oder gewinnen zu können und Zuschläge auch für die Einstellung von Handwerkern. Strölins Vorschläge liefen den Absichten der Führung zuwider. Außerdem hatte der Innenminister angesichts der Bevorzugung der Vierjahresplan-Behörde und der übrigen mit der Aufrüstung befaßten Stellen nur mehr geringe Eingriffsmöglichkeiten. Die Stuttgarter Vorstöße blieben ergebnislos.

Belastet war die Stadtverwaltung mit Beurlaubungen für Zwecke der NSDAP und für militärische Übungen.[43] Nach der Machtübernahme war die Stadt großzügig verfahren und beurlaubte die von der NSDAP benannten Bediensteten für den Reichsparteitag in Nürnberg. Die Teilnahme rechnete die Stadt nicht auf den Jahresurlaub an und bezahlte das Gehalt weiter. SA-Mitgliedern, die an nächtlichen Übungen teilgenommen hatten, gestand das Personalamt eine Erholungspause zu, so daß sie am nächsten Vormittag nicht zum Dienst antreten mußten. Wie auch die Landesregierung stellte die Stadt im November 1933 außerdem einen Alarmplan für die lebenswichtigen Betriebe auf, damit im Fall einer kurzfristigen Mobilisierung von SA, SS und Stahlhelm keine Stockungen erfolgten. Diese Großzügigkeit währte jedoch nicht lange. Gestützt auf einen Erlaß des Reichsinnenministers ordnete sein württembergischer Kollege am 5. Juni 1934 an, daß die Partei bei wichtigen Veranstaltungen zwei Wochen zuvor einen Antrag auf Dienstbefreiung einzureichen habe. Längerdauernde Lehrgänge und Schulungskurse wurden teilweise auf den Urlaub angerechnet.[44]

Tabelle 16: Beurlaubungen für Zwecke der NSDAP und der Wehrmacht durch die Stadtverwaltung zwischen 1936 und 1939

	NSDAP, Gliederungen	Wehrmacht
1936/37 (1. 5.–30. 4.)	257 (2,7%)	243 (2,6%)
1937/38	371 (3,7%)	471 (4,8%)
1938/39	442 (4,5%)	873 (8,9%)

Ab 1937 nahm die Wehrmacht die städtischen Beschäftigten stärker als die NSDAP in Anspruch (Tabelle 16). Von Differenzen zwischen Stadtverwaltung und Wehrkreisverwaltung war dennoch nie die Rede.

Als die Übungen der Wehrmacht im Urlaubsjahr 1938/39 knapp neun Prozent der Belegschaft zwischen vier und zehn Wochen beanspruchten, zog der Oberbürgermeister Konsequenzen aus dem akuten Personalmangel. Er gab bekannt, daß Beurlaubungen nur noch im äußersten Fall und bei rechtzeitigem Antrag genehmigt werden könnten. Ehrenamtliche Tätigkeit für die nationalsozialistischen Gliederungen sei zwar erwünscht, dafür sei jedoch in erster Linie die dienstfreie Zeit vorgesehen. Bei Einberufung zur Wehrmacht hingegen ersuchte Strölin die Ämter, Anträge auf Zurückstellung „auf das unumgänglich notwendige Maß zu beschränken".[45] Die Aufrüstung äußerte sich jedoch nicht nur in verstärkten Einberufungen zu militärischen Übungen: Anfang Januar 1938 ließ das Reichsinnenministerium das Personal der Kommunen überprüfen mit dem Ziel, Arbeitskräfte für den Vierjahresplan freizumachen. Obwohl die Stadtverwaltung seit längerer Zeit über einen Mangel an Personal klagte, erschien der staatlichen Aufsichtsbehörde der Anstieg der Zahl der Arbeiter um 20 und der Angestellten um 75 Prozent („alte Kämpfer") seit 1933 außerordentlich hoch. Die Stadtverwaltung versicherte, die Vorschriften über eine sparsame und wirtschaftliche Verwaltung würden streng beachtet; eine Freistellung von Arbeitskräften komme nicht in Frage.[46] Hatte doch die Stadtverwaltung die bisherigen Bestimmungen für das Einstellen und Befördern von Beschäftigten, deren politische Zuverlässigkeit 1933 beanstandet worden war, erleichtert und das Einstellen von vorbestraften Personen lockerer gehandhabt.[47]

Am 22. Juni 1938 erließ der Beauftragte für den Vierjahresplan, Göring, eine „Verordnung zur Sicherstellung des Kräftebedarfs für Aufgaben von besonderer staatspolitischer Bedeutung".[48] Danach konnten „deutsche Staatsangehörige (...) vom Präsidenten der Reichsanstalt für Arbeitsvermittlung und Arbeitslosenversicherung für eine begrenzte Zeit verpflichtet werden, auf einem ihnen zugewiesenen Arbeitsplatz Dienste zu leisten oder sich einer bestimmten beruflichen Ausbildung zu unterziehen". Für die Kommunalbeamten war im Deutschen Beamtengesetz vom 26. Januar 1937 ein Passus enthalten, der es der Reichsregierung erlaubte, sie zu versetzen.[49]

Das Arbeitsamt machte von der Ermächtigung Gebrauch und zog Arbeiter der Stadtverwaltung ein, während für städtische Beamte das Reichsinnenministerium die entsprechenden Weisungen herausgab. Zunächst sollte das Fuhramt 200, das Gartenamt 90 Arbeiter abgeben. Auf Vorstellungen des Personalreferenten sicherte der Direktor des Stuttgarter Arbeitsamts, Dr. Nerschmann, zu, sich mit 50 Arbeitern zu begnügen. Doch auch damit gab sich die Stadtverwaltung nicht zufrieden und forderte mit Rücksicht auf die Verkehrssicherheit im Herbst und Winter (Laub und Schnee) vom Arbeitsamt, keine weiteren Arbeiter des Fuhramts abzuziehen und diejenigen, die bereits abgeordnet waren, umgehend zurückkehren zu lassen. Diesem Gesuch wurde wohlwollende Prüfung zugesagt, doch erhielten weiterhin städtische Arbeiter einen Marschbefehl. Ebenso wie zahlreiche technische und Verwaltungsbeamte wurden sie der Organisation Todt (OT) zum Westwall-Bau zugeteilt. Da die Arbeiter bei der OT schlechter bezahlt wurden als im städtischen Dienst, gab es Beschwerden. So verdiente ein Arbeiter pro Stunde vier Pfennig weniger und erhielt darüber hinaus weder eine Kinder- noch eine Entfernungszulage. Statt 196 RM erhielt er einen Brutto-Monatslohn von 160 RM. In einem anderen Fall kehrte ein dienstverpflichteter Baumeister nach Stuttgart zurück, weil die chaotischen Verhältnisse, die er im pfälzischen Landau angetroffen hatte, die Arbeit erschwerten. Dies nahm man zwar hin, doch die Stadtverwaltung mußte einen Ersatzmann stellen.[50] Die Stadt konnte die Arbeiter und Beamten aussuchen, die sie der OT zur Verfügung stellen mußte, und man darf annehmen, daß sie nicht die fähigsten Kräfte freigab. Die Stadt hatte bis Anfang September 1938 25 Arbeiter, sieben Bauingenieure und fünf technische Beamte sowie einen Verwaltungsbeamten abgegeben.[51] In den folgenden Monaten widersetzte sie sich weiteren Abberufungen, konnte sie jedoch nicht verhindern. Im Frühjahr 1939 häuften sich die städtischen Beschwerden bei der Aufsichtsbehörde und beim Arbeitsamt. Der Oberbürgermeister teilte dem Präsidenten des Landesarbeitsamts im April mit, daß der Betrieb der TWS ernstlich gefährdet sei, wenn der derzeitige Personalstand nicht gehalten werde. Der Präsident des Landesarbeitsamts entschied daraufhin, daß bis auf weiteres Beschäftigte der TWS nicht mehr herangezogen würden.[52]

3. „Täglich neue Forderungen an die Gemeinden"
Die kommunale Finanzwirtschaft

Der Beitrag zur „Sicherung der deutschen Wehrfreiheit"

Die Wirtschaftskrise und die Aufwendungen für die wachsende Zahl der ausgesteuerten Arbeitslosen hatten eine erhebliche Lücke in die Stuttgarter Stadtkasse gerissen. Die Ausgaben für die Arbeitslosen hatten sich vom Rechnungsjahr 1928/29 bis 1932/33 verzehnfacht, der Etat des Wohlfahrtsamts war im selben Zeitraum von 13,8 auf 30,2 Millionen RM angewachsen, das waren 70 Prozent des geschrumpften Steueraufkommens. Die Steuerüberweisungen des Reiches waren hingegen von 9,7 Millionen RM (1930) auf 6,5 Millionen RM zurückgegangen.[1]
Die nationalsozialistisch geführte Stadtverwaltung verkündete äußerste Sparsamkeit als ihr Ziel; einen geordneten Haushalt nannte Strölin einmal das „heiligste Gesetz".[2] Der Etat für das Jahr 1933, den Strölin als Staatskommissar im April des Jahres in Kraft gesetzt hatte, zeigte mit Streichungen im Wohlfahrts- und Fürsorgewesen, daß die Lasten die sozial Schwachen zu tragen hatten. Der neue Stadtvorstand mußte aber auch seinen Anhängern klarmachen, daß für Steuergeschenke kein Anlaß bestehe. Offenbar bestanden bei der Basis solche Erwartungen. Strölin erinnerte an die Steuerpflicht. Da ein Wandel nicht von heute auf morgen zu schaffen sei, müßten „zur Aufrechterhal-

tung einer geordneten Finanzwirtschaft die Steuern auf bisheriger Grundlage weitererhoben werden".[3] Strölin versprach, die Steuerbelastung der Bürger künftig nach Möglichkeit zu mildern, hatte sich doch die NSDAP 1932 im Gemeinderat gegen eine unsoziale Besteuerung, vor allem gegen die Bürgersteuer, gewandt.

Rückwirkend zum 1. April 1933 führte die Stadt eine Filialsteuer für Ladenketten in Höhe von 20 Prozent der Gemeindegewerbesteuer ein. Die neuen Führer im Rathaus folgten damit der Ansicht des Reichskanzlers, der diese Steuer als „die populärste Steuerart" bezeichnet hatte.[4] Der Württembergische Industrie- und Handelstag beschwerte sich am 11. April bei der Landesregierung. Seiner Ansicht nach war eine Erhöhung des Höchstsatzes genauso erforderlich wie eine Warenhaussteuer.[5] Im September 1933 erfüllte die Landesregierung diese Wünsche.[6] Die NSDAP-Fraktion vertrat im Gegensatz zum Steueramt die Meinung, der mittlerweile gleichgeschaltete Konsumverein und das Großkaufhaus Breuninger seien warenhaussteuerpflichtig.[7] Die Fraktion setzte sich gegen die Beamten durch. Daraufhin ging die Firma Breuninger vor Gericht. Zusammen mit der NS-Handels- und Gewerbeorganisation argumentierte die Stadt, bei der „Mannigfaltigkeit der feil gebotenen Waren" könne von einem Einzelhandelsgeschäft in Textilien nicht die Rede sein. Die Firma Breuninger sei außerdem für den Mittelstand eine „besonders gefährliche Konkurrenz" geworden, seit der Einkauf in den jüdischen Warenhäusern und Einheitspreisgeschäften Schocken, Tietz, Kadep verpönt sei. Das Landesfinanzamt schloß sich jedoch der Auffassung der Firma Breuninger an. Der Betrieb sei in erster Linie ein Bekleidungsgeschäft und gelte in der Volksmeinung gerade nicht als Warenhaus. Die Stadt unterlag auch vor dem württembergischen Verwaltungsgerichtshof.[8]

Den im Juli 1935 berufenen Ratsherren schärfte Strölin bei der Amtseinführung äußerste Sparsamkeit und finanzielle Zurückhaltung ein.[9] Bereits 1934 wirkten sich die wirtschaftliche Entwicklung und die Kürzungen im Sozialetat aus: Die Stadt verzeichnete einen Überschuß von 4,28 Millionen RM und konnte ihren Schuldenstand von über 90 Millionen RM verringern.[10]

1935 erhielten die Aufsichtsbehörden durch die Deutsche Gemeindeordnung eine erweiterte Kontrollbefugnis gegenüber der kommunalen Haushaltsplanung. Der württembergische Innen- und Finanzminister ordnete an, daß selbst wünschenswerte Aufgaben und zweckmäßige Investitionen zurückgestellt werden müßten. Eine Steigerung der Ausgaben der Gemeinden komme grundsätzlich nicht in Frage.[11] In dem Erlaß war auch der Grund für die Restriktionen genannt: Überragendes Ziel der Innenpolitik sei die Sicherung der Wehrfreiheit. Der Kapitalmarkt müsse für die Bedürfnisse des Reiches freigemacht werden; die Gemeinden sollten nicht nur die Aufnahme von Darlehen beschränken, sondern durch verstärkte Tilgung dem Reich zusätzliche Mittel zuführen.[12] In Zukunft sei nicht damit zu rechnen, daß steigende Steuereinnahmen den Gemeinden zugute kämen. Noch im Juni 1934 hatte der Staatssekretär im Finanz-

ministerium, Reinhardt, „Steuererleichterungen großen Stils" angekündigt.[13] Die Bevölkerung empfand vor allem die Bürgersteuer „als drückend".[14] Kämmerer Hirzel lehnte jedoch alle Wünsche, die die Ratsherren an ihn herantrugen, unter Hinweis auf die gesetzlichen Bestimmungen und den geringen Spielraum der Stadt ab.
In den folgenden Jahren stieg das Steueraufkommen, insbesondere bei der Gewerbesteuer. Andererseits änderte das Reich ständig den Finanzausgleich zwischen Reich, Ländern und Gemeinden zuungunsten der Kommunen, veränderte die gesetzlichen Rahmenbedingungen der Finanzpolitik und zog sich aus der Finanzierung öffentlicher Aufgaben wie etwa des Wohnungsbaus zurück.[15] Ursache dieser Politik war der enorme Finanzbedarf des Reichs für die Rüstung. Angesichts immer neuer Schwierigkeiten bei der Aufstellung des Haushalts kritisierte Hirzel, man versuche, „bei den Gemeinden unter dem Gesichtspunkt des geringsten Widerstands zu holen, was möglich ist".[16] Vorsorglich entschloß sich die Stadt, fast alle Rücklagen aufzuheben, um nicht irgendwelche Begehrlichkeiten zu wecken. Außerdem trug man Material über die Situation in anderen Städten zusammen; Rechtsrat Mayer meinte freilich, irgendein System habe er nicht feststellen können.
Hatten die Schulden der Stadt 1933 noch über 90 Millionen RM betragen, so waren sie Ende September 1937 auf 70,3 Millionen RM, Ende 1938 auf 64 Millionen RM gesunken.[17] Stuttgart lag in der Pro-Kopf-Verschuldung nach Hannover unter den Großstädten am günstigsten. Der Rückgang der Schulden war neben der wirtschaftlichen Entwicklung auf die von der Reichsregierung angeordnete Tilgung von Verbindlichkeiten zurückzuführen. Als die Kommunen wegen des Mangels an Baustoffen und Arbeitskräften ihre Bauvorhaben nicht realisieren konnten, griff Göring als Beauftragter für den Vierjahresplan zu. Die Gemeinden mußten dem Reich als Darlehen eine halbe Milliarde RM zur Verfügung stellen. Auf Stuttgart entfielen zehn Millionen RM, die erste Rate von 3,5 Millionen RM war bis zum 31. Oktober 1938 einzuzahlen.[18] Der Stadt blieb nichts anderes übrig, als die Reichsschatzanweisungen zu zeichnen. Im Verwaltungsbericht für das Jahr 1938 nannte Strölin dies „einen Wendepunkt in der städtischen Finanzwirtschaft".[19]
Der letzte Vorkriegshaushalt setzte die Entwicklung fort. Der Hebesatz für die Grundsteuer stieg aufgrund der gesetzlichen Vorschriften von 95 auf 100 Prozent. Die Unzufriedenheit richtete sich gegen das städtische Steueramt, das mit dem Einzug beauftragt war, ohne daß die Steuererhöhung der Stadt zugute gekommen wäre.[20] Der Haushalt 1939 war gerade fertiggestellt, als er von der politischen Entwicklung überholt wurde. Die Führung begann den Krieg, den die Kommunen mitfinanziert hatten.

Die Ansprüche der NSDAP an die Stadtkasse

Die NSDAP und ihre Gliederungen forderten sowohl direkte finanzielle Zuwendungen wie auch Darlehen bei Bauvorhaben, Sach- und Arbeitsleistungen und Mietnachlässe. Sie waren nicht kleinlich, wenn sie die Stadtverwaltungen „nach dem Sieg der Bewegung" um Unterstützung angingen. Die ersten Unmutsbekundungen seitens der Stadt waren schon Ende 1933 zu vernehmen. Kämmerer Hirzel führte vor der Hauptabteilung des Gemeinderats aus, es gehe auf Dauer nicht an, die Gemeinden ständig für Bedürfnisse in Anspruch zu nehmen, die nicht zu ihren Aufgaben gehörten.[21] Die Stadtpflege verzeichnete in einer Liste sämtliche direkten und mittelbaren Aufwendungen für die nationalsozialistischen Verbände. Daraus ging hervor, daß im Jahre 1933 über 70 000 RM an verlorenen Zuschüssen ausbezahlt worden waren. Darunter befanden sich 1365 RM für die SA-Wache vor dem Rathaus in den Tagen der Machtergreifung, ein Betrag von 5000 RM zur Einkleidung von SA, SS, HJ und Politischen Leitern für den Nürnberger Reichsparteitag und 45 000 RM, die die Stadt zum Ausbau einer SA-Nachrichtenschule in Bad Cannstatt beisteuerte. Die HJ erhielt einen Zuschuß von 6000 RM für ihren Verwaltungsaufwand; auch die Miete für das Jugendhaus in der Hauffstraße, das die HJ in Beschlag genommen hatte, ging zu Lasten der Stadtkasse. Die HJ hatte im Jahr 1933 kostenfrei 220 Schulräume und 37 Trainingseinheiten in städtischen Turnhallen belegt. Während SA und SS für die Benutzung von Turnhallen und Schulen Miete bezahlten, finanzierte die Stadt die auf die HJ entfallenden Unkosten aus dem Wohlfahrtsetat. Als der Direktor der Schulpflege diese Zahlen dem Organisationsreferat für den Verwaltungsbericht übermittelte, fügte einer der Bearbeiter handschriftlich hinzu: „Bleibt wohl besser weg?"[22] Bei der Gesellschaft für öffentliche Arbeiten in Berlin nahm die Stadt außerdem für Bauvorhaben der HJ zwei Darlehen in Höhe von 360 000 RM auf.[23]

Die Klagen der Kommunen drangen bis ins Innenministerium.[24] Der württembergische Finanzminister Dehlinger kritisierte, „daß – es ist keine Übertreibung – beinahe täglich neue Forderungen an die Gemeinden (übrigens auch an die Länder) gerichtet werden".[25] Das Reichsinnenministerium verbot am 22. Mai 1934 sämtliche Leistungen der Kommunen an die Partei und ihre Gliederungen. Ausgenommen waren diejenigen Organisationen, die kommunale Aufgaben übernommen hatten. Sie sollten in diesem Rahmen gefördert werden. Im übrigen sollten die Gemeinden nach wirtschaftlichen Gesichtspunkten verfahren und z. B. keine Mietfreiheit gewähren. Das Verbot wurde rasch durchlöchert. Im September 1934 erklärte das Innenministerium die Förderung der HJ zu einer Aufgabe der öffentlichen Hand. Im Jahr darauf wurden der Reichsschatzmeister der NSDAP, das Parteigericht und die NSV von dem Erlaß ausgenommen.

An der städtischen Unterstützungspraxis änderte sich wenig. Die Stadt führte peinlich genau Buch über die Aufwendungen. Daraus geht hervor, daß sie für alle größeren

V. 3. Die kommunale Finanzwirtschaft

Veranstaltungen, sei es sportlicher, musikalischer oder propagandistischer Art, Beiträge leistete. So gab sie der SA und der SS Beihilfen zur Ausrüstung und zur Uniformbeschaffung. Hauptnutznießer war jedoch die HJ. Zwischen 1933 und Herbst 1936 erhielt sie von der Stadt Zuschüsse in Höhe von 353 707 RM; SA, SS und die Politische Organisation der NSDAP erhielten zusammen 317 252 RM. Insgesamt listete die Stadtverwaltung in den ersten dreieinhalb Jahren nationalsozialistischer Herrschaft eine knappe Million RM an Zuwendungen aller Art auf.[26] Im Lauf der Zeit bürgerten sich jährliche Zuschüsse der Stadt an die einzelnen Organisationen ein, dazu kamen Aufwendungen bei besonderen Anlässen. Die Stadt hatte darüber hinaus eine Maklerfunktion für den Grundstücks- und Immobilienhandel der NS-Verbände übernommen.[27] Sie kaufte Sportplätze und Turnhallen von aufgelösten Vereinen der Arbeitersportbewegung in Feuerbach, Münster, Degerloch und Zuffenhausen, die sie umbaute und anschließend an HJ, SA und SS vermietete. Die Waldheime der Waldheimvereine Hedelfingen, Gaisburg, Wangen und Sillenbuch erwarb die Stadt von den Liquidatoren und stellte sie in Hedelfingen der NSV, sonst der HJ zur Verfügung. Die NSV versuchte mit Erfolg, ihren Anteil an städtischen Zuschüssen zu Waldheim-Aufenthalten auf Kosten konfessioneller Gruppen zu vergrößern.[28] Die NSDAP ließ sich von der Stadt einen Teil ihrer Propaganda bei Volksabstimmungen und „Reichstagswahlen" finanzieren. 1936 bezahlte die Stadt unter anderem Propagandafahrten der HJ und die Wahlplakate am Hindenburgbau.[29] In einem Schreiben an den Möhringer Bürgermeister bezeichnete die Böblinger Kreisleitung eine solche Unterstützung als selbstverständliche Pflicht der Kommunen: „Insbesondere ist dafür zu sorgen, daß der Plakatanschlag auf den der Gemeinde zur Verfügung stehenden Flächen kostenlos erfolgen kann. (...) An allen Rathäusern und sonstigen Gemeindegebäuden muß jede nur irgendwie wirksame Fläche ausgenutzt werden, um der Anbringung von Propagandamaterial zu dienen."[30]

Die Stuttgarter Kreisleitung und die Gauleitung waren derselben Ansicht. Im Juni 1936 teilte Murr der Stadtverwaltung mit, daß sich immer wieder Parteidienststellen über mangelndes Entgegenkommen und fehlendes Verständnis beschweren. Er wies den von Strölin erhobenen Vorwurf zurück, die Partei ignoriere die gesetzlichen und finanziellen Grenzen der Stadtverwaltung, und stellte fest:
„Ich sehe das Merkmal eines nationalsozialistischen Beamten nicht darin, daß er hundert Paragraphen auskramt, um Wünschen von Parteidienststellen zu begegnen, sondern darin, daß er nach einem gangbaren Weg durch das Gestrüpp von Paragraphen und Bedenken sucht, um Wünsche zu erfüllen. Die Partei muß es sich grundsätzlich versagen, in der Erfüllung ihrer Wünsche seitens der Behörden auch nur ein Entgegenkommen zu erblicken. Sie muß vielmehr erwarten, daß die Behörden es als eine Ehre und selbstverständliche Anstandspflicht ansehen, der Partei bei der Erfüllung ihrer Aufgaben behilflich zu sein."[31]

Die Wende in der kommunalen Finanzwirtschaft wegen der Aufrüstung veranlaßte 1937 den Stadtkämmerer, die eigenen Bedürfnisse in den Mittelpunkt zu stellen. Der Oberbürgermeister, der diese Frage mehrfach mit der Kreisleitung besprach, stieß ins gleiche Horn: Die Finanzkraft der Stadt müsse erhalten bleiben, und so wie er Verständnis für die Wünsche der Partei zeige, erwarte er dort Verständnis für die dringenden Bedürfnisse der Stadt.[32] Die Stadtverwaltung verweigerte sich daher den zahlreichen Anträgen der Ortsgruppen, die neue, repräsentative Diensträume und zugleich die finanzielle Unterstützung der Stadt wollten.[33]

Stuttgarter SA-Führer hatten einen Verein zum Bau des Kameradschaftshauses in Hepsisau auf der Schwäbischen Alb gegründet. Die Finanzierung des Hauses sollte durch Spenden erfolgen. Nachdem die Stadt 1937 5000 RM gespendet hatte, drängten die SA und der Gauleiter auf einen neuerlichen Zuschuß in gleicher Höhe. Personalreferent Locher, wie Strölin SA-Führer, forderte, daß mit dem „wilden Bauen endlich Schluß" gemacht werde. Es gehe nicht an, einfach „draufloszubauen" in der Annahme, die Stadt werde schon helfen. Auch die Ratsherren sprachen sich gegen den Antrag der SA aus: Die NSDAP und die Gliederungen seien im Stadtgebiet noch völlig unzureichend untergebracht, und große Aufgaben im Wohnungsbau harrten einer Lösung. Außerdem habe man von der SA ohnehin keinen Dank zu erwarten. Schließlich gewährte die Stadt weitere 2500 RM.[34] Anfang 1938 kam es nochmals zu einem Briefwechsel zwischen Strölin und Murr über die Forderungen der Parteiorganisationen. Murr wies erneut jede Kritik zurück und ließ wissen, daß „die gestellten Forderungen das zulässige Maß" nicht überschritten.[35]

Den größten Aufwand beanspruchte die HJ, die von der Stadt großzügig bedacht wurde. In den Jahren 1935 und 1936 errechnete die Stadt Zuwendungen in Höhe von fast 400 000 RM. Unter anderem finanzierte sie einen Großteil der Verwaltungskosten (40 000 RM) und verzichtete auf sämtliche Mietansprüche und Nebenkosten aus der Benutzung von Schulräumen und Turnhallen.[36] Sie zahlte auch einem zweiten Sachbearbeiter im Sozialreferat des HJ-Banns monatlich 200 RM.[37] Weiter trug die Stadtverwaltung erheblich zu den Freizeitlagern von HJ und BDM bei. Während die Buben je Verpflegungstag 35 Pfennig erhielten, mußten sich die Mädchen mit 20 Pfennig begnügen.[38] Betrugen die Ausgaben für die Lager 1935 noch 21 000 RM, so waren sie zwei Jahre später aufgrund höherer Teilnehmerzahlen und der von der Stadt bezahlten Zelte und Ausrüstungsgegenstände bei 54 000 RM angelangt.[39] Um die ordnungsgemäße Verwendung der Gelder zu überwachen, ordnete das Wohlfahrtsamt, aus dessen Etat die HJ finanziert wurde, einen Beamten zum HJ-Bann ab.[40]

Das württembergische Innenministerium nannte die Zuschüsse an die HJ überhöht. Strölin rechtfertigte sich mit den gesteigerten Bedürfnissen der HJ in der Landeshauptstadt. HJ und BDM hätten sogar 210 000 RM statt 160 000 RM gefordert, was die Stadt jedoch abgelehnt habe.[41] Das Innenministerium ließ diese Begründung gelten, forderte aber wenig später in einem Erlaß die Gemeinden zur Zurückhaltung auf. Die Unterstützung der HJ sollte auf ein sinnvolles Maß begrenzt und Verwendungsnachweise verlangt werden, was in Stuttgart bereits der Fall war.[42] Die übrigen nationalsozialistischen Organisationen verfolgten die Bevorzugung der HJ mit Mißtrauen. So beklagte etwa der Kreisamtsleiter der NSV, der sich seinerseits um städtische Gelder bemühte, daß die württembergische Gebietsführung den Bann 119 in Stuttgart schlecht ausstatte und sich auf Zuschüsse der Stadt verlasse.[43]

Die HJ gewann durch das „Gesetz über die Hitler-Jugend" vom 1. Dezember 1936 an Bedeutung.[44] Sie wurde „Staatsjugend" und für die Erziehung außerhalb der Schule und Elternhaus zuständig. Die Reichsjugendführung hatte das Jahr 1937 zum Jahr der Heimbeschaffung erklärt. Die Gemeinden wurden verpflichtet, für die Hitlerjugend würdige und gut ausgestattete Räume zu schaffen.[45] Doch die Kreditsperre, die das Reich des eigenen Finanzbedarfs wegen verhängt hatte, galt auch für den Bau der Heime. In einer Broschüre mit dem Titel „Schafft Heime für die Hitlerjugend" stellte die HJ ein Musterheim und nachahmenswerte Beispiele aus dem Reichsgebiet vor. Angemietete und Behelfsräume lehnte die Reichsjugendführung ab: „Wir wollen bauen, weil wir glauben, auch als junge Nationalsozialisten verpflichtet zu sein, den Zeitgeist im Haus und im Bauen zum Ausdruck zu bringen."[46] Gauleiter und Reichsstatthalter Murr rief alle Dienststellen des Staates, der Partei und die Kommunen auf, „sich freudig in den Dienst der Heimbeschaffungsaktion zu stellen". Da kamen die Waldheime gerade recht, ebenso die Räume von kirchlichen Jugendgruppen. So hatte etwa die Ortsgruppe Furtbach einen katholischen Schülerhort an der Ecke Paulinenstraße/Tübinger Straße zu einem HJ-Scharheim umfunktioniert. Der „NS-Kurier" schrieb dazu anläßlich der Einweihung:

„Nachdem derlei Sondermissionen von Grüppchen und Interessentenhaufen überflüssig geworden sind, war es auch reichlich überflüssig, daß hier in jenen Räumen noch ein paar Kinder (...) ängstlich und in geschäftiger Art der Volksgemeinschaft entzogen wurden."[47]

Für eigene HJ-Heime sprach die Erfahrung, die man mit den Schulräumen gesammelt hatte. Dort hatte es zahlreiche Anstände gegeben. Parteigenossin Tscherning, Mitglied des Frauenbeirats und seit 1935 Leiterin des Königin-Katharina-Stifts, beschwerte sich über das Verhalten der HJ in den Schulen; die Führer fühlten sich als „Herr im Haus" und beachteten die Anweisungen von Aufsichtspersonen nicht.[48]

Das Wohlfahrtsamt ermittelte Anfang 1937 in Stuttgart 22 762 männliche und 27 950 weibliche Jugendliche, die der HJ formell unterstanden.[49] Bis Juli 1937 waren tatsächlich aber erst 16 330 Buben und 15 000 Mädchen erfaßt. Angesichts der neuen Aufgaben und des Geburtenzuwachses nannte Stadtrat Ettwein einen aktuellen Bedarf von 400, bis in zehn Jahren von 500 Heimen. In einem Heim sollte je eine Einheit der HJ (Schar oder Jungschar) und des BDM (Mädel- oder Jungmädelschar) ihre Räume bekommen, durchschnittlich etwa 40 Jugendliche. In die Rechnung waren Verwaltungs- und Feierräume der HJ noch nicht einbezogen. Dieser Vorschlag der Stadt entsprach nicht den Richtlinien der Reichsjugendführung, die für jede einzelne Gruppe ein eigenes Heim vorgesehen hatte und alles andere als Notlösung apostrophierte.[50]

Mitte Juni 1937 kam es zu einer grundsätzlichen Aussprache über den Bau von Heimen zwischen der Stadtverwaltung und der HJ. Deren Vertreter, Ratsherr Maier, lehnte jede Art von Notlösung ab und verlangte „wirkliche" Heime. Auf dem Gebiet der Heimbeschaffung, so Maier, sei in Stuttgart nichts getan worden. Stadtrat Ettwein widersprach entschieden dieser Auffassung. Keine vergleichbare Stadt gebe so viel Geld für die HJ aus wie Stuttgart. Ettwein kritisierte, daß sich die HJ in Stuttgart nicht von ihren Idealvorstellungen hinsichtlich der Bauform und der Ausgestaltung trennen könne, und stellte der Bannführung ein Ultimatum: „Entweder bleibt die Hitlerjugend ihren Grundsätzen treu, dann bekommt sie keine Heime, oder sie anerkennt den guten Willen der Stadtverwaltung und stellt sich auf den Boden der Tatsachen, dann wird dem dringendsten Raumbedürfnis der Hitlerjugend abgeholfen."[51] Ettwein spielte damit auf die Höhengaststätte Panoramahöhe an, die die Stadt für Zwecke der HJ aufkaufen wollte, da der Inhaber den Betrieb einstellen wollte. Die HJ hatte das Gebäude abgelehnt, weil der Baustil nicht ihren Vorstellungen entsprach. Bei einer zweiten Unterredung im August waren sich beide Seiten näher gekommen; offenbar hatten in der Zwischenzeit inoffizielle Sondierungen stattgefunden. Ettwein anerkannte die ungenügende Unterbringung der Staatsjugend: „Abgesehen von zahlreichen Schulräumen, deren Benützung von der Reichsjugendführung grundsätzlich abgelehnt werde, befinden sich die meisten HJ-Heime in Untergeschoßräumen, in alten Werkstätten, Schuppen und dergleichen."[52]

Andererseits verwies er auf die Bemühung der Stadt: 50 Heime stünden in erworbenen, umgebauten oder im Bau befindlichen Gebäuden zur Verfügung, die den Voraussetzungen in vollem Umfang entsprächen. Die geplanten Neubauten in Hedelfingen, Wangen und Luginsland böten Unterkunft für weitere 14 Scharen. Die Kosten für den Erwerb von Gebäuden für die HJ bis zu diesem Zeitpunkt addierte die Stadtverwaltung auf über 438 000 RM, für Baumaßnahmen seien bisher über 480 000 RM aufgewendet worden. Angesichts dieser Summen hielt Ettwein eine einfachere Gestaltung der Neubauten für unumgänglich. Die langfristige Planung, die Ettwein bekanntgab, sah den Bau von 270 Heim-Einheiten in den Stadtrandgebieten für rund sieben Millionen RM und den Ankauf von etwa 18 Gebäuden mit 130 Einheiten in der Innenstadt für rund zwei Millionen RM vor. Ettwein verwies angesichts solcher Zahlen zugleich auf den Erlaß des Innenministers, daß die berechtigten Wünsche der HJ nicht mit den wirtschaftlichen Möglichkeiten der Gemeinden in Kollision geraten dürften. Die Vertreter der HJ waren von dieser Planung beeindruckt. Im Gegensatz zu ihrer früheren Kritik attestierten sie der Stadt, daß sie auf dem richtigen Weg sei.

Die Stadtverwaltung wollte den Worten Taten folgen lassen. Die Auflösung der Burschenschaften bot der Stadt Anfang 1937 eine günstige Gelegenheit, die Verbindungshäuser der Arminia, der Bavaria und der Saxonia aufzukaufen. Auch von privater Seite erwarb die Stadt einige geeignete Häuser.[53] Entsprechend den Vorstellungen der Reichsjugendführung hatten bei den Wettbewerben für die geplanten Heime in Hedelfingen, Wangen und Luginsland großzügige Entwürfe die Preise davongetragen. Die Stadt arbeitete „aus technischen und städtebaulichen, besonders aber auch aus finanziellen Erwägungen heraus" diese Pläne um. Stadtverwaltung und HJ einigten sich auf eine Höchstgrenze für eine Heimeinheit von 25 000 RM einschließlich Anliegerkosten. Dagegen kam es zu einer Auseinandersetzung mit Reichsjugendführer von Schirach über den Bau des Heims in Hedelfingen. In einem Brief an Schirach erklärte Strölin, ihm erscheine ein Aufwand von 220 000 RM für diesen kleinen Stadtteil unangemessen. Ratsherr Maier als HJ-Vertreter unterstützte die Stadtverwaltung.[54] In einer Sitzung der Verwaltungsbeiräte bezeichnete Ratsherr Bühler die Planungen der HJ für ein Heim in Luginsland als übeuert. Die Bevölkerung verstehe angesichts der Wohnungsnot einen solchen Aufwand nicht. Hingegen betonten besonders Rechtsrat Mayer und Ratsherr Sauer die politische Bedeutung der Heime. Um ein Gegengewicht zu den konfessionellen Bemühungen um die Jugend zu schaffen, sollten möglichst viele und würdige Heime gebaut werden.[55]
Allen Plänen und Diskussionen setzte wenig später der städtische Beauftragte für den Vierjahresplan, Stadtrat Schwarz, ein Ende. Im Hinblick auf die Lage in der Bauindustrie schloß er Neubauten für die nahe Zukunft aus. Angesichts der Sonderstellung der Bauten der HJ ließ Schwarz ein Sonderprogramm ausarbeiten, um dem dringendsten Bedarf durch einige Umbauten und Renovierungsmaßnahmen abzuhelfen.[56] Aber auch zu einer Realisierung des Notprogramms kam es nicht.

4. „Diese Ecke ist für die nächsten Jahrzehnte vom Reich her fertig."
Stuttgart, die Stadt der Auslandsdeutschen

Weder der Stuttgarter Oberbürgermeister noch einer seiner Spitzenbeamten, noch einer der Ratsherren besaßen einen direkten Draht zur Spitze von Partei und Staat, insbesondere zu Hitler.[1] Immer seltener gelang es den nationalsozialistischen Kommunalpolitikern, zu den führenden Männern vorzudringen. Auf der anderen Seite bestimmte aber nicht zuletzt der Grad dieser Beziehung den Einfluß. Für die Kommunalpolitiker standen dabei nicht konkrete Entscheidungen im Vordergrund, denen sich Hitler mit Ausnahme der Planung weniger Städte ohnehin entzog. Es ging vielmehr darum, die Führung für die Gemeinden, die ins Abseits gerieten, zu interessieren. Die Städte trachteten nach einem Beinamen, der ihnen einen unmittelbaren Zugang zur Führung verschaffen sollte. Ein Attribut versprach ideellen und materiellen Nutzen. München wurde „Hauptstadt der Bewegung", Nürnberg „Stadt der Reichsparteitage".

Auch Stuttgart beteiligte sich an diesem Wettbewerb. Seit Ende 1933 gehörte die Bezeichnung „Stadt der Auslandsdeutschen" zum festen Bestandteil städtischer Repräsentation und Identifikation. Den Begriff hatte Reichsstatthalter Murr anläßlich der Gleichschaltung des Deutschen Ausland-Instituts (DAI) geprägt. Das 1917 gegründete DAI beschäftigte sich historisch-geographisch und volkskundlich mit den Deutschen und Deutschstämmigen in anderen Staaten. In der Weimarer Zeit hatte sich das DAI von revanchistischen Tönen weitgehend freigehalten.[2] Der Vorsitzende des DAI, Generalkonsul Wanner, der auch als Mitbegründer des Linden-Museums Ansehen genoß, und Generalsekretär Wertheimer waren liberale Geister. Sie gerieten 1933 ins Schußfeld der Nationalsozialisten.

Am 7. März 1933 drangen die Nationalsozialisten ins Alte Waisenhaus ein, wo neben dem Südfunk das DAI seinen Sitz hatte. Sie hißten über dem Rundfunktrakt die Hakenkreuzflagge, während am Abend Angehörige des Stahlhelm auf der Seite zum Charlottenplatz über dem DAI-Flügel die Fahne Schwarz-Weiß-Rot anbrachten.[3] In Abwesenheit Wanners zog das DAI die württembergische Flagge auf. Die Wache beim Rundfunk verbot Wertheimer das Betreten des Gebäudes und sperrte dessen Telefon. Wertheimer war „Nichtarier". Nach einem Protest bei der Staatsregierung gelangte er tags darauf zwar unbehelligt in sein Büro, nach kurzer Zeit wies ihn jedoch MdR Zeller mit einer Gruppe von SS-Leuten unter Androhung von Gewalt endgültig aus dem Haus. Wertheimer wollte die Nationalsozialisten, die sich beim Südfunk eingenistet hatten, vom DAI fernhalten. Er geriet außerdem in eine Auseinandersetzung mit Abteilungsleiter Drascher, der die Abwesenheit Wanners zu einem Aufruf zugunsten der „nationalen Erhebung" nutzen wollte. Zwei Tage später fand nach Wanners Rückkehr eine Vorstandssitzung statt, an der Strölin als Mitglied des Verwaltungsrats und Vertreter der neuen Machthaber teilnahm.[4] Er gab sich verbindlich und anerkannte die nationalen Verdienste des DAI und seiner Leitung. Für Wertheimer, der von der Partei als Jude abgelehnt werde, könne er jedoch nichts tun. Er selbst sei „verhältnismäßig tolerant in der Judenfrage".[5]

Strölins Konzept störten Parteigenossen, die Wanner am 13. März in dessen Wohnung überfielen und mißhandelten.[6] Dieser bezog nun Stellung, setzte sich energisch für Wertheimer ein und kritisierte in scharfen Worten die Eigenmächtigkeit Draschers und Rüdigers anläßlich des Aufrufs: „Ich bin der Vorsitzende, kein anderer, und der Vorsitzende hat die Verantwortung, und solange ich lebe, solange man mich nicht totgeschlagen hat, bin ich da und bleibe ich da und sind mir die Dinge vorzulegen."[7] Damit waren Wanners Tage als Vorsitzender des DAI gezählt. Ende Juni 1933 übernahmen der Bundesvorsitzende des Vereins für das Deutschtum im Ausland (VDA),

Steinacher, dessen Landesleiter in Württemberg, Krehl, und ein Vertreter der Auslandsorganisation der NSDAP (AO) gemeinsam die vorläufige Leitung.[8] Diese Regelung war von kurzer Dauer. Strölin selbst übernahm den Vorsitz, neuer Leiter wurde der Rumäniendeutsche Richard Csaki. Aus Anlaß der offiziellen Geschäftsübergabe am 8. Dezember 1933 sandte Reichsstatthalter Murr allen Auslandsdeutschen einen Gruß aus Stuttgart, das „als die Stadt des Auslandsdeutschtum" gelten dürfe.[9] Die Stadtverwaltung war zufrieden, hatte doch auch der parteiamtliche „Völkische Beobachter" Murrs Formulierung gedruckt. Als am 31. Mai 1934 der Garnisonskirchenplatz in Skagerrak-Platz umbenannt wurde, verwendete Strölin erstmals öffentlich den Terminus: „Damit erhält die Stadt Stuttgart als die Stadt des Auslandsdeutschtums eine weitere Verbindung zu unserer tapferen Flotte."[10]
Stuttgart propagierte seinen Anspruch und suchte Kontakt zu führenden Männern des Reiches. Eine verläßliche Stütze war Außenminister von Neurath, den eine persönliche Bekanntschaft mit Strölin verband.[11] Willkommenen Anlaß zur Werbung bot die Jahresversammlung des DAI im September 1934, die eine auslandsdeutsche Festwoche „Deutsches Kulturschaffen jenseits des Reiches" begleitete. Strölin lud die Minister Goebbels, Frick, Neurath und den Stellvertreter des Führers, Heß, ein und bat Ministerpräsident Mergenthaler, „sich mit dem ganzen Einfluß Ihrer Persönlichkeit bei den genannten Herren" für eine Teilnahme einzusetzen.[12] In der offiziellen Einladung hieß es: „Seid im September alle herzlich willkommen in der schönen Hauptstadt Schwabens, der Stadt des Auslandsdeutschtums."[13] Nur Neurath folgte dem Ruf. Ende 1934 empfing Hitler den Stuttgarter Oberbürgermeister, der ihm den Ehrenring des DAI überreichte, der zuvor nur an Reichspräsident von Hindenburg verliehen worden war. Kurz darauf bezog die Stadtverwaltung auch Hitler in ihre Kampagne ein. Als Hitler Neujahrsgrüße der Stadt und des DAI erwiderte und seinerseits Wünsche „für das Gedeihen der Stadt und das Wohl der Bürger" aussprach, meldete das städtische „Amtsblatt": „Glückwünsche des Führers an die Stadt der Auslandsdeutschen".[14] Tatsächlich tauchte die Bezeichnung im Schreiben Hitlers nicht auf.
Die Gauleitung unterstützte den Kurs von DAI und Stadt. Der stellvertretende Gauleiter Schmidt verwendete sich mit Murr für die Stuttgarter Interessen. Murr offerierte dem Gauleiter der Auslandsorganisation der NSDAP, Ernst Wilhelm Bohle, einen Platz auf der württembergischen Liste bei kommenden Reichstagswahlen.[15] Die Stadtverwaltung erfüllte ihrerseits einen Wunsch Bohles, eine Straße nach dem in Davos ermordeten Landesgruppenleiter der AO, Wilhelm Gustloff, zu benennen. Offenbar war Bohle mit der Verbindung zufrieden; im April 1936 versicherte er Abteilungsleiter Geist vom DAI: „Ich werde mich persönlich beim Führer dafür einsetzen, daß er nach Stuttgart kommt, und mich gleichzeitig auch dafür einsetzen, daß der Führer Stuttgart offiziell zur Stadt der Auslandsdeutschen ernennt." Der Besuch Hitlers war aus Anlaß der Einweihung des „Ehrenmals der deutschen Leistung im Ausland" vor-

gesehen, das im Wilhelmspalais eingerichtet wurde. Zu diesem Zweck hatten im September 1934 Staatsrat Helfferich (Aufsichtsratsvorsitzender der Hamburg-Amerika-Linie), Staatsrat Freiherr von Freytagh-Loringhoven und der Historiker Professor Göring von der Technischen Hochschule, ein Vetter von Hermann Göring, eine Stiftung ins Leben gerufen.[16] Die Spenden der Stuttgarter Unternehmen waren „reichlich geflossen".[17] Auch der Reichskanzler stellte aus seinem Fonds 100 000 RM zur Verfügung. Könekamp lobte das Ehrenmal als erste und einzige volksdeutsche Dauerausstellung in Deutschland, das nicht „eines der üblichen verstaubten Museen" sei, sondern ein „gegenwartsnahes Gesamtbild des Auslandsdeutschtums" vermittle. Man konnte es auch anders sagen: Der wissenschaftliche Wert war geringer als die propagandistische Bedeutung.[18] Das Ehrenmal war fester Bestandteil des Stuttgarter Besucherprogramms, täglich schleuste man Schulklassen und Besuchergruppen durch das Wilhelmspalais.

Drei Tage vor der Einweihung des Ehrenmals, am 24. August 1936, traf das ersehnte Telegramm aus der Reichskanzlei in Stuttgart ein: „Der Führer und Reichskanzler ist damit einverstanden, daß Stuttgart die Bezeichnung ‚Stadt der Auslandsdeutschen' annimmt und der Reichsstatthalter dies in seinem Auftrag bekanntgibt. Reichsminister des Innern ist hiervon verständigt." Einen Tag später teilte das Büro von Murr der Stadtverwaltung den Wortlaut des Telegramms mit, das Hitler am 27. August von Berchtesgaden aus – angeblich überraschend – an die Festversammlung richten würde.[19] Damit hatte die Stadt ein über drei Jahre hinweg beharrlich verfolgtes Ziel erreicht. Dies gelang durch das Zusammenwirken von Stadt und Reichsstatthalter sowie mit Hilfe des engen Kontakts zu Außenminister von Neurath und zur AO.[20]

Stuttgart war nach München und Nürnberg die dritte Großstadt des Reiches, die offiziell einen „Ehrentitel" führen durfte.[21] Im Rathaus verband man damit große Erwartungen, die Reichsführung hingegen sah die Möglichkeit, Städte gegeneinander auszuspielen und ihnen Aufgaben zuzuweisen.[22] Strölin erklärte, es handle sich nicht um eine bloße Ehrung, sondern um „die Zuteilung einer Aufgabe, die alle Gebiete der Verwaltung und des öffentlichen Lebens in Stuttgart erfassen" müsse.[23] Könekamp entwarf ein umfangreiches Programm und hoffte besonders auf eine „großzügige städtebauliche Gestaltung Stuttgarts".[24]

Die Stadt bedurfte dazu des Rückhalts der führenden Männer des Reiches. In nahezu gleichlautenden Schreiben wandte sich Strölin im Februar 1937 an Heß und Goebbels, die er dringlich um Unterredungen über die Pläne von Stadt und DAI ersuchte.[25] Goebbels versprach seine Förderung und wollte auch einen Besuch bei Hitler arrangieren. Es blieb aber bei der Ankündigung; im Mai 1937 drang Strölin lediglich bis zu Staatssekretär Meißner vor.[26] In Stuttgart bedauerte man, daß sich auch in der Frage der Neugestaltung nichts bewegte. Als Göring öffentlich eine Einschränkung der kostspieligen Bauvorhaben der Kommunen anmahnte und gar Hamburg als die „Stadt

V. 4. Stuttgart, die Stadt der Auslandsdeutschen

der Pflege der Auslandsbeziehungen" bezeichnete, bat Strölin um einen Gesprächstermin („Der Herr Ministerpräsident kennt mich persönlich; wir waren zusammen Kadetten in Lichterfelde").[27] Er mußte sich jedoch mit einem freundlichen Wort des Trostes, eine Zurücksetzung Stuttgarts sei nicht beabsichtigt gewesen, bescheiden. Wärmster Förderer der Stuttgarter Interessen blieb Neurath, dessen Stimme jedoch an Gewicht verlor. Die Stadt zeichnete ihn am 2. Februar mit der Ehrenbürgerwürde aus, doch noch vor der offiziellen Feierstunde verlor er sein Amt an Joachim von Ribbentrop.[28] Im übrigen erwog die Stadt, in gleicher Weise Robert Ley und Rudolf Heß zu ehren. Während Heß prinzipiell ablehnte, scheiterte ohne ersichtlichen Grund auch das Ley betreffende Vorhaben.[29]

Sichtbarer Ausdruck für Stuttgarts neue Aufgabe waren die glanzvollen Jahrestagungen der AO 1937 und 1938. Die Stadt wollte zwar keine Mittel verschwenden, aber doch ihren Gästen etwas bieten.[30] Stuttgart ließ sich die V. Jahrestagung 1937 über 150 000 RM kosten – und außerdem sechs Kastanienbäume und den Musikpavillon vor dem Neuen Schloß. Denn die AO hatte verlangt, den Schloßplatz als Aufmarschfläche zu nutzen.[31] Das umfangreiche Programm rief Bedenken hervor. Einige Ratsherren sprachen von einer fast untragbaren dienstlichen Belastung der NSDAP und ihrer Gliederungen. Sauer schlug vor, dem Desinteresse der Bevölkerung nicht mit einer parteipolitischen Arbeitstagung, sondern mit einem Fest zu begegnen.[32] Die Stadt mußte jedoch auf die Wünsche der AO, die für die Planung zuständig war, Rücksicht nehmen. Die Aktivitäten in Berlin schienen sich auszuzahlen. Bohle teilte mit, es herrsche ein solcher Andrang von Rednern, daß er kaum alle Wünsche erfüllen könne. Die Liste reichte von Heß über Himmler und Ley bis zu Rosenberg und Schirach, auch Stuttgarts Ehrenbürger, Neurath, fehlte nicht.[33] Die Stadt hatte andere Sorgen; sie befürchtete während der Tagung eine unzureichende Lebensmittelversorgung und wandte sich an die zuständigen Stellen um Zuteilungen.[34]

Die auslandsdeutschen Festtage in Stuttgart leitete die Jahrestagung des DAI ein, das zugleich sein 20jähriges Bestehen feierte. Neurath, der 1917 zu den Gründungsmitgliedern gehört hatte, und Reichsinnenminister Frick erwiesen dem Institut ihre Reverenz. Die Führer der Sudetendeutschen, Henlein, und der Rumäniendeutschen, Fabritius, weilten ebenfalls in Stuttgart und erhielten aus der Hand Strölins die Goldene Ehrenplakette des DAI.[35] Höhepunkt unter den gesellschaftlichen Ereignissen war die V. Reichstagung der Auslandsorganisation der NSDAP vom 29. August bis zum 5. September. Wenige Tage zuvor war Gauleiter Bohle in Stuttgart eingetroffen, um selbst die letzten Vorbereitungen zu treffen. Bei einem Besuch Bohles erhielt Oberbürgermeister Strölin am 25. August eine Amtskette mit folgender Widmung: „Dem Oberbürgermeister der Stadt der Auslandsdeutschen gewidmet vom Leiter der Auslandsorganisation der NSDAP, Gauleiter Bohle, im vierten Jahr der Regierung Adolf Hitlers." Strölin revanchierte sich mit der Ehrenplakette des DAI.

Die Stadt der Auslandsdeutschen präsentierte sich in einem Meer von Fahnen, als führende Männer des Reiches und zahlreiche Gruppen von Volks- und Reichsdeutschen eintrafen. Aus der Fülle der Veranstaltungen, die durch Ausstellungen und kulturelle Beiträge ergänzt waren, ragten die Großkundgebungen heraus. Am 29. August sprachen Heß, von Neurath und Bohle in der Adolf-Hitler-Kampfbahn, einen Tag später Ley in der Stadthalle. Der 1. September brachte eine Rede Himmlers vor den Auslandsdeutschen in der Liederhalle, während von Schirach in der Stadthalle zur HJ sprach. Die neuerbaute provisorische Schwabenhalle auf dem Wasen sah am nächsten Tag eine Großkundgebung mit Göring, dem am 4. September SA-Stabschef Lutze und Reichssportführer von Tschammer und Osten folgten. Hauptredner bei der Abschlußkundgebung im Hof des Neuen Schlosses war Goebbels. Einen solchen Aufmarsch nationalsozialistischer Prominenz hatte Stuttgart noch nicht erlebt. Die Stadt war kurz vor dem Reichsparteitag in Nürnberg der Mittelpunkt des nationalsozialistischen Deutschland. Dem Wunsch nach einem Fest trugen Musikabende, Kameradschaftsabende der Einheimischen mit den Auslandsdeutschen sowie ein Festzug unter dem Motto „Stuttgart und Württemberg – Weltgeltung einst und jetzt" Rechnung. Das Echo blieb nicht aus. Bohle ließ wissen, daß sich Hitler auf Bericht von Neurath „sehr anerkennend" ausgesprochen habe. Heß, Goebbels und Göring seien so begeistert gewesen, daß sie sich bereits zur nächsten Tagung angesagt hätten. Goebbels erklärte sogar, er habe in Stuttgart seine schönste Kundgebung erlebt.[36]

Stuttgart konnte mit dem Erfolg zufrieden sein. Lediglich einige Ratsherren monierten, sie hätten für zahlreiche Veranstaltungen keine Karten erhalten. Besonders verärgert waren sie, daß die Stadtverwaltung beim Empfang für Rudolf Heß nur sechs Ratsherren eingeladen hatte. Sie verlangten, künftig „weitestgehend auch in die Repräsentationsaufgaben der Stadtverwaltung eingeschaltet zu werden".[37] Zu den Unzufriedenen zählten auch einige Handwerker, denn die Stadt erwies sich als säumiger Zahler. Grund war ein Streit zwischen der Stadt und dem Staatsrentamt um die Kosten der Dekoration der Innenstadt. Die Auseinandersetzung um vergleichsweise geringe Beträge konnte erst nach einer Intervention des Reichsfinanzministeriums beigelegt werden.[38]

Der propagandistische Erfolg ließ sich jedoch nicht in politische Vorteile ummünzen. Zum einen fand die Stadt nicht das erhoffte Gehör bei den entscheidenden Personen im Reich, zum anderen geriet sie in die Turbulenzen um die Volkstumspolitik des Reiches. Die enge Verbindung von DAI und Rathaus erwies sich in dieser Phase eher nachteilig, denn die AO beschwerte sich mehrmals bei Strölin über die Südtirol-Politik des Instituts. Seit Abschluß eines Bündnisses mit dem faschistischen Italien störten Äußerungen über die Unterdrückung des Deutschtums in Italien die Beziehungen der Achsenmächte. Bohle drohte, er sei nicht länger gewillt, „außenpolitische Extratouren" des DAI hinzunehmen und die AO diskreditieren zu lassen.[39] Er erzwang eine

Entfernung der sogenannten Südtirol-Koje aus dem Ehrenmal, außerdem mußten Südtiroler Mädchen „von einer Stunde zur andern" einen auslandsdeutschen Lehrgang in Stuttgart verlassen.[40]

1937 zeichneten sich organisatorische Veränderungen in der Volkstumspolitik ab. Die Volksdeutsche Mittelstelle (Vomi) unter Leitung von SS-Gruppenführer Lorenz sollte für ein Ende der Auseinandersetzungen und eine einheitliche Richtung sorgen.[41] Auch das DAI wurde der Vomi unterstellt und mit neuen Aufgaben betraut.[42] Für die Stadt bedeutete die Entwicklung einen Rückschlag. Die Zentralisierung der Entscheidungen schränkte ihre Möglichkeiten ein, der Beauftragte der Gauleitung erhielt ein Mitspracherecht, schließlich verlor die AO an Einfluß. 1938 gab die Reichskanzlei eine neue Definition des Begriffs der Auslandsdeutschen. Hatte man darunter bislang die Gesamtheit der im Ausland lebenden Reichsbürger *und* der Volksdeutschen mit fremder Staatsangehörigkeit verstanden, so bezeichnete man nun aus außenpolitischen Rücksichten nur noch erstere in dieser Weise. Der Vertretungsanspruch der Stadt der Auslandsdeutschen war damit auf einige zehntausend Reichsdeutsche im Ausland beschränkt.[43] Zur gleichen Zeit kam es in den von der Stadt eingerichteten und finanzierten Heimen zu schweren Konflikten um Inhalte und Kompetenzen, in die Strölin auch als Präsident des DAI verwickelt war.[44] Die Stadt konnte dabei ihre Stellung als auslandsdeutsches Schulzentrum wahren, jedoch um den Preis der Unterordnung unter die Vomi, die das DAI aus den Heimen drängte.

Am 12. März 1938 marschierten die deutsche Wehrmacht und Polizeiverbände in Österreich ein. Am „Anschluß" der „Ostmark" an das Reich beteiligten sich aus Stuttgart 65 Wachtmeister und zwei Verwaltungsbeamte der Ordnungspolizei unter Führung von Polizeihauptmann Stutz.[45] Am 10. Februar 1938 hatte Himmler streng geheim eine Großparade der deutschen Polizei in München angekündigt; im Marschbefehl vom 11. März 1938 war dann von einer Transportübung die Rede.[46] Der Einsatz der Stuttgarter Polizeikräfte dauerte bis zum 24. März. Die Begeisterung über den „Anschluß" schlug in Deutschland und Österreich hohe Wellen. Auch die Stadt der Auslandsdeutschen nahm daran lebhaften Anteil. Strölin schickte auf die telefonische Anfrage seines Innsbrucker Kollegen einige tausend Hakenkreuzfahnen in die Tiroler Landeshauptstadt, die dort „unbeschreibliche Freude" auslösten.[47] Mit einigen Ratsherren reiste Strölin sogleich nach Österreich, während KdF für Begegnungen mit den neuen Reichsbürgern sorgte. Schon am 23. März kamen 1000 Personen aus Kärnten nach Stuttgart. In einem Triumphzug marschierten sie vom Hauptbahnhof zum Marktplatz, wo Strölin sie begrüßte. Im April 1938 folgten 600 Steiermärker, aber auch in umgekehrte Richtung fuhren die Sonderzüge.[48]

Am 1. April 1938 besuchte Hitler Stuttgart. Er befand sich auf Wahlreise, denn am 10. April fand ein Plebiszit über den Anschluß Österreichs und eine „Wahl" zum Großdeutschen Reichstag statt. Es kam aber nicht zu der von Strölin schon lange gewünschten Unterredung mit Hitler. Mit dem Zug kam Hitler gegen 15 Uhr in Stuttgart an und fuhr unter Glockengeläut zum Rathaus.[49] Nach kurzen Ansprachen von Strölin, Hitler und Murr zeigte sich der Gast auf dem Balkon der jubelnden Menge. Nach einer Präsentation wichtiger Stuttgarter Bauprojekte beendete ein Tee-Empfang bereits das offizielle Programm. Die Zeit reichte gerade, um Hitler einige Trachtengruppen von Auslandsdeutschen vorzuführen, ehe er nach München weiterreiste. Die Ehrengäste hielten diese Gruppen zu Recht für „eingekleidete Stuttgarter", und Könekamp beteuerte im nachhinein, er habe „nur wirklich echte Leute" bestellt.[50]

Allen gegenteiligen Bekundungen zum Trotz herrschte bei Stuttgarts Stadtvätern keine ungetrübte Freude über den „Anschluß" Österreichs. Die in Stuttgart tiefverwurzelte Sorge, in der Südwestecke des Reiches ins Abseits der großen Politik zu geraten, lebte wieder auf. Die Stadt hatte 1935 vom Land mit Nachdruck den zweispurigen Ausbau der Eisenbahnstrecke von Stuttgart nach Schaffhausen, die Elektrifizierung und den Einsatz schnellerer Triebwagen gefordert, um der Konkurrenz der Rheintal- und Brenner-Verbindung begegnen zu können.[51] Auch beim Autobahnbau und der Neckarkanalisierung spielte dieses Argument eine wesentliche Rolle: Die Stadt gab deshalb ein Gutachten „über die verkehrspolitische Bedeutung der Rückgliederung Österreichs und die Auswirkungen für Stuttgart" in Auftrag.[52] Die Denkschrift bestätigte die Befürchtungen. Stuttgarts Bedeutung im Ost-West-Verkehr schien zwar zuzunehmen, doch bot dies keinen Ausgleich für die Schwächung im wesentlich wichtigeren Nord-Süd-Verkehr. Die innerdeutsche Hauptverkehrslinie führte von Hamburg oder Berlin über München nach Wien, der europäische Hauptstrom bewegte sich über den Brenner. Diesen Nachteil wogen die Stuttgarter Beziehungen zu Frankreich und zur Schweiz nicht auf. Bei der Vorstellung und Besprechung des Gutachtens beschrieb Könekamp die Lage in resignierenden Worten so: „Man hat auf den ersten Blick das Gefühl, diese Ecke ist für die nächsten Jahrzehnte – vom Reich her – fertig."[53] Strölin kündigte an, daß er auf Einladung der AO an der Romreise Hitlers teilnehmen und die Stadt der Auslandsdeutschen ins Blickfeld rücken werde.

„Die Leute sagen immer wieder: Der Oberbürgermeister macht sich überall wichtig, überall ist er dabei. Das tue ich nicht, weil es mir ein besonderes Vergnügen macht, mit der Amtskette herumzuspazieren. (...) Das ist nicht Wichtigtuerei, sondern das ist unsere verdammte Pflicht und Schuldigkeit. Und wenn Sie solche Meckerer finden, die sagen: Seht, euer Ober ist auch wieder in Rom, dann sagen Sie denen: Jawohl, da gehört der Kerl hin! Wir müssen da eine Einheitsfront bilden."

Gab sich Strölin kämpferisch, sahen einige Ratsherren schon schwarz. Ratsherr Sauer etwa meinte: „Zu gewinnen haben wir nichts mehr, wir können nur versuchen, unseren heutigen Status mit Mühe und Not zu halten." Er erhoffte nichts von einer Zusammenarbeit mit dem Land oder mit Reichsstellen. Statt dessen schlug er vor, trotz aller damit verbundenen Probleme die Kontakte mit Frankreich auszubauen und zwar in eigener Initiative: „Denn die Reichsfledderer, die Geschäftemacher aus Berlin, sind schon da und reißen alles an sich, was ihnen in den Weg kommt." Sauer stellte darüber hinaus die ganze Entwicklung der vergangenen Jahre in Frage, als er auf den Zustand der Volkstumspolitik hinwies: „Wie wird sich Herr Bohle zu der Entwicklung stellen (...). Man wird sich fragen, wie lange die AO in ihrer heutigen Form überhaupt noch bestehen kann." Der langjährige Parteigenosse und nationalsozialistische Aktivist war desillusioniert. Vier Wochen, nachdem in Stuttgart die Annexion Österreichs bejubelt worden war, herrschte bei der Stadt Ernüchterung.

Unmittelbar nach der Ankündigung einer Reichstagswahl für den 10. April 1938 erwog Strölin ernsthaft, als Vertreter der Stadt der Auslandsdeutschen in den neuen Großdeutschen Reichstag einzuziehen. Dazu benötigte er die Unterstützung der Gauleitung, denn einerseits war ein solch repräsentatives Amt sehr begehrt, andererseits mußten im württembergischen Kontingent auch drei Vertreter der AO untergebracht werden.[54] Ein Gespräch von Stadtrat Hablizel mit Gaugeschäftsführer Baumert führte offenbar nicht zum gewünschten Ergebnis. Denn wenige Tage später wandte sich Strölin nahezu beschwörend an Murr:

„Ich lege Wert darauf festzustellen, daß es sich dabei selbstverständlich nicht um irgendwelche persönlichen Vorteile für mich handelt. Das kommt gar nicht in Frage. In Frage kommt vielmehr ausschließlich, ob Württemberg und Stuttgart durch meine Absendung als Präsident des Deutschen Ausland-Instituts und als Oberbürgermeister der Stadt der Auslandsdeutschen in den ersten großdeutschen Reichstag zum Ausdruck bringen will, daß es sich mit dem Auslandsdeutschtum in aller Welt ganz besonders verbunden fühlt."[55]

Das Scheitern seiner Bemühungen war sowohl eine persönliche Niederlage Strölins als auch Ausdruck dafür, daß der Hinweis auf die Rolle einer Stadt der Auslandsdeutschen Stuttgart keinen politischen Nutzen eintrug.

Zur Beruhigung trugen in der Stadt der Auslandsdeutschen die wiederum glanzvoll verlaufenden Großveranstaltungen bei. Im Juni 1938 fand die 21. Jahrestagung des DAI unter dem Motto „Großdeutschland von den österreichischen Alpenländern bis zum deutschen Meer" statt. Für Strölin war dies eine günstige Gelegenheit, die österreichischen Nationalsozialisten zu hofieren und ihrem Führer Seyß-Inquart die Goldene Plakette des DAI zu verleihen. Zwei Monate später, am 28. August 1938, eröffneten Heß und Frick die VI. Reichstagung der AO. Bohle hatte darauf Wert gelegt, daß „während der AO-Tagung das DAI nicht in Erscheinung tritt. (...) Wir haben immer wieder feststellen müssen, daß eine Verquickung der volksdeutschen Aufgaben des DAI mit unserer Arbeit zu erheblichen Unzuträglichkeiten führt."[56] Die Tagung war noch prächtiger gestaltet als im Vorjahr. Während der Festlichkeiten legte Bohle den Grundstein zu einem Rückwandererheim am Weißenhof. Wenig später aber mußte man der „Heimkehr" Österreichs Tribut zollen: Die VII. Reichstagung der AO sollte

1939 in Graz stattfinden, Stuttgart mithin das Aushängeschild seiner auslandsdeutschen Aufgabe verlieren.[57]

Erfolgreicher war die Stadt in ihrem Bemühen, ein Zentrum der auslandsdeutschen Schüler- und Lehrlingsausbildung zu werden. Sie übernahm im Juni 1938 sämtliche auslandsdeutschen Heime in ihre Verwaltung und betrieb intensiv den weiteren Ausbau. Am 1. September 1938 eröffnete sie im Herdweg ein Schülerinnen-Heim. Die Schülerinnen im Alter von 12 bis 18 Jahren besuchten öffentliche Schulen und wurden im Wohnheim weltanschaulich geschult.[58] Im Frühjahr 1939 öffnete in der Stafflenbergstraße ein Heim für 38 auslandsdeutsche Schüler zwischen 8 und 21 Jahren seine Pforten.[59] Das Lehrlingsheim für Mädchen wurde vom Viktor-Köchl-Haus in die Heidehof-Schule verlegt. Das Köchl-Haus sollte wieder seiner alten Bestimmung als Kinderheim zugeführt werden. Obwohl der Reichsstatthalter anderer Ansicht war, folgte die Stadtverwaltung dem Antrag von Stadtarzt Lempp. Die evangelische Heidehof-Schule, die den Nationalsozialisten ohnehin ein Dorn im Auge war, wurde aufgelöst. Die Schülerinnen wurden auf andere Schulen verteilt.[60] Neben den Schüler- und Lehrlingsheimen existierte seit 1936 auch eine Burse, ein Wohnheim für auslandsdeutsche Studenten, in der Panoramastraße. Die Stadt hatte das Gebäude für 120 000 RM erworben und eingerichtet.[61] Während das Land einen Zuschuß zu den laufenden Betriebskosten bewilligte, lehnte das Reichsinnenministerium Finanzhilfen sowie das ganze Projekt ab.[62] Einen namhaften Beitrag zu dieser ersten Burse einer Technischen Hochschule leisteten Ehrensenatoren der TH, württembergische Unternehmer.[63]

5. Die Stadt ohne Wohnungen

In allen Großstädten des Reiches fehlte es an Wohnungen, in Stuttgart war der Mangel besonders spürbar. Im Unterschied zu den meisten Großstädten verzeichnete Stuttgart einen erheblichen Geburtenüberschuß und einen hohen Wanderungsgewinn. Der Geburtenüberschuß hatte sich zwischen 1933 und 1936 verdreifacht, der Wanderungsgewinn verdoppelt.[1] Stuttgart lag damit über dem Reichsdurchschnitt. Ausschlaggebend dafür waren weniger die von der Propaganda gerühmten bevölkerungspolitischen Maßnahmen als vielmehr die wirtschaftliche Entwicklung. Das industrielle Zentrum lockte mit attraktiven Arbeitsplätzen, die wiederum die Existenzgründung erleichterten. In der Zeit hoher Arbeitslosigkeit 1933/34 hatte die Stadtverwaltung rigorose Zuzugsbeschränkungen erlassen.[2] Beim Übergang zur Vollbeschäftigung wurden sie wirkungslos; auch die Stadt räumte dem Ausbau der Industrie Priorität ein. Als sich die Wohnungsnot verschärfte, bedauerte man allerdings 1939, daß „bei dem heutigen Stand der Gesetzgebung" weitergehende Einschränkungen unmöglich seien.[3]

Den Aktivitäten der Stadt im Wohnungsbau setzte das Reich enge Grenzen. Es zog sich immer mehr aus der Finanzierung zurück und ließ der Propaganda vom Geburtenreichtum nicht die notwendigen Schritte im Wohnungsbau folgen.[4] Der Kapitalmarkt, so begründete der zuständige Sachbearbeiter des Reichsarbeitsministeriums Ende 1935 die Entwicklung, sei derzeit durch die „Wiederwehrhaftmachung" erheblich belastet; von einem Bekämpfen der Wohnungsnot könne deshalb keine Rede sein.[5] Der Stuttgarter Kämmerer sah den Rückzug des Reiches mit Mißvergnügen, denn die Stadtverwaltung konnte sich den Erfordernissen nicht ohne weiteres entziehen.[6] Trotz der städtischen Bemühungen trat an die Stelle des Wohnungsbaus die Verwaltung des Mangels.

Die Stadt tat, was ihr möglich war. Könekamp erhielt im November 1935 einen „Sonderauftrag" zur Wohnraumbeschaffung.[7] Er erstellte ein Bauprogramm für 1500 billige Wohnungen. Im Mittelpunkt stand die Förderung von Wohnungsbaugesellschaften, während die Stadt nur bei kleinen Vorhaben als Bauträger auftrat.[8] Das Reich gewährte keine Zuschüsse, da die Baukosten höher waren als die Richtlinien zuließen. Dafür arbeitete die Stadt eng mit der Württembergischen Landeskreditanstalt zusammen.[9] Diese gewährte langfristige Darlehen und günstige Tilgungsbedingungen, während die Stadt den Gesellschaften Baugelände billig überließ und Zinszuschüsse sowie Nachlässe für die Anliegerkosten bewilligte. Voraussetzung für eine Förderung war eine einfache Ausführung der Wohnungen und ein Mietpreis von höchstens 50 RM im Monat. Die Preisbindung war verständlich, denn die Knappheit hatte die wenigen freien Wohnungen verteuert. Bei stagnierenden Löhnen und Gehältern waren zwischen 1934 und 1936 die Mieten für Zweizimmerwohnungen durchschnittlich um 3,6 Prozent, für Dreizimmerwohnungen um 4,6 Prozent und für Vierzimmerwohnungen um 7,9 Prozent gestiegen.[10] Grundsätzlich sollten die Mieten nach den Stuttgarter Richtlinien bei Kleinwohnungen ein Fünftel, bei Kleinsiedlungshäusern ein Viertel des Durchschnittslohns nicht übersteigen.[11] Die Stadtverwaltung warf den privaten Bauherren wiederholt vor, sie bauten zu aufwendig und trieben die Mieten dadurch in die Höhe.[12] 1936 sollte die Stadt auf Anordnung der Reichsregierung ihre Schlichtungsstelle für Mieten auflösen. Angesichts der zahlreichen Klagen setzte sie ihre Arbeit jedoch ohne Rechtsgrundlage fort.[13] Bis Ende 1937 wurde die Schlichtungsstelle in über 4700 Fällen angerufen, in nahezu der Hälfte aller Fälle beanstandete die Stadt die Höhe der Miete.[14]

Die Stadtverwaltung verfehlte das Ziel des Bauprogramms wegen Kapitalmangels der Gesellschaften.[15] Strölin verhehlte seine Enttäuschung nicht, zumal die Mietpreise weiter stiegen.[16] Die Stadt selbst baute 144 sogenannte Volkswohnungen in Bad Cannstatt und Zuffenhausen für sozial schwache Mieter, die auf dem freien Markt keine Chance hatten. Die städtischen Wohnungen dienten außerdem zur vorübergehenden Unterbringung von auslandsdeutschen Rückwanderern sowie Flüchtlingen aus

Österreich oder Spanien.[17] Dies war jedoch kein Beitrag zur Linderung der Wohnungsnot. Die Bauvorhaben der Wohnungsbaugesellschaften blieben teilweise auf dem Papier oder verzögerten sich. Der Bau- und Heimstättenverein baute insgesamt 388 billige Wohnungen, die Mitte 1937 bezugsfertig wurden. Das größte Projekt befand sich im Gewann Föhrich in Feuerbach, wo 335 Zwei- bis Vierzimmerwohnungen mit Mieten zwischen 30 RM und 48 RM gebaut wurden.[18] Allen Schwierigkeiten zum Trotz verkündete die Stadtverwaltung für 1937 ein noch umfangreicheres Programm zum Bau von 2000 Wohnungen. Doch die Bedingungen änderten sich.

Die Verkündung des Vierjahresplanes stellte die gesamte Wirtschaft unter das Diktat der Aufrüstung. Für die Bautätigkeit erließ Göring als Beauftragter für den Vierjahresplan am 7. November 1936 eine einschneidende Verordnung: Alle Bauvorhaben, die mehr als zwei Tonnen Eisen erforderten, waren von nun an genehmigungspflichtig. In den Mittelpunkt des Wohnungsbaus stellte das Reich die sogenannten Arbeiterwohnstätten, damit die Industrie ihre wachsende Arbeiterschaft unterbringen konnte.[19] Die Stadt mußte daraufhin ihre Förderbestimmungen neu formulieren. Die Anpassung an die neuen Richtlinien bedeutete eine Abkehr von der weiträumigen, aufgelockerten Bauweise und den Kleineigenheimen, die die Stadt bisher propagiert und gefördert hatte. Ratsherr Metzger, DAF-Funktionär, verlangte in Übereinstimmung mit dem Führer der DAF, Ley, den Bau von schönen Wohnblöcken in der Nähe der Arbeitsstätten.[20] Einige seiner Kollegen sprachen jedoch von Mietskasernen, die sie noch vor kurzer Zeit als „baubolschewistisch" attackiert hatten.

Die Stadtverwaltung stellte – notgedrungen – den Bau von billigen Dreizimmerwohnungen in Häuserblocks in den Mittelpunkt. Die Monatsmiete durfte 40 RM nicht überschreiten. Um die Baugesellschaften finanziell zu stärken, gewährte sie einen verlorenen Zuschuß von zehn Prozent, höchstens aber 700 RM pro Wohnung.[21] Bis Juli 1938 waren gerade 240 Wohnungen dieses reduzierten Programms bezugsfertig.[22] So blieb auch dem zweiten Wohnungsbauprogramm der Erfolg versagt (Tabelle 17).

Tabelle 17: Wohnungsbau in Stuttgart 1933 bis 1938 und städtische Beteiligung[23]

	1933	1934	1935	1936	1937	1938
Bauvolumen	2300	3100	1800	3600	3500	2676 Wohnungen
Städtische Förderung	15,1	23,5	6,7	30,0	19,3	16,8%
Stadt als Träger (über Siedlungsgesellschaft)	2,1	21,0	1,0	14,1	2,5	4,7%

Der hohe Anteil des kommunalen Wohnungsbaus in den Jahren 1934 und 1936 ist auf die Fertigstellung der vorstädtischen Kleinsiedlungen und Kleineigenheimsiedlungen zurückzuführen.

Die wachsende Wohnungsnot in Stuttgart war nicht durch Versäumnisse der kommu-

V. 5. Die Stadt ohne Wohnungen

nalen Behörden, sondern in erster Linie durch die Politik des Reiches verursacht, das der Rüstung Priorität einräumte. Deutlich zeigt dies ein Vergleich von fertiggestellten Bauten und Bauwert. Zwar nahm die Zahl aller fertiggestellten Bauten von 1937 auf 1938 von 1218 auf 1009 ab, ihr Bauwert stieg jedoch von 34,7 Millionen auf 54,6 Millionen RM. Dahinter verbarg sich eine Verlagerung zu Großprojekten; 1938 konnten Daimler-Benz, die Kugellagerfabrik Norma, Hirth, Kreidler, Bosch, Mahle sowie Zeiss-Ikon und Porsche neue Werksanlagen einweihen.[24]

Der Wohnungsbau kam Anfang 1939 fast völlig zum Erliegen. Zu diesem Zeitpunkt bezifferte die Stadtverwaltung den aktuellen Fehlbedarf an Wohnungen auf 6000 bis 8000.[25] In der Bevölkerung herrschte über diese Entwicklung, wie der Oberbürgermeister wußte, „etwas Unruhe". Die Stuttgarter sparten nicht mit Kritik. Strölin sagte dazu: „Der Mangel an Baumaterialien und Arbeitskräften durch die für die Sicherheit des Reiches erforderlichen Baumaßnahmen sei der Hauptgrund des Wohnungsmangels."

Unter dem Druck der Verhältnisse – und auch einiger Ratsherren – mußte die Stadtverwaltung ein Aushängeschild ihrer Baupolitik, die vielgerühmte Ortsbausatzung, teilweise preisgeben. Sie hob das Verbot von Einzimmerwohnungen in Dachgeschossen auf, ließ widerrechtlich gebaute Dachwohnungen ohne nachträgliche Genehmigung vorerst zu und beschränkte Räumungsauflagen auf wenige Fälle. Immerhin waren seit dem Inkrafttreten der Ortsbausatzung 1935 147 Dachwohnungen unerlaubt gebaut worden.[26] Auch den Baustaffelplan und die Bauvorschriften paßte die Stadt den Verhältnissen an. In Stuttgart durften die Häuser wieder höher und in geschlossenen Blöcken gebaut werden, um Geld und Materialien zu sparen. Diese Maßnahmen konnten dem Wohnungsbau aber keine entscheidenden Impulse geben.

Unzufrieden war die Stadtverwaltung mit dem Verhalten der großen Firmen, die eine finanzielle Beteiligung am Wohnungsbau ablehnten.[27] Zwar hatten einige Betriebe ihre Arbeitnehmer im Rahmen der Kleinsiedlungsprogramme mit Darlehen unterstützt, sich danach jedoch aus den Wohnungsbauprogrammen zurückgezogen. Die Ratsherren und die Stadtverwaltung kritisierten besonders Bosch und Daimler, die viele Arbeiter anzogen, aber nichts zu ihrer Unterbringung beigetragen hätten. Ratsherr Häffner meinte, Daimler-Benz „sollte nicht soviel für die Abhaltung von Werkkonzerten tun, sondern sich mehr auf dem Gebiet des Arbeiterwohnungsbaus betätigen". Eine Ausnahme bildete die Firma Mahle in Bad Cannstatt, die Motorenteile produzierte und Ende 1938 über 1000 Beschäftigte hatte. Sie gründete 1937 eine Siedlungsgesellschaft. In Sommerrain entstanden nach den Plänen von vier Stuttgarter Architekten, darunter Ratsherr Schwaderer, 63 Häuser mit 80 Wohnungen, außerdem erhielt die Siedlung einen Laden sowie einen Dorfplatz. Das äußere Bild war weniger einförmig als die früheren städtischen Projekte, spiegelte freilich die Position der Bewohner in der betrieblichen Hierarchie. Die Wohnungen genügten höheren Ansprüchen; bis auf

17 Zweizimmerwohnungen hatten alle ein Bad und einige Wohnungen sogar eine kleine Veranda und Kachelofen-Zentralheizungen.[28]

Was die Stadtverwaltung wollte, aber nicht konnte, was die Rüstungsindustrie sollte, aber nicht wollte, das wollten und durften die Parteigliederungen – Siedlungen errichten. Während der Wohnungsbau stagnierte, waren die Arbeiten an einer Siedlung der SA im Büsnauer Tal und einer SS-Siedlung in Zuffenhausen in vollem Gang. Die SA hatte zunächst das Fasanenhof-Gelände beansprucht, das auch die Stadt für ein großzügiges Siedlungsprojekt in Betracht zog. Für die Stadt war das Gelände aber nur bei einer gleichzeitigen Eingemeindung Möhringens interessant, die am Widerstand des Reichsstatthalters scheiterte.[29]

Die SA-Führung stand unter spürbarem Druck ihrer Basis. Oberführer Weiß von der SA-Gruppe Südwest berichtete im März 1937, man könne die 800 bis 1000 SA-Männer, denen vor Jahren eine Siedlerstelle versprochen worden sei, nicht länger vertrösten.[30] Seine Leute verlören allmählich den Glauben, daß überhaupt noch etwas geschehen werde. Sollte die Siedlung auf dem Fasanenhof nicht verwirklicht werden, habe dies „geradezu katastrophale Auswirkungen". Innenminister Schmid, SA-Ehrenführer, war beeindruckt und vereinbarte sofort ein Gespräch mit allen Beteiligten. Er schätzte die Probleme einer Eingemeindung Möhringens oder einer Exklave Fasanenhof nach Stuttgart geringer ein als die Unruhe bei der SA. Strölin rannte deshalb bei Schmid offene Türen ein, als er im Frühjahr 1938 die Erschließung von einer Eingemeindung abhängig machte.[31]

Murr hatte jedoch andere Pläne, und auch das Drängen der alten Garde der NSDAP konnte ihn nicht umstimmen. Er verfügte, daß die Siedlung der SA beim Büsnauer Hof errichtet werden sollte.[32] Die Stadtverwaltung kritisierte die Entscheidung, weil das abgelegene und feuchte Gebiet im Büsnauer Tal hohe Aufwendungen erforderte. Es war klar, daß die SA weitreichende finanzielle Zugeständnisse erwarten durfte. Büsnau lag zwar auf Vaihinger Markung, doch nachdem sich Murr für den Standort entschieden hatte, stellte dies keine Schwierigkeit dar. Gegen eine Entschädigung von 66 000 RM mußte Vaihingen das Gelände an die Gauhauptstadt abtreten.[33]

Zum Träger des Projekts bestimmte Murr die Württembergische Heimstätte GmbH, zum Bauleiter SA-Obersturmführer Mäckle, einen mehrfach protegierten Beamten des Stadtplanungsamts. Mäckle, Ortsgruppenleiter der NSDAP in Gablenberg, war in der Stadtverwaltung als Vertreter von Parteiinteressen aufgefallen.[34] Mit Zustimmung der Ratsherren erklärte die Stadtverwaltung vor Beginn der Bauarbeiten nochmals, daß sie den Standort für absolut verfehlt halte.[35] Sie kam jedoch nicht umhin, das Gebiet zu erschließen und Mäckle freizustellen. Sie gewährte den Siedlern einen Nachlaß von 45,5 Prozent der Anliegerkosten, was die Stadtkasse 350 000 RM kostete.[36]

Die Arbeiten begannen im Sommer 1938 und erwiesen sich als schwierig. Die Parteiformationen mußten fehlende Bauarbeiter durch Eigenarbeit ersetzen. Im Mai 1939 rief Kreisleiter Fischer die Politischen Leiter der NSDAP zu einem einmaligen Sonntagsdienst auf: „Aus Gründen der Kameradschaftlichkeit und in Anbetracht des vor der Öffentlichkeit dokumentierten Gemeinschafts-Gedankens innerhalb der Gesamtbewegung kann sich die Politische Leitung dieser Gemeinschaftsarbeit nicht entziehen."[37] Wenig später zogen bereits die ersten Siedler ein.[38] Der weitere Ausbau fiel dem Krieg zum Opfer. Das Adreßbuch 1943 verzeichnet 45 Siedlerparteien, darunter einen hauptamtlichen SA-Stabsangestellten und eine Reihe von Arbeitern.

Die Siedlung am Rotweg in Zuffenhausen sah eine illustre Gemeinschaft von langjährigen Nationalsozialisten, vorwiegend Mitglieder der SS und Angehörige der Gestapo. Vorgesehen war eine Kleineigenheimsiedlung mit 101 Wohn- und einem Gemeinschaftshaus, einem HJ-Heim, einer Gaststätte mit Metzgerei sowie einem Kolonialwarenladen.[39] Träger war die Stuttgarter Siedlungsgesellschaft. Die Stadt ließ 43 Prozent der Anliegerkosten, insgesamt rund 117 000 RM nach.[40] Um das Gemeinschaftshaus kam es zu einer Auseinandersetzung zwischen Stadt und SS, die das Haus für sich allein beanspruchte. Die Stadt als Finanzier wollte es allen interessierten Gruppen zur Verfügung stellen.[41] Im Gegensatz zur SA-Siedlung in Büsnau konnte die SS-Siedlung vor dem Krieg weitgehend fertiggestellt werden.[42] Selbst altgediente Nationalsozialisten kritisierten die beiden Projekte. Ratsherr Häffner nannte es widersprüchlich, daß zwei relativ teure Kleineigenheimsiedlungen gebaut würden, während die Stadt seit Jahren nur noch Mietwohnungen fördern dürfe.[43] Beide Siedlungen hatten freilich keine Funktion im Rahmen des Stuttgarter Wohnungsbaus, sondern waren eine Belohnung für wenige bevorzugte Nationalsozialisten.

6. Die „Stadt ohne Raum"

Stuttgart vergrößerte sich seit der Jahrhundertwende in mehreren Wellen. Der Eingemeindung von Cannstatt im Jahre 1905 und dem Sprung auf die Bopserhöhe mit der Eingemeindung von Degerloch 1908 folgten die Eingemeindungen von Botnang, Kaltental, Hedelfingen und Obertürkheim im Jahr 1922. Diese kleineren und wenig wohlhabenden Gemeinden, die im Gegensatz zu Cannstatt und Degerloch den Weg nach Stuttgart gesucht hatten, boten der Stadt vor allem Siedlungsgelände. Mehr der Arrondierung dienten die Eingemeindungen von Hofen (1929), Rotenberg und Münster (1931) während beim Zusammenschluß mit Zuffenhausen, ebenfalls 1931, wirtschaftliche Interessen im Spiel waren. Staatskommissar Strölin führte sich 1933 mit der Eingemeindung von Feuerbach, Mühlhausen und Zazenhausen ein. In Feuerbach lockten die dort ansässige Industrie und ihr Steueraufkommen, in Weil im Dorf und in Mühlhausen fand die Stadtverwaltung Gelände für ihre Siedlungspläne.[1] Denn Stuttgart war nach Ansicht seines Oberbürgermeisters eine Stadt ohne Raum und teilte das

Schicksal des Reiches, in dem ein „Volk ohne Raum" leben müsse. In einem Aufsatz nannte Strölin 1935 die wesentlichen Argumente für eine Abkehr von der traditionellen Gestalt der Großstadt: Erstens bedeute die Großstadt in ihrer gegenwärtigen Form den „Volkstod", zweitens könne nur die Verankerung auf dem deutschen Boden die Arbeiter „auf die Dauer den Einwirkungen aller internationalen, insbesondere marxistischen Irrlehren" entziehen, und drittens sei aus militärischen Gründen eine Auflockerung der Großstadt und die Verlagerung wichtiger Industriebetriebe erforderlich.[2] Die Auflockerung der Großstadt erforderte zusätzliches Gelände, das Strölin durch weitere Eingemeindungen erwerben wollte.

Der Handstreich, mit dem die Staatskommissare von Stuttgart und Feuerbach 1933 die Bevölkerung überrumpelt hatte, löste bei Stuttgarts Nachbargemeinden ein unterschiedliches Echo aus.[3] Während die Bevölkerung in der Regel wenig Interesse an einem Verlust der Selbständigkeit zeigte, bekundeten die Gemeinden Rohracker und Uhlbach die Bereitschaft zu einer Eingemeindung. Im Mai 1933 bildete sich in Uhlbach eine Kommission unter Leitung des Bürgermeisters, die die Möglichkeiten sondierte. Die Gemeinde wollte aus dem Oberamtsbezirk Esslingen ausscheiden und beschloß im Sommer 1933, den Antrag auf Eingemeindung zu stellen.[4] Aus ungeklärten Gründen verliefen die Bemühungen ergebnislos.

Stuttgart verfolgte aufmerksam das Wachstum seiner Nachbargemeinden. Zwischen 1925 und Ende 1935 stiegen die Einwohnerzahlen in Sillenbuch um 176 Prozent, in Vaihingen einschließlich Rohr um 60 Prozent, in Heumaden um 66 Prozent, in Fellbach um 51 Prozent, in Schmiden, Korntal und Gerlingen jeweils um 36 Prozent sowie in Möhringen um 30 Prozent. Stuttgart verzeichnete wie Ludwigsburg und Esslingen einen Zuwachs von zehn Prozent.[5] Ein Blick auf Sillenbuch zeigt die Grundzüge der Entwicklung, die sich Mitte der dreißiger Jahre noch beschleunigte. Die Gemeinde hatte Ende 1937 3181 Einwohner gegenüber 961 im Jahre 1925.[6] Auch das soziale Gefüge veränderte sich; hatten 1925 vor allem Landwirte, Handwerker und einige Arbeiter in Sillenbuch gewohnt, so bot sich dort zehn Jahre später „ein gewisses Spiegelbild der Großstadt".[7] Der Zuwachs resultierte nicht etwa aus einer Industrieansiedlung, sondern ging allein auf den Zuzug aus Stuttgart zurück. Sillenbuch wurde zu einer Pendlergemeinde. Von entscheidender Bedeutung war die Straßenverbindung seit 1930. Die Gemeindeverwaltung hatte die Lage zutreffend eingeschätzt und bereits 1932 nicht weniger als fünf Sechstel der Markungsfläche in Bebauungsplänen erfaßt, so daß trotz der Wirtschaftskrise die Zahl der Baugesuche angestiegen war. Aufgrund der großzügigen Ortsbausatzung verlief die Bebauung ziemlich willkürlich. Paul Bonatz nannte Sillenbuch eine „architektonische Schreckenskammer", und auch unter den Nationalsozialisten gab es heftige Kritik am „Durcheinander von Bauformen und Dachneigungen": „Schrankenloser Individualismus treibt hier sein Unwesen."[8] Den Kritiker Rogler, der später als Stadtbaumeister von Weimar bekannt wurde, regten

V. 6. Die „Stadt ohne Raum"

seine Sillenbucher Eindrücke zu einer Denkschrift „Über die Maßnahmen zur Hebung unserer Baukultur" an.[9] Er wurde daraufhin als Ortsbautechniker eingestellt, dem die städtebauliche Prüfung der Baugesuche und die Baukontrolle oblag. Nachdem Rogler einige Baugesuche abgelehnt hatte, verbündeten sich Architekten, Bauunternehmer und NS-HAGO gegen ihn. Im Juni 1934 quittierte Rogler den Dienst, und seine Kritiker veranstalteten angeblich ein Freudenfest. Die in Stuttgart eingeführte Verschärfung des Baurechts scheiterte in Sillenbuch.[10] Welche Schichten der Bevölkerung sich unmittelbar nach der Krise ein Eigenheim im Grünen leisten konnten, war offensichtlich. So wuchs in Möhringen vor allem der Ortsteil Sonnenberg mit seinen Villen sowie großzügigen Ein- und Zweifamilienhäusern. Auch hier spielte die direkte Straßenbahnverbindung vom Talkessel nach Möhringen, die im Dezember 1933 eröffnet und anschließend bis Sonnenberg zweispurig ausgebaut wurde, eine wichtige Rolle.[11]

Das Wachstum der Nachbargemeinden brachte die Stadtverwaltung in einen Zwiespalt. Einerseits hatten die Stuttgarter Nationalsozialisten wiederholt eine Auflockerung der Großstadt und eine enge Verbindung zum Land „als Grundlage unseres gesamten völkischen Daseins" (Strölin) gefordert. Andererseits löste die Stadtflucht wohlhabender Bürger weder Probleme auf dem Wohnungsmarkt, noch konnte die Stadt dem Wegzug steuerkräftiger Einwohner, womöglich bald auch wichtiger Betriebe, nicht tatenlos zusehen. Außerdem mußte sie im innerwürttembergischen Finanzausgleich wegen der steigenden Pendlerzahl mehr an die Nachbarn bezahlen. Zunächst hatte sich die Landeshauptstadt damit begnügt, über den 1931 gegründeten Bezirksplanungsverband Einfluß auf die Planungen der angrenzenden Gemeinden zu nehmen. Satzungsgemäß dominierte Stuttgart den Verband, der das Ziel hatte, „übergemeindliche Aufgaben der Siedlung und des Verkehrs" in einem Umkreis von 20 Kilometern zu koordinieren.[12] Er besaß nur geringe Befugnisse und entsprach nach 1933 nicht mehr den Vorstellungen einer einheitlichen Planung. Andere Wege wiederum wie etwa Exklaven erwiesen sich als unpraktikabel. Eingemeindungen erhielten deshalb den Vorzug. Strölin forderte in einer Denkschrift an Arbeitsminister Seldte, als er zugleich die Nachfolge Feders als Staatssekretär für das Siedlungswesen ablehnte, eine klare Kompetenzverteilung, die Aufstellung eines Generalsiedlungs- und Wirtschaftsplans, ein einheitliches Reichsplanungsgesetz und größere Markungsflächen für die Städte durch Eingemeindungen.[13]

Mitte Mai 1936 besprachen Reichsstatthalter Murr, Kreisleiter Mauer und Strölin Fragen der Eingemeindung. Die Parteivertreter „würdigten" die Überlegungen der Stadt.[14] Deren Vorschläge waren umfassend und konkret. Die Stadt hatte eine Materialsammlung samt Plänen und Graphiken über „Fragen der Raumgestaltung im Siedlungsgebiet Stuttgart" angefertigt.[15] Sie argumentierte, der Siedlungsraum auch aus der Eingemeindung von 1933 sei zum größten Teil verbraucht. Gegenwärtig bestehe ein dringender Bedarf von rund 6000 Wohnungen bei steigender Tendenz. Die Stadt habe aufgrund ihrer gesunden wirtschaftlichen Struktur und einzigartigen Lage eine starke Anziehungskraft und weise zudem einen bemerkenswerten Geburtenüberschuß auf. Eine verantwortungsbewußte Verwaltung sei verpflichtet, rechtzeitig den erforderlichen Raum für Siedlungen bereitzustellen. „Dieser Siedlungsraum ist auf der Stuttgarter Markung nicht vorhanden." Nicht einmal sieben Prozent der Markungsfläche könnten noch bebaut werden, was zu hohen Grundstückspreisen geführt habe. Damit sei der Bau billiger Wohnungen „für die breite Masse des Volkes" unmöglich geworden. Auf der anderen Seite seien die Wohngemeinden um Stuttgart auf das starke Wachstum nicht vorbereitet, das dort „zu wilder Bodenspekulation, zu ungezügelter und dichter Bebauung, vor allem aber auch zu willkürlicher Ausrottung des Kleinbauernstandes" führe. Stuttgart forderte eine planmäßige Neuordnung des Siedlungs- und Wirtschaftsraums am mittleren Neckar. Das Fazit lautete:

„Das Problem der Neuordnung des Siedlungs- und Wirtschaftsraums von Stuttgart wird vielmehr nur dann befriedigend und endgültig gelöst werden können, wenn die Stadt Stuttgart als der natürliche Mittelpunkt und der starke wirtschaftliche Kern im Wege der Eingemeindung die gesamte Verwaltung dieses Gebiets erhält."

Dabei zeigte sich die Stadtverwaltung nicht kleinlich und schlug zur sofortigen Eingemeindung vor: Möhringen mit dem Fasanenhof aus der Echterdinger Markung, Sillenbuch, Heumaden und Rohracker, Ruit, Kemnat, Riedenberg, Teile von Scharnhausen und Nellingen (Flugplatz), Schmiden, Oeffingen, Stammheim, Korntal, Münchingen, Gut Nippenburg von Schwieberdingen, Gerlingen sowie Gebietsteile von Eltingen und Leonberg. Zwei bis drei Jahre später sollten zusätzlich Vaihingen und Rohr, Birkach, Plieningen, Uhlbach, Fellbach, Hegnach, Aldingen und Ditzingen hinzukommen. Stuttgart wünschte außerdem, daß der neue Flughafen auf den Fildern und sämtliche Autobahnanschlüsse auf seiner Markung angesiedelt würden. Abschließend verlangte die Stadt schnelle Entscheidungen, „damit nicht im Hinblick auf die kommende Vereinigung in einzelnen Gemeinden die Neigung zu weitherzigem Finanzgebaren aufkommt". Die Ratsherren mahnte Strölin zu Verschwiegenheit.[16]

Die Stuttgarter Wünsche stießen auf den Widerspruch des Reichsstatthalters, der nach der Deutschen Gemeindeordnung zuständig war, und der Landesregierung, die ihre Zustimmung erteilen mußte. Im Staatsministerium wurde die Befürchtung geäußert, daß lebenskräftige Städte wie Esslingen, Ludwigsburg und Waiblingen sowie kleinere Gemeinden erdrückt würden und verkümmerten.[17] Der Stuttgarter Raummangel sei kein ausreichender Grund für derartige Eingemeindungen; Fehler in der Baupolitik, wie sie in Sillenbuch vorgekommen seien, ließen sich auch ohne Eingemeindungen abstellen. Die Stuttgarter Vorstellungen seien jedenfalls nicht mit der Reichs- und Landesplanung zu vereinbaren.[18] Murr wollte zwar weitere Untersuchungen anstellen lassen, gab aber seine Ablehnung deutlich zu verstehen. Es sei unnötig, daß die Arbeiterschaft im Stadtgebiet wohne. Bei einem Ausbau des Verkehrsnetzes durch Einbeziehung der Reichsautobahnen in den Busverkehr könnten die Beschäftigten aus einer Entfernung von bis zu 60 Kilometern nach Stuttgart einpendeln.[19] Schließlich urteilte ein Vertreter der Reichsstelle für Raumordnung, „daß eine so weitgehende Eingemeindung der nationalsozialistischen Forderung der Auflockerung der Großstädte durchaus entgegenstehe".[20]

Am 10. August 1936 fand im Gustav-Siegle-Haus die Gründungsversammlung der Landesplanungsgemeinschaft Württemberg-Hohenzollern statt. Den Vorsitz führte der Reichsstatthalter, der August Bohnert zum Landesplaner ernannte.[21] Die Landesplanungsgemeinschaft war für sämtliche Vorarbeiten im Bereich der überörtlichen Planung zuständig.[22] Die Landesplanung umfaßte selbstverständlich auch ein so weitgehendes Projekt wie die von Stuttgart avisierte Eingemeindung. Bohnert ließ in seinem Referat erkennen, daß die Landeshauptstadt keine Zustimmung finden werde. Außerdem lehnte er den Bau von Siedlungen und Industrieanlagen im mittleren Nekkarraum ab und plädierte für eine Ansiedlung auf dem Land.[23] Die Gründung der Landesplanungsgemeinschaft schaltete die Stadt aus. Raumplanung war eine Sache des Reiches, die Landesplanungsgemeinschaften unterstanden den Reichsstatthaltern. Ratsherr Häffner kommentierte die Kritik an den Stuttgarter Vorschlägen, offenbar solle „der Lebensraum der Stadt Stuttgart beschränkt werden". Er monierte ein „unglaubliches Durcheinander" in Städtebau und Siedlungswesen. Am meisten machte dem langjährigen Parteigenossen zu schaffen, „daß jeder einzelne seine Einstellung als in den Forderungen des Nationalsozialismus begründet" sehe.[24]

Der großzügige Stuttgarter Eingemeindungsplan war wenige Monate nach seinem Bekanntwerden wieder vom Tisch. Es ging lediglich noch darum, ob die Stadt auf jede Eingemeindung würde verzichten müssen. Verschiedene Vorschläge kursierten. Das Innenministerium wollte die Nachbargemeinden durch verstärkte Ansiedlung und Verbesserung der Verkehrswege aufwerten. Der Landesplaner regte die Neugründung einer Ortschaft 20 Kilometer westlich von Stuttgart an. Außerdem plante er die teilweise Verlagerung der Stuttgarter Industrie. 1936 legte Bohnert Widerspruch gegen eine Erweiterung der Firma Bosch ein.[25]

Murr entschied sich für eine Zwischenlösung, die substantiell einer Ablehnung der Stuttgarter Wünsche gleichkam. In einem Erlaß genehmigte er am 5. November 1936 Verhandlungen über eine Eingemeindung mit Korntal, Sillenbuch, Rohracker und Heumaden.[26] Er erklärte sich auch zur Eingemeindung von Riedenberg (von Birkach), Sonnenberg (von Möhringen) und eines Waldgebiets bei Schloß Solitude bereit. Die Entscheidung Murrs löste in Stuttgart ein unterschiedliches, aber niemals positives Echo aus. Die Stadtverwaltung sprach sich rundweg für eine Ablehnung aus. Hirzel meinte, es sei bedauerlich, daß einigen Stellen in Württemberg die Entwicklung Stuttgarts nach wie vor unerwünscht sei. Auch der seit kurzem amtierende Technische Referent Schwarz wandte sich gegen Murr. Mehrere Ratsherren plädierten jedoch für eine Annahme des Bescheids und für Verhandlungen. Nach ihrer Auffassung war gegen den Reichsstatthalter und den Landesplaner nichts zu erreichen. Ratsherr Kurz erhoffte sich vom Eingreifen des Kreisleiters, den die Stadt bisher übergangen habe, ein Einlenken Murrs. Schließlich setzten sich die Pragmatiker, die sich mit der kleinen Lösung begnügen wollten, durch.[27]

Die Stimmung in den Nachbargemeinden, die mit wenigen Ausnahmen Stuttgart distanziert gegenüberstanden, verschlechterte sich nach Bekanntwerden der Eingemeindungspläne. Dazu trug bei, daß Beamte des Liegenschaftsamts bei Grundstückskäufen in Sillenbuch und Möhringen als „Strohmänner" der Stadtverwaltung erkannt wurden. Möhringens Bürgermeister Neunhöffer wandte sich mit einer Beschwerde an Staatssekretär Waldmann.[28] Die Stadt Stuttgart, so Neunhöffer, treibe selbst die Preise in die Höhe. Sie besitze auf Möhringer Markung bereits 14 Hektar Boden.[29] Neunhöffer, der die Unterstützung Waldmanns fand, widersetzte sich einer Abtretung Sonnenbergs. Als Waldmann Anfang Dezember 1936 die Vertreter der betroffenen Gemeinden empfing, gab es aber auch andere Stimmen. Die Ortsvorsteher von Uhlbach und Rohracker, die schon 1933 den Anschluß an Stuttgart betrieben hatten, stimmten der Aufnahme von Verhandlungen zu.[30]

In Rohracker waren sich Ortsvorsteher und Gemeinderäte einig: Die Zukunft liege im Anschluß an Stuttgart, weil die Gemeinde die Aufgaben aus finanziellen Gründen nicht mehr bewältigen könne. Die Gemeinderäte forderten jedoch eine Bewahrung des ländlichen Charakters sowie einen Ausbau der Verkehrsverbindungen über Hedelfingen und die Bopserhöhe. Sie ersuchten die Landeshauptstadt um den Bau eines Sportplatzes und eines HJ-Heims am Frauenkopf, die vorbereitet worden waren.[31] Bei zwei Besprechungen Anfang 1937 einigte man sich auf einen Eingemeindungsvertrag.[32] Die Stuttgarter Verhandlungskommission sagte den Ausbau der Räume für die NSDAP und deren Gliederungen, die Verbesserung der Verkehrsverbindungen und den Bau eines Sportplatzes im Rahmen ihrer Möglichkeiten zu, ohne eine Verpflichtung einzugehen.[33] Bürgermeister Bürkle sah der Zukunft Rohrackers dennoch hoffnungsvoll entgegen.[34]

Auch Sillenbuchs Bürgermeister Steinbach akzeptierte das Stuttgarter Verhandlungsangebot. Er sah in einer Eingemeindung Vorteile und wollte sich außerdem dem Wunsch des Reichsstatthalters nicht widersetzen. Dagegen hielten die Gemeinderäte und der Ortsgruppenleiter der NSDAP eine Eingemeindung für überflüssig. Sie verwiesen auf die stabilen wirtschaftlichen Verhältnisse und waren nur bei einem großzügigen Stuttgarter Angebot zum Verzicht auf die Selbständigkeit bereit.[35] Der von Stuttgart vorgelegte Vertragsentwurf erregte Unwillen.[36] Stuttgart lehnte eine Verbilligung der Straßenbahntarife ab und stellte den Bau einer Turn- und Festhalle sowie Räume für die NSDAP nur in Aussicht. Die Gemeinderäte wollten erst bei bindenden

Zusagen weiterverhandeln. Schließlich einigte man sich auf einen Kompromiß: Während Hirzel eine Verbilligung der Tarife ausschloß, sicherte er – allerdings ohne Terminangabe – die Verwirklichung der Bauvorhaben zu.[37] Daraufhin erklärte Steinbach, er sei überzeugt, daß die Stadt Stuttgart die von ihm vorgesehene Gemeindepolitik weiterführen werde. Die Gemeinderäte folgten zögernd dem Ortsvorsteher.
Ähnlich verliefen die Verhandlungen Stuttgarts mit Heumaden. Auch hier hatte sich der Bürgermeister zu Verhandlungen bereit erklärt. Als Grund führte er die „höheren Interessen" an und nannte es fraglich, ob die Gemeinde allein anstehende größere Siedlungsvorhaben bewältigen könne. Bürgermeister Schuler stellte mit Ortsgruppenleiter Dalferth einen Katalog von Wünschen zusammen, der in drei Verhandlungsrunden mit der Stuttgarter Kommission diskutiert wurde. Im Vordergrund stand auch für Heumaden eine Turn- und Festhalle; ein Sportplatz, ein HJ-Heim, ein Kindergarten sowie der Ausbau der Kanalisation standen ebenfalls auf der Liste. Am 12. Februar gab Schuler den Gemeinderäten bekannt, die Wünsche Heumadens würden berücksichtigt, und bat um Zustimmung zu der Entschließung über die Eingemeindung. Der Ortsgruppenleiter sprach sich ebenfalls für eine Eingemeindung aus, die nach seiner Ansicht die Mehrheit der Bevölkerung wünschte. Der Erste Beigeordnete und die meisten Gemeinderäte widersprachen: Vor allem die Landwirte, rund 30 Prozent der Erwerbstätigen, befürchteten von der Großstadt Nachteile. Die Befürworter der Eingemeindung setzten sich durch; jedenfalls faßte der Bürgermeister noch am selben Tag eine entsprechende Entschließung.[38]
Uhlbach hatte sich ähnlich wie Rohracker schon 1933 um eine Eingemeindung nach Stuttgart bemüht und die Verhandlungen aufgenommen. Gerade zwischen Uhlbach und Stuttgart kam es nun aber zu erheblichen Differenzen. Die Gemeinderäte und der Bürgermeister beschwerten sich über die geringe Förderung der Uhlbacher Vereine und die vagen Zusicherungen der Landeshauptstadt hinsichtlich einer Verkehrsverbindung nach Obertürkheim. Vor allem aber lehnten sie eine Übernahme der Regelung der Anliegerkosten, wie sie in Stuttgart gehandhabt wurde, ab und kritisierten den Stuttgarter Wasserpreis als „entschieden zu hoch". Zwei Tage vor der geplanten Unterzeichnung des Eingemeindungsvertrags ließ Bürgermeister Braun seinen Stuttgarter Kollegen wissen, ohne Klärung der strittigen Punkte werde die Eingemeindung nicht zustande kommen.[39] Die Renitenz des kleinen Uhlbach zahlte sich aus; in hektischen Verhandlungen konnte man Stuttgart Zugeständnisse abringen: Während Hirzel in der Frage der Busverbindung hart blieb, verzichtete er auf die Festlegung des Wasserpreises und sicherte zu, daß Uhlbach bei den bestehenden und den bis 31. März 1939 zu bauenden Straßen seine Anlieger-Regelung beibehalten könne.
Die von Murr bewilligte Eingemeindung Riedenbergs, das 1934 mit Birkach vereinigt worden war, scheiterte. Bürgermeister Benz lehnte eine neuerliche Trennung ab. Lieber wollte er die Selbständigkeit der Gesamtgemeinde aufgeben. Stuttgart kam dies ge-

rade recht; am 3. März 1937 schloß man mit Birkach einen Eingemeindungsvertrag. Die entscheidende Instanz war jedoch der Reichsstatthalter, der offensichtlich Stuttgart den Weg auf die Filder nicht in so großem Umfang eröffnen wollte.[40]

Am 25. März 1937 verfügte der Reichsstatthalter die sofortige Eingemeindung „der Gemeinden Sillenbuch, Heumaden, Rohracker und Uhlbach mit Wirkung vom 1. April 1937 in die Stadt der Auslandsdeutschen Stuttgart".[41] Die Einwohnerzahl Stuttgarts vergrößerte sich um 7500, die Markungsfläche wuchs um 1312 Hektar. Uhlbach wurde der Geschäftsstelle Obertürkheim zugeteilt, für die übrigen drei neuen Stadtteile errichtete die Stadtverwaltung im Sillenbucher Rathaus eine eigene Geschäftsstelle.[42] Das Oberamt Stuttgart-Amt forderte als Ausgleich für die entgangene Umlage eine Entschädigung zwischen 145 000 RM und 165 000 RM. Nach anfänglicher Weigerung bezahlte die Stadt 120 000 RM.[43]

Strölin freilich war unzufrieden. Beim Eingemeindungsakt im Stuttgarter Rathaus meinte er: „Es besteht aber wohl eine einheitliche Auffassung darüber, daß damit die Frage im ganzen noch nicht zum Abschluß gekommen ist; denn wir dürfen uns keiner Täuschung hingeben, daß gerade die nunmehr mit Stuttgart vereinigten Gemeinden nur noch verhältnismäßig geringe Gebiete umfassen, die für den Wohnungsbau in Frage kommen."[44]

7. „Eine Politik, die nationalsozialistischer Planung widerspricht"
Stuttgart und der Streit um den Neckarkanal

Die Wirtschaft des mittleren Neckarraums beklagte schon seit der zweiten Hälfte des 19. Jahrhunderts ihre Standortnachteile. Sie forderte deshalb die Kanalisierung und Schiffbarmachung des Neckars und gründete den Südwestdeutschen Kanalverein.[1] Erst am 1. Juni 1921 gründeten das Reich, die Länder Hessen, Baden und Württemberg sowie die Stadt Stuttgart die Neckar-AG. Innerhalb von zwölf Jahren sollte der Neckar bis zum Rhein ausgebaut und mit Wasserkraftwerken verbunden werden, deren Erträge wiederum der Finanzierung zugute kommen sollten. Durch die Krise des Jahres 1923 blieb der Ausbau jedoch auf die Strecke von Mannheim nach Heilbronn beschränkt. Im Raum Stuttgart wurde lediglich das Flußbett zwischen Untertürkheim und Münster reguliert. Unter dem Eindruck der Massenarbeitslosigkeit einigten sich im Dezember 1932 das Reich, das Land und die Landeshauptstadt auf den Bau einer Staustufe und eines Speicherbeckens bei Hofen.

Nach ihrer Machtübernahme ließen die Stuttgarter Nationalsozialisten keine Gelegenheit verstreichen, das Projekt als eigene Leistung auszugeben. Die Stadtverwaltung forcierte den Anschluß der Stadt an den Kanal, von dem sie sich wirtschaftliche Vorteile versprach. Strölin übernahm 1933 den Vorsitz im Kanalverein; den bisherigen

33 Strölin und Rechtsrat Könekamp besuchen das auslandsdeutsche Mädchenheim.
34 Die „Stadt der Auslandsdeutschen" in Erwartung Hitlers (1. 4. 1938)

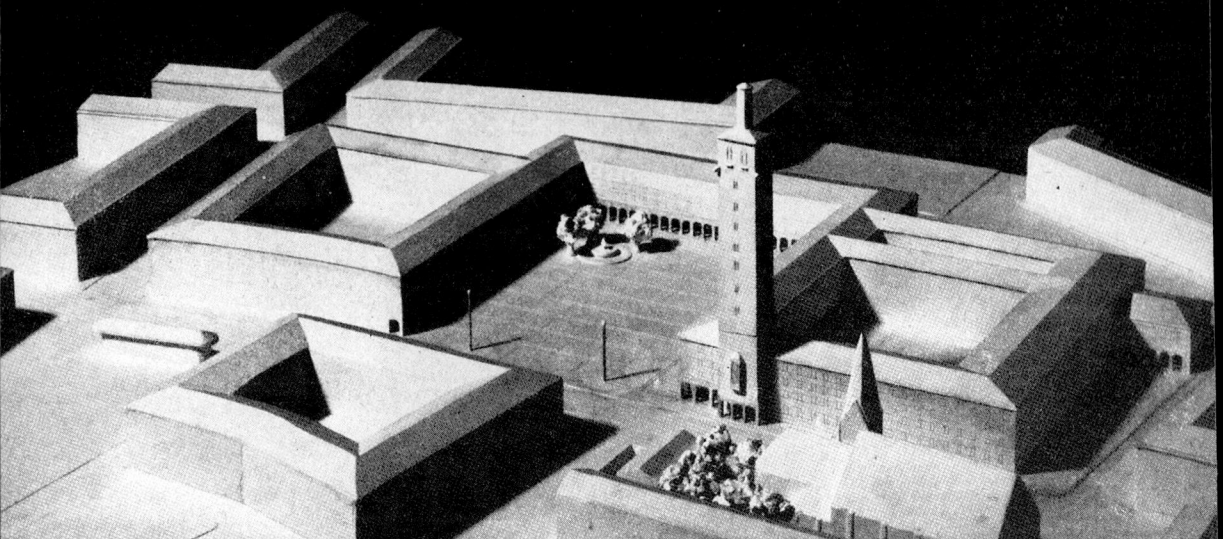

35   Modell zur Neugestaltung des „Bohnenviertels" von Prof. Grund (1936)
36   Murr stellt Hitler Neugestaltungspläne der Stadt vor (1. 4. 1938)
37   Eingangsbereich der Reichsgartenschau mit „gesäuberter" Brenzkirche
38   Ehrenhalle des Reichsnährstands im Gartenschaugelände

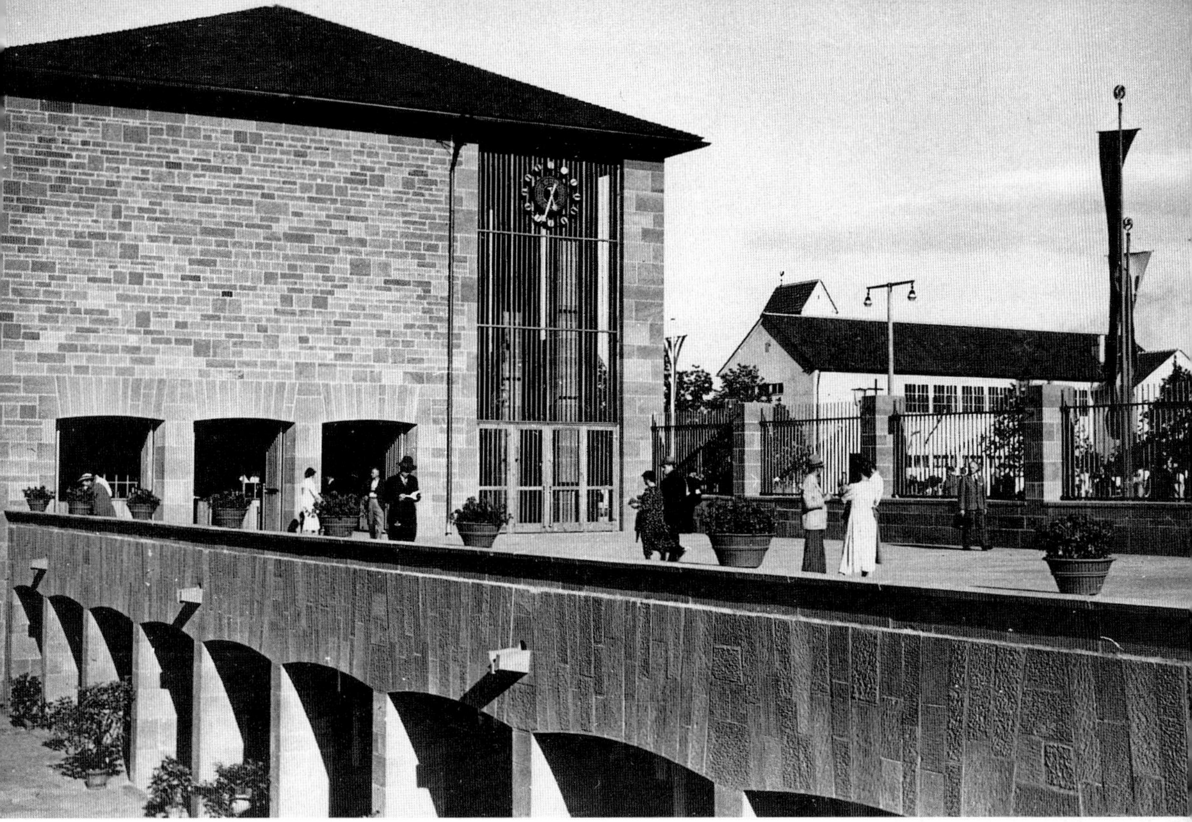

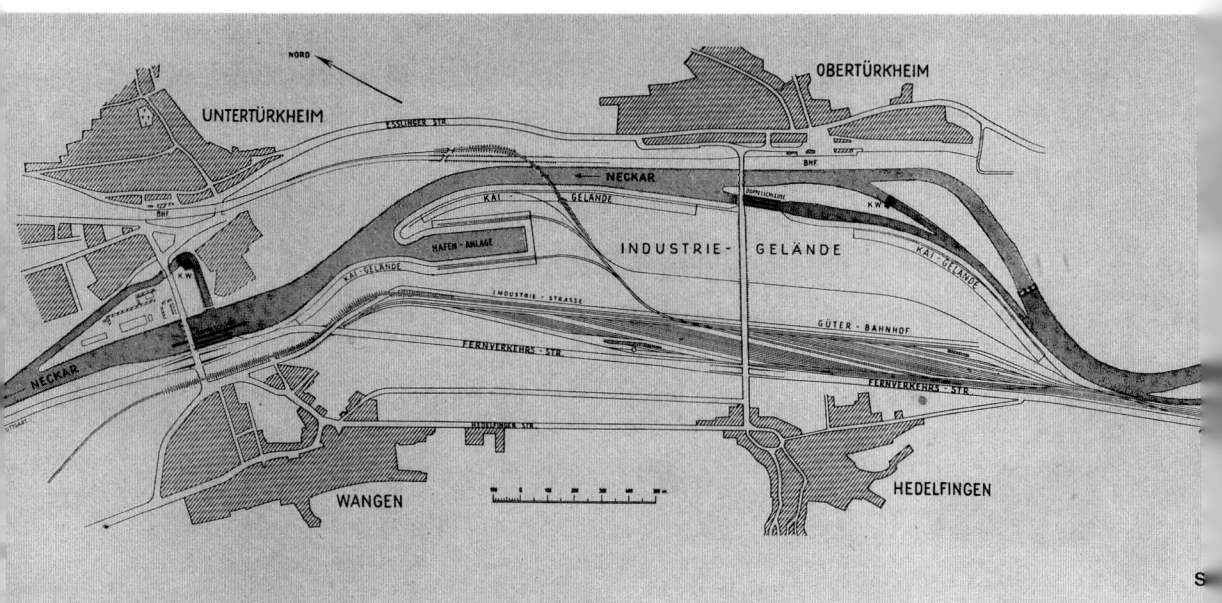

39 Plan des Stuttgarter Hafens (1935)
40 Mergenthaler, Murr und Strölin drängen bei Hitler auf einen Neckar-Alb-Kanal.

V. 7. Der Streit um den Neckarkanal

Vorsitzenden Bruckmann, ein führendes Mitglied der DDP, schob man als Ehrenvorsitzenden beiseite. Strölin führte umgehend Verhandlungen mit dem Reichsverkehrsministerium, weil die Stadt Heilbronn sich entschieden gegen einen Weiterbau aussprach. Dort hegte man offenbar die Befürchtung, zur Durchgangsstation für Stuttgart zu werden. Vertreter des Ministeriums nannten es einen technischen und ökonomischen Unsinn, auf die Weiterführung nach Stuttgart und Plochingen zu verzichten.[2] Die neue württembergische Regierung hielt sich jedoch zurück. Priorität hatte der Ausbau der Reichsautobahn, für den Kanal bestand keine klare Konzeption.[3] Hauptgegner eines Ausbaus war das Gauamt für Technik der NSDAP. Gauamtsleiter Rohrbach berief sich dabei auf die Reichsbahndirektion Stuttgart, die im Güterverkehr erhebliche Verluste befürchte.[4] Der Kanal, so Rohrbach, sei für die Industrie ein Druckmittel, um von der Bahn billigere Frachttarife zu erpressen. Angesichts ihrer Ausrichtung auf qualifizierte Fertigprodukte benötige die württembergische Industrie schnelle Transportwege auf der Straße. Einziger Nutznießer eines Kanals sei die Stadt Stuttgart, die die Kohle für die Technischen Werke günstig beziehen könne. Rohrbach sprach von einer „liberalistischen Interessenpolitik" der Stadt. Wegen der schwierigen Topographie sei der Ausbau unwirtschaftlich, die Wasserkraftwerke könnten ohne weiteres durch billigen Verbundstrom der Rheinisch-Westfälischen Elektrizitätswerke ersetzt werden. Arbeitsbeschaffung sei nicht mehr erforderlich, da sich im Bauwesen die Konjunktur belebt habe.

Unter den Nationalsozialisten bestand keine einheitliche Auffassung über die Neckarkanalisierung. Im Dezember 1934 kündigte der Stuttgarter „NS-Kurier" eine Sondernummer über den Neckarkanal an und warb für den Ausbau. Rohrbach griff das offizielle Parteiorgan heftig an. Kein nationalsozialistischer Techniker im Land plädiere für einen Weiterbau. Rohrbach nannte Staatssekretär Waldmann und den Präsidenten des Technischen Landesamts, Bauder, als Gewährsleute. „Wenn Sie die Gelegenheit benützen wollen, das Vertrauen dieses Teils Ihrer Leser zur nationalsozialistischen Presse zu erschüttern, führen Sie diese Aktion durch; ich halte es für meine Pflicht, Sie zu warnen, und auch dem Herrn Reichsstatthalter von meinen Schreiben Kenntnis zu geben."[5]

Die Ansicht des Stuttgarter Oberbürgermeisters sei wertlos, da dieser als Vertreter der TWS Partei sei. Auch die Unterstützung durch Strombaudirektor Konz gereiche dem „NS-Kurier" nicht zur Ehre, weil dieser „jüdisch versippt" sei. Konz, dessen Ehefrau Jüdin war, wurde bereits unmittelbar nach der Wende von lokalen Größen der NSDAP attackiert, blieb aber – im Gegensatz zu seinem Vorstandskollegen in der Neckar-AG, dem Präsidenten des Israelitischen Oberrats, Otto Hirsch – im Amt. Nach weiteren Angriffen in den Jahren 1936 und 1937 reichte Konz ein Gesuch um Versetzung in den einstweiligen Ruhestand ein, das zunächst abgelehnt wurde. Schließlich wurde Konz zum 1. April 1938 vorzeitig pensioniert.[6]

Am 17. Dezember 1934 beschloß das Staatsministerium trotz der Kritik aus dem Gauamt für Technik die Kanalisierung des Neckars bis Plochingen.[7] Die Entscheidung war halbherzig. Ministerpräsident Mergenthaler meinte, der Weiterbau lasse sich mit einer zielbewußten Landesplanung verbinden, der Zeitpunkt hänge aber davon ab, ob und in welcher Höhe das Reich Mittel zur Verfügung stelle. Er begründete seine Entscheidung mit den bisher aufgewandten Kosten und der Rivalität mit anderen Kanalprojekten. Nachdem das Reich Gelder für den Mittellandkanal bewilligt hatte, sollte „das württembergische Kanalprojekt nicht durch andere, vom wirtschaftlichen Standpunkt aus vielleicht weniger bedeutsame Kanalpläne in den Hintergrund" gedrängt werden. Ähnlich ließ sich der Reichsstatthalter vernehmen. Er verlangte, die Werbung solle „nicht zu weit getrieben werden". Der Bau der Reichsautobahnen sei wichtiger. Außerdem befürchtete Murr eine Zusammenballung von Menschen und Industrieanlagen im Großraum Stuttgart, die den nationalsozialistischen Vorstellungen von Auflockerung und Dezentralisierung widerspreche.

Strölin wollte keinerlei Beschränkungen der Propaganda für die Kanalisierung hinnehmen. Er forderte unter Hinweis auf die Aktivitäten Bayerns für einen Rhein-Main-Donau-Kanal eine intensive Werbung aller württembergischen Stellen.[8] Unterstützung kam aus der Region und der Wirtschaft. Der Präsident des württembergischen Industrie- und Handelstages, Fritz Kiehn, sagte: „Die im Einflußgebiet des Neckarkanals liegende Wirtschaft erwartet (...) die sofortige Inangriffnahme und die möglichst beschleunigte Fertigstellung des Neckarkanals bis Stuttgart-Plochingen."[9] Im März 1935 drängten sämtliche Anliegergemeinden zwischen Heilbronn und Stuttgart das Staatsministerium in einer Eingabe, die nötigen Schritte zur Weiterführung des Kanals zu unternehmen.[10]

Höhepunkt des Jahres 1935 war die Eröffnung der schiffbaren Strecke von Mannheim bis Heilbronn am 28. Juli. Am selben Tag errichtete die Stadtverwaltung ein Hafenamt als Abteilung des Tiefbauamts.[11] Bei den Eröffnungsfeiern verständigten sich die Vertragspartner des Neckarkanal-Vertrags von 1921 trotz gewisser Bedenken auf die Kanalisierung über Stuttgart hinaus. Reichsverkehrsminister Eltz-Rübenach sicherte den Weiterbau zu, „soweit es bei den vordringlichen Aufgaben möglich ist, die gegenwärtig die finanzielle Leistungsfähigkeit des Reiches außerordentlich in Anspruch nehmen".[12] Der Südwestdeutsche Kanalverein und die Stadt Stuttgart, durch Strölin in Personalunion verbunden, nutzten die Gelegenheit, trotz der von der Landesregierung verlangten Einschränkungen, für ihre Vorstellungen zu werben.[13] Es traf sich besonders gut, daß das Wasserkraftwerk und das Speicherbecken bei Hofen, der Max-Eyth-See, ebenfalls Ende Juli 1935 eröffnet werden konnten. Ein Bootsanlegeplatz vermittelte den Stuttgarter Bürgern das Gefühl, in einer Hafenstadt zu wohnen.[14]

Die Kanalbefürworter sahen sich trotz des äußeren Glanzes der Eröffnung großen Schwierigkeiten gegenüber. Zwar entwickelte sich der Güterverkehr zwischen Mann-

V. 7. Der Streit um den Neckarkanal

heim und Heilbronn nach einigen Anlaufproblemen sehr lebhaft, obwohl die Reichsbahn einen günstigen Kohleumschlagtarif für den Hafen Heilbronn verhindert hatte.[15] Der Gesamtgüterverkehr stieg im ersten Jahr nach der Einweihung auf 1,4 Millionen Tonnen.[16] Das Reichsfinanz- und das Reichsverkehrsministerium vermieden aber nach wie vor konkrete Aussagen. Bei einer Besprechung im Juni 1936 deuteten sie an, das Rüstungsprogramm und die Reichsautobahnen hätten derzeit Vorrang.[17] Auch das Gauamt für Technik gab seinen Widerstand nicht auf. Doch Strölin bekräftigte Ende Oktober 1936 seinen Standpunkt, den sämtliche Neckargemeinden zwischen Stuttgart und Heilbronn teilten. Er kehrte das Argument der Dezentralisierung um und bezeichnete den Kanal als Voraussetzung für eine Auflockerung der Industrie und für Siedlungsvorhaben der betreffenden Gemeinden.[18]

In Zusammenarbeit mit dem Verband Obere Donau bemühte sich Stuttgart um einen sogenannten Süddeutschen Mittellandkanal, der vom Saargebiet über Rhein, Neckar und Donau die Wirtschaftsräume in West- und Südosteuropa verbinden sollte.[19] Die „Hafenstadt" Stuttgart präsentierte Anfang 1937 die Pläne einer künftigen Hafenanlage zwischen Wangen und Hedelfingen, die nach ihrem endgültigen Ausbau eine Umschlagskapazität von zwei Millionen Tonnen Gütern jährlich haben sollte.[20]

1937 zeichnete sich bei der württembergischen Regierung ein Sinneswandel ab. Nachdem sich das Reich außerstande erklärt hatte, weitere Mittel zur Verfügung zu stellen, übernahm das Land zusätzliche Kosten. Die Stadt Stuttgart beteiligte sich mit 1,5 Millionen RM und bezahlte damit die Zinsen für die Mehrleistungen des Landes in den kommenden drei Jahren.[21] Auf dieser Grundlage kam im März 1938 ein Vertrag zwischen dem Reich, dem Land, der Neckar-AG und der Stadt Stuttgart zustande.[22] Zugleich einigte sich die Stadtverwaltung mit der Reichswasserstraßenverwaltung auf den Bau einer Hafenanlage bei Hedelfingen.

Der Ausbau des Neckarkanals bis nach Plochingen bis Mitte der vierziger Jahre schien damit gesichert. Als am 1. April 1938 Hitler Stuttgart besuchte, nutzte die Stadt die Gelegenheit, ihm die Pläne für einen Süddeutschen Mittellandkanal vorzustellen und die Zustimmung für einen Albdurchstich zur Donau bei Ulm zu erlangen. Hitler stimmte zu: Es sei selbstverständlich, daß der Neckarkanal möglichst rasch nach Stuttgart ausgebaut und durch das industriereiche Filstal bis Geislingen weitergeführt werde. Bis dahin werde dann auch die Frage einer Verbindung zur Donau gelöst sein.[23] Der Technische Referent Schwarz reiste sofort nach Berlin, um die dortigen Stellen von der Zustimmung Hitlers zu informieren und den Albkanal zu sichern.[24]

Das Wort Hitlers wog jedoch weniger, als die Stadt erwartet hatte. Trotz der Versicherungen von höchster Stelle änderte sich die Situation binnen weniger Wochen entscheidend. Denn nach der Eingliederung Österreichs ins Reich erhielt der Rhein-Main-Donau-Kanal Vorrang. Im Mai 1938 wurde der Bau des Kanals gesetzlich verankert. Damit waren alle Zusagen für einen Süddeutschen Mittellandkanal hinfällig.[25]

In der Stadt der Auslandsdeutschen, die sich auf dem Abstellgleis der Reichspolitik wähnte, war die Enttäuschung groß.[26]

Die Stadt setzte den Grunderwerb für das geplante Hafengelände fort. Bereits Anfang 1937 hatte das Liegenschaftsamt die Anweisung zu einem forcierten Vorgehen erhalten.[27] Unter anderem genehmigte die Stadt ein Baugesuch für eine Garage in diesem Gelände nur widerruflich und kündigte zugleich den Baubeginn für den Hafen für das Jahr 1941 an.[28] Die Bemühungen der Stadt stießen bei den betroffenen Eigentümern auf Ablehnung; für viele bildeten die dortigen Gemüsegärten die Existenzgrundlage. Besonders galt dies für jene Weingärtner, die im künftigen Hafenbereich einen Nutzgarten besaßen. Die Stadt konnte ihnen kein Ersatzland anbieten, sondern mußte sie finanziell entschädigen. Die Eigentümer forderten einen Quadratmeterpreis von 6,50 RM, während die Stadt lediglich 4 RM bot.

Trotz langer Verhandlungen zwischen der Stadtverwaltung und Grundbesitzern sowie Ortsbauernführern erfolgte keine Annäherung der Standpunkte. Der in Stuttgart starke Mittelstandsflügel der NSDAP unterstützte die Landeigentümer. So lehnte Ratsherr Sauer eine kleinliche Entschädigung ab und meinte, angesichts der Gesamtkosten für den Hafen fielen zwei Millionen RM mehr oder weniger nicht ins Gewicht.[29] Während die Stadt das Gelände als landwirtschaftliche Nutzfläche bewertete, gingen die Besitzer von einer Einstufung als Bauland aus. Im Frühjahr 1939 bot die Stadt höhere Preise an. Aber die Forderungen der Eigentümer stiegen ebenfalls. Während die Ratsherren Verständnis zeigten, war die Geduld der Verwaltung erschöpft. Sollte ein letzter Vermittlungsversuch über die Ortsgruppen der NSDAP scheitern, kündigte Stadtrat Waldmüller einen Antrag auf Zwangsversteigerung an.[30] Bei einer Unterredung mit den Ortsgruppenleitern von Hedelfingen, Wangen, Unter- und Obertürkheim erklärte er sich bereit, zum Grundpreis von vier bis fünf RM je Quadratmeter den hauptberuflichen Landwirten einen Zuschlag von 1,50 RM zu bezahlen, sofern der Kaufvertrag bis September 1939 abgeschlossen werde. Der Vorschlag bewirkte das Gegenteil. Die Nebenerwerbslandwirte und „Gütlesbesitzer" waren verärgert, und die Ortsgruppenleiter, um gute Stimmung besorgt, verlangten den Zuschlag für alle Betroffenen.

Wenige Tage vor Kriegsbeginn, am 26. August 1939, trafen sich der Oberbürgermeister, der Kreisleiter und der Kreisgeschäftsführer der NSDAP mit den Eigentümern. Die Parteivertreter stellten sich hinter die Ortsgruppenleiter und damit gegen die Stadt. Dieser blieb nichts anderes übrig, als „erzwungenermaßen" (Waldmüller) allen Grundbesitzern einen „Zuschlag" von 1,25 RM zuzugestehen. Bedingung war, daß bis Jahresende mindestens 90 Prozent der Kaufverträge unter Dach und Fach seien. Nun aber fühlten sich die Ortsbauernführer hintergangen und protestierten gegen die Gleichbehandlung der Landwirte mit den übrigen Eigentümern. Gegen die Koalition von Kreisleitung und Stadt, die die Sache vorantreiben wollte und gegen widerstre-

V. 8. Die Auseinandersetzung um die Energieversorgung

bende Grundbesitzer inzwischen die Zwangsenteignung beantragt hatte, blieben sie erfolglos. Schließlich wurde 1943 das Enteignungsverfahren bis nach Kriegsende ausgesetzt. Zu diesem Zeitpunkt hatten allerdings viele Grundbesitzer an die Stadt verkauft.[31]

8. „Die Erzeugung und Verteilung bis zur letzten Lampe zusammenfassen"
Die Auseinandersetzung um die kommunale Energieversorgung

Die Stuttgarter Energieversorgung war mit der Neckarkanalisierung eng verknüpft. Die Wasserkräfte des Neckars waren die Grundlage der Stuttgarter Stromversorgung: In Marbach und Untertürkheim unterhielt die Stadt seit der Jahrhundertwende Kraftwerke.[1] Ihr Energiebedarf war in den zwanziger Jahren erheblich gestiegen und auch in der Wirtschaftskrise auf hohem Niveau geblieben. Der Pro-Kopf-Bedarf an Strom betrug 1924/25 169 Kilowattstunden (kW), hatte sich bis 1929/30 auf 324 kW nahezu verdoppelt und war auf dem Höhepunkt der Krise mit 299 kW nur geringfügig gesunken.[2] Die Wasserkraft reichte nicht mehr aus. Bereits 1902 hatte die Stadt in Münster ein Dampfkraftwerk gebaut, das 1921 die Leistung der Wasserwerke um das Doppelte übertraf. Der Bau eines Umspannwerks, ebenfalls in Münster, ermöglichte ab 1924 eine Verbundwirtschaft mit der Württembergischen Landes-Elektrizitäts-AG, dem Badenwerk, dem Bayernwerk und dem Großkraftwerk Mannheim. Damit konnten Versorgungsengpässe aufgefangen werden, die nach dem Weltkrieg wiederholt aufgetreten waren.[3]
Im Zuge der Konjunkturbelebung stieg seit 1934/35 der Strombedarf, ohne die Zuwachsraten der zwanziger Jahre zu erreichen: In den Jahren 1924/25 bis 1929/30 war die Gesamtstromerzeugung einschließlich des Fremdstroms um 230 Prozent gestiegen, vom relativen Tiefpunkt 1932/33 bis 1938 blieb der Anstieg unter 40 Prozent.[4] Nachdem Ende der zwanziger Jahre fast alle privaten Haushalte ans Netz angeschlossen worden waren, ging der Zuwachs seit 1934 vor allem auf den Industrieverbrauch zurück. Einige Zahlen des Jahres 1937 belegen dies: Der Absatz in den Haushalten stieg um 4,8 Prozent, bei industriellem Drehstrom um 16,8, bei Kraftstrom um 22,3 und bei industriellem Lichtstrom um 10,9 Prozent.[5]
Die Entwicklung der Gaswirtschaft verlief ähnlich, allerdings gleichmäßiger. Der Gasverbrauch stieg von 1924/25 bis 1929/30 um 44 Prozent, von 1932/33 bis 1938 um 53 Prozent. Die Stadt hatte um die Jahrhundertwende von einer privaten „Stuttgarter Gasbeleuchtungsgesellschaft" das Gaswerk in Gaisburg übernommen und 1906 durch einen Ausbau die Kapazität verfünffacht.[6] Zwischen 1925 und 1927 baute sie ein Verbundsystem auf, über das Abnehmer im Remstal, auf den Fildern, im Umkreis von Böblingen und später auch im Raum Heidenheim versorgt wurden. Im August 1930

wurde das erheblich erweiterte Gaswerk mit seinem charakteristischen, 102 Meter hohen Turm eröffnet.[7] Mit der Erweiterung des Gaswerks und dem württembergischen Verbund erhielt das städtische Gaswerk einen dominierenden Einfluß im Land. Strölin hatte in dieser Zeit den Ausbau der kommunalen Gaswirtschaft nicht nur als Beamter mitverfolgt, sondern als Geschäftsführer des Landesverbands württembergischer Gaswerke auch mitgestaltet. Nach einer Stuttgarter Statistik wies die Stadt 1936 die mit Abstand höchste Gasabgabe aller Großstädte pro Kopf der Einwohner auf, auch bei der Stromabgabe rangierte sie mit knappem Vorsprung an erster Stelle.[8] Hatte der Anteil der Industrie am Gasabsatz 1929/30 noch rund 30 Prozent betragen, so bezifferte ihn der Leiter der Technischen Werke 1938 auf 44 Prozent.[9]

Die Stuttgarter Wasserversorgung war nach dem Weltkrieg bis in die dreißiger Jahre ein kommunalpolitisches Spitzenthema. Die geologischen Verhältnisse waren ungünstig: Der Keuper förderte den Oberflächenabfluß und behinderte eine ausgiebige Quell- und Grundwasserbildung.[10] Der Neckar schied schon Ende des 19. Jahrhunderts als Hauptquelle der Wasserversorgung aus, wenngleich das Neckarwasserwerk in Berg weiterhin in Betrieb war und mehrfach modernisiert wurde. Damit mußte die Stuttgarter Wasserversorgung weit über die Stadtgrenzen ausgreifen. 1912 bis 1917 wurde die Landeswasserversorgung an der Donau bei Langenau aufgebaut, doch wollte die Stadt dies durch eine kommunale Wasserwirtschaft im Schwarzwald ergänzen. Seitens des Landes erhob sich politischer und seitens der Heimat- und Naturschutzverbände ökologisch motivierter Protest. Zwischen der Staatsregierung und der Stadtverwaltung kam es zu einem regelrechten Wasserkrieg.[11] Der Machtantritt der Nationalsozialisten brachte eine Wende. Schon am 30. März 1933 kündigte Staatspräsident Murr in einer Sitzung der Regierung an, daß ein Kompromiß in Sicht sei.[12] Die Verhandlungen zogen sich bis Ende 1933 hin, ehe man in einer vertraglichen Vereinbarung die Auseinandersetzungen beilegte. Die Stadt verpflichtete sich, auf die Entnahme von Wasser aus dem Neckar zu verzichten und dafür jährlich zwei Millionen Kubikmeter Wasser mehr als bisher aus der Landeswasserversorgung zu beziehen. Die Stadt kostete dies 100 000 RM, der Preis ermäßigte sich bei einer höheren Abnahme.[13] Während also die Stadt in der Strom- und Gasversorgung eine starke Stellung besaß, war sie in der Wasserversorgung auf das Land angewiesen.

Die Frage der Organisation der Energiewirtschaft war in der Weimarer Republik umstritten. Vielerorts kritisierte man die Zersplitterung in private, kommunale und gemischtwirtschaftliche Betriebe sowie die Tatsache, daß Kommunen überhaupt Versorgungsbetriebe in eigener Regie führten. 1923 war die Stadt Stuttgart auch wegen Wuchers aufgrund von „ungeheuerlichen Erhöhungen" der Tarife angezeigt worden. Die nationalsozialistisch geführte Stadtverwaltung ließ es an Lippenbekenntnissen gegen „öffentliche Regiebetriebe" und Gesten gegenüber dem Mittelstand nicht fehlen. Die Versorgungsbetriebe blieben jedoch in städtischer Hand. Stadtkämmerer Hirzel gab den Gemeinderäten im Juli 1933 „einen Fingerzeig, wie man sich gegenüber den Bestrebungen der Wirtschaft, die Gas- und Stromversorgung ganz oder teilweise in private Hände zu spielen", zu verhalten habe: „Der Ertrag der Werke ist nämlich ungefähr gleich hoch wie das gesamte Steueraufkommen."[14]

Strölin verfolgte ein weiterreichendes Ziel. Er forderte eine einheitliche deutsche Energiewirtschaft; dabei sollten die Gemeinden Schrittmacherfunktion übernehmen.[15] Ganz in diesem Sinne vereinigte er zu Beginn seiner Tätigkeit als Staatskommissar das Gas-, das Elektrizitäts- und das Wasserwerk und schuf die Technischen Werke der Stadt Stuttgart (TWS). Für Strölin war nicht zuletzt aufgrund seiner langjährigen Erfahrungen die Energiepolitik ein Schwerpunkt seiner Kommunalpolitik. Als Anfang 1934 im Organ des Hauptamts für Kommunalpolitik die Ansicht vertreten wurde, die Erzeugung von Strom und Gas gehöre nicht zu den Aufgaben einer Gemeinde, wandte er sich sofort an Reichsleiter Fiehler, dessen Vertrauensmann in Energiefragen er mittlerweile geworden war. Strölin meinte, eine solche Auffassung widerspreche nationalsozialistischen Ansichten. Er lehnte eine zentrale Energieversorgung, die den machtpolitischen Zielen von Konzernen diene, als Interessenpolitik ab. Statt dessen befürwortete er eine dezentrale Organisation unter einheitlicher politischer Lenkung. Fiehler versprach daraufhin einen Artikel mit anderer Tendenz.[16]

Unter den Nationalsozialisten bestand keine einheitliche oder verbindliche Auffassung über die Struktur der Energiewirtschaft. Während das Hauptamt für Kommunalpolitik – in der Regel jedenfalls – für eine dezentrale Versorgung mit kommunaler Selbständigkeit plädierte, verlangten andere Nationalsozialisten eine Verstaatlichung mit zentraler Lenkung, Erzeugung und Verteilung.[17] Ein noch von Hugenberg in Auftrag gegebenes Gutachten empfahl, die gesamte Energiewirtschaft einigen wenigen Konzernen zu überlassen. Obwohl die Reichsleitung der NSDAP anfänglich dezentralen Konzepten den Vorzug gab, zeigte sich rasch eine zunehmende Tendenz zur Beseitigung lokaler und regionaler Werke und zur staatlichen Lenkung bei einer weiterhin starken Stellung der Energiekonzerne.

Das Energiewirtschaftsgesetz, das am 16. Dezember 1935 veröffentlicht wurde, bedeutete einen Eingriff in die Kompetenz der Gemeinden.[18] Die Präambel beschwor eine einheitliche Energiewirtschaft für das Gemeinwohl, bei der der notwendige Einfluß des Staates gesichert, ein volkswirtschaftlich schädlicher Wettbewerb verhindert, durch Verbundwirtschaft ein regionaler Ausgleich gefördert sowie die Versorgung möglichst billig und zuverlässig gestaltet werden sollte. Über diese allgemeinen Bestimmungen gab es unter den Nationalsozialisten keinen Dissens. Das Gesetz unterstellte jedoch die gesamte Energiewirtschaft der Aufsicht des Reichswirtschaftsministeriums – soweit kommunale Werke berührt waren, „im Einvernehmen" mit dem Reichsinnenministerium. Weiterhin bestand für alle Unternehmen eine Auskunfts- und Mitteilungspflicht, sämtliche baulichen Veränderungen unterlagen der minste-

riellen Genehmigung. Das Reichswirtschaftsministerium erhielt weitgehende Vollmachten bis hin zur Schließung eines Unternehmens.
Schon in der Deutschen Gemeindeordnung hatte das Reich die wirtschaftliche Betätigung der Kommunen eingeschränkt und eine Meldepflicht für den Fall einer Neugründung oder einer „wesentlichen" Erweiterung eingeführt. Eine Genehmigung war an die Bedingung geknüpft, daß dieselbe Aufgabe nicht besser und wirtschaftlicher durch eine andere Organisationsform bewältigt werden konnte. Vor allem an diesem Punkt übte Strölin Kritik. Für ihn waren nicht technische oder finanzielle Aspekte maßgebend. Entscheidend sei vielmehr die Beachtung „gemeinwirtschaftlicher Gesichtspunkte" ohne Rücksicht auf kurzfristige Rentabilität. Er verlangte deshalb die grundsätzliche Anerkennung der gesamten Energie- und Wasserversorgung als kommunalem Aufgabenbereich.[19]
Strölin war im Mai 1934 zum stellvertretenden Führer der Energiewirtschaft ernannt worden. Seine Aufgaben waren jedoch unklar, und er hatte keinen Anteil an der Tätigkeit der Reichsgruppe Energiewirtschaft, deren Leiter Carl Krecke als Vertreter privatwirtschaftlicher Interessen einen anderen Kurs verfolgte.[20] Wesentlich mehr Möglichkeiten hatte Strölin als Reichshauptstellenleiter im Hauptamt für Kommunalpolitik. Auf eine Anfrage des Reichsleiters, seines Münchner Kollegen Fiehler, erklärte sich Strölin zur Mitarbeit bereit. Er machte diesen hohen Parteirang zur Voraussetzung: „Nur dann hätte ich die notwendige Autorität und Stoßkraft (...). Dabei darf ich darauf hinweisen, daß gerade auf dem Gebiet der Energiewirtschaft noch überaus machtvolle kapitalistische Organisationen bestehen, die nicht ohne weiteres gewillt sind, ihre Sonderinteressen dem Gemeinwohl unterzuordnen."[21] Nach weiteren Verhandlungen übernahm Strölin im November 1935 das Amt.
Inmitten der politischen Auseinandersetzungen suchte die TWS ihre führende Position in der württembergischen Energieversorgung zu behaupten. Die ersten Auswirkungen der Zentralisierung bekam die Stadt im Sommer 1935 zu spüren, als sie angesichts der steigenden Verbrauchsziffern im Kraftwerk Münster eine leistungsfähige neue Turbine (Kapazität 28 000 kW) für rund 1,5 Millionen RM einbauen lassen wollte. Das Reichswirtschaftsministerium machte gemäß der DGO „wehrpolitische Bedenken" geltend und sprach sich auch gegen einen Ausbau des städtischen Dampfkraftwerks aus. Statt dessen empfahl es der Stadt, den Mehrbedarf vorläufig bei der Rheinisch-Westfälischen Elektrizitäts-AG (RWE) zu decken, und stellte längerfristig die Erschließung neuer Wasserkräfte in der bayerisch-württembergischen Grenzregion an der Iller in Aussicht. Strölin erklärte sich prinzipiell zur Verbundwirtschaft bereit, die jedoch ihre Grenze habe, wo die Abhängigkeit beginne.[22] Hirzel sprach von einem klaren „Generalangriff der Elektrizitätsgesellschaften gegenüber den kommunalen Versorgungsbetrieben". Die Dezentralisierung aus Gründen des Luftschutzes diene lediglich der Verschleierung der wahren Absichten. Es konnte in der Tat kein

Zweifel bestehen, daß die Nutzung entfernter Wasserkräfte die Möglichkeiten kommunaler Betriebe von vornherein überstieg. Wer wie die Stadt Stuttgart eine eigene Energieversorgung wünschte, mußte den Ausbau der Wasserkraftnutzung ablehnen. Die Verhandlungen endeten mit einem Kompromiß. Anfang November 1935 verfügte Strölin den Anschluß an das Umspannwerk der RWE bei Hoheneck, erhielt aber die Zusicherung, daß das Kraftwerk in Münster wie vorgesehen erweitert werden dürfe.[23] Die Arbeiten an der Leitung nach Hoheneck, die über eine Million RM kostete, waren bereits im Gange, als sich das Gauamt für Technik und der Landesplaner zu Wort meldeten. Sie lehnten einen Ausbau von Münster ab, statt dessen sollte außerhalb des Stadtgebiets ein neues Dampfkraftwerk gebaut und die für Münster vorgesehene Turbine dort verwendet werden. Dieses Mal kam es jedoch nicht zum Konflikt mit der Stadt. Strölin erklärte umgehend seine Bereitschaft zu einem Neubau und erstattete die erforderliche Anzeige an die Aufsichtsbehörden. Der Grund hierfür lag auf der Hand: Strölin wollte für den Fall des Neubaus auf den Anschluß an das Hohenecker Umspannwerk und damit auf den Anschluß an die RWE verzichten.[24] Weil die Stadt nicht alle erforderlichen Unterlagen eingereicht hatte, verweigerte das Reichswirtschaftsministerium im Juli 1936 vorerst die Genehmigung und beauftragte das württembergische Wirtschaftsministerium mit der weiteren Prüfung.[25] Bereits kurze Zeit später einigten sich Stadt und Land auf den Bau eines zweiten städtischen Dampfkraftwerks mit einer Kapazität von 56 000 kW. Als Standort war nach dem Vorschlag des Landesplaners Brühl bei Esslingen vorgesehen. Die Stadt sicherte dem Wirtschaftsministerium die Teilnahme am Ausbau der Verbundwirtschaft und an der Erschließung der Wasserkraft in Süddeutschland zu, selbst wenn das Dampfkraftwerk später erweitert werden sollte.[26] Das Reichswirtschaftsministerium genehmigte die Pläne, und auch Kreisamtsleiter Ortmann vom Amt für Technik unterstützte das Vorgehen.[27] Neben den Plänen für ein zweites Dampfkraftwerk beschäftigte das Technische Referat der Ausbau des Stromverteilernetzes im Stadtgebiet. Um eine störungsfreie Belieferung der Verbraucher mit Strom zu garantieren, errichtete die Stadt mehrere Abspannwerke.[28] Außerdem erwog das Referat mittelfristig den Bau eines Fernheizwerkes.[29] Bei der Stadt hatten sich bereits einige potentielle Abnehmer gemeldet, unter anderem die Firma Bosch, die Diakonissenanstalt, die Reichsbahndirektion und einige Landesbehörden. Die Firma Bosch erklärte sich bereit, mit einem Darlehen die Finanzierung zu unterstützen. Das Gauamt für Technik lehnte das Vorhaben ab. Ortmann bezweifelte die Wirtschaftlichkeit und kritisierte aus wehrwirtschaftlichen Gesichtspunkten den Bau einer Heizzentrale mitten in der Stadt.[30] Für eine solche Anlage sprachen nach Auffassung von Stadtrat Schwarz die Luftverhältnisse im Talkessel: Messungen des Chemischen Untersuchungsamts hätten eine erhebliche Luftverschmutzung ergeben, so daß es sinnvoll sei, die Zahl der Schornsteine zu verringern. Vorerst blieben jedoch alle Pläne auf dem Papier.

Mitte Februar 1937 trat Willy Speidel die Nachfolge Nüblings als Generaldirektor der TWS an.[31] Er verwarf das Kraftwerksprojekt bei Brühl und brachte einen Bauplatz bei Marbach am Neckar ins Gespräch. Es sollte so konzipiert werden, daß es auch zusätzlichen Bedarf im Land decken konnte.[32] Der Vorschlag stieß allgemein auf Zustimmung. Der Neubau litt wie alle zivilen Vorhaben unter dem Mangel an Arbeitskräften und Rohstoffen als Folge der Aufrüstung. Die Vierjahresplan-Behörde lehnte im November 1937 einen Antrag der Reichsgruppe Energiewirtschaft auf Zuteilung von 7600 Tonnen Eisen ab. Die TWS beschlossen daraufhin eine zwischenzeitliche Erweiterung des alten Dampfkraftwerks in Münster.[33] Die Rohstoffkontingente hierfür und auch für einen Ausbau der Abspannwerke wurden genehmigt. Somit konnte man Anfang 1938 von einer gesicherten Versorgung sprechen.[34] Die Stadt hatte auf Umwegen das erreicht, was sie 1935/36 geplant hatte.

Ein Zusammenschluß der verschiedenen regionalen und kommunalen Elektrizitätsunternehmen in einem württembergischen Zweckverband wurde bereits in den zwanziger Jahren erörtert. Der pragmatisch orientierte Flügel der NSDAP griff diese Pläne auf, die eine bessere staatliche Kontrolle der Energiewirtschaft versprachen. Wirtschaftsminister Lehnich, ein Gegner der vom fundamentalistischen Flügel um Gottfried Feder erwogenen Pläne zur Dezentralisierung der Energiewirtschaft, sorgte zum Jahresbeginn 1935 für den Zusammenschluß von Württembergischer Landeselektrizitäts AG (WLAG) und Württembergischer Sammelschienen AG (WÜSAG).[35] Die neue Elektrizitätsversorgung Württemberg (EVW) setzte sich eine Verbundwirtschaft zum Ziel und gewährleistete den beteiligten Werken Erzeugung, Verteilung und Verkauf in ihrem Gebiet. Anteile hielten neben der Stadt Stuttgart auch die Städte Heidenheim, Heilbronn, Tübingen und Ulm. Lehnich hatte schon vor der Gründung der EVW ausgeführt:

„Wir legen jetzt keinen so besonders großen Wert mehr auf den Grad der Beteiligung, sondern wir legen Gewicht darauf, daß der Staat hier nicht nur wie bei der allgemeinen Wirtschaft bestimmend für deren Entwicklung ist, sondern daß er auf die Elektrizitätswirtschaft, die ganz besondere eigene Gesetze hat, etwas stärkeren Einfluß nimmt."[36]

Diese Fusion stand noch in der Tradition früherer Bemühungen, denn sie gewährleistete eine weitgehende Autonomie der Gesellschafter. Zur gleichen Zeit klärten sich jedoch innerhalb des Regimes auf Reichsebene die Fronten. Das Energiewirtschaftsgesetz und mehr noch die energiepolitische Praxis standen im Zeichen der für eine Aufrüstung unerläßlichen Großraumwirtschaft mit staatlicher Planungs- und Entscheidungskompetenz.

Der „Anschluß" Österreichs wirkte auf die württembergische Energiewirtschaft als Katalysator. Die EVW hatte sich seit 1935 mit der Gewinnung neuer Energiequellen beschäftigt und dabei den Blick auf die Wasserkräfte an Hochrhein, oberer Donau und im Bodenseeraum gerichtet. Jetzt boten sich die Vorarlberger Illwerke geradezu für einen Ausbau an:

„Nach dem Anschluß Österreichs an das Deutsche Reich war die lange Atempause vorüber, welche nach 1930 in der Bautätigkeit der Vorarlberger Illwerke AG eingetreten war. Man hatte die Zeit dort gut genutzt, die neuen Projekte waren längst baureif, kurz nach dem Anschluß wurden die Bauarbeiten aufgenommen, Ende Juni 1938 gab es in Vorarlberg keinen Arbeitslosen mehr."[37]

Insbesondere für den Bezirksverband Oberschwäbischer Elektrizitätswerke (OEW) stellte sich die Zukunft neu, so daß es zu Verhandlungen über einen weiteren Zusammenschluß mit der EVW kam. Dies deckte sich mit den Absichten des Gauamts für Technik, das längst entsprechende Pläne verfolgte, wie der Streit um den Ausbau der TWS zeigte. Neben Gauamtsleiter Rohrbach unterstützten auch Reichsstatthalter Murr und Wirtschaftsminister Schmid, der 1936 Lehnich beerbt hatte, eine solche Fusion. Murr beauftragte Ende 1938 Schmid, rasch einen Zusammenschluß zu bewerkstelligen und nach Möglichkeit auch auf die Gasversorgung auszudehnen.[38]

Am 3. Januar 1939 informierte Schmid mehrere kleine Elektrizitätsverbände von seinen Absichten.[39] Er erinnerte an den Flickenteppich von kommunalen, privaten und gemischtwirtschaftlichen Unternehmen im Land. Für die Entwicklung im Rahmen des Vierjahresplans wirke sich dies nachteilig aus, obgleich Württemberg im Durchschnitt die niedrigsten Tarife anbiete. Schmid bezeichnete daher ein starkes württembergisches Energieunternehmen als das Gebot der Stunde. Er betrieb die Vorbereitungen in aller Eile und mit größter Heimlichkeit; er informierte auch nicht – wie gesetzlich vorgeschrieben – das Reichswirtschaftsministerium. Bereits kurze Zeit später nahm das neue Unternehmen, die Energieversorgung Schwaben AG (EVS), Gestalt an. Zusammen mit der schon 1935 entstandenen EVW, dem bescheidenen Vorläufer, bildeten sieben regionale Unternehmen die EVS.[40]

Die Geheimhaltung glückte in der Vorbereitungsphase offenbar auch gegenüber der Stadt Stuttgart, die ja Gesellschafter der EVW war und deren Oberbürgermeister zu gleicher Zeit eine rege Tätigkeit entfaltete, um die Selbständigkeit der kommunalen Werke im allgemeinen und der TWS im besonderen zu verteidigen. In einem Schreiben an seinen Essener Kollegen Dillgardt, den Generalbevollmächtigten für die Energiewirtschaft, meinte Strölin, die kommunale Versorgungswirtschaft könne überhaupt nicht mehr zur Diskussion stehen.[41] Er befürwortete eine Verbundwirtschaft, die aber so dezentral wie nur möglich sein müsse. Soweit es sich um die „Ausmerzung leistungsschwacher Versorgungsunternehmen" handle, hielt auch Strölin eine „Flurbereinigung" für geboten. Die Gemeinden hätten aber Anspruch darauf, an der Neugestaltung maßgeblich beteiligt zu werden.

Die Nachricht von der Gründung der EVS und dem Eintritt Speidels in deren Vorstand schlug im Rathaus wie eine Bombe ein, obwohl Strölin seinem Generaldirektor schon im Herbst 1938 vorgeworfen hatte, Politik „auf eigene Faust" zu betreiben und kommunale Positionen preiszugeben.[42] Als der Reichsinnenminister von den Fusionsplänen erfuhr, ließ er alle Vorarbeiten einstellen. Doch er kam zu spät; die Gründung der EVS war bereits vollzogen, und der Gesellschaftervertrag notariell beglaubigt.[43] Das Reich und das Land waren mit insgesamt 11,4 Prozent, die einzelnen Verbände mit nahezu 70 Prozent des Kapitals beteiligt. Die Verbände waren längst gleichgeschaltet: Sie hatten sich Mitte März verpflichtet, ihre Stimme zusammen mit der Landesregierung abzugeben.[44] Sie hielten im 19köpfigen Aufsichtsrat gerade sieben, die Stadt Stuttgart mit einer Kapitalbeteiligung von 3,24 Prozent aus ihrem EVW-Anteil besaß zwei Sitze. Hatte die EVW den Verbänden eine gewisse Autonomie zugestanden, so trat die EVS 1939 eindeutig aus der Tradition der Zweckverbände und der früheren Planungen heraus.

Die Stadt Stuttgart behauptete die Selbständigkeit ihrer Technischen Werke nicht ohne Preis. Sie brachte das im Bau befindliche Kraftwerk in Marbach der EVS als Morgengabe ein. Die Arbeiten am Kraftwerk waren seit Herbst 1938 verhältnismäßig zügig vorangeschritten. Mitte Oktober waren bereits 7000 der erforderlichen 8500 Tonnen Eisen zugeteilt worden. Anstelle von 300 vorgesehenen Arbeitern waren allerdings nur 181 auf der Baustelle beschäftigt. Die Stadt hatte bei der Vergabe der Bauarbeiten sämtliche Unternehmen verpflichtet, über einen festgesetzten Höchstlohn nicht hinauszugehen. Damit sollten Lohnsteigerungen und gegenseitige Abwerbungsversuche verhindert werden. Weil die Stadt aber zugleich die Zahlung eines Härteausgleichs ausschloß, vermochte sie keine zusätzlichen Bauarbeiter anzulocken.[45]

Nachdem das Projekt die ersten Hürden überwunden hatte, sah sich nun die Stadtverwaltung mit dem Ansinnen konfrontiert, das Kraftwerk an die EVS zu verkaufen. Sie verweigerte sich nicht, obwohl einige Ratsherren die sofortige Einstellung der Bauarbeiten verlangten. Dabei spielte wohl auch eine Rolle, daß die Kosten von ursprünglich rund zehn Millionen RM auf mittlerweile fast 24 Millionen RM geschnellt waren.[46] Jedenfalls unternahm die Stadt keinen ernsthaften Versuch, um den Kraftwerksbau in städtischer Hand zu halten. Die Selbständigkeit der TWS war nicht umsonst zu haben, nachdem die Machtfrage generell zuungunsten der Gemeinden entschieden war. Der Verkauf schien demnach das kleinere Übel. Wie Bürgermeister Hirzel erklärte, hoffte die Stadtverwaltung auf „eine gewisse Zeit der Ruhe, einen Burgfrieden und eine Stabilisierung im Verhältnis zu den Landeseinrichtungen".[47] Schweren Herzens stimmte man der Abtretung des Kraftwerks an die EVS zu in dem Bewußtsein, die Entwicklung langfristig nicht verhindern zu können. Bei Verhandlungen mit der EVS, dem Wirtschaftsminister, der zugleich den Vorsitz im Aufsichtsrat übernommen hatte, und Gauamtsleiter Rohrbach erreichte die Stadt einige Zusicherungen. Sie konnte das neue Wasserkraftwerk Marbach, das im Zuge der Neckarkanalisierung gebaut wurde, behalten, vor allem aber wurde ihr für die Zukunft grundsätzlich eine ausbaufähige

Eigenerzeugung zugestanden. Die EVS verpflichtete sich ausdrücklich, auf alle Ansprüche auf das Dampfkraftwerk in Münster zu verzichten und Stuttgart bei Engpässen im Hinblick auf die Rüstungsindustrie und den Verkehr zu bevorzugen.[48] Unzufrieden war die Stadt mit der Entschädigung für ihre bisherigen Aufwendungen. Sie erhielt EVS-Aktien im Wert von sechs Millionen RM und wurde auf diese Weise Mitgesellschafter der im Prinzip abgelehnten Gesellschaft. Der Kämmerer klagte, man habe „mit dem Vermögen bluten" müssen.[49]

Vom erhofften „Burgfrieden" verspürte die Stadt wenig. Im Juni 1939 untermauerte Rohrbach vor der Bezirksgruppe Württemberg der Wirtschaftsgruppe Energieversorgung in Bregenz seine Ansprüche. Die Wahl des Tagungsorts war ein Programm, denn die EVS setzte auf den Ausbau der süddeutschen Wasserkräfte in Verbindung mit Vorarlberger Werken. Rohrbach kündigte unmißverständlich an: „Wir haben die Absicht, die Energieversorgung in Württemberg in der Form zu ordnen, daß wir die Erzeugung und Verteilung bis zur letzten Lampe in einer Hand zusammenfassen."[50] Wenngleich Rohrbach ausdrücklich den Stuttgarter Beitrag lobte, wertete Strölin die Ausführungen als weiteren Angriff auf die kommunalen Versorgungsbetriebe. Nach seiner Ansicht standen lediglich Tempo und Umfang der Zusammenfassung zur Disposition. Unterstützung für die Kommunen erwartete Strölin nicht, weil Innenminister Schmid Mitinitiator und führendes Mitglied der EVS sei. Hirzel teilte diesen Pessimismus nicht in vollem Umfang. Er äußerte Anfang Juli 1939, das Verhältnis von Stadtverwaltung und EVS habe sich positiv entwickelt.[51]

Die Stadt befürchtete offenbar, daß maßgebliche Stellen in Württemberg auch die Gas- und Wasserwirtschaft konzentrieren wollten; Rohrbach hatte in Bregenz entsprechende Schritte angedeutet.[52] Strölin mißtraute nach den jüngsten Erfahrungen gegenteiligen Versicherungen von Minister Schmid.[53] Die Stadt entfaltete deshalb eigene Initiativen und bemühte sich auf der Grundlage früherer Vorschläge um einen württembergischen Gasverbund und den Anschluß bzw. den Aufbau eines Ferngasnetzes. Hier besaß die Stadt über die TWS eine stärkere Position. Der Kriegsbeginn verzögerte jedoch die Bestrebungen.

9. „Monumentalbauten" oder „Gartenstadt"

Die Neugestaltung der Stadt der Auslandsdeutschen, Teil 1

Der Streit der Nationalsozialisten um die Zukunft der Großstädte war kurz nach der Machtübernahme entschieden: Die Ziele nationalsozialistischer Politik waren mit der Zerschlagung und Dezentralisierung der industriellen Zentren des Reiches nicht zu vereinbaren. Die Rüstung erforderte eine funktionierende Industrie. Pragmatiker und

Kommunalpolitiker in der NSDAP verwahrten sich auch im eigenen Interesse gegen einen fundamentalistischen „Kampf der Großstadt".[1] Sie akzeptierten die Großstadt und wollten lediglich Auswüchse bekämpfen.

Offen blieb jedoch die Frage nach der Gestalt der Großstadt. In einem Aufsatz nahm Strölin 1935 dazu Stellung. Er hielt aus Sorge um die „rassische Zukunft unseres Volkes" die Beseitigung von „Elendsquartieren" für unerläßlich: „Diese sind nicht nur die Brutstätten vieler körperlicher Krankheiten; sie sind vielmehr auch soziale und staatspolitische Krankheitsherde schlimmster Art."[2] Er sprach sich für ein radikales Vorgehen aus und wollte ganze Blöcke und Viertel abreißen lassen. Die körperliche und sittliche Gesundheit der Volksgenossen bewertete er höher als die Erhaltung alter Gebäude. Als schwierigste Aufgabe bezeichnete Strölin die Unterbringung der bisherigen Altstadtbewohner. Er kritisierte die rechtliche und finanzielle Regelung der Altstadtsanierung, die enorme Entschädigungskosten verursachten. Er forderte statt dessen für die Kommunen das Recht zur Enteignung und meinte:

„Die ausgesprochen asozialen Elemente müssen mit aller Schärfe angefaßt und dorthin gebracht werden, wo sie entweder erzogen oder, wenn das nicht mehr möglich ist, auf die Dauer verwahrt werden, also in Beschäftigungshäuser, Arbeitshäuser u. dgl. geschlossene Einrichtungen."

Die „rassisch wertvollen Volksgenossen" wollte Strölin hingegen in Stadtrandsiedlungen unterbringen. Aber schon bald zeigte sich, daß dem Versuch, mit Hilfe vorstädtischer Siedlungsprojekte eine „gesunde" Großstadt zu schaffen, nur ein geringer Erfolg beschieden war. Die Siedlungen boten relativ wenig Platz und waren wegen des begrenzten Siedlungsraums teuer; das Reich aber zog sich aus der Finanzierung zurück. Andererseits lockte die florierende Industrie immer mehr Arbeiter in die Stadt. Die Stadtverwaltung bemühte sich, dieser Entwicklung durch ein neues Baurecht und Eingemeindungen zu begegnen, unterstützte aber zugleich Ausbau und Ansiedlung der Industrie. Diese Politik trug ihr heftige Attacken von seiten des Gauamts für Technik und der Landesplanungsbehörde ein. Freilich waren Auseinandersetzungen um die Sache oft bloße Instrumente eines Kampfes um Macht und Kompetenzen.[3]

Die NS-Führung suchte indessen nach einem städtebaulichen Ausdruck ihrer Herrschaft. Die neuen Pläne, die unmittelbar auf Wünsche Hitlers zurückgingen, stellten monumentale Repräsentationsbauten in den Mittelpunkt, die um axiale Straßenzüge und Aufmarschfelder gruppiert werden sollten.[4] Vorrang hatte die „Neugestaltung", die wenig Rücksicht auf die vorhandene Bausubstanz nahm. Im Herbst 1933 verkündete Hitler, daß Berlin als Reichshauptstadt, Hamburg und Bremen als Hauptstädte der deutschen Schiffahrt, Leipzig und Köln als Handelsmetropolen, Essen und Chemnitz als Industriezentren sowie München als Mittelpunkt der deutschen Kunst ausgebaut werden sollten. Wenig später erhielt auch Nürnberg als Stadt der Reichsparteitage dieses Privileg.[5] In Stuttgart erhoffte man sich von der Erhebung zur Stadt der

V. 9. „Monumentalbauten" oder „Gartenstadt"

Auslandsdeutschen eine „großzügige städtebauliche Ausgestaltung".[6] Diese Erwartung wurde enttäuscht, denn Hitler begrenzte das Bauprogramm auf wenige sogenannte Führerstädte. An erster Stelle stand die Reichshauptstadt Berlin, aber auch München, Nürnberg und Hamburg wurde eine großzügige Neugestaltung bewilligt. Nach dem „Anschluß" Österreichs rückte Linz in den Kreis der „Führerstädte". Eine neue Architektengeneration, an ihrer Spitze Albert Speer, willfahrte Hitlers Vorstellungen und entwarf megalomane Stadtpläne.[7]
Der neue Stil widersprach der Auffassung der Stuttgarter Architektenschule, deren nationalsozialistischer Gewährsmann Paul Schmitthenner war. Der Ordinarius für Baukonstruktionslehre an der TH war ein Gegner der modernen, sachlichen Bauweise.[8] Auch von seinem Kollegen Paul Bonatz, dem Architekten des Hauptbahnhofs, erwarteten die Stuttgarter Nationalsozialisten Anregungen.[9] Die Stuttgarter Schule geriet jedoch bald ins Kreuzfeuer der Kritik. Im Juni 1935 polemisierte der Pressereferent des Gauamts für Technik gegen Bonatz. „Es verträgt sich nun einmal nicht mit einem wirklichen Charakter, daß man im Jahre 1918 mit der roten Fahne in der Hand durch die Straßen zieht und heute Reden über grundsätzliche Fragen ‚rassisch bedingter Architektur' hält."[10] Die Kritik an Bonatz, der sich 1918 in einem Arbeiterrat engagiert hatte, löste eine Intervention des Rektors der TH, des Architekten Stortz, aus. Der alte Parteigenosse der NSDAP verlangte von Kultminister Mergenthaler ein Vorgehen gegen den Autor.[11]
Umstritten waren Schmitthenners Pläne für den Wiederaufbau des Alten Schlosses, das bei einem Brand im Dezember 1933 schwere Schäden erlitten hatte. Auf dem Höhepunkt von Schmitthenners Ansehen billigten Stadt und Land im Sommer 1933 die Entwürfe, 1935 brach über Schmitthenner jedoch eine Woge der Kritik herein. Sie wurde angeführt von dem Schweizer Professor Senger, der wegen seiner Verdienste um den Nationalsozialismus einen Lehrstuhl in München erhalten hatte. Er fand in Stuttgarter Parteikreisen Gehör. Es werde eine wichtige Aufgabe sein, schrieb das Stuttgarter Parteiblatt, all denen auf die Finger zu sehen, die gegen den Geist der Zeit verstießen.[12] Die Gauleitung samt ihrem Kulturamtsleiter Georg Schmückle teilte die Kritik. Nun rückte auch die Stadtverwaltung von Schmitthenner ab. Strölin verwies auf frühere Bedenken, Stadtarchivar Stenzel sprach gar von einer „ungeheuerlichen Vergewaltigung".[13] Bezeichnend war die Feststellung eines Ministerialbeamten: Die Bauabteilung des Finanzministeriums und die städtische Baubehörde hätten Schmitthenner für den „besonderen Vertrauensmann des Führers" gehalten und deshalb keine Ablehnung gewagt.[14]
Da sich Murr und Mergenthaler, der den Architekten verteidigte, nicht einig waren, erbaten sie eine Entscheidung aus Berlin. Der neue „Vertrauensmann des Führers", Albert Speer, besuchte dreimal Stuttgart. Er verwarf zwar die Pläne Schmitthenners, suchte jedoch einen Kompromiß, der den Kollegen nicht bloßstellte. Die Stadt war

nicht zufrieden und verlangte weitere Änderungen, aber Speer gab den Ausschlag. Gestützt auf dessen Duldung, konnte Schmitthenner als Bauleiter einige Vorstellungen im Detail realisieren. Der Einzelfall machte deutlich, daß die Vertreter des traditionalistischen Baustils für repräsentative Bauten nicht mehr in Frage kamen und daß städtebauliche Kontroversen nicht mehr vor Ort entschieden wurden.

Auch Stuttgart entwickelte weitreichende Neugestaltungspläne.[15] Während Hitler und seine Architekten Fragen der Infrastruktur vernachlässigten, konnten die lokalen Überlegungen die Stuttgarter Gegebenheiten nicht ignorieren. Der Verkehr beeinflußte die Pläne. Die Motorisierung führte im Talkessel zu wachsenden Schwierigkeiten. Hatte es in Stuttgart 1924 erst 2968 Kraftfahrzeuge aller Art gegeben, so waren es 1933 15 785 und 1938 bereits über 30 000.[16] Der Grad der Motorisierung war in Stuttgart hoch: Auf ein Kraftfahrzeug kamen 15 Einwohner, in Berlin waren es 20 und im Reich 21. Die forcierte Motorisierung versprach weitere Belastungen. Außerdem ließen die Wohnverhältnisse in einigen Vierteln der Innenstadt zu wünschen übrig. Zwar gab es keine ausgesprochenen Elendsquartiere, doch entsprach der Zustand zahlreicher Gebäude nicht mehr den Anforderungen. Dies galt besonders für den Bereich der alten Esslinger Vorstadt, das sogenannte Bohnenviertel, und Teile der Kernstadt um das Rathaus. Bevölkerungspolitische Vorstellungen, Altstadtsanierung und Verkehrsplanung, die Ansprüche der sich ständig vergrößernden nationalsozialistischen Dienststellen und der Verwaltungsbehörden sowie Pläne für einen repräsentativen baulichen Ausdruck der NS-Herrschaft mündeten schließlich in die Entwürfe einer Neugestaltung Stuttgarts.

1933 stellte die Stadtverwaltung eine städtebauliche Konzeption vor. Stuttgart sollte zu einer Bäder- und Gartenstadt ausgebaut werden. Im Juli 1933 verlieh auf Antrag der Stadt das Innenministerium Cannstatt die Bezeichnung Bad.[17] Nach einigen Vorarbeiten schrieb die Stadt 1935 einen Wettbewerb für die Erweiterung und Neugestaltung der Cannstatter Badeanlagen aus, den Ratsherr Leistner gewann. In drei Bauabschnitten sollten die Kapazitäten in Bad Cannstatt ausgebaut und anschließend die Wilhelma und der Rosensteinpark in die ausgedehnten neuen Kuranlagen einbezogen werden.[18] Im Rahmen dieser Planungen tauchten 1934 auch die ersten nationalsozialistischen Herrschaftsbauten auf; für einen Wettbewerb „zur Erlangung von Ideen für Häuser der Arbeit" legten der Bonatz-Schüler Graubner, Direktor Hagstotz vom städtischen Fremdenverkehrsamt sowie der Stuttgarter Architekt Hengerer einen Entwurf mit einem „Forum" und einer „Thingstätte" am Berger Hang vor. Sie sollten mit der Adolf-Hitler-Kampfbahn und den Bäderanlagen einen zweiten städtischen Mittelpunkt bilden.[19] Die Pläne waren hinfällig, als sich die NS-Führung von den weihevoll-kultischen Thingspielen distanzierte. Bei Leistners Planungen spielte dieser Entwurf keine Rolle mehr. Die Absicht, Stuttgart zu einer Bäder- und Gartenstadt auszubauen, blieb Bestandteil aller städtebaulichen Konzeptionen.

Ende 1934 bewilligte die Reichsregierung 16 Millionen RM für die Altstadtsanierung. Den württembergischen Anteil, etwas mehr als eine halbe Million RM, erhielt die Landeshauptstadt. Das Technische Referat schlug vor, mit diesen Mitteln einige Straßen zu erweitern und zu durchbrechen, Parkflächen anzulegen und einige dichtbebaute Blöcke aufzulockern und zu entkernen.[20] Stadtkämmerer Hirzel warnte vor einer Verzettelung und lenkte den Blick auf ein großes Vorhaben. Er schlug vor, „einen Erweiterungsbau des Rathauses in Richtung Eichstraße/Eberhardstraße zu erstellen". Hirzel meinte, die Stadt habe bisher Bauten für alle möglichen Zwecke errichtet, aber nichts für ihre Verwaltung getan. Zwar wuchs soeben das Verwaltungsgebäude, gelegentlich auch als Technisches Rathaus bezeichnet, an der Lautenschlagerstraße in die Höhe. Hirzels Anregung fand aber allgemeine Zustimmung. Die Landeskreditanstalt, bei der die Stadt im Sommer 1935 ein Sanierungsvorhaben im Bohnenviertel und in der Cannstatter Altstadt anmeldete, lehnte die Rathauserweiterung ab. Der finanzielle Aufwand sei erheblich; für den Abbruch und den Anbau seien 2,3 Millionen RM aufzuwenden, Entschädigungen und der Bau von Ersatzwohnungen kosteten weitere 1,5 Millionen RM.[21] Einige Monate später, im Herbst 1935, legte das Hochbauamt Vorschläge für eine Rathauserweiterung vor. Das Technische Referat und die Technischen Beiräte tendierten zu einer großzügigen und teuren Lösung; sie favorisierten einen Anbau in Richtung Süden (Küferstraße).[22] Dazu paßte, daß die Stadt Ende des Jahres fünf baufällige, unbewohnte Häuser hinter dem Rathaus für einen Parkplatz abreißen ließ. Der „NS-Kurier" mahnte: „So notwendig die Altstadtsanierung auch ist, das Niederlegen von Häusern im ältesten Stadtkern gleicht doch einer empfindlichen Operation. Wir sind nicht so lieblos, als daß wir schweigend an dieser Korrektur des altstädtischen Straßenbildes vorübergehen könnten."[23]
Die führenden Männer im Rathaus verbanden das Wünschenswerte und das Nützliche. In einem vertraulichen Bericht war von einem Bedarf von 400 Räumen die Rede. Von den 800 Diensträumen der Stadtverwaltung befänden sich nur 200 im Rathaus.[24] Eine Erweiterung sei dringend nötig. Strölin erkannte eine Chance: „Ein Erweiterungsbau sollte aber vor allem auch gestatten, den Geist der neuen Zeit zum Ausdruck zu bringen in einer für das Stadtbild bedeutsamen Lösung." Auch Bürgermeister Sigloch sah in einem Ausbau einen Vorteil: „Bei der Südlösung bis zur Geißstraße könnte gelegentlich das (jüdische) Kaufhaus Schocken eingegliedert werden."
Im Frühjahr 1936 bat die Stadt drei Architekten um Gutachten, die sich nicht allein auf Erweiterung oder Neubau des Rathauses beschränken sollten. Zu den Aufgaben gehörten auch Vorschläge für eine Verbesserung des innerstädtischen Verkehrs, für den Standort eines staatlichen Verwaltungsgebäudes, ein Verwaltungsgebäude für die Polizei samt Gefängnistrakt sowie Ausstellungsräume.[25] Auf einen öffentlichen Wettbewerb verzichtete die Stadt, um einem Anstieg der Grundstückspreise beim Bekanntwerden der Bauabsichten zu begegnen.

Mittlerweile hatte sich die Partei zu Wort gemeldet. Sie fühlte sich durch die Pläne für einen repräsentativen An- oder Neubau des Rathauses herausgefordert. Die Gauleitung kündigte die Errichtung eines „Hauses der Partei" am Interimstheaterplatz an. Sie forderte deshalb die Stadt, die ohnehin einen Mangel an Ausstellungsfläche beklagte, zur Räumung der dortigen Hallen auf.[26] Alle künftigen Erörterungen der Stuttgarter Neugestaltung waren von den Spannungen zwischen Stadt und Partei geprägt. Eine Ahnung der zu erwartenden Auseinandersetzungen mit der NSDAP erhielt die Stadt bei dem relativ unbedeutenden Vorhaben, vor dem Königsbau den Gehweg für die Fußgänger zu verbreitern. Gaukulturwart Schmückle erhob Einspruch, und Reichsstatthalter Murr entschied gegen die Stadt.[27] Der Grund für diese und die weiteren Eingriffe war, daß in der ehemaligen Residenzstadt ein Großteil des Grund und Bodens in der Innenstadt in staatlichem Besitz war.

Im Herbst 1936, kurze Zeit nach der von vielen Hoffnungen begleiteten Ernennung Stuttgarts zur Stadt der Auslandsdeutschen, legten die von der Stadt eingeladenen Gutachter Paul Bonatz, Peter Grund und Konstanty Gutschow ihre Entwürfe vor. Die Pläne waren teilweise aufsehenerregend, so daß die Stadtverwaltung zunächst die Stimmung der Ratsherren sondieren wollte. Stadtrat Schwarz betonte bei der Vorlage, die Stadt habe sich nicht festgelegt oder Prioritäten gesetzt; bei den Beratungen gehe es in erster Linie um den Informationsaustausch.[28] Gerade in Fragen der Baupolitik suchte die Administration das Gespräch mit den Ratsherren und den von ihnen vertretenen Organisationen. Auch alle weiteren Überlegungen traf die Stadt in engem Kontakt mit den Ratsherren und besonders den Technischen Beiräten.

Bonatz plädierte, wie auch die anderen Gutachter, für einen Rathausneubau. Er schlug als Standort die Ecke Dorotheen-/Hauptstätterstraße und damit zugleich den Abriß des Hotel Silber, des Verwaltungsgebäudes der Politischen Polizei, vor.[29] Bonatz hielt eine Verbreiterung der Hauptstätterstraße durch den Abriß eines Häuserblocks zwischen Holzstraße und Esslinger Straße für unumgänglich. Besonderen Wert legte er auf die Entlastung der Königstraße durch eine neue Westtangente. Dazu sollte die Lautenschlagerstraße zur neuen Calwer Straße, die auf 34 Meter verbreitert werden sollte, durchbrochen werden. Bonatz wollte die Königstraße auch vom Straßenbahnverkehr befreien. An der neuen Westtangente sollte das „unschöne Gebäude", das die Gewerkschaften erbaut hatten, durch einen 150 Meter langen, terassenförmigen Bau ins zweite Glied rücken, während Bonatz auf die gegenüberliegende Straßenseite einen Omnibushof plazierte. Straßenerweiterungen vor dem Hauptbahnhof sowie zwischen dem Alten Postplatz und dem Wilhelmsplatz sollten einen innerstädtischen Verkehrsring um die Kernstadt bilden. Als Zentrum der staatlichen Behörden sah Bonatz das Gebäude der Akademie vor, die Partei sollte im Neuen Schloß unterkommen.

Professor Grund aus Dortmund wollte das Stadtbild verändern.[30] Er verlegte das Rathaus ins Bohnenviertel. Die Danziger Freiheit, den ehemaligen Charlottenplatz, wollte er nach dem Vorbild des Münchner Königsplatzes zu einem Mittelpunkt gestalten, der mit Steinplatten ausgelegt werden sollte. Um den quadratischen Platz gruppierte er die repräsentativen Gebäude von Staat und Partei, so daß ein großer Innenhof entstand. Bei dieser Lösung fiel die Danziger Freiheit jedoch als Verkehrsknotenpunkt aus. Grund schlug deshalb einen neuen, großzügigen Durchbruch vom Olgaeck zur Lindenstraße (der heutigen Kienestraße) mit einer Unterführung der Königstraße vor, um den Bereich um das Alte Schloß, den Schillerplatz und die Stiftskirche ganz vom Verkehr zu befreien. Auch vor dem Hauptbahnhof und an der Azenbergstraße als westlicher Ausfallstraße plante Grund Untertunnelungen. Das von der Stadt geforderte Ausstellungsgelände verwies er in die Rotebühlkaserne. Der Entwurf fand keinen Fürsprecher.

Das Gutachten von Gutschow bildete gewissermaßen eine Synthese zwischen Bonatz und Grund. Es enthielt ebenfalls eine Untertunnelung der Königstraße in Verbindung von Hauptstätterstraße und Rote Straße, die Gutschow zu einer Westtangente ausbauen wollte. Er hatte außerdem eine Untergrundbahn vorgesehen, die in einer Schleife vom Hauptbahnhof zum Alten Postplatz und über die Danziger Freiheit wieder zurückführte. Auch Gutschow wollte wie Grund das Rathaus im Bohnenviertel errichten und wie Bonatz die Ministerien in der Akademie unterbringen. Die Technischen Beiräte waren besonders angetan von seiner repräsentativen Zeile an der Neckarstraße, wo sich im Anschluß an die Theater und die Staatsgalerie die Gebäude der Partei und der Verwaltungen bis zum Neckartor aneinanderreihten. Insgesamt tendierten die Beiräte und die Verwaltung aber eindeutig zum Entwurf von Bonatz und lehnten Veränderungen des Stadtbildes ab.

Bei der Realisierung dieser Pläne war die Stadt auf die Zustimmung der württembergischen Regierung angewiesen, die im Besitz des Geländes an der Dorotheenstraße und entlang der Neckarstraße war. Reichsstatthalter Murr verfolgte als Gauleiter die städtischen Aktivitäten mit Mißtrauen. Er konnte jedoch vorerst keine konkrete Stellungnahme zu den Gutachten abgeben, weil die württembergische NSDAP bis dahin keine präzisen und einheitlichen Vorschläge für ein eigenes Bauprogramm besaß.[31] Inoffiziell bezeichneten Stuttgarter Parteikreise den Vorschlag von Bonatz, die NSDAP im Neuen Schloß einzuquartieren, als eine Zumutung. Die Partei verlangte nach einer eigenständigen baulichen Repräsentation.[32] Murr, der als Gauleiter über kein Planungsbüro verfügte, beauftragte nun das Gauamt für Technik mit den Vorarbeiten, verbot jeden Zugriff auf die Akademie und erwog die Beteiligung von Speer. Der Stadt erschienen die Beiträge von Staat und Partei als bloße Verzögerungstaktik, die nicht auf Bauvorhaben, sondern allein auf eine Blockade städtischer Pläne zielten.

Im Frühjahr 1937 trat zum erstenmal das Amt für Technik mit eigenen Vorstellungen hervor. Kreisamtsleiter Ortmann bekundete Interesse an einem Haus der Partei an der

Dorotheenstraße, jenem Standort also, den Bonatz für den Rathausneubau vorgeschlagen hatte. Ortmann ging aber noch weiter: Da die Partei einen Aufmarschplatz benötige und weder die Danziger Freiheit noch der Karlsplatz groß genug seien, müsse eventuell das Haus des Deutschtums weichen. Für die Stadt der Auslandsdeutschen war dies ein offensichtlicher Affront. Stadtrat Schwarz wehrte sich: Da das Parteihaus ein reines Verwaltungsgebäude sei, sei ein Aufmarschplatz überflüssig. Außerdem müsse das neue Rathaus neben dem Neuen Schloß „das größte Gebäude" der Stadt überhaupt sein.[33]

Die Stadt zog aus dieser ersten Konfrontation umgehend Konsequenzen. Sie ließ den Standort an der Dorotheenstraße fallen und griff die Anregungen von Gutschow und Grund auf, das Rathaus im Bohnenviertel zu errichten. Hier hatte es die Stadt mit privaten Grundeigentümern zu tun und konnte außerdem den Rathausbau mit der Umgestaltung des Viertels verknüpfen.

„Die gesamte Umgestaltung der Altstadt in dem Teil zwischen Weber-, Charlotten-, Dorotheen-, Karls-, Marktstraße, Leonhardsplatz, Lazarett- und Weberstraße erfordert eine völlige Loslösung vom Alten. (...) Die Umgestaltung dieses Teils der Altstadt ist deshalb nicht in Form einer Sanierung, d. h. Verbesserung durch Instandsetzung, sondern in Gestalt eines völlig neuen Aufbaus durchzuführen."[34]

Das Technische Referat modifizierte den Plan Gutschows, rückte das Rathaus bis an die Ecke der Danziger Freiheit heran und wollte den „städtebaulich wertlosen" Häuserblock bis zur Leonhardskirche abreißen. Damit stand für das Haus der Partei sowohl das Areal am Karlsplatz und am Interimstheaterplatz als auch an der Neckarstraße zur Verfügung. Die nationalsozialistischen Mittelstandsvertreter kritisierten den Verlust von rund 100 Ladengeschäften, 24 Gaststätten und 500 Wohnungen.[35] Sie forderten für die Geschäftsleute gleichwertigen Ersatz, den die Stadt nicht finanzieren konnte. Ratsherr Sauer sprach deshalb von einer „Enteignung". Auch die Absicht der Stadt, in der neuen Rathauspassage Ladengeschäfte anzusiedeln und das Geschäftsviertel an der neuen, erweiterten Calwer Straße auszubauen, stellte die Kritiker nicht zufrieden.[36]

Im Sommer 1937 gerieten die städtischen Pläne ins Stocken. Einerseits zeichneten sich die Einschränkungen in der Bauindustrie, insbesondere eine Verknappung der Baustoffe ab; Stadtrat Schwarz, zugleich städtischer Beauftragter für den Vierjahresplan, äußerte sich pessimistisch über das Schicksal ziviler Bauvorhaben.[37] Auf der anderen Seite verschlechterte sich das Verhältnis zwischen Stadt und Partei. Die Haltung der Gauleitung wirkte auch auf die Ratsherren, die die Stadt bisher unterstützt hatten. Sie verlangten Rücksicht auf die Wünsche der NSDAP und brachten ihrerseits ständig neue Varianten ein. Eine Besprechung zwischen Murr und Strölin verlief für die Stadt wenig ermutigend. Strölin berichtete, man werde sich an den Gedanken gewöhnen müssen, daß das Haus des Deutschtums abgebrochen werde. Er stellte fest, daß „alles von der Entscheidung der Partei" abhängig und daß „ein Rückschritt in der ganzen Sachlage" eingetreten sei.[38]

Zur selben Zeit ging auf dem Cannstatter Wasen ein Bauwerk seiner Vollendung entgegen, das die Stadt gegen zahlreiche Widerstände und sogar gegen eine Weisung der Vierjahresplanbehörde durchgesetzt hatte, eine große Versammlungs- und Ausstellungshalle. Rechtzeitig zur V. Reichstagung der Auslandsorganisation der NSDAP konnte die Schwabenhalle eröffnet werden. Schon 1934 hatte Strölin bei Mergenthaler geklagt:

„Die Stadthalle mit einem polizeilich zugelassenen Fassungsvermögen von 7500 Personen reicht für die heutigen Bedürfnisse nicht mehr aus. Gauveranstaltungen, ja schon Kreisveranstaltungen der Partei und ihrer Gliederungen sind nur bei überfüllter Halle und durch Übertragung in Parallelversammlungen möglich. Diese Zersplitterung schwächt die Wirkung der Kundgebungen und ist vom politischen Standpunkt aus unerwünscht."[39]

Nachdem sich die AO für Herbst 1937 zu ihrer V. Reichstagung angesagt hatte, war Eile geboten. Die Stadt erinnerte sich der Olympia-Halle der KdF, die das Stuttgarter Bauunternehmen Epple erstellt hatte, eine Holzkonstruktion von 160 Meter Länge, 64 Meter Breite und 29 Meter Höhe mit 20 000 Sitzplätzen.[40] Da die Stadt früher schon 800 000 RM für eine Halle im Etat bereitgestellt hatte, war die Finanzierung gesichert.[41] Offiziell baute die Firma Epple die Halle, um rechtliche Hürden zu umgehen: die Stadt hatte lediglich das Gelände zur Verfügung gestellt. Als Anfang August 1937 Epple auf eine Entscheidung drängte, kaufte die Stadt das Bauwerk.[42] Der Einspruch der Vierjahresplanbehörde kam zu spät. Einen Tag nach Beginn der V. Reichstagung der AO wurde die „Schwabenhalle" eröffnet. Unterstützt von Murr und der AO, hatte sich die Stadt der Auslandsdeutschen dieses eine Mal gegen Reichsbehörden durchgesetzt.

Im Mittelpunkt der Auseinandersetzungen von Stadt und Partei standen repräsentative öffentliche Gebäude; von Anfang an aber hatte die Neugestaltung der Verkehrsverhältnisse für die Stadtverwaltung große Bedeutung.[43] Der zunehmende Individualverkehr und der Mangel an Parkplätzen hemmten den innerstädtischen Verkehrsfluß, was sich in den Hauptverkehrsstraßen auch auf den Straßenbahnverkehr störend auswirkte. In Zusammenarbeit mit dem Polizeipräsidium wies die Stadt deshalb verstärkt Einbahnstraßen aus, verhängte Park- und Halteverbote und sorgte für eine vermehrte Beschilderung.[44] Grundsätzlich sollte der Durchgangsverkehr von den Fildern und der Reichsautobahn von der Innenstadt ferngehalten und kurzfristig wenigstens aufgefächert werden. Denn der Ausbau der Neuen Weinsteige und der Heilbronner Straße zu Zubringerstraßen hatte die Probleme der Innenstadt vergrößert. Langfristig plante die Stadt deshalb einen innerstädtischen Straßenring, Untertunnelungen nach Westen und Osten sowie eine unterirdische Straßenbahn.

Besonders störte der Mangel an Parkflächen und Garagen. Seit Anfang 1937 verlangte die Stadt beim Bau von Wohn- und Geschäftshäusern die Errichtung von Garagen.[45] Dem Bau von Parkplätzen und Parkhäusern in der Innenstadt standen die hohen Bodenpreise, die dichte Bebauung und die Rohstoffknappheit entgegen. Als die Fachgruppe Kraftfahrzeug der Wirtschaftsgruppe Einzelhandel eine Großgarage bauen wollte, zeigte sich die Stadt zwar erfreut, sah sich aber zu finanziellen Zuwendungen außerstande.[46] Der Mangel an Eisen verhinderte auch Verbesserungen im Straßenbahnverkehr. In der Königstraße, wo sich viele Linien trafen und dichter Autoverkehr herrschte, kamen die Bahnen oft nur noch im Schrittempo voran.[47]

Stuttgart war eine unfallträchtige Stadt. Die Zahl der Verkehrsopfer stieg von 39 im Jahr 1929 auf 57 1936; vor allem ältere Fußgänger waren betroffen. Die Autofahrer in Stuttgart ließen Disziplin vermissen: Überhöhte Geschwindigkeit war bei 17 Prozent aller Unfälle die Ursache, während im Reich der Anteil bei 7,5 Prozent lag. Von Strölin stammte der Ausspruch, die Stuttgarter Autofahrer seien besonders an Wochenenden und zur Zeit des neuen Weins unvorsichtig.[48] Die Schutzpolizei hatte infolge „anderweitiger Inanspruchnahme" zu wenig Personal für die Verkehrsüberwachung.[49]

Als umfangreichstes Verkehrsprojekt nahm die Stadt 1937/38 den Ausbau der Straßen im Bereich der Danziger Freiheit in Angriff, was auch mit den Neubauplänen im Bohnenviertel in Einklang stand. Die Charlottenstraße sollte bis zum Olgaeck auf 23,5 Meter erweitert und der Wohnblock zwischen Danziger Freiheit und Leonhardskirche beseitigt werden. Die Öffentlichkeit hatte bis 1937 von den Bauvorhaben offiziell keine Kenntnis erhalten. Unter den Bewohnern kursierten Gerüchte. Mehrere Ratsherren forderten die Stadt auf, die Betroffenen in einer Bürgerversammlung aufzuklären.[50] Erneut formulierte Ratsherr Sauer die Kritik mit besonderem Nachdruck: Man dürfe nicht allein auf den Verkehr Rücksicht nehmen; in dieser Angelegenheit habe die Stadt jedenfalls nicht nur die Bevölkerung, sondern auch einen Teil der Ratsherren gegen sich. Vom Abriß bedroht waren fast 200 Wohnungen und über 90 Geschäfte. Allen Widerständen zum Trotz war die Stadt zum Abbruch entschlossen, auch wenn vorerst nur Teillösungen möglich seien.[51] Die Häuser mußten im Laufe des Jahres 1938 geräumt werden. Die Stadt stellte den Betroffenen städtische Räume zur Verfügung, übernahm Umzugskosten und gewährte Beihilfen zu Geschäftsneugründungen. Dennoch ließen sich Komplikationen nicht vermeiden: „Um die rechtzeitige Räumung sicherzustellen, mußten vielfach gerichtliche Urteile erwirkt werden. Eine zwangsweise Räumung konnte jedoch in vielen Fällen vermieden werden."[52] Neidvoll blickte Stadtrat Schwarz auf die „Führerstädte", die eine besondere Ermächtigung zur Zwangsenteignung erhalten und nur geringe Entschädigungssummen zu bezahlen hatten.[53]

Zusätzliche Schwierigkeiten bereiteten die Lage der Bauindustrie und die Finanzierung. Das Reichsarbeitsministerium verweigerte die 1934 zugesagten Mittel, weil nur eine Wohnraumsanierung, nicht aber eine Verkehrssanierung mit Wohnraumvernichtung förderungswürdig sei. Nach langen Verhandlungen erhielt die Stadt 200 000 RM statt einer halben Million.[54] Die Arbeiten an der Holzstraße konnten 1939 weitgehend abgeschlossen werden, ebenso die Verbreiterung der Gartenstraße. Letztere kostete nur wenige Gebäude und war als erster Bauabschnitt für die künftige Querspange zum Wilhelmsplatz vorgesehen.[55] Die Anfänge eines neuen Straßenverkehrskonzepts zeichneten sich ab.

Die Vorbereitungen für repräsentative Bauwerke gelangten im Unterschied zu der Verkehrsplanung auch 1938 nicht über das Entwurfsstadium hinaus. Die Stadt hoffte deshalb auf den hohen Besuch, der am 1. April 1938 seine Aufwartung machte. Hitler kam auf seiner Deutschland-Reise aus Anlaß der Volksabstimmung über den „Anschluß" Österreichs in die Stadt der Auslandsdeutschen. Die kurzfristige Ankündigung des Besuchs verursachte bei den Stadtvätern Unbehagen, denn man wollte dem „Führer" etwas bieten. Stadtrat Schwarz wußte Rat: In Anbetracht der Vorliebe Hitlers schlug er vor, ihm das Stuttgarter Stadtmodell mit einigen Neugestaltungsprojekten und die Pläne für die Kanalisierung des Neckars vorzuführen und eine grundsätzliche Zustimmung von höchster Stelle einzuholen. Die Stadt konnte außerdem ihre führende Position bei den Planungen dokumentieren, weil der Reichsstatthalter an konkreten Planungen lediglich die Gebietsführerschule der HJ, deren Grundsteinlegung wenige Tage später stattfand, präsentieren konnte.[56] Die Stadt konnte zufrieden sein, denn Hitler begrüßte die Entwürfe in allgemeinen Wendungen. Zu einer grundsätzlichen oder gar detaillierten Erörterung der Neugestaltungspläne kam es aber nicht. Schon nach kurzer Zeit wandte sich Hitler einer Tasse Tee zu.[57] Der Besuch leitete keine Wende ein; die Stadt der Auslandsdeutschen rückte nicht in den Kreis der bevorzugten „Neugestaltungsstädte" auf.

Im Sommer 1938 schickte Strölin eine großspurige Übersicht über Bauten und Pläne seit 1933 an Propagandaminister Goebbels; vom Charakter einer Gartenstadt war darin nichts zu bemerken.[58] Diese Liste war, wie der Adressat belegt, ein Versuch, nach dem „Anschluß" Österreichs auf Stuttgart aufmerksam zu machen. In der Rubrik „ausgeführte Bauten" führte die Stadt fast ausschließlich Bauwerke an, zu denen die Nationalsozialisten wenig mehr als die Einweihungsfeierlichkeiten beigetragen hatten: die Adolf-Hitler-Kampfbahn, Staustufe und Stausee in Hofen sowie Krankenhausbauten in Bad Cannstatt. Unter den Bauten, die sich „in vollem Gang" befänden, nannte Strölin die der Reichsgartenschau, die Innere Abteilung des Cannstatter Krankenhauses und das private Robert-Bosch-Krankenhaus. Den mit Abstand größten Raum beanspruchten jene Vorhaben, die im Entwurf oder in der Planung seien. Ihre Gesamtkosten bezifferte Strölin auf über 126 Millionen RM. Er zählte nicht nur städtische, sondern sämtliche öffentlichen Bauvorhaben in Stuttgart auf. Die aufwendigsten Projekte waren Neubauten der Technischen Hochschule (30 Millionen RM), die Hafenanlagen (25 Millionen RM), der Rathausneubau (10 Millionen RM), Bauten für

Landesministerien (8 Millionen RM) und Ausstellungshallen (6 Millionen RM). Die Aufstellung vervollständigten Parteibauten, Mineralschwimmbäder, eine Großhalle, Neubauten für die Staatstheater, ein neues Wehrbereichskommando, das Landesfinanzamt und das Hauptstaatsarchiv, Verwaltungsgebäude der Industrie- und Handelskammer, der Landesbauernschaft und der Polizei. Die Wirklichkeit sah anders aus. Auch verhältnismäßig kleine und über einen längeren Zeitraum vorbereitete Bauvorhaben fielen den Auseinandersetzungen zwischen Stadt und Partei zum Opfer. Die Stadtverwaltung opferte bereitwillig das Weißenhof-Gelände samt der als „baubolschewistisch" abgelehnten Werkbund-Siedlung aus dem Jahr 1927. Die Stadt offerierte das Gelände dem Generalkommando im Wehrkreis V für ein neues Verwaltungsgebäude. Nach einem Einladungswettbewerb von fünf Büros beschlossen Stadt, Reichsstatthalter, Wehrmacht sowie Bonatz als von der Stadt bestellter Sachverständiger in seltener Eintracht, auf der Basis des Entwurfs von Eisenlohr & Pfennig den endgültigen Plan zu fertigen.[59] Ende Juli 1939 kaufte die Heeresverwaltung das Gelände für fast 1,2 Millionen RM, die Mieter hatten schon auf 1. April des Jahres ihre Wohnungen räumen müssen.[60] Mit den Bauarbeiten wurde nicht mehr begonnen, denn die Heeresverwaltung hatte im Sommer 1939 andere Aufgaben. Die 1933 geweihte Brenzkirche wurde jedoch von den Umgestaltungsplänen in Mitleidenschaft gezogen. Der teilweise abgerundete Bau erhielt einen quadratischen Grundriß, und das „undeutsche" Flachdach ersetzt seither ein Giebeldach.[61]

Rüstung, Machtkämpfe und schließlich der Krieg „retteten" die berühmte Siedlung, ebenso die Stuttgarter Höhenzüge. Seit einigen Jahren plante die Reichsrundfunkgesellschaft den Bau eines Funkhauses im Bereich der Silberburg und der Karlshöhe.[62] Bereits 1903 hatte Theodor Fischer, Architekt des Kunstgebäudes am Schloßplatz, die Bekrönung von Stuttgarts Höhen mit repräsentativen Bauten empfohlen.[63] Sein Schüler Bonatz griff diesen Gedanken auf. Er schlug der Stadt bei ihren Diskussionen mit der NSDAP vor, das Parteihaus und andere Bauten auf die Höhen zu verweisen, um in der Innenstadt freie Hand zu haben. Strölin wehrte sich zunächst gegen einen Großbau auf der Karlshöhe, die bei „einer derartig monumentalen Krönung ganz in sich zusammensacken würde".[64] Dem Standort mußte er schließlich zustimmen, hinsichtlich der Ausführung fand er aber die Unterstützung Speers, der ebenfalls eine kleinere Lösung favorisierte.[65] Der Kriegsbeginn schob dem einen Riegel vor.

Die 3. Reichsgartenschau 1939

Die Krönung des Anspruchs, eine gesunde und aufgelockerte Gartenstadt zu sein, war für die Stadtväter die 3. Reichsgartenschau, die 1939 in der „Großstadt zwischen Wald und Reben" stattfinden sollte. Als Gelände war der Killesberg vorgesehen, damals eine Urlandschaft mit Steinbrüchen. Das Gebiet war „ein Dorado für das Räuberspiel der

V. 9. „Monumentalbauten" oder „Gartenstadt"

Jugend", was für Nationalsozialisten gleichbedeutend war mit einem „Niemandsland ohne Pflege und sinnvolle Verwendung" und mit einer „verheerenden Baustelle".[66] Die Stadt richtete 1933 auf dem Killesberg ein Arbeitsdienst- und ein Pflichtarbeiterlager ein. Sie wollte das Areal nicht ungenutzt lassen, sondern in die neu zu gestaltende Stadtlandschaft einbeziehen, es sollte einer „sinnvollen Verwendung" zugeführt werden. Mit der Gartenschau verband man die Diskussion um einen neuen Tierpark. Die kleine Anlage auf der Doggenburg genügte den Ansprüchen nicht mehr. So lag es nahe, auch den Killesberg als Standort zu erwägen.[67]

Im Juli 1935 erläuterte Direktor Hagstotz vom Fremdenverkehrsamt erste Vorstellungen über eine Gartenschau und ein neues Tiergartengelände.[68] Die 1. Reichsgartenschau war für 1936 in Dresden angekündigt. In Stuttgart konnte die Stadt ihr Image als musterhafte Gartenstadt in reizvoller Lage untermauern, zum anderen ließ sich die Umgestaltung des Killesberges über Reichszuschüsse und Einnahmen günstig finanzieren. Nachdem Stuttgart den Zuschlag für die 3. Reichsgartenschau erhalten hatte, schrieb die Stadtverwaltung im Herbst 1935 einen Ideen-Wettbewerb für Gartengestalter, Stadtplaner und Architekten aus. Sie erwartete sich nicht nur Anregungen für eine Gestaltung des Geländes zwischen Doggenburg und Pragsattel, die Bepflanzung der Gartenschau und einen Tierpark, sondern auch für die Anlage einer Umgehungsstraße, die vom Pragsattel über den Kräherwald westlich an der Innenstadt vorbeigeführt werden sollte.[69] Insgesamt 58 Entwürfe gingen ein. Den ersten Preis gewannen der Potsdamer Gartengestalter Hermann Mattern und der Architekt Gerhard Graubner, ein Bonatz-Schüler. Mattern war bei den Ratsherren nicht unumstritten; Österle wollte wissen, er sei früher Kommunist gewesen. Der Hinweis auf Matterns Arbeiten für den Reichsnährstand, die Deutsche Arbeitsfront und die Wehrmacht besänftigte jedoch die Kritik.[70]

Am 29. Januar 1937 unterzeichneten Strölin und Reichslandwirtschaftsminister Darré den Vertrag über die Gartenbauausstellung 1939. Die Stadt sicherte sich die Mitarbeit von Mattern und Graubner und stellte auch einen Sachbearbeiter für Tiergartenfragen an.[71] Ungewöhnlich war, daß die Stadt alle ausgezeichneten Wettbewerbsteilnehmer zu einer Arbeitsgemeinschaft unter Leitung von Mattern und Graubner vereinte.[72] Nachdem Strölin schon im Herbst 1935 Beiräte für Tierparkangelegenheiten berufen hatte, übernahmen nun auch Beiräte für die 3. Reichsgartenschau 1939 die Mitberatung.[73] Dem Ehrenpräsidium für die Reichsgartenschau gehörten Darré, Gauleiter Murr, Landesbauernführer Arnold, der Führer des Deutschen Gartenbaus, Böttner, sowie Strölin an. Es gab eine Oberleitung samt einem Beirat, eine örtliche Leitung, der wiederum ein Beirat mit Vertretern der Stadt, der NSDAP, der Reichskammer der Bildenden Künste, der Fachgruppen der beteiligten Berufe und des Reichsnährstands angeschlossen war, sowie die künstlerische Leitung unter Mattern und Graubner. Die Stuttgarter Bauleitung lag in den Händen des Garten- und des Hochbauamts der Stadt.

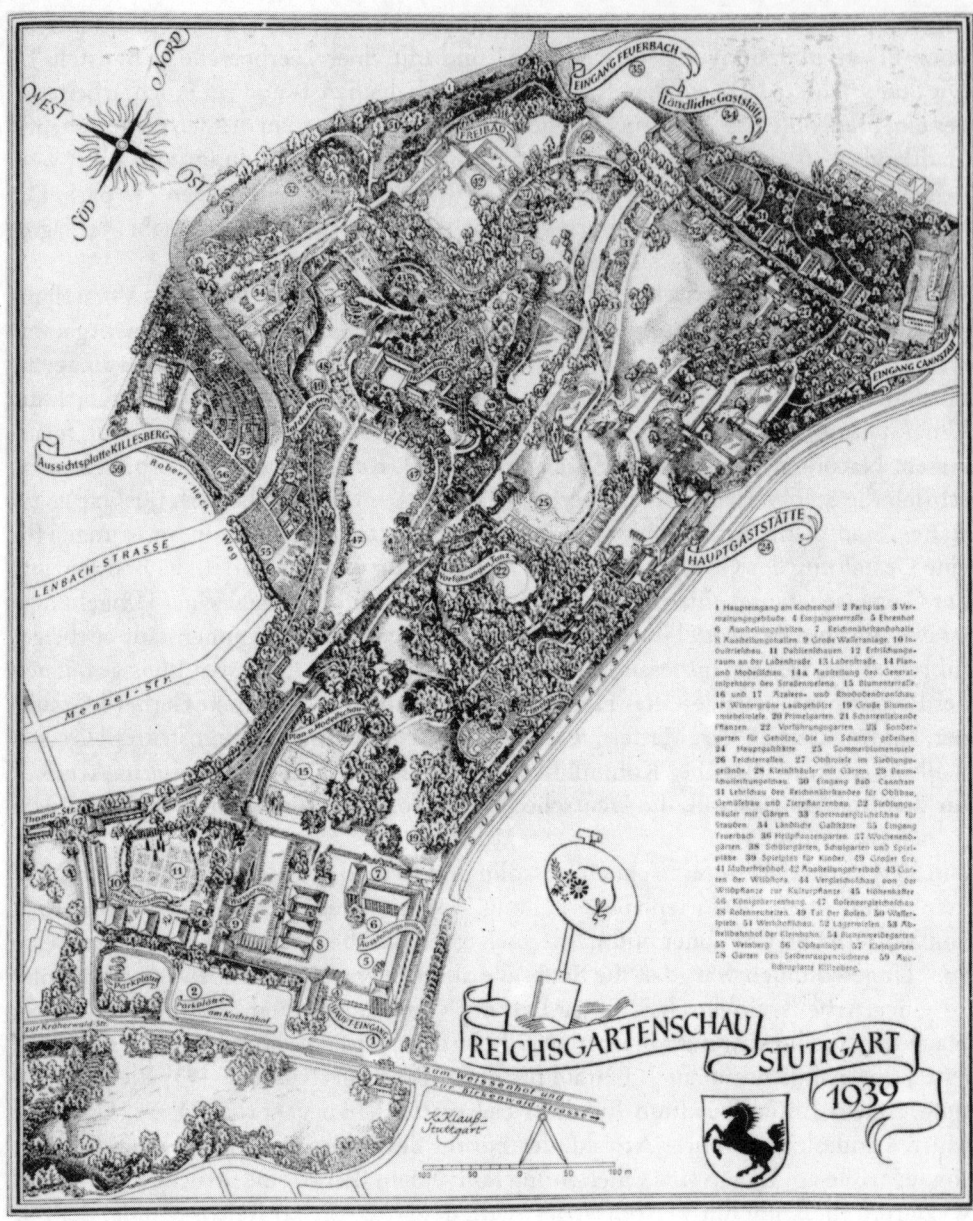

Lageplan des Reichsgartenschaugeländes

Als wirtschaftlicher Träger fungierte eine Reichsgartenschau-GmbH unter Vorsitz von Könekamp. Einziger Gesellschafter neben der Stadt war die Stuttgarter Siedlungsgesellschaft, die wiederum zu 100 Prozent der Stadt gehörte. Mit dieser Gesellschaft umging die Stadt die strengen Auflagen für die kommunale Finanzwirtschaft.[74]
Die neuen Beiräte befaßten sich vor allem mit der Werbung. Ein hochkarätiges Preisgericht entschied den Wettbewerb für ein Plakat. Die Reichskulturkammer entsandte vier Professoren, unter ihnen Schweizer-Mjölnir, den Reichsbeauftragten für künstlerische Formgebung. Auch der junge Lyriker und Nationalpreisträger Gerhard Schumann wirkte mit.[75] Im Rahmen der Vorbereitungen intensivierte die Stadt ihre Anstrengungen zur Verschönerung des Stadtgebiets. Nachdem Hitler bei seinem Turnfest-Besuch 1933 Stuttgart als die „wunderschöne Hauptstadt des Schwabenlandes" gelobt hatte, hatte die Stadtverwaltung eine Verschönerungsaktion begonnen, um sich des Titels würdig zu erweisen.[76] Unter dem Motto „Stuttgart rüstet zur Reichsgartenschau" lebte diese Aktion wieder auf. Einige Beiräte warnten allerdings, sich damit lächerlich zu machen.[77] Sie spielten wohl auf die Reaktionen auf die früheren Maßnahmen unter der Überschrift „Stuttgart muß jetzt sauber bleiben" an.[78]
Bei der Einführung des künstlerischen Beirats im Herbst 1937 stellten Graubner und Mattern ihre Konzeption vor. Mattern sprach sich gegen architektonische und gärtnerische Spitzenleistungen aus, sondern wollte in erster Linie den alltäglichen Gartenbau behandeln. Die Ausstellung sollte mit einem Leistungswettbewerb verbunden werden und die Beziehung zu den Auslandsdeutschen demonstrieren, die, wie Mattern einräumte, als Teil der baulichen und gärtnerischen Gestaltung nur schwierig herauszustellen sei. Graubner kam es weniger auf die einzelnen Bauten als auf die „Landschaftssanierung" an.[79] Gartenschau und Verkehrsplanung, Volkspark und Stadtsanierung waren die vier Schwerpunkte. Während bei den ersten beiden Reichsgartenschauen in Dresden (1936) und Essen (1937) vorhandene Anlagen erweitert und verändert wurden, konnten die Architekten und Gartengestalter in Stuttgart „aus einer Wüste ein Paradies" formen.[80]
Die Lage auf dem Arbeitsmarkt und der Rohstoffmangel störten wiederholt den Fortgang der Arbeiten.[81] Schon bei Baubeginn im Sommer 1937 zeichnete sich ab, daß die ursprünglichen Pläne nicht zu realisieren waren. Könekamp wollte deshalb „auf außerdienstlichem Wege" bei den zuständigen Stellen vorsprechen. Er deutete an, daß man auf den Tierpark verzichten werde, bevor man sich mit Interimslösungen behelfe. Nach Aussage des Leiters des Hochbauamts könnten die Bauten nur bei einer Unterstützung durch den Reichsnährstand aus dessen Rohstoffkontingenten rechtzeitig fertiggestellt werden. Das Amt habe sämtliche Pläne für Gebäude, die Eisenbeton erforderten, umgearbeitet.[82] Der Hauptabteilungsleiter des Reichsnährstands sicherte der Stadt seine Hilfe zu, meinte aber, unter den herrschenden Bedingungen hätten Pläne für einen Tiergarten keine Chance.[83] Obwohl im Dezember 1937 rund drei Viertel des

für ein reduziertes Bauprogramm angemeldeten Bedarfs an Rohstoffen bewilligt worden waren, lehnte es Graubner ab, unter diesen Umständen „die Verantwortung für die rechtzeitige Fertigstellung der Bauten zu übernehmen".[84] Unruhe bemächtigte sich der Ratsherren. Sie forderten das Hochbauamt auf, die einzelnen Bauarbeiten ohne Rücksicht auf die Genehmigung zu vergeben. Die zugesagte Eisenmenge reiche für die Eingangsbauten. Sie äußerten, das Hochbauamt betreibe die Sache nicht mit dem nötigen Ernst. Im Januar 1938 fanden die abschließenden Besprechungen statt. Die Stadt konnte mit rund 570 Tonnen Eisen rechnen, das war gerade ein Drittel des bereits gekürzten Bauprogramms. Man mußte sich deshalb auf die wichtigsten Bauten im Eingangsbereich beschränken.[85]

Die Stuttgarter Garten- und Landschaftsbaubetriebe waren mit ihren Arbeitskräften nicht in der Lage, die anfallenden Arbeiten zu bewältigen. Eine Ausweitung der Vergaben auf Betriebe im Gaugebiet wollte die Stadtverwaltung den Stuttgarter Unternehmen nicht zumuten. Sie beschloß statt dessen Beihilfen, damit die Stuttgarter Betriebe zusätzliche Arbeiter einstellten. Die Stadt, die auch auf ein Einstellen von Arbeitern beim Gartenamt verzichtete, unterstützte finanziell die Quartierbeschaffung, bezahlte den Betrieben den Auswärtigenzuschlag von 1,50 RM pro Tag und vergütete die Fahrtkosten zum Killesberg.[86] Außerdem bemühte sich die Stadtverwaltung um Strafgefangene als billige Arbeitskräfte. Auf Vermittlung des Reichsnährstandes und des Arbeitsamtes kamen im April 1938 50 Gartenarbeiter aus der Heidelberger Gegend. Das Arbeitsamt verteilte sie auf fünf Stuttgarter Betriebe, während die Stadt für Unterkünfte sorgte. Weil angesichts der Wohnungsnot keine Privatquartiere zur Verfügung standen, brachte die Stadt die Arbeiter in einem Obdachlosenheim unter.[87]

Der Mangel an Arbeitskräften wirkte sich nicht nur auf den Fortgang der Arbeiten, sondern auch auf die Beschäftigten auf der Großbaustelle Killesberg aus. Ihnen war ein Arbeitsplatzwechsel auch zu anderen an der Gartenschau beteiligten Betrieben untersagt, um Lohnsteigerungen vorzubeugen.[88] Die Baufirmen und die Stadtverwaltung mußten außerdem seit Mitte 1938 immer wieder Arbeiter für dringende reichswichtige Bauten, vor allem an den Westwall, abgeben. Allerdings äußerte das Hochbauamt den Verdacht, manche Unternehmen nützten dies als Ausrede, um sich bei Nichteinhaltung von Terminen um Vertragsstrafen drücken zu können. Das Amt verlangte von den Firmen, andere Baustellen zugunsten des Killesbergs zu vernachlässigen.[89] Die Ratsherren forderten hingegen ein größeres Entgegenkommen der Stadt gegenüber den Betrieben und eine bessere Bezahlung der Arbeiter.[90] Stadtrat Könekamp teilte zwar diese Auffassung, konnte sich aber innerhalb der Stadtverwaltung nicht durchsetzen. Er warf dem Arbeitsamt mangelnde Unterstützung der Stadt vor. Er verlangte, die Reichsgartenschau zu einer „reichswichtigen" Aufgabe zu erklären. Damit wäre nicht nur der Bestand an Arbeitskräften gesichert worden, sondern die Baustelle hätte bevorzugte Zuweisung von Arbeitern beanspruchen können.[91] Graubner und der Leiter des Tiefbauamts forderten unverzüglich höhere Löhne und eine großzügige Urlaubsregelung, um Arbeiter anzuwerben.[92] Auf der anderen Seite rügte aber das Rechnungsprüfungsamt zusätzliche Einstellungen des Garten- und des Hochbauamts sowie Lohnzuschläge.[93] Im Herbst 1938 drohte das Scheitern der Gartenschau.

Auf dem Höhepunkt der Krise, im Oktober 1938, erhielt die Gartenschau doch noch das Prädikat „reichswichtig". Könekamp gab Entwarnung, nachdem vom Westwall fast 200 Arbeiter nach Stuttgart gekommen und weitere Facharbeiter angekündigt worden waren.[94] An Weihnachten 1938 befanden sich bereits 900 frühere Westwall-Arbeiter in Stuttgart.[95] Zwei Monate vor dem Eröffnungstermin schrillten nochmals die Alarmglocken. Mitte Februar 1939 war mit dem Bau von Halle 12, in der der Generalinspekteur für das deutsche Straßenwesen eine Ausstellung über die Autobahnen mit dem Thema „Naturnahes Bauen in der Landschaft" zeigen wollte, noch nicht begonnen worden. Kein Bauunternehmen verfügte über Arbeiter für die Fundamentierung.[96] Darüber hinaus erzwang die schlechte Witterung eine mehrtägige Unterbrechung. Könekamp sprach von einer ernsten Lage. Die Stadtverwaltung stellte aus ihren Beschäftigten eine Kolonne von 250 Arbeitern auf und setzte außerdem Wehrmachtsangehörige der Stuttgarter Garnison ein.[97] Mit Erlaubnis der Kommandantur bat die Stadt jene Soldaten um ihre Hilfe, die über die Osterfeiertage Urlaub hatten. Schließlich erklärten sich Stuttgarter Baufirmen gegen Lohnerstattung (1,43 RM pro Stunde) bereit, kurzfristig Facharbeiter von anderen Großbaustellen wie dem Flughafen, dem Bosch-Krankenhaus und dem Kraftwerk in Marbach abzuziehen.[98] So konnte in buchstäblich letzter Minute das reduzierte Bauprogramm der Gartenschau fertiggestellt werden. Trotz der eklatanten Engpässe im zivilen Bauwesen konnte sich die Stadt aus propagandistischen Gründen kaum ein Scheitern des Projekts leisten. Einige Arbeiter konnten aus der Zwangslage zwar materielle Vorteile ziehen, sie wurden jedoch andererseits als jederzeit verfügbare Arbeitseinsatzreserve in willkürlicher Weise hin- und hergeschoben.

Die propagandistische Bedeutung besonders als Integrationsfaktor für die Volksgemeinschaft belegen einige Auseinandersetzungen, die von Parteiseite ausgingen. Ratsherr Reuff forderte beispielsweise, das Reisebüro Rominger „wegen seiner judenfreundlichen Einstellung" vom Vorverkauf der Eintrittskarten auszuschließen.[99] Als Aussteller und Betreiber von Geschäften in einer Ladenstraße sollten in erster Linie „verdiente Kämpfer der NSDAP" berücksichtigt werden.

Am 22. April 1939 eröffnete Reichsminister Darré die 3. Reichsgartenschau auf dem Killesberg. Eine so große Zahl von Ehrengästen hatten die Veranstalter eingeladen, daß für deren Ehefrauen kein Platz geblieben war. Lediglich einige Führerinnen der NS-Frauenschaft repräsentierten die Frauen. Ebenso vereinzelt wirkten in der übergroßen Schar von Uniformierten die wenigen Zivilisten, unter ihnen Ferry Porsche, der Konstrukteur des Volkswagens. Auch einige ausgewählte Vertreter der Arbeiter-

schaft durften an der Eröffnungszeremonie teilnehmen. Strölin, in der Uniform des SA-Brigadeführers erschienen, dankte ihnen besonders:
„Nach Jahren harter und unermüdlicher Arbeit ist nunmehr die Stunde gekommen, in der die Reichgartenschau 1939 allen Schwierigkeiten und Hemmnissen zum Trotz zum festgesetzten Zeitpunkt in dieser dem Reichsnährstand gewidmeten festlichen Ehrenhalle eröffnet werden kann. (...) Vor allem drängt es mich in dieser Stunde, den Männern meinen besonderen Gruß zu entbieten, die bei Sturm und Wetter, Tag für Tag bis spät in die Nacht hinein, selbst an Sonn- und Feiertagen treu und unverdrossen ihren schweren Dienst getan haben."[100]
Der Gastgeber kündigte an, daß der Killesberg erst der Anfang einer Grünfläche sein werde, die vom Kräherwald über den Rosensteinpark bis zu den Badeanlagen in Cannstatt und Berg reichen solle. Oder wie es emphatisch im offiziellen Festführer hieß: „Ganz Stuttgart soll eine einzige Gartenschau werden."
Ein Rundgang der Prominenz schloß sich an. Das Prunkstück der Anlage sollte der Eingangsbereich mit Freitreppe, Ehrenhof und Ehrenhalle des Reichsnährstandes bilden.[101] Die in Sandstein ausgeführte Ehrenhalle maß in der Länge 59, in der Breite 20 und in der Höhe 9 Meter. Neun Parabelbögen aus massivem Stein richteten den Blick auf einen handgeschmiedeten, fünf Tonnen schweren Hoheitsadler, eine Arbeit des Stuttgarter Bildhauers Hedblom. Die Bogenkonstruktion war allerdings eine Notlösung, weil die vorgesehene Holzdecke dem Mangel an Holz zum Opfer gefallen war. Die Eingangs- und die Ehrenhalle besaßen „in Würdigung ihrer Bedeutung als Repräsentationsbauten" einen Vorbau, den Quaderpfeiler trugen.[102] Erst nachdem die steinernen Monumente den Besucher am Eingang gleichsam eingesogen hatten, entließen sie ihn an den Wasserspielen vorbei in die Ausstellung.[103] Eine Fülle von Blumenrabatten lud zum Verweilen ein, Stauden und Sträucher wechselten mit Rasenflächen und Lehrgärten. Auch ein Musterfriedhof fehlte nicht. Praktische Anregungen sollten die Kleingartenanlagen und Obstgärten vermitteln. Als Attraktion erwies sich eine Kleinbahn, die wesentlich zum finanziellen Erfolg beitrug. Beim Eingang auf Feuerbacher Seite befand sich ein Freischwimmbad. Damit ging ein langgehegter Wunsch der Bevölkerung in Erfüllung. Eine Reihe von Kleinsthäusern paßte nicht ganz zum prächtigen Erscheinungsbild. Derartige Bauten galten seit 1934/35 als überholt. Ausstellungen in den weiteren Gartenschaugebäuden, Hausgärten mit Bepflanzungsvorschlägen für den Gartenbesitzer und Sonderausstattungen wie etwa eine Muster-Weinstube lenkten den Blick von diesen Einfachhäusern ab.[104] Den Sommer über konnten die Besucher Sonderschauen besichtigen, zahlreiche kulturelle Veranstaltungen lockten nicht nur Gartenfreunde auf den Killesberg. Als eindrucksvolles Schauspiel blieb der Besuch eines Zeppelins in den späten Abendstunden des 22. Juli noch lange in Erinnerung; die Scheinwerfer der Flakstellungen auf den Stuttgarter Höhen sorgten für einen strahlenden Lichtdom.[105]

Die Reichsgartenschau brachte sowohl dem Stuttgarter Gewerbe wie der Stadt Gewinn. Die Zahl der Übernachtungen war im Mai 1939 um 35 Prozent höher als im Mai des Vorjahres.[106] Für die Stadt blieb in der Schlußrechnung ein Überschuß von rund 820 000 RM. Der Gewinn war in erster Linie auf die 4,5 Millionen Besucher zurückzuführen. Um so mehr bedauerte die Stadt, daß die Gartenschau „durch den Kriegsausbruch früher als vorgesehen beendet werden mußte".[107] Freilich blieb die Hoffnung auf eine noch glanzvollere Eröffnung nach dem Siege. Während die Sonderschauen und Ausstellungen Anfang September einen Monat früher als geplant ihre Pforten schlossen, war der Park nach kurzer Unterbrechung bei freiem Eintritt weiter zugänglich. Anstelle von Blumen wurde Gemüse gepflanzt, und aus dem Tiergarten wurde eine Kaninchenzucht. Das im Oktober 1939 geschaffene Amt für Tierpflege richtete im Gartenschaugelände eine Hühnerfarm ein, und aus den Ausstellungshallen wurden Getreidespeicher.[108] In den Sommermonaten fanden gelegentlich noch Veranstaltungen statt, die Gartenschau aber verwandelte sich in einen Nutzgarten.

Kapitel VI
„Früher war es schöner, SA-Mann zu sein."

Die Gleichschaltung der Nationalsozialisten

„Wir hatten in Stuttgart an einem Tag bis zu 2500 Neuanmeldungen und innerhalb zwei Monaten etwa 14 000 zu bearbeiten."[1] Mit diesen Worten beschrieb der Stuttgarter Kreisleiter Otto Maier im Sommer 1933 den Ansturm auf die Partei im Frühjahr 1933, den er mit gemischten Gefühlen verfolgte.[2] Diesen Andrang hatten freilich führende Nationalsozialisten mitverursacht, weil sie zum 1. Mai eine Mitgliedersperre und damit gleichsam ein Ultimatum verkündet hatten. Führende Beamte bemühten sich um rechtzeitigen Eintritt. Es fehlten auch nicht die Konjunkturritter, die sich materielle Vorteile erhofften. Auf der anderen Seite intensivierten die Nationalsozialisten die Werbung in massiver Form. In einem Tätigkeitsbericht an die Kreisleitung informierte die soeben vom Stützpunkt zur Ortsgruppe erhobene Politische Organisation in Weil im Dorf Anfang Mai über eine erfolgreiche Kampagne. Sie hatte allen „nicht feindlich gesinnten" Einwohnern ein Rundschreiben mit Rückantwort zugesandt und dabei eine große Resonanz verzeichnet. Die Zahl der Parteigenossen stieg von 35 auf 205, die der Abonnenten des „NS-Kurier" von 40 auf 140, und die Kassenlage verbesserte sich von 30 RM auf 280 RM.[3]
Viele der vor 1933 eingetretenen Mitglieder, die „Alten Kämpfer", verfolgten solche Aktionen mit Mißtrauen und Ablehnung. Sie fürchteten, nach dem Sieg der Bewegung von sozial höhergestellten Neulingen um die Früchte ihres Kampfes gebracht zu werden. Beim Gautag, den die württembergische NSDAP am 28. Mai in der Gauhauptstadt beging, machte sich der stellvertretende Gauleiter Friedrich Schmidt zum Sprecher dieser Gruppe. Umgeben von Transparenten mit den Aufschriften „Wir brauchen Kämpfer und keine Mitläufer" oder „Prüfet und das Gute behaltet!", verlangte Schmidt eine „Reinigung der Partei". Nicht jeder Parteigenosse, so Schmidt, sei echter Nationalsozialist; besonders die gehobenen Schichten seien zu vornehm, das Braunhemd zu tragen: „Wir haben keine Ministerialräte, Bauern und Arbeiter aufgenommen, sondern deutsche Volksgenossen." Von den alten Kämpfern forderte Schmidt absolute Disziplin gegenüber der Führung von Staat und Partei: „Dieser Staat ist unser Staat. Seine Gesetze sind unsere Gesetze. Wer gegen sie verstößt, verstößt gegen die elementaren Grundbegriffe der nationalsozialistischen Bewegung."[4] Die meisten

Ortsgruppen nahmen die Neulinge mit sichtbarem Mißvergnügen auf. Sie setzten Pflichtmitgliederversammlungen und Schulungsabende für die neuen Parteigenossen an. Sie drohten, unentschuldigtes Fehlen als Zeichen von mangelndem Interesse zu werten und die Betreffenden im Wiederholungsfall auszuschließen.[5] Der Feuerbacher Ortsgruppenleiter stellte nach einer Überprüfung fest, daß viele der Neueingetretenen verschwiegen hatten, daß sie einer Loge oder einer logenähnlichen Organisation angehört hatten. Er schloß die Betreffenden aus und ließ die Zellenleiter die Neumitglieder nochmals überprüfen.[6] Von der Beitrittswelle profitierten auch die Gliederungen der NSDAP, besonders die SA, für die keine Mitgliedersperre galt. So waren von 143 Männern des SA-Reservesturms 4/R 121, der das Gebiet von Unter- und Obertürkheim, Hedelfingen und Uhlbach umfaßte, nur fünf alte Kämpfer.
Der Hauptgrund für die Unzufriedenheit der alten Kämpfer lag auf wirtschaftlichem Gebiet. In einem Aufruf „Gebt Arbeit für SS und SA" forderte die NSDAP die Geschäftswelt auf, ihre Ehrenpflicht gegenüber den Männern der nationalsozialistischen Bewegung zu erfüllen.[7] Nach Angaben des „NS-Kurier" gelang es bis zum 1. März 1934, in Stuttgart 2000 SA- und SS-Männer sowie Amtswalter der NSDAP „wieder in den Arbeitsprozeß einzuschalten". Laut dieser Quelle gab es lediglich noch 76 arbeitslose aktive Nationalsozialisten, darunter 43 kaufmännische und technische Angestellte.[8] Allerdings, so der „NS-Kurier", arbeiteten viele der Neueingestellten noch in unwürdigen Positionen mit ebensolchem Gehalt. Sollten diese Zahlen zutreffen, so bedeutete dies eine eklatante Bevorzugung aktiver Nationalsozialisten, denn insgesamt war die Arbeitslosigkeit in Stuttgart bis zu diesem Zeitpunkt nur um rund ein Drittel gesunken. Nach einer anderen Mitteilung, ebenfalls im „NS-Kurier", waren dagegen erst im Sommer 1934 alle alten Kämpfer untergebracht: Am 1. Februar des Jahres seien 393, am 1. Mai noch 97 Angehörige des SA-Sturms 4/121 arbeitslos gewesen.[9] Die Zahlen im „NS-Kurier" waren Propaganda. Denn in zahlreichen Eingaben an Behörden schilderten alte Kämpfer ihre wirtschaftliche Not und ihre enttäuschten Erwartungen.[10] Der SA-Sturmbann 2/119 in Bad Cannstatt beschwerte sich im November 1933 beim Führer der Standarte 119, daß das Winterhilfswerk Kleidungsstücke an alte SA-Männer verteile, „die zu nichts anderem mehr als zu Putzlumpen Verwendung finden können". Ein Sturmführer forderte den Standartenführer auf, die Verteilungsstelle des WHW zu kontrollieren. Man könne meinen, daß dort „rote und schwarze Bonzen" säßen, die die SA verhöhnen wollten. Die Beschwerde drang jedoch nicht durch. Im Gegenteil, der Führer der Standarte dankte der Landesführung des WHW für ihre Bemühungen und versicherte, daß er den unzufriedenen Sturmbann belehrt habe.[11] Es kam sogar vor, daß Mitglieder der Nationalsozialistischen Betriebszellen-Organisation (NSBO) entlassen wurden, weil sie eine tarifgerechte Entlohnung forderten.[12]
Doch es gab genügend Fälle, in denen die Nationalsozialisten ihren Vorteil suchten

und fanden. Da wollte der alte Kämpfer dem neuen Staat nach langer Kampfzeit in vorderster Front dienen; der vielbeschäftigte Selfmademan bot in einem Telegramm an Gauleiter Murr seine Dienste für die württembergische Gesandtschaft in Berlin an; ein Leiter von Arbeitsdienstlagern empfahl sich selbst wärmstens für die Mitarbeit in der Landesstelle des Ministeriums für Volksaufklärung und Propaganda aufgrund seiner angeblich umfassenden Kenntnisse sämtlicher Volksschichten und ihrer psychologischen Probleme.[13] Aber auch Opportunisten und Karrieremacher hatten Konjunktur. Dabei erwiesen sich Beziehungen zu einigermaßen prominenten Nationalsozialisten als Vorteil. Diese stellten dann Bescheinigungen aus, die etwa so aussahen: „Ich bestätige Dir gerne, daß ich Dich schon über fünf Jahre als Künstler bewußt völkischer Einstellung kenne. Schon Jahre hindurch hast Du nun Deine Kraft in den Dienst der HJ gestellt."[14] Interessante Konstellationen und Auseinandersetzungen ergaben sich, wenn die Protegés zweier nationalsozialistischer Führer sich beim Gerangel um einen Posten ins Gehege kamen.[15] Wichtig war für manchen SA-Mann, daß Straftaten, die er „im Dienst der nationalen Erhebung" begangen hatte, durch einen Erlaß der Reichsregierung gelöscht wurden. So erreichte der SA-Führer Rauser, der am 15. November 1923 wegen Bildung verbotener Hundertschaften und unerlaubten Waffenbesitzes zu viereinhalb Monaten Gefängnis verurteilt worden war, seine Rehabilitierung als Justizbeamter des mittleren Dienstes.[16] Der Zuffenhäuser SA-Mann Bröll, der 1930 an der Ermordung des Kommunisten Weißhaupt beteiligt gewesen und zu zwei Jahren Gefängnis verurteilt worden war, erreichte im Wiederaufnahmeverfahren einen Freispruch.[17]

Die Stadt bevorzugte bei der Vergabe selbst kleinerer Aufträge aktive Nationalsozialisten. Nachdem sie 1935 beschlossen hatte, den Brautpaaren im Standesamt Hitlers „Mein Kampf" auszuhändigen, beanspruchte die Vereinigung Stuttgarter Buchhändler die Lieferung. Die Aktivisten der Partei unter den Verwaltungsbeiräten lehnten dies ab, weil dadurch die NS-Buchhandlung von Ratsherr Gengenbach nicht zum Zuge gekommen wäre. Sie verwarfen auch einen Kompromißvorschlag, das Kontingent zur Hälfte an drei NS-Buchhandlungen zu vergeben, wobei Gengenbach bevorzugt werden sollte. Mit Erfolg reklamierten sie den gesamten Auftrag für Gengenbach, einen SA-Standartenführer.[18] Bei der Vergabe der städtischen Gaststätten am Max-Eyth-See, in der Stadthalle und auf dem Killesberg erhielten alte Parteigenossen den Zuschlag.[19]

Dennoch war die Ausbeute mager: Viele Nationalsozialisten hatten sich unter dem „Sieg der Bewegung" etwas anderes vorgestellt. Der Stuttgarter SA-Standartenführer Himpel trauerte im August 1933 vergangenen Zeiten nach:

„Früher war es schöner (...), SA-Mann zu sein, denn man lebte damals stets in Gefahr und infolgedessen war auch die Kameradschaft fester und aufrichtiger. Wir haben heute in unseren Reihen viele Menschen, die überhaupt noch nicht wissen, um was es

VI. Die Gleichschaltung der Nationalsozialisten

bei uns geht. Diesen haben wir voraus, daß wir Männer sind, die dieses Reich erkämpft haben, und wir sind es, auf deren Schultern es heute ruht."[20]

Der „NS-Kurier" verkündete: „Die Revolution ist zu Ende. Das Ziel der deutschen Revolution war nicht (...), eine Revolution zu machen, war auch nicht die Erringung der Macht, sondern Staat und Volk zum Träger des nationalsozialistischen Geistesgutes zu machen."[21]

In der „NS-Gemeindezeitung" schrieb der streitbare Ratsherr Sauer (Parteigenosse seit 1929) in der zweiten November-Ausgabe 1933: „Für viele der alten Kämpfer ging diese Machtergreifung zu schnell und zu einfach vor sich, sie hätten es gerne gesehen, wenn sie mit den Feinden des Volkes – nicht nur mit den Kommunisten – hätten Fraktur reden können." Sauer machte sich und den anderen Mut: Der Führer habe zwar gewaltsame Aktionen verhindert, weil die Gegner ohnehin zerschlagen gewesen seien, aber er habe nicht Anweisung gegeben, sich auf den Lorbeeren auszuruhen und sich in Sicherheit zu wiegen. Als neues Betätigungsfeld eröffne sich „für die besonders regsamen und nach fortgesetzter Betätigung lechzenden alten Parteigenossen ein großes, bisher nicht genügend beachtetes Aufgabenfeld. (...) Es ist die ständige Überwachung derer, die nicht begreifen wollen!" Getreu einem Wort von Goebbels, der Marxismus sei zwar ein Feind, aber keine Gefahr mehr, erkannte Sauer die Gegner bei den „verkalkten Bürokraten und Gehaltsempfängern mit Pensionsberechtigung. (...) Sie tragen Hakenkreuze in den größten Ausführungen, heben begeistert den Arm zum Deutschen Gruß, drängen sich bei allen öffentlichen politischen Veranstaltungen möglichst aufdringlich vor. (...) Der Volksmund hat schon recht, der sagt: Sie gaben ein Treuebekenntnis ab, um ihre Stellung zu halten."[22]

Die Politische Polizei führte in einem Lagebericht Ende November 1933 aus, die Gegensätze innerhalb der nationalsozialistischen Bewegung seien in Württemberg weniger ausgeprägt als anderswo. Dennoch habe sich mit dem lawinenartigen Anwachsen der Organisationen „eine gewisse Verwässerung" auf verschiedenen Gebieten gezeigt. Der Verfasser rügte Widersprüche zwischen den Anweisungen führender Partei- und Staatsstellen und untergeordneten Organen:

„So schmerzlich in vielen Fällen eine disziplinierte Zurückhaltung auch empfunden werden mag, kurzsichtiger Übereifer und örtliche Sonderverhältnisse dürfen künftig keinesfalls die großen Richtlinien der politischen und staatspolitischen Führung durchkreuzen. (...) Es ist ein unerträglicher Gedanke, entspricht aber den tatsächlichen Verhältnissen, daß vielfach die Richtlinien der Staatsführung beispielsweise von der vormals gegnerischen Presse mit größerer Gewissenhaftigkeit und Sorgfalt beobachtet werden, als von der eigenen nationalsozialistischen Parteipresse."[23]

Auch Sauers „NS-Gemeindezeitung" ereilte die Gleichschaltung. Das Hauptamt für Kommunalpolitik drängte auf eine Zentralisierung aller lokalen Zeitungen. Die Halbmonatsschrift mußte seit dem 1. April 1935 als „Nationalsozialistisches Mitteilungs-

blatt des Gauamts für Kommunalpolitik Württemberg-Hohenzollern" erscheinen. Sie blieb zunächst jedoch weitgehend unabhängig, da Gauamtsleiter Stümpfig Sauer freie Hand ließ. Nach mehreren Disziplinierungsversuchen mußte Sauer sein Blatt aufgeben, das in der vom Hauptamt herausgegebenen „NS-Gemeinde" aufging.[24]
Nachdem die Reichsregierung im Juli 1933 die NSDAP zur einzig zugelassenen Partei erklärt hatte, bestimmte sie die NSDAP im Dezember 1933 zur „Trägerin des deutschen Staatsgedankens".[25] Die Kampfzeit von Partei und SA war damit offiziell beendet; jetzt galt es, der Bevölkerung nationalsozialistische Staatsgedanken nahezubringen, worunter man in erster Linie Propaganda zu verstehen hatte. Gelegenheit dazu hatten die aktiven Nationalsozialisten erstmals im Spätherbst 1933. Die Führung hatte für den 12. November 1933 ein Plebiszit über den Austritt aus dem Völkerbund und zugleich die „Wahl" eines Reichstags angesetzt. Die Parteigenossen erhielten eine Beschäftigung, die an die Wahlschlachten früherer Jahre zumindest äußerlich erinnerte. Bei einer Beteiligung von 95,8 Prozent hatten sich über 13 000 Stuttgarter des Gangs zu den Urnen enthalten. Weitere 23 000 Personen hatten gegen die Einheitsliste und den Austritt aus dem Völkerbund gestimmt.[26] Diese Zahlen sagten wenig, denn Wahlfälschungen waren ohnehin wahrscheinlich. Nach dem Tode des Reichspräsidenten von Hindenburg ließ Hitler das Volk zur Vereinigung der Ämter des Reichspräsidenten und des Reichskanzlers in seiner Hand erneut akklamieren. Dabei enthüllte ein unscheinbarer Vorgang die innerparteiliche Unzufriedenheit. In Rohr auf den Fildern kühlte eine Handvoll SA-Männer ihr Mütchen an einigen Einwohnern, die sie als ehemalige Kommunisten kannten und im Verdacht hatten, mit „Nein" gestimmt zu haben. Sie holten die Betroffenen aus ihren Wohnungen und verprügelten sie mit ihren Schulterriemen. Ein Schöffengericht verurteilte sieben SA-Männer wegen Körperverletzung zu Geldstrafen zwischen 15 RM und 70 RM, weil sie „in höchst disziplinloser Weise der in dem Erlaß des Reichskanzlers vom 2. 8. 1934 (...) erhobenen Forderung nach einer freien und geheimen Wahl und nach einer freien Volksabstimmung zuwidergehandelt hatten". Durch solche Aktionen werde das Ansehen der NSDAP und der SA geschädigt. Die Angeklagten seien deshalb mit Geldstrafen davongekommen, weil sie nicht vorbestraft seien und ihnen ein „gewisser Übereifer" zugute gehalten werden könne.[27]
Die Ereignisse in Rohr spielten sich zu einem Zeitpunkt ab, als die Nerven vieler alter Kämpfer in Partei und SA zum Zerreißen gespannt waren. Wenige Wochen zuvor, Anfang Juli 1934, hatte Hitler die SA entmachtet und deren oberste Führer samt seinem bisherigen Duzfreund Röhm ermorden lassen. Die Stuttgarter SA-Führung nahm an jenem Wochenende des 30. Juni und am 1. Juli 1934 an einem Treffen der SA-Brigade 55 Württemberg teil und entging auf diese Weise dem Massaker bei der Führertagung in Bad Wiessee. Nur der Chef der Politischen Polizei, der aus der SA stammende Hermann Mattheiß, wurde ein Opfer des 30. Juni in Württemberg. Er

VI. Die Gleichschaltung der Nationalsozialisten

stand dem vom Gauleiter protegierten Parteineuling Walter Stahlecker im Wege, der sich der SS angeschlossen hatte.[28]

Zwei Wochen nach dem Mord an Mattheiß und den SA-Führern verübte der Kreisleiter der Stuttgarter NSDAP, Otto Maier, Selbstmord. Die politischen Motive des persönlich nicht unkomplizierten, etwas verschlossenen Mannes waren unverkennbar. Maier hatte 1933 mehrfach die Öffnung der Partei und die Verdrängung der alten Kämpfer in scharfer Form kritisiert. Die Ermordung Röhms und der SA-Führer mußte Maier alle Illusionen über den weiteren Kurs rauben. Auslöser für seinen Selbstmord war möglicherweise ein Auftritt von Robert Ley, dem Führer der DAF, am 16. Juli 1934 in Stuttgart. Nach einer Zechtour soll der auch als „Reichstrunkenbold" bekannte Ley auf der abendlichen Kundgebung geäußert haben, die NSDAP habe den Arbeitern nichts versprochen, dies aber werde sie halten.[29] Nachfolger Maiers wurde Adolf Mauer, der sich als Gründer und Organisator der NSDAP in Stadt und Oberamt Heidenheim einen Namen gemacht hatte. Er galt als befähigt und war verbindlicher als sein Vorgänger.

In den Ortsgruppen gaben jene Mitglieder den Ton an, die nach der Konsolidierung und nach dem ersten großen Wahlerfolg im September 1930 zur NSDAP gestoßen waren. 67 Ortsgruppenleiter, die zwischen 1933 und 1938 amtierten, konnten ermittelt werden, bei 53 von ihnen auch das Datum des Parteieintritts.[30] Zwischen der Neugründung 1925 und September 1930 waren 13 der späteren Ortsgruppenleiter beigetreten, allein sechs davon im Jahr 1930. 27 von 53 kamen zwischen Oktober 1930 und Ende 1931 zur NSDAP, die übrigen traten 1932 bei. Drei Ortsgruppenleiter, die jedoch alle ihr Amt erst 1938 antraten, waren erst nach dem 1. Mai 1933 Parteigenossen geworden. Zum Zeitpunkt der Machtübernahme 1933 waren drei Viertel der Ortsgruppenleiter (48 von 64) jünger als 40 Jahre, ein Viertel (17) jünger als 30 Jahre. 29 Funktionäre bezeichneten sich als Kaufmann oder kaufmännischer Vertreter; dazu kamen fünf Bank- und zwei Versicherungsangestellte, fünf Handwerksmeister und Beamte, darunter ein Lehrer, sowie zwei Arbeiter. Neun Ortsgruppenleiter übten „freie Berufe" aus, darunter vier Dentisten und Drogisten. In 13 Ortsgruppen konnte zwischen 1933 und 1938 ein Wechsel an der Spitze festgestellt werden, in drei Fällen waren Tod oder Wegzug des Amtsinhabers, in drei anderen Fällen Eingriffe der Parteigerichte Ursache für die Veränderung.

Im Juli 1935 begann eine Pressekampagne gegen „Staatsfeinde". Ein Schwerpunkt waren Angriffe gegen die deutschen Juden, ein zweiter galt infolge der Engpässe der Lebensmittelversorgung den „Hamsterern".[31] Am 29. August veranstalteten SA-Männer einen Propagandamarsch durch die Innenstadt, bei dem sie die Staatsfeinde als Großfiguren mitführten. Vor dem Königsbau erstürmten sie eine Barrikade und durften an Pappkameraden ihre „soldatische Haltung" beweisen.[32] Der „NS-Kurier" kommentierte eine Rede von Kreisleiter Mauer vor Polizeibeamten:

„Wenn wir auch das Nörgeln der Meckerer und ewigen Besserwisser, die passive Resistenz der Reaktionäre nicht wichtiger nehmen wollen, als es zu betrachten ist, so wollen wir doch mit aller Deutlichkeit die Worte des Kreisleiters unterstreichen, nach denen die einmal geschaffene Volksgemeinschaft weder durch die Konfessionen noch durch gemeinschaftswidrige Bestrebungen untergraben werden darf."[33]

Die Typisierung und Diffamierung von sogenannten Meckerern, Nörglern, Miesmachern und Hamsterern gehörte zum festen Repertoire der Propaganda.[34] Nicht zur Sprache kam, daß Meckerer und Querulanten nicht selten aus den eigenen Reihen stammten. So verwarnte das Oberste Parteigericht einen Parteigenossen (Eintritt 1932) und erkannte ihm auf Dauer von drei Jahren die Fähigkeit ab, ein Parteiamt zu bekleiden, weil er gesagt hatte: „Sehen Sie sich doch die Parteigenossen Murr, Waldmann und Genossen an! Wo bleibt denn dort der Idealismus? Diese Leute sind nichts anderes als Bonzen. Der Führer wird hinters Licht geführt."[35] Zur Verunsicherung der Parteigenossen trugen auch Rivalitäten in der Führergarde bei. Die Differenzen zwischen Murr und Mergenthaler waren überall bekannt. Sie rührten noch aus den zwanziger Jahren und erreichten 1933 einen Höhepunkt, als Murr Hitler vergeblich bedrängte, „mir freie Hand in der Ernennung eines anderen Ministerpräsidenten einzuräumen".[36]

Am 30. Januar 1937 trat ein neuer Organisationsplan der NSDAP in Kraft. Nach den Eingemeindungen vom 1. April 1937 gab es in Stuttgart 129 794 Haushaltungen, die in 11 638 Hausgruppen, 2618 Blöcken, 428 Zellen sowie 52 Ortsgruppen und einem Stützpunkt (Rotenberg) zusammengefaßt waren.[37] Kreisleiter Mauer bezeichnete die neue Struktur als „Instrument zur Betreuung und Überwachung des ganzen Volkes".[38] In der Tat war damit die „restlose Erfassung", wie es in der nationalsozialistischen Terminologie hieß, in die Wege geleitet; das Blockleiter-System überzog Stadt und Reich. Im übrigen übernahm die Stadtverwaltung die Neueinteilung bei der Gliederung der Wahlbezirke.

Nächster Schritt der Überwachung war die Kennzeichnung der Gebäude mit Haustafeln. Sie enthielten wichtige Termine für Sammlungen und Propagandaveranstaltungen, Aufrufe der Partei und des Reichsluftschutzbundes. Für größere Häuser gab es je eine Haustafel, kleinere Gebäude waren auf einer Tafel zusammengefaßt. Im August 1938 rügte Kreisorganisationsamtsleiter Spengler die Politischen Leiter und die Hausbesitzer ob ihrer Nachlässigkeit: „Im Bereiche von 12 Ortsgruppen habe ich in 17 Straßen 51 Wohnhäuser aufgesucht und mußte feststellen, daß nur in 19 Häusern die Haustafel angebracht war." Spengler drohte, widerspenstige Hausbesitzer würden vom Kreisrechtsamt „weiter behandelt".[39] Wenig später bemängelte die Kreisleitung, daß die Karteien der Blockleiter nicht auf dem neuesten Stand seien. Im Oktober 1938 mußten die Hausbesitzer neue Hauslisten mit Angaben über die Hausbewohner ausfüllen; im Falle einer Weigerung drohte die Kreisleitung mit Strafen.[40]

Die politische Ohnmacht der Parteigenossen korrespondierte mit einer alltäglichen Allmacht. Denn die neue Aufgabe bot Kompensationsmöglichkeiten; Betreuung und Überwachung der Bevölkerung erforderten einen entsprechenden Apparat. Anfang 1939 beschäftigten die NSDAP und ihre Gliederungen in Stuttgart hauptamtlich 1270 Personen; bei der DAF und den angeschlossenen Verbänden standen 564 Personen auf der Gehaltsliste.[41] 1521 dieser 1834 Arbeitnehmer waren angestellt, und lediglich 110 waren Arbeiter, in erster Linie wohl die Fahrer und die Hausmeister der Dienstgebäude. Trotz der neuen Aufgaben ließen der Eifer und der Einsatz der Politischen Leiter der NSDAP, bei denen nicht Gehälter, sondern Idealismus und Überzeugung gefragt waren, zu wünschen übrig. Der SD-Unterabschnitt konstatierte in einem Lagebericht Ende 1938 in den nationalsozialistischen Gliederungen allgemein eine große Dienstmüdigkeit. Außerdem kehrten nach Ableistung des Wehrdienstes nur wenige junge Männer zu den Gliederungen zurück.[42] Wenn auch nicht typisch, so doch bezeichnend war das Ende der Karriere von Karl Reißing, einem Rabauken der „Kampfzeit". Bei einer der zahlreichen Verhandlungen bat er 1932 das Gericht, die Liste seiner Vorstrafen nicht zu verlesen, um dem politischen Gegner keine Munition zu beliefern.[43] Reißing, einer der ersten SS-Männer in Stuttgart, wurde nach der Machtübernahme Hausmeister der Reichsstatthalterei. Dort randalierte er eines Nachts in betrunkenem Zustand. Er widersetzte sich der Festnahme und erschoß einen Schutzpolizeibeamten, der zur Wache in die Villa Reitzenstein kommandiert war. Das Sondergericht verurteilte Reißing am 12. November 1938 zum Tode. In seiner Urteilsbegründung führte das Gericht aus, die Verdienste in der Kampfzeit könnten die Verfehlungen nicht aufwiegen, die Reißing auf seinem abenteuerlichen Lebensweg begangen habe.[44]

Kapitel VII
Vom Boykott zum Pogrom

Die Verfemung und Verfolgung der Stuttgarter Juden 1933 bis 1938

1. „Unsere Sicherungen sind dahin."
Nationalsozialistische Bedrückung und neue jüdische Identität

„Es ist eine ernste Stunde, in der die diesjährigen Beratungen der Israelitischen Landesversammlung stattfinden. Ich denke nicht nur an die wirtschaftliche Not, die auf unserem Vaterland, auf jedem einzelnen von uns und damit auf unserer Gemeinschaft lastet. Ich denke vor allem daran, daß in der Reichsregierung eine Partei maßgebend geworden ist, die fanatischen Judenhaß gepredigt hat."
Ministerialrat Dr. Otto Hirsch sprach diese Sätze am 19. Februar 1933 in seiner Eröffnungsrede der Israelitischen Landesversammlung, des gesetzgebenden Organs der israelitischen Religionsgemeinschaft Württembergs. Hirsch äußerte tiefe Betroffenheit und Sorge, aber auch Hoffnung, denn er vertraute auf „die ruhigen und gefestigten Verhältnisse in unserem engeren Heimatland".[1] Zu diesem Zeitpunkt regierte noch das Kabinett Bolz, im Rathaus amtierte Karl Lautenschlager.
Im November 1932 veranstaltete der „Kampfbund für deutsche Kultur" einen Abend mit Strölin und drei prominenten Mitgliedern des Württembergischen Landestheaters. Die Einladung enthielt den Zusatz: „Juden haben keinen Zutritt!" Nach einem Protest jüdischer Gemeinden richtete der SPD-Landtagsabgeordnete Berthold Heymann wegen des Mitwirkens der Künstler eine Anfrage an die Regierung. Das Kultministerium versicherte, es hätte den Auftritt untersagt, wenn der diskriminierende Zusatz bekannt gewesen wäre.[2]
Lautenschlager fand sich am Nikolaustag des Jahres 1932 zusammen mit Polizeipräsident Klaiber, Stadtkommandant Oberst Ritter von Molo und anderen Persönlichkeiten in der Liederhalle ein, als ein Vorstandsmitglied des Reichsbunds Jüdischer Frontsoldaten zum Thema „Vaterland und deutsches Judentum" sprach.[3] Die Frontsoldaten-Tradition habe Verbindungen zwischen den in weiten Teilen antisemitischen Kriegervereinen und dem national-konservativen Reichsbund gebracht. 520 jüdische Stuttgarter hatten im Weltkrieg an den Fronten gekämpft, das war ein Sechstel aller Stuttgarter Frontsoldaten, 98 waren gefallen, und 340 hatten eine Auszeichnung erhal-

ten. Zum Heldengedenktag am 30. November 1932 hatte, wie in den Vorjahren, der Württembergische Kriegerbund auch die Gräber der jüdischen Gefallenen geschmückt. Die Kriegervereine hatten Abordnungen zur Gedenkfeier am Ehrenmal im israelitischen Teil des Pragfriedhofs geschickt.[4] Der Vorsitzende der Stuttgarter Ortsgruppe des Reichsbunds Jüdischer Frontsoldaten, Siegfried Merzbacher, forderte in seiner Gedenkrede dazu auf, allen Anfeindungen mit unverbrüchlicher Treue zum Vaterland zu begegnen.

Nach den Wahlen vom 5. März 1933, als die Stuttgarter Nationalsozialisten an die Macht drängten, begannen antijüdische Ausschreitungen. Nationalsozialistische Posten verwehrten jüdischen Arbeitnehmern das Betreten ihrer Betriebe. Karl Adler, Direktor des Konservatoriums, wurde überfallen und schwer verletzt. Er mußte ein Konzert der Jüdischen Nothilfe absagen und wurde entlassen. Die neuen Herren im Kultministerium und im Rathaus waren so sehr an der Ablösung Adlers interessiert, daß sie den widerstrebenden Vorstand des Konservatoriums auflösten, um freie Hand zu bekommen.[5] Am 10. März erfolgte der erste Boykott der jüdischen Kaufhäuser Schocken, Tietz und Kadep. SA und SS blockierten die Eingänge und verteilten Flugblätter mit der Aufschrift „Deutsche, kauft nur in deutschen Geschäften".[6] Strölin brachte ein Baugesuch des Kaufhauses Schocken zu Fall und verhinderte die Eröffnung der Filiale eines Textilgeschäfts.[7]

Als Protest gegen „Greuelpropaganda der Juden" in aller Welt rief die Parteiführung der NSDAP für den 1. April 1933 zu einem „Abwehrboykott" auf. In ihrer Anordnung verwies die Kreisleitung auf die Ziele des Boykotts. Er diente einerseits der Sympathiewerbung beim Mittelstand, denn die Gewerbevereine sollten mitwirken. Andererseits sollte arbeitslosen Parteigenossen und SA-Männern Gelegenheit gegeben werden, ihre Frustrationen abzureagieren.[8] Die Gauleitung war sich jedoch darüber im klaren, daß dies nicht unproblematisch war. Sie schärfte daher allen Teilnehmern strengste Disziplin ein und drohte jedem Parteigenossen, der den Anordnungen des Aktionskomitees zuwiderhandelte, mit dem Ausschluß. Der Boykott sollte Niederlassungen ausländischer Firmen nicht treffen.

Der Israelitische Oberrat in Stuttgart, die oberste Exekutivbehörde der jüdischen Selbstverwaltung in Württemberg, schloß sich einer Erklärung der Reichsvertretung der Juden in Deutschland an und appellierte an Staatspräsident Murr. Fassungslose Bestürzung hatte die noch einen Monat zuvor bekundete Zuversicht verdrängt: „Die deutschen Juden sind tief erschüttert von dem Boykottaufruf der Nationalsozialistischen Deutschen Arbeiterpartei. Wegen der Verfehlung einiger weniger, für die wir nie und nimmer die Verantwortung tragen, soll uns deutschen Juden, die sich mit allen Fasern ihres Herzens der deutschen Heimat verbunden fühlen, wirtschaftlicher Untergang bereitet werden. (...) Der Vorwurf, unser Volk geschädigt zu haben, berührt aufs tiefste unsere Ehre."[9]

Die „feierliche Verwahrung gegen diese Anklage" enthielt außerdem den Hinweis auf die jüdischen Opfer im Weltkrieg und die Versicherung, einer etwaigen Greuelhetze entgegenzutreten.

Punkt 10 Uhr habe am 1. April 1933 der Boykott in musterhafter Ordnung begonnen, verbreiteten die Nationalsozialisten. Tatsächlich aber hatten schon am Vortag Tränengasbomben den Geschäftsablauf in den Lebensmittelabteilungen bei Tietz und Schocken gestört. Die polizeilichen Ermittlungen verliefen ergebnislos.[10] Offenbar hielten sich nicht alle Beteiligten an die Weisungen der Parteiführung. Am 1. April markierten sie die Büros von Ärzten und Rechtsanwälten sowie die Türen und Schaufenster von Geschäften. Sie stellten sich als Posten vor die Eingänge. Uniformierte SA- und SS-Männer verteilten Flugblätter und fuhren mit Transparenten durch die Straßen. Die großen Kaufhäuser Tietz und Schocken hielten an diesem Samstagvormittag ihre Tore geschlossen; andere Geschäfte folgten im Lauf des Vormittags diesem Beispiel. Einzelne Kunden ließen sich nicht vom Einkauf abhalten, auch wenn sie, wie in Cannstatt, dabei gefilmt wurden. Die Posten hielten bis 19 Uhr aus und rückten anschließend zu einer Kundgebung auf den Marktplatz ab. Zuvor klebten sie an die Geschäfte noch Zettel mit der Aufschrift „Jude" oder „Ostgalizier".

Die abendliche Kundgebung am 1. April eröffnete Hugo Kroll, ein seit Jahrzehnten aktiver Antisemit, mit einem Lob der „musterhaften Ordnung". Er unterstrich, daß die „Judenfrage" eine rassische und keine religiöse Angelegenheit sei. Der NSDAP-Gemeinderat Paul Sauer: „Man muß Judengegner aus Selbsterhaltungstrieb sein." Abschließend forderte MdR Karl Dempel, Stuttgarts „erster SS-Mann", eine Entmachtung des Judentums. Nur dadurch seien die wirtschaftlichen und sozialen Probleme zu lösen.[11] Die Parteiführer und Strölin hielten sich zurück. Im Lauf des Sonntags verschwanden die Plakate und Klebezettel an den Geschäften, und tags darauf öffneten die Läden ungehindert zu den üblichen Zeiten.

Viele Stuttgarter Nationalsozialisten waren von dem Boykott enttäuscht. Sie machten sich in den nächsten Wochen Luft, indem sie Tränengas- und Stinkbomben in jüdische Geschäfte warfen.[12] Auch löste die Kreisleitung ihr Aktionskomitee für den Boykott nicht auf. Das Komitee setzte seine Kampagne unter dem Motto „Kauft nicht bei Juden" fort und warnte die Parteigenossen unter anderem vor dem Kauf von Uniformen und Ausrüstungsgegenständen bei jüdischen Firmen, die diese Waren in der Tat angeboten hatten.[13] Anfang Oktober 1933 verteilte die Gauführung der NS-Handels- und Gewerbeorganisation (NS-HAGO) erstmals Schilder mit der Aufschrift „Deutsches Geschäft". Je nach Größe kostete dieser „Unbedenklichkeitsausweis" zwischen 6,50 RM und 20 RM. Gleichzeitig begann eine Kampagne gegen Warenhäuser und Einheitspreisgeschäfte, die zur Schließung der Lebensmittelabteilungen bei Tietz und Schocken und zu einer Sondersteuer für diese Betriebe führten.[14]

Das Reichswirtschaftsministerium und die Parteiführung versuchten, die Maßnahmen

VII. 1. Nationalsozialistische Bedrückung und neue jüdische Identität

zu unterbinden. Mit Rücksicht auf den Arbeitsmarkt und ein reibungsloses Funktionieren der deutschen Wirtschaft untersagt Rudolf Heß „ein aktives Vorgehen mit dem Ziele, Warenhäuser und warenhausähnliche Betriebe zum Erliegen zu bringen". Das Reich saniere mit ausdrücklicher Zustimmung Hitlers den Hermann-Tietz-Konzern mit einem Kredit in Höhe von 14,5 Millionen RM.[15]

Hatten die wirtschaftlichen Maßnahmen eher Signalcharakter, so begann mit dem Gesetz zur Wiederherstellung des Berufsbeamtentums und dem Gesetz gegen die Überfüllung der deutschen Hochschulen die systematische und gesetzlich sanktionierte Entrechtung der jüdischen Bürger im Reich. Das Berufsbeamtengesetz verfügte: „Beamte, die nicht arischer Abstammung sind, sind in den Ruhestand zu versetzen; soweit es sich um Ehrenbeamte handelt, sind sie aus dem Amtsverhältnis zu entlassen."[16] Ausgenommen waren jene Beamte, die vor dem 1. August 1914 im Amt gewesen waren, die als Frontsoldaten im Weltkrieg gekämpft oder die im Krieg Angehörige verloren hatten. Reichspräsident Hindenburg hatte sich „dankbar der Kriegshinterbliebenen, der Kriegsbeschädigten und meiner alten Frontkameraden" erinnert und Hitler um die Ausnahmen gebeten: „Wenn sie wert waren, für Deutschland zu kämpfen und zu bluten, sollen sie auch als würdig angesehen werden, dem Vaterland in ihrem Beruf weiterzudienen."[17]

Bei der Innenverwaltung waren nur wenige Juden beschäftigt. Die meisten jüdischen Beamten befanden sich im Justizdienst und erfüllten die Ausnahmebedingungen. Für die Zulassung der Rechtsanwälte und der Kassenärzte galten bald darauf analoge Bestimmungen. Mit Wirkung vom 1. September 1933 erlosch daher die Zulassung von elf Rechtsanwälten und 17 Ärzten, meist jungen Leuten, die nicht das Frontkämpfer-Privileg besaßen.[18] Die Kommunalverwaltung entließ rasch die „nichtarischen" Beschäftigten.[19] Auch an der Technischen Hochschule verloren Professoren und Assistenten ihre Arbeitsplätze.[20]

Das Berufsbeamtengesetz offenbarte, von der Öffentlichkeit freilich nicht beachtet, wie unhaltbar die Propaganda der NSDAP war. Die Zahl der Juden im Öffentlichen Dienst war in Stuttgart und Württemberg außerordentlich gering. In den freien Berufen, in denen sie aufgrund der historischen Entwicklung überproportional vertreten waren, konnten ebenso wie im Öffentlichen Dienst viele die Ausnahmeregelung für Frontkämpfer beanspruchen. Im Geschäftsbereich des Innenministeriums gab es lediglich drei jüdische Körperschaftsbeamte.[21] Es handelte sich dabei ausnahmslos um Angehörige der Stuttgarter Stadtverwaltung, die umgehend entlassen wurden. Robert Krailsheimer, der Direktor der Augenabteilung im städtischen Ludwigsspital, erhielt zum 31. Mai 1934 die Kündigung. Er besaß als Frontkämpfer Anspruch auf Beschäftigung, doch begründete die Stadt die Entlassung nach Paragraph 6 des Berufsbeamtengesetzes mit der Vereinfachung und Verbilligung der Verwaltung. Krailsheimer klagte gegen die Stadt, mußte sich aber mit einem „jederzeit widerruflichen Gnadensold" von monatlich 250 RM zufriedengeben.²² Die Gesetze zeigten auch die Unsinnigkeit der nationalsozialistischen Rassenlehre: Das Kriterium für die Rassenzugehörigkeit war das Religionsbekenntnis der Großeltern.

Die Ausnahmeregelung für Frontkämpfer mochte ältere Juden in ihrer Treue zum Staat und ihrem Glauben an eine Zukunft in Deutschland bestärken. Für die junge Generation änderte sich die Situation grundlegend. Nach dem „Gesetz gegen die Überfüllung deutscher Schulen und Hochschulen" durfte der Anteil jüdischer Schüler und Studenten 1,5 Prozent nicht übersteigen und mußte, wo er größer war, auf fünf Prozent verringert werden. Die württembergischen Hochschulen berührte das Gesetz aber nicht. An der Technischen Hochschule studierten nur 20 Juden (1,2%), und an der Landwirtschaftlichen Hochschule Hohenheim war kein einziger jüdischer Kommilitone immatrikuliert.²³

Das Berufsbeamtengesetz und die Beschränkung der Ausbildungsmöglichkeiten signalisierten einen grundsätzlichen Wandel. Eine Reichsregierung, in der die Nationalsozialisten in der Minderheit waren und die sich weitgehend auf die konservative Ministerialbürokratie stützte, verabschiedete antijüdische Gesetze. Es handelte sich mithin nicht um Maßnahmen, die allein der NSDAP zugeschrieben werden konnten. Darüber täuschten auch nicht der Vorbehalt für Frontkämpfer oder die persönlichen Glückwünsche Hindenburgs zur Goldenen Hochzeit von Helene und Louis Hirsch, dem früheren Vizepräsidenten des Oberrats, hinweg.²⁴ In der Gemeindezeitung für die Israelitischen Gemeinden in Württemberg war am 16. Mai 1933 zu lesen:

„Unsere Sicherungen sind dahin. Wir glaubten an den Bestand unserer Rechtsstellung, an den Beruf, dem wir uns gewidmet, an den Besitz, den wir erworben, an das Haus, das wir uns gebaut. Was wir für unerschütterlich hielten, ist hilflos zusammengebrochen. (. . .) Die jüdische Gleichberechtigung ist zu Ende."²⁵

Nach der Volkszählung am 16. Juni 1933 lebten in Stuttgart 4490 jüdische Bürger, das waren 1,1 Prozent der Bevölkerung.

Tabelle 18: Die soziale Stellung der Stuttgarter Juden nach der Volks- und Betriebszählung vom 17. 6. 1933

	Zahl	prozentualer Anteil der Juden	prozentualer Anteil in Stuttgart insgesamt
Selbständige	1117	51,7%	13,3%
mithelfende Familienangehörige	115	5,3%	3,7%
Beamte	25	1,2%	8,1%
Angestellte	787	36,4%	24,0%
Arbeiter	92	4,3%	43,7%
Hausangestellte	24	1,1%	7,2%

46,2 Prozent aller Erwerbstätigen waren in Industrie und Handwerk beschäftigt; der Anteil der Juden betrug 23 Prozent. In Handel und Verkehrswesen arbeiteten 63 Prozent der jüdischen, aber nur 30 Prozent der Stuttgarter Erwerbstätigen. Außerdem zeichnete sich für die jüdische Gemeinde die Gefahr der Überalterung ab. Waren insgesamt 34,9 Prozent der Einwohner jünger als 25 Jahre, so betrug ihr Anteil bei den Juden lediglich 28,9 Prozent. Dagegen gehörten 5,7 Prozent der Gesamteinwohnerschaft, aber 9 Prozent der Juden zur Altersgruppe der über 65jährigen.[26]
Trotz dieser Unterschiede waren die Stuttgarter Juden kaum als eigene Gruppe zu erkennen. Erst die Ausgrenzung durch die Nationalsozialisten erzwang wieder eine Trennung. Bis dahin hatte sich die überwiegende Mehrzahl der Juden keineswegs als geschlossene Bevölkerungsgruppe verstanden. Ein Eigenleben führten am ehesten die sogenannten Ostjuden, die besonders seit 1917 nach Stuttgart gekommen waren, unter denen sich aber schon im Ersten Weltkrieg Gefallene aus Stuttgart befanden. Die assimilierten liberalen Stuttgarter jüdischen Glaubens empfanden diese Gruppe, die sich in Kleidung, Gebräuchen und religiöser Praxis unterschieden, nicht weniger als Außenseiter wie die Nichtjuden; ihre Logen und Klubs blieben den orthodoxen Glaubensgenossen unzugänglich, und eigene Betsäle sorgten für Distanz.[27] Fred Uhlmann, der am 24. März 1933 als einer der ersten Emigranten Stuttgart verließ, schilderte rückblickend die Hierarchie innerhalb der Stuttgarter Juden.[28] An der Spitze rangierte nach seinen Beobachtungen ein „Adel" von einem Dutzend alteingesessener Familien, die auch für Stuttgarter Verhältnisse als reich gelten konnten, ihre Kinder taufen ließen und sich um vollständige Assimilation bemühten. Die größere Gruppe bildeten Geschäftsleute und Selbständige, die seit wenigen Generationen in Stuttgart ansässig waren und „vielleicht einige nichtjüdische Bekannte hatten, die aber ihren jüdischen Freunden und Familien den Vorzug gaben. Ihre Familien waren klein; mehr als zwei Kinder waren außergewöhnlich. Noch weiter unten rangierten dann die ärmeren Juden und die Neuankömmlinge, die Dorfjuden, meist frühere Viehhändler und kleinere Geschäftsleute. Zuunterst rangierten die Ostjuden, die ‚Pollacken'."
Der religiöse Zusammenhalt war laut Uhlmann gering: „Die Religion spielt kaum eine Rolle im Leben der jüdischen Gemeinde, und fast während des ganzen Jahres lag die Synagoge einsam und verlassen da. Nur zweimal, am Versöhnungsfest und am Neujahrstag, war sie überfüllt." Die fortschreitende Säkularisierung, mit der sich in der Großstadt auch die christlichen Konfessionen auseinandersetzen mußten, war in den zwanziger Jahren wiederholt Anlaß zu internen Diskussionen.[29]
Ein geringes Interesse am Gemeindeleben dokumentierten auch die Wahlen zum Gemeindevorsteheramt Ende 1932. Von über 3400 Wahlberechtigten gingen 863 zur Urne. Nachdem die Wahl aufgrund einer Anfechtung im Januar 1933 wiederholt werden mußte, waren es nur noch 371 Personen. Bei dieser Wahl erschien zum erstenmal ein Mitglied der orthodox-jüdischen Gruppe auf der Kandidatenliste.[30] Die Zionisten

konnten in Stuttgart, wo die liberalen und auf Integration bedachten Familien den Ton angaben, kaum Fuß fassen; „bis zum Jahre 1932 war der kleinste Versammlungsraum groß genug" für zionistische Veranstaltungen.[31] Obwohl viele Juden in Stuttgart wiederholt Sticheleien, Anpöbelungen und auch Belästigungen erfahren hatten, fühlten sich die meisten in dieser Stadt heimisch. Uhlmanns Erinnerungen bezeugen allerdings, daß sich die persönlichen und freundschaftlichen Kontakte in Grenzen hielten. Finanzielle Einbußen bedrückten die jüdische Gemeinde. Sie erhob von ihren Mitgliedern unmittelbar Steuer, denn im Unterschied zu den beiden christlichen Konfessionen besorgte dies nicht der Staat, der jedoch einen Zuschuß gewährte. Am 1. Mai 1933 strich das Staatsministerium den Zuschuß von mehr als zehn Prozent der Einnahmen. Die Gemeinden, die durch soziale Leistungen in der Krise finanziell beansprucht waren, gerieten dadurch in Schwierigkeiten.[32] Der Oberrat kürzte deshalb die Gehälter der Rabbiner, Lehrer und Verwaltungsangestellten um fünf bis zehn Prozent. Ein Jahr später, im April 1934, folgte eine weitere Kürzung in Höhe von 10 bis 15 Prozent. Die Stuttgarter Gemeinde trug rund drei Viertel der anfallenden Kosten der Religionsgemeinschaft in Württemberg. Aufgrund der Zuwendungen wohlhabender Mitglieder konnte sie die Steuersätze vergleichsweise niedrig bemessen.[33] Das Haushaltsdefizit wuchs, im Rechnungsjahr 1934 standen Einnahmen von 185 000 RM Ausgaben von 270 000 RM gegenüber. Die Stuttgarter Gemeinde forderte eine drastische Verringerung der Ausgaben:

„Mehr oder weniger versteckte und eingebaute Subventionen sind zu lösen und alle Mittel vordringlich den religiösen, erzieherischen, kulturellen und sozialen Aufgaben zuzuführen. Der Etat der württembergischen Judenheit hat eine Höhe erreicht, die nicht mehr verantwortet werden kann."[34]

Stuttgarts Vertreter Hermann Merzbacher, von dem diese Sätze stammen, forderte eine Zusammenlegung von Oberrat und Stuttgarter Gemeinde sowie die Vereinigung kleinerer Landgemeinden. Bei der Landesversammlung im Februar 1935 wollten die Repräsentanten der Landgemeinden, deren Zahl seit 1924 ohnehin von 51 auf 43 zurückgegangen war, ihre Rechte nicht beschneiden lassen.[35] Zur Klärung dieser Fragen bildete man einen Erweiterten Oberrat, dem auch zwei Mitglieder des Vorsteheramtes der Stuttgarter Gemeinde angehörten. Die traditionelle Verfassung blieb vorerst unangetastet. Eine Zusammenlegung von Gemeinden war jedoch angesichts der finanziellen Entwicklung und der zunehmenden Emigration unabweisbar. Am 1. Januar 1936 wurden die bisher selbständigen Gemeinden von Stuttgart und Bad Cannstatt vereinigt.[36]

Die Verfemung und Entrechtung führte zu einem engeren Zusammenschluß und einer Revitalisierung des Gemeindelebens. Die Gruppen näherten sich einander an; der Einfluß der Zionisten wuchs. Anfang Januar 1934 veranstaltete im Oberen Museum der Oberrat, das Vorsteheramt Stuttgart, der Centralverein, der Reichsbund Jüdischer

VII. 1. Nationalsozialistische Bedrückung und neue jüdische Identität

Frontsoldaten und die Ortsgruppe der Zionistischen Vereinigung für Deutschland eine Kundgebung. Ein Ausschußmitglied der Reichsvertretung der deutschen Juden stellte diese im September 1933 gegründete Institution vor.[37] Die Reichsvertretung hatte zum Plebiszit am 12. November 1933 erklärt: „Die Stimme der deutschen Juden kann nur ein Ja sein." Obwohl die Zionisten diese Politik ablehnten, dokumentierten sie mit der Teilnahme an der Gemeinschaftsveranstaltung ihren Willen zur Einheit. Die Zionisten förderten die Berufsausbildung junger Leute. Sie sollten einen handwerklichen oder landwirtschaftlichen Beruf erlernen, um in Palästina eine Existenz aufbauen zu können. Sie veranstalteten Kurse, die ein Jahr dauerten und das Erlernen der hebräischen Sprache einschlossen.[38] Die Zionistische Ortsgruppe bot außerdem Schulungskurse zu Themen wie Geschichte des Zionismus, Geschichte des Judenhasses sowie Informationsveranstaltungen über Palästina und die Modalitäten der Emigration an. Mehrfach kristisierten die Ortsgruppen der Zionistischen Vereinigung die „Totschweigepolitik" der liberalen Juden gegenüber der nationalsozialistischen Unterdrückung.[39] Am 3. Mai 1934 konnte in der Urbanstraße ein jüdisches Lehrlingsheim eröffnet werden, in dem 15 junge Leute aus dem ganzen Reich zu einer handwerklichen Ausbildung zusammenkamen. Das Projekt besaß die Unterstützung der Gemeinde, und offenbar fanden sich auch genügend nichtjüdische Lehrherren.[40]

Die veränderte Grundstimmung bewog die Stuttgarter Gemeinde eine jüdische Schule zu gründen. Direktor Rothschild, der Leiter des Jüdischen Waisenhauses in Esslingen, eine respektierte Autorität, faßte die Ansicht so zusammen: „Die heutige Geschichte und Konstellation zwingt uns zu einer positiv gerichteten jüdischen Haltung."[41] Rothschild forderte als Leitprinzip der Schule „die Idee der jüdischen Gemeinschaft", zugleich aber auch eine Anlehnung an die amtlichen Lehrpläne. Ähnlich formulierte der aus Hamburg nach Stuttgart gekommene Schulleiter Emil Goldstein: „Es soll, wenn es sein darf, eine Erziehung für Deutschland sein – aber auch ein Tüchtigmachen für den Aufbau Erez Israels oder eine spätere Existenz in anderen Ländern."[42] Die Stuttgarter Rabbiner lehnten die Einrichtung ab. Nach erheblichen Differenzen beschloß das Vorsteheramt die Gründung einer jüdischen Schule. Sie öffnete ihre Pforten im April 1934 mit zunächst vier Grundschulklassen und einer weiterführenden Klasse.[43] Die Schule war im Gemeindehaus in der Hospitalstraße untergebracht, doch auf demselben Gelände entstand schon bald ein Neubau nach den Plänen des Architekten Oskar Bloch. Im Oktober feierte die Gemeinde Richtfest, und im April 1935 war das Bauwerk vollendet.[44] Bereits im ersten Jahr besuchte ein Drittel aller jüdischen Schulpflichtigen die ersten fünf Klassen. 56 Prozent der jüdischen Schulanfänger waren im ersten Jahr, 65 Prozent im zweiten Jahr in der jüdischen Schule angemeldet.

Die Anfänge der jüdischen Sportbewegung reichten in Stuttgart – wie im Reich – in die Weimarer Zeit zurück. Ende 1932 hatte der Reichsbund Jüdischer Frontsoldaten eine Sportgruppe gegründet, die 1933 ihr Angebot wesentlich erweiterte. Die Sportler des

„Schild", wie die Gruppen des Reichsbundes hießen, betrieben Fußball, Tennis, Schwimmen, Skilaufen und Wandern. Im Herbst 1933 wurde eine Jugendabteilung ins Leben gerufen. Der „Schild" unterhielt Sportanlagen im Feuerbacher Tal und konnte im Januar im Schwarzwald eine Ski- und Wanderhütte eröffnen.[45] Neben dem „Schild" existierte der Sportklub „Hakoah", der sich 1933 der zionistischen Makkabi-Bewegung anschloß. Verhandlungen über einen Zusammenschluß der beiden Vereine verliefen 1934 ergebnislos. Einen sportlichen und gesellschaftlichen Höhepunkt bildeten die Spiele um den von der Redaktion der Gemeindezeitung gestifteten Fußballpokal. Die Fußballmannschaft des „Schild" errang 1936 und 1937 die Meisterschaft bei der internen jüdisch-deutschen Fußballmeisterschaft. Am 29. August 1937 fand das Endspiel gegen eine Breslauer Auswahl in Stuttgart statt. Weniger das Wettspiel als vielmehr die Gemeinschaft stand im Vordergrund. Die Breslauer Spieler wohnten in Stuttgarter jüdischen Familien. Diese zeigten den Gästen ihre Heimatstadt: Schloß Solitude, den neuen Stausee bei Hofen, die Wilhelma.[46]

Viele junge Sportler verließen die Heimat. Das Ende der jüdischen Sportbewegung zeichnete sich ab. Verabschiedungsfeiern fanden häufiger statt als Sportveranstaltungen. Besonders bewegend war der Abschied von Gretel Bergmann, die 1936 auf die Olympiateilnahme verzichten mußte und ein halbes Jahr später in den USA zu Meisterehren in der Leichtathletik kam.[47] Der Abschied von Julius Rothschild, der sich als Leiter des „Schild" große Verdienste erworben hatte und seinen Freunden im März 1938 „ein herzliches Lebewohl" sagte, markierte das Ende der jüdischen Sportbewegung in Stuttgart.[48]

Die Vereine schlossen ihre jüdischen Mitglieder rasch aus. Die Betroffenen fühlten sich gedemütigt.[49] Die jüdische Gemeinde stellte sich dieser Herausforderung. In enger Anlehnung an den Lehrhausverein entstand unter maßgeblichem Einfluß von Karl Adler im Herbst 1933 die Stuttgarter Jüdische Kunstgemeinschaft.[50] Hier fanden besonders die Freunde der Musik eine Heimat. Die von Adler, dem entlassenen Leiter des Konservatoriums für Musik, geleiteten Aufführungen vereinten viele Gruppen der Gemeinde und waren künstlerische Ereignisse von Rang. Auch namhafte auswärtige Künstler, die der jüdisch-deutschen Kulturbewegung angehörten, gastierten in Stuttgart. So begann der Frühjahrszyklus 1934 mit einem Konzert des Mendelssohn-Trios aus Leipzig.[51] Ernste und heitere Gesänge im Rahmen der Kunstgemeinschaft, zu denen vor allem Leopold Marx Texte verfaßte, umrahmten die jüdischen Fest- und Feiertage. Der Lehrhausverein bot außer hebräischen Sprachkursen auch informative Vorträge. Besuche von Martin Buber und Leo Baeck, vermittelten intensive Eindrücke, die freilich nicht in das Leben der Stadt ausstrahlen konnten. Auch die Ausstellungen der bildenden Künstler, unter ihnen Hermann Fechenbach, Ignaz Kaufmann, Meta Freu, Klara Neuburger und Alice Haarburger, waren interne Veranstaltungen in den Räumen der Stuttgart-Loge. Die Themen der jüdischen Künstlerinnen

41 Kreisleiter Wilhelm Fischer
(1937–1945) vor Politischen Leitern
der NSDAP

42 „Und ihr habt doch gesiegt":
Alljährliche Feier des Putsches vom
9. 11. 1923

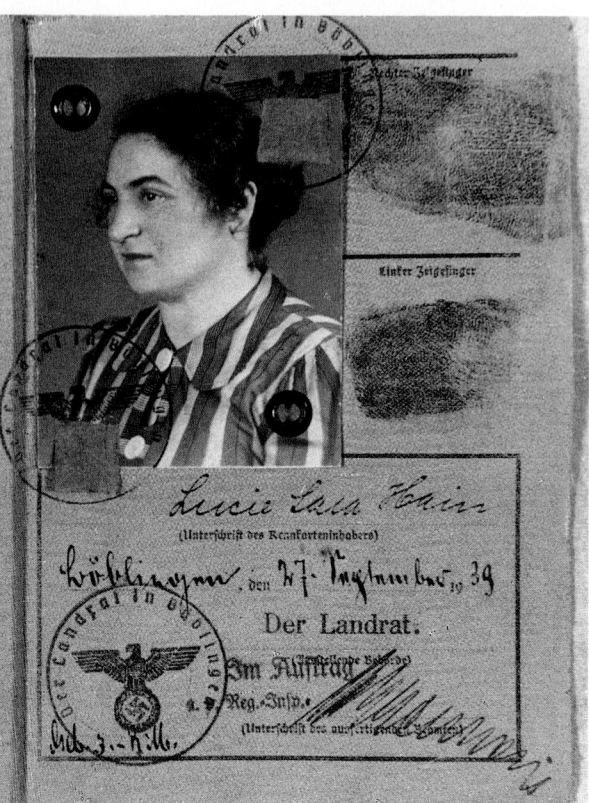

43 Entrechtung der jüdischen Deutschen: Kennzeichnung der Pässe (Okt. 1938)

Reichsvertretung der Juden in Deutschland
Oberrat der Israel. Religionsgemeinschaft Württembergs
Israel. Gemeindevorsteheramt Groß-Stuttgart

laden die Gemeindemitglieder in Stadt und Land hierdurch zu einem **Gemeinde-Abend** am Mittwoch, den 23. März 1938, pünktlich 20.15 Uhr, im Gustav Siegle-Haus, Leonhardplatz, ein.

Wir zeigen:

einen Film-Bericht aus der Arbeit der Reichsvertretung der Juden in Deutschland

Schaffender Wille

Juden werden Bauern und Handwerker

Spielleitung: Georg Engel / Manuskript: Alfred Moser
Kamera: Heinz G. Janson
Herstellungsleitung: Manfred Epstein

Es spricht:

Leopold Levi
stellv. Präsident des Israel. Oberrats, zugleich im Auftrag des Israel. Gemeindevorsteheramts Stuttgart

Ministerialrat a. D. Dr. Otto Hirsch
Geschäftsführender Vorsitzender der Reichsvertretung der Juden in Deutschland

Musikalische Umrahmung:

Stuttgarter Jüdische Kunstgemeinschaft
Leitung Direktor Karl Adler

Zutritt nur für Angehörige der jüdischen Gemeinschaft.

44 Isolierung und neue Identität: Beschränkung auf die „jüdische Gemeinschaft"

45 Brennende Synagoge in der Pogrom-Nacht 9./10. November 1938
Umseitig:
46 Aufrüstung der Wehrmacht...
47 ...und Militarisierung der Gesellschaft

VII. 1. Nationalsozialistische Bedrückung und neue jüdische Identität

und Künstler orientierten sich an traditionellen Motiven. In der Gemeindezeitung wurde bedauert, daß keine jüdischen Stoffe, sondern nach wie vor Porträts, Stilleben und Landschaften gemalt wurden.[52]

Im Oktober 1935 griff die Geheime Staatspolizei in die jüdische Kulturarbeit ein. Sämtliche kulturellen Organisationen wie auch die Stuttgarter Jüdische Kunstgemeinschaft wurden zwangsweise zu einem Reichsverband der jüdischen Kulturbühne in Deutschland vereinigt. Den Zusammenschluß begründete die Polizei mit der besseren Überwachung. Die Reichskulturkammer mußte jedes einzelne Programm genehmigen, Karl Adler erinnerte sich:

„Da kam es vor, daß wir am Tag vor dem Konzert erfuhren, daß dieses oder jenes Werk nicht aufgeführt werden durfte. In einem Fall war es ein ‚staatsgefährlicher' Psalmtext, der Anstoß erregte. Es kam aber auch vor, daß ganze Aufführungen kurzerhand untersagt und damit monatelange Vorbereitungsarbeiten mit einem Schlag zunichte gemacht wurden."

Hauptvergehen Adlers war die Aufführung „alter deutscher Meister". Er wollte darauf aber nicht verzichten und gab ein Bachkonzert als Werk eines italienischen Meisters aus: „Die zuhörenden Gestapo-Beamten waren entweder so gnädig oder in so großer Unkenntnis, daß sie Bach als italienischen Meister gelten ließen."[53] Die Gestapo überwachte aber auch nicht-jüdische musikalische Veranstaltungen. Der Handharmonika-Spielring übersah, daß der Komponist der Operette „Schwarzwaldmädel", Leon Jessel, als Jude nicht mehr gespielt werden durfte. Der Spielring mußte nach dem Einspruch der deutschen Kulturwächter sein Programm ändern.[54]

Zahlreiche jüdische Stuttgarter sahen für sich keine Zukunft mehr im nationalsozialistischen Deutschland. Die Besinnung auf die jüdische Gemeinschaft und die vielfältigen Bemühungen erschienen ihnen deshalb eher als gefährliche Illusion. Bis zum Jahresende 1934 kehrten rund 500 Stuttgarter der alten Heimat den Rücken und suchten jenseits der Reichsgrenze eine neue Bleibe.[55] Unter den ersten Emigranten befanden sich Persönlichkeiten, die sich auch politisch exponiert hatten, so der Arzt und Schriftsteller Friedrich Wolf, der den Nationalsozialisten als Kommunist, revolutionärer Dramatiker, Befürworter der Familienplanung und als Jude gleichermaßen verhaßt war, der Unternehmer Ludwig Stern, der am Aufbau des Reichsbanners Schwarz-Rot-Gold teilgenommen hatte, und der Rechtsanwalt Berthold Heymann, Landtagsabgeordneter der SPD.

Die Auswandererberatung beim Deutschen Ausland-Institut registrierte im dritten Quartal 1933 eine große Nachfrage auswanderungswilliger Juden. Die meisten wollten nach Palästina; bei Angehörigen freier Berufe, Ärzten und Rechtsanwälten, waren Großbritannien und die USA, bei Geschäftsleuten Frankreich und Luxemburg bevorzugte Ziele.[56] Ende 1934 beklagte der Präsident des Landesarbeitsamts die Abreise von Juden mit fremder Staatsangehörigkeit: „Es besteht die Gefahr, daß hierdurch Kenntnisse deutscher Fabrikationsmethoden und Maschinen ins Ausland verschleppt werden."[57] Dagegen begrüßten die Antisemiten die Emigration als einen Weg, das Reich von Juden „zu befreien". Sie diffamierten jene deutschen Juden, die Verfemung und Entrechtung in den Tod trieben. Der junge Cannstatter Geschäftsmann Fritz Rosenfelder setzte seinem Leben ein Ende. Er schrieb in einem Abschiedsbrief: „Ein deutscher Jude konnte es nicht über sich bringen, zu leben in dem Bewußtsein, von der Bewegung, von der das nationale Deutschland die Rettung erhofft, als Vaterlandsverräter betrachtet zu werden!"[58] Der „Stürmer" veröffentlichte darauf eine höhnische Antwort.

Die erste Welle der Emigration verebbte im Jahr 1933. Viele Stuttgarter Juden, die sich ihrer Heimat verbunden fühlten, hofften, daß sie hier leben könnten, wenn auch unter erschwerten Bedingungen. Obwohl das aufgeblühte Leben der jüdischen Gemeinden aus Zwang entstanden war, vermittelte es doch vielen eine neue oder wiedergefundene Identität. Dazu kam, daß viele Juden schon Bedrückung und Verfolgung in Osteuropa erlebt hatten. Schließlich war es in Stuttgart bis Mitte 1935 nur vereinzelt zu Übergriffen gekommen.

2. „Das Tempo im Kampf gegen das Judentum"
Nürnberger Gesetze und Stuttgarter Wirklichkeit

Für das Regime hatte in den ersten Jahren die Konsolidierung der Wirtschaft Vorrang vor einer judenfeindlichen Politik. Die Führung von Partei und Staat war auf diesem Gebiet fast mehr mit den eigenen Anhängern als mit den Juden in Deutschland befaßt. Sie versuchte, die judenfeindlich eingestellten Anhänger von weiteren Boykotten und Übergriffen abzuhalten. Der Unmut mancher Nationalsozialisten darüber äußerte sich in Schmiereien an der Synagoge sowie Rauch- und Stinkbomben in jüdischen Geschäften.[59] Es bedarf kaum der Erwähnung, daß eine strafrechtliche Verfolgung ebensowenig erfolgte wie eine Prüfung der Versuche, jüdische Mieter und Vermieter zu übervorteilen.[60]

Ein ständiges Thema war der Einkauf in den jüdischen Läden. Die Stadt untersagte ihren Beschäftigten und deren Angehörigen den Einkauf dort und drohte bei Zuwiderhandlungen mit Konsequenzen. Der „NS-Kurier" lobte die Einrichtung eines Prangers in Chemnitz für Personen, die bei Juden einkauften, und warnte: „Unsere Hinweise mögen beherzigt werden, daß wir uns in Stuttgart nicht zu einer ähnlichen Maßnahme gezwungen sehen."[61]

Ein anderes Thema war der Freibadbesuch. Am 8. Juli 1935 schrieb der „NS-Kurier": „In einem Stuttgarter Freibad mußten ob ihres frechen Betragens in der vergangenen Woche ein paar jüdische Frauen ausgewiesen werden. Das war eine selbstverständ-

VII. 2. Nürnberger Gesetze und Stuttgarter Wirklichkeit

liche Notwehr. Der Vorgang macht uns jedoch auf die Tatsache aufmerksam, daß in keinem einzigen Stuttgarter Freibad ein Schild angebracht ist, der den Juden den Besuch der Freibäder verbietet."[62]

Dies war auch ein indirekter Angriff auf die Stadtverwaltung. Deshalb beschäftigten sich die Verwaltungsbeiräte am 23. Juli mit dem Thema. Strölin sah keine Veranlassung für ein Verbot und berief sich auf die offiziellen Verlautbarungen der Reichsführung. Außerdem erinnerte er an die außenpolitische Wirkung; bei einem Besuch in London habe er erkannt, wie aufmerksam das Schicksal der Juden in Deutschland dort registriert werde. Er bemängelte das eigenmächtige Vorgehen einiger Kollegen sowie den Druck der Presse. Er kündigte an, sich weder von den Zeitungen noch von „der Straße" in irgendein Unternehmen hineinmanövrieren zu lassen. Strölins Widerpart war Ratsherr Sauer, der den „Rückzug vor den Juden" bedauerte und ein Verbot wie in anderen Städten verlangte. Er begründete dies mit der „Stimmung der Einwohnerschaft gegen die Juden wegen ihres unverschämten, herausfordernden Auftretens in Kaffees, Wirtschaften usw.".[63]

Anfang August 1935 gab das Landespolizeiamt bekannt: „Rassenschande wird nicht mehr geduldet." Ein Paar, das sich trotz Verweigerung der Trauung nicht trennte, wurde zu einer einwöchigen Gefängnisstrafe verurteilt. Mitbewohner hatten „berechtigten Anstoß" genommen und das Paar denunziert.[64] Wenige Tage später verhaftete die Polizei einen Kaufmann wegen angeblicher Rassenschande und führte ihn mit einem umgehängten Plakat durch die Innenstadt. Anschließend kam er für zehn Tage in „Schutzhaft".[65] Ohne gesetzliche Grundlage hatte die Politische Polizei aus einem Hauptthema nationalsozialistischer Propaganda ein strafwürdiges Verbrechen gemacht.

In dieser Situation trafen sich Zehntausende Nationalsozialisten zum „Reichsparteitag der Freiheit" in Nürnberg. Der zweite Tag stand im Zeichen einer antijüdischen Rede Alfred Rosenbergs, der laut „NS-Kurier" eine „vernichtende Abrechnung mit den Todfeinden der europäischen Kultur" hielt. Das Blatt berichtete ausführlich über die Ereignisse. Rosenbergs Rede stand unter der Überschrift: „Der Bolschewismus – eine Aktion Judas! Die Bedrohung der Völker. Der jüdische Parasit".[66]

Im Rahmen des Reichsparteitags verabschiedete der Reichstag drei Gesetze, die Beamte des Reichsinnenministeriums in großer Hektik improvisiert hatten.[67] Das Reichsbürgergesetz unterschied zwischen einer vollgültigen Reichsbürgerschaft und einer Staatsbürgerschaft für die Juden, die das aktive und passive Wahlrecht verloren und keine öffentlichen Ämter bekleiden durften. Damit waren die Ausnahmen des Berufsbeamtengesetzes für Frontkämpfer und andere Gruppen hinfällig.[68] Das „Gesetz zum Schutze des deutschen Blutes und der deutschen Ehre" degradierte die deutschen Juden nicht nur zu Bürgern, sondern auch zu Menschen zweiter Klasse. Eheschließungen und sexuelle Beziehungen zwischen Ariern und Nichtariern wurden verboten. Außerdem durften Juden keine „arischen" Frauen unter 45 Jahren im Haushalt beschäftigen. In einem dritten Gesetz wurde den Juden das Zeigen der Hakenkreuzflagge untersagt, während eine jüdische Flagge, die es gar nicht gab, staatlichen Schutz genießen sollte.

Diese Gesetze erforderten eine exakte Definition des Begriffs „Jude". Ein Schnellbrief des Reichsinnenministeriums vom 30. September 1935 bestimmte, daß „Eheschließungen, bei denen ein Verlobter oder beide Verlobte von einem oder zwei der Rasse nach volljüdischen Großeltern abstammen", vorerst ausgesetzt werden.[69] Als Kriterium der „Rassenzugehörigkeit" der Großeltern diente allein deren Glaubensbekenntnis. Nach langen Auseinandersetzungen zwischen Ministerialbürokratie und NSDAP einigten sie sich, zu unterscheiden: Deutschblütige, Mischlinge 2. Grades (ein jüdischer Großelternteil), Mischlinge 1. Grades (zwei jüdische Großeltern) sowie Volljuden mit drei oder vier jüdischen Großeltern oder zwei jüdischen Großeltern, sofern die betreffende Person Mitglied der jüdischen Glaubensgemeinschaft, mit einem Nichtarier verheiratet war oder nach Inkrafttreten des Gesetzes in einer „Mischehe" geboren wurde.[70]

Das Schlagwort „Rassenschande" war zu einem Delikt im Strafgesetzbuch geworden. Sofort griffen dienstlich und privat betriebene Schnüffler und Denunzianten in das Privatleben vieler Menschen ein. Nachdem Ende Januar 1936 eine Strafkammer des Stuttgarter Landgerichts das erste diesbezügliche Urteil gefällt hatte, folgten bis Anfang Mai mindestens vier weitere Verhandlungen. Der Sicherheitsdienst sprach in einem Lagebericht von „unverständlichen Gerichtsurteilen in Rasseschande-Prozessen".[71] Er kritisierte, in keinem der Fälle seien „die gesetzlichen Möglichkeiten auch nur annähernd ausgeschöpft worden", und forderte Zuchthausstrafen. Ende Oktober 1936 verhängte das Landgericht Stuttgart erstmals eine Zuchthausstrafe, die von nun an zur Regel wurde. Die NS-Presse, die ebenfalls ein zu geringes Strafmaß beklagt hatte, sorgte mit ihrer Berichterstattung für eine zusätzliche Diffamierung.[72] Ein Angeklagter beging unter diesem Druck Selbstmord.[73] Im Oktober 1936 verurteilte die Große Strafkammer des Landgerichts einen Rechtsanwalt zu einer Gefängnisstrafe von 14 Monaten, obwohl sie „keine sicheren Feststellungen über rassenschänderische Handlungen (...), wenn sie auch sehr wahrscheinlich seien", treffen konnte. Die beschuldigte „arische" Frau war bereits Anfang 1934 wegen dieser Beziehung bei der Stadtverwaltung strafversetzt und im August 1936 vom Dienst suspendiert worden. Nach Einleitung eines Dienststrafverfahrens entschied die Dienststrafkammer Ende 1936 auf Entlassung und bewilligte der Frau ein Jahr Ruhegehalt.[74]

Die Folgen des sogenannten Blutschutzgesetzes waren für viele Paare verheerend. Die Gesuche um Heiratserlaubnis, die sie an die beteiligten Dienststellen und auch an Hitler persönlich richteten, waren erschütternde Zeugnisse.[75] Als besonders einschneidend erfuhren die gesetzlichen Vorschriften, jene Personen, die in einer glaubenslosen

VII. 2. Nürnberger Gesetze und Stuttgarter Wirklichkeit

oder christlichen Umgebung aufgewachsen und jeder Bindung an das Judentum ledig waren. Sie wurden nicht selten erst im Standesamt auf ihre jüdischen Vorfahren aufmerksam. Gesuche von „Mischlingen" um eine Heiratserlaubnis beschied das Reichsinnenministerium negativ, selbst in den Fällen, in denen die Gauleitung einer Ausnahmeregelung zugestimmt hatte. 1938 lehnte Hitler grundsätzlich jede Bewilligung von Ausnahmen für Juden ab.[76] Von dieser Haltung wich er auch bei Kriegsanfang nicht ab, als Betroffene vor einer Einberufung einen neuen Versuch unternahmen, die Heiratserlaubnis zu bekommen. „Mischlinge 1. Grades" durften zwar das Deutsche Reich mit der Waffe „verteidigen", nicht aber ihren Ehepartner frei wählen.

Die Emigration jüngerer Familienangehöriger führte dazu, daß in Stuttgart immer mehr ältere Menschen lebten, die auf Hausangestellte angewiesen waren. Da deren Beschäftigung durch die Nürnberger Gesetze reglementiert war, versuchte die Kultusgemeinde zu helfen. Sie plante außerdem den Ausbau des jüdischen Altersheims in Sontheim bei Heilbronn sowie Neubauten in Stuttgart. Die Finanznot der Gemeinde machte aber solche Vorhaben zunichte.[77]

Nachdem die deutschen Juden vom Winterhilfswerk ausgeschlossen waren, baute der Oberrat im Herbst 1935 ein eigenes Jüdisches Winterhilfswerk auf.[78] Die Jüdische Winterhilfe, deren ehrenamtlicher Leiter Bankdirektor a. D. Gottfried Gumbel aus Stuttgart war, unterstand der Aufsicht des Reichsbeauftragten für das WHW. Die Gemeinden erhoben denselben Betrag wie das WHW, nämlich zehn Prozent der Lohnsteuer. Später mußten die Besserverdienenden stärker herangezogen werden.[79] Die Situation war vor allem in den Landgemeinden schwieriger geworden. 1937/38 unterstützte die Jüdische Winterhilfe 18,25 Prozent aller württembergischen Juden, im ersten Jahr waren es noch 12,75 Prozent gewesen. Die Hilfe bestand aus Lebensmitteln, Kohlen und Kleidung. Bemerkenswert war die Einrichtung einer sogenannten „seelischen Winterhilfe".[80] Bedürftige erhielten Abonnements des „Israelischen Familienblattes" und Eintrittskarten für kulturelle Veranstaltungen.

Die Reichsvertretung der Juden in Deutschland war betroffen über die Degradierung zu Bürgern und zu Menschen zweiter Klasse, aber sie hoffte, daß die gesetzliche Verankerung des Minderheitenstatus eine Basis für eine künftige Existenz der Juden in Deutschland sein werde.[81] Auch die Juden in Stuttgart hegten solche Erwartungen. Die Emigration nahm lediglich im September und November 1935 zu. Nach einem Bericht der Auswandererabteilung des Deutschen Ausland-Instituts wußten die Juden allerdings, daß ihre Kinder keine Zukunftschancen in Deutschland besaßen.[82] Die Zahl der Emigranten ging auch deshalb zurück, weil im Dezember 1935 die Devisenbestimmungen verschärft und der Vermögenstransfer ins Ausland erschwert wurden.[83] Hatte die Auswandererabteilung im Oktober 1935 noch 73 und im November 64 Devisengutachten erstellt, so waren es im Dezember nur 75.[84] Obwohl bis Ende 1935 nahezu 1000 Juden Stuttgart den Rücken gekehrt hatten, war die Zahl der sogenannten Glaubensjuden seit der Volkszählung von 1933 nur um rund 350 zurückgegangen.[85] Diejenigen wanderten leichter aus, die keine Bindung an die jüdische Gemeinde hatten. Der Hauptgrund war jedoch die Landflucht; immer mehr Juden verließen die kleinen Orte, wo sie es schwerer hatten als in der Anonymität der Großstadt. Die Kreisleitung der NSDAP registrierte verärgert, daß zwischen Juni und September 1935 sowie Januar und Februar 1936 die Zahl der in Stuttgart ansässigen Juden anstieg.[86] In den ersten sieben Monaten des Jahres 1936 verließen 582 Juden Stuttgart, 529 kamen neu in die Stadt. Der Anteil der Frauen wuchs, was das Statistische Amt auf den Zuzug von Hausgehilfinnen zurückführte.[87] Ende 1937 sank die Zahl der in Stuttgart ansässigen Juden erstmals unter 4000.[88] Unter den überseeischen Zielen dominierten die Vereinigten Staaten, an zweiter Stelle rangierte Palästina. Im „Gemeindeblatt" häuften sich die Abschiedsanzeigen: „Allen Freunden und Bekannten, von denen wir uns nicht mehr persönlich verabschieden konnten, ein herzliches Schalom!"[89] Aus Tel Aviv und Chicago trafen Geburtsanzeigen, aus Paris Verlobungs- und Hochzeitsanzeigen der alten Bekannten ein. Die Lebensbedingungen im Reich veranlaßten auch die Verfechter einer Integration, an die Flucht zu denken: Im Jahr 1937 verließen 45 Mitglieder der Stuttgarter Ortsgruppe des Reichsbunds Jüdischer Frontsoldaten die Stadt; das waren über 15 Prozent der Mitglieder des national eingestellten Verbandes.[90]

Im Sommer 1935 hatte die Stadt antijüdische Maßnahmen ohne Rechtsgrundlage abgelehnt. Nach den Nürnberger Gesetzen und den Olympischen Spielen änderte sich dies. Kurz nach deren Ende konnte der „NS-Kurier" endlich triumphieren: „Freibäder judenfrei".[91] Die Mitglieder der Religionsgemeinschaft durften jedoch weiterhin ihre rituellen Bäder im Stadtbad in der Büchsenstraße nehmen, obwohl Stadtrat Ettwein dies zuvor als „undenkbar" bezeichnet hatte.[92] Die Stadt war durch Verträge gebunden.

In einer Ratsherren-Sitzung behandelte Strölin am 21. September 1936 die „Judenfrage". Es gehe darum, „durch welche Maßnahmen der Stadtverwaltung die Juden in noch stärkerem Maße als bisher aus dem öffentlichen und vor allem aus dem wirtschaftlichen Leben zurückgedrängt" werden könnten.[93] Strölin hatte Hablizel ausgerechnet nach Nürnberg, dem Sitz des radikalen Gauleiters Streicher, geschickt, um sich einen „Eindruck zu verschaffen, wie die Judenfrage dort gelöst" wurde.[94] Das Ergebnis dieser Dienstfahrt war ein 30-Punkte-Programm, das die Beziehungen zu den Stuttgarter Juden bis ins kleinste Detail regelte. Der geschäftliche Verkehr wurde auf ein Minimum reduziert; städtische Altersheime, Kindergärten und Freibäder waren für Juden verboten; in den Krankenhäusern sollten jüdische Patienten separiert werden. Städtischen Bediensteten wurde der Einkauf in jüdischen Geschäften und die Konsultation jüdischer Ärzte untersagt; jüdische Geschäftsleute durften keine Märkte und Messen mehr beschicken; die Stadt stellte Grundstücksgeschäfte und den Warenverkehr mit Juden ein.

VII. 2. Nürnberger Gesetze und Stuttgarter Wirklichkeit

Im September 1936 eröffnete die NSDAP eine Kampagne gegen Baubürgermeister Sigloch. Sie warf ihm vor, einem Juden eine Bauerlaubnis erteilt zu haben.[95] Sigloch nützte es nichts, daß er dies nicht gewußt hatte und daß zu diesem Zeitpunkt keine Einschränkungen bestanden.[96] Strölin verwahrte sich zwar vehement gegen den Angriff und gegen Eingriffe der Partei in die städtische Personalpolitik. Als er aber wenig später selbst die Ausschaltung der Juden propagierte und Grundstücksgeschäfte verbot, war Sigloch bloßgestellt. Im Sommer 1937 verlief die Front der Auseinandersetzungen schon ganz anders: Jetzt beschwerte sich die Stadt beim württembergischen Innenministerium, das von der Stadt für einen jüdischen Stuttgarter eine Befreiung von baupolizeilichen Vorschriften verlangte.[97] Strölin nannte den Vorfall ein Beispiel dafür, „wie man bei der Anwendung der Grundsätze der Stadt mit der Auffassung des Ministeriums im Konflikt kommen könne". An anderer Stelle versicherte Hirzel: „Ich bin mir dessen bewußt, daß über das im Kampf gegen das Judentum einzuhaltende Tempo lediglich die zuständigen Reichsstellen entscheiden können."[98]

Differenzen zwischen der Stadtverwaltung sowie dem Polizeipräsidium und dem Wirtschaftsministerium gab es über die Konzessionen für jüdische Gaststätten und Pensionen. Als das Restaurant Bloch in der Rotebühlstraße seinen Betrieb erweitern wollte, erteilten die Landesbehörden die Befreiung von der Gaststättensperrvorschrift. Stadtverwaltung und Ratsherren bejahten zwar aus Gründen der Rassentrennung eigene jüdische Gaststätten, lehnten jedoch ein Restaurant an einer der wichtigsten Verkehrs- und Aufmarschstraßen der Stadt ab.[99] Anfang 1938 erklärte Stadtrat Weidler, es sei Juden in Stuttgart kaum mehr möglich, sich in nichtjüdischen Gaststätten und Caféhäusern aufzuhalten. Die Wirtschaftsbeiräte stimmten daher einem Gesuch des Cafés Haimann in der Seidenstraße zu, das seinen Betrieb erweitern wollte. Die jüdische Gemeinde erhielt die Genehmigung, im Gemeindehaus eine Übernachtungsmöglichkeit mit Ausschank für Jugendliche einzurichten.[100] Auf der anderen Seite geriet die Stadt aber mit der Kreisleitung in Konflikt. Kreisleiter Fischer ließ die Stadt wissen, eine Eröffnung eines jüdischen Hotels in Stuttgart komme nicht in Frage und werde von ihm „aufs schärfste bekämpft". Beigeordneter Waldmüller hingegen meinte im Namen der Verwaltung, „daß es besser sei, wenn die Juden irgendwo unterkommen als wenn sie überall verkehren".[101] Zu einem Neubau kam es allerdings nicht. Mehrmals nahm die Stadt Äußerungen aus der Partei zum Anlaß, diskriminierende Maßnahmen zu ergreifen. Im September 1935 war im „Mitteilungsblatt der NSDAP" des Kreises Stuttgart zu lesen: „Achtung, Parteigenossen: Die Firma Jakob Trefz & Söhne, Kohlenhandlung, Stuttgart-N, Kriegsbergstraße 15, inseriert in der Jüdischen Gemeindezeitung!"[102] Die Stadt, die soeben die Vergabe des städtischen Kohlenkontingents beriet, schloß daraufhin die Firma Trefz aus.[103] Im September 1936 verlor das Architekturbüro Barth & Raible den Auftrag für die Cannstatter Sulzerrain-Schule auf Drängen der NSDAP, weil es auch Aufträge von Stuttgarter Juden angenommen hatte.[104] In Zweifelsfällen konsultierte die Stadt den Gauwirtschaftsberater der NSDAP, dessen Empfehlungen sie in der Regel folgte.[105]

Die Stadtverwaltung beteiligte sich indirekt auch an der sogenannten Arisierung. Mit Entschließung vom 20. Dezember 1935 stellte Strölin für die Gründung einer „Württembergischen Industrie-, Handels-, Beratungs- und Vermittlungszentrale GmbH" eine Einlage von 13 000 RM zur Verfügung. Außerdem beteiligten sich an der Gesellschaft der württembergische Staat und die Schwäbische Treuhand AG, die den größten Anteil besaß. Der Zweck des Unternehmens war, wie Waldmüller den Verwaltungsbeiräten mitteilte, einen Beitrag „zur Überleitung von jüdischen Geschäften in arischen Besitz" zu leisten.[106] Über diese Gesellschaft sicherte sich die öffentliche Hand in Württemberg ein Mitspracherecht und einen unmittelbaren Zugang zur „Arisierung".

Über die Verdrängung der Stuttgarter Juden aus der Wirtschaft und die „Arisierung" fehlt eine zusammenfassende Untersuchung. Einige hellsichtige Unternehmer verkauften ihren Betrieb frühzeitig. Sie konnten dadurch adäquate Preise erzielen und ihr Vermögen vor einer Verschärfung der Devisenbestimmungen Ende 1935 im Ausland sichern.[107] In dieser ersten Phase überwogen zumindest im Handel die Betriebsstillegungen die „Arisierungen". Stichproben für die Königstraße, die Eberhardstraße, den Marktplatz und die Reinsburgstraße ergaben, daß bis Ende 1937 18 Betriebe geschlossen und nur sechs „arisiert" wurden.[108] Dieser Sektor, in dem die Nationalsozialisten frühzeitig Anhänger gefunden hatten, war offenbar bestrebt, der ehemals jüdischen keine neue „arische" Konkurrenz nachfolgen zu lassen.[109] Im Textilgewerbe war das Bild differenzierter, in der Tendenz aber ähnlich. Zwischen 1933 und 1937 wurden in Stuttgart 28 Betriebe aufgelöst und 34 „arisiert". Nach dem 1. Januar 1938 wurden nur vier von 46 Produktionsstätten, aber 14 von 35 Betrieben des Textilhandels liquidiert.[110]

3. „Mir wäre lieber gewesen, ihr hättet 200 Juden erschlagen und hättet nicht solche Werte vernichtet."
Die Ausschaltung aus dem Wirtschaftsleben und der Pogrom

Im Herbst 1937 sorgten nicht Parteidienststellen und lokale Instanzen, sondern Reichsbehörden für einen Kurswechsel der Wirtschaftspolitik gegenüber den Juden in Deutschland. Treibende Kraft war Göring, der nach der Entlassung Schachts als Reichswirtschaftsminister in seiner Funktion als Vorsitzender der Vierjahresplan-Behörde eine dominierende Position in der deutschen Wirtschaftspolitik einnahm. Zu Görings Intentionen gehörte es, die Interessen der Rüstung gegenüber der NSDAP bei der Ausschaltung der Juden zu wahren. Dies konnte er nur mittels einer staatlich organisierten „Arisierung" erreichen, die Sonderinteressen ausschaltete und unkontrollierte Umschichtungen verhinderte.[111] Anfang Dezember 1937 stellte das Reichswirtschaftsministerium Richtlinien für die Belieferung jüdischer Firmen mit Rohstoffen auf. Im Bereich der Industrie- und Handelskammer Stuttgart betraf dies vor allem Textilbetriebe.[112] Da in der Textilindustrie schon einige Zeit davor eine Rohstoffkontingentierung eingeführt worden war, mußten die Betroffenen dies nicht als Zeichen für eine neue Politik werten.

Ende April erschien die „Verordnung gegen die Unterstützung der Tarnung jüdischer Gewerbebetriebe", die „Verordnung über die Anmeldung jüdischen Vermögens" über 5000 RM und eine Verordnung, wonach sämtliche Rechtsgeschäfte und Veränderungen des Besitzstands der Zustimmung der höheren Verwaltungsbehörden bedurften, die wiederum die Gauleitung und die Industrie- und Handelskammer hören mußten.[113] Am 14. Juni 1938 wurde außerdem die Registrierpflicht für jüdische Gewerbebetriebe und die Erlaubnis zur Kennzeichnung der jüdischen Gewerbebetriebe eingeführt. Die Vermögens-und Besitzverhältnisse der deutschen Juden lagen damit dem Zugriff der Behörden offen. In dieser Situation versuchten jüdische Unternehmer, ihre Betriebe zu veräußern.[114] Die Verkaufserlöse waren jedoch auf 40 bis 70 Prozent des Verkehrswertes zurückgegangen.[115]

Berufsverbote gefährdeten die Existenz der Juden. Anfang Juli 1938 verhängte die Regierung ein Berufsverbot für Juden im Bewachungsgewerbe, bei der Vermögensberatung und im Maklerwesen, bei der Heiratsvermittlung und im Wandergewerbe. Aufgrund der „Vierten Verordnung zum Reichsbürgergesetz" vom 25. Juli 1938 erloschen auf Ende September die Approbationen von 55 jüdischen Ärzten in Württemberg; 20 von ihnen lebten und praktizierten in Stuttgart. Vier Ärzte und zwei Zahnärzte waren als „Krankenbehandler" zur Behandlung jüdischer Patienten zugelassen. Sie mußten auf dem Türschild und auf dem Rezeptblock einen Davidstern anbringen, durften keine „arztähnlichen Bezeichnungen" führen und nicht alle Untersuchungen vornehmen.[116] In einer weiteren Verfügung verbot das Regime Ende September jüdischen

Rechtsanwälten ab dem 30. November 1938 die Ausübung ihres Berufs.[117] In Analogie zu den Ärzten waren einige von ihnen als „Konsulenten" zur Vertretung von Juden berechtigt. Mitte Oktober forderte der Präsident der Reichsanstalt für Arbeitsvermittlung und Arbeitslosenversicherung, alle von der öffentlichen Hand unterstützten Juden sollten in geschlossenen Arbeitseinsatz gebracht werden.[118] Die Erlasse und Maßnahmen des Jahres 1938 trafen im Unterschied zu den Verboten des Jahres 1933 die Gesamtheit der deutschen Juden in ihrem Lebensnerv.

Mit welcher Rücksichtslosigkeit die Ausplünderung der Juden betrieben wurde, zeigt das Schicksal der Familie des Stadtrabbiners Dr. Rieger. Im Oktober 1938 verweigerte die Devisenstelle Frau Rieger erstmals die Einzahlung von Devisen für den in der Schweiz studierenden Sohn. Sie erhielt statt dessen eine Vorladung. Reichsbankdirektor Niemann, Leiter der Devisenstelle, verhörte sie wegen eines ihr in den USA zugefallenen Erbes. Der verstorbene Verwandte hatte verfügt, daß das Erbe nicht ins nationalsozialistische Deutschland transferiert werden dürfe. Die Erbin hatte die Summe dennoch ordnungsgemäß bei der Vermögensanmeldung aufgeführt. Um an das Geld heranzukommen, ließ Niemann Frau Rieger wegen angeblicher Devisenunterschlagung für vier Tage verhaften. Die Freilassung war mit der Auflage verbunden, einen hohen Geldbetrag zu bezahlen und sich täglich zweimal bei der Polizei zu melden. Frau Rieger genügte der Meldepflicht, obwohl sie einen schwerkranken Mann zu versorgen hatte. Auch am Todestag ihres Gatten, der am 10. Juli 1939 starb, erschien Frau Rieger, der 1940 noch die Flucht gelang, zweimal auf der Polizeiwache.[119] Niemann, Parteigenosse seit 1930, war nach Aussage von Reinhold Maier, damals Rechtsanwalt, das „Schreckgespenst der gequälten jüdischen Bevölkerung" und erpreßte Stuttgarter Juden mehrfach.[120]

Am 17. August 1938 verfügten die Reichsminister des Inneren und der Justiz, daß ab Anfang des Jahres 1939 alle männlichen Juden den zusätzlichen Namen „Israel", die Frauen den Namen „Sara" zu führen hätten, sofern sie ihr Taufname nicht eindeutig als Juden auswies. Hierfür gab das Innenministerium eigens eine Liste von sogenannten jüdischen Vornamen heraus.[121] Diese Namen waren auch verbindlich für die Namensgebung bei Neugeborenen. In Stuttgart kamen nach Inkrafttreten der Verordnung nur noch drei Kinder jüdischer Eltern zur Welt.[122] Bei vorsätzlicher Mißachtung der Vorschriften drohte den Betroffenen eine Gefängnisstrafe bis zu sechs Monaten.

Am 5. Oktober 1938 erklärte das Reichsministerium die Reisepässe der deutschen Juden für ungültig. Diese mußten binnen zweier Wochen die Pässe abliefern. Für das Ausland gültige Ausweise wurden mit dem Buchstaben „J" versehen, um die Inhaber „als Juden" zu kennzeichnen.[123]

Das autoritäre Regime in Polen, kaum weniger antisemitisch als das Deutsche Reich, erließ am 6. Oktober eine Verordnung, wonach die im Ausland lebenden polnischen Staatsbürger bis Ende des Monats einen zusätzlichen Sichtvermerk benötigten, ohne

VII. 3. Die Ausschaltung aus dem Wirtschaftsleben und der Pogrom

den sie die Staatsangehörigkeit verloren.[124] Das Ziel der Maßnahme war, mit einem Schlag jene Juden polnischer Staatsangehörigkeit loszuwerden, die seit der Jahrhundertwende nach Deutschland ausgewandert waren, ohne sich um die Formalitäten zu kümmern. Das nationalsozialistische Deutschland zeigte kein Interesse daran, daß ihm auf diesem Weg „ein Klumpen von 50 000 staatenlosen ehemaligen polnischen Juden in den Schoß" fallen würde, wie der Staatssekretär im Auswärtigen Amt, von Weizsäcker, bemerkte.[125]

Nachdem Verhandlungen zwischen den Regierungen erfolglos verlaufen waren, entzogen die zuständigen Ausländerbehörden den formell polnischen Juden die Aufenthaltserlaubnis. In einer Nacht-und-Nebel-Aktion sollten die Betroffenen noch vor dem 30. Oktober nach Polen abgeschoben werden.

In Stuttgart lebten nach dem Ergebnis der Volkszählung von 1933 225 jüdische Einwohner mit polnischer Staatsangehörigkeit.[126] Da diese Gruppe zur Unterschicht zählte, dürfte nur ein geringer Teil emigriert sein. Viele waren in Deutschland aufgewachsen und hatten keine Beziehung zu Polen; die Jüngeren beherrschten kaum mehr die polnische Sprache. In den frühen Morgenstunden des 28. Oktober erschienen bei den Betroffenen Polizeibeamte, die eine Verfügung des Polizeipräsidenten vorwiesen, und nahmen die polnischen Staatsangehörigen in Abschiebehaft.[127] Dabei kam es vor, daß Ehepartner mit verschiedener Staatsangehörigkeit getrennt wurden.[128] Im Polizeigefängnis in der Büchsenstraße wurden die Festgenommenen auf engstem Raum zusammengepfercht.[129] Die Angehörigen der jüdischen Gemeinde versorgten sie mit Lebensmitteln und versuchten, nicht ohne Erfolg, einzelne Personen vor der Deportation zu bewahren. Überliefert ist, daß die Ordnungspolizisten zu einem gewissen Grad ansprechbar waren, während sich die Beamten der Stapoleitstelle kompromißlos zeigten. Sie übernahmen die Verhafteten, fuhren sie in Lastwagen zum Bahnhof und sperrten sie in einen Zug, der anschließend versiegelt wurde. Der Protest des für Württemberg zuständigen polnischen Generalkonsuls in München, der in den Mittagsstunden beim Staatsministerium eintraf, verhinderte die Abfahrt des Zuges nicht.[130]

Aus allen Großstädten des Reichs rollten in der Nacht zum 29. Oktober 1938 verschlossene Waggons nach Osten. Ein neunjähriges Mädchen aus Stuttgart, das in der Blumenstraße gewohnt hatte, überlebte den Transport nicht.[131] Im Grenzort Zbaszyn (Bentschen) trieben am nächsten Tag deutsche Sicherheitskräfte die Ausgewiesenen in Richtung der polnischen Grenze. Dort hielten sie bewaffnete polnische Organe mit Waffengewalt auf. Rund 15 000 Menschen warteten im Niemandsland. Nach polnischen Drohungen gegenüber deutschen Staatsangehörigen in Polen stellte das Reich die Transporte ein. Die polnische Regierung erklärte sich im Gegenzug zur Aufnahme der bis dahin Verschleppten bereit.

Unter den Deportierten befanden sich die Familienangehörigen des 17jährigen Hermann Grünspan (Herszel Grynszpan) aus Hannover der sich illegal bei seinem Onkel in Paris aufhielt. Dort erreichte ihn Anfang November 1938 ein Schreiben seiner Schwester, das erstaunlicherweise den Weg aus den Baracken von Zbaszyn nach Frankreich gefunden hatte. Am Morgen des 7. November 1938 schoß Grünspan den Legationssekretär III. Klasse, Ernst vom Rath, nieder und verletzte ihn lebensgefährlich. Das Attentat von Paris war für die Nationalsozialisten ein willkommener Anlaß, von der Entrechtung und Diffamierung der deutschen Juden zur direkten Verfolgung überzugehen. Motor der Kampagne war Goebbels. Der Bevölkerung wurde eingehämmert, daß es sich bei der Verzweiflungstat eines Jugendlichen um den Anschlag einer „jüdischen Verschwörung" gegen die deutsche Volksgemeinschaft gehandelt habe.[132] Goebbels sah zugleich die Möglichkeit, im Machtkampf um die dominierende Rolle in der Judenpolitik verlorenes Terrain gegenüber Göring zurückzugewinnen. Nachdem die Abendausgaben der Stuttgarter Zeitungen nur kurz über das Attentat informiert hatten, rückte am 8. November das Ereignis in den Mittelpunkt der Berichterstattung. Goebbels hatte mittlerweile die Stichworte geliefert und eine große Aufmachung auf den Titelseiten angeordnet. Er wünsche keine antifranzösische Tendenz, dafür sollten Parallelen zum Fall des 1936 in Davos erschossenen Landesgruppenleiters der NSDAP in der Schweiz, Gustloff, unterstrichen werden. Im Mittelpunkt aber sollte die Forderung nach Vergeltung stehen.[133] Den Leitartikel im „NS-Kurier" verfaßte dessen Berliner Schriftleiter Gayer, der ihm die Überschrift gab: „Alljudas Blutschuld. Das Attentat von Paris erfordert radikale Sühne". Gayer sprach von einer Kriegserklärung an das deutsche Volk und drohte unverhüllt mit Vergeltungsmaßnahmen: „Den in Deutschland lebenden Juden ist damit ein schlechter Dienst getan, die deutsche Langmut ist zu Ende."

Am 9. November war ein hoher nationalsozialistischer Feiertag, gedachte man doch der Opfer des Putschversuchs von 1923 und der Saalschlachten vor der Machtübernahme. In Stuttgart hatte die SA die Gräber und Gedenkstätten von „gefallenen Kameraden" geschmückt, auf dem Hedelfinger Friedhof fand eine Gedenkfeier für Paul Scholpp statt, und am Rathaus legte Oberbürgermeister Strölin einen Kranz zur Erinnerung an Gregor Schmid nieder. Der SA-Sturm 1/119 marschierte anschließend mit „einem frischen Kampflied auf den Lippen" durch die Innenstadt.[134]

Die Parteispitze war mit Ausnahme Himmlers zu einem traditionellen Kameradschaftsabend im Alten Rathaussaal in München versammelt. Dort vermutlich erfuhr Hitler vom Tode vom Raths, besprach sich mit Goebbels und verließ die Gesellschaft ohne die übliche Rede.[135] Dies war die Stunde des Propagandaministers. Während seiner antijüdischen Ausführungen erwähnte er spontane Vergeltungsaktionen in Kurhessen und in Magdeburg.[136] Er erklärte, Hitler habe entschieden, daß solche Demonstrationen von der Partei weder vorzubereiten noch zu organisieren seien, soweit sie spontan entstünden, sollte ihnen aber auch nicht entgegengetreten werden. Die anwesenden Partei- und SA-Führer erkannten trotz der vagen Formulierungen den Kern

VII. 3. Die Ausschaltung aus dem Wirtschaftsleben und der Pogrom

von Goebbels' Aussage. Während die Parteivertreter an die Telefone eilten, um ihre Heimatdienststellen zu informieren, rief SA-Stabschef Lutze die SA-Führer nochmals zusammen. Seine Ausführungen waren offenbar eindeutiger als die von Goebbels.[137] Die SA-Gruppen erhielten ihre Informationen zwischen 23 und 24 Uhr. Manche SA-Führer wollten endlich die längst fällige Abrechnung mit den deutschen Juden vollziehen; sie versteckten sich denn auch gar nicht hinter einem angeblichen Volkszorn und ignorierten außenpolitische Erwägungen.

Die ersten Informationen aus München trafen in Stuttgart schon vor 22.30 Uhr ein.[138] Präzise Anweisungen gab es nicht. Erst später, gegen 1.20 Uhr, erließ der Chef der Sicherheitspolizei klare Anordnungen für ein systematisches Vorgehen. SS und SD, die an den Feierlichkeiten des 9. November und an der Inszenierung des Pogroms nicht unmittelbar beteiligt waren, lehnten wilde Ausschreitungen ab. Heydrich befahl, Plünderungen zu verhindern, vorwiegend wohlhabende Juden festzunehmen und alles verwertbare Material sicherzustellen.[139]

Die Inszenierung des Pogroms übernahm in Stuttgart Adolf Mauer, der frühere Kreisleiter von Stuttgart, der jetzt das Gauamt für Propaganda und zugleich das Reichspropagandaamt in Stuttgart leitete. Er lud Vertreter der Partei, der SA und der Sicherheitsorgane sowie den Direktor der Feuerschutzpolizei um Mitternacht zu einer Besprechung in seine Diensträume im Kronprinzenpalais. Mauer kündigte an, daß als Vergeltung für den Mord an vom Rath in der kommenden Nacht die Synagogen in Flammen aufgehen würden.[140]

Unterdessen währte in den Räumen der SA-Gruppe Südwest im Herdweg ein feuchtfröhliches Treiben. Nach und nach bemerkten die SA-Männer, daß sich einzelne Führer entfernten. Schließlich erhielten sie die Anweisung, sich umgehend in Zivilkleidung beim Kronprinzenpalais einzufinden.[141] Die Gelegenheit war günstig; mit geringem Aufwand ließ sich ein motivierter Haufen von SA-Männern mobilisieren. Weit nach Mitternacht waren die Vorbereitungen beendet, die Kommandos rückten ab. Gegen drei Uhr standen die beiden Stuttgarter Synagogen in der Hospitalstraße und am Cannstatter Wilhelmsplatz in Flammen.[142] Den genauen Ablauf konnte auch ein gerichtliches Verfahren nach dem Krieg nicht klären. Doch wesentliche Einzelheiten ließen sich rekonstruieren. Noch während der Besprechung im Gaupropagandaamt hatten Zivilisten, zum Teil mit angestecktem Parteiabzeichen, die Gegend der Synagoge und der Hospitalstraße abgesperrt. Etwa gegen zwei Uhr, als Teilnehmer der Sitzung im Kronprinzenpalais bei der Synagoge erschienen, brachen vermummte Personen ins Gemeindehaus der jüdischen Gemeinde in der Hospitalstraße 36 ein. Einige von ihnen waren bewaffnet und, nach den vorausgegangenen Feiern wenig verwunderlich, nicht mehr nüchtern.

Der christliche Hausverwalter entging einem tätlichen Angriff, weil er sein DAF-Mitgliedsbuch vorweisen konnte. Die Eindringlinge zwangen ihn mit vorgehaltener

Waffe, die Synagoge zu öffnen. Das Tor war aber bereits aufgebrochen. Die Nationalsozialisten schichteten zuerst auf der Empore der 1861 eingeweihten Synagoge, dann in den Seitenschiffen Bänke übereinander, übergossen sie mit Benzin und steckten sie in Brand. Nachdem Stuttgarts ranghöchster Feuerwehrmann die Flammen einige Zeit hatte gewähren lassen, fuhr er nach Hause, tauschte Zivilkleidung gegen seine Uniform und alarmierte die Löschkräfte, um die Nachbargebäude zu schützen. Gleichzeitig sorgten Angehörige der Sicherheitspolizei, entsprechend Heydrichs Befehl, für die Sicherstellung von Akten und Unterlagen; darüber hinaus verfrachteten sie auch Bücher, Büromöbel sowie eine Schreibmaschine aus den Gemeindegebäuden in der Hospitalstraße in ihre Dienststelle in der Reinsburgstraße.

Die Brandstiftung in der Cannstatter Synagoge war nachweislich ein Werk des Leiters der Feuerwache III sowie zweier Feuerwehrleute und einiger Zivilisten. Der Leiter der Wache hatte von seinem Vorgesetzten, dem Stuttgarter Branddirektor, telefonisch einen Befehl zur Brandstiftung erhalten. Nach dem Aufbrechen der Synagoge hatten zuerst einige Zivilisten, vermutlich von Gestapo und SD, das Gebäude nach Schriftgut durchsucht. Anschließend übergossen die Feuerwehrleute leicht brennbares Material, das sie auf dem Dachboden gefunden hatten, mit Benzin. Die Holzkonstruktion brannte schnell vollständig nieder. Die von Anwohnern alarmierte Feuerwehr kam gerade noch rechtzeitig, um ein Übergreifen auf Nachbarhäuser zu verhindern. Weisungsgemäß blieb der Leiter der Feuerwache III am Brandplatz, bis wenig später der Stuttgarter Branddirektor und eine Gruppe führender NSDAP-Persönlichkeiten unter Leitung von Mauer das von ihnen inszenierte Werk in Augenschein nahmen. Der wohlinformierte „NS-Kurier" meldete, daß „um 4.30 Uhr in der Frühe nur noch ein kleiner rauchender Schutthaufen zu sehen war".[143]

Während Kommandos die Synagogen zerstörten und in Brand steckten, demolierten andere Ladengeschäfte. Schaufensterscheiben wurden eingeworfen, Auslagen und Mobiliar verwüstet und auf die Straße geworfen. Die Männer trugen keine Uniformen, sondern „Räuberzivil". Sie gingen ganz planmäßig vor. Am stärksten wurden die Geschäfte der Königstraße und des Marktplatzes betroffen.[144] Am folgenden Tag verloren die Sicherheitsorgane die Übersicht. Denn entgegen den Befehlen dauerten die Zerstörungen am 10. November an, und es wurde am hellichten Tage geplündert. Im Stadtzentrum drängten sich die Neugierigen. Eine Stuttgarterin erinnerte sich: „Nachmittags gingen wir auf die Königstraße. Da schauten wir zu, wie das Strumpfhaus IKA eingeworfen wurde. Mein Mann sagte: ‚So ein Blödsinn', dann sagte ein alter Mann zu den Steinewerfern: ‚Hört auf damit!' Schon war ein Herr mit einem Notizblock da und sagte zu dem Mann: ‚Wenn Sie nicht still sind, nehme ich Sie sogleich mit und sperre Sie ein!'"[145]

SA-Trupps besetzten die Eingänge der Geschäfte und verlangten von den Inhabern, die leeren Schaufensteröffnungen mit Brettern und Dielen zu verschalen. Der „NS-

VII. 3. Die Ausschaltung aus dem Wirtschaftsleben und der Pogrom

Kurier" frohlockte: „So müssen diese Ramschgeschäfte, diese Sumpfblüten in unserem sauberen Geschäftsleben, jetzt gekennzeichnet werden."[146]
Der Pogrom wird bis heute oft auf eine „Kristallnacht", das heißt die Zerstörung von Synagogen und Geschäften, verengt. Die Verhaftungswelle, die über die jüdischen Deutschen hereinbrach, ist weit weniger bewußt. Kaum eine Familie, die nicht einen männlichen Angehörigen einem ungewissen Schicksal überlassen mußte. Nach dem Eindruck der Betroffenen war die Kartei der Stuttgarter Juden auf dem neuesten Stand; die Beamten der Sicherheitspolizei verhafteten systematisch nach Straßenzügen.[147] Führende Männer der jüdischen Gemeinde suchten sie sowohl in Privatwohnungen als auch am Arbeitsplatz. Karl Adler, Leiter der Kunstgemeinschaft, berichtete, daß Beamte zweimal in seiner Wohnung nach ihm fahndeten, während er bereits im Büro verhaftet worden war. Es gab aber auch Fälle, in denen Juden am Arbeitsplatz verhaftet und ohne Kontakt mit den Angehörigen verschleppt wurden. Das Verhalten der Beamten war, wie sich Betroffene erinnerten, unterschiedlich. Bewahrten einmal militärische Auszeichnungen aus dem Weltkrieg vor einer Festnahme, halfen ein andermal weder Orden noch Ehrenzeichen, noch der Hinweis auf das fortgeschrittene Alter. Mißhandlungen sind für Stuttgart im Unterschied zu anderen württembergischen Städten (Ulm, Heilbronn) nicht bekannt geworden. Nach mehreren Zwischenstationen war wiederum die „Büchsenschmiere" Sammelstation der Verhafteten. Die Festnahmen erreichten am 10. November ihren Höhepunkt, dauerten jedoch die folgende Woche an. Die Juden standen unter einem enormen psychischen Druck, dem einige von ihnen erlagen. Sie suchten im Freitod einen Ausweg aus ihrer Lage.[148] Der 15. November bildete einen zweiten Höhepunkt und den Abschluß der Verhaftungswelle. Exponierte Personen wie Karl Adler wurden unter strengen Auflagen und der Maßgabe freigelassen, die Emigration voranzutreiben.
Zwischen dem 10. und 13. November fuhren mehrere Omnibusse von Stuttgart in die Konzentrationslager nach Welzheim und Dachau. Der Hauptbahnhof war Ausgangsort für zahlreiche Transporte aus dem südwestdeutschen Raum nach Dachau. Nach der Ankunft folgten eine entwürdigende Aufnahmeprozedur, die Unterbringung in überfüllten Baracken und Schikanen der Wachmannschaften:
„Auf dem Boden lag hingestreut Stroh, und jedem von uns wurde eine Decke zugeteilt. Auf dem Rücken liegen konnte man bei dieser Überbelegung nicht, sondern alles mußte sich unter Bedrohung mit dem Revolver auf die rechte Seite legen, so daß alle dicht zusammengedrängt wie Sardinen in der Büchse die Nächte verbrachten."[149]
Zwei Stuttgarter fielen den Grausamkeiten in Dachau zum Opfer. Der eine starb bei einem der gefürchteten Dauerappelle, den anderen ermordeten Lagerärzte, als er sich mit hohem Fieber krank meldete.
Die in Welzheim Inhaftierten mußten eine besondere Gehässigkeit über sich ergehen lassen. Die Zeitschrift „Flammenzeichen", ein antijüdisches Hetzblatt, veröffentlichte

Fotos der verhafteten Stuttgarter Juden mit Namen und Anschrift.[150] Stuttgarter Parteikreise der NSDAP wollten damit offensichtlich Stimmung für die Ausschaltung der Juden aus dem Wirtschaftsleben machen, denn bei den Berufsbezeichnungen der angeprangerten Männer dominierte ohne jede Differenzierung die Angabe „Kaufmann".

Nach und nach kehrten Stuttgarter Juden wieder zu ihren Familien zurück; Ende Januar 1939 befanden sich noch 40 württembergische Juden in Haft.[151] Bevorzugt entließ man Personen, die bereits ein Visum zur Ausreise besaßen oder es während der Haftzeit erhielten. Ein SD-Bericht hob den unmittelbaren Zusammenhang von Lagerhaft und Aussiedlungsdruck hervor: „Bezüglich der Auswanderung hat die Aktion bewirkt, daß von den verhafteten Juden 253 sich sofort zur Auswanderung bereiterklärten."[152] Viele, die es bisher abgelehnt hatten, ihre Heimat zu verlassen, sahen keinen anderen Ausweg mehr. Vor den ausländischen Vertretungen, vor allem vor dem amerikanischen Generalkonsulat in der Gartenstraße (Fritz-Elsas-Straße), drängten sich die Ausreisewilligen. Die Mitarbeiter konnten den Ansturm kaum bewältigen, aber auch die Verhältnisse in den potentiellen Einwanderungsländern wirkten als Hemmnis, denn der Pogrom hatte keine Erleichterung der Einreise zur Folge.

Der amerikanische Generalkonsul meinte, 80 Prozent der Stuttgarter lehnten die Ausschreitungen ab und ließen die Köpfe aus Scham hängen.[153] Im „NS-Kurier" kritisierte ein angeblicher Leserbrief-Schreiber vom moralisch überlegenen Standpunkt eines Auslandsdeutschen aus diejenigen, die den „paar Schaufenstern jüdischer Spekulanten" und den Synagogen nachweinten.[145] Am 25. November veranstaltete die Kreisleitung eine Propagandawelle mit 47 Kundgebungen. Die Redner erinnerten an die historische Schuld des „Weltjudentums", für die der Pogrom noch längst keine angemessene Sühne sei. Sie nannten die Kritik deshalb absolut unverständlich.[155] Mit solchen Ausführungen übernahm die NSDAP die Verantwortung für den Pogrom. Die Ablehnung in kirchlichen Kreisen, die der SD verzeichnete, überraschte dort nicht. Enttäuschung mußte hingegen das Verhalten der Stuttgarter Glaser-Innung auslösen, die für die Anfertigung neuer Schaufenster einen Sonderpreis berechnete mit der bemerkenswerten Begründung, die Inhaber seien für die Schäden nicht verantwortlich.[156] Nur wenige fanden den Mut, so deutlich ihrer Haltung Ausdruck zu verleihen. Öffentliche Stellungnahmen blieben aus. Ein in Sillenbuch wohnender jüdischer Bürger war nicht sofort verhaftet worden. Darüber beschwerten sich einige Nachbarn „mit Erfolg". Als der Mann zwei Tage später wieder freikam, flogen in der Nacht Steine gegen seine Fenster.[157] Ein Geschäftsmann erlebte die Anteilnahme von Bekannten auf zweifelhafte Weise, denn sie erkundigten sich im gleichen Atemzug, ob er nicht Haus und Garten verkaufen wolle.[158] Einige Ärzte weigerten sich sogar in Notfällen, jüdischen Personen zu helfen, sofern ein „Krankenbehandler" in der Nähe wohnte.[159] Die Einrichtungen der jüdischen Gemeinde war demoliert und unbrauchbar. Die Synagoge, der religiöse Mittelpunkt, wies zwar erhebliche Schäden auf, war jedoch nicht völlig zerstört. Dennoch mußte das Gebäude abgerissen werden. 15 Juden, die man aus Lagern nach Stuttgart gebracht hatte, mußten diese gefährliche, aber auch bedrükkende Arbeit verrichten.[160] Unbeschädigte Gebäude wie das Gemeindehaus und die Jüdische Schule belegte sofort die Nationalsozialistische Volkswohlfahrt. Die Bibliothek mit rund 4000 Bänden war verwüstet, die Einrichtungsgegenstände waren verschwunden. Nach langen Verhandlungen mit der Stapoleitstelle erhielt die Gemeinde schließlich das Schulgebäude und das Gemeindehaus zurück. In einem Dorf auf der Schwäbischen Alb fanden sich die Turngeräte der Schule. Die Gemeinde mußte sie auf eigene Kosten zurückholen.[161]

Die Gestapo beauftragte unmittelbar nach dessen Freilassung Karl Adler mit dem Aufbau der sogenannten Mittelstelle. Sie war kein Organ der jüdischen Selbstverwaltung; die Israelitische Religionsgemeinde und der Oberrat bestanden vorerst weiter. Die Mittelstelle war eine Einrichtung von Gestapo und SD und für Kontakte zwischen Sicherheitspolizei und Gemeinde zuständig. Gestapo und SD richteten in den Räumen der Mittelstelle ein eigenes Büro ein und überwachten den Geschäftsverkehr.[162] Wegen ihrer Verbindung zur Stapoleitstelle nahm die Bedeutung dieser Institution für das Gemeindeleben in den nächsten Monaten ständig zu. Adler bemühte sich um die Reorganisation der Wohlfahrtseinrichtungen und die Freilassung der Verhafteten, die die Gestapo zur Vertreibung der Juden aus dem Reich nutzte. Die Gemeinde konnte nicht mehr frei über ihr Vermögen verfügen. Sie war auf Spenden angewiesen. Die Firma Bosch unterstützte die Mittelstelle mit namhaften Beträgen, die Stuttgarter Juden die Emigration ermöglichte. Adler empfand die Lage als nahezu aussichtslos: „Auf der einen Seite wurde von uns verlangt, die Auswanderung zu beschleunigen, während uns von anderen Stellen fast unüberwindliche Hindernisse in den Weg geworfen wurden." Er konnte mit Duldung der Stapoleitstelle die Mittelstelle räumlich und personell erweitern. Mit Hilfe von Mitarbeitern, die zum Teil ihren Arbeitsplatz verloren hatten, hielt er diesen „Sammelpunkt des Jammers und der Verzweiflung" rund um die Uhr offen.

Am 12. November 1938 fand unter Leitung von Göring eine Besprechung über die künftige Politik des Reiches gegenüber den Juden statt. Nachdem schon Himmler den Pogrom kritisiert und Goebbels der Hohlköpfigkeit geziehen hatte, wandte sich nun auch Göring aus wirtschaftlichen Gründen gegen die „irrsinnigen" Ausschreitungen.[163] Er hielt sich für das eigentliche Opfer des Pogroms: „Diese Demonstrationen habe ich satt. Sie schädigen nicht den Juden, sondern ausschließlich mich, der ich die Wirtschaft als letzte Instanz zusammenzufassen habe." Angesichts der Sachschäden, die man auf mehrere 100 Millionen RM bezifferte, bemerkte er zynisch: „Mir wäre lieber gewesen, ihr hättet 200 Juden erschlagen und hättet nicht solche Werte vernichtet." Göring wartete mit Vorschlägen auf, die man den Pogrom dennoch in ein gewinnbringendes Unternehmen für den Staat verwandeln könnte. Priorität maß er der „Arisierung" der Ladengeschäfte zu. An zweiter Stelle stand die Schadensregelung durch die Versicherungsgesellschaften, die eine Menge an Devisen zu kosten drohte. Für Göring war nicht die „Arisierung" der Industrie vorrangig, sondern die Beseitigung der Ladengeschäfte. Er befürchtete, die radikalen „Radauantisemiten" hätten hier ein ständiges Angriffsziel. Göring hatte ein Treuhandsystem entwickelt: Der Treuhänder des Staates bestimmte den Betrag, den der jüdische Besitzer erhielt. „Dieser Betrag ist selbstverständlich möglichst niedrig zu halten." Bei einer Weiterführung des Betriebes mußte der Ariseur den vollen Verkehrswert bezahlen, so daß für den Staat der Differenzbetrag abfiel. Die Versammlung beschloß, ab Januar 1939 den deutschen Juden die Leitung von Geschäften, Handwerksbetrieben, Handels- und Dienstleistungsunternehmen sowie die Mitgliedschaft in Genossenschaften zu verbieten.[164] Die Versicherungssummen sollten zwar ausbezahlt, aber sogleich zugunsten des Reiches beschlagnahmt werden. Und da man gerade beim Abkassieren war, erhob man wiederum auf Vorschlag Görings von den deutschen Juden eine „Sühneleistung" in Höhe von einer Milliarde Reichsmark. In vier Raten zu je fünf Prozent mußten alle Juden, die ein Vermögen über 5000 RM angemeldet hatten, eine Abgabe entrichten.[165] In den folgenden Wochen brach über die deutschen Juden ein wahrer Hagel von diskriminierenden Gesetzen und Verordnungen herein. Sie reichten vom Einzug der Führerscheine und Kfz-Zulassungen über das Verbot, Brieftauben zu halten, bis zur Errichtung von Bannbezirken.[166] Letztere Bestimmung fand in Stuttgart allerdings keine Anwendung. Im Zentrum stand die Liquidierung oder Arisierung der Betriebe. Offenbar versuchten einige Interessenten nach dem Pogrom, an den Gesetzen vorbei einige Geschäfte an sich zu reißen. Der SD bemängelte, daß sich einzelne Parteigenossen „bei der Übernahme von jüdischen Geschäften unrühmlich" benommen hätten.[167] Bis zum Pogrom waren schon zwei Drittel aller jüdischen Geschäfte aufgegeben worden.[168]

Die von Göring gegebenen Anweisungen wurden offenbar beachtet. Einer der wenigen Erinnerungsberichte, der die Liquidation eines Juweliergeschäfts schildert, illustriert dies. Die Fachleute der Wirtschafts- und Finanzverwaltung sorgten als Treuhänder für die „Entjudung" der deutschen Wirtschaft: Bald nach dem Pogrom erreichte den Inhaber des Geschäfts ein Schreiben der „Wirtschaftsstelle" der NSDAP mit der Aufforderung, die Waren zur Übergabe bereitzuhalten. Der Geschäftsmann berichtete weiter: „In Gegenwart des Vertreters der Wirtschaftsstelle des Einzelhandels wurden die Waren von einem Auktionator nach ihm erteilten Richtlinien geschätzt, d. h. nach Gewicht und Material, ohne Rücksicht auf unseren Gestehungspreis, und dann in die Räume der Wirtschaftsstelle gebracht. Die von dem Auktionator festgesetzten Preise wurden dann bei ‚Nachprüfung' als zu hoch empfunden und die Gesamtsumme um ein weiteres Drittel herabgesetzt."[169]

VII. 3. Die Ausschaltung aus dem Wirtschaftsleben und der Pogrom

Die Stadt hatte an der Ausschaltung der Juden aus dem Wirtschaftsleben geringen Anteil. Unmittelbar nach dem Pogrom verbannte sie die letzte jüdische Inhaberin eines Standes aus der Markthalle. Eine schon 1937 ausgesprochene Kündigung hatte die Stadt zurücknehmen müssen. Die Frau besaß die rumänische Staatsangehörigkeit und hatte sich an ihr Konsulat gewandt. Daraufhin lehnten das Polizeipräsidium und das Wirtschaftsministerium die Kündigung als unrechtmäßig ab. Als Ende Oktober 1938 die polnischen Juden deportiert wurden, unternahm die Stadt einen neuen Versuch und erhob Räumungsklage. Nach dem Pogrom kürzte das Marktamt, das mehrmals von der NSDAP attackiert worden war, das Verfahren ab und stellte der Frau ein Ultimatum. Am Nachmittag des 10. November räumte die Marktfrau den Stand; sie starb 1943 in Auschwitz.[170] Die Wirtschaftsbeiräte erlitten Anfang 1939 eine Niederlage, als sie versuchten, eine Verlegung oder Schließung der Gaststätte Bloch zu erzwingen. Die Stapoleitstelle hielt wegen des starken Publikumsverkehrs beim nahegelegenen amerikanischen Generalkonsulat eine jüdische Gaststätte für wichtig. Nach Ansicht der Gestapo fiel das Restaurant in der belebten Rotebühlstraße weit weniger auf als an anderer Stelle.[171] Der Vizepräsident der IHK, Ratsherr Eckstein, sah die Sache nüchtern. Man werde die Juden ohnehin in den Arbeitsprozeß eingliedern müssen, allein schon, um für sie keine Fürsorge bezahlen zu müssen. Ratsherr Weißenborn, Vertrauensrat bei Bosch, teilte mit, bei dieser Firma bestehe ein separater Arbeitsraum für Juden, „wo sie mit keinem Volksgenossen in Berührung kommen".[172]

Die Berufsverbote, die im Herbst 1938 wirksam wurden, die „Arisierung" und Liquidation von Betrieben, die zur Entlassung zahlreicher jüdischer Arbeitnehmer führten und die Ausplünderung durch die Vermögensabgabe trieben die Juden ins Elend. Ein geheimer Lagerbericht des SD-Unterabschnitts Württemberg-Hohenzollern für das erste Quartal 1939 beschrieb es:

„Die besten Anzeichen der Weiterschreitung der Verproletarisierung der Juden sind die zunehmende Zahl der Selbstmorde, die rapide Verschlechterung der jüdischen Winterhilfsspenden, die ständig sich steigernde Inanspruchnahme der jüdischen Fürsorgestellen, der im Wachsen begriffene Auswanderungsdrang, die wachsende Zahl der jüdischen Arbeitssuchenden, der schnell steigende Wohnungsmangel, der Verfall der Schulen, die ständige Belagerung der jüdischen Beratungsstellen und die Zunahme der Altersheime."[173]

Kapitel VIII:
„In vollem Umfang eine Kürzung der Reallöhne"
Die soziale Lage der Bevölkerung zwischen Krise und Krieg

Nach der Machtübernahme forderte die nationalsozialistische Klientel, kleine und mittlere Gewerbetreibende sowie Bauern, die Einlösung von Versprechungen. Sie griffen dabei zur Selbsthilfe. Handel und Handwerk erhöhten die Preise. Der württembergische Wirtschaftsminister Lehnich sprach von einer „zur Zeit herrschenden Verwirrung" und einer „wilden Preispolitik".[1] In manchen Branchen seien die Preise völlig unkontrolliert um „bis zu 50 und mehr Prozent" erhöht worden, häufig unter Berufung auf irgendwelche Kommissare, von deren Existenz und Kompetenz bei den zuständigen staatlichen Stellen nichts bekannt sei. Die Bildung von Zwangsorganisationen fördere diese Entwicklung.[2] Lehnich nannte es einen verhängnisvollen Irrtum, den Neuaufbau der Wirtschaft nach marktwirtschaftlichen Gesichtspunkten zu betreiben. Polizeipräsident Klaiber, der für die Preisüberwachung zuständig war, intervenierte anläßlich des Deutschen Turnfestes Ende Juli 1933 bei Gastwirten und Geschäftsleuten und brandmarkte öffentlich deren Geschäftsgebaren.

Im Sommer 1934 setzte in Stuttgart eine öffentliche Diskussion der Lebenshaltungskosten ein. Der Tenor lautete: Während die Löhne auf dem Tiefstand der Wirtschaftskrise eingefroren seien und die Betriebe bei Neueinstellungen die Arbeitnehmer niedriger einstuften, stiegen die Preise auch für Grundnahrungsmittel spürbar an. Diese Feststellung ließ sich nicht bestreiten; Zahlen aus einem Bericht Strölins an Landesbauernführer Arnold lieferten die Bestätigung.[3] Das Statistische Amt der Stadtverwaltung ging von einem Anstieg der Lebenshaltungskosten zwischen Februar 1933 und Juli 1935 um 6,1 Prozent aus, der Reichsdurchschnitt liege bei 5,6 Prozent. Zusätzlich müßten die Verbraucher bei Lebensmitteln und bei Bekleidung Qualitätsminderungen hinnehmen. Diejenigen Waren, auf die die Mehrzahl der Bevölkerung angewiesen war, wiesen einen überdurchschnittlichen Preisanstieg auf. Im genannten Zeitraum verteuerten sich Rindfleisch um 13,9, Schweinefleisch um 12,8 und Kalbfleisch um 46,7 Prozent sowie Wurstwaren um durchschnittlich knapp 10 Prozent. Für Fette und Speiseöl mußte man um die Hälfte mehr bezahlen. Brot und Nährmittel verbilligten sich zwar geringfügig (zwischen 3 und 9 Prozent); durch eine veränderte Mischung entsprach die Qualität des Brotes aber nicht mehr dem früheren Maßstab. Noch einschneidender war die Preisentwicklung bei Bekleidung. Die Preise für ein Frauenkleid stiegen zwischen 1933 und 1935 um über 56 Prozent, für einen Herrenanzug um 25 und für einen Knabenanzug um 32 Prozent. Eine Untersuchung des Statistischen Landesamts bestätigte im wesentlichen die Stuttgarter Erhebungen. Danach verteuerte sich die Lebenshaltung zwischen August 1934 und August 1935 für Ernährung um 12,1 und für Bekleidung um 3,6 Prozent. Den Anstieg der gesamten Lebenshaltungskosten seit 1933 bezifferte das Statistische Landesamt für Stuttgart auf über acht Prozent.[4]

Im Gegensatz zu den Preisen fehlten in Württemberg systematische Erhebungen über die Löhne. Das Statistische Landesamt beklagte: „Die Verbände der Arbeitnehmer und Arbeitgeber hatten eigene Lohnstatistiken aufgezogen und zeigten im allgemeinen wenig Neigung, amtliche Lohnerhebungen irgendwie zu fördern."[5] Das Amt mußte eine Untersuchung auf die öffentlichen Betriebe und die beiden Stuttgarter Großbetriebe, die Robert Bosch AG und die Daimler-Benz AG, beschränken, die vertrauliche Unterlagen zur Verfügung gestellt hatten. Nach Angaben der Stuttgarter Reichsbahndirektion waren die Löhne der Reichsbahnarbeiter, die aufgrund der Notverordnungen 1931 und 1932 um bis zu 20 Prozent gekürzt worden waren, zwischen 1933 und 1935 durchschnittlich wieder um 10 Prozent angestiegen. Der Grund waren erhöhte Kinderzuschläge und Treueprämien, während die Tariflöhne unverändert waren. Bei der Reichspost wurde am 20. Mai 1934 ein neuer Tarifvertrag eingeführt, der die Löhne für neueingestellte Arbeiter weiter verringerte. Auch die Post sprach wegen außertariflicher Leistungen von einem geringen Lohnanstieg, der jedoch nur wenigen Beschäftigten zugute kam und minimal ausfiel. Die Löhne der Arbeiter in der Stadtverwaltung blieben konstant. Das durchschnittliche Jahreseinkommen betrug seit 1932 unverändert 2577 RM (Höchststand 1929/30 mit 3190 RM).

Ein Facharbeiter verdiente bei Daimler-Benz 1933 durchschnittlich 2589 RM, ein Jahr später 2614 RM und 1935 2691 RM. Der Anstieg betrug also 3,9 Prozent. Im gleichen Zeitraum verlängerte sich die durchschnittliche Wochenarbeitszeit von 47,5 auf 49,4 Stunden, ein Plus von vier Prozent. Von einer realen Lohnssteigerung konnte nicht die Rede sein. Besser war die Situation der angelernten Arbeiter, die 1935 (2474 RM) um 6,5 Prozent mehr verdienten als 1933 (2322 RM), und bei den ungelernten Arbeitern, deren Durchschnittslohn von 1795 RM um sieben Prozent auf 1921 RM anstieg.[6] Offenbar gab es angesichts des personellen Ausbaus einen Wettbewerb um an- oder ungelernte Arbeitskräfte. Im Hause Bosch lag das Lohnniveau insgesamt höher. Fach- und Hilfsarbeiter verdienten in der Stunde bis zu zehn Pfennig mehr als bei Daimler-Benz, während bei den angelernten Arbeitern keine Differenz bestand. die Bosch-Statistik unterschied zusätzlich Zeit- und Stücklohn-Verdienste.[7] Die Löhne sanken 1933 und 1934 zum Teil erheblich und erholten sich vom jeweiligen Tiefstand bis Sommer 1935 nur bei den Facharbeitern wieder über das Niveau vom Ja-

Tabelle 19: Durchschnittslöhne der Bosch-Arbeiter 1933–1935

	Gelernte Arbeiter		Angelernte Arbeiter		Ungelernte Arbeiter	
	Zeitlohn	Stücklohn	Zeitlohn	Stücklohn	Zeitlohn	Stücklohn
Januar 1933	112	114	89	101	82	92 RPf.
August 1935	114	116	88	103	79	92 RPf.
Niedrigster Stand:	107	112	84	100	78	91 RPf.
	Frühjahr 1934	Sommer 1934	Frühjahr 1934	mehrfach 1933/34	Februar 1935	mehrfach 1933/35

nuar 1933. Bei Bosch verringerte sich der Anteil der Facharbeiter zwischen 1932 und 1935 von 28 auf 25 Prozent, während der der angelernten Arbeiter von 25 auf 36 Prozent zunahm. Das Reservoir für die beiden größten Stuttgarter Industriebetriebe bildeten also angelernte Arbeiter und nicht etwa bislang arbeitslose Facharbeiter, die man auch in der Wirtschaftskrise gehalten hatte. Angaben über den Lohn von Frauen fehlten: immerhin stellten sie bei Bosch 1932 rund 40 Prozent der Gesamtbelegschaft. Zwar ging ihr Anteil bis zum ersten Halbjahr 1935 auf 32 Prozent zurück. Da das Unternehmen die Zahl der Arbeitnehmer bis zum August 1935 von 6400 auf 13005 mehr als verdoppelte, bedeutete dies keinen Rückgang in absoluten Zahlen.

Die Lage in den beiden Großbetrieben läßt sich nicht auf die Verhältnisse in Stuttgart insgesamt übertragen, wo eine Vielzahl von kleineren und mittleren Unternehmen das Gesamtbild prägte. Eine Statistik der Allgemeinen Ortskrankenkasse bezifferte die durchschnittliche Grundlohnsumme im Jahr 1933 auf 1230,25 RM, das war erheblich weniger als in den beiden Großunternehmen.[8] Die Angaben der AOK spiegelten indes nicht das reale Durchschnittseinkommen, denn sie ließen übertarifliche Zulagen außer acht.[9] Sie wurden besonders in der zweiten Hälfte der dreißiger Jahre wichtig. 1938 war die von der AOK angegebene Grundlohnsumme in Stuttgart mit 1678,53 RM am höchsten; am nächsten kamen Leipzig (1566 RM), Frankfurt am Main (1541 RM) und Nürnberg (1524 RM).

Der Unmut der Bevölkerung über steigende Preise bei stagnierenden Löhnen bildete intern und in der Öffentlichkeit ein beherrschendes Thema. Der Direktor des Statistischen Amts, Keßner, ging im Juni 1934 vor den Frauenbeiräten erstmals darauf ein. Er gab zu, daß Stuttgart vor allem seit dem Turnfest als besonders teure Stadt gelte.[10] Er führte drei Gründe für das relativ hohe Preisniveau an: Stuttgart habe hohe Mieten, die Transportkosten seien höher als in verkehrsgünstiger gelegenen Städten Nord- und Mitteldeutschlands, schließlich seien die Stuttgarter qualitätsbewußter als andere Leute. Wenn man dies berücksichtige, so Keßner, „kommt Stuttgart gar nicht so schlecht dabei weg". Der „NS-Kurier" griff diese Äußerungen gerne auf.[11]

Der Reichsnährstand wollte den Markt ausschalten, die Erzeuger, Verarbeiter und Händler unter seiner Führung zusammenschließen und so hohe Erzeugerpreise sichern. Schon im Februar 1934 wurden für den Stadtbezirk einheitliche Milchpreise festgesetzt, wenig später Festpreise für Eier.[12] Im Herbst 1934 sprachen die Frauenbeiräte davon, daß nicht nur Lebensmittel, sondern auch Textilien und Seife gehamstert würden.[13] Keßner räumte lediglich Preissteigerungen bei Fleischwaren ein. Aber am 20. Oktober mußte das Textilgeschäft Braun wegen Warenmangels schließen; Breuninger verkaufte pro Kunde nur noch zwei Leintücher, Landauer eine Fadenrolle. Ein Stimmungsbericht der Ortsgruppe Weil im Dorf berichtete von einer guten Stimmung bei den Gewerbetreibenden, während die Arbeiter über sehr niedrige Löhne sowie hohe Preise klagten und kein Interesse an Aktivitäten der NSDAP zeigten.[14]
Der Preisanstieg war Teil der Wirtschaftspolitik des Reichs: erzeugerfreundliche Agrarpolitik und Importbeschränkungen, um Devisen für die Rüstung zu sparen.[15] Das Vorgehen des Reichsnährstands und des Handels stieß auf scharfe Kritik. Strölin wandte sich im Sommer 1935 an Landesbauernführer Arnold: „Wie ich aus den mir regelmäßig zugehenden Berichten der Arbeiterschaft der städtischen Betriebe entnehme, ist die Stimmung der Arbeiterschaft im Hinblick auf die eingetretenen Preissteigerungen zum Teil außerordentlich gedrückt, da die Löhne in den Jahren der Depression auf ein Mindestmaß gekürzt wurden und seitdem keinerlei Erhöhung erfahren haben. Die seit 1933 eingetretenen Preissteigerungen wirken sich daher in vollem Umfang als eine Kürzung der Reallöhne aus. (...) Jede weitere Preissteigerung würde bei der heutigen Lage der Arbeiterschaft eine ernste soziale und staatspolitische Gefahr bedeuten."[16]
Die unterschiedlichen Interessen kamen bei einer Sitzung der Verwaltungsbeiräte im Juli 1935 zum Ausdruck. Ratsherr Notter, Kreiswalter der DAF, schilderte die „Empörung" der Arbeiter, die im Gegensatz zu den offiziellen Angaben eine Teuerungsrate von 15 Prozent errechnet hätten. Die Stimmung nannte er „ganz katastrophal". Die Ratsherren Breuninger und Hoffmann, führende Vertreter von Handel und Handwerk, hielten solche Zahlen für übertrieben. Hoffmann meinte, um „das große Aufbauwerk des Führers nicht zu stören" seien Härten nicht zu vermeiden.[17]
Die städtischen und staatlichen Stellen konnten den Unmut der Bevölkerung nicht mehr ignorieren. Nachdem die Obst- und Gemüsepreise auf dem Großmarkt im Sommer 1935, der billigen Jahreszeit, wesentlich höher lagen als in den Vorjahren, entschloß sich das Wirtschaftsministerium zum Handeln. Am 6. und 10. August 1935 kontrollierte die Lebensmittelpolizei die Preise der Großhändler. Der „NS-Kurier" berichtete ausführlich über „die Ursachen der derzeitigen Preisentwicklung" und das Ergebnis der Kontrollen, die auch von der Reichsführung des Reichsnährstandes in Berlin gebilligt worden waren.[18] Der Autor verwies allgemein auf die ungünstigen Wetterverhältnisse, die starke Exportabhängigkeit vor 1933 und die Anpassung an die

landwirtschaftlichen Gestehungskosten. Zugleich stellte er fest: „Alle diese Einflüsse erklären aber die Preisentwicklung noch nicht vollständig." Die Kontrollen hätten ergeben, daß auch unerlaubter Zwischenhandel und ein Ausnutzen der Knappheit zu Preissteigerungen geführt hätten. Bei gleicher Qualität seien erhebliche Preisunterschiede beobachtet worden. In der Regel sei es bei Kontrollen gelungen, überhöhte Preise zu senken. All dies wertete der Berichterstatter als „Auswüchse" und versicherte: „Partei und Staat tragen die Verantwortung dafür, daß das deutsche Volk ausreichend, gut und billig mit seinen Lebensmitteln versorgt wird. Sie handeln nach dieser Verantwortung für das Wohl aller und damit auch wieder jedes einzelnen."[19]
Angesichts erheblicher Probleme bei der Fettversorgung führte die Reichsregierung am 30. November 1936 Kundenlisten ein. Die Haushaltsvorstände trugen die zum Haushalt zählenden Personen in die Liste ein und erhielten nach Prüfung durch das Statistische Amt einen sogenannten Haushaltsnachweis. Damit wiederum wurden sie von Metzgern und Einzelhändlern registriert. Der Handel führte Listen für Butter, die Metzgereien für Speck, Schweineschmalz und Talg. Eine Bewirtschaftung aller Fette lehnte die Regierung jedoch ab; Speiseöl und Margarine konnten beispielsweise frei verkauft werden. Dem Mangel freilich half die Regierung nicht ab; sie schuf sogar neue Probleme. So traten in jenen Stadtteilen Engpässe auf, die einen starken Zuzug verzeichneten. Da die Kontingente nicht in gleichem Maß erhöht wurden, konnten die Händler den Bedarf nicht befriedigen.[20]
Besondere Schwierigkeiten bereitete die Fleischversorgung. Das württembergische Wirtschaftsministerium hatte bereits im Oktober 1934 mit den Verbänden und Innungen Höchstpreise für Rind- und Schweinefleisch vereinbart, die nicht veröffentlicht wurden.[21] Dennoch stiegen die Erzeugerpreise weiter, so daß zahlreiche Metzgereien eine Genehmigung zur Preiserhöhung beantragten. Das Wirtschaftsministerium verweigerte sie.[22] Im Herbst 1935 kulminierten die Probleme. Die Einführung von Festpreisen nach Güteklassen bewirkte nichts, denn längst waren überall die Höchstpreise erreicht.[23] Für Stuttgart erfolgte eine Sonderregelung. Dort erhielten die Metzgereien Schweine zur Verarbeitung nur noch auf Karten.[24] Zum Preisanstieg trat eine wachsende Knappheit: Die Anzahl der Schlachtungen im Vieh- und Schlachthof, die im Oktober 1934 noch bei rund 9000 und im August 1935 über 10000 gelegen hatte, sank bis November auf wenig mehr als 2000 ab.[25]
Die Kritik der Stadtverwaltung konzentrierte sich auf die regionalen Stellen des Nährstands und deren Egoismus. Der zuständige Beigeordnete Waldmüller sprach von Sabotage, und auch Ratsherr Häffner, Abteilungsleiter beim Stuttgarter Reichsnährstand, ging auf vorsichtige Distanz zu einigen Kollegen.[26] Ursache für den mangelnden Auftrieb in Stuttgart war eine verfehlte Organisation. Während hier nämlich Landwirte und Metzger an den Schlachthof und an die Festpreise gebunden waren, konnten die Produzenten im übrigen Württemberg auf dem freien Markt höhere Preise erzie-

len. Die Stadt forderte deshalb eine einheitliche Planwirtschaft und strenge Strafen für Preisübertretungen.[27] Die Interventionen führten zu einem kurzfristigen Erfolg. Im Herbst 1936 hatte sich die Lage aber wieder derart verschlechtert, daß das Wirtschaftsministerium Metzgereien verbot, ihre Läden tagelang zu schließen.[28] Mit Erfolg bemühte sich die Stadt um zusätzliche Lieferungen für das Volksfest.[29] Dies war jedoch nur ein Tropfen auf den heißen Stein. Zusätzlich blieb die Versorgung mit Fetten ausgesprochen schlecht, Schweineschmalz fehlte fast völlig. Eier, Kartoffeln sowie Obst und Gemüse waren vorhanden, aber „nicht zu den erwünscht niedrigen Preisen".[30] Die Lebenshaltung verteuerte sich trotz der Höchst- und Festpreise. Von November 1935 bis September 1936 errechnete das Statistische Amt bei Lebensmitteln einen Anstieg des Index von 113,9 auf 115 und von 119,6 auf 121,4 insgesamt. Diese Zahlen waren allerdings nicht unumstritten. Wiederholt waren es die Frauen in „ihrem" Beirat, die auf Mängel und die sozialpolitischen Konsequenzen hinweisen. Die Stimmung der Hausfrauen, so Elisabeth Bosch im Juli 1937, sei „nicht die beste". Die Frauen nannten die Eierknappheit, „gemessen an den Verhältnissen anderer Städte, geradezu katastrophal". Besonders kritisierten sie die ungerechte Verteilung der Waren. Der Vorsitzende Kroll nannte dies „wohlbekannt", verwies jedoch auf den begrenzten Einfluß der Stadtverwaltung.[31]
Die Stuttgarter mußten nicht hungern. Auch anhaltende Engpässe bedrohten nicht unmittelbar die Grundversorgung. Und die Probleme kosteten das Regime nicht so viel Prestige, daß seine Herrschaft gefährdet gewesen wäre. Der öffentliche Unmut hatte allerdings erheblichen Einfluß auf die Lagebeurteilung der Stadtverwaltung. Diese verfolgte mit wachem Interesse die Diskrepanz zwischen Lohn- und Preisentwicklung. Die Kompetenzkonflikte mit dem Reichsnährstand bewirkten ein übriges. So reihte sich die Stadt schließlich selbst in die Reihe der „Miesmacher und Nörgler" ein. Denn während einerseits die „Erzeugungsschlacht" trotz Vergrößerung der Anbaufläche, Verbesserung der landwirtschaftlichen Infrastruktur und erzeugerfreundlicher Politik hinter den Erwartungen zurückblieb, brachte sie andererseits eine weitere Zentralisierung der Abläufe und Richtlinien.

Kapitel IX
„Je stärker wir sind, je besser wir uns alle den gesamten
Schutz- und Abwehrmaßnahmen einfügen, desto sicherer dürfen wir
auf die Erhaltung des Friedens hoffen."

Die Volksgemeinschaft und die Vorbereitung des Krieges

Immer wieder wurde Hitler in Stuttgart bei seinen Vorhaben gestört. Hatten am 15. Februar 1933 politische Gegner die Radioübertragung seiner Rede unterbrochen, so störten ihn am 19. März 1935 die Jubelstürme seiner Anhänger und Sympathisanten bei wichtigen Unterredungen. Während Hitler im Hospiz Victoria konferierte, forderten Sprechchöre: „Lieber Führer, sei so nett, zeig Dich mal am Fensterbrett."[1] Ganz konnte sich der Vielgeliebte seinem Volk nicht versagen und erfüllte diesen Wunsch. Wenige Tage zuvor hatte Hitler die allgemeine Wehrpflicht eingeführt, die durch den Versailler Vertrag verboten worden war. Nach Ansicht des Pressereferenten der SA-Gruppe Südwest, Maier-Stehle, war dies der Anlaß für den Jubel:
„Noch nie ist der Führer mit solch fanatischer Begeisterung vom deutschen Volk begrüßt worden als in den Tagen und Stunden, die jenen denkwürdigen Stunden folgten, in denen der Führer die Ehre und Gleichberechtigung Deutschlands durch die Wiedereinführung der allgemeinen Wehrpflicht wiederherstellte."[2]
Hitler fragte Strölin nach den französischen Reaktionen. Dieser hatte am 16. März in Paris ein Fußball-Länderspiel zwischen Deutschland und Frankreich besucht. Als Strölin von einer „empfindlichen" Aufnahme der Nachrichten in Paris sprach, meinte Hitler, weitere Rüstung sei nötig, um einen Krieg zu verhindern.[3]
Die Baumaßnahmen der Wehrmacht in Bad Cannstatt waren nicht zu übersehen. Das Baupolizeiamt erwähnte in seinem Tätigkeitsbericht den Erweiterungsbau der Funkerkaserne, den Neubau eines vierstöckigen Mannschaftsgebäudes der Heeresverwaltung sowie eines dreistöckigen Mannschaftsgebäudes für militärische Formationen der SA-Gruppe Südwest.[4] Auch die Stadt leistete einen finanziellen Beitrag; sie mußte knapp zwei Drittel der Kosten (550000 RM) für einen verkehrsgerechten Anschluß des Geländes auf dem Burgholzhof an das Straßenverkehrsnetz aufbringen.[5] Neue Kasernen entstanden in Kornwestheim sowie auf den Markungen von Möhringen und Vaihingen auf den Fildern.[6] Der Einzug in die fertiggestellten Gebäude gestaltete sich zum Volksfest. Im Oktober 1935 zog eine Kraftfahrabteilung von ihrer alten Kaserne in der Taubenheimstraße in ein neues Gebäude nach Kornwestheim, das mit seinem großen Rangierbahnhof besonders günstig lag. Die Truppe verabschiedete sich von

IX. Die Volksgemeinschaft und die Vorbereitung des Krieges

Bad Cannstatt mit einem Marsch durch die Straßen, beim Einzug in Kornwestheim wurde sie mit Jubel und Blumen begrüßt.[7] Ende Oktober 1935 empfing Stuttgart die ersten Rekruten, zum größeren Teil Freiwillige aus dem Rheinland und der Pfalz.[8] Das Gros der Soldaten bezog die Berg-Kaserne, wo ihnen ein großer Empfang bereitet wurde. Am 7. November 1935 fand die erste öffentliche Vereidigung nach 22jähriger Pause im Hof des Neuen Schlosses statt. Nach den Worten von Generalleutnant Geyer, seit August 1935 Wehrkreis-Befehlshaber, bekundeten die Soldaten durch das öffentliche Gelöbnis, daß sie ein „Teil der Volksgemeinschaft" seien: „Wahres Soldatentum und wahrer Nationalsozialismus sind eines Stammes."[9]

Das Cannstatter Volksfest feierte 1935 seinen 100. Geburtstag. Es stand im Zeichen der Aufrüstung: „Die Kulisse vor der nach langen Jahren erstmals wieder aufgestellten und mit einem Hakenkreuz bekrönten Fruchtsäule wirkt – ganz dem Grundtenor dieses Volksfestes entsprechend – militärisch."[10] Am letzten September-Wochenende hielt die neue Wehrmacht auf der Festwiese ein regelrechtes Manöver ab. Am Samstag erlebten die zum Wasen gepilgerten Zuschauer – von 150000 Besuchern war die Rede – die „Symphonie einer großen Schlacht". Panzer und Infanterieverbände waren daran ebenso beteiligt wie die Luftwaffe. Dieser gehörte auch der Sonntagnachmittag. Nach Vorführungen von Kunstfliegern demonstrierte eine Jagdstaffel Luftgefechte und -angriffe.

„Luftfahrt tut not" – unter diesem Motto hatte schon im Sommer 1933 eine Ausstellung in Stuttgart stattgefunden. Zunächst noch getarnt als Förderung von Verkehrsluftfahrt und Luftsport, hatte das NS-Regime den Aufbau der Luftwaffe eingeleitet, die die Versailler Siegermächte dem deutschen 100000-Mann-Heer verboten hatten. Der Flughafen, der Stuttgart diente, befand sich in Böblingen; er genügte kaum noch modernen Ansprüchen. Neben der zivilen Luftfahrt und den Militärs drängte auch die Luftfahrtindustrie (Klemm GmbH Böblingen, Hirth-Motoren GmbH Zuffenhausen und die Daimler-Benz AG) auf das Böblinger Flughafengelände, ebenso die neu eingerichteten Lehrstühle für Luftfahrt an der Technischen Hochschule. Obwohl die Finanzierung zwischen Reich, Land und Stadt umstritten war, nahm das Projekt eines Flughafen-Neubaus rasch konkrete Formen an. Zunächst war ein Areal bei Nellingen vorgesehen, schließlich wurde ein Standort zwischen Echterdingen, Bernhausen und Plieningen in Aussicht genommen. Vorteilhaft war die direkte Nachbarschaft zur neuen Reichsautobahn Stuttgart–Ulm. Der Grunderwerb gestaltete sich schwierig, weil sich die Landwirte nicht mit den angebotenen Grundstückspreisen zufriedengaben.[11] Der Entwurf der Anlage stammte vom Berliner Professor Sagebiel, dem Hausarchitekten des Luftfahrtministeriums und Planer des Flugfelds Tempelhof. Die Planierungs- und Entwässerungsarbeiten begannen im Frühjahr 1937, im Sommer 1938 standen die Rohbauten, im Februar 1939 feierte man Richtfest, und im Herbst desselben Jahres waren die Bauarbeiten nahezu abgeschlossen. Der Finanzplan konnte nicht eingehalten werden. Finanzreferent Hirzel teilte die Kritik von Ratsherren, daß das Reich zwar von vornherein die Kosten kannte, sie aber der Stadt verschwieg.[12] Nachdem die Luftwaffe den Böblinger Flughafen bereits im April 1939 förmlich in Besitz genommen hatte, erhielt sie mit Kriegsbeginn auch die Verfügung über den Echterdinger Flugplatz.

Im Herbst 1932 schon hatte der Deutsche Luftschutz-Verband in Stuttgart eine Ortsgruppe gegründet, wenig später legte das württembergische Innenministerium eine detaillierte Anweisung zum Luftschutz vor.[13] Die Nationalsozialisten bauten auf dieser Grundlage auf. Im April 1933 übernahm das neugegründete Reichsluftfahrtministerium die Zuständigkeit im Luftschutz. An die Stelle des Luftschutz-Verbands trat der Reichsluftschutzbund (RLSB) unter nationalsozialistischer Führung und Zielsetzung. Neben einer umfangreichen Werbetätigkeit veranstaltete der RLSB Schulungskurse. Sein organisatorisches Netz erstreckte sich über sämtliche Polizeireviere. Behörden und Betriebe erhielten Luftschutzbeauftragte, von freiwilliger Teilnahme an den Kursen konnte keine Rede mehr sein.

Am 26. Juni 1935, drei Monate nach Einführung der allgemeinen Wehrpflicht, verkündete die Reichsregierung ein Luftschutzgesetz, mit dem sie alle Bürger der Luftschutzpflicht unterwarf.[14] Der Reichsminister für Luftfahrt erhielt alle Kompetenzen im Luftschutz. Er konnte Länder und Gemeinden heranziehen; die Kosten trug das Reich. Die Stadtverwaltung war dadurch zum Einbau von Luftschutzvorrichtungen in öffentlichen Räumen verpflichtet. Noch im Etatjahr 1935 überwies das Luftfahrtministerium eine erste Rate von 55000 RM, die die Stadt für acht Schulgebäude verwendete.[15] Ende 1938, als der Rathauskeller als Luftschutzraum zur Diskussion stand, fürchtete Stadtrat Kroll, die dort lagernden Weine würden notleiden.[16]

Die Luftschutz- und Verdunkelungseinrichtungen überprüften Wehrmacht und Polizeipräsidium wiederholt bei öffentlichen Übungen. Die erste größere Luftschutzübung hatte in Stuttgart bereits am 24. Mai 1934 beim Eberhard-Ludwig-Gymnasium in der Holzgartenstraße stattgefunden. Im LS-Übungsplan befanden sich sämtliche Luftschutz- und Polizeikräfte in Alarmbereitschaft, ehe gegen 17.30 Uhr der Anflug feindlicher Luftgeschwader und wenige Minuten später Sirenenwarnung gegeben wurde. Bombeneinschläge in der Liederhalle und im Eberhard-Ludwig-Gymnasium (Spreng- und Brandbomben) sowie der Einsatz von Kampfgas gehörten zum Szenarium.[17] Zwischen August 1934 und Mai 1936 fanden in sämtlichen Stuttgarter Stadtteilen Luftschutz- und Verdunkelungsübungen statt, an denen sich alle beteiligen mußten. Am 19. November 1936 war das ganze Stadtgebiet in eine Verdunkelungsaktion einbezogen. Anfang Dezember 1937 war das Feuerbacher Werk der Robert Bosch AG Ziel eines „Luftangriffs". Da auch die Straßen blockiert sein sollten, erhielten die Werksangehörigen, die von der Feuerbacher Kantine aus versorgt wurden, an diesem Tage kein oder ein verspätetes Mittagessen.[18] Solche Übungen störten den Betriebsab-

IX. Die Volksgemeinschaft und die Vorbereitung des Krieges

lauf. Ratsherr Breuninger drängte die Stadtverwaltung, eine für Mitte Dezember 1937 angesetzte Verdunkelungsübung wegen des Vorweihnachtsgeschäfts zu verschieben.[19] Die Stuttgarter Einwohner machten sich über die Übungen ihre Gedanken. Die städtischen Referenten Hirzel und Weidler mahnten zur Zurückhaltung bei Veröffentlichungen über den städtischen Aufwand für den Luftschutz. Ratsherr Häffner befürchtete „*weitere* Unruhe" in der Bevölkerung.[20]

Das Luftschutzgesetz und seine 1937 erlassenen Durchführungsverordnungen schufen die Voraussetzungen zum Aufbau einer Luftschutzorganisation für den Kriegsfall. Der RLSB hatte seit 1933 Luftschutzwarte und -helfer für den privaten Selbstschutz ausgebildet und das Stadtgebiet in Luftschutzabschnitte gegliedert. Während im Selbstschutz noch „gelenkte Freiwilligkeit" bestand, war der Werksluftschutz in den Rüstungsbetrieben Mitte der dreißiger Jahre straff organisiert. Die zuständigen Luftgaukommandos übten ein Inspektionsrecht aus.[21] Aufgrund der Zweiten Durchführungsverordnung vom 4. Mai 1937 zum Luftschutzgesetz mußten sämtliche Neu- und Umbauten Luftschutzeinrichtungen enthalten. Bei Werken der Rüstungsindustrie wie dem zum Daimler-Benz-Konzern gehörenden Flugmotorenwerk Genshagen hatte das Reichsministerium für Luftfahrt bereits 1935 Entsprechendes veranlaßt.[22]

Der technische Hilfsdienst der Schutzpolizei hatte sich zusammen mit den Schutzverbänden als Sicherheits- und Hilfsdienst (SHD) konstituiert. Die Technische Nothilfe war der Instandsetzungsdienst des zivilen Luftschutzes. Richtlinien aus dem Jahre 1933 bestimmten, daß die Technische Nothilfe im NS-Staat mehr als nur eine Katastrophenschutz-Organisation war: „Es mußte vielmehr klar ausgesprochen werden, daß die Technische Nothilfe ein Machtmittel des Staates ist."[23]

Ebenfalls 1933 hatte SA-Gruppenführer Ludin sämtliche Angehörige der SA-Reserve, die älter als 45 Jahre waren, dem Polizeipräsidenten für den zivilen Luftschutz zu Verfügung gestellt. Ende Oktober 1936 hatte die Führung der Standarte 119 von 1115 in Frage kommenden SA-Männern 1088 zum Luftschutzdienst beim SHD gemeldet. Die übrigen waren in lebenswichtigen Betrieben und Behörden beschäftigt und versahen Luftschutzaufgaben.[24] Anfang 1938 hatte das Polizeipräsidium in Stuttgart 2248 Personen für den SHD erfaßt, wobei die Sollstärke aufgrund der Einwohnerzahl bei über 4200 Personen lag.[25] Dazu zählten auch rund 180 Gefolgschaftsangehörige der TWS, die Fachtrupps für die Gas-, Wasser- und Elektrizitätsversorgung stellten, während im Werksluftschutz der TWS über 1000 Werksangehörige erfaßt waren. Die Stadt hatte hierfür zwischen 1934 und 1938 nahezu eine halbe Million RM aufgewendet, um den Weisungen der Reichsgruppe Industrie nachzukommen.[26] Die Reichsgruppe wiederum war dem Polizeipräsidenten unterstellt, der als örtlicher Luftschutzleiter für den SHD und den Luftschutz der Behörden zuständig war und die Zusammenarbeit von SHD, Werkluftschutz und Selbstschutz koordinierte.

Auch die Wehrmacht sammelte lange vor 1939 ihre Truppen. Sie verschickte Mobilmachungsbeordnungen, die den Betreffenden den Weg für den Kriegsfall wiesen. Gleichzeitig mußte die Stadtverwaltung (und die Betriebe) jene Beschäftigten benennen, die in einem solchen Falle unentbehrlich und unabkömmlich (uk) waren.[27] Personalreferent Locher wies die Ämter an, sämtliche Beordnungen dem Personalamt vorzulegen. Bereits im April 1937 legte Strölin der Ministerialabteilung für Bezirks- und Körperschaftsverwaltung eine Liste derjenigen Beamten und leitenden Angestellten vor, die die sogenannte uk-Stellung erhalten hatten. Ende Juli 1937 ordnete das württembergische Innenministerium nach Vorgang des Reiches an, bis spätestens 1. Oktober des Jahres über die ordnungsgemäße Aufstellung eines Mob.-(Mobilmachungs-) Kalenders zu berichten.[28] Die Zahl der zu Wehrübungen einberufenen Beschäftigten der Stadt stieg in dieser Zeit ständig an, was die Stadtverwaltung mehrfach vor Personalengpässe stellte.

Nach der Dritten Durchführungsverordnung zum Luftschutzgesetz vom Mai 1937 mußten in dichtbesiedelten Wohngebieten Dachböden und andere brandgefährdete Gebäudeteile von allem brennbaren sowie allen einen Löscheinsatz störenden Beständen befreit werden.[29] Stadtverwaltung, Partei und Polizeipräsidium warben mit dem üblichen propagandistischen Aufwand für die Entrümpelung. Die Stadt schickte Sammler auf die Suche nach verwertbaren Altmaterialien, Gebrauchtwaren kauften dafür bestimmte Firmen auf.[30] Mit der Entrümpelung begann die Erfassung und Sammlung von Altmaterial, das angesichts des Rohstoffmangels wiederverwendet werden sollte.[31] Man sparte nicht an bürokratischer Präzision: Zuerst war aus Vertretern beteiligter Gaudienststellen, Gliederungen und Verbänden der NSDAP, der zuständigen Wirtschaftsgruppe Alt- und Abfallstoffe und Behörden ein Gauausschuß ins Leben gerufen worden. Dieser entwickelte einen Plan als Grundlage für die Sammlungen. Danach war Stuttgart in verschiedene Sammelbezirke eingeteilt; als Sammler kamen nur zuverlässige Personen in Frage, die eine orangefarbene Armbinde kennzeichnete. Bei Altpapier waren die Luftschutzwarte zuständig. HJ-Angehörige sammelten Tuben, Flaschenkapseln und Metallfolien (Silberpapier). Im März 1938 begannen die 14tägigen Altpapiersammlungen in den Ortsgruppen. Die SA trug 305 Tonnen Altpapier zusammen. Im Jahr 1937 wurden in Stuttgart insgesamt 1500 Tonnen Eisen- und Metallabfälle, 27 Tonnen Textilabfälle und sieben Tonnen Knochen gesammelt.[32]

Im Dezember 1936 ernannte Strölin den designierten Technischen Beigeordneten Otto Schwarz zum städtischen Vierjahresplanbeauftragten. Schwarz war zu dieser Zeit Hilfsberichter im Technischen Referat, doch war nach massiven Angriffen von seiten der NSDAP die Ablösung von Bürgermeister Sigloch zu dieser Zeit eine ausgemachte Sache.[33]

Stuttgart tat sich als „Pionier in der heimischen Treibstoffwirtschaft" hervor.[34] Im September 1935 richtete das Fuhramt eine Klärgas-Tankstelle für Personenwagen ein. Mit dem bei der Kläranlage in Mühlhausen täglich anfallenden Klärgas konnte unter

IX. Die Volksgemeinschaft und die Vorbereitung des Krieges

Beimischung von Stadtgas Benzin eingespart werden. Nach Verkündung des Vierjahresplans hatte Schwarz die Absicht, eine Anlage zur Gewinnung von synthetischem Benzin zu errrichten, mußte den Plan aber wegen hoher Kosten und wohl auch geringer Unterstützung zu den Akten legen.[35] Die Stadt förderte außerdem die Kleintierhaltung für die Selbstversorgung. Sie selbst bebaute städtische Ödflächen mit Sonnenblumen und Flachs, um Öl zu gewinnen. Da es sich zumeist um Auffüllgelände handelte, waren die Erträge gering. Eine weitere Aufgabe im Rahmen des Vierjahresplans war die Verwertung von Küchenabfällen. Nach einem Erlaß des Reichsinnenministers sollten sich die Gemeinden an dieser Aufgabe beteiligen.
Im Frühjahr 1939, nach dem „Anschluß" Österreichs, der Annexion des Sudetenlands und der Zerschlagung der sogenannten Rest-Tschechei, gelangten die Maßnahmen zu einem gewissen Abschluß. Ende April 1939 ließ der Polizeipräsident eine „Ortspolizeiliche Verordnung über Verdunkelung im Luftschutzort Stuttgart" an alle Einwohner verteilen, Mitte Juni folgte eine Verordnung über Fliegeralarme.[36] Schweinle legte zur gleichen Zeit dem Innenministerium Verzeichnisse von Ärzten, Apothekern, Zahnärzten und Dentisten vor. Von den 757 Stuttgarter Ärzten standen 485 uneingeschränkt der Bevölkerung zur Verfügung, 88 waren als Luftschutzärzte beim SHD und 77 als Lazarettärzte der Wehrmacht vorgesehen. Von 184 Zahnärzten hatten 63 eine Mobilmachungsbeordnung erhalten.[37] Einige andere Maßnahmen fielen auf: Anfang Juni erkundigte sich Ratsherr Schwinger, weshalb in der Hedelfinger Turnhalle Getreide eingelagert worden sei und dasselbe in Wangen bevorstehe, wo doch Veranstaltungen vorgesehen seien.[38] Die Frauenbeiräte besprachen das Thema „weibliche Dienstpflicht im Kriege". Stadtrat Kroll hatte in seiner Tischvorlage formuliert: „Für einen künftigen Krieg ist nur der voll gerüstet, der den Einsatz seiner Arbeitskräfte genau so vollständig und genau so rechtzeitig vorbereitet hat, wie den seiner Wehrpflichtigen.(...) Da aber auch der Beste nicht in Frieden leben kann, wenn es dem bösen Nachbarn nicht gefällt, so muß jedes Volk, das ehrlich den Frieden liebt, sich auf den Krieg vorbereiten."[39]
In ähnlicher Weise drückte sich Kreisleiter Fischer anläßlich einer Werbeaktion für die „Volksgasmaske" aus: „Je stärker wir sind, je besser wir uns alle den gesamten Schutz- und Abwehrmaßnahmen einfügen, desto sicherer dürfen wir auf die Erhaltung des Friedens hoffen."[40]

Zweiter Teil
Totalisierung, Terror, Zerstörung

Kapitel I
Die Auswirkungen des Krieges auf das alltägliche Leben

1. „Ernste Ruhe"
Stuttgarts Weg in den Krieg

Am 19. August 1939 heulten in Stuttgart die Sirenen. Der Polizeipräsident als örtlicher Luftschutzleiter hatte angeordnet, daß die neue Großalarmanlage Stuttgart von nun an jeden Samstag überprüft werde.[1] Am folgenden Montag erfuhren die Stuttgarter von einer neuen Luftschutzverordnung. Alle Gebäude, die keine vorschriftsmäßigen Luftschutzräume besaßen – und das waren sämtliche Altbauten – waren behelfsmäßig auszustatten.[2] Die Parole lautete: „In jedem Haus ein Luftschutzraum."[3] In der Frühe des 27. August 1939, es war ein Sonntag, ordnete das Innenministerium die Verteilung von Lebensmittelkarten an. Bereits zwei Stunden später starteten vom Rathaus und von einer Cannstatter Schule Lastwagen, die die Karten zu den Dienststellen der NSDAP-Ortsgruppen brachten. Die weitere Verteilung übernahm die NS-Frauenschaft. Jede Ortsfrauenschaftsleiterin informierte die Zellenleiterinnen, diese wiederum die Blockleiterinnen. „Dieses Schneeballsystem hat ganz ausgezeichnet funktioniert. Die Frauen ließen Kinder und Kochtöpfe im Stich und eilten auf die Ortsgruppe."[4] Da im Juli des Jahres die neue Adrema-Anlage der Stadtverwaltung fertiggestellt worden war, klappte die Verteilung. Wer an diesem schönen Augustsonntag nicht zu Hause angetroffen wurde, konnte seine Karten bei den Ortsgruppen abholen.
Zugleich mit der Verteilung der Marken ordnete der Generalbevollmächtigte für die Wirtschaft, Funk, die Einrichtung von Ernährungs- und Wirtschaftsämtern an.[5] In Stuttgart gehörten sie zur Stadtverwaltung, waren aber an Weisungen des Wirtschaftsministeriums gebunden. Der Leiter des Statistischen Amts, Direktor Keßner, übernahm zusätzlich das Ernährungsamt, das in zwei Abteilungen gegliedert war. Abteilung A für die Bedarfsdeckung, für den Kontakt mit den Wirtschaftsverbänden und für die Anlieferung der Lebensmittel wurde von Kreisbauernführer Schmalzried geleitet, der außerdem den Ernährungsämtern der Kreise Esslingen und Leonberg vorstand.[6] Die Abteilung B hatte für die Verteilung an die Verbraucher zu sorgen und stand unter der Leitung von Direktor Hagstotz vom Ausstellungs- und Fremdenver-

kehrsamt.[7] Keßner war zugleich Chef des Wirtschaftsamts, wo ihn Archivrat Vietzen vertrat. Das Wirtschaftsamt bearbeitete die Bewirtschaftung von Treibstoff und Reifen, von Kohle und Seifenprodukten sowie von bezugsscheinpflichtigen Spinnstoff- und Schuhwaren.

Markenpflichtig waren Fleischwaren, Milch und Milcherzeugnisse, Öl und Fette, Zucker und Marmelade, Nährmittel sowie Kaffee und Tee.[8] Brot, Mehl, Kartoffeln, Eier und Hülsenfrüchte gab es trotz der Ausgabe von Marken frei zu kaufen. Krankenhäuser, Heime und Anstalten sowie Gaststätten waren von der Markenpflicht zunächst befreit.[9] Dies änderte sich bereits Anfang Oktober. Außerdem verordnete Reichsernährungsminister Darré zwei fleischlose Tage in den Gaststätten, die in Stuttgart auf Dienstag und Freitag gelegt wurden. Für Spinnstoffwaren und Schuhe stellte das Wirtschaftsamt auf Antrag Bezugsscheine aus, bat allerdings die Verbraucher um Geduld. Weitere Einzelheiten, so hieß es, bedürften noch einer Klärung. Zu Nervosität bestehe kein Anlaß, die Lebensmittel und Verbrauchsgüter reichten für alle. Die Einzelhandelsgeschäfte mußten für bezugsscheinpflichtige Waren eine Kundenliste anlegen. Zusätzlich zu den Marken erhielten die Verbraucher eine Ausweiskarte. Wollten sie bewirtschaftete Waren kaufen, mußten sie im Laden die Ausweiskarte zeigen. Zur Beruhigung der Stuttgarter berichtete das „Tagblatt" am folgenden Tag über eine starke Zufuhr von Obst und Gemüse auf dem Wochenmarkt. Von Mangel könne keine Rede sein.[10] Tags darauf wurde versichert: „Unser Speisezettel bleibt reichhaltig (...). Jede Hausfrau bekommt, was sie braucht."[11]

Stellungsbefehle riefen seit dem 25. August viele Stuttgarter zu ihren Truppenteilen; allein aus den Reihen der städtischen Belegschaft waren es über 1300 Männer.[12] Von Begeisterung war bei den Ausmarschierenden wenig zu spüren, als sie am Hauptbahnhof Stuttgart verließen. Aufgrund der Wehrmachtstransporte fielen auch in Stuttgart zahlreiche Züge aus.

Mit der Mobilmachung hatte die Wehrmacht zahlreiche Schulen und andere öffentliche Gebäude übernommen. Die Sommerferien dauerten deshalb zwei Wochen länger. Acht höhere Schulen hatte die Wehrmacht in Beschlag genommen: die Schickhardt-, Zeppelin-, Prag-, Stöckach-, Wagenburg- und die Uhlandschule sowie die Königin Charlotte-Oberschule und die Oberschule in Untertürkheim.[13] Auch Schüler der Volks- und Mittelschulen wurden umquartiert. Die Verdunklung von Schulgebäuden ließ zu wünschen übrig. Vorerst begnügte man sich damit, die weißen Vorhänge mit einem Kostenaufwand von rund 60000 RM schwarz färben zu lassen.[14] In der Siegle-Bücherei in der Neckarstraße war das Wirtschaftsamt untergebracht, in der Mörikebücherei das Quartieramt. Auch die Staatsgalerie schloß ihre Pforten, und die Württembergischen Staatstheater verschoben die Eröffnung der Spielzeit um eine Woche.[15]

Eine weitere Folge der Mobilmachung war die Rationierung von Treibstoffen. Tank-

ausweiskarten und Mineralölbezugscheine erhielten nur jene Besitzer von Kraftwagen, die ein öffentliches Interesse für ihre Fahrten nachweisen konnten. Stadtrat Asmuß rechnete mit einem Ansturm auf das Wirtschaftsamt, das die begehrten Bescheinigungen ausstellte. Der städtische Fuhrpark war zum größten Teil dem Sicherheits- und Hilfsdienst für den Luftschutz zur Verfügung gestellt worden.[16]
Stadt und Wehrmacht hatten die Aufgabe, die medizinische Versorgung der Bevölkerung und der Soldaten zu gewährleisten. Rechtsrat Mayer erklärte am 29. August vor den Frauenbeiräten, man müsse der Bevölkerung sagen, daß im Kriegsfall in Stuttgart viele Verletzte zu erwarten seien.[17] Der Stadt blieben für die zivilen Bedürfnisse das Katharinenhospital und das Bürgerhospital, während die Wehrmacht das Cannstatter Krankenhaus, Stuttgarts modernste Klinik, belegte. Auch die nichtstädtischen Krankenhäuser Karl-Olga-Krankenhaus, das Paulinen- und das Marienhospital übernahm die Wehrmacht als Lazarette. Die Stadt stand vor der Aufgabe, Hilfskrankenhäuser einzurichten.[18]
Wer am 1. September morgens zur Zeitung griff, konnte für kurze Zeit noch an einen begrenzten Konflikt denken. Im „Neuen Tagblatt" war zu lesen: „Polnischer Handstreich auf den Gleiwitzer Sender (...) Die Kämpfe dauern noch an."[19] Gegen 10 Uhr meldete sich Hitler zu Wort. Er hatte den Reichstag zusammengerufen und gab, umrauscht vom Beifall seiner Anhänger, den Überfall auf Polen als Notwehr zur Verteidigung deutscher Interessen aus. Auf den Plätzen und in den Betrieben versammelten sich die Menschen vor Lautsprechern, Ladengeschäfte schlossen für kurze Zeit, und der Verkehr ebbte ab; „vor dem Bahnhof hatte ein Privatkraftwagen mit eingebautem Radio die Aufgabe des Gemeinschaftsempfängers übernommen".[20] Kriegsbegeisterung wie 1914 war nirgends zu spüren. Der „Schwäbische Merkur" hatte „ernste Ruhe" wahrgenommen, und auch die „gewaltigen Erfolge unserer Truppen in Polen" sorgten eher für Erleichterung als für Begeisterung.[21]

2. „Als seien wir mitten im tiefsten Frieden"
Anpassungsschwierigkeiten der Bevölkerung

In der Nacht des 1. September war Stuttgart zum erstenmal eine „dunkle Stadt".[1] Die Luftschutzwarte versammelten ihre Hausgemeinschaften und leiteten das in die Wege, was mehrfach geübt worden war. Die Luftschutzräume wurden hergerichtet und die Geräte bereitgestellt: Eimer, Wasserbehälter, Schaufeln und Sandkisten sowie eine Hausapotheke. Außerdem sollten Teppiche und Decken, Ersatzkleidung und Notproviant in gassicherer Verpackung stets griffbereit sein.[2] Die Luftschutzwarte kontrollierten die Verdunkelung und suchten auf den Dachböden nochmals nach brennbaren Materialien. Am Abend fuhren die Autos mit Scheinwerfern mit schmalen

Lichtschlitzen. An wichtigen Straßenkreuzungen sorgten 400 Richtlampen für eine notdürftige Beleuchtung, auch wenn bei Fliegeralarm die stark eingeschränkte Straßenbeleuchtung vollends außer Betrieb gesetzt wurde.[3] Die Straßenbahnen rumpelten abgedunkelt durch die Straßen.

Die Verdunkelung brachte unliebsame Begleiterscheinungen mit sich, denn erst jetzt zeigten sich Versäumnisse. So fehlten noch im September 1939 beleuchtete Hinweisschilder zu den wenigen Schutzräumen in der Innenstadt. Für Auswärtige und Bewohner der Vororte, die das kulturelle Angebot der Stadt nutzten, waren solche Hinweise unabdingbar. Das Amt für Technik attackierte deswegen die Stadtverwaltung. In einer Sitzung hinter verschlossenen Türen – „Es folgt dann eine Besprechung ohne Zuziehung des Ratsschreibers" – setzte sich die Stadtverwaltung zur Wehr und verwies auf die Zuständigkeit des Polizeipräsidenten, der ohnehin erst auf Drängen aus dem Rathaus die Lage der Schutzräume bekanntgegeben habe.[4] Da Stuttgart von Angriffen verschont blieb, ließ sich das Versäumnis korrigieren. Die Verdunkelung gefährdete den Verkehr. In den ersten drei Monaten gab es in Stuttgart 20 Verkehrstote bei Unfällen mit der Straßenbahn. Gegenüber dem gleichen Zeitraum des Vorjahres war das eine Verdoppelung.[5]

Frauen beschwerten sich darüber, daß sie in der Dunkelheit „belästigt und erschreckt" würden, ohne daß die Polizei etwas dagegen unternehme. Ein Kommentator des „Neuen Tagblatts" rügte das Verhalten der Jugend in Gaststätten, wo ihm schon das Lachen der Mädchen „geschmacklos, aufreizend und beleidigend" erschienen war. Die Jugend brauche zwar nicht in „Sack und Asche" zu gehen, taktvolles Benehmen sei aber angezeigt.[6]

Auch die Erwachsenen stellten sich nur zögernd um und nahmen es mit den Vorschriften nicht sehr genau. Was in der ersten dunklen Nacht noch reibungslos geklappt hatte, wich einem sorgloseren Verhalten. Bereits Anfang September veröffentlichten die Zeitungen zur Warnung das Urteil eines Schnellrichters gegen einen 70jährigen Stuttgarter, der wegen Nichtbeachtung der Verdunkelungsvorschriften für drei Tage ins Gefängnis mußte. 14 weitere Tage kamen hinzu, weil er dem kontrollierenden Polizisten einen Stoß versetzt hatte.[7] Allen Ermahnungen zum Trotz besserten sich die Stuttgarter nicht; der Kriegsverlauf ließ die Vorsichtsmaßnahmen als überflüssig erscheinen. Der Leiter des Polizeipostens in Möhringen, das damals noch selbständig war, teilte im Sommer 1940 Bürgermeister Neunhöffer mit, daß trotz täglicher Streifengänge ständig Übertretungen festgestellt würden.[8] Nur schärfere Strafen könnten einen Sinneswandel bewirken. Der „NS-Kurier" zitierte aus einem Schreiben eines SA-Truppenführers aus der Senefelderstraße im Stuttgarter Westen:

„Da gibt es Hausfrauen, die bei brennendem Licht seelenruhig ihre Küchentüren öffnen und sich auf ihren Veranden zu schaffen machen, ja, die bei geöffneten Türen und Fenstern in ihren hellerleuchteten Küchen arbeiten, als seien wir mitten im tiefsten

I. 2. Anpassungsschwierigkeiten der Bevölkerung

Frieden. Wiederholt habe ich polizeiliche Anzeige erstattet und selbst Polizeibeamte auf meiner Veranda gehabt, die dann auch feststellten, daß dieser ganze Block ‚saumäßig' abgedunkelt hatte."[9]

Am 25. August 1940 fielen zum erstenmal Bomben auf Stuttgart; der Angriff forderte vier Tote und fünf Verletzte. Aber auch der Luftangriff wirkte nicht als Ermahnung. Viele Stuttgarter sahen darin eher eine Sensation und nutzten den Sonntagsspaziergang, um ihre Neugier zu befriedigen.[10]

Der Verzicht auf ihren Wagen fiel den Autofahrern schwer. Um eine Tankausweiskarte zu erhalten, mußten sie ein öffentliches Interesse nachweisen und Bescheinigungen der Wehrmacht oder einer anderen Behörde beibringen.[11] Der Polizeipräsident warnte schon wenige Tage nach der Einschränkung:

„Es ist bekannt, daß Kraftstoff nur noch zu lebenswichtigen Fahrten verbraucht werden darf. Das Gewissen vieler Kraftfahrer scheint aber noch nicht so geschärft zu sein, daß sie sich veranlaßt sähen, ihre Bequemlichkeiten aufzugeben. Ich habe deshalb die notwendigen Erziehungsmaßnahmen angeordnet. Ihnen verfällt auch, wer den Kraftwagen benutzt zur Fahrt zur Arbeitsstelle, sofern ihm hierfür öffentliche Verkehrsmittel zur Verfügung stehen, ferner zur Anfahrt an Gast- und Vergnügungsstätten oder zum Besuch sportlicher Veranstaltungen."[12]

Der Polizeipräsident drohte mit dem Entzug der Tankausweiskarte und in schweren Fällen mit der Aberkennung der Fahrerlaubnis. Die Rationierung von Benzin allein war ungenügend. Deshalb wurde wenig später die Zulassung aller Kraftfahrzeuge grundsätzlich geprüft. Zusätzlich zu den Tankausweiskarten benötigte jeder Fahrzeughalter nun den sogenannten roten Winkel, den das Wirtschaftsamt auf das amtliche Kennzeichen stempelte.[13] Außerdem stellte die Polizei schärfere Kontrollen, vor allem von „Vergnügungsfahrten", in Aussicht.[14]

Waren am 1. September in Stuttgart 18723 Personenwagen und 8810 Krafträder zugelassen, so waren es zwei Monate später noch 5918 Personenwagen und 664 Krafträder. Der Benzinverbrauch lag im Oktober aber deutlich über dem des Vormonats.[15] Der „NS-Kurier" meinte deshalb: „3000 Personenwagen müssen in Stuttgart noch weg."[16] Der Verkehrsminister wollte 85 Prozent des gesamten Fahrzeugbestandes stillegen und ließ nun auch alle Fahrzeuge überprüfen, die Behörden freigestellt hatten. Die Industrie- und Handelskammer kritisierte, daß der Wirtschaft selbst in kriegswichtigen Betrieben Fahrzeuge entzogen würden.[17] Auch Reichsstatthalter Murr staunte, als er vom städtischen Wirtschaftsamt zur Prüfung seiner Fahrerlaubnis vorgeladen wurde. Er beschwerte sich bei Strölin über ein Übermaß an Pendanterie und Bürokratie: „Ich bitte, die Angelegenheit nicht weiter zu verfolgen, ich gebe sie Ihnen nur zur Kenntnis, weil ich Grund habe anzunehmen, daß Sie sich für wirkliche Bürokratie interessieren. Ich darf noch bemerken, daß ich mir erlaubt habe, meinen Wagen zur festgesetzten Zeit nicht vorzuführen."[18]

Anfang 1940 erschienen in der Presse die ersten Urteile wegen Mißbrauchs des roten Winkels, der mit Gefängnisstrafen bis zu zwei Monaten geahndet wurde. Einen besonderen Reiz übte offenbar die Spielbank in Baden-Baden aus, denn gleich mehrmals war sie Ziel verbotener Fahrten.[19] Im September 1941 berichtete die Presse von einem schweren Verkehrsunfall im Allgäu, der sich anläßlich einer Hochzeitsausfahrt von Stuttgartern ereignet hatte.[20]

Die Stadtverwaltung hatte 1925 und dann wieder unter dem Eindruck des Vierjahresplans mit Klärgas als Kraftstoff experimentiert. Im August 1940 konnte sie die erste Klärgas-Tankstelle des Fuhramts in Gaisburg eröffnen.[21] Solche Einzelmaßnahmen zur Einsparung von Treibstoff hatten allerdings eine begrenzte Wirkung. In der Folgezeit reduzierte die Führung die Zuteilungen weiter. Der Angriff auf die Sowjetunion und die damit verbundenen Transport- und Nachschubprobleme zwangen zu weiteren Einschränkungen. Im November 1941 verfügte Göring eine rücksichtslose Kürzung der Treibstoffkontingente der Heimat, um den Heeresbedarf zu sichern.[22]

Nachdem immer mehr Personenwagen stillgelegt werden mußten, wurde die Straßenbahn zum wichtigsten Fortbewegungsmittel für den zivilen Verkehr. Infolge Personalmangels war allerdings auch der öffentliche Nahverkehr Einschränkungen unterworfen. Schon vor Kriegsbeginn hatten die Stuttgarter Straßenbahnen beim württembergischen Innenministerium die Einstellung von Schaffnerinnen beantragt.[23] Ende August 1939 begann die SSB mit der Ausbildung von 35 Frauen, die am 5. September ihren Dienst aufnahmen, zunächst jedoch nur in Begleitung männlicher Kollegen.[24] Unter ihnen befand sich eine 64jährige Stuttgarterin, die schon aus der Zeit des Ersten Weltkriegs Berufserfahrung mitbrachte. Die Straßenbahn war ein vielkritisierter Gegenstand. Der „NS-Kurier" gab die Klagen an die „rücksichtslosen" und „verständnisunwilligen" Fahrgäste zurück: Die tägliche Arbeitszeit bei der SSB betrage wegen der dünnen Personaldecke neun Stunden, nur jeder 15. Tag sei arbeitsfrei. Außerdem seien die erhöhten Anforderungen durch die Verdunkelung zu bedenken.[25] Die SSB reduzierte Ende Februar 1940 ihr Angebot beträchtlich. Die Linien 3 und 9 stellten ihren Betrieb ein, die Linien 4 und 16 verkehrten seltener, und der Wochenendfahrplan wurde ausgedünnt. Nach Aussage von Direktor Schiller hatte die Zahl der Fahrgäste zwischen 1933 und 1940 um 40 Prozent zugenommen, aber nur 25 neue Wagen seien angeschafft worden. Vom Fahrpersonal seien jeweils zehn Prozent einberufen oder krank. Es fehle an Schaffnerinnen, da arbeitswillige Frauen in der Industrie bessere Bedingungen und höhere Löhne fänden.[26] Eine Vereinfachung für Schaffner(-innen) und Fahrgäste bedeutete die Einführung des Einheitstarifs zum 1. Januar 1943. Auf allen Strecken bezahlten Erwachsene nun 20 und Kinder 10 Pfennige. Kürzere Fahrten, die bisher 15 Pfennige gekostet hatten, wurden also teurer, die Bewohner der Außenbezirke und Vororte durften sich hingegen über eine Verbilligung freuen.

Nachdem die Sommerferien 1939 bereits um zwei Wochen verlängert werden mußten, fiel in den nächsten Jahren wiederholt der Unterricht aus. Ursache waren aber nicht Alarme und Angriffe; im Luftraum über Stuttgart war es bis Ende 1942 ziemlich ruhig. Schon in den ersten Kriegswintern kam es jedoch zur Schließung von Schulen, weil Heizmaterial gespart werden mußte. Probleme stellten auch der Lehrermangel und die Überalterung des Lehrkörpers dar. Im Frühjahr 1941 gab es in Stuttgart mit 2873 Schulanfängern zwar eine Rekordmarke, aber keine Neueinstellung von Lehrern.[27] Insgesamt konnten nur drei Viertel der Unterrichtsstunden erteilt werden. Es war nicht verwunderlich, daß die Leistungen der Schüler nachließen. Dazu trug auch die vielfältige außerschulische Beanspruchung der Kinder und Jugendlichen durch die nationalsozialistischen Organisationen, Sammlungen und nächtlichen Wachdienste bei.[28] Die kriegsbedingte Anspannung hinderte das Kultministerium nicht an einem grundsätzlichen Eingriff ins Schulwesen. Nachdem Hitler die Einführung der Hauptschule in den annektierten Gebieten angeordnet hatte, entschloß sich im Juli 1941 auch Mergenthaler zu diesem Schritt. Die bisherigen Mittelschulen eröffneten keine ersten Klassen mehr, statt dessen sollten neue Hauptschulklassen gebildet werden. Außerdem wandelte das Ministerium die Schloß-, Stöckach- und Jahn-Oberschule in Hauptschulen um.[29] Nach Auffassung der Nationalsozialisten gab es zu viele höhere Schulen mit theoretischer und zuwenig praktischer Bildung.

Der Krieg wirkte sich auf das öffentliche Leben in Stuttgart zunächst unterschiedlich, insgesamt aber relativ gering aus. In den Jahren 1939 bis 1942 konnte man trotz einer Vielzahl von Veränderungen nicht von einem tiefgreifenden Wandel sprechen. Stuttgart blieb im Unterschied zu nord- und westdeutschen Städten von unmittelbarer Bedrohung verschont. Die Bevölkerung reagierte mit einer Nachlässigkeit, die die Obrigkeit oft als Verweigerung wertete, die aber eher aus Anpassungsschwierigkeiten als aus grundsätzlichen Erwägungen resultierte.

3. „Es muß normal weitergearbeitet werden."
Die soziale Lage in den ersten Kriegsjahren

Die Erinnerung an die Hungerjahre des Ersten Weltkriegs und die Furcht vor einem „Dolchstoß" bewogen das Regime, auf rigorose Beschränkungen der materiellen Lebensbedingungen zu verzichten. Vor allem galt es, ein „geregeltes Wirtschaftsleben zu gewährleisten".[1] Der Stuttgarter Gauwirtschaftsberater meinte: „Es muß normal weitergearbeitet werden." Und der Leiter des städtischen Ernährungs- und Wirtschaftsamts nannte den Grund: „Wir müssen die Stimmung des Volkes gut erhalten."[2] Beide Aussagen waren charakteristisch für den Versuch, die Erfordernisse der Kriegswirtschaft und die Konsumbedürfnisse der Bevölkerung auf einen Nenner zu bringen. Daß die Genußmittel der „kleinen Leute", wie Bier und Tabakwaren, um 20 Prozent teurer wurden, mochten diese hinnehmen. Der Zuschlag von 50 Prozent auf die Einkommensteuer, der nach der Kriegswirtschaftsverordnung bei einem Jahreseinkommen von mehr als 2400 RM erhoben wurde, bedeutete für jene einen spürbaren Verlust, die unwesentlich über dieser Grenze lagen. Und das waren Arbeiterfamilien sowie kleinere und mittlere Angestellte. Ein Lagerarbeiter verdiente 220 RM im Monat, ein Technischer Zeichner in einem Metallbetrieb 230 RM, eine Verwaltungsangestellte 219 RM und ein städtischer Angestellter 254 RM. Bei ihnen fiel der Steuerzuschlag mehr ins Gewicht als bei einem Studienrat, der rund 700 RM erhielt, einem Oberbaurat und einem Regierungsdirektor, die monatlich über 800 RM nach Hause brachten, oder bei einem Angestellten der Deutschen Bank, der 377 RM verdiente.[3]

Die Führung nützte die Gelegenheit, die Arbeitsbedingungen der lohnabhängigen Bevölkerung bei Kriegsbeginn zu verschlechtern. Der Ministerrat für Reichsverteidigung hob sämtliche Tarif- und Urlaubsregelungen auf und ermächtigte die Treuhänder der Arbeit, die Situation „den durch den Krieg bedingten Verhältnissen anzupassen". Alle Zuschläge für Überstunden, Feiertags- und Nachtarbeit wurden gestrichen und Ausnahmen von bestehenden Vorschriften des Arbeitsschutzes zugelassen. Strafbar machte sich nicht nur, wer höhere Löhne und Gehälter bezahlte, sondern auch die Arbeitnehmer, die sie annahmen.[4] Diese harte Linie ließ sich jedoch nicht durchhalten. Schon zwei Monate später mußte das Reichsarbeitsministerium bei den Nacht- und Feiertagszuschlägen einen Rückzieher machen.[5]

Die Ende August 1939 überstürzt verabschiedete Verordnung, die Schwerarbeitern täglich 70 Gramm Fleisch und 50 Gramm Fett- oder Milcherzeugnisse zusätzlich zubilligte, wurde Mitte September präzisiert und differenziert. Als Schwerarbeiter anerkannt war, wer dauernd überdurchschnittlich schwere körperliche Arbeit leistete oder unter erschwerten Bedingungen arbeiten mußte; als Schwerstarbeiter galt, auf den beides gleichzeitig zutraf. Nur vorübergehende überdurchschnittliche Beanspruchung wurde nicht anerkannt.[6]

Die Zulagen, in die später auch Lang- und Nachtarbeiter einbezogen wurden, bildeten einen ständigen Konfliktherd.[7] Es kam zu Differenzen zwischen Stadtverwaltung und dem Gewerbeaufsichtsamt. Das städtische Personalamt beauftragte die Ämter und Betriebe Ende September 1939 mit der Erstellung von Listen und reichte diese zwei Tage später dem Gewerbeaufsichtsamt ein, das die meisten anerkannte.[8] Die Vertrauensärzte beim Vieh- und Schlachthof monierten, daß die Ablehnung einer Zulage für Arbeiter der Tierverwertungsanlage eine unzumutbare Härte bedeutet. Im Sommer 1940 stritten sich Stadt und Gewerbeaufsichtsamt um Zulagen für Kabelleger und Monteure der TWS. Das Reichsarbeitsministerium entschied schließlich gegen die Arbeiter.[9] Nach einer Übersicht des Personalamts erhielten Anfang Februar 1940 1832 von 4891 städtischen Arbeitern eine Zulage. Darunter waren 28 Schwerst- und 963 Schwerarbeiter, 405 Langarbeiter mit einer regelmäßigen Arbeitszeit von zehn und mehr Stunden, 204 Langarbeiter, deren Arbeitstag zusammen mit dem Zeitaufwand für den Weg zum Arbeitsplatz über elf Stunden dauerte, sowie 232 Nachtarbeiter.[10] Im Jahr 1941 verschärfte das Gewerbeaufsichtsamt die Kriterien. Im März des Jahres wurden die Zulagen für Bauarbeiter um ein Drittel gekürzt. Dies traf auch einige hundert Arbeiter, die bei Luftschutzbauten beschäftigt waren. Ende April 1941 kritisierte das Gewerbeaufsichtsamt scharf die Großzügigkeit der Stadtverwaltung und drohte, der gesamten städtischen Belegschaft für einen Monat sämtliche Zulagen zu sperren. Anlaß für diese Warnung war ein Antrag des Tiefbauamts, die Aufseher von Kriegsgefangenen in die Kategorie der Schwerarbeiter einzureihen. Im Sommer 1941 setzten sich die Konflikte um die Anerkennung von Hausmeistern sowie von Angehörigen des Friedhofs- und des Bäderamts als Langarbeiter fort.[11] Andererseits erhielten französische Arbeiter, die beim Fuhramt als Müllträger und Dolenreiniger arbeiteten, anstandslos die Zulagen.

Die Angehörigen der zur Wehrmacht Einberufenen erhielten für ihren Lebensunterhalt Familienunterstützung, die bis zu 85 Prozent des Nettoeinkommens betrug. Strölin begründete vor den Ratsherren diese günstige Relation so: „Der Soldat an der Front muß die unbedingte Gewißheit haben, daß seine Familie in der Heimat vor Not bewahrt wird."[12] Familienunterstützung bekamen nicht nur die Angehörigen von Soldaten, sondern auch diejenigen von Mitgliedern bewaffneter SS-Einheiten, des Reichsarbeitsdienstes und von Teilnehmern an Sondereinsätzen aller Art.[13] Der Beigeordnete Mayer ersuchte die Beamten des Wohlfahrtsamts um entgegenkommende und beschleunigte Behandlung der Anträge.[14] Auch die Ministerialabteilung für Bezirks- und Körperschaftsverwaltung verwies darauf, daß nicht nur finanzielle Unterstützung, sondern auch seelische Betreuung gewährt werden solle.[15] Dennoch äußerten sich Betroffene unzufrieden über das Verfahren und über die Höhe der Unterstützung. Ehefrauen von Einberufenen bemängelten, daß sie von jungen Mädchen über ihre Vermögensverhältnisse ausgefragt würden.[16] Besonders Angehörige der Mittel- und Oberschicht, die den Umgang mit dem Wohlfahrtsamt als diskriminierend empfanden, fühlten sich als „Bettler".[17] Die Arbeiter hingegen, versicherte DAF-Kreiswalter Notter, seien mit Höhe und Art der Unterstützung zufrieden. Strölin räumte ein, der Terminus Familienunterstützung klinge zu sehr nach einer Fürsorgeleistung. Er verwendete lieber den Begriff Familienunterhalt, der im übrigen im folgenden Jahr allgemein übernommen wurde.[18] Stuttgart, so Strölin, zahle die höchsten Sätze. Bei einer Erhebung zeigte sich, daß die Stadt bei Freiberuflern, besonders Ärzten, bis an die Grenze des Erlaubten gegangen war. Ratsherr Metzger von der DAF kritisierte, die Unterstützung sei nicht zur Ansammlung von Sparguthaben gedacht.[19] Tatsächlich rügten Prüfer des Rechnungshofs die hohen Leistungen.[20]

„Familienunterstützung ist kein Freibrief zum Nichtstun."[21] Dieser Appell galt den Frauen in Stuttgart, die ihre im Felde stehenden Männer in der Industrie ersetzen sollten. Schon lange vor Kriegsbeginn hatten die Nationalsozialisten die ideologisch befehdete Frauenarbeit akzeptiert.[22] Das Arbeitsamt forderte Anfang 1940 alle Frauen unter 40 Jahren auf, sich der Industrie zur Verfügung zu stellen. Besonders Frauen mit Berufserfahrung waren gefragt. Drohend hieß es: „Noch ist Gelegenheit, sich freiwillig zur Verfügung zu stellen."[23] Sozialreferent Mayer bedauerte, daß immer mehr Frauen unter Hinweis auf die Familienunterstützung ihre bisherige Berufstätigkeit aufgeben wollten. Er plädierte dafür, die Unterstützung von einer Arbeitsleistung abhängig zu machen. Frauenbeirätin Kommerell verlangte dagegen von den Betrieben größere Flexibilität. Könnten Frauen halbtags oder an vier Tagen in der Woche arbeiten, so seien berufliche und hausfrauliche Aufgaben leichter zu vereinbaren.[24]

Nach neuen Bestimmungen über den Familienunterhalt vom Juni 1940 hatte sich jeder Unterhaltsberechtigte beim Arbeitsamt zu melden, eine Sperre oder Kürzung der Unterstützung war grundsätzlich möglich.[25] Für Frauen galten weiterhin die Ausnahmen wegen Kindererziehung, Haushaltsführung und Pflege von Angehörigen. Eine Arbeitsdienstpflicht bestand für ledige Frauen zwischen 17 und 25, die nicht mehr in Ausbildung standen.[26] Die halbjährige Dienstzeit leisteten die Frauen in der Regel in der Landwirtschaft ab. Darüber hinaus waren die Dienststellen des Wohlfahrtsamts angewiesen, „in geeigneten Fällen die Frauen namhaft zu machen, denen Arbeit zugemutet werden kann".[27] Finanzielle Anreize sollten die Frauen zur Aufnahme einer Berufstätigkeit bewegen: Die Unterstützung war bis zur Höchstgrenze von 85 Prozent des Nettogehalts gewährt worden, wobei ein zusätzlicher Verdienst teilweise angerechnet worden war. Diese Anrechnung fiel jetzt weg, so daß eine Berufstätigkeit sich finanziell auszahlte.[28]

Dennoch waren die Frauen offenbar wenig geneigt, die ihnen zugedachte Doppelrolle als Mutter und Rüstungsarbeiterin zu erfüllen. Der „NS-Kurier" berichtete warnend über eine Frau, die zu sechs Wochen Gefängnis verurteilt worden war, weil sie nach einer Krankheit trotz polizeilicher Vorführung ihren Arbeitsplatz wieder verlassen hatte.[29] Seit September 1939 mußte das Arbeitsamt einer Kündigung zustimmen, sofern sich beide Arbeitsvertragspartner nicht einig waren. Dies ging in der Regel zu Lasten des Arbeitnehmers. Die Arbeitsverwaltung und die Justiz ahndeten Verstöße streng. So kam ein städtischer Arbeiter, der ohne Genehmigung in die Privatindustrie gewechselt hatte, in „Schutzhaft" und mußte danach wieder an seinem alten Arbeitsplatz bei der Stadt antreten. Der Reichstreuhänder verhängte zusätzlich eine Ordnungsstrafe, und Bürgermeister Hirzel ließ den Vorgang zur Warnung an den Schwarzen Brettern in der Stadtverwaltung aushängen.[30]

Die Frauen führten als Gründe für ihre Weigerung die Hausarbeit, die entfernte Lage des Arbeitsplatzes und zusätzliche Aufgaben infolge der Abwesenheit des Ehemanns an.[31] Dienstverpflichtete Frauen – in der Regel Alleinstehende, die nicht für Angehörige zu sorgen hatten – beklagten sich, daß bessere Kreise nicht zum Arbeitseinsatz herangezogen würden und einfache Volksgenossen „angeschmiert" seien.[32] In mehreren Artikeln warb das städtische Amtsblatt im Juni 1940 für den Arbeitseinsatz der Frauen. Dank der Leistungen des nationalsozialistischen Staates sei zwar keine Frau zur Erwerbstätigkeit gezwungen, doch müsse die Heimat der Front siegen helfen: „Es ist heute eine selbstverständliche Pflicht der Frau, überall dort mitanzupacken, wo es not tut. Sie kann es aber auch in dem beruhigenden Bewußtsein tun, daß die deutsche Volksgemeinschaft in voller Würdigung des Opfers, das viele Frauen damit bringen, das Ihre dazu beiträgt, die Erfüllung dieser Pflicht zu erleichtern."[33]

Voll Stolz blickten die Stuttgarter Kommunalpolitiker auf die Zahl der Eheschließungen und Geburten in den ersten Kriegsjahren. Sie werteten dies als Zeichen des Vertrauens in die Führung und den Sieg der deutschen Waffen. Mit dem Eintreffen der Stellungsbefehle Ende August 1939 wuchs der Andrang beim Standesamt, das sogar am Sonntag, dem 3. September, geöffnet blieb.[34] Oder aber die Soldaten marschierten – jeden Urlaubstag nützend – „vom Bahnhof gleich zum Standesamt" und brachten ihre Kameraden als Trauzeugen mit.[35] Zwischen Ende August und Weihnachten 1939 registrierte das Standesamt rund 1500 sogenannte Kriegstrauungen. Außerdem fanden zwischen Dezember 1939 und Oktober 1941 100 Ferntrauungen statt, bei denen Braut und Bräutigam das Jawort zwischen Front und Heimat über Funk tauschten.

Der Leiter des städtischen Gesundheitsamts, Professor Saleck, zeigte sich in seinem Jahresbericht 1939 mit der psychischen und physischen Verfassung der Stuttgarter Bürger hochzufrieden: „Eine besonders gesteigerte Nervosität wurde bei den Bewohnern Stuttgarts nicht beobachtet." Allerdings mußte er eine Zunahme der Geschlechtskrankheiten und des Alkoholismus feststellen. Saleck führte dies darauf zurück, daß sich „die asozialen Typen im Schutze der Dunkelheit in betrunkenem Zustande sicherer fühlen". Erfreulicherweise greife aber die Polizei energisch ein und erfasse im Rahmen ihrer Möglichkeiten die Alkoholgefährdeten schon im voraus.[36] Der Bericht täuschte über die ungenügende medizinische Versorgung der Bevölkerung hinweg. Am 6. September besuchte Reichsgesundheitsführer Conti Stuttgart. Er traf auch mit dem Oberbürgermeister zusammen, der die Situation in Stuttgart beklagte. Die Ärzte waren überlastet; die Stadtteile Sillenbuch, Heumaden und Rohracker waren ohne Arzt. Auch in den Krankenhäusern fehlte es an Personal und an Einrichtungsgegenständen; im Strahleninstitut des Katharinenhospitals mußten täglich 20 bis 30 Patienten abgewiesen werden.[37] Der Gesundheitszustand der Stuttgarter verschlechterte sich. Die Arbeitsbedingungen und die fehlende Abwechslung in der Ernährung kamen hinzu. Seit 1941 häuften sich Fälle von Scharlach, Diphtherie und Kinderlähmung. Eine Zunahme von Magen- und Darmstörungen sowie gesundheitliche Schäden bei berufstätigen Frauen, die über 60 Stunden in den Fabriken arbeiteten, wurden beobachtet. Außerdem zeigte eine Untersuchung der Schuljugend ein im Durchschnitt niedrigeres Gewicht und eine geringere Körpergröße als in früheren Jahren.[38]

Ende August 1939 richtete die NSV im Hauptbahnhof einen Bahnhofsdienst ein. Er sollte Reisende betreuen, die wegen der Mobilmachung festsaßen.[39] Eine weitere Aufgabe stellte sich dem Bahnhofsdienst, als Flüchtlinge aus Polen und evakuierte Bewohner der Grenzgebiete zu Frankreich in Stuttgart eintrafen. Von dort wurden sie im Gaugebiet verteilt. Sie konnten Württemberg jedoch bald wieder verlassen.[40] Die NSV konnte trotz des Krieges weitere Schwesternstationen eröffnen und eigene Kindergärten einrichten.[41]

Im September 1941 ordnete Reichsstatthalter Murr die Übernahme sämtlicher konfessioneller Kindergärten durch die NSV an.[42] Dies stieß auf Widerstand bei Kirchen und Teilen der Bevölkerung. So erschienen Anfang Oktober 1941 acht Frauen bei der Ortsgruppe Seelberg, die behaupteten, im Auftrag mehrerer hundert evangelischer und katholischer Mütter zu kommen. Sie nannten es ungerecht, daß erfahrene Betreuerinnen durch junge NSV-Schwestern abgelöst würden. Die Ortsgruppenleitung gab vor, nichts von der Angelegenheit zu wissen. Auch der Oberkirchenrat mobilisierte auf Elternversammlungen gegen die Pläne. Der Protest machte offenbar an höherer Stelle Eindruck, so daß die württembergischen Nationalsozialisten von dort gebremst wurden.[43]

4. „Wir haben eine Reichskartenschau bekommen." Ernährung und Versorgung zur Zeit der Blitzkriege

Die Ausgabe der ersten Lebensmittelkarten am 27. August 1939 löste einen Sturm auf die Geschäfte aus. Die Bevölkerung wollte sich die erlaubte Menge rationierter Lebensmittel besorgen und mit Vorräten bei nichtbewirtschafteten Waren eindecken. Zu den Leidtragenden des Andrangs gehörte die Stuttgarter Garnison; die Stuttgarter Einzelhändler erhielten nämlich erst am 1. September die Angaben über den Heeresbedarf in den ersten 14 Mobilmachungstagen. Nach einem Bericht der Wirtschaftskammer war zu diesem Zeitpunkt „der Ansturm der Zivilbevölkerung auf die einzelnen Lebensmittelgeschäfte schon so stark, daß die Lager derselben schon ziemlich stark geräumt waren".[1] Mancher Händler witterte ein gutes Geschäft und verkaufte rationierte Waren markenfrei. Die Fleischerinnung stellte fest, daß Metzgereien ein entsprechendes Schild ausgehängt hatten.[2] Das städtische Ernährungsamt sprach zwar Verwarnungen aus, die Waren aber waren längst verkauft.

Entgegen den offiziellen Beteuerungen fehlte es schon zu Anfang des Krieges an wichtigen Nahrungsmitteln. Mehrmals standen weinende Frauen an den Schaltern des Ernährungsamts, weil sie zuwenig Nährmittel für Kleinkinder erhielten.[3] Berufstätige beschwerten sich, daß sie abends nur ungenügende Mengen einkaufen könnten.[4] Es gab auch eine Reihe organisatorischer Pannen, die allerdings nicht die örtlichen Behörden zu verantworten hatten. Die zugeteilten Rationen waren oft wenig sinnvoll bemessen. Die tägliche Abgabe von 0,2 Liter Milch bereitete dem Handel ebenso Schwierigkeiten wie die Teeration von 20 Gramm, da die vorhandenen Päckchen 25 Gramm Tee enthielten.

In der zweiten Versorgungsperiode, die am 25. September begann, änderten die zuständigen Stellen das Versorgungssystem. Statt einer Ausweiskarte mit Lebensmittelabschnitten erhielt jeder Verbraucher ein Kartensortiment: je eine Reichsbrotkarte, Reichsfleischkarte, Reichsfettkarte, eine Nährmittelkarte, eine Reichskarte für Marmelade und Zucker sowie eine Reichsseifenkarte. Für Schwerarbeiter, Kinder und Jugendliche, Kranke sowie werdende und stillende Mütter gab es besondere Karten. Die Hausbesitzer oder Hausverwalter mußten die Karten am 22. September abholen und an die Hausbewohner verteilen.[5]

Eine Stuttgarterin schrieb ihrer Verteilungsstelle: „Nachdem unsere Reichsgartenschau zu Ende ist, haben wir eine Reichskartenschau bekommen, welche aber nur Ärger und Verdruß hinterläßt. (...) Man hatte geglaubt, bei den neuen Karten trete eine Besserung ein, aber weit gefehlt, es ist noch unverständlicher und umständlicher geworden."[6] Zur umfangreichen Kartensammlung kam die Enttäuschung über die Einführung einer Reichskleiderkarte und über gekürzte Rationen: Waren in der ersten Periode noch 700 Gramm Fleisch zu bekommen, gab es ab Ende September nurmehr 500 Gramm wöchentlich für einen „Normalverbraucher". Auch die Möglichkeit, seine Lebensmittel durch einen Abstecher in ein Gasthaus zu sparen – was vorher offenbar nicht selten der Fall gewesen war –, fiel weg; in den Gaststätten mußten nun Marken abgegeben werden.[7]

Besondere Schwierigkeiten herrschten bei der Versorgung mit Fetten, die schon Mitte der dreißiger Jahre knapp geworden waren. Aus allen Ortsgruppen gingen im Oktober und November 1939 Klagen ein. Auch Ratsherr Notter beschwerte sich, daß seine dreiköpfige Familie in drei Wochen lediglich ein Viertelpfund Margarine bekommen habe. Nichts verderbe die Stimmung der Bevölkerung so sehr, wie wenn ausgegebene Marken in den Geschäften nicht oder nur teilweise eingelöst werden könnten. Referent Waldmüller berichtete dem Büro des Reichsstatthalters: „Der Bevölkerung (...) bemächtigt sich große Unruhe. Notwendigerweise müssen sich auch ‚Schlangen' vor den Geschäften bilden, wenn nicht jeder Verbraucher die Überzeugung hat, daß er die ihm auf Grund Reichsverordnung zustehende Lebensmittelmenge, insbesondere Speisefett, beim zuständigen Unterverteiler beziehen kann."[8] Insgesamt zeigte sich, daß gerade gehobene Schichten und NS-Funktionäre Versorgungsprobleme kritisierten. Angehörige der Unterschicht tauchen in den Akten nicht auf; sie waren Einschränkungen gewohnt.

Ein zweites Problem war die Versorgung mit Bekleidung und Schuhen. Stuttgarter Geschäfte verkauften nach der Bekanntgabe der Bezugsscheinpflicht am 27. August

1939 noch Schuhe bezugsscheinfrei, bevor dies polizeilich unterbunden wurde.[9] Die Dienststellen des städtischen Wirtschaftsamts gaben erst am 2. September Bezugsscheine aus.[10] Sie empfahlen den Verbrauchern Zurückhaltung, doch die Hamsterkäufe hielten an. Waldmüller erklärte am 26.September, Schuhwaren für den Winter seien in der Stadt weitgehend ausverkauft.[11] Mit Verärgerung nahm die Stadtverwaltung zur Kenntnis, daß einige Landgemeinden Bezugsscheine für Textilien und Schuhe mit der Auflage ausgegeben hatten, den Einkauf in Stuttgart zu tätigen.[12] Ratsherr Breuninger berichtete von sehr geringen Lieferungen an Bekleidung und warnte vor der Ausgabe weiterer Bezugsscheine.

Ende 1939 wurde eine Reichskleiderkarte eingeführt, und zwar in fünffacher Ausfertigung: eine gelbe Karte für Männer, eine orangefarbene für Frauen, eine grüne für Jungen und eine blaue für Mädchen sowie eine rosafarbene für Kleinkinder. Mit Ausnahme der Kleinkinderkarte, die 75 Punkte umfaßte, hatten die Karten einen Wert von 100 Punkten, die innerhalb eines Jahres eingelöst werden konnten. Allerdings war jeweils nur ein Teil der Punkte „fällig", das heißt, daß in einem bestimmten Zeitabschnitt immer nur einige Kleidungsstücke zu kaufen waren.[13] Der Spielraum des Verbrauchers war gering, ein Anzug für Männer war mit 60, ein Schlafanzug mit 30 Punkten veranschlagt. Frauen mußten für ein Kostüm 45 Punkte und für ein Wollkleid 40 Punkte anrechnen lassen. Seit Anfang November arbeiteten 370 Personen im großen Stadtgartensaal bei der Vorbereitung der Reichskleiderkarten; über 100 Angestellte hatte der Textileinzelhandel abgestellt. Die Hauptaufgabe bestand darin, die auf Bezugsscheine gekaufte Ware von der Kleiderkarte im voraus abzuziehen.[14] Die Stuttgarter erfuhren erst am 15. November von der Einführung der Kleiderkarte und von ihrer rückwirkenden Gültigkeit; am 30. November trugen die Helferinnen der NS-Frauenschaft die Karten zu den Hausbeauftragten der NSDAP und den Familien.[15]

Die Kartoffelversorgung für den ersten Kriegswinter in Stuttgart war ein weiterer Angriffspunkt: Sie brach phasenweise zusammen. Im Dezember 1939 waren in verschiedenen Stadtteilen keine Kartoffeln zu erhalten. Die Einzelhändler wandten sich an das Landesernährungsamt mit der Bitte, den Verbrauchern eine Sonderzulage an Teigwaren zu gewähren. Der Einzelhandel hatte im Vertrauen auf optimistische Vorhersagen die Bestellungen der Kunden aufgenommen und an den Kartoffelwirtschaftsverband weitergeleitet. Nun war er der Kritik der Verbraucher ausgesetzt. Trotz einer guten Ernte verhinderte der Mangel an Arbeitskräften und an Transportraum eine Verteilung vor Wintereinbruch. Direktor Hagstotz vom Ernährungsamt machte den „deutschen Bürokratismus" für den Engpaß verantwortlich und erwähnte, nur das unmittelbare Eingreifen seiner Behörde habe in vielen Fällen direkte Abhilfe geschaffen.[16]

Die Unzufriedenheit der Bürger traf die Stadtverwaltung, deren Ämter nicht selten verständliche Wünsche verweigern mußten. Göring goß im November 1939 Öl ins

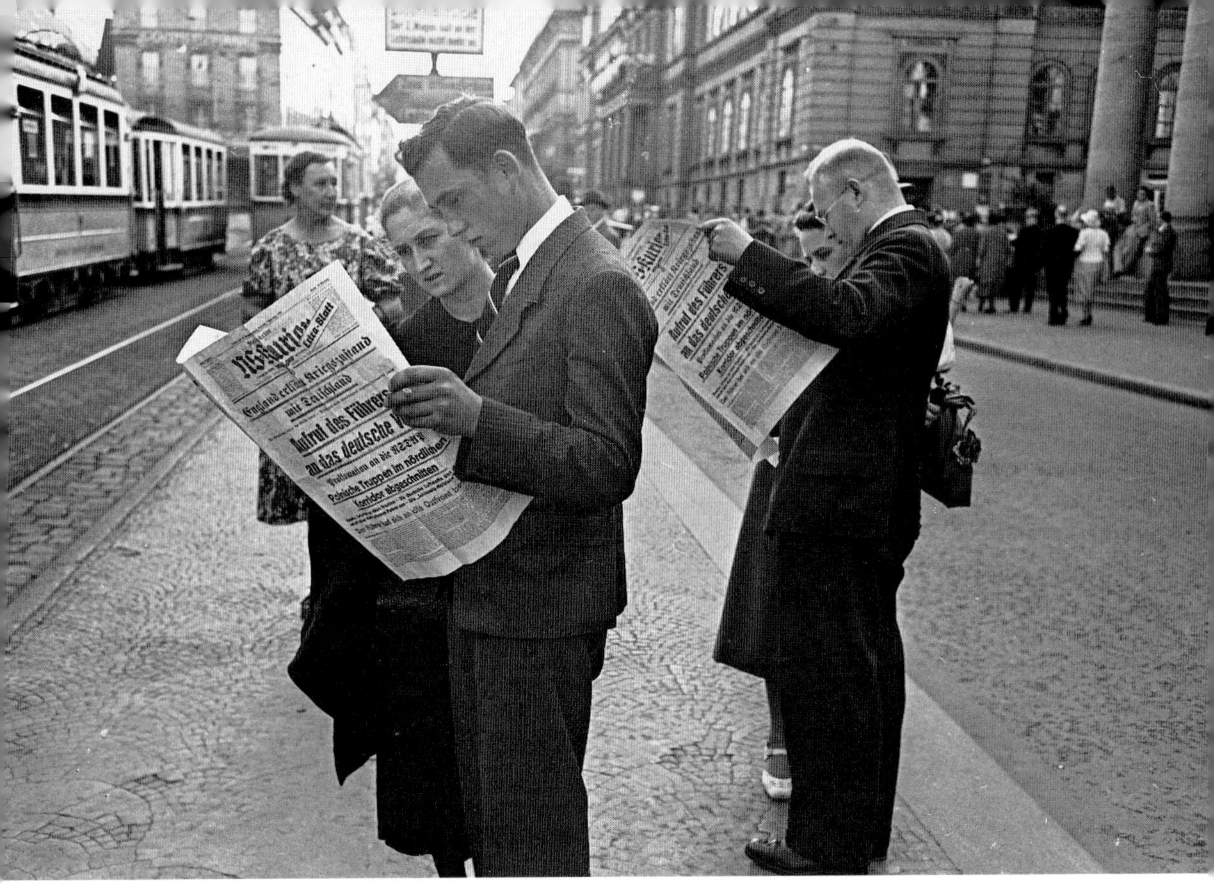
Extra-Blatt
Polnische Truppen im nördlichen
Korridor abgeschnitten
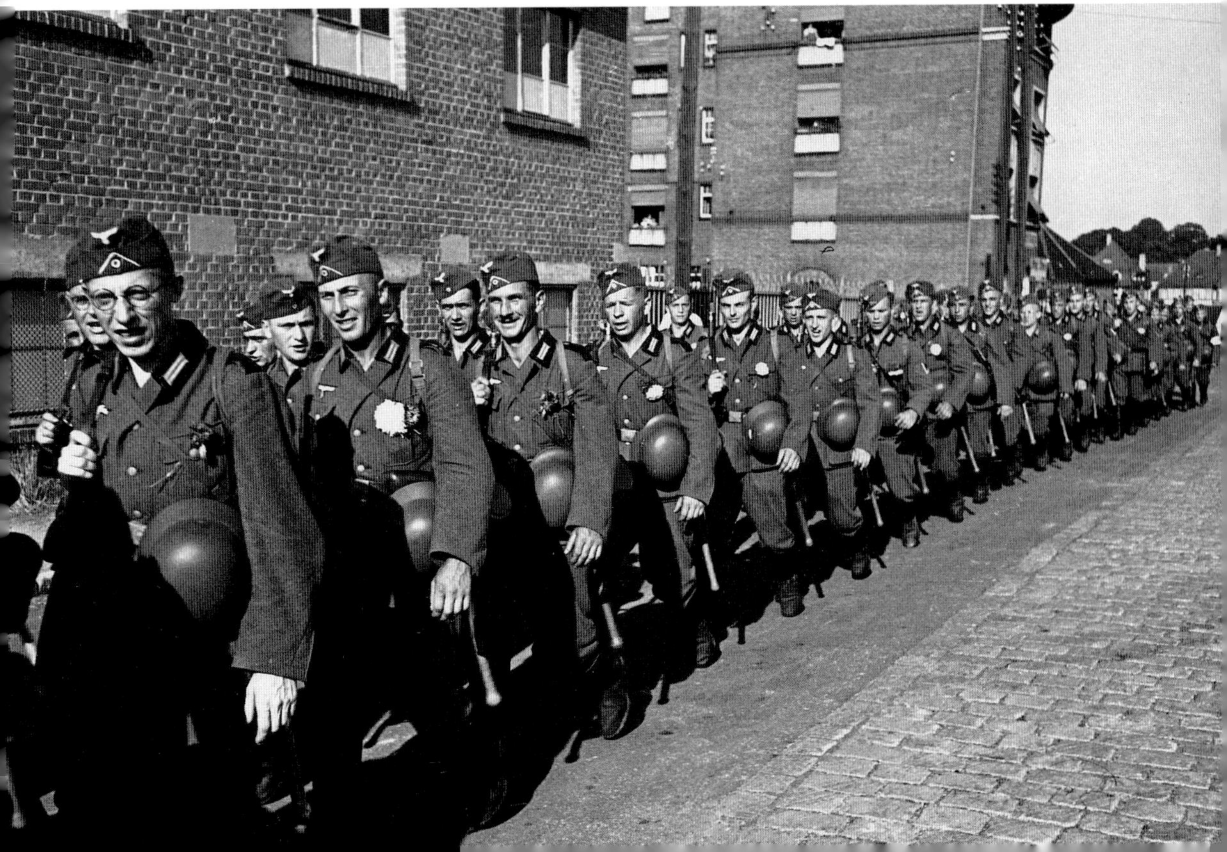

50 Auskunftsschalter im verdunkelten Hauptbahnhof

Vorhergehende Seite:
48 „Ernste Ruhe" auf die Nachricht vom Krieg
49 Ausmarschierende Truppen auf dem Weg zum Bahnhof

51 Ohne „roten Winkel" keine Fahrerlaubnis

52 Angehörige der NS-Frauenschaft geben Lebensmittelkarten aus.

53 Die Frauen zeigen nur geringes Interesse an industriellen Ersatzarbeitsplätzen.

Umseitig:
54 Triumphaler Einzug am 3. Oktober 1940 nach dem Sieg im Westen
55 Ski-Sammlung nach der Niederlage vor Moskau (Dez. 1941/Jan. 1942)

Feuer, als er die Behörden kritisierte und vor „bürokratischer Engherzigkeit, Kleinlichkeit oder gar Anmaßung und Überheblichkeit" warnte.[17] Damit brachte er die Oberbürgermeister in Harnisch, die einen gezielten Angriff auf die Kommunen vermuteten. Strölin notierte, man wolle „ganz offenbar den Beweis des Versagens der unteren Verwaltungsbehörden konstruieren" und die Selbstverwaltung noch mehr unter Kuratel stellen.[18] Er wandte sich an Reichsleiter Fiehler und direkt an Göring. Nicht die Rationierung sei das Problem, sondern die Diskrepanz von Propaganda und Wirklichkeit. Dadurch fühle sich die Bevölkerung ungerecht behandelt und angelogen. Strölin wies darauf hin, daß die kommunalen Ämter oft erst aus der Presse über neue Anordnungen informiert würden, so daß sie nicht rechtzeitig die erforderlichen Maßnahmen ergreifen könnten.[19] Die Wirtschaftsgruppe Einzelhandel bestätigte Strölin: Die Stillegung der Transportfahrzeuge lasse „jede Planung vermissen", die erste Lebensmittelkarte habe nicht den praktischen Erfordernissen entsprochen, schließlich glaubten die Verbraucher der Regierung nicht mehr.[20]

Derartige Kritik blieb ohne nachhaltige Wirkung. In der Folgezeit wurden auch nicht bewirtschaftete Waren wie Käse, Wild und Geflügel unerreichbar. Die Ausgabe von Bestellscheinen und die Einführung von Kundenlisten für Wild und Geflügel im Januar 1940 konnten nicht verhindern, daß berufstätige Frauen am Abend ausgeräumte Regale vorfanden.[21] Auf der anderen Seite gab es bei den Verbrauchern böses Blut, wenn etwa die Obst- und Gemüsehändler in der Markthalle einen Teil ihrer Waren beiseite stellten und Vorbestellungen zuließen: „Es liegt sehr nahe die Vermutung, daß dem betreffenden Händler die Preise noch zu niedrig sind", argwöhnte ein Zellenleiter aus Ostheim.[22] Die Standinhaber begründeten ihr Verhalten mit der Rücksichtnahme auf später kommende Stammkunden. Das Marktamt verteidigte dieses Verfahren. Keßner räumte aber ein, daß im Einzelfall nur schwer feststellbar sei, ob die Ware gerecht verteilt werde.

Der Schwarzhandel mit Eiern beschäftigte die verantwortlichen Stellen. Die Verbraucher erhielten zwar die ihnen zugeteilte Menge, doch empfanden sie neun Eier pro Versorgungseinheit als zu wenig. So fuhren die Stuttgarter aufs Land, wo die Landwirte wegen der niedrigen Preise ein Interesse am privaten Handel hatten. Stadtrat Waldmüller bedauerte, daß der Stadt gegen die „Eierhamsterei" keine Mittel zur Verfügung stünden. Bürgermeister Hirzel wollte die Polizei und den Eierwirtschaftsverband auf den „Schleichhandel" aufmerksam machen.[23] Im April 1940 ermächtigte das Wirtschaftsministerium die Ernährungs- und Wirtschaftsämter, bei kleinen Vergehen gegen die Bewirtschaftungsvorschriften Ordnungsstrafen bis zu 1000 RM, bei Gewerbetreibenden bis zu 5000 RM zu verhängen.[24] Damit sollten die Gerichte entlastet werden. Mitte Mai 1940 nahm die städtische „Ordnungsstrafstelle" ihre Arbeit auf. Die Delikte, die in den ersten vier Wochen anfielen, spiegelten die herrschenden Mängel wider: „An der Spitze der Versündigung gegen die Verbraucherregelung stehen die

Täuschungsmanöver um den schwierig zu ergatternden Schuh-Bezugschein. Und in diesen Dummheiten halten die Frauen weitaus den Rekord." Wiederholt wurden „wilde Eiersammler" bestraft, denen bei Verstößen gegen die Höchstpreisverordnung Anzeige bei der Gestapo samt Schutzhaft drohte. Außerdem ahndete die Stelle den freien Bezug markenpflichtiger Waren. Während die Verbraucher mit einer Geldstrafe davonkamen, mußten die Händler mit einer Anzeige rechnen. Bei einer Besprechung im Innenministerium rügten die Landräte die nach ihrer Ansicht außerordentlich milden Strafen, die die Gerichte bei Verstößen gegen die Bewirtschaftungsvorschriften verhängten. Der Stuttgarter Generalstaatsanwalt schloß sich dieser Auffassung an und stellte schärfere Bestrafung in Aussicht.[25]

Bei dieser Besprechung nahm die Versorgung mit Kohlen einen breiten Raum ein, die Strölin am selben Tag vor den Ratsherren das „allerdringendste Problem" genannt hatte.[26] Mit Beginn des Westfeldzugs war eine Transportsperre verhängt worden, und nun lebte man nach Strölins Worten „wie im vergangenen Winter von der Hand in den Mund". Der erfolgreiche Verlauf des Krieges ließ eine baldige Aufhebung des Transportverbots erhoffen. Bei Kriegsbeginn war der Industrieverbrauch von Kohle nicht rationiert worden, während für den privaten Hausbrand zunächst 75 Kilogramm ausschließlich zu Koch- und Waschzwecken bewilligt worden waren.[27] Stuttgart sei, so Waldmüller noch am 18. Januar 1940, verhältnismäßig gut über den Winter gekommen, weil Händler und Verbraucher rechtzeitig vorgesorgt hätten.[28] Doch der Winter begann erst; einen Tag später war für eine optimistische Einschätzung kein Grund mehr vorhanden. Betriebsdirektor Stöckle von den TWS unterrichtete Strölin, daß infolge der großen Kälte der Zusammenbruch der Gasversorgung drohe. Stöckle forderte die gewerblichen Großabnehmer auf, den Gasverbrauch einzuschränken, um die Versorgung der Bevölkerung nicht zu gefährden. Das Reichspropagandaamt lehnte einen Rundfunkappell an die Bevölkerung, den Verbrauch einzuschränken, aus außenpolitischen Gründen ab.[29]

Im April 1940 führte man aufgrund dieser Erfahrungen eine zentrale Bewirtschaftung der Kohle ein. Man unterschied drei Gruppen von Verbrauchern: Haushalte mit Einzelöfen und mit Zentralheizung sowie Gewerbebetriebe, Behörden und die Wehrmacht; außerdem teilte man das Reichsgebiet in drei Klimazonen ein. Ein Punktesystem, das die verschiedenen Faktoren berücksichtigte, machte die Verteilung der Kohle ziemlich kompliziert.[30] Schon bald aber mußte man in Stuttgart die Erfahrung machen, daß die Kohleversorgung keineswegs gesichert war. Im September 1940 waren erst 30 Prozent des Winterbedarfs geliefert; Bäcker und Metzger befürchteten schon Schwierigkeiten.[31]

Im folgenden Winter brach mehrmals die zentrale Gasversorgung der TWS zusammen. Nachdem zunächst mehrere Sparappelle an die Stuttgarter ergangen waren, verordnete das Landeswirtschaftsamt einen „Gasfahrplan". Die Verwendung von Gas

I. 4. Ernährung und Versorgung zur Zeit der Blitzkriege

zum Kochen, von gasbeheizten Back- und Badeöfen sowie eine zusätzliche Heizung mit Gasgeräten wurde untersagt. Im übrigen durfte Gas nur zwischen 5.30 und 8 Uhr, 10 und 14 Uhr sowie von 17 bis 20.30 Uhr verbraucht werden. Das Landeswirtschaftsamt begründete diese Maßnahme mit mangelnden Transportleistungen der Reichsbahn und bezeichnete die Einschränkung als „nationale Pflicht".[32]
Über die Versorgung mit Heizmaterialien in Stuttgart hieß es in den „Meldungen aus dem Reich" des SD:
„Viele Familien, insbesondere solche mit kleinen Kindern, verfügten nur noch über geringfügige Mengen oder überhaupt kein Heizmaterial mehr. Das Verbot, Gas für Heizzwecke in Anspruch zu nehmen, habe die Lage noch verschärft, da Kohlen beim Handel zur Zeit auch nicht vorrätig seien. Täglich würden in Stuttgart 8000–10000 dringende Anträge um Kohlenzuweisung gestellt, deren Erledigung mindestens eine Woche daure. Bis zur endgültigen Lieferung der Kohlen würden aber mitunter 14 Tage vergehen, in denen die Volksgenossen ihre Wohnungen nicht heizen könnten. Stimmungsgemäß wirke sich dies sehr nachteilig auf die Bevölkerung aus, die sich verzweifelt über die langwierige Methode der Zuteilung beklage."[33]
Im Mai des Jahres 1941 wurde die wöchentliche Fleischration von 500 auf 400 Gramm pro Kopf gekürzt.[34] Ab Mitte Juli waren die Metzgereien dienstags geschlossen.[35] Die Bevölkerung war gezwungen, auf Brot, Gemüse und Kartoffeln auszuweichen. Strölin konstatierte in Stuttgart eine „große Unruhe bei der Bevölkerung".[36] Unter der Überschrift „Stammkundenprinzip darf nicht übertrieben werden" teilte das Ernährungsamt mit, daß es nicht angehe, wenn die Geschäfte den Verkauf von Kartoffeln, Obst und Gemüse auf die eingetragenen Kunden beschränkten, die auch die bewirtschafteten Lebensmittel wie Fett, Zucker und Eier bei ihnen bezogen.[37] Ein Jahr zuvor wurde die Stammkundenwirtschaft noch verteidigt. Ein Ratsherr stellte fest, daß man bessere Leute nie in einer Schlange stehen sehe, und folgerte, daß mit den Kundenlisten Mißbrauch getrieben werde. Er kritisierte auch die Preise, die angesichts des Lohnstops für Arbeiter viel zu hoch seien.[38] Einige Zahlen aus dem Preisüberwachungsbericht vom 16. Juni 1941 für Stuttgart belegten dies: Ein Pfund Kartoffeln kostete je nach Sorte 20 oder 23 Pfennige, während es im Vorjahr noch sechs Pfennige weniger gewesen waren – ein Preisanstieg von 42 oder 35 Prozent. Mit Ausnahme von Spinat war Gemüse, „soweit am Markt, überall noch sehr teuer und für die Allgemeinheit nahezu unerschwinglich".[39]
In Stuttgart häuften sich mittlerweile die Fälle, in denen die Haushaltungen mit ihren Brotmarken nicht mehr auskamen. Auch die in Stuttgart verbreitete Vorratswirtschaft mit Einmachobst war sehr erschwert. Das Ernährungsamt vereinbarte mit den Wirtschaftsgruppen des Einzelhandels und des ambulanten Gewerbes, daß Familien mit Kindern sowie schwangere und stillende Frauen bevorzugt zu bedienen seien und für Berufstätige ein angemessener Teil bis zum Abend zurückzuhalten sei.[40] Auch der SD

beschäftigte sich mit der „katastrophalen Versorgungslage", die aus Stuttgart und einigen Kleinstädten Württembergs gemeldet werde. Die Entrüstung in breiten Bevölkerungsschichten über Mangel, Preise und Verteilung von Frischgemüse, Obst und Kartoffeln habe einen Grad angenommen, der „die Arbeitslust und Kampfentschlossenheit der Volksgenossen sehr nachteilig" beeinflusse. Die SD-Beobachter hielten es für gefährlich, die Mißstimmung zu unterschätzen, und meinten, eine gerechtere und bessere Versorgung sei vor allem für die werktätigen Schichten unerläßlich.[41] An anderer Stelle kritisierte der Stuttgarter SD-Chef Steimle die Berichterstattung in der Presse: „Die von keinerlei Sachkenntnis getrübten Zeitungsartikel, die in den letzten beiden Wochen durch die Stuttgarter Tagespresse gingen, haben in der Bevölkerung den Eindruck erweckt, als ob es Beeren und Obst in reicher Menge gäbe und lediglich der Erzeuger aus preislichen und sonstigen Gründen die Ware hinhalte." Tatsächlich seien nur 30 bis 40 Prozent der Vorjahresernte am Markt. Wenn der Bevölkerung dies nicht in aller Deutlichkeit gesagt werde, schlage die „gewollte Stimmungsmache" rasch ins Gegenteil um.[42]

Anfang September schilderte Steimle die zunehmende Nervosität beim Einkaufen und beim Schlangestehen:

„Schon früh morgens stehen Männer z. B. im Stuttgarter Hauptbahnhof Schlange, um die so begehrten Rauchwaren zu erhalten, während abends das Bild der anstehenden Männer fast vor jedem größeren Tabakwarenladen zu beobachten ist. In erster Linie aber stehen Frauen oft stundenlang an, um den Bedarf an Obst und Gemüse und besonders an Kartoffeln zu decken. Da meist nur an eine Frau 2–3 Pfund Kartoffeln auf einmal abgegeben werden, kann beobachtet werden, daß Frauen mit größeren Familien oft mehrmals an verschiedenen Geschäften anstehen."[43]

Die Stadtverwaltung führte mit Beginn der 29. Versorgungsperiode am 20. Oktober 1941 einen Verbraucherausweis für den Kauf von Mangelwaren ein.[44] Das Ernährungsamt behielt sich damit vor, nichtbewirtschaftete, aber sehr knappe Lebensmittel in eigener Regie zu rationieren und nur gegen Abstempelung des Verbraucherausweises auszugeben. Im folgenden Monat regelte die Stadt in ähnlicher Weise den Bezug von Tabakwaren, die an Männer über 18 Jahre künftig nur gegen Vorlage der Reichsseifenkarte verkauft werden durften. Frauen, die Familienmitglieder im Fronteinsatz hatten, konnten Tabakwaren mit einem besonderen Ausweis der NSDAP-Ortsgruppen erhalten.[45] Als das Ernährungsamt Anfang 1942 die Ausgabe von Fisch, Wild und Geflügel für Verbraucher mit den Anfangsbuchstaben A–D ankündigte, verteidigte es zugleich den Stuttgarter Ausweis gegen Kritik aus der Bevölkerung. Ein Vergleich mit der Marktlage in anderen Großstädten sei gerade auf diesem Gebiet fehl am Platze, da Stuttgart auch in den Vorkriegsjahren relativ wenig Fisch, Wild und Geflügel bezogen habe.[46]

Die Stuttgarter konnten sich glücklich schätzen, daß die Versorgung mit Winterkar-

I. 4. Ernährung und Versorgung zur Zeit der Blitzkriege

toffeln einigermaßen zufriedenstellend verlief. Das Ernährungsamt gab Einlagerungsscheine an die Haushalte aus und vereinbarte mit dem Landesernährungsamt und dem Kartoffelwirtschaftsverband die Abgabe von eineinhalb Zentnern pro Kopf. Mitte November gab Referent Waldmüller bekannt, der Stuttgarter Bedarf sei zu 90 Prozent gedeckt, womit die Stadt günstig abschneide.[47]
Beim städtischen Ernährungsamt häuften sich zu Jahresbeginn 1942 die Beschwerden über die Versorgung mit Lebensmitteln. Ein Vertreter des Oberbürgermeisters, der Anfang 1942 an den Musterungen des Jahrgangs 1924 teilgenommen hatte, berichtete, daß rund ein Sechstel der Rekruten für unterernährt befunden und vorerst zurückgestellt worden seien. Der Wohlfahrtsreferent wunderte sich, weil diese Mitteilung den bisherigen Aussagen des städtischen Gesundheitsamts widersprach. Mayer verlangte dringend genauere Untersuchungen. Wenn dies schon in Stuttgart der Fall sei, müßte die Situation in anderen Städten, wo die Ernährungslage schlechter sei, noch problematischer sein.[48]
Im Frühjahr 1942 mußte sich die Führung zu erheblichen Kürzungen der Lebensmittelrationen entschließen. Die durchschnittliche tägliche Kalorienmenge für einen erwachsenen Normalverbraucher, die in der ersten Versorgungsperiode 1939 2265 Kalorien, in der zweiten 1930 und im Jahresdurchschnitt 1941 rund 1900 Kalorien betragen hatte, sank in der 35. Versorgungsperiode, die am 5. April 1942 begann, auf 1511 Kalorien. In den Jahren 1936 bis 1938 hatte ein Erwachsener durchschnittlich 3200 Kalorien zu sich genommen. Die Kartoffel wurde zum Hauptnahrungsmittel.[49] Beschwerden aus der Bevölkerung und Auseinandersetzungen mit den zuständigen Stellen begleiteten diese Probleme, die das Scheitern des Blitzkriegskonzepts auf dem Ernährungssektor offenbarten. Strölin meinte resigniert, wenn schon der Mangel nicht beseitigt werden könne, sollte er wenigstens gerecht verteilt werden.[50] Am 16. Juni 1942 ordnete er die Einführung eines Bedarfsausweises für Milch und vier Tage später eine Ausweispflicht für Frischobst an.[51] Die Karte für Gemüse blieb umstritten. Mitte Oktober 1942 wurden die Brot- und Fleischrationen wieder erhöht.[52] Zu Weihnachten erreichten die Lebensmittelzuteilungen einmalig die Höhe von über 2000 Kalorien, was seit Mitte März 1940 nicht mehr der Fall gewesen war. Der Tiefpunkt in der Lebensmittelversorgung war damit überwunden. Um dieses Ziel zu erreichen, hatte Göring bei einer Tagung der Gauleiter im August 1942 die rücksichtslose Ausplünderung der besetzten Gebiete angekündigt.[53]
Die Lebensmittel hatten sich unterdessen weiter verteuert. Der Index für die Kosten der Ernährung stieg in Stuttgart von Dezember 1941 bis Dezember 1942 von 118,1 auf 122,3 und für die gesamte Lebenshaltung von 126,3 auf 131.[54] Bei Brotsorten und Teigwaren, deren Preise stabil geblieben waren, hatte sich die Qualität durch Beimischung von Gerstenmehl und Weglassen von Eiern deutlich vermindert. Der Fettgehalt der Vollmilch war um ein Drittel gekürzt worden. Den zulässigen Höchstpreis für Kar-

toffeln, das Hauptnahrungsmittel im Sommer 1942, hatte man zwischen Dezember 1941 und Dezember 1942 um 22,7 Prozent erhöht. Da es jedoch wenig zu kaufen gab, stießen die Preise auf weniger Kritik bei den Verbrauchern als der Mangel an Waren aller Art.

Kapitel II
Kommunalpolitik im Schatten des Krieges

1. „Die Gesamtlage unseres inneren deutschen Lebens ist der Verwirklichung wahrer Selbstverwaltung nicht günstig."
Die neue Lage der Kommunalverwaltung

Der Beginn des Krieges brachte der kommunalen Verwaltung einen entscheidenden Einbruch der Zentralgewalt in die Gemeindehoheit. Ein „Erlaß des Führers und Reichskanzlers über die Vereinfachung der Verwaltung" beseitigte am 28. August 1939 faktisch die Selbstverwaltung.[1] Die Gemeinden drohten zur untersten Verwaltungsinstanz ohne eigene Initiative zu werden. Ein Eckpfeiler der Zentralisierung waren die Reichsverteidigungskommissare, denen die „Steuerung aller zivilen Verwaltungszweige" in den Wehrkreisen oblag. Für den Wehrkreis V übernahm Reichsstatthalter Murr dieses Amt, geschäftsführende Dienststelle war das Innenministerium.[2] Im Stuttgarter Rathaus machte sich eine gewisse Enttäuschung breit. Zwar bewältigte die Verwaltung die Versorgung, den Familienunterhalt und die Raumbeschaffung verhältnismäßig rasch. Ernüchtert zeigten sich die Stadtväter aber über das jähe Ende der Reichsgartenschau, die den internationalen Ruf gemehrt und deren Erfolg die Erwartungen übertroffen hatte. In einem Rückblick meinte Strölin: „Es kommt uns vor, als liege diese Zeit nicht Monate, sondern Jahre hinter uns."[3]
Obgleich die Stadt ihren Aufgaben nachkam, mußte sie – wie die Lebensmittelversorgung zeigte – für Engpässe und Planungsfehler einstehen. Bei einer Besprechung der Oberbürgermeister herrschte „starke Erregung" darüber, daß „man auf die Gemeinden alle Unpopularität abwälzt".[4] Stuttgarts Stadtvorstand bemühte sich, seinen Einfluß zu wahren, von dem nicht zuletzt die Stellung der Kommune abhing. Er war daher zufrieden, daß das Hauptamt für Kommunalpolitik, seine innerparteiliche Stütze, auch in Kriegszeiten zunächst weiterarbeiten konnte. Man darf Strölin nicht nur persönlichen Ehrgeiz unterstellen, als er sich um eine Ernennung zum Reichsamtsleiter bemühte. Im Februar 1940 schrieb er dem Hauptamt: „Denn vielfach ist es so, daß nur ein gehobener politischer Rang überhaupt den Zugang zu den in Betracht kommenden Persönlichkeiten verschafft."[5] Zwar darf die Tätigkeit des Hauptamts in dieser Phase

nicht überschätzt werden. Strölin hatte aber seinen Ruf als profilierter Oberbürgermeister gewahrt.

In der alltäglichen Praxis änderte sich jedoch wenig: Die Auseinandersetzungen in der Energiepolitik verschärften sich; die Stadt beklagte eine Benachteiligung gegenüber Karlsruhe und Straßburg; die Wohnungsnot wurde schlimmer, und die NSV mischte sich in die Belange des Sozialreferats ein. Stadtkämmerer Hirzel sprach die Situation anläßlich der Gratulationscour zu Strölins 50. Geburtstag am 21. Oktober 1940 offen an: „Die Gesamtlage unseres inneren deutschen Lebens ist der Verwirklichung wahrer Selbstverwaltung nicht günstig. Zwar ist der Grundsatz in der Deutschen Gemeindeordnung förmlich festgelegt: die Zusammenfassung aller örtlichen Verwaltung in der Hand der Gemeinden ist als grundsätzliche Forderung anerkannt, aber in der praktischen Durchführung sehen sich die Dinge vielfach anders an."[6] Strölin selbst war optimistisch: „In einer solchen besonders heroischen Zeit treten die Aufgaben der Verwaltung scheinbar in den Hintergrund. Aber dieser Eindruck ist durchaus oberflächlich. Die Arbeit der Verwaltung ist ein wesentliches Element der inneren Front."[7] Sein Heidelberger Kollege Neinhaus meinte hingegen, die Selbstverwaltung sei ohnehin verloren; es habe keinen Zweck, sich so wie Strölin zu bemühen.[8]

Die personellen Veränderungen an der Spitze der Stadtverwaltung waren gering. Von den Beigeordneten rückten nur Personal- und Sportreferent Locher sowie Wirtschafts- und Polizeireferent Weidler zur Wehrmacht ein. Asmuß übernahm Weidlers Aufgaben, während Hirzel das Personalwesen und Hablizel den Sport verwalteten.[9] Kulturreferent Fritz Cuhorst verließ im November 1939 Stuttgart, um in Lublin das Amt des Stadtpräsidenten zu übernehmen; im Generalgouvernement war am 25. Oktober die Militärverwaltung aufgehoben worden. Cuhorst erhielt schon bald den Besuch Strölins, der sich über die Lage in Polen informieren und vor allem die Stadt der Auslandsdeutschen und das Deutsche Ausland-Institut repräsentieren wollte. Nach Strölins Bekunden fand Cuhorst, der einige tüchtige Leute aus Stuttgart mitgenommen habe, eine interessante und sehr schwierige Aufgabe vor.[10] In einigen Briefen, die im Rathaus offenbar Betroffenheit auslösten, berichtete Cuhorst mehrmals über die Zustände im Gebiet von Lublin, wo er Mordaktionen an polnischen Juden miterlebte.[11] Noch vor Ablauf eines Jahres kehrte er zurück und versah sein früheres Amt. Asmuß übergab seine Aufgaben dem aus der Wehrmacht entlassenen Locher und übernahm Sonderaufträge, insbesondere die Geschäfte Strölins im Hauptamt für Kommunalpolitik.[12] Die Geschäftsverteilung entsprach also, von kleinen und kurzfristigen Änderungen abgesehen, den Vorkriegsverhältnissen.

Innerhalb der Verwaltung verschoben sich jedoch die Gewichte. Das Kultur- und Schulreferat verlor an Bedeutung. Das Planetarium stellte seinen Betrieb ein; der Leiter des Stadtarchivs war mit der Führung des Wirtschaftsamts ausgelastet. Cuhorst kümmerte sich nach seiner Rückkehr zwar um die Schulen, doch konnte er dem Leh-

II. 1. Die neue Lage der Kommunalverwaltung

rermangel und der Raumnot nicht abhelfen. Anfang 1942 ließ er sich daher zur Dienstleistung bei der Ministerialabteilung für höhere Schulen beurlauben.[13] Das Wohlfahrtsamt, dem die Familienunterstützung sowie die Einrichtung und der Betrieb der Hilfskrankenhäuser oblagen, mußte personell und räumlich besser ausgestattet werden, ebenso das Wirtschaftsreferat I, das für die Versorgung mit lebenswichtigen Gütern zuständig war. Im technischen Dienst rückte das Referat II unter Oberbaurat Scheuerle in den Vordergrund. Scheuerle war für alle Fragen des Luftschutzbaus und der städtischen Luftschutzkräfte, für die Fahrbereitschaft und für die Verteilung städtischer Kanzleiräume zuständig. Er erhielt dadurch eine starke Position, während Stadtrat Schwarz vom Technischen Referat I an Einfluß verlor. Zwischen den beiden Beigeordneten kam es wiederholt zu Zusammenstößen, ohne daß Strölin eingriff.[14] Die Arbeit der Beigeordneten erfuhr mit Kriegsbeginn eine gewisse Aufwertung. Hatte Strölin bisher Einzelbesprechungen den Vorzug gegeben, so fanden nun regelmäßig gemeinsame Beratungen statt.[15] Dies erleichterte die praktische Arbeit, denn die Flut von Gesetzen, Verordnungen und Erlassen, die die staatlichen Stellen und die neugeschaffenen Sonderbehörden produzierten, erschwerten den Überblick. Strölin trug den Referenten auf, regelmäßig über wichtige Veränderungen sowie über die Stimmung zu berichten. Aus diesem Material stellte er einen zusammenfassenden Stimmungsbericht für den SD zusammen.[16] Das Wirtschaftsreferat mußte dem Oberbürgermeister täglich nach einem festgelegten Schema über organisatorische und personelle Veränderungen, den Besucherandrang, die Zusammenarbeit mit den Dienststellen der NSDAP und alle bedeutsamen Vorkommnisse Vortrag halten.[17]
Die Stellung der Ratsherren und Beiräte wurde hingegen geschwächt. Im Rathaus stand die möglichst effiziente Erfüllung der zugeteilten Kriegsaufgaben im Vordergrund.[18] Damit verkleinerte sich der Spielraum für Forderungen und Wünsche der Ratsherren als Vertreter von Interessengruppen. Große Beratungen fanden höchst selten statt, so etwa bei der Diskussion der Neugestaltungspläne oder bei Wohnungsfragen. Einige Ratsherren profitierten als Parteifunktionäre von der kriegsbedingten Entwicklung, vor allem der Kreisamtsleiter der NSV, Güntner, und Ortmann vom Amt für Technik. Die Zahl der Besprechungen der Ratsherren und Beiräte nahm von 1939 (339 Termine) bis 1942 (157) um mehr als die Hälfte ab.[19] Die Ratsherren beschwerten sich bei Strölin darüber. Dieser sprach von einem Strukturwandel: Im Krieg träten die Aufgaben der Selbstverwaltung zugunsten einer effektiven Verwaltung zurück.[20] Intern vermerkte er: „Man läßt es also am besten beim alten und legt mehr Sitzungen ein."[21]
Die Ratsherren waren 1935 vom Beauftragten der NSDAP für sechs Jahre berufen worden; ihre Amtszeit lief Ende Juni 1941 ab. Sie wurde bis Kriegsende verlängert. Es gab einige personelle Veränderungen. Mitte 1940 mußte Ratsherr Bauer ausscheiden. Er war wegen eines Sittlichkeitsdelikts verhaftet worden und wurde zu vier Wochen

Gefängnis verurteilt.[22] Im Dezember 1940 und im Juni 1941 starben die Ratsherren Friedrich Österle und Willi Haag. Die freigewordenen Plätze nahmen nach der Eingemeindung der Fildervororte die Ratsherren Haarer aus Möhringen, Harsch aus Birkach und Grundler aus Vaihingen ein. Ihrem Wirken waren enge Grenzen gesetzt. Ratsherr Haarer erfuhr von seiner Berufung bei der Wehrmacht in Frankreich; seine Aktivität beschränkte sich auf die Lektüre der ihm zugesandten Unterlagen. In den ersten beiden Kriegsjahren waren meist sechs Ratsherren ständig abwesend, nach Beginn des Feldzugs gegen die Sowjetunion waren es zwölf. Ständig unterwegs war Ratsherr Götz, der geehrte Schriftsteller, der als SS-Sturmbannführer an Umsiedlungsaktionen in Osteuropa teilnahm. Die Ratsherren Keller und Kaiser fielen im Jahr 1943. Ratsherr Lechler, der als Arzt an der Ostfront eingesetzt war, verübte im selben Jahr Selbstmord; die NSDAP ehrte den Gauamtsleiter für Rassenpolitik mit einer öffentlichen Trauerfeier. 1944 starben die Ratsherren Mayer und Schwaderer. Die vakanten Ratsherrensitze wurden nicht mehr besetzt.

Während an der Spitze der Verwaltung nur wenige Personen für kurze Zeit zur Wehrmacht einberufen wurden, erfaßten in den Ämtern und Betrieben die Stellungsbefehle eine große Anzahl von Arbeitern, Angestellten und Beamten. Die Freistellungen (uk-Stellungen) waren lange vor Kriegsbeginn ausgesprochen worden. Anfang September 1939 standen 1319 Angehörige der Stadtverwaltung, das waren knapp 15 Prozent der Belegschaft, unter Waffen. Davon waren 437 Beamte, 305 Angestellte und 577 Arbeiter.[23] Für die Stadt bedeutete dies einen enormen Aderlaß, denn der Aufbau des Ernährungs- und Wirtschaftsamts erforderte eine große Zahl von Arbeitskräften. Mobilmachungsreferent Asmuß forderte deshalb beim Arbeitsamt einige hundert Personen an. Angehörige des Handels – Kaufleute und Vertreter, deren Betriebe stillgelegt oder eingeschränkt worden waren – traten als Aushilfskräfte in den Dienst der Stadt. Alle Ruhestandsbeamten, die das 70. Lebensjahr noch nicht vollendet hatten und gesundheitlich dazu in der Lage waren, mußten sich bei ihren früheren Dienststellen melden.[24] Eine „Verordnung über Maßnahmen auf dem Gebiet des Beamtenrechts" bestimmte, daß Beamte auch ohne ihr Einverständnis versetzt und in niedrigere Gehaltsklassen eingestuft werden konnten. Außerdem wurden Verordnungen, die den Arbeitseinsatz von Beamtinnen einschränkten und meist aus den Jahren 1933 und 1934 stammten, aufgehoben.[25] Die Zahl der Aushilfskräfte der Stadtverwaltung wuchs ständig. Anfang 1941 bezifferte Strölin die Zahl der Angestellten auf rund 1000, die der Arbeiter auf 250; das waren über zehn Prozent der Belegschaft. Darin waren die wiedereingestellten Ruhestandsbeamten, die in die reguläre Laufbahn eingereiht wurden, nicht eingeschlossen. Seit Gründung des weiblichen Arbeitsdienstes im September 1939 waren außerdem jährlich einige hundert „Arbeitsmaiden" bei der Stadt beschäftigt. Sie arbeiteten meist als Helferinnen in Krankenhäusern, Kinderheimen und Kindergärten, wenige waren auch bei der Stadtgärtnerei oder im Kanzleidienst eingesetzt.[26]

II. 1. Die neue Lage der Kommunalverwaltung

Den TWS fehlten im August 1940 530 eingezogene Arbeitnehmer, so daß Direktor Hottmann meinte, ein geordneter Betrieb sei kaum mehr möglich. Zudem verhindere nur die gesetzliche Wechselsperre eine Abwanderung in besser bezahlte Stellen der Privatwirtschaft.[27] Die Direktion verhängte eine Urlaubssperre und ließ zweimal wöchentlich eine Zwölfstundenschicht fahren. Erst als die Zahl der Unfälle bei den Schichtarbeitern zunahm, entschloß man sich, wenigstens diesen einige Tage Urlaub zu gewähren. DAF-Kreiswalter Notter bemängelte die Überanstrengung und als Folge davon eine gesteigerte Nervosität der städtischen Belegschaft; harmlose Anlässe führten zu Streitigkeiten. In dieser Situation genehmigte das Arbeitsamt den Einsatz von Kriegsgefangenen im Kraftwerk Münster und im Gaswerk.[28] Freilich monierten Vertreter der Industrie wie Ratsherr Eckstein, daß in der Privatwirtschaft ebenfalls Arbeitermangel herrsche.[29]

Die Auseinandersetzungen zwischen der Stadt und den Arbeitsämtern, die es schon vor Kriegsbeginn beispielsweise um die Verpflichtung von Arbeitern für den Westwall-Bau gegeben hatte, fanden nun eine Fortsetzung. Während an den Einberufungen zur Wehrmacht und zum SHD kaum zu rütteln war, wehrte sich die Stadt gegen die Verpflichtung ihrer Arbeitnehmer in die Industrie. Im Juni 1940 forderte das Arbeitsamt 30 Arbeiter des Tiefbauamts mit Erfahrungen im Straßenbau für die Heinkel-Werke an. Personalreferent Locher teilte dem Arbeitsamt auf dringendes Ersuchen von Baudirektor Kind mit, „daß kein einziger städtischer Arbeiter mehr dienstverpflichtet werden kann".[30] Obwohl der Leiter des Arbeitsamts, Nerschmann, die städtischen Tiefbauarbeiten als viel zu umfangreich kritisierte, widerrief er seine Anordnung. Zu dieser Zeit waren 1915 städtische Arbeitnehmer außerhalb der Stadtverwaltung beschäftigt; zwei Drittel davon befanden sich bei der Wehrmacht. Auch die Hälfte aller Stuttgarter Totengräber war in auswärtigem Einsatz.[31] Dabei war das Ehrenfeld auf dem Waldfriedhof fast vollständig belegt, und Stadtrat Schwarz fragte bereits, „wie weiterer Raum für die Gefallenen des jetzigen Krieges geschaffen werden" könne.[32]

Der Krieg gegen die Sowjetunion verschärfte die personelle Situation in allen Bereichen. Fünf Tage vor Beginn des Feldzugs erschien bei den TWS unangemeldet eine Kommission des Arbeitsamts, um Fachkräfte „für sehr dringende anderweitige Verwendung freizumachen".[33] Werkleiter Stöckle meinte zwar, die Kommission habe sich davon überzeugt, daß „bei den Erzeugungsbetrieben keine Kräfte" abgegeben werden könnten. Nach einer Sitzung beteiligter Stellen beim Vorsitzenden der Rüstungskommission des Ministeriums Todt im Wehrkreis V, dem Stuttgarter Ratsherrn Ortmann, erfuhren die TWS, daß sie 61 Arbeiter als Ersatz für „Firmen mit kriegsentscheidender Fertigung" abzugeben hätten.[34] Als im Rathaus später bekannt wurde, daß einige Arbeiter aber im Garten- und Landschaftsbau beschäftigt wurden, kam es zu einer Auseinandersetzung mit dem Arbeitsamt.[35]

Der Wechsel des Kriegsglücks hatte unmittelbare Wirkungen für die Stadtverwaltung. Mitte Januar 1942 gab sie das Nebeneinander von zivilen und Kriegsaufgaben auf; von Nachkriegsplanungen war nicht mehr die Rede. In einem vertraulichen Erlaß schrieb Strölin an Beigeordnete und Amtsleiter:

„Die zur Zeit erfolgenden zahlreichen Einberufungen zur Wehrmacht greifen in den Personalbestand der Stadtverwaltung in außerordentlich fühlbarer Weise ein. Dies hat zur Folge, daß alle nicht lebensnotwendigen und kriegswichtigen Aufgaben und Verwaltungsarbeiten der Stadtverwaltung mit sofortiger Wirkung rücksichtslos zurückgestellt werden müssen."[36]

Wenige Tage später reagierte die Führung des Reiches in gleicher Weise. Am 25. Januar verkündete Hitler einen „Erlaß über die weitere Vereinfachung der Verwaltung". Darin hieß es:

„Die gegenwärtige Lage des totalen Krieges, in dem das deutsche Volk einen Kampf um Sein oder Nichtsein führt, verlangt nunmehr in erster Reihe gebieterisch den Einsatz aller verfügbaren Kräfte für die Wehrmacht und die Rüstungsindustrie. Dem muß auch die öffentliche Verwaltung mehr als bisher Rechnung tragen."[37]

Die Verwaltungen sollten sich künftig mit Frauen und älteren Arbeitskräften behelfen, die Arbeitszeit auf das höchste vertretbare Maß ausdehnen sowie Urlaub und Freizeit nur gewähren, als „sie zur Erhaltung der Arbeitskraft" unbedingt nötig seien. Die Wehrmacht durfte ihren Personalbedarf gegenüber den Verwaltungen „rücksichtslos sicherstellen"; Widersprüche waren unzulässig. Strölin forderte eine „kompromißlose" Durchführung dieser Weisungen:

„Ebensowenig wie der Soldat an der Front in einer schwierigen Lage die Verantwortung abwälzen kann, darf ein Beamter oder Angestellter die Verantwortung für sein Arbeitsgebiet ablehnen, weil ihm vielleicht nicht mehr die nach seiner Ansicht erforderliche Zahl von Arbeitskräften zur Verfügung steht."[38]

Das Bild der städtischen Belegschaft veränderte sich. So waren beispielsweise im Sommer 1942 zwölf von 15 Arbeitern des Ortsamts Stammheim Aushilfskräfte. Neun Arbeiter bezogen Invaliditätsrente; ihr Durchschnittsalter lag bei über 60 Jahren. Fast alle waren früher einmal als Fürsorgearbeiter oder Taglöhner bei der Straßenreinigung oder der Müllabfuhr beschäftigt gewesen. Nun aber mußten sie bei einer wöchentlichen Arbeitszeit von 44,5 bis 48 Stunden Wasser- und Gasanschlüsse graben.[39]

Die Finanzen der Stadt waren bei Kriegsbeginn vergleichsweise solide, obwohl das Reich in der Phase der Aufrüstung die Finanzverfassung fortwährend zuungunsten der Kommunen verändert hatte. Der Etat für das Jahr 1939 war noch nicht zwei Monate alt, als der Kriegsanfang die Situation grundlegend wandelte. Das Reich verlangte von den Gemeinden einen Kriegsbeitrag. Die Stadt Stuttgart mußte monatlich über 1,5 Millionen RM aufbringen.[40] In einem Schreiben an die Ministerialabteilung für Bezirks- und Körperschaftsverwaltung beklagte Kämmerer Hirzel die außergewöhn-

liche Belastung der Stadtkasse. Die zusätzlichen Aufwendungen bezifferte er auf fast sechs Millionen RM, davon drei Millionen für zusätzliches Personal, je eine Million für den Familienunterhalt und Steuerausfälle sowie zusätzliche Verwaltungsausgaben in Höhe von knapp einer Million RM.[41] Die Stadt löste Rücklagen auf, weil die vorgesehenen Projekte in weite Ferne gerückt waren. Anfang 1940 führte der Kämmerer auf diese Weise über 3,5 Millionen RM den laufenden Mitteln zu. Die Rücklagen für den Wohnungsbau und den Neckarkanal wurden nicht angetastet; hier erwartete die Stadt noch neue Investitionen.[42]
Oberbürgermeister und Kämmerer schärften den Beamten wiederholt eine strenge und sparsame Ausgabenwirtschaft ein. Sie kürzten alle Ausgabenposten.[43] Hirzel betonte trotz aller Klagen die geordneten finanziellen Verhältnisse. Betrachtet man die Kassenmeldungen an die Aufsichtsbehörde, so war dies eine Untertreibung, denn die Stadt verbuchte zwischen 1940 und 1943 Mehreinnahmen.[44] Es fehlte nicht an Geld, sondern an Investitionsmöglichkeiten. Die Stadtverwaltung blieb auf dem Grundstücksmarkt aktiv, wo sie im künftigen Hafengelände und im Bohnenviertel die Weichen für die Nachkriegszeit stellte.
Am 1. April 1943 ging die letzte nennenswerte Gemeindesteuer, die die kommunalen Steuerämter selbst einzogen und verwalteten, die Gewerbesteuer, auf das Reich über.[45] Die Gewerbesteuer betrug in Stuttgart rund zwei Drittel des Steueraufkommens. Diese Zäsur der kommunalen Finanzpolitik fiel in Stuttgart zusammen mit dem Ende der Ära Hirzel. Bürgermeister Walter Hirzel starb nach längerer Krankheit im Oktober 1943. Seit 1924 war er in der Stadtverwaltung für die Finanzen zuständig gewesen und hatte sich den Ruf eines hervorragenden Fachmanns erworben. Es war nicht zuletzt das Verdienst Hirzels, der von 1927 bis 1933 die württembergischen Deutschnationalen geführt hatte, daß die Umschaltung im Rathaus im Jahre 1933 reibungslos verlief und die nationalsozialistisch geführte Stadtverwaltung unter Strölin eine Reihe von Erfolgen verbuchen konnte. Der „NS-Kurier" rühmte in seinem Nachruf die außerordentlichen Verdienste um die Gemeindefinanzen und die Eingemeindungen.[46]

2. „Private Wohnungssuche ist fast aussichtslos."
Das Ende des Wohnungsbaus und die Stuttgarter Wohnungsnot

Kurz vor Kriegsbeginn bezifferte die Stadtverwaltung den Fehlbedarf an Wohnungen auf 6000 bis 8000.[1] Im November 1939 zeichnete Stadtrat Waidelich ein düsteres Bild des Stuttgarter Wohnungsmarkts: „Zahlreiche Familien mit kleinen Kindern haben keine Familienwohnung und sind oft in menschenunwürdiger Weise zum Teil in nicht heizbarem Raum untergebracht. Private Wohnungssuche, auch wenn sie wochen- und monatelang tagtäglich ausgeübt wird, ist fast aussichtslos."[2] Wohnungssuchende, so

Waidelich, hätten sich nicht nur an die Ortsgruppe und die Ministerien, sondern auch an die Kanzlei des Führers gewandt. Nach Kriegsbeginn drängten außerdem rund 3500 Rückwanderer aus den Westgebieten in die Stadt. Auch wuchs der Raumbedarf der Wehrmacht, Ersatzunterkünfte mußten bereitgestellt werden, und die Belegschaft der Rüstungsfirmen vergrößerte sich zunächst noch.

Die Möglichkeiten der Stadt waren begrenzt, da Neubauten nicht mehr genehmigt wurden. So blieb nur die Hoffnung, daß 1500 im Bau befindliche Wohnungen noch fertiggestellt werden konnten. Darüber hinaus wollte die Stadt lediglich versuchen, den Mangel zu verwalten, den vorhandenen Wohnraum umzuverteilen und das freie Wohnrecht einzuschränken. Die Beamten wie die Ratsherren hielten Aufrufe und Appelle zum Zusammenrücken für unwirksam. Statt dessen sollte die freie Wohnungsvermittlung ganz verboten, jede Vermietung genehmigungspflichtig und die Schutzbestimmungen für Untermieter aufgehoben werden.[3] Ratsherr Sauer meinte, entgegen seiner sonstigen Auffassung halte er bürokratische Zwangsmaßnahmen für nötig. Ratsherr Metzger wollte das gesamte Maklerwesen verbieten lassen, weil es mit der Not der Volksgenossen Geschäfte mache. Die Ratsherren Bühler und Eckstein hingegen warnten vor rigorosen Beschränkungen auf dem Wohnungsmarkt im Hinblick auf die Rüstungsindustrie: „man könne Volksgenossen, die man wirtschaftlich brauche, den Zuzug nicht verweigern". Sauer wollte zuziehenden Arbeitern nur ein Einzelzimmer zugestehen und die Familien nicht zulassen: Der Arbeiter sei wie ein Soldat zu behandeln. Ratsherr Gienger kannte leerstehende „Judenhäuser", die die Stadt beschlagnahmen solle. Im Dezember 1939 beschloß die Stadt mit Zustimmung des Wirtschaftsministeriums, freiwerdende Wohnungen mit zwei und mehr Zimmern vorrangig an Familien mit mindestens drei Kindern unter 18 Jahren zu vermieten. Sie appellierte an Alleinstehende, bei der neueingerichteten städtischen Wohnungstauschstelle große Wohnungen zu melden.[4]

Im Februar 1940 wurden alle zivilen Bauvorhaben eingestellt. neben einigen hundert Wohnungen fielen dem Erlaß Bauten am Kinderheim am Kräherwald, bei der Adolf-Hitler-Kampfbahn, dem Reichsinstitut für Puppenspiele in Sillenbuch und bei den Kur- und Mineralwasseranlagen in Bad Cannstatt zum Opfer. Auch einige Industriebauten waren betroffen. Nur einige Straßenbauten sowie der Großluftschutzraum beim Hauptbahnhof sollten fertiggestellt werden, jedoch unter Einsatz von städtischen Arbeitern zur Entlastung der Bauindustrie.[5]

Im Mai 1940 teilte die Landeskreditanstalt den württembergischen Ortsvorstehern ihr Bauprogramm für das erste Nachkriegsjahr mit.[6] Strölin bildete daraufhin in Stuttgart ein Wohnungsreferat „zur Vorbereitung der künftigen Friedensaufgaben der Stadt auf dem Gebiet des Wohnungswesens".[7] Die Leitung übernahm Stadtrat Könekamp, der schon in den dreißiger Jahren die städtischen Wohnungsbauprogramme entwickelt hatte. Außerdem berief Strölin neun Ratsherren als Wohnungsbeiräte. Nach dem sieg-

II. 2. Das Ende des Wohnungsbaus und die Wohnungsnot

reichen Frankreich-Feldzug waren die Erwartungen groß. Ratsherr Bühler, Vorsitzender des Verbands württembergischer Wohnungsunternehmen, sprach von 15000 Wohneinheiten, die die dem Verband angehörenden Unternehmen vorbereiteten.[8] Der neue Wohnungsreferent stellte fest: „Es muß gebaut werden, so rasch als möglich und so viel als möglich."[9] Er stellte vier Projekte vor: in Mühlhausen sollten 3600, auf dem Fasanenhof 2400, im Hallschlag 3000 und bei Heumaden 1000 Wohnungen gebaut werden.[10] In Mühlhausen und im Hallschlag konnte die Stadt an frühere Siedlungsvorhaben anknüpfen, die vor dem Krieg nicht mehr realisiert werden konnten.[11] Der Krieg ging weiter, die Euphorie verflog. Im September 1940 klagte Strölin den Ratsherren, allen Bemühungen zum Trotz trete man auf der Stelle, es fehle die gesetzliche Handhabe für eine Wohnungszwangswirtschaft. Aber auch er wußte, daß der vorhandene Wohnraum „nur bis zu einem gewissen Grad" verteilt werden könne, „weil eben keine Wohnungen da" seien.[12]

Anfang 1941 bewilligte das Reichsluftfahrtministerium aus seinem Kontingent Materialien und Baustoffe für 3700 Wohnungen für ein Kriegswohnungsbauprogramm. Es sollte den Stuttgarter Rüstungsbetrieben zugute kommen, die für die Luftwaffe produzierten. Die Stadt war sich bewußt, daß es sich nicht um ein ziviles Projekt handelte.[13] Als Baugelände war der Hallschlag in Bad Cannstatt vorgesehen, kleinere Teile des Bauprogramms sollten in Untertürkheim, Ostheim und Gaisburg realisiert werden. Das Interesse der Rüstungsbetriebe war groß. Für den ersten Bauabschnitt meldeten sich elf Firmen, darunter Bosch, Mahle, die Fortuna-Werke, die Hirth-Motoren-Werke des Heinkel-Konzerns sowie die AEG und die Cannstatter Kugellagerfabrik Norma.[14] Am 16. September 1941 feierte man nach nur halbjähriger Bauzeit Richtfest in der „Kriegssiedlung Hallschlag". Die Arbeiten in Gaisburg verliefen dagegen weniger zügig.[15] Die Wohnungen waren gemäß allgemeinen Richtlinien mit einem Bad und einem Gartenanteil ausgestattet. Die Miete für eine Drei- bzw. Vierzimmerwohnung betrug zwischen 38 und 47 RM im Monat. Während Strölin beim Richtfest schon den zweiten Bauabschnitt ankündigte, berichtete Könekamp intern von Einschränkungen.[16] Ein Jahr später war man kaum vorangekommen. Bauarbeiten waren nur möglich, wenn interessierte Firmen Arbeiter abstellten. Besonders aktiv waren offenbar die Heinkel-Hirth-Werke in Zuffenhausen.[17]

Anfang November 1941 befahl Göring den Bau von 10000 Wohnungen für Arbeiter der Luftfahrtindustrie. Bausoldaten und Kriegsgefangene sollten in Trägerschaft der „Neuen Heimat" einfache, normierte Holzhäuser erstellen. Im Gau Württemberg-Hohenzollern waren nur 474 Wohnungen geplant; davon entfielen 200 auf Stuttgart. Sie sollten der Firma Daimler-Benz zugute kommen.[18] Als Standort war Riedenberg vorgesehen, das soeben zur Eingemeindung nach Stuttgart anstand. Das erforderliche Gelände wurde im Schnellverfahren enteignet; 150 Grundstücksbesitzer waren betroffen. Auch die ursprünglich für ein Reichsinstitut für Puppenspiele vorgesehenen

Gebäude wurden zu Wohnungen für 300 Arbeiter der Luftfahrtindustrie umgebaut.[19] Ende November meldete Stadtrat Könekamp den Ratsherren: „Durch Judenevakuierung werden Ende des Monats 100 Wohnungen frei. Dem Wohnungsmarkt sind dann insgesamt 700 Judenwohnungen zugeflossen. Im Besitz von Juden sind dann noch 100 Wohnungen. Anfang nächsten Monats werden die jüdischen Altersheime in der Heidehofstraße und in der Wagenburgstraße frei, wodurch weiterer Wohnraum geschaffen wird."[20] Die Zahl der den Juden geraubten Wohnungen war so groß wie die der seit Kriegsbeginn neu gebauten, wobei die Mietwohnungen im Hallschlag wesentlich kleiner waren.

Nach vergeblichen Versuchen, Alleinstehende zu einem freiwilligen Wohnungstausch zu bewegen, begann nun die systematische Erfassung. In einem Merkblatt hieß es: „Alleinstehende können unter den augenblicklichen Wohnungsverhältnissen mit der Überlassung einer Wohnung nicht rechnen."[21] Die Kreisleitung forderte die Blockleiter auf, „sich in unauffälliger und diskreter Form" über die persönlichen und wirtschaftlichen Verhältnisse der Alleinstehenden zu informieren. „Der Blockleiter muß wissen, daß er ein sehr heikles Thema anschneidet und auf eine starke, gefühlsmäßige Einstellung der alten Leute Rücksicht zu nehmen hat. Er darf nicht erwarten, daß man ihn mit offenen Händen aufnimmt, wenn erst der Zweck seines Besuches klar geworden ist." Der Kreisleitung war auch klar, „daß wir keine gesetzliche Handhabe besitzen". Man müsse daher „mit dem notwendigen Takt, mit Fingerspitzengefühl und einer gehörigen Dosis Menschenkenntnis" vorgehen. So dürfe man etwa eine alleinstehende Kriegerwitwe nicht mit einem solchen Ansinnen konfrontieren.[22] Nach der Erhebung der Stadtverwaltung gab es Ende 1941 rund 700 bis 800 Wohnungen mit fünf und mehr Zimmern, die alleinstehende Personen bewohnten.[23]

Im August 1942 wurde die Umwandlung von Wohnungen in Geschäftsräume aller Art untersagt, Behörden und Parteidienststellen sollten aus Wohnräumen ausziehen.[24] Eine generelle Zwangsbewirtschaftung des Wohnungsmarkts, die die Stadt verlangt hatte, lehnte das Reichsarbeitsministerium jedoch ab. Nach einer weiteren Verordnung vom Oktober 1942 konnten die Gemeinden immerhin ermächtigt werden, für kinderreiche Familien, Kriegsversehrte und Familien von Kriegshinterbliebenen freiwerdende Wohnungen zu beschlagnahmen.[25]

„Überraschende Erfolge" zeitigte nach Angaben des „NS-Kurier" eine Wohnungstauschaktion, die seit 1940 in allen größeren Städten des Reiches lief. In Stuttgart hätten binnen eines Jahres 900 Kleinfamilien ihre Wohnungen mit kinderreichen Familien getauscht. Offensichtlich verlief der Tausch nicht immer freiwillig:
„Leider sperren sich bisweilen einzelne Hausbesitzer gegen die Aufnahme einer kinderreichen Familie. Das vereinbart sich natürlich nicht mit der Forderung des nationalsozialistischen Staates, gerade den erbgesunden kinderreichen Familien geräumige Wohnungen zu sichern. Hier greift die zuständige Wohnungstauschstelle in Verbin-

56 Luftschutzkurs für Frauen ...
57 ... und Löschausbildung für die HJ

58 Polizeipräsident Schweinle erläutert Luftschutzmaßnahmen (nach rechts Fischer, Strölin, Mauer)
59 „Ein vorbildlicher Luftschutzkeller"

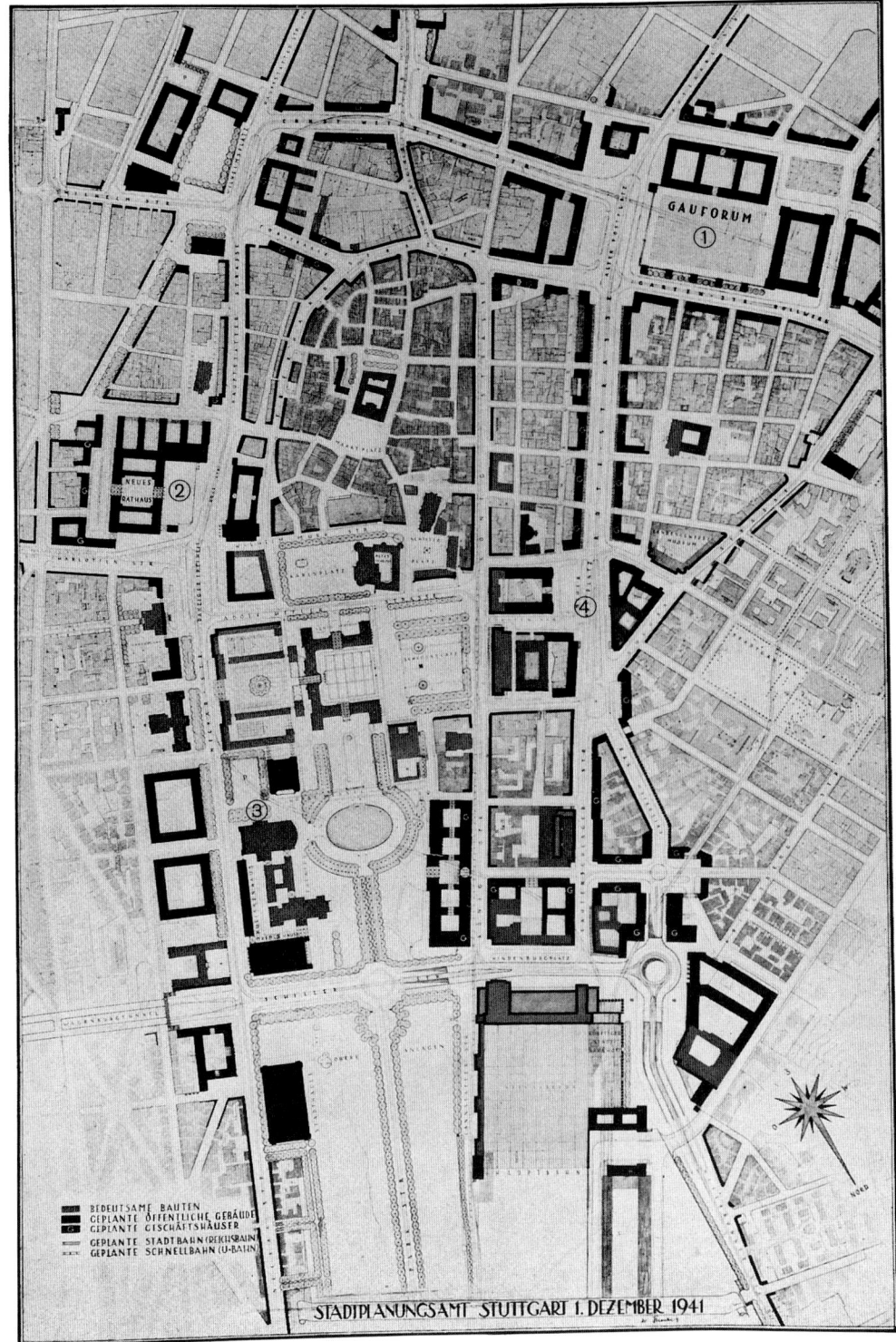

60 Alternativplan zur Umgestaltung der Innenstadt mit einem Gauforum am Bollwerk/ Rotebühlkaserne (1), dem Rathaus im Bohnenviertel (2), einer Kulturzeile an der Neckarstraße (3) und einem Busbahnhof vor dem DAF-(Gewerkschafts-)Haus (4)

61a, b Gauforum auf der Uhlandshöhe (Montage; Blick vom Tagblatt-Turm)
62 Gottfried Feders Plan der Gemeinschaftssiedlung Fasanenhof

dung mit dem zuständigen Amtsgericht ein und erzwingt den Tausch auch gegen den Willen des Hausbesitzers."[26]

Die Stadt setzte ihre Aktion gegen alleinstehende Wohnungsinhaber fort. Ratsherr Metzger bezeichnete es als undenkbar, daß junge Paare, „die Kinder zeugen und das im Krieg verlorene Blut wieder ersetzen", keine Wohnungen erhielten, und forderte die Verwaltung zu einem rücksichtslosen Vorgehen auf. Referent Könekamp rückte rechtliche Bedenken weg: „Im Vergleich zu den großen Umsiedlungen im Osten handelt es sich um eine Sache geringerer Bedeutung."[27] Der Kauf der jüdischen Altersheime in der Wagenburg- und in der Heidehofstraße brachte der Stadt zwei oder drei Dutzend Plätze für ältere alleinstehende Menschen, die ihre Wohnungen für Familien mit Kindern räumten. Der Kaufpreis von knapp 200000 RM floß über die Reichsvereinigung der deutschen Juden in die Kassen des Reichssicherheitshauptamts.[28] Die Stadt nahm in ihre Altersheime nur noch Personen auf, die eine Wohnung für eine Familie freimachten.

Anfang 1943 berichtete Strölin seinem Münchner Kollegen Fiehler von einer „katastrophal gewordenen Wohnungsnot". Er regte neue Vorstöße in Berlin und bei der Reichskanzlei an, um eine Änderung der Vorschriften zu erreichen.[29] Erneut verlangte er für die Kommunen das Recht zur Zwangsbewirtschaftung des gesamten vorhandenen Wohnraums. Am 8. Januar 1943 erklärte das württembergische Innenministerium den Stadtkreis Stuttgart zwar zum Wohnsiedlungsgebiet, das einer verschärften Bauaufsicht unterlag.[30] Mitten im Krieg blieb diese Maßnahme aber wirkungslos. Zerstörung und Evakuierung eröffneten ein neues Kapitel Stuttgarter Wohnungspolitik.

3. „Babylonische Vorhaben" oder Maßhalten
Die Neugestaltung der Stadt der Auslandsdeutschen, Teil 2

Mitten im Kriege, als das Bauen auf den Luftschutz und wenige kriegswichtige Notwendigkeiten beschränkt war, legte das Stadtplanungsamt eine Denkschrift über die „Neugestaltung der Stadt der Auslandsdeutschen Stuttgart" vor.[1] Eine Umgestaltung der Innenstadt war schon vor dem Krieg erörtert worden. Sie sollte die Stadt der Motorisierung anpassen und durch repräsentative Gebäude dem „Stil der neuen Zeit" sichtbaren Ausdruck verleihen.

Strölin hatte sich entgegen einem Erlaß des Reichsinnenministers mit Reichsstatthalter Murr auf eine Fortsetzung der Planungen verständigt. Die aktuellen Probleme schufen laut Strölin die Voraussetzungen, um „in aller Ruhe und mit der gebotenen Gründlichkeit" in ein Planungsstadium einzutreten.[2] Im Frühjahr 1939 beauftragte er Baudirektor Ströbel vom Stadtplanungsamt, sich ausschließlich der Arbeit an den Umgestaltungsplänen zu widmen. Die völlig veränderten Bedingungen für die kommunale Verwaltung nach Kriegsbeginn unterbrachen diese Arbeit. Doch nach dem siegreichen Ausgang des Westfeldzugs schien Strölin ein Neubeginn geboten, um den äußeren Erfolgen sichtbaren Ausdruck zu verleihen: „Im Hinblick auf die günstige Entwicklung der Kriegslage ist es nunmehr an der Zeit, die Fragen der Umgestaltung der Innenstadt von Stuttgart wieder tatkräftig aufzunehmen." Stadtrat Schwarz hatte als Technischer Referent die Gesamtleitung, die Sachbearbeitung oblag Ströbel.[3]

Der Sieg im Westen leitete auf höchster Ebene eine neue Planungsphase ein.[4] Von irgendwelchen Stuttgarter Plänen wußte man in Berlin allerdings nichts. Dies war angesichts des Engagements der Stadtverwaltung zum Beispiel in auslandsdeutschen Angelegenheiten doch einigermaßen erstaunlich. In einem Bericht Speers vom Februar 1941 hieß es lediglich: „Erste städtebauliche Ideen vor Jahren vorgetragen, aber seitdem keine weitere Kenntnis erhalten."[5] Dabei hatte die Stadt im Mai 1940 neue Gutachten in Auftrag gegeben und Architekten und Verkehrsplaner, darunter die Professoren Wetzel, Tiedje, Pirath und Alker, eingeladen.[6] Die Gutachter näherten sich in unterschiedlich intensiver Weise den offiziösen Vorstellungen Hitlers an. Dieser hatte für die Neugestaltung von Gauhauptstädten die Errichtung eines Gauforums mit den Parteibauten, einem Kundgebungsplatz und einem Glockenturm gefordert.[7] Die Stadt war mit den Gutachten, die im Sommer 1941 vorlagen, nicht voll zufrieden.[8] Besonders umstritten waren der Standort des Gauforums und eine etwaige Verlegung des Hauptbahnhofs nach Cannstatt, um die bebaubare Fläche in der Innenstadt entscheidend zu vergrößern.

Strölin bat seinen Gewährsmann Bonatz um eine zusammenfassende Beurteilung. Dieser wollte (den von ihm geplanten) Hauptbahnhof an seinem Standort belassen und die Uhlandshöhe mit dem Gauforum bekrönen.[9] Bonatz schrieb von einem vollem Erfolg seiner Vorschläge bei der Stadt als Ergebnis einer dreißigjährigen Arbeit. Zugleich attackierte er Speers „babylonische" Vorhaben in Berlin und München.[10] Diese Richtung habe in Stuttgart Alker vertreten, der mit seiner „öden Achse" aber nicht zum Zuge gekommen sei. Nun mußte der Entwurf, wie Bonatz wußte, „noch beim Gauleiter durchgekämpft werden". In dieser Auseinandersetzung mit Murr schlug die Geburtsstunde besagter Denkschrift, als sich das Stadtplanungsamt bereit erklärte, „in verschiedenen Großfotos das Gauforum" in seinen Varianten darzustellen. Murr hatte nämlich gegen die Uhlandshöhe votiert; nachdem das Rundfunkgebäude auf der Karlshöhe und das Generalkommando auf dem Weißenhof vorgesehen waren, hielt er es für falsch, „auf alle Höhen solche monumentalen Gebäude zu stellen".[11]

Erst im Sommer 1942 war die Denkschrift schließlich fertig.[12] Sie war nicht Ausdruck städtischer Vorstellungen, sondern zusammenfassendes Resultat einer jahrelangen Diskussion. Ziel sei es, so das Vorwort, „nach den Grundgedanken der nationalsozialistischen Weltanschauung die Bauten der Gemeinschaft zum herrschenden Element der städtebaulichen Gestaltung zu machen". Eine Verwirklichung dieses Vorsatzes hätte eine Abkehr von der bisherigen Baupolitik bedeutet. Einleitende Bemerkungen über das „Raumproblem in der Großstadt", über die Verkehrsprobleme und die „städtebauliche Neugestaltung der Stadt Stuttgart" waren knapp und allgemein gehalten. Die Raum- und Verkehrsprobleme, so hieß es weiter, ließen sich ohne Zwang großzügig lösen. Angesichts der komplizierten Verhältnisse, die bei der mehrjährigen Debatte zutage getreten waren, bedeutete diese Formulierung einen propagandistischen Euphemismus.

Analog zu den früheren Verhandlungen wurde zunächst eine Verlegung des Hauptbahnhofs erörtert. Sie sei wünschenswert, im Augenblick aber nicht zu realisieren; mit einer Teilverlegung sei jedoch nichts gewonnen. Ziel der Verkehrsplanung sei die Schaffung eines leistungsfähigen Innenstadtrings mit einer geeigneten Verbindung zu den Ausfallstraßen und zur Reichsautobahn. Auf der Ostseite des Talkessels genüge die Neckarstraße den Bedürfnissen, nachdem mit dem Durchbruch an der Holzstraße die südliche Erweiterung in die Wege geleitet worden war. Auf der Westseite sah der Plan einen Durchbruch der Roten Straße vor, die auf 40 Meter verbreitert werden sollte. Die Königstraße als mittlere Verkehrsachse in der Innenstadt sollte entlastet werden. Größere Schwierigkeiten warfen die Querverbindungen auf. Die südliche Tangente Gartenstraße-Wilhelmsplatz war zu eng, angeregt wurde daher ein Durchbruch bei der Ernst-Weinstein-(Sophien-)Straße. Die mittlere Verbindung von der Adolf-Hitler-Straße (Planie) zur Schloßstraße schien den Planern „angesichts der vielen im Wege stehenden öffentlichen Gebäude: des Prinzenbaues, des Neubaues der Deutschen Arbeitsfront, des Landesgewerbemuseums und der Gebäude am Stadtgarten kaum zu verbessern".[13] Der überlastete Knotenpunkt vor dem Hauptbahnhof sei nur mittels einer Unterführung zu entwirren. Als Ausfallstraßen kamen nach Osten der im Bau befindliche Wagenburg-Tunnel und nach Westen ein neuer Kräherwald-Tunnel vom Hölderlinplatz aus in Frage. Zusätzlich war in die Denkschrift die von Bonatz vorgeschlagene Parkstraße durch den Rosensteinpark „ähnlich der Ost-West-Achse in Berlin" aufgenommen. Sie sollte von den Cannstatter Kuranlagen bis zum Neuen Schloß führen und war als Parkstraße mit den großen Achsen überhaupt nicht zu vergleichen. Die Stadtverwaltung lehnte diese Parkstraße, die die letzte größere innerstädtische Grünfläche zerschnitt, ab. In die Denkschrift war sie als Ehrenbezeigung gegenüber Bonatz aufgenommen worden, der seinerseits mit dieser Straße dokumentiert hatte, wie wenig er von den großen Achsen eines Speer hielt.[14] Der Anregung von Schwarz folgend sollten die Hauptlinien der Straßenbahnen auf Schnellverkehr und die Linie vom Südheimer Platz bis nach Bad Cannstatt als U-Bahn geführt werden. Auch die Stadtbahn-Schleife war in der Denkschrift erwähnt: „Stadtbahn und Längs-U-Bahn aber werden diejenigen Verkehrsmittel sein, welche in der Lage sind, den Verkehrsanforderungen für alle Zeiten gerecht zu werden."

Der zweite Teil der Denkschrift widmete sich der städtebaulichen Neugestaltung. An erster Stelle stand das Gauforum. Neben dem Standort auf der Uhlandshöhe wurden das Bollwerk sowie – bei einer Verlegung des Hauptbahnhofs – das Rosensteingelände vorgestellt. Die Stadt favorisierte die Uhlandshöhe. Während ein „Stadtforum" mit dem Rathausneubau im Bohnenviertel plaziert war, hingen die Standorte für die übrigen repräsentativen Bauten entscheidend vom Gauforum ab. Entlang der Neckarstraße war die Kulturmeile vorgesehen; Murrs Wunsch nach einem Haus der Musik fand hier Berücksichtigung. Während die Pläne für ein Generalkommando und ein Rundfunkgebäude sich im Planungsstadium befanden, deutete die Denkschrift weitere Großbauten – Ausstellungsräume beim Stadtgarten, eine neue Stadthalle an der Neckarstraße sowie eine Fülle öffentlicher Gebäude, an der Spitze Neubauten der Technischen Hochschule und einer Ingenieur-Offiziers-Akademie – lediglich an.
„So wünschenswert und notwendig die Maßnahmen zur Verbesserung der Verkehrsverhältnisse auch sein mögen, so muß man sich doch darüber vollkommen im klaren sein, daß die Bekämpfung der Wohnungsnot die erste und vordringlichste Bauaufgabe nach dem Kriege darstellen wird.(...) Wenn diese große Aufgabe des sozialen Wohnungsbaues nach dem Kriege gelöst sein wird, dann werden zweifellos die Verkehrssanierungen in der Innenstadt an erster Stelle der durchzuführenden Neugestaltungsmaßnahmen stehen."
Gemessen am Verlauf der jahrelangen Diskussion war dies die Prioritätenliste der Stadtverwaltung. Murr, dem die Denkschrift gewidmet, vor allem aber zur endgültigen Entscheidung vorgelegt wurde, gab seine Wünsche nicht bekannt. Lediglich vom Innen- und Wirtschaftsminister erfolgte eine beiläufige Reaktion. Er fand Inhalt und Darstellung „sehr interessant", vermißte jedoch eine großzügige Lösung der Markthalle. Der romantische Marktbetrieb passe nicht zu einer Großstadt, befand Schmid, und schlug eine Großhalle beim Vieh- und Schlachthof sowie dezentralisierte kleinere Hallen vor.[15]
Wenngleich die Stadtverwaltung dem Wohnungsbau Vorrang einräumte und die Gesamtplanung auf Jahrzehnte angelegt war, so drohte Stuttgart doch eine rasche Umgestaltung als „Ausdruck nationalsozialistischer Weltanschauung". Die Zukunft der Neugestaltungspläne war 1942 allerdings höchst ungewiß. Strölin notierte resigniert: „Die Denkschrift für die Neugestaltung der Stadt Stuttgart ist nun nach unendlichen Schwierigkeiten endlich fertig. Aber die Probleme, die wir damals erörtert haben, scheinen nun in so weite Ferne gerückt, daß man den Eindruck hat, die ganze Arbeit ist umsonst gemacht."[16]

4. In der Betonleistung Spitze
Luftschutzbau in Stuttgart

Neben der Versorgung der Bevölkerung mit den Gütern des täglichen Bedarfs gehörte der Luftschutz zu den Aufgaben der Stadtverwaltung im Krieg. Örtlicher Luftschutzleiter war der Polizeipräsident. In dieser Funktion unterstand er der Luftwaffe, während sein oberster Vorgesetzter bei der Polizei der Innenminister war.[1] Die Polizeireviere wurden Luftschutzreviere; auch die kasernierten Verbände des Sicherheits- und Hilfsdienstes (SHD) waren wie die Polizei organisiert. Die Stadt stellte den größten Teil der SHD-Kräfte: die Feuerschutzpolizei, die Freiwilligen Feuerwehren, den Reinigungsdienst des Fuhramts, die Fachtrupps der TWS und des Gesundheitsamts.[2] Insgesamt waren rund 1100 städtische Beschäftigte beim SHD eingesetzt. Viele Stuttgarter hielten im ersten Kriegsjahr den Aufwand für übertrieben und vermuteten bei der großen Zahl von uniformierten SHD-Männern viele Drückeberger. Der „NS-Kurier" lobte daher die „ganz gewaltige Aufbauarbeit" und „ein großes Maß persönlicher, selbstloser Bereitschaft" der SHD-Angehörigen, die „bestimmt lieber an der Front gewesen wären".[3]

Grundsatz des zivilen Luftschutzes war, daß jede Hausgemeinschaft sich selbst helfen müsse. Die Propaganda schärfte deshalb der Bevölkerung ein, sich nicht auf den SHD zu verlassen, der nur im Notfall eingreifen werde. Die Stadtverwaltung war wie jeder Hauseigentümer und Betriebsinhaber im eigenen Bereich für den Erweiterten Selbstschutz beziehungsweise den Werkluftschutz zuständig. Ende 1939 zählte der städtische Selbstschutz 1470 Personen, den Werkschutz bei den TWS versahen 1260 Bedienstete.[4] Jedes Dienstgebäude erhielt eine Luftschutzwache. In Wochenschichten leisteten die Beamten, Angestellten und Arbeiter dort zusätzlich Dienst, der durch die Einberufungen ohnehin auf weniger Schultern verteilt war. Die Aufstellung dieser Kräfte war Aufgabe der Stadt. Sie war auf Kosten des Reiches für den Bau von öffentlichen Luftschutzräumen zuständig. Für entsprechende Einrichtungen in Schulen, Krankenhäusern und ihren Verwaltungsgebäuden mußte die Stadt selbst sorgen.[5] Wenige Monate nach Kriegsbeginn standen für die Verwaltung 4740 Plätze zur Verfügung; in den Kindergärten waren es über 2000 und in den Schulen über 22000 Plätze. Damit war der Bedarf keineswegs gedeckt. Noch schwieriger war allerdings die Lage bei den öffentlichen Schutzräumen in der Innenstadt. Wenig mehr als 16000 Menschen konnten untergebracht werden, für weitere 5000 gab es behelfsmäßige Räume.[6] Von den Luftrettungsstellen in den Polizeirevieren waren nur etwa zwei Drittel benutzbar.

Im März 1940 gab Strölin die Schaffung eines Luftschutzamts bekannt, dessen Leitung der frühere Bürgermeister von Sillenbuch, Steinbach, übernahm. Dieser hatte in den vergangenen Jahren die Mob-Angelegenheiten bearbeitet, die referatsmäßig dem Or-

ganisationsreferat unter Asmuß unterstanden. Da der Luftschutz zu Scheuerles Referat gehörte, war eine einheitliche Lenkung von vornherein erschwert. Das Amt, das auf Kriegsdauer bestehen sollte, war mit der Sachbearbeitung der städtischen Luftschutz- und Mob-Angelegenheiten sowie mit der Führung der Geheimaktei (nur bis August 1940) betraut. Die personelle Ausstattung – neben dem Leiter ein Baumeister, eine Sekretärin und ein Luftschutzlehrer, der täglich bis 14 Uhr beim Steueramt arbeitete – zeigt den geringen Stellenwert des Luftschutzes bei der Stadtverwaltung.[7]
Die Pläne für öffentliche Luftschutzbauten gingen von einem raschen, siegreichen Ende des Krieges und einer geringen Bedrohung aus der Luft aus. Polizeipräsident Schweinle beauftragte die Stadt Anfang 1940 mit dem Bau eines Luftschutzraums am Hauptbahnhof. Daß hier bis dahin keine Schutzmaßnahmen getroffen worden waren, lag auch daran, daß die Rohstoffe für den Luftschutz auf der Prioritätenliste der Wehrmacht an letzter Stelle standen.[8] Beim Hauptbahnhof entschied sich das Hochbauamt für einen Tiefbunker unter dem Hindenburgplatz, der 450 Personen Platz bieten und nach dem Krieg zu einer Fußgängerunterführung umgebaut werden sollte.[9]
Das ohnehin gespannte Verhältnis zwischen den Beigeordneten Schwarz und Scheuerle führte auch auf diesem Feld zu einer Auseinandersetzung. Schwarz, der für die Bauausführung zuständig war, wollte die größeren Luftschutzbauten auf eine Nutzung im Frieden hin planen, während der Luftschutzexperte Scheuerle diesem Aspekt geringe Bedeutung beimaß. Strölin nahm diesen Dualismus der Zuständigkeiten und auch die Meinungsunterschiede hin. In seinem Diensttagebuch vermerkte er lediglich: „eine unmittelbare Verständigung der beiden Referate ist offenbar nicht zu erreichen."[10]
Strölin hatte schon bald erkennen müssen, daß die Luftabwehr in und um Stuttgart unzureichend war: Der Kommandeur der Stuttgarter Flak, Oberstleutnant Wolz, „muß mir zugeben, (...) daß er so gut wie keine Flak mehr hat".[11] Dies war immerhin Anfang Juni 1940, als der Westfeldzug in vollem Gange war, wenngleich die französische Luftwaffe größtenteils schon in den ersten Kriegstagen am Boden zerstört worden war. Die großspurige Propaganda im „NS-Kurier" jedenfalls – „Unsere Flak sichert die Stadt vor Luftangriffen" – entsprach nicht den Realitäten.[12]
In der Nacht vom 24. auf 25. August 1940 fielen zum erstenmal Bomben auf Stuttgart. Sie richteten in Gaisburg und im östlichen Stadtgebiet Schäden an. Vier Tote und fünf Verletzte waren zu beklagen; 45 Personen wurden obdachlos, den Sachschaden nannte Scheuerle „bedeutend".[13] Die Bevölkerung schenkte jedoch diesem Warnschuß nicht genügend Aufmerksamkeit. Die Sirenen hatten in Stuttgart erstmals in der Nacht vom 29. auf 30. Juni gegen 2.35 Uhr und von da an in regelmäßiger Folge geheult. Mit dem ersten Luftangriff war der neunte Fliegeralarm verbunden.[14] Polizeipräsident Schweinle sah sich herber Kritik ausgesetzt, als er nach dem Angriff die Polizeistunde auf 22.30 Uhr und die Abfahrt der letzten Straßenbahnen auf 23 Uhr festsetzte. Die

Gastwirte und Brauereien fürchteten um ihren Umsatz. Schweinle vertrat die Ansicht, die englischen Flugzeuge hätten Stuttgart nach den Erkenntnissen der Luftwaffe nur deswegen gefunden, weil die Abreißfunken der Straßenbahn ihnen den Weg gewiesen hätten. So war er lediglich zu Konzessionen für einige Lokale in Bahnhofsnähe bereit.[15]

Anfang November 1940, zwei Tage vor dem zweiten Angriff auf Stuttgart, registrierte der Stuttgarter Oberlandesgerichtspräsident in einem Stimmungsbericht an den Reichsjustizminister die Reaktion der Bevölkerung: „Die vielen Einflüge feindlicher Flieger haben die Bevölkerung eigentlich überrascht. Man hat es vielfach, wohl auch auf Grund der deutschen Propaganda, nicht für möglich gehalten, daß die Engländer in diesem Umfang in Deutschland einfliegen und Bomben abwerfen können."[16]

Die Führung des Reiches sah sich zum Handeln veranlaßt. Ende August ordnete Hitler in einem Führer-Sofortprogramm den Ausbau der Luftschutzräume in allen luftgefährdeten Städten an.[17] Als einzige württembergische Gemeinde hatte das Luftfahrtministerium Stuttgart in das Programm einbezogen. Alle Neubauten der Industrie und des Luftschutzes – von einem nennenswerten Wohnungsbau war nicht mehr die Rede – waren „bombensicher" zu bauen, das heißt, sie mußten Volltreffern standhalten können. Ein zweiter Schwerpunkt war der behelfsmäßige Ausbau von Luftschutzräumen in Wohngebieten. Außerdem wies das Luftfahrtministerium Anfang November 1940 die Reichsbahn an, auf allen Bahnhöfen in den Städten des Sofortprogramms Schutzräume zu schaffen. So entstand in Bad Cannstatt ein Bunker, der 3000 Personen Unterschlupf bot.[18]

Bei der Vorlage des Verwaltungsberichts für das Jahr 1940 erwähnte Strölin mit Bedauern, daß die Stadt auf Anordnung des Reiches verstärkt öffentliche Schutzräume zu bauen habe.[19] Ein wesentliches Thema war die städtebauliche Seite. Murr ersuchte Strölin, „beim Ausbau von neuen Luftschutzeinrichtungen, die nach außen hin irgendwie in Erscheinung treten, auch der äußeren Gestaltung besondere Aufmerksamkeit zu widmen und dafür zu sorgen, daß diese Einrichtungen nach Möglichkeit der näheren Umgebung und dem übrigen Stadtbild angepaßt werden. Wie mir mitgeteilt wird, ist in dieser Hinsicht in anderen Städten, z. B. in Hamburg, schon vorbildliche Arbeit geleistet worden."[20]

Anfang November 1940 hatte das Technische Referat Pläne für die öffentlichen Schutzbauten vorgelegt. Sie kosteten über eine Million RM und befanden sich am Bahnhofsplatz in Feuerbach (Bosch), in der Raitelsberg-Siedlung (Gaskessel), im Wallmer in Untertürkheim (Daimler), am Marktplatz sowie am Cannstatter Wilhelmsplatz.[21] Das mit Abstand teuerste und aufwendigste Projekt war der Wagenburgtunnel, der als öffentlicher Luftschutzraum 20000 Steh- und Liegeplätze umfassen sollte und dessen Baukosten auf 8,5 Millionen RM veranschlagt waren. Weitere Millionenprojekte waren unterirdische Bunker beim Parkplatz Rote Straße (Haus der

DAF), am Karlsplatz, am Schloßplatz und am Platz der SA (Marienplatz), die für jeweils 500 Personen vorgesehen waren. Bombensichere Schutz- und Operationsräume mit zusammen über 2100 Betten sollten das Katharinenhospital (680), das Ludwigspital (113), das Krankenhaus Feuerbach (106), die Frauenklinik (283) und das Krankenhaus Bad Cannstatt (950) erhalten, das zum größten Teil von der Wehrmacht als Lazarett genutzt wurde. 56 bombensichere Schutzräume waren in geschlossenen Wohn- und Siedlungsgebieten geplant.[22] Bereits Anfang Dezember 1940 konnte Strölin Murr den Baubeginn von zwölf unterirdischen, zehn Hochbunkern sowie Baumaßnahmen in den Krankenhäusern melden. Sowohl städtische wie private Architekten legten auf die Bauausführung „allergrößte Sorgfalt". Professor Bonatz habe sämtliche Entwürfe begutachtet.[23] Bei einer Besichtigungsfahrt äußerte Bonatz die Ansicht, „daß die Gestaltung der Luftschutzhochbauten eine architektonisch und städtebaulich dankbare Aufgabe" biete.[24] Voll Stolz registrierte Scheuerle im April 1941 die Nachricht, daß Stuttgart beim Luftschutz-Sonderprogramm „nunmehr an der Spitze stehe". Auch Hamburg und Duisburg seien in der Betonleistung überboten worden.[25]

Von Anfang an litten die Luftschutzbauten unter dem Mangel an Bau- und Treibstoff sowie Arbeitern.[26] Bei einer Besprechung mit dem Beauftragten des Generalbevollmächtigten für das Bauwesen ergab sich, daß in absehbarer Zeit nur die Hälfte der als vordringlich bezeichneten Pläne zu realisieren war. Dafür benötigte man aber noch immer 7000 Tonnen Eisen, 50000 Tonnen Sand – das entsprach 3000 Eisenbahnwaggons – und 420 Tonnen Treibstoff. Zwölf Baufirmen, darunter Baresel, Berger, Kübler und Züblin, teilten sich die Projekte.[27]

Zu Beginn der Bauarbeiten konnte der Generalbevollmächtigte die von Stuttgart geforderten Kontingente noch zur Verfügung stellen. Aber schon im Frühjahr 1941 traten Engpässe auf.[28] Der Werkluftschutz im Großraum Stuttgart hatte bis April 1941 noch keine Holzzuteilung erhalten, obwohl ein bombensicherer Schutzraum für Daimler-Benz zu den vordringlichsten Aufgaben gehörte. Zum Mangel an Baustoffen kamen organisatorische Schwierigkeiten. So war im erwähnten Fall nicht klar, wer dem Werkluftschutz das Material zu liefern hatte.

Auch Kriegsgefangene arbeiteten für den Luftschutz. Im Kriegsgefangenenlager Gaisburg befanden sich im Februar 1941 zwei Kommandos. Das Kommando 7568 war für die Stadtverwaltung und die Industrie tätig und umfaßte am 15. Februar 1941 715 Gefangene, von denen zunächst 83 beim Luftschutz eingesetzt waren. Eigens für den Luftschutz vorgesehen war das Kommando 8501 mit über 1000 Gefangenen, von denen zu diesem Zeitpunkt 14,1 Prozent (143 Personen) krank gemeldet waren.[29] Im März gelang es Scheuerle, weitere Gefangene des Kommandos 7568 für den Luftschutzbau zu reklamieren, so daß nun über 1200 Kriegsgefangene auf den 28 Baustellen und in den Zulieferbetrieben arbeiteten. Die Stadtverwaltung saß jedoch gegenüber der Rüstungsinspektion des Wehrkreises V am kürzeren Hebel. Als die Stadt weitere 15 Kriegsgefangene aus der Industrie abziehen lassen wollte, nannte dies die Rüstungsinspektion „Sabotage an einer kriegswichtigen Aufgabe".

Im März und April 1941 trafen nochmals 200 Kriegsgefangene für den Luftschutzbau in Stuttgart ein, und Todt teilte im Mai 200 italienische Zivilarbeiter zu.[30] Mitte Juni 1941 waren insgesamt 797 deutsche sowie 887 Kriegsgefangene und ausländische Arbeiter auf 36 Baustellen beschäftigt. 19 Bauwerke waren betonfertig, darunter die dringlichen Vorhaben am Marktplatz, bei den Bahnhöfen Feuerbach und Untertürkheim, am Wilhelmsplatz sowie die Operationsbunker im Katharinenhospital und im Cannstatter Krankenhaus.[31]

Nach Beginn des Feldzugs im Osten ordnete Göring Einschränkungen im Luftschutzbau an. Die Räume sollten in einfacher Bauweise ausgeführt, und je Kubikmeter verbauten Materials 12,5 Prozent Zement eingespart werden.[32] Dieser Beschränkung fiel der zweite Bauabschnitt zum Opfer, den Göring selbst noch am 4. Juni 1941 angeordnet hatte.[33] Die begonnenen Bauten sollten zu Ende geführt und deshalb die Zahl der Arbeiter nicht verringert werden. Diese Zusage ließ sich jedoch nicht einhalten; eine Aufstellung von Ende September 1941 nennt nur noch 248 ausländische Arbeitskräfte im Luftschutzbau.[34]

Der Schwerpunkt verlagerte sich nun auf den Bau von trümmer- und splittersicheren Schutzräumen in den Häusern, also auf Behelfslösungen im Selbstschutz. Dafür war der städtische Luftschutzreferent zuständig.[35] Die Stadt nahm diese Aufgabe auf sich, als sich im Februar 1941 die Ortsgruppe des Reichsluftschutzbundes außerstande erklärte, den Selbstschutz zu betreuen.[36] Scheuerle, der ein „gewisses Versäumnis" des Reichsluftschutzbundes konstatierte, stellte zu diesem Zweck 20 Architekten ein. Sie verdienten monatlich steuerfrei 624 RM. Die Baufirmen mußten Arbeiter abstellen, die einen Lohnzuschlag von 48 Prozent erhielten. Dafür betrug die Arbeitszeit im Bedarfsfall zwölf Stunden, und bei unaufschiebbaren Tätigkeiten konnte auch Sonntagsarbeit angeordnet werden. Die Bauunternehmer waren über diesen Einsatz wenig erfreut, ebenso über die hohen Zuschläge, waren aber aufgrund der gesetzlichen Bestimmungen zur Ausführung verpflichtet. Von Ende Januar bis Oktober 1941, als 370 deutsche und 137 ausländische Arbeiter im Selbstschutz tätig waren, erhielten über 7300 Gebäude mit über 90000 Bewohnern einen behelfsmäßigen Luftschutzraum. Nach Angaben von Scheuerle schnitt Stuttgart besser ab als jene Städte, in denen der Reichsluftschutzbund die Arbeiten ausführte.[37] Die Selbstschutzmaßnahmen waren unter den gegebenen Umständen der einzige Weg, um möglichst viele Einwohner in relativ kurzer Zeit einigermaßen sicher unterzubringen. Außerdem war das Selbstschutzprogramm wesentlich billiger als der Bau öffentlicher Schutzräume, die jedoch erheblich sicherer waren.[38] Der öffentliche Bunkerbau konnte nur etwa zur Hälfte realisiert werden.

Die größte Stuttgarter Baustelle war 1942 der Wagenburgtunnel. Im Rahmen des

„Führer-Sonderprogramms" wurde im April 1941 mit dem Bau begonnen.[39] Die Stadtverwaltung nützte die günstige Lage zum Bau eines sicheren Schutzraums für mehrere tausend Menschen und konnte zugleich die Erweiterung zu einem Verkehrstunnel vorbereiten. Baresel und Müller-Altvatter & Co. schlossen sich mit dem Münchner Unternehmen Kunz & Co. zu einer „Arbeitsgemeinschaft Großluftschutzbaustelle Wagenburgtunnel Stuttgart" zusammen. Im Sommer 1941 arbeiteten am Stollen rund 500 Personen; neben einer kleinen Gruppe deutscher vor allem italienische und kroatische Arbeiter sowie französische Kriegsgefangene. Unter Anwendung eines neuartigen Verfahrens gingen die Arbeiten zügig voran. Im März 1942 erfolgte der Durchschlag, und am 25. April feierte man die Fertigstellung des Richtstollens.

Im Sommer 1942 war die Zahl der Arbeiter am Wagenburgtunnel auf 180 zusammengeschmolzen. Scheuerle beklagte gegenüber dem Landesarbeitsamt, daß die geplante Bauzeit nicht einzuhalten sei.[40] Die Kriegsgefangenen seien abgezogen worden, die ausländischen Arbeiter verlängerten ihre Verträge nicht oder kämen nicht aus ihrem Urlaub zurück. Da den lokalen Behörden und den Betrieben das Anwerben von Arbeitskräften untersagt war, für die allein die Dienststellen des Reichsarbeitsministeriums (später des GBV Arbeitseinsatz) zuständig war, waren die Arbeiten von der Unterstützung der Arbeitseinsatzbehörden anhängig. Scheuerle forderte unverzüglich die notwendigen Bescheinigungen für 100 kroatische Arbeiter, die nach seinen Informationen gerade zur Verfügung standen.[41] Das Landesarbeitsamt lehnte dies jedoch ab. Auch weitere Bemühungen der Stadt und der Firmen scheiterten. Bei einem Fliegeralarm in den frühen Abendstunden des Nikolaustags 1942 war der provisorisch geöffnete Schutzraum binnen kurzem überfüllt.[42] Aus den beiden Häusern der Staatstheater, den Kinos und dem Hauptbahnhof, wo mehrere Züge geräumt wurden, drängten die Menschen in den Wagenburgtunnel. Erst ein Überfallkommando der Ordnungspolizei sorgte für Ordnung. Scheuerle nahm das Chaos zum Anlaß, um beim Arbeitsamt erneut um die Erlaubnis zur Anwerbung von Arbeitern für die Arbeitsgemeinschaft nachzusuchen, damit der Tunnel fertiggestellt werden könnte. Aber das Landesarbeitsamt ließ keine Ausnahmen zu. Jedoch wurden in den nächsten Monaten Gruppen ausländischer Zivilarbeiter eingesetzt, so daß der Wagenburgtunnel zum sichersten Stuttgarter Großluftschutzraum ausgebaut werden konnte.

Für die Vernebelung bot die Lage Stuttgarts im Talkessel günstige Möglichkeiten. Süddeutschland wurde auch im Gebiet von Mannheim–Ludwigshafen, in München, in Schweinfurt sowie an kleineren Orten mit wichtigen Rüstungsbetrieben vernebelt.[43] In den ersten Kriegsjahren, in denen noch nach Sicht geflogen wurde, versprach Tarnvernebelung nennenswerten Erfolg. Die Kosten der Vernebelung gingen zu Lasten der Luftwaffe.

Der leitende Luftschutzchemiker vertrat die Ansicht, der Talkessel lasse sich bei einem

Einsatz mehrerer Geräte verhältnismäßig gut tarnen. Er schlug vor, auf den Höhen um den Talkessel Nebelschleudern aufzustellen. Die Umweltbelastung schätzte er gering ein: „Nur in unmittelbarer Nähe der Ablaßstellen können Schäden vorkommen. Wenn der Nebel 50 m von der Ablaßstelle weg ist, ist er nicht mehr schädigend, auch nicht gesundheitlich."[44] Der Vertreter der Flak-Verbände hielt die Vernebelung für nicht ausreichend. Er kündigte an, daß bei einem Einsatz der Vernebelung die leichte Flak, die den Objektschutz versah, abgezogen werde. Luftschutzreferent Scheuerle äußerte schwere Bedenken. Er forderte mit Zustimmung von Strölin und den Ratsherren zuerst umfangreiche Versuche.[45] Angesichts der klimatischen Verhältnisse im Stuttgarter Talkessel befürchtete er Gefahren für die Umwelt.[46] Das Luftgaukommando berief sich auf eine Weisung von Göring und plante eine umfassende Probe-Vernebelung. Die Stadtverwaltung stand mit ihrer ablehnenden Haltung allein. Die Bereichsstelle des Werkluftschutzes zeigte sich beunruhigt und bestürzt über eine Verzögerung. Schweinle warf der Stadt eine feindselige Haltung und Blindheit gegenüber den positiven Seiten vor, und der Luftschutzchemiker versicherte nochmals die Harmlosigkeit des Vorhabens. Scheuerle bezweifelte angesichts der schwachen Luftbewegung im Talkessel den Wert einer Vernebelung und bezeichnete im übrigen den Schutz der Bevölkerung als vorrangig. Den Abbau der Flak zugunsten der Tarnvernebelung kritisierte er ebenfalls: „Wir selbst sind sehr bestürzt, daß die Flakabwehr für Stuttgart sehr eingeschränkt wurde. In der Flakabwehr sah die Bevölkerung das Mittel der Wehrmacht, daß für den Schutz der Städte etwas getan wird. Beim Ablassen des Nebels haben die Leute das Gefühl, wir werden ja noch vergiftet."

Am Abend des 18. Juni 1941, einem klaren und sonnigen Tag, fand der angekündigte Großversuch statt. Die Stadt war davon erst am selben Tag unterrichtet worden. Zusammen mit Schweinle und dem Kommandeur der Schutzpolizei beobachtete Direktor Jesser vom Chemischen Untersuchungsamt der Stadt die Vernebelung vom Rotenberg, der Chef des Luftgaukommandos VII, General Zenetti, vom Flugzeug aus. Jesser berichtete Scheuerle: „Die Vernebelung war so dicht, daß das ganze Daimler-Anwesen von oben unsichtbar war, einschließlich des talwärts liegenden Gaskessels." Jesser befürchtete allerdings, daß der verhältnismäßig kleine weiße Nebelfleck feindliche Flugzeuge erst recht aufmerksam mache. Jesser spürte außerdem „eine deutliche, wenn auch leichte Reizung der Bronchien".[47] In der Folgezeit unterblieb eine großflächige Tarnung Stuttgarts, weil das Luftfahrtministerium den Bau von Nebelanlagen vorerst zurückgestellt hatte. Das Luftgaukommando und die Firma Daimler-Benz hielten eine Vernebelung aber für erforderlich, so daß die Firma auf eigene Kosten eine Anlage auf ihrem Werksgelände einrichtete. Die TWS, die nachträglich davon erfuhren, hielten eine punktuelle Tarnung für gefährlich. Die Betriebsgenehmigung sollte nach ihrer Ansicht erst erteilt werden, wenn ein größeres Gebiet vernebelt würde.[48] Ein einheitliches Vorgehen kam nicht zustande.

Neben der Vernebelung gab es andere Tarnmethoden: Dazu gehörten Tarnanstriche für Gebäude, die Abdeckung mit Netzen sowie der Aufbau von Tarnanlagen. So entstanden in der Nähe des Daimler-Werks und des Gaskessels künstliche Aufbauten auf dem Wasengelände und eine Scheinbrücke.[49] Die größte Scheinanlage, die feindliche Flugzeuge von Stuttgart fernhalten sollte, befand sich bei Lauffen am Neckar. Dort wurde eine beleuchtete Holzattrappe des Stuttgarter Hauptbahnhofs nachgebaut.[50] Sie war Ziel britischer Angriffe. Die Einwohner von Lauffen waren darüber verständlicherweise verärgert.

Im April 1942 fand ein erneuter Vernebelungsversuch im Neckartal statt, vermutlich mit der Werksanlage von Daimler. Die Folgen waren erheblich, wie ein Brief der Ortsgruppenleiters von Untertürkheim belegte, der sich in Verkennung der Zuständigkeit an Strölin wandte.[51] Gienger, der den Unmut der Bürger als erster zu spüren bekam, erkundigte sich zugleich nach den Regelungen für Schadensersatz. Er schrieb: „Von allen Beteiligten wird betont, daß die abgeblasenen Nebelschwaden sich auf den Pflanzen festgesetzt haben, die dadurch teilweise gleich schwarz geworden sind. Es liegt auf der Hand, daß hierdurch gerade in einem Gelände mit ausgesprochenem Garten- und Weinbergcharakter ziemlicher Schaden angerichtet worden ist. Geradezu unbegreiflich aber finden es Gartenbesitzer und Landwirte, daß einerseits mit allen Mitteln eine intensive Mehrleistung im Gemüsebau gefordert wird unter Ausnützung auch des letzten Stückchens Boden, aber andererseits durch solche Vorgänge der Erfolg aller willig geleisteten Arbeit zunichte gemacht wird." Außerdem meldete die Firma Mahle in Bad Cannstatt erhebliche Korrosionsschäden.[52]

In der Nacht zum 5. Mai 1942 gingen zum drittenmal Bomben auf Stuttgart nieder. Sie verursachten in Cannstatt und Zuffenhausen Schäden, 13 Personen kamen ums Leben. Nun ließ sich das Luftgaukommando auf keine weiteren Diskussionen ein und erklärte die Daimler-Anlage für einsatzbereit. In den darauffolgenden Nächten, als wieder Luftalarm gegeben wurde, vernebelte der Werkluftschutz das Neckartal. Obwohl der Gaskessel aus dem Nebelschleier herausragte, war das Luftgaukommando zufrieden.[53]

Auch die Stadtverwaltung war nicht untätig geblieben. Die TWS ließen Verbesserungsvorschläge für die Nebelapparate prüfen, mit denen der Verbrauch von Nebelsäure verringert und ein besserer Abzug der Schwaden erreicht werden konnte. Dies gelang zwar, doch die aggressive Nebelsäure zerfraß die Geräte. Schließlich hatten die TWS Erfolg mit einem neuartigen Nebelpulver, das weniger gefährlich und nicht an eine stationäre Anlage gebunden war. Das Luftgaukommando war über die städtische Initiative erfreut und nannte die Anlage ideal. Sogar an einer Färbung des Nebels arbeiteten die TWS. Nachdem Ende 1942 nicht nur fahrbare Nebelwagen einsatzbereit waren, sondern auch die Flak in Stuttgart verstärkt worden war, schien ein Schutz der Stadt möglich.

II. 4. Luftschutzbau in Stuttgart

Seine Bewährungsprobe bestand das Nebelsystem Ende 1942, als in der Nacht zum 20. Dezember die Bomber der RAF die Stadt vergeblich suchten.[54] Nun begann auch die Tarnung mit Tarnanstrichen. Ab März 1943 waren 50 Malerfirmen mit 260 Arbeitern sowie Helfern des SHD und der Wehrmacht damit beschäftigt. Der Leiter der Tarnstelle konnte bis Mitte April eine „Tarnleistung" von knapp 6000 privaten sowie einigen Schulgebäuden melden. Anfang Juli waren die Arbeiten weitgehend abgeschlossen, während im Werkluftschutz große Lücken bestanden. Die beunruhigte Bevölkerung drängte zum Handeln.[55]
All diese Maßnahmen waren nur begrenzt wirksam. Denn mittlerweile erlaubte es die Hochfrequenztechnik, ohne Sicht zu fliegen. In Stuttgart wurde dennoch bis Ende 1944 vernebelt, wobei in Verbindung mit natürlicher Nebelbildung gelegentliche Erfolge zu verzeichnen waren.
Mit dem Angriff auf Lübeck Ende März 1942 begann eine neue Phase des Luftkriegs der RAF, das Flächenbombardement.[56] Nun geriet auch der Luftschutz für die „repräsentativen und besonders kulturell wertvollen Gebäude" ins Blickfeld. Die ersten Anweisungen des Landesdenkmalamts vom August 1939 hatten kaum Konsequenzen ausgelöst, weil zunächst die Gefahr, die von Brandbomben ausging, nicht erkannt und Sprengbomben für weit gefährlicher gehalten wurden. Es waren wertvolle Glasfenster ausgebaut und Plastiken mit Sandsäcken geschützt worden. Die wertvollsten Bestände der staatlichen Museen waren in verschiedene Schloß- und Klosteranlagen (Neuenstein, Taxis, Bebenhausen, Schöntal, Ochsenhausen) verlagert worden. Viele bedeutende Kunstobjekte waren jedoch nach wie vor kaum geschützt.[57]
Im Mai 1941 hatte der Polizeipräsident zusätzliche Brandwachen aufstellen lassen, zu denen Anwohner der Gebäude herangezogen wurden. Bis dahin hatte es Brandwachen lediglich im Neuen Schloß und in der Villa Berg gegeben, alle übrigen Gebäude wie das Alte Schloß, das Kronprinzenpalais, das Hauptstaatsarchiv und andere mehr waren unbesetzt geblieben.[58] Ein knappes Jahr später befahl Schweinle die Aufstellung von Löschgemeinschaften für jeden Block einer Ortsgruppe. „Die Rekrutierung hat aus den Jugendlichen der Geburtsjahrgänge 1925 und 1926 zu erfolgen. Die bestehenden Löschkommandos der HJ sind in die Löschgemeinschaften des Selbstschutzes einzubauen.(...) Führer der Löschgemeinschaften sind grundsätzlich die Blockleiter der NSDAP."[59] Die Jugendlichen hatten auch den Schutz der repräsentativen Gebäude zu übernehmen. Hauptkonservator Schmidt meinte, es sei unverantwortlich, das Neue Schloß, in dem man sich schon bei Tag nur mit Mühe zurechtfinde, bei Nacht von wenigen, meist jugendlichen Hilfskräften schützen zu lassen.[60]
Die städtischen Archivalien und Kunstwerke hatten nur geringe Aufmerksamkeit erfahren. Nun forderte Luftschutzreferent Scheuerle eine rasche Verlagerung.[61] Archivrat Vietzen erhielt den Auftrag, die Bestände des Stadtarchivs im neuerworbenen Schloß Rot an der Rot unterzubringen. Der städtische Kunstbesitz sollte in die Villa

Frank nach Murrhardt, die als Gefolgschaftsheim erworben worden war, und ins Schloß Löwenstein verlagert werden. Wichtige Denkmäler in städtischem Besitz wie das Schiller-Denkmal von Thorwaldsen, die Kopie von Danneckers Nymphe sowie Plastiken aus Privatbesitz an den Häusern am Marktplatz und aus Kirchen fanden im Wagenburgtunnel sicheren Schutz.[62] Andere Objekte, wie die Kreuzigungsgruppe in der Hospitalkirche, wurden an Ort und Stelle mit Mauerwerk verkleidet. Historisch wertvolle Kirchenglocken, die nicht eingeschmolzen wurden, wurden zumeist abgenommen, um eventuelle Sturzschäden zu vermeiden. Sandsäcke und Holzverkleidungen erwiesen sich als wirkungslos.

Einen weiteren Schritt zur Vorbereitung auf den Luftkrieg bildete der Aufbau eines Meldedienstes innerhalb der Stadtverwaltung im August 1942: „Bei einem größeren Luftangriff auf Stuttgart muß nach den Erfahrungen in anderen Städten damit gerechnet werden, daß die Fernsprechleitungen ganz oder teilweise ausfallen." Das Personalreferat erfaßte alle Beschäftigten mit einem eigenen Fahrrad oder Moped. Da jedoch eine große Zahl der Betreffenden zu anderweitigen Aufgaben bereits eingeteilt war, blieben oft nur ältere Frauen und Jugendliche aus den Brandwachen und Löschgemeinschaften übrig.[63] Die Stadtverwaltung förderte außerdem den Ausbau von Rückhaltebecken und Teichen für eine von den Leitungen unabhängige Löschwasserversorgung. Im Herbst 1942 verteilte das Fuhramt mit Hilfe von Straßenbahnwagen an 369 Stellen einige tausend Kubikmeter Sand.[64] Polizeipräsident Schweinle hob Ende August 1942 die förmliche Einteilung in häusliche Luftschutzgemeinschaften auf. Er verordnete, daß mit wenigen Ausnahmen „alle im LS-Ort Stuttgart wohnenden oder sich aufhaltenden Deutschen als herangezogen" gelten würden.[65]

Stadtverwaltung und NSDAP bemühten sich ebenso um den Ausbau der Luftrettungsstellen und der Notdienststellen. Mit Merkblättern und auf Plakaten informierten Polizeipräsident, Kreisleiter und Oberbürgermeister gemeinsam die Bevölkerung über die wichtigsten Verhaltensmaßregeln.[66] Die „Stuttgarter Richtlinien für die erste Betreuung von Fliegergeschädigten und vorsorglich Umzuquartierenden", erstmals im Herbst 1941 zusammengestellt, wurden laufend aktualisiert. Sie galten als vorbildlich und regten andere Kommunen zur Nachahmung an.[67] Die Kompetenzen waren so verteilt, daß der Polizeipräsident den Einsatz der Rettungskräfte leitete, die Stadt für die Regelung von Schadensfällen, die Ausgabe von Ausweisen sowie die Instandsetzung, die Partei schließlich für die gesamte Obdachlosenbetreuung zuständig war.[68]

II. 5. Eingemeindungen im Krieg

5. Der Sprung auf die Filder
Eingemeindungen im Krieg

Stuttgart hatte sich Mitte der dreißiger Jahre als „Stadt ohne Raum" intensiv um Eingemeindungen bemüht. Neue Siedlungsgebiete sollten auf den Fildern, im Remstal sowie im Westen erschlossen und der Gauhauptstadt zugeschlagen werden. Der Reichsstatthalter hatte im April 1937 die Eingemeindung von Uhlbach, Heumaden, Sillenbuch und Rohracker genehmigt. Die Stadt hielt dies aber nicht für die Erfüllung ihrer Wünsche. Erstes Ziel beim „Sprung auf die Filder" war der Fasanenhof. Dort wollte die SA mit Hilfe der Stadt eine Siedlung errichten, was die Eingemeindung des Geländes samt Möhringen zur Folge gehabt hätte. Nicht zuletzt deshalb hatte Murr die SA-Siedlung ins westlich ungeeignetere Büsnauer Tal verlegen lassen. Die Stadtverwaltung ließ auch dann in ihrem Bemühen nicht nach, als das Reichsinnenministerium am Vorabend des Polen-Feldzugs jede weitere Eingemeindung untersagte.[1] Bei der Prüfung der Luftschutzverhältnisse Ende August 1939 stellte Strölin fest, daß Stuttgart die am dichtesten bebaute Stadt des Reiches sei. Er forderte deshalb weitere Eingemeindungen: „Die bisher in dieser Richtung in Württemberg vertretenen kleinlichen Gesichtspunkte müssen einer großzügigen Regelung weichen."[2]

Als das Reichsinnenministerium im Februar 1940 kriegswichtige Ausnahmen des Eingemeindungsverbots zuließ, trat die Stadt unverzüglich auf den Plan. Strölin und die Stadträte Asmuß und Schwarz trafen sich im Mai 1940 mit Staatssekretär Waldmann und Vertretern der Landesplanungsbehörde, um die „kleinlichen Gesichtspunkte" auszuräumen.[3] Waldmann war ein Gegner der Stuttgarter Eingemeindungswünsche und hatte schon 1937 wie die Landesbauernschaft gegen Siedlungsobjekte auf den wertvollen Böden der Filder argumentiert, die ohnehin durch Autobahn- und Flughafenbau in Mitleidenschaft gezogen worden seien.[4] Entscheidend aber war, daß Innenminister Schmid und Reichsstatthalter Murr ihre ablehnende Haltung aufgaben und eine maßvolle Eingemeindung auf den Fildern sowie nach Westen befürworteten. Strölin stellte am 6. November 1940 einen Antrag mit dem Ziel, Vaihingen, Möhringen, den Fasanenhof, Birkach, Hohenheim, Kemnat und Ruit einzugemeinden.[5] Er nannte es unwirtschaftlich, daß sich die Bürger der Fildergemeinden in Kriegszeiten auf die Landratsämter nach Böblingen und Esslingen begeben müßten, weil ein Großteil von ihnen ohnehin in Stuttgart arbeite und die Verkehrsverhältnisse weitaus besser seien. Für die Gewerbetreibenden bedeute dies einen unverantwortlichen Aufwand. Außerdem berief sich Strölin auf die Bevölkerung der Filderorte, die angeblich eine rasche Eingemeindung nach Stuttgart wünsche. Als Zeitpunkt für die Eingemeindung schlug er April 1941 vor; aus kriegswirtschaftlichen Gründen sollten aber schon zuvor die Ernährungs- und Wirtschaftsämter in den Geschäftsbereich der Stadt einbezogen werden. Im übrigen verlor die Stadt den Fasanenhof nicht aus den Augen. Auf Bitten

Strölins legte Gottfried Feder einen Plan für eine vorstädtische Mustersiedlung vor, der große Zustimmung fand.[6] Feders Tod im September 1941 und die Einschränkungen im Bauwesen verhinderten eine Ausführung.

Die ungeduldigen Männer im Rathaus überschätzten die Bedeutung des Themas bei den zuständigen Landes- und Reichsstellen sowie das Maß an Zustimmung. Im März 1941 wurde die ablehnende Haltung des Reichsinnenministeriums zu den Eingemeindungsvorhaben bekannt. Zum einen sollte die Bevölkerung während des Krieges nicht beunruhigt werden, zum anderen wollte das Ministerium wegen Personalmangels diese Frage nicht behandeln.[7] Strölin beharrte aber darauf, daß die Bevölkerung eine Eingemeindung wünsche. Mithin könne von einer Beunruhigung nicht die Rede sein. Das war freilich Propaganda. Seine Bemerkung, in Vaihingen und Möhringen habe man sich mit der Eingemeindung „innerlich abgefunden", klang nicht überzeugend. Die Entscheidung für eine Eingemeindung fiel im Oktober 1941, als Staatssekretär Stuckart vom Reichsinnenministerium und zwei Vertreter der Reichsstelle für Raumforschung in Stuttgart weilten. Bei den Verhandlungen erklärte Murr sein grundsätzliches Einverständnis zum „Sprung auf die Filder"; das Remstal wollte er hingegen nicht antasten lassen.[8] Die Gründe für den Sinneswandel der Berliner Ministerialbeamten waren unklar. Am 11. November 1941 ersuchte Murr den Reichsinnenminister um seine Zustimmung zur Eingemeindung von Vaihingen und Möhringen (bisher Kreis Böblingen), von Plieningen mit Hohenheim und Birkach mit Riedenberg (bisher Kreis Esslingen) sowie Stammheim (Kreis Ludwigsburg).[9] Außerdem sollte Echterdingen den Fasanenhof und Gerlingen das Solitude-Gebiet abtreten, so daß auch die dortige Gebietsführerschule der HJ zu Stuttgart kam. Die südliche Stadtgrenze bildete fast durchweg die Reichsautobahn. Die jenseits der Autobahn liegenden Markungsteile von Möhringen, Vaihingen und Plieningen fielen an Leinfelden, Bernhausen und Sindelfingen. Murr folgte in der Begründung weitgehend den Formulierungen Strölins aus dem Vorjahr und betonte die kriegswirtschaftliche Bedeutung. Er erwähnte unter anderem, daß die Pendler – rund 40 Prozent der Bevölkerung dieser Orte – bisher nur in Stuttgart einkaufen könnten, wenn ihre Lebensmittelkarten umgeschrieben würden. Störend wirke sich zudem aus, daß die Pendler von Stuttgarter Sonderzuteilungen ausgeschlossen seien. Die Folge seien Verstimmungen in der Arbeiterschaft. Murr nannte es eine unnötige Geschäftsbelastung für die Betriebsführer, daß für Vaihingen und Möhringen bisher der Wehrbezirk Calw, für Birkach und Plieningen der Wehrbezirk Esslingen und für Stammheim der Wehrbezirk Ludwigsburg zuständig seien. Murr erwähnte freilich nicht, daß wegen der Pendler aus den nicht eingemeindeten Nachbarorten die dortigen Stellen auch weiterhin konsultiert werden mußten. In Übereinstimmung mit Strölin forderte Murr eine „möglichst einheitliche Planung für die Wohn- und Industriesiedlung" im Großraum Stuttgart. Im Januar 1942 erklärte das Reichsinnenministerium vorbehaltlich der Zustimmung der Wehrmacht, „ausnahmsweise – in Würdigung der vorliegenden Dringlichkeitsgesichtspunkte", wie Staatssekretär Pfundtner mitteilte.[10] Um einen Präzedenzfall zu verhindern, lehnte er „jede öffentliche Erörterung, insbesondere in der Presse" ab. Der Landesplaner verlangte von Stuttgart Investitionen: den Ausbau der Reichsstraße 27 zwischen Degerloch und Echterdingen, den Bau einer Filderquerspange von der Geroksruhe über die Stelle zum Flugplatz sowie von elektrischen Schnellverkehrsbahnen.[11]

Die betroffenen Gemeinden konnten sich angesichts der Zustimmung von Landes- und Reichsbehörden und wegen des Stillhaltegebots nicht zur Wehr setzen. Lediglich in Birkach war eine Eingemeindung – zumindest bei der Gemeindeverwaltung – kein Thema mehr. Bereits 1937 hatte man sich dafür entschieden, was an der Weigerung Murrs gescheitert war. In Plieningen lagen die Verhältnisse wesentlich schwieriger. Stuttgart beanspruchte zunächst nur die Angliederung Hohenheims. Bürgermeister Faiß hielt jedoch eine Zerstückelung des Ortes für untragbar.[12] Denn die Markungsfläche, die abgetrennt werden sollte, beschränkte sich nicht auf den Ortsteil Hohenheim, sondern umfaßte ein viermal so großes Gebiet. In einer Stellungnahme an den Landrat in Esslingen kritisierte Faiß die „seit langem wahrzunehmenden Bestrebungen einflußreicher Bewohner des Ortsteils Hohenheim nach Loslösung von der Gemeinde Plieningen". Er zielte damit auf Angehörige der landwirtschaftlichen Hochschule Hohenheim, die nicht nur ihre Hochschule mit der Reputation der Gauhauptstadt verbinden wollten, sondern auch eine höhere Ortsklassen-Einstufung bei der Besoldung im Auge hatten.[13] Laut Faiß werde Plieningen durch diese Pläne halbiert, verliere ein Viertel der Wohnbevölkerung, ein teilweise erschlossenes Siedlungsgebiet, den Bahnhof und den größten Gewerbebetrieb, die Firma Hotz (Faserstoffe). Unter diesen Umständen sei Rest-Plieningen nicht lebensfähig. Faiß war Realist genug, um die Entwicklung absehen zu können. Wie sein Birkacher Kollege sechs Jahre früher, entschloß er sich deshalb zu einem ungewöhnlichen Schritt: „Sollte meine Hoffnung (auf Revision der Entscheidung) trügen, so bitte ich im klaren Bewußtsein meiner Verantwortung, die völlige Eingemeindung von Plieningen zu erwägen, die nach meiner Überzeugung und wahrscheinlich nach dem Urteil aller Plieninger das kleinere Übel bedeuten würde gegenüber der im Plan vorgesehenen unerträglichen Verstümmelung."

Die Gemeinderäte teilten diese Auffassung und sparten ebenfalls nicht mit Kritik: „Aus welchen Gründen die Zerschlagung der alten, angesehenen und kerngesunden Gemeinde erfolgen soll, dazu noch mitten im Krieg, ist wirklich nicht einzusehen und kann von keinem richtigen Plieninger verwunden werden. Gründe der Landesverteidigung oder unumgänglich höhere Interessen (...) können nicht die Ursache sein. Unerklärlich ist, warum nicht dem Führer-Erlaß Rechnung getragen wird, der die Durchführung solcher Maßnahmen während des Krieges völlig verbietet."

Tatsächlich war die Landwirtschaftliche Hochschule die treibende Kraft für einen Anschluß an Stuttgart. Der Rektor, Professor Zimmermann, nahm mehrfach Kontakt mit Strölin auf und gerierte sich gleichsam als Unterhändler.[14] Er verfolgte weitreichende Ausbaupläne für die Hochschule und ein landwirtschaftliches Museum. Stuttgart kam diese Absicht zupaß. Die Stadt der Auslandsdeutschen brachte eine „Volksdeutsche Bauernschule" ins Gespräch. Auch der Esslinger Landrat Häcker und Landesplaner Bohnert begründeten die Eingemeindung mit dem Hinweis auf die Erweiterung der Landwirtschaftlichen Hochschule.[15] Bei den Landwirten regte sich Widerspruch, den der Ortsbauernführer mit früheren Erfahrungen begründete: „In den bäuerlichen Kreisen der früher schon nach Stuttgart eingegliederten Gemeinden heißt es: 'Nie wieder zu Stuttgart.'" Es war nicht die Zeit für Diskussionen; die Würfel waren gefallen. Nun ging es darum, bei den Verhandlungen mit der Gauhauptstadt die Interessen Plieningens zu wahren. Wie schon 1937 zeigte sich die Stuttgarter Stadtverwaltung, als sie ihr Ziel erst einmal erreicht hatte, durchaus umgänglich. Nach Abschluß der Verhandlungen berichtete Faiß, der von Stuttgart übermittelte Vertragsentwurf enthalte die Erfüllung aller wesentlichen Wünsche und Forderungen.[16]

Die beiden anderen Fildergemeinden Vaihingen und Möhringen hatten den Verlust der Selbständigkeit schon seit längerer Zeit vor Augen. Als er schließlich spruchreif wurde, war in Möhringen das Staunen geringer als in Plieningen, aber die Zustimmung nicht größer. Das Verhältnis der alteingesessenen Möhringer zu Stuttgart charakterisierte ein Brief des Bürgermeisteramts der Fildergemeinde an die Gastwirte. Diese mußten darin ermahnt werden, jedermann, „auch Ausflügler von Groß-Stuttgart", tadellos und preiswert zu bedienen und „anständige, saubere und preiswerte Weine" auszuschenken.[17] Bürgermeister Neunhöffer, der 1937 erfolgreich für die Selbständigkeit gefochten hatte, schloß Anfang 1939 eine Vereinbarung mit der Gauhauptstadt über eine Zusammenarbeit in Fragen der Ortsbauplanung.[18] In Möhringen war man also einer sachlichen Kooperation nicht abgeneigt. Neunhöffer kritisierte von neuem heftig eine Eingemeindung sowie die Art und Weise des Vorgehens mitten im Krieg. Vor dem Gemeinderat führte er aus, sie habe viel Unruhe und Erbitterung unter die Bevölkerung getragen. Insbesondere müsse bedauert werden, daß die Gemeindevertretung nicht gehört worden sei.[19]

Andererseits hatte man sich in Möhringen mit der Eingemeindung abgefunden. Für die Verhandlungen mit Stuttgart erhob die Verwaltung keine besonderen Forderungen, sondern erwartete ganz allgemein, daß alle begonnenen und beschlossenen Vorhaben übernommen und weitergeführt würden.[20] Der erste Entwurf eines Eingemeindungsvertrags entsprach nach Möhringer Auffassung „nicht den grundsätzlichen Notwendigkeiten". Unter Hinweis auf die „Verärgerung der Volksgenossen" verhandelte Neunhöffer nochmals mit Hirzel und Meyer-König. Schließlich akzeptierten der Möhringer Bürgermeister und der Gemeinderat das Ergebnis – sie hatten keine andere Wahl.[21]

II. 5. Eingemeindungen im Krieg

Der Eingemeindungsvertrag zwischen Stuttgart und Vaihingen kam ebenfalls erst im zweiten Anlauf zustande. Ausdrücklich waren im Vertrag einzelne Projekte aufgeführt, um deren Realisierung sich Stuttgart kümmern wollte, „wie die Verhältnisse dies zulassen".[22] Dazu gehörten der weitere Ausbau von Gemeinschaftsanlagen zwischen Vaihingen und Rohr (Festhalle, Schule, Turnhalle, Sportanlagen, HJ-Heim) und die städtebauliche Neugestaltung der Rathausgegend. Auch der Vollausbau der höheren Schule in Vaihingen war im Vertrag verankert.

Die Eingemeindung von Stammheim überraschte auch in Stuttgart. Nach Ansicht von Ministerialrat Göbel vom Innenministerium war dies „mehr auf einen Zufall zurückzuführen", weil sich Bürgermeister Renz in Fragen der Landesplanung unbeliebt gemacht habe.[23] Sie hatte jedoch eine lange Vorgeschichte. Bereits 1930, als der Landtag der Eingemeindung von Zuffenhausen zugestimmt hatte, stellte man in Stammheim Überlegungen an. Die Leistungskraft einer der „bedürftigsten Arbeiterwohngemeinden" habe bisher kaum zur Erfüllung der Aufgaben ausgereicht. Das Bürgermeisteramt schlug dem Innenministerium entweder eine sofortige Eingemeindung oder eine umfangreiche Subventionierung durch die Landeshauptstadt als Ersatz für die Eingemeindung von Zuffenhausen vor. Dieser Vorstoß blieb aber ohne Resonanz.[24] Bei den Diskussionen des Jahres 1936 hatte der Ludwigsburger Landrat eine Eingemeindung nach Kornwestheim gefordert.[25] Nachdem die Eingemeindungswelle von 1937 den Status von Stammheim nicht berührt hatte, bemühte sich die dortige Gemeindeverwaltung, die Wirtschaftskraft und das Steueraufkommen zu verbessern. Landesplaner Bohnert lehnte jedoch mehrfach Anträge und Anfragen über eine Ansiedlung größerer Industriebetriebe unter Hinweis auf die luftgefährdete Lage in einem Ballungsraum ab. Bürgermeister Renz beklagte daraufhin beim Reichsstatthalter die Diskrepanz von wirtschaftlicher Lage und diesen Bescheiden.[26] Staatssekretär Waldmann gab nun den entscheidenden Anstoß und schrieb an den Innenminister: „Bei dieser Sachlage möchte ich die sofortige Eingliederung der Gemeinde Stammheim nach Stuttgart zur Erwägung geben, da mir selbst auch keine andere Möglichkeit gegeben zu sein scheint, um die Selbständigkeit der Gemeinde für die Zukunft aufrecht zu erhalten."[27] Nach der Ermächtigung Murrs nahm Bürgermeister Hirzel Anfang Dezember 1941 Verhandlungen auf. Stammheim gelang es nicht, den Wunsch nach einem Freibad im Vertragstext unterzubringen.[28]

Der Reichsstatthalter billigte die Eingemeindungsverträge und verfügte in einem Erlaß an den Innenminister vom 16. März 1942 formell die Eingliederungen. Stuttgart erhielt wenige Auflagen, so den Bau eines Krankenhauses auf den Fildern.[29] Das Reichsinnenministerium hatte jede öffentliche Bekanntgabe der Eingemeindung untersagt, um keinen Präzedenzfall zu schaffen.[30] Strölin legte den Erlaß so aus, daß auch jede öffentliche Feier verboten sei.[31] In Stammheim sah man dies anders. Bürgermeister und Ortsgruppenleiter luden gemeinsam zu einer Bürgerversammlung in die Turn- und

Festhalle, bei der die Gemeinde Abschied von der Selbständigkeit nahm. Als Redner traten neben Bürgermeister Renz der Ludwigsburger Kreisleiter Trefz und Landrat Thierfelder auf.[32]

Am 1. April 1942 erschien eine Delegation mit Oberbürgermeister Strölin an der Spitze in den fünf neuen Teilorten, um die Geschäftsübergabe offiziell vorzunehmen. Die jeweiligen Landräte und Kreisleiter der NSDAP, die bisherigen Gemeinderäte und Beamten waren anwesend, während die Bevölkerung ausgeschlossen war. Am Abend notierte Strölin in sein Diensttagebuch: „Teilweise etwas gedrückte Stimmung, die sich aber bessert."[33] Einen Eindruck von der Atmosphäre bei der Begrüßung der Stuttgarter Vertreter vermittelt die Ansprache des Möhringer Bürgermeisters Neunhöffer, der kein Blatt vor den Mund nahm. Er erinnerte an die verschiedenen Herren Möhringens im Lauf der Geschichte und fügte hinzu: „Wenn es den Möhringern gelungen ist, die Herrschaft Esslingens abzuschütteln, so wird es ihnen bei der neuen Herrschaft Stuttgart kaum mehr gelingen."[34] Mit Stolz resümierte Neunhöffer, der im November 1933 von Schwaigern nach Möhringen gekommen und Anfang 1933 für kurze Zeit in Schutzhaft gewesen war, die Entwicklung während seiner Amtszeit.[35] Seit dieser Zeit sei der Ort von 5850 auf 9888 Einwohner angewachsen, allein Sonnenberg habe sich von 494 auf 2352 Einwohner vergrößert. Die Schuldenlast hatte sich verringert. An Bürgermeister Hirzel und Rechtsrat Meyer-König, die Stuttgarter Unterhändler, gewandt, meinte Neunhöffer: „Sie haben großen Verdienst um die Eingemeindungsarbeiten, allerdings nicht in erster Linie für die Gemeinde Möhringen, sondern für die Stadt Stuttgart." Sein Fazit lautete: „Sie werden alle begreifen können, daß auch wir Möhringer über die Eingemeindung jetzt während des Krieges keine besondere Freude empfinden. Es bedeutet für uns alle, namentlich für mich und meine nächsten Mitarbeiter sowie auch für alle Gemeindebürger ein zu Herzen gehendes Opfer, daß wir die Selbständigkeit unserer schönen und stolzen Gemeinde jetzt aufgeben müssen."

Der Böblinger Kreisleiter Altenmüller kritisierte in seiner Rede Neunhöffers Ausführungen, ohne diesen direkt zu erwähnen: „Ein Nationalsozialist findet sich mit einer Entscheidung ab und hängt mit seinen Blicken und Gedanken nicht rückwärts, sondern schaut vorwärts und er nimmt den Marschtritt auf, so wie er befohlen ist." Strölin vermied jede Anspielung, anerkannte die Leistungen der Ortsvorsteher und versprach, das Eigenleben und die weitere Entwicklung des neuen Stadtteils zu fördern. Immerhin mußte er erkennen, daß entgegen seinen Beteuerungen die Bevölkerung die Eingemeindungen zum größten Teil ablehnte. Die alteingesessenen Bewohner sahen in Stuttgart nicht einen Befreier, sondern einen Eroberer. Im Staatsministerium hieß es, der Anschluß an Stuttgart sei in allen Orten von den dort Zugezogenen betrieben worden.[36]

Am folgenden Tag fand die offizielle Eingliederung der neuen Stadtteile in die Stadt-

verwaltung im Rahmen einer Ratsherrensitzung statt.[37] Als neue Ratsherren wurden der Vaihinger Ortsgruppenleiter Wilhelm Haarer, der Möhringer Ortsbauernführer Karl Grundler und der Birkacher Ortsgruppenleiter Karl Harsch berufen. Außerdem ernannte der Oberbürgermeister Beiräte für die Ortsämter. Diese Beiräte waren bei den Eingemeindungsverhandlungen besonders erwähnt worden, spielten jedoch später keine Rolle. Die Stuttgarter Presse, die über die Eingemeindungen nicht berichten durfte, brachte folgende Meldung:
„In den Stadtteilen Vaihingen mit Rohr, Möhringen mit Sonnenberg, Plieningen mit Hohenheim, Birkach mit Riedenberg und Stammheim sind am 1. April 1942 Ortsämter der Stadt Stuttgart errichtet worden. (...) Die Ortsämter sind für alle zur örtlichen Erledigung geeigneten Aufgaben der Gemeindeverwaltung zuständig. Das Stuttgarter Ortsrecht tritt in den genannten Stadtteilen sowie in den Markungen Fasanenhof und Solitude grundsätzlich vom 1. Oktober 1942 in Kraft."[38] Die Ortsämter der neuen Stadtteile waren nicht wie die Geschäftsstellen in früher eingegliederten Orten lediglich Zweigstellen der jeweiligen Zentralämter der Stuttgarter Stadtverwaltung. Rechtsrat Meyer-König führte bei der ersten gemeinsamen Beratung mit den Beiräten für die Ortsämter am 16. April 1942 aus:
„Die Organisation geht davon aus, daß der Verwaltungsaufbau der bisher selbständigen Gemeinden im Grundsatz bestehen bleibt und daß die Geschäfte in der bisherigen Weise weitergeführt werden. Dementsprechend wird die Verwaltung der bisher selbständigen Gemeinde in ein städtisches Amt umgebildet, für das man den Namen Ortsamt gewählt hat."[39]
Die Ortsämter versahen die örtlichen Aufgaben des Ernährungs- und des Wirtschaftsamtes und verfügten über einen eigenen Haushalt. Die Stuttgarter Stadtverwaltung übernahm Personalfragen, die Stadtplanung und Angelegenheiten der Baupolizei. Meyer-König wies auf eine Schwierigkeit dieser Regelung hin. Die neuen Stadtteile kamen nur in sehr beschränktem Umfang in den Genuß dieser relativen Autonomie. Die Totalisierung des Krieges und die Reduzierung der kommunalen Administration auf eine reine Notverwaltung in der Zeit des Luftkriegs ließ keine eigenen Gestaltungsmöglichkeiten offen. Immerhin bewies die Gauhauptstadt nach dem langen Kampf um die Eingemeindungen Flexibilität und konzentrierte sich bei der Zentralisierung von Entscheidungen auf kriegswirtschaftlich entscheidende Bereiche.
Aus Stuttgart, der „Stadt ohne Raum", war ein Groß-Stuttgart geworden, wie es die Stadtverwaltung erstrebt hatte. Der „Sprung auf die Filder" war im zweiten Anlauf geglückt. Aber die Projekte, vor allem im Siedlungs- und Wohnungsbau, fielen dem Krieg zum Opfer. Nicht die nationalsozialistische Administration, sondern ihre demokratische Nachfolgerin war Nutznießerin der Eingemeindungen.

6. „Eine historische Reminiszenz"
Das Scheitern der auslandsdeutschen Ambitionen

Die Erwartungen, die die Stadt mit dem Titel „Stadt der Auslandsdeutschen" verknüpft hatte, waren schon nach kurzer Zeit enttäuscht worden. Dazu trugen sowohl der Bedeutungsverlust der Kommunen, die Verdrängung der mit der Stadt verbundenen Auslandsorganisation (AO), die Neuordnung der Volkstumspolitik unter Führung der SS als auch die Angliederung Österreichs bei. Die Stuttgarter Stadtväter befürchteten, in eine „stille Ecke" im Südwesten des Reiches abgedrängt zu werden. Der Präsident des Deutschen Ausland-Instituts (DAI), Oberbürgermeister Strölin, versuchte sich nach dem Polenfeldzug in Erinnerung zu bringen. Schon wenige Tage nach der Kapitulation Polens reiste er mit seinem auslandsdeutschen Referenten Könekamp in das besetzte Land, um das Terrain für das DAI und die Stadt zu sondieren. Im Frühjahr 1940 reiste Könekamp nach Südosteuropa und warb in den Balkanländern mit Vorträgen über die Reichsgartenschau für die Stadt der Auslandsdeutschen. Ratsherren unter Leitung von Stadtrat Schwarz besuchten Budapest. Schwarz, Experte für den südwestdeutschen Kanalbau, studierte die Verkehrs- und Wasserwege zwischen Mitteleuropa und dem Schwarzen Meer.[1] Auch Strölin reiste in diese Region, greifbare Ergebnisse wurden jedoch nicht vermeldet.

Im Frühsommer 1940 veränderte der Sieg über Frankreich die Lage. Strölin sah Stuttgart als Bindeglied zwischen dem Reich und Frankreich. Die Hoffnungen erhielten jedoch schon kurze Zeit später erste Dämpfer. Bereits Mitte Juli 1940 beklagte Strölin, daß sich das Land Baden des Elsaß bemächtige.[2] Er nahm an, das Reich werde eine Gauhauptstadt Straßburg mit allen Mitteln fördern, während Stuttgart dafür zu bezahlen habe.[3] Die Württemberger fühlten sich zurückgesetzt. In einem Bericht des SD hieß es Ende August 1940: „Wie über die Verhältnisse in den eingegliederten Ostgebieten ist man auch über die Entwicklung im Elsaß sehr verärgert, zumal man für das Verhalten der Badener keine stichhaltigen Gründe sieht und die behördlich zum Ausdruck kommende Abneigung gegen die Schwaben als reinen Brotneid betrachtet."[4] Strölin, der über private Beziehungen ins Elsaß verfügte, beklagte neben einer einseitigen Besetzung der Verwaltung und der Partei mit „subalternen badischen Kräften" auch Fehler in der Behandlung der Elsässer.[5] Dabei spielten wohl auch enttäuschte Hoffnungen eine Rolle. SS-Gruppenführer Gottlob Berger, ein Schwabe, warnte im Sommer 1940 vor dem Ehrgeiz Strölins und Murrs. Beide rüsteten für eine baldige Übernahme des Gauleiterpostens in der noch zu erobernden Schweiz. Berger hielt jedoch beide für gleichermaßen ungeeignet.[6] Tatsächlich ließ sich Strölin von Könekamp, der verwandtschaftliche Beziehungen in die Schweiz besaß, über die „Entwicklung der letzten zehn Tage" in der Schweiz Bericht erstatten. Könekamp eruierte unter anderem, daß die schweizerische Bundesregierung am 14. Mai einen deutschen Angriff erwartet und daß am 22. Mai das VII. Armeekommando mit Sitz in Freudenstadt beim DAI Unterlagen über das Nachbarland angefordert hatte.[7] Sogar der italienische Anspruch auf rätoromanisches Gebiet soll angeblich bereits diskutiert worden sein.[8] Die persönlichen Kontakte des Oberbürgermeisters änderten nichts daran, daß der Titel einer Stadt der Auslandsdeutschen immer weniger mit Inhalt gefüllt werden konnte. Die Stadt plante aus Anlaß der fünften Wiederkehr der Verleihung ihres Prädikats für den Herbst 1941 einen „Werbefeldzug". Grußtelegramme an führende Persönlichkeiten, an alle Landesgruppenleiter der AO sowie die deutschen Gesandtschaften sollten Stuttgart als Partner der Welt in Erinnerung rufen. Strölin sprach über den Kurzwellensender zu den Auslandsdeutschen, während der städtische Informationsdienst die lokale und überregionale Presse – auch in den besetzten Gebieten – mit Material versorgte.[9] In den Erklärungen vermied man jede aktuelle politische Anspielung. Dies war eine Folge kritischer Artikel, die im Vorjahr über das DAI und die AO in der internationalen Presse, vor allem in den USA, veröffentlicht worden waren. Strölin, der als „geschmeidiger Konjunkturritter" bezeichnet wurde, galt dabei nach Bohle als zweiter Mann in Deutschlands „fünfter Kolonne"; das DAI nannte man das aktivste Propagandainstrument nationalsozialistischer Rassentheorie.[10]

Das Verhältnis zwischen Stadt und AO-Führung war merklich abgekühlt. Strölin fühlte sich hintergangen, als Bohle eine Sitzung der Landesgruppenleiter nach Berlin einberief und die zweite Kriegstagung der AO in München stattfand.[11] Auf Nachfrage verwies Bohle wenig überzeugend auf seine dienstliche Belastung. Erst nach einiger Zeit erkannte man in Stuttgart, daß die Verbindung mehr oder minder bedeutungslos geworden und „von der AO aus selbst vielleicht nicht allzusehr gewünscht" war.[12] Dennoch sollten die Zahlen eine eindrucksvolle fünfjährige Entwicklung spiegeln: 271000 Personen hatten das Ehrenmal der deutschen Leistung im Ausland besucht, und fast 4000 ausländische Gäste und Jugendliche waren in den auslandsdeutschen Heimen betreut worden, die die Stadt mit einem Gesamtaufwand von 2,7 Millionen RM eingerichtet hatte. Hier kam der besondere Charakter einer Stadt der Auslandsdeutschen auch während des Krieges zum Ausdruck. Die auslandsdeutschen Schulen und Heime hatten ihre Funktion beibehalten, zum anderen arbeitete die Stadt mit dem Rückwandereramt der AO zusammen. Die Stuttgarter Zweigstelle des Rückwandereramts war 1935 gegründet worden und hatte im folgenden Jahr spanisch-deutsche Flüchtlinge betreut, die noch in Hotels untergebracht waren.[13] Leiter der Zweigstelle war Gauhauptstellenleiter Moshack, zugleich Referatsleiter beim DAI. Während in den folgenden Jahren die Zahl von Umsiedlern aus Osteuropa zunahm, erschwerte die Lage auf dem Wohnungsmarkt eine Unterbringung in der Stadt. Es erhoben sich Klagen über eine unwürdige Behandlung und Unterbringung der Volksgenossen.[14] Die Rückwandererstelle richtete daher als Übergangslösung ein zentrales Heim auf dem Weißenhofgelände ein. 1938 waren im Etat bereits Mittel für einen Neubau nach Plänen von Ratsherr Leistner bereitgestellt worden. Nach Kriegsbeginn erwies sich das Gebäude am Weißenhof rasch als zu klein. Umsiedler aus dem Baltikum und Südtirol strömten ins Reich und konnten kaum menschenwürdig untergebracht werden. Nicht selten mußten Frauen und Kinder getrennt in ein Heim nach Möttlingen im Kreis Calw, das die Stelle schon vor dem Krieg erworben hatte. Die Einquartierung in Gasthäusern wiederum erwies sich als zu kostspielig. Die Stadt entschloß sich daher Anfang 1940, das „Hotel Central" in der Schloßstraße anzumieten und dem Rückwandereramt zur Verfügung zu stellen. Neben 80 Zimmern gab es dort einen Raum für Veranstaltungen.[15]

Zwischen 1935 und Kriegsbeginn wurden etwa 10000 Umsiedler registriert. Von Kriegsbeginn bis Juli 1940 betreute die Rückwandererstelle rund 2500 Personen, die aus dem westlichen Reichsgebiet evakuiert worden waren. Die Ausweitung des Krieges 1941 führte zu einer regelrechten Völkerwanderung. Unter Leitung der Volksdeutschen Mittelstelle (Vomi) wurden Volksdeutsche aus dem Baltikum und der westlichen Sowjetunion nicht nur ins besetzte Polen, sondern auch ins „Altreich" umgesiedelt. Im Lauf des Jahres 1941 richtete die Vomi, deren Beauftragter im Gau Württemberg-Hohenzollern Gauschulungsleiter Klett war, mehrere Lager für volksdeutsche Umsiedler ein.[16]

Das von der Stadt getragene Rückwandererheim „Hotel Central" unterschied sich von den Umsiedlungslagern der Vomi. Dort behandelten die Lagerleiter der SS die Umsiedler zum Teil schikanös, worüber sich Strölin beschwerte. Er kritisierte besonders die Behinderung der kirchlichen Seelsorge und wies auf deren hohen Stellenwert für die Umsiedler hin. Oft habe die religiöse und kirchliche Bindung im Ausland für diese Menschen die letzte Stütze des Deutschtums gebildet.[17]

Die Entwicklung des Krieges minderte den Zustrom von Einzelumsiedlern über das Rückwandererheim. Zwischen Mai 1943 und Oktober 1944 verzeichnete das Besucherbuch des „Hotel Central" aber noch immer 637 Personen. Als Herkunftsländer wurden die Schweiz, aber auch Haiti genannt. In der Nacht zum 26. Juli 1944 sank das „Hotel Central" in Schutt und Asche. Ein Teil des Personals kam ins Umsiedlerheim nach Möttlingen, ein anderer übernahm Aufgaben bei der Stadt.[18]

Die auslandsdeutschen Schüler- und Lehrlingsheime erlebten in den ersten Kriegsjahren wachsenden Andrang. Aus Südosteuropa kamen so viele Anfragen, daß die Stadt auf weitere Werbung verzichten konnte. Im Herbst 1940 kaufte sie zwei weitere Anwesen, um Schülerheime einzurichten.[19] Vom Mangel an Raum abgesehen verlief der Betrieb ungestört. Die Stadt erfreute sich außerdem eines regen Fremdenverkehrs. Neben auslandsdeutschen Besuchern spielte dabei die wirtschaftliche Bedeutung der Stadt eine wichtige Rolle, zumal Stuttgart als luftschutzsicher galt. Die oft beklagten schlechten Zugverbindungen sorgten für höhere Übernachtungszahlen. Da die Wehrmacht von den über 3000 Hotelbetten rund ein Sechstel und davon „die erste Güte"

II. 6. Das Scheitern der auslandsdeutschen Ambitionen

beschlagnahmt hatte, profitierten an manchen Wochenenden auch die Hoteliers in den umliegenden Städten vom Besucherstrom.[20]

Die auslandsdeutschen Heime erfreuten sich großer Beliebtheit und waren voll belegt. Nach Kriegsbeginn änderte sich dies nicht, denn die Stadt der Auslandsdeutschen besaß besonders bei den deutschen Volksgruppen auf dem Balkan einen guten Ruf. Nützlich für die deutsche Volkstumspolitik waren die Lehrgänge für volksdeutsche Führerinnen. Am Kurs, der nach einjähriger Dauer im März 1940 zu Ende ging, nahmen 20 junge Frauen aus Jugoslawien, 18 aus Rumänien, zwei aus Liechtenstein, vier aus den Vereinigten Staaten sowie je eine aus Bulgarien, der Slowakei, Polen, Lettland, Estland, Argentinien, Nordschleswig und drei neue Reichsbürgerinnen aus dem Protektorat teil.[21] Nach einem Vorkurs auf einer VDA-Schule umfaßte der Kurs in Stuttgart neben der Führerinnenschulung eine Ausbildung für Haushalt oder Handel. In der Städtischen Höheren Handelsschule war zu diesem Zweck eine Sonderklasse eingerichtet. Bei der Schulung standen „eine umfassende körperliche Ertüchtigung", die weltanschauliche Schulung und die praktische Arbeit mit Jugendgruppen im Mittelpunkt. So erhielt jedes „Mädel" eine Flöte und ein Liederheft mit 201 zu erlernenden Liedern. Nachdem das Viktor-Köchl-Haus am 28. August 1939 geräumt werden mußte, die Heidehofschule aber erst zum 19. Oktober zur Verfügung stand, durften „die Mädel Kriegsdienst tun im Landdienst und in städtischen Kinderheimen".

Die Stadtverwaltung kümmerte sich intensiv um ihre auslandsdeutschen Heime. Ende 1942 plante die Stadt in Zusammenarbeit mit der Reichsjugendführung den weiteren Ausbau. Nach Kriegsende sollten zwei weitere Schülerinnenheime, drei bis vier Schülerheime und ein Wohnheim errichtet werden. Während die Stadt die Häuser finanzieren sollte, sicherte sie der HJ den „maßgebenden erzieherischen Einfluß" zu. Am 1. April 1943 übernahm die Reichsjugendführung die Trägerschaft für die bestehenden auslandsdeutschen Schüler- und Lehrlingsheime. Dem guten Einvernehmen mit Obergebietsführer Sundermann hatte es die Stadt, die weiterhin Eigentümer und Bauträger blieb, zu verdanken, daß die Heime nicht direkt von Berlin aus geführt wurden. Sundermann erhielt die Aufsicht als Vertreter der Reichsjugendführung übertragen und versprach der Stadtverwaltung, „in Anerkennung der Leistungen und der Initiative" eng mit ihr zusammenzuarbeiten.[22]

Wenig später mußten die Heime evakuiert werden; die auslandsdeutschen Schüler kamen ins Schloß Kißlegg im Allgäu, die Schülerinnen ins Hotel Deutscher Hof nach Freudenstadt und die volksdeutsche Führerinnenschule ins Schloß Bartenstein im Kreis Crailsheim.[23] Nachdem sich die politischen Erwartungen der Stadt zu keiner Zeit erfüllt hatten, blieb vom Anspruch und der Bedeutung der Stadt der Auslandsdeutschen nur noch eine „historische Reminiszenz".[24]

Die Arbeit des DAI gewann im Krieg zunächst an Wichtigkeit. Schon nach dem Einmarsch in die Tschechoslowakei hatte sein Leiter Csaki, der bei Hitlers Einzug in

Karlsbad dabeigewesen war, gerühmt, daß die dem Münchner Abkommen zugrunde gelegten Volkstumskarten und die Karten für den Einmarsch im DAI gefertigt worden seien.[25] Nach dem Überfall auf Polen zeigte sich das DAI unzufrieden darüber, daß im Gegensatz zur Vomi und zum Verein für das Deutschtum im Ausland die Kriegsaufgaben des DAI nicht festgelegt worden seien. Könekamp konnte Präsident Strölin aber schon bald berichten:

„Auch das DAI hat im Rahmen der Ereignisse in Polen gewisse Aufträge erhalten. Nur geschieht die Arbeit des Instituts nicht in unmittelbarer Berührung mit den Volksdeutschen und mit den Organen der militärischen und zivilen Verwaltung in Polen selbst. Für das OKW hatte das DAI eine Reihe von Karten, Statistiken und Berichten über die Verhältnisse in Polen zu liefern. In Gefangenenlagern werden Mitarbeiter des DAI für die Sichtung der Gefangenen nach verschiedenen Volksgruppen eingesetzt."[26] An anderer Stelle wurden neben propagandistischen Aufgaben im In- und Ausland die Beratung von Rückwanderern und Flüchtlingen sowie die Mitarbeit an Erfassungs- und Umsiedlungsprojekten „im Osten" hervorgehoben.[27]

Der Stuttgarter Ratsherr Karl Götz hatte – aus dem VDA kommend – 1936 die Leitung der Forschungsstelle „Schwaben im Ausland" des DAI übernommen und bereiste die Welt. Als SS-Sturmbannführer saß er in der Zeit nach 1940 nur selten auf seinem Ratsherren-Stuhl, sondern widmete sich im Auftrag der Volksdeutschen Mittelstelle verschiedenen Umsiedlungsprojekten, die ihn bis auf die Krim führten.[28] Nach Aussage eines DAI-Mitarbeiters wirkte das DAI an der Planung des Angriffs auf die Sowjetunion in ähnlicher Weise mit wie beim Anschluß des Sudetenlands und beim Überfall auf Polen. Z. B. bildeten Volkstumskarten der Ukraine und des Kaukasus-Gebiets die Grundlage für die vorgesehene Einteilung der Verwaltungsbezirke.[29]

Im April 1943 regte das Ministerium für Volksaufklärung und Propaganda die Schließung des DAI „im Zuge der Propagandaaktion 'Totaler Krieg' an, weil es keine kriegswichtige Arbeit" mehr leiste.[30] Präsident Strölin kämpfte um den Erhalt „seines" Instituts. Er führte aus, daß seit Kriegsbeginn zahlreiche Abteilungen, die keine kriegswichtige Arbeit zu leisten hatten, stillgelegt worden seien. Rund 60 Prozent der Angehörigen des DAI seien bereits zur Wehrmacht oder in kriegswichtige Betriebe abkommandiert worden. Andererseits aber leiste das DAI nach wie vor eine Reihe kriegswichtiger Aufgaben. Strölin nannte karthographische Aufträge der Wehrmacht, des Auswärtigen Amts und der Vomi, statistische Tätigkeit für die Vomi, Bild- und Filmdokumentation für das Reichsministerium für die besetzten Ostgebiete und für das Propagandaministerium, einen persönlichen Auftrag Himmlers über die Dokumentation der Umsiedlungen sowie Schulungstätigkeit für militärische und Parteidienststellen und für die württembergischen Hochschulen. Die Umsiedlungsdokumentation ging auf einen Vorschlag Strölins an die Vomi im November 1939 zurück.[31] Sie war vermutlich die wichtigste Aufgabe des DAI.[32]

Die Vomi forderte wiederholt eine Unterstellung des DAI.[33] Sie war der Hauptauftraggeber und mit der Politik des Instituts nicht immer zufrieden. Sie forderte statt wissenschaftlichem Realismus politischen Optimismus.[34] 1943 erreichte sie ihr Ziel.[35] Die Preisgabe der Selbständigkeit verhinderte eine Schließung des DAI. Als Dienststelle des Reiches erhielt es Aufträge der Vomi, des Außenministeriums und des Reichsführers SS.[36] Dennoch gelang es Strölin nach dem Krieg, die Kriegsaufgaben des DAI zu verharmlosen, sogar in Abrede zu stellen.[37]

Seit Ende 1943 erfolgte die Auslagerung einzelner Abteilungen. Beim Luftangriff in der Nacht zum 26. Juli 1944 wurde das Wilhelmpalais mit den Ausstellungsräumen des Ehrenmals zerstört, im Herbst dieses Jahres das Alte Waisenhaus mit den Verwaltungsräumen schwer beschädigt. Die Arbeit kam zum Erliegen; Ende August 1944 waren noch rund 70 Personen beschäftigt, die meisten in Neuenbürg, wo sich das Archiv und die Bücherei befanden.

7. „Machtkämpfe in kapitalistischer Form"
Kommunale Energiewirtschaft während des Krieges

Der Kriegsbeginn war in der Auseinandersetzung um die Struktur der Energiewirtschaft keine nennenswerte Zäsur. Die siegreichen Blitzkriege und der kriegsbedingte Mehrbedarf an Energie veränderten aber die Rahmenbedingungen. Strölin hoffte deshalb auf eine positive Entwicklung für die Kommunen: „Die Versorgungsbetriebe der Gemeinden müssen ihren friedensmäßigen Betrieb aufrecht erhalten und ihn sogar in vielen Fällen noch verstärken, um den Anforderungen der Rüstungsindustrie nachkommen zu können."[1] Der Generalbevollmächtigte Dillgardt, der als Essener Oberbürgermeister eng mit den Energieunternehmen im Ruhrgebiet verbunden war, hatte andere Interessen und kritisierte Strölins Beiträge: „Für energiepolitische Erörterungen ist kein Raum; sie würden nur im nicht kommunalen Lager, insbesondere auch bei den Ämtern für Technik (der NSDAP) gegensätzliche Aktionen zur Folge haben."[2] Im Juli 1940 vertrat Strölin das Hauptamt für Kommunalpolitik bei einer Besprechung über Energiefragen, an der zeitweise auch einige Gauleiter teilnahmen.[3] Er verhielt sich ambivalent, während Reichsleiter Fiehler Dillgardt attackierte. Strölin sprach sich nicht grundsätzlich gegen eine Zusammenfassung aus, wandte sich aber gegen Privatkonzerne. Die rheinischen Gauleiter unterstützten ihn. Diese, so Strölin, blickten neidvoll nach Württemberg, wo ihr Kollege Murr nicht mit privater Konkurrenz zu kämpfen und seinen Zusammenschluß – die EVS – ohne Schwierigkeiten bewerkstelligt habe.

Unter dem Eindruck dieser Debatten legte Strölin wenig später seine „Gedanken über eine Neuordnung der Energiewirtschaft" nieder.[4] Er kritisierte „den Mangel (an) einer klaren und einheitlichen Organisation", die Benachteiligung der Kommunen durch das Reich und den Generalbevollmächtigten sowie „Machtkämpfe um Versorgungsgebiete in kapitalistischer Form". Er schlug vor, die politische Zuständigkeit von oben nach unten zu regeln, die Energiewirtschaft in der Praxis aber aus einem Großverbund des Reiches, einem Regionalverbund der Länder und einer eigenständigen kommunalen Versorgung aufzubauen. Strölins Entwurf hatte keine Aussicht auf Erfolg; eine auch nur teilweise dezentrale Gliederung war unrealistisch.

Erhebliche Verärgerung lösten in Stuttgart Eingriffe des Reichskommissars für Preisbildung aus. 1940 mußte die Stadt aufgrund neuer Verordnungen ihre Stromtarife ändern, was nach eigenen Berechnungen einen Einnahmeausfall von rund einer dreiviertel Million RM verursachte. Der Grundpreis ermäßigte sich bei Zwei- und Dreizimmerwohnungen, vor allem aber für die Bezieher von Gewerbestrom und für Großabnehmer, die die Hauptnutznießer waren.[5] Anfang 1941 mußte die Stadt trotz mehrfacher Einsprüche auch die Gastarife senken. Die Ermäßigung kostete die Stadt zwar rund 400000 RM, bescherte aber nur einem Teil der Verbraucher geringfügige Nachlässe.[6] Die Tarife lagen in Stuttgart vergleichsweise niedrig. Die Stadt hatte sich gegen die Verordnungen besonders wegen steigender Produktionskosten gewehrt. Als die TWS nach einem Jahr Bilanz zogen, war von Mindereinnahmen keine Rede mehr. Die höhere Stromabnahme der Wirtschaft hatte den Verlust mehr als ausgeglichen, so daß Anfang 1942 sogar eine weitere Senkung der Preise für gewerblichen Licht- und Kraftstrom erwogen wurde.[7]

Die Stadtverwaltung, die sonst die Konzentrationsbestrebungen mißtrauisch verfolgte und die Unabhängigkeit ihrer Werke verteidigte, war auf der anderen Seite ein Vorreiter eines südwestdeutschen Ferngas-Verbundes. Ein höherer Anteil von Ferngas war finanziell interessant, da der Transport von Kohle – zumindest bis zur Fertigstellung des Neckarkanals – umständlich und teuer sein würde, während beim Bergbau durch vermehrte Eisenerzeugung und den Koksbedarf billiges Zechengas anfiel. 1937 hatte sich die Saargas-GmbH mit einem Angebot an das württembergische Innenministerium gewandt, das Verhandlungen zustimmte, die jedoch erfolglos blieben.[8] Nach Kriegsbeginn ergab sich eine neue Situation. Schon im ersten Kriegswinter brach die Kohleversorgung an mehreren Tagen zusammen. Mitte Januar 1940 mußten die städtischen Bäder in Heslach und Ostheim ihre Pforten schließen, der Schulunterricht fiel für eine Woche aus, und Mitte Februar beschlagnahmte das Wirtschaftsamt die Kohlenvorräte der Kirchen für den Hausbrand.[9] Unter diesen Umständen gewann die Frage einer Ferngasversorgung für die Stadt neue Aktualität. Im Juli 1940 fand in Völklingen eine Besprechung zwischen dem Röchling-Konzern, der Saar-Ferngas AG, der Saargrubenverwaltung und dem Zweckverband Gasversorgung Württemberg, den Stuttgart dominierte, statt. Auch der Gauamtsleiter für Technik im Gau Württemberg-Hohenzollern war anwesend.[10] Dieses Mal übten jedoch die Saarländer

II. 7. Kommunale Energiewirtschaft während des Krieges

Zurückhaltung. Der Sieg über Frankreich eröffnete Aussichten auf die lothringischen Bergwerke, so daß sich die Saarindustriellen ihre Optionen offenhalten wollten. In Stuttgart stieg der Verbrauch ständig, und so wiederholten sich in den beiden folgenden Wintern trotz Vorratswirtschaft die Nöte des ersten Kriegswinters.[11] Die Kohleförderung sank, ebenso die Transportleistungen, so daß die Versorgung wiederholt nur durch Abhängen der Schulen und Einschränkungen für die Industrie aufrechterhalten werden konnte.[12] Den TWS fehlte außerdem Personal; die Zahl der Einberufungen hatte mit Beginn des Feldzugs gegen die Sowjetunion 22 Prozent der Gesamtbelegschaft erreicht.

Im April 1941 zog Strölin vor den Technischen und den Verwaltungsbeiräten eine kritische Zwischenbilanz. Er befürchtete, das Stuttgarter Gaswerk werde in zwei bis drei Jahren den Bedarf nicht mehr decken können, während mit einem zügigen Ausbau der Ferngasversorgung nicht zu rechnen sei. Ein Neubau für ein Gaswerk, der aus wehr- und gesundheitspolitischen Gründen nicht im Stadtgebiet erstellt werden könne, sei zwar wünschenswert, werde aber zu lange Zeit in Anspruch nehmen. Strölin regte daher einen Ausbau der Gaisburger Gaskokerei an.[13]

Die Stadt forcierte das Ferngasprojekt. Nachdem die Verhandlungen mit der Saar-Gesellschaft nicht zum Erfolg geführt hatten, wurde am 16. Dezember 1941 unter ihrer Federführung eine Südwestdeutsche Ferngas AG gegründet. Zur Versorgung von Württemberg, Baden und dem Elsaß sollte im badischen Kehl eine Kokerei gebaut werden, die dem Südwesten eine gewisse Unabhängigkeit beschert hätte.[14] Das Projekt blieb Makulatur und wurde erst nach Kriegsende aufgegriffen.[15]

Die Stadtverwaltung plante außerdem gemeinsam mit der Daimler-Benz AG den Bau eines Heizkraftwerks. Bereits Mitte der dreißiger Jahre waren Überlegungen für ein gemeinsames Projekt mit der Robert Bosch AG und später mit Daimler-Benz angestellt worden, die jedoch nicht zu einem Ergebnis geführt hatten.[16] Die Landesplanungsbehörde und das Gauamt für Technik hatten gegen diese Pläne opponiert, jetzt wurden sie unter veränderten Umständen wieder aktuell. Die Rüstungsindustrie war von der Kohleknappheit besonders betroffen.

Die wachsenden Rüstungsaufträge veranlaßte die Geschäftsleitung von Daimler-Benz zu einer Erweiterung des Untertürkheimer Werks in Richtung Wasen, wo bereits einige Behelfsbauten standen. Im Juli 1940 unterrichtete Generaldirektor Kissel die Stadt davon, daß auf dem Wasen eine Reparaturwerkstätte vorgesehen sei; wenig später war sogar von Produktionsanlagen bis an die Festwiese heran die Rede. Kissel schlug zugleich die Aussiedlung benachbarter Firmen (Reisser, Sapt, Bettfedernfabrik) vor.[17] Die Stadt, die die bisherigen Behelfsbauten nur bis nach Kriegsende dulden wollte, lehnte diese Pläne entschieden ab.[18] Bad Cannstatt sollte zu einer Bäderstadt ausgebaut werden, der Wasen war als Sport- und Aufmarschgelände für die Stadt unverzichtbar.

Unterstützung bekam die Stadt von der Landesplanungsbehörde, die nach wie vor die Dezentralisierung wichtiger Rüstungsbetriebe verfocht, und der Rüstungsinspektion.[19] Deren Leiter im Wehrkreis V vertrat die Ansicht, daß sich Daimler-Benz „mit Hilfe der Kriegskonjunktur (...) für den Frieden bestmöglichst" ausstatten wolle. Es sei weit übertrieben, daß die Erweiterung, wie die Direktoren behaupteten, „geradezu entscheidend für den ganzen Krieg" sei.[20] Im Dezember 1940 lehnte die Rüstungsinspektion die Ausbaupläne ab, nachdem sie die von Marine und Luftwaffe eingereichten Unterlagen über Aufträge an Daimler-Benz geprüft hatte.[21] Bei einer Besprechung im Februar 1941 fand man einen Kompromiß, der dem Unternehmen nur wenig entgegenkam.[22]

Doch so leicht gab sich Daimler nicht geschlagen. Direktor Werlin fuhr zu Hitler, um durch dessen persönliches Eingreifen die Pläne doch noch realisieren zu können.[23] Hitler entsandte den Generalbaurat für die Hauptstadt der Bewegung, Professor Giesler, nach Stuttgart. Stadtrat Schwarz und Baudirektor Ströbel, die Werlin am 3. Mai zu einer Besprechung mit einem Architekten gebeten hatten, waren von dieser Wendung überrascht. Strölin eilte bereits am folgenden Tag nach München, um Giesler persönlich den Standpunkt der Stadt vorzutragen. Nach Strölins Bericht kritisierte auch Giesler, daß Daimler-Benz „in ihren Ausdehnungsbestrebungen keine Hemmungen" kenne. Er wollte ein Verwaltungsgebäude zulassen, um das Werk zum Wasen hin abzuschließen. Strölin wollte sich damit abfinden, sofern es sich nicht um Betriebsanlagen handele. Prüfstände, wie sie das Unternehmen verlangt hatte, lehnte Strölin im Gegensatz zu Giesler an dieser Stelle kategorisch ab. Giesler hielt sich in seinem Gutachten an das, was er Strölin mitgeteilt hatte. Er verwarf den Abriß des Inselbades und eine Beeinträchtigung des Wasen als Stuttgarts einziger großer Freifläche. Giesler wiederholte seinen Vorschlag für einen baulich befriedigenden Abschluß des Werksgeländes zum Wasen hin, schloß dabei aber den Bau von Prüfständen nicht aus. Eine Querstraße sollte zusätzlich das Werkgelände abschließen. Insgesamt erhielt die Firma einen 165 Meter breiten Streifen. Die Stadt konnte mit dieser Lösung zufriedener sein als Daimler-Benz, doch akzeptierten beide Seiten die Entscheidung und klärten Einzelheiten. Die Bauarbeiten begannen unverzüglich. Allerdings tauchten nun wegen der Brücke Schwierigkeiten mit dem Naturschutzbeauftragten auf, während die Rüstungsinspektion den zusätzlichen Bedarf an Arbeitskräften und an Rohstoffen bemängelte. Unter Vermittlung des Reichsluftfahrtministeriums einigte man sich schließlich auf eine provisorische Holzbrücke, denn die Luftwaffe wünschte keine weitere Verzögerung.[24]

Die Stadtverwaltung erkannte, welche Seite die stärksten Argumente besaß. Strölin hatte den Eindruck gewonnen, „daß der Führer selbst sich für die Entwicklung der Firma Daimler auf das stärkste interessiert".[25] Die Stadt plante deshalb den Bau des Heizkraftwerks zusammen mit Daimler-Benz. Einmal mehr trat Gauamtsleiter Rohr-

II. 7. Kommunale Energiewirtschaft während des Krieges

bach als Gegenspieler auf. Er war der starke Mann der württembergischen Energiewirtschaft, zumal der Aufsichtsratsvorsitzende der EVS, Innenminister Schmid, als Chef der Zivilverwaltung in Frankreich weilte. Bei einem Treffen mit Strölin und TWS-Direktor Stöckle forderte Rohrbach erneut die völlige Einordnung der kommunalen Energiewirtschaft und kritisierte die Gewinne der Städte aus den Eigenbetrieben. Die Vertreter der Stadt konnten ihn aber überzeugen, daß Stuttgart einen hohen Stromanteil von der EVS beziehe, daher aus dem geplanten Heizkraftwerk wenig abnehmen und kein Geschäft machen werde.[26]
Im März 1942 begannen die Tiefbauarbeiten für das „Heizkraftwerk Untertürkheim" nahe dem Daimler-Werksgelände auf der Gaisburger Neckarseite. Zwar erhob die Reichsgruppe Energiewirtschaft Ende April Einspruch, dem wenig später ein Baustopp des Generalbevollmächtigten folgte. Aber die Stadtverwaltung hatte richtig gerechnet, als sie sich mit dem Rüstungskonzern verbunden hatte. Denn Daimler-Benz setzte die Wiederaufnahme der Bauarbeiten durch, erneut unterstützt vom Reichsluftfahrtministerium. Trotz großer Schwierigkeiten bei der Beschaffung der Baustoffe wuchs das Kraftwerk in die Höhe. Bald stoppten freilich alliierte Bomber das Projekt.[27] Das Heizkraftwerk wurde nach Kriegsende fertiggestellt.[27]
Das von der Stadt begonnene und von der EVS übernommene Dampfkraftwerk in Marbach ging im Februar 1941 teilweise, im November 1942 voll in Betrieb. Auch das im Rahmen der Neckarkanalisierung errichtete Wasserkraftwerk der TWS lieferte seit 1941 Strom.[28] Im Herbst 1942 gingen die TWS vom Zwei- zum Dreischichtbetrieb über, was in erster Linie durch den Einsatz von Fremdarbeitern möglich war. Der steigende Strombedarf konnte mit Hilfe der Lieferungen aus Marbach gedeckt werden, während die Gasversorgung angespannt blieb. Eine Erweiterung des Gaswerks war zwar trotz des Krieges möglich, der Schwachpunkt aber waren die Kohlelieferungen, auf die die Stadt keinen Einfluß hatte.[29] Mit Beginn des totalen Kriegs, den massiven Luftangriffen und der Mobilisierung industrieller Reserven häuften sich die Engpässe und die Sparerlasse, doch blieb Stuttgart bis zur Zerstörung von einer regelrechten Energiekrise verschont.

Kapitel III
Die Vernichtung „lebensunwerten Lebens"

1. Die Vernichtung von „Ballastexistenzen"
Stuttgart und die sogenannte Euthanasie

Im Frühjahr 1941 fanden in Württemberg Röntgenreihenuntersuchungen statt. Obwohl in Kriegszeiten eine solche Untersuchung ratsam schien, verweigerten zahlreiche Personen die Teilnahme. Nach einem Bericht des Stuttgarter Oberlandesgerichtspräsidenten Küstner an das Reichsjustizministerium erklärten sie den Amtswaltern der NSDAP klipp und klar, sie hätten keine Lust in Grafeneck zu sterben.[1] Die kleine Ortschaft bei Münsingen auf der Schwäbischen Alb beschäftigte schon seit längerer Zeit die Gemüter. Küstner sprach Anfang November 1940 von einer „ernsten Unruhe" unter der Bevölkerung; auch Kinder wüßten und erzählten auf der Straße, daß Grafeneck ein Ort des Todes sei.[2]

Das, wovon alle Welt sprach, hatte die Führung zur „geheimen Reichssache" erklärt. Dies war verständlich, ging es doch um die systematische Ermordung kranker Menschen. Nachdem die Nationalsozialisten seit 1933 Erbbelastete und -kranke, Asoziale und Kriminelle durch Zwangssterilisation und Zwangsabtreibung, durch Eheverbote und finanzielle Nachteile verfolgt hatten, wollten sie sich bei Beginn des Krieges von den „Ballastexistenzen" in den Heil- und Pflegeanstalten befreien. Nicht nur in den Reihen der NSDAP und nicht erst seit 1933 hatten sich Stimmen erhoben, die für den Kriegsfall eine Vernichtung der „unnützen Esser" verlangten. Sie sprachen aus Tarnungsgründen von Gnadentod oder Euthanasie (schöner Tod).[3] Die Kanzlei des Führers bereitete die „Euthanasie-Aktion" vor. Ihr Leiter Philipp Bouhler erklärte, durch die Tötung Geisteskranker werde Lazarettraum für den Krieg geschaffen.[4] Hitler ermächtigte Bouhler und seinen Begleitarzt Dr. Karl Brandt, „die Befugnisse namentlich zu bestimmender Ärzte so zu erweitern, daß nach menschlichem Ermessen unheilbar Kranken bei kritischster Beurteilung ihres Krankheitszustandes der Gnadentod gewährt werden" könne.[5]

Als erste Vernichtungsanstalt hatte die Kanzlei des Führers das Schloß Grafeneck ausgewählt, das der Samariterstiftung Stuttgart gehörte. Im dortigen „Krüppelheim" befanden sich rund 110 körperlich und geistig behinderte Männer. Die Stadt Stuttgart hatte ein Drittel der Patienten eingewiesen und entrichtete dafür einen jährlichen Betrag an die Stiftung.[6] Frühzeitig wurden Ministerialrat Stähle vom württembergischen Innenministerium, zugleich Gauamtsleiter für Volksgesundheit, und sein Sachbearbeiter für Irrenwesen, Obermedizinalrat Mauthe, informiert. Sie übernahmen die Planung und Ausführung des Mordprogramms. Die Samariterstiftung mußte Grafeneck bis Mitte Oktober 1939 räumen; ihre Pfleglinge kamen ins Kloster Reute bei Bad Waldsee.

Im Laufe des Oktobers 1939 erreichten zwei Meldebögen die württembergischen Heil- und Pflegeanstalten. Der erste Bogen fragte nach der ärztlichen Diagnose, aber auch nach dem Grad der Arbeitsfähigkeit der Patienten sowie nach der Rassenzugehörigkeit jener Insassen, die Gerichte nach Straftaten als unzurechnungsfähig in eine Anstalt eingewiesen hatten. Zur Begründung nannte Staatssekretär Conti, der Reichsgesundheitsführer, die „Notwendigkeit planwirtschaftlicher Erfassung der Heil- und Pflegeanstalten".[7] Zur gleichen Zeit wies Stähle die staatlichen und einige private Anstalten in Württemberg an, ihr gesammeltes „Material über Pfleglinge dem Gauamt für Rassepolitik für die von diesem zu treffenden Auslesemaßnahmen zur Verfügung zu stellen".[8]

Körperlich und geistig behinderte Personen aus Stuttgart waren in den verschiedenen württembergischen Heil- und Pflegeanstalten untergebracht. In der Gauhauptstadt existierte keine solche Anstalt. Die psychiatrische Abteilung des Bürgerhospitals behandelte ambulante Patienten und akute Fälle, Langzeitkranke blieben dort nur bis zu einer Überweisung in eine Anstalt.[9] Besonders in Frage kamen die nahegelegenen Anstalten in Stetten im Remstal, Weinsberg und in Winnenthal, aber auch die oberschwäbischen Anstalten in Schussenried, Zwiefalten und Weißenau sowie die Privatklinik Landerer im 40 Kilometer entfernten Göppingen.

Im November 1939 gründeten die Organisatoren des Mordprogramms eine „Reichsarbeitsgemeinschaft Heil- und Pflegeanstalten" (RAG) und die „Gemeinnützige Kranken-Transport-GmbH" (Gekrat). Die Briefköpfe dieser Scheingesellschaften dienten zur Tarnung des Vorhabens. Am 23. November erging ein von Stähle unterzeichneter Erlaß des Innenministeriums an die oben genannten Heil- und Pflegeanstalten sowie an jene Einrichtungen, die der Zentralleitung für das Stiftungs- und Anstaltswesen unterstanden: „Die gegenwärtige Lage macht die Verlegung einer größeren Anzahl von in Heil- und Pflegeanstalten untergebrachten Kranken notwendig. Im Auftrag des Reichsverteidigungskommissars werde ich notwendig werdende Verlegungen von Fall zu Fall anordnen. Die Kranken werden nebst ihren Krankenakten in Sammeltransporten verlegt."[10]

Die Anstalten schöpften keinen Verdacht. Unterdessen liefen die Vorbereitungen in Grafeneck weiter; außerdem fand im Januar 1940 in der Anstalt Brandenburg eine

„Probevergasung" statt. An der technischen Ausführung der Mordaktion besaßen Stuttgarter Stellen erheblichen Anteil. 1935 war die kriminaltechnische Abteilung des Chemischen Untersuchungsamts der Stadt der Chemischen Landesanstalt angegliedert worden, die im März 1938 zum Kriminaltechnischen Institut (KTI) der Sicherheitspolizei avancierte und im Herbst des Jahres nach Berlin umzog.[11] Bei der Einrichtung des Reichssicherheitshauptamts (RSHA) am 27. September 1939 bildete das KTI die Gruppe D im Amt V, die mit der technischen Entwicklung der „Euthanasie"-Aktion befaßt war.[12] Gruppenleiter war der an der Technischen Hochschule Stuttgart promovierte und habilitierte Walter Heeß, wichtigster Unterabteilungsleiter der ebenfalls an der Technischen Hochschule promovierte Albert Widmann.[13] Die Stuttgarter Kriminalpolizei stellte überdies vier Beamte für das Mordprogramm zur Verfügung. Kriminalkommissar Christian Wirth bescherte dieser Wechsel eine steile Karriere, die ihn vom Büroleiter in den Anstalten Grafeneck, Brandenburg und Hartheim zum Kommandanten des Vernichtungslagers Belzec und schließlich zum Inspekteur aller drei Vernichtungslager der sogenannten Aktion Reinhardt im besetzten Polen aufsteigen ließ.

Während die Techniker das Handwerkszeug bereitstellten, bearbeiteten die von der Kanzlei des Führers und der Partei ausgewählten Gutachter im Schnellverfahren erste Meldebögen aus württembergischen Anstalten. Mit einem Pluszeichen entschieden sie aufgrund der knappen Angaben auf den Meldebögen über den Tod der Pfleglinge. In Zweifelsfällen entschied Ministerialdirigent Linden zuungunsten der Betroffenen.[14] Obwohl SS-Arzt Viktor Brack bei Besprechungen mit den Gutachtern auf Arbeitsfähigkeit als wesentliches Kriterium hinwies, war die Praxis willkürlich. Besonders die sogenannten kriminellen Geisteskranken wurden nach einer Anweisung des Obergutachters Heyde in den Tod geschickt.

Am 29. Januar 1940 schrieb der Arzt Dr. Joos aus Weinsberg einem Kollegen in Winnenthal, er habe „anfangs voriger Woche rasch nacheinander zwei Listen mit je 26 Patienten" erhalten mit der Mitteilung, diese würden „in den nächsten Tagen von einer Krankentransport-GmbH in Kraftwagen abgeholt, 10 kg Gepäck könnten pro Kopf mitgenommen werden".[15] Am 28. Januar waren die Omnibusse der Gekrat vorgefahren, hatten die kranken Frauen eingeladen und waren ohne nähere Angaben verschwunden. Joos berichtete von der Angst der übrigen Pfleglinge. In Winnenthal waren zu dieser Zeit noch keine Listen eingetroffen. Am 1. Februar holte die Gekrat 13 Patienten der Anstalt Pfingstweide bei Tettnang und zwei Tage später 46 Insassen der katholischen Anstalt Rottenmünster bei Rottweil ab. Bereits wenige Tage später, am 9. Februar, erfuhr der Stuttgarter Stadtpfarrer Fischer, der bis zur Beschlagnahme für Grafeneck zuständig gewesen war, von einem ersten mysteriösen Todesfall einer Weinsberger Patientin. Der Vorstand der Anstalt Pfingstweide wandte sich sofort an den Landesverband der Inneren Mission und schilderte die Ereignisse:

„Ende Januar bekam der Hausvater vom Innenministerium die Nachricht, daß auf Grund einer Anordnung des Reichsverteidigungskommissars aus den Heil- und Pflegeanstalten Pfleglinge nach auswärts verlegt werden müssen. In einer Anlage waren 13 Pfleglinge der Anstalt Pfingstweide und zwar die nach dem Alphabet ersten benannt. Darunter waren auch solche, die als Hilfskräfte wichtige Dienste leisteten. Sofort wurden Eingaben gemacht, uns doch diese letzteren zu belassen. Statt einer Antwort traf am 31. Januar telephonisch die Aufforderung ein, daß anderen Tags die Genannten mit Omnibussen der Transportgesellschaft abgeholt werden. Das geschah. (...) Wenige Tage nach dem Abgang der 13 kam von einem Verwandten eines der Pfleglinge der telefonische Anruf, ob der Hausvater wisse, daß derselbe an Grippe gestorben und wegen Ansteckungsgefahr sofort eingeäschert worden sei, auch seine Kleider usw. Einige Tage nachher brachte der Pfleger eines anderen ein Schreiben aus Grafeneck, wonach sein Mündel nach seinem Tode wegen Grippe und doppelseitiger Lungenentzündung auf polizeiliches Verlangen eingeäschert worden und auch seine Habseligkeiten vernichtet werden mußten. Heute erhalte ich vom Hausvater die Mitteilung vom Tod zweier weiterer jener 13. Das Geheimnis ist also zum Teil enthüllt."[16]
Pfarrer Schosser von der Inneren Mission leitete das Schreiben an den Leiter der Zentralleitung für Stiftungs- und Anstaltswesen, Karl Mailänder, weiter.[17] Gegenüber Ministerialdirektor Dill vom Innenministerium äußerte Mailänder, der offenbar den eigentlichen Zweck der „Verlegungen" kannte:
„Wie der Bericht der Anstalt Pfingstweide zeigt, können die in Betracht kommenden Maßnahmen, wenn sie auch noch so geheim durchgeführt werden, in der betreffenden Anstalt nicht geheimgehalten werden, sondern werden zum mindesten im Kreis des Anstaltspersonals und der übrigen Insassen der Anstalt bekannt und dringen sogar auf dem Wege über die Angehörigen der verlegten Pfleglinge in weitere Kreise hinaus und rufen Unruhe und Bestürzung hervor."[18]
Mailänder lehnte eine willkürliche Auswahl der Kranken ab. Um den Anstalten arbeitsfähige Patienten zu erhalten, sollten nach seiner Ansicht „bei der Auswahl der Anstaltsleiter und der Anstaltsarzt zugezogen werden". Das Innenministerium reagierte zunächst nicht auf Anfragen der Inneren Mission.
Wenige Tage nach seinem Beginn waren die Grundzüge des Mordprogramms bekannt. Stähle ging in die Offensive. Stadtpfarrer Fischer drohte er mit der Gestapo und Konzentrationslager, die Leiter der großen Anstalten bestellte er am 16. Februar 1940 einzeln zu sich. Ohne Grafeneck zu erwähnen, erklärte er, daß Kranke systematisch getötet würden.[19] Die Anstaltsleiter mußten folgenden Revers unterschreiben:
„Ich bescheinige, daß ich durch Ministerialrat Dr. Stähle im Württ. Innenministerium über den wesentlichen Inhalt des Aktenbundes GrS Nr. 3675 A unterrichtet worden bin. Ich bin dabei darauf hingewiesen worden, daß es sich hier um ein Staatsgeheimnis im Sinne des § 88 des RStGB in der Fassung des Gesetzes vom 24. IV. 1934 (RGBl. I S.

341 ff.) handelt und daß schon jedes Unternehmen zum Zwecke des Verrates mit dem Tode bestraft wird."[20]

Nach diesem Zeitpunkt nahmen die Vergasungen in Grafeneck bis zum Sommer zu. Die Statistik wies im Januar 95, im Februar 234, im März 500, im April 410, im Mai 1119 und im Juni 1300 ermordete Anstaltsinsassen überwiegend aus Württemberg und Baden aus.[21] In den Anstalten spielten sich erschütternde Szenen ab, als die Busse der Gekrat vorfuhren. Viele Patienten ahnten oder kannten ihr Schicksal. Eine Frau aus Stuttgart, die wegen gelegentlicher epileptischer Anfälle in der Anstalt Liebenau war, schrieb ihrem Vater einen Abschiedsbrief, nachdem sie in den Wochen zuvor die Angehörigen über die Gerüchte und Ängste unterrichtet hatte. Die Familie versuchte daraufhin, über das städtische Gesundheitsamt Zusicherungen zu erhalten, die jedoch mit dem Abschiedsbrief und der vier Wochen später eintreffenden Todesnachricht gegenstandslos wurden. Wie ein Hohn mutete es an, daß kurz darauf das Gesundheitsamt mitteilte, aus Berlin sei eine Zurückstellung von der Verlegung genehmigt worden.[22] Morphium und andere Spritzen sollten unliebsame Zwischenfälle beim Abtransport verhindern, notfalls griffen die Wärter aber auch zur Pistole.[23] Entgegen den Versicherungen der beteiligten Ärzte, die Opfer seien friedlich in den Tod geschlummert, erlitten diese einen qualvollen Tod. Es war für die „Desinfektoren", die Heizer der Verbrennungsöfen, nicht einfach, die ineinandergekrallten, mit Kot und Erbrochenem bedeckten Leichen auseinanderzureißen und in die Heizanlage zu bringen. Forderten Angehörige auf eine Todesnachricht hin eine Aschenurne an, so erhielten sie rund drei Kilogramm Asche und Knochenmehl aus einem großen Verbrennungsvorgang; es wäre zu aufwendig gewesen, bei diesem Massenmord die Leichen einzeln zu verbrennen. Seit Frühjahr 1940 fand zur Verschleierung ein Aktenaustausch von Grafeneck mit Brandenburg/Havel und Hartheim in Oberösterreich statt, die in der Zwischenzeit ihren „Betrieb" aufgenommen hatten. Außerdem richtete man in Grafeneck ein Sonderstandesamt ein, um die hohe Zahl von Todesfällen in dem kleinen Ort zu kaschieren.[24] Der August 1940 brachte in Grafeneck mit 1411 Ermordeten einen traurigen Rekord der Aktion T4, wie die Vernichtung der Kranken im Jargon der Mörder nach dem Sitz der Dienststelle in der Tiergartenstraße 4 in Berlin genannt wurde.

Die „geheime Reichssache" Grafeneck war ein öffentliches Gesprächsthema. Nicht selten gingen Informationen und Gerüchte auf Versäumnisse des T4-Personals zurück, das in seinen „Trostbriefen" leicht widerlegbare Todesursachen angab (zum Beispiel Blinddarmentzündung bei Personen, die längst keinen Blinddarm mehr besaßen). Die Mutmaßungen beschäftigten das Regime mehr als die internen Anfragen von Anstalten, kirchlichen und anderen Trägern, sofern diese überhaupt fragten. Das württembergische Innenministerium verweigerte zunächst jegliche Auskunft, flüchtete sich sodann in Drohungen und verwies auf strikte Geheimhaltung. Im Sommer

III. 1. Stuttgart und die sogenannte Euthanasie

1940 änderte sich das. Die Pflegeheime, die jetzt einbezogen wurden, waren nicht mehr ahnungslos. Der Leiter der Taubstummenanstalt Wilhelmsdorf bei Ravensburg teilte der Zentralleitung für Stiftungs- und Anstaltswesen am 7. August 1940 mit: „Im übrigen habe ich die einzelnen Zählbogen wieder zurückgeschickt unter Darlegung meines Standpunktes, daß ich bei der Vernichtung des Lebens von uns anvertrauten Pfleglingen und auch bei der Erfassung nicht mitmache, weil ich das für Unrecht halte. Ich nehme die Folgen auf mich. Heinz Hermann, Inspektor".[25]
Andere Anstalten suchten ihre arbeitsfähigen Patienten zu retten und mußten sich deshalb auf einen Menschenhandel einlassen, der ihnen zugleich Vorteile eintrug. Selbst Karl Mailänder von der Zentralleitung reiste nach Berlin und protestierte gegen eine Ausweitung der Aktion auf „Krüppelheime, Altenpflegeheime usw.".[26]
Die Tötung von Kranken war auch im NS-Staat Mord. Bezeichnend aber war, daß führende Justizbeamte von Landesbischof Wurm über die Vorgänge unterrichtet wurden.[27] Aufgrund einer Anzeige wandte sich am 15. Juli 1940 Oberstaatsanwalt Holzhäuer von der Stuttgarter Generalstaatsanwaltschaft an den Reichsjustizminister und fragte, „ob ich die Ermittlungen einleiten und hierzu die Geheime Staatspolizei, Staatspolizeileitstelle Stuttgart in Anspruch nehmen soll". Staatssekretär Freisler instruierte Holzhäuer bei einem Gespräch Ende des Monats, die Angelegenheit nicht zu verfolgen und ähnliche Fälle ans Reichsinnenministerium abzugeben. Doch die Staatsanwaltschaft gab sich noch nicht zufrieden und bemerkte: „Wenn es sich bestätigen sollte, daß auch Weltkriegsverletzte sowie Privatpatienten, mit denen die Angehörigen bis vor kurzem noch in anhänglichem Verkehr gestanden haben, von der Aktion erfaßt worden sind, so befürchte ich schwerwiegende Folgen und eine unhaltbare Lage für die Justizbehörden, wenn nicht baldigst eine klare gesetzliche Regelung erfolgt."[28]
An einem solchen „Gesetz über die Leidensbeendigung bei unheilbar Kranken und Lebensunfähigen" arbeiteten im August 1940 Ärzte und Ministerialbeamte, unter ihnen Stähle. Wegen der Wirkung im Ausland lehnte Hitler jedoch ab. Als am 27. August Bouhler Justizminister Gürtner die schriftliche Ermächtigung Hitlers zum „Gnadentod" vorlegte, verstummte die Diskussion in Justizkreisen. Der Wille des Führers stand über dem Gesetz.[29]
Die Kirchen als Träger von Heil- und Pflegeanstalten hatten als erste von dem organisierten Massenmord erfahren. Nachdem der Vorstoß der Inneren Mission beim württembergischen Innenministerium im Februar 1940 im Sande verlaufen war, dauerte es bis zum Juli, ehe die evangelische Landeskirche aktiv wurde. Wurm erwähnte die Mordaktion gegenüber Reichskirchenminister Kerrl in einem Brief am 6. Juli; Oberkirchenrat Sautter wandte sich elf Tage später an Sondergerichtspräsident Cuhorst, und schließlich verfaßte Wurm am 19. Juli ein mehrseitiges Schreiben an Reichsinnenminister Frick.[30] Wurm vermied es zwar, von Massenmord zu sprechen. Er schilderte

allerdings klar die Vorgänge und lehnte aus christlicher Überzeugung die Tötung kranker und behinderter Menschen ab:
„Ich kann nur mit Grausen daran denken, daß so, wie begonnen wurde, fortgefahren wird. Der etwaige Nutzen dieser Maßregeln (!) wird je länger je mehr aufgewogen durch den Schaden, den sie stiften werden. Wenn die Jugend sieht, daß dem Staat das Leben nicht mehr heilig ist, welche Folgerungen wird sie daraus für ihr Privatleben ziehen? (...) Auf dieser schiefen Ebene gibt es kein Halten mehr."
In einem Erlaß an die Dekanatämter rief Wurm die Angehörigen der Opfer und die Pfarrer auf, sich an das Innenministerium zu wenden.[31]
Im Bischöflichen Ordinariat in Rottenburg war Generalvikar Kottmann bereits am 2. März 1940 von der Anstalt Rottenmünster informiert worden. Möglicherweise wollte Kottmann das seit der Ausweisung von Bischof Sproll gespannte Verhältnis nicht weiter belasten. So sorgten sich die Leiter der Diözesen Freiburg und Rottenburg vor allem darum, daß den Opfern die Sterbesakramente gespendet werden konnten. Erst im Dezember 1940 erlöste ein Bescheid aus dem Vatikan den zaudernden Episkopat aus seiner Unsicherheit: „Direkte Tötung eines Unschuldigen wegen geistiger und körperlicher Defekte ist nicht erlaubt."[32]
Landesbischof Wurm erhob, obwohl Frick ihn keiner Antwort gewürdigt hatte, neue Vorstellungen.[33] Anfang September 1940 berichtete er dem Reichsinnenminister über die „planmäßige Ausrottung" und fragte nach einer rechtlichen Grundlage:
„Wenn die Staatsführung davon überzeugt ist, daß es sich um eine unumgängliche Kriegsmaßnahme handelt, warum gibt sie keine Verordnung mit Gesetzeskraft heraus, die wenigstens das Gute hätte, daß amtliche Stellen nicht zu Unwahrhaftigkeiten ihre Zuflucht nehmen müssen?"[34] Und an Reichsleiter Bormann schrieb Wurm: „Eine tiefgehende Erregung weit über die im engeren Sinne kirchlichen Kreise hinaus ist entstanden durch die sogenannten planwirtschaftlichen Maßnahmen auf dem Gebiet des Anstaltswesens. Unter diesem Titel vollzieht sich eine Ausrottung schwacher Volksglieder, die nicht bloß mit dem nationalsozialistischen Volksgedanken in krassem Gegensatz steht."[35]
Der Präsident des Oberlandesgerichts warnte: „Man sollte das Rechtsempfinden der Bevölkerung nicht unterschätzen."[36] Angehörige von Opfern ließen nicht locker. So schrieb ein Stuttgarter an die Landesfürsorgeanstalt Reutlingen: „Mein Schwager und ich sind Parteimitglieder und entschlossen, die Sache auf amtlichem Wege weiter verfolgen zu lassen, sofern Sie meiner nochmaligen Bitte um Aufschluß über den Aufenthalt meiner früheren Frau nicht entsprechen sollten."[37]
Der Leiter der Anstalt Winnenthal berichtete von unterschiedlichen Reaktionen:
„Ein Teil der Angehörigen der Verlegten empfanden die Verlegungen, vor allem diejenigen, wenn keine Aussicht auf Heilung oder auch nur weitgehende Besserung bei ihren psychisch erkrankten Angehörigen mehr bestand, als eine gewisse Erlösung. Ein

anderer Teil war über die Verlegung aus religiösen und anderen Gründen ungehalten und erschüttert."[38]

Einhellig abgelehnt wurde die verlogene Art der Benachrichtigung. Viele Angehörige glaubten außerdem, Hitler besitze keine Kenntnis des Mordprogramms. Im September 1940 hatte auch Wurm gefragt: „Weiß der Führer von dieser Sache? Hat er sie gebilligt?"[39] Das „Bittgesuch an unseren hochverehrten Führer", das die Mutter zweier in Weißenau untergebrachter Kinder an Hitler richtete, begann mit den Worten: „Vor meiner Bitte in Sachen meiner zwei jüngsten Kinder Heinrich und Lydia wünsche ich unserem Führer zum Geburtstag Gottes reichen Segen, Kraft und Mut zu Ihrem schweren Werk, das die Versehung Ihnen auferlegt."[40]

Stähle, der das Tötungsverbot als jüdische Erfindung abtat, reagierte auf die Verschleppungstaktik einiger Anstalten.[41] Unter Berufung auf eine Weisung des Reichsverteidigungskommissars – eine übliche Wendung in der T4-Sache – ordnete er an, daß „Schwachsinnige, Epileptiker und Geisteskranke nur mit meiner Genehmigung (...) entlassen oder in eine andere Anstalt verlegt werden dürfen".[42] Er wollte damit die Praxis einiger Anstalten unterbinden, die Angehörige benachrichtigt und auf deren Wunsch Patienten entlassen hatten. Wenig später beauftragte er Mauthe und Landesjugendarzt Eyrich, „sämtliche Schwachsinnige, also auch leichte Fälle (Hilfsschüler)" zu registrieren.[43] Mailänder monierte Anfang 1941, entgegen Stähles Versicherungen würden nach wie vor arbeitsfähige Patienten der Landesfürsorgeanstalten abgeholt, die nun bei der Reinigung der Gebäude fehlten.[44]

Inzwischen waren einige Anstalten „freigemacht" und anderen Zwecken zugeführt worden. In der katholischen Anstalt Liebenau brachte man englische Zivilinternierte unter, andere Heime boten volksdeutschen Umsiedlern Obdach, und Anfang 1941 beschlagnahmte die Reichsjugendführung Heime für die erweiterte Kinderlandverschikkung. Mailänder erneuerte seine Klage über die Schwierigkeiten beim Arbeitseinsatz in den Häusern, die der Zentralleitung unterstanden und die ihre landwirtschaftlichen Aufgaben im Rahmen des Vierjahresplans nicht erfüllen könnten.[45]

Auch in Stuttgart ließ Stähle räumen. Angeblich aus Luftschutzgründen kamen Anfang März 1941 35 männliche und 65 weibliche Patienten der psychiatrischen Abteilung des Bürgerhospitals in die Landesfürsorgeanstalt nach Markgröningen.[46] Bis Ende März waren 123 „hilfsbedürftige Insassen" des Bürgerhospitals nach Markgröningen verlegt worden, wo offenbar Räume zur Verfügung standen. Der Leiter des städtischen Wohlfahrtsamts berichtete den Wohlfahrts- und Gesundheitsbeiräten über eine tägliche Ersparnis von 50,40 RM, denn während das Bürgerhospital für die 56 Patienten der Krankenabteilung pro Tag durchschnittlich 4,40 RM aufgewendet hatte, berechnete die Landesfürsorgeanstalt lediglich 3,50 RM.[47] Anläßlich einer Beratung im Mai 1941 war von einer Räumung aus Luftschutzgründen nicht mehr die Rede, sondern von einer Raumreserve.[48]

Am 24. August 1941, zwei Monate nach dem Überfall auf die Sowjetunion, ließ Hitler offiziell die Mordaktion einstellen. In Grafeneck hatte sie bereits im Dezember 1940 geendet. Dort waren 9800 Menschen ermordet und damit das Plansoll erfüllt worden.[49] Die Vernichtungsanstalten in Hartheim bei Linz und Sonnenstein führten das Programm fort, während das Personal aus Grafeneck ins hessische Hadamar, jenes aus Brandenburg nach Bernburg an der Saale wechselte und dort bis zum Sommer Kranke vergaste. Bis August 1941 waren rund 70000 Menschen ermordet worden. Die Gründe für den offiziellen „Euthanasie"-Stop sind nicht eindeutig zu klären. Sei es, daß öffentliche Proteste und außenpolitische Rücksichten dazu beigetragen haben, sei es, daß genügend Räume frei waren, oder aber, daß das Personal bei der „Aktion Reinhardt", dem Mordprogramm an den Juden in den eroberten Ostgebieten, benötigt wurde – das Töten ging nach einer neuen Methode weiter. Es existierten zwar keine besonders ausgestatteten Massenvernichtungsanstalten mehr, aber in vielen Anstalten erfolgte eine „klinische Hinrichtung" der Patienten durch „zuverlässiges" ärztliches und Pflegepersonal. Dies geschah sowohl durch unmittelbare Eingriffe („Abspritzen") wie auch durch indirekte Maßnahmen (mangelnde Ernährung, Vernachlässigung der Hygiene).[50]

Weitergeführt wurde auch die Ermordung von „mißgestalteten" Neugeborenen in sogenannten Kinderfachabteilungen. Auch an den städtischen Kinderkliniken in Stuttgart wurde eine Kinderfachabteilung eingerichtet. Im November 1942 erklärte sich Stadtarzt Dr. Lempp nach einem Besuch von Vertretern der Kanzlei des Führers dazu bereit. Er lehnte aber eine besondere Abteilung unter Beteiligung des Referenten für Erb- und Rassenpflege des Gesundheitsamtes ab.[51] Anfang des nächsten Jahres nahmen Lempp und eine Mitarbeiterin an einer Schulung teil, bei der die Mediziner über die Tötungsart informiert wurden: Den Kindern sollte über längere Zeit eine höhere Dosis Luminal verabreicht werden, das bei mangelnder Pflege und langem Liegen zu einem Lungeninfekt führte und somit einen normalen Krankheitsverlauf vortäuschte. Obwohl die städtischen Kinderheime zumindest 1944 beim Kriminaltechnischen Institut der Sicherheitspolizei Luminal bestellten, ergab ein nach dem Krieg durchgeführtes Ermittlungsverfahren keinen Hinweis darauf, daß in Stuttgart Kinder ermordet wurden.[52]

In den Jahren 1940 bis 1942 erhielt das Stuttgarter Friedhofsamt etwa 380 Urnen zur Beisetzung zugesandt. Sie enthielten die „Asche" ehemaliger Insassen der Heil- und Pflegeanstalten Bernburg, Brandenburg, Grafeneck, Hadamar, Hartheim und Sonnenstein sowie der Konzentrationslager Dachau und Buchenwald. Von wenig mehr als 100 Toten konnte das Amt die Angehörigen ausfindig machen, die übrigen 271 Urnen bestattete man in Sammelgräbern auf dem Pragfriedhof.[53]

Das Mordprogramm gegen „lebensunwertes Leben" war begleitet von einer Verschärfung der Fürsorgegesetzgebung. Mitte März 1940 erschien im Regierungsblatt eine

65 Deportation: Sammellager auf dem Killesberg
66 Deportation: Vorgetäuschter Gepäck-Transport „nach dem Osten"

Vorhergehende Seite:
63/64 Der „Judenladen" in der Seestraße (gestellte Aufnahmen mit reichem Angebot)

III. 1. Stuttgart und die sogenannte Euthanasie

Neufassung des Landesfürsorgegesetzes, das die vorbeugende Einweisung in Arbeitshäuser und Bewahranstalten erleichterte. Artikel 25 des Gesetzes lautete: „Statt der Unterbringung in einer Arbeitsanstalt ist auch die Unterbringung in einer Erziehungs- oder Heilanstalt, insbesondere in einer Trinkerheilstätte oder Entziehungsanstalt zulässig, in der die Beschäftigung mit angemessener Arbeit möglich ist."[54] Die Heilanstalten aber befanden sich im Visier der Aktion T4. In Stuttgart war das Bürgermeisteramt für die Zwangseinweisung zuständig. Das städtische Beschäftigungs- und Bewahrheim in Buttenhausen empfahl die Landesregierung wenig später in einer Vollzugsverordnung zum neuen Gesetz als geeignete Einrichtung. In besonderen Fällen könne die Arbeitspflicht auch im Polizeigefängnis der Stapoleitstelle in Welzheim abgeleistet werden.[55] Ergänzend verordnete die Ministerialabteilung für Bezirks- und Körperschaftsverwaltung eine Kürzung der Fürsorgesätze; sinnvoll sei „bei Asozialen ein Zurückbleiben um 10–20 v. H., bei arbeitsscheuen und zu besonderer Unwirtschaftlichkeit neigenden Asozialen, soweit bei ihnen überhaupt noch offene Fürsorge angezeigt erscheint, bis zu 30 v. H."[56]

Die Wohlfahrtsämter mußten außerdem den „erbbiologischen Wert" eines Unterstützungsbedürftigen prüfen. Die Untersuchung von Asozialität, Kriminalität und Krankheit verschmolz im Sammelbegriff „rassisch wertlos". Die Stadtverwaltung sah ihre langjährigen Bemühungen bestätigt.[57] Wohlfahrtsreferent Mayer meinte, die praktischen Veränderungen der Neuregelung seien geringer als ihre finanziellen Vorteile.[58] Die Stadt hatte bisher schon das gesetzlich erlaubte Maß überschritten.

Die Anstalt in Buttenhausen bot ein Beispiel dafür, wie man mit unproduktiven „Ballastexistenzen" verfuhr. In dieser städtischen Beschäftigungs- und Bewahranstalt befanden sich seit 1935 sogenannte Asoziale und Arbeitsscheue, nicht aber behinderte und kranke Menschen. Im Zuge der Totalisierung des Krieges richtete die Stadt 1943 Sonderabteilungen ein. Dorthin wurden Personen eingewiesen, die „nicht eine ihren Kräften entsprechende Arbeit leisten oder durch ihr Verhalten der Anstaltsverwaltung oder anderen Insassen gegenüber zu Klagen Anlaß geben und dadurch die Hausordnung verletzen; ferner Durchgänger oder Insassen, bei denen der Verdacht besteht, daß sie die Anstalt eigenmächtig verlassen werden."[59] Diese Kriterien waren dehnbar. Die Insassen der Sonderabteilungen, die man zutreffender als Häftlinge bezeichnet, mußten täglich bis zu 14 Stunden arbeiten und auf Strohsäcken auf dem Boden schlafen. Sie erhielten eine reduzierte Verpflegung: zum Frühstück ein Getränk und „leeres Brot", keine Vesperbeilage, kein Fleisch zum Mittagessen. Sie waren bei den Mahlzeiten und bei der Arbeit von den übrigen Insassen getrennt, trugen Sträflingskleidung, erhielten kein Taschengeld und durften keine Besuche empfangen. Die Zustände in den Sonderabteilungen entsprachen also annähernd denen in Konzentrationslagern; die Aufsicht führten jedoch nicht Angehörige der SS, sondern Bedienstete der Stadt Stuttgart.

2. Kennzeichnung und Konzentration in Stuttgart, Deportation und Vernichtung im Osten
Die Ermordung der Stuttgarter Juden

Reichsorganisationsleiter Robert Ley hatte 1937 in der Stuttgarter Stadthalle den Tag prophezeit, „an dem die Juden in die Wüste getrieben werden und sich dort auffressen wie wilde Heuschrecken".[1] Hitler war am 30. Januar 1939 vor dem Reichstag deutlicher geworden: „Wenn es dem internationalen Finanzjudentum innerhalb und außerhalb Europas gelingen sollte, die Völker noch einmal in einen Weltkrieg zu stürzen, dann wird das Ergebnis nicht die Bolschewisierung der Erde und damit der Sieg des Judentums sein, sondern die Vernichtung der jüdischen Rasse in Europa."[2] Nicht mit den Blitzkriegen, sondern mit dem Überfall auf die Sowjetunion begann die systematische Vernichtung der Juden.

Im Frühjahr 1939 lebten noch rund 2400 Juden in Stuttgart; bis Kriegsbeginn ging ihre Zahl infolge der Emigration auf wenig mehr als 2000 zurück.[3] Seit dem Pogrom hatte das Regime die deutschen Juden systematisch ausgeplündert und vertrieben. Im Juli 1939 löste die Sicherheitspolizei die Selbstverwaltungsorgane der Israelitischen Religionsgemeinschaft auf. An die Stelle des Oberrats für Württemberg und die Religionsgemeinde Stuttgart, die seit Anfang 1938 faktisch vereinigt waren, trat die „Kultusvereinigung für Württemberg und Hohenzollern". Sie war zugleich die Bezirksstelle der im Februar 1939 geschaffenen „Reichsvertretung der Juden in Deutschland" unter Vorsitz von Leo Baeck. Sie geriet völlig in die Hand der Sicherheitspolizei.[4] Die Kultusvereinigung leiteten gemeinsam Siegfried Gumbel, der letzte Präsident des Oberrats, und Theodor Hirsch, der Bruder von Gumbels Vorgänger Otto Hirsch. Nach einer internen Absprache bearbeitete Gumbel die Angelegenheit der Landgemeinden, Hirsch die Geschäfte der Stuttgarter Gemeinde. Daneben bestand die sogenannte Mittelstelle, die die Stapoleitstelle im November 1938 gegründet hatte. Da das jüdische Leben immer mehr unter den Einfluß der Sicherheitsorgane kam, wuchs die Bedeutung der Mittelstelle, die Karl Adler leitete.[5]

Wenige Tage nach Beginn des Polenfeldzugs ordnete Heydrich, der Chef der Sicherheitspolizei, die Verhaftung aller männlichen Juden polnischer Staatsangehörigkeit an, die der Deportation vom Oktober 1938 entgangen oder seither zurückgekehrt waren. Die in Stuttgart Verhafteten wurden in die Zweigstelle des Ludwigsburger Zuchthauses auf den Hohenasperg gebracht und von dort am 23. September 1939 ins Konzentrationslager Buchenwald verschleppt.[6]

Am selben Tag mußten die Juden ihre Rundfunkgeräte im Neuen Schloß abliefern. Es war der Tag des Versöhnungsfestes, des höchsten jüdischen Feiertags, an dem die Juden fasteten und weder arbeiten noch fahren durften. Die Mitglieder der Stuttgarter Gemeinde waren zum Gottesdienst in Privatwohnungen versammelt, da die Synagoge zerstört war. Ausgerechnet da mußten die Vorsteher die Anordnung bekanntgeben, die zur Übertretung der religiösen Gebote zwang.[7] Um die Rundfunkgeräte stritten sich später verschiedene Behörden; schließlich überließ sie die Hauptstelle Rundfunk der NSDAP nach einer technischen Überprüfung der Wehrkreisverwaltung und der SS-Kaserne in Ellwangen.[8]

Wenige Tage nach Kriegsbeginn verhängte der Chef der deutschen Polizei, Himmler, für Juden eine Ausgangssperre. Sie durften im Winterhalbjahr zwischen 20 Uhr und 6 Uhr ihre Wohnungen nicht verlassen, im Sommerhalbjahr nicht zwischen 21 Uhr und 5 Uhr.[9] Juden durften die öffentlichen Luftschutzräume nicht aufsuchen. Ein Betroffener erinnerte sich, daß in seinem Garten ein Betonturm als Hochbunker gebaut wurde: „Ironischerweise durften wir als Juden diesen Schutzraum nicht benutzen."[10] Die Stadtverwaltung sorgte für eine getrennte Verteilung von Lebensmittelkarten und Bezugsscheinen. Während die „arischen Volksgenossen" sie über die Ortsgruppen der NSDAP und die Blockleiter erhielten, mußten die Juden sie über die Mittelstelle beziehen.[11] Hausgruppen und Familien bestellten Vertrauensleute, die vom Ernährungsamt einen Ausweis und dann von der Mittelstelle die Karten erhielten. Bezugsscheine für Spinnstoffe und Schuhe wurden normalerweise in den Räumen der Ortsgruppe ausgegeben. Da die Parteileitung aber Juden das Betreten der Diensträume untersagt hatte, richtete das Ernährungsamt einen eigenen Schalter für sie ein.[12] Auf Anweisung des Reichsernährungsministers waren Juden von der Zuteilung von Schokolade-Erzeugnissen und von Sonderzuteilungen an Fleisch, Butter und Kakaowaren zu Weihnachten ausgeschlossen.[13] Auch die Reichskleiderkarte wurde ihnen verwehrt. Anfang 1940 teilte das Landesernährungsamt mit, daß Juden vom 15. Januar an die Rationen für Fleisch, Kakaopulver und Hülsenfrüchte zu kürzen seien.[14] Das Ernährungsamt kürzte aber zusätzlich auch die Grundration für Normalverbraucher und Kinder.[15] Die Lebensmittelmarken der Juden waren mit einem „J" gekennzeichnet. Die Stempelung der Marken und die getrennte Ausgabe erforderte eine präzise Definition, wer als „Jude" behandelt werden sollte. Das Ernährungsamt ordnete die sogenannten Mischehen dann der Mittelstelle zu, wenn der männliche Partner als Jude im Sinn der Nürnberger Gesetze galt. Bei Verdiensten im Ersten Weltkrieg ließ man Ausnahmen bis April 1940 zu. Nach der Änderung beschwerten sich Betroffene beim Amt und lehnten es ab, die gekennzeichneten Marken anzunehmen. Sie fanden kein Verständnis. Auf die Beschwerde der Gattin eines im Krieg ausgezeichneten Juden hin befand ein Beamter: „Wenn Frau M. sich plötzlich so stark auf ihr Ariertum beruft, hätte sie ja seinerzeit schon die Möglichkeit gehabt, die Ehe mit einem Juden abzulehnen."[16] Manche Betroffene wollten die Diskriminierung dadurch umgehen, daß sie einzelne ungestempelte Abschnitte ohne die gezeichnete Stammkarte einzulösen versuchten, was verboten war.[17] Das Ernährungsamt bemühte sich daher, daß jeder einzelne Abschnitt mit einem „J" versehen wurde. 1941 wurde ein entsprechender Antrag genehmigt.

Nicht nur die Bürokratie, auch die nichtjüdischen Einwohner machten ihren jüdischen Mitbürgern das Leben schwer. In anonymen Schreiben klagten sie beim Ernährungsamt, daß sich Juden in Geschäften vordrängten und bevorzugt mit Mangelwaren beliefert würden. Offensichtlich suchte die Unzufriedenheit über Versorgungsengpässe ein Ventil. Eine „Stuttgarter Hausfrau" schlug in einer solchen Zuschrift vor, an sämtlichen Läden, die Geflügel verkauften, ein Schild mit der Aufschrift „Juden Zutritt verboten" anzubringen.[18] Einzelhändler wurden beschuldigt, Juden zu bevorzugen. Einer der Beschuldigten wies die Vorwürfe zurück: Er habe seit Monaten kein Geflügel mehr im Verkauf; außerdem hänge an der Ladentür schon lange ein Schild „Juden erwünscht". Dies veranlaßte den Sachbearbeiter zu der Notiz: „Das wäre unerhört! Soll natürlich unerwünscht heißen." Die Diskriminierung der Juden war so selbstverständlich geworden, daß ein solcher Schreibfehler in der Tat keiner Nachprüfung mehr bedurfte.

Auch die Fachgruppe Nahrungs- und Genußmittel in der Wirtschaftsgruppe Einzelhandel, in der besonders antijüdisch eingestellte Funktionäre den Ton angaben, griff nach Hinweisen des Ernährungsamts die Vorwürfe auf. Der Leiter Gäntzle und der Geschäftsführer Appelt warnten einen Ladenbesitzer: „Wir empfehlen Ihnen, genau so wie dies andere Spezialgeschäfte tun, an Ihrem Ladeneingang ein kleines Plakat anzubringen, daß an Juden nichts abgegeben wird." Die Geschäftsinhaber denunzierten sich auch gegenseitig.[19]

Die Auseinandersetzungen brachten einen Stein ins Rollen, an dessen Ende ein eigener Laden für die Juden stand. Kreisorganisationsleiter Spengler unterstützte entsprechende Wünsche aus den Reihen der NSDAP, so etwa aus der Ortsgruppe Degerloch: „In letzter Zeit macht sich aber die Zusammenballung in einzelnen Geschäften sehr unangenehm bemerkbar, nachdem diese Juden sich in den Läden verschiedentlich bei ihren Einkäufen dermaßen vorgedrängt haben und auch sonst vorlaut geworden sind, so daß sich häufig Partei- und Volksgenossen darüber mit Recht beklagt haben."[20] Spengler empfahl auch besondere Einkaufszeiten für Juden: „Diese Regelung müßte allerdings durch Aushang bekanntgemacht werden, da mancher Kaufmann nicht den Willen – oder mindestens nicht den Schneid – hat, die Juden in die ihnen zustehenden Schranken zu verweisen."

Es waren aber das Ernährungsamt und die Fachgruppe Nahrungs- und Genußmittel, die auf einen „Judenladen" abzielten. Am 8. Januar 1941 legte das Amt einen Entwurf vor, wonach der Kauf von Lebensmitteln mit Ausnahme von Fleisch und Milch nur noch in einem besonderen Geschäft möglich sein sollte. Die Fachgruppe wollte den Laden einrichten, während das Ernährungsamt organisatorische Dinge abwickelte. Die Gestapo allerdings hatte kein besonderes Interesse an einem solchen Laden, den sie für überflüssig hielt: „Selbstverständlich hätte ein anstößiges Verhalten der Juden (...) strengste staatspolizeiliche Maßnahmen nach sich gezogen"; tatsächlich sei aber

III. 2. Die Ermordung der Stuttgarter Juden

nicht eine einzige Anzeige eingegangen. Strölin, der die Zustimmung Murrs einholte, gab zu, daß „von reichswegen" keine Ermächtigung existiere. Aus einem Erlaß über besondere Verkaufszeiten leite er aber ab, daß „örtliche Maßnahmen, die sich in dieser Richtung bewegen, mindestens nicht vom Reich beanstandet werden". Die Zumutung, für das ganze Stadtgebiet nur einen einzigen Laden zuzulassen, war ihm wohl bewußt: „Den entfernt wohnenden Juden ist dadurch der Einkauf sehr erschwert." Mit Beginn der 22. Versorgungsperiode am 7. April 1941 durften die Juden in Stuttgart ihre Lebensmittel mit Ausnahme von Milch und Fleisch ausschließlich im Sonderladen in der Seestraße 33 einkaufen, ebenso alle Waren, die auf die Seifenkarte abgegeben wurden. Die Mitteilung über die Errichtung des Ladens erreichte die Mittelstelle erst, als diese die neuen Lebensmittelkarten schon ausgegeben hatte.[21] Alfred Marx, der nach der Emigration Karl Adlers die Mittelstelle leitete, konnte die Haushalte nicht rechtzeitig informieren. Er nannte es außerdem „eine äußerst einschneidende Maßnahme", daß auch Brot entgegen früheren Ankündigungen nur in der Seestraße verkauft werde.[22] Dies mache einen nahezu täglichen Gang in die Seestraße erforderlich, weil Brot nicht auf Vorrat gekauft werden könne. Den im Arbeitseinsatz stehenden Juden sei es noch nicht einmal möglich, sich in der Nähe ihrer Arbeitsstelle ein Vesper zu kaufen. Marx wies darauf hin, daß „unseres Wissens in keiner Stadt Deutschlands eine so einschneidende Regelung getroffen und daß auf der anderen Seite der jüdische Arbeitseinsatz nirgends so stark durchgeführt ist als in Stuttgart". Der Leiter des Ernährungsamts lehnte jedoch Ausnahmen ab. Er bemühte sich darum, auch den Verkauf von Fleischwaren in der Seestraße zu zentralisieren. Mit Beginn der nächsten Zuteilungsperiode am 5. Mai richtete die Fleischerinnung im selben Gebäude einen Metzgerladen ein.

Anfang Mai beschwerte sich Marx erneut, dieses Mal beim SD-Leitabschnitt.[23] Wichtige Lebensmittel wie Margarine, Butter, Mehl und Käse, vor allem aber Brot, seien oft nicht zu erhalten: „Es sind uns Fälle bekannt, daß Leute, die sich im Arbeitseinsatz befinden, abends nach der Arbeit die Verkaufsstelle aufsuchten und kein Brot erhalten konnten." Selbst mehrfache Besuche trotz großer Entfernung erwiesen sich als ergebnislos. Dazu kämen Schikanen des Ladeninhabers Maier. Dieser wies alle Vorwürfe zurück; die Juden suchten lediglich nach Vorwänden, um in anderen Geschäften einkaufen zu können.[24] Die Kritik häufte sich, da die Methoden Maiers immer dreister wurden. So nahm er beispielsweise Kopplungs-Geschäfte vor und verlangte beim Kauf von Obst auch die Abnahme anderer Waren, die er gerade am Lager hatte. Schließlich erhob die Mittelstelle förmliche Beschwerden bei der Gestapo, die sie damit begründete, daß im Arbeitseinsatz stehende Personen nicht einkaufen könnten.[25] In einer Stellungnahme an Murr erklärte Stadtrat Waldmüller die Beschwerden für unberechtigt. Die Juden könnten ja ohne weiteres einen „Einkaufshilfsdienst" untereinander einrichten.[26] Die Stadt ließ 1941 im Laden in der Seestraße einen Film drehen.[27]

Er zeigte überladene Brotkörbe, volle Fleisch- und Wurstregale sowie reiche Vorräte an Öl. Sinn des Films war, zu zeigen, daß Juden und Nichtjuden gleich große Rationen erhielten. Die Gesichter der Frauen und Männer, die beim Einkauf gefilmt wurden, zeigen jedoch das Leid jener Tage.

Die „reinliche Scheidung zwischen Ariern und Juden" erstreckte sich auch auf die Wohnverhältnisse. Schon unmittelbar nach dem Pogrom sagte Göring, man werde „nicht darum herumkommen, in ganz großem Maßstab in den Städten zu Ghettos zu kommen".[28] Zunächst beschränkte sich das Regime darauf, die Juden in sogenannten Judenhäusern zu konzentrieren. In einem Gesetz vom 30. April 1939, in dem der Mieterschutz für Juden aufgehoben wurde, hieß es: „Ein Jude hat in Wohnräumen, die er als Eigentümer oder auf Grund eines Nutzungsrechts innehat oder die er von einem Juden gemietet hat, auf Verlangen der Gemeindebehörde Juden als Mieter oder Untermieter aufzunehmen."[29] Das städtische Wohnungs- und Siedlungsamt forderte daraufhin alle Juden und die nichtjüdischen Wohnungsinhaber, die an Juden vermietet hatten, auf, bis zum 10. Juni 1939 ihre Mietverhältnisse offenzulegen. Die Erhebung ergab, daß die Zahl der Häuser, die Stuttgarter Juden gehörten, binnen eines Jahres von 700 auf 290 zurückgegangen war (Tabelle 20).

Tabelle 20: Die Wohnverhältnisse der Juden in Stuttgart (Stand: Juni 1939)[30]

	Häuser	Juden			Nichtjuden	
		Wohnungen	Familien	Personen	Familien	Personen
Belegung jüdischen Hausbesitzes	290	1162	337	1089	825	2616
Belegung nicht jüd. Hausbesitzes mit Juden	349	381	381	1004	–	–

Da im Jahr zuvor besonders viele Stuttgarter Juden emigriert waren, bestand rein rechnerisch die Möglichkeit, alle in der Stadt wohnhaften Juden in „jüdischem Hausbesitz" unterzubringen. Die Stadt wollte deshalb zunächst auf Zwangsmaßnahmen verzichten. Am 8. August verkündete sie „im Einvernehmen mit der Kreisleitung der NSDAP" eine vorläufige „Regelung der Mietverhältnisse mit Juden".[31] Alle Stuttgarter Juden sollten sich bis spätestens 1. Dezember des Jahres bei Glaubensgenossen einmieten. Alle Juden, die nach dem 4. Mai 1939 in die Stadt gezogen waren, mußten sie wieder verlassen. Im Hinblick auf die Wohnungsnot erwartete die Stadtverwaltung von den Juden besondere Einschränkungen. Für einen kleineren Haushalt galt deshalb eine Vierzimmerwohnung als unterbelegt. Die Stadt lobte sich selbst für ihr generöses Angebot, die „Umschichtungsaktion" auf freiwilliger Grundlage zu regeln.

III. 2. Die Ermordung der Stuttgarter Juden

Das Ultimatum der Stadtverwaltung führte zum gewünschten Ergebnis. Allerdings ließ sich der vorgesehene Termin nicht einhalten. Die Konzentration der Juden in „Judenhäusern" betraf nicht nur Juden. Die Stadt konnte den über 2600 Nichtjuden, die sich bei jüdischen Hausbesitzern eingemietet hatten, wegen der großen Wohnungsnot keine angemessenen Wohnungen zur Verfügung stellen. So dauerte es bis zur Jahreswende 1940/41, ehe die rund 1800 Juden, die damals in Stuttgart lebten, in die verbliebenen 200 „Judenwohnungen" umquartiert, zum Teil hineingepfercht waren.[32]

Am 27. Juni 1940 forderte das württembergische Innenministerium die Landräte auf, innerhalb von zwei Wochen mitzuteilen, „welche Gebäude, die sich zu einer Verwendung als Judenheime eignen, in ihrem Kreis frei sind oder demnächst frei werden".[33] Es sollten die älteren, nicht im Arbeitseinsatz stehenden Juden aus Stuttgart entfernt werden. Hauptnutznießer waren die Heinkel-Werke, die die Hirth-Motoren-GmbH in Zuffenhausen gekauft und nun zusätzliches Personal in Stuttgart unterzubringen hatten.[34] Die Stuttgarter Juden wurden entweder in Orte mit einem relativ hohen jüdischen Bevölkerungsanteil oder in jüdische Altersheime eingewiesen, die in Tigerfeld (Kreis Reutlingen), Weißenstein (Kreis Göppingen), Herrlingen (Kreis Ulm) und Dellmensingen (Kreis Laupheim) errichtet worden waren. Die Firma Heinkel erklärte sich gegen eine bevorzugte Überlassung von rund 60 Wohnungen bereit, die Anwesen in Tigerfeld, Weißenstein und Dellmensingen zu renovieren.[35]

Die Bürgermeister der Aufnahmeorte beschwerten sich beim Innenministerium und bei der Gauleitung. Der Regierungspräsident von Hohenzollern teilte die ablehnende Haltung des Haigerlocher Bürgermeisters, der über 20 jüdische Parteien aufzunehmen hatte. Er befürchtete negative Wirkungen auf den Fremdenverkehr „bei einer weiteren Verjudung" und wollte die Haigerlocher Juden selbst loswerden, um die Wohnungen der „aufblühenden Industrie" zur Verfügung zu stellen.[36] als ihre Beschwerde erfolglos blieb, erhob die Gemeinde von jedem Juden eine monatliche „Entschädigung" von 6 RM. Der Laupheimer Bürgermeister erreichte, daß „statt der vorgesehenen 18 bzw. 25 Juden" nur zehn aus Stuttgart in seine Stadt verlegt wurden.[37] Er brachte sie in Baracken am Stadtrand unter, wo sie selbst für den Anschluß an die Wasser- und Stromversorgung aufkommen mußten. Die Kultusgemeinde rief daher ihre Mitglieder zu Spenden auf.[38] Die Betroffenen durften nur das nötigste Mobiliar mitnehmen. Die übrige Habe mußte weit unter Wert verkauft und der Erlös auf ein Sperrkonto eingezahlt werden, über das die Juden nur mit Genehmigung der Finanzbehörden verfügen konnten.[39] Der Höhere SS- und Polizeiführer bot im August 1941 jüdische Wohnungen an, die in absehbarer Zeit frei würden. Um den Andrang zu begrenzen, ersuchte er, „den Kreis der Wohnungssuchenden auf das hauptamtliche Führerkorps der SS und das Offizierskorps der Ordnungspolizei zu beschränken".[40]

Seit dem 19. September 1941 mußten alle über sechs Jahre alten Juden in der Öffentlichkeit den sogenannten Judenstern tragen: „Er besteht aus einem handtellergroßen, schwarz ausgezogenen Sechsstern aus gelbem Stoff mit der Aufschrift 'Jude'. Er ist sichtbar auf der linken Brustseite des Kleidungsstücks fest aufgenäht zu tragen."[41] Der „NS-Kurier" begrüßte die Einführung des „Judensterns", habe doch der deutsche Soldat im Osten „den Juden in seiner ganzen Widerwärtigkeit und Grausamkeit kennengelernt".[42] Bald darauf begann in der Presse eine Kampagne gegen die Benutzung öffentlicher Verkehrsmittel durch die Juden. Das Blatt setzte sich mit der offenbar verbreiteten Kritik der Bevölkerung auseinander. Es zitierte einen Soldaten, der nicht begreifen konnte, daß in der Straßenbahn Leute gesagt hatten, die Juden seien doch auch Menschen.[43] Dann berichtete es über eine Stuttgarterin, die einen Juden mit den Worten begrüßt habe: „Es gehört wahrlich mehr Mut dazu, diesen Stern zu tragen, als in den Krieg zu ziehen."[44] Der Kommentator wertete dies als Verrat am Vaterland und wußte dafür „nur eine Lösung: An die Wand stellen!" Der Gauamtsleiter für Rassenpolitik, Ratsherr Karl Lechler, nannte den Stern nichts Ehrenrühriges und Unmenschliches. Die Deutschen jedenfalls empfänden eine Pflicht zum Tragen ihres nationalen Symbols, des Hakenkreuzes, oder der Aufschrift „Deutscher" nicht als negativ.

Im Sommer 1941, als Kennzeichnung und Konzentration der Juden einem Abschluß zustrebten, mehrten sich bei den Stuttgarter SS- und Polizeibehörden die Anzeichen für einen Wendepunkt der Judenpolitik. Und Mitte November 1941 standen die Einzelheiten einer Deportation fest. Die Stapoleitstelle informierte die Landräte und die Polizeichefs der kreisfreien Städte.[45] Am 1. Dezember sollten zwischen 8 Uhr und 9 Uhr 1000 Juden von Stuttgart aus in das „Reichskommissariat Ostland" deportiert werden. Juden mit ausländischer Staatsangehörigkeit, sogenannte Mischehenpartner und Personen über 65 Jahre waren ausgenommen. In der Anlage zu dem Erlaß war die Anzahl der zu deportierenden Juden genannt. Gestapo-Chef Mußgay machte darauf aufmerksam, „daß auf keinen Fall von der für den dortigen Bereich vorgesehenen Kopfzahl, sowohl nach oben als nach unten, abgewichen werden darf. (...) Ausfälle (durch Selbstmord usw.) sind unverzüglich mitzuteilen." Die Betroffenen durften neben persönlichem Gepäck bis zu 50 Kilogramm auch Wolldecken und Matratzen, aber kein Geld und keine Wertsachen mitnehmen. Die über den 1. Dezember gültigen Lebensmittelmarken mußten den Ernährungsämtern zurückgegeben werden, die Arbeitsbücher gingen an die Arbeitsämter. Die Stapoleitstelle malte die Fiktion einer Umsiedlungsaktion aus:

„Weil in dem Siedlungsgebiet zur Errichtung eines Ghettos nicht das geringste Material sowohl zum Aufbau als zur Lebenshaltung selbst vorhanden ist, ersuche ich ferner etwa durch Einschaltung eines jüdischen Mittelsmanns zu veranlassen, daß eine sich nach der jeweiligen Kopfzahl richtende Menge von Baugerät, Werkzeugkästen, ferner Küchengerät für Gemeinschaftsverpflegung, z. B. Kessel, sowie Öfen, Eimer und Sanitätskästen vorhanden sind."

Zur Täuschung gehörte auch, daß die Gestapo jüngere und arbeitsfähige Personen zur

Deportation bestimmte. Die Juden hatten außerdem eine mehrseitige Vermögenserklärung abzugeben, auf der ihre sämtlichen Möbel und Einrichtungsgegenstände, Schmuck, Geschirr, Wäsche- und Kleidungsstücke sowie Bargeld, Wertpapiere, Guthaben und Vermögensanteile aufgeführt werden mußten.[46] Das gesamte Vermögen wurde beschlagnahmt und eingezogen: „Die Einziehungsverfügungen werden den einzelnen hier im Sammellager zugestellt. Die Liquidation führt der Oberfinanzpräsident in Württemberg durch die örtlichen Finanzämter durch."[47] Als Sammelstelle diente die Ehrenhalle des Reichsnährstandes im Gartenschaugelände, nachdem zunächst die Schwabenhalle auf dem Wasen im Gespräch gewesen war.[48]

Die Jüdische Kultusvereinigung mußte selbst die zu deportierenden Personen benennen und informieren. Am 19. November verschickte die Kultusvereinigung die Benachrichtigungen samt einem Verzeichnis notwendiger Gegenstände und Vermögenserklärungen:

„Auf Anordnung der Geheimen Staatspolizei, Staatspolizeileitstelle Stuttgart, haben wir Sie davon zu verständigen, daß Sie (und Ihre obenbezeichneten Kinder) zu einem Evakuierungstransport nach dem Osten eingeteilt worden sind. Gleichzeitig werden Sie verpflichtet, sich (...) ab Mittwoch, den 26. 11. 1941, in Ihrer gegenwärtigen Unterkunft bereit zu halten und diese ohne besondere Erlaubnis der Behörde auch nicht vorübergehend zu verlassen. Arbeitseinsatz, auch in wichtigen Betrieben, entbindet nicht von der Evakuierung. Jeder Versuch, sich der Evakuierung zu widersetzen oder zu entziehen, ist zwecklos und kann für die Betroffenen zu schweren Folgen führen."[49]

Die Betroffenen glaubten wohl an eine „Umsiedlung", wenngleich unter schwierigsten Lebens- und Überlebensbedingungen.[50] Die Opfer mußten für die Deportation exakt 57,65 RM bezahlen. Die Kultusvereinigung schrieb in einem Spendenappell an die „vermögenden" Mitglieder: „Es ist damit zu rechnen, daß eine größere Anzahl von Personen diesen Betrag nicht oder nicht vollständig besitzt."[51] Dieser Aufruf war ein Dokument des sozialen Elends der Juden.

Die Kultusvereinigung verhandelte am 19. und 21. November mit der Gestapo.[52] Es ging dabei um die Deportationsliste. Einige der Betroffenen versuchten, von der Deportation freizukommen. Die Vertreter der jüdischen Gemeinden sahen sich schwersten Belastungen ausgesetzt; ihre Situation war tragisch und hoffnungslos, und doch mühten sie sich auf aussichtslosem Posten über Tage und Nächte. Schließlich wurden Kranke, denen ein Arzt Transportunfähigkeit bescheinigte, zurückgestellt. Eine Stuttgarter Jüdin, die mit hohem Fieber daniederlag, berichtete, daß sie das Eingreifen der Firma Bosch vor der Deportation bewahrt habe.[53] Zumindest einer Firma gelang es, sechs Arbeiter und deren Familien zu reklamieren.[54] Die Kultusvereinigung mußte jedoch für jeden Ausgeschiedenen Ersatz benennen. Zunächst waren nur Stuttgarter als Ersatzleute vorgesehen, doch die Gestapo hielt sich später nicht daran. Weitere Wünsche der Gestapo teilte die Kultusvereinigung den Betroffenen in einem zweiten

Rundschreiben mit: „Wir bitten dringend, folgendes zu beachten: 1. Als persönliches Gepäck darf im Zuge nur leichtes Handgepäck, das ohne weiteres selbst getragen werden kann, mitgenommen werden. Hierzu kommen noch 1–2 Decken. (...) Dieses Handgepäck sollte ein Gewicht von 12–15 kg nicht übersteigen."[55]

Die Betroffenen erfuhren am 20. November, daß sie in zehn Tagen ein neues und ungewisses Leben würden beginnen müssen – in einem unbekannten Land. Die Jüdische Gemeinde sandte Helfer und Tröster zu den Familien. Vieles war innerhalb kurzer Frist zu erledigen. Die Helfer überbrachten ein Merkblatt mit detaillierten Hinweisen: „Jedes Gepäckstück signieren (Name und Nummer), Tintenstifte. Kleinkinder Evakuierungsnummer der Eltern auf Anzug (...) Eine ausländische Adresse bei der Kultusgemeinde hinterlegen. Nachsende-Anträge für die Post ausfüllen." Es war das „Grauenvolle der Merkblätter (...) wie mit dem letzten Herausreißen aus einer zivil lebenden Gesellschaft eine bodenlose Erniedrigung verbunden war, wenn die Betroffenen all ihr zum Raub bestimmtes Hab und Gut auch noch selbst für die Bequemlichkeit des Räubers herzurichten hatten."[56]

Den zur Deportation Bestimmten verblieben fünf oder sechs Tage, den Ersatzleuten noch weniger. In dieser Zeit waren zunächst die Lebensmittelmarken und andere Dokumente bei den zuständigen Stellen abzugeben. Dann ging es ans Packen; die Vorschriften mußten peinlich genau beachtet werden. Ab Montag, dem 24. November, stand auf dem Killesberg ein Beamter der Gestapo bereit, um das schwere Handgepäck, Koffer, Rucksäcke und Matratzen in Empfang zu nehmen. Diese Dinge mußten bis spätestens Mittwoch im Sammellager sein. Die Kultusgemeinde hatte die Erlaubnis erhalten, das Gepäck in ihren Räumen in der Hospitalstraße zu sammeln und von dort zum Killesberg zu transportieren. Wer sein Gepäck persönlich ablieferte, durfte die Straßenbahn während der Hauptverkehrszeiten nicht benutzen.[57] Eine Stuttgarter Speditionsfirma beförderte Matratzen – auch für die Übernachtung der Auswärtigen in der Ehrenhalle – und das gemeinsame Gepäck wie Werkzeuge und Küchengeräte vom Gemeindehaus zu einem Restaurant beim Nordbahnhof. Am 29. November (Samstag) überprüfte die Gestapo die Kisten. Am nächsten Morgen stellte die Reichsbahn den Deportationszug am Nordbahnhof bereit.[58] Das schwere Handgepäck, das zuerst zum Killesberg geschafft wurde, sollte von dort durch Stuttgarter Spediteure zum Nordbahnhof gebracht und den Eigentümern erst bei der Ankunft im Osten ausgehändigt werden. Schließlich mußten die Betroffenen, nachdem sie ihr Gepäck entweder zur Hospitalstraße oder auf den Killesberg gebracht hatten, die mehr als hundert Rubriken umfassende Vermögenserklärung ausfüllen.

Am 27. und 28. November wurden die zur Deportation Bestimmten im Hauptgebäude des Reichsgartenschaugeländes eingeliefert und gesammelt. Bei der Verhaftung beschlagnahmten die Beamten die Wohnungen und brachten Siegelmarken des Finanzamts an. Nach einer Kontrolle der Habseligkeiten verschlossen sie die Wohnungen und fuhren ihre Gefangenen auf den Killesberg. Dort mußten rund 1000 Menschen in einer überfüllten Halle drei Tage und Nächte zwischen Gepäckstücken, Bierbänken und -tischen und Matratzenlagern zubringen. Die Stadtverwaltung folgte einer Empfehlung des Ratsherrn Sauer, „diese Maßnahme in einem historischen Dokument festzuhalten".[59] Sie ließ einen Film über das Sammellager drehen. Er zeigt die drangvolle Enge und die gefurchten Gesichter der Betroffenen, die in Reisekleidung um einen Teller Suppe aus der Feldküche anstanden. Natürlich rückte man Verpflegungspakete ins Bild, ebenso Gepäckstücke, die ihre Besitzer nicht mehr wiedersahen. Bevor die Deportationsopfer den Killesberg verließen, mußten sie die Beschlagnahme ihres Vermögens eigenhändig quittieren. In einer Verordnung vom 25. November hieß es, daß das Vermögen eines Juden dem Reich verfalle, wenn dieser „seinen Aufenthalt im Auslande hat".[60] Wer aber wollte bestreiten, daß der Zug ins Ausland fuhr? Der Gerichtsvollzieher, dem die Beschlagnahme oblag, berechnete dafür eine Zustellgebühr von 1,15 RM.[61]

In den Morgenstunden des 1. Dezember 1941 verließ der Deportationszug den Stuttgarter Nordbahnhof. Die Fahrt nach Riga in diesem besonders kalten Winter dauerte drei Tage. Pro Waggon durfte an einigen Haltestellen eine Person Wasser besorgen. Ansonsten war das Verlassen des Zuges streng verboten. Angehörige der Gestapo und der Polizei aus Stuttgart bewachten den Transport bis nach Riga. Die Deportierten kamen in das Lager Jungfernhof nahe bei der Stadt. Ein Überlebender erinnerte sich: „Als wir an unserem Bestimmungsort angelangt waren, wußten wir sehr bald, daß es die reine Hölle war. Es war sehr viel kälter, als wir es gewohnt waren. Nahrung gab es nur spärlich. Unsere Tagesration bestand aus sehr dünnem Malzkaffee mit einer Scheibe Brot zum Frühstück, das Mittagessen war eine wäßrige Suppe, die nach Pferdefleisch schmeckte und in der ein, zwei Kartoffelstückchen schwammen. Dabei mußten wir tagtäglich im Freien arbeiten. Die Menschen starben wie die Fliegen."[62]

Eine andere Deportierte berichtete über die Unterbringung: „Die Frauen waren in baufälligen Scheunen und Viehställen untergebracht. Die Männer in einer riesengroßen Wellblechscheune, ca. 100 m lang und 15 m breit mit großen Toren, die nicht zu schließen waren. Es waren 8–10 Regale übereinander gebaut mit so wenig Zwischenraum, daß man sich nur liegend bewegen konnte. Die Temperatur war innerhalb der Scheune zwischen minus 30–40 Grad Celsius, also genau dieselbe wie außerhalb. In dieser Baracke lagen 2500–3000 Menschen. Täglich erfroren eine größere Anzahl. Ein besonderes Arbeitskommando war nur dazu da, um täglich die Toten aus den Regalen zu ziehen. Die Leichen wurden abseits der Scheune auf dem Hof gestapelt."[63]

Die Rigaer Juden waren am 30. November und 8. Dezember bis auf einige tausend Personen ermordet worden. Im städtischen Ghetto und einigen Außenlagern, zu denen Jungfernhof zählte, gab es daher Platz für die Transporte aus dem Reich. Am 26. März 1942 erschossen SS- und Polizeiverbände über 1600 arbeitsunfähige Erwachsene und Kinder. Darunter befand sich auch ein Großteil der am 1. Dezember 1941 deportierten württembergischen Juden: „Die SS hatte allen erzählt, sie würden nach Dünamünde transportiert, und dort würden die Leute in Fabriken arbeiten, die Kinder in die Schule gehen."[64] Tatsächlich fuhren die Omnibusse in einen nahegelegenen Hochwald, wo die Juden ermordet wurden. Von den rund 1000 Deportierten überlebten 28 auch spätere Strapazen und Mordaktionen; sie kamen gegen Ende des Krieges als „Arbeitssklaven" zurück ins Reich.[65]

Während die Deportierten in Lettland in den Tod geschickt wurden, verteilten die Behörden in der Heimat deren Hab und Gut. Die Finanzämter versteigerten den Hausrat.[66] In Stuttgart stritten sich verschiedene Behörden mit dem Oberfinanzpräsidenten um die leerstehenden Wohnungen.[67]

Erst nach dem Beginn der Deportationen kamen die Zwangsumquartierungen zum Abschluß. Das Interesse der Stadtverwaltung richtete sich Ende 1941 besonders auf die jüdischen Altersheime in der Heidehof- und in der Wagenburgstraße.[68] Auf Vorschlag der Gauleitung hatte die Gemeinde Eschenau im Kreis Heilbronn ein auf ihrer Markung gelegenes leerstehendes kleines Schloß gemietet, das als „Jüdisches Altersheim" in Aussicht genommen war. Die Stadtverwaltung erklärte sich nun bereit, einen finanziellen Beitrag zu den Instandsetzungsarbeiten zu leisten. Die Gemeinde Eschenau, die dem Besitzer monatlich 500 RM Pacht bezahlte, vermietete das Anwesen ab 1. Dezember 1941 für den doppelten Betrag an die Jüdische Kultusvereinigung.[69] Um die Jahreswende räumten die meist alleinstehenden Juden die völlig überbelegten Heime.[70] Sie durften jeweils ein Bett, einen Tisch, manche auch einen Schrank mitnehmen. Bei einem Lokaltermin wies der Besitzer von Schloß Eschenau die Vertreter der Sicherheitspolizei darauf hin, daß sein Anwesen für 100 Personen viel zu klein sei. Er erntete jedoch nur zynische Bemerkungen.[71]

Die Zahl der in Stuttgart lebenden Juden war binnen eines Jahres drastisch zurückgegangen. Ein Beamter des Ernährungsamts, dem offenbar die Zwangsumquartierungen und die erste Deportation verborgen geblieben waren, fragte Ende November 1941: „Haben wir bei der Jüdischen Mittelstelle künftig nur noch 469 Juden? Diese Zahl erscheint mir fraglich."[72] Vermutlich waren in dieser Zahl die sogenannten Mischehenpartner nicht inbegriffen, aber die Juden, die am 1. Dezember nach Riga deportiert wurden, waren zu diesem Zeitpunkt schon abgemeldet.[73]

Ein zweiter Deportationszug verließ Stuttgart am 26. April 1942 in Richtung Izbica bei Lublin.[74] Diesmal durften die Betroffenen nur einen Koffer oder einen Rucksack, zwei Wolldecken und ein Kopfkissen mitnehmen. Sammelplatz war wiederum des Gartenschaugeländes, allerdings in der sogenannten ländlichen Gaststätte. Es wurden 278 Juden deportiert, für die das kleinere und abgelegenere Gebäude offenbar passender war als die größere Ehrenhalle. Zu dieser Deportation waren auch 75 Juden aus Baden eingeteilt, die im Oktober 1940 der Verschleppung ins südfranzösische Gurs ent-

gangen waren.⁷⁵ 143 der 278 Deportierten stammten aus Stuttgart, doch nur 91 hatten bis zu diesem Zeitpunkt noch in der Stadt gewohnt.⁷⁶ Alle Deportierten dieses Transports wurden in den Vernichtungslagern Belzec und Lublin-Majdanek ermordet.⁷⁷
Am 13. Juli 1942 verließ ein Transport mit 48 Personen Stuttgart. Darunter befanden sich zwölf Stuttgarter Juden, von denen sieben in Landgemeinden gelebt hatten. Sie wurden am 10. und 11. Juni 1942 mit der Bahn und mit Personenwagen ins Gemeindehaus in der Hospitalstraße gebracht. Von hier aus wurden sie nach München transportiert, wo die Gestapo einen größeren Deportationszug zusammenstellte.⁷⁸ Unter den Verschleppten war der ehemalige Amtsgerichtsrat Robert Bloch. Vergeblich setzte sich der Präsident des Landgerichts, Martin Rieger, für ihn ein. Rieger wurde daraufhin in den vorzeitigen Ruhestand geschickt.⁷⁹ Keiner der Deportierten kam zurück; sie starben in Auschwitz.⁸⁰
Am 3. August 1942 kündigte die Staatspolizeileitstelle die „Umsiedlung sämtlicher noch in Württemberg ansässigen Juden" an. Die Gestapo erfaßte auch den „dem Kennzeichnungszwang nicht unterworfenen jüdischen Teil einer nicht mehr bestehenden deutsch-jüdischen Mischehe".⁸¹ In Württemberg hatten am 31. August 1941 noch 2926 Juden gelebt.⁸² Nach diesem Zeitpunkt war eine Emigration unmöglich. Deportiert wurden zwischen Dezember 1941 und Juli 1942 etwa 1250 Personen, außerdem waren in dieser Zeit einige Todesfälle zu verzeichnen. Im Bereich der Kultusvereinigung für Württemberg und Hohenzollern lebten also im Sommer 1942 mehr als 1500 kennzeichnungspflichtige Juden, sogenannte Sternträger. Die nächste Deportation, die die Gestapo vorbereitete, erfaßte allerdings entgegen ihrer Ankündigung wiederum rund 1000 Personen.
„Am 28. 8. 1942 geht von Stuttgart aus ein Transport mit Juden nach dem Protektorat."⁸³ Gestapo-Chef Mußgay hatte acht Tage früher die Polizeipräsidenten und Landräte über die Deportation informiert und gab die Namen der Betroffenen bekannt, die dieses Mal vermutlich von der Gestapo bestimmt wurden.⁸⁴ Die Deportation erfaßte vor allem diejenigen älteren Menschen, die in den Vorjahren in die jüdischen Altersheime verschleppt worden waren.⁸⁵ Mußgay verbot ausdrücklich die Zurückstellung kranker und gebrechlicher Personen. Die Juden durften, wie bei der Deportation im Dezember 1941, Geschirr und Werkzeuge mitnehmen.⁸⁶ Die Organisation war für die Stapoleitstelle zu einer Routineangelegenheit geworden: „Im übrigen ersuche ich, genau nach meinem Erlaß vom 25. 3. 1942 (...) zu verfahren."⁸⁷
Das Ziel der Deportation war Theresienstadt im Protektorat Böhmen-Mähren, das vom Reich annektiert worden war. Deshalb mußte man eine neue Variante ausdenken, um den Besitz der Deportierten zu plündern. Die Verordnung vom 25. November 1941 war nur bei Transporten ins Ausland anwendbar. Das Reichsinnenministerium erklärte aber Ende Juni 1942, vor Beginn der Deportationen nach Theresienstadt, die „Bestrebungen" der Juden für „staatsfeindlich". Somit konnte eine Regelung zur Be-

schlagnahme aus dem Jahr 1933 wirksam werden, die damals vor allem gegen SPD und KPD gerichtet war.[88] Das Reichssicherheitshauptamt machte jedoch der Finanzverwaltung die alleinige Nutzung des jüdischen Vermögens streitig und entwickelte deshalb das System der „Heimeinkaufsverträge". Die Deportierten mußten ein „Eintrittsgeld" von 2000 RM und ein monatliches „Pflegegeld" in Höhe von 180 RM für fünf Jahre im voraus bezahlen, mußten also ihr Wohnrecht im Lager erkaufen.[89]
Am Mittwoch, dem 19. August 1942, trafen zwischen 10.14 und 23.56 Uhr zwölf Züge aus dem ganzen Land mit über 500 Personen auf dem Hauptbahnhof ein, am folgenden Tag waren es weitere 400 Personen. Von dort brachte man sie mit Omnibussen in die Ehrenhalle des Reichsnährstands auf dem Killesberg.[90] Die Ankommenden mußten sich einer Leibesvisitation unterziehen, bei der Wertgegenstände und Lebensmittel abgenommen wurden.[91] Da die meisten Deportierten über 65 Jahre alt waren und sich rund 50 Schwerkranke, auch körperlich und geistig Behinderte unter ihnen befanden, ereigneten sich in der Nacht furchtbare Szenen. Die meisten versuchten, auf Stühlen sitzend, die Nacht zu überstehen, weil es an Liegeplätzen fehlte. In der Nacht vom 20. auf 21. August starben mindestens acht Menschen. Eine Augenzeugin berichtete: „Am anderen Tag wurden wir sehr gut verpflegt. Es war im wahrsten Sinne eine Henkersmahlzeit."[92] Vom Killesberg verfrachtete man die Opfer „auf einen außerhalb Stuttgarts gelegenen Güterbahnhof", vermutlich den Nordbahnhof, und sperrte sie – Alte und Kranke eingeschlossen – in Viehwaggons. Zuvor aber nahmen ihnen Finanzbeamte das letzte Bargeld ab. Die Juden hatten gerade 55 RM mitbringen dürfen – 50 RM kostete die „Bahnfahrt" nach Theresienstadt, und fünf RM berechnete die Gestapo für ein Lebensmittelpaket. Es wäre fast zu einem Aufruhr gekommen, als der Gerichtsvollzieher, der die Verfügung über die Vermögensbeschlagnahme überbrachte, auch noch 1,15 RM kassieren wollte – 90 Pfennig für die Zustellung, 20 Pfennig für den Fahrtaufwand und 5 Pfennig für das Formular. Von den 356 Juden aus Stuttgart, die im August 1942 nach Theresienstadt deportiert wurden, überlebten vier.[93]
Im Herbst 1942 lebten in Stuttgart noch mehr als 300 Juden, etwa 200 von ihnen hatten den Status von „Mischehenpartnern". Sie arbeiteten zumeist in kriegswichtigen Betrieben; „Sternträger" durften nicht in der Rüstungsindustrie eingesetzt werden und mußten von den übrigen Arbeitern getrennt werden. Die alltäglichen Lebensbedingungen waren unerträglich, denn auch nach Beginn der Massendeportation ergingen laufend diskriminierende Verordnungen, die die Existenz bedrohten. Im Sommer 1942 mußten nichtprivilegierte Juden sämtliche elektrischen Hausgeräte – Heizöfen, Kochplatten, Bügeleisen und Schallplattenspieler – abliefern, die vom 22. bis 24. Juni in der Turnhalle beim Gemeindehaus gesammelt wurden.[94] Gleichzeitig waren auch alle Kleidungs- und Wäschestücke, „soweit sie zum eigenen Gebrauch bei bescheidener Lebensführung nicht mehr unbedingt notwendig sind", abzugeben.[95]

Seit Beginn der 42. Zuteilungsperiode am 19. Oktober erhielten Juden weder Fleisch noch Weizenerzeugnisse, Milch oder Eier. Sie waren von sämtlichen Sonderzuteilungen ausgeschlossen, ebenso von Zulagen für Kranke.[96] Die Mitarbeiter der Gemeinde richteten in der Hospitalstraße eine Notküche ein und mühten sich nach Kräften um die Alten und Kranken.[97] Der Inhaber des „Judenladens" erpreßte von den in der Stadt verbliebenen Juden 5000 RM, um ein angebliches Defizit in seiner Kasse auszugleichen. Im Einvernehmen mit der Wirtschaftsgruppe Einzelhandel drohte er, den Lebensmittelverkauf ganz einzustellen.[98] Die Juden waren deshalb auf die Unterstützung der wenigen nichtjüdischen Freunde angewiesen, um die elementarsten Bedürfnisse decken zu können.[99] Einer Frau wurde die Hilfe, die sie dem fast erblindeten Rechtsanwalt Fleischer zuteil werden ließ, zum Verhängnis. Die Gestapo schleppte sie ins Konzentrationslager Ravensbrück, weil sie „den Juden Fleischer über die Straße geführt" habe. Fleischer wurde in Buchenwald ermordet.[100] Unterstützung der Juden war nur im Verborgenen möglich. Ein jüdisches Ehepaar hielt die Stationen seiner Rettung fest; über 27 Monate hinweg entkamen sie ihren Häschern, weil sie von Pfarrern der Bekennenden Kirche in der Stuttgarter Umgebung aufgenommen und weitergeleitet wurden.[101] Ein solcher Erfolg und eine solche Hilfe waren jedoch die Ausnahme. Martha Haarburger erinnerte sich:
„Wir waren von Feinden und Gleichgültigen umgeben; Angst vor den Menschen hat mich nie verlassen. Wurde ich einmal höflich behandelt, (...) dann war das etwas Besonderes, das man nicht so leicht vergaß. (...) Bittere Enttäuschungen sind mir nicht erspart geblieben, durch Bekannte, durch Kollegen."[102]
Am 1. März 1943 wurden 17 Personen von der Hospitalstraße aus nach Auschwitz verschleppt. Ihr weiteres Schicksal ist unbekannt.[103] Gestapobeamte verhafteten die Opfer von der Straße oder vom Arbeitsplatz weg, ließen sie unter Aufsicht einige Habseligkeiten zusammenpacken und sammelten sie im Gemeindehaus. Am 16. April 1943 verließ ein Transport mit 19 Juden Stuttgart in Richtung Theresienstadt. Die meisten wurden von dort nach Auschwitz geschleppt und ermordet.[104] Im Juni 1943 sammelte die Gestapo erneut 22 Juden in der Hospitalstraße und teilte zwei Transporte ein. Neun Personen sollten nach Theresienstadt, 13 „nach dem Osten" verschleppt werden – das bedeutete Auschwitz. Der Firma Bosch gelang es offenbar, Martha Haarburger, die in der Sonderabteilung als Chemikerin gearbeitet hatte, von der Transportliste nach Auschwitz streichen und für Theresienstadt eintragen zu lassen.[105] Beim Rüstungsbetrieb kannte man anscheinend den Unterschied zwischen den beiden Orten. Frau Haarburger überlebte; ihre Mutter, die im August 1942 ebenfalls nach Theresienstadt deportiert worden war, traf sie aber nicht mehr an. Sie war im März 1943 den Strapazen erlegen.[106]
In Stuttgart blieben neben den in „Mischehe" lebenden Juden noch zwei Dutzend nichtprivilegierte „Sternträger". Die Gründe dafür, daß sie von der Deportation ver-

schont wurden und bis April 1945 auf der Liste der Empfänger von Lebensmittelmarken standen, sind nicht bekannt.[107] Je mehr Stuttgart in den totalen Krieg einbezogen war, um so weniger Aufmerksamkeit widmeten die Behörden offenbar der kleinen Zahl von Juden.[108] Einige von ihnen zogen es dennoch vor, unterzutauchen. Andere wie der bekannte Architekt Guggenheimer fristeten als Hilfsarbeiter ein kümmerliches Dasein, immer am Rande des Todes.[109]

Die jüdische Gemeinde war praktisch nicht mehr vorhanden. Das Reichssicherheitshauptamt löste die Kultusgemeinde schließlich auf.[110] Unter dem alten Namen der „Reichsvereinigung" bestand eine Einrichtung fort, die als ausführendes Organ der Gestapo fungieren mußte. Vertrauensmann im Bezirk blieb Alfred Marx, der seit 1940 die Mittelstelle leitete. Bereits im Juli 1942 hatte die Stapoleitstelle Rechtsanwalt Ostertag als Vertrauensmann der in „Mischehe" lebenden Juden bestellt.[111]

Nach den Deportationen wandten sich die Behörden den Hinterlassenschaften zu. Das Innenministerium bot der Stadtverwaltung Möbel und Einrichtungsgegenstände aus beschlagnahmten jüdischen Wohnungen für Fliegergeschädigte an. Die Stadt hatte zunächst keinen Bedarf. Sie wollte sich bereits aus den „Judenmöbeln des Finanzamts Münsingen eine Reserve schaffen". Schließlich verzichtete sie aber ganz, „teils weil die Stadt Ulm als Käuferin hierfür aufgetreten ist, teils weil es sich um alte, in wenig gutem Zustand befindliche Einzelstücke handelte". Den Großteil der Möbel verwendete der Höhere SS- und Polizeiführer für Umsiedler.[112]

Auf Anweisung des Reichssicherheitshauptamts mußte die „Reichsvereinigung" der Stadtverwaltung die jüdischen Friedhöfe im Stadtgebiet zum Kauf anbieten. Nach Meinung der Stadtväter eignete sich der Hoppenlaufriedhof vorzüglich für eine innerstädtische Parkanlage, während der Friedhof „Auf der Prag" zur Erweiterung des Pragfriedhofs verwendet werden konnte. Der von der jüdischen Gemeinde erst 1936 erworbene Platz nahe beim Steinhaldenfeld-Friedhof sollte landwirtschaftlich genutzt werden. Die Stadt hatte einen angemessenen Preis zu bezahlen, den das Reichssicherheitshauptamt für sich verbuchte.[113]

Das Interesse des Reichssicherheitshauptamts richtete sich nach der Deportation der nichtprivilegierten Juden auf die „Mischehenpartner".[114] Die Stapoleitstelle bestellte am 10. Januar 1944 Juden, deren Ehe mit einem nichtjüdischen Gatten infolge Tod oder Scheidung nicht mehr bestand, ins „Hotel Silber". Man eröffnete ihnen ihre Verhaftung und die Deportation nach Theresienstadt. Die Betroffenen mußten unter Aufsicht packen und wurden anschließend in der Hospitalstraße versammelt.[115] Dorthin brachte die Gestapo Juden aus dem ganzen Land, die sie am Vormittag verhaftet und mit fahrplanmäßigen Zügen unter Bewachung nach Stuttgart überstellt hatte. Von den Deportierten dieses Transports, der 35 oder 36 Personen umfaßte, starben zwei in Theresienstadt und drei in Auschwitz.[116] Im November 1944 transportierte die Gestapo sogenannte Mischehenpartner und Mischlinge in ein Lager bei Wolfenbüttel.

67 Eingang des Kriegsgefangenenlagers Moltke-Schule

68 Kriegsgefangene und Fremdarbeiter bei Aufräumungsarbeiten im Westen

69 *Französische Kriegsgefangene im Lager Gaisburg*
70 *Ankunft sowjetischer Kriegsgefangener am Hauptbahnhof*

Alle Deportierten überlebten.[117] Doch das Erfassen hatte noch kein Ende. Am 3. Februar 1945 teilte die Stadt auf Anfrage den Aufsichtsbehörden mit, daß im städtischen Dienst keine „Mischlinge", aber vier Ehegatten von „Mischlingen" beschäftigt seien.[118] Die letzte Deportation Stuttgarter Juden erfolgte am 11. Februar 1945 über ein Sammellager in Bietigheim. Auf den Befehl Himmlers, nunmehr auch die „jüdischen Teile (...) aus Mischehen zum geschlossenen Arbeitseinsatz zu bringen", verschleppte die Gestapo 57 Personen aus Württemberg nach Theresienstadt.[119] Einige der Betroffenen leisteten dem Befehl keine Folge; sie tauchten unter. Für zwei Deportierte wurde es eine Fahrt ohne Wiederkehr. Die übrigen, unter ihnen der frühere Leiter der Mittelstelle, Alfred Marx, kehrten auf eigene Faust oder mit Bussen nach Stuttgart zurück, die die Stadtverwaltung im Juni 1945 nach Theresienstadt schickte.[120] Etwa drei Dutzend Stuttgarter Juden überlebten die Deportationen der Jahre 1941 bis 1943. Fast alle kehrten nur für kurze Zeit zurück und folgten dann denjenigen, die durch Emigration der Vernichtung entkommen waren.

3. Kriegsgefangene und Fremdarbeiter in Stuttgart

Seit 1937 gehörten Klagen über den Mangel an Arbeitskräften zum festen Bestandteil wirtschaftspolitischer Lageberichte und Debatten.[1] Die Führung entschied sich 1939 – als vorübergehende Notmaßnahme – für den Einsatz ausländischer Arbeitnehmer. In Polen fielen der deutschen Wehrmacht Hunderttausende von Kriegsgefangenen in die Hände. Mit den Truppen rückte auch die Arbeitsverwaltung in das besetzte Land ein, Mitte September 1939 gingen erste Transporte von Arbeitskräften ins Reich. Die polnischen Kriegsgefangenen wurden fast ausschließlich in der Landwirtschaft eingesetzt; in der Industrie waren die nicht qualifizierten Arbeitskräfte unerwünscht. In Stuttgart wurden gefangene Polen auch von der Stadt und als Träger bei Speditionen beschäftigt, wo sie zur Wehrmacht einberufene Arbeiter ersetzten.
Die ersten Arbeitskommandos mit polnischen Kriegsgefangenen trafen im November 1939 in Stuttgart ein. Von einem Auffanglager in Feuerbach aus wurden sie auf die Ortsbauernschaften der ländlichen Vororte und Außenbezirke verteilt.[2] Träger des Einsatzes waren die Ortsbauernschaften, die militärische Zuständigkeit oblag der Stalag-Kommandantur im Wehrkreis Va mit Sitz in Ludwigsburg, die Arbeitsämter waren für die Arbeitsverteilung verantwortlich. Im Herbst 1940 lebten von über 17500 polnischen Fremdarbeitern in Württemberg 191 im Stadtbezirk Stuttgart.[3] Die von der Stadtverwaltung verpflichteten Arbeitskräfte pflegten beim Liegenschaftsamt und bei den Krankenhäusern Obstbäume und Gärten. Die monatliche Entlohnung betrug nach einem reichseinheitlichen Tarif 25 RM, also etwa ein Zehntel eines Arbeiterlohns, wobei Unterkunft und Verpflegung gestellt werden mußten.[4] Die den Speditio-

nen zugewiesenen Polen erfüllten die Norm für Schwerarbeiter und erhielten entsprechende Brotzulagen. Gegen weitere Zulagen, die die Stalag-Kommandantur gewähren wollte, wandten sich übereinstimmend das Gewerbeaufsichtsamt als Aufsichtsbehörde, der Beauftragte für den Nahverkehr beim württembergischen Innenministerium und das städtische Ernährungsamt. Ihrer Ansicht nach bekämen die deutschen Arbeiter, soweit sie sich außerhalb der Familie verpflegen müßten, auch keine bessere Verpflegung.[5]

Im November 1939 entschied sich die Führung des Reiches für den massiven Einsatz von zivilen polnischen Arbeitskräften in der deutschen Landwirtschaft. Nicht zuletzt die Reaktion der Bevölkerung auf verstärkten Fraueneinsatz, Urlaubssperren und erhöhte Arbeitszeiten war dafür ausschlaggebend.[6] Die ideologische Abweichung sollte ein rassistisches Sonderrecht ausgleichen, die sogenannten Polen-Erlasse vom 8. März 1940. Im Rahmen erweiterten Arbeitseinsatzes für Polen veränderten die deutschen Behörden den Status der Kriegsgefangenen. Sie sollten denselben Status wie zivile polnische Fremdarbeiter unter der Bedingung erhalten, daß sie jede zugewiesene Tätigkeit im Arbeitsamtbezirk annehmen würden. Die Landwirte der Stuttgarter Vororte hatten sich, sobald sie davon erfuhren, gegen solche Pläne gewandt. So war der Ortsbauernführer von Weil im Dorf schon am 6. März in dieser Sache beim Arbeitsamt vorstellig geworden: Die Arbeiter hätten sich gerade jetzt zurechtgefunden und könnten bei der beginnenden Frühjahrsarbeit eine Hilfe bedeuten. Zudem sei die private Unterbringung für viele Landwirte mit erheblichen Schwierigkeiten verbunden. Es war aber nicht zuletzt die Kostenfrage, die der Ortsbauernführer als Gefährdung für die landwirtschaftliche Versorgung bezeichnete: „Ganz besonders ins Gewicht fällt auch, daß die Kosten für die Kriegsgefangenen wesentlich billiger sein werden als für die Zivilpolen." Dem Antrag, ihm weiterhin ein Arbeitskommando von Kriegsgefangenen zu belassen, wurde stattgegeben. Als im Juli 1940 auf Weisung Hitlers sämtliche arbeitsfähigen polnischen Kriegsgefangenen den Status von Zivilarbeitern erhielten, gelang es, 32 französische Kriegsgefangene nach Weil im Dorf zu holen.[7]

Der „Modellversuch Poleneinsatz" hatte die Erwartungen erfüllt. Der Westfeldzug eröffnete der Arbeitsverwaltung im Sommer 1940 ein neues Reservoir von Arbeitskräften, das jedoch gar nicht in vollem Umfang in Anspruch genommen wurde. Das Oberkommando der Wehrmacht entließ kriegsgefangene Holländer, Belgier und Norweger sowie einen Teil der gefangenen Franzosen in ihre Heimat. Dafür begannen die Arbeitseinsatzbehörden im Herbst 1940 mit der Anwerbung von Arbeitern in Italien und in den besetzten Staaten Westeuropas. Das Nebeneinander von Kriegsgefangenen und Zivilarbeitern aus befreundeten und feindlichen Staaten führte zu einer Differenzierung nach politischer Opportunität und „rassischer Qualität". Die Bevölkerung akzeptierte diese Unterscheidung nicht, sondern ließ sich von traditionellen Vorurteilen und neuem Mißtrauen gegenüber den bessergestellten ausländischen Arbeits-

III. 3. Kriegsgefangene und Fremdarbeiter in Stuttgart

kräften aus dem Westen leiten. Die Wirtschaftskammer Württemberg-Hohenzollern kritisierte in einem Bericht an Reichsstatthalter Murr Arbeitsleistung und sittliches Verhalten der Italiener sowie anstößiges Verhalten von Französinnen und Polen und konstatierte „eine allgemeine Verstimmung über die höhere Entlohnung der Ausländer, insbesondere die bevorzugte Behandlung der Italiener, die in keiner Weise gerechtfertigt erscheint".[8]

Vom Zustrom an Fremdarbeitern wollte die Stadt, die seit Kriegsbeginn unter Personalknappheit litt, profitieren. Stadtrat Schwarz bemühte sich um 300 kriegsgefangene Franzosen und schlug vor, auf dem Gelände des früheren Pflichtarbeitslagers in Gaisburg ein Lager zu erstellen.[9] Das Arbeitsamt teilte der Stadt die erwünschten Arbeiter zu, wie der rasche Ausbau des Lagers bewies. Nachdem im Juli 1940 erstmals Mittel für diesen Zweck zur Verfügung gestellt worden waren, reichten sie schon nach kurzer Zeit nicht mehr aus. Als Ende 1940 die Luftschutz-Sonderprogramme anliefen, verlangte das Luftgaukommando die Unterbringung von 150 Kriegsgefangenen. Die Stadt mußte diese öffentliche Aufgabe erfüllen.[10]

Im Gaisburger Lager brachten auch kleinere Unternehmen ihre Fremdarbeiter unter. Dadurch entstanden Differenzen zwischen Kommunalverwaltung und Industrie, die immer mehr Fremdarbeiter brauchte. Bis Jahresende 1940 hatte die Stadt über 140000 RM in das Gaisburger Lager investiert.[11] Für die „Betreuung" der Lagerinsassen war zunächst das städtische Personalreferat, seit Ende 1940 das Amt Arbeitseinsatz der DAF zuständig.[12] Personalreferent Locher bezeichnete eine gute Betreuung als wesentliche Voraussetzung für die weitere Anwerbung ziviler Arbeiter im Ausland.[13]

Mitte Februar 1941 lebten bereits über 1700 Kriegsgefangene im Gaisburger Lager, die in zwei Arbeitskommandos aufgeteilt waren. Die Mehrzahl, fast 900 Personen, arbeitete auf den Baustellen des „Führer-Sonderprogramms" für den Luftschutz.[14] Das zweite Kommando zählte nahezu 300 Gefangene, die bei verschiedenen städtischen Ämtern beschäftigt waren, 59 Gefangene arbeiteten unter Leitung des Bevollmächtigten für den Nahverkehr bei Stuttgarter Speditionen. Weitere 82 Männer stellte die Stadt aus ihrem Kontingent kleineren Betrieben zur Verfügung. Die Stadt stellte ihnen täglich zwei RM in Rechnung, während sie die Gestehungskosten für ein Gefangenen-Tagwerk innerhalb der Stadtverwaltung mit 4,48 RM angab.[15] Weitere Sonderkommandos befanden sich in einem nicht näher spezifizierten Dienst des SS-Oberabschnitts Südwest und bei den Stuttgarter Straßenbahnen.[16] Der Krankenstand lag bei zwölf Prozent.

Während der Einberufungen für den Feldzug gegen die Sowjetunion verschärfte sich die Lage auf dem Arbeitsmarkt. Die Arbeitseinsatzbehörden sahen sich gezwungen, den Einsatz von Kriegsgefangenen zu reglementieren und Prioritäten zu setzen. So beanstandete das Landesarbeitsamt, daß die Stadtverwaltung Kommandos bei der Hauptkläranlage, beim Gartenamt sowie beim Turn- und Sportamt unterhielt. Statt dessen sollten die Kriegsgefangenen beim viel wichtigeren Luftschutzbau eingesetzt werden. Außerdem wurde der Stadt untersagt, Gefangene leihweise an Stuttgarter Unternehmen abzugeben. Die Gefangenen sollten nach Berufsgruppen eingeteilt und in ihren erlernten Berufen beschäftigt werden.[17] Die Stadt erfüllte die Auflage, die Gefangenen verstärkt beim Luftschutzbau zu beschäftigen.[18] Die größeren Firmen richteten eigene Lager ein, in denen sie die Kriegsgefangenen unterbrachten.

Die Kriegsgefangenen aus Westeuropa und die polnischen Zivilarbeiter hatten Kontakte mit der deutschen Bevölkerung. Der „NS-Kurier" mahnte im Dezember 1939: „Es entspricht zwar nicht deutschem Wesen, den waffenlosen Feind zu schmähen oder gar anzugreifen, aber auch Mitleidsbezeugungen sind nicht am Platze! Nur schweigende Ruhe und Würde! (...) Feind bleibt Feind."[19] Für die Stadtverwaltung galten die Vorschriften des „Merkblatts für den Verkehr mit Kriegsgefangenen".[20] Danach war jedem städtischen Beschäftigten, mit Ausnahme der dafür bestimmten Personen, der Kontakt mit Kriegsgefangenen verboten. Auch der Kommandoführer hatte sich auf dienstliche Weisungen zu beschränken und mußte seine Anordnungen mit den Wachmannschaften abklären. Die Gefangenen durften Aufenthaltsräume und Kantinen gar nicht, andere städtische Einrichtungen nur unter Bewachung betreten. Mit der Zeit häuften sich jedoch Klagen über das Verhalten von städtischen Arbeitern. Der Adjutant des Höheren SS- und Polizeiführers, Hauptmann Schöneberger, war darüber empört, daß eine Gruppe von Franzosen auf dem Gang zur Arbeit den Gehweg blockiert hätte. Deutsche Passanten, sogar eine hochschwangere Frau, seien gezwungen gewesen, „in den Straßenkot hineinzutreten", ohne daß die drei aufsichtführenden städtischen Arbeiter eingeschritten seien. Der Kreisorganisationsleiter der NSDAP schilderte ebenfalls „würdeloses Verhalten von Volksgenossen" gegenüber Kriegsgefangenen. Ein städtischer Arbeiter hatte an Franzosen Tabak verteilt, den ihm ein Stuttgarter Schreinermeister ausgehändigt hatte. Die Stadt erteilte dem Arbeiter einen Verweis und drohte mit Entlassung im Wiederholungsfall.[21] Nach mehreren derartigen Vorfällen erinnerte Personalreferent Locher Ende Januar 1941 an die einschlägigen Vorschriften. Wenige Tage später erschien im Reichsgesetzblatt eine Polizeiverordnung, wonach unerlaubte Verständigung mit Kriegsgefangenen mit Geldstrafen bis zu 150 RM oder mit Haft bis zu sechs Wochen bestraft werde.[22]

Das Lager Gaisburg war im Winter 1940/41 unzureichend versorgt. Der Stuttgarter Kreisbaumwart teilte dem städtischen Personalamt Mitte Dezember 1940 mit, daß er Arbeiter im Lager habe zurücklassen müssen, weil sie kein Schuhwerk besäßen. Drei als Schuhmacher eingeteilte Lagerinsassen könnten die Reparaturen nicht bewältigen, häufig gebe es an den Stiefeln nichts mehr zu flicken. Die von der Stadt eingesetzten Bauleiter bemühten sich um einen effektiven Arbeitseinsatz und wandten sich gegen „unnötige Treiberei".[23] Nach dem tödlichen Unfall eines französischen Bauarbeiters ermahnte Tiefbaudirektor Kind die Bauleitungen, dieselbe Sorgfaltspflicht wie bei den

städtischen Arbeitern walten zu lassen. Die ausführenden Unternehmer mache er für alle Unfälle haftbar. Er erwarte klare Anweisungen für die berufsfremden Kriegsgefangenen.[24] Hingegen intervenierte die Gaupropagandaleitung, als sie erfuhr, das Tiefbauamt wolle die Stimmung der Gefangenen Weihnachten 1940 mit einer Flasche Wein verbessern.[25]
Die Entlohnung der Fremdarbeiter differierte. Polen erhielten in der Landwirtschaft einen Tageslohn von 60 Pfennig, westliche Kriegsgefangene bekamen 20 Pfennig mehr. Die Bauunternehmen bezahlten 1,80 RM und die Industriebetriebe 2,20 RM pro Tag. Für die Insassen des Lagers Gaisburg galt:
„Der Berechnung des Arbeitsentgelts ist eine 8stündige Arbeitszeit zugrunde gelegt. Über- und Unterstunden werden nicht besonders berücksichtigt. (. . .) Etwa notwendige vorschriftsmäßige Berufskleidung hat der Unternehmer auf eigene Kosten zu stellen und zu unterhalten. Als Erkennungszeichen ist eine aufgenähte weiße Armbinde mit Aufdruck 'Kr.-Gef.' zu tragen. (. . .) Tüchtige und fleißige Kriegsgefangene sollen durch Zahlung einer Sondervergütung, die dem Gefangenen ganz zukommt und für den Tag nicht mehr als –,60 RM betragen sollte, belohnt werden."[26]
Die Kriegsgefangenen, die in der Gaskokerei arbeiteten, erhielten diese Zulage zum größten Teil voll, zum kleineren halb. Auch die, die beim Luftschutzbau zehn Stunden am Tag arbeiteten, erhielten den höchsten Satz. Tiefbaudirektor Kind wies darauf hin, daß „diese Zulage eine wesentliche Verstärkung des Arbeitswillens der Gefangenen mit sich gebracht hat und dadurch indirekt dem Unternehmen in der Arbeitsleistung wieder zugute kommt".
Der Rußlandfeldzug forderte immer neue Einberufungen. Die ideologische Ablehnung russischer Arbeitskräfte ließ sich nicht aufrechterhalten. Anfang November 1941 ließ Göring Anwerbekommissionen in die Stalags und die russischen Städte und Dörfer ausschwärmen. Arbeitslosen Zivilpersonen wurden Lebensmittelkarten verweigert, um sie zur „freiwilligen Meldung zum Arbeitseinsatz zu veranlassen".[27] Seit Frühjahr 1942 arbeiteten russische Kriegsgefangene und „Ostarbeiter" in der deutschen Wirtschaft.
Der Streit um die Arbeitskräfte hatte schon begonnen, bevor die ersten Transporte mit sowjetischen Kriegsgefangenen und „Ostarbeitern" im Durchgangslager in Bietigheim eingetroffen waren.[28] Auch die Stadtverwaltung forderte Arbeiter an, weil die kommunalen Betriebe stärker ausgedünnt worden waren als die Privatwirtschaft. Das Fuhramt schrieb am 6. November 1941 an das Personalamt: „Gegenwärtig stehen uns noch 599 Arbeiter zur Verfügung. Das sind rund 2/3 des Höchststandes der Vorkriegszeit. (. . .) Unter den in Arbeit stehenden Leuten befinden sich allein 98 Gefolgschaftsmitglieder, die bereits das sechzigste Lebensjahr vollendet haben. Eine erhebliche Zahl der jüngeren Arbeiter ist in der Arbeitsfähigkeit durch gesundheitliche Schädigungen verschiedener Art mehr oder weniger beeinträchtigt."[29]

Die Stadt hatte inzwischen weitere 150 Kriegsgefangene an die Daimler-Benz AG abgeben müssen. Die unmittelbaren Auswirkungen der Winterschlacht vor Moskau ließen sich im übrigen bis in den Personalstand des Stuttgarter Fuhramts verfolgen, wo zwischen dem 15. Januar und dem 15. März 1942 weitere 41 Arbeiter zur Wehrmacht einrückten.[30] Interventionen bei der Wehrmacht oder bei den Arbeitsämtern galten als aussichtslos.

Anfang Juni 1942 registrierte die Stadtverwaltung lediglich 42 ausländische Zivilarbeiter, darunter seit April zehn russische beim Liegenschaftsamt. Die übrigen kamen aus den befreundeten Ländern Italien, Kroatien und Ungarn. Auf Baustellen der TWS waren außerdem 71 Arbeiter aus Italien und Belgien beschäftigt, die aber aus Kontingenten privater Bauunternehmen stammten. Einige hundert Arbeiter aus neun Nationen waren zu dieser Zeit auf der Baustelle Wagenburgtunnel eingesetzt. Die Stadt hatte für sie an der Abelsberger Straße im Stuttgarter Osten ein Lager errichtet, wo sie auch die neu beantragten Fremdarbeiter unterzubringen und zu verpflegen gedachte.[31] Dies war insofern wichtig, als die DAF vor einer Zuweisung von Fremdarbeitern Quartiere auf ihre Eignung hin zu prüfen hatte. Auch die Arbeitsgemeinschaft der drei Baufirmen, die den Großluftschutzraum bauten, klagte beständig über einen Mangel an Arbeitskräften. Baudirektor Kind war skeptisch, denn nach den bisherigen Erfahrungen vermutete er, daß weder die Arbeitsgemeinschaft noch die Stadt weitere Arbeiter erhalten und in absehbarer Zeit die Lagerbaracken für die Rüstungsindustrie beschlagnahmt würden.[32] Unter diesen Umständen vermerkte die Stadt positiv, daß Mitte Juli 1942 die Hälfte von inzwischen den TWS zugesagten 50 Fremdarbeitern in Stuttgart eintraf. Sie wurden im Lager Seilerwasen untergebracht, das für Bauarbeiter am Heizkraftwerk eingerichtet worden war.[33]

Die Stadtverwaltung war bei diesem Menschenhandel ins Hintertreffen geraten; ihre Vorstellungen fanden bei den Arbeitseinsatzbehörden kaum Gehör. Priorität hatten die Wünsche der Rüstungsindustrie. Während die Stadt im Sommer 1942 um jeden Fremdarbeiter feilschte, war die Zahl aller ausländischen Arbeitskräfte in Stuttgart mittlerweile auf 16000 gestiegen. In dieser Zahl waren 1500 Ehefrauen eingeschlossen. In Barackenlagern der Unternehmen waren rund 7000 Personen untergebracht; fast 9000 wohnten in Privatquartieren.[34] Die Stadtverwaltung kritisierte dies wegen der Wohnungsnot. Da weitere 10000 Fremdarbeiter zu erwarten wären, verlangten die Unternehmen von der Stadt Gelände für Barackenlager.[35] Wie Stadtrat Schwarz mitteilte, sollten einerseits große Lager im Auftrag des Reichs entstehen, andererseits aber kurze Wege zwischen Lager und Arbeitsplatz liegen. Beides war in Stuttgart nur schwer zu verbinden.

Das Stadtgebiet wurde mit einem Netz von Lagern überzogen. Für die Arbeiter in den Rüstungsfirmen im nördlichen Stadtgebiet sah Baudirektor Ströbels Plan Lager beim SA-Sportplatz Feuerbach, beim Schützenhaus Weil im Dorf, bei der Knecht'schen

Ziegelei in Zuffenhausen und der Höfer'schen Ziegelei in Bad Cannstatt vor sowie bei Korntal und im Zazenhäuser Tal. Da freie Flächen um Daimler-Benz rar waren, entstand ein Lager jenseits des Neckars an der Esslinger Straße in Hedelfingen. Das größte Lager mit rund 2000 Plätzen kam auf die Schlotwiese bei Zuffenhausen.[36] Es war Ende August 1942 zur Hälfte bezogen, die übrigen Lager waren 1943 fertig. Die „Organisation Todt" lieferte die Baracken; die Stadt mußte sie übernehmen und an die Betriebe vermieten. Für die Lager Wallgraben in Möhringen, Seedamm in Feuerbach, Heidenklinge in Heslach sowie Killesberg gab die Stadt über drei Millionen Reichsmark aus.[37] Architekt und Ratsherr Leistner beschwerte sich über diesen Aufwand. Er verstehe nicht, warum man sich solche Mühe gebe, damit die Lager als vorbildlich gelten würden. Auf eine Beschwerde des Vertrauensmannes der französischen Kriegsgefangenen in Gaisburg hin sprach er von „Bequemlichkeiten".[38] Die Luftschutzeinrichtungen, die die Fremdarbeiter überall in der Stadt verbessern halfen, waren in den Lagern unzureichend. Dort gab es keine sicheren Luftschutzräume, sondern lediglich Deckungsgräben, die zumeist nicht einmal betoniert waren. Bei einem britischen Luftangriff auf Stuttgart am 15. April 1943 starben mehrere hundert kriegsgefangene Franzosen in einem solchen Graben.[39] Traurige Ironie: Die Getöteten waren Fachleute des Luftschutzbaus.[40] Das Lager, das einmal fast 2000 Kriegsgefangene bewohnt hatten, wurde auf Wunsch der Wehrmacht nur für 600 Personen wieder aufgebaut. Dafür entstanden an der Mühlhäuser Straße in Münster und an der Kaltentaler Straße in Möhringen – einem der schönsten Plätze in der Fildergemeinde, wie Ratsherr Grundler bedauernd bemerkte – zwei weitere Lager. Sie waren für 1000 holländische Kriegsgefangene bestimmt, die in Stuttgart Bombenschäden beseitigen sollten.[41]

Die Klagen der Stadtverwaltung, die sich schlechter als die Industrie behandelt fühlte, nahmen an Schärfe zu. Im Dezember 1942 schrieb Personalreferent Locher an das Arbeitsamt: „Der Arbeitermangel bei den städtischen Verwaltungen und Betrieben hat erschreckende Formen angenommen." Die Situation beim Fuhramt nannte er katastrophal, der anfallende Müll sei nicht mehr zu bewältigen.[42] Die Arbeitseinsatzbehörden reagierten ablehnend:

„Unter den augenblicklichen Verhältnissen, hervorgerufen durch Unruhen und Fleckfiebergefahr, ist der Anfall an Arbeitskräften gering. Da ich außerdem eine große Anzahl von Arbeitskräften für die kriegswichtige Industrie zu stellen habe, bin ich nicht in der Lage, in absehbarer Zeit Arbeitskräfte für die Stadt Stuttgart in Marsch zu setzen."[43]

Am ehesten gelang es, Arbeiter für die TWS zu erlangen, die zwischen 28. Oktober und 26. November 1942 40 Fremdarbeiter erhielten.[44] Die Rückschläge an der Ostfront 1943 führten zur Einberufung der Jahrgänge 1900–1905 sowie zu weiteren Umsetzungen von Personal der Verwaltung zur Industrie. Ein neuerlicher Ruf des Personalreferenten nach Ersatz durch Fremdarbeiter war die Folge.[45] Eine Bestandsaufnahme Mitte Februar 1943 ergab, daß die Stadtverwaltung 261 männliche und 113 weibliche ausländische Arbeitskräfte unmittelbar beschäftigte. Die Frauen arbeiteten vorwiegend als Helferinnen in Krankenhäusern und Kinderheimen, die meisten Männer bei den TWS.[46]

Das Ergebnis aller kommunalen Vorstöße bei den Arbeitsämtern war gleichbleibend negativ: „Leider besteht bei der katastrophalen Lage auf dem Arbeitsmarkt für absehbare Zeit keinerlei Aussicht auf Zuweisung in- oder ausländischer Arbeiter."[47] Das Arbeitsamt verlangte im Gegenteil von der Stadt, ein Viertel aller bisher zugeteilten Kriegsgefangenen, Polen und Ostarbeiter für die Landwirtschaft abzugeben.[48] Locher berief daraufhin alle beteiligten städtischen Dienststellen zu einer Sitzung, „um die erforderlichen Unterlagen für die dem Leiter des Arbeitsamts Stuttgart gegenüber einzunehmende Stellung zu bekommen".[49] Locher und Kind entwarfen ein Schreiben, in dem sie es als „unumstößliche und nackte Tatsache" bezeichneten, daß „der Personalstand bei der Stadtverwaltung nunmehr auf dem äußersten Tiefstand angelangt ist und keine Reserven mehr vorhanden sind". Sie führten Stärke und Aufgaben der Kommandos auf, unter denen die Zahl der Kriegsgefangenen (822), die der Ostarbeiter (136) und Polen (35) bei weitem übertraf. Die meisten Kriegsgefangenen waren dem Leiter der Sofortmaßnahmen zur Beseitigung von Bombenschäden unterstellt; eine Gruppe von 227 sowjetischen Offizieren war in der Schillerschule, ein Kommando von 440 holländischen Gefangenen in der Stadthalle untergebracht. Auch die Mehrzahl der Ostarbeiter war bei diesen Arbeiten eingesetzt. Die Stadt lehnte eine Einbeziehung dieser Arbeitskräfte in den Geltungsbereich des Erlasses grundsätzlich ab und erinnerte daran, daß die TWS nicht mehr als städtische Dienststelle, sondern als Rüstungsbetrieb galten. „Mit allem Nachdruck" wies die Stadt darauf hin, daß die personelle Situation nicht mehr verantwortbar sei.[50]

Die Industrie hatte weniger Probleme. Als das Arbeitsamt für den Bau des Heizkraftwerks keine Arbeiter mehr zu stellen vermochte, ging die ausführende Firma Baresel eine Arbeitsgemeinschaft mit einer Brüsseler Baufirma ein; diese verpflichtete sich, 270 Facharbeiter nach Stuttgart in Marsch zu setzen. Für die TWS lohnte sich die Transaktion, weil sie als kriegswichtiger öffentlicher Betrieb die Genehmigung zum Einsatz von 40 belgischen Arbeitern außerhalb der Baustelle Heizkraftwerk erhielten.[51]

Im Dezember 1942 teilte ein Erlaß Himmlers die Fremdarbeiter in vier Gruppen ein: Italiener, Angehörige germanischer Völker, Angehörige nicht germanischer Völker im Bündnis oder in besonderer traditioneller Beziehung, schließlich Polen, Ostarbeiter und slawische Völker.[52] Ostarbeiter und Polen standen unter einem sozialen Sonderrecht, in vieler Hinsicht den Juden gleich: Für sie bestand eine Kennzeichnungspflicht, und sie hatten nur Anspruch auf Bezahlung für tatsächlich geleistete Arbeit, während die übrigen Fremdarbeiter Zuschläge für Feiertagsarbeit und Überstunden

sowie Trennungsgelder erhielten. Ostarbeiter durften sich auch in ihrer Freizeit nur in geschlossenen Lagern aufhalten, bei längerer Krankheit mußten sie in ein eigenes Krankenhaus in Pleidelsheim eingeliefert werden. Theoretisch orientierte sich der Lohn zwar an „vergleichbaren" deutschen Arbeitern und war aus Gründen des Leistungsanreizes gestaffelt. Der Reallohn lag infolge der Abzüge jedoch erheblich niedriger.[53] Auch die DAF, der die Betreuung oblag, kassierte einen Betrag. Sie vermittelte außerdem Zeitungen in die Lager und veranstaltete gelegentliche Kulturprogramme, zunächst für Angehörige germanischer Völker und befreundeter Staaten.[54]
Die Verpflegung der Kriegsgefangenen im Lager Gaisburg sah nach einer Aufstellung der Lagerverwaltung, die zum städtischen Tiefbauamt gehörte, so aus:
„Morgenkost: Tee oder Kaffee mit 250 g Tagesration Brot,
Vesper: Marmelade 100 g oder Käse oder Margarine 62,5 g,
Mittagsverpflegung: Eintopf aus Gemüse und Kartoffeln, 100 g Brot an drei Wochentagen,
Eintopf aus Gemüse und Kartoffeln, 100 g Brot, 80 g Fleisch an drei Wochentagen,
Mittagessen aus Gemüse oder Salat, Kartoffeln, 100 g Fleisch an Sonntagen,
Abendkost: Eintopf aus Gemüse und Kartoffeln ohne Fleisch an fünf Wochentagen,
Eintopf aus Gemüse und Kartoffeln und 100 g Fleisch an einem Wochentag,
Kaffee, Marmelade und Margarine an Sonntagen.
Die Kriegsgefangenen erhalten morgens im Lager die Morgenkost und das Vesper ausgehändigt. Kleine Kommandos, denen die frühere kalte Mittagskost nicht beigefahren wurde, fassen auch die Mittagskost (Eintopf) schon morgens im Lager und bringen sie in Kannen und Behältern zur Arbeitsstelle mit. Größeren Kommandos wird die Mittagskost mit Kleinwagen beigefahren."[55]
Ob die Fremdarbeiter tatsächlich diese Verpflegungssätze erhielten und welchen Schwankungen die Ernährung unterlag, war nicht zu ermitteln.
Die wenigen vorliegenden Zeugnisse zeigen offensichtlich unzureichende Gesundheitsverhältnisse in den Lagern. Die Verhältnisse in den Gefangenenlagern und beim Transport ins Reich bargen die Gefahr von Infektionen aller Art, die in den örtlichen Lagern zu Erkrankungen und Seuchen führen konnten. Bereits in den Durchgangslagern fanden daher sogenannte Entlausungsaktionen statt. Das städtische Gesundheitsamt wurde mit der medizinischen Überwachung und der Untersuchung der Insassen von Lagern beauftragt.[56] Die ambulante ärztliche Betreuung lag jedoch zumeist bei Medizinern aus den Reihen der Gefangenen und Fremdarbeiter. Beim Bürgerhospital wurde eine Abteilung eingerichtet, und im Herbst 1942 erhielt die Stadt vom Reich Baracken, die beim Krankenhaus Bad Cannstatt und beim Behelfskrankenhaus Friedrich-List-Heim aufgestellt wurden.[57] Die erkrankten ausländischen Arbeiter sollten von deutschen Patienten getrennt werden. Bei einer länger dauernden Erkrankung wurden die Betroffenen häufig in ihre Heimat zurückgeschickt. Im August 1942

berichtete das städtische Gesundheitsamt, Krankheiten seien selten gewesen. Stadtarzt Lempp führte dies besonders darauf zurück, daß fast überall in den Lagern Spültoiletten vorhanden seien.[58] Allerdings war nach anderen Quellen im Juli 1942 in Stuttgart bei einigen Arbeitern Fleckfieber festgestellt worden.[59] Im Oktober 1942 erließ das Gesundheitsamt eine „Verordnung zur gesundheitlichen Überwachung der in Gemeinschaftslagern untergebrachten ausländischen Arbeiter und Arbeiterinnen", zweifellos eine Reaktion auf den massenhaften Zustrom von Ostarbeitern in die Stuttgarter Industrie.[60] Das Amt verpflichtete die Betriebsführer, „Entlausungseinrichtungen" und Krankenstuben zu unterhalten sowie für einwandfreie hygienische Verhältnisse zu sorgen. Ende 1941 war die DAF an das Stadtplanungsamt mit der Bitte um Bauplätze zur Errichtung von „Bordellen für fremdvölkische Arbeiter" herangetreten.[61] Das Gesundheitsamt äußerte sich positiv, um Geschlechtskrankheiten unter Kontrolle zu halten. Nach Auskunft von Lempp erfüllten die Bordellbaracken im Feuerbacher Tal diesen Zweck.[62] Außerdem wies der Reichsgesundheitsführer die Ämter für Volksgesundheit an, schwangeren Ostarbeiterinnen die Möglichkeit einer Abtreibung „im positiven Sinne mitzuteilen".[63] Eine Angabe vom Februar 1941 bezifferte den Krankenstand im Kriegsgefangenenlager Gaisburg auf zwölf Prozent.[64]

Zwischen September 1944 und Januar 1945 sind die Verhältnisse in fünf großen städtischen Ostarbeiterlagern durch Wochen- bzw. Monatsberichte ausführlich dokumentiert.[65] Die Lager waren errichtet worden, nachdem die Arbeitseinsatzbehörden der Stadt im November und Dezember 1943 mehrere Ostarbeiter-Familientransporte zugeteilt hatten. Dabei handelte es sich um sogenannte Räumungstransporte, bei denen neben arbeitsfähigen Männern und Frauen auch deren nicht arbeitsfähige Angehörige ins Reich gebracht wurden. Die arbeitsfähigen Personen waren bei städtischen Ämtern und Bauleitungen, den Bezirksbauleitungen des Kriegsschädenamts und einzelnen Unternehmen bei der Beseitigung von Fliegerschäden und im Luftschutzbau eingesetzt. Anfang April 1944 lebten in den Lagern Landhaus, Stadthalle (im Bau), Lehen, Gehrenäcker und Dürrbach 1982 Menschen, darunter 531 Kinder bis 14 Jahre.[66] Im Oktober 1944 belief sich die Anzahl der Lagerinsassen auf 1897 Ostarbeiter, 1538 waren arbeitseinsatzfähig. Der durchschnittliche Krankenstand lag nach den Berichten der Lagerführer bei rund 100 Personen. Die Lagerführer hoben den guten Gesundheitszustand der Fremdarbeiter hervor. Im genannten Zeitraum wurden nur wenige Unfälle und drei Todesfälle erwähnt. Die Lagerführer meldeten in der Regel keinerlei Probleme beim Arbeitseinsatz. An dieser Stelle ist anzufügen, daß 1944 aufgrund der rüstungswirtschaftlichen Gesamtlage eine Reihe von Verbesserungen für die Fremdarbeiter eingeführt worden waren. Die die Ostarbeiter diskriminierenden Vorschriften waren zumindest auf dem Papier abgeschafft und dem Status der übrigen zivilen Fremdarbeiter angeglichen worden.

Mit Mißtrauen ist den Berichten der Lagerführer zu begegnen, die von guter Stim-

III. 3. Kriegsgefangene und Fremdarbeiter in Stuttgart

mung unter den Ostarbeitern sprachen.[67] Auch im Verhalten gegenüber dem Aufsichtspersonal gäbe es keinerlei Klagen und Beanstandungen, was eher zutreffen mochte. In ihrer Freizeit, so die Berichte nahezu übereinstimmend, beschäftigten sich die Ostarbeiter mit der Reinigung ihrer Lager und dem Bau von Luftschutzstollen, wobei es an Werkzeugen mangelte.[68] Gelegentlich unterbrachen Propagandaveranstaltungen den Alltag der Ostarbeiter; diese Vorträge organisierte die DAF, wobei die Redner zum Teil vom Propagandaministerium kamen. Am 19. November 1944 übertrug die DAF eine Großkundgebung mit General Wlassow, der mit deutscher Unterstützung eine russische Befreiungsarmee aufgestellt hatte. In den Berichten war von Beifall und großer Begeisterung die Rede. Im Lager Dürrbach sammelten die Ostarbeiter angeblich über 2300 RM für Wlassows Armee, zu der sich im Lager Lehen drei Ostarbeiter gemeldet hätten. Im Lager Stadthalle existierte im Herbst 1944 eine Schule für sechs- bis zehnjährige Kinder, die aber kurz nach ihrer Eröffnung samt dem Lager durch einen Luftangriff zerstört wurde. Allein aus dem kleinen Lager an der Waiblinger Straße in Bad Cannstatt berichtete der Lagerführer, die Ostarbeiter hofften auf „einen Sieg des Bolschewismus". Sein Kollege im Lager Lehen notierte im Gegenteil: „Ein von mir gehörter Ausspruch einer Ostarbeiterin, daß sie mehr Angst habe vor Stalin als vor einem Luftangriff aufs Lager, kennzeichnet dies. Im übrigen wird Ruhe bewahrt."[69]

Wohl unter stillschweigender Duldung der Behörden florierte ein lebhafter Schwarzmarkt mit sehr hohen Preisen für Lebensmittel, Tabak, Uhren und Alkohol. Sein Zentrum befand sich bei der Karlsbrücke.[70] Die Berichte aus den Ostarbeiterlagern erwähnten die Arbeits- und Verpflegungsverhältnisse nur am Rande. Tatsächlich arbeiteten die Fremdarbeiter unter schwersten Bedingungen. Stadtbaudirektor Scheuerle führte in einem Antrag an das Gewerbeaufsichtsamt um eine Schwerarbeiterzulage für Ostarbeiter im Juli 1944 aus:

„Es ist wohl zu verstehen, daß ein noch so williger Ostarbeiter, der morgens um sechs Uhr nach Einnahme seines Frühstücks das Lager verläßt und abends zwischen 18 und 19 Uhr zurückkommt, bei den tagsüber zur Verfügung stehenden 300 g Brot und 2 × 50 g Wurst in der Woche von seiner Einsatzfreude einbüßt. (...) Leistungsmäßig stehen die Ostarbeiter den russischen Kriegsgefangenen, die volle Schwerarbeiterzulage haben, gleich."[71]

Nachdem wegen Treibstoffmangels seit Sommer 1944 keine Suppe mehr zu den Arbeitsstätten gefahren wurde, erhielten die Arbeiter lediglich abends einen warmen Eintopf. Scheuerle regte daher eine Verbesserung der kalten Mittagskost und die Ausgabe von 50 g Wurst pro Tag an. Bezüglich der Arbeitsleistung der Ostarbeiter hatte Strölin schon im Frühjahr 1942 in seinem Diensttagebuch Erstaunliches notiert: „Aus verschiedenen Betrieben der Industrie kommt übereinstimmend die Meldung, daß die russischen Facharbeiter in jeder Hinsicht sich ganz ausgezeichnet bewährt hätten. Die

Dienstleistungen der Russen würden in der Regel das Doppelte des deutschen Facharbeiters, oftmals auch das Dreifache betragen." Strölin zeigte sich verwundert, nachdem die Propaganda bislang von „ungelernten, stumpfsinnigen, leistungsschwachen Menschen" gesprochen habe.[72]

Den Bemühungen von Pragmatikern, die im Interesse einer optimalen Produktivität für eine bessere Entlohnung und Verpflegung der Fremdarbeiter eintraten, stand rücksichtsloses Verhalten gegenüber. Im Februar 1944 kritisierte die Stapoleitstelle Stuttgart übertriebene Härte gegenüber Fremdarbeitern im Bürgerhospital: „So wurde eine Polin, die bereits 4 Jahre dort beschäftigt war, in den Luftschutzkeller genommen und geschlagen. Außerdem erhielt sie in den 4 Jahren keinen Heimaturlaub, obwohl sie schon mit dreizehn Jahren zum Arbeitseinsatz nach Deutschland kam." Die Gestapo forderte die Verwaltung des Bürgerhospitals auf, alles zur „Hebung der Arbeitsfreude" zu tun. Andererseits lasse es sich freilich nicht vermeiden, daß „mal für einige Tage" Polizeihaft oder für einige Wochen Arbeitserziehungslager verhängt werde.[73] Die Verwaltung des Bürgerhospitals verteidigte sich mit der nervlichen Anspannung und bezeichnete das Vorkommnis als Einzelfall. Im übrigen tue man alles für die verlaust und verdreckt ankommenden Fremdarbeiter, die „herausgefüttert, gesäubert und menschlich gekleidet" würden, um anschließend Überheblichkeit zu demonstrieren: „Manchmal hat man den Eindruck, als ob sie im Hinblick auf die Ereignisse an den Fronten und in der Heimat Morgenluft wittern."[74] In diesem Zusammenhang ist darauf hinzuweisen, daß vor allem in den ersten Kriegsjahren 1940 bis 1942 wiederholt Fluchtversuche unternommen wurden. Sie endeten meist mit der Überstellung an die Gestapo.[75]

Sowjetischen Kriegsgefangenen gelang der Aufbau einer Widerstandsorganisation in den Kriegsgefangenenlagern, obwohl sie unter schwierigsten Bedingungen in einem fremden Land und unter ständiger Bewachung lebten. Die Gruppe, die sich „Bürgerliche Zusammenarbeit" (russisches Kürzel BSW) nannte, entstand in München. Durch Verlagerungen kamen Mitglieder der BSW Mitte 1943 auch in den Bereich des Wehrkreises V.[76] Das Stalag in Ludwigsburg entwickelte sich zu einem Zentrum der BSW. Offenbar unterstützten die leitenden deutschen Ärzte die Widerstandsorganisation. Über das zentrale Lager und Lazarett in Ludwigsburg gelangten die Informationen auch zu den Arbeitskommandos im nahen Stuttgart. Dort soll es Ende 1943 zu einem Protest von über 1000 Kriegsgefangenen und rund 600 „Ostarbeitern" für bessere Lebensbedingungen und eine menschenwürdige Behandlung gekommen sein.[77] Im Mai 1944 zerschlug die Gestapo die BSW. Am 17. Mai 1944 durchsuchte sie das Ludwigsburger Lager und lieferte Gefangene aus Stuttgart und Umgebung in die Gestapo-Gefängnisse in Stuttgart und Welzheim sowie ins Konzentrationslager Dachau ein. In Dachau wurden im Herbst 1944 Mitglieder der BSW aus den Lagern Stuttgart, Ludwigsburg und Karlsruhe erschossen.

III. 3. Kriegsgefangene und Fremdarbeiter in Stuttgart

Ende 1943 lebten mehr als 30000 Fremdarbeiter aus über 50 Nationen in der Stadt der Auslandsdeutschen.[78] Über 5000 von ihnen befanden sich in den Lagern, die die Stadtverwaltung als Arbeitgeber oder im Auftrag des Reiches unterhielt. Die Zahl der in Privatquartieren wohnenden ausländischen Arbeiter dürfte sich seit Sommer 1942 (9000) nicht mehr erhöht haben. Rund die Hälfte aller Fremdarbeiter in Stuttgart waren von den Unternehmen in eigenen Lagern untergebracht worden. Anfang Oktober 1944 standen auf der Liste des Ernährungsamtes noch 28400 Ausländer; davon waren 11600 Ostarbeiter, 1000 sowjetische und rund 4500 Kriegsgefangene anderer Staaten. In den städtischen Heimen und Anstalten erhielten nahezu 8000 Ausländer als Personal oder Insassen Lebensmittelkarten vom Ernährungsamt, in den Stuttgarter Strafanstalten befanden sich 785 ausländische Personen.[79] Strölin sprach von einem „Babylon".[80]

Die wenigen „Meldungen aus dem Reich" zeigen, daß die Bevölkerung den Einsatz ausländischer Arbeitskräfte billigte. Der SD berichtete im August 1941, daß „die als zu hoch angesehene Entlohnung der ausländischen Arbeiter nach wie vor dazu beitrage, die Stimmung und Arbeitsleistung der deutschen Gefolgschaftsmitglieder ungünstig zu beeinflussen".[81] Die Vorurteile der Bevölkerung richteten sich offenbar besonders gegen Zivilarbeiter aus Italien: „Wenn die Italiener so hartnäckig im Kriegführen wie im Ansprechen unserer Frauen wären, wäre in Afrika bald kein Engländer mehr."[82] In seinem Bericht vom 30. September 1940 klagte Generalstaatsanwalt Wagner: „Unerfreulich ist die Feststellung, daß in meinem Bezirk eine Zunahme des geschlechtlichen oder unzüchtigen Verkehrs von deutschen Frauen und Mädchen mit Kriegsgefangenen zu verzeichnen ist."[83] Zu diesem Zeitpunkt betraf dies in erster Linie polnische Landarbeiter; die Unterbringung in Lagern in Stuttgart beschränkte in der frühen Phase die Kontaktmöglichkeiten von Deutschen und Ausländern. Die nationalsozialistische Rechtsprechung beurteilte die sexuellen Beziehungen zwischen deutschen Männern und ausländischen Frauen unterschiedlich. Wurde einem Kriegsgefangenen, Polen oder Ostarbeiter „vollendeter" Geschlechtsverkehr mit einer deutschen Frau nachgewiesen, so hatte er die Todesstrafe zu gewärtigen. Die Frau wurde für einige Monate in ein Konzentrationslager eingewiesen, zwischen Mitte 1940 und Herbst 1941 war es üblich, daß ihr zuvor öffentlich die Haare geschoren wurden.[84] Mehrfach beklagte sich Wagner, wie übrigens die Kollegen aus anderen Bezirken auch, über würdeloses und pflichtvergessenes Verhalten von Frauen. Die Bestrafung der Frauen, die bei der Bevölkerung auf Verständnis stoße, nannte Wagner jedoch „eine Art Justiz neben der eigentlichen Justiz".[85] Daran mußte er sich allerdings gewöhnen, denn das Reichssicherheitshauptamt sicherte sich das alleinige Recht zur „Sonderbehandlung" von Polen und Ostarbeitern.[86]

Verbotener Umgang mit Kriegsgefangenen und Fremdarbeitern blieb in der Folgezeit eines der häufigsten Delikte, wenngleich der Stuttgarter Generalstaatsanwalt eine Verschiebung hin zu leichteren Fällen feststellte.[87] Anfang 1943, als über 25000 Fremdarbeiter in Stuttgart lebten, registrierte die Generalstaatsanwaltschaft sowohl einen Anstieg der Ausländerkriminalität als auch eine Zunahme „der Schwängerung deutscher Frauen" vor allem in ländlichen Gegenden.[88] Am Schwarzmarkt war die deutsche Bevölkerung maßgeblich beteiligt, die die schwierige Lage der Fremdarbeiter zu günstigen Geschäften nützte.[89] Unter dem Begriff der „Ausländerkriminalität" subsumierten die Sicherheitsbehörden eine Fülle von kleinen und kleinsten Verstößen gegen Verbote, die wegen des durch den Luftkrieg ausgelösten Chaos in den Lagern ebenso anachronistisch waren wie die Kontaktsperregesetze.

In dieser Phase sprachen einige Richter auch milde Urteile. So erhielt eine 21jährige Frau am 30. April 1943 wegen verbotenen Umgangs mit einem französischen Kriegsgefangenen eine Gefängnisstrafe von acht Monaten. Sie war zuvor wegen Kontakten zu einem Polen zu einer Geldstrafe verurteilt und auf die neuerliche Anzeige von der Stapoleitstelle für 56 Tage ins Frauenlager Rudersberg gesteckt worden. Das Gericht bezeichnete einen Geschlechtsverkehr als nicht erwiesen und nannte die Beziehung „ein Verhalten von Mensch zu Mensch auf lieblichem Untergrund". Da es sich um eine Wiederholungstat handelte, lag eine wesentlich strengere Bestrafung durchaus im Bereich des Möglichen.[90] Als mildernde Umstände erkannte das Stuttgarter Landgericht in einem anderen Fall auch schwierige Familienverhältnisse wie die Ehe mit einem Trinker an.[91] Die Gestapo, aber auch andere Behörden hatten jedoch die Möglichkeit, ein ihr zu milde erscheinendes Gerichtsurteil zu korrigieren. So verurteilte das Landgericht am 19. August 1943 eine 20jährige Frau zu drei Monaten Gefängnis, ihre 17jährige Freundin zu einem Monat Jugendarrest. Die jungen Frauen hatten sich als Arbeiterinnen bei Daimler-Benz mit zwei französischen Kriegsgefangenen angefreundet. Das Gericht entschied: „Anhaltspunkte für einen Geschlechtsverkehr oder einen Verrat wehrwirtschaftlicher Betriebsgeheimnisse haben sich auch hier nicht ergeben." Als die Betriebsleitung die Beziehungen aufdeckte und den jungen Frauen Vorhaltungen machte, flohen diese – den Rhein bei Konstanz durchschwimmend – in die Schweiz. Die dortigen Behörden lieferten sie jedoch an die deutsche Polizei aus. Das Gericht wertete die Flucht lediglich als „eine jugendlich unbesonnene Entgleisung" und verhängte die erwähnten milden Strafen. Die Siebzehnjährige geriet jedoch in die Fänge der HJ, die ein Dienststrafverfahren einleitete, und der Abteilung Jugendhilfe bei der NSV, die über Jugendstraftaten informiert wurde. Das Jugendamt Stuttgart leitete trotz Bedenken des Vorsitzenden der Jugendkammer ein Verfahren zur Fürsorgeerziehung ein. Die Betreffende habe keinerlei Reue gezeigt, außerdem sei die elterliche Erziehung unzureichend.[92]

In den letzten eineinhalb Jahren der nationalsozialistischen Herrschaft spitzte sich der „Widerspruch zwischen schlechter Behandlung und guter Arbeitsleistung" zu.[93] Weil ihnen Arbeitskräfte fehlten, waren Betriebe zu Zugeständnissen bereit. So beklagte

III. 3. Kriegsgefangene und Fremdarbeiter in Stuttgart

der Leiter des Stuttgarter Arbeitsamts im November 1944, arbeitsvertragsbrüchige Fremdarbeiter würden von anderen Betrieben anstandslos aufgenommen und weiter beschäftigt.[94] Die Verschlechterung der Lebensbedingungen der Deutschen im Luftkrieg führte nicht zu einer Schicksalsgemeinschaft von einheimischen und ausländischen Arbeitern.[95] Dennoch sind Zeichen der Solidarität bezeugt, an die sich ein ehemaliger sowjetischer Zwangsarbeiter der Kugellagerfabrik Norma erinnerte.[96]

Am 25. Oktober 1944 traf die 7. SS-Eisenbahnbaubrigade in Stuttgart ein.[97] 505 Häftlinge, 380 Polen, 120 Russen und einige Deutsche aus dem Konzentrationslager Auschwitz bildeten die Baukompanie, die im September 1944 als mobiles Außenkommando von Auschwitz aufgestellt worden war. Die Häftlinge waren in einem Zug untergebracht und hatten vom 26. September bis 23. Oktober 1944 Aufräumungsarbeiten in Karlsruhe geleistet. In Stuttgart wurde der Zug zunächst in einem Eisenbahntunnel abgestellt, seit dem 10. November stand er vor dem Eingang. Die KZ-Häftlinge waren vermutlich damit beschäftigt, eine Zweigbahn vom Nordbahnhof zum Rosensteintunnel anzulegen. Im November 1944 kam eine weitere SS-Eisenbahnbaubrigade mit 500 Häftlingen aus dem Konzentrationslager Sachsenhausen. Es starben drei Häftlinge, sechs kamen bei Luftangriffen ums Leben. 57 Häftlinge schickten die SS-Wachmannschaften innerhalb von drei Wochen wegen Arbeitsunfähigkeit zurück nach Sachsenhausen, elf weitere nach Dachau. Diese 8. Eisenbahnbaubrigade wurde zusammen mit einem weiteren Bauzug, der ebenfalls kurzfristig in Stuttgart war, Mitte Dezember 1944 ins badische Offenburg verlegt. Die 7. Baubrigade blieb hingegen bis zum 1. April 1945 hier. Bald nach der Ankunft brach Typhus aus, die Zahl der Opfer blieb unbekannt. Arbeitsunfähige wurden in die Konzentrationslager Buchenwald und Oranienburg abgeschoben, andere wegen irgendwelcher Vergehen der Stapoleitstelle und dem SD überstellt.[98] Beim Herannahen der Front wurde der Bauzug geteilt. Während das Schicksal der einen Gruppe ungeklärt ist, fuhren rund 200 Häftlinge der 7. Baubrigade zunächst bis Biberach, Ende April weiter bis Schussenried, wo sie die Befreiung erlebten.

Kapitel IV
Stuttgart und der totale Krieg

1. „Nun erst recht dürfen wir den fanatischen Glauben an unsere Gemeinschaft nie wieder lassen." Der totale Krieg erreicht Stuttgart

Zu Anfang des Jahres 1943 bewegte der Kampf um Stalingrad die Deutschen. Am 28. Januar schrieb der Stuttgarter Generalstaatsanwalt in seinem Lagebericht an Reichsminister Thierack: „Nachdem schon die monatelangen blutigen Kämpfe zur Eroberung von Stalingrad die Nerven der Bevölkerung ständig in Spannung gehalten hatten, ist es verständlich, daß die jetzigen militärischen Rückschläge auch bei einem an sich so wurzelfesten, zähen und ausdauernden Volksstamm, wie es der schwäbische ist, nicht ohne stimmungsmäßige Auswirkungen bleiben können. Überall, in den Verkehrsmitteln, auf den Straßen, in den Betrieben oder Dienststellen tauschen die Volksgenossen ihre Hoffnungen und noch mehr die Befürchtungen über die weitere Entwicklung der harten Kämpfe um Stalingrad, am Don und Donez, im Kaukasus und an den sonstigen Brennpunkten der Ostfront aus."[1]
Die Feiern zum zehnten Jahrestag der Machtübernahme standen ganz im Zeichen von Stalingrad. Die Kreisleitung sagte für den 29. Januar sämtliche Mitgliederappelle und einen zentralen Appell in der Liederhalle ab.[2] Dagegen fand am Sonntagvormittag, dem 31. Januar, eine Morgenfeier der Partei in der Liederhalle statt, an der Kreisleiter Fischer mit seinen Amtsleitern, Strölin sowie andere Stuttgarter NS-Größen teilnahmen. Nachdem Staatsschauspieler Junker „Worte des Führers" vorgetragen hatte, redete Kreisschulungsleiter Hilburger über die Sicherung des Reiches im Osten. An diesem Tag waren die Schaufenster der Stuttgarter Läden auf Anordnung der Partei geschmückt, die Gesangvereine sangen in den Vororten Lieder, während der Schwäbische Sängerbund an der Freitreppe des Großen Hauses, am Platz der SA und vor dem Kursaal in Cannstatt „Lieder der Bewegung, Volks- und Freiheitslieder" sang.[3] In den Theatern und Kinos fanden Sonderveranstaltungen für verwundete Soldaten, Angehörige von Gefallenen, alte Parteigenossen und für Rüstungsarbeiter statt. Am Abend spielten die Staatstheater im Großen Haus den 3. Akt der „Meistersinger", als die

Hiobsbotschaft eintraf. „Als ich kam, hörte ich aber, daß im Wehrmachtsbericht der Fall von Stalingrad angekündigt worden und Generalfeldmarschall Paulus auf das äußerste bedrängt sei. Ich bin daraufhin aus der Veranstaltung weggegangen", notierte Strölin.[4] Wenige Tage später war auch das Schicksal des Nordkessels besiegelt. Strölin schrieb in sein Diensttagebuch: „Stalingrad nun endgültig gefallen. Ein schwerer Schlag für die Armee und für das Volk."[5]
Die Niederlage ließ sich nicht vertuschen, die Niedergeschlagenheit der Bevölkerung nicht ignorieren. Generalstaatsanwalt Wagner berichtete dem Justizministerium, daß „die Siegeszuversicht und das Vertrauen in die Führung" merklich erschüttert seien: „Die mit erheblichen Einbußen an Gebiet, Menschen und Material verbundenen Rückschläge im Osten, die im Namen und Begriff 'Stalingrad' ihren symbolhaften Ausdruck gefunden haben" sowie Mißerfolge in Nordafrika und die andauernden Luftangriffe – „all das nagt an der seelischen Widerstandskraft des Volkes."[6]
Das Regime entschloß sich zur Flucht nach vorn und stilisierte den Untergang der 6. Armee zum Opfer für die Heimat. Damit wollte es die Reserven der „inneren Front" mobilisieren. Für drei Tage untersagte das Propagandaministerium alle öffentlichen Veranstaltungen „unterhaltender und künstlerischer Art"; Theater, Kinos und Varietés blieben geschlossen.[7] Am 18. Februar 1943 proklamierte Goebbels im Berliner Sportpalast den „totalen Krieg". In Stuttgart fanden in den nächsten Tagen insgesamt 36 Propagandaveranstaltungen unter dem Motto „durch den Kampf zum Sieg" statt.[8] Die emotionale Ansprache zeigte Wirkung: Die 5. Reichsstraßensammlung des Winterhilfswerks brachte im Gau das bisher weitaus größte Spendenaufkommen.[9]
Die Stuttgarter hatten bis Anfang 1943 vom „totalen Krieg" nur eine leise Ahnung, sofern sie nicht bei der Wehrmacht oder den Einsatzgruppen im Osten waren. Die Stadt war von Luftangriffen weitgehend verschont geblieben, ehe am 22. November 1942 erstmals eine größere Bomberflotte angegriffen, in den Fildervororten erhebliche Schäden verursacht, die Innenstadt beschädigt und 33 Menschenleben gefordert hatte. Die Alliierten hatten sich Ende 1942 auf eine neue Luftkriegstaktik geeinigt. Während die Royal Air Force wie bisher ihre nächtlichen Angriffe auf die Zivilbevölkerung flog, nahmen tagsüber die „Fliegenden Festungen" das Reichsgebiet ins Visier. Die United States Army Air Forces griffen vorrangig die Rüstungsindustrie, Verkehrsknotenpunkte und andere strategische Ziele an. Unter diesen besaß Stuttgart nach alliierter Einschätzung einen hohen Rang. In einer Rangliste der wichtigsten Industriestädte in den Produktionsbereichen Kugellager, synthetischer Kautschuk, Alkali, Einspritzpumpen sowie Elektroindustrie und optische Geräte stufte die RAF die Stadt nach Schweinfurt an zweiter Stelle ein.[10]
Am 11. März um 22.27 Uhr wurde für Stuttgart Alarm ausgelöst. Nach inoffizieller Zählung war es der neunundachtzigste.[11] Die Vernebelungsgeräte legten den Talkessel unter einen milchig-weißen Schleier, doch die Pfadfinder setzten ihre Markierungs-

leuchten („Christbäume") präzise. Da die 279 Bomber mit Verspätung erschienen, schlugen nur wenige Bomben im Zentrum und bei den Bosch-Werken ein, denen nach englischen Angaben der Angriff gegolten hatte. Ein Großteil ging in Feld und Wald nieder. Erneut in Mitleidenschaft gezogen wurden Vaihingen sowie Kaltental und Teile von Heslach. 112 Tote und 386 Verwundete verzeichnete die Statistik.[12] Nach Angaben der Stadtverwaltung waren die materiellen Schäden dreimal so groß wie im November 1942; die Beseitigung der leichteren und mittleren Schäden veranschlagte die Stadt bei einem Einsatz von rund 5000 Baufach- und Hilfsarbeitern auf vier Monate.[13] Da die Vernebelung im Neckartal und der Innenstadt offenbar positive Wirkungen hatte, forderte die Bevölkerung auf den Fildern, unterstützt von Ratsherren der Fildergemeinden, die Vernebelung der südlichen Stadt und der Filder. Dies erwies sich als undurchführbar, da hier die natürliche Nebelschicht fehlte, mit der sich der künstliche Nebel hätte verbinden können. Das Luftgaukommando forderte die Sprengung des Hasenbergturms und des Degerlocher Aussichtsturms auf dem Bopser, weil sie englischen Piloten als Markierungshilfen gedient hätten. So legte die Technische Nothilfe Ende März den Hasenbergturm, Mitte April den Degerlocher Turm nieder.[14] Ratsherr Sauer schlug vor, die Schäden möglichst groß herauszustellen und der RAF vorzutäuschen, sie habe ihre Angriffsziele in Stuttgart erreicht. Strölin mußte ihn über die Auffassung des Reichspropagandaamtes belehren, das im Gegenteil die Folgen der Luftangriffe möglichst zu minimieren suchte. So hatte der Wehrmachtsbericht den schweren Angriff auf die Stadt wie üblich beiläufig abgehandelt:

„Britische Flugzeuge griffen in der Nacht zum 12. März Südwestdeutschland an und warfen Spreng- und Brandbomben vor allem auf die Stadt Stuttgart. Die Bevölkerung hatte Verluste. In Wohnvierteln, an öffentlichen Gebäuden und an mehreren Krankenhäusern entstanden größere Schäden. Jäger und Flakartillerie schossen elf der angreifenden Bomber ab."[15]

Am 18. März 1943, einen Monat nach Goebbels' Rede im Sportpalast, fand für die Opfer des Luftangriffs eine Gedenkfeier der Kreisleitung statt. 111 Särge waren im Hof des Neuen Schlosses aufgebahrt. Als Hauptredner formulierte Kreisleiter und Oberbereichsleiter Fischer Durchhalteparolen: „Deutsche, seid einig! Nun erst recht dürfen wir den fanatischen Glauben an unsere Gemeinschaft nie wieder lassen, von der wir alle Kraft zum Durchhalten und zum Sieg empfangen."[16] Der evangelische Landesbischof Wurm schrieb in einem Hirtenbrief: „Es war eine merkwürdige Fügung, daß durch den Luftangriff auf die Hauptstadt und durch die Verlegung des Heldengedenktags auf den Sonntag Reminiscere, den früheren Termin, der Absicht, dem Sonntag Invocavit den Charakter des Landesbußtags wieder zu geben, so großer Vorschub geleistet wurde. (...) Dagegen wird das, was nach der heute herrschenden Weltanschauung an Unrecht gegenüber anderen Völkern und Rassen geschieht, nicht dem deutschen Volk als solchem angerechnet werden dürfen."[17]

In der Nacht zum 15. April 1943 mußten die Stuttgarter erkennen, daß die Grenze zwischen Front und Heimat in diesem Krieg nicht mehr existierte. In dieser hellen Mondnacht wagten einige gegnerische Bomber ungeachtet der heftigen Flakabwehr einen Tiefangriff, bei dem sie, wohl um die Flak zum Schweigen zu bringen, auch mit ihren Bordwaffen schossen.[18] Fast 400 Bomber suchten wiederum die Werksanlagen von Bosch und Daimler – und trafen Wohngebiete in Cannstatt, Mühlhausen, Münster und Hofen sowie das Ausbesserungswerk der Reichsbahn in der Nähe der Daimler-Werke. In den Wohngegenden starben 192 Personen, in einem Deckungsgraben im Kriegsgefangenenlager Gaisburg tötete ein Volltreffer 400 bis 500 meist französische Kriegsgefangene, über 700 Menschen wurden verletzt.[19] Das Reichspropagandaamt meldete im „NS-Kurier": „Die britisch-amerikanischen Luftpiraten haben in der gestrigen Nacht einen ruchlosen Terrorangriff auf Groß-Stuttgart durchgeführt. (...) Unter anderem wurden getroffen: Wohnhäuser, Schulen, Krankenhäuser und Kirchen."[20] Während das Propagandaamt die Angriffe auf zivile Ziele monierte, unterschied es in seiner Berichterstattung sorgfältig zwischen den bis zu diesem Zeitpunkt geborgenen 44 toten Deutschen und den „mehreren hundert Kriegsgefangenen".[21] Befriedigt berichtete das Propagandaamt, daß 23 britische Bomber, 21 davon durch Nachtjäger, abgeschossen worden seien.
Nach einer Rundfahrt am 17. April sprach Oberbürgermeister Strölin von einem „fürchterlichen Anblick".[22] Er erwartete weitere Angriffe, nachdem es der RAF nicht gelungen war, die Werksanlagen von Bosch und Daimler zu treffen.[23] Luftschutzreferent Scheuerle führte diesen Umstand im übrigen auf die Vernebelung zurück, die nach diesem Angriff erneut heftig ins Kreuzfeuer der Kritik geraten war.
Die Stadtverwaltung, die die Folgen des Luftangriffs vom 11. März 1943 noch nicht hatte beseitigen können, sah sich zum erstenmal mit gravierenden Versorgungsproblemen konfrontiert. Am 19. April telegrafierte Strölin ans Bekleidungsamt nach Berlin: „benoetige sofort greifbare 10 000 wolldecken zur unterbringung von fliegergeschaedigten und einsatzkraeften. bitte sofort bei verteilungsstelle das weitere veranlassen. sendet decken an staedt. bekleidungsamt, stuttgart, hohe strasse 24."[24] Hatte die Stadt bis zum November 1942 insgesamt 1,5 Millionen RM an Fliegergeschädigte ausbezahlt, so mußten für den Angriff vom November 1942 eine Million, im März und April zusammen neun Millionen Reichsmark aufgewendet werden. Zwischen Mai und Juli 1943 fiel nach Mitteilung der Stadtverwaltung eine Gesamtschadenssumme von 20 bis 25 Millionen Reichsmark an.[25]
Katastrophenschutz und Schadensbeseitigung bestimmten jetzt die Arbeit der Behörden und der Parteidienststellen. Strölin nannte dies eine „besonders schwierige und undankbare Lage"; die Gemeinden seien dabei nur noch ausführendes Organ.[26] Anfang April 1943 schuf er ein Kriegsschädenamt. Baudirektor Scheuerle leitete die Abteilung A, der die Beseitigung von Gebäudeschäden oblag, Stadtrat Waidelich war in

Abteilung B mit der Schadensfeststellung betraut.[27] Die NSDAP war für die Betreuung von Geschädigten zuständig. Kreisstabsamtsleiter Riegraf schärfte den politischen Leitern ein, sich „um die persönlichsten Dinge des Betroffenen zu kümmern. (...) Es darf nicht vorkommen, daß der eine oder andere praktisch nicht weiß, wo er im Ernstfall für 1000 Menschen Essen herholen soll."[28] Die Abgrenzung der städtischen, staatlichen und Parteiaufgaben war nicht immer eindeutig. Dazu kamen Eingriffsmöglichkeiten des Reichsverteidigungskommissars und der von ihm eingesetzten Sonderbehörden. Differenzen und Reibungen blieben nicht aus, als sich die Luftkriegslage zuspitzte und sich die Planungen in der Praxis beweisen mußten.

2. „Stuttgart ist verhältnismäßig noch recht gut weggekommen."
Alliierte Luftangriffe – Reaktionen und Folgen

Der Sommer 1943 verlief ruhiger, als mancher Bürger und die Verantwortlichen im Rathaus nach den Angriffen im Frühjahr erwartet hatten. Einen Schock löste aber auch in Stuttgart die Zerstörung der Hamburger Innenstadt im Juli aus, als ganze Stadtviertel in Feuerstürmen verglühten und 45 000 Menschen starben.[1] Gerüchte gingen um, daß nun Stuttgart „bald dran komme".[2] Handwerker, die nach Hamburg kommandiert worden waren, erzählten nach ihrer Rückkehr, daß man dort Stadtteile durch Vermauern abgeriegelt und „bei den Aufräumungsarbeiten mit dem Flammenwerfer die mit Leichen gefüllten Keller ausgeräuchert" habe.[3] Strölin sprach von einer planmäßigen Gerüchtemacherei mit dem Ziel, „die Autorität zu untergraben und den Widerstandswillen der Bevölkerung zu erschüttern".[4] Der SD meinte: „Die Gerüchtemacher in Stuttgart sind vorzugsweise in den Kreisen der Intellektuellen zu suchen. Der Arbeiter hat eine viel bessere Gesinnung, wenn er auch manchmal schimpft."[5] Strölin und Polizeipräsident Schweinle veröffentlichten in der Presse „Luftschutzgebote". Man hatte erkannt, daß nicht von Spreng-, sondern von Brandbomben die größte Gefahr drohte: „Es kann gar nicht genug Sand und Wasser bereitgestellt werden." Frauen und Kinder wurden vor dem Tragen leicht brennbarer Kleidung aus Kunstseide und Baumwolle gewarnt. Der abschließende Rat klang nicht beruhigend: „Zur Bekämpfung des Feuers gehört außer Sand, Wasser, einer gut instand gehaltenen Gasmaske und den anderen bekannten Hilfsmitteln vor allem Mut. Man soll sich nicht einschüchtern lassen. Wer sich von dem ersten Eindruck einschüchtern läßt, hat von vornherein verloren."[6]

Die Absetzung Mussolinis am 25. Juli 1943 hatte in Stuttgart ebenfalls eine „außerordentliche Schockwirkung". Zweifel am Endsieg der Verbündeten Italien und Deutschland wurden laut.[7] Das endgültige Ausscheiden der Badoglio-Regierung aus dem Dreimächte-Pakt kommentierte der SD so: „Die Kapitulation Italiens hat auf die

IV. 2. Alliierte Luftangriffe – Reaktionen und Folgen

Stuttgarter Bevölkerung sehr niederschmetternd gewirkt. Weite Teile sind pessimistisch, auch viele Parteimitglieder."[8] Weniger skeptische Zeitgenossen verlangten dagegen Vergeltungsschläge.

Das Regime nahm die schlechte Stimmung ernst. Ende August 1943 redete ein Vertreter des Reichspropagandaamts Stuttgart zu den Arbeitern des TWS. Selbst unsinnigste Gerüchte würdigte er einer Bemerkung. Insbesondere wies er die Ansicht zurück, der Krieg sei ohnehin verloren und eine anglo-amerikanische Besetzung „nicht so schlimm". Ausführlich kommentierte er Vorwürfe, Gauleiter und Oberbürgermeister verließen allabendlich die Stadt. Unmißverständlich warnte er: „Jeder, der wagt, an der gegenwärtigen Staatsform zu rütteln, muß damit rechnen, daß er eine Himmelfahrt macht. (...) Wer sich am Führer vergreift, auch mit dem Wort, der muß geschlagen werden, wo man ihn trifft."[9]

In der Nacht zum 6. September 1943 löste die Flugwarnzentrale kurz vor Mitternacht einen zweistündigen Alarm aus, und in den frühen Morgenstunden wurde nochmals für eine Viertelstunde gewarnt. Dieser kurzen Nacht folgte von 10.44 Uhr bis 11.40 Uhr der erste Tagesangriff und zugleich der erste amerikanische Luftangriff auf die Stadt. Er galt der Kugellagerindustrie und wurde von schlechtem Wetter, heftiger Flakabwehr und der Tarnvernebelung beeinträchtigt.[10] 150 „Fliegende Festungen" warfen Flüssigkeits- und Sprengbomben ab, während die übrigen 400 gestarteten Flugzeuge Gelegenheitsziele („targets of opportunity") bombardierten.[11] Die Angreifer verloren 45 Maschinen, eine relativ hohe Zahl, vorwiegend von dem über Stuttgart erschienenen Verband. Sie verfehlten ihre eigentlichen Ziele und trafen im westlichen Stadtgebiet das Werksgelände der Robert Bosch GmbH. Die Schäden dort hielten sich in Grenzen. Wohnhäuser in der Schwab-, Falkert- und Reinsburgstraße wurden jedoch in Mitleidenschaft gezogen. Luftschutzreferent Scheuerle sprach von 107 Toten, zwei Vermißten und 165 Verletzten; 657 Familien mit über 1800 Köpfen verloren ihr Obdach. Den Sachschaden schätzte er auf 29 Millionen RM.[12] Die Mitarbeiter des Sicherheitsdienstes lobten die Disziplin der Stuttgarter Fliegergeschädigten. „Die Zeitungen bedauern, darüber nichts schreiben zu können, wie dies in anderen Städten nach Fliegerangriffen regelmäßig der Fall ist. Aber die Stuttgarter Stellen haben es untersagt."[13]

Mehr als die Hälfte der Opfer war in Luftschutzräumen ums Leben gekommen. Die Bevölkerung reagierte entsprechend. Beim nächsten Tagesalarm am 4. Oktober 1943 setzte ein Ansturm auf den als sicher geltenden Wagenburgtunnel ein. Baudirektor Scheuerle monierte, daß auch Personen mit stabilen Kellern in den Großluftschutzraum gedrängt hätten. Er nannte dies unverantwortlich, weil bei einem etwaigen Brandfall keine Löschkräfte des Selbstschutzes mehr in den Häusern seien.[14]

Ein Angriff in der Nacht zum 8. Oktober traf erneut das westliche Stadtgebiet um die Werksanlagen von Bosch; die Schäden waren weitaus größer als am 6. September. Es wurden 200 Spreng- und Minenbomben, 2000 Phosphor- und 20 000 Stabbrandbomben sowie 24 262 Flugblätter abgeworfen. Der Bombenregen zerstörte 344 Gebäude total, machte 2824 Wohnungen unbenutzbar und über 8000 Menschen obdachlos. In dieser Zahl waren jene Personen nicht eingerechnet, die nach dem Angriff bei Verwandten und Bekannten Unterschlupf gefunden und nicht die Verteilerstellen der NSV und der Ortsgruppen in Anspruch genommen hatten. 111 Tote und über 300 Verletzte waren zu beklagen.[15]

Zu den total zerstörten Gebäuden zählten die Stadthalle, die Liederhalle, das Büchsenbad, die Johannesschule und das Olgastift. Das Alte und Neue Schloß waren beschädigt, ebenso das Katharinenhospital und die Geschäftshäuser um den Wilhelmsbau und in der Tübinger Straße. Nach einer vorläufigen Schätzung des Luftschutzreferats beliefen sich die Sachschäden auf 268 Millionen RM. Zahlreiche Schäden waren auch an Gas- und Wasserleitungen entstanden, während die Stromversorgung aufrechterhalten werden konnte.[16] In einem Aufruf an die Fliegergeschädigten forderte die Stadtverwaltung zu Selbst- und Gemeinschaftshilfe auf, da die Zahl der zur Verfügung stehenden Arbeitskräfte unzureichend sei.[17] Scheuerle beantragte bei der Organisation Todt 3000 Kriegsgefangene und eine Baukompanie. Außerdem wurden für zwei Wochen sämtliche Bauarbeiten, auch in der Rüstungsindustrie, stillgelegt und bei Daimler-Benz 400 Baubaeiter „herausgeholt".

Den Obdachlosen konnten im Stadtgebiet keine Ersatzwohnungen mehr angeboten werden. Soweit sie nicht ortsgebunden waren – etwa als Rüstungsarbeiter –, sollten sie sich außerhalb Stuttgarts nach einer Bleibe umsehen. Zwar stünden im Stadtgebiet durch Wegzug einige Wohnungen leer, diese müßten wegen der Wohnungsnot jedoch mit mehreren Familien belegt werden. In den Schadensgebieten richtete die Stadt Notdienststellen ein, bei denen die Fliegergeschädigten notwendige Unterlagen und Ausweise erhielten. Lebensmittelkarten und Bezugsscheine hatte die Stadt rechtzeitig außerhalb Stuttgarts in Sicherheit gebracht.[18] Bei Totalschäden erhielten die Betroffenen einen grünen, bei leichteren Schäden einen weißen Ausweis. Gegen Vorlage der Ausweise erteilte das Wirtschaftsamt Bezugsscheine für Kleidung und Schuhe sowie für Hausratsgegenstände.[19] Eine Gewähr dafür, daß diese Waren zu beziehen waren, gab es nicht. Außerdem erlaubte ein solcher Ausweis die Teilnahme an der Notverpflegung, die die Ortsgruppen der NSDAP, die NSV und die NS-Frauenschaft organisierten. Suppen und Eintöpfe standen auf dem Speisezettel. Zahlen einer vermutlich innerstädtischen Notdienststelle verdeutlichten das Ausmaß der Notlage: An einem Tag wurden dort 1000 Portionen Frühstück, 3500 Mittag- und 2500 Abendessen ausgegeben. Die Zusammenarbeit von Ernährungsamt, NSV sowie Handel und Gaststättengewerbe verlief reibungslos.[20]

Die Lebensmittelversorgung hatte sich nach den Engpässen des Vorjahres stabilisiert und war gesichert.[21] Kurzfristige Probleme traten allerdings mehrfach auf. So bereitete im ersten Halbjahr 1943 die Brotversorgung Schwierigkeiten. Gekürzte Fleischrationen glich ein reichliches Angebot an Gemüse sowie eine gute Obst- und Beerenernte aus. Auf diesem Gebiet gab es in Stuttgart und Umgebung viele Selbstversorger. Für eine Vorratswirtschaft mangelte es aber häufig an Einmachgläsern und Zucker.[22] Zum Jahresende verschlechterte sich – auch saisonbedingt – die Versorgung, insbesondere bei den so wichtigen Kartoffeln. Wegen optimistischer Prognosen hatten einige Haushalte größere Mengen einlagern können; eine Begrenzung auf zwei Zentner kam nun zu spät, so daß einige Haushalte leer auszugehen drohten.[23] Der Kartoffelwirtschaftsverband wollte die gut Versorgten zwingen, von ihren Vorräten abzugeben. Strölin bezeichnete dies als psychologisch schlecht. Er bat die Presse, die schwierige Lage der Stadtverwaltung zu erläutern. Offenbar begnügte man sich schließlich mit einem Vorgriff auf Frühjahrsreserven.[24] Auch die Qualität mancher Lebensmittel ließ nach vier Kriegsjahren zu wünschen übrig. Sogar die Stapoleitstelle beschäftigte sich mit der Güte der Fleischwaren in Stuttgart.[25] Der Preisanstieg fiel dagegen weniger ins Gewicht als in der Vorkriegszeit; es fehlte eher an Waren denn an Geld. Nach einer Sitzung des Aufsichtsrats der Girokasse notierte Strölin: „Aufgeblähte Konten, zeigen aber nur den Mangel an Waren."[26]

Die Fliegergeschädigten hatten alle Mühe, ihre Bezugsscheine einzulösen und ihr Hab und Gut zu ersetzen. Im Unterschied zur Lebensmittelversorgung herrschten bei der Versorgung mit Textilien, Möbeln und Hausrat gravierende Mängel. Seit Juli 1943 erhielten Normalverbraucher keine Möbel mehr, aber auch an Geschädigte durften nur noch Einzelteile ausgegeben werden.[27] Bei Öfen und Herden konnte das Wirtschaftsamt lediglich die Hälfte der Anträge befriedigen. Geradezu katastrophal war die Lage bei den Haushaltsgeräten. Auch eine neu eingeführte Bezugsscheinpflicht änderte daran nichts. Waschkessel, Töpfe, Bratpfannen und Gläser waren kaum zu bekommen, Einmachgläser und Nähmaschinen erhielten nur kinderreiche Familien. Ähnlich schlecht war die Versorgung mit Bekleidung und Schuhen, die schon seit Kriegsbeginn Anlaß zur Kritik gegeben hatte. Im August 1943 mußten auf der Kleiderkarte für Erwachsene die wichtigsten Kleidungs- und Wäschestücke gesperrt werden; Ausnahmen bildeten die Fliegergeschädigten und Personen, die Trauerkleidung benötigten. Ausdruck des Mangels war die Gründung einer Tauschzentrale am Marktplatz am 1. Oktober 1943. Sie stand unter Leitung von zwei Stuttgarter Einzelhändlern; amtliche Prüfer sorgten dafür, daß Unregelmäßigkeiten unterblieben.[28] Die Tauschzentrale fand regen Zuspruch.

Der SD-Leitabschnitt wertete die Erkenntnisse und Erfahrungen mit den Luftangriffen und den getroffenen Maßnahmen aus:

„Die Verpflegung der Obdachlosen, für die die NSV verantwortlich ist, hat sich im allgemeinen gut eingespielt. Die Betroffenen sind über die vorbildliche Versorgung des Lobes voll. Selbst bekannte Meckerer haben erklärt: ‚Das ist hervorragend organisiert.'

Ein einfacher Arbeiter hat nach der Ausgabe der Sonderzuteilung von einer Flasche Wein erklärt: ‚Ich kann nur sagen, das ist ausgezeichnet.'"[29]
Vereinzelte Mißstimmung betrachtete der SD als wenig problematisch, aber dennoch vermeidbar. So habe die Presse mitgeteilt, Kinder von Geschädigten erhielten Schokolade, während tatsächlich häufig nur Bonbons verteilt worden seien. Auch die erste Unterbringung nach einem Luftangriff durch die Ortsgruppen der NSDAP bezeichnete der SD mit wenigen Ausnahmen als zufriedenstellend. Er registrierte allerdings sorgfältig Versäumnisse: „Es darf jedoch keinesfalls vorkommen, daß mit Wissen eines Ortsgruppenleiters die Frau eines Frontsoldaten, der seit vier Jahren an der Front steht, mit ihren 5 kleinen Kindern – von 3/4 Jahren an aufwärts – nach 14 Tagen noch in einem Betriebsluftschutzkeller haust, wie dies in der Ortsgruppe Rotebühl der Fall ist."
Heftige Kritik äußerte der Stuttgarter SD am Rettungseinsatz unmittelbar nach einem Luftangriff und sprach von einem Durcheinander im Einsatz der Hilfskräfte, von Kompetenzstreitigkeiten und daraus resultierender Verärgerung. Der SD lehnte das Nebeneinander von Polizeipräsident, Oberbürgermeister und Parteidienststellen ab und registrierte, daß bei der Bevölkerung die in einer „Überzahl zur Besichtigung kommenden Dienstwagen" größte Erregung ausgelöst hätten. Auch dürfe es „nicht mehr vorkommen, daß die Feuerwehren sich für die Erhaltung einer Kirche einsetzten" und die anliegenden Wohnhäuser vernachlässigten wie „bei der Johanneskirche geschehen".
Der Bericht war Wasser auf Strölins Mühlen. Er zog den Schluß, daß ein Einsatzstab, wie ihn der SD verlangt hatte, unter seiner Führung stehen müsse, wenngleich der Polizeipräsident bei der Schadensbekämpfung keine Weisungen akzeptieren werde.[30] Stadtrat Locher prüfte die Möglichkeiten. Er dämpfte Strölins Erwartungen: Weder werde der Polizeipräsident seine Aufgaben als örtlicher Luftschutzleiter abgeben, noch werde sich die Partei in die Betreuung der Obdachlosen hineinreden lassen.[31] Er regte an, wenigstens einen gemeinsamen Einsatzplan aufzustellen, was demnach bis Ende 1943 nicht geschehen war.
Am 18. November 1943 eröffnete die Royal Air Force die Schlacht um Berlin. Stuttgart war zusammen mit Frankfurt am Main wichtigstes Nebenziel. Der Angriff am 16. November, der nicht das Ausmaß der beiden vorangegangenen Bombardements erreichte, galt in erster Linie den Werksanlagen von Daimler-Benz in Untertürkheim, die bisher den Bomben entgangen waren.[32] 31 Tote und 156 Verwundete waren zu beklagen.[33] Insgesamt wurden über 3000 Häuser beschädigt, 137 davon total und 192 schwer. Die Versorgung mit den wichtigsten Gütern und die Infrastruktur der Stadt blieben intakt, da der Angriff den Stadtrand betraf.[34] Das Reichspropagandaamt berichtete, Murr und der Höhere SS- und Polizeiführer Hofmann hätten sich sogleich nach dem Angriff an die Schadensstellen begeben, wo die Bevölkerung noch verbisse-

ner und entschlossener zu Werke gegangen sei. Ein Erlebnisbericht im „NS-Kurier" vermittelte den Eindruck, als habe es sich um eine nächtliche Übung gehandelt.[35] Die Bevölkerung beruhigte sich einem SD-Bericht zufolge erst nach einigen Tagen. Übel vermerkte sie, daß am Abend des Angriffs HJ-Obergebietsführer Sundermann mit anderen HJ-Führern im „Hospiz Victoria" vor dem Alarm ein Essen bestellt habe, das er sich nachher servieren ließ – die Beschäftigten wollten sich lieber um ihre Angehörigen kümmern.[36]

Die letzte Phase der Schlacht um Berlin brachte Stuttgart zwischen dem 21. Februar und dem 15./16. März 1944 vier Angriffe. Beim Angriff von 550 Lancaster-Bombern der RAF in den Morgenstunden des 21. Februar fielen rund 2000 Tonnen Bomben sowohl auf die Innenstadt wie auf Bad Cannstatt und Feuerbach. Dort wurden die Werksanlagen der Firma Bosch beschädigt. In der Stadt starben 159 Menschen, rund 1000 wurden verletzt.[37] Die geschlossene Wolkendecke hatte den Angriff ebensowenig verhindert wie die deutsche Abwehr. Seit Herbst 1943 operierten die britischen Pfadfinder-Maschinen mit einem neuen Radargerät, das die Ortung der Ziele erheblich erleichterte. Zwar hieß es im Wehrmachtsbericht, die Angreifer hätten 49 Flugzeuge verloren; nach alliierten Angaben war dies jedoch übertrieben.[38]

Strölin bezeichnete den Angriff als den schwersten, den Stuttgart bisher erlebt habe.[39] Nach einem Bericht des Luftschutzreferenten waren fast 4000 Wohnungen total beschädigt, 15 000 Menschen seien obdachlos geworden. Den Gesamtschaden bezifferte er auf 600 Millionen RM. Das Cannstatter Bahnhofsviertel war fast völlig zerstört, ebenso die Mineralbäder. In der Innenstadt brannten zahlreiche historische und repräsentative Gebäude, darunter die Hospital- und die Eberhardskirche, das Hauptstaatsarchiv und das Landesgewerbeamt, Teile des Neuen Schlosses sowie des Kleinen Hauses der Staatstheater.[40] Strölin schmerzten besonders die Schäden der Industrie, die zum erstenmal in größerem Umfang getroffen worden war. Er kündigte an, daß hier Sofortmaßnahmen ansetzen müßten. Von der Bevölkerung verlangte er Verständnis dafür, daß ziviler Wohnraum nicht zu beschaffen sei. Ganz allgemein äußerte er, man werde in Zukunft „in noch viel stärkerem Maße als bisher und in absolut rücksichtsloser Form eingreifen müssen, um den tatsächlich noch vorhandenen Wohnraum zur Verfügung zu bekommen". Strölin lobte die Haltung der Bevölkerung und forderte zu größter Sparsamkeit im Gas- und Stromverbrauch auf.[41] Dem Instandsetzungsdienst der TWS gelang es auch nach diesem Angriff in verhältnismäßig kurzer Zeit, die Stromversorgung zu gewährleisten.

Die Stadtverwaltung nahm den schweren Angriff zum Anlaß für eine Bestandsaufnahme der Sofortmaßnahmen. In einer Beigeordnetenbesprechung wurden genaue Zeitpläne und Organisationsschemata für den Ablauf von Einsatzbesprechungen und den Meldedienst festgelegt. Das war zugleich ein Beleg bisheriger Versäumnisse. Die Stadt erneuerte ihren Vorschlag, sämtliche Sofortmaßnahmen unter genauer Angabe der Rangfolge der Aufgaben verschiedener Behörden in einer Hand zu vereinen.[42] Einen Tag später legte Strölin eine fünfseitige „Zusammenstellung der Aufgaben der Stadtverwaltung Stuttgart nach einem Luftangriff" vor.[43] Jedem Erfordernis war die ausführende beziehungsweise zuständige Dienststelle zugeordnet, so daß im Bedarfsfall rasch gehandelt werden konnte.

Die Rauchschwaden über der Stadt hatten sich kaum verzogen, als am Nachmittag des 25. Februar 15 „Fliegende Festungen" der US-Luftwaffe über Stuttgart erschienen. Sie gehörten zu einem Verband der 8. US Air Force, der die Messerschmidt-Flugzeugwerke in Regensburg und Augsburg bombardiert hatte.[44] Sie griffen bei gutem Wetter und klarer Sicht am hellichten Tag die Norma, das Cannstatter Werk der Vereinigten Kugellagerfabriken, an.[45] Der Angriff war Teil einer Operation, mit der die US-Luftwaffe die deutsche Wälz- und Kugellagerindustrie ausschalten wollte („big week"). Die Norma produzierte über 18 Prozent der Wälzlager der deutschen Fertigung, war auf kleine Kugellager und Rollenlager spezialisiert und beschäftigte zu dieser Zeit 3700 Arbeitnehmer, darunter eine große Zahl von Fremdarbeitern.[46] Wesentliche Teile der Produktionsanlagen waren bereits in den Raum Nürtingen-Reutlingen verlagert worden, so daß der Effekt verhältnismäßig gering war.[47]

Am 2. März gegen 3 Uhr begannen britische Bomber ein rund halbstündiges Bombardement, ungehindert von Flak und Nachtjägern. Lediglich vier Maschinen büßte die RAF ein.[48] 121 Tote und über 500 Verletzte wurden Opfer des Angriffs.[49] Das Ausmaß der Sachschäden war dem vom 21. Februar vergleichbar. Die Innenstadt vom Hauptbahnhof bis nach Heslach im Süden und zur Hasenbergsteige im Westen war von Bränden erfüllt, die der Westwind anfachte und nährte. Der Hauptbahnhof war schwer beschädigt, der Hindenburgbau brannte ebenso aus wie der Nordflügel des Neuen Schlosses, während der Mittelbau und der Südflügel teilweise gerettet werden konnten.[50] In der Nachbarschaft schlugen Flammen aus dem Kronprinzenpalais und dem Waisenhaus, das Alte Schloß hatten Sprengbomben in Mitleidenschaft gezogen. Im Westen brannte das Bosch-Areal nieder, die umliegenden Wohngebäude in der Rosenberg-, Seiden- und Forststraße standen in Flammen, das Paulinen- und das Wilhelmsspital gingen verloren. Die Schäden am Hauptbahnhof sowie am Eisenbahnviadukt in Münster behinderten in den folgenden Tagen den Eisenbahnverkehr, der nicht mehr in die Stadt geleitet werden konnte. Die Schadensbilanz dieser zehn Tage war um ein Vielfaches höher als bei den Vorjahresangriffen (Tabelle 21).

Tabelle 21: Übersicht über die Schäden der Luftangriffe im Februar und März 1944[51]

	Wohngebäude	Haushaltungen	betroffene Personen
Angriff am 21. 2. 1944			
total:	948	ca. 3 128	ca. 10 122
schwer:	944	ca. 3 115	ca. 10 280
mittelschwer:	2 720	ca. 8 976	ca. 29 620
leicht:	9 702	ca. 32 016	ca. 105 653
Angriff am 25. 2. 1944			
total:	17	ca. 56	ca. 185
schwer:	8	ca. 26	ca. 86
mittelschwer:	22	ca. 72	ca. 238
leicht:	94	ca. 310	ca. 1 023
Angriff am 2. 3. 1944			
total:	641	ca. 2 115	ca. 6 979
schwer:	1 066	ca. 3 517	ca. 11 606
mittelschwer:	1 533	ca. 5 058	ca. 16 691
leicht:	7 683	ca. 25 353	ca. 83 665

Für die rund 40 000 Personen, deren Wohnungen total oder schwer beschädigt worden waren, stand in Stuttgart kein Ersatz zur Verfügung. Lediglich für einige Tage fanden sie in Notunterkünften ein Obdach, bevor sie die NSV und die Ortsgruppen in Ausweichquartiere aufs Land vermittelten oder ehe sie bei Verwandten unterkamen. Der Bezirksbevollmächtigte der Reichsstelle für Kleidung und verwandte Gebiete forderte Bekleidung und Unterkunftsbedarf für 5000 Personen.[52] Matratzen und Bettfedern sowie Oberbekleidung sollten der Firma Breuninger zugeteilt werden, während das Kontingent an Unterkleidung, Wäsche, Bettwäsche und Tüchern zwischen den Firmen Breuninger und Großmann-Kirchhofer geteilt wurde.

Die TWS, denen zahlreiche Arbeiter fehlten, konnten den größten Teil des Stadtgebiets bereits zwei Tage nach dem Angriff vom 2. März wieder mit Strom beliefern.[53] Bei den Straßenbahnen verteilten sich die Schadensstellen über das ganze Stadtgebiet; da aber keine Depots getroffen worden waren, hielten sich die Schäden am Wagenpark in Grenzen. Die Instandsetzungsarbeiten beeinträchtigte nicht nur der Mangel an Arbeitskräften, es fehlte auch an Dachziegeln und Glas. Die Stadtverwaltung stellte daher eine Prioritätenliste der Fensterschäden auf. Probleme warf die Knappheit an Wohn- und Geschäftsräumen auf. Stadtrat Locher, innerhalb der Stadtverwaltung für die Schaffung von Ersatzräumen zuständig, bat seine Kollegen und die Amtsvorstände um Bescheidenheit. Er kündigte an, daß die Stadt bei weiteren Ausfällen die noch intakten und mittlerweile evakuierten Schulgebäude in Anspruch nehmen müsse. Der noch in Stuttgart laufende Schulbetrieb werde nach Absprache mit dem Kultministerium in dem Maße eingestellt, wie die Stadt Raum benötige.

Die Angriffsserie im Rahmen der Schlacht um Berlin war noch nicht abgeschlossen. 823 Flugzeuge der RAF unternahmen in der Nacht zum 16. März 1944 bei bedecktem Himmel, durch den man jedoch mit Hilfe der sogenannten Rotterdam-Geräte – eines neuen Funkortungssystems – blicken konnte, einen Großangriff auf die Stadt. Stuttgart blieb durch einen glücklichen Umstand das Schlimmste erspart. Ein Markierungsflugzeug, das den nachfolgenden Pfadfindern einen ersten Orientierungspunkt geben sollte, stürzte im westlichen Stadtwaldgebiet beim Rudolph-Sophien-Stift ab.[54] Als Folge davon fiel ein beträchtlicher Teil der Bombenlast in unbebautes Gelände. Dennoch wurden wieder einmal die Fildervororte, vor allem Vaihingen und Möhringen, getroffen, die Innenstadt erhielt nur vereinzelte Treffer. Bei diesem Angriff hatte die RAF hohe Verluste zu verzeichnen. Nach ihren Angaben gingen 41 Maschinen verloren, der Wehrmachtsbericht wollte sogar von 66 Abschüssen wissen.[55] Die Zahl der Obdachlosen stieg in Stuttgart um weitere 23 000 Personen, nachdem 3600 Haushaltungen total ausgebombt und über 3000 Wohnungen schwer beschädigt worden waren. Wiederum forderte das Landeswirtschaftsamt in Berlin Sonderzuteilungen von Textilien und Schlafdecken für die Notunterkünfte an; ein Bezugsschein garantierte keine Ware mehr.[56]

Für Stuttgart war, von einem unbedeutenden Ablenkungsangriff Ende April 1944 abgesehen, die erste Phase der kombinierten anglo-amerikanischen Luftangriffe abgeschlossen. Bis zu diesem Zeitpunkt war die Stadt achtzehnmal Ziel der alliierten Bomberverbände gewesen. Nach einer geheimen Aufstellung waren dabei große Verluste und Schäden zu beklagen (Tabelle 22).

Sorgfältig unterschieden die Nationalsozialisten zwischen den „gefallenen" und „verwundeten", das heißt den deutschen Luftkriegsopfern und den „getöteten" und „verletzten" Fremdarbeitern, Kriegsgefangenen und nichtarischen Deutschen. Über 100 000 Personen waren von Mitte 1943 bis März 1944 aus Stuttgart evakuiert worden oder hatten die Stadt verlassen; aufgrund von Einberufungen aller Art lebten rund 150 000 Personen weniger in der Stadt als vor Kriegsbeginn.[58] Das Ausmaß der Zerstörungen stand noch in keinem Verhältnis zu dem in vielen Städten Nord- und Westdeutschlands. Die Schäden bei der Gas-, Wasser- und Stromversorgung sowie im öffentlichen Nahverkehr hatten binnen kurzer Frist behoben werden können. Wenngleich mit erheblichen Störungen und Beeinträchtigungen existierte in Stuttgart ein funktionierendes städtisches Leben.

Die Bevölkerung hatte nach diesen Angriffen jedoch keinen Zweifel über die weitere Entwicklung des Luftkriegs. Die Sorge ums Überleben bestimmte weitgehend Den-

Tabelle 22: Gesamtschadensbilanz sämtlicher Luftangriffe auf Stuttgart von 1940 bis Ende April 1944[57]

Personenschäden:	Gefallene:	897
	Getötete:	508
	Verwundete:	3 373
	Verletzte:	200
	Obdachlose:	71 502
Tierschäden:	Großvieh:	115
	Kleinvieh:	1 568
Schäden an Wohnhäusern:	Totalschaden:	2 791
	Schwerer Schaden:	4 334
	Mittlerer Schaden:	7 077
	Leichter Schaden:	40 361
Schäden an öffentlichen Gebäuden und Betrieben:	Totalschaden:	767
	Schwerer Schaden:	909
	Mittlerer Schaden:	188
	Leichter Schaden:	2 867

ken und Handeln der Menschen. Ein Ortsgruppenleiter sprach von einer regelrechten „Angstpsychose". Bei langanhaltenden Angriffen sei es kaum mehr möglich, die Leute zur Brandbekämpfung aus ihren Kellern zu bewegen. Er forderte daher ein Verbot für alle einsatzfähigen Männer, ihre Wohnhäuser zu verlassen und Bunker und Stollen aufzusuchen. Aus psychologischen Gründen müsse auch die Anordnung der Kreisleitung befolgt werden, die Ausländern den Zutritt zu Bunkern und Stollen verweigere. Mütter mit Kindern sollten endlich die Stadt verlassen. Negativ vermerkte Ortsgruppenleiter Häring von der Ortsgruppe Prag, daß Reichsluftschutzbund und SHD bei den Angriffen „seltene Gäste" seien. Die Brandbekämpfung sei mithin allein Sache der Hausgemeinschaften und der Selbstschutztrupps der Partei. Die Betreuung der Fliegergeschädigten verlief diesem Bericht zufolge reibungslos, allerdings fordere die Abwicklung beim Wirtschaftsamt großen Zeitaufwand.[59]
Die Versorgung mit Schuhen und Bekleidung kam fast völlig zum Erliegen, auch Fliegergeschädigte konnten nur mit Mühe notdürftig ausgestattet werden. Bei den Haushaltswaren konnte ebenfalls kaum mehr der nötigste Bedarf der Geschädigten gedeckt werden. Im Juni 1944 ergaben sich außerdem Schwierigkeiten bei der Brennstoffversorgung in Stuttgart. Die Vorräte waren aufgebraucht, Zufuhren scheiterten am Treibstoffmangel.[60] Allgemein beklagte das Statistische Landesamt, „daß mit den immer knapper werdenden Warenvorräten sich ein immer weiteres Umsichgreifen der

Tauschgeschäfte bemerkbar macht, so daß viele Mangelwaren, deren Abgabe auf eine Karte nicht möglich ist, ohne ‚Gegenleistung' überhaupt nicht mehr erhältlich sind. Die Verbraucher sind daher mehr denn je bestrebt, sich die Verteiler durch gewisse ‚Gefälligkeiten' geneigt zu machen. Dadurch ist ein sehr ungesunder Zug in die Abwicklung der Kaufgeschäfte getragen worden, unter dem besonders die Verbraucher zu leiden haben, die nichts anzubieten oder zu tauschen haben und daher bei der Belieferung mit solchen Mangelwaren meist leer ausgehen. Die jetzt allgemein eingerissenen Verhältnisse wirken sich recht ungünstig auf die Stimmung der Bevölkerung aus."[61]

Personalmangel auf allen Ebenen war ein Charakteristikum der Lage. Nachdem die zivile Verwaltung mehrfach „durchgekämmt" worden war, standen der Stadtverwaltung immer weniger Beschäftigte zur Verfügung. Nach Ansicht von Personalreferent Locher konnten Aushilfskräfte und aktivierte Ruhestandsbeamte die Ausfälle nicht voll ersetzen.[62] Die Stadt verpflichtete für unumgängliche Aufgaben auch Arbeitskräfte aus Privatbetrieben, doch setzte das Arbeitsamt diesem Vorgehen enge Grenzen. Strölin und einige Ratsherren kritisierten die einseitige Verteilung zugunsten der Rüstungsindustrie. Tatsächlich seien dort viele Arbeiter nur halbtags beschäftigt, dennoch gelinge es den Unternehmen, ihre Ansprüche durchzusetzen. Die Beschäftigten der öffentlichen Verwaltung hatte das Reichsinnenministerium bei reduziertem Urlaub zu Mehrarbeit verpflichtet. Das Ministerium beschränkte den Urlaub generell auf 14 Tage. Die Arbeitszeit wurde sowohl in Industrie wie Verwaltung ständig erhöht. Ende August 1944 verordnete der Generalbevollmächtigte für den Arbeitseinsatz, Sauckel, die 60-Stunden-Woche; tatsächlich wurde diese Arbeitszeit häufig überschritten.[63]

Die Stadtverwaltung versuchte angesichts der Verschärfung des Luftkriegs und der dadurch erwachsenden Probleme, die Zusammenarbeit mit dem Polizeipräsidenten und der NSDAP zu verbessern. Im Mai 1944 regte Strölin einen wöchentlichen Erfahrungsaustausch an; den Vorsitz solle im Wechsel der jeweilige Gastgeber führen.[64] Bei der ersten Sitzung sprachen sich Strölin und Schweinle für eine Angleichung der räumlichen Organisation (Ortsgruppen und Luftschutzreviere) aus, Stabsamtsleiter Riegraf verhielt sich abwartend. Er blockierte andererseits mit Strölin einen Vorschlag des Polizeipräsidenten, eine gemeinsame Befehlsstelle einzurichten. Einig waren sich die Herren darin, den Wagenburgtunnel nicht der Industrie zu überlassen. In praktischen Fragen war eine Koordination ohne weiteres möglich, doch sobald es um eine Abgrenzung von Kompetenzen ging, hielten sich alle Beteiligten zurück. Die Einrichtung dieser Gesprächsrunde war offenbar nicht von langer Dauer.

Bei einer Besprechung Ende Mai 1944 schilderte Strölin die Folgen eines Großangriffs, wie er sie nach seinen Reisen in zerstörte Städte des Westens auch für Stuttgart erwartete. Er sagte:

„Ich muß Ihnen als Ergebnis der Erfahrungen aus allen diesen Städten mit Eindringlichkeit folgendes vor Augen führen. Stuttgart ist bisher gegenüber all diesen Städten verhältnismäßig noch recht gut weggekommen. Die Stadt Stuttgart ist trotz aller Schwere der bisherigen Angriffe noch immer nicht so stark beschädigt wie die von mir besichtigten Städte. Es liegt nicht der geringste Grund vor annehmen zu können, daß es uns auf die Dauer gesehen besser gehen kann als den anderen. Wir müssen uns auf die schwersten Terrorangriffe gefaßt machen. (...) Wir müssen uns auf eine weitgehende Unbrauchbarmachung unserer Diensträume gefaßt machen, ja, wir müssen darauf gefaßt sein, daß eine Ausweichstelle, die wir an einem Tag mühsam eingerichtet haben, schon am nächsten oder an dem darauffolgenden Tage wiederum zerschlagen wird. Wir müssen mit dem längere Zeit dauernden völligen Ausfall von Telefon und Straßenbahn rechnen. Wir werden einem größten Massennotstand gegenüberstehen."[65]

3. „Die Infanterie der Heimat"
Der Kampf der Bevölkerung ums Überleben

Im Frühjahr 1943 war die Bilanz des Luftschutzbaus trotz aller Bemühungen unbefriedigend. Am Tag nach dem Luftangriff, der in der Nacht zum 15. April 1943 nahezu 700 Menschen das Leben kostete, faßte Baudirektor Scheuerle, der städtische Luftschutzreferent, den Stand des sogenannten Führer-Luftschutzprogramms zusammen.[1] Er kam zum Ergebnis, daß durch die Abteilung Bau des Luftschutzamts seit Ende Januar 1941 245 780 Personen geschützt worden seien. Für 245 000 Einwohner fehlten Selbstschutzräume. Allerdings subtrahierte Scheuerle von dieser Zahl wiederum 30 Prozent. Denn jeweils zehn Prozent seien durch eigene Selbstschutzmaßnahmen und öffentliche Schutzräume gesichert bzw. zur Wehrmacht eingezogen. Immerhin blieb die stattliche Zahl von 170 000 Stuttgartern, die nach Ansicht der Stadtverwaltung nicht ausreichend geschützt waren.

Größtes Problem des Schutzraumbaus war der Mangel an Arbeitskräften. Bis zum Luftangriff im November 1942 waren 423 Arbeiter, darunter 34 Kriegsgefangene, beschäftigt. Danach wurden sie bis auf 49 Arbeiter zu Aufräumungsarbeiten herangezogen. Außerdem fehlte es an Holz, Eisen sowie Fahrzeugen und Benzin. Dagegen waren Splitterschutzsteine in genügender Zahl vorhanden. Die Stadt erhielt für das zweite Quartal 1943 nur einen Bruchteil der angeforderten Baustoffe, weil das Luftgaukommando einen Großteil des Kontingents jenen württembergischen Städten zur Verfügung stellte, die neu ins „Führer-Luftschutzprogramm" aufgenommen worden waren. Statt der geforderten 1000 Kubikmeter Schnittholz erhielt Stuttgart nur 70, statt 200 Kubikmetern Rundholz ein Fünftel; bei Baueisen waren es 50 Tonnen anstelle der beantragten 379 Tonnen. Dach- und Isolierpappe blieben völlig aus. Scheuerle beschwerte sich beim Bezirksbeauftragten des Ministeriums Speer darüber, daß Stuttgart im Gau fast allein die Last des totalen Krieges zu tragen habe, ohne entsprechend mit Baustoff versorgt zu werden.[2] Nach Scheuerles Worten verlangte die Bevölkerung immer dringlicher einen sofortigen Ausbau der Schutzräume. Einige Personen hatten sogar begonnen, in Gärten in Hanglage auf eigene Faust Stollen zu graben. Auf die damit verbundenen Gefahren wies Strölin bei einer Besichtigung von Schadensgebieten in Kaltental hin.[3]

Die Kreisleitung der NSDAP sah in der Partei das „tragende Organ der Abwehrkraft der Stuttgarter Bevölkerung gegen den Luftterror". Die NSDAP müsse „gerade in solchen entscheidenden Kampfeinsätzen ihren totalen Führungsanspruch auch praktisch in die Tat umsetzen".[4] Zusätzlich zu den Hausgemeinschaften hatte die Kreisleitung 1941 aus den Reihen zuverlässiger Parteigenossen Selbstschutztrupps gebildet. Sie waren gleichsam die organisatorische Vorhut der NSDAP im Selbstschutz, den die Kreisleitung im folgenden Jahr nach Erlaß neuer Richtlinien aufbaute. Ein Selbstschutzbereich umfaßte in der Regel eine Zelle, der Zellenleiter war zugleich Führer des Selbstschutzbereiches. Insgesamt waren im Kreis Stuttgart 1787 solcher Trupps mit einer durchschnittlichen Stärke von fünf Mann eingesetzt. Sie hatten sich nach Ansicht der Partei bei den bisherigen Angriffen als „Infanterie der Heimat" bewährt. Die wichtigste Aufgabe der Selbstschutzverbände war die Brandbekämpfung. Der Selbstschutz hatte nach Angaben des Polizeipräsidenten rund 90 Prozent der von Brandbomben getroffenen Gebäude gerettet. Auch der Bau von über 300 Löschwasserteichen und 32 Kilometern Kellerdurchbrüchen sowie Fluchtwegen war eine Leistung des Selbstschutzes.[5]

Mitte Mai 1943 schilderte der Botnanger Ortsgruppenleiter Luftschutzeinrichtungen in diesem Stadtteil und regte den Bau von Stollen an:

„In der Ortsgruppe herrschte Erbitterung darüber, daß in diesem Stadtteil überhaupt kein einziger Bunker gebaut wurde. Die Kellerverhältnisse sind zum größten Teil sehr schlecht. Die Siedlungshäuser des Bau- und Heimstättenvereins haben alle einen Keller, der nicht den geringsten Druck aushält. Ein Angriff auf dieses Gebiet würde einer Menge Menschen das Leben kosten. Die Gefahr wurde noch bedeutend vergrößert durch die unmittelbare Nähe der Flakstellung. Ich möchte hier nochmals die Bereitwilligkeit der Bevölkerung zur Gemeinschaftshilfe betonen, selbstverständlich unter Anleitung von Fachkräften."[6]

Die Blicke der Stuttgarter richteten sich auf die Hänge des Talkessels, die zum Stollenbau geradezu prädestiniert schienen. Die Stadtverwaltung betonte zunächst eine ganze Reihe von Gefahren, erklärte sich aber in Anbetracht der Eigeninitiative der Bevölkerung zu Zugeständnissen bereit.[7] Alsbald schaltete sich auch die Gauleitung ein. Landesplaner Bohnert, der Berater Murrs in diesen Fragen, hielt den Bau von Stollen in

IV. 3. Der Kampf der Bevölkerung ums Überleben

Gemeinschaftsarbeit für möglich; mit Bosch-Hämmern sollten die Stollen gebohrt und mit einem sechs Zentimeter starken Holzrahmen stabilisiert werden. Zusammen mit Professor Frank von der Geologischen Fakultät der Technischen Hochschule bestimmte und untersuchte Bohnert die Standorte. Es gelang ihm nach zähem Ringen mit dem Präsidenten der staatlichen Forstverwaltung, das erforderliche Holz zu beschaffen – immerhin hatte er einen Bedarf von 100 000 Festmetern errechnet. Als Prototyp baute er einen Stollen im unterversorgten Botnang.[8]

Die Pläne von Bohnert stießen sowohl beim Polizeipräsidenten als auch bei Strölin und bei Scheuerle auf Widerstand. Polizeipräsident Schweinle hielt den Stollenbau mit ungeübten Menschen für unmöglich; Strölin soll gesagt haben: „Sie sind ein blutiger Illusionist, wenn Sie glauben, dieses Werk mit Freiwilligen durchführen zu können."[9] Scheuerle hatte Bedenken wegen der Gipskeuperschichten, die er für ungeeignet hielt, während andere Kritiker die Arbeit mit den Bosch-Hämmern für gefährlich erklärten. Nach heftigen Auseinandersetzungen beauftragte schließlich Murr Bohnert mit der Organisation des Stollenbaus in Stuttgart. Die städtischen Opponenten gegen den Stollenbau setzten sich nicht durch.[10]

Die Möglichkeiten der Stadt, zusätzlich Arbeitskräfte einzusetzen, waren jedoch sehr gering. Ende August 1943 ersuchte Scheuerle das Landesarbeitsamt um Unterstützung. Angeregt von Murrs Sonderberichterstatter Bohnert und den Ortsgruppen der NSDAP, lägen bereits 148 Anträge von Stollengemeinschaften vor. Scheuerle verhehlte seine Kritik nicht:

„Es hat sich, wie erwartet, bereits in mehreren Fällen gezeigt, daß Pionierstollenbauten, die selbständig von den Luftschutzgemeinschaften ohne Fachleute angefangen worden sind, wieder eingestellt werden mußten, weil die nicht fachlich vorgebildeten Volksgenossen außerstande waren, die Arbeit zu leisten. In all diesen Fällen sind die Führer und Luftschutzgemeinschaften – vielfach sind dies Architekten – an die Stadtverwaltung herangetreten mit der Bitte, das Bauwerk zu übernehmen und weiterzuführen."[11]

Scheuerle hielt deshalb den Einsatz von Mineuren für unerläßlich. Die Firma Baresel habe sich bereit erklärt, in Rüstungsbetrieben beschäftigte Facharbeiter dem Landesarbeitsamt namhaft zu machen. Scheuerle bat um Zuweisung solcher Arbeitskräfte. Der Konflikt zwischen Luftschutz einerseits und Instandsetzungsarbeiten andererseits verschärfte die Situation. Als der Bezirksvollmächtigte des Ministeriums Speer der Stadt 200 kriegsgefangene Russen und Holländer für den Luftschutz der Ferngasversorgung abziehen wollte, widersprach Scheuerle. Der Stadt stünden insgesamt lediglich 219 Kriegsgefangene für die Instandsetzung im zivilen und Rüstungsbereich zur Verfügung. Da diese aus total geschädigten Gebäuden Steine zur neuen Verwertung herstellten, würde nach Ansicht Scheuerles den Bemühungen der Bevölkerung, die auf dieses zusätzliche Material angewiesen sei, ein Ende gesetzt. Unter Hinweis auf die Erfahrungen nach dem Großangriff auf Hamburg forderte Scheuerle allein für die dringenden Kellerdurchbrüche 4500 Arbeiter für zwei Monate. Er war sich bewußt, daß er damit in Konflikt mit der Rüstungskommission geriet, die ihrerseits Arbeiter für den Rüstungsbau verlangte.[12] Als Bauleiter bei den Bezirksbauleitungen waren aus Württemberg und dem ganzen Reichsgebiet Bautechniker und Architekten nach Stuttgart abgeordnet worden. Wiederholt versuchten diese Personen, aus ihrem Dienst sobald wie möglich zu entkommen. Die Stadtverwaltung hingegen hatte ein Interesse, diese Beamten des technischen Dienstes zu halten und ihre Abordnungen zu verlängern. Schwierigkeiten sowohl mit den Behörden des Landes als auch mit den betroffenen Personen blieben nicht aus.[13]

Unter diesen Umständen konnten die Anträge der Stollengemeinschaften nur zum Teil behandelt und nicht alle Bedürfnisse befriedigt werden. Neid und Mißtrauen derjenigen Gebiete, die zunächst zurückzustehen hatten, waren die Folge. Die Ortsgruppe in Rohr ließ Scheuerle Ende September wissen: „Die Bevölkerung ist aufgrund der erlebten Angriffe äußerst beunruhigt und führt bei uns Klage darüber, daß in Rohr gar nichts geschieht. Zur Beruhigung der Bevölkerung muß aber unbedingt und schnellstens irgend etwas geschehen."[14] Scheuerles Antwort fiel dürftig aus und trug nicht zu einer Beruhigung bei: Da der beauftragten Firma viele Arbeitskräfte entzogen worden seien, sei mit einem Baubeginn erst in einigen Monaten zu rechnen.

Jeder Alarm brachte einen Ansturm auf den größten Stollen in der Innenstadt, den Wagenburgtunnel. Bei einem Tagesalarm Anfang Oktober 1943 sahen Beobachter eine „wilde Jagd" von Autos zwischen Hauptbahnhof und Wagenburgtunnel, bei der die Fußgänger gefährdet worden seien.[15] Dabei war er nach wie vor Baustelle. An den Eingängen lagen größere Mengen Bauholz. Schon im Juli 1943 hatte Strölin den Polizeipräsidenten auf die Brandgefahr hingewiesen, die zur Entwicklung von Kohlenmonoxydgas führen könne. Strölin forderte rasche Abhilfe und regte für die Zwischenzeit sogar eine Schließung des Stollens an.[16] Mit Rücksicht auf die Stimmung und auf die Gefährdung der Bevölkerung versagte sich Schweinle. Anfang November 1943 jedoch wandte er sich in scharfem Ton an den verantwortlichen Bauleiter des städtischen Luftschutzamtes. Unter Hinweis auf einige Unfälle erließ Schweinle eine polizeiliche Verfügung. Darin verlangte er eine Sicherung der Baustelle und drohte bei einer „schuldhaften Verzögerung" mit polizeilichen Zwangsmaßnahmen. Bei der Stadtverwaltung herrschte darüber helle Empörung. In einer Aktennotiz hielt Strölin seinen Zusammenstoß mit Schweinle fest: „Es sei einmalig – und hierbei bin ich etwas heftig geworden –, daß eine städtische Dienststelle vom örtlichen Luftschutzleiter mit polizeilichen Zwangsmaßnahmen bedroht würde. Daraufhin regte sich Polizeipräsident Schweinle sehr auf, er lasse sich nicht von mir anschreien, er wolle überhaupt sein Amt niederlegen – er wolle sich erschießen! Er sehe sich nicht mehr in der Lage, jetzt mit mir weiterzusprechen."[17]

IV. 3. Der Kampf der Bevölkerung ums Überleben

Auch führende Persönlichkeiten wurden offenbar nervös. Der Höhere SS- und Polizeiführer Hofmann hatte bei einer Besprechung am 26. November alle Mühe, die Kontrahenten zu besänftigen. In einem Dankschreiben an Hofmann führte Strölin aus, das akute Spannungsverhältnis beruhe auf einem „Konstruktionsfehler" bei der Regelung der Zuständigkeit, auf den er schon 1941 hingewiesen habe. Er zweifle nicht an der persönlichen Tatkraft und am Willen des Polizeipräsidenten.[18]

Anfang 1944 befanden sich über 100 Pionierstollen im Bau; einige von ihnen waren bereits benutzbar.[19] Luftschutzreferent Scheuerle bezeichnete die Pionierstollen zwar als billiger, er selbst räumte jedoch Groß-Betonstollen wie dem Wagenburgtunnel den Vorzug ein. Die Großstollen besäßen Vorrichtungen für die Entwässerung, den Gasschutz, eine ausreichende Beleuchtung, vor allem seien sie standfest. Auch die Lüftung der Pionierstollen bereite Schwierigkeiten.

Die Erfahrungen mit Flächenbränden in anderen Städten veranlaßten die Stadtverwaltung zu Überlegungen, in der Altstadt einige Häuserzeilen niederzulegen und breite Fluchtgassen zu schaffen.[20] Murr wies Kreisleiter Fischer an, mit Strölin und Schweinle eine Umsiedlung aus der Innenstadt in die Hang- und Höhenlagen vorzubereiten.[21] Bei einer Besprechung einigte man sich zwar auf die Feststellung von fünf gefährdeten Gebieten. Konkrete Maßnahmen unterblieben jedoch.

Wenn keine neuen Schutzräume gebaut werden konnten, ließ sich die Benutzerzahl, die mit drei Personen pro Quadratmeter festgelegt war, nicht erhöhen. Ausländer sollten vom Besuch öffentlicher Schutzräume ausgeschlossen werden. Auch Arbeiter aus nahegelegenen Rüstungsfirmen waren nur so weit zugelassen, wie zusätzliche Plätze vorhanden waren. Am 10. Mai 1943 behandelte der „NS-Kurier" ausführlich die Frage: „Wer darf in den LS-Pionierstollen?"[22] Man unterschied zwischen regelmäßigen und unregelmäßigen Besuchern. Regelmäßige Benutzer waren Frauen, Kinder, Kriegsversehrte und Kranke sowie Personen, „denen eine Aufgabe im Selbstschutz übertragen wurde und die diese Aufgabe vom Stollen aus so erfüllen können, daß die Überwachung des zum Stollen gehörenden Wohngebietes gesichert erscheint". Als unregelmäßige Besucher galten Passanten in aktueller Notlage. Einsatzfähige Männer, die für die Brandbekämpfung vorgesehen waren, sollten dagegen – soweit vorhanden – in luftschutzmäßig ausgebauten Kellern der Wohnhäuser bleiben. Einen ständigen Konfliktstoff bildete das Luftschutzgepäck in öffentlichen Stollen, das Platz wegnahm; schließlich untersagte der Polizeipräsident die Mitnahme von Gepäck. Der „NS-Kurier" stellte kategorisch fest: „Der Stollen ist (...) kein Aufbewahrungsort für allerlei Hausrat und mag er den Eigentümern noch so wichtig sein."[23]

Das Engagement der um ihr Überleben kämpfenden Bevölkerung beim Bau der Pionierstollen war groß. Während die Rüstungsarbeiter nach einem Zehnstundentag in Nachtschichten die Bosch-Hämmer vorantrieben und Holzrahmen einfügten, räumten die Frauen tagsüber mit Kipploren den Bauschutt weg.[24] Viele Männer und Frauen

versahen zusätzlich im regelmäßigen Wechsel den Wachdienst im Werkluftschutz oder im erweiterten Selbstschutz der öffentlichen Verwaltungen. Anfang Juli 1944 notierte die Kreisleitung der NSDAP:
„Trotz der außerordentlichen beruflichen und sonstigen Beanspruchung unserer Menschen haben hier im Stollenbau Frauen und Jugendliche oft bis tief in die Nacht hinein gearbeitet, um den Stollenbau so rasch als möglich voranzutreiben. (...) Bei einem einzigen dieser Pionier-Stollen – Schützenhaus Heslach – sind insgesamt im freiwilligen Einsatz rund 15 600 Arbeitsstunden geleistet worden."[25]
60 000 bis 70 000 Menschen fänden in den rund 180 fertigen Stollen sicheren Schutz, so daß mit den geringsten Mitteln der größte Effekt erzielt worden sei. Schwierigkeiten bei der Beschaffung von Baustoffen führten dazu, daß einige Bauten eingestellt werden mußten. Dazu schrieb ein Zellen- und Schutzleiter aus Riedenberg an die Stadtverwaltung, Personen jeden Alters, die aufopfernd gearbeitet hätten, könnten den Einstellungsbescheid nicht verstehen. Ihr Vertrauen in die Maßnahmen der Partei und der Behörden sei stark beeinträchtigt: „Auch das Vertrauen gegen mich als Zellenleiter droht herabgemindert zu werden, da ich als politischer Leiter keine Mittel sehe, gegen das auch mir unverständliche Verbot einzugreifen außer meiner Bitte an Sie, sehr geehrter Herr Oberbürgermeister."[26] Aus nahezu allen Stadtteilen gingen Klagen ein, die nur ein Thema hatten: den unzureichenden Schutz der Zivilbevölkerung gegen Luftangriffe.[27]
Die nationalsozialistische Propaganda versuchte der zusätzlichen nächtlichen Schufterei positive Seiten abzugewinnen. Unter der Überschrift „Frisch Gesellen seid zur Hand!" kommentierte der „NS-Kurier": „Das wertvollste und erlebnisreichste Ereignis ist dabei die nähere Bekanntschaft mit den Nachbarn. Man wundert sich, wieviele Leute ringsherum wohnen, die man entweder nur flüchtig oder überhaupt nicht gekannt hat."[28] Nicht immer ging es so harmonisch zu. Gauhauptstellenleiter Kälble berichtete der Kreisleitung von einer merkwürdigen Stollengemeinschaft in der Parlerstraße. Dort hatten auf Veranlassung eines Obersts Soldaten mit dem Bau eines Pionierstollens begonnen. Der Offizier und einige Anwohner gründeten eine Stollengemeinschaft. Jedes Mitglied hatte 300 Mark zu bezahlen, um sich das Anrecht auf Schutz in dem Stollen zu sichern; auf Familien mit Kindern wurde offensichtlich kein Wert gelegt. Die Nachbarn nannten das Bauwerk den „Plutokratenstollen". Beim Alarm am 17. November 1943 wurde der Stollen erstmals benutzt, und prompt kam es zu Auseinandersetzungen um den Einlaß, während die Flak bereits feuerte. Selbst eine alte Frau, die das „Eintrittsgeld" bezahlt, aber ihre Quittung vergessen hatte, wurde zurückgeschickt, obwohl der Stollen offenbar nur schwach besetzt war. Der Parteifunktionär Kälble war betroffen: „Dafür hat die Offizierswitwe ihren Mann und Frau B. ihren Sohn draußen geopfert, daß sie hier für ihre persönliche Sicherheit noch einige hundert Mark bezahlen müssen und dann erst noch Anpöbeleien ausgesetzt sind."[29]

IV. 3. Der Kampf der Bevölkerung ums Überleben

Kälble forderte ein Eingreifen und schlug vor, daß die Stadt die Kosten übernehme, damit der Zugang öffentlich werde. Ohnehin seien in dieser Gegend nur wenige Leute wohnhaft geblieben, die beim Brandfall für die Löscharbeit im Selbstschutz kaum ausreichen dürften. Die Intervention des Gauhauptstellenleiters führte zum gewünschten Ergebnis.

Mangels anderer Erfolge wertete die Partei den gemeinschaftlichen Stollenbau als Durchbruch auf dem Wege zur Volksgemeinschaft. Die Kreisleitung verstieg sich sogar zu dem Satz: „Man kann die Auswirkungen der Gemeinschaftsarbeit aller Stände auf diesem Gebiet geradezu als revolutionär bezeichnen."[30] Als Beispiel führte die Kreisleitung den Stollenbau in der Planckstraße an, wo „fast ausschließlich Geistesarbeiter (Rechtsanwälte, Schauspieler, Großkaufleute usw.)" gearbeitet hätten. Die Partei übersah, daß die Mitarbeit in einer Stollengemeinschaft einer Lebensversicherung gleichkam. Nur diejenigen Arbeitsfähigen erhielten eine Einlaßkarte, die sich am Bau beteiligt hatten. Dennoch kam es vor, daß Parteigenossen bekannten politischen Gegnern trotz deren Mitarbeit den Zutritt zum Stollen verweigern wollten.[31]

Die wachsende Bedeutung der „Infanterie der Heimat", des Selbstschutzes der Bevölkerung, verwies zugleich auf die Ohnmacht der Verantwortlichen. Im März 1944, nach mehreren Luftangriffen, erhielten die meisten innerstädtischen Ortsgruppen auf Veranlassung des Reichsverteidigungskommissars tragbare Feuerwehrspritzen. Für die Katastrophenhilfe in benachbarten Ortsgruppen stellten die Selbstschutzleiter „Einsatzbereitschaften" zu je zehn Mann auf. Der Kreisleitung standen zu diesem Zweck 30 Wagen zur Verfügung.[32] Für den Fall eines Großangriffs gaben die politischen Leiter der Bevölkerung Abwanderungsstraßen zu den Auffangstellen in Nachbargemeinden bekannt; für die Bewohner der Ortsgruppe Kräherwald, die im Eventualfall über die Doggenburg nach Gerlingen marschieren mußten, ist eine Planskizze überliefert (S. 448).

Am 12. und 13. Juli 1944 besuchte die Reichsinspektion für zivile Kriegsmaßnahmen die Stadt und überprüfte die Luftschutzeinrichtungen. Die Luftschutzbehörde und die Stadtverwaltung ernteten hohes Lob.[33] Bis zu diesem Zeitpunkt waren in Stuttgart insgesamt rund 11,8 Millionen Reichsmark für Luftschutzbauten aufgewendet worden.[34] 177 Pionierstollen für rund 50 000 Personen hatten die Luftschutzgemeinschaften selbst erbaut. Allerdings waren die Stadtteile Möhringen, Birkach, Plieningen und Weil im Dorf noch unversorgt, auch in Stammheim existierte lediglich ein Stollen.[35] Das Lob der Reichsinspektion für die Behörden und die Partei in Stuttgart sowie deren Eigenlob konnten nicht darüber hinwegtäuschen, daß der Bevölkerung selbst der entscheidende Anteil an den Luftschutzmaßnahmen zukam, die über das übliche Maß hinausgingen. Intern nannte Kreisstabsamtsleiter Riegraf einen wesentlichen Faktor für die bis dahin vergleichsweise geringen Schäden in Stuttgart: „Dies haben wir Gott Lob der geologischen Lage zu verdanken."[36]

Marschweg von der Doggenburg nach Gerlingen:

über Neues Schützenhaus — Vier Buchen — Forsthaus — Waldweg bis Gerlingen. —

Benützung der Staatsstraße auf alle Fälle vermeiden.

Siehe Kartenskizze!

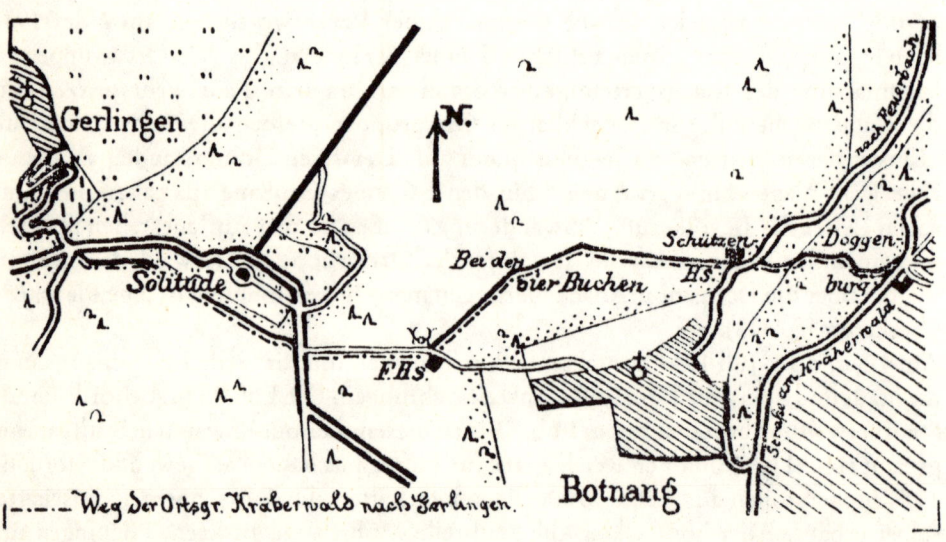

4. „Nach dem Rest wird geforscht."
Eine Großstadt wird entvölkert

„Ich bleibe lieber bei meinem Sach'"
Die Evakuierung der Stuttgarter Bevölkerung

Die Luftangriffe auf Stuttgart im März und April 1943 verschärften den Wohnungsmangel in der Stadt. Zu den „normalerweise" 8000 Familien, die beim Wohnungsamt gemeldet waren, kamen Mitte April weitere 2700 Obdachlose, von denen lediglich ein Viertel untergebracht werden konnte.[1] Am 22. April 1943 erließ die Stadt neue Richtlinien zur Wohnraumlenkung, die auf Verordnungen des Reichswohnungskommissars und des Gauwohnungskommissars beruhten. Die Teilung von Groß- und der Ausbau von Dachwohnungen wurden zur Pflicht; die von der Stadt eingeleiteten Maßnahmen gegen Besitzer von Doppelwohnungen und gegen Alleinstehende in großen Wohnungen erhielten eine rechtliche Grundlage. Außerdem konnte die Stadt eine Zuzugssperre verhängen.[2] Strölin wollte den vollen Wortlaut dieser Anordnung in der Presse nicht veröffentlichen, sondern die wichtigsten Punkte an den Haustafeln der Partei anschlagen lassen. Von vornherein ging die Stadtverwaltung davon aus, daß eine der Vorschriften, wonach in eine selbständige Wohnung nicht mehr als eine Familie eingewiesen werden durfte, nicht immer eingehalten werden könne. Die Stadt selbst wollte einen Beitrag leisten und registrierte alle Wohnungen, in denen sich Diensträume befanden. Ratsherr Münzenmayer erwartete noch viel freien Wohnraum, wenn sich die städtischen, staatlichen und Parteidienststellen einschränkten. Außerdem hatte die Stadtverwaltung inzwischen über 6700 Wohnungen von Alleinstehenden und 109 Besitzer von Doppelwohnungen erfaßt. Der Zusammenlegung von Alleinstehenden maß die Stadt eine besondere Bedeutung bei, weil dadurch sofort bezugsfertige Wohnungen zur Verfügung standen. Dagegen wurden Pläne zum Einbau von Wohnungen in die Kaufhäuser Union und Merkur verworfen, weil kein Material vorhanden war. Könekamp machte klar, daß die Unterbringung aller Fliegergeschädigten bis zum Spätherbst 1943 nur möglich sei, „wenn keine weiteren Störungen durch Fliegerangriffe eintreten".

Obwohl Stuttgart im Sommer 1943 von Luftangriffen verschont blieb, ließen die Erfahrungen der nord- und westdeutschen Städte das Schlimmste befürchten. Deshalb wurde eine Evakuierung von Stadtteilen oder Bevölkerungsgruppen erörtert. Schon 1939 hatte die Stadtverwaltung eine Umsiedlung der Schulkinder erwogen und Kontakt zu einigen württembergischen Gemeinden aufgenommen. Reichsverteidigungskommissar Murr hatte die Stadt damals ersucht, die Vorbereitungen „ganz geheim" zu treffen, um die Bevölkerung nicht zu beunruhigen.[3] Bald darauf verbot er jedoch alle weiteren Überlegungen und untersagte eine Elternbefragung.[4]

Nach dem ersten großen Luftangriff am 11. März 1943 stellte der Gaubeauftragte Lauster beim zuständigen Reichsleiter von Schirach den Antrag, Stuttgart in die Erweiterte Kinderlandverschickung einzubeziehen:
„Während die NSV die Kleinsten und ihre Mütter sowie die sechs- bis zehnjährigen Buben und Mädchen bei kinderlieben Familien unterbringt, faßt die Hitlerjugend die Zehn- bis Vierzehnjährigen in Lagern zusammen, in denen es Sonderzuteilungen von Lebensmitteln gibt und der Schulbetrieb klassenweise und meistens von Lehrern aufrechterhalten wird, die den Kindern schon von ihrem Schulort her bekannt sind."[5]
Der „NS-Kurier" berichtete am 15. April 1943 von einem großen Andrang und von freiwilligen Meldungen bei den Ortsgruppen der NSV, bei der HJ und bei den Lehrern. Er kündigte an, gegen Ende des Monats werde ein erster Transport mit rund 300 „Familieneinheiten" Stuttgart verlassen.[6] Der Bericht des Gauorgans entsprach nicht der Wirklichkeit. Tatsächlich fuhren die ersten beiden Züge mit 90 Kindern zwischen sechs und zehn Jahren am 7. und 8. Mai in Richtung Freudenstadt und Calw.[7] Von einem Andrang war keine Rede. Bis Ende Juli 1943 waren von 46 000 in Betracht kommenden Kindern und Jugendlichen 600 auf dem Land. Die Stadtverwaltung räumte ein, daß die Erweiterte Kinderlandverschickung bei der Bevölkerung keinen Zuspruch finde.[8]
Am 23. Juli 1943 trafen sich der Innenminister, Kreisleiter Fischer, General Winkler, Polizeipräsident Schweinle und Strölin auf Einladung von Murr. Die Versammlung fürchtete „ungeheure Zerstörungen" bei einem Großangriff. Sie einigte sich, die Evakuierung aller Personen zu betreiben, die nicht aus kriegswichtigen Gründen in Stuttgart wohnen mußten. Die Evakuierung sollte freiwillig erfolgen. Durch Umzugsbeihilfen sollte ein verstärkter Anreiz geschaffen und die Erweiterte Kinderlandverschickung forciert werden. Alle Aufbau- und Instandsetzungsarbeiten in der Innenstadt wurden zugunsten des Luftschutzbau eingestellt, die Handwerker zum Bleiben verpflichtet.[9] In Stuttgart beklagte man schon seit längerem den Zustrom von Fliegergeschädigten aus anderen Städten.[10] Polizeipräsident Schweinle wies den Kreisamtsleiter der NSV an, „Anträge auf Aufenthaltsmöglichkeit bei Verwandten oder Bekannten in Stuttgart unbedingt abzulehnen."[11]
Stadtrat Könekamp teilte in einer Ratsherrensitzung am 26. August 1943 mit, daß einer Umquartierung eine ganze Reihe von Schwierigkeiten entgegenstünden. Am meisten liege den Evakuierungsfreiwilligen die Frage am Herzen, was mit ihrer Wohnung und ihren Möbeln geschehe.[12] Häufig könnten die Möbel nicht mitgenommen, sondern müßten in einem Zimmer zusammengestellt werden. Es fehle außerdem an Transportmitteln. Seit Mitte April 1943, so Könekamp, seien 2500 bis 3000 Familien aus allen Schichten weggezogen, was einen Gewinn von 560 Wohnungen bedeute. Seit Anfang August beobachtete die Stadtverwaltung eine wachsende Zahl von Evakuierungen. Die Bevölkerung war beunruhigt. 30 Personen begehrten an einem Tag Aus-

72 *Feuersturm in der Altstadt (26. 7. 1944)*
73 *Blick durch die zerstörte Altstadt zum Eberhardsbau*
74 *Bergung von Hausrat unmittelbar nach einem Angriff*
75 *Ausgebombte beim Diakonissen-Mutterhaus (?)*

Vorhergehende Seite: 71 *Die zerstörte Stiftskirche*

76 Bau von lebensrettenden Pionierstollen an den Hängen
77 Trümmer eines abgestürzten alliierten Flugzeugs

kunft von der Kreisleitung. Andere Stuttgarter meinten jedoch: „Ich bleibe lieber bei meinem Sach'."[13] Im September 1943 beschloß die Stadtverwaltung, rückwirkend ab 15. April die Umzugskosten zu bezahlen, wenn eine Wohnung für Fliegergeschädigte geräumt wurde.[14]

Beim ersten Tagesangriff auf Stuttgart starb auch ein Patient des Ludwigsspitals, in dem 73 von 113 Betten ausfielen.[15] Drei Tage zuvor hatte der Polizeipräsident die Hilfskrankenhäuser Hans-Sachs-Haus und Brenzhaus sowie eben das Ludwigsspital als flächenbrandgefährdet bezeichnet und ihre Räumung angeordnet. Dieser Schritt ging auf einen Erlaß des Luftgaukommandos zurück. Alle flächenbrandgefährdeten Krankenanstalten sollten von nicht gehfähigen Patienten geräumt und diese in Ausweichkrankenhäuser außerhalb der Stadt verlegt werden.[16] Die Stadt verlegte einen Teil der Patienten ins Konvikt nach Rottweil und in das Schloß Isny im Allgäu. Die Wehrmacht überließ der Stadt außerdem einen Teil des Cannstatter Krankenhauses, während die Hautklinik in die Behelfsanstalt Kolpinghaus Cannstatt und die Schwerkranken des Ludwigsspitals ins Hilfskrankenhaus nach Vaihingen verlegt wurden. Außerdem bemühte sich die Stadtverwaltung, ihre Kinderheime aufs Land zu evakuieren. Eine langwierige Auseinandersetzung führte die Stadt mit der Luftwaffe um die Anstalt Stetten im Remstal. Einen Tag nach dem amerikanischen Tagesangriff wies das Oberkommando der Wehrmacht den Oberbefehlshaber der Luftwaffe an, die Anstalt bis Mitte November zu räumen. Sie hatte eine Unteroffiziersschule der Luftwaffe beherbergt und bot Platz für 600 bis 700 Kranke.[17] Weitere Krankenhausabteilungen brachte die Stadt in Rommelshausen und Oberurbach unter.[18]

Nach dem ersten Tagesangriff erklärte Strölin, die Stadt sehe sich außerstande, weiterhin Fliegergeschädigte aus Nord- und Westdeutschland aufzunehmen.[19] Der Reichswohnungskommissar erklärte Stuttgart daraufhin zu einem „Brennpunkt des Wohnungsbedarfs".[20] Dies bedeutete, daß der Zuzug auswärtiger Familien der Zustimmung der Stadtverwaltung bedurfte, auch wenn es sich um Fliegergeschädigte handelte. Zu diesem Zeitpunkt waren in der Stadt noch 1200 Familien obdachlos. Beim nächsten Angriff am 8. Oktober 1943 zerstörten englische Bomber fast 3000 Wohnungen. Nun bezog das Reichsinnenministerium Stuttgart in den Kreis der „luftgefährdeten Städte" ein. Damit konnten die Einwohner der Stadt auf dem Weg der Verwandtenhilfe von nun an in alle Gegenden mit Ausnahme der schon früher zu Luftkriegsgebieten erklärten Gaue umziehen.[21] Laut einer Statistik des württembergischen Innenministeriums befanden sich im Gau Württemberg-Hohenzollern Ende 1943 über 83 000 Evakuierte aus anderen Gauen, während aus Stuttgart erst 1770 Familien mit etwa 9200 Personen umquartiert worden waren.[22] Diese Zahlen waren mit Sicherheit unvollständig; die Stadtverwaltung ging bereits im Oktober von einer höheren Zahl aus.[23]

Nicht erfaßt hatten die Statistiker auch die Zahl der Schülerinnen und Schüler, die im

Rahmen der Evakuierung von Schulen seit September 1943 in württembergische Landgemeinden umquartiert wurden. Am 19. August 1943 hatte die Ministerialabteilung für höhere Schulen den Schulleitern streng vertraulich mitgeteilt:
„An den in Stuttgart umlaufenden Gerüchten über die Verlegung der Stuttgarter Schulen ist richtig, daß das württ. Kultministerium auf Veranlassung des Reichsverteidigungskommissars einen Plan für die Verlagerung ausgearbeitet hat. Ob dieser Plan überhaupt durchgeführt wird und wann, ist nicht bekannt. Es ist strengstens verboten, Mutmaßungen über den Zeitpunkt oder den Ort der Verschickung von Stuttgarter Schulen zu äußern. Die Eltern sind vor unüberlegten Schritten abzuhalten und darauf aufmerksam zu machen, daß das Kultministerium zusammen mit der Partei alles getan hat, um gegebenenfalls die Schulkinder anderwärts unterzubringen und für einen geordneten Schulbetrieb zu sorgen. Natürlich steht der ordnungsgemäßen Abmeldung von Schülern nach Oberschulen außerhalb von Stuttgart nichts im Wege."[24]
Die Ministerialabteilung bestellte die Schulleiter für den 25. August (höhere Schulen) bzw. 26. August (Mittel- und Volksschulen), um „etwa auftauchende Fragen zu besprechen". Zugleich erhielten die Schulleiter ein „Merkblatt über die Verlegung von Schulen im Rahmen der Erweiterten Kinderlandverschickung".[25] Dieses Merkblatt regelte die Evakuierung der Schulen, so daß an einer bevorstehenden Umquartierung kein Zweifel bestehen konnte, wenngleich vorerst selbst die Lehrerkollegien nicht informiert werden durften.
Zur Vorbereitung der Verlegung waren Elternversammlungen einberufen, an denen jeweils ein Beauftragter der Dienststelle Kinderlandverschickung teilnahm. Vorgesehen war, die einzelnen Schulen möglichst geschlossen nach einem Ort oder mehreren benachbarten Orten zu evakuieren. Die Schüler sollten in Lagern untergebracht und HJ-Führer als Hauptlagermannschaftsführer vom Reichsarbeitsdienst freigestellt werden. Noch vor der Abreise hatten die Schulleiter und der HJ-Mannschaftsführer am Evakuierungsort die Formalitäten zu besprechen. Der Schulleiter als Hauptlagerleiter und die Lehrer erhielten außer ihrem Gehalt Trennungsentschädigung und eine Vergütung für zusätzliche Tätigkeiten; die Reisekosten übernahm die NSDAP: „Es ist selbstverständlich, daß Schule und HJ aufs engste zusammenarbeiten. Für den HJ-Dienst sind zwei Halbtage wöchentlich vorgesehen, dazu kommen zwei mal wöchentlich Dienstappelle, bei denen der politische Wochenbericht gegeben wird. Drei Sonntage im Monat stehen für den HJ-Dienst zur Verfügung."[26] Die Angehörigen durften nur einen Sonntag im Monat mit ihren Kindern verbringen.
In der ersten Septemberwoche 1943 fanden in Stuttgarts Schulen Elternversammlungen statt, auf denen Schulleiter und HJ-Führer über die Verlegung referierten. In einer Besprechung der Beigeordneten am 10. September teilte der kommissarische Schulreferent Könekamp mit, die Versammlungen seien je nach Geschick des Schulleiters „zum Teil stürmisch verlaufen".[27] Wegen der negativen Reaktionen ließ Reichsstatt-

halter Murr die freiwillige Kinderlandverschickung als obligatorisch darstellen. Der Widerstand der Eltern war dennoch groß. Es hieß, viele Mütter befänden sich „in heller Aufregung". Einige sollten sogar gesagt haben, wenn sie schon in den Bomben umkommen müßten, wollen sie auch ihre Kinder mit in den Tod nehmen. Nach dem Tagesangriff am 6. September 1943 reagierten die Eltern nachgiebiger.[28] Familien, die Bekannte und Verwandte auf dem Land hatten, versuchten ihre Kinder dort unterzubringen, um sie dem Zugriff von Schule und HJ zu entziehen. Nach einer ersten Übersicht beteiligten sich an der geschlossenen Evakuierung lediglich 15 bis 30 Prozent der Volksschüler und 40 bis 60 Prozent der Oberschüler. Könekamp führte dies auf zwei Faktoren zurück: Einerseits gebe es auf dem Land weniger höhere Schulen, andererseits seien „die Beziehungen der Eltern höherer Schüler zum Land geringer".[29]
Die Ablehnung vieler Eltern zeigte sich in einer großen Zahl von Krankmeldungen. Jene hofften, dadurch ihre Kinder in Stuttgart behalten zu können. Ratsherr Staege, Lehrer in Botnang, regte deshalb eine Zwangsverpflichtung an. Dafür fehlte allerdings eine gesetzliche Grundlage. Wiederholt klagten die Ratsherren über Besuche der Eltern. Außerdem argwöhnten sie, auf dem Land nehme die nationalsozialistische Erziehung der Kinder Schaden, weil diese besonders in katholischen Gegenden sonntags Gottesdienste besuchten, waren sie doch in Privatquartieren untergebracht.[30]
In der ersten Septemberwoche 1943 verließen etwa 700 Schülerinnen und Schüler aus innerstädtischen Schulen Stuttgart.[31] Anfang Oktober waren bereits 28 Schulen mit 23 000 Schülern umgesiedelt. Davon waren 4700 im Klassenverband evakuiert, über 15 000 hingegen bei Verwandten und Bekannten untergebracht. Die restlichen Schüler waren aus Krankheits- und anderen Gründen in Stuttgart zurückgeblieben.[32] Von einer Verlegung befreit waren die Schülerinnen und Schüler der Klassen 6 bis 8 der Oberschulen. Die Buben dienten seit Frühjahr als Luftwaffenhelfer, während die Mädchen vorwiegend als Helferinnen und Melderinnen bei der Luftwaffe und im Reichsarbeitsdienst eingesetzt waren.[33] Für die in Stuttgart verbleibenden Schulpflichtigen richtete das Kultministerium sogenannte Restklassen ein. Die Luftwaffenhelfer waren in den Oberschulen in Feuerbach, Untertürkheim und Vaihingen, die übrigen Schüler in der Wagenburg-, Schickhardt- und in der Kepler-Oberschule zusammengelegt. Die Mädchenklassen waren in der Mörike- und der Hölderlin-Oberschule sowie in der Mädchen-Oberschule in Bad Cannstatt untergebracht.[34]
In den Evakuierungsorten stießen die neuen Mitbürger aus Stuttgart und aus dem Gau Essen als „Stadtmenschen" nicht nur auf Sympathie und Hilfsbereitschaft. Die örtlichen Verwaltungen fühlten sich von dem Zustrom überfordert. Der Biberacher Bürgermeister beklagte am 24. September 1943 beim Landrat eine Überbelegung seiner Stadt. 550 Fliegergeschädigte habe sie bereits aufgenommen, weitere 100 bis 200 Quartiere seien von der Wehrmacht in Anspruch genommen. Nun habe ihn der Schulleiter des Eberhard-Ludwigs-Gymnasiums aufgesucht und die Verlegung von rund 400

Schülern und zehn Lehrern von Stuttgart nach Biberach angekündigt.[35] Mitte November 1943 wies die Ministerialabteilung die Leiter der verlegten Schulen auf die Residenzpflicht von Lehrern und Schülern am neuen Schulort hin. Es sei streng verboten, daß Schüler „heimlich zwischen Stuttgart und dem neuen Schulort hin- und herfahren".[36] Mitte Dezember 1943 gab Schulrat Pfeiffer der Stadtverwaltung einen Bericht über die Umquartierung der Stuttgarter Schulen, die insgesamt ohne nennenswerte Anstände erfolgt sei. Er tadelte aber die häufigen Besuche der Eltern, die bei einigen Schülern Heimweh geweckt hätten, und die Wochenendheimfahrten aus fadenscheinigen Gründen. Er teilte weiter mit, von fast 42 000 Volks-, Haupt- und Mittelschülern seien etwa 35 000 in rund 200 württembergische Gemeinden umquartiert; rund 7000 seien zurückgestellt worden. In 300 Fällen hätten die Eltern eine Evakuierung abgelehnt.[37]

Am 13. Dezember 1943 besuchten Strölin, Könekamp und Frau Kommerell von den Frauenbeiräten einige evakuierte Schülerinnen und Schüler aller Schularten im Kreis Calw, um sich einen Eindruck zu verschaffen. Neben den Lehrern hatten sich auf Einladung Strölins auch die Bürgermeister und Ortsgruppenleiter der Aufnahmeorte eingefunden, so daß von einer „stichprobeweisen Besichtigung" keine Rede sein konnte. Die Stuttgarter Besucher waren des Lobes voll. Die Räume seien den ländlichen Verhältnissen entsprechend ordentlich, die Verpflegung gut und reichlich. Jedes Kind habe sein eigenes Bett, fast durchweg hätten die Kinder an Gewicht zugenommen. Befriedigt zeigten sich die Besucher über die Stimmung:
„Die Kinder machten durchweg einen frischen, aufgeweckten und fröhlichen Eindruck. Auf die jeweiligen Fragen des Oberbürgermeisters nach Heimweh tönte ihm ein einstimmiges ‚Nein' entgegen. (...) Die gute Eingewöhnung der Kinder zeigt auch der Umstand, daß die Kinder zu ihren Pflegeeltern ‚Vater' und ‚Mutter' usw. sagen. (...) Klagen über das Verhalten der Kinder sind fast nicht erhoben worden. Man weiß natürlich, daß die Stuttgarter Kinder anders sind als die Kinder auf dem Land und hat dafür weitgehend Verständnis. Gelegentliche Frechheiten und Ungezogenheiten werden mit einer Ohrfeige erledigt."[38]

Die Pflegeeltern, die Gemüse und Kartoffeln nicht im eigenen Betrieb produzieren konnten, bemängelten den Verpflegungssatz von 1,50 RM. Ein anderes Problem stellte die Beaufsichtigung und Beschäftigung der Schüler in ihrer Freizeit dar. Nach dem Bericht Könekamps war die HJ infolge von Einberufungen und ständigem Führerwechsel nicht in der Lage, dieser Aufgabe nachzukommen. So bleibe die außerschulische Beaufsichtigung weitgehend den Lehrern überlassen, die durch Zusammenlegung von Schulklassen auch vermehrte pädagogische Aufgaben zu erfüllen hätten. Die Mitarbeit im Haushalt und in der Landwirtschaft der Pflegeeltern bezeichnete Könekamp als sinnvoll.

Viele Eltern glaubten nicht an das ländliche Idyll, das die Stadtverwaltung zeichnete.

IV. 4. Eine Großstadt wird entvölkert

Sie fühlten sich hintergangen, als das Kultministerium entgegen den früheren Zusicherungen bei den Elternversammlungen den Schulkindern Weihnachtsferien in Stuttgart verweigerte.[39] Im März 1944 verärgerte Murr die Familien, als er eine Beurlaubung der umquartierten Schülerinnen und Schüler zur Konfirmation nach Stuttgart verbot. Murr, der sich auf Sicherheitsinteressen berief, erlaubte eine Konfirmation an jedem anderen Ort im Gaugebiet, wenn am Evakuierungsort keine Konfirmation möglich war. Die Angriffe auf Stuttgart im Februar und März 1944 bestätigten Murr.[40] Seit Januar 1944 wandte sich Strölin in monatlichen Briefen an die evakuierten Schulkinder. Er nahm zu aktuellen Ereignissen und Luftangriffen Stellung und bestärkte die Kinder: „Wenn ich auch weiß, daß es manchem von euch schwerfällt, so weitab von der lieben Familie und der schönen Heimatstadt zu leben, so ist es doch eben einfach notwendig, daß ihr über die böse Zeit der feindlichen Fliegerangriffe nicht in Stuttgart, sondern daß ihr in Sicherheit seid."[41]

Als Stuttgart im Dezember 1943 und im Januar 1944 von Angriffen verschont geblieben war, versuchten die Eltern, ihre Kinder zurückzuholen. Kreisstabsamtsleiter Riegraf berichtete vor Politischen Leitern: „Es werden nun auf einmal alle Kinder krank oder wollen aus sonstigen Gründen nach Hause. Es ist dadurch ein wildes Durcheinander gekommen. Darum bitte ich Sie, rücksichtslos in jeder Hinsicht einzugreifen. Wir lehnen jedes Gesuch grundsätzlich ab."[42] Riegraf forderte die Funktionäre dazu auf, diejenigen Mütter der Partei zu melden, die die „Besuchsfahrten zum Hamstern benützen".

Ein Problem bildeten die in Stuttgart verbliebenen Schüler. Nach einer Entscheidung Hitlers durfte der Unterricht in evakuierten Städten trotz des Prinzips der Freiwilligkeit nicht wiederaufgenommen werden.[43] In einer Ratsherrensitzung im Dezember 1943 bestätigte Könekamp, „daß in Stuttgart etwa 2000 Kinder sozusagen wild herumlaufen".[44] Es seien elterliche Gesuche anhängig, über die noch nicht entschieden sei. Die Stadtverwaltung stellte fest, daß die Eltern von schulpflichtigen Mittel- und Oberschülern „weniger Schwierigkeiten" bereiteten, weil sie Wert auf eine gute Schulbildung legten. Die Schulbehörde geriet durch Murrs Entscheidung, die Freiwilligkeit der Evakuierung geheimzuhalten, in ein Dilemma. Wenn Eltern die Teilnahme ihrer Kinder an der Evakuierung ablehnten, besaß die Schulbehörde keine rechtliche Handhabe. Faktisch bestand keine Schulpflicht mehr.

Oberschulrat Kimmich berichtete im Mai 1944 dem Kultministerium, täglich wachse die Zahl der Gesuche von Eltern, die ihre Kinder in Stuttgart zur Schule schicken wollten oder deren Kinder sich seit den Osterfeiertagen in der Stadt befänden.[45] Zur Begründung führten die Antragsteller an, daß die Sicherheit auf dem Lande ebenfalls nicht mehr gewährleistet sei, daß die Kinder zur Betreuung jüngerer Geschwister benötigt würden, weil beide Elternteile bis zu 72 Wochenstunden in der Rüstungsindustrie beschäftigt seien. Solche Gesuche würden immer häufiger abgelehnt: „Dabei bin ich in meinen Schlüssen mehr und mehr gehemmt durch das Bewußtsein, daß Ablehnung u. U. nichts anderes bedeuten könnte, als das Heranziehen von Analphabeten." Kimmich schlug vor, die Freiwilligkeit der Schulevakuierung bekanntzugeben und in Stuttgart einen ordnungsgemäßen Unterricht zu eröffnen: „Alle hiesigen Kinder aber würden dann ohne weiteres wieder dem Volksschulpflichtgesetz unterliegen und könnten zum Unterricht mit Polizeigewalt herangezogen werden." Kimmich wiederholte einen schon früher unterbreiteten Vorschlag, die Einschulung vom Herbst 1944 auf das Frühjahr 1945 zu verschieben, weil eine Verlagerung der Schulneulinge schwierig sei und sich die Kriegslage bis dahin womöglich „zu unseren Gunsten" geändert habe. Die Ministerialabteilung für Volksschulen lehnte das Ansinnen Kimmichs ab, die sich „widerrechtlich" in Stuttgart aufhaltenden Schulpflichtigen wieder zum Schulbesuch zuzulassen. „Eine solche Anordnung hätte zweifellos die Folge, daß auch die umquartierten Schüler in Scharen wieder nach Stuttgart zurückströmen würden." Dagegen befürwortete die Ministerialabteilung eine Verschiebung des Schuljahrsbeginns: Die Stadt könne die erforderlichen Räume nicht zur Verfügung stellen, und noch mehr Eltern als im Vorjahr leisteten einer Anordnung der Umquartierung ohnehin keine Folge: „Die unerwünschten Geschehnisse des vorigen Jahres würden sich heuer wohl noch in gesteigerter Weise wiederholen. Wären aber wider Erwarten alle Eltern zur Umquartierung bereit, so könnten im Lande nach dem erheblichen Zuzug evakuierter Kinder aus dem Gau Hessen die erforderlichen Quartiere auch bei größter Anstrengung der Dienststellen der NSV und der KLV sehr wahrscheinlich nicht mehr gewonnen werden."[46] Dennoch scheiterte der Vorstoß wenig später an der ungleichen Behandlung der Schulneulinge aus Stuttgart und dem übrigen Württemberg.[47]

Anfang Oktober berichtete Könekamp Strölin über die Situation des Stuttgarter Schulwesens:

1. „Von den Schulneulingen (‚Erstkläßlern'), die im September in die Schule aufgenommen werden sollten, haben lediglich 20–25 % den Unterricht angetreten und befinden sich bei den evakuierten Schulklassen. Nach dem Rest wird noch geforscht.

2. Es befanden sich vor der völligen Stillegung des Schulbetriebs in Stuttgart noch etwa 10 000 Volksschüler hier, die nun den Schulbetrieb draußen aufnehmen sollten. Davon haben sich ganze 98 Schüler zur geschlossenen Schulevakuierung angemeldet. Nach dem Rest wird geforscht."[48]

Mit dem Herannahen der alliierten Truppen wuchs die Sorge der Eltern um ihre Kinder. Diese verließen die Evakuierungsorte. Um den Rückstrom nach Stuttgart zu stoppen, schlug ein Lehrer der nach Gemmrigheim evakuierten Schickhardt-Hauptschule drastische Maßnahmen vor: Den zurückgeholten Kindern sollten „mindestens die Sonderzulagen der Lebensmittelmarken" und die Aufenthaltsberechtigung in Stollen und Bunkern während der Woche entzogen werden.[49]

IV. 4. Eine Großstadt wird entvölkert

Von der Dezentralisierung zur Verlagerung
Die Evakuierung der Stuttgarter Industrie

In der nationalsozialistischen Raumplanung der dreißiger Jahre spielte die Dezentralisierung der Industrie eher weltanschaulich als praktisch eine Rolle. Dennoch versuchte die württembergische Landesplanungsbehörde wiederholt, Firmen zur Ansiedlung in ländlichen Gegenden zu veranlassen. Neben bevölkerungspolitischen Gründen führten die Nationalsozialisten – und nicht nur sie – wiederholt das Argument des Luftschutzes an. Als im Sommer und Herbst 1942 die britische Luftwaffe in den Luftraum des Reiches eindrang, sahen sich die Planer bestätigt. Für eine Dezentralisierung war es zu spät, auch standen weder Arbeitskräfte noch Baustoffe zur Verfügung. Lediglich Improvisationen waren möglich. So ordnete das Reichsinnenministerium Mitte September 1942 eine dezentrale Lagerung von Lebensmittelvorräten bis Januar 1943 an, die Stadtverwaltung stellte dafür ihren Fuhrpark bereit.[50]

Die militärische Entwicklung erzwang einen Kurswechsel. Statt „Butter und Kanonen" hieß die Losung nun Konzentration aller Kräfte auf die Rüstung.[51] Die Verordnung über die Meldung von Männern und Frauen aller Aufgaben der Reichsverteidigung vom 27. Januar 1943 bestimmte, daß alle Männer zwischen 16 und 65 Jahren und alle Frauen zwischen 17 und 45 Jahren sich bei den Arbeitsämtern zu melden hätten, sofern sie weder in einem öffentlichen noch einem privatrechtlichen Arbeitsverhältnis von wenigstens 48 Wochenstunden stünden. Ausgenommen waren Ausländer, vollberufliche Landwirte, Geistliche, Schüler sowie Mütter mit einem noch nicht schulpflichtigen Kind oder zwei Kindern unter 14 Jahren.[52]

Zwei Tage später erschien eine „Verordnung zur Freimachung von Arbeitskräften für kriegswichtigen Einsatz".[53] Der Reichswirtschaftsminister konnte im Benehmen mit dem Generalbevollmächtigten für den Arbeitseinsatz die „Stillegung oder Zusammenlegung von Betrieben" anordnen. Sie betraf zunächst nur Betriebe des Handels, des Handwerks sowie des Gaststätten- und Beherbergungsgewerbes, wurde jedoch bald auf Industrieunternehmen ausgedehnt. Mitte März 1943 befaßte sich der Reichswirtschaftsminister mit der Stillegung und Zusammenlegung von Industriebetrieben.[54] Er kündigte an, daß die Produktion „auf das geringste Maß" gedrosselt werde, soweit sie nicht der Rüstung und Rohstofferzeugung diene.

In Stuttgart stellten am 20. Februar 1943 um 18 Uhr elf Einzelhandelsgeschäfte ihren Betrieb ein. Darunter befanden sich zwei Filialen der Möbelfirmen Schildknecht und May sowie Juweliergeschäfte, alle in der Königstraße. Aus diesen elf Geschäften konnten 72,5 Arbeitskräfte für den kriegswichtigen Einsatz freigemacht werden. Die Lebensmittelabteilung der Kaufstätte Merkur in der Eberhardstraße schloß am 6. März 1943. Am 17. April wurden 108 Gaststätten, Cafés und Weinstuben geschlossen, über die Hälfte davon in der Innenstadt.[55] Varietés und Bars mußten ebenfalls schließen. Nach Angaben der Stadtverwaltung waren bis Juli 1943 insgesamt 482 Betriebe stillgelegt, neben kleineren Geschäften und Gaststätten auch einige größere Firmen.[56] Die Betroffenen übten harsche Kritik, vor allem als einige übereilte Stillegungen korrigiert und Geschäfte wieder eröffnet werden mußten. Die SD-Beobachter registrierten eine „starke Verärgerung" der ein relativ geringer materieller Erfolg gegenüberstehe.[57] Ende März 1943 sprach auch Adolf Mauer, Leiter des Reichspropagandaamts Stuttgart, von einem wachsenden Widerspruch – nicht nur der direkt Betroffenen: „Besonders die arbeitende Bevölkerung, die nur wenige Zeit für ihre Einkäufe hat, kann es nicht verstehen, daß durch den natürlich entstehenden größeren Andrang in den noch bestehenden Geschäften der Einkauf noch schwieriger werden soll." Zwar bejahe die Bevölkerung grundsätzlich, daß „Menschen für den Kriegseinsatz freiwerden müssen", sie bezweifle jedoch die Wirkung der Maßnahme.[58]

In der Tat waren relativ wenige Betriebe betroffen. Eine Statistik des Handwerks im Gau Württemberg-Hohenzollern verzeichnete Ende Mai 1942 20 117 ruhende und 59 869 tätige Betriebe. Ein Jahr später hatten sich die Zahlen nur unwesentlich verändert: Im Gau existierten Ende Mai 1943 noch 57 657 tätige und 21 524 ruhende Betriebe mit über 131 000 Beschäftigten, das waren 10 000 weniger als im Jahr zuvor. Davon waren rund 6000 zum Wehrdienst einberufene Männer, so daß für den Arbeitsmarkt rund 3500 Frauen übrigblieben.[59] Arbeitsamtdirektor Nerschmann klagte gerade über eine geringe Resonanz bei den Frauen:

„Die fadenscheinigsten Ausflüchte würden gegen eine Arbeitsaufnahme ins Feld geführt. Alles was es zwischen Heuschnupfen und Senkfuß an Wehwehchen gebe, werde von den Frauen in den Meldebogen als Grund für die nicht Einsatzfähigkeit angegeben. Es sei niederdrückend, diese Eigensucht und völlige Gleichgültigkeit gegenüber den Erfordernissen des totalen Krieges bei einer so großen Zahl von Frauen feststellen zu müssen."[60] Von 8200 Frauen, die einen Meldebogen ausgefüllt hatten, erhoben nach dem Bericht von Nerschmann 63 Prozent Einwendungen irgendeiner Art, bei den 2300 erfaßten Männern waren es 69 Prozent, doch waren hier die Einsatzfähigen bereits weitgehend erfaßt.

Unentschlossen und zögernd begann 1943 die Verlagerung von Stuttgarter Betrieben und Lagern in weniger luftkriegsgefährdete Gebiete. Anfang August 1943 ordnete Gauleiter Murr in seiner Eigenschaft als Reichsverteidigungskommissar die Umquartierung aller Lebensmittel-Vorratslager an.[61] Die Nachbarkreise sollten einen ersten, die anschließenden Kreise einen zweiten Verpflegungsgürtel um die Gauhauptstadt bilden. Lediglich wenige Pflichtlager sollten in Stuttgart verbleiben. Die Verlagerung von gewerblichen Unternehmen lief zur gleichen Zeit an, doch verstärkten die Behörden und die Firmen ihre Anstrengungen erst unter dem Eindruck der Luftangriffe im Herbst 1943. Die Initiative ging meist von den Behörden, in erster Linie vom Rüstungskommando aus.

IV. 4. Eine Großstadt wird entvölkert

Die Firma Mauz & Pfeiffer in Botnang produzierte Luftwaffengeräte und war außerdem Zulieferer der AEG für das Panzerprogramm. Während die Luftwaffe für ihre Fertigung schon frühzeitig eine Verlagerung angeordnet hatte, herrschte beim Panzerprogramm Unklarheit. Die AEG erhielt im September 1943 eine Aufforderung zur Verlagerung und informierte daraufhin ihre Zulieferbetriebe. Mauz & Pfeiffer wurden Anfang Oktober in Bopfingen und Nördlingen fündig. Das Heeresrüstungsamt ließ zwar einen Fragebogen ausfüllen, meldete sich aber bei der Firma nicht mehr. Diese verlagerte ihre Panzerfertigung in eigener Regie ins östliche Württemberg; die Produktion konnte ohne Ausfälle im März 1944 dort anlaufen.[62]

Die Firmen waren in permanente Auseinandersetzungen mit der Partei, mit den Behörden der Verlagerungsorte und mit Firmen verwickelt, die Interesse am selben Objekt bekundeten. Die Konflikte verzögerten die Verlagerungen nicht selten um mehrere Monate. Mitte November 1943 wandte sich die Feuerbacher Maschinenfabrik Werner & Pfleiderer an den Reichsverteidigungskommissar und bat, die evakuierte Horst-Wessel-Schule in Zuffenhausen der Firma für ihre Verwaltung zu überlassen.[63] Das Unternehmen wies darauf hin, daß es an Fertigungsprogrammen mit verschiedenen Dringlichkeitsstufen beteiligt sei. Der kommissarische Schulreferent Locher stimmte für den Notfall diesem Ansinnen zu, obwohl die Schulen im Katastrophenfall der Stadtverwaltung für Ämter, Hilfskrankenhäuser, Obdachlosensammelstellen und Notdienststellen vorbehalten waren. Zu mehr war Locher nicht bereit, obwohl das Sonderkommando für Ausquartierungen beim Wehrkreiskommando das Unternehmen unterstützte. Das Kultministerium wiederum genehmigte Ende März 1944 dort der Stadt die Unterbringung eines 300 Mann starken Baubataillons, so daß für Werner & Pfleiderer kein Platz mehr war. In der Stadt war praktisch jeder freiwerdende Raum umstritten und umkämpft. Prinzipiell war die Umwandlung von Wohn- in Geschäftsräume nicht gestattet. Doch gab es auch hier Ausnahmen. Am Feuerseeplatz waren nach den Angriffen im Februar und März 1944 einige leicht beschädigte Wohnungen von den Bewohnern verlassen worden. Eine total ausgebombte Beleuchtungsfabrik konnte einziehen.[64]

Breiten Raum nehmen in den Akten die Differenzen zwischen der NSDAP und den Unternehmen ein. Als die Kodak AG für Materialien und Akten das Gasthaus Sonne in Rexingen, Kreis Horb, in Anspruch nehmen wollte, erhoben die NSDAP und der Landrat in Horb Protest. Der einzige Saal dieser Gemeinde mit rund 1000 Einwohnern werde für Parteiveranstaltungen dringend benötigt. Das Büro des Reichsstatthalters beschied die Firma daraufhin abschlägig. Danach wandte sich Speer an Murr, um für die Firma, die optisches Kriegsgerät und Zünder für Handfeuerwaffen herstellte, in einem anderen Ort Räume zu erhalten.[65] Ähnlich erging es der Firma Bleyle, dem Traditionsbetrieb der Stuttgarter Textilindustrie. Die Hauptstelle Aktive Propaganda des Gaupropagandaamts beschwerte sich am 19. Oktober 1943 beim Wehrkreisbeauftragten des Ministeriums Speer darüber, daß Bleyle im unterländischen Horrheim das Gasthaus Rebstock mieten wolle. Wegen der dort stattfindenden Parteiveranstaltungen sei dies völlig ausgeschlossen; entsprechend schrieb das Büro vom Reichsstatthalter Murr an die Firma. Anfang Januar 1944 bat Bleyle das Innenministerium erneut um die Zuweisung der Gaststätte, nachdem sie seit Monaten trotz Einschaltung der Gauwirtschaftskammer keine geeigneten Räume gefunden habe. Mittlerweile war Bleyle jedoch die Kreisleitung von Vaihingen/Enz zuvorgekommen, die den Saal auf 1. Dezember 1943 gemietet hatte.[66]

Teile des Cannstatter Werks der Vereinigten Kugellagerfabriken, der Norma konnten hingegen verlegt werden. Die für die Rüstungsproduktion grundlegende Kugellagerindustrie war seit Herbst 1943 Hauptziel der US-Luftwaffe. Auf das Stuttgarter Werk entfielen 18,3 Prozent der Produktion von kleinen Wälzlagern im Reich. Nach den schweren Schlägen gegen Schweinfurt war Stuttgart auf das höchste gefährdet. Umgehend betrieb die Werksleitung die Verlagerung. Landesplaner Bohnert, dessen Empfehlung Reichsverteidigungskommissar Murr folgte, unterstützte die Verlagerung in den Kreis Nürtingen und arbeitete einen Plan aus. Die Unterbringung der Produktion bedeutete infolge der Stillegung von zwei Textilbetrieben weniger Schwierigkeiten als die Umquartierung der Arbeitskräfte.[67] In der Tausendseelen-Gemeinde Riederich waren 43 Schulkinder aus Stuttgart-Münster, 37 Frauen und Kinder aus dem Gau Hessen sowie 34 ausländische Rüstungsarbeiter untergebracht. Für 30 deutsche Arbeiter der Norma waren Privatquartiere vorgesehen, während die französischen Zivilarbeiter vorläufig in Wirtshaussälen, später in von der Firma zu bauenden Baracken wohnen sollten. Ähnlich war die Situation in Neckartenzlingen, wo 50 Deutsche in Privatquartieren und 160 Ostarbeiterinnen in Gasthäusern und später in Baracken unterzubringen waren. Einwände der Gemeindeverwaltungen und der lokalen Parteiorganisation kamen nicht zum Tragen. Der Nürtinger Landrat konnte Ende November 1943 dem Innenminister melden:

„Die Unterbringung der Belegschaft der Vereinigten Kugellagerfabrik AG Stuttgart-Bad Cannstatt in Neckartenzlingen ist in der vorgesehenen Weise möglich. Den Herrn Bürgermeister der Gemeinde Neckartenzlingen habe ich heute wiederholt darauf hingewiesen, daß die Belange dieser Firma weitgehend zu unterstützen sind."[68]

Die Kommunen verlangten, daß der Zuzug von Fliegergeschädigten unterbunden werden solle. Das Innenministerium entsprach den Anträgen sowohl für Riederich und Neckartenzlingen als auch im Februar für Ofterdingen, wohin weitere 50 Arbeiter der Norma gegen den Einspruch der Reutlinger Kreisleitung umquartiert wurden.[69]

Nachdem die Stillegungsaktion vom Frühjahr 1943 nur bescheidene Ergebnisse gezeitigt und sich die Verlagerung im Sommer auf Einzelfälle beschränkt hatten, intensivierte und systematisierte im Herbst das Ministerium für Rüstung und Kriegsproduktion unter Leitung von Albert Speer diese Maßnahmen. Das Eingreifen von Speer verminderte die Auseinandersetzungen und beschleunigte die Verlagerungen. Bei einer Gauleitertagung am 6. Oktober 1943 in Posen kritisierte Speer die bisherigen Maßnahmen scharf und kündigte eine Stillegung der zivilen Produktion an.[70] Er geißelte den Egoismus der Gauleiter, auf deren Beiträge und Vorschläge er künftig nicht mehr warten könne. Er stellte eigene Aktivitäten und Kontrollen seiner Mitarbeiter in den Rüstungskommissionen in Aussicht. Der Beauftragte des Ministeriums im Wehrkreis V war Friedrich Ortmann, Ratsherr von Stuttgart und Kreisamtsleiter für Technik.[71] Die Rüstungsinspektion im Wehrkreis V leitete Oberst Gutscher, der wiederum eng mit Wehrwirtschaftsführer Prof. Meyer im Stabe des Reichsverteidigungskommissars zusammenarbeitete.[72] Speer übernahm am 2. September 1943 sämtliche Zuständigkeiten auf dem Gebiet der Rohstoffversorgung und der zivilen wie militärischen Produktion mit Ausnahme der Luftrüstung. Aus dem Reichsministerium für Bewaffnung und Munition wurde das Ministerium für Rüstung und Kriegsproduktion. Das Reichswirtschaftsministerium, auf „grundsätzliche wirtschaftspolitische Fragen" beschränkt, entwickelte jedoch in der Folgezeit unter Einfluß von SS und SD eigene Vorstellungen; die von Speer kritisierten Gauleiter versuchten ebenfalls, die Stellung des Emporkömmlings zu unterminieren.[73]

Die von Speer und seinen Mitarbeitern im Herbst 1943 eingeleitete Konzentration der Wirtschaft betraf Stuttgart erst nach der Jahreswende.[74] Anfang Februar 1944 verfügte Speer Stillegungen und Teilstillegungen, um Arbeitskräfte für die Rüstungsindustrie freizumachen. So mußten in Stuttgart Buchbindereien und Druckereien bis auf wenige Ausnahmen ihre Tätigkeiten einstellen. Da diese Betriebe jedoch bereits mehrfach „durchgekämmt" worden waren, blieb das Ergebnis vergleichsweise bescheiden. Aus drei Firmen konnten lediglich noch 41 Arbeitskräfte in die Rüstungsindustrie umgesetzt werden.

Am stärksten war die württembergische Textilindustrie betroffen. Die Stuttgarter Rüstungsunternehmen, an ihrer Spitze Bosch und Daimler, verteilten ihre Produktion unter dem Eindruck der Luftangriffe über das ganze Land. Die Schwerpunkte der Textilindustrie im Bereich Ebingen/Tailfingen sowie im Raum Neckar/Fils wurden zu Zentren der Rüstungsproduktion: In den ersten beiden Februarwochen schloß Speer mehrere Trikotagefabriken in Tailfingen und Ebingen. Die gesamten Betriebe samt Arbeitskräften übernahm die Daimler-Benz AG für die Luftwaffenproduktion. Bosch produzierte seit Frühjahr 1944 unter anderem in Tailfingen, Ebingen, Burladingen sowie in Textilfirmen in Uhingen, Reichenbach/Fils und im Kreis Nürtingen. Andere Rüstungsbetriebe folgten. Die Fortuna-Werke übernahmen die Spinnweberei Otto in Uhingen mit 36 Arbeitern, die AEG Stuttgart Strickwarenfabriken in Hechingen und Nürtingen. Das Comtessa-Werk der Zeiss Ikon GmbH produzierte Funkmeßgeräte künftig in Leinfelden und Nürtingen; die Süddeutsche Kolbenbolzenfabrik verlagerte einen Teil ihrer Fertigung nach Donzdorf im Kreis Göppingen.

Die Arbeitskräfte der Textilindustrie waren jedoch nicht überall verwendbar. Es handelte sich um angelernte und ältere Personen sowie um Kriegsinvaliden. Deshalb entgingen einige Betriebe der Totalstillegung. In der Trikotwarenfabrik des „ersten Stuttgarter SS-Manns" Karl Dempel in Wangen arbeiteten 56 von 119 Arbeitern nur halbtags. Die Rüstungsinspektion beschloß daraufhin, nur 50 Arbeiter für die Rüstungsindustrie herauszuziehen und im übrigen den Betrieb weiterlaufen zu lassen. Ähnlich war die Situation in der Gürtelfabrik im Stuttgarter Westen. Neben 58 Heimarbeiterinnen beschäftigte die Firma 25 Halbtagskräfte sowie fünf Juden und vier Sinti. Man sah von einer Stillegung ab, weil die Heimarbeiter und die Halbtagskräfte nicht in der Rüstungsfertigung eingesetzt werden konnten. Für die von der Verlagerung betroffenen Arbeiter bedeutete dies einen Umzug, wobei die ausländischen Arbeitskräfte in der Regel in Massenquartieren, die deutschen in Privatquartieren untergebracht wurden. Das Ernährungsamt der Landeshauptstadt schickte im Frühjahr 1944 denjenigen Arbeitern, die die Woche über nicht in Stuttgart wohnten, ohne Antrag eine Abmeldebestätigung zu und verweigerte die Ausgabe von Lebensmittelkarten. Im Fall eines nach Bempflingen bei Nürtingen verlagerten Bosch-Arbeiters aus Feuerbach wandte sich der Nürtinger Landrat ans württembergische Wirtschaftsministerium, denn nach seiner Ansicht war das Stuttgarter Ernährungsamt für die Ausgabe der Marken zuständig. Der Arbeiter sei zur Zeit ohne Lebensmittelkarten und müsse von seiner Familie mitversorgt werden. Das Ernährungsamt wiederum konnte sich auf einen Erlaß aus dem Jahre 1940 berufen, wonach in Zweifelsfällen die Ausgabestelle jenes Ortes zuständig war, in dem sich ein Versorgungsberechtigter überwiegend aufhielt.[75] Direktor Keßner sprach sich gegen ständige Wochenendheimfahrten zu den Familien aus, die die ohnehin überlastete Reichsbahn zusätzlich in Anspruch nähmen. Er argwöhnte, der eigentliche Grund dafür seien Stuttgarter Sonderzuteilungen – etwa nach Luftangriffen –, die man sich nicht entgehen lassen wolle.

Unter dem Eindruck der Angriffe plante der Generalinspekteur der Luftwaffe, Staatssekretär Erhard Milch, den Bau von Jagdflugzeugen in einem Notprogramm. Es stand unter der Leitung der Luftwaffe, unterstützt vom Reichsministerium für Rüstungs- und Kriegsproduktion. Am 1. März 1944 unterzeichnete Hitler, der lange Zeit von Vergeltungsschlägen einer Bomberflotte geträumt hatte, den Erlaß zur Produktion der Jäger.[76]

Einige Stuttgarter Firmen waren in die Jäger-Produktion führend, andere als Zulieferer eingeschaltet. Unter anderem hatte das Zuffenhausener Werk des Heinkel-Konzerns einen Anteil von 50 Prozent an der Produktion von Benzinpumpen. Bosch fertigte die Hälfte aller Zündmagneten, das Untertürkheimer Werk der Daimler-Benz AG produzierte 100 Prozent der Dampfluftabscheider, das Werk Genshagen stellte nahezu die Hälfte der wichtigsten Getriebeteile, bei Propellern und Getriebewellen stieg der Anteil von 73 auf 91 Prozent.[77]

IV. 4. Eine Großstadt wird entvölkert

In den Betrieben, die am Jäger-Programm beteiligt waren, herrschte die 72-Stunden-Woche. Der SD registrierte in den Rüstungsbetrieben eine totale Erschöpfung der Arbeiter, die Zweifel an einer Leistungssteigerung weckte.[78] Die Schläge der Alliierten gegen die Flugzeugindustrie im Februar 1944 zwangen dazu, die Produktionsstätten unter die Erde zu verlegen (Tabelle 23).

Tabelle 23: Geplante unterirdische Fertigungsanlagen Stuttgarter Rüstungsbetriebe (Stand: 6. 4. 1944 und Zwischenberichte)[79]

Firma	Verlagerungsort/ Werksfläche	Planung für vorauss. Fertigstellung	Zwischenbericht
Daimler-Benz:	Obrigheim (4 km²)	September 1944	Juni: 70%
Daimler-Benz:	Wesseling (1,5 km²)	August 1944	Juni: 70%
Daimler-Benz:	Hochwalde (1,7 km²)	August 1944	Juni: 60%
Robert Bosch:	Bruttig (2,1 km²)	Juli 1944	Mai: 60%
Heinkel-Hirth:	Kochendorf (3 km²)	November 1944	Juli: 50%

In Kochendorf arbeiteten 600 bis 700 Häftlinge aus dem Konzentrationslager Natzweiler.[80] KZ-Häftlinge richteten auch den Gipsstollen in Obrigheim für die zum Daimler-Benz-Konzern gehörenden Flugzeugmotorenwerke Gemshagen ein. In einem Bericht hieß es:
„Die Verhältnisse dort müssen sehr grausam gewesen sein. Die beteiligten Baufirmen waren Grün & Bilfinger und Vater. Tatsächlich ist in den Todeslisten, die beim Standesamt Obrigheim geführt wurden, nicht wie üblich bei KZ-Toten Herzschwäche, Dysenterie oder etwas ähnliches als Todesursache aufgeführt, sondern häufig Steinschlag im Stollen, Tod durch Luftangriffe oder Erschießen bei Fluchtversuch."[81]
Zwischen Mitte 1944 und Kriegsende leisteten rund 2500 KZ-Häftlinge in den Neckarlagern Zwangsarbeit, von denen ein Drittel „durch Arbeit vernichtet" und die meisten übrigen bei den Evakuierungsmärschen im Frühjahr 1945 ermordet wurden. Die deutsche Rüstungsindustrie erreichte in den Sommermonaten 1944 ihren höchsten Stand, als die Invasion der Normandie und der Vormarsch der Roten Armee die deutschen Fronten ins Wanken gebracht hatten, als Städte zerstört waren und die Wirtschaft geschwächt schien. Die Alliierten hatten die Wirkung ihrer Bomberflotten überschätzt; der strategische Luftkrieg hatte bis zum Sommer 1944 die deutsche Kriegsproduktion nicht lahmgelegt.[82] Auch in Stuttgart hatte die Zivilbevölkerung den Luftkrieg auszuhalten, die Rüstungsbetriebe waren hingegen kaum betroffen. Das Gelände der Bosch-Werke im westlichen Stadtgebiet war zwar zerstört, die Produktionsanlagen waren jedoch zum Zeitpunkt der Angriffe im Februar und März 1944 zu

einem Teil verlagert. Ähnlich verhielt es sich mit der Norma. Am stärksten beschädigt waren die Anlagen der Firma Mahle in Cannstatt, die sowohl am 21. Februar 1944 von der RAF als auch vier Tage später von der amerikanischen Luftwaffe getroffen wurden. Knapp ein Fünftel des drittgrößten Unternehmens war zerstört.[83] Hingegen kam Daimler-Benz in Untertürkheim glimpflich davon. Laut amerikanischen Erhebungen nach dem Kriege beschädigte der Angriff am 26./27. November 1943, der speziell diesem Ziel gegolten hatte, lediglich 18 Prozent des Werkes. Erst ein Angriff der 8. US-Luftflotte am 5. September 1944 traf das Werk schwer. Die Produktion war für mehrere Wochen unterbrochen, als 225 Volltreffer das Werksgelände und 143 Volltreffer die Hallen und Verwaltungsgebäude schwer beschädigten. Wurden bei den vorausgegangenen Angriffen jeweils knapp zehn Prozent der Maschinen beschädigt oder zerstört, so war es nun über die Hälfte des Maschinenparks. Als nach der Invasion den alliierten Luftflotten ihre Operationen immer leichter fielen, konnten sie systematisch das Verkehrsnetz und die Treibstoffversorgung des Reiches zerstören.[84]

5. „Der Feind konnte wohl unser Heim und unsere Arbeitsstätten vernichten, aber alle, die leben, sehen nur Arbeit und Pflichterfüllung." Die Zerstörung Stuttgarts

Seit Mitte März 1944 blieb es am Himmel über Stuttgart ruhig. Die Invasion in der Normandie sowie die anschließenden Kämpfe verhinderten einen Großeinsatz der alliierten Luftwaffe gegen deutsche Städte und die Industrie.[1] Erst als Mitte Juli die Schlacht entschieden war, richtete sich der Blick wieder auf die deutschen Städte. Die Industrie hatte die Atempause zu Verlagerungen genutzt.
Die nächste Phase der Luftangriffe auf Stuttgart leitete die 8. Amerikanische Luftflotte am 16. und 21. Juli 1944 mit zwei Tagesangriffen ein. Die US-Luftwaffe versuchte Verkehrsadern zu zerstören, die nicht nur für den militärischen Nachschub, sondern nach den Verlagerungen auch für die Rüstungsindustrie unerläßlich waren. Die deutsche Abwehr hatte den „Fliegenden Festungen" am Tage nur die ausgedünnten, vor allem mit Jugendlichen besetzten Flakbatterien entgegenzustellen.
Der Angriff am 16. Juli galt dem Stuttgarter Eisenbahnnetz. Er traf den Bahnhof und die Werkstätten der Reichsbahn in Bad Cannstatt sowie die Bahnverbindungen ins Remstal und nach Süden. Auch die Wohngebiete entlang den Schienensträngen im nordöstlichen Cannstatt, im Bereich der Dillmann-, Hölderlin- und der Seestraße wurden in Mitleidenschaft gezogen. 42 Menschen starben, 94 wurden verletzt.[2] Fünf Tage später zerstörten die Bomben Eisenbahnanlagen, allerdings im weiteren Umkreis der Stadt. Zwei Dutzend amerikanische Flugzeuge griffen gezielt die Hirth-Motoren-Werke in Zuffenhausen an, die seit 1941 als Teil des Heinkel-Konzerns eine wichtige

IV. 5. Die Zerstörung Stuttgarts

Rolle bei der Ausrüstung der Luftwaffe spielten. Die 31 Opfer waren vorwiegend Fremdarbeiter des Unternehmens, die bei einem Treffer in ihren Gräben kaum eine Überlebenschance besaßen.[3]

Ende Juli 1944 zerstörte die RAF in vier Angriffen in fünf Nächten die Stuttgarter Innenstadt. Die Angriffsserie wurde als Vergeltung für den Beschuß Londons mit V-1-Raketen bezeichnet, dem seit dem 15. Juni über 2700 Menschen zum Opfer gefallen waren. Auch waren Parallelen zum Großangriff auf Hamburg genau ein Jahr zuvor nicht von der Hand zu weisen.[4] Außerdem war Stuttgart „das herausragende industrielle Zentrum Süddeutschlands" und ein wichtiger Verkehrsknotenpunkt.[5] Die Angriffe am 25., 26. und 29. Juni galten und trafen ausschließlich Wohngebiete; lediglich ein kleinerer Angriff am 28. Juli richtete Schäden an Verkehrs- und Versorgungseinrichtungen an.[6]

Viele Verantwortliche hatten die Atempause im Frühjahr für die Ruhe vor dem Sturm gehalten. Dieser Sturm brach in der Nacht zum Dienstag, dem 25. Juli, gegen halb zwei Uhr los. Über 600 Bomber befanden sich im Anflug auf Stuttgart.[7] Durch wiederholte Kurswechsel hatten sie die deutsche Nachtjagd und die am Drahtfunk lauschende Bevölkerung getäuscht. Lediglich eine kleine Gruppe von Nachtjägern verfolgte den Bomberstrom von Belgien bis nach Süddeutschland; dem Kommandanten gelang es, einen Zielmarkierer kurz vor Stuttgart abzuschießen. Diesem Umstand verdankte es die Stadt, daß ein Teil der Bombenlast von über 1700 Tonnen auf freiem Feld niederging. Außerdem herrschte über Stuttgart schlechtes Wetter, das den Besatzungen die Auswertung ihres Angriffs erschwerte. Sie sahen durch die dichte Wolkendecke allein den Schein der Brände.[8] Der britische Luftmarschall Harris war mit den Aufklärungsfotos vom nächsten Vormittag unzufrieden, obwohl die Innenstadt schwer getroffen worden war.[9] Er befahl deshalb einen neuen, konzentrierten Angriff, bei dem die Maschinen ihre Bombenlast binnen weniger Minuten abladen sollten. Die dadurch entstehende Hitze konnte einen Feuersturm entfachen, wie er schon Hamburg und Kassel in Schutt und Asche gelegt hatte. Außerdem rüstete das Bomberkommando die Flugzeuge mit neuartigen Hochexplosivbomben aus, während am Vortag zahlreiche veraltete Allzweckbomben mit einem hohen Blindgängeranteil abgeworfen worden waren. Große Wirkung hatten auch die neu entwickelten Flammstrahlbomben. Dies war „das Rezept für einen Feuerorkan".[10]

Diesen Feuersturm sollten rund 550 Flugzeuge nach Stuttgart tragen; und obwohl die Nachtjäger ein Ablenkungsmanöver durchschauten, kehrten lediglich zwölf Mannschaften nicht auf die Insel zurück. Die dieses Mal ungestört operierenden Zielmarkierer und „Pfadfinder" hatten auch Vorsorge getroffen, daß nicht – wie am Vortag – Benzoldämpfe die Markierungen unkenntlich machten. Fast überflüssig, zu sagen, daß der Kommandeur der Stuttgarter Flak das Stadtgebiet nach wie vor vernebeln ließ, ohne daß dies nennenswerten Schutz gewährt hätte. Nach den Schäden der vorigen

Nacht funktionierten Stuttgarts Sirenen nicht, so daß die Bevölkerung mit Sirenenwagen gewarnt werden mußte. Dadurch kam es in manchen Stadtteilen zu Verzögerungen. Ein Degerlocher Bürger erinnerte sich, daß die Bomben bereits fielen, während er unmittelbar nach dem Alarm auf dem Weg in den Keller war.[11]

Die erste Welle des Angriffs löste in der Stadt derartige Brände aus, daß die Schützen in den Flugzeugen der zweiten Welle keine Ziele mehr erkennen konnten. Doch ihre Kollegen hatten gut getroffen und die Kernstadt um den Marktplatz in ein Flammenmeer verwandelt. Die nachfolgenden Maschinen nährten mit ihren Brandbomben das Feuer, die Sprengbomben wiederum verhinderten den Einsatz der Löschkräfte. In den engen Gassen der Altstadt entwickelte sich aus den vielen Brandherden in der Tat ein Flächenbrand mit enormer Sogwirkung.[12] Auf den Straßen brannte der Asphalt. Nachdem die Renaissancegiebel am Marktplatz zusammengestürzt waren, konzentrierten sich die Rettungsmaßnahmen auf das Rathaus. Aber Zeitzünderbomben und einstürzende Häuser unterbrachen Wasserleitungen und gefährdeten die Rettungsmannschaften, so daß nach dreistündigem Bemühen auch das Rathaus aufgegeben werden mußte. Durch eine schmale Feuergasse gelangten die Löschmannschaften der Feuerwehr und des städtischen Bereitschaftsdienstes zusammen mit dem Oberbürgermeister zur Königstraße. Das Parteihaus in der Goethestraße wurde ohne Gegenwehr ein Raub der Flammen. Ein Stuttgarter, der im nahegelegenen Gebäude der Oberfinanzkasse Bereitschaftsdienst hatte, wunderte sich darüber: Er hatte angenommen, „daß die Parteileute ihr Gebäude, koste es, was es wolle, halten würden. Das war doch eine klare Prestigefrage".[13]

Noch am nächsten Vormittag ließen Hitze und Funkenflug plötzlich Brände aufflackern. Die Selbstschutzkräfte waren zu diesem Zeitpunkt bereits entlassen und die Wasservorräte erschöpft. Die Zahl der nicht oder nur leicht beschädigten Gebäude zwischen dem Hauptbahnhof und der Marienkirche, zwischen dem Leonhardsplatz und dem Katharinenhospital war gering. Auch an den östlichen Hängen (vom Kernerplatz bis zur Weinsteige), an den westlichen Rändern des Talkessels (Seestraße, Relenbergstraße) und im Westen (Bleyle, Allianz, Johanneskirche) waren die Schäden beträchtlich.[14]

Nach diesen beiden Großangriffen rechnete man mit einer Atempause. Aber schon am Vormittag mußte auf mündlichem Wege erneut Fliegeralarm gegeben werden, und in der darauffolgenden Nacht warnten Salven der Flak vor anfliegenden Maschinen. Über Stuttgart erschien jedoch kein Flugzeug. Strölin verfaßte einen Aufruf an die städtischen Beschäftigten, in dem er ein erstes Resümee zog und die Konsequenzen für die weitere Arbeit bekanntgab. Darin hieß es unter anderem:

„Dieser schwere Schicksalsschlag erfordert viel Nervenkraft und Selbstbeherrschung. Es ist an uns, an jedem einzelnen städtischen Gefolgschaftsangehörigen, den geschädigten Volksgenossen durch unermüdliche Pflichterfüllung das Bewußtsein zu vermitteln, daß wir alles tun, was irgend möglich ist, um zu helfen und die Not so gut dies geht zu lindern. Wir können dadurch viel beitragen, um die Stimmung trotz dieser begreiflichen Niedergeschlagenheit, die viele Volksgenossen befallen hat, so zu beeinflussen, daß die Menschen wieder Hoffnung für die Zukunft schöpfen können. (...) Der Feind konnte wohl unser Heim und unsere Arbeitsstätte vernichten, aber alle, die leben, sehen nur Arbeit und Pflichterfüllung."[15]

Erstaunlich war die Leistung der Einwohner. Nach zweitägiger Unterbrechung erschien am 27. Juli wieder eine Tageszeitung, und zwar eine Gemeinschaftsausgabe von „NS-Kurier" und „Württembergischer Landeszeitung". Sie brachte Hinweise für die Fliegergeschädigten, die zugleich viel über das Ausmaß der Angriffe mitteilten, und einen Nachruf auf das „alte Stuttgart".

Die RAF enttäuschte die Hoffnungen der Stuttgarter auf eine Atempause. In der Nacht zum 28. Juli 1944 griffen 27 Bomber das Gebiet um den Nordbahnhof an und versetzten die Einwohner von neuem in Angst und Schrecken. In der nächsten Nacht erschienen gegen 1.45 Uhr wiederum 500 Flugzeuge.[16] Trotz Ablenkungsmanöver durch kleinere Mosquito-Bomber gerieten die Angreifer in Luftkämpfe mit deutschen Nachtjägern. Sie büßten 62 Mannschaften ein. In dieser Nacht wurden wieder die Innenstadt sowie Wohnviertel in Feuerbach, Botnang, Ostheim und Gablenberg getroffen.

Die Wucht des Angriffs war jedoch geringer als vier Tage zuvor. Das britische Bomberkommando zeigte sich erneut unzufrieden. Denn obwohl in den Ruinen immer wieder Brände aufflackerten, entwickelte sich kein neuer Flächenbrand. Die Schäden in den Wohngegenden hielten sich in Grenzen. Die Lage Stuttgarts erwies sich als großer Vorteil. Durch die Höhenzüge waren die Vororte vom Stadtkern getrennt; die Kessellage der Innenstadt hatte in den ersten Kriegsjahren das Auffinden erschwert und erschwerte auch jetzt präzise Angriffe. Außerdem trieb ein Luftzug von Süden oft die Markierungen der „Pfadfinder" ab.[17] Schließlich erwies sich bei diesem Angriff am 29. Juli als günstiger Umstand, daß die RAF nach ihren intensiven Großangriffen auf Bomben aus dem Ersten Weltkrieg zurückgreifen mußte.[18] Der Stollenbau, Kellerdurchbrüche und die Evakuierung der Schulkinder trugen entscheidend dazu bei, daß die Bevölkerung auch bei dieser Angriffsserie relativ glimpflich davonkam.

Am 10. August 1944 erstattete Strölin den Beigeordneten und Ratsherren Bericht.[19] Rund 1000 Menschen waren ums Leben gekommen, etwa 2000 hatten Verletzungen erlitten.[20] Rund 100 000 Einwohner, nahezu ein Drittel der damaligen Bevölkerung, waren obdachlos geworden; von den Gebäuden waren 2300 total, 2500 schwer und 5500 mittelschwer beschädigt. Laut Strölin hatten bis zum 10. August annähernd 60 000 Obdachlose, vor allem Frauen, Kinder und ältere Menschen, die Stadt verlassen, die übrigen hatten im Stadtgebiet eine notdürftige Unterkunft gefunden. Stadtverwaltung und Kreisleitung der NSDAP ersuchten die nicht oder nur gering betroffenen Bürger, zusammenzurücken und die Geschädigten, die aus beruflichen Gründen in der Stadt bleiben mußten, aufzunehmen. Aber auch in nichtbeschädigten Wohnungen in der Innenstadt und in manchen Außenbezirken fehlten Strom, Gas und Wasser. Vorrang bei der Instandsetzung genossen die Rüstungsbetriebe und öffentliche Einrichtungen, während für die Wohnhäuser keine Arbeitskräfte zur Verfügung standen. Eigeninitiative und Gemeinschaftssinn, aber auch gute Beziehungen waren gefragt. Während mit Trümmerholz provisorische Feuerstellen unterhalten werden konnten, sorgte der Wassermangel für gesundheitliche Gefahren. Die Stadt lehnte aus diesem Grund seit dem 1. August auch alle individuellen Wünsche der Angehörigen von Luftkriegsopfern ab und ordnete an, sämtliche „zivilen Luftkriegsgefallenen" auf dem Ehrenfeld des Hauptfriedhofs Steinhaldenfeld zu bestatten. Das Krematorium war mangels Gas unbenutzbar.

Das Instandsetzen der städtischen Infrastruktur dauerte in den einzelnen Stadtbezirken unterschiedlich lange. In Degerloch, das von den Angriffen kaum betroffen war, gab es am Nachmittag des 4. August erstmals wieder elektrisches Licht; Gas und Wasser erreichten die Bopserhöhe um den 10. August.[21] In stärker geschädigten Gegenden dauerte es noch mehrere Wochen, bis die Versorgung intakt war. Mit Tankwagen versuchten die TWS eine Notwasserversorgung aufzubauen. Sie überprüften ständig die Güte des Wassers. Viele Straßen und Straßenbahnstrecken waren unpassierbar; in den Depots der Straßenbahn im Vogelsang, in Feuerbach und in Ostheim war ein Viertel des Wagenparks (78 Trieb- und 101 Beiwagen) zerstört. Über die Lage berichtete Strölin:

„Der Wiederaufbau des Straßenbahnnetzes erfolgt von außen nach innen. Erfreulicherweise ist nun vom oberen Neckartal, von Bad Cannstatt und vom Norden her der Schloßplatz bzw. der Hauptbahnhof erreicht. Sehr schwierig wird es natürlich sein, einzelne Linien durch die Innenstadt hindurchzubringen. Nach den neuesten Meldungen der Stuttgarter Straßenbahnen beträgt ihre Verkehrsleistung mit rund 21 500 Wagenkilometern etwa 32 Prozent der fahrplanmäßigen Leistung. Befahren werden außerdem ungefähr 45 Prozent des Stuttgarter Bahnnetzes und außerdem der größte Teil der Filderbahn."[22]

Trotz der bemerkenswert zügigen Reparatur waren weite und umständliche Wege die unausweichliche Folge. Der Fernverkehr mußte sechs Wochen lang von Kornwestheim nach Untertürkheim umgeleitet werden. Die Vorortzüge nach Esslingen und Ludwigsburg verkehrten dagegen schon eine Woche nach dem letzten Angriff. Die wenigen Lastkraftwagen reichten nicht aus, um den Bedarf für die Sofortmaßnahmen zu decken oder gar die Habe aller Geschädigten in Sicherheit zu bringen. Dies führte, wie Strölin andeutete, zu einiger Mißstimmung. Für die Instandsetzung des Verkehrs- und des Kanalnetzes ordnete das Technische Landesamt im August 100 Straßenwarte und technische Beamte nach Stuttgart ab.[23]

IV. 5. Die Zerstörung Stuttgarts

Die Versorgung der Bevölkerung mit Lebensmitteln und Gütern des täglichen Bedarfs war eine Aufgabe der NSV und der Stadtverwaltung. Die NSV richtete für die Obdachlosen und die Hilfskräfte eine Gemeinschaftsverpflegung ein, an der in den ersten Tagen nach der Angriffsserie bis zu 150 000 Menschen teilnahmen. Strölin bezeichnete die Notverpflegung als gut und reichlich, und in der Tat scheint es keine Anstände gegeben zu haben. Engpässe in der Brotversorgung konnten rasch durch zusätzliche Lieferungen überwunden werden. Die Ausgabe von Lebensmittelkarten stand nicht in Frage. Strölin warnte jedoch vor einem Mißbrauch: „Man wird dabei besonders darauf achten, daß nicht einzelne Elemente die Gelegenheit der Umquartierung und Abwanderung zum Doppelbezug von Lebensmittelkarten auszunützen versuchen."[24] Auf Antrag von Reichsverteidigungskommissar Murr erhielten die Stuttgarter wie schon nach vorangegangenen Großangriffen eine Sonderzuteilung von jeweils 200 Gramm Fleischwaren für zwei Versorgungsperioden sowie, je nach Alter, von Süßwaren oder Bohnenkaffee und Landwein. Ostarbeiter, Juden, Polen und Kriegsgefangene waren davon ausgeschlossen, die übrigen ausländischen Zivilarbeiter erhielten keinen Kaffee und das übrige nur, sofern sie sich aktiv an der Schadensbekämpfung beteiligt hatten. Die Fleischzuteilung erfolgte schon deshalb, weil die Kühlanlagen ausgefallen waren und die Vorräte schnell verbraucht werden mußten. Der Vieh- und Schlachthof sowie der Milchhof hatten nur geringe Schäden erlitten. Zahlreiche Lebensmittelgeschäfte waren jedoch zerstört, die Markthalle war ausgebrannt. Nach einer Übergangszeit gelang es, zahlreiche Geschäfte wieder zu eröffnen. Nach wenigen Tagen war das alte Niveau der Lebensmittelversorgung wieder erreicht. Die städtischen Notdienststellen waren in den ersten Tagen bis 21 Uhr, danach zumindest bis 19 Uhr dienstbereit. Sie stellten rund 46 000 Ausweise für Fliegergeschädigte aus.[25]
Das Stammpersonal der 69 städtischen Notdienststellen reichte nicht mehr aus. Deshalb halfen das gesamte Personal des Wohlfahrtsamtes, einige hundert Beschäftigte anderer Ämter und dienstverpflichtete Arbeitnehmer bei den Notdienststellen aus.[26] Die Obdachlosensammelstellen der Partei wurden bei jedem Vollalarm von Parteifunktionären besetzt; an sie wandten sich die Betroffenen zuerst. Meistens waren beide Stellen räumlich zusammengelegt, so daß die bürokratische Abwicklung ohne große Verzögerung einsetzte. Wurden freilich, wie bei den Großangriffen im Juli 1944, Notdienststellen zerstört, begann für die Fliegergeschädigten die mühsame Suche nach den Dienststellen. Die Betreuung der Opfer spielte sich ein und bewährte sich auch bei den Großangriffen des Jahres 1944. Es war allerdings eine Sache, bei der Obdachlosensammelstelle eine Notverpflegung und bei den städtischen Notdienststellen Lebensmittelmarken und Geschädigtenausweise zu erhalten. Eine andere war es, ein Dach über dem Kopf zu finden und die Ansprüche, die sich aus den Ausweisen ableiten ließen, auch einzulösen.
Die Versorgung mit den wichtigsten Verbrauchsgütern erwies sich als schwierig. Am

31. Juli 1944 richtete das Landeswirtschaftsamt einen Notruf an das Reichswirtschaftsministerium und bat angesichts von 100 000 Obdachlosen um 5000 Arbeitsanzüge sowie um „Vollversorgung" mit Decken und Matratzen für 10 500 Personen.[27] Die Reichsstelle für Kleidung und verwandte Gebiete genehmigte eine Zuteilung in Ober- und Unterbekleidung sowie Unterkunftsbedarf für 10 000 Personen, 2000 blaue Anzüge und 20 000 Scheuertücher. Außerdem wurde ein Reichsstellenhilfszug eingesetzt und ein Reservelager der Firma Breuninger in Gammertingen freigegeben.[28] Von dem Kontingent an Vollausrüstung erhielt in einer „Aktion Star" die Firma Breuninger 6000, die Firma Müller in Ulm in einer „Aktion Storch" 4000 Sätze. Nach Weisung des Landeswirtschaftsamts mußten die Großhändler die Waren mit den Fachgruppen auf einzelne Verkaufsstellen verteilen. Zusätzlich traf ein sogenannter Hilfszug Dr. Goebbels ein, der die Totalgeschädigten mit dem Nötigsten versorgen sollte. Die Leitung des Hilfszugs allerdings kritisierte, daß die Ortsgruppen aus diesen Beständen nicht nur den Sofortbedarf decken ließen, sondern auch Ersatzbedarf. Das städtische Wirtschaftsamt schloß sich dieser Kritik an und wies darauf hin, daß das Amt auf die Verteilung der Güter der Hilfszüge keinen Einfluß habe.[29] All dies konnte jedoch nur den dringendsten Bedarf befriedigen. Über sechs Wochen nach den Angriffen der letzten Juliwoche ersuchte das Landeswirtschaftsamt die Reichsstelle für Kleidung um die sofortige Lieferung weiterer Bekleidung, Küchenwäsche, Matratzen, Bettfedern und Gardinen für die zu diesem Zeitpunkt registrierten 87 000 Obdachlosen.[30]

Die medizinische Versorgung der Bevölkerung war ebenfalls gefährdet. Die Hälfte aller Krankenhausbetten in der Stadt war den Angriffen zum Opfer gefallen. Es standen noch 2500 Plätze zur Verfügung, ein Großteil davon in den Luftschutz-Rettungsstellen.[31] Der Operationsbunker im ansonsten schwer beschädigten Katharinenhospital war unversehrt geblieben. Nach einem Erlaß des Reichsverteidigungskommissars war eine weitere Einweisung von Kranken aus dem Umland in Stuttgarter Krankenhäuser untersagt. Die Stadt eröffnete neue Hilfskrankenhäuser im Parkhotel Silber (innere Abteilung des Katharinenhospitals) sowie im Schwarzwald und auf der Schwäbischen Alb. Gesundheitsreferent Mayer betonte, daß kein Kranker verwundet oder getötet worden sei und daß die hygienischen Verhältnisse entgegen den Befürchtungen in Ordnung seien. Von 310 frei praktizierenden Ärzten waren etwa zwei Drittel total- oder teilfliegergeschädigt. Mitte August praktizierten 143 Ärzte und 61 Zahnärzte, teilweise in den Praxen von zur Wehrmacht eingezogenen Kollegen. Außerdem waren 35 Apotheken, von denen ein Viertel totalgeschädigt worden war, in Betrieb. Die ärztliche Versorgung der Bevölkerung war angespannt, nachdem die Wehrmacht im Jahr zuvor immer mehr Mediziner eingezogen hatte. An ihre Stelle traten volksdeutsche und ausländische Ärzte sowie Medizinstudenten im Pflegedienst. Die Stadt versuchte außerdem, frei praktizierende Ärzte zum Dienst im öffentlichen Gesundheitswesen zu verpflichten. Aber nur das Reichsinnenministerium konnte – nach Rücksprache mit der Ärztekammer – eine Verpflichtung aussprechen.[32] Die Stadt weigerte sich hartnäckig, weitere Abordnungen von Ärzten des städtischen Gesundheitsamts zu akzeptieren.[33] Angesichts der wachsenden Belastungen und der länger dauernden Bunkeraufenthalte verschlechterte sich der Gesundheitszustand der Bevölkerung. Im Sommer 1944 stellte Professor Lempp eine Zunahme der Infektionskrankheiten fest und deutete die Gefahr einer Flecktyphusepidemie an.[34]

Die Wiederaufnahme der Verwaltungsarbeit litt unter den Zerstörungen des Rathauses und anderer Dienststellen. Während die Hauptverwaltung im nur leicht beschädigten TWS-Gebäude unterkam, wurden die Stadtkämmerei und andere Ämter im Alten Waisenhaus einquartiert, das das Deutsche Ausland-Institut zu diesem Zeitpunkt bereits verlassen hatte. Eine zweite große Schwierigkeit lag im personellen Bereich. Zahlreiche Angehörige der Stadtverwaltung waren selbst total oder teilweise geschädigt worden und mußten sich um die eigene Existenz kümmern. Wer bei Löscharbeiten am eigenen Haus oder in der Nachbarschaft dringend benötigt wurde, war ebenso vom Dienst befreit wie diejenigen, die nach einer Vereinbarung mit der Kreisleitung für die NSDAP-Ortsgruppen zur Verfügung standen. Der Präsident der Gauwirtschaftskammer, Rohrbach, und der Gauobmann der DAF, Schulz, gaben Anfang August bekannt, daß die Politischen Leiter der Einsatzstäbe in den Ortsgruppen „bis auf weiteres" freizustellen seien. „Die Dauer ihres Einsatzes wird vom Kreisleiter bestimmt." Diese Regelung erlaubte der Partei weitreichende Eingriffe in den Personalbestand von Betrieben und Behörden.[35] Bei einer Besprechung mit Regierungsrat Benz vom Büro des Reichsstatthalters vereinbarte Strölin für den 13. August 1944 einen umfassenden Sonntagseinsatz der Partei bei den Aufräumungsarbeiten mit rund 4000 Parteigenossen.[36]

Die Kommunikation zwischen den Dienststellen war erheblich gestört. Am 1. August 1944 bildete die Stadt einen Meldedienst, den sie schon im Sommer 1942 vorbereitet hatte. Es fehlte jedoch an Kraft- und Fahrrädern.[37] Einige Tage später monierte Strölin beim Personalamt, daß im zweiten Stock des TWS-Gebäudes Arbeitskräfte beschäftigungslos herumsäßen; sie gehörten zum Meldedienst der Hauptverwaltung. Daraufhin baute man sie bis auf drei NSKK-Fahrer und einige Hilfskräfte ab. Dabei fehlte es an anderer Stelle an Meldern. Strölin schlug deshalb dem Personalreferenten vor, Kontakt mit dem Reichspropagandaamt aufzunehmen, um „von den Kräften des Theaters Persönlichkeiten (zu) bekommen (...), die als Kraftfahrer bzw. Kraftfahrerinnen bei der Stadtverwaltung eingesetzt werden können."[38]

Der Kontakt mit der staatlichen Innenverwaltung gestaltete sich ebenfalls schwieriger. Nur noch einige Abteilungen des Innenministeriums befanden sich in der Gauhauptstadt. Die Ministerialabteilung für Bezirks- und Körperschaftsverwaltung war ins alte Oberamtsgebäude nach Marbach am Neckar evakuiert worden, einige Geschäftsteile waren über Murrhardt, Ludwigsburg, Nürtingen und Reutlingen bis nach Bad Waldsee umquartiert.[39] Bei anderen staatlichen Behörden und Instanzen war die Situation ähnlich. In dieser Phase musterten die Wehrbereichsverwaltung und die Dienststellen des Ministeriums für Rüstung und Kriegsproduktion wiederum das Personal der öffentlichen Verwaltung, um weitere Kräfte für die Wehrmacht und die Rüstungsindustrie freizumachen. Strölin bezeichnete es als „eine Ehrenpflicht der öffentlichen Verwaltung, in den Anstrengungen zum totalen Kriegseinsatz beispielhaft voranzugehen. Aufgabengebiete, die im Lebenskampf der Nation als kriegswichtig nicht mehr bestehen können, müssen kompromißlos stillgelegt und in kriegswichtigen Verwaltungszweigen müssen die Geschäfte so einfach wie möglich geführt werden."[40]

Die Beigeordneten ersuchte Strölin, ihm Vereinfachungs- und Stillegungsvorschläge zu unterbreiten. Zugleich forderte er die Gefolgschaft auf, ihren Erfindungsgeist zu bemühen, der mit Prämien belohnt werde. Die städtische Verwaltung mußte sich auf die Sicherung der Ernährung und die Versorgung mit den wichtigsten Bedarfsgütern, die Lieferung von Wasser, Strom und Gas, die Aufrechterhaltung des Verkehrs- und des Kommunikationsnetzes sowie Instandsetzungsarbeiten beschränken. Andere Aufgaben mußte sie vernachlässigen. So stellten die TWS monatelang den Einzug der Gebühren zurück und setzten das Personal bei den Instandsetzungsarbeiten ein, obwohl dies erhebliche Einbußen verursachte.[41]

Den ganzen Monat August über, als die Aufräumungsarbeiten in Stuttgart in vollem Gange waren, blieb die Stadt von Angriffen verschont. Fast täglich, manchmal am Vor- und Nachmittag, mußte jedoch Alarm gegeben werden, wobei die Zahl der Tagesalarme bei weitem überwog. Abgesehen von gelegentlicher Tätigkeit der Flak blieb es jedoch ruhig. Die unerwartete Leistungsfähigkeit der deutschen Luftfahrtindustrie veranlaßte den amerikanischen Luftwaffenchef, General Spaatz, nach der Treibstoffversorgung den Düsenjägerfabrikaten die zweite Priorität zuzuerkennen.[42] So geriet Stuttgart erneut ins Visier der Amerikaner. In den späten Vormittagsstunden des 5. September griffen 203 „Fliegende Festungen" die Daimler-Benz-Werke an.[43] Die Angreifer verzeichneten 225 Volltreffer von Sprengbomben im Zielgebiet, davon 112 auf Werksgebäude. Die Produktion war nach diesem Angriff für sechs Wochen lahmgelegt, nach zwei Monaten waren erst 15 Prozent des Maschinenparks repariert. 68 Menschen kamen ums Leben.[44] Auch Wohngebiete in Untertürkheim und Wangen gerieten in Brand.

Fünf Tage später erschienen die B-17-Bomber fast zur selben Zeit über Zuffenhausen, Stammheim und Feuerbach. Etwa 200 Maschinen griffen die Bahnhofsanlagen in Zuffenhausen an. Aber auch in den Wohngebieten der Ortsteile entstanden schwere Schäden. 30 Fremdarbeiter kamen bei dem Angriff ums Leben.

In der letzten Stunde des 12. September 1944 brach der Zerstörung zweiter Teil über Stuttgart herein. Nur 200 Maschinen der RAF warfen in 30 Minuten nahezu 900 Ton-

nen Bomben auf die Innenstadt; 60 Prozent davon waren Brandbomben.[45] Die Treffergenauigkeit lag höher als bei den Juli-Angriffen, da das Wetter den Angreifern günstig und die deutsche Nachtjagd geschwächt war. Außerdem mußte mangels Chemikalien auf eine Vernebelung verzichtet werden. Der Bombenteppich entfachte im Stuttgarter Westen einen Feuersturm, der ein Gebiet von 2,5 auf 2 Kilometer einschloß.[46] Das dicht besiedelte Geviert zwischen Hegel-, Hölderlin-, Schwab- und Rosenbergstraße mit seinen schmalen Straßenfluchten wurde zur Todesfalle für rund 1000 Menschen. Strölin schilderte das Inferno:
„Der Feuersturm war so stark, daß, wie berichtet wird, Teile von Wellblechdächern bis zu 6 qm Fläche wie Bettfedern durch die Straßen geflogen sind. Die Straßen waren in Zeitkürze durch Trümmer schwer passierbar oder versperrt. Die Luft war angefüllt von dem rasenden Funkenflug, von Rauch und ungeheurer Hitze. Eine Reihe von Leuten, die aus den unterirdischen Rettungswegen heraus durch die Straßen flüchten wollten, sind auf der Straße ohnmächtig geworden und in den zusammenschlagenden Flammen verbrannt. An zwei Stellen, beim Bollwerk und in der Umgebung des Bunkers Diakonissenplatz, gelang es der Feuerwehr, durch Bildung von Wassergassen zahlreichen schwer bedrohten Volksgenossen Fluchtwege nach den Grünanlagen freizuhalten. Viele Leute sind allerdings auch im Feuersturmgebiet in den Kellern geblieben, weil sie sich hier immer noch am ehesten sicher glaubten oder weil ihnen der Weg durch die brennenden Staßen überhaupt versperrt war. Dabei ist leider in mehreren Luftschutzräumen eine größere Anzahl von Menschen ums Leben gekommen, und zwar offenbar durch die Vergiftung mit Kohlenoxydgas, das sich in den Straßen nach dem Angriff beim Ausbrennen benachbarter Erd- und Untergeschoßräume entwickelt hat."[47]
In der Innenstadt vollendete dieser Angriff, was im Juli begonnen worden war. Er zerstörte die damals nur leicht oder gar nicht beschädigten Gebäude, darunter das Haus der TWS, die benachbarte Reichspostdirektion und das Hahn & Kolb-Haus. Auch der Prinzenbau, die Commerzbank und die Hofapotheke sowie der Bereich um die Garnisonskirche und das Eberhard-Ludwigs-Gymnasium lagen in Trümmern.[48] Das Hauptstaatsarchiv und die Landesbibliothek waren schwer beschädigt; das Justizgebäude samt Hinrichtungsstätte im Lichthof war völlig ausgebrannt. Der Generalstaatsanwalt berichtete dem Reichsjustizminister über die Stimmung der Bevölkerung:
„In diesen Tagen, in denen alles auf mannhafte Entschlossenheit und die Taten ankommt, scheint es mir nicht angebracht, viel Worte über die allgemeine Stimmung zu machen. Daß sie auch in Württemberg-Hohenzollern sehr ernst und besorgt und weiterhin recht bedrückt ist, kann (...) in einem Gau, der den Kanonendonner der Front deutlich herüberdringen hört, der täglich Luftangriffe erfährt und der seine 14jährigen Jungen zum Schippen in den Westen abgestellt hat, nicht weiter wundern."[49]

In der Stadt waren nach ersten Schätzungen rund 40 Prozent aller Lebensmittelgeschäfte ausgefallen; die Brotversorgung geriet ins Stocken und konnte erst nach einigen Tagen durch Hilfe benachbarter Kreise gesichert werden. Der Gemüsegroßmarkt war von der schwerbeschädigten Großhalle auf den Karlsplatz umgezogen. Die Gasversorgung war lahmgelegt. Die Bevölkerung war deshalb auf die Gemeinschaftsverpflegung der NSV angewiesen. Doch fehlte es an Räumen. In der Innenstadt waren nur noch die Theatergaststätte sowie die Gaststätten Bollwerk, Horsch und Ketterer in Betrieb. Der Ratskeller war ins Waisenhaus verlegt worden, und auch das Schloßgartenrestaurant war zum Teil funktionsfähig.[50] Die Gaststätten durften vorerst keine Ruhetage mehr einlegen und blieben, wie die Lebensmittelgeschäfte, am Sonntag, dem 16. September 1944, geöffnet.[51]

Die Bürger mußten sich auf einen harten Winter in Ruinen einrichten. Laut Aussage Strölins waren in der Stadt insgesamt 60 Prozent aller Gebäude so weit zerstört, daß selbst eine behelfsmäßige Instandsetzung während des Krieges nicht mehr in Frage kam. In den Notdienststellen hatten sich über 43 000 Obdachlose gemeldet, über 11 700 Haushaltungen waren totalgeschädigt.[52] Die Ortsgruppen der NSDAP waren überfordert; auch trugen sie Rivalitäten zuweilen auf dem Rücken der Betroffenen aus. Nach dem üblichen Kompetenzgerangel übernahm das städtische Wohnungsamt die Wohnraumversorgung zum 1. November 1944.[53] Gauleiter Murr weigerte sich, Evakuierte aus dem Rheinland aufzunehmen. Er teilte Bormann mit: „Es ist jetzt so, daß ich nicht weiß, wie ich die fliegergeschädigten Stuttgarter im eigenen Gau unterbringen soll (...) Ich habe mich nie gesträubt, zu helfen, so gut und so weit ich es kann, aber der Gau ist jetzt überfüllt."[54]

Nach Angaben Strölins lebten in Stuttgart Anfang Oktober 1944 noch 320 000 Menschen, darunter 30 000 Ausländer; 150 000 Personen hätten die Stadt verlassen.[55] Stollen und Bunker seien „in gefährlichem Ausmaß" überfüllt, Alte und Gebrechliche verzögerten die Belegung und gefährdeten sich und andere. Gerade alte Menschen aber sagten oft, „sie wollen lieber unter den Trümmern ihres Hauses begraben werden, als die Stadt und ihr Heim zu verlassen". Strölin bedauerte, daß man keine Zwangsmaßnahmen wie etwa die Sperrung von Lebensmitteln anwenden dürfe.

Angesichts dieser Wohnverhältnisse konnte sich die Stadt nicht länger dem Bau von Behelfsheimen widersetzen. Bereits ein Jahr zuvor war per Führererlaß „zur Unterkunftsbeschaffung für Luftkriegsbetroffene" ein „Deutsches Wohnungshilfswerk" errichtet worden.[56] Vorgesehen war ein Einheitstyp mit zwei Wohn-Schlaf-Räumen, eine Art Wochenendhaus, das angeblich Hitler selbst entworfen hatte.[57] Arbeitskräfte sollten lediglich für die Herstellung der Wandplatten aus Gasbeton eingesetzt werden, während die Aufstellung der Häuser der Gemeinschafts- und Selbsthilfe überlassen war. Die Finanzierung übernahm das Reich. Das Projekt stieß in Stuttgart auf wenig Gegenliebe. Das Vorhaben passe nicht für schwäbische Verhältnisse, hieß es, und auch

die Gestaltung befriedige nicht. Strölin bat immerhin die Frauenbeiräte um Vorschläge, wie die „bestmögliche Wohnkultur" verwirklicht werden könne.[58] Nach der Zerstörung mußte man Behelfsheime in Stuttgart aufstellen, wo sie dringend benötigt wurden. Mitte November wies der Gauwohnungskommissar zwei Firmen an, der Stadt monatlich 40 Heime zu liefern.[59] Einen nennenswerten Beitrag zur Linderung der Wohnungsnot leisteten die Behelfsheime freilich nicht. Bis Ende November 1944 waren nur 20 Wohneinheiten aufgestellt und 123 Baukarten ausgegeben worden.
Die Bevölkerung war über zahlreiche Unglücksfälle in Kellern, aber auch in öffentlichen Luftschutzräumen beunruhigt. Die Erfahrungen beim Feuersturm im Westen, bei dem Menschen in den Kellern erstickt waren, trieben viele Personen bei einem Alarm aus ihren Häusern. Sie suchten Schutz in Stollen und Bunkern, die den Ansturm kaum bewältigen konnten. Während die Stollen mit Ausnahme der Zugangsschleusen einen sicheren Schutz boten, hatten selbst einige öffentliche Luftschutzbunker Volltreffern nicht standgehalten.[60] Die Luftschutzräume, die – wie der Wagenburgtunnel – die natürlichen Gegebenheiten nutzen konnten, boten den besten Schutz und waren im Gegensatz zu den weitgehend in Eigenarbeit gebauten Pionierstollen gut ausgestattet. Ein Indiz dafür war unter anderem, daß die Gauleitung nach der Zerstörung des „Braunen Hauses" ihren Sitz in den Großstollen bei der Jägerstraße verlegte („Jägerstollen").
Ende 1944 gab es noch immer Stadtgebiete – vor allem in den Außenbezirken – ohne Stollen und öffentliche Bunker. Klagen aus den Ortsgruppen beleuchteten die Verhältnisse und die Stimmung:
„Da Weil im Dorf, ausgenommen Wolfbuschsiedlung, bisher keine bombensicheren Unterkünfte besitzt, ist ein Teil der hiesigen Bevölkerung nach Korntal in den Stollen beim Gipswerk gegangen. Wegen der Gefahr der Überfüllung wurde jedoch von der dortigen Stollenaufsicht bekannt gegeben, daß die auswärtigen Besucher künftig nicht mehr zugelassen werden. Die hiesigen Besucher kamen hierüber in begreifliche Aufregung."[61]
Korntal hatte die Benutzung des Stollens den Heinkel-Hirth-Werken zugesichert, deren Belegschaft sich bei einem Angriff in diesen Stollen flüchtete. Da sich darunter auch Fremdarbeiter befanden, richtete sich der Unmut, wie öfters in solchen Situationen, gegen sie. Nach längeren Auseinandersetzungen konnte auch in der Weserbergstraße in Freiberg mit dem Bau eines Pionierstollens begonnen werden.[62]
Im Bunker unter dem Marktplatz hatten sich etwa 500 Obdachlose einquartiert, obwohl dort die Wasserversorgung ausgefallen war. Der zuständige Ortsgruppenleiter Templer berichtete über katastrophale hygienische Verhältnisse und drängte auf Abhilfe. Außerdem bat er um zusätzliches Aufsichtspersonal: Nach der Einführung strenger Kontrollen am Wagenburgtunnel drängten Leute in den Bunker, bei denen es sich „fast durchweg um schlechte Elemente" handele.[63]

Die Stadtverwaltung erklärte nach den September-Angriffen die Innenstadt zur Sperrzone.[64] Sie reichte vom Feuersee bis zur Paulinenstraße, von dort über den Tagblatt-Turm und den Marktplatz bis zum Hauptbahnhof, zur Heilbronner Straße und über Türlen-, Panorama- und Hölderlinstraße wieder bis zur Johannesstraße. Dies entsprach ungefähr dem Gebiet der Ortsgruppen Rosenberg, Stadtgarten, Kriegsberg, Altstadt, Bollwerk, Silberburg und Dreieck.[65] Die wenigen funktionsfähigen öffentlichen Einrichtungen wie Krankenhäuser, Apotheken und Rettungsstellen, Stollen und Bunker, Verwaltungs- und Bankgebäude sowie alle für die Rüstung und die Versorgung wichtigen Betriebe sollten zugänglich bleiben. Nur die wichtigsten Straßenzüge und Straßenbahnlinien wurden geräumt, ansonsten blieben die Trümmer liegen. Besondere Aufmerksamkeit beanspruchte neben der Hygiene die Sicherheit. Strölin befürchtete, die Sperrzone könnte „zum Schlupfwinkel von Ausländern und lichtscheuen Elementen werden" und einen Anreiz für Plünderungen bieten.

Stuttgart blieb auch in den nächsten Monaten nicht von Luftangriffen verschont, obwohl die Innenstadt und angrenzende Gebiete ein Trümmerfeld waren. Am 19. und 20. Oktober 1944 traf ein Doppelschlag („double blow") Bad Cannstatt, Feuerbach, den Osten und die Innenstadt mit den benachbarten Hanglagen.[66] Dem ersten Angriff auf Industrie- und Wohngegenden Cannstatts und Gaisburgs folgte vier Stunden später eine zweite, stärkere Attacke, die unter den Lösch- und Bergungstrupps Opfer forderte. Über 500 Flugzeuge, von denen lediglich sechs verlorengingen, warfen über 2400 Tonnen Bomben ab, mehr als je zuvor.[67] Die Gebäudeschäden übertrafen die des 12. September.[68] Über 30 000 Menschen wurden obdachlos; die Zahl der Todesopfer betrug rund 350. Der „Doppelschlag" verschärfte die Wohnungssituation drastisch und verursachte gravierende Schäden am Versorgungssystem. Nicht einmal mehr Fahrzeuge für die Notwasserversorgung standen zur Verfügung. Auf Gas mußte die Bevölkerung schon seit längerem verzichten. Selbst in Degerloch, das auch dieses Bombardement außerordentlich glimpflich überstand, fiel für mehrere Tage die Strom- und Wasserversorgung aus. Strölin forderte die Bevölkerung auf, sich auf das Kochen auf provisorischen Feuerstellen einzurichten. „Die Belieferung der kriegswichtigen Betriebe mit Gas wird zwar in einiger Zeit wieder aufgenommen werden können. Dagegen läßt sich heute noch nicht übersehen, ob auch die Gaslieferung an die Haushaltungen in absehbarer Zeit wieder aufgenommen werden kann."[69] Außerdem ließ die Stadt verbreiten, daß mit Kohlelieferungen nicht zu rechnen sei, obwohl die Vorräte für den Winter nicht annähernd ausreichten. Haushaltungen, Betriebe und Behörden, die ohne Strom waren, erhielten Bedarfsscheine für Kerzen.

Die Fliegergeschädigten vom September hatten zum Teil noch nicht einmal Wolldecken und Kleider erhalten, als der neue Großschaden entstand. Dennoch teilte der Bezirksbevollmächtigte der Reichsstelle für Kleidung seiner Zentrale mit, neue Hilfsmaßnahmen seien nicht notwendig.[70] Sein Geschäftsgebaren kritisierten Landeswirtschaftsamt

(LWA), Gauleitung und Stadtverwaltung gleichermaßen. Auf deren Drängen gab er schließlich ohne Genehmigung ein Lager mit 10 000 Decken frei.[71] Die örtlichen Stellen waren sich der objektiven Mängel bewußt, hatten aber kein Verständnis für Fehlleistungen der Reichsstelle. Diese beauftragte unter anderem eine Stuttgarter Firma, Mäntel nach Königsberg zu liefern.[72] Das LWA nannte dies angesichts der Lage in Stuttgart und der Transportverhältnisse absolut unsinnig.
Als die Behörden der Not nicht mehr Herr wurden, versuchten sie, die Kriterien für den Anspruch auf Unterstützung enger zu fassen. Kreisleiter Fischer teilte der Stadt mit: „Aufgrund bei mir eingegangener Berichte erscheint es als notwendig, schärfere Maßstäbe bei der Ausstellung von Bescheinigungen über totale Fliegerschäden anzulegen."[73] Rechtsrat Mayer teilte diese Ansicht, hielt aber den Aufwand für eine zusätzliche Differenzierung nicht für angemessen. Dennoch änderten Stadt und Partei wenig später ihre Bemessungsgrundlagen; als Totalgeschädigter galt nur, „der lediglich retten konnte, was er auf dem Leibe trägt und was er im Luftschutzkoffer mit sich führt".[74]
Für die 70. Versorgungsperiode, die am 11. Dezember 1944 begann, erhielten in Stuttgart noch 303 030 Menschen Lebensmittelkarten. Gegenüber der Volkszählung vom Mai 1939 (die 1942 eingemeindeten Stadtteile eingeschlossen) bedeutete dies einen Rückgang der Bevölkerung um 187 000 Personen, also fast 40 Prozent.[75] Die Lebensbedingungen gestalteten sich außerordentlich problematisch. Die Wohnverhältnisse und die hygienischen Zustände waren katastrophal, die chronisch knappen Spinnstoffe und Schuhe reichten nicht einmal für den dringendsten Bedarf der Geschädigten. Ähnlich war die Lage bei Möbeln und Hausrat, wo die Fliegergeschädigten schon seit über einem Jahr kaum mehr versorgt werden konnten.[76] Dazu kamen jetzt Ausfälle in der Lebensmittelversorgung, die bisher zufriedenstellend gewesen war, und bei der Lieferung von Heizstoffen. Hier hatte es schon früher gravierende Engpässe gegeben, doch nun waren Produktion und Distribution nachhaltig gestört. Noch vor den Juli-Angriffen 1944 hatte das Statistische Landesamt festgestellt:
„Die Brennstoffversorgung litt stark unter Transportschwierigkeiten und ließ bei den außergewöhnlich geringen Zufuhren im Monat Juni besonders bei Steinkohlen und Braunkohlen sehr zu wünschen übrig. Die bisher gelieferten Mengen blieben erheblich hinter den entsprechenden Zufuhren der Vorjahre und den monatlichen Vollmengen zurück, so daß bei Industrie und Gewerbe irgendwelche Bevorratung, die sonst in den Sommermonaten durchgeführt wurde, ganz unmöglich ist. Durch das Fehlen von Braunkohlenbriketts bestanden bei den Bäckereien teilweise Schwierigkeiten. Beim Hausbrand ist die Belieferung der Verbraucher in Stuttgart ebenfalls ins Stocken geraten, da einmal die Vorräte fehlen und andererseits die Zufuhren infolge des Treibstoffmangels nur in sehr beschränktem Umfang ausgeführt werden können."[77]
Die Zerstörung Stuttgarts lähmte nahezu das gesamte öffentliche Leben. Die kulturel-

len Einrichtungen waren dem Luftkrieg zum Opfer gefallen, soweit sie nicht verlagert worden waren. In einem „Bericht über die Auswirkungen der Terrorangriffe auf das kulturelle Leben der Stadt Stuttgart" hieß es, daß bereits seit Kriegsbeginn das kulturelle Leben „eine merkbare Einbuße erfahren" und an seiner „interessanten Vielgestalt" eingebüßt habe. Der Autor nannte als Indiz dafür den Verlust an Tageszeitungen und Zeitschriften, informativen Vorträgen sowie von Ur- und Erstaufführungen der Stuttgarter Bühnen und von Gastspielen prominenter Gäste bei den Staatstheatern.[79] In den ersten Kriegsjahren waren die Bestände der Staatsgalerie und der städtischen Sammlung in der Villa Berg, des Landesgewerbemuseums, der Staatlichen Altertumssammlungen im Alten und Neuen Schloß sowie des Linden-Museums ausgelagert worden, ebenso die wertvollsten Stücke der Naturaliensammlung aus dem Archivgebäude und die Exponate des Ehrenmals der deutschen Leistung im Ausland aus dem Wilhelmspalais, das zu einem Verwaltungsgebäude umfunktioniert worden war. Gelegentlich fanden aber für Kunstinteressierte Ausstellung von Reproduktionen bedeutender Kunstwerke statt, bis die Schäden am Kronprinzenpalais und an der Staatsgalerie dem am 21. Februar 1944 ein Ende bereiteten. Die Angriffe im Februar und März 1944 führten auch zur teilweisen Zerstörung der Sammlung Hugo Borst, von der nur die wertvollsten Gemälde ausgelagert worden waren, und zur Beschädigung von Stuttgarter Kunsthandlungen.
Nach den Luftangriffen war das Kleine Haus der Württembergischen Staatstheater schwer beschädigt, während im Großen Haus der Vorstellungsbetrieb am 18. März 1944 noch einmal aufgenommen werden konnte. Dort wurden Opern und Schauspiele aufgeführt.[80] Die Schäden am Schauspielhaus in der Kleinen Königstraße nach dem Feuersturm am 26. Juli 1944 waren verhältnismäßig gering und schienen behebbar. Einstweilen gastierte das Ensemble mit großem Erfolg in Wildbad und probte dort für die neue Spielzeit. Doch am 1. September 1944 verordnete der Generalbevollmächtigte für den Arbeitseinsatz, Sauckel, daß sich alle der Reichskulturkammer angehörenden Männer und Frauen bis zum 15. September beim Arbeitsamt zu melden hätten. Damit war das Stuttgarter Theaterleben beendet.[81] Strölin bedauerte, daß das Personal des städtischen Schauspielhauses nicht bei der Stadtverwaltung eingesetzt werde, nachdem sich bei der Umsetzung in die Rüstungsindustrie Verzögerungen ergeben hätten. Eingaben der Stadt fanden jedoch kein Gehör.[82] Das Personal des Schauspielhauses kam in einen Rüstungsbetrieb nach Pforzheim.[83] Im Großen Haus richtete das Gaupropagandaamt noch eine „Filmbühne" ein; ein ähnliches Projekt im Schauspielhaus konnte nicht mehr realisiert werden.[84]
Die Bibliotheken besaßen eine beträchtliche Bedeutung für das kulturelle Leben in der viertgrößten Buchstadt des Reiches. Bis Anfang April 1944 hatte die Landesbibliothek ein Drittel ihrer Bestände verlagert; die übrigen Bände waren in Erdgeschoßräumen verlagert, die durch Umbauten sicherer gestaltet wurden. An drei Tagen in der Woche

konnten Bücher ausgeliehen werden. Auf Weisung des Kultministeriums waren zuerst die ungeliebten Bestände wie Theologie verlagert, die Literatur zur deutschen Geschichte dagegen in Stuttgart belassen worden.[85] Während die Inkunabeln in Zwiefalten lagerten, befand sich die Autographensammlung der alten Hofbibliothek mit rund 100 000 Stücken in Stuttgart. Sie fiel den Luftangriffen Ende Juli 1944 ebenso zum Opfer wie große Teile der Bibliothek der Technischen Hochschule und die neueste Literatur der Weltkriegsbücherei im Schloß Rosenstein.[86] Auch die beiden Stuttgarter Volksbüchereien, die Gustav-Siegle- und die Mörike-Bücherei mit ihren 14 Außenstellen, die während des Krieges einen großen Zulauf verzeichneten, beklagten erhebliche Verluste.

Wenngleich für die Einwohner die Existenzsicherung im Vordergrund stand, so war doch der Wunsch nach Zerstreuung vorhanden. Da das Regime ein Interesse an einer Ablenkung und zuleich Propaganda hatte, waren die Kinos wichtig. In den Räumen des stillgelegten Planetariums im Hindenburgbau hatte die Deutsche Filmtheater-Gesellschaft nach den Wünschen des Propagandaministeriums ein Kino „Theater der Zeit" mit 450 Plätzen eröffnet.[87] Es war Stuttgarts erstes Kino, dessen Programm von 10.30 Uhr ununterbrochen bis in die Abendstunden lief. Das Propagandaamt zeigte dort Kriegswochenschauen und aktuelle Filmberichte auch für Reisende und Fronturlauber. Nach dem Luftangriff vom 21. Februar 1944 mußte das „Theater der Zeit" in den Königsbau verlegt werden, während die Palast-Lichtspiele aus dem zerstörten Marstall ins Gustav-Siegle-Haus umzogen.[88] Nach der Zerstörung der Innenstadt nahm Ende August 1944 ein Freilicht-Kino im Rosengarten der Schloßanlagen seinen Betrieb auf und zeigte trotz herbstlicher Kühle bis in den November hinein Filme.[89] Im Anzeigenteil des „NS-Kurier" las man am 24. März 1945 noch einen Hinweis auf Vorstellungen des Ufa-Kinos („Die Frau meiner Träume") und des Union-Filmtheaters („Zentrale Rio"). Die in der Zeit der Blitzsiege beliebten Kriegswochenschauen zogen allerdings nur noch bei außergewöhnlichen Ereignissen Besucher an. SD-Beobachter hatten schon im März 1943, nach der Niederlage bei Stalingrad, bei einer Kriegswochenschau nur noch gut zwei Dutzend Besucher im Ufa-Palast gezählt.[90] Nun hörte man den Kriegslärm mit eigenen Ohren. Für das Leben in der Stadt galt, was Strölin nach den Juli-Angriffen gesagt hatte: „Die materiellen Grundlagen unseres Lebens sind im wesentlichen zerstört."[91]

Kapitel V
Nonkonformes Verhalten, Widerstand, Verfolgung

1. *„Nicht milde Maßnahmen, sondern Straffung der Disziplin und Strafen müssen helfen."*
Jugend im Krieg

Für manche Jugendliche begann der Krieg mit „Bubereien". Nachdem Stuttgart eine dunkle Stadt geworden war, häuften sich Klagen über Streiche Jugendlicher bis hin zur Belästigung von Frauen.[1] Der SD sprach von einer überall im Reich „stark einreißenden Jugendverwahrlosung".[2] Der Direktor des städtischen Wohlfahrtsamts, Aldinger, teilte diese Auffassung nicht. Ende März 1940 erklärte er dem „NS-Kurier", in Stuttgart habe es keinen einzigen Fall von Entgleisung eines Jugendlichen gegeben, der auf den Krieg zurückgeführt werden könne. Aldinger räumte ein, daß bereits bestehende Erziehungsschwierigkeiten deutlicher zutage träten, wenn der Vater im Felde stehe. Schule, HJ, NSV und das Jugendamt unterstützten jedoch die Mutter, so daß den Jugendlichen ein dichtes Netz umgebe.[3]
Zu diesem Netz gehörte auch die Polizei. Himmler hatte Anfang März 1940 eine „Polizeiverordnung zum Schutze der Jugend" erlassen. Jugendliche unter 18 Jahren durften sich nach Einbruch der Dunkelheit nicht in der Öffentlichkeit zeigen; mit strengeren Vorschriften für den Besuch von Kinos und Gaststätten sowie den Ausschank alkoholischer Getränke wollte er der Entwicklung beggnen.[4] Die Polizei versuchte der Fürsorge Kompetenzen zu entwinden. Himmler plädierte für Jugenderziehungslager unter Verwaltung der Polizei.[5] Im Herbst 1940 führte der Reichsverteidigungsrat einen Jugendarrest bis zu vier Wochen Dauer ein, den sowohl Jugendrichter als auch die Polizei verhängen konnten.[6] Einerseits gab es also Hinweise für eine Zunahme des nonkonformen Verhaltens von Jugendlichen, andererseits kriminalisierten die Polizei-, Fürsorge- und Justizbehörden sozial abweichendes Verhalten. Der Polizeibericht des „NS-Kuriers", nicht gerade eine zuverlässige Quelle, berichtete wiederholt über Eigentumsdelikte junger Menschen.
Das Reichssicherheitshauptamt errichtete 1940 im niedersächsischen Moringen ein „Jugendschutzlager", in das „asoziale und kriminelle Minderjährige" eingewiesen

wurden. Dort herrschte ein konzentrationslagerähnlicher Betrieb; der Direktor des Kriminalbiologischen Instituts des RSHA untersuchte und klassifizierte die Gefangenen.[7] Die Stapoleitstelle Stuttgart lieferte zwischen August und Jahresende 1940 21 Jugendliche in Moringen ein, im folgenden Halbjahr weitere vier. Der Leiter des württembergischen Landesfürsorgeverbands, Mailänder, teilte dem württembergischen Innenminister mit:
„Überhaupt besteht eine gute Zusammenarbeit zwischen der Kriminalpolizeistelle Stuttgart und der Fürsorgeerziehungsbehörde. Nachteilig empfunden wird, daß zur Zeit das Jugendschutzlager Moringen wegen voller Belegung gesperrt ist, so daß sich die besonders wirksame sofortige Verbringung der für Moringen geeigneten Jugendlichen nicht vollziehen läßt."[8]
Die Kripoleitstelle reichte bei der Reichszentrale zur Bekämpfung der Jugendkriminalität 57 Anträge auf Einweisung nach Moringen ein, von denen aber nur 32 stattgegeben wurden. Einige der Betroffenen befanden sich bereits in Strafhaft, andere verdankten ihre Freiheit der Überbelegung in Moringen. Von den 25 Jugendlichen, die im ersten Jahr nach Moringen eingeliefert wurden, waren 17 Fürsorgezöglinge. Ein Jugendlicher aus dem Raum Stuttgart, der wegen eines Sittlichkeitsvergehens acht Monate im Heilbronner Jugendgefängnis gesessen hatte, wurde nach Moringen überstellt, als ihn die Polizei mit alliierten Flugblättern überraschte, die er hätte abliefern müssen. Nach einigen Tagen Haft in der „Büchsenschmiere" kam er am 30. Juli 1941 nach Moringen, wo er bis zum 5. April 1945 inhaftiert war.[9]
Ministerialdirektor Dill vom Innenministerium teilte den Polizeipräsidenten und Landräten am 5. März 1942 mit, „daß Jugendliche vielfach mit fremdvölkischen Arbeitskräften in unerlaubte Beziehungen treten würden". Dill ordnete deshalb eine unauffällige Überwachung an.[10] Ausdruck der veränderten Verhältnisse war die Berufung von Beiräten für Jugendwohlfahrt im Januar und von Beiräten für Schulfragen im Mai 1940.[11] Unter den Beiräten für Jugendwohlfahrt befanden sich Vertreter der Justiz und der Kriminalpolizei, die Beiräte für Schulfragen bildeten neben den Ratsherren Häffner und Locher die Lehrer verschiedener Schularten sowie der Kreisleiter des NS-Lehrerbundes, Oberstudiendirektor Wahl von der Zeller-Oberschule.
Von 7500 württembergischen Volksschullehrern war im Herbst 1939 ein Drittel zu den Waffen gerufen worden; Ruhestandsbeamte konnten sie nur zum Teil ersetzen.[12] Schulreferent Cuhorst kritisierte den Anteil der Schüler der höheren Schulen von 56 Prozent. Mittelschulen für Knaben sollten an die Stelle von Oberschulen treten.[13] Mitte Mai 1942 vertrat der stellvertretende Erziehungsberater der Stadt, Schairer, die Ansicht, die Erziehungsverhältnisse könnten im dritten Kriegsjahr „wesentlich schlimmer sein".[14] Anfang 1943 hatte sich die Situation offenbar gewandelt. Unter Bezug auf Schairers Ausführungen stellte Sozialreferent Mayer fest, im vergangenen Jahr seien die Zustände schlimmer geworden. Die Beiräte sowie die als Gäste geladenen

Vertreter von HJ und Kriminalpolizei waren sich darin einig, daß „im Gegensatz zu den Ausführungen von Dr. Schairer im letzten Jahr nunmehr die Verhältnisse in erzieherischer Hinsicht sich verschlechtert haben, wenn auch der Grad nicht festzustellen ist". Mayer nannte dies aufgrund der geringen Aufsichtsmöglichkeiten verständlich und forderte zugleich:

„Alle berufenen Stellen müssen in Zusammenarbeit der Verwahrlosung entgegenwirken. Nicht milde Maßnahmen, sondern Straffung der Disziplin und Strafen müssen helfen. Die Einwirkung aufs Elternhaus sei richtig, man brauche nicht sofort Freiheitsstrafen zu verhängen, aber wenn Verwahrlosungserscheinungen da seien, müsse eingegriffen werden. Mit dem Mittel des Jugendarrests könne nicht alles abgetan werden und man dürfe mit Anordnung der Fürsorgeerziehung nicht zuwarten, bis der Jugendliche zum Arbeitsdienst oder zur Wehrmacht einberufen werde."[15]

Die Beiräte nahmen in erster Linie an sexueller Libertinage Anstoß. Ein Beirat beklagte, daß das, was früher als schwere Verwahrlosung gegolten habe, heute als leichte gelte. Ihm erschien es unzureichend, daß man bei einem 16jährigen Mädchen nur noch dann Fürsorgeerziehung anordne, „wenn sie wahllos geschlechtlich verkehre". Aber auch Schulschwänzen sowie allgemeine „Flatterhaftigkeit und Zuspätkommen" habe erheblich zugenommen. Die Beiräte kritisierten Frauen, die ein schlechtes Beispiel gäben. Ein Beirat schlug vor, Frauen, die ihren Erziehungsauftrag vernachlässigten, für ein oder zwei Monate in ein Konzentrationslager einzuweisen und mit Dienstverpflichtungen diejenigen Mütter „scharf anzufassen", deren Kinder auf Kosten der Gemeinschaft anderweitig untergebracht werden müßten. Sie hätten „das Recht, nach ihrem Gutdünken zu leben, damit verwirkt". Allgemein bedauerten die Anwesenden, daß aufgrund des Personalmangels kein Streifendienst eingerichtet werden könne. Offensichtlich waren die Gaststätten- und Alkoholvorschriften für die Jugendlichen nicht durchsetzbar. Von der Schließung der Nachtlokale erwarteten die Beiräte einen positiven Effekt. Andererseits könnten den Jugendlichen Feste, etwa Abschiedsfeiern bei einer Einberufung, nicht verwehrt werden. Beirat Mailänder kritisierte die Arbeitgeber, die Verfehlungen von Arbeitern nicht meldeten, um keine Arbeitskräfte zu verlieren. Lediglich ein Sitzungsteilnehmer konzedierte, daß Vergehen, beispielsweise ein Diebstahl von Kleiderkarten, „auf eine gewisse zeitbedingte Notlage" zurückzuführen sei.

Der Obrigkeit bereitete die Arbeitsmoral der jungen Menschen Sorgen: „Seit einiger Zeit mehren sich die Fälle, in denen Jugendliche es am nötigen Arbeitswillen fehlen lassen. Nicht selten kommt es vor, daß Jugendliche für längere Zeit oder ganz der Arbeit fernbleiben."[16] Rechtsrat Mayer und Direktor Aldinger beklagten bitter die Pflichtvergessenheit der deutschen Jugend. Doch die leistete seit Kriegsbeginn teilweise ein enormes Pensum: als Brandwachen im Selbstschutz, durch Sammeln von Bucheckern, Knochen, Metallen, Spenden, durch Krankenhausbesuche und Vorfüh-

rungen in Lazaretten. Daneben versahen Schüler und Schülerinnen HJ-Dienst und erledigten die Hausarbeit, wenn der Vater im Felde stand oder beide Eltern zehn Stunden in der Industrie arbeiteten. Kinder und Jugendliche standen um Lebensmittel an und beaufsichtigten jüngere Geschwister.
Dem Leistungsdruck am Arbeitsplatz stand keine angemessene Erholungsphase gegenüber. Für die älteren Schüler waren die Ferien auf drei Wochen begrenzt. Während die wenigen Studenten in der vorlesungsfreien Zeit in Rüstungsbetriebe gingen, waren die Schüler der Klassenstufen 5 und 6 sowie Schülerinnen der Klasse 7 beim Ernteeinsatz. Dort waren, wie Stadtschulrat Cuhorst, der zwischenzeitlich zum Kultministerium übergewechselt war, mitteilte, „die Mädchen vielfach schlecht untergebracht" und von den Landwirten „wie Mägde behandelt und überanstrengt" worden:
„Die Stellung der Bauern zu den Mädchen ließ eine wirklich positive Unterstützung der Bestrebungen auf gesunden Arbeitseinsatz und eine ebensolche Lebenserwartung nirgends erwarten. Im Gegensatz zu den Jungen arbeiteten die Mädchen ihrer Natur nach bis zum Zusammenbruch und wehrten sich nicht gegen die Überforderung. (...) Oft waren die Quartiere vom Ortsgruppenleiter vorher nicht besichtigt worden. Der Ersatz des Elternhauses durch die Bauernfamilie ist ein Traum, der sich nur höchst selten verwirklichen lassen wird."[17]
Cuhorst zog dennoch ein positives Fazit des zwölftägigen Ernteeinsatzes: „Die Mitarbeit der Schüler und Schülerinnen der höheren Schulen hat nicht nur zur Sicherung der Ernährung des deutschen Volkes beigetragen, sondern auch das Verständnis zwischen Stadt und Land wesentlich gefördert."
Am 1. Juni 1943 besprachen die Wohlfahrts- und Gesundheitsbeiräte unter Vorsitz von Sozialreferent Mayer „Maßnahmen gegen jugendliche Arbeitsbummler". Mayer und Amtsleiter Aldinger berichteten dabei von Verhandlungen mit dem Reichstreuhänder der Arbeit, dem Jugendwalter der DAF und anderen beteiligten Behörden:
„Nach den bisherigen Erfahrungen hat der Jugendarrest, der nicht immer mit der nötigen Schärfe durchgeführt werden kann, die gesetzte Hoffnung vielfach nicht erfüllt. Eine Besprechung mit den zuständigen Behördenvertretern führte zu dem Ergebnis, in schwierigeren Fällen künftig mit der Anordnung vorläufiger Fürsorgeerziehung vorzugehen. Die Jugendlichen sollen in der Sonderabteilung für männliche Fürsorgezöglinge in Buttenhausen untergebracht und dort zu einer strengeren Arbeitsdisziplin erzogen werden. Neben der Fürsorgeerziehung besteht noch die Möglichkeit der Erfassung durch die Staatspolizei. Diese nimmt allerdings nur noch Einweisungen in das Arbeitserziehungslager Moringen oder in ein noch neu zu schaffendes unter ihrer Führung stehendes Lager vor."[18]
Ratsherr Hauptlehrer Staege unterstützte den Vorschlag der Stadtverwaltung, denn Arbeitsverweigerung bedeute zugleich „eine auflehnende Haltung gegen die Staatsführung". Die Ratsherren Notter und Metzger, beide DAF-Funktionäre, hielten an-

gesichts der Häufung der Vorfälle ein hartes Vorgehen ebenfalls für berechtigt. Ratsherr Harsch sowie Beirat Mailänder hingegen argumentierten, Buttenhausen habe den „Ruf einer Anstalt für ausgesprochen asoziale Elemente" und sei für jugendliche Bummelanten, „die erblich nicht belastet sind und auch keine kriminellen Anlagen aufweisen", ungeeignet. Hier sollte das Augenmerk vielmehr auf die Erziehung gelegt werden. Wegen des Krieges erklärten sie sich aber mit dem Versuch mit Buttenhausen einverstanden. „Landesjugendarzt" Eyrich schrieb dem Landesgerichtspräsidenten am 10. August 1943:
„Der Württ. Landesfürsorgeverband, das Wohlfahrtsamt Stuttgart und andere Stellen sind meinen Vorschlägen entsprechend seit längerer Zeit dazu übergegangen, für ehemalige Fürsorgezöglinge, bei denen ein angemessener Dauererfolg nicht erreicht werden konnte und die nach Beendigung der Fürsorgeerziehung in eine ungeordnete, gemeinlästige und störende Lebensführung abzusinken drohen, die Entmündigung wegen Geistesschwäche zu beantragen, sofern deren Voraussetzungen psychiatrischerseits bejaht werden können. Es soll auf diese Weise neben angemessenem Arbeitseinsatz eine bewahrende Unterbringung solcher Personen vor allem in dem von der Stadt Stuttgart eingerichteten Beschäftigungs- und Bewahrungsheim Buttenhausen, Kreis Münsingen, sichergestellt werden. Dieses Vorgehen hat sich in zahlreichen Fällen bewährt und auch die Vormundschaftsrichter haben fast immer den Sinn dieses Vorgehens verstanden und den Anträgen stattgegeben."[19]
Als Fehlleistung bezeichnete es Eyrich, die Väter als Vormünder zu bestellen, denen das Sorgerecht aberkannt worden sei. Besser eigneten sich die „in der sozialen Fürsorge erfahrenen Beamten des Wohlfahrtsamts in Stuttgart". Um der Renitenz junger Arbeitnehmer zu begegnen, organisierte die DAF Jugendbetriebsappelle und ließ Merkblätter an die Jugendlichen verteilen.[20]
Im Juli 1943 regte Himmler an, bei leichteren Verfehlungen von Jugendlichen anstelle von Arrest Arbeitsauflagen zu verhängen. Denn die Reichsführung konnte es sich nicht leisten, auf die Arbeitskraft junger Menschen zu verzichten. Bereits im April 1943 hatte der Reichsinnenminister die Fürsorgeerziehungsheime in den totalen Krieg einbezogen, zivile Arbeiten verboten und statt dessen kriegswichtige Arbeit sowie besonders den geschlossenen Einsatz der Zöglinge in Rüstungsbetrieben angeordnet.[21]
In Stuttgart hatten bei kleinen Vergehen männliche Jugendliche sonntags Grabarbeiten bei der Stadtgärtnerei zu leisten, für weibliche Jugendliche erwog das Jugendamt im Dezember 1943 Küchendienst in Krankenhäusern.[22]
Trotz der Gängelung durch HJ und Behörden bildeten sich illegale Jugendgruppen.[23]
Im März 1943 entdeckten die Sicherheitsbehörden in Bad Cannstatt einen Swing-Klub. Ihm gehörten 20 Personen an, darunter drei Mädchen:
„Sie traten insbesondere durch langen Haarschnitt, auffallende Kleidung und Vorliebe für Jazzmusik in Erscheinung. Zu alkoholischen und sittlichen Ausschreitungen ist es

V. 1. Jugend im Krieg

nicht gekommen. Als Zeichen ihrer Zugehörigkeit zu dem Klub trugen sie aus Metall gefertigte kleine Abzeichen, auf denen das Wort 'Swings' eingeprägt war."[24]
Bei den jungen Männern, die sich zur Wehrmacht meldeten, verzichtete die Polizei auf weitere Maßnahmen. Sie fand dann einen „Rio-Grandeklub" und einen Klub „Urachplatz". Insgesamt wurden – einschließlich der „Swings" – 73 Personen ermittelt. Ihnen konnten lediglich Übertretungen der Polizeiverordnung aus dem Jahre 1940 vorgeworfen werden, so daß sie mit drei Wochen Polizeihaft oder einer Verwarnung der Stapoleitstelle davonkamen.
Am Jahresende 1943 beobachtete der städtische Erziehungsberater Scholl „bereits einen Rückgang der scharfen Formen jugendlicher Arbeitsbummelei".[25] Nachdem das Jugendamt in den vergangenen Monaten mehrmals Jugendliche nach Buttenhausen geschickt habe, befänden sich derzeit nur noch fünf von ihnen dort. Das Beschäftigungsheim habe sich als ausreichend erwiesen, so daß die Gestapo in Württemberg kein eigenes Arbeitserziehungslager einrichten werde.
Viele Hitlerjungen waren bis zu ihrer Einberufung Stützen der Selbstschutztrupps der Partei oder, wie die BDM-Mädchen, der Hausgemeinschaften. In Einsatzberichten lobten die Führer des Selbstschutzes den mutigen Einsatz der Jugendlichen während der Angriffe; so schrieb der Leiter der Ortsgruppe Prag:
„Das größte Lob aber muß der tapferen HJ gespendet werden. (. . .) Durch das unerschrockene, tapfere und umsichtige Verhalten dieses Trupps konnte – ohne Übertreibung – die Rosensteinstraße von Nr. 111 bis Nr. 83 und die Presselstraße gerettet, vielen Volksgenossen Hab und Gut erhalten werden."[26]
Der Ortsgruppenleiter schlug sieben Jugendliche dieses Trupps zur Kriegsverdienstmedaille vor. In seinem Bericht finden sich Einzelbeispiele, wie die Rettung eines brennenden Hauses durch eine BDM-Führerin oder die erfolgreiche Löscharbeit eines Jugendlichen, der bis zum Eintreffen der Feuerwehr an zwei Seilen vom Dach eines Nachbarhauses hängend einen Brandherd in Schach hielt. Auch an der Versorgung der Geschädigten und an den Instandsetzungsarbeiten hatten Jugendliche maßgeblichen Anteil. Der BDM sorgte zusammen mit der NS-Frauenschaft für die Notverpflegung und half in fliegergeschädigten Haushalten, die Hitlerjungen waren bei den Aufräumungs- und Instandsetzungsarbeiten tätig.
Die Schüler der oberen Klassen der höheren Schulen dienten schon seit Frühjahr 1943 als Luftwaffenhelfer. Seit Mitte 1942 mußten alle männlichen Jugendlichen im Alter von sechzehneinhalb Jahren an Lehrgängen der HJ zur Wehrertüchtigung teilnehmen.[27] Die englische Bomberoffensive erzwang im Jahre 1942 einen Ausbau der Flak, während das Heer im Osten neue Truppen benötigte. Nachdem die HJ bisher schon im Selbstschutz aktiv tätig war, konnten sich seit Ende April 1942 Siebzehnjährige freiwillig zur Heimatflak melden. Anfang 1943 entschied das Führerhauptquartier über den Dienst der Luftwaffenhelfer; ein Erlaß des Reichsministers vom 25. Januar

1943 regelte die Modalitäten.²⁸ Neben dem Dienst in den Flakstellungen sollte Unterricht erteilt werden, die HJ sollte die Jugendlichen betreuen. Als Einziehungstermin war der 15. Februar 1943 festgesetzt.

Am 11. Februar 1943 hatte das Kultministerium Elternversammlungen anberaumt, die für die höheren Schulen im Stadtgebiet im Eberhard-Ludwigs-Gymnasium, für die Cannstatter Schulen in der Daimler-Oberschule und für die Feuerbacher und die Horst-Wessel-Oberschule Zuffenhausen in Feuerbach stattfanden. Neben dem Sachbearbeiter des Kultministeriums nahmen daran Vertreter des Flugabwehrkommandos, des Polizeipräsidiums sowie Oberstammführer Birkhold vom HJ-Bann 119 teil. Die Versammlungen verliefen nach dem Bericht Cuhorsts „in vollkommener Harmonie; es war erfreulich, mit welcher Ruhe und Zuversicht die Eltern die ganze Angelegenheit aufnahmen, und ich glaube, daß wir auch in Zukunft keinen großen Widerstand von den Eltern zu erwarten haben".²⁹ Die Eltern wünschten dringend, daß ihre Kinder weiterhin einen „möglichst intensiven Schulunterricht bekommen" sollten. Mitte April waren die Schüler der Dillmann-, der Friedrich-Eugen- und der Schickhardt-Oberschule noch nicht eingesetzt.³⁰ Die Schüler der Klasse 6 der Karls-Oberschule leisteten dagegen Dienst auf einer Batterie in Heumaden. Dort erhielten sie am Mittwoch- und Freitagvormittag Unterricht; montags fand der Unterricht in der Schule statt. Auch die 6. Klasse der Wagenburg-Schule befand sich bereits im Einsatz; sie wurde montags und mittwochs in einer Baracke bei der Degerlocher Filderschule unterrichtet. Schüler der Wilhelms-Oberschule besetzten eine Flakbatterie auf der Wangener Höhe, während ihre Alterskameraden von der Zeppelin-Oberschule auf dem Burgholzhof Dienst taten. Die Batterie Birkenkopf versahen Schüler des Eberhard-Ludwig-Gymnasiums; die 6. Klasse des Daimler-Gymnasiums in Bad Cannstatt schließlich war in einer Stellung bei Luginsland eingesetzt. Heimatnah waren die Schüler der Klassen 7 der Kepler-, Horst-Wessel- und der Feuerbacher Oberschule aufgeboten; sie wurden in ihrer Schule unterrichtet. Die Flakbatterie im neuen Stuttgarter Stadtteil Stammheim war mit Schülern der beiden Ludwigsburger Oberschulen besetzt.

Der Unterricht für die Luftwaffenhelfer war nicht einheitlich. Die vorgesehenen 18 Wochenstunden wurden nicht immer erreicht. Der Sonderbeauftragte des Reichserziehungsministeriums für Stuttgart, Mack, bezeichnete Ende 1943 das Verständnis der jeweiligen Batteriechefs als ausschlaggebend für einen Unterrichtserfolg. Wo es fehle, sei das Resultat „unbefriedigend, ja zum Teil sogar höchst mangelhaft".³¹ Insgesamt galt die Situation im Luftgau VII im Jahre 1943 als zufriedenstellend.³² Die Eltern wünschten vor allem fremdsprachlichen Unterricht, die naturwissenschaftlichen Fächer waren ohne Labors schwer zu unterrichten. Es kam vor, daß die Luftwaffenhelfer trotz Verbots zu sechs- bis achtstündigen Schanzarbeiten herangezogen wurden.³³ Der Lehrkörper war überaltert. Im Luftgau VII betrug das Durchschnittsalter der Lehrer

V. 1. Jugend im Krieg

53 bis 65 Jahre, selbst ein Sechsundsiebzigjähriger war noch tätig. Der Batteriechef bestimmte den Urlaub und die Atmosphäre in seiner Stellung. Im Luftgau VII gab es im gesamten Einsatzzeitraum 692 Disziplinarfälle und 23 Feldgerichtverfahren gegen Luftwaffenhelfer.[34]

Ihre Feuertaufe hatten die Luftwaffenhelfer bei den beiden Angriffen im März und April 1943 zu bestehen. Am 15. April 1943 wurden zwei Luftwaffenhelfer verwundet. Im Luftgau VII sollen bis Anfang November 1943 sechs Luftwaffenhelfer ums Leben gekommen sein.[35] Im folgenden Jahr stieg die Zahl der Getöteten und Verwundeten erheblich an. Die ununterbrochenen Alarme und die wachsende Zahl von Angriffen drängten 1944 die Schule in den Hintergrund.

Im Sommer 1944 häuften sich die Verlegungen aus dem Luftgau VII nach Thüringen, Dresden und Oberschlesien.[36] Der Unterricht kam dadurch fast völlig zum Erliegen. Als vier Flakbatterien samt den Luftwaffenhelfern nach Oberschlesien versetzt wurden, bat der Sonderbeauftragte des Erziehungsministeriums seinen dortigen Kollegen, die Schüler von seinen Lehrkräften betreuen zu lassen. Doch auch in Oberschlesien fehlte es an Lehrern. Immerhin konnte sich der Beauftragte erfolgreich dem Ansinnen der Luftwaffe widersetzen, die Luftwaffenhelfer als sogenannte Jungsoldaten voll in den militärischen Apparat einzugliedern. In einem Schreiben an das Reichserziehungsministerium prophezeite er für diesen Fall eine „Rebellion der Elternschaft".[37] Der lange Einsatz der Oberschüler als Luftwaffenhelfer gefährdete nach Ansicht der Führung die Elitebildung und den militärischen Nachwuchs, die Wehrmacht andererseits drängte auf die Einberufung des Jahrgangs 1928. Seit Dezember 1944 wurden daher die Schüler dieses Jahrgangs durch diejenigen Jugendlichen der Jahrgänge 1926 bis 1928 abgelöst, die als zeitlich untauglich gemustert worden waren. Anfang 1945 kamen dazu noch Buben des Jahrgangs 1929, weil die Zahl der neuen „flak-v-Soldaten", der ausschließlich flakverwendungsfähigen jungen Männer, nicht ausreichte.[38]

HJ und SS betrieben Nachwuchswerbung für die Waffen-SS. Der Höhere SS- und Polizeiführer Hofmann nannte sie „eine der vordringlichsten Aufgaben". Er bezeichnete es als eine Selbstverständlichkeit, daß die Söhne von SS- und Polizeiangehörigen ihren Wehrdienst bei der Waffen-SS ableisteten und daß die Töchter sich als SS-Helferinnen meldeten.[39] Auf Weisung Hitlers warb die HJ Anfang 1944 bei den Jahrgängen 1927 und 1928. Den HJ-Bannen waren Kontingente vorgegeben, die sie für die Waffen-SS zu rekrutieren hatten. Obergebietsführer Sundermann ordnete deshalb Veranstaltungen in geschmückten Räumen mit Reden und Filmvorführungen an. Abschließend stand das gemeinsame „Abrücken in Werbe- und Untersuchungslokale" auf dem Programm.[40]

Im Herbst 1944 trat an die Stelle des erst wenige Jahre zuvor eingeführten achten Schuljahrs für die Schülerinnen und Schüler der Haupt- und Volksschulen die Meldung beim Arbeitsamt. Es gab bekannt, die Berufswahl sei im Deutschen Reich zwar

frei, für die Zeit der vorzeitigen Beurlaubung aus der Schule seien jedoch die Erfordernisse der Wirtschaft zu berücksichtigen.[41] In der Regel bedeutete dies eine Verpflichtung in die Rüstungsindustrie für die Schüler und einen Teil der Schülerinnen, die auch hauswirtschaftliche Tätigkeiten übernahmen. Und wer von den über 16jährigen Jugendlichen noch nicht in einem unabkömmlichen Dienst- oder Beschäftigungsverhältnis stand, den erfaßte Ende 1944 der Volkssturm.
Ende November 1944 stellte der „NS-Kurier" die Frage: „Sind die Menschen schlechter geworden?" Die Zahl der Diebstähle habe zugenommen, und viele Delikte blieben angesichts der herrschenden Zustände ohne Sühne.[42] Die Nationalsozialisten konnten also den Zusammenhang von politischer Realität und Kriminalität nicht leugnen. Am 26. Februar 1945 wurde ein noch nicht 18jähriger Oberschüler wegen Diebstahls in 13 Fällen zu 14 Monaten Jugendgefängnis verurteilt.[43] Er stammte aus geordneten, gutbürgerlichen Verhältnissen und besuchte mit gutem Erfolg ein Stuttgarter Gymnasium, als er sich mit 16 Jahren bei der Luftwaffe für die Offizierslaufbahn meldete. Zunächst stellte man ihn zurück, damit er bei der Heimatflak seinen Dienst als Flakhelfer ableiste. Wegen seiner hervorragenden Beurteilungen stieg der junge Mann nach drei Monaten Ende 1943 zum Lagermannschaftsführer bei der Kinderlandverschickung auf; er mußte deshalb keinen Arbeitsdienst leisten. Da er bald darauf zum Bürodienst der HJ kommandiert wurde, besuchte er halbtags eine der Sammelklassen, bewältigte in fünf Monaten das Pensum eines ganzen Schuljahres und wurde unter Versetzung in die siebte Klasse zur Reifeprüfung für Kriegsteilnehmer zugelassen. Seiner Kriegsverdienstmedaille als Flakhelfer fügte er ein mit der Note „Sehr gut" abgeschlossenes Kriegsabitur hinzu. Beim großen Luftangriff im September 1944 sank das Elternhaus in Schutt und Asche; ein Leben im Stollen begann. Bei einem Luftangriff zog er sich eine Verletzung zu, die einen Krankenhausaufenthalt erzwang. Der mittlerweile über Siebzehnjährige fand nach seiner Entlassung wohl eine Unterkunft; seine Freunde und Bekannten standen jedoch sämtlich in verschiedenen auswärtigen Einsätzen, und das zerstörte Stuttgart bot einem verwundeten, nicht einsatzfähigen jungen Menschen keinen Halt. Neue Bekannte führten den jungen Mann auf Abwege und auf die Anklagebank. Die Richter werteten die Lebensverhältnisse im totalen Krieg als strafmildernd und stuften einen Fluchtversuch lediglich als Affekthandlung ein. Vielen Jugendlichen waren die Illusionen vergangen; sie zahlten im Alltag, an der Flak und an der Front, aber auch in den Strafanstalten den Preis des Krieges.

2. „Ich möchte nur wissen, was eigentlich vor sich geht."
Die Stuttgarter Öffentlichkeit und der Krieg

Die Stimmung in Stuttgart und Umgebung war, wie in den Berichten des SD, des Generalstaatsanwalts und des Oberlandesgerichtspräsidenten an das Reichsjustizministerium zu entnehmen war, vom Kriegsverlauf abhängig. Seit Ende 1940 stand hingegen der Alltag im Vordergrund. Nach dem Blitzsieg über Polen hatte die Bevölkerung eine rasche Einigung mit den Westmächten erwartet. So war es trotz einer insgesamt zuversichtlichen Stimmung kaum verwunderlich, daß die Aussichten auf eine längere Kriegsdauer negativ vermerkt wurden.[1] Nach den „glorreichen Erfolgen" im Westen verstummte die Kritik. Generalstaatsanwalt Wagner berichtete, auch „innerlich fernstehende Kreise" anerkennten rückhaltlos die Größe des Führers und die Leistungen der Nationalsozialisten.[2] Das Regime befand sich auf dem Höhepunkt öffentlicher Reputation und Akzeptanz. Die Rückkehr der siegreichen Verbände der Wehrmacht am 3. Oktober 1940 versetzte die Stadt in einen Taumel der Begeisterung.[3] Von einem langdauernden Krieg gegen England war nicht mehr die Rede: „Unter dem erhebenden Eindruck des gewaltigen Sieges über Frankreich sieht die schwäbische Bevölkerung gelassen der endgültigen Abrechnung mit England entgegen."[4] Der „Sprung auf die englische Insel" schien nur eine Frage der Zeit.[5]

Der Optimismus geriet im Winter 1940/41 ins Wanken. Viele Volksgenossen, so berichtete Oberlandesgerichtspräsident Küstner am 6. November 1940, hätten nach der beispiellos raschen Niederwerfung Frankreichs einen ähnlichen Erfolg über Großbritannien erwartet.[6] Der SD sprach sogar von Kriegsmüdigkeit, allgemeiner Ratlosigkeit und einer gedrückten Stimmung.[7] Ende November schrieb auch Stuttgarts Generalstaatsanwalt, daß sich inzwischen erhebliche Teile der Bevölkerung passiv und gleichgültig verhielten:

„Die Sorgen und Mißstände des Alltags werden mit Verdrossenheit erörtert und manche innenpolitischen Vorgänge scharf, zum Teil mit Verbitterung kritisiert. Aus Gesprächen und Äußerungen aller Volksschichten gewinnt man den Eindruck, daß nicht unbeträchtliche Bevölkerungskreise den Krieg nur mehr als eine persönliche ärgerliche Last empfinden, die man so schnell wie möglich loswerden möchte."[8]

Wagner führte diesen „Stimmungsabfall" wie der SD-Leitabschnitt darauf zurück, daß man „trotz aller Propaganda in Zeitungen" eine schleichende Teuerung bei gleichbleibenden Löhnen und sich verschlechternder Qualität der Waren nicht leugnen könne.

Die völlig unerwartete Nachricht vom Krieg mit der Sowjetunion, so schrieb Wagner Anfang Juli 1941, habe die Bevölkerung mit Bestürzung aufgenommen. Auch wenn kein Zweifel am siegreichen Ausgang bestehe, erscheine der Gedanke an eine Verlängerung des Krieges bedenklich.[9] Einen Monat später konstatierte er „trotz der großen

Waffenerfolge im Osten und Westen" eine schwankende Stimmung. Es lasse sich nicht verkennen, daß „bei manchen Schichten der Bevölkerung eine gewisse Bedrücktheit, Kriegsverdrossenheit und Mißstimmung herrscht".[10] Mit dem Ausbleiben der Siegesfanfaren sank das Stimmungsbarometer weiter. Resignation, Kriegsmüdigkeit, Verbitterung über die Lebensverhältnisse in der Heimat sowie Angst vor einer unabsehbaren Kriegsdauer und vor weiteren Verlusten – so lauteten die Stichworte des Lageberichts vom 1. Dezember 1941, noch bevor der Angriff zum Stehen gekommen war.[11] Die Einschätzung beruhte auf der Lektüre von Todesanzeigen und von Feldpostbriefen. Die Lageberichte der Justiz und des SD vermittelten seit Oktober 1940 eine mit gewissen Varianten negative Stimmung und einen Rückzug ins Private mit seinen alltäglichen Sorgen. Den großen politischen Geschehnissen, sogar den Kriegsereignissen standen die Menschen immer gleichgültiger gegenüber.[12]

Jedoch zweifelten die Berichterstatter nie daran, daß das Regime trotzdem absolut gefestigt war. Oberlandesgerichtspräsident Küstner brachte das auf die kurze Formel: „An den Widerstand glaubt wohl niemand mehr in der Bevölkerung."[13] Das Regime hatte die Gesellschaft formiert; für den Normalbürger erschöpfte sich seit 1933 die Teilnahme am gesellschaftlichen Leben darin, in einer jubelnden Masse oder einer Marscheinheit unterzutauchen. Nun ernteten die Nationalsozialisten die Früchte der Entpolitisierung, die freilich das System durchaus stabilisierte. Der Rückzug ins Privatleben führte allenfalls dazu, daß die Bürger „meckerten", wenn sie sich schlecht und ungerecht behandelt oder gefährdet fühlten.

Die offizielle Propaganda erregte Mißtrauen; das Propagandaministerium hatte die Programme des Rundfunks auf ein Minimum reduziert und die Presse gegängelt. Lediglich lokale Berichte und Glossen unterschieden die Tageszeitungen voneinander. Ende Mai 1941 mußten fast alle Tages- und Wochenzeitungen ihr Erscheinen einstellen, soweit sie nicht unmittelbar von Nationalsozialisten geführt wurden. Prominentestes Stuttgarter Opfer war der 1835 gegründete „Schwäbische Merkur". Auch das städtische „Amtsblatt", die Stadtteilzeitungen sowie die Periodika der Kirchen, Vereine und Verbände verschwanden. Bis 1943 existierte neben dem „NS-Kurier" und der „Württembergischen Landeszeitung" noch das „Stuttgarter Neue Tagblatt", das die Nationalsozialisten schon 1935 ihrem Presseimperium eingegliedert hatten.

Der Rundfunk als gleichsam ureigenes Propagandainstrument der Nationalsozialisten hatte die Presse an Bedeutung längst überholt. Er ermöglichte eine rasche Verbreitung der neuesten Meldungen von den Kriegsschauplätzen und eine zentrale Steuerung. Das Regime hatte nicht nur den Volksempfänger gefördert; in Betrieben, Verwaltungen und öffentlichen Einrichtungen waren die technischen Voraussetzungen für den Gemeinschaftsempfang von Proklamationen und Sondermeldungen längst vorhanden. Als jedoch 1942 die Siegesfanfare immer seltener ertönte, waren die Propagandisten gefordert. Der SD-Leitabschnitt bildete deshalb einen Arbeitskreis, der Pro-

grammvorschläge entwickeln sollte. Ihm gehörten neben Journalisten auch Pädagogen, Soldaten und Vertreter der Wirtschaft an. Der Rundfunk wurde seiner Aufgabe, „seelische Kraft zu spenden, viel zu wenig gerecht". Der zuständige Referent des SD nannte den Rundfunk primär ein „politisches Führungsmittel" und erst in zweiter Linie eine kulturelle Einrichtung.[14] Große Bedeutung kam nach Ansicht des Arbeitskreises den Morgenfeiern der Partei zu, die unbedingt ins Sonntagvormittag-Programm aufgenommen werden müßten. Die Morgenfeiern, die in Stuttgart regen Zuspruch fanden und den Gottesdienst ersetzen sollten, gingen auf nationalsozialistische Feier- und Weihestunden zurück. Eine eher allgemein gehaltene Rede wurde musikalisch umrahmt. Die Volksbildungsstätte zählte bei den ersten acht Veranstaltungen über 13 000 Besucher.[15] Die Mitglieder des Arbeitskreises wollten, daß Themen des Alltags (Jugend, Familie, Soldatentum, Bauernstand) aufgegriffen würden, um die Bevölkerung direkt anzusprechen: „Nicht (Heinrich) George dürfte lesen, sondern ein gewöhnlicher Arbeiter, kein Theaterchor dürfte singen, sondern die Werkscharen!" Die Tagespolitik sollte in den Hintergrund treten zugunsten der Volksgemeinschaft. Der Arbeitskreis wünschte Hörspiele und Reportagen aus den Betrieben, in denen sich die Hörer wiedererkennen könnten. Frontberichte sollten Interviews mit einfachen Landsern enthalten, „wenn es auch nur wenige, stockend und im Dialekt gesprochene Worte sind". Die Kommentatoren sollten auch von Trauer, Sehnsucht, Heimweh und Müdigkeit der Soldaten sprechen, alles andere erwecke nur Mißtrauen. Als Unterhaltung verlangte der Arbeitskreis heimatverbundene Beiträge (Mundartstücke, Willy Reichert) und eine „leichte, aber melodiöse und von Streichorchestern gespielte Musik". „Die rhythmisch verzerrte, von gestopften Trompeten, Saxophonen und Schlagzeug gespielte Jazzmusik" verfiel der Ablehnung, auch „seichte Schlager" wirkten oft deplaziert: „Der deutsche Soldat kämpft für Beethoven und nicht für Peter Igelhoff!"
„Ich möchte nur wissen, was eigentlich wirklich vor sich geht. Aus den Zeitungen wird man schon lange nicht mehr schlau. Das geht alles durcheinander." So zitierte ein SD-Bericht im Oktober 1940 viele Bürger.[16] Kein Wunder also, wenn Gerüchte die Runde machten und die Stimmung düster malten. Eigene Beobachtungen widerlegten die Propaganda, so bei der Ermordung von Kranken in Grafeneck und bei den sozialen Verhältnissen. Nach dem England-Flug von Rudolf Heß schrieb Wagner Ende Mai 1941:
„Die Bevölkerung (hat) in meinem Bezirk weiterhin das Gefühl, daß sie in letzter Zeit von Presse und Rundfunk schlecht unterrichtet wird. So hat man die Aufklärung im Fall Heß, der wenigstens in den ersten Tagen nach seinem Bekanntwerden in weiten Schichten des Volkes zu starker Bestürzung, großer Unsicherheit und einer gewissen Vertrauenskrise geführt hatte, fast allgemein als gänzlich ungenügend empfunden. (...) Auf all dem beruht die zur Zeit an Boden gewinnende Auffassung wichtiger Kreise, vom Deutschen Nachrichtendienst erfahre man in manchen wichtigen Dingen

die Wahrheit nur spät, nur teilweise oder überhaupt nicht. Die weitere und unverkennbare Folge ist (...), daß viele Volksgenossen dazu übergehen, ausländische Sender abzuhören."[17]

Erst recht stellte sich „merkbares Mißtrauen gegenüber unserer Propaganda" ein, als im Winter 1941/42 die angeblich schon geschlagene Rote Armee der Wehrmacht vor Moskau ihre erste Niederlage zufügte.[18] Nach dem Fall von Stalingrad – die Sondermeldung erfolgte am 3. Februar um 16 Uhr – begrüßten die Stuttgarter die dreitägige Schließung aller Kunst- und Vergnügungsstätten ebenso wie das Programm des Rundfunks: „Muß immer erst ein nationales Unglück geschehen (...), bis der Rundfunk anfängt, anständige Musik zu bringen?"[19] Aus den SD-Berichten geht hervor, daß die Erklärung für den Opfergang der Sechsten Armee – „ihr Widerstand rettete die gesamte Ostfront" – allgemein auf Verständnis stieß. Zu den Nachrichten über die Frontverkürzungen im Osten zitierte der Bericht eine Stimme. „Wenn für mich die Front kürzer wird, so wird sie auch für den Gegner kürzer."[20] Nach dem ersten großen Luftangriff auf Stuttgart am 15. April 1943 warteten die Stuttgarter gespannt auf den Rundfunkbericht. Sie konnten ihre Erfahrungen damit jedoch nicht so recht in Einklang bringen. Ein Hörer meinte: „Ich glaube, solche Sendungen haben wir bei jeweiligem Bedarf auf Lager."[21]

Offensichtlich verhielten sich die Stuttgarter gegenüber der nationalsozialistischen Propaganda dann sehr reserviert, wenn politische Wertungen in den Vordergrund traten. Berichte aus dem Alltag der Soldaten und Arbeiter erreichten dagegen das Ohr der Hörer. Die Vermutung, daß solche Berichte angesichts der sorgfältigen Überwachung gestellt sein könnten, tauchte in den SD-Berichten niemals auf. Großen Anklang fanden Wunschkonzerte und heimatkundliche Beiträge. Der Luftkrieg über den deutschen Städten führte im letzten Kriegsjahr dazu, daß die wichtigste „Sendung" aus dem Äther die Luftlagemeldung war, die allabendlich abgehört wurde.

Die Propaganda hatte mit einem Wiedererstarken der Religiosität zu rechnen. Die Regierung hatte auch im Krieg kirchenfeindliche Maßnahmen ergriffen. Im Frühjahr 1941 mußten die gemeindlichen Mitteilungsblätter eingestellt werden. Im Sommer wurden Kliniktaufen verboten, und die Krankenhausseelsorge wurde nur auf ausdrücklichen Wunsch gestattet.[22] 1942 mußten die meisten Glocken abgeliefert werden, am 30. August 1942 wurde der Religionsunterricht in der Hauptschule verboten. Die Trauergottesdienste für die Gefallenen, deren Zahl stieg, fanden regen Zuspruch, während der Gottesdienstbesuch nur mäßig war. Kirchliche Kreise führten dies auf die vielfältigen Verpflichtungen und Einsätze zurück.[23] In einer Chronik der evangelischen Kirchengemeinde von Wangen wird berichtet, daß noch 1942 und 1943 erstaunlich viele Kirchentreue der NSDAP beigetreten und HJ-Führer, die der evangelischen Jugend entstammten, aus der Kirche ausgetreten seien. Von einer direkten „Verfolgung einzelner Gemeindemitglieder" konnte nicht gesprochen werden; Pressionen der HJ auf die Teilnehmer am Konfirmandenunterricht seien freilich nicht ausgeblieben. Die Berichte aus den Kirchengemeinden belegten, daß die Behörden kirchliche Räume oft als erste für Flüchtlinge, Umsiedler und Fremdarbeiter beschlagnahmten. Die SD-Leitstellen im Reich berichteten wiederholt über die Wirkung von kirchlichen Gefallenenehrungen und Totenfeiern. Im März 1943 schrieb der Leitabschnitt Stuttgart: „Diese Ehrung bietet der Geistlichkeit Gelegenheit, auch jene Kreise zu erfassen, die sonst nicht in der Kirche anzutreffen sind, und wie der zahlreiche Besuch dieser Gräber und Gedenkgottesdienste zeigt, mit gutem Erfolg."[24] Die offiziellen Totenfeiern der Partei für die Opfer von Luftangriffen hingegen mißfielen den Angehörigen.[25] Mancher Bürger stellte fest, daß führende Nationalsozialisten auch im totalen Krieg ihre goldbetreßten Uniformen nicht mit dem Feldgrau der Soldaten vertauschten, daß die Häuser von Persönlichkeiten mit guten Beziehungen nach kurzer Zeit instand gesetzt waren, während sie noch nicht einmal ein Notdach über dem Kopf hatten.[26] Vielen Menschen war klar, daß sie sich mit diesem Regime auf Gedeih und Verderb verbunden hatten. So war trotz allem der Endsieg mit einem nationalsozialistischen Regime noch verlockender als eine deutsche Niederlage. Und so hofften viele noch am Jahresende 1944 auf die große Wende, wenn man dem SD-Beobachter glauben will: „Selbst Stuttgart, dessen Berichte in der letzten Zeit sehr skeptisch waren, meldet, daß die Ereignisse der letzten Woche ungemein beruhigend gewirkt und das Vertrauen wieder vollkommen gefestigt hätten."[27] Die Ereignisse der vergangenen Woche – das waren Meldungen über militärische Gegenschläge und die Stabilisierung beider Fronten, der Einsatz der Rakete V 2 und – vor allem – eine „Proklamation des Führers".

3. Für eine Äußerung Geldstrafe oder Todesstrafe
Der Sicherheitsapparat und die Bevölkerung

Die zahlreichen Verordnungen, die den Alltag und das wirtschaftliche Leben reglementierten, brachten bisher unbescholtene Bürger mit dem Gesetz in Konflikt. Bauern verstießen, oft mit stillschweigender Billigung örtlicher Behörden, gegen die Lebensmittelbewirtschaftung; Verbraucher versuchten, ihren Bedarf illegal zu decken.[1] Offenbar gab es auf dem Lande mehr Möglichkeiten, die Vorschriften zu umgehen als in der Stadt. Während auf dem Land der Tauschhandel blühte, konnten sich am städtischen Schwarzmarkt und an Hamsterfahrten nur jene beteiligen, die über Geld, Zeit und Beziehungen verfügten. Unter den von den Ernährungs- und Wirtschaftsämtern für Stuttgart festgestellten Vergehen überwogen die Verstöße der Händler jene der Konsumenten. Einen Großteil der Delikte konnten die Ämter ohne Anzeige mit Ordnungsstrafen ahnden.[2] Während die städtischen Ämter Bußgelder verhängen durften, konnte die Überwachungsstelle des württembergischen Wirtschaftsministeriums Geschäfte schließen.[3] In zwei Fällen, in denen sich Stuttgarter Frauen mit falschen Angaben zusätzliche Schuhbezugsscheine verschafften, verhängte das städtische Wirtschaftsamt Ordnungstafen von 100 und 200 RM. Lag ein Fall von Urkundenfälschung vor, etwa eine Umschreibung der Raucherkarte, lautete die Mindeststrafe auf drei Monate Gefängnis.[4] Im September 1942 verurteilte das Sondergericht Stuttgart eine einschlägig vorbestrafte Frau wegen schwerer Urkundenfälschung in drei Fällen zu 15 Monaten Zuchthaus und drei Jahren Ehrverlust.[5]

Das Sondergericht war für die Aburteilung von Kriegswirtschaftsverbrechen zuständig. Oberlandesgerichtspräsident Küstner beklagte „eine an sich bedauerliche Verkümmerung der Tätigkeit der Strafkammer (und der Staatsanwaltschaften)" dadurch, daß fast alle politischen und kriegswirtschaftlichen Straftaten vor dem Sondergericht verhandelt würden.[6] Ebenso kritisierte er die Eingriffe von Parteidienststellen in die Rechtspflege, etwa durch die Bestrafung von Frauen, die Beziehungen zu Kriegsgefangenen unterhalten hatten, sowie das Sonderstrafrecht der SS.[7] Nach Feststellung des Stuttgarter Generalstaatsanwalts stellten Schwarzschlachtungen die häufigsten Fälle von Kriegswirtschaftsverbrechen dar.[8] Bei geringen Verstößen, etwa der illegalen Schwarzschlachtung eines Tieres zur privaten Verwendung, begnügte sich das Sondergericht mit mehrmonatigen Gefängnisstrafen.[9] In solchen Fällen erreichten die Verteidiger mitunter die Umwandlung der Haft- in eine Geldstrafe, um die Beschuldigten im Arbeitsprozeß zu erhalten. Im Juni 1942 verhängte das Stuttgarter Sondergericht gegen einen Gastwirt eine Zuchthausstrafe von zweieinhalb Jahren. Der Verurteilte hatte ohne Erlaubnis 1940 und 1941 elf Schweine, vier Kälber und ein Schaf geschlachtet.[10] Bei besonders schweren Verfehlungen gegen die Kriegswirtschaftsverordnungen erkannte das Sondergericht auf Todesstrafe, so im Dezember 1942 gegen einen einschlägig vorbestraften Metzger, der 25 Kälber und 55 Schweine der allgemeinen Versorgung „entzogen hatte".[11]

Aufsehen über Stuttgart hinaus erregte 1943 ein Punktschieber-Skandal. Am 3. Mai 1943 verhaftete die Polizei einen Aushilfsangestellten der Stadtverwaltung, der bei der Außenstelle Bad Cannstatt des Wirtschaftsamts tätig war. Er hatte dort die bei den Cannstatter Geschäften eingelösten Kleiderkartenpunkte entgegenzunehmen und dafür Punktschecks auszugeben, mit denen diese Waren beziehen durften. Die abgelieferten Kartenpunkte waren zu vernichten. Der Angestellte hatte sich jedoch Punkte angeeignet und einen Teil an 13 Cannstatter Geschäftsleute zurückverkauft. Nach der Verhaftung des Angestellten teilte Direktor Keßner vom Wirtschaftsamt Strölin mit, es handele sich um ein „Kriegswirtschaftsverbrechen größten Maßstabs, das zu einigen Todesurteilen führen und in ganz Deutschland bekannt werden wird".[12] Die Stadtverwaltung befürchtete negative Auswirkungen, zumal bei einer Überprüfung der württembergischen Ernährungsämter durch das Reichswirtschaftsministerium die Reichsprüfer allein dem Stuttgarter Amt eine schlechte Note erteilt hatten.[13] Keßner beklagte die wegen der Einberufung der tüchtigsten Beamten angespannte Personal-

V. 3. Der Sicherheitsapparat und die Bevölkerung

lage. Der Fall zeige schlaglichtartig, „worauf ich schon wiederholt hingewiesen habe, daß wir alle stets mit einem Bein im Zuchthaus stehen (...). Es ist auf die Dauer einfach eine untragbare Zumutung, ein Amt von der Größe (über 800 Gefolgschaftsangehörige) und von der kriegswirtschaftlichen Bedeutung wie das Ernährungs- und Wirtschaftsamt führen zu sollen, ohne daß auch nur einigermaßen ausreichend qualifizierte und verläßliche Unterführer zur Verfügung stehen."

Aus diesem Anlaß versammelte Strölin im Mai 1943 Ratsherren, Beigeordnete und Amtsleiter und forderte sie zu scharfer Aufsicht über die Untergebenen auf: „Es muß alles vermieden werden, wodurch die innere Sauberkeit unserer Verwaltung gedrückt wird. Es darf nichts vorkommen, wodurch der gute Ruf und das Ansehen unserer Verwaltung Not leidet."[14] Das württembergische Innenministerium mußte dem Reichsministerium über den Fall berichten.[15] Prompt erging die Anweisung, zu prüfen, ob Anhaltspunkte für ein Verschulden der Vorgesetzten vorlägen.[16] Strölin bestritt dies energisch und traf einige organisatorische Veränderungen.[17] Am 5. und 6. Oktober 1943 verhandelte das Sondergericht unter Vorsitz von Senatspräsident Cuhorst gegen die Nutznießer der Unterschlagung, drei Kaufleute und eine der Ehefrauen. Die Geschäftsleute waren die „Arisierer" des Kaufhauses Epa. Der Hauptangeklagte war, wie es hieß, einem „zuletzt sehr rasch verlaufenden Lungenleiden" erlegen. Das Interesse der Öffentlichkeit war enorm; der „NS-Kurier" schrieb: „Der Zuhörerraum ist bis auf den letzten Platz gefüllt. Das seit der Vorkriegszeit nicht mehr benutzte Täfelchen 'besetzt' hängt an der Eingangstür."[18] Das Blatt berichtete ausführlich über die Verhandlung. Die angeklagten Kaufleute hatten die Punkte zurückerhalten und mit den Zusatzpunken entweder bevorzugte Kunden beliefert oder mit ihren Lieferanten gewinnbringende Nebengeschäfte getätigt. Das Urteil entsprach den Erwartungen. Das Sondergericht verhängte gegen zwei der Angeklagten, ein Brüderpaar, die Todesstrafe und verurteilte den dritten Beteiligten zu acht Jahren Zuchthaus. Die Hinrichtungen fanden am 20. November 1943 im Stuttgarter Justizgebäude statt.[19]

Ausführlich berichtete der „NS-Kurier" immer wieder über die Aufdeckung und Bestrafung von Kriegswirtschaftsverbrechen, vor allem aber über Vergehen gegen die „Volksschädlingsverordnung". Mit ihr hatte der Ministerrat für die Reichsverteidigung bei Kriegsbeginn das Strafmaß für kriminelle Delikte drastisch verschärft, wenn sie unter Ausnutzung kriegsbedingter Verhältnisse begangen worden waren oder als Schädigung der Widerstandsfähigkeit des Volkes gewertet werden konnten.[20] Die Bevölkerung sollte glauben, die nationalsozialistische Justiz gehe äußerst hart, aber gerecht gegen diejenigen vor, die im Kriege die innere Ordnung und die äußere Kampfkraft schwächten. Während der „NS-Kurier" über diese Fälle vergleichsweise ausführlich informierte, schwieg er meist über Aburteilungen und Hinrichtungen politischer Gegner und die in den beiden letzten Jahren der NS-Herrschaft stark zunehmenden Urteile wegen „Zersetzung der Wehrkraft".[21]

Die Volksschädlingsverordnung sollte Gewohnheitsverbrecher ausmerzen.[22] Nach nationalsozialistischer Auffassung war kriminelles Verhalten erblich bedingt; einen wirksamen Schutz konnten demnach nur Sterilisierung und Tötung leisten. Vor dem Krieg hatten die Nationalsozialisten vorbestrafte Personen erfaßt und bei Polizeirazzien einen Teil von ihnen verhaftet und in Konzentrationslager eingewiesen. Der stellvertretende Vorsitzende des Stuttgarter Sondergerichts, das für die „Aburteilung all dieser zeitbedingten Verbrecher" zuständig war, Oberlandesgerichtsrat Bohn, äußerte sich im Januar 1940 im „NS-Kurier":
„Wenn einmal ein Urteil dem Leser auf den ersten Blick etwas hart erscheint, so bedenke er, daß schwächliche Rücksichtnahme auf einen Volksschädling in einer Zeit weniger denn je am Platze ist, wo tausende von anständigen und ehrlichen Volksgenossen als Soldaten tagtäglich ihr Leben für ihr Vaterland einsetzen."[23]
Auf derselben Seite berichtete das Blatt erstmals über die Hinrichtung eines Mannes, der „unter Ausnützung der zur Abwehr von Fliegergefahr getroffenen Maßnahmen" (Verdunkelung) Diebstähle begangen hatte. Das Sondergericht sorgte für abschreckende Urteile. Ende Januar 1940 verurteilte das Gericht unter Vorsitz von Cuhorst einen 21jährigen Mann wegen fortgesetzten Diebstahls zum Tode. Mehrere Taten hatte er unter Ausnützung der Verdunkelung begangen; die Gesamtbeute betrug 4000 RM.[24] Zwei Tage später sprach das Gericht, wieder unter Vorsitz von Cuhorst, das Todesurteil über einen 20jährigen Stuttgarter, der nach einer Zechtour einem Arbeiter in einer verdunkelten Straße die Weihnachtsgratifikation in Höhe von 65 RM geraubt hatte. Er galt als Gewohnheitsverbrecher, weil er bereits aufgefallen war, aus einer „asozialen" Familie stammte und straffällige Brüder hatte.[25] Die Volksschädlingsverordnung wurde immer schärfer ausgelegt. Vorstrafen stempelten einen Täter auch dann zum Gewohnheitsverbrecher, der sein Leben verwirkt hatte, wenn keine unmittelbare Ausnützung der Kriegsverhältnisse vorlag. Im Mai 1944 verhängte das Sondergericht die Todesstrafe gegen eine Frau, die wegen Betrugs und Urkundenfälschung vorbestraft und nach Verbüßung einer Haftstrafe erneut straffällig geworden war. Als „gerissene Hochstaplerin, (...) Volksschädling und gefährliche Gewohnheitsverbrecherin" büßte sie mit dem Leben.[26]
Bei Polen, Russen und Zigeunern bemühte sich die nationalsozialistische Kriminalbiologie nicht um solche Differenzierungen. Intime Beziehungen eines Polen zu einer deutschen Frau galten als todeswürdiges Verbrechen. Nachdem in den Jahren 1940 und 1941 die Stapoleitstellen ohne Gerichtsverfahren öffentliche Schauhinrichtungen abgehalten hatten, verurteilte das Sondergericht Anfang 1942 einen 27jährigen Polen zum Tode.[27] Ebenso zogen Diebstähle die Todesstrafe nach sich, während Fremdarbeiter aus westeuropäischen Staaten nicht immer die Todesstrafe zu gewärtigen hatten. Bei der Ausmerzung der Sinti und Roma erhielt die Volksschädlingsverordnung eine eindeutig rassische Funktion. Im Oktober 1942 verhängte das Sondergericht To-

desurteile gegen zwei Minderjährige. Die beiden, 16 und knapp 18 Jahre alt, hatten aus Angst vor einer Verschleppung in ein Lager ständig ihren Wohnsitz verändert und ihren Lebensunterhalt durch Diebstähle gefristet. Oberstaatsanwalt Link bezeichnete die Angeklagten als gefährliche Gewohnheitsverbrecher, obwohl sie nicht vorbestraft waren; zu ihrer Einstufung als Gewohnheitsverbrecher und Volksschädlinge diente allein ihre Registrierung als „Zigeuner".[28]

In der Justiz gab es auch vorsichtige Kritik. Anfang Mai 1940 berichtete Generalstaatsanwalt Wagner dem Justizministerium, er teile die Auffassung von Prozeßbeobachtern, auch aus den Reihen der Partei, daß die Anträge des Staatsanwalts und die Strafen bei Volksschädlingsprozessen zum Teil unverständlich seien.[29] Im Sommer 1941 wies das Reichsjustizministerium hingegen den Leiter der Anklagebehörde beim Sondergericht an, auf höhere Strafen zu plädieren, obwohl jener nach eigener Aussage „schon empfindliche Zuchthaus- oder Gefängnisstrafen in Aussicht genommen und einen entsprechenden Antrag angekündigt hatte". Die vom Ministerium angeordneten Strafanträge lägen „um das dreifache höher als die vom Sondergericht erkannten Strafen".[30]

Am 1. Juni 1943 herrschte im Stuttgarter Justizgebäude bereits am frühen Morgen Hochbetrieb. 35 Hinrichtungen standen bevor, eine weder vorher noch nachher an einem einzigen Tag verzeichnete Zahl.[31] Neben fünf Soldaten, die ein Wehrmachtsgericht wegen Fahnenflucht zum Tode verurteilt hatte, erwartete der Scharfrichter eine Gruppe von tschechoslowakischen Widerstandskämpfern und vier Angehörige einer Widerstandsgruppe aus dem Elsaß. Renatus Birr, August Sontag, Eugen Boerglin und Adolf Murbach – zwei Lehrer, ein Eisendreher und ein Schreiner – hatten im Auftrag eines Funktionärs der illegalen Kommunistischen Partei Frankreichs Flugblätter hergestellt und über einen Kurierdienst verbreitet sowie Waffen der französischen Armee versteckt. Der am 23. Januar 1943 in Straßburg tagende Volksgerichtshof verurteilte die vier Männer zum Tode und verhängte für zwei Mitangeklagte Zuchthausstrafen von zwölf und sechs Jahren.[32] Sieben Tage nach der Verkündung wurden die Todeskandidaten ins Stuttgarter Justizgebäude eingeliefert, vier Monate später wurde das Urteil vollstreckt. Mitte März 1943 verhandelte der Volksgerichtshof in Berlin gegen zwölf Angeklagte derselben Gruppe und verhängte vier Todesurteile gegen vier Aktivisten aus der Gegend um Mülhausen.[33] Hier war die Flugblattpropaganda in den Jahren 1941 und 1942 besonders intensiv gewesen. Am 29. März 1943 erfolgte die Verlegung nach Stuttgart, am 29. Juni 1943 die Hinrichtung der vier Elsässer. Am selben Tag mußten 13 weitere Personen den Gang zum Schafott antreten, darunter vier vermutlich ebenfalls aus dem Elsaß stammende Männer, die ein Divisionsgericht in Straßburg wegen Fahnenflucht zum Tode verurteilt hatte.[34]

Eine Einheitsfront aller französischen Gruppierungen unter Einschluß der Kommunisten war das Ziel einer kleinen Gruppe in der Colmarer Gegend. Ein bei der deut-

schen Zivilverwaltung beschäftigter Ingenieur hatte amtliche Formulare und Stempel besorgt, mit denen sich die Männer falsche Papiere beschaffen konnten. Diese dienten der Fluchthilfe für Kriegsgefangene. In seinem Todesurteil gegen vier der acht Angeklagten führte der Volksgerichtshof am 8. Juli 1943 aus:
„Was soll aus der Festigkeit unserer Verhältnisse in der Heimat werden, wenn Kriegsgefangene in die Lage versetzt werden, mit falschen Ausweispapieren auf unseren Bahnen zu fahren? Das ist Hilfe für den Kriegsfeind von unmittelbar schwerwiegender Bedeutung."[35]
Nicht nur die Feindbegünstigung und die Vorbereitung zum Hochverrat erregten den Unwillen der nationalsozialistischen Justiz:
„Überall, wo in den Adern deutsches Blut rollt, sind unsere Soldaten auf ihrem Siegeszug mit einem Sturm der Begeisterung begrüßt worden. (...) Dieser Siegeszug und die Begeisterung muß auch den wenigen, deren Deutschbewußtsein unter der französischen Eindeutschungspolitik gelitten hatte, die Stimme ihres Blutes wieder lebendig gemacht haben. Das hat aber nicht verhindert, daß einzelne Verräterkreise entstanden, die unser Volk und das Blut in ihren eigenen Adern verrieten."
Renatus Menges, Robert Husser, Georg Werle und Albert Denne büßten mit dem Leben für ihren angeblichen Verrat am Blut. Auch Lucienne Welschinger, Maria Groß, Albert Ott, Paul Widmann und Anton Krummacker starben, weil sie der Humanität größeres Gewicht beimaßen als einer Sprache des Blutes. Lucienne Welschinger hatte nach dem Frankreichfeldzug eine Organisation aufgebaut, die Kriegsgefangene zur Rückkehr in ihre Heimat verhelfen wollte.[36] Zusammen mit Freundinnen aus der Pfadfinderbewegung richtete sie in einer Straßburger Kirche eine Anlaufstelle ein; in dem Gefangenenlager kursierte das Losungswort für eine Vermittlung. Helfer schafften die Flüchtlinge von geheimen Grenzübergängen zu verschiedenen Vermittlungsstellen und versorgten sie mit Geld, Lebensmitteln und Kleidung. Während der Volksgerichtshof die fünf Genannten am 26. Januar 1943 in Straßburg zum Tode verurteilte, kamen sechs Helferinnen und Helfer mit Zuchthausstrafen davon. In der Begründung hieß es: „Die Angeklagten haben ihrem deutschen Blut gegenüber treulos gehandelt. Sie sind daher durch ihre Tat ehrlos geworden." Die NS-Justiz behandelte die Elsässer als Deutsche. Nach ihrer Einlieferung in die Urbanstraße 18 am 9. Februar 1943 verbrachten die fünf Todeskandidaten bange Monate, ehe sie mit 13 anderen Delinquenten am 6. Oktober 1943 enthauptet wurden. Dann ging es – im wörtlichen Sinne – Schlag auf Schlag. Am 19. April 1944 richtete der Henker im Justizgebäude innerhalb von Minuten acht Eisenbahner aus Dijon.[37] Zwei Tage zuvor hatte sie ein Standgericht der Feldkommandantur 669 wegen Freischärlerei zum Tode verurteilt.
Zusammen mit den Männern aus Burgund starb auch Alfred Quiri aus Straßburg, über dessen Schicksal wir ein wenig mehr wissen als über die anderen Hingerichteten. Quiri hatte schon 1933 und 1934 im Rahmen der IVKO, der Internationalen Vereinigung

78 Das Justizgebäude in der Urbanstraße (Todeszelle 3. Fenster v. rechts oben)

79 Kurt Kaul, Höherer SS- und Polizeiführer Südwest

80 Gedenkstätte für den elsässischen Kommunisten René Birr (Foto 1963)
81 Gertrud Lutz, geb. Schlotterbeck, erschossen 30. 11. 1944 in Dachau
82 Friedrich Schlotterbeck, einziger Überlebender der Luginslander Familie

83 Gottfried Hermann Wurz, ermordet im Flossenbürg 20. 4. 1945
84 Erich Strobel, gestorben 9. 3. 1943 in Dachau

85 Jakob Weimer, gestorben an Haftfolgen 21. 11. 1944

86 Eugen Bolz, hingerichtet 23. 1. 1945

87 Claus Graf Schenk von Stauffenberg, hingerichtet 20. 7. 1944

der Kommunistischen Opposition, deutsche Exilanten unterstützt. Straßburg war in jener Zeit eine wichtige Anlaufstelle für Angehörige der KPO; Quiri organisierte Hilfe und sammelte Geld.[38] Auch nach Richtungskämpfen innerhalb der IVKO setzte er seine Bemühungen fort, die ihn das Leben kosteten. Noch in seinem Abschiedsbrief dachte er an Freunde im Exil und an seine früheren Gemeinderatskollegen. Alfred Quiri schrieb in deutscher Sprache, als er zehn Stunden vor seiner Hinrichtung seiner Frau die letzten Grüße sandte: „Ich nehme jetzt für immer Abschied von Dir, von der Heimat und vom Vaterhaus, von allem, was dazu- und hineingehört, und was ich bis zum kleinsten geliebt, und wofür wir gemeinsam gestritten haben."[39]
Alfred Quiri hatte kurz vor seiner Verhandlung vor dem Straßburger Sondergericht seine Frau sehen können. Die mit ihm hingerichteten Eisenbahner aus Dijon starben hingegen einen „verschwiegenen Tod".[40] Für den besetzten Teil Frankreichs galt im Unterschied zum annektierten Elsaß der sogenannte Nacht- und Nebel-Erlaß.[41] Nach einer Weisung von Hitler Anfang Dezember 1941 wirkten bei Straftaten „gegen das Reich oder die Besatzungsmacht" Freiheitsstrafen einschließlich lebenslanger Zuchthausstrafen „als Zeichen von Schwäche". Er ordnete daher an, sofort die Todesstrafe auszusprechen und die Hinrichtung rasch zu vollstrecken. War dies nicht möglich, sollten die Beschuldigten nach Deutschland verschleppt werden, ohne daß die Angehörigen irgendwelche Nachrichten erhielten. Das ganze Verfahren vollzog sich unter strenger Geheimhaltung und unter besonderen prozessualen Bedingungen. Häufig erhielten die Angeklagten nicht einmal Kenntnis von der Anklageschrift; die Vertretung durch einen Offizialverteidiger lag im Ermessen des Gerichtsvorsitzenden. Die Angehörigen erfuhren nichts vom Schicksal der Verschleppten. Auch Todesurteile und Hinrichtungen blieben geheim; selbst das Stuttgarter Standesamt trug die Hinrichtungen aus Tarnungsgründen nicht korrekt ins Sterberegister ein. Abschiedsbriefe verwahrte die zuständige Staatsanwaltschaft, die Staatspolizeileitstellen beseitigten die Leichen.
Nicht zum Bereich des Nacht- und Nebel-Erlasses zählte das Reichsprotektorat Böhmen-Mähren, die ehemalige Tschechei. Um so erstaunlicher deshalb die Tatsache, daß bei der erwähnten Massenhinrichtung am 1. Juni 1943 15 tschechische Widerstandskämpfer in Stuttgart auf das Schafott geschleppt wurden. Zwei von ihnen hatte das für entsprechende Fälle nicht zuständige Sondergericht in Stuttgart, die übrigen der Volksgerichtshof verurteilt. Sie waren zwischen dem 10. und 15. Dezember 1942 ins Justizgefängnis eingeliefert worden. Über Anklage und Ablauf des Verfahrens waren keine Angaben zu ermitteln.[42] Die Haltung der Justiz war jedenfalls ausgezeichnet, wie Generalstaatsanwalt Wagner Reichsjustizminister Thierack am 3. Oktober 1944 berichtete:
„Als Beispiel nenne ich nur, daß am Morgen des 13. September 1944 noch in den Rauchschwaden des vorangegangenen Nachtangriffs in den wenigen noch verfügba-

ren, erheblich beschädigten Räumen eine Reihe von Strafverhandlungen durchgeführt worden ist."⁴³ Das Fallbeil nahm seinen Betrieb wenige Tage später in Bruchsal wieder auf.

Die Organisation des Sicherheitsapparats war vor Beginn des Krieges abgeschlossen, die Verschmelzung von Polizei und SS unter Führung vom Himmler im Jahre 1936 vollzogen. Es galt nicht mehr politische Gegner auszuschalten, sondern vorzubeugen. Mit Kriegsbeginn setzte Himmler Höhere SS- und Polizeiführer in den Wehrkreisen ein. Ihnen unterstanden alle Polizei- und SS-Einheiten. Die Höheren SS- und Polizeiführer vereinigten Sicherheits- und Ordnungspolizei in einer Hand.⁴⁴ Der Höhere SS- und Polizeiführer Südwest im Wehrkreis V (Gau Württemberg-Hohenzollern und Baden) war damit Stellvertreter Himmlers im Wehrkreis. Zum Höheren SS- und Polizeiführer Südwest in Stuttgart ernannte Himmler SS-Gruppenführer Kurt Kaul. Er führte den Oberabschnitt seit 1937 und war alter Kämpfer der NSDAP und der SS (1930) und seit Mitte 1932 hauptamtlicher SS-Führer. Inspekteur der Sicherheitspolizei und des SD (IdS) in Stuttgart war der Führer des SD im Oberabschnitt Südwest, Standartenführer Gustav Scheel, der noch das Amt eines Reichsstudentenführers versah. Anfang Dezember 1939 folgten Scheel, der in derselben Funktion nach München wechselte, Standartenführer Helmut Willich und mit Wirkung vom 1. Februar 1941 der bisherige IdS in Wien, Standartenführer Dr. Hans Fischer.⁴⁵

Die Leitung der Stapoleitstelle hatte bei Kriegsbeginn Oberregierungsrat SS-Sturmbannführer Böes als Nachfolger von Walter Stahlecker inne, der 1941/42 als Führer der Einsatzgruppe A im Gebiet der Heeresgruppe Nord Massenerschießungen leitete, ehe er im März 1942 bei einem Partisanenüberfall tödliche Verletzungen erlitt.⁴⁶ Nach dem Tode von Böes im Jahre 1940 übernahm Regierungs- und Kriminalrat SS-Sturmbannführer Friedrich Mußgay diesen Posten. Er gehörte zur alten Garde der Kriminalpolizei und hatte sich bereits vor 1933 als Kommunistenjäger Verdienste erworben. Offenbar war Mußgay nicht unangefochten und hatte ständig mit SS-Rivalen Auseinandersetzungen.⁴⁷ Führer des SD-Leitabschnitts für den Gau Württemberg-Hohenzollern war SS-Sturmbannführer Eugen Steimle, die Organisation des SD im Gau in den Jahren vor dem Krieg war hauptsächlich sein Werk gewesen. Wenige Wochen nach dem Überfall auf die Sowjetunion bestimmte Heydrich den SD-Führer „zur Führung eines Sonder-Einsatzkommandos im Osten".⁴⁸ Auch dort bewies er „ausgezeichnete Eigenschaften in der Führung und Behandlung der ihm anvertrauten Männer", so daß er als Gruppenleiter ins Reichssicherheitshauptamt einzog.⁴⁹ Sein Nachfolger wurde SS-Sturmbannführer Böhm, der bisher die SD-Hauptaußenstelle Stuttgart in der Kanzleistraße 34 geleitet hatte und nun zum Leitabschnitt in die Reinsburgstraße wechselte. Nach 1942 gab es noch mehrfach Veränderungen.⁵⁰ Zum Befehlsbereich des IdS zählte auch die Kriminalpolizeileitstelle, die in der Büchsenstraße 37 residierte. Als „Chef" firmierte zwar Polizeipräsident Carl Schweinle, der 1938 Rudolf

V. 3. Der Sicherheitsapparat und die Bevölkerung

Klaiber abgelöst hatte. Er verlor neben Kompetenzen auch an Ansehen, denn er gehörte nicht zur SS, sondern war SA-Brigadeführer. Leiter der Kripoleitstelle und starker Mann war SS-Sturmbannführer Oberregierungs- und Kriminalrat Elsner. Im Sommer 1944 löste SS-Standartenführer und Oberst der Schutzpolizei Wicke Schweinle im Amt des Polizeipräsidenten ab.[51]

Die Schutzpolizei unterstand dem Hauptamt Ordnungspolizei im RSHA. Am 16. März 1940 ernannte Himmler den Oberst der Gendarmerie, Gerhard Winkler, zum Befehlshaber der Ordnungspolizei (BdO), „um Ihre Ihnen schon jetzt zustehenden Befugnisse auch in Ihrer Dienststellung zum Ausdruck zu bringen".[52] Winkler oblag die „einheitliche Führung" von Schutzpolizei, Feuerschutzpolizei, der übrigen Feuerwehren und der technischen Nothilfe. Da jedoch deren Unterordnung unter die staatliche und kommunale Polizeiverwaltung weiterbestand, begründete diese Ernennung eines BdO ein kompliziertes Kompetenzgeflecht.[53]

Ende Februar 1943 erlitt Stuttgarts Höherer SS- und Polizeiführer Kaul beim Skilaufen in Zürs eine komplizierte Verletzung. Der Unfall löste unerwartete Konsequenzen aus. Himmler enthob Kaul mit Wirkung vom 21. April 1943 seiner Dienststellung: „Kaul hat in den ganzen vergangenen Jahren und Monaten trotz verschiedener Ermahnungen nicht den Diensteifer und die Pflichterfüllung gezeigt, die ich gerade in Kriegszeiten von einem Oberabschnittsführer erwarten muß."[54] Ende 1943 schied Kaul aus dem Dienst in der SS aus. Der Fall des Dreiundfünfzigjährigen war tief. Himmler verwendete sich bei Murr um eine Anstellung Kauls als Landesoberstallmeister im Gestüt Marbach. Da aber der Amtsinhaber noch einige Jahre von der Altersgrenze entfernt war, mußte Kaul vom Reichsminister für Ernährung und Landwirtschaft hören, er möge zunächst in anderen Gestüten volontieren.

Zum Nachfolger Kauls ernannte Himmler SS-Gruppenführer Otto Hofmann, seit Juli 1940 Chef des Rasse- und Siedlungshauptamtes im RSHA. Für Hofmann bedeutete dies faktisch einen Abstieg, wenngleich er am 21. Juni 1943 zum Obergruppenführer befördert wurde.[55] Himmler hatte Hofmann im März 1943 ernste Vorhaltungen gemacht:

„Gruppenführer Hofmann, um ein Hauptamt aufzubauen, gehört nimmermüder Fleiß, Geschicklichkeit und ernste Arbeit, die sich auch um die kleinsten Kleinigkeiten des Hauptamtes kümmert, bis sie den Untergebenen in Fleisch und Blut übergegangen sind. Ich wünsche nicht, daß Sie so viele Dienstreisen machen und dauernd unterwegs sind, um als ganz großer Kommandeur und Feldherr aufzutreten. Alles in allem muß ich sagen, Ihr Hauptamt gefällt mir von Woche zu Woche weniger."[56]

Hofmann sollte sich nach Himmlers Auffassung in Stuttgart bewähren und „alle Probleme und Dinge aus der Gesamtschau der SS an einer der höchsten Kommandostellen im Reich kennenlernen". Zur Einarbeitung schickte Himmler ihn für jeweils einige Tage ins Hauptamt Ordnungspolizei, zum Polizeipräsidium Hamburg und zu einer

Unterweisung ins RSHA. Dort sollte er sich mit dem Luftschutz vertraut machen. Die Spannungen zwischen Hofmann und Himmler wurden nicht abgebaut. Himmler warf ihm eine „weichliche Führung" vor. Im November 1944 rügte der Reichsführer SS die „panikartige und feige Räumung" des Elsaß durch die SS und den SD. Er ernannte deshalb für das Elsaß einen eigenen SS- und Polizeiführer; Hofmann drohte er: „Zu Ihrer Orientierung will ich Sie davon unterrichten, daß ich einen Führer der Sicherheitspolizei in Paris wegen ähnlicher Dinge habe erschießen lassen."[57]

Die Querelen um die beiden Höheren SS- und Polizeiführer waren typisch für die innere Verfassung des nach außen so monolithisch wirkenden Sicherheitsapparats. Auch innerhalb der Gestapoleitstelle herrschte Kleinkrieg zwischen den aus der alten Kriminal- und politischen Polizei übernommenen Beamten und den aus SS und nationalsozialistischen Gliederungen zur Polizei gekommenen Beamten.[58] Nach außen drang, zumal in der Kriegszeit, von diesen Auseinandersetzungen nur wenig.

Der nationalsozialistische Sicherheitsapparat war bei der vorbeugenden Erfassung und Überwachung der Lebenszusammenhänge auf die Mitarbeit der Bevölkerung angewiesen. Er konnte sich auf ein Heer von Denunzianten verlassen, die aus verschiedenen Gründen unentgeltliche Hilfsdienste leisteten. Berufskollegen und Nachbarn berichteten über politische Äußerungen, Händler zeigten die Konkurrenz wegen markenfreier Abgabe rationierter Waren und wegen Verkaufs an Juden an. Nach Kriegsbeginn verschärfte die Regierung das „Heimtücke-Gesetz" so, daß nahezu jede kritische Äußerung in die Nähe von Hoch- und Landesverrat rückte. Ein erheblicher Teil der „Heimtücke"-Verfahren ging auf Denunziationen zurück. Dabei kam es vor, daß das gewiß nicht zimperliche Sondergericht Anschuldigungen lediglich als persönliche Angriffe wertete und Freisprüche verkündete.[59] Handelte es sich freilich um die Denunziation einer rassisch oder politisch mißliebigen Person, so konnte diese keine Rücksicht erwarten.[60] Die Folgen einer Denunziation waren unkalkulierbar. In einem Fall wurde ein früherer Gewerkschafter, der bei der Daimler-Benz AG arbeitete, nach der Meldung durch einen Kollegen von der Gestapo zum Verhör geladen und ermordet.[61] Ein Straßenbahnschaffner hingegen kam nach einer Denunziation mit Dienstentlassung davon. Eine BDM-Führerin hatte seine Bemerkung – „Seit dem 3. Reich ist's nichts mehr"[62] – gemeldet. Die Gestapo begnügte sich mit einer Verwarnung, und das Sondergericht lehnte eine Anklageerhebung mit der Begründung ab, nach 19jähriger Dienstzeit sei der Beamte mit der Entlassung genug gestraft. Bei Beschäftigten des öffentlichen Dienstes war in solchen Fällen eine Entlassung üblich, auch wenn keine Verurteilung erfolgte.[63] Die Bespitzelung trieb seltsame Blüten. So zeigte ein Dienstmädchen einen hochgestellten städtischen Beamten wegen eines Vergehens gegen die Verbrauchsregelung an. Strölin nannte dies einen „typischen Fall übelsten Denunziantentums". Die pflichtbewußte Frau mußte daraufhin ebenso eine Ordnungsstrafe von 150 RM bezahlen wie der nachlässige Beamte.[64]

V. 3. Der Sicherheitsapparat und die Bevölkerung

Denunziationen gehörten auch zum Umgangston der Nationalsozialisten untereinander. Dabei ging es nicht um die politische Zuverlässigkeit, sondern um Posten und Karrieren. Der Mitbegründer der Stuttgarter NSDAP-Ortsgruppe, der Bildhauer Professor Arnold Waldschmidt, der 1943/44 im Auftrag Himmlers in Norwegen Verfahren zur Vitamingewinnung aus Algen erprobte, erhielt im April 1944 Post von seinem Dienstherrn:

„Nach der mir vorliegenden Meldung des SS-Sturmbannführers und SS-Richters Thorbeck haben Sie sich in Norwegen bei politischen Gesprächen defaitistische Äußerungen zuschulden kommen lassen. (...) Für dieses Mal sehe ich, obwohl Sie durch Ihre noch dazu im Ausland begangene Handlung das Ansehen des Deutschtums und der SS schwer geschädigt haben, noch von Konsequenzen ab."[65]

Waldschmidt soll den Überfall auf die Sowjetunion als politische Katastrophe bezeichnet, zugleich aber auch die slawischen Völker „minderwertig" genannt haben. Wohl zu Recht wähnte er sich als Opfer einer Intrige von SD-Stellen in Oslo und versicherte Himmler: „Ich brauchte nichts zu fürchten diesen Wichten gegenüber, denn in mir brennt eine glühende Vaterlandsliebe." Er habe lediglich die „Gefahr der bolschewistischen Heeresmaschine" verdeutlicht, um eine „schlappe" Haltung zu rügen.[66]

Auch der frühere Gauamtsleiter für Kultur, Georg Schmückle, wie Waldschmidt eine eigenwillige Persönlichkeit, mußte sich einer Denunziation erwehren. Er hatte angeblich im Sommer 1943 davon gesprochen, daß der Krieg verloren sei. Himmler schaltete den Chef des Reichssicherheitshauptamts, Kaltenbrunner, und den Präsidenten der Reichsschrifttumskammer, Johst, ein. Letzterer sollte seinem Kollegen einen geharnischten Brief schreiben. Johst wußte Schmückle an der richtigen Stelle zu fassen: „Ich muß gestehen, daß mich nichts so entsetzen konnte, als zu hören, daß der Dichter Georg Schmückle derartig versagt, und als erster aus der Front des nationalsozialistischen Widerstandes und der inneren klaren Haltung ausbricht, ausgerechnet Georg Schmückle, der das Eiserne Kreuz I. Klasse des Weltkrieges trägt, der in der Partei Gauamtsleiter ist, dessen Werke beweisen, daß er um die heiligen Schwierigkeiten tragischer Geschichtsbildungen Bescheid weiß, ausgerechnet dieser Schmückle redet solch feigen Unsinn."[67]

Schmückle, in Stuttgart als unnachgiebiger Mensch bekannt, der anläßlich seines 60. Geburtstags von der Stadtverwaltung ebenso ultimativ wie vergeblich die Umbenennung der Taubenheimer Straße in Bad Cannstatt nach ihm selbst forderte und jede andere Ehrung zurückwies, eilte sofort zu Johst nach Oberbayern. Befriedigt berichtete jener an Himmler:

„Georg Schmückle weinte (...) und versicherte mir, daß alles eine wüste Entstellung dessen sei, was er im Kameradschaftshause und zugleich in Gegenwart des Gauleiters Murr gesagt habe. Er gab mir sein Ehrenwort (...). So entließ ich meinen guten Georg

Schmückle wieder in sein Schwabenländle. Das Gewitter und der Blitz des Schreckens werden gut getan haben und am Stammtisch des Kameradschaftshauses wird das Geschwätz positiv erklingen (...)."[68] Auf solche Nachsicht und „Sonderbehandlung" konnten freilich nur prominente Nationalsozialisten rechnen. Einem bekannten nationalsozialistischen Dichter erlaubte man sein Stammtischgeschwätz, nicht aber dem einfachen Bürger.

Mit zunehmender Kriegsdauer und der sich abzeichnenden militärischen Niederlage verschärfte das NS-Regime seinen Kampf gegen kritische Äußerungen aller Art. Oberlandesgerichtspräsident Küstner berichtete im Dezember 1943 an Justizminister Thierack:

„Im jetzigen Stadium des Krieges ist die Bekämpfung hetzerischer, zersetzender, defaitistischer Äußerungen eine der wichtigsten Aufgaben der dazu berufenen Gerichte. Wenn die Gerichte hier versagen würden, bestünde die Gefahr, daß wir im Innern Zustände bekämen wie im Herbst 1918. Hier ergibt sich eine gewisse Schwierigkeit daraus, daß offenbar noch keine einheitliche Behandlung sich durchgesetzt hat. Auf der einen Seite steht die Rechtsprechung des Volksgerichtshofes, der derartige Äußerungen gegebenenfalls als Feindbegünstigung mit dem Tode bestraft. Auf der anderen Seite gelangen nicht selten ganz ähnliche Äußerungen an die Anklagebehörde beim Sondergericht, die in ihren Vorlageberichten an das Reichsjustizministerium sich öfters darüber ausspricht, daß Wehrkraftzersetzung aus den und den Gründen nicht vorliege oder wenigstens nicht erweislich sei, und deshalb die Anordnung der Strafverfolgung nach § 2 des Heimtückegesetzes anregt. Das Reichsjustizministerium billigt stillschweigend diese Stellungnahme, in dem es die Strafverfolgung nach der erwähnten Bestimmung anordnet. Es ist ein kleines Körnchen Wahrheit daran, wenn gelegentlich scherzhaft übertrieben gesagt wird, eine bestimmte Äußerung könne mit allen Strafen, von einer Geldstrafe bis zur Todesstrafe geahndet werden."[69]

Bereits Anfang 1940 hatte Generalstaatsanwalt Wagner geschrieben: „Es mag übertrieben sein, wenn gelegentlich schon gesagt worden ist, der Täter könne heute in manchen Fällen nicht mehr ermessen, ob er mit einer Geldstrafe wegkomme oder ob er seinen Kopf riskiere."[70] Die Äußerungen legten den Schluß nahe, daß die Richter und Staatsanwälte um ihre Macht wußten. Nach Küstners Aussage traf bereits die Staatsanwaltschaft eine Vorentscheidung über Leben und Tod eines Beschuldigten, je nachdem, ob sie ihre Erkenntnisse dem Volksgerichtshof oder dem Sondergericht zuleitete.

Am 6. September 1943 verurteilte der Volksgerichtshof unter Vorsitz seines Präsidenten Freisler Erich Buchin, der eine Zeitlang in Stuttgart gelebt hatte, zum Tode, weil er bei Gesprächen im Betrieb geäußert hatte, der Krieg sei für Deutschland bereits verloren und mit Hitler sei kein Friede zu erreichen.[71] Das Urteil wurde bereits einen Tag später in Berlin vollstreckt. Einer Denunziation fiel auch der Direktor der Filiale der

V. 3. Der Sicherheitsapparat und die Bevölkerung

Deutschen Bank in Stuttgart, Hermann Köhler, zum Opfer. Er starb am 8. November im Zuchthaus Brandenburg durch das Fallbeil, nachdem ihn der Volksgerichtshof wegen defaitistischer Äußerungen zum Tode verurteilt hatte.[72] Adolf Gerst aus Gablenberg hatte in seinem Betrieb Hitler einen „Bluthund" genannt. Kollegen denunzierten den 48jährigen Familienvater. Nach halbjähriger Untersuchungshaft sprach ein in Stuttgart tagender Senat des Volksgerichtshofes am 9. Mai 1944 über Gerst das Todesurteil, das der Henker am 22. Juni 1944 im Justizgebäude vollstreckte.[73]
Auch unter den Verfolgten gab es Spitzel. So betätigte sich während des Krieges ein Stuttgarter Jude als Spitzel für die Gestapo, der aufgrund seiner nationalsozialistischen politischen Einstellung seine Verfolgung nicht verstehen konnte und schließlich, um sein Leben zu retten, in den Dienst des Regimes trat.[74] Ein früheres Mitglied der KPD, das 1933 für drei Monate auf den Heuberg verschleppt worden und anschließend zwei Jahre arbeitslos war, wurde wegen Vorbereitung zum Hochverrat Ende 1937 zu drei Jahren Zuchthaus verurteilt, die der Mann zum Teil in Einzelhaft, als Zwangsarbeiter am Westwall und im Bayerischen Wald sowie in den Moorlagern im Emsland und im Lager der Stapoleitstelle in Welzheim verbüßte. 1941 entlassen, besorgte ihm die Gestapo einen Arbeitsplatz bei einer Rüstungsfirma, wo er sich als Spitzel betätigte. Obwohl er nachweislich mehrere Berichte an die Stapoleitstelle ablieferte, wurde er 1943 zu einem Strafbataillon eingezogen und geriet schließlich in Nordafrika in Kriegsgefangenschaft.[75] Friedrich Schlotterbeck, nach Verbüßung einer Zuchthausstrafe von 1937 bis 1943 in Welzheim, hat anschaulich die Versuche beschrieben, ihn zu einer Spitzeltätigkeit zu bewegen.[76]
Eine vermutlich unvollständige Übersicht verzeichnete für den Zeitraum vom 6. April 1941 bis 31. Juli 1942 im Bereich der Stapoleitstelle Stuttgart 207 Verhaftungen aus politischen Gründen.[77] In 138 Fällen nannte die Stapoleitstelle ein Vergehen gegen das Heimtücke-Gesetz als Haftgrund, in über 40 Fällen war von staatsfeindlichem Verhalten, zumeist wegen kommunistischer Einstellung, die Rede, und in knapp zwei Dutzend Fällen sollten die Verhafteten ausländische Sender abgehört haben. Die Liste verzeichnete lediglich vier Verhaftungen wegen Vorbereitung zum Hochverrat. Diese Übersicht dokumentierte, daß auch in dieser Zeit der „Belastungsprobe" (Wagner) auf dem östlichen Kriegsschauplatz die meist auf Denunziation zurückgehenden Heimtücke-Verfahren, also abfällige Äußerungen über den Führer des Staates und der NSDAP, überwogen. Nur in wenigen Fällen waren Einzelheiten zu ermitteln.
Ein Stuttgarter Buchdrucker, der bereits 1934 eine 15monatige Gefängnisstrafe wegen Vorbereitung kommunistischer Druckschriften zu verbüßen hatte, geriet im September 1941 wegen Heimtücke in Haft. Er hatte nach Aussage von zwei Arbeitskollegen unter anderem gesagt: „In Rußland ist es besser als in Deutschland. In Deutschland ist alles verboten. Man kann nichts mehr reden. Deutschland ist ein Zuchthausstaat."[78] Unter das Heimtücke-Gesetz fiel auch die Verbreitung eines „gegen den Führer ge-

richteten hetzerischen Gerüchtes", das sich eine Hausfrau und ein Zimmermann aus Stuttgart hatten zuschulden kommen lassen. Die Beschuldigten, so die Stapoleitstelle, seien „fanatische Anhänger der katholischen Kirche".[79] Wenige Tage später meldete die Stuttgarter Stapoleitstelle die Verhaftung von drei Stuttgartern wegen Vorbereitung zum Hochverrat in Tateinheit mit Abhören von ausländischen Sendern.[80] Auch in diesem Fall wurde die Gestapo in ihrer Kartei fündig: Einer der Männer war früher Mitglied der Roten Hilfe gewesen, die beiden anderen waren „marxistisch eingestellt". Der Bericht äußerte sich nicht über die näheren Umstände ihrer illegalen Tätigkeit. Möglicherweise galt bei einschlägig bekannten Personen bereits das Abhören ausländischer Sender als Hochverrat, weil die Polizei annahm, daß sie ihre Informationen nicht für sich behielten. Ebenfalls unter dem Verdacht der Vorbereitung zum Hochverrat wurde Anfang 1942 ein 28jähriger Kellner aus Stuttgart festgenommen. Bei ihm fanden die Beamten der Stapoleitstelle im Abzugsverfahren hergestellte Mitgliedskarten für „Revolutionäre Divisionen, Sektion der Kommunistischen Internationale Deutschlands". Der Kellner hatte versucht, unter Soldaten für diese Organisation zu werben. Unklar blieb, ob es sich bei ihm um einen Einzeltäter handelte oder ob er über einen organisatorischen Rückhalt verfügte. Ende Juli 1943 wurde er in der Urbanstraße 18 hingerichtet.[81]

Das Handlungsfeld für kleinere oppositionelle Gruppen, die aus der organisierten Arbeiterbewegung übriggeblieben waren, lag in den Betrieben. Hier bestand noch am ehesten die Möglichkeit, außerhalb der eigenen vier Wände Verbindungen aufrechtzuerhalten, Nachrichten ausländischer Sender zu verbreiten und bei Gesprächen vorsichtig „den nationalsozialistischen Tendenzen das Wasser abzugraben", wie Erika Buchmann formulierte. Die Frau des ehemaligen KPD-Bezirksleiters war nach Zuchthaus und Lageraufenthalt in Ravensbrück freigelassen worden und fand Arbeit bei der Farbenfabrik Jaeger & Co. in Feuerbach. Nicht nur im Betrieb versuchte sie, trotz Überwachung, Kontakte zu pflegen und selbstgetippte Zettel auf öffentlichen Plätzen auszulegen. Schon Anfang 1942 wurde sie erneut verhaftet und ohne Prozeß wieder nach Ravensbrück eingewiesen.[82] Alle Rüstungsbetriebe waren mit Spitzeln der Gestapo durchsetzt, die zusätzlich zu den Betriebszellenobleuten und den Nationalsozialisten die Belegschaft überwachten.[83] Die Elektron GmbH in Bad Cannstatt, bei der nach 1933 zahlreiche politisch mißliebige und bei anderen Firmen entlassene Arbeiter und Betriebsräte eine Anstellung fanden, konnte zwischen 1935 und 1938 mehrfach das Einstellen von Spitzeln verhindern. 1941 gelang es jedoch der Gestapo, einen entlassenen Schutzhäftling in den als „Asyl roter Betriebsräte" bezeichneten Betrieb einzuschleusen.[84] Ende 1942 ging bei der Stapoleitstelle eine „vertrauliche" Anzeige ein, in der es unter anderem hieß: „Im Betrieb der Firma Elektron GmbH Stuttgart in Bad Cannstatt und zwar im Konstruktionsbüro sind die meisten Ingenieure und Gefolgschaftsmitglieder derart kraß staatsfeindlich eingestellt, daß man bei Unterhaltungen

ohne weiteres den Eindruck bekommt, es handle sich um Kommunisten."[85] Wegen der unzureichenden Quellenlage konnten zur Situation in den Betrieben nur einige Nachkriegserinnerungen herangezogen werden, die zumeist von Fehlschlägen und Verhaftungen durch die Gestapo berichteten.[86]
1943 wurde Stuttgart Opfer der anglo-amerikanischen Bombenoffensive. Der Krieg erreichte die Heimat. Der Frontverlauf im Osten sowie der Rückzug im Mittelmeerraum ließen kaum noch Illusionen über den weiteren Kriegsverlauf zu. Jetzt sahen Kommunisten, die die Verfolgungen überstanden hatten, die Möglichkeit sich neu zu organisieren und einen Beitrag zum Sturz des Regimes zu leisten. Zwischen 1940 und 1942 waren in Stuttgart vergleichsweise wenig kommunistische Aktivitäten verzeichnet worden.[87] Von Berlin aus erfolgte offenbar der Anstoß zum Aufbau einer illegalen Organisation. Im Oktober 1943 verhaftete die Stapoleitstelle Berlin 33 Personen, denen sie illegale kommunistische Betätigung vorwarf. Der Führer dieser Gruppe, Herbert Bogdan, hatte Kontakte nach Stuttgart unterhalten und nach Erkenntnissen der Gestapo Informationen und Anweisungen für die illegale Arbeit gegeben. In Stuttgart und Berlin fanden diesem Bericht zufolge mehrfach Besprechungen statt. Sie dienten nicht nur der Koordination der politischen Arbeit, sondern auch der Fluchthilfe für Juden, die über Stuttgart in die Schweiz gebracht werden sollten. Wenige Tage nach den Berliner Verhaftungen zerschlug die Gestapo auch die Stuttgarter Gruppe.[88] Nach einem Bericht von Willi Bohn war Bogdan ein Kontaktmann des „Nationalkomitees Freies Deutschland" (NKFD).[89] Das NKFD hatten führende Funktionäre der KPD, unter ihnen Walter Ulbricht und Wilhelm Pieck, Mitte Juli 1943 in der Sowjetunion gegründet. Das Komitee unter Leitung des Schriftstellers Erich Weinert gewann auch zahlreiche kriegsgefangene Offiziere, die sich im September 1943 zu einem „Bund Deutscher Offiziere" (BDO) zusammenschlossen. Ziel war die Frontpropaganda: Die deutschen Truppen an der Ostfront sollten nach den Niederlagen und Rückzügen des Jahres 1943 die Sinnlosigkeit ihres Einsatzes begreifen und sich gegen die nationalsozialistische Herrschaft wenden.[90] In Berlin hatte die Gestapo im Herbst 1943 Flugblätter sichergestellt, die die Texte des Moskauer Senders über das NKFD enthielten.[91] Inwieweit freilich zu diesem Zeitpunkt eine direkte Verbindung der Emigranten- und Gefangenenorganisation ins Reich bestand, konnte ebensowenig geklärt werden wie das Ausmaß der Arbeit der Stuttgarter Gruppe, die systematisch Auslandsender gehört und deren Informationen verbreitet hatte.[92] Am 4. August 1944 verurteilte der Volksgerichtshof Anton Hummler und Max Wagner aus Stuttgart zum Tode. Am 25. September 1944 fand die Hinrichtung im Zuchthaus Brandenburg statt. Noch in seinem Abschiedsbrief äußerte Hummler die Überzeugung, das Opfer von Spitzeln geworden zu sein, die früher in den eigenen Reihen gestanden hatten.[93] Die Gestapo hatte offenbar übertrieben, als sie im Herbst 1943 gemeldet hatte, sie habe die kommunistische Widerstandsgruppe in Stuttgart zerschlagen. Unter Leitung des

Kunsthistorikers Gottfried Herrmann Wurz bestand 1944 in Stuttgart eine Ortsgruppe des NKFD, die rund 50 Mitglieder aus allen Stadtteilen zählte. Wurz, der angeblich auch über Kontakte zu Eugen Bolz verfügte, geriet mit Mitgliedern der Gruppe am 21. Juni 1944 in die Hand der Gestapo.[94] In den Meldungen wichtiger staatspolizeilicher Ergebnisse hieß es in einem Bericht vom 30. Juni 1944:
„Die Stapoleitstelle Stuttgart nahm am 21. Juni 1944 Festnahmen aus dem Personenkreis einer seit längerer Zeit beobachteten marxistisch-kommunistischen Gegnergruppe vor. 26 Personen wurden im ersten Zuge erfaßt. Das Unternehmen erfolgte im Einvernehmen mit dem BdS in Straßburg, der zum gleichen Zeitpunkt elsässische Widerstandsgruppen, die mit den Stuttgarter Gruppen in Verbindung standen, aufrollte."[95] Wurz wurde zuletzt am 18. April 1945 im Konzentrationslager Flossenbürg gesehen.[96]
Kommunistische Aktivitäten entfaltete auch eine Gruppe um das Brüderpaar Friedrich und Hermann Schlotterbeck. Hermann Schlotterbeck war als Vierzehnjähriger 1933 ebenso auf den Heuberg verschleppt worden wie sein Vater; sein Bruder Friedrich und seine Schwester Gertrud konnten untertauchen. Während Friedrich Schlotterbeck in einem anderen Bezirk illegal für die KDP arbeitete, leistete seine Schwester dem Widerstand in Stuttgart wichtige Dienste.[97] Ende 1933 wurden beide verhaftet und im Herbst 1934 verurteilt. Nach Verbüßung seiner Haftstrafe im Mai 1937 wurde Friedrich Schlotterbeck ins Konzentrationslager Welzheim eingeliefert. Nach sechsjähriger Lagerhaft entließ ihn die Stapoleitstelle 1943. Sie hoffte, einen Spitzel, zumindest aber einen Wegweiser zu illegalen kommunistischen Gruppen zu erhalten.[98]
Die Familie Schlotterbeck und einige Freunde wurden indes selbst Opfer eines Spitzels. Ein Gesinnungsfreund war mit einem Auftrag aus Moskau samt einer Funkausrüstung über der Schwäbischen Alb abgesprungen; sein Begleiter fiel sofort in die Hände der Gestapo. Nach einigen Wochen war jener verhaftet und enttarnt worden. Um sein Leben zu retten, trat er in den Dienst der Gestapo, die ihn auf die Familie Schlotterbeck ansetzte. Zusammen mit einigen Freunden, die der Spitzel jedoch nicht verraten hatte, sammelten die Schlotterbecks Informationen über die Rüstungsindustrie und über mögliche Quartiere und Wege zur Schweizer Grenze.
Als sich die Hinweise verdichteten, gestand der Spitzel. Friedrich Schlotterbeck, seine Verlobte Else Himmelheber, sein Bruder Hermann und Karl Stäbler, von deren Beteiligung die Gestapo wußte, beschlossen daraufhin die Flucht in die Schweiz. Sie gelang jedoch nur Friedrich Schlotterbeck. Während sein Bruder und seine Verlobte in die Hände der Polizei fielen, konnte sich Stäbler nach zwei mißglückten Fluchtversuchen bis zum Kriegsende verbergen. Unmittelbar nach dem Untertauchen der vier Personen reagierte die Gestapo, die offenbar eine gelungene Flucht annahm, mit der Verhaftung sämtlicher Angehöriger der Familie Schlotterbeck am 10. Juni 1944 sowie einiger Freunde der Familie wenige Tage später. Sie alle waren nach Angaben von Friedrich

Schlotterbeck an der illegalen Arbeit nicht beteiligt. Über das weitere Schicksal der Inhaftierten existiert nur eine kurze Mitteilung der Stapoleitstelle an das Stuttgarter Standesamt von Ende Januar 1945. Danach waren Gotthilf und Maria Schlotterbeck, ihre Tochter Gertrud Lutz sowie die Freunde und Bekannten Erich Heinzer, Emil Gärttner, Sophie Klenk, Else Himmelheber, Emmi und Hermann Seitz am 30. November 1944 wegen Vorbereitung zum Hochverrat hingerichtet worden. Die Hinrichtungen fanden in Dachau statt. Es ist fraglich, ob ein Urteil ergangen war. Hermann Schlotterbeck erschossen SS-Leute wenige Tage vor Kriegsende bei Riedlingen, nachdem sie ihn zuvor im Lager Welzheim gefoltert hatten.

Trotz der Ausrottungsmaßnahmen schufen Mitglieder der Arbeiterbewegung in den letzten Kriegswochen die Voraussetzungen für einen Neubeginn, zunächst auf der Ebene der Stadtteile. Anders ist die Gründung von „Kampfkomitees gegen den Nationalsozialismus" unmittelbar nach dem Ende der NS-Herrschaft nicht zu erklären.[99]

4. „Eine unbewußte Volksabstimmung"
Der 20. Juli 1944

„Der Dienstablauf war kaum gestört"
Stuttgart und der 20. Juli

Am 20. Juli 1944 verübte der ehemalige Schüler des Eberhard-Ludwigs-Gymnasiums, Claus Graf Schenk von Stauffenberg, Oberst im Generalstab, im Führerhauptquartier ein Sprengstoffattentat auf Hitler. Der Anschlag, im Einvernehmen mit einer aus verschiedenen politischen und weltanschaulichen Lagern zusammengesetzten Oppositionsbewegung begangen, schlug fehl. Der nur leicht verletzte Hitler konnte Gegenmaßnahmen in die Wege leiten; noch in der Nacht zum 21. Juli 1944 wurde Stauffenberg zusammen mit drei Gesinnungsgenossen standrechtlich erschossen.[1] Die Beobachter des SD stellten überall im Reich fest, daß die Bevölkerung das Mißlingen des Attentats begrüßt habe. Dies zeige, wie sehr das Leben des deutschen Volkes mit dem Hitlers verbunden sei. „Die Haltung der Bevölkerung nach den Ereignissen des 20. Juli (...) ist eine unbewußte Volksabstimmung."[2]

Die Stuttgarter Kreisleitung der NSDAP veranstaltete am Abend des 21. Juli 1944 auf dem Marktplatz eine Treuekundgebung für Hitler.[3] Vor dem Rathaus hatte sich nach einem Sternmarsch der Ortsgruppen eine große Menschenmenge eingefunden; der „NS-Kurier" beschwor die Volksgemeinschaft:

„Da standen sie in Reih und Glied, die politischen Leiter, SA- und SS-Männer, Soldaten, da standen die vielen Tausende von Volksgenossen, da stand der Obergruppenführer neben dem Gefreiten, der General neben dem Sturmmann. (...) Volksgenossen, die noch nie in einer Formation gestanden sind, waren plötzlich in Reih und Glied, andere liefen auf dem Bürgersteig nebenher. Verwundete gingen mit, begleitet von Frauen, die noch den Spankorb im Arm hatten."[4]

Gauleiter Reichsstatthalter Murr sagte: „In allen Städten, in allen Dörfern haben die Volksgenossen solche Kundgebungen verlangt, um der Welt zu zeigen, daß sie und wie sie zum Führer stehen." Murr beschwor die Einheit von Volk und Führer: „Adolf Hitler ist Deutschland, denn Deutschland ist ohne Adolf Hitler nicht mehr vorstellbar. Unser Schicksalsweg wird ein Weg des Sieges und des Stolzes sein, solange wir mit dem Führer gehen, und der wird vernichtet, der ihn verläßt. Der Führer und wir gehören zusammen, heute und immerdar."

Stuttgart hatte bei der Vorbereitung des Staatsstreiches keine geringe Rolle gespielt, denn am Sitz der Robert Bosch GmbH liefen einige Fäden der Verschwörung zusammen. Der Stuttgarter Konzern hatte den früheren Reichspreiskommissar und Leipziger Oberbürgermeister Carl Goerdeler nach dessen Rücktritt im Jahre 1937 als Berater in Finanzfragen und als Vertreter bei den Berliner Behörden in ein lockeres Vertragsverhältnis übernommen.[5] Die Beziehungen zu Bosch und zunächst noch zu Krupp ermöglichten Goerdeler eine ausgedehnte Reisetätigkeit, die ihn auch ins Ausland führte. Zu dieser Zeit galt das Haus Bosch dem Reichsstatthalter als eine Art „Nebenregierung". Bosch unterstützte finanziell Theologiestudenten, vor allem aber die Emigration verfolgter Nichtarier und die Jüdische Mittelstelle. Zu dieser „Nebenregierung" gehörte freilich auch ihre bedeutende Position in der deutschen Rüstungswirtschaft und die Mitgliedschaft des Direktors Hans Walz im Freundeskreis Heinrich Himmler der SS, die bei Gelegenheit vorgezeigt werden konnte.[6] Während Bosch über Kontakte zu liberalen Kreisen in Süddeutschland verfügte, stand der streng konservative Goerdeler in guten Beziehungen zur Ministerialbürokratie und zu Militärkreisen, die mit Sorge die Expansionspolitik des Reiches betrachteten. Es bedurfte jedoch militärischer Rückschläge, um diese verschiedenen Kreise in einer nationalkonservativen Opposition zusammenzuführen.[7]

Besonderen Rückhalt fand Goerdeler nach dem Tode von Robert Bosch im März 1942 beim Aufsichtsratsvorsitzenden Hans Walz, Boschs Privatsekretär Willy Schloßstein, Baurat Albrecht Fischer sowie den in ähnlichen Funktionen wie er selbst bei Bosch tätigen Theodor Bäuerle, bis 1936 Direktor des Vereins zur Förderung der Volksbildung, und Paul Hahn, bis 1923 Oberpolizeidirektor und wegen seiner Funktion im Arbeiter- ud Soldatenrat 1918/19 als „roter Hahn" bekannt.[8] Die Gestapo hatte Bäuerle im Juni 1942 für 14 Tage verhaftet, weil er einen politisch unzuverlässigen Mann bei sich beschäftigt hatte.[9] Walz und Schloßstein gelang es damals, alle belastenden Unterlagen, die den Goerdeler-Kreis betrafen, rechtzeitig verschwinden zu lassen.[10] Kontakte bestanden auch zum evangelischen Landesbischof Wurm, der sich zwar der Obrigkeit gefügt, aber seit der Ermordung von Kranken im Rahmen der „Euthanasie" wiederholt kritisch zur nationalsozialistischen Politik Stellung bezogen hatte. In einen Kreis von Freiburger Wissenschaftlern, die für Goerdeler eine Denkschrift über eine staatliche Neuordnung im Sinne einer christlichen Ethik besprachen, entsandte Wurm den gemaßregelten Theologen Thielicke, dem er bei der Landeskirche eine Stelle verschafft hatte.[11] Über den Württemberger Eugen Gerstenmaier, Konsistorialrat im Außenamt der evangelischen Kirche, bestand eine Beziehung zwischen der Landeskirche und dem Kreisauer Kreis. Zu diesem Kreis zählten aus Stuttgart Regierungsrat Paul Collmer, Sachbearbeiter für den öffentlichen Dienst beim Reichstreuhänder der Arbeit, und Wilhelm Hoffmann, Bibliotheksrat an der Württembergischen Landesbibliothek. Collmer war 1937 in den Staatsdienst und in die NSDAP eingetreten, um nicht in der Rüstungsindustrie arbeiten zu müssen und „unter den gegebenen Verhältnissen gewisse Möglichkeiten eines politischen Einsatzes nach den Gesichtspunkten sozialen Ausgleichs" zu bewahren. Der Reichstreuhänder des Wirtschaftsgebiets Südwestdeutschland, Kimmich, tolerierte die Haltung Collmers, der sich bereits vor 1933 als Student gegenüber den Nationalsozialisten exponiert hatte. Bis 1942 unternahm Collmer, der gelegentlich Aufträge des Auswärtigen Amts erhielt, mehrere Auslandsreisen, wo er namens der Kreisauer Adam Trott zu Solz und Werner Karl von Haeften Kontakte mit Vertretern der Alliierten suchte.[12] Wegen Unterstützung jüdischer Familien verhaftete die Gestapo nach mehreren Vorladungen Collmer im Januar 1943. Zuerst ins Konzentrationslager Dachau verschleppt, mußte er am 9. November 1944 im Strafbataillon Dirlewanger an die ungarische Front.

Der frühere hessische Staatsminister Leuschner hatte den ehemaligen sozialdemokratischen Landtags- und Reichstagsabgeordneten Jacob Weimer trotz dessen Krankheit als Stuttgarter Kontaktmann gewonnen, Weimer wiederum hatte einige frühere Funktionäre wie Christian Härle und David Stetter herangezogen. Kontaktperson Leuschners war der ehemalige Reichstagsabgeordnete des Zentrums, Joseph Ersing, der im Frühjahr 1942 auch eine erste Begegnung zwischen Goerdeler und Eugen Bolz, bis 1933 Staatspräsident, vermittelte. Bolz stellte sich Goerdeler schließlich als Kultusminister zur Verfügung, nachdem aus Kreisen der Sozialdemokraten das ihm zunächst angebotene Innenministerium beansprucht worden war.[13] Als Goerdeler für den Fall eines geglückten Staatsstreiches Albrecht Fischer als politischen Beauftragten für den Wehrkreis V gewonnen hatte, pflegte auch dieser regelmäßige Treffen mit Weimer und Härle.

Mehr als die Westmächte fürchteten die Verschwörer „das Gespenst einer Überflutung durch die roten Armeen".[14] So entstand der Gedanke, die Westfront zu öffnen oder einen separaten Waffenstillstand zu schließen. Dazu bedurfte man der Zustimmung des Oberbefehlshabers im Westen, Generalfeldmarschall Rommel. Kontaktmann zu Rommel war Stuttgarts Oberbürgermeister Strölin, der Goerdeler aus dessen Leipziger Zeit bestens kannte und während dessen Tätigkeit bei Bosch wiederholt getroffen hatte. Strölin war im Februar 1944 mit Rommel in dessen Wohnort Herrlingen bei Ulm zusammengetroffen. Laut Strölins Aussage gelang es ihm, Rommel zu überzeugen, daß sich dieser der Opposition zur Verfügung stellen müsse.[15] Rommel erklärte sein Einverständnis. Von Attentatsplänen erfuhr er, der dafür nicht zu gewinnen war, erst im Mai 1944 durch Generalquartiermeister Wagner.[16] Rommel glaubte offenbar, Hitler durch persönliche und schriftliche Vorstellung überzeugen zu können. Einen Monat nach Beginn der Invasion richtete Rommel am 15. Juli nochmals ein Schreiben an Hitler, in dem er diesen unter Hinweis auf die katastrophale Lage aufforderte, unverzüglich Konsequenzen zu ziehen. Doch vor Abgang des Schreibens wurde Rommel am 17. Juli schwer verwundet und fiel für den Staatsstreich aus, der drei Tage später bei der nächsten Lagebesprechung Stauffenbergs in Hitlers Hauptquartier stattfinden sollte. Offenbar war es allein Stauffenbergs Dynamik, die die Opposition aus ihrer Passivität riß.[17] Die Angehörigen des engsten Kreises der Verschwörer, die beim Staatsstreich wichtige Funktionen übernommen hatten, versammelten sich in Berlin. Von Stuttgart reiste am 19. Juli 1944 Eugen Gerstenmaier nach Berlin, bis zum Zug begleitet von Landesbischof Wurm und dessen Gattin. Gerstenmaier hatte am Vortag Wurm gebeten, nach einem geglückten Staatsstreich, der unmittelbar bevorstehe, eine Rundfunkrede zu halten. Der Landesbischof hegte nach Aussage Gerstenmaiers gegen ein Attentat keine Bedenken.[18]

Nach dem Scheitern des Anschlags hing ein Erfolg des Staatsstreichs, der ohnehin kaum mehr wahrscheinlich war, von einer entschlossenen Durchführung aller Pläne und einer breiten Mitwirkung der Wehrmachtsführung in Berlin und in den einzelnen Wehrkreisen ab. Der Ablauf der Ereignisse in Stuttgart, dem Sitz des Wehrkreiskommandos V, war bezeichnend.[19] Bis Dienstschluß um 18 Uhr hatte sich überhaupt nichts getan. Im Gegensatz zu den Stabsoffizieren wußte der Oberkellner im Hotel Zeppelin von einem Attentatsversuch zu berichten. Später am Abend gingen zwar einige Befehle aus Berlin in der Olgastraße ein, erreichten aber keinen der höheren Offiziere. In der Nacht schließlich empfing der Adjutant des Stabes zu Hause einen Anruf aus der Wolfsschanze, Hitlers Hauptquartier. General Burgdorf bezeichnete alle eingelaufenen Befehle als ungültig, die Verantwortlichen seien bereits erschossen. „Keine Einheit war alarmiert worden, der Dienstablauf war kaum gestört. Am nächsten Tag machte General Veiel bei Gauleiter Murr einen Höflichkeitsbesuch, der in den angenehmsten Formen verlief."[20]

Der Sicherheitsapparat hatte trotz anfänglicher Verwirrung leichtes Spiel. In der Berliner Bendlerstraße fand sich eine Liste mit den politischen Beauftragten, die in den Wehrkreisen an die Stelle der Reichsstatthalter treten sollten. So verhaftete die Gestapo noch in der Nacht zum 21. Juli 1944 Baurat Fischer, der für dieses Amt im Wehrkreis V vorgesehen war.[21] Am 8. August wurde Paul Hahn verhaftet, vier Tage später Eugen Bolz. Am 29. August wurde der ehemalige Staatspräsident ohne Koffer und Be-

V. 4. Der 20. Juli 1944

kleidung nach Berlin überstellt; Ersing vermutete dahinter eine Aktion von Stuttgarter Stellen, denn ein solches Vorgehen sei bei den übrigen Verhafteten nicht vorgekommen.[22] Ersing selbst, der den Kontakt zwischen Goerdeler und Bolz vermittelt hatte, geriet am 5. Oktober 1944 in Haft.[23] Weimer, der sich für eine vorübergehende Tätigkeit als Bezirkssekretär der Gewerkschaften zur Verfügung gestellt hatte, mußte stundenlange Verhöre über sich ergehen lassen, auch als sich sein Zustand verschlimmerte und er das Robert-Bosch-Krankenhaus aufsuchen mußte. Die Ärzte konnten zwar einen Transport nach Berlin verhindern, nicht aber die Verlegung in einen Kellerraum und neue Verhöre. Jacob Weimer starb am 21. November 1944 im Krankenhaus.[24] Eugen Gerstenmaier war noch am 20. Juli in der Bendlerstraße verhaftet worden. Wider Erwarten kam er mit dem Leben davon und erhielt vom Volksgerichtshof eine Zuchthausstrafe von sieben Jahren.[25] Paul Hahn sollte für drei Jahre ins Zuchthaus, während Fischer einen Freispruch erreichte. Den Karlsruher Rechtsanwalt Frank, dem in Baden dasselbe Amt wie Fischer in Württemberg zugedacht war, verurteilte Volksgerichtshof-Präsident Freisler im selben Verfahren zum Tode. Zugunsten von Fischer wirkte sich der lange Arm eines kriegswichtigen Unternehmens aus; Hans Walz hatte SS-Obergruppenführer Gottlob Berger erfolgreich um seine Fürsprache gebeten. Der Weg aus dem Untersuchungsgefängnis führte Fischer jedoch ins Konzentrationslager Sachsenhausen, wo er kurz vor Kriegsende am 3. April 1945 wiederum durch Eingreifen Bergers entlassen wurde. Am 23. Januar 1945 starb in Berlin-Plötzensee durch das Fallbeil Eugen Bolz. Er hatte offenbar zunächst nicht an eine unmittelbare Gefahr geglaubt, am 12. August jedoch hatte ihn die Gestapo ins Untersuchungsgefängnis in der Archivstraße eingeliefert. Die Gestapo hatte auf Bolz offenbar einen Spitzel angesetzt, wie überhaupt die Verhaftung von Bolz nicht auf eine Berliner Initiative zurückging.[26] Gerstenmaier äußerte sich angesichts der unterschiedlichen Strafen für die Angeklagten, deren Namen man auf einer Liste fand: „Bolz, Frank, Fischer – sie gerieten nicht deshalb in die Fänge der Häscher, weil man sie der aktiven Mitwirkung an dem Unternehmen Stauffenberg beschuldigen konnte. Sie hatten damit nichts zu tun. Aber sie wußten, daß so etwas in der Planung war, auch wenn es ihnen an jeder Sach- und Personenkenntnis davon fehlte."[27]

Die Beteiligung Rommels am Umsturzversuch war noch geringer. Seine entschiedenen Stellungnahmen zur militärischen Lage jedoch erschienen nach dem 20. Juli in einem neuen Licht. Bei den Ermittlungen wurden Kontakte der Verschwörer zu Rommel sichtbar, die sich aus dessen Perspektive ganz anders darstellen mochten, wie Gerstenmaier vermutete: „Allmählich spann die Gruppe, ohne daß Rommel sich dessen ganz bewußt gewesen wäre, aus Erwartungen und Annahmen ein Netz um ihn, das sich am Ende zuziehen und ihm den Tod bringen sollte."[28] Die nationalsozialistische Führung scheute jedoch eine umfangreiche Untersuchung oder gar einen Prozeß gegen Rommel. Sie wollte ihre eigene Propagandaversion von einem „kleinen Kreis gewissenloser Offiziere" aufrechterhalten.²⁹ Hitler fand einen Ausweg; zwei Generäle zwangen Rommel am 14. Oktober 1944 unter Androhung der Sippenhaft in den Tod. Am 22. August 1944 verhaftete die Gestapo in der „Aktion Gewitter" mehrere tausend Funktionäre und Exponenten der früheren Parteien und lieferte sie in Konzentrationslager ein.³⁰ Franz Engelhardt, der bis März 1933 Fraktionsvorsitzender der SPD im Stuttgarter Gemeinderat und ein halbes Jahr Häftling auf dem Heuberg gewesen war, entging aufgrund seines Gesundheitszustandes dem Transport nach Dachau. Nach einigen Tagen Haft wurde er wieder entlassen, er starb am 13. September 1944.³¹ Neben anderen Sozialdemokraten in führenden Positionen (Ulrich, Roßmann, in Stuttgart Friedrich Wurm, Franz Boyna u. a.) wurde auch Charlotte Armbruster, die bis Herbst 1933 das Zentrum im Gemeinderat vertreten hatte, inhaftiert.

Sachlicher Widerspruch oder Mangel an nationalsozialistischer Gesinnung
Strölin und der 20. Juli

Am 11. Januar 1943 notierte der Stuttgarter Oberbürgermeister, Reichsamtsleiter Strölin, „Gedanken über einige staatspolitische Notwendigkeiten". Der erste von zwölf Punkten lautete:
„Das Recht muß das wichtigste Fundament des Staates bilden. Gewalt vor das Recht zu setzen, läßt sich immer nur kurze Zeit durchführen. Jede Abweichung von diesem Grundsatz muß sich früher oder später rächen. Die Geschichte lehrt, daß sich auf die Dauer immer das Recht selbst als die stärkste Macht herausstellt."³²
Damit übte Strölin, Nationalsozialist seit 1923, grundsätzliche Kritik am nationalsozialistischen Staat. Die von ihm angeführten Beispiele nahmen aber seine früheren Äußerungen und Denkschriften auf, in denen er nicht das Fundament des Regimes, sondern immanente Fehler beklagt hatte. In einem Exposé über „das heutige Bild der Verwaltung" vom Dezember 1940 hieß es:
„Trotz der Bestellung eines Generalbevollmächtigten für die Verwaltung und eines Generalbevollmächtigten für die Wirtschaft und trotz der Bildung des Ministerrats für die Reichsverteidigung unter dem Vorsitz von Reichsmarschall Göring fehlt es an einer straffen, einheitlichen Leitung der gesamten Staatsverwaltung. Vielfach triumphiert der Ressort-Partikularismus. Notwendig erscheint ein Kanzleramt mit umfassenden Vollmachten und Weisungsbefugnissen."³³
Oft genug bemängelte Strölin die Kompetenzstreitigkeiten und Reibungsverluste, die sich aus dem Fehlen einer konsequent eingliedrigen und einräumigen Verwaltung ergaben. Er verkannte freilich sowohl die Herrschaftsstruktur des Regimes als auch die Möglichkeiten der Verwaltung, wenn er für ein wie auch immer gestaltetes Kanzleramt plädierte.
Mit seiner Berufung auf das Recht als Fundament des Staates ging Strölin darüber hin-

aus. Auch die Kritik in anderen Punkten reichte tiefer. So meinte er: „Die Propaganda darf nicht zu einseitig die eigenen Erfolge übersteigern und den Gegner in übertriebener Weise schlecht, verächtlich, lächerlich machen."[34] Ebenso wollte er „das vorhandene religiöse Gefühl" als sittlich wichtigen Faktor in den Dienst des Staates und des Willens zum Sieg stellen:

„Die notwendige Auseinandersetzung mit der Kirche um das selbstverständliche Primat des Staates darf nicht dazu führen, die Bedeutung der Religion als solche zu unterschätzen. Gerade in schweren Not- und Kriegszeiten beschäftigt sich der Mensch stärker als sonst mit dem Problem des Todes. Sein Jenseitsbedürfnis drängt besonders nach Befriedigung."

Dies widersprach trotz seiner defensiven Formulierung und der Instrumentalisierung der Religion nicht den Vorstellungen nationalsozialistischer Führer. Mehr noch gilt dies für die Kritik an der Politik in den besetzten Gebieten:

„Methoden der Verwaltung und der Menschenführung, die im Inland möglich sind und dort zu guten Ergebnissen geführt haben, können nicht ohne weiteres im Ausland (...) angewandt werden. Daher bedarf es einer besonders sorgfältigen Auslese, vor allem auch in sittlicher und charakterlicher Hinsicht, besonders der in solchen Gebieten eingesetzten führenden Persönlichkeiten, damit das Ansehen des Reiches und des Nationalsozialismus nicht geschädigt wird."

Als Oberbürgermeister der Stadt der Auslandsdeutschen interessierte sich Strölin besonders für die Volkstumspolitik. Er lehnte vor allem die Politik gegenüber den Elsässern ab, die sich nach vielen Fehlern vom Reich abwendeten. Mitte 1942 erfuhr Strölin von Verhaftungen und Todesurteilen gegen eine Gruppe von elsässischen Widerstandskämpfern. Er setzte sich unter anderem bei Himmler und Freisler für die Verurteilten ein, zu denen er persönliche Beziehungen hatte. Die Vollstreckung des Urteils wurde ausgesetzt und die Betroffenen ins Zuchthaus nach Ludwigsburg überführt, wo sie kurz vor Ende des Krieges durch Strölins Initiative freikamen. Der persönliche Einsatz für Verfolgte gehörte zum System und zur Willkür nationalsozialistischer Politik, wie auch das Eingreifen von Gottlob Berger zugunsten von Baurat Fischer belegte.[35]

Strölins Forderung nach „Gleichheit vor Gesetz und Recht" für alle Bürger war ein weiterer wesentlicher Gedanke seines Entwurfs. Sie richtete sich gegen die Praxis des Sicherheitsapparats, Personen ohne richterlichen Haftbefehl oder ordentliches Strafverfahren in Lager einzuweisen. Zugleich deutete Strölin an, wie er seine Bemerkungen verstanden wissen wollte, als er schrieb, es sei staatspolitisch nicht zu verantworten, „daß jede charakterliche Selbständigkeit oder ein aus der Sache sich ergebender berechtiger Widerspruch schon von vornherein als Mangel an nationalsozialistischer Haltung gewertet" werde. Strölin glaubte an die Reformfähigkeit des Regimes; demgemäß unterbreitete er umfangreiche und sehr detaillierte Vorschläge zu einer einheitlichen Kompetenzverteilung insbesondere im Luftschutz-, Verkehrs- und Polizeiwesen.[36]

Strölin hat seine Gedanken nicht veröffentlicht, nach eigenen Angaben einige Punkte bei einer Unterredung mit Staatssekretär Stuckart angesprochen. Sie waren offenbar die Grundlage einer bis heute nicht aufgetauchten Denkschrift, die Strölin im August 1943 dem Innenministerium zugeleitet haben will. Nach seinen Worten hatte die Schrift „lediglich den Erfolg, daß mir ein Hochverratsprozeß angedroht wurde". Andererseits räumte er ein, einige Vorschläge seien „sogar mit Goebbels und Bormann besprochen worden, aber Hitler lehnte jeden Gedanken an eine Änderung ab".[37] Goerdeler glaubte, wie Strölin 1947 berichtete, nicht mehr an irgendeine Verbesserung: „Goerdeler, mit dem ich bei einem Besuch in Stuttgart diese Reformvorschläge eingehend durchsprach, wollte von vornherein weitergehen und auf einen radikalen Wechsel des gesamten Regimes abheben."[38] Nach dem Scheitern seines Vorstoßes mochte auch Strölins Vertrauen in die Wandlungsfähigkeit erschüttert worden sein. Auch die militärische Lage hatte sich nach dem Abfall Italiens verschlechtert. Am 9. September 1943 notierte Strölin: „Nachricht, daß die italienische Regierung die bedingungslose Kapitulation der italienischen Streitkräfte angeboten habe (...). Das ist ein böses Stück, ein Verrat und ein Treuebruch, wie er in der Geschichte wohl selten zu finden ist." Hitlers Rede am nächsten Tag machte aber einen guten Eindruck, der „wirklich dringend nötig" gewesen sei.[39] Nicht nur Strölin war skeptisch, auch sein Rivale in der Villa Reitzenstein: „Geburtstag Reichsstatthalter Murr. Wir sind uns darüber einig, daß wir von großem Glück sagen können, wenn wir seinen Geburtstag im nächsten Jahr im gleichen Raum und in gleicher Form begehen können."[40]

Im Herbst 1943 hielt es Goerdeler offenbar für vertretbar, Strölin darüber zu informieren, daß er mit einer Oppositionsgruppe zusammenarbeite, die sich, wie Strölin notierte, „in Berlin aus Offizieren, Politikern und Arbeiterführern gebildet hätte, um notfalls gewaltsam einen völligen Systemwechsel herbeizuführen".[41] Strölin erklärte sich bereit, mit Generalfeldmarschall Rommel in Verbindung zu treten, um diesen für einen Umsturz zu gewinnen. Goerdeler erwartete, daß Rommel als im In- und Ausland angesehener Heerführer Hitler Paroli bieten und einen Bürgerkrieg verhindern könne. Nach Kontakten zu Rommels Gattin und dessen Stab traf Strölin Rommel im Februar 1944 in Herrlingen. Rommel stellte sich für eine Absetzung Hitlers grundsätzlich zur Verfügung. Er und mit einiger Wahrscheinlichkeit Strölin gingen dabei nicht von einem Attentat und einer staatlichen Neuordnung aus, sondern von einem Waffenstillstand im Westen, um die ganze Kraft auf die Ostfront konzentrieren zu können.[42]

Das Scheitern des Umsturzversuchs am 20. Juli brachte Strölin, der daran nicht unmittelbar beteiligt und nicht in Planungen für die Zeit nach dem Staatsstreich einbezogen war, durch seine grundsätzliche Kenntnis des Unternehmens in Gefahr. Er tat, was von einem nationalsozialistischen Oberbürgermeister füglich erwartet werden durfte – in einer Ratsherrensitzung am 10. August verurteilte er das Attentat auf Hitler mit großem Pathos.[43]

Am selben Tag durchsuchte die Gestapo Strölins Wohnung. Die Aktion galt nicht ihm, sondern Goerdeler. Gegen diesen war bereits am 17. Juli 1944 Haftbefehl erlassen worden; seither konnte sich der führende Kopf der nationalkonservativen Opposition verbergen. Goerdeler hatte seine Kontakte zu seinem früheren Kollegen Strölin niemals verheimlicht. So war es für die Fahnder eine Selbstverständlichkeit, seinen Spuren der letzten Jahre auch in Stuttgart zu folgen.[44] Als die Verwicklung Rommels in den Umsturzversuch aufgedeckt wurde, wuchs die Gefahr für Strölin. Das Reichssicherheitshauptamt verfolgte jedoch allein die Spur der Verschwörung im Bereich der Heeresgruppe B in Frankreich.

Kapitel VI
Das Ende der nationalsozialistischen Herrschaft

1. Der Volkssturm

„Nun, Volk, steh auf und Sturm brich los!" Mit diesem Aufruf hatte Goebbels am 18. Februar 1943 seine Proklamation des totalen Krieges beendet. Am 20. Oktober 1944 proklamierte die Führung den „Deutschen Volkssturm". „Nach fünfjährigem schwersten Kampf steht infolge des Versagens aller unserer europäischen Verbündeten der Feind an einigen Fronten in der Nähe oder an den deutschen Grenzen. Er strengt seine Kräfte an, um unser Reich zu zerschlagen, das Deutsche Volk und seine soziale Ordnung zu vernichten." Hitler befahl daher: „Es ist in den Gauen des Großdeutschen Reichs aus allen waffenfähigen Männern im Alter von 16 bis 60 Jahren der Deutsche Volkssturm zu bilden. Er wird den Heimatboden mit allen Waffen und Mitteln verteidigen, soweit sie dafür geeignet erscheinen."[1] Die Aufstellung und Führung des Volkssturms übertrug Hitler den Gauleitern, die sich der „bewährten Einrichtungen" und Führer von SA, SS, NSKK und HJ bedienen sollten. Die Ausbildung oblag SA und NSKK. Der Volkssturm unterstand dem Befehlshaber des Ersatzheeres, Himmler.
Die SA hatte nach Kriegsbeginn mit der freiwilligen Ausbildung von Kriegswehrmannschaften begonnen, der SA-Dienst war während des Krieges fast ausschließlich vormilitärische Ausbildung.[2] Im Frühjahr 1944 hatte die SA die deutschen Männer zu einem Wehrschießen aufgerufen. Am 23. April 1944 herrschte auf den Stuttgarter Schießanlagen Hochbetrieb.[3]
Die Ortsgruppen der NSDAP begannen unverzüglich mit der Aufstellung des Volkssturms, der in vier Aufgebote gegliedert war. Aufgebot I umfaßte jene Personen, die sofort von ihren zivilen Arbeitsplätzen abgezogen werden konnten; zum Aufgebot II zählten diejenigen, die in lebenswichtigen Ämtern und Betrieben beschäftigt waren; Jugendliche zwischen 16 und 18 Jahren, die in Ausbildungslagern untergebracht werden sollten, stellten Aufgebot III. Alle diese Männer mußten frontverwendungsfähig sein. Kriegsversehrte und Körperbehinderte bildeten das Aufgebot IV, das für Gefangenenüberwachung und Etappendienste vorgesehen war.[4]

Die Ausbildung, die für das Aufgebot I noch im November 1944 begann, sollte außerhalb der Dienst- und Arbeitszeiten erfolgen.[5] Einteilung und Ausbildung für den Volkssturm führten zu Konflikten zwischen den Parteidienststellen und den Arbeitgebern. Der Stabsführer des Volkssturms im Kreis Stuttgart, SA-Sturmbannführer Dietrich, kritisierte die Freistellungsanträge vieler Firmen für Angehörige ihres Werkschutzes und Werkluftschutzes. Entschuldigungen der Betriebe hätten in einem Maß überhandgenommen, „daß dies im Interesse des Deutschen Volkssturms auf die Dauer nicht mehr tragbar ist". Dietrich wies deshalb die Ortsgruppenleiter sowie die Bataillons- und Kompanieführer des Volkssturms an, Gesuche nur anzunehmen, wenn neben dem Betriebsführer oder Werkschutzleiter auch der Betriebsobmann der DAF unterschrieben habe.[6] Die Kreisleitung sicherte der Stadtverwaltung zu, auf wichtige Belange Rücksicht zu nehmen. Sie erwartete aber, Zurückstellungsanträge auf die dringendsten Fälle zu beschränken.[7] Die Partei gab den Betrieben und Verwaltungen ein bezeichnendes Beispiel: Aktive Mitglieder der Gliederungen der NSDAP und Politische Leiter sollten nicht für kriegs- und lebenswichtige Aufgaben im Rahmen des Aufgebots II eingeteilt werden, sondern ganz der Partei zur Verfügung stehen.[8] Wie schlecht die Personallage der öffentlichen Verwaltungen war, zeigt die Volkssturm-Einteilung der beim Ortsamt Möhringen beschäftigten Männer: Von 19 Volkssturmpflichtigen waren zwei für das Aufgebot I, aber zwölf für das Aufgebot IV eingeteilt.[9]

Die Männer waren nicht bereit, als Kanonenfutter zu dienen. Die Spitzel des SD registrierten in Stuttgart erstaunlich freimütige Äußerungen, die zum Teil als landesverräterisch gelten konnten. So fragte man auf den Fildern und im Neckartal: „Was sollen die alten und die jüngsten Jahrgänge (Kinder) gegen Panzer und viermotorige Bomber tun?"[10] Die Führung wurde kritisiert: „Wenn Himmler es fertigbringt, einen Panzer mit Dreschflegel und Sense zu erledigen, dann soll er es vormachen." Andere verspotteten den Volkssturm als die Wunderwaffe V 2 und lehnten Heckenschützentum und eine Partisanenarmee ab. Sie verwiesen darauf, daß die Führung über die Partisanen in den besetzten Gebieten geschimpft habe. Die roten Plakate mit Hitlers Proklamation des Volkssturms erinnerten manche Bürger an die öffentliche Bekanntmachung von Hinrichtungen: „Er gibt ja auch eine Hinrichtung bekannt, nämlich die Hinrichtung des ganzen deutschen Volkes." Die Bevölkerung folgerte: „Der Krieg ist hundertprozentig verloren." Deshalb versuchte mancher Stuttgarter, dem Volkssturm zu entgehen oder sich um die Vereidigung zu drücken.

Am 12. November 1944 fand die Vereidigung des Volkssturms auf Adolf Hitler statt. In völliger Verkennung der Tatsachen begrüßte der „NS-Kurier" die neue „Millionenarmee von Idealisten".[11] Reichsverteidigungskommissar Gauleiter Murr, Wehrkreisbefehlshaber Veiel und SA-Gruppenführer Kraft schritten eine Front ab, die zumeist aus Angehörigen der SA-Standarte Feldherrnhalle gebildet worden war. Murr sprach

anschließend von der zweitausendjährigen deutschen Geschichte und dem kommenden Endsieg, doch verhieß das anschließend intonierte Lied vom „guten Kameraden" nichts Gutes. Kreisleiter Fischer sprach den Eid vor:
„Ich schwöre bei Gott diesen heiligen Eid, daß ich dem Führer des Großdeutschen Reiches, Adolf Hitler, bedingungslos treu und gehorsam sein werde. Ich gelobe, daß ich für meine Heimat tapfer kämpfen und lieber sterben werde, als die Freiheit und damit die soziale Zukunft meines Volkes preiszugeben."
Von nun an druckte der „NS-Kurier" unter der Rubrik „Wie es damals war" täglich Erinnerungsberichte an die Befreiungskriege gegen Napoleon sowie markige Worte Fichtes, Arndts, Gneisenaus und anderer Patrioten.[12] Unter der Überschrift „Ein gewaltiges schwäbisches Aufgebot" schrieb das Blatt: „Die Appelle in allen Ortsgruppen der NSDAP haben den Beweis erbracht, daß uns der Befehl des Führers in voller Bereitschaft fand und im Schwabenvolk noch ungeheure Kraftreserven stecken."[13]
Das einzige Uniformstück der Volkssturm-Männer war eine Armbinde; Sammlungsbestände und Privatbesitz sorgten für zusätzliche Ausrüstung. Die Bewaffnung war unzureichend, der Vorrat an Panzerfäusten gering. Zwar hatte die Kreisleitung allein in Stuttgart rund 35000 Männer für den Volkssturm rekrutiert und die Aufstellung von 55 Bataillonen geplant. Tatsächlich aber waren zu Jahresbeginn gerade vier Bataillone einsatzfähig.[14]
Am 9. Dezember 1944 verfügte Himmler die Eingliederung der Angehörigen der inneren Verwaltung in den Volkssturm.[15] Strölin hatte es bereits am 27. November als selbstverständlich bezeichnet, daß jeder städtische Bedienstete beim Volkssturm mitmache. Amtsvorstände und die Leiter der Betriebe forderte er auf, die Einteilung so vorzunehmen, daß jeder am wöchentlichen Volkssturmdienst teilnehmen könne. Ausnahmen gestattete er lediglich kriegs- und lebenswichtigen Dienststellen wie dem Fuhramt und den TWS.[16]
Die Schwierigkeiten bei der Aufstellung des Volkssturms führten dazu, daß Bormann Anfang Dezember 1944 alle „Gefolgschaftsangehörigen der allgemeinen und inneren Verwaltung" dem Aufgebot I zuwies.[17] Aber auch er ließ einige Ausnahmen zu; so für die Behördenleiter, die Ärzte, alle Beschäftigten mit einer sogenannten doppelten uk-Stellung sowie 30 Prozent der übrigen Verwaltungsangehörigen „nach näherem Vorschlag des Behörden- bzw. Dienststellenleiters". In Zweifelsfällen entschied der Kreisleiter „im Einvernehmen" mit dem Oberbürgermeister, bei Einsprüchen war der Gauleiter maßgebend. Eine umfangreiche bürokratische Prozedur und permanente Reibereien waren die Folge.
Am 9. Dezember 1944, noch bevor diese Regelung bei den Ortsgruppen bekanntgegeben worden war, erlebte Stuttgart einen Luftangriff, der 24 Todesopfer forderte.[18] Strölin teilte Kreisleiter Fischer die Schadensliste mit: Die Landeswasserversorgung sei unterbrochen, in den Neckarvororten und in Bad Cannstatt sei die Wasserversor-

VI. 1. Der Volkssturm

gung ganz ausgefallen; außerdem seien zahlreiche 35-Kilovolt-Leitungen der Stromversorgung zerstört: „Dabei hat es sich sehr störend ausgewirkt, daß ein großer Teil der Gefolgschaft am Sonntag, dem 10. Dezember, Volkssturmdienst zu leisten hatte, und daß zu Lehrgängen, die am 10. Dezember angelaufen sind und am 12. Dezember beginnen sollen, von den verschiedenen Ortsgruppen einzelne Gefolgschaftsmitglieder der Techn. Werke einberufen worden sind."[19]
Strölin ersuchte Fischer, die Ortsgruppen umgehend davon zu informieren, daß TWS-Angehörige zum Aufgebot II zählten, so daß die zeitraubenden Bemühungen um eine individuelle Freistellung wegfielen. Strölin sicherte gleichzeitig zu, daß jeder TWS-Bedienstete „mindestens an einem Sonntag im Monat die Möglichkeit zur Teilnahme am Volkssturmdienst" erhalten werde. Die Stadt versuchte außerdem, ähnlich wie die Reichspost, vom Kreisleiter die Aufstellung einer eigenen Betriebseinheit genehmigt zu bekommen.[20] Fischer hatte anfänglich solche Sondereinheiten abgelehnt, während Kreisstabsamtsleiter Riegraf seine Unterstützung versprochen hatte.
Anfang 1945 forderte die Kreisleitung von der Stadtverwaltung eine genaue Personalliste mit den Zuweisungen der städtischen Beschäftigten zu den einzelnen Volkssturm-Aufgeboten an. Es dauerte vom 5. bis zum 18. Januar 1945, ehe das Ortsamt Möhringen von einem entsprechenden Erlaß des Personalamts Kenntnis erhielt. Diesen Termin freilich hatte das Personalreferat als letzten Tag für eine Rückmeldung benannt. Am 10. Februar teilte Locher der Kreisleitung, die mittlerweile im Kanonenweg 4 residierte, mit, daß 844 städtische Bedienstete eine sogenannte doppelte uk-Stellung erhalten hätten, also nicht zu längerfristigen und auswärtigen Einsätzen herangezogen werden könnten.[21] Davon waren ohnehin 51 Personen ausgemustert und 146 wegen ihres Gesundheitszustandes dem Aufgebot IV zugeteilt worden.[22]
Der Volkssturm-Alltag spielte sich vorwiegend sonntags ab.[23] Am 10. Dezember 1944 wurden die Männer der 1. Kompanie der Ortsgruppe Möhringen-Ost erstmals zu einem Treffen an der Plieninger Straße befohlen. Jede Gruppe, das waren acht Männer und ein Führer, mußte neun Spaten und Schaufeln sowie drei Pickel mitbringen. Auf dem Programm standen Schanzarbeiten. Der Kompanieführer ließ wissen: „Entschuldigungen können nicht angenommen werden." Neben dem praktischen Dienst an Sonntagen erfolgte bei einigen Abendterminen während der Woche die Ausbildung an den Waffen sowie im Gasschutz und in der Orientierungslehre für das Gelände. Die Unterführer des Volkssturms auf den Fildern trafen sich an Silvester 1944 zu einem Fortbildungslehrgang; am ersten Sonntag im neuen Jahr (7. Januar) versammelte sich die Möhringer Kompanie. Der Dienstplan sah unter anderem die Beseitigung von Spuren im Schnee, das Anlegen von Trampelpfaden, die Abwehr von Panzer- und Tieffliegerangriffen sowie einen Artillerieüberfall vor. Im Programm fehlte auch der Marschgesang nicht; außerdem wurden die Angehörigen der Kompanie zur Sammlung von Uniform- und Ausrüstungsstücken sowie von Bekleidung aller Art aufgebo-

ten. Der Einsatz auch der Gruppenführer ließ zu wünschen übrig. Mitte Februar 1945 schrieb der Möhringer Kompanieführer in einem Befehl: „Ich habe festgestellt, daß die von mir gegebenen Kompaniebefehle von den Gruppenführern nicht rechtzeitig bzw. gar nicht durchgeführt werden. Ich erwarte deshalb in Zukunft, daß die von mir gegebenen Befehle restlos durchgeführt werden."[24] Der Ausbildungsplan für den Monat März sah wiederum zwei Sonntags- und zwei Abenddienste vor; hier sollten die Volkssturm-Männer das „Verhalten bei Dunkelheit und Nebel" üben, außerdem den Stellungsbau, die Spähtruppbildung und besonders die Panzer-Nahbekämpfung. Zusätzlich mußte die erste Kompanie der Ortsgruppe Möhringen-Ost seit dem 8. März 1945 jeweils zehn Männer für einen nächtlichen Streifendienst zwischen 21 Uhr und 6 Uhr abstellen.

Beim Herannahen der alliierten Truppen wurden Kompanien des Aufgebots I aus der Stadt abgezogen und an die Front geschickt. Der Kompanieführer Möhringen-Ost, der Ende März 160 Männer befehligte, setzte sowohl für Karfreitagnachmittag wie für Ostermontagvormittag Dienst an und drohte: „Ich mache besonders darauf aufmerksam, daß in Anbetracht der Lage eine Entschuldigung oder ein Fernbleiben nicht in Frage kommt. Wer meinem gegebenen Komp. Befehl nicht nachkommt, wird rücksichtslos abgeholt. Ein Verlassen des Stadtteils Möhringen über Ostern ist grundsätzlich verboten."[25]

War bei den führenden Politischen Leitern der NSDAP nicht selten nur mäßiges Engagement zu beobachten, so demonstrierten auf der unteren Ebene die Kompanieführer ihre Wichtigkeit, die mit zunehmender Auflösung wuchs. Aber auch Strölin, der zur gleichen Zeit um den Erhalt von Versorgungs- und Industrieanlagen bemüht war, schickte die in Stuttgart verbliebenen städtischen Bediensteten am 10. April in den Kampf:

„Der Volkssturm setzt nun in diesen Tagen alle Kräfte bei Schanzarbeiten ein. Auch die städtischen Ämter und Betriebe müssen dafür alle Kräfte freigeben, die im Augenblick nicht ganz dringend für Verwaltungs- und Betriebsaufgaben benötigt werden. (. . .) Die Entscheidung über die Freigabe zu den Schanzarbeiten ist Sache der Amtsvorstände und Leiter der Betriebe."[26]

Am 13. April verbot Reichsverteidigungskommissar Murr unter Androhung von Todesstrafe und Sippenhaft die Öffnung von Panzersperren und das Aufziehen einer weißen Flagge. Doch die Stuttgarter Volkssturm-Männer hatten Glück. Beim Einmarsch der französischen Truppen kam es nur zu vereinzelten Kämpfen; Besonnenheit und Vernunft behielten die Oberhand und verhinderten sinnloses Blutvergießen auf beiden Seiten.[27]

2. „Die Ereignisse waren rascher als der Verwaltungsapparat." Die Auflösung der nationalsozialistischen Herrschaft in Stuttgart

Stuttgart war Anfang 1945 zerstört, die Infrastruktur war seit den großen Angriffen 1944 lahmgelegt. Beim Ernährungsamt waren noch 282 000 Personen, davon 35 000 Ausländer, gemeldet.[1] Nicht jeder, der dort geführt wurde, wohnte noch in der Stadt, andererseits waren manche zurückgekehrt, ohne sich anzumelden. Anfang 1945 hatte die Stadtverwaltung 185 942 obdachlose Personen registriert, „darunter viele mehrfach, so daß die Gesamtzahl der Obdachlosen geringer ist". Die Suchkartei umfaßte rund 52 000 Blätter, über 34 000 Ausweise für Total- und über 96 000 für Schwergeschädigte hatten die Notdienststellen ausgegeben.[2] Rund 4000 Menschen waren den Luftangriffen in der Stadt zum Opfer gefallen, im Vergleich zu anderen Städten des Reiches und Württembergs (Ulm, Heilbronn, Friedrichshafen) eine niedrige Zahl.[3] Die Schäden an der Landeswasserversorgung und den innerstädtischen Leitungen sowie die Ruinenhügel gefährdeten die Bevölkerung, die Wasser aus stehenden Gewässern und Schlauchleitungen der Feuerwehr entnommen hatte. Professor Lempp vom Gesundheitsamt nannte es daher erstaunlich, daß „eine epidemische Ausbreitung von Infektionskrankheiten vermieden werden konnte". Für Februar 1945 kündigte er eine erste Aktion zur Rattenbekämpfung an.[4]

Noch aber standen schwere Angriffe bevor. Ein Doppelschlag in den Abendstunden des 28. Januar 1945 brachte 119 Menschen den Tod. Die erste Angriffswelle mit 186 Flugzeugen galt den Werksanlagen von Bosch in Feuerbach, der zweite Angriff mit 353 Bombern richtete in Weil im Dorf und in Botnang Verwüstungen an.[5] Bei Weil im Dorf befand sich eine Scheinanlage, die bei Luftalarm Markierungszeichen setzte, um die Angreifer irrezuführen und zum Abwurf der Bomben in freiem Gelände zu veranlassen. Sei es, daß die Besatzung der Scheinanlage nicht sorgfältig gearbeitet hatte, sei es, daß sich die englischen „Pfadfinder" nicht irritieren ließen – die Einwohner von Weil im Dorf bekamen den totalen Luftkrieg erstmals Ende Januar 1945 in vollem Umfang zu spüren.[6] Die Bevölkerung hatte sich mehrfach gegen die Tarnanlage gewehrt und noch im September 1944 gegen einen Ausbau protestiert, weil diese die Angriffe auf Stuttgart nicht verhindert habe. Nach dem schweren Angriff mußten sich Offizier und Mannschaft der Anlage Beschimpfungen gefallen lassen. Der kommissarische Ortsgruppenleiter des Stadtteils stimmte in diese Attacken zwar nicht ein, forderte jedoch von der Kreisleitung der NSDAP und der Stadtverwaltung einen besseren Schutz durch den Ausbau von Pionierstollen.[7]

Zwischen dem 1. Februar und dem 19. April 1945 mußte Stuttgart zehn Luftangriffe über sich ergehen lassen.[8] Am 12. Februar folgte der Vollalarm dem Voralarm so schnell, daß viele Menschen die Schutzräume nicht mehr erreichten. Fast die Hälfte der 68 Opfer überraschten die Bomben vor dem Eingang des Wagenburgtunnels. Wie

schon zwölf Tage zuvor, als Kinder beim Rathausbunker niedergetrampelt wurden, brach eine Panik aus.
Die Jagdbomber griffen in den letzten Kriegswochen zu allen Tages- und Nachtzeiten an und konzentrierten sich auf Verkehrsziele. Die Bevölkerung war offenbar abgestumpft gegenüber den Angriffen und den Alarmen. Der Polizeipräsident kritisierte, „daß bei Fliegeralarm zur Tageszeit viele Volksgenossen, teilweise sogar Kinder, gruppenweise auf den Straßen stehen". Dies könne zu einem Verlust zivilrechtlicher Ansprüche führen.[9] Den letzten Angriff flog am 19. April 1945 ein einzelner britischer Bomber, der in der Pragstraße eine Person tötete und sieben Menschen verletzte.
Die Einwohner hatten zu Jahresbeginn 1945 unter dem Mangel an Energie zu leiden. Seit dem 19. Oktober 1944 war Stuttgart ohne Gas.[10] Die private und öffentliche Kohlenversorgung stand vor dem Zusammenbruch. In der Stadt trafen lediglich einzelne Waggons, aber keine Kohlenzüge mehr ein. Am 19. Dezember 1944 beschlagnahmte das städtische Wirtschaftsamt die Kohlenvorräte der Evakuierten sowie in den zerstörten und unbenutzbaren Häusern und rund 5000 Zentner bei den Händlern. Sie durften keine Kohlen ohne schriftliche Genehmigung des Amtes ausliefern. Auch die Inhaber von Bäckereien, Metzgereien und Gaststätten mußten sich an das Wirtschaftsamt wenden.[11] Anfang 1945 teilte Strölin Murr mit:
„Täglich kommen hunderte von Volksgenossen zur Kohlenstelle des Wirtschaftsamts und verlangen unter Schilderung ihrer krassen Notlage unbedingt einige Zentner Brennmaterial. (...) Haushaltungen können nur in Sonderfällen mit geringen Mengen beliefert werden, insbesondere wenn es sich um Familien mit ganz kleinen Kindern handelt, ferner um Schwerkranke und um Schwerkriegsbeschädigte."[12]
Wenige Tage später beschwerte er sich, daß alle eingehende Kohle den Rüstungsbetrieben zur Verfügung gestellt werden sollte, und forderte ausreichende Kontingente für Bäcker, Metzger, Gaststätten, Krankenhäuser und Haushalte.[13] Auf seine wiederholten Gesuche ließ das Wirtschaftsministerium den Oberbürgermeister am 10. Januar 1945 wissen, daß das Gaswerk seinen Verbrauch um die Hälfte drosseln müsse, der Industriebedarf Vorrang habe und Haushaltsgeräte notfalls plombiert werden sollten, um den privaten Verbrauch zu beschränken.[14] Zugleich führte man ein neues Verteilersystem ein; es jagten sich die verschiedenen Stellen die Kohlen ab. Die Lage in den Haushalten illustriert eine Tagebucheintragung von 1945: „Meinen Notenständer zu Brennholz zersägt. Ein Symbol deutscher Gegenwartskultur. (...) Im ganzen Monat Februar nur zweimal eingeheizt!"[15]
Die Behörden versuchten mit Stromsperren „Waffen gegen den Kohlenklau" zu schmieden. Am 5. Januar 1945 gab der Polizeipräsident bekannt, daß von nun an montags in der Zeit von 8–11 Uhr und 13–16 Uhr der Strom abgeschaltet werde.[16] Die Industrie mußte in dieser Zeit ihren Betrieb stillegen. Eine Woche später waren die privaten Haushaltungen an der Reihe. Sie durften zwischen 16 und 19 Uhr keine elektri-

schen Geräte und nur die notdürftigste Beleuchtung einschalten, weil in dieser Zeit der Stromverbrauch in der Rüstungsindustrie und den öffentlichen Betrieben am größten sei.[17] Die Schulferien für die in der Stadt verbliebenen „Bettnässer-Klassen" dehnte das Kultministerium bis Ende Januar aus, um Strom zu sparen. Am 22. Januar 1945 verkündete Strölin Sparmaßnahmen für den Bereich der Stadtverwaltung. Ab 27. Januar blieben alle Ämter und Dienststellen samstags und montags geschlossen, sofern sie nicht in Gebäuden untergebracht waren, die ohnehin beheizt oder durch Fernheizung versorgt wurden. Die wichtigsten Ämter richteten allerdings einen Bereitschaftsdienst ein. Die Beschäftigten hatten entweder bei anderen Ämtern Dienst zu tun oder aber ihre Aufgaben – jederzeit erreichbar – zu Hause zu erledigen.[18] Am 6. Februar untersagte Murr die Verwendung aller mit Strom oder Gas betriebenen Haushaltsgeräte, soweit sie nicht zum Kochen benötigt würden. Die Beleuchtung war auf ein Mindestmaß einzuschränken, das Radio sollte nur noch zu den Nachrichten eingeschaltet werden.[19] Nachdem der Reichsstatthalter am 22. Januar die Arbeitszeit aller Behörden, Parteidienststellen sowie in den Büros der freien Berufe einheitlich von 8–17 Uhr festgesetzt hatte, verkündete er am 19. Februar eine Neuregelung. Der Arbeitsbeginn blieb bei 8 Uhr, das Ende der Arbeitszeit war abhängig vom Beginn der Dämmerung, um Licht zu sparen.[20] Eine Überwachung der Verbote für alle privaten Haushaltungen war kaum möglich. Es waren eher die Auswirkungen der neuen Verteilerstruktur, die Anfang und Mitte März einige Erleichterungen erlaubten. Die Stuttgarter durften zunächst ab 18 Uhr, dann wieder den ganzen Tag Radio hören – wer aber hatte Zeit dazu? Wichtiger war, daß zur Nachtzeit elektrische Geräte wieder benutzt werden durften.[21]

Der SD-Leitabschnitt zitierte Ende März einen Betriebsführer, der seine Produktion nicht mehr aufrechterhalten konnte: „Wir haben in unserem Werk ganz wichtige Flugzeugteile hergestellt. Im Winter bekamen wir den Auftrag, Tag und Nacht und sonntags zu arbeiten. Als wir glücklich einige hundert Teile fertig hatten, hatten wir kein Material mehr, weil wir keine Transportmöglichkeiten hatten. Als wir wieder glücklich etwas Material hatten, kam die Stromsperre."[22]

Die Bürokratie funktionierte jedoch. So wies der Leiter des städtischen Ernährungsamts seine Dienststellenleiter am 7. Februar 1945 an, bei Arbeitszeitverkürzungen und Stillegungen sofort zu überprüfen, ob die Voraussetzungen für eine Gewährung von Lebensmittelzulagen für die Arbeiter noch gegeben seien.[23]

Auch im öffentlichen Nahverkehr gab es erhebliche Einschränkungen; den Fernverkehr mit Schnell- und Eilzügen hatte die Reichsbahn bereits am 19. Januar 1945 eingestellt.[24] Für Fahrten über 75 Kilometer Entfernung mußten die Reisenden Sonderbescheinigungen vorlegen. Gleisanlagen waren durch Bombenangriffe zerstört, und trotz erstaunlicher Leistungen des Instandsetzungsdienstes mußten die Reisenden Fußwege auf sich nehmen.[25] Dabei war gerade in diesen Wochen die Zahl der Auspendler aus Stuttgart nicht gering; zahlreiche Behörden und Körperschaften hatten ihren Sitz ins Remstal evakuiert, während im Neckartal zwischen Plochingen und Tübingen viele Rüstungsfirmen Verlagerungsbetriebe unterhielten. Pendelten anfänglich die Beschäftigten häufig zwischen Stuttgart und dem Verlagerungsort hin und her, so zwangen sie die Verkehrsverhältnisse Anfang 1945, sich auswärts ein Zimmer zu mieten.[26] Andererseits waren viele Stuttgarter in Nachbargemeinden gezogen, um den Fliegerangriffen auszuweichen. Im Stadtgebiet stellten die Straßenbahnen ihren Betrieb an Werktagen von 13–17 Uhr und sonntags von 9–17 Uhr ein, zwölf Haltestellen wurden aufgehoben.[27] Der Bevollmächtigte für den Nahverkehr beim Innenministerium beauftragte die Straßenbahnen, Gütertransporte einzurichten. Sie sollten vor allem den Gärtnern in Sillenbuch und Botnang, später auch in Bad Cannstatt, Kaltental, Vaihingen und Rohr die Beschickung des Stuttgarter Marktes erleichtern. Der Kraftfahrzeugverkehr wurde weiter reduziert. Die sogenannten roten Winkel löste eine neu eingeführte Bescheinigung ab, die den Kreis der Fahrberechtigten nochmals einschränkte.[28] Die Folgen waren überfüllte Straßenbahnen und Nahverkehrszüge sowie lange Wartezeiten. Der Heimweg vom Arbeitsplatz konnte bis zu drei Stunden dauern. Auch die Lebensmittelversorgung litt unter den Luftangriffen.[29]

Im Januar 1945 verschlechterte sich die Situation rapide. Organisatorische Schwierigkeiten stellten sich ein: „Das Personal war schließlich die meiste Zeit im Bunker (...) Schon Ende Januar kamen die Erlasse des Reichsernährungsministeriums nicht mehr rechtzeitig an." Auch innerhalb Württembergs war die behördliche Kommunikation gestört. Das Landesernährungsamt saß in Schorndorf, der Milch-, Fett- und Eierwirtschaftsverband in Geradstetten, der Getreidewirtschaftsverband in Weißenstein im Kreis Göppingen und das Wirtschaftsministerium in Schwäbisch Gmünd. Dem städtischen Ernährungsamt gelang es nur mit Mühe, die in Göppingen, Ulm, Blaubeuren, Biberach und Calw gedruckten Lebensmittelkarten rechtzeitig zu holen. Das Amt resümierte: „Die Ereignisse waren rascher als der Verwaltungsapparat."[30]

Zu Beginn der 72. Versorgungsperiode, die am 5. Februar 1945 begann, kürzte der Ernährungsminister die Rationen und verlängerte die Geltungsdauer der beiden folgenden Perioden um jeweils dreieinhalb Tage. Die Schwarzbrotration wurde um ein Kilogramm, das waren über 25 Prozent, gekürzt. Bei Weißbrot, das gegen Fleisch eingetauscht oder anstelle von Kartoffeln bezogen werden konnte, blieben die Rationen gleich, ebenso bei Fleisch. Die Verlängerung der Versorgungszeit minderte die tägliche Ration. Außerdem gab es statt 125 Gramm nur noch 62,5 Gramm Käse und statt 550 Gramm nur 250 Gramm Nährmittel. Die Zuckermenge mußte für den doppelten Zeitraum reichen.[31] Dabei erhielten die Verbraucher nicht immer die ihnen zustehenden Rationen. Anfang März gab es Haushalte, die „kein Stück Brot mehr im Haus" hatten.[32]

Im Februar 1945 blieben Lieferungen aus dem Osten in Höhe von 4000 Tonnen aus, nachdem dort die Rote Armee eingezogen war. Da Mehl ohnehin knapp gewesen war, wurde die Kürzung unumgänglich. Außerdem erlaubte der Getreidewirtschaftsverband eine Beimischung von 30 statt zehn Prozent Gerstenmehl zum Schwarzbrot. Der Reichsstatthalter genehmigte den Tausch von einem Kilogramm Brot gegen 400 Gramm Fleisch.[33] Denn bei Fleisch war Württemberg Überschußgebiet.[34] Schwierig war die Versorgung mit Gemüse und Kartoffeln. Bereits nach dem Angriff vom 19./20. Oktober 1944 waren die Lieferungen unterbrochen; mindestens 150 Waggons trafen nicht mehr ein. Erst im März 1945 erreichten nochmals 50 Waggons Kartoffeln sowie 20 Waggons Gemüse Stuttgart. Der Oberbürgermeister und die Kreisleiter riefen zum Anbau von Kartoffeln und Gemüse auf jedem freien Grundstück auf.[35] Die Presse empfahl Ersatzgerichte.[36]

Angesichts der herannahenden Front versuchte das Ernährungsamt in den ersten Monaten 1945, einen Vorrat anzulegen. Es gelang, zusätzliche Transporte von Kartoffeln, Gemüse und rund 800 000 Eiern nach Stuttgart zu lenken. Die Stadt konnte deshalb ab Ende März Sonderzuteilungen ausgeben.[37] Jede Person erhielt ein Kilogramm Fleisch, 500 Gramm Koch- und 200 Gramm Sojamehl, ein Kilogramm Butter, je ein Pfund Nährmittel und Sauerkraut sowie zwei Flaschen Wein. An Kinder und Jugendliche verteilte das Ernährungsamt zusätzlich 500 Gramm Honig, 100 Gramm Schokolade und eine Dose Kondensmilch. Es wies ausdrücklich darauf hin, diese Lebensmittel seien als „eiserne Ration" zu sparen.[38] Als aber Murr am 3. April mit dem Stichwort „Schwabentreue" auch die Freigabe der Lebensmittel an den Handel auslöste, geriet die Vorsorgemaßnahme in Gefahr. Nach einem mehrstündigen Durcheinander erreichte das Ernährungsamt von Murr einen Widerruf und die weitere Verteilung.[39] Ein Schweizer Beobachter sprach vom „kopflosen Dienstag", der zugleich das Ende einer geordneten Arbeit in Fabriken und Behörden gebracht habe.[40] Die Ration leistete nach der Besetzung einen wichtigen Beitrag zur Versorgung. Aber trotz der Lebensmittelausgabe kam es zu Übergriffen. So bemächtigten sich Einwohner von Wangen und Untertürkheim mehrerer Lebensmittelzüge der Wehrmacht auf dem Untertürkheimer Bahnhof.

Das Vorrücken alliierter Truppen führte bereits Ende 1944 zu Überlegungen über eine Räumung Stuttgarts. Am 11. Dezember besprach Personal- und Organisationsreferent Locher im Innenministerium diese Frage.[41] Er übermittelte die Ansicht Strölins, daß die Stadtverwaltung eine Ausweichstelle einrichten wolle und eine zurückbleibende Restverwaltung lediglich die „nach einer nicht vollständigen Räumung (...) verbliebene Bevölkerung weiterhin zu betreuen hätte". Nach Auffassung von Ministerialrat Haug wollte der Reichsstatthalter aber die Stadt vollständig räumen. Haug teilte die Meinung der Stadt, eine umfassende Evakuierung sei kaum möglich, so daß eine Notverwaltung vorbereitet werden sollte. Einige Tage später erhielt die Stadt einen vorläufigen Evakuierungsplan, der eine Verlagerung nach Nordosten vorsah.

Wohnungsamt, Stadtmessungsamt und Fuhramt entwickelten einen Räumungsplan, der sieben „Zielräume" nannte: Gerabronn-Langenburg, Crailsheim-Kirchberg, Ellwangen, die Schlösser Baldern und Kapfenburg mit Bopfingen und Lauchheim, Neresheim, Niederstotzingen und Biberach.[42] Außerdem legte die Stadt einen „Rückführungsplan" für die Gefolgschaftsmitglieder und deren Angehörige vor. Man rechnete mit 10 000 Marschteilnehmern; als Hauptmarschleiter waren Strölin und Locher vorgesehen. Als durchschnittliche Tagesleistung galten 20 Kilometer; wichtige Verkehrswege sollten für die Wehrmacht freigehalten werden. Ein warmes Essen am Abend sowie Marschverpflegung für 10 000 Personen waren kalkuliert. Selbst ein genauer Speisezettel mit Eintopfgerichten für sieben Tage lag vor.[43]

Während eine Räumung der Stadt immer unwahrscheinlicher wurde, bereitete die Stadtverwaltung den Aufbau der Notverwaltung vor. Am 14. Februar 1945 ersuchte Locher die Amtsleiter um die Auswahl des Personals: „Politisch besonders hervorgetretene Gefolgschaftsmitglieder (z. B. Ortsgruppenleiter) müssen für den vorgesehenen Zweck ausscheiden. Die Auswahl der weiblichen Gefolgschaftsmitglieder ist mit besonderer Sorgfalt vorzunehmen. Gesunden und leistungsfähigen, möglichst nicht zu jungen Kräften ist der Vorzug zu geben."[44]

Oberster Grundsatz sei, ohne Beeinträchtigung der Versorgung den Kreis möglichst klein zu halten. Dennoch umfaßte eine Aufstellung aus der zweiten Februarhälfte über 2000 Bedienstete, von denen allerdings rund 500 mit den Krankenhäusern bereits evakuiert worden waren. Die größte Gruppe bildete das Personal des Ernährungs- und des Wirtschaftsamts mit rund 270 Personen. Diese Beschäftigten erhielten, soweit sie der Wehrpflicht unterlagen, eine sogenannte doppelte uk-Stellung. Die Stadt hatte mit der Kreisleitung vereinbart, daß der Dienst in der Notverwaltung Vorrang vor einem Einsatz im Volkssturm besitze.[45] Stillgelegt wurden das Archiv und die Bücherei, die Beamtenkrankenkasse, die Ortsbehörde für Arbeiter- und Angestelltenversicherung, die Kriegsschädenämter und das Gemeindegericht, die Kanzlei des Oberbürgermeisters, die Hauptaktei, die Botenmeisterei, der Informationsdienst und die Ratsschreiberei, das Rechnungsprüfungsamt, das Statistische und das Personalamt, deren Aufgaben ein neu zu schaffendes Hauptamt übernehmen sollte. In der Notverwaltung war auch für das Stadtplanungsamt, das Amt für auslandsdeutsche Angelegenheiten, das Turn- und Sportamt, die Bäderverwaltung sowie die Verwaltung des Schauspielhauses und das Bekleidungsamt kein Platz mehr. Diese Ämter fielen ersatzlos weg. Die Aufgaben der übrigen Ämter wurden drastisch reduziert.

Die 7. Amerikanische und die 1. Französische Armee hatten zwischen Mannheim und Speyer den Rhein überquert und drängten nach dem Fall Mannheims am 28. März über Nordbaden nach Württemberg. Hitler befahl am 19. März 1945, alle militärischen, Verkehrs-, Nachrichten-, Industrie- und Versorgungsanlagen zu zerstören, „die sich der Feind für die Fortsetzung seines Kampfes irgendwie sofort oder in absehbarer Zeit nutzbar machen kann".[46] Während die Wehrmacht für die Zerstörung von militärischen Objekten, Verkehrs- und Nachrichtenanlagen zuständig war, beauftragte Hitler die Gauleiter und Reichsverteidigungskommissare mit der Zerstörung der Industrie- und Versorgungsanlagen. Die militärischen Verbände sollten helfen. Unter dem Stichwort „Cäsar" sollte die Evakuierung der Bevölkerung vorbereitet werden, die Räumung selbst löste das Codewort „Nero" aus, und die Zerstörung aller militärischen, industriellen und Versorgungsanlagen erfolgte auf das Stichwort „Schwabentreue". Am 27. März 1945 verkündete Murr als Reichsverteidigungskommissar diese „geheime Reichssache".[47] Er gab für Stuttgart und einige andere württembergische Orte zugleich das Stichwort „Cäsar" aus, leitete also die Evakuierung der Bevölkerung ein.

Die Industriellen fürchteten die Zerstörung ihrer Werksanlagen. Otto Fahr von der Firma Werner & Pfleiderer, der Rüstungsobmann im Wehrkreis V a, und Alfred Knörzer, Vorstandsmitglied bei Bosch, suchten am 1. April 1945 Strölin in der Schönleinstraße auf. Sie fanden bei diesem ein offenes Ohr – auch für ihre Weigerung, die Fremdarbeiter abtransportieren zu lassen.[48] Sie konnten hoffen, nachdem Speer bei Hitler eine Milderung der Zerstörungsbefehle durchgesetzt hatte. Demnach sollte die „Produktion bis zum letztmöglichen Zeitpunkt" aufrechterhalten und auch eine Besetzung intakter Werke in Kauf genommen werden.[49]

Bei einer Besprechung im Innenministerium am 4. April, an der neben Strölin und Asmuß Kreisamtsleiter Weber, Polizeipräsident Wicke und Gestapochef Mußgay teilnahmen, bestätigte Minister Schmid, daß die staatlichen Behörden die Stadt verlassen würden. Der Polizeipräsident hatte einige hundert Schutzpolizisten in Marsch gesetzt, die Insassen von Zuchthäusern und Stuttgarter KZ-Außenlagern nach Dachau bringen sollten.[50] Schmid vertrat die Auffassung, daß bei einer Zurücknahme der Hauptkampflinie eine Zerstörungsaktion beabsichtigt gewesen sei. Bei der sich abzeichnenden Einkreisung durch Panzerverbände sei dies sinnlos. Die Wasserversorgung dürfe keinesfalls zerstört werden, weil dadurch die Bevölkerung „seelisch dem Gegner in die Arme getrieben" würde. Er sprach sich ebenso wie Strölin gegen ein Lahmlegen der Straßenbahnen aus; bei einer Besetzung solle vielmehr einfach der Strom abgeschaltet werden. Die führenden Männer wollten die Infrastruktur schonen.[51]

Nicht nur Innenminister Schmid, auch Kreisleiter Fischer und Wehrmachtskommandant Oberst von Scholley lehnten eine militärisch sinnlose Verteidigung und Zerstörung Stuttgarts ab. Zwar hatte der Volkssturm da und dort Schützenlöcher und -stände aufgebaut. Doch von einer Rundumverteidigung auf zwei Verteidigungsringen konnte keine Rede sein. Mit den Volkssturm-Kräften, von denen gerade vier Bataillone zu 600 Mann aufgestellt waren, und den acht Regimentern aus Ersatztruppenteilen der Stuttgarter Garnison, die aus Kranken, Genesenden und Rekruten bestand, war keine Verteidigung möglich. Es fehlte an Waffen, an Nachrichtengerät,

Transport- und Treibstoff.⁵² Fischer, von Scholley und Strölin suchten daher am 4. April Murr auf und verlangten, Stuttgart vom Oberkommando der Wehrmacht zur offenen Stadt erklären zu lassen. Murr lehnte unter Hinweis auf die Bedeutung Stuttgarts als Verkehrsknotenpunkt ab.⁵³ Murrs Gegner setzten auf die Wehrmacht. Am 6. April verhandelten die TWS-Direktoren Stöckle und Häberle mit Vertretern der Wehrmacht mit dem Ziel, „die Sprengung der Brücken nach Möglichkeit zu vermeiden und jedenfalls die Beeinträchtigungen der Strom- und Wasserversorgung auf das mit den militärischen Erfordernissen vereinbarte Mindestmaß zu beschränken. Vor allem sollte verhütet werden, daß die mit einigen der Neckarbrücken verbundenen Wehre und Wasserkraftanlagen betriebsunfähig gemacht werden."⁵⁴ Der Kommandeur der Pioniertruppen, Major Schiefer, und Oberstleutnant Anderst zeigten sich aufgeschlossen, wiesen aber darauf hin, daß sie durch Befehle gebunden seien und im Eventualfall die Brücken sprengen würden. Die Vertreter der TWS meinten, daß die Eisenbahnbrücke am Rosenstein für ihre Belange unwichtig sei, ebenso die Daimler-Brücke. Bei der Hofener-Brücke und der König-Karls-Brücke sollte bei einer Sprengung auf die Stauwehre Rücksicht genommen werden, während alle übrigen Neckarbrücken Versorgungsleitungen trügen. Anderst sicherte zu, er wolle beim Kampfkommandanten „einen schriftlichen Hinweis auf die Wichtigkeit der Brücken" und die Bitte um Schonung vorbringen. Die TWS-Vertreter erwogen, behelfsmäßige Leitungen zu legen, damit im Fall einer Sprengung der Brücken die Versorgung aufrechterhalten werden könnte.

Die Bemühungen um eine kampflose Übergabe und ein Vermeiden von Zerstörungen erlitten einen Rückschlag, als Standortkommandant Scholley am 7. April 1945 abgelöst wurde.⁵⁵ Der Nachfolger, Oberstleutnant Marbach, brachte eine schwere Hypothek mit nach Stuttgart. Er hatte die Verteidigung von Karlsruhe aufgegeben und war deswegen zum Tode verurteilt worden, sollte sich aber als Ritterkreuzträger in Stuttgart bewähren. Er konnte Strölin auf dessen Drängen keine Zusagen geben. Diesem gelang es jedoch, Marbachs Vorgesetzten, General Kurt Hoffmann, den Kommandeur der 465. Ersatzbrigade in Ludwigsburg, für eine kampflose Räumung zu gewinnen. Die Motive von Murr, sich ihr zu widersetzen, waren unklar. Strölin bezeichnete Murr als eher zaudernden, unsicheren Menschen. Offenbar fürchtete Murr die Rache seiner Parteigenossen mehr als die anrückenden Alliierten.

Am 6. April setzte der Oberbürgermeister die Notverwaltung in Kraft. Allen Angehörigen der Stadtverwaltung, die nicht dazu beordert waren, durften sich der Räumung anschließen, soweit sie nicht zum Volkssturm einberufen waren.⁵⁶ Die Kriegsaushilfsangestellten hatten auf den nächstmöglichen Termin zu kündigen. Zugleich richtete die Stadtverwaltung „im Hinblick auf die Feindbedrohung" eine Ausweichstelle in Isny ein. Zum Leiter bestimmte Strölin den Direktor des Personalamtes, Sauer. Die Ausweichstelle hatte die Aufgabe, die Stadt gegenüber den Stellen zu vertreten, die das

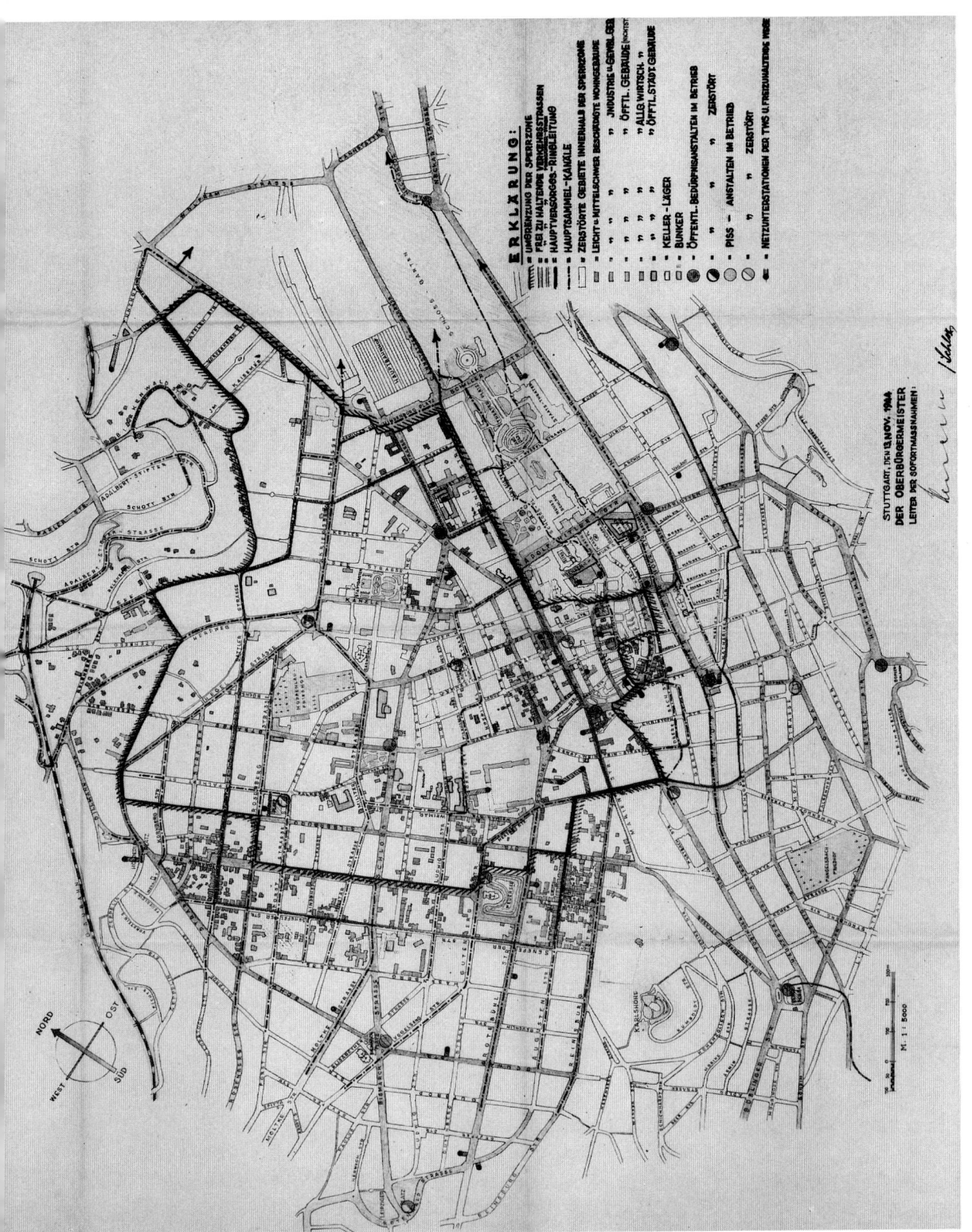

88 *Sperrzonen-Plan der Innenstadt vom 13. November 1944*

89   „Schlupfwinkel lichtscheuer Elemente" (Strölin): Probleme in der Sperrzone

90   Leben in Ruinen
91   Wehrmachtsangehörige ergeben sich französischen Soldaten.

Umseitig:
92   Französische Panzer rollen in die Innenstadt.

Hier Zigaretten

VI. 2. Die Auflösung der NS-Herrschaft in Stuttgart

eingekreiste Stuttgart nicht mehr erreichen konnten. In Isny sollten auch die Kassen- und Buchungsgeschäfte weitergeführt werden, insbesondere die „zentrale Buchung der Gehälter und Löhne". Bei einer feindlichen Bedrohung der Ausweichstelle war Sauer ermächtigt, alles zu vernichten, was „für den Feind unmittelbar von Wert" war. Bei dieser Arbeit hatte Sauer Erfahrung; bereits am 27. März 1945 hatte ihm Personalreferent Locher den Auftrag erteilt, die Personalakten der Beigeordneten sowie die bei den Personalakten befindlichen Fragebogen über politische Zugehörigkeiten und politische Beanstandungen zu vernichten.[57] Leiter der Notverwaltung in der Stadt war Stadtrat Waidelich; Strölin hatte eine Einberufung zum Volkssturm erhalten.[58] Er blieb jedoch in Stuttgart und leitete die Stadtverwaltung. Referenten der Rumpfverwaltung waren Direktor Theurer (Finanz- und Wohnungswesen), Obermedizinalrat Lempp (Wohlfahrts- und Gesundheitswesen), Direktor Keßner (Ernährung und wirtschaftliche Versorgung), Oberbaurat Reuß (Bauwesen) und Direktor Hottmann (Versorgungsbetriebe). Die bisherigen Referenten gehörten der Notverwaltung nicht an, da sie als politisch belastet galten. Die Kreisleitung hatte allen politisch aktiven Beschäftigten der Stadt angeraten, sich der Räumung anzuschließen.[59] Vom Innenministerium verlangte Strölin, daß die Tätigkeit in der Notverwaltung nach einer Besetzung Stuttgarts nicht als Hilfeleistung für den Feind angesehen und das Personal vor Repressalien des „Werwolfs" geschützt werde.

Die Teilräumung der Stadt von Behörden und Dienststellen, der Aufruf der städtischen Notverwaltung, die Einstellung der Produktion, die Aktenvernichtung, der Einsatz des Volkssturms und die Flucht der Parteiprominenz – sowie die Absetzung von Scholley als Standortführer der Wehrmacht – leiteten über zur letzten Phase der nationalsozialistischen Herrschaft. Zu dieser Zeit tobten Kämpfe um Heilbronn, an denen auch Volkssturm-Männer aus Stuttgart teilnehmen mußten.[60] Die französischen Truppen standen in Mühlacker, wo am Vormittag des 6. April die Sendeanlage gesprengt wurde.[61] Die Bevölkerung wußte, daß der Krieg verloren war. „Die Stadt ist ‚in Erwartung der Amerikaner', man möchte schon beinahe sagen, ist ‚in Hoffnung', daß die Amerikaner bald kommen", notierte ein Zeitgenosse in sein Tagebuch.[62]

Das Regime erwies sich als unberechenbar. Würde Murr die Stadt verteidigen, sie in Trümmer legen lassen, waren wilde Aktionen des „Werwolf" zu befürchten? „Haß ist unser Gebet und Rache unser Feldgeschrei", lautete seine Losung, Anführer war Gaugeschäftsführer Helmut Baumert.[63] Am 10. April, als Keitel, Bormann und Lammers einen Befehl zur Verteidigung aller verkehrswichtigen Städte unterzeichneten, rief Murr im „NS-Kurier" zu „verbissenem Widerstand" auf und drohte: „Wer sich dem Feind unterwirft, verfällt der Ächtung und der Verachtung. (...) Wer Feindparolen folgt, hat sein Leben verwirkt. Der Kampf um das Leben von 80 Millionen Deutschen kennt keine Rücksichten. Er kennt nur eins: „Kampf bis aufs Messer den Feinden unseres Volkes."[64] Der „NS-Kurier" erfand immer neue Durchhalteparolen, er schrieb:

„Blicken wir auf den Führer, ihm brennt das Herz. Er trägt eine Verantwortung, wie sie kaum einmal ein Staatsmann getragen hat. Aber er steht mit einer beispiellosen Standhaftigkeit in dem Sturm. (. . .) Halten wir ihm die Treue, wie er dem deutschen Volke die Treue hält."[65] Murr drohte nicht nur mit sofortiger Hinrichtung, sondern auch mit drakonischen Strafen für die Familien.[66]

Verantwortungsbewußte Männer fragten sich, „ob sie der Stadt und, wenn ja, wie sie helfen könnten", wie Rechtsanwalt Dr. Wolfgang Haußmann, der Initiator eines solchen Kreises, berichtete.[67] Obwohl er sich über die Haltung Strölins „niemals ganz klar" geworden war, vermittelte eine Bekannte den Kontakt zwischen Strölin und Rechtsanwalt Arnulf Klett, der bei der Stadtverwaltung dienstverpflichtet war. Frau Annie Götz, deren Vater Regimentskamerad von Strölins Vater gewesen war, suchte den Oberbürgermeister am 8. April 1945 auf und bat ihn, den Zerstörungsbefehlen keine Folge zu leisten. Strölin reagierte zuerst mit einem Zornesausbruch, ehe er sich entschloß, Klett am folgenden Tag zu empfangen.[68] Klett schilderte Strölin, dem sein Gesprächspartner bis dahin völlig unbekannt gewesen war, die Sorgen der Bevölkerung. Gerüchte über eine Zerstörung der Brücken und über eine Lahmlegung der Versorgungsanlagen seien im Umlauf. Strölin erklärte Klett, mit dieser Mitteilung „rennen Sie bei mir offene Türen ein", informierte ihn über seine eigenen Bemühungen und stellte ihm die wichtigsten Mitarbeiter vor.[69] Weitere Treffen folgten.

Strölin hatte die Hoffnung verloren, Murr noch überzeugen zu können. Als Haußmann und Klett an ihn herantraten, ging Strölin auf deren Vorschläge ein. Jene besaßen über Staatsanwalt Gauß, den Sohn des bis 1911 amtierenden Oberbürgermeisters, Kontakt zu den französischen Truppen.[70] Auch Strölin versuchte, eine kampflose Übergabe der Stadt zu erreichen, und sandte einen französischen Gewährsmann hinter die feindlichen Linien.[71] Der Kreis um Klett und Haußmann erfuhr davon nichts.[72] Dies war ein Zeichen dafür, daß die Verbindung von Zurückhaltung geprägt war. Der Sicherheitsapparat jedoch hatte Wind von der Sache bekommen. Nachdem der Rundfunk schon zuvor Strölins Verhaftung gemeldet hatte, traf noch am 19. April ein Befehl des Reichssicherheitshauptamts bei der Stuttgarter SD-Leitstelle ein, Strölin sei „wegen Aufnahme der Verbindung mit alliierten Truppen zwecks kampfloser Übergabe der Stadt" zu verhaften. Der Funker vernichtete aber kurzerhand die Weisung; er wußte genau, daß die Einnahme Stuttgarts unmittelbar bevorstand.[73]

Am 5. April machten Gerüchte von einer Sprengung der Großbäckereien die Runde.[74] Mittlerweile drohte eine neue Gefahr für die Versorgung der Bevölkerung, denn die Kreisleitung beorderte 190 Bäckermeister zum Volkssturm.[75] Am 16. April trafen sich deshalb die Vertreter der Innung, Kächele und Leeger, mit Strölin. Dieser bescheinigte den Handwerkern ihre Unentbehrlichkeit und stellte Ausweise aus, wonach sie nicht eingezogen werden dürften. Solche Papiere des nicht zuständigen Oberbürgermeisters taugten im Zweifelsfall aber wenig.

VI. 2. Die Auflösung der NS-Herrschaft in Stuttgart

Der Nervenkrieg um die Brücken und Versorgungsanlagen war unterdessen weitergegangen. Strölin versuchte, Kampfkommandant Marbach dazu zu bewegen, auf eine Verteidigung zu verzichten und Stuttgart zur Lazarettstadt erklären zu lassen. Aber am 12. April befahl Himmler: „Keine deutsche Stadt wird zur offenen Stadt erklärt. Jedes Dorf und jede Stadt werden mit allen Mitteln verteidigt."[76] Am selben Tag entschied der Rüstungsbevollmächtigte Südwest des Ministeriums Speer, daß nunmehr das Kraftwerk Münster der TWS lahmzulegen sei. Den genauen Zeitpunkt sollte das Gaurüstungskommando festsetzen. Zwei Tage später war es soweit. Am 14. April informierte Murrs Büroleiter Benz die Stadt; wenig später dürfte der entsprechende Befehl ergangen sein. TWS-Direktor Häberle beschrieb im Juli 1945, was er tat: „Um dem Befehl nachzukommen, ließ ich, da Kontrolle in Aussicht stand, die Maschinenteile ausbauen. Unverzüglich danach ließ ich sie wieder einbauen, um bei einem etwaigen Beschauer den Eindruck zu erwecken, daß die Lähmungsarbeiten eben im Gang seien."[77] Marbach blieb ein Unsicherheitsfaktor. Den Beauftragten der TWS machte er klar, „daß Leute, welche Kampfkommandanten an der Erfüllung ihrer Aufgaben irgendwie zu hindern suchen, ihr Leben verwirken".[78] Auch bei den Pioniertruppen, die die Brücken bewachten, war die Situation gespannt.[79] Am Berger Steg sabotierten Soldaten die Zerstörung, indem sie – vom Brückenkommandanten unbemerkt – die Zündungen entfernten. Wiederholt unterbrachen mutige Männer die Sprengdrähte an den Brücken. Die Pioniere mußten sie jedoch reparieren.[80] Viele Soldaten und Zivilisten hatten im Reich mit dem Leben dafür bezahlt, daß sie sinnlose Verteidigung verweigerten. Mit Schrecken vernahm man die Nachrichten von der standrechtlichen Verurteilung und Hinrichtung von Bürgern in Heilbronn und Brettheim.[81]

Die französischen und amerikanischen Truppen marschierten nach Stuttgart. Die amerikanischen Streitkräfte mußten jedoch zwischen dem 4. und 12. April um Heilbronn kämpfen und stießen auch im hohenlohischen Raum auf Widerstand. Dies ermöglichte den Franzosen die Einkreisung Stuttgarts von Norden, Westen und Süden, während die Amerikaner vom Remstal her auf die Stadt vorrückten.[82] Obwohl sich die USA ausdrücklich die Besetzung Stuttgarts vorbehalten hatten, verlangte General de Gaulle von seinen Militärs die Einnahme der Stadt als Faustpfand für künftige Verhandlungen und Forderungen.[83] Am 20. April, Hitlers Geburtstag, konnte man Stuttgart noch über das Neckartal in Richtung Schwäbische Alb verlassen. Diese Gelegenheit nutzten die nationalsozialistischen Funktionäre, die sogenannten Goldfasanen, zur Flucht, an ihrer Spitze Murr und Mergenthaler, der zuletzt auch die SA-Gruppe Neckar geführt hatte. Obwohl der stellvertretende Hauptschriftleiter des „NS-Kuriers" Hermann Hirsch, 1933 als Deutschnationaler von den Nationalsozialisten im selben Blatt befehdet, von einem „standhaften Herz" auf den Trümmern sprach und die letzte Schlagzeile des „NS-Kuriers" am 20. April lautete: „Im Unglück nicht feige, sondern trotzig werden!", zogen die Stuttgarter NS-Größen die Flucht vor.[84]

Allen Grund zur Flucht vor den Alliierten hatten die Angehörigen der Gestapo. Nachdem bereits Anfang April KZ- und Zuchthaus-Insassen nach Dachau in Marsch gesetzt worden waren, zogen Häftlinge aus dem von französischen Truppen bedrohten Schloß Kaltenstein bei Vaihingen/Enz ins Stuttgarter Gestapo-Gefängnis ein, wo die Räumung ebenfalls begonnen hatte.[85] In diesen Tagen ermordeten Angehörige der Stapoleitstelle eine unbekannte Zahl von Häftlingen, darunter auch zwei Frauen. Eine von ihnen, Else Josenhans aus angesehener jüdischer Familie und durch den nichtjüdischen Gatten bisher geschützt, war bei Fluchtvorbereitungen in die Schweiz einem Spitzel ins Netz gegangen und wurde ermordet.[86] Willi Bohn, der ebenfalls von Kaltenstein nach Stuttgart verlegt worden war, berichtete von einem Giftmord an einem polnischen und einem französischen Juden im „Hotel Silber".[87] Während auf den Fildern die französischen Truppen antraten, rollten in der Nacht „die schwerbeladenen Lastwagen mit den Gestapogrößen, ihren Bekannten und Frauen und uns als Gefangenen als billige Arbeitskräfte aus Stuttgart hinaus". Die Mehrzahl der Häftlinge wurde in ein ungewisses Schicksal abtransportiert.

Niemandem blieb der unmittelbar bevorstehende Einmarsch alliierter Truppen verborgen, obwohl der erwartete Panzer- oder Fallschirmjäger-Alarm ausblieb. Ein Stuttgarter notierte:

„Der Volkssturm, der an manchen Stellen zusammenberufen worden ist und teilweise mit Gewehren und sogar mit Munition Postendienst versieht, meldet im wesentlichen von den Panzersperren durchflitzende Autos mit Offizieren, seltener mit Mannschaften. Von einer Verteilung der Panzerfäuste hat man nichts gehört und auch von einer Entschlossenheit, die in monatelanger Volkssturmarbeit geschaffenen Stellungen, Panzerfaustlöcher und Schützengräben zu besetzen, ist nirgends etwas zu verspüren."[88]

Nicht überall war es so ruhig wie in Obertürkheim, wo diese Beobachtungen gemacht wurden. In Bad Cannstatt stürmten Einheimische und Fremdarbeiter Lebensmittel- und Bekleidungsgeschäfte.[89] Auf den Fildern war der Volkssturm aktiv und errichtete Panzersperren.

Die Bevölkerung zog sich in die Keller und Bunker zurück, denn in den Abendstunden des 20. April nahm feindliche Artillerie die Innenstadt sowie die Stadtteile Zuffenhausen, Weil im Dorf und Gablenberg, später auch Bad Cannstatt unter Feuer. Gegen 18 Uhr besetzten Einheiten der 5. Französischen Panzerdivision Plieningen und rückten sogleich gegen Möhringen vor. Die Ortsvorsteher standen in dauerndem Kontakt mit Strölin und berichteten über den Vormarsch der französischen Truppen.[90] Strölin unternahm nun einen weiteren Versuch zur Rettung der Brücken. Er informierte Klett und suchte gegen drei Uhr nachts nochmals den Kampfkommandanten auf. Er bat ihn, eine Sprengung zu unterlassen, die jeden militärischen Sinn verloren habe. Nachdem jedoch in den frühen Morgenstunden des 21. April das Vordringen amerikanischer

VI. 2. Die Auflösung der NS-Herrschaft in Stuttgart

Truppen aus dem Remstal gegen Bad Cannstatt gemeldet wurde, befahl Marbach die Zerstörung der Brücken. Die Detonationen verursachten auch in der Nachbarschaft Schäden. Die Neckarbrücken flußaufwärts flogen noch in den Nachmittags- und Abendstunden in die Luft. Lediglich der Berger Steg mit der Leitung der Landeswasserversorgung zum Wasserwerk blieb unversehrt. Der Erhalt der Wasserversorgung war nicht nur für die Zivilbevölkerung, sondern auch für die Wehrmacht von großer Bedeutung.

Am Vormittag des 21. April rückten französische Truppen in Möhringen und Riedenberg, gegen Mittag in Sillenbuch und am Nachmittag in Heumaden und Hedelfingen ein. Während sich der Belagerungsring um den Talkessel immer enger zusammenzog, forderte um die Mittagszeit ein französischer Offizier Strölin telefonisch zur Übergabe der Stadt auf. Strölin hielt den Anruf allerdings für dubios, vermutete möglicherweise eine Falle und verband den Anrufer mit dem Kampfkommandanten. Marbach teilte Strölin mit: „Ich habe Befehl gegeben, die Stellungen zu räumen, Artillerie deckt den Rückzug. Sie selbst verlassen bis spätestens 16 Uhr über Obertürkheim die Stadt."[91] Marbach verhinderte damit in letzter Minute ein Blutvergießen. Als sich die französischen Truppen zum Vorstoß an den Neckar rüsteten, war das Gros der deutschen Verbände in Richtung Schwäbisch Hall abgerückt. Gegen 21 Uhr zerstörte eine Nachhut die letzte verbliebene Straßenbrücke über den Neckar bei Untertürkheim.[92] Strölin blieb befehlswidrig in der Stadt; nach eigenem Bekunden versuchte er vergeblich, mit den Franzosen eine kampflose Übergabe der Stadt auszuhandeln. Möglicherweise hatte er aber diese Chance bereits am Vortag verspielt, als er den Anruf des französischen Offiziers nicht ernst genommen hatte.[93]

Die Franzosen hatten es eilig. Stuttgart gehörte nach alliierter Vereinbarung zum amerikanischen Besatzungsgebiet. Als Grenze der Besatzungszonen hatte man den Verlauf der Reichsautobahn festgelegt.[94] Da die amerikanischen Truppen bei Heilbronn aufgehalten worden waren, bot sich den Franzosen eine günstige Gelegenheit. Die „Eroberung" Stuttgarts war nach dem Abzug der Wehrmacht rasch zu bewerkstelligen. Widerstandsversuchen des Volkssturms in Degerloch setzten die französischen Einheiten durch Panzergranaten und Maschinengewehrsalven ein schnelles Ende. Die örtliche Volkssturm-Leitung befahl, vermutlich nach Verhandlungen, daraufhin den Rückzug. Allerdings gefährdeten einige Fanatiker mehr die Bevölkerung als den einmarschierenden Feind.[95] Doch schließlich scheiterte auch an diesen Einzelaktionen die nahezu kampflose Übergabe Stuttgarts nicht mehr. Der Einsatz von Bürgern, das Bemühen aus den Reihen der Stadtverwaltung und vor allem die Einsicht der zuständigen Militärs, aber wohl auch glückliche Umstände ersparten der Stuttgarter Bevölkerung sinnlose Opfer.[96]

Nachdem die französischen Soldaten die schwache Gegenwehr bei Möhringen und Vaihingen gebrochen hatten, begann in den späten Nachmittag- und Abendstunden des 21. April die Besetzung der Stadt. Von Norden rückte das 152. Infanterieregiment der 1. Französischen Armee am Nachmittag in Stammheim und Zuffenhausen ein. Am Abend näherten sich von Degerloch die ersten Panzer der Innenstadt. Es gab Zwischenfälle. So erschoß ein deutscher Leutnant in Stammheim einen Landwirt, der sich einen Scherz über die Freundlichkeiten der Franzosen erlaubt hatte, die ihn ungehindert hatten passieren lassen. An der seit dem 19. Oktober 1944 zerstörten Rosensteinbrücke kam es zu Schießereien, in deren Verlauf zwei französische Soldaten „in den Neckar geworfen" wurden. Zur Vergeltung erschossen die Franzosen einen Arzt, dessen Unschuld sich bald herausstellte, und bestimmten einige hundert Bürger wahllos als Geiseln. An diesem Tag soll auch der Ortsgruppenleiter von Cannstatt-Kursaal gehängt worden sein; unklar ist, ob daran Deutsche oder Besatzungssoldaten beteiligt waren.[97]

Am 22. April 1945 schließlich vollzog sich der letzte Akt nationalsozialistischer Herrschaft in Stuttgart. Bis 10 Uhr am Vormittag mußte der Volkssturm sämtliche Panzersperren räumen, ehe der Einmarsch der französischen Truppen begann.[98] Am 3. Oktober 1940 waren die siegreichen deutschen Truppen von Vaihingen über Kaltental in die Innenstadt gezogen, begleitet von beispiellosen Jubelszenen; nun rasselten französische Panzer und Militärwagen den Infanteristen voraus ins Zentrum der zerstörten Stadt, während die Einwohner voller Ungewißheit und Spannung in ihren Kellern verharrten. Strölin hatte am frühen Morgen dieses Tages eine Verbindung zur französischen Führung erreicht; ein Offizier holte ihn jetzt zur Übergabe ab. Das französische Hauptquartier befand sich im „Gasthaus Ritter" in Degerloch. Strölin berichtete: „Es war ein strahlend schöner Tag. Der Krieg schien für Stuttgart zu Ende. Meine Aufgabe war erfüllt. In einem Hotelzimmer erwartete mich der französische General, hinter einem Schreibtisch stehend. Als ich ihm gegenüberstand, erklärte ich: ‚Oberbürgermeister von Stuttgart. Ich übergebe die Stadt'. Es war Sonntag, der 22. April 1945, 11 Uhr vormittags. Die Tatsache der Übergabe der Stadt wurde um 12 Uhr mittags durch Rundfunk bekanntgegeben."[99]

Der Krieg war für Stuttgart zu Ende, Strölin aber blieb Oberbürgermeister. Der französische Befehlshaber beauftragte ihn, die Geschicke der Stadt als Exekutivorgan der Besatzungsmacht zu leiten. Er unterstellte Strölin auch die staatlichen Polizeikräfte. Damit erhielt der Stadtvorstand von der Besatzungsmacht eine Kompetenz, die er jahrelang vergeblich gefordert hatte. Strölin leitete einige Maßnahmen gegen Plünderungen und Aktionen des „Werwolf" ein. Aber schon einen Tag später mußte er das Amt des Oberbürgermeisters abgeben. Sämtliche Gemeindevorsteher der nationalsozialistischen Ära verloren ihre Posten. Strölin durfte jedoch als Zeichen der Wertschätzung und in Würdigung der Tatsache, daß er auf seinem Posten ausgeharrt hatte, einen Nachfolger vorschlagen, der nicht Parteigenosse gewesen war. Er entschied sich für Arnulf Klett. Klett war politisch unbelastet, war 1933 sogar für kurze Zeit auf dem

VI. 2. Die Auflösung der NS-Herrschaft in Stuttgart

Heuberg interniert gewesen und hatte Gegner des NS-Regimes vor Gericht verteidigt.[100]

Die französische Militärregierung akzeptierte Strölins Vorschlag und setzte Arnulf Klett als Oberbürgermeister ein. Erstaunlich war, daß sie Eduard Könekamp, der schon bisher der Stadtverwaltung in führender Position angehört hatte, zum Stellvertreter Kletts ernannte. Obwohl sich der Fachbeamte Könekamp nicht als Aktivist der NSDAP hervorgetan hatte, hatte er als „rechte Hand" Strölins gewirkt. Er war in den beiden nächsten Jahren „der eigentliche administrative Chef" der Stadtverwaltung.[101] Damit aber beginnt ein neues Kapitel der Stadtgeschichte. Die Zeit der nationalsozialistischen Herrschaft in Stuttgart war am 22. April 1945 zu Ende.

Die Nationalsozialisten hinterließen einen gewaltigen Trümmerberg von rund 4,9 Millionen Kubikmetern Schutt. Über ein Drittel aller Wohngebäude waren zu mehr als fünf, über ein Fünftel sogar zu mehr als 50 Prozent beschädigt.[102] Die Nationalsozialisten hatten den Menschen vor allem persönliches Unrecht und Leid zugefügt. Als Soldaten oder in anderen uniformierten Diensten waren über 14 000 Personen gefallen. Der Luftkrieg forderte über 4600 Opfer, darunter etwa 770 Fremdarbeiter und Kriegsgefangene, sowie zwischen 1200 und 1600 Angehörige alliierter Flugzeugbesatzungen.[103] Ein Viertel der 4490 jüdischen Bürger, die 1933 in Stuttgart gewohnt hatten, fiel der nationalsozialistischen Verfolgung und Vernichtung zum Opfer.[104] Im Rahmen der sogenannten Euthanasie wurden mindestens 400 Stuttgarter ermordet.[105] Wie viele Personen wegen bewußter politischer Opposition oder wegen einer unvorsichtigen Bemerkung in Lagern und Hinrichtungsstätten erschlagen, erschossen, erhängt wurden, ist kaum feststellbar. Eine unvollständige Liste nennt 145 Männer und Frauen. Die Zahl der Opfer, der auch die an Haftfolgen Verstorbenen zuzurechnen sind, war jedoch beträchtlich höher.[106] Die letzte Station schließlich für einige hundert Männer und Frauen aus Frankreich, der Tschechoslowakei und anderen europäischen Ländern, die zum Schafott geführt wurden, war Stuttgart, die „Stadt der Auslandsdeutschen".[107]

Abkürzungsverzeichnis

A	Archiv	CEH	Central European History
AA	Abendausgabe		
Abl.	Ablieferung	CVD	Christlicher Volksdienst
ABl	Amtsblatt		
ADGB	Allgemeiner Deutscher Gewerkschaftbund	CVJM	Christlicher Verein Junger Männer
		DAF	Deutsche Arbeitsfront
AfK	Archiv für Kommunalwissenschaft	DAI	Deutsches Ausland-Institut
AO	Auslandsorganisation der NSDAP	DDP	Deutsche Demokratische Partei
AOK	Allgemeine Ortskrankenkasse	DGO	Deutsche Gemeindeordnung
Az.	Aktenzeichen		
BAK	Bundesarchiv Koblenz	DGT	Deutscher Gemeindetag
Bd.	Band		
BDA	Bund Deutscher Architekten	DNVP	Deutschnationale Volkspartei
BDC	Berlin Document Center	dt.	deutsch
		DVP	Deutsche Volkspartei
BDM	Bund deutscher Mädel	EA	Ernährungsamt
Bl.	Blatt	ebd.	ebenda
BM	Bürgermeister	EVS	Energieversorgung Schwaben AG
BMA	Bürgermeisteramt		
BOH	Berufsorganisation der Hausfrauen Stuttgarts	EVW	Elektrizitätsversorgung Württemberg AG
BP	Bürgerpartei		
Bü.	Büschel	Fasz.	Faszikel
		fol.	Folio

GBV	Generalbevollmächtigter	KdF	Kraft durch Freude
Gesch.	Geschichte	KPD	Kommunistische Partei Deutschlands
GR	Gemeinderat		
GRS	German Studies Review	KPO	Kommunistische Partei (Deutschlands) Opposition
GWU	Geschichte in Wissenschaft und Unterricht		
GuG	Geschichte und Gesellschaft	KZ	Konzentrationslager
		LG	Landgericht
GZtg.	Gemeindezeitung	LS	Luftschutz
H	Heft	LWA	Landeswirtschaftsamt
HA	Hauptaktei	MA	Morgenausgabe
HAfK	Hauptamt für Kommunalpolitik	MABK	Ministerialabteilung für Bezirks- und Körperschaftsverwaltung
HJ	Hitler-Jugend		
Hrsg.	Herausgeber	Mitt.	Mitteilungen
HSSPF	Höherer SS- und Polizeiführer	MittBl.	Mitteilungsblatt
		ND	Bund Neudeutschland
HStAS	Hauptstaatsarchiv Stuttgart	NL	Nachlaß
		NLS	Nachlaß Strölin
IdS	Inspekteur der Sicherheitspolizei	NS	Nationalsozialistisch
		NSBO	Nationalsozialistische Betriebszellenorganisation
IfZ	Institut für Zeitgeschichte		
IHK	Industrie- und Handelskammer	NSDAP	Nationalsozialistische Deutsche Arbeiterpartei
IJB	Internationaler Jugend-Bund		
		NSFB	Nationalsozialistische Freiheitsbewegung
IMT	International Military-Tribunal	NS-HAGO	Nationalsozialistische Handwerks-, Handel- und Gewerbeorganisation
ISK	Internationaler Sozialistischer Kampfbund		
Isr.	Israelitisch		
IVKO	Internationale Vereinigung der Kommunistischen Opposition	NSK	NS-Kurier
		NSKK	Nationalsozialistisches Kraftfahrkorps
Jb.	Jahrbuch	NSV	Nationalsozialistische Volkswohlfahrt
JV	Jungvolk		

OA	Oberabschnitt	SAZ	Stuttgarter Arbeiterzeitung
OBM	Oberbürgermeister		
o. D.	ohne Datum	SD	Sicherheitsdienst Reichsführer SS
OEW	Oberschwäbische Elektrizitätswerke Biberach	SDR	Süddeutscher Rundfunk
o. J.	ohne Jahr	SHD	Sicherheits- und Hilfsdienst
OLG	Oberlandesgericht		
o. O.	ohne Ort	SM	Schwäbischer Merkur
OT	Organisation Todt	Sp.	Spalte
PA	Personalamt	SPD	Sozialdemokratische Partei Deutschlands
PO	Politische Organisation (der NSDAP)		
		SS	Schutzstaffel (der NSDAP)
PVS	Politische Vierteljahresschrift	StALB	Staatsarchiv Ludwigsburg
PZG	Projekt Zeitgeschichte		
RABl	Reichsarbeitsblatt	StAnz.	Staatsanzeiger
RAF	Royal Air Force	StAS	Stadtarchiv Stuttgart
RdErl.	Runderlaß	StNT	Stuttgarter Neues Tagblatt
RegBl.	Regierungsblatt für Württemberg		
		StZ	Stuttgarter Zeitung
RFSSuCHdtPol.	Reichsführer SS und Chef der deutschen Polizei	Südd. Ztg.	Süddeutsche Zeitung
		TH	Technische Hochschule
RGBl.	Reichsgesetzblatt	TWS	Technische Werke der Stadt Stuttgart
RGS	Reichsgartenschau		
RH	Rote Hilfe	USAAF	United States Army Air Forces
RJF	Reichsjugendführung		
RM	Reichsmark	VDA	Verein für das Deutschtum im Ausland
Rs.	Rundschreiben/ Rundschau		
		VDI	Verein deutscher Ingenieure
RSHA	Reichssicherheitshauptamt		
		VfZG	Vierteljahreshefte für Zeitgeschichte
SA	Sturmabteilung (der NSDAP)		
		VGH	Volksgerichtshof
SAP	Sozialistische Arbeiterpartei (Deutschlands)	Vomi	Volksdeutsche Mittelstelle
		vorl.	vorläufig

VRP	Volksrechtspartei	zit.	zitiert
VSWG	Vierteljahresschrift für Wirtschafts- und Sozialgeschichte	ZK	Zentralkomitee
		ZL	Zentralleitung für das Stiftungs- und Anstaltswesen
VVN	Vereinigung der Verfolgten des Nazi-Regimes – Bund der Antifaschisten	Zs.	Zeitschrift
		ZStLB	Zentrale Stelle der Landesjustizverwaltungen zur Aufklärung nationalsozialistischer Verbrechen, Ludwigsburg
WHW	Winterhilfswerk		
WLZ	Württembergische Landeszeitung		
WuG-Beiräte	Wohlfahrts- und Gesundheits-Beiräte	ZWLG	Zeitschrift für Württembergische Landesgeschichte
ZGO	Zeitschrift für Geschichte des Oberrheins		

Anmerkungen

Vorwort

1 Stadtarchiv Stuttgart (StAS). Zeitungsausschnittsammlung G II/2/22: Luftkriegschronik Werner. Mappe „Luftangriffe, Fliegeralarme – Allgemeines": Ströbel an Strölin, 28. 2. 1944
2 ebd. Die sog. Luftkriegschronik besteht aus Aufzeichnungen Werners, die nach Luftangriffen geordnet und in Mappen gesammelt sind.
3 StAS Nachlaß Strölin (NLS). Bd. 44/Bl. 244: Protokoll der Beigeordneten-Sitzung vom 28. 8. 1940
4 StAS Hauptaktei (HA) Nr. 3702-4
5 Karl Strölin. Stuttgart im Endstadium des Krieges. Stuttgart 1950
6 Dokumente über die Verfolgung der jüdischen Bürger in Baden-Württemberg durch das nationalsozialistische Regime 1933–1945. Bearb. Paul Sauer. 2 Bde. Stuttgart 1966; zur Vorgeschichte vgl. das Vorwort zu Bd. I, S. VII; Maria Zelzer. Weg und Schicksal der Stuttgarter Juden. Ein Gedenkbuch. Stuttgart o. J. (1964)
7 Heinz Bardua. Stuttgart im Luftkrieg 1939–1945. Stuttgart o. J. (1967)
8 Kurt Klotzbach. Gegen den Nationalsozialismus. Widerstand und Verfolgung in Dortmund 1930–1945. Hannover 1969; Heike Bretschneider. Der Widerstand gegen den Nationalsozialismus in München 1933–1945. München 1968; Hans-Josef Steinberg. Widerstand und Verfolgung in Essen 1933–1945. Hannover 1969 (2. Aufl. 1973)
9 Willi Bohn. Stuttgart: Geheim! Ein dokumentarischer Bericht. Frankfurt 1969 (3. Aufl. 1978 mit dem Titel: Stuttgart: Geheim! Widerstand und Verfolgung 1933–1945); ders. Transportkolonne Otto. Frankfurt 1970
10 Wilhelm Kohlhaas. Chronik der Stadt Stuttgart 1918–1933. Stuttgart 1964; ders. Chronik der Stadt Stuttgart 1913–1918. Stuttgart 1967; Hermann Vietzen. Chronik der Stadt Stuttgart 1945–1948. Stuttgart 1972.
11 In einem Brief an den israelischen Historiker Jakob Ball-Kaduri schrieb Zelzer am 21. 1. 1965: „Es kann sein, daß ich abgewiesen werde, weil der ‚Schwäbische Merkur' und der ‚NS-Kurier' samt wenigen Akten genüge. Das wäre Geschichtsverfälschung und dazu gebe ich mich nicht her." Vgl. Dokumentation Stuttgarter Stadtchronik 1933–1945. Vorgelegt von der Arbeitsgruppe „Chronik der Stadt Stuttgart 1933–1945". Stuttgart 1981
12 Dieter Rebentisch. Der Nationalsozialismus als Problem der Stadtgeschichte: In: IMS Beiheft 1. Berlin 1981, S. 129
13 Siehe Uwe Jacobi. Die vermißten Ratsprotokolle. Aufzeichnung der Suche nach der unbewältigten Vergangenheit. Heilbronn 1981; die Auseinandersetzungen in Passau um die Arbeit von Anja Rosmus-Wenninger. Widerstand und Verfolgung. Am Beispiel Passaus 1933–1939. Passau 1983. Auch die polemischen Bemerkungen im Vorwort von Herbert Schwarzwälder. Geschichte der Freien Hansestadt Bremen. Bd. IV: Bremen in der Zeit des Nationalsozialismus. Bremen 1985, deuten auf erhebliche Konflikte hin.
14 Vgl. den Sammelband Heimat und Identität. Hrsg. Konrad Köstlin und Hermann Bausinger. Münster 1980 und die Bemerkungen zur „Dialektik der Region" von Eike Hennig. Regionale Unterschiede bei der Entstehung des deutschen Faschismus. Ein Plädoyer für „mikroanalytische Studien" zur Erforschung der NSDAP. In: PVS XXI. 1980. S. 152–173
15 Axel Kuhn. Lokal- und Regionalgeschichte als Arbeitsprinzip. Vortrag, gehalten am 19. 4. 1978 im Historischen Kolloquium der Universität Stuttgart, unveröff. Ms. Vgl. auch Kurt Düwell. Die regio-

nale Geschichte des NS-Staates zwischen Mikro- und Makroanalyse. Forschungsaufgaben zur „Praxis im kleinen Bereich". In: Jb. westdt. Landesgesch. 9. 1983. S. 287–344 (mit bibliographischem Anhang)
16 Eberhard Jäckel. Nähe und Ferne der Hitlerzeit. Vortrag zur Eröffnung der Ausstellungsreihe „Stuttgart im Dritten Reich" am 13. 8. 1982 (Beilage zum Katalog-Werk, s. Anm. 19)
17 Chronik der Stadt Stuttgart 1933–1945. Stuttgart 1982
18 Maria Zelzer. Stuttgart unterm Hakenkreuz. Chronik aus Stuttgart 1933–1945. Stuttgart 1983
19 Stuttgart im Dritten Reich. Eine Ausstellung des Projekts Zeitgeschichte. Prolog: Politische Plakate der späten Weimarer Republik. Stuttgart 1982; Völkische Radikale in Stuttgart. Zur Vorgeschichte und Frühphase der NSDAP 1890–1925. Zusammengestellt von Jürgen Genuneit. Stuttgart 1982; Friedrich Wolf. Die Jahre in Stuttgart 1927–1933. Ein Beispiel. Stuttgart 1983; Die Machtergreifung. Von der republikanischen zur braunen Stadt. Stuttgart 1983; Anpassung, Widerstand, Verfolgung. Die Jahre 1933 bis 1939. Stuttgart 1984
20 Verfemt - Verfolgt - Vernichtet. Eine Dokumentation zur „Reichskristallnacht" vor 40 Jahren. DGB-Haus Stuttgart, 26. 10.–13. 11. 1978
21 Hans-Georg Reuter. Stadtgeschichtsschreibung im Wandel. In: AfK 17. 1978, S. 68
22 Düwell, Die regionale Geschichte des NS-Staates, S. 303 (Anm. 15)
23 Zuletzt Eberhard Jäckel. Hitlers Herrschaft. Vollzug einer Weltanschauung. Stuttgart 1986, der deshalb auch ausdrücklich von einer Monokratie im Sinne einer „Abwesenheit von Kollegialsystemen" spricht (S. 59).
24 Peter Hüttenberger. Nationalsozialistische Polykratie. In: GuG 2. 1976, S. 421. Vgl. zu diesem Thema die grundlegende Arbeit von Martin Broszat. Der Staat Hitlers. Grundlegung und Entwicklung seiner inneren Verfassung. München 1969 sowie Hans Mommsen. Nationalsozialismus. In: Sowjetsystem und demokratische Gesellschaft. Bd. IV. Freiburg 1971, S. 695–713 und eine andere Sicht bei Klaus Hildebrand. Das Dritte Reich. München 1979. Siehe auch den Sammelband Der „Führerstaat": Mythos und Realität. Studien zur Struktur und Politik des Dritten Reiches. Hrsg. Gerhard Hirschfeld und Lothar Kettenacker. Stuttgart 1981 und die sich anschließende Diskussion; Klaus Hildebrand. Nationalsozialismus ohne Hitler? In: GWU 31. 1980. S. 289–304 sowie die Stellungnahmen von Wolfgang Mommsen und Hildebrand im darauffolgenden Jahrgang der GWU
25 So die leitende Fragestellung des Projekts Bayern in der NS-Zeit. 6 Bde. München/Wien 1977–1983. Vgl. auch die Kritik von Hennig, Regionale Unterschiede bei der Entstehung des deutschen Faschismus' (Anm. 14). Da die vorliegende Arbeit einem chronologischem Bauplan folgt, wird ihr der Vorwurf Hennigs an die überwiegende Zahl der lokalgeschichtlichen Untersuchungen und Darstellungen, lediglich „Historiengemälde" zu entwerfen, wohl nicht erspart bleiben.
26 Ludolf Herbst. Die Krise des nationalsozialistischen Regimes am Vorabend des Zweiten Weltkriegs und die forcierte Aufrüstung. In: VfZG 26. 1978, S. 354
27 Vgl. die Bemerkungen von Detlef Peukert. Die KPD im Widerstand. Verfolgung und Untergrundarbeit an Rhein und Ruhr 1933 bis 1945. Wuppertal 1980, S. 204
28 Siehe die Dokumentation über die Verfolgung der jüdischen Bürger und Zelzer, Weg und Schicksal der Stuttgarter Juden (Anm. 6)
29 Firma Bleyle an den Verf., 17. 7. 1985; StAS. Luftkriegschronik Werner. Mappe „Bitte um Zusendung von Berichten": Bleyle an Stadtverwaltung, 1. 3. 1945
30 Horst Matzerath. Wachstum und Strukturwandel als Grundbedingungen der Stadtentwicklung im 19. und 20. Jahrhundert. In: IMS Beiheft 1. Berlin 1981, S. 81 f.
31 Zur Geschichte der TH Otto Borst. Schule des Schwabenlands. Geschichte der Universität Stuttgart. Stuttgart 1979; Festschrift zum 150jährigen Bestehen der Universität Stuttgart. Hrsg. Johannes H. Voigt. Stuttgart 1979 und vor allem Johannes H. Voigt. Universität Stuttgart. Phasen ihrer Geschichte. Stuttgart 1981
Zur ev. Landeskirche vgl. Die evangelische Landeskirche in Württemberg und der Nationalsozialismus. Eine Dokumentation zum Kirchenkampf. Hrsg. Gerhard Schäfer. 5 Bde. Stuttgart 1971–1982; Landesbischof Wurm und der nationalsozialistische Staat 1940–1945. Eine Dokumentation. Stuttgart 1968. Die Geschichte einzelner Kirchengemeinden ist bisher noch nicht untersucht; einen Überblick geben Eberhard Röhm und Jörg Thierfelder. Das evangelische Stuttgart zwischen 1933 und 1939. In: Stuttgart im Dritten Reich. Katalog Anpassung, Widerstand, Verfolgung, S. 342–364. Die Erforschung der Geschichte der Katholiken, deren Anteil in Stuttgart bei rund 20 Prozent lag, ist über allererste Ansätze nicht hinausgekommen. Es ist zu hoffen, daß sich aus einem Ausstellungsprojekt von 1986/87 eine weitere Beschäftigung entwickelt. Für Hinweise danke ich Herrn Prof. Dr. Joachim Köhler, Tübingen.
32 Horst Matzerath. Nationalsozialismus und kommunale Selbstverwaltung. Stuttgart 1970; ders. Natio-

nalsozialistische Kommunalpolitik. Anspruch und Realität. In: Die Alte Stadt 5. 1978. S. 1–22. Spezielles Interesse fanden bisher die Oberbürgermeister und ihr Verhältnis zu den Gauleitern. Siehe dazu die Aufsätze von Matzerath und Rebentisch in dem Sammelband Oberbürgermeister. Hrsg. Klaus Schwabe. Boppard 1981; Jeremy Noakes. Oberbürgermeister an Gauleiter. City Government between Party and State. In: Der „Führerstaat": Mythos und Realität, S. 194–225

33 Die Fülle lokalgeschichtlicher Untersuchungen kann und soll hier nicht aufgeführt und kommentiert werden. Einige grundsätzliche Hinweise sind jedoch angebracht.
Die meisten der als Gesamtdarstellungen angelegten Stadtgeschichten folgen keiner ausgewiesenen Fragestellung; vgl. Adolf Klein. Köln im Dritten Reich. Stadtgeschichte 1933–1945. Köln 1983; Kurt Preis. München unterm Hakenkreuz. München 1980; besser die frühe Arbeit von Hans-Peter Görgen. Düsseldorf und der Nationalsozialismus. Studien zur Geschichte einer Großstadt im „Dritten Reich". Düsseldorf 1969. – Die Masse der lokalgeschichtlichen Literatur beschäftigt sich mit den Themen „Machtergreifung", Verfolgung und Widerstand und der Geschichte der Juden. Als Beispiel seien die soliden Untersuchungen der beiden badischen Nachbarstädte Mannheim und Heidelberg genannt. Zur „Machtergreifung" liegt inzwischen eine vergleichende Untersuchung vor: Herbert Hoffmann. Im Gleichschritt in die Diktatur? Die nationalsozialistische „Machtergreifung" in Heidelberg und Mannheim 1930–1935. Frankfurt 1985 weist die unterschiedlichen Bedingungen und Entwicklungen in der Industriestadt Mannheim und der konservativen Universitätsstadt auf. Mit demselben Themenbereich beschäftigen sich auch Christian Peters und Arno Weckbecker. Auf dem Weg zur Macht. Zur Geschichte der NS-Bewegung in Heidelberg 1920–1934. Heidelberg o.J. (1983) und Birgit Vezina. „Die Gleichschaltung" der Universität Heidelberg im Zuge der nationalsozialistischen Machtergreifung. Heidelberg 1982. Die Geschichte der Juden behandeln Hans-Joachim Fliedner. Die Judenverfolgung in Mannheim 1933–1945. 2 Bde. Stuttgart 1971; Karl Otto Watzinger. Geschichte der Juden in Mannheim 1650–1945. Stuttgart 1984. Den politischen Widerstand in Mannheim dokumentiert ausführlich der Band Widerstand gegen den Nationalsozialismus in Mannheim. Hrsg. Erich Matthias und Hermann Weber. Mannheim 1984, während der Sammelband Heidelberg unter dem Nationalsozialismus: Studien zu Verfolgung, Widerstand und Anpassung. Hrsg. Jörg Schadt und Michael Caroli. Heidelberg 1985 den Bogen weiter spannt; hervorzuheben ist vor allem die Untersuchung von Heidel und Peters über die Geschichte der beiden großen Kirchen. S. 51–341. –
Untersuchungen der nationalsozialistischen Herrschaftsstruktur „vor Ort" sind selten. Wesentliche Anregungen verdanke ich Erhard Forndran. Die Stadt- und Industriegründungen Wolfsburg und Salzgitter. Entscheidungsprozesse im nationalsozialistischen Herrschaftsbereich. Frankfurt/New York 1984. Wichtig waren auch verschiedene Arbeiten von Dieter Rebentisch, v. a. Frankfurt am Main und das Reich in der NS-Zeit. In: Archiv für Frankfurter Geschichte und Kunst 57. 1980. S. 243–267 sowie die Dokumentation über Neu-Isenburg und Dreieich: D. R. und Angelika Raab (Hrsg.). Neu-Isenburg zwischen Anpassung und Widerstand. Dokumente über Lebensbedingungen und politisches Verhalten 1933–1945. Neu-Isenburg 1975; D. R. (Hrsg.). Dreieich zwischen Parteipolitik und „Volksgemeinschaft": 5 Gemeinden in Dokumenten aus der Weimarer Republik und der NS-Zeit. Frankfurt 1984. Diese Dokumentationen und der Sammelband Hessen unterm Hakenkreuz. Studien zur Durchsetzung der NSDAP in Hessen. Hrsg. Eike Hennig. Frankfurt 1983 sowie das Projekt Bayern in der NS-Zeit haben gezeigt, daß die Phase der Machterringung und Machtdurchsetzung im ländlichen und kleinstädtischen Bereich anschaulicher und präziser analysiert werden kann als in der Großstadt; vgl. auch die frühe Studie von William Sheridan Allen. Das haben wir nicht gewollt. Die nationalsozialistische Machtergreifung in einer Kleinstadt 1930–1935. Gütersloh 1966. – Anregungen und Hinweise vermittelte selbstverständlich die ausführliche Monographie von Paul Sauer. Württemberg in der Zeit des Nationalsozialismus. Ulm 1975. Ich danke Herrn Ltd. Stadtarchivdirektor Dr. Sauer auch an dieser Stelle für seine stete Bereitschaft zur Unterstützung. Inzwischen ist erschienen die Dissertation von Thomas Schnabel. Württemberg zwischen Weimar und Bonn 1928 bis 1945/46. Stuttgart 1986. Da das Manuskript im Sommer 1986 abgeschlossen wurde, konnte diese Arbeit wie viele andere inzwischen erschienenen Publikationen nicht berücksichtigt werden; zu Schnabel verweise ich auf meine Rezension, die in der ZGO 136. 1988 erscheinen soll.
34 Die für den Druck gestrichene Bilanz werde ich in der ZWLG veröffentlichen.
35 Jäckel, Nähe und Ferne der Hitlerzeit (Anm. 16)

Einleitung: Voraussetzungen, Bedingungen, Möglichkeiten

I. Stuttgart, Oase in der Krise

1 Kohlhaas, Chronik der Stadt Stuttgart 1918–1933, S. 130–135 (künftig zit. Chronik 1918–1933)
2 Nach den Geschäftsberichten der Robert-Bosch-AG abgedruckt in der Werkzeitschrift Bosch-Zünder 8. 1926, S. 175; 9. 1927, S. 170; 10. 1928, S. 47; 11. 1929, S. 122
3 Daimler-Motoren-Gesellschaft – Benz & Cie. – Daimler-Benz-Aktiengesellschaft. Historische Datensammlung 1886–1980. Hrsg. Daimler-Benz-Museum. o.O. o.J. Vgl. auch die Hohenheimer Dissertation von Günter Zahnenbenz. Stuttgart als Industriestandort 1850 bis 1982. Diss. Stuttgart-Hohenheim o.J. Diese Untersuchung bringt gegenüber der bisherigen Forschungsliteratur inhaltlich und konzeptionell wenig Neues. Auch der Abschnitt über „Das industrielle Wachstum in Stuttgart zur Zeit des NS-Regimes 1933 bis 1945" (S. 231–246) fällt sehr knapp aus.
4 Stuttgarter Wirtschaftsberichte. Mitteilungen des Statistischen Amts der Stadt Stuttgart 5. 1929. Heft 1
5 Amtsblatt der Stadt Stuttgart Nr. 15, 5. 2. 1929, S. 67 (künftig zit. ABl.)
6 Im März 1929 waren in Stuttgart Stadt und Stuttgart-Amt 15 766 Menschen erwerbslos; vgl. Hans-Wilhelm Mayer. Stuttgart und München als Industriestandorte unter besonderer Berücksichtigung der Wirtschaftskrise. Stuttgart 1937, S. 101
7 So Finanzreferent Hirzel am 27. 11. 1930 vor den Gemeinderäten: ABl. 149, 9. 12. 1930, S. 817
8 Karl Strölin. Der Kampf gegen die Arbeitslosigkeit in der Stadt Stuttgart. Stuttgart 1936, S. 48 (künftig zit. Kampf gegen Arbeitslosigkeit). Die Zahlen des Berichts stimmen mit den vom Arbeitsamt im Amtsblatt veröffentlichten Zahlen überein. Allerdings schlug die NS-Stadtverwaltung das erst am 1. 5. 1933 eingemeindete Feuerbach bereits ab 1. 1. 1933 zu Stuttgart. Dadurch ergab sich für Januar und Februar 1933 ein Rekord an Arbeitslosen, der tatsächlich ein Jahr zuvor erreicht worden war. Die Stadt wollte wohl einen Zusammenhang von Arbeitslosenrate und Machtübernahme konstruieren bzw. spätere Erfolge noch mehr betonen.
9 Zahlen nach Reichs-Arbeitsmarkt-Anzeiger 16, 21. 8. 1931, S. 15; 2, 31. 2. 1932, S. 15; 14, 21. 7. 1932, S. 13; 2, 24. 1. 1933, S. 15; 7, 7. 4. 1933, S. 14
10 Vgl. Thomas Schnabel. „Warum geht es den Schwaben besser?" Württemberg in der Weltwirtschaftskrise 1928–1933. In: Die Machtergreifung in Südwestdeutschland. Hrsg. T. S. Stuttgart 1982, S. 214–218
11 Die folgenden Angaben wurden bei der Volkszählung erhoben, die die Nationalsozialisten unmittelbar nach dem Machtantritt am 17. 6. 1933 durchführten. Vgl. Statistik des Deutschen Reiches Bd. 457. Berlin 1939 (Neudr. Osnabrück 1979)
12 Mayer, Stuttgart und München, S. 83. Er verglich die Ergebnisse der Volkszählungen von 1925 und 1933 und kam zu einigen zutreffenden Schlüssen. Daß er das „letzte Geheimnis des Wesens und der Krisenfestigkeit" in stammesbedingten Eigenschaften der Schwaben fand, zeigt aber die Grenzen dieser Untersuchung.
13 Schnabel, Württemberg in der Weltwirtschaftskrise, S. 208
14 Mayer, Stuttgart und München, S. 120; hier auch die folgende Darstellung
15 ebd., S. 129
16 Kampf gegen Arbeitslosigkeit, S. 46; siehe auch Kurt Strohschein. Die Pendelwanderung Stuttgarts. Elberfeld 1937
17 Mayer, Stuttgart und München, S. 117. In Württemberg lag der Anteil der Kurzarbeiter 1931 und 1932 jeweils um das Dreifache über dem Reichsdurchschnitt.
18 Statistik des Deutschen Reiches. Bd. 482. Berlin 1936 (Neudr. Osnabrück 1979), S. 34
19 Nach Mayer, Stuttgart und München, S. 149
20 Schnabel, Württemberg in der Weltwirtschaftskrise, S. 214
21 Es gab drei Kategorien der Unterstützung für Arbeitslose: die vom Arbeitsamt bezahlte Arbeitslosenunterstützung und Krisenunterstützung sowie die von den Kommunen zu übernehmende Wohlfahrtsunterstützung nach der Aussteuerung nach Richtsätzen der jeweiligen örtlichen Fürsorge. Die Bemessungsgrundlagen und die Dauer der Unterstützung bis zur Aussteuerung änderten sich zwischen 1929 und Anfang 1933 mehrfach; siehe dazu allg. Ludwig Preller. Sozialpolitik in der Weimarer Republik. Stuttgart 1948
22 Vgl. die grundlegende Rede Hirzels vor dem Gemeinderat am 27. 11. 1930: ABl. 144, 9. 12. 1930, S. 817 ff.
23 ebd.
24 Vgl. die Etatdebatte des Gemeinderats im März 1931: ABl. 31, 17. 3. 1931, S. 173 ff.

25 Behandlung des 1. Nachtrags zum Haushalt 1930 am 5. 6. 1930: ABl. 67, 12. 6. 1930, S. 413
26 Bericht Hirzels am 30. 12. 1930: ABl. 3, 10. 1. 1931, S. 17 ff.
27 So bei der Einbringung des Verwaltungsberichts für das Jahr 1929: ABl. 14, 1. 2. 1930, S. 58
28 Vgl. die Etatdebatten des Gemeinderats am 5. und 30. 3. 1931: ABl. 31, 17. 3. 1931, S. 173–177; 33, 21. 3. 1931, S. 193–214; 43, 14. 4. 1931, S. 273–276
29 So Hirzel vor dem Plenum am 29. 10. 1931: ABl. 149, 7. 11. 1931, S. 715 ff.
30 Vgl. Lautenschlagers Äußerungen: ABl. 79, 9. 7. 1932, S. 517
31 ABl. 89, 2. 8. 1932, S. 649
32 ABl. 82, 16. 7. 1932, S. 541
33 RGBl. 1931 I, S. 279
34 Regierungsblatt für Württemberg 1931, S. 431 ff.: 3. Notverordnung der Staatsregierung vom 4. 12. 1931 (künftig zit. RegBl.)
35 Diese Bemühungen und Vorarbeiten nützten die Nationalsozialisten nach 1933 aus und verkauften sie als eigene Erfolge; vgl. dazu Erster Teil, Kapitel II.4
36 So der Finanzexperte der SPD-Fraktion und spätere Stuttgarter Stadtkämmerer Hirn am 7. 7. 1932 im Gemeinderat: ABl. 81, 14. 7. 1932, S. 535. Als Hirn mit Blick auf die Verantwortlichkeit vor den Bürgern die Debatte anmahnte, reagierte Dr. Goeser von der DDP mit dem Zwischenruf: „Leider!"
37 ABl. 82, 16. 7. 1932, S. 546
38 Süddeutsche Zeitung 39, 17. 2. 1932, S. 6 (künftig zit. Südt. Ztg.); Hervorhebung von mir, R. M.
39 Südt. Ztg. 12, 16. 1. 1933, S. 11; Bericht über eine Rede beim Landesparteitag der Bürgerpartei am 15. 1. 1933

II. Wie wählten die Stuttgarter.

1 Die Stadtverwaltung publizierte die Wahlergebnisse, gegliedert nach zuletzt 45 Wahlbezirken, in den Stuttgarter Wirtschaftsberichten, den Mitteilungen des Statistischen Amts. Zur Reichstagswahl am 31. 7. 1932 siehe Jg. 9. 1933, Heft 1; dort werden die Ergebnisse der Reichstagswahlen des Jahres 1932 und vom 5. 3. 1933 im Vergleich angeführt. Eine Interpretation des Wahlerfolgs der NSDAP geht sinnvollerweise vom Resultat der Wahl am 31. 7. 1932 aus, bei der die Partei in Stuttgart wie im Reich ihr bestes Ergebnis in freien Wahlen erzielte. Denn die Wahl am 5. 3. 1933 fand bereits unter terroristischen Vorzeichen statt. Die Wahlen der Jahre 1931 und 1932 sind nicht ohne weiteres vergleichbar. Die Oberbürgermeisterwahl im April 1931 war eine reine Persönlichkeitswahl, in anderer Form galt dies auch für die beiden Wahlgänge der Reichspräsidentenwahl ein Jahr später. Die Listenwahl zum Gemeinderat im Dezember 1931 war stark von persönlichen Einflüssen bestimmt; kaum galt dies für die Landtagswahl im April 1932. Am ehesten lieferten die Reichstagswahlen ein politisches Stimmungsbild. In dem vorliegenden kurzen Überblick habe ich mich deshalb auf einen Vergleich der Reichstagswahlen beschränkt (siehe Tabelle 8).
2 So Seymour M. Lipset. Nationalsozialismus – ein Faschismus der Mitte. In: Von Weimar zu Hitler. Hrsg. Gotthard Jasper. Köln/Berlin 1968, S. 114 f. Zu den sozialen und wirtschaftlichen Zusammenhängen vgl. vor allem die Arbeiten von Heinrich August Winkler. Extremismus der Mitte? Sozialgeschichtliche Aspekte der nationalsozialistischen Machtergreifung. In: VfZG 20. 1972, S. 175–191; ders. Vom Protest zur Panik: Der gewerbliche Mittelstand in der Weimarer Republik. In: Industrielles System und politische Entwicklung. Hrsg. Hans Mommsen u. a. Düsseldorf 1974, S. 778–791; ders. Mittelstand, Demokratie und Nationalsozialismus. Die politische Entwicklung von Handwerk und Kleinhandel in der Weimarer Republik. Köln/Berlin 1972. –
Die sogenannte Mittelstandstheorie und ihre Begründung aus der Wahlanalyse kritisierte massiv Richard F. Hamilton. Who Voted for Hitler? Princeton 1982. Hamilton untersuchte vor allem 14 deutsche Großstädte. Er kam zu dem Ergebnis, die Wahlerfolge der NSDAP seien in erster Linie auf das Wahlverhalten des gehobenen Mittelstandes und der Oberschicht zurückzuführen. In einem Aufsatz, in dem er zusätzlich Braunschweig untersuchte, bekräftigte er seine These und stellte fest: „National Socialist voting increased with the social status of the district." Hamilton. Braunschweig 1932: Further Evidence on the Support for National Socialism. In: CEH XVII. 1984, S. 3. In diesem Band wird Hamiltons These diskutiert und besonders kritisiert von Thomas Childers. Who, Indeed, Did Vote for Hitler? S. 45–53. Vgl. auch Childers. The Nazi Voter: The Social Foundations of Fascism in Germany, 1914–1933. Chapel Hill/London 1983. Childers bemängelte besonders die ungenügende Verifizierung der Sozialstruktur der untersuchten Bezirke bei Hamilton. William Sheridan Allan. Farewell to Class Analysis in the Rise of Nazism, S. 54–62 weist über diese Fragestellung hinaus. Er postuliert das Ende einer Wahlana-

lyse im Hinblick auf Klassen, nachdem trotz gewisser methodischer Probleme Hamilton gezeigt habe, daß die Kleinbürger-These nicht mehr aufrechtzuerhalten sei, daß konservative Gruppen der Arbeiterschaft die NSDAP wählten und daß konsequent religiös motiviertes Wahlverhalten von Katholiken ebenfalls die Klassenschranken mißachtet habe: „Class is clearly a subjective state rather than an objective status, as far as behavior is concerned." (58) Allen schlägt statt dessen eine Untersuchung nach „political cultures" vor (S. 60); als solche benennt er die Sozialdemokratie und den politischen Katholizismus. Hamilton ging in seiner Studie nur kurz auf Stuttgart ein (S. 210–212). Er begnügte sich mit fragmentarischen Bemerkungen, die seine These in vollem Umfang zu bestätigen schienen. Die hier vorgelegte Untersuchung modifiziert und differenziert Hamiltons These bezüglich Stuttgarts. – Auch eine Untersuchung des Wahlverhaltens in Heidelberg kommt zu einem anderen Ergebnis als Hamilton. Vgl. Antje Sommer. Der Aufstieg der NSDAP in Heidelberg. Zur Beziehung von Wählerstruktur und Wahlverhalten nach Stimmbezirken. In: Heidelberg unter dem Nationalsozialismus. Studien zu Verfolgung, Widerstand und Anpassung. Hrsg. Jörg Schadt und Michael Caroli. Heidelberg 1985, S. 1–49. Die Basis des Erfolgs der NSDAP bildete eine „handwerklich geprägte untere Mittelschicht", zu der 1932 „eine mittelbürgerliche Schicht aus kleineren Geschäftsinhabern, Beamten und Angestellten" kam. (S. 43)

3 Vgl. Statistik des Deutschen Reiches Bd. 434. Berlin 1935 (Neudruck Osnabrück 1978); siehe auch die Zahlen und Bemerkungen bei Hamilton, Who Voted for Hitler.
4 Stuttgarter Wirtschaftsberichte 4. 1928–9. 1933. Bei diesen Ergebnissen sind die Eingemeindungen von Hofen (1929), Münster, Rotenberg und Zuffenhausen (1931) zu beachten. Während in Hofen und Rotenberg nur einige hundert Wahlberechtigte wohnten, waren es in Münster über 3000 und in Zuffenhausen über 11 000 Personen.
5 Das Statistische Amt gliederte die Stuttgarter Ergebnisse nach zuletzt 45 Wahlbezirken. Die Resultate der einzelnen Stimmbezirke veröffentlichte das Stuttgarter Neue Tagblatt (StNT) Nr. 353, MA 1. 8. 1932, S. 5 f. und S. 9. Da die nachprüfbaren Gesamtergebnisse auf der Ebene der Wahlbezirke mit den offiziellen Zahlen des Statistischen Amts übereinstimmten, war es vertretbar, die Stimmbezirke nach den Angaben der auflagenstärksten Stuttgarter Zeitung zu interpretieren.
6 Aufgrund dieser generellen Feststellung kommentiert Hamilton, Who Voted for Hitler, S. 211 das Wahlergebnis ganz im Sinne seiner These: „The highest level of support occurred in the upper-class districts." Siehe zu dieser Fragestellung auch Walter Nachtmann. NSDAP-Erfolge auch in der Hanglage. In: Die Machtergreifung. Von der republikanischen zur braunen Stadt. (Katalog zur Ausstellungsreihe Stuttgart im Dritten Reich) Stuttgart 1983, S. 310f (künftig zit. Katalog Machtergreifung)
7 Einige Ergebnisse der Volkszählung vom 17. 6. 1933 veröffentlichte die Stadtverwaltung im Statistischen Anhang des Verwaltungsberichts für das Jahr 1937, S. 95–97 und S. 107. Bei den Außenbezirken waren die Erhebungsräume des Zensus und die Wahlbezirke identisch. Hier war also ein unmittelbarer Vergleich möglich. Dagegen waren sie in der Innenstadt und den angrenzenden Stadtbezirken nicht kongruent, so daß die Ergebnisse von Volkszählung und Wahl nicht ohne weiteres in Relation zu setzen sind. Da aber die genaue Erstreckung der Wahlbezirke bekannt ist, konnte mit Hilfe der Auswertung des Adreßbuchs eine Basis für einen Vergleich von Sozialstruktur und Wahlverhalten geschaffen werden. Zwar bleiben auch hier einige Unwägbarkeiten. Aber während Hamilton eingestandenermaßen Vermutungen aufstellte – „reluctant evidence not being available" (S. 211), erlaubt dieses Vorgehen verläßlichere Aussagen.
8 Analyse des Adreßbuchs 1933 (Stand: Herbst 1932). Erfaßt wurden rund 800 Personen. Dies war lediglich ein Drittel der Wahlberechtigten. Da Ehefrauen und im Haushalt lebende, erwachsene Kinder nicht aufgeführt wurden, ist diese Zahl leicht erklärbar; sie zeigt aber auch die Schwierigkeiten der Untersuchung. – Für die Vermutung, hier hätten zahlreiche höhere Beamte gewohnt, waren keine Belege zu finden; vgl. Hamilton, Who Voted for Hitler, S. 211
9 Erfaßt wurden im Adreßbuch 2850 Personen, rund zwei Drittel der Wahlberechtigten (4252 Personen). Diese hohe Relation erklärt sich durch die überdurchschnittlich große Zahl der sog. berufslosen Selbständigen. Da der soziale Status in der Weinsteige höher war als in der Altstadt, lebten möglicherweise auch weniger erwachsene Kinder im elterlichen Haushalt. Die Zahl der erfaßten Personen erlaubt jedenfalls eine relativ genaue Bestimmung der Sozialstruktur dieses Bezirks.

10 Übersicht über die Ergebnisse der Stimmbezirke im Wahlbezirk Gänsheide:

Bezirk/Wahllokal	NSDAP	SPD	KPD	Zentrum	BP	DVP	DDP
64: Eugensplatz	32,1	11,0	3,9	15,0	19,1	4,2	8,3%
66: Wilhelms-Oberrealschule I	38,8	12,3	6,6	12,5	14,9	5,0	8,8%
140: Wilhelms-Oberrealschule II	39,3	12,7	5,8	9,7	17,1	5,2	3,8%
141: Bubenbad	29,0	11,6	3,4	12,6	20,8	4,7	12,4%
142: Heidehofschule	29,5	11,6	3,4	9,7	27,2	5,5	5,9%
Gänsheide insgesamt:	33,5	11,5	4,7	12,6	19,4	4,7	7,3%

Quelle: Stuttgarter Wirtschaftsberichte 9. 1933, Heft 1 und Auswertung der Ergebnisse der Stimmbezirke nach StNT 353, MA 1. 8. 1932

III. 1. Die Geschichte der Stuttgarter NSDAP bis zur Machtübernahme.

1 Süddt. Ztg. 176, 13. 7. 1920 (damals war die Zeitung ohne Paginierung). Mittlerweile liegt für die Frühgeschichte der Stuttgarter NSDAP die Monographie von Jürgen Genuneit. Völkische Radikale in Stuttgart. Zur Vorgeschichte und Frühphase der NSDAP 1890–1925. Stuttgart 1982 vor, die als Katalog zu einer gleichnamigen Ausstellung des Projekts Zeitgeschichte erschienen ist. Der Arbeit, die weit über den hier gesteckten Rahmen einer Einleitung hinausgeht, und den Gesprächen mit Jürgen Genuneit verdanke ich zahlreiche Hinweise und Anregungen.
2 Genuneit, Völkische Radikale, S. 56
3 ebd., S. 79 ff. Hauptquellen sind die Erinnerungen führender Persönlichkeiten der Stuttgarter völkischen Kreise vor und nach dem Ersten Weltkrieg wie Alfred Autenrieth (BAK NS 26/1207), Eugen Haug (BAK NS 26/166) und Sam Knauß (BAK NS 26/1238)
4 Süddt. Ztg. 137, 29. 5. 1920
5 Vgl. Genuneit, Völkische Radikale, S. 80–85. Die autobiographischen Aufzeichnungen nennen z. T. andere Daten, die jedoch aus durchsichtigen Gründen ex posteriori gebildet worden sind. So nannte Haug als Gründungsdatum den Tag nach dem ersten Auftritt Hitlers in Stuttgart; der gleichsam hagiographische Zusammenhang ist evident. Gründungsmitglieder der Stuttgarter NSDAP waren laut Haug folgende zwölf Personen: 1. Geheimer Hofrat Sachs, 2. Feilenschmied Hollich, 3. Kaufmann Nietzer, 4. Lehrer Glatz, 5. Kaufmann Weidle, 6. Arbeiter Ulshöfer, 7. Zuschneider Kroll, 8. Postinspektor Eugen Haug, 9. Kaufmann Emil Wagner, 10. Kaufmann Fuhrmann, 11. Lehrer Hans Ganßer, 12. Prof. Waldschmidt. Inwieweit auch hier nachträgliche Retuschen vorgenommen worden sind, war nicht sicher festzustellen; vgl. BAK NS 26/166, auch IfZ 88/166. Die offizielle Parteigeschichtsschreibung der NSDAP erwähnte die Gründung einer Ortsgruppe im Jahr 1920 nicht. Vgl. Hans Volz. Daten zur Geschichte der NSDAP. München 1939, S. 8. Als erste außerbayerische NSDAP-Ortsgruppe nannte Volz Hannover (gegründet 2. 7. 1921). Die Gründe hierfür sind unklar, denn durch die Anwesenheit Hitlers und die Eintragungen der Parteileitung war die Stuttgarter Ortsgruppen-Gründung offiziell anerkannt.
6 Süddt. Ztg. 227, 17. 9. 1920 (Anzeige). Eine Rede zu diesem Thema ist ansonsten nicht nachgewiesen. In München und Rosenheim redete Hitler am 13. 8. bzw. 20. 8. 1920 über das Thema „Warum sind wir Antisemiten?"; vgl. Hitler. Sämtliche Aufzeichnungen 1905–1924. Stuttgart 1980. Nr. 136, S. 184 und Nr. 140, S. 219
7 Süddt. Ztg. 108, 8./9. 5. 1921
8 Vgl. Hitler. Sämtliche Aufzeichnungen Nr. 141, S. 221 ff.: Rede in München, 9. 5. 1920 (Anm. 3); Nr. 267, S. 446: Rede München 26. 7. 1921 (Anm. 4); vor allem Nr. 359, S. 569 ff.: Parteitag und Generalmitgliederversammlung München 11. 2. 1922, wo Ulshöfer besonders begrüßt wurde.
9 Georg Franz-Willing. Ursprung der Hitlerbewegung. Hamburg/Berlin 1962, S. 156; ders. Krisenjahr der Hitlerbewegung, 1923. Preußisch-Oldendorf 1975, S. 227; Uwe Lohalm. Völkischer Radikalismus. Hamburg 1970, S. 438 Lohalm nannte die Stuttgarter Ortsgruppe „das organisatorische Zentrum der nationalsozialistischen Bewegung im gesamten Südwesten des Deutschen Reiches". (S. 314)
10 Genuneit, Völkische Radikale, S. 163 ff.
11 Zum ersten Treffen auf Landesebene am 27. 10. 1922 siehe Vorbericht in der Süddt. Ztg. 457, 24. 10. 1922; zu den Auseinandersetzungen in Göppingen: Walter Lang. Die Schlacht am Walfischkeller. In: Hohenstaufen 9. 1975, S. 138–147
12 Verhandlungen des Württembergischen Landtags Bd. 331 (1. Landtag. Bd. 5. 164.–166. Sitzung), Sp. 4057–4068, 4072–4096, 4099–4113.
13 Genuneit, Völkische Radikale, S. 97

14 ebd., S. 110 f. Zahlen zur Mitgliedschaft 1923 bei Franz-Willing, Krisenjahr, S. 230 ff.
15 Genuneit, Völkische Radikale, S. 125. Die weitere Darstellung ebd., S. 136–144
16 ebd., S. 129 ff. Kaltenboeck hatte zuvor als Redakteur beim Organ des Bauernbundes gearbeitet, der zum potentiellen Reservoir der NSDAP zählte.
17 ebd., S. 184 und S. 189
18 ebd., S. 190
19 ebd., S. 162, hier auch das Folgende. – Daß Bazille zwischen 1924 und 1928 tatsächlich württ. Staatspräsident war, ist signifikant für den Zustand der Republik in ihren „goldenen Jahren".
20 Ossip K. Flechtheim. Die KPD in der Weimarer Republik. Frankfurt/M. ²1976, S. 182
21 Stuttgarter Wirtschaftsberichte 8. 1932. Heft 3, S. 41: Die Landtagswahlen seit 1919 (nach den Grenzen des Stadtgebiets Stand 24. 4. 1932)
22 Über die Entwicklung der Stuttgarter NSDAP nach dem Verbot gibt es bisher nur wenige Hinweise bei Walter Nachtmann. Von der Splitterpartei zur Staatspartei. In: Katalog Machtergreifung, S. 128–156. Der Schwerpunkt lag jedoch bei den Jahren 1929/1930, ebenso bei Thomas Schnabel. Die NSDAP in Württemberg 1928–1933. Die Schwäche einer regionalen Parteiorganisation. In: Die Machtergreifung in Südwestdeutschland, S. 49–74. Für die Verbotszeit 1924 und die Entwicklung bis 1930 bleiben noch zahlreiche offene Fragen.
23 Rudolf Klaiber. Ruhe und Ordnung. In: Stuttgart. Das Buch der Stadt. Stuttgart 1925, S. 17
24 Stuttgarter Wirtschaftsberichte 1. 1925. Heft 2: 5301 Wähler gaben in Stuttgart der NSFB ihre Stimme.
25 Süddt. Ztg. 321, MA 15. 7. 1925; 270, MA 15. 6. 1927
26 Süddt. Ztg. 377, MA 17. 8. 1925; 589, MA 18. 12. 1925
27 Berlin Document Center (BDC). Personalunterlagen Eugen Munder; Zelzer, Stuttgart unterm Hakenkreuz, S. 32. Zur Vereinigung von NSFB und NSDAP, die eher ein Kind der Not war, und zur ersten Mitgliederversammlung der Ortsgruppe nach der Fusion sieh BAK NS 26/vorl. 1400: Bericht der Staatspolizei zur polit. Lage, 13. 7. 1927 und 5. 10. 1927
28 Stuttgarter Wirtschaftsberichte 4. 1928 Heft 4/5. Mergenthaler erhielt sein Mandat erst nach einem Entscheid des Staatsgerichtshofs; vgl. Waldemar Besson. Württemberg und die deutsche Staatskrise, 1928–1933. Stuttgart 1959, S. 35–65. Zu Dreher siehe die Berichte der Staatspolizei Anm. (27)
29 Murr an Reichsorganisationsleiter Gregor Strasser, 11. 1. 1929: BAK NS 22/1077
30 ebd.: Murr an Strasser, 19. 2. 1930. Ausführlicher sind die Auseinandersetzungen behandelt bei Nachtmann, Von der Splitterpartei zur Staatspartei, S. 142–146
31 ebd.: Weidle an Hitler, 15. 7. 1929. Hitler übernachtete seit 1920 mehrfach bei Weidle und mußte sich von dessen Vermieter Verdächtigungen gefallen lassen, als er mit Weidles Ehefrau angetroffen wurde. Dieser „Streit im Treppenhaus" führte sogar zu einem Sühnetermin vor dem Gemeindegericht, zu dem jedoch keiner der Beteiligten erschien; vgl. StAS Hauptaktei (HA) 000. Bd.1/Bl. 1. Hitler übernahm auch die Patenschaft für Weidles Sohn, der nach ihm benannt wurde und im Zweiten Weltkrieg als Angehöriger der Waffen-SS fiel. Weidle selbst wurde 1931 bei einer Saalschlacht in Heilbronn tödlich verletzt.
32 Vgl. den Bericht Murrs an Strasser (Anm. 30) sowie die Berichte der Staatspolizei vom 5. und 19. 3. 1930: BAK NS 26/vorl. 1403
33 BAK NS 22/1077: Bericht über die Lage des Gaus Württemberg, 16. 12. 1929
34 ebd.: Bericht der Gauleitung an Strasser, 19. 4. 1930
35 ebd.: Bericht über den „Kampf um Stuttgart", 18. 4. 1930
36 ebd.: Max Adler an „die NSDAP, München", 24. 11. 1929
37 Stuttgarter Wirtschaftsberichte 6. 1930. Heft 5
38 BAK NS 26/vorl. 1403: Polizeibericht vom 11. 12. 1930
39 Zur Frühgeschichte der Stuttgarter HJ vgl. BAK NS 26/166: Einladung Krolls zu einer Besprechung. Kroll gab dabei zugleich einen kurzen Rückblick, in dem er darauf hinwies, daß der politische Gegner sich viel intensiver um die Jugend kümmere. Er erwähnte außerdem, daß er bisher die Aufwendungen aus eigener Kasse bestritten habe. Zur Gründung einer NS-Studentengruppe siehe Mitteilungsblatt (MittBl.) der NSDAP Kreis Stuttgart 5. 1939. Folge 2, S. 3 mit einem Bericht über die Feier zum zehnjährigen Bestehen. Zur Mädchengruppe vgl. die Polizeiberichte vom 19. 3. und 7. 5. 1930: BAK NS 26/vorl. 1403
40 ebd.: Polizeiberichte vom 19. 3. und 16. 7. 1930 sowie BAK NS 26/vorl. 1404: Bericht vom 21. 1. 1931
41 BDC Wilhelm Murr: Weixler an Hitler, 26. 6.1930
42 BAK NS 26/vorl. 1404: Berichte vom 21. 1. und 29. 4. 1931
43 So äußerte sich Dr.-Ing. Otto Schwarz, seit 1930 Bezirksleiter der NSDAP im Stuttgarter Osten und später Technischer Beigeordneter der Stadtverwaltung, Interview 14. 5. 1981. Über Maier existieren

keine Unterlagen im BDC, lediglich in der Akte von Ernst Huber, dem späteren Gauamtsleiter für Erziehung und Vorsitzenden des NS-Lehrerbunds in Württemberg fanden sich das Eintrittsdatum und die Parteimitgliedsnummer Maiers. Maier beging im Juli 1934 Selbstmord, siehe Kap. VI.
44 BAK NS 26/vorl. 1403: Polizeibericht vom 15. 10. 1930
45 ebd.
46 Stuttgarter NS-Kurier (NSK) 537, AA 28. 11. 1935, S. 3 f., Bericht über das zehnjährige Bestehen der SS in Stuttgart; BDC Karl Dempel, handgeschriebener Lebenslauf des „ersten Führers" der Stuttgarter SS.
47 BAK NS 26/vorl. 1404: Polizeibericht vom 4. 3. 1931
48 NSK 174, 20. 7. 1931, S. 7; 226, 28. 9. 1931, S. 7
49 NSK 239, 11. 10. 1932, S. 5
50 BAK NS 26/vorl. 1403: Polizeibericht 1. 10. 1930
51 ebd.: Polizeibericht 29. 10. 1930
52 VVN-Archiv (A). D 1087: Bericht des Tatzeugen Hans Müller, 4. 4. 1981
53 StALB F 302 III. Bü. 332: Staatsanwaltschaftliche Vorermittlungsakten
54 NSK 150, 4. 7. 1931, S. 1; 156–163, 17. 7. 1931, S. 11
55 NSK 116, 22. 5. 1931, S. 1
56 NSK 149, 28. 6. 1932, S. 4; ABl. 95, 19. 8. 1933, S. 627: Straßenbenennung
57 StALB F 302 III. Bü. 360: Staatsanwaltschaftliche Vorermittlungsakten
58 NSK 290, 10. 12. 1932, S. 1; 293, 13. 12. 1932, S. 8
59 Versammlungsthemen im Januar 1933 ließen allerdings Unruhe in der Partei vermuten. Während MdL Waldmann versicherte „Trotz Lüge und Schleicher – Hitler kommt doch", beschäftigte sich die Ortsgruppe Uhlandshöhe mit der Frage „Warum konnte Hitler nicht in die Regierung eintreten?" Vgl. NSK 10, 12. 1. 1933, S. 8; 4, 5. 1. 1933, S. 4. Außerdem veranstaltete die SA Propagandamärsche unter dem Motto „Wir fordern die Macht"; vgl. NSK 2, 3. 1. 1933; 6, 9. 1. 1933, 13, 17. 1. 1933; 21, 26. 1. 1933
60 BAK NS 26/vorl. 1406: Polizeibericht von Januar 1933

III. 2. „Zurückhaltung und Abstinenz". Kommunalpolitische Anfänge der Stuttgarter Nationalsozialisten

1 BAK NS 22/1077: Maier an Reichsleitung, 5. 3. 1931 und anschließender Schriftwechsel
2 Über Karl Strölin entsteht derzeit eine Dissertation am Historischen Institut der Universität Stuttgart; ich danke Walter Nachtmann, der mich auf Strölin betreffende Unterlagen und auf wichtige Materialien und Leihgaben für das Projekt Zeitgeschichte aufmerksam gemacht hat.
3 BDC Strölin: 10-Punkte-Wahlprogramm und NSK 12. 4. 1931 passim
4 NSK 95, 27. 4. 1931, S. 1; Stuttgarter Wirtschaftsberichte 8. 1932. Heft 1; zur Reichspräsidentenwahl ebd. Heft 5
5 BDC Strölin: Flugblatt zur OB-Wahl
6 ABl. 13, 30. 1. 1932, S. 69: Bericht über Gemeinderatssitzung am 28. 1. 1932
7 StAS Nachlaß Strölin (NLS). Bd. 26: Ms. Entwurf einer Rede zur Gemeinderatswahl, o. D.
8 ebd. Vgl. auch: Der Stuttgarter Theaterskandal: Die NSDAP boykottiert ein „Negerstück" sowie: die Affäre Stellrecht – Remarque. In: Katalog Machtergreifung, S. 84–87
9 Stuttgarter Wirtschaftsberichte 8. 1932, Heft 1, S. 4
10 Angaben nach den Unterlagen im BDC und der Stuttgarter Presse
11 ABl. 121, 15. 10. 1932, S. 821; BDC Georg Gienger
12 ABl. 15, 4. 2. 1932, S. 87
13 ABl. 26, 1. 3. 1932, S. 161f; Bericht über Gemeinderatssitzung vom 18. 2. 1933
14 ABl. 60, 26. 5. 1932, S. 413 ff.
15 ABl. 81, 14. 7. 1932, S. 536 ff mit den Reden der Etatdebatte
16 NSK 239, 13. 10. 1932, S. 4; vgl. auch NSK 247, 22./23. 10. 1932, S. 4
17 ABl. 118, 24. 9. 1932, S. 802; Bericht über Sitzung der Soz. Abteilung 19. 9. 1932
18 ABl. 148, 17. 12. 1932, S. 990; Bericht über Gemeinderatssitzung 12. 12. 1932
19 Vgl. Benigna Schönhagen. Zwischen Verweigerung und Agitation: Landtagspolitik der NSDAP in Württemberg 1928/29 – 1933. In: Die Machtergreifung in Südwestdeutschland, S. 113 – 143. Benigna Schönhagen, die demnächst eine Dissertation über Tübingen 1928 – 1945 vorlegen wird, danke ich herzlich für freundschaftliche Gespräche.
20 ABl. 86, 26. 7. 1932, S. 602
21 Zu Hirzel siehe ABl. 89, 26. 7. 1932, S. 602; zu Hirn siehe Anm. 15

Erster Teil: Umschaltung, Gleichschaltung, Ausschaltung

I. Stuttgart im Wartestand

1 Vgl. die umfassende Darstellung von Karl-Dietrich Bracher, Wolfgang Sauer und Gerhard Schulz. Die nationalsozialistische Machtergreifung. Köln/Opladen 1960; für Württemberg Besson, Württemberg und die deutsche Staatskrise, 1928–1933; Paul Sauer. Württemberg in der Zeit des Nationalsozialismus, S. 14 ff. Zur Auseinandersetzung um den Terminus „Machtergreifung" siehe zuletzt Horst Möller. Die nationalsozialistische Machtergreifung. Konterrevolution oder Revolution. In: VfZG 31. 1983, S. 25–51. Zur Rolle der Wirtschaft Eberhard Czichon. Wer verhalf Hitler zur Macht? Köln 1967. Dagegen vor allem Henry A. Turner. Faschismus und Kapitalismus in Deutschland. Göttingen 1972. Im Anschluß an die Studie von David Abraham. The Collapse of the Weimar Republic. Political Economy and Crisis. Princeton 1981 hat die Diskussion neu eingesetzt; vgl. Ulrich Nocken. Weimarer Geschichte(n). Zum neuen amerikanischen Buch „Collapse oft the Weimar Republic". In: VSWG 71. 1984, S. 505–526 und die Debatte um Abrahams Buch in: CEH XVII. 1984, S. 159–293. – Der Stuttgarter Industrielle Robert Bosch unterstützte finanziell die DDP. 1932 beteiligte er sich an der Kampagne zur Wiederwahl Hindenburgs als Reichspräsident. Das andere Stuttgarter Großunternehmen, die Daimler-Benz AG, hatte dagegen schon seit Mitte der zwanziger Jahre enge Kontakte zur NSDAP. Sie liefen über den Münchner Verkaufsleiter der Benz-Werke Mannheim. Vgl. Hitler, Sämtliche Aufzeichnungen 1905–1924. Nr. N 26, S. 1270: Hitler an Werlin. Werlin avancierte 1933 zum Vorstandsmitglied des Unternehmens und stieg 1942 zum Generalbevollmächtigten für das Kraftfahrwesen auf; OMGUS. Ermittlungen gegen die Deutsche Bank – 1946/47. Nördlingen 1985, S. 71 (Anm. 104) Ob das Unternehmen die NSDAP vor 1933 überdurchschnittlich finanziell gefördert hat, ist bisher nicht schlüssig zu belegen. Allerdings genoß Daimler-Benz nach 1933 die besondere Förderung Hitlers; siehe Zweiter Teil Kap. II. 7.
2 Willi Bohn. Stuttgart: Geheim! Frankfurt/M ³1978, S. 13
3 Schwäbischer Merkur 28, 3. 2. 1933 (künftig zit. SM)
4 VVN-A. vorl. Bü. Betriebe: Erklärung von Hermann Mahle, 24. 6. 1946
5 Süddt. Ztg. 10, 13. 1. 1933, S. 11: über Sitzung der KPD-Bezirksleitung am 10. 12. 1932
6 NSK 26, 1. 2. 1933, S. 4; BAK NS 26/vorl. 1406: Polizeibericht vom 4. 2. 1933
7 ebd.
8 Vgl. den Brief des KPD-Bezirks an den Ortsausschuß des ADGB, an die örtlichen Gewerkschaftsverbände und den Ortsvorstand der SPD, 13. 2. 1933 sowie die Antwort der Kampfleitung der Eisernen Front vom 14. 2. 1933. In: Arbeiterbewegung in Stuttgart 1933. Tübingen 1984, S. 19–22
9 Süddt. Ztg. 35, 12. 2. 1933, S. 6; 36, 13. 2. 1933, S. 5. Am 13. 2. 1933 zitierte das Blatt einen Polizeibericht: „Die Schuldfrage konnte bis jetzt noch nicht eindeutig geklärt werden." Dennoch titelte man: „Nationalsozialisten planmäßig überfallen."
10 Süddt. Ztg. 45, 23. 2. 1933, S. 5
11 NSK 38, 15. 2. 1933, S. 5
12 Vgl. Eberhard Klumpp. Mit dem Beil dazwischen. Das Kabelattentat vom 15. Februar 1933. In: Katalog Machtergreifung, S. 295–297; VVN-A. D. 479: Bericht von und Urteil gegen Eduard Weinzierl u. a.; HStAS E 130b. Bü. 2690 mit den wesentlichsten Untersuchungsberichten. Das Kabelattentat hat mittlerweile eine geradezu legendäre Berühmtheit erlangt und gilt weithin als Beleg dafür, daß in Stuttgart „der" Widerstand besonders früh und besonders ausgeprägt vorhanden war. Dies ist nicht nur ein Mythos, auch lehnte die zeitgenössische Stuttgarter Öffentlichkeit diese Aktion ab, die von kommunistischer Seite inspiriert war und bestenfalls als freches Bubenstück, zumeist jedoch als kommunistischer Sabotageakt verurteilt worden ist.
13 Neben dem Urteil im VVN-A.D. 479 vgl. auch den Bericht im NSK, AA 24. 12. 1935, S. 3
14 RGBl. 1933 I, S. 83. In jüngster Zeit ist die Debatte um die Beurteilung und besonders um die Urheberschaft des Reichstagsbrands heftig aufgeflammt; vgl. Uwe Backes u. a. Reichstagsbrand - Aufklärung einer historischen Legende. München 1986; Die Zeit 9, 21. 2. 1986; S. 46. Hans Mommsen, Fritz Tobias u. a. wiederholten darin ihre mehrfach an anderer Stelle geäußerte These von der Alleintäterschaft des Holländers van der Lubbe. Die Täterschaft der Nationalsozialisten vertreten Walter Hofer, Edouard Calic u. a. Der Reichstagsbrand. 2 Bde. 1972/1978
15 Süddt. Ztg. 49, 28. 2. 1933, S. 1
16 ebd.
17 Süddt. Ztg. 53, 4./5. 3. 1933, S. 3f
18 ebd., S. 9

19 SM 55, Sonderausgabe 6. 3. 1933
20 NSK 53, 4. 3. 1933, S. 4
21 SM 35, 11. 2. 1933; Süddt. Ztg. 34, 10. 2. 1933, S. 5
22 SM 55, 6. 3. 1933; Süddt. Ztg. Sonderausgabe 6. 3. 1933, S. 4
23 Stuttgarter Wirtschaftsberichte 9. 1933. Heft 1. Der Christliche Volksdienst, eine stark protestantisch geprägte Partei, die jedoch aufgrund ihrer ausgeprägt rechten Einstellung nicht als Pendant zum Zentrum angesehen werden kann, buchte 3,2%.
24 Vgl. allgemein Horst Matzerath. Nationalsozialismus und kommunale Selbstverwaltung. Stuttgart 1970, S. 66 sowie die Fülle von Lokalstudien zu diesem Zeitraum.
25 Vgl. Die Darstellung in der Stuttgarter Tagespresse vom 8. 3. 1933 sowie den Rückblick des NS-Kuriers 124, AA 15. 3. 1934, S. 3, wo die Ereignisse aus der Position des Siegers pointiert formuliert wurden.
26 NSK 57, 9. 3. 1933, S. 4
27 SM 73, 26. 3. 1933. Strölin stellte sich jedoch persönlich hinter Lautenschlager und verwahrte sich beim Schwäbischen Merkur gegen diese Form der Kritik.
28 Sauer, Württemberg, S. 28f. Zu den Auseinandersetzungen um die Staatsregierung siehe auch Besson, Württemberg und die Staatskrise, S. 332 ff.

II. 1. Ein geräuschloser Umbau

1 StAS Personalamt (PA) 30-900/Bl. 1: Murr in seiner Eigenschaft als Innenminister an das Bürgermeisteramt Stuttgart, z. Hd. Lautenschlager (hs. Vermerk: von Herrn Stadtrat Dr. Strölin am 16. 3. 1933, 17.45 Uhr übergeben). Daß Strölin Lautenschlager dessen Entmachtung persönlich überbrachte, verdient als Detail festgehalten zu werden, wenn die Würde des Machtwechsels im Rathaus in Rede steht.
2 Staatsanzeiger 65, 18. 3. 1933, S. 5 (künftig zit. StAnz.)
3 Dies war freilich keine Stuttgarter Besonderheit, sondern in den nicht-preußischen Reichsteilen eher die Regel. Auch in München beispielsweise verlangten die Nationalsozialisten, der Abgang von Oberbürgermeister Scharnagl müsse sich „in würdigen Formen vollziehen". Kurt Preis. München unterm Hakenkreuz. Die Hauptstadt der Bewegung: Zwischen Pracht und Trümmern. München 1980, S. 31 ff.
4 Mitteilungen des Bürgermeisteramts 8, 24. 3. 1933, S. 27 (künftig zit. Mitt.)
5 StAnz. 65, 18. 3. 1933, S. 5
6 ABl. 32, 18. 3. 1933, S. 197
7 Mitt. 7, 20. 3. 1933, S. 25
8 StAS PA 30-900/Bl. 13: Liste über Beurlaubungen, Versetzungen, Auflagen, Warnungen vom 20. 3. 1933, 12.30 Uhr über Botenmeisterei an die Zeitungen gegeben; hs. vermerkt, daß sich vier Personen in Schutzhaft befänden.
9 ABl. 35, 25. 3. 1933, S. 211
10 Technische Abteilung 27. 3. 1933, § 180
11 RGBl. 1933 I, S. 153
12 StAS PA 30-900/Bl. 41: Verfügung des Staatskommissars über die vorläufige Weiterführung der Geschäfte des bish. Gemeinderats, 1. 4. 1933
13 NSK 73, 28. 3. 1933, S. 4
14 StAS Personalakten Dr. Gottfried Klein. Aus Personenschutzgründen müssen weitere Ausführungen unterbleiben.
15 Technische Abteilung 27. 3. 1933, § 386
16 StAS PA 30-900/Bl. 49: Anordnung des Staatskommissars vom 10. 4. 1933
17 StAnz. 84, 10. 4. 1933, S. 4
18 StAS PA 30-900/Bl. 57: Dr. Hermann Feldmann an Rechtsrat Waidelich, 5. 5. 1933
19 Mitt. 15, 19. 4. 1933, S. 43
20 StAnz. 67, 21. 3. 1933, S. 5; SM 68, 21. 3. 1933
21 StAS PA 30-900/Bl. 13: siehe Anm. 8; Zelzer, Weg und Schicksal, S. 154
22 StAS PA 30-900/Bl. 15: Erlaß des Staatskommissars an die städtischen Ämter und Betriebe, 21. 3. 1933
23 SM 61, 12. 3. 1933
24 NSK 62, 15. 3. 1933, S. 4
25 StAnz. 67, 21. 3. 1933, S. 5
26 StAS Baurechtsakten Eberhardstraße 28
27 StAnz. 75, 30. 3. 1933, S. 4
28 NSK 73, 28. 3. 1933, S. 4

29 StAnz. 66, 20. 3. 1933, S. 5; 67, 21. 3. 1933, S. 4
30 NSK 67, 21. 3. 1933, S. 5: „Der Staatskommissar gegen Bau-Bolschewismus"
31 HStAS E 151 f II. Bü. 69/Bl. 6: Gutachten Schmitthenners, betr. die geplante Werkbundausstellung „Deutsches Holz", 8. 3. 1933. Zu den Aktivitäten Schmitthenners und die Auseinandersetzungen um das Ausstellungsprojekt siehe Johannes P. Voigt. Paul Schmitthenner im Sog des Nationalsozialismus. In: Paul Schmitthenner. Kolloquium zum 100. Geburtstag an der Universität Stuttgart. Stuttgart 1985, S. 21 f.
32 Nachlaß Paul Bonatz: Brief von Bonatz an Richard Döcker, 16. 3. 1933. Ich danke Herrn Peter Dübbers für sein großzügiges Entgegenkommen bei der Benutzung des Nachlasses Bonatz.
33 Vgl. Bericht über das Richtfest NSK 172, 26. 7. 1933, S. 3; StAnz. 88, 15. 4. 1933, S. 4
34 ABl. 48, 27. 4. 1933, S. 297–299. Dort auch die im folgenden verwendeten Zitate und Angaben
35 Siehe Gutachten des Reichssparkommissars über die Verwaltung der Stadt Stuttgart. Als Staatskommissar in Preußen hatte der nunmehrige Vizekanzler im Herbst 1932 unter denselben Stichworten seine reaktionäre Politik eingeleitet und betrieben; Matzerath, Kommunale Selbstverwaltung, S. 113
36 Die Anordnungen sind vollständig abgedruckt in den Amtsblättern ab Nr. 40, 6. 4. 1933, S. 239 und in den Mitteilungen des Bürgermeisteramts ab Nr. 11, 5. 4. 1933, S. 33.
37 Eine gesetzliche Grundlage hierfür schuf die Reichsregierung erst am 22. 4. 1933 mit der Verordnung über die Zulassung von Ärzten zur Tätigkeit bei den Krankenkassen; RGBl. 1933 I, S. 222
38 4. Verordnung zur Vereinfachung und Verbilligung der Verwaltung: Mitt. 16, 24. 4. 1933, S. 45
39 „Rund um Feuerbach". Aus meiner Tätigkeit als Staatskommissar. Von Pg. Regierungsrat Bühler. In: NS-Gemeindezeitung (GZtg) 1. 1933, S. 8 f. Das Innenministerium entließ allerdings „nur" 15 Beamte.
40 StAnz. 88, 15. 4. 1933, S. 5; 90, 19. 4. 1933, S. 3 sowie Feuerbacher Zeitung 87, 15. 4. 1933, S. 5. Zum Eingemeindungsvertrag ebd. 91, 21. 4. 1933, S. 5 f.
41 Aufsatz von Bühler, Anm. 39
42 RGBl. 1933 I, S. 154
43 RegBl. 15, 12. 4. 1933, S. 87
44 NSK 97, 27. 4. 1933, S. 3
45 Der Verlauf ist ausführlich, die Reden zum Teil in vollem Wortlaut wiedergegeben im ABl. 54, 11. 5. 1933, S. 353 ff.; kürzer, aber teilweise ergänzend, die Protokoll-Niederschrift des Gemeinderats 9. 5. 1933, §§ 39, 40
46 Laut Protokoll fehlte der SPD-Gemeinderat Boyna, dessen Verhaftung der StAnz. 99, 29. 4. 1933, S. 5 zehn Tage zuvor bekanntgegeben hatte.
47 So gleichlautend im Amtsblatt und in der Tagespresse zitiert. Lediglich die Berichterstattung der NS-GZtg. wich von der verbreiteten Darstellung ab. Lautenschlager habe erklärt, „sein Amt *schon jetzt* niederlegen zu wollen, da er ohnehin durch die gesetzliche Regelung dazu veranlaßt worden wäre". (Hervorhebung des Verf.) Diese singuläre Überlieferung verdeutlicht, daß die NS-Gemeindezeitung offenbar den genaueren Hintergrund kannte; NS-GZtg. 1. 1933, S. 6
48 RegBl. 10, 31. 3. 1933, S. 63
49 StAS HA 003. Bd. 20: Vertrag zwischen der Stadtgemeinde Stuttgart, vertreten durch den Staatskommissar für die Verwaltung der Stadt Stuttgart, Herrn Dr. Strölin, und Herrn Oberbürgermeister Dr. Lautenschlager, 9./11. 5. 1933
50 Sauer, Württemberg, S. 104. In den Tageszeitungen fanden sich wohlwollende Worte des Abschieds für Lautenschlager, mehr schien aber nicht angezeigt. Vereinzelt wirkte ein anonymes Schreiben „an die Herren" Hitler, Goebbels, Göring, Mergenthaler und Murr, das beim Staatsministerium einging und in dem die Rehabilitierung Lautenschlagers verlangt wurde: „Oberbürgermeister Lautenschlager ist die Lauterkeit selber, hat er sich in den 22 Jahren seiner Amtszeit irgend etwas zu Schulden (!) kommen lassen? Nein. Sein Gehalt war und ist kleiner als dies jeder Ortsvorsteher in gleicher Position bezieht. Lautenschlager hat die Stadt auf die jetzige Höhe geführt, immer *zu* bescheiden, sich in den Hintergrund gestellt". HStAS E 130b. Bü. 1816 (Hervorhebung original)
51 RegBl. 15, 12. 4. 1933, S. 87; 16, 18. 4. 1933, S. 93
52 Hitler erhielt die Urkunde beim Besuch des Deutschen Turnfests im Juli 1933, Hindenburg bei einem Besuch Strölins im Oktober 1933; vgl. StAS HA 007, Bd. 48
53 NS-GZtg. 1. 1933, S. 7
54 RGBl. 1933 I, S. 462
55 Mitt. 31, 24. 6. 1933, S. 119
56 Mitt. 18, 9. 5. 1933, S. 65
57 Mitt. 35, 4. 7. 1933, S. 135f
58 StAnz. 183, 9. 8. 1933, S. 3

59 RGBl. 1933 I, S. 175
60 StAS PA 02-041/Bl. 5–12: Strölin an die städt. Ämter und Betriebe, 15. 5. 1933
61 ebd./Bl. 5–69: Zusammenstellung der Vorschläge der Ämter zu § 6 des Gesetzes zur Wiederherstellung des Berufsbeamtentums, 1. 6. 1933
62 StAS Nachlaß Strölin (NLS) Bd. 77/Bl. 321: Großhans an öff. Kläger der Spruchkammer 1, 13. 12. 1947
63 Die Listen mit den Erkenntnissen und Beanstandungen befinden sich in einem unverzeichneten Bestand des Personalamts im Stadtarchiv. Die Stadtverwaltung stellte diese Verzeichnisse im übrigen der Württ. Politischen Landespolizei zum Vergleich mit der dortigen Kartei zur Verfügung.
64 StAS HA, Akten betr. Berichtswerk 1933–1938, Teil II. Material von Referenten und Ämtern
65 StAS PA 02-041/Bl. 20: Bürgermeisteramt, Politische Abteilung. Verzeichnis der an die Personalregistratur übergebenen Bogen, die auf Grund des Gesetzes über die Wiederherstellung des Berufsbeamtentums nicht beanstandet wurden, 28. 11. 1933;
Bl. 41: Entlassungsurkunden für 159 städtische Arbeiter mit dem Datum des 23. 5. 1934 und einer kurzen Begründung;
Bl. 45: Verzeichnis der beanstandeten Beamten mit Vollzugsnachweis der Entscheidung des Reichsstatthalters, 1. 4. 1935
66 ebd./Bl. 43: Entlassungsurkunden für 24 Beamte der Stadt. Das in Anm. 65 genannte Verzeichnis (Bl. 45) erlaubte einen Vergleich über die Vorschläge der Politischen Kommission des Bürgermeisteramts und den Entscheidungen des Reichsstatthalters.
67 HStAS E 151 d II: Bü. 7: Fasz. Emmi B., Emilie L., Julie L. Aus Personenschutzgründen war eine Anonymisierung erforderlich.
68 ebd. Fasz. Karl K.
69 ebd. Fasz. August H.
70 Verwaltungsbericht 1933, S. 24
71 Sauer, Württemberg, S. 94

II. 2. Vom Betriebsrat zum Vertrauensmann. Die Formierung der städtischen Belegschaft

1 StAnz. 66, 20. 3. 1933, S. 5; siehe auch StAS PA 30-900/Bl. 13
2 StAS PA 30-900/Bl. 118: Aktennotiz des Direktors des städt. Elektrizitätswerks, 4. 4. 1933; („Über den Herrn Oberbürgermeister an den Herrn Staatskommissar")
3 ebd./Bl. 119: Anordnung an die städt. Ämter mit Arbeitern, 4.4. 1933
4 RGBl. 1933 I, S. 161
5 StAS PA 30-900/o. pag.: Liste der neu zu ernennenden Betriebsvertretungsmitglieder, o. D.
6 ABl. 50, 2. 5. 1933, S. 317
7 RGBl. 1934 I, S. 220; vgl. Gesetz zur Ordnung der nationalen Arbeit vom 20. 1. 1934: RGBl. 1934 I, S. 45
8 Mitt. 12, 12. 4. 1934, S. 53 f. Unangenehme Kritiker aus den Reihen der NSBO waren somit eingerahmt.
9 Mitt. 8, 12. 3. 1934, S. 40
10 Mitt. 43, 22. 9. 1934, S. 181
11 StAS PA 03-416. Bü. Themen und Auskünfte an die NSBO-Obmänner, 5. 11. 1934–6. 3. 1935
12 Mitt. 55, 12. 12. 1934, S. 224. Die Besetzung des Postens eines Vertrauensmanns mit besonderem Auftrag, wie der Gesamtbetriebsratsvorsitzende nun hieß, bereitete offenbar einige Schwierigkeiten. Der erste Inhaber dieses Amts, Stefan Köhl, mußte nach Auseinandersetzungen mit TWS-Generaldirektor Nübling und internen Reibereien schon bald seinen Stuhl wieder räumen; vgl. dazu StAS PA 03-415
13 Mitt. 39, 19. 7. 1933, S. 101
14 Einzelheiten zum Dt. Gruß siehe StAS PA 03-061
15 ebd.: Locher vor Vertrauensmännern des Amts für Beamte und NSBO-Obmännern am 6. 12. 1934
16 ebd.: Strölin an städt. Ämter und Betriebe, 2. 5. 1936
17 StAS PA 03-416: Erlaß vom 18. 8. 1938, aber auch schon in früheren Jahren wiederholte Mahnungen und Aufforderungen
18 StAS PA 03-081: Erlaß von Locher, 2. 3. 1936; diverse Listen aus den Antworten der Ämter und Betriebe
19 StAS PA 03-080: Marinesturm 2/18 an Locher, 17. 5. 1939 und Aktenvermerk Lochers vom 24. 5. 1939;

ebd.: Kreis Stuttgart, Amt für Volksgesundheit, Kötzle, an Locher, 23. 1. 1939 mit weiterem Schriftwechsel
20 Vgl. dazu StAS PA 03-441: Unterlagen über die DAF-Mitgliedschaft der städtischen Gefolgschaftsangehörigen
21 Mitt. 38, 3. 10. 1935, S. 149 f.
22 StAS PA 02-060/Bl. 1: Schnellbrief des Reichsinnenministers, 21. 8. 1934, von der MABK am 24. 8. 1934 an die Bürgermeister der größeren und mittleren Städte weitergeleitet
23 ebd. Bl. 7: Strölin an die städt. Ämter, 25. 8. 1934
24 Siehe StAS PA 03-600
25 StAS PA 03-086. Bü. Ernste Bibelforscher: Erlaß vom 29. 6. 1934; Locher an Polit. Landespolizeiamt, 13. 9. 1934
26 StAS 03-0850: RdErl. des Reichsinnenministeriums vom 27. 8. 1935
27 ebd. Bü. Erhebungen im Jahre 1935/Bl. 9: Strölin an Locher, 20. 2. 1936
28 ebd. Bü. Erhebungen im Jahre 1937/Bl. 13, 14: Stadt stellt keine Anträge für zwei Beamte; Bl. 15: Anträge für zwei Beamte
29 Beiräte für ärztliche Personalangelegenheiten 17. 3. 1937, § 4 und 7. 7. 1937, § 5
30 Mitt. 23, 25. 6. 1936, S. 103
31 Mitt. 2, 7. 1. 1936, S. 7: Erlaß der MABK nach Vorgang Reichsinnenministerium
32 Siehe dazu StAS PA 03-082. Bü. Besuch von privaten und konfessionellen Schulen. Zur Auflösung der Waldorf-Schule in Stuttgart vgl. Kap. III. 6
33 ebd.: MABK an Locher, 27. 9. 1937 und Antwort vom 22. 11. 1937
34 StAS PA 02-0141/Bll. 6, 7.: Personalamt an Locher, 4. 12. 1934; Zusammenstellung der Verzeichnisse über das seit 30. 1. 1933 eingestellte Personal der Ämter, o. D.
35 Vgl. Ausführungen Strölins vor den Vertrauensmännern und NSBO-Obmännern am 29. 11. 1937: StAS NLS Bd. 77/Bll. 349 f.; siehe auch StAS PA 02-0001. Bü. 2/Bl. 3-12. Strölin äußerte sich bei dieser Gelegenheit auch betont antijüdisch: „Besonderen Wert lege ich auf die weltanschauliche Schulung der städtischen Gefolgschaft. (...) Von der Stadtverwaltung wirke ich (...) insbesondere auch darauf hin, daß die städtische Gefolgschaft in der Judenfrage eine völlig klare Haltung einnimmt." Die nachträgliche Rechtfertigung, diese Rede habe die Nationalsozialisten beruhigen sollen, war aus Strölins Worten nicht zu entnehmen, eher schon das Gegenteil.
36 StAS PA 02-0141/Bl. 8: Aufstellung des Personalamts über die Einstellung bewährter Kämpfer mit Einzelbeispielen, o. D.; Beispiele Nr. 2 und Nr. 6
37 StAS NLS Bd. 77/Bl. 395 ff.

II. 3. Weichenstellungen in der Kommunalpolitik

1 NS-GZtg. 1. 1933, S. 4: Rede Strölins bei einer Mittelstandskundgebung am 27. 3. 1933 in der Stuttgarter Liederhalle
2 ABl. 37, 29. 3. 1934, S. 261; Bericht über GR-Sitzung vom 27. 3. 1934
3 ABl. 149, 23. 12. 1933, S. 983: Bericht über die erste GR-Sitzung nach dessen Neubildung am 9. 5. 1933. Die Erklärungen führender Nationalsozialisten im Reich wiesen freilich in eine andere Richtung, siehe Matzerath, Kommunale Selbstverwaltung, S. 105 ff.
4 StAnz. 183, 9. 8. 1933, S. 3
5 RegBl. 1933, S. 177 bzw. Neufassung RegBl. 1934, S. 39 ff.
6 ebd. Artikel 99, Abs. 3
7 ABl. 37, 29. 3. 1934, S. 261, Strölin vor dem GR. Die Anzahl der dringenden Anordnungen ergibt sich aus den Anlagen zu den wenigen Plenarsitzungen des GR, bei denen jene bekanntgegeben werden mußten.
8 RGBl. 1933 I, S. 462
9 Vgl. den Bericht im ABl. 149, 23. 12. 1933, S. 983 ff. mit den mehrfach erwähnten grundsätzlichen Ausführungen zur Kommunalpolitik Strölins.
10 ABl. 37, 29. 3. 1934, S. 261 ff.; Gemeinderat 27. 3. 1934, § 2
11 Hauptabteilung 5. 6. 1934, § 268
12 1932 waren es 515 Sitzungen mit einer Dauer von fast 1500 Stunden und 16 678 Tagesordnungspunkten; 1934 noch 250 Sitzungen bei 730 Stunden Dauer und 6349 Tagesordnungspunkten; vgl. Verwaltungsbericht 1934, S. 25
13 Hauptabteilung 12.–16. 3. 1934, §§ 115–177

Anmerkungen zu den Seiten 63 – 69

14 Das ging aus Strölins abschließenden Worten hervor: ebd., § 177
15 Vgl. Hauptabteilung 6. 3. 1935, § 78
16 Wirtschaftsabteilung 30. 1. 1935, § 49
17 Wirtschaftsabteilung 29. 5. 1935, § 252; 5. 6. 1935, § 276
18 Siehe Wirtschaftsabteilung 14. 11. 1934, § 468
19 Wirtschaftsabteilung 11. 5. 1934, § 207; 6. 2. 1935, § 59
20 Technische Abteilung 10. 11. 1933, § 314; 1. 6. 1934, § 401; siehe auch den Bericht in der NZ-GZtg. 2. 1934, S. 429
21 Technische Abteilung 6. 10. 1933, § 200
22 GR 21. 11. 1933, § 50; ausführlicher Bericht im ABl. 149, 23. 12. 1933, S. 983 ff.
23 Mitt. 22, 19. 5. 1933, S. 75
24 Vgl. Mitt. 60, 17. 11. 1933, S. 229
25 Der nach eigenem Bekunden „erste nationalsozialistische Studienrat Stuttgarts" suchte anläßlich des Hitler-Besuches am 1. 4. 1938 bei der Stadtverwaltung vergeblich um eine Einladung zu einem Empfang im Rathaus nach; StAS HA 000. Bd. 9. Bü. 8/Bl. 13-6
26 Wirtschaftsabteilung 25. 7. 1934, § 304; zur Neuverteilung der Aufgaben Mitt. 41, 18. 9. 1934, S. 159 ff.
27 Hauptabteilung 12. 6. 1934, § 288
28 Hauptabteilung 2. 8. 1934, § 361; Interview mit Dr. Otto Schwarz, 29. 5. 1981
29 Mitt. 3, 9. 1. 1934, S. 11
30 Württ. Gemeindezeitung 63. 1934, S. 41
31 StAS Depot A. B VIII 1. Bd. 6 b. Bü. 38 c/Bl. 93: Else Eberhardt an Oberbürgermeister Lautenschlager, 12. 1. 1932
32 ebd. Bü. 38 e/Bl. 1: BOH, Lise Enke, an Strölin, 10. 10. 1933; Bl. 6: Kroll an Strölin, 2. 11. 1933
33 ebd./Bl. 25: Rede Strölins bei der konstituierenden Sitzung am 13. 11. 1933
34 ebd. Bd. 6 d. Bü. Organisation/Bl. 30: Bosch an Könekamp 18. 12. 1933; Bl. 33: Könekamp an Strölin, 2. 1. 1934
35 ebd. Bd. 6 b. Bü. 38 e/Bl. 39: Mechthilde von Götz an Strölin, 5. 8. 1934
36 Württ. Gemeindezeitung 63, 1934, S. 41 f.
37 StAS Depot A. B VIII 1. Bd. 6 b. Bü. 38 e/Bl. 27: Ansprache von Elisabeth Bosch bei der Eröffnungssitzung, 13. 11. 1933
38 Matzerath, Kommunale Selbstverwaltung, S. 93
39 Die Frauenbeiräte meldeten sich insbesondere bei den Problemen der Lebensmittelversorgung in den Jahren 1935/36 kritisch zu Wort. Die jeweiligen Beiträge werden bei den entsprechenden Kapiteln behandelt; hier geht es um eine Einordnung in die Struktur der Gemeindeverfassung.
40 StAS Depot A. B VIII 1. Bd. 6 d. Bü. Organisation/Bl. 32: Enke an Könekamp, 30. 12. 1933
41 ebd. Bd. 6 b. Bü. 38 e/Bl. 38: Enke an Könekamp, 3. 4. 1934
42 ebd. Bd. 6 d. Niederschrift über die Sitzungen der Frauenbeiräte 9. 4. 1934, § 36 (künftig zit. Frauenbeiräte)
43 ebd.
44 Zum Ausscheiden Kiefners siehe StAS Depot A. B VIII 1. Bd. 6 d. Bü. Persönliches/Bll. 7, 8; ebd. Bd. 6 b. Bü. 38 e/Bl. 64: Bosch an Kroll, 19. 11. 1935; Bl. 65: Strölin an Kiefner, 10. 12. 1935; Frauenbeirat 16. 10. 1934, § 70. Frau Enke schied im Zuge der Neubildung der Vertreuungskörperschaften nach Erlaß der DGO im Juli 1935 aus.
45 StAS Depot A. B VIII 1. Bd. 6 b. Bü. 38 e/Bl. 62 a: Lütze an Könekamp, 26. 6. 1935
46 Frauenbeiräte 7. 5. 1935, § 26

II. 4. Stuttgart und die Arbeitsschlacht

1 Kampf gegen Arbeitslosigkeit in der Stadt Stuttgart. Stuttgart 1936 S. 48
2 Künftig zit. Kampf gegen Arbeitslosigkeit. Die Angaben der Broschüre etwa zur Zahl der Arbeitslosen stimmen mit den aus anderen, statistischen Quellen überein und sind somit als Grundlage verwendbar.
3 Zur Geschichte der Arbeitsbeschaffungsmaßnahmen allgemein siehe Michael Wolffsohn. Industrie und Handwerk im Konflikt mit staatlicher Wirtschaftspolitik? Studien zur Politik der Arbeitsbeschaffung in Deutschland, 1930–1934. Berlin 1977
4 Kampf gegen Arbeitslosigkeit, S. 15
5 ABl. 66, 13. 6. 1933, S. 440
6 HStAS E 130 b. Bü. 3222/Bl. 580 f.: Reichspropagandastelle Württemberg-Hohenzollern, Mauer, an Staatsministerium, 12. 3. 1934. Mauer ersuchte ausdrücklich, „die von 11 bis 11.50 Uhr stattfindende Übertragung der Reichssendung" mit Reden von Hitler und Goebbels nicht vorab anzukündigen. Offenbar befürchtete Mauer eine negative Resonanz.
7 ABl. 33, 20. 3. 1934, S. 233
8 ABl. 34, 22. 3. 1934, S. 237
9 HStAS E 151 d II. Bü. IV 198/Bl. 5: Württ. Wirtschaftsministerium an Reichskommissar für Arbeitsbeschaffung, 24. 12. 1932 mit Anlagen über Stuttgarter Projekte
10 RGBl. 1933 I, S. 323
11 Siehe NSK 200, 28. 8. 1933, S. 5
12 Mitt. 48, 2. 9. 1933, S. 190
13 Kampf gegen Arbeitslosigkeit, S. 60 ff.
14 Zu den einzelnen Notstandsarbeiten und den Erfolgsmeldungen der Stadtverwaltung vgl. die zeitgenössische Presse; vor allem NSK 200, 28. 8. 1933, S. 5; 201, 29. 8. 1933; 87, 22. 2. 1934 sowie das ABl. 20, 17. 2. 1934, S. 134; 35, 24. 3. 1934, S. 269
15 NS-GZtg. 2. 1934, S. 368 ff., der Bauherrnspruch Lämmles auf S. 370. Die Finanzierung aus Abschreibungen der TWS nannte Finanzminister Dehlinger einen bedenklichen Raubbau. Seine Einwände kamen jedoch nicht zum Tragen, weil Anfang 1934 der Genehmigungsvorbehalt des Landes wegfiel; vgl. HStAS E 130 b. Bü. 1000/Bl. 3: Dehlinger an Staatsministerium, 13. 2. 1934. Siehe auch Wolfgang Christian Schneider. Hitlers „wunderschöne Hauptstadt des Schwabenlandes". Nationalsozialistische Stadtplanung, Bauten und Bauvorhaben in Stuttgart. In: Demokratie- und Arbeitergeschichte. Jb. 2. 1982, S. 59–61
16 Festschrift zur Eröffnung des Hauses der Technischen Werke der Stadt Stuttgart am 19. September 1936 im vierten Jahre des Neuen Reiches. Stuttgart o. J. (1936)
17 HStAS E 151 i III. Bü. 2010/Bl. 312: Innenministerium an den Polizeipräsidenten in Stuttgart, 3. 1. 1934
18 RGBl. 1934 I, S. 99
19 Bericht von Stadtamtmann Ungerer vor der Finanzabteilung des GR, ABl. 51, 30. 4. 1932, S. 343
20 NS-GZtg. 2. 1934, S. 51
21 Kampf gegen Arbeitslosigkeit, S. 28
22 NS-GZtg. 2. 1934, S. 149 f.
23 Kampf gegen Arbeitslosigkeit, S. 43
24 Wohlfahrtsabteilung 13. 11. 1933, § 11; vgl. auch den Bericht von Stadtrat Ettwein vor dem GR, ABl. 125, 25. 10. 1935, S. 808; Kampf gegen Arbeitslosigkeit, S. 31; Württ. Gemeindezeitung 63, 1934, S. 10: Bericht von Oberregierungsrat Jäck, Leiter des Arbeitsamts Stuttgart
25 ABl. 43, 14. 4. 1934, S. 335
26 Wohlfahrtsabteilung 16. 4. 1934, §§ 34, 35
27 StAS Sillenbuch. Bü. 256/Bl. 6: Arbeitsamt Stuttgart an die Bürgermeisterämter im Arbeitsamtsbezirk, 30. 6. 1933
28 ABl. 55, 15. 5. 1934, S. 421
29 Kampf gegen Arbeitslosigkeit, S. 32 und S. 57
30 ABl. 49, 28. 4. 1934, S. 377
31 Vgl. Protokoll der Besprechung vom 11. 4. 1934 im Wirtschaftsministerium über die Behebung des Arbeitermangels in der Landwirtschaft: HStAS E 130 b. Bü. 3222/Bl. 598
32 Zu Strölin vgl. HStAS E 140. Bü. 14: Schreiben an Wirtschaftsminister Lehnich, 19. 4. 1934; die Veröffentlichung des Arbeitsamts siehe ABl. 95, 19. 8. 1933, S. 627
33 Kampf gegen Arbeitslosigkeit, S. 18; Wohlfahrtsabteilung 11. 11. 1933, § 10
34 Kampf gegen Arbeitslosigkeit, S. 23

35 NSK 119, MA 13. 3. 1934, S. 3
36 Kampf gegen Arbeitslosigkeit, S. 16 f.
37 StAnz. 228, 30. 9. 1933, S. 5
38 GR 21. 12. 1933, § 51; vgl. ABl. 149, 23. 12. 1933, S. 989 f.
39 Kampf gegen Arbeitslosigkeit, S. 25
40 ABl. 60, 26. 5. 1932, S. 413 ff.: Bericht über Finanzabteilung vom 11. 5. 1932 anläßlich der Beratung des Etats der Allgemeinen Verwaltung. Die Reichsregierung mahnte, solche Eingriffe in die Wirtschaft zu unterlassen. Da aber begonnene Maßnahmen zu Ende geführt werden durften, profitierte die Stadt von ihrem Vorpreschen. Auch die NSDAP untersagte ihren Dienststellen eigenmächtiges Vorgehen; vgl. HStAS E 130 b. Bü. 3225/Bl. 540: Rs. 117/33 des stv. Gauleiters Friedrich Schmidt, 4. 10. 1933
41 Kampf gegen die Arbeitslosigkeit, S. 24. Hier auch eine Darstellung der städtischen Maßnahmen
42 ebd.
43 StAnz. 251, 27. 10. 1933, S. 5
44 HStAS E 130 b. Bü. 3227/Bl. 4: Strölin an Staatsministerium, 11. 1. 1934; Bl. 7: Vermerk Staatsministerium, wonach alle Ministerien ihr Einverständnis erklärt hätten.
45 NSK 4, AA 3. 1. 1934, S. 4
46 NSK 116, AA 10. 3. 1934, S. 3; ABl. 30, 13. 3. 1934, S. 209
47 NS-GZtg. 2. 1934, S. 50 f.
48 ABl. 132, 13. 11. 1934, S. 919
49 Hauptabteilung 20. 11. 1934, § 473
50 NSK 16, AA 11. 1. 1934, S. 5
51 RGBl. 1933 I; S. 323; vgl. die Musterblätter für den Antrag HStAS E 151 i I. Bü. 40/Bl. 22
52 RGBl. 1934 I, S. 253. Diese Bestimmung galt nicht, wenn der Ehegatte arbeitslos war.
53 Ns-GZtg. 1. 1933, S. 177
54 ABl. 16, 8. 2. 1934, S. 103; 84, 24. 7. 1934, S. 613
55 ABl. 125, 26. 10. 1935, S. 808, Bericht von Stadtrat Ettwein über die städtischen Arbeitsbeschaffungsmaßnahmen
56 HStAS E 151 i I. Bü. 40/Bl. 180: Strölin an den Deutschen Gemeindetag (DGT), 19. 4. 1934; Bl. 196: dass. 10. 7. 1934
57 Bericht Könekamps vor den Frauenbeiräten 4. 7. 1934, § 61; siehe auch ABl. 149, 22. 12. 1934, S. 1023
58 ABl. 135, 19. 11. 1936, S. 991; 87, 16. 7. 1935, S. 555
59 NSK 56, AA 3. 2. 1934, S. 3
60 Ausführungen Krolls vor den Frauenbeiräten 28. 2. 1940, § 24
61 Wirtschaftsabteilung 27. 2. 1935, § 123 und Niederschriften des Ausschusses zur Vergebung der Lebensmittellieferungen für städtische Anstalten, 18. 9. 1933
62 ebd. 17. 9. 1934, § 2
63 Wirtschaftsabteilung 22. 11. 1934, § 482
64 NSK 174, 28. 7. 1933, S. 4
65 ABl. 143, 9. 12. 1933, S. 941
66 StAS Vaihingen. Az. 4001 (Gewerbe und Handel), Az. 40001 (Einzelfälle). Soweit die Akten wie hier nach dem Flattich-Plan oder einem Registratur-Aktenplan sind, verwende ich anstelle der üblichen Bezeichnung für das archivierte Schriftgut den Terminus „Aktenzeichen" (Az.).
67 Jubiläums- und Geschäftsbericht 1900/1950 der Handwerkskammer. 50 Jahre berufliche Selbstverwaltung des Handwerks. Stuttgart 1951, S. 24. In dem Bericht heißt es weiter: „Man hat nach dem Zusammenbruch immer wieder vor allem auf seiten der amerikanischen Besatzungsmacht behauptet, die Handwerksgesetzgebung der nationalsozialistischen Zeit sei ein Ausfluß nationalsozialistischen Gedankenguts. Es muß auch an dieser Stelle darauf hingewiesen werden, daß diese Behauptung unzutreffend ist, was sich schon aus der ganzen Handwerksgeschichte deutlich ergibt." Prägnanter kann man die anfängliche Kongruenz der Politik des Handwerks und der Nationalsozialisten kaum formulieren als dies hier im Jahre 1950 geschah.
68 Wohlfahrtsabteilung 14. 11. 1933, § 121; 29. 3. 1934, § 201
69 StAS HA 003. Bd. 20: Verfügungen des Staatskommissars anstelle der Hauptabteilung, 7. 4. 1933; Verfügungen anstelle der Technischen Abteilung, 17. 6./21. 6. 1933
70 An Monographien zum Bau der Reichsautobahnen erschienen bisher Kurt Kaftan. Der Kampf um die Autobahnen. Berlin 1935 und Karl Lärmer. Autobahnbau in Deutschland 1933–1945. Berlin 1975. Vgl. auch den von Fritz Todt hrsg. zeitgenössischen Bericht Fünf Jahre Arbeit an den Straßen Adolf Hitlers. Berlin 1938 sowie die verschiedenen Aufsätze Todts, die das Selbstverständnis und die Propaganda widerspiegeln.

71 RGBl. 1933 II, S. 509
72 Siehe Sauer, Württemberg, S. 301 f.
73 HStAS E 140. Bü. 54: ORegRat Stahlecker, Büro des Reichsstatthalters, an den Präsidenten des Landesarbeitsamts, 18. 1. 1934
74 HStAS E 130 b. Bü. 1390/Bl. 82 ff.: Schriftwechsel und Entscheidung des Reichsfinanzministeriums vom 17. 5. 1935; Bl. 96: Dehlinger an Strölin
75 Nach Aussage von Stadtrat Schwarz bemühte sich die Stadtverwaltung nicht nur um den Erhalt des Grüngürtels auf den Höhenzügen Stuttgarts, sondern habe sich damit auch durchgesetzt; Interview 29. 5. 1981
76 NSK 3, MA 3. 1. 1934, S. 3
77 Reichsarbeitsblatt (RABl.) II 27, 25. 9. 1934: Carl Birkenholz. Die Bedeutung der Reichsautobahnen für Arbeit und Arbeitslosigkeit, S. 345 ff.; ders. Nationalsozialistische Sozialpolitik auf den Reichsautobahnen. In: RABl. II 19, 5. 7. 1935, S. 201 ff. In den Deutschlandberichten erwähnten die Beobachter der Exil-SPD, daß Arbeitslose aus Mittel- und Ostdeutschland sowie aus der Pfalz zum Autobahnbau an der Strecke Ulm–Stuttgart verfrachtet worden seien und dort unter schlimmen Bedingungen und bei schlechter Bezahlung zur Arbeit gezwungen würden; Deutschlandberichte der Sopade, Februar 1937, S. 178 f.
78 StAS HA 011. Bd. 66. Bü. 8/Bl. 8: Arbeitsbeschaffungsamt an Organisationsreferat, 12. 1. 1935; Unterlagen für den Verwaltungsbericht 1934. Im offiziellen, gedruckten Bericht tauchte diese Klage dann nicht auf.
79 Nachlaß Bonatz: Notiz vom 13. 4. 1935; Bonatz hat darin festgehalten, wie er von Todt gegen die Bedenken der Verantwortlichen der Reichsbahn zum Brückenbau herangezogen worden ist.
80 Zur Geschichte des Arbeitsdienstes siehe Henning Köhler. Arbeitsdienst in Deutschland. Berlin 1967
81 Kampf gegen Arbeitslosigkeit, S. 19–21; hier auch die folgende Darstellung
82 HStAS E 130 b. Bü. 3248/Bll. 40–42: NS-Arbeitsgauverein zeigt die Veränderung der Staatsregierung an, Schreiben vom 19. 7. 1933
83 StAS Sillenbuch. Bü. 260/Bl. 5: Hierl an die Innenminister der Länder
84 Das erste dieser Lager entstand in Stuttgart in Mühlhausen, wurde im Mai 1934 eröffnet und nach dem verunglückten SA-Mann Ernst Weinstein benannt; vgl. Technische Abteilung 10. 11. 1933, § 307; Kampf gegen Arbeitslosigkeit, S. 20
85 HStAS E 130 b. Bü. 3248/Bl. 82: Vierteljahresbericht vom 1. 1. 1934 – 31. 3. 1934 über den Deutschen Arbeitsdienst im Gau 26 Württemberg, 1. 5. 1934; vgl. auch NSK 58, AA 5. 2. 1934, S. 3
86 NSK 38, AA 24. 1. 1934, S. 3
87 Vierteljahresberich des Arbeitsgaus 26 (Anm. 85)
88 RGBl. 1935 I, S. 769

II. 5. „Der neue Staat ist Arbeitsstaat und kein Wohlfahrtsstaat." Die Sozialpolitik der Stadtverwaltung und der NSV

1 ABl. 37, 29. 3. 1934, S. 268: Verwaltungsbericht 1933
2 NS-GZtg. 1. 1933, S. 185
3 StAS Steueramt Az. 613112: Richtsätze des Wohlfahrtsamts
4 StALB E 180 II-V. Bü. 75. Fasz. Burghard: Lehnich an Strölin, 24. 12. 1934
5 ABl. 37, 29. 3. 1934, S. 268, Einbringung des Verwaltungsberichts 1933 im Gemeinderat
6 ABl. Innenministerium 1933, S. 271
7 NS-GZtg. 1. 1933, S. 138
8 StAnz. 273, 22. 11. 1933, S. 4
9 NS-GZtg. 1. 1933, S. 187
10 Kampf gegen Arbeitslosigkeit, S. 36; Wohlfahrtsabteilung 13. 11. 1933, §§ 13, 14
11 Kampf gegen Arbeitslosigkeit, S. 36; siehe auch Aufsatz von Ettwein. Sinn und Durchführung der Pflichtarbeit. In: NS-Mitteilungsblatt 3. 1935, S. 166. Das NS-Mitteilungsblatt war die Fortführung der NS-Gemeindezeitung von Paul Sauer, die in zunehmendem Maß unter den Druck innerparteilicher Gleichschaltung geriet; siehe dazu Kap. III. 2. (künftig zit. NS-MittBl.)
12 Technische Abteilung 15. 6. 1934, § 409
13 Kampf gegen Arbeitslosigkeit, S. 38
14 ebd., S. 57. Im August 1934 registrierte die Stadt 2694 Pflichtarbeiter, davon waren 1200 Frauen; ihre

Zahl blieb bis April 1935 über 2000.
15 Frauenbeiräte 27. 3. 1935, § 176
16 StALB E 180 II-V. Bü. 1422/Bl. 16 a: Hirzel an Innenministerium, 15. 11. 1933
17 HStAS E 151 a. Bü. 3960/Bl. 30: Innen- und Wirtschaftsministerium an den Polizeipräsidenten in Stuttgart und die Oberämter; betr. Bekämpfung des Bettelunwesens, 12. 9. 1933
18 NSK 53, AA 2. 2. 1934, S.3
19 StALB E 180 II-V. Bü. 1422/Bl. 16: Dill an Hirzel, 7. 12. 1933
20 NS-MittBl. 3. 1935, S. 166
21 Kampf gegen Arbeitslosigkeit, S. 38
22 ABl. 17, 10. 2. 1934, S. 125; Wohlfahrtsabteilung 19. 1. 1934; § 34
23 HStAS E 140. Bü. 39: Strölin an Innenministerium, 7. 9. 1934
24 Wohlfahrtsabteilung 29. 10. 1934, § 201
25 Kampf gegen Arbeitslosigkeit, S. 38
26 Vgl. beispielsweise ABl. 125, 26. 10. 1935, S. 810
27 StALB E 180 II-V. Bü. 1422/Bl. 39: Schreiben von Adolf L. an Gebietsinspekteur Gustav Öxle, Nußdorf, o. D.
28 HStAS E 151 i I. Bü. 53/Bl. 453: Innenministerium RG. IX, Beschwerde des Bauschreiners T. gegen eine polizeiliche Straferkenntnis, 15. 11. 1935
29 StALB E 180 II-V. Bü. 1422/Bl. 31: Erlaß der MABK an das städtische Wohlfahrtsamt, 21. 10. 1936, HStAS E 140, Bü. 39: Oberbürgermeister an Innenminister, 25. 11. 1936
30 Schmid widersprach sich damit; waren die Zwangseinweisungen durch die Kommune per se illegal, so mußten es auch alle davon abgeleiteten Rechte sein.
31 StALB E 180 II-V. Bü. 1422/Bl. 42: Innenministerium an MABK, 4. 3. 1937. Schmid führte in diesem Schreiben aus, Buttenhausen habe den Charakter einer Zwangsanstalt, was durch § 19 der Reichsfürsorgeverordnung über Pflichtarbeit nicht gedeckt sei.
32 ebd./Bl. 48: Strölin an Innenminister auf Erlaß vom 4. 3. 1937, 10. 5. 1937
33 ebd./Bl. 53: Innenminister an MABK, 9. 7. 1937
34 ebd.
35 Frauenbeiräte 18. 2. 1936, § 38
36 WuG-Beiräte 22. 3. 1937, § 43
37 Martin Broszat. Nationalsozialistische Konzentrationslager 1933–1945. In: Anatomie des SS-Staates. Bd. II. Olten/Freiburg 1965, S. 83
38 Wirtschaftsbeiräte 16. 6. 1937, § 436
39 Wirtschaftsbeiräte 11. 8. 1937, § 625
40 Innenminister an MABK, 9. 7. 1937 (Anm. 33)
41 Vgl. die Äußerungen von Landesbauernführer Arnold ABl. 72, 25. 6. 1933, S. 559
42 WuG-Beiräte 10. 1. 1938, § 12; Beiräte für Rechnungsprüfung 27. 1. 1938, §§ 2, 3
43 StALB E 180 II-V. Bü. 1422/Bl. 63: Auszug aus dem September-Bericht über die Arbeitsstelle Buttenhausen
44 WuG-Beiräte 11. 4. 1938, § 89
45 Siehe dazu Ernst Klee. „Euthanasie" im NS-Staat. Die „Vernichtung lebensunwerten Lebens". Frankfurt/M. 1983, S. 64
46 HStAS E 151 a. Bü. 3872/Bll. 103, 109: Tätigkeitsberichte des Innenministeriums an den Reichsstatthalter vom 20. 4. 1938 und 24. 1. 1939. Die Berichte vermerkten nichts über das Schicksal der Personen, die bislang diese Heime aufgesucht hatten.
47 HStAS E 151 k VII. Bü. X 3125/Bl. 39: Anweisung und Bescheinigung Murrs betr. Asozialenerhebung im Gau Württemberg-Hohenzollern, 28. 9. 1938
48 ebd./Bl. 19: Schreiben Lechlers an das Innenministerium, 3. 12. 1938; danach auch die folgende Darstellung und die Zitate
49 RGBl. 1933 I, S. 529
50 Siehe dazu Klee, Euthanasie, S. 36 ff.
51 RGBl. 1933 I, S. 995. Mit Rücksicht auf die laufenden Konkordatsverhandlungen wurde das Gesetz erst mehrere Monate nach der Beschlußfassung des Kabinetts veröffentlicht.
52 Die Angaben folgen, soweit nicht anders vermerkt, dem Aufsatz von Wolfgang Christian Schneider. Die Chronik der Stadt Stuttgart und die „Ausscheidung Minderwertiger". In: Demokratie- und Arbeitergeschichte Jahrbuch 4/5. 1985, S. 232–310. Ich danke dem Autor, daß ich seinen Aufsatz vor der Drucklegung einsehen konnte.
53 HStAS E 151 a. Bü. 3872/Bl. 549: Innenministerium, Abteilung X an Abteilung I, Vorlage für einen Tä-

tigkeitsbericht an den Reichsstatthalter, 2. 7. 1934. Den Ärzten hatte man nahegelegt, auf einen eigenen Antrag der Betroffenen zu drängen. Etwaige Kategorisierungen in freiwillige und nicht freiwillige Anträge sind daher höchst zweifelhaft.
54 StAS Vaihingen. vorl. Bü. 443. Für die Hilfe bei der Benutzung dieses Bestands danke ich Frau Dr. Christa Mack, Stadtarchiv Stuttgart.
55 ebd.: Bericht eines Vaihinger Polizeibeamten, 22. 4. 1937
56 Schneider, Die Ausscheidung Minderwertiger, S. 261 f.
57 Verwaltungsbericht 1935, S. 36
58 Verwaltungsbericht 1937, S. 33
59 Mailänder trat der NSDAP erst zum 1. 5. 1937 bei. Er wurde im Revisionsverfahren von der Spruchkammer entlastet; vgl. StALB E 191. Bü. 5911/Bl. 49
60 StALB E 191. Bü. 6303: Niederschrift über die Sitzung zur Vorbereitung des WHW am 29. 8. 1933 und Stichworte Mailänders für die Sitzung am 15. 9. 1933; hier auch das Folgende
61 StALB E 191. Bü. 6393: Richtlinien der NSV-Ortsgruppe Degerloch, 5. 12. 1933
62 HStAS E 130 b. Bü. 6313: „Gedanken zur Durchführung des Winterhilfswerks 1933/34 auf Grund der in Württemberg gemachten Erfahrungen", o. D. Gleichzeitig wurde auch die freie Wohlfahrtspflege gleichgeschaltet; zum Vorgehen der Nationalsozialisten siehe v. a. Protokoll der Sitzung des Hauptausschusses und der Mitgliederversammlung des Stuttgarter Wohlfahrtsvereins: StALB F 240/1. Bü. 86/Bl. 10 f., 27. 3. 1934; vgl. auch NSK 147, 29. 3. 1934, S. 3.
Mailänder hatte nach der Auflösung der 1817 gegründeten Bezirkswohltätigkeitsvereine zum 1. 4. 1934 erkannt, daß die Zentralleitung bei einer Begrenzung auf die Anstaltspflege und das Stiftungswesen ihren Bestand wenigstens zum Teil wahren konnte, da hier die NSV nur geringe Ambitionen entwickelte. Mailänder war mit diesem Bemühen erfolgreich, so daß aus der Zentralleitung für Wohltätigkeit eine Zentralleitung für das Stiftungs- und Anstaltswesen wurde. Vgl. HStAS E 130 b. Bü. 1187/Bl. 96: Ausarbeitung von Mailänder über die künftigen Aufgaben der Zentralleitung, 6. 2. 1934
63 StALB E 191. Bü. 6311: Landesführung des WHW an Kreisführung, 11. 4. 1934
64 HStAS E 130 b. Bü. 2925/Bl. 158: Schlußbericht des WHW; StALB E 191. Bü. 6302: Aufstellung der Kreisführung Stuttgart über eine Weihnachtszuteilung
65 StALB E 191. Bü. 6305: Niederschrift über Sitzung am 15. 9. 1933
66 HStAS E 130 b. Bü. 2926/Bl. 158: Bericht „Das Winterhilfswerk des Deutschen Volkes 1933/34 in Württemberg-Hohenzollern", o. D. Ob sich dahinter tatsächlich eine Bevorzugung nationalsozialistischer Parteigänger verbarg, mußte offen bleiben. Auch eine Durchsicht der wenigen vorhandenen Dankschreiben vermittelte keine Aufschlüsse; siehe StALB E 191. Bü. 6337
67 ABl. Innenministerium 1935, S. 278
68 Chronik 1933–1945, S. 222: 3. 8. 1935
69 Vgl. die Niederschriften der Sitzungen der Wohlfahrts- und Gesundheitsbeiräte 1936/1937 passim
70 Wohlfahrtsbeiräte 21. 10. 1935, § 66. (Die Wohlfahrtsbeiräte wurden erst am 10. 3. 1936 in Wohlfahrts- und Gesundheitsbeiräte umbenannt.)
71 HStAS E 130 b. Bü. 2784/Bl. 84: Reichsinnenminister an Landesregierungen, 28. 6. 1937 und folgender Schriftwechsel. Das Reichsinnenministerium äußerte die Besorgnis, daß bei einem zu rigorosen Vorgehen gegen die konfessionellen Schwestern bald ein erheblicher Schwesternmangel entstehe, da diese durch NSV-Schwestern bei weitem noch nicht ersetzt werden könnten.
72 WuG-Beiräte 29. 6. 1936, § 97; 6. 7. 1936, § 99
73 StAS HA 011. Bd. 69: Bericht des Wohlfahrtsreferenten zum Verwaltungsbericht für das Jahr 1937, dort jedoch nicht veröffentlicht
74 WuG-Beiräte 14. 6. 1937, § 93
75 ebd. und 10. 1. 1938, § 2
76 HStAS E 151 k VI. Bü. 83/80: Gauamtsleiter Stähle sprach von einer enormen Gefährdung für den Fall eines Luftkriegs, da sich in der Nähe die Bosch-Werke und das Verwaltungsgebäude der AOK befänden und bemängelte außerdem die schlechten Luftverhältnisse in der Innenstadt. Der Plan widerspreche der Forderung nach einer Auflockerung der Großstadt, 17. 2. 1936.
Bl. 81: Landesplaner Bohnert nannte das Vorhaben verfehlt und kritisierte die Stadtverwaltung und das Polizeipräsidium ob ihrer Zustimmung. Dennoch legte Schwarz das Baugesuch am 20. 6. 1938 dem Wirtschaftsministerium vor. (Bl. 83)
77 WuG-Beiräte 24. 8. 1937, § 147
78 WuG-Beiräte 29. 11. 1937, § 209
79 WuG-Beiräte 14. 11. 1938, § 146; 6. 2. 1939, § 28; 13. 3. 1939, § 45
80 Zur allgemeinen Entwicklung siehe Matzerath, Kommunale Selbstverwaltung, S. 390–392

81 Frauenbeiräte 29. 10. 1935, § 23
82 Wohlfahrtsbeiräte 17. 2. 1936, § 20
83 WuG-Beiräte 29. 6. 1936, § 83
84 ebd.
85 Mitteilungsblatt des Kreises Stuttgart der NSDAP 5. 1939. Folge 6, S. 10 f.: Stolzer Leistungsbericht der NSV
86 StALB E 191. Bü. 6313: Übersicht über die Entwicklung der NSV, deren Leistungen und Einrichtungen im Kreise Stuttgart, Februar 1937. Zur Jugendhilfe siehe Archiv der Bibliothek für Zeitgeschichte. Materialien zur Jugendhilfe, unverz. Bestand
87 ebd.: Kreisamtsleiter Güntner über „Die Entwicklung der NSV-Jugendhilfe im Kreise Stuttgart", November 1937
88 ebd.: NSDAP-Kreisleitung Stuttgart, Amt für Volkswohlfahrt, Abt. Jugendhilfe, Notiz über ein Urteil, 5. 3. 1937
89 ebd.: Rs. Günter 9/39 vom 11. 4. 1939

II. 6. „Die rassisch wertvollen Volksgenossen wieder mit Grund und Boden verbinden." Nationalsozialistische Bau- und Siedlungspolitik

1 Kampf gegen Arbeitslosigkeit, S. 18. Vgl. allgemein Ute Peltz-Dreckmann. Nationalsozialistischer Siedlungsbau. München 1978, v. a. S. 80 ff.; Manfred Walz. Wohnungsbau- und Indstrieansiedlungspolitik 1933–1938. Frankfurt/M. 1979, v. a. S. 79 ff.
2 Württ. Gemeindezeitung 63, 1934, S. 9
3 Kampf gegen Arbeitslosigkeit, S. 18
4 Verwaltungsbericht 1932, S. 113 f.
5 Lutz. Erfahrungen beim Siedlungsbau. In: NS-MittBl. 3. 1935, S. 107 schlüsselt die Kosten so auf: 2500 RM entfielen auf das Reich, 300 RM auf die Stadt
6 ABl. 24, 25. 2. 1932, S. 145 ff.: Bericht über GR-Sitzung vom 18. 2. 1932
7 StAnz. 224, 26. 9. 1933, S. 5
8 StAS HA 003. Bd. 20: Verfügung anstelle der Hauptabteilung, 19. 5. 1933
9 Heinrich Brucker. Die Stadtrandsiedlung „Hoffeld" in Stuttgart-Degerloch. Tübingen 1938, S. 31
10 ebd., S. 33
11 HStAS E 130 b. Bü. 1796: Eingabe von Alfred R.
12 Frauenbeiräte 6. 9. 1938, § 99
13 Brucker, Hoffeld, S. 55
14 20 Jahre Steinhaldenfeld. Stuttgart 1953, S. 21
15 Lutz, Erfahrungen beim Siedlungsbau, S. 107
16 Veröffentlicht in NS-GZtg. 2. 1934, S. 109
17 Vgl. 25 Jahre Stadtrandsiedlung Neuwirtshaus. Stuttgart 1959, S. 5 ff.
18 Lutz, Erfahrungen beim Siedlungsbau, S. 107. Wer eine der begehrten Siedlerstellen erhalten hatte, mußte sich in einer dreijährigen Probezeit als „siedlungswürdig" erweisen.
19 Kampf gegen Arbeitslosigkeit, S. 34
20 NSK 48, AA 30. 1. 1934, S. 3
21 Kampf gegen Arbeitslosigkeit, S. 35. Vgl. auch den Überblick: Die Reisach-Siedlung in Weilimdorf. In: NS-GZtg. 2. 1934, S. 446–448
22 Technische Abteilung 5. 10. 1934, § 767
23 Technische Abteilung 23. 11. 1934, § 848
24 Verwaltungsbericht 1935, S. 20. Das Arbeitsbeschaffungsamt der Stadtverwaltung, das zwischenzeitlich sogar in Siedlungsamt umbenannt worden war, verschmolz am 1. 7. 1935 mit dem bisherigen Wohnungs- zum Wohnungs- und Siedlungsamt. Zugleich kam dieses Amt aus dem Zuständigkeitsbereich des Technischen Referenten zum Wirtschaftsreferat I, dem die Wohnungspolitik oblag. Man nahm gleichsam offiziell Abschied von der Fiktion, mit dem Bau von Siedlungen Arbeitsbeschaffungspolitik zu betreiben.
25 Nicht nur die bekannten Programme der Reichsregierung sind zu erwähnen: beispielsweise senkte die Stadt mehrfach – erstmals zum 1. Mai 1933 – die Hypothekenzinsen; ABl. 66, 12. 6. 1934, S. 491.
26 StAnz. 96, 26. 4. 1933, S. 4; HStAS E 151 f II. Bü. V 1515/Bl. 6 ff.: Bühler wurde Ende April 1933 von Verwaltungsdirektor Friedrich Laib (Geschäftsführer des Vereins für das Wohl der arbeitenden Klas-

sen) abgelöst, an dessen Stelle er jedoch bereits im Mai 1933 wiederum trat.
27 StAS HA 003. Bd. 20: Entschließung vom 27. 4. 1933
28 Verwaltungsbericht 1935, S. 97
29 ebd., S. 98
30 RGBl. 1933 I, S. 651
31 Verwaltungsbericht 1934, S. 38
32 ebd.
33 Wirtschaftsabteilung 7. 3. 1934, § 111
34 Verwaltungsbericht 1934, S. 38
35 ABl. 88, 1. 8. 1935, S. 593
36 Ruth Galler. Arbeiterwohnungsbau in Stuttgart 1933 bis 1937. München 1939, S. 40
37 ebd., S. 113 ff.
38 Vortrag über „Hangbebauung in Stuttgart." Kritik und Ausblick, 2. 3. 1933: Nachlaß Bonatz (hs. korrigiert); auszugsweise wiedergegeben in: Die Bauzeitung 43. 1933, S. 89
39 Der Landesbezirk Württemberg-Hohenzollern des BDA hatte zum Problem der Hangbebauung in Stuttgart eine Kommission eingesetzt, in der auch ein progressiver Architekt wie Richard Döcker mitarbeitete, der dann bei den Nationalsozialisten in Ungnade fiel; vgl. HStAS E 130 b. Bü. 1810. Fasz. BDA/Bl. 9
40 StAS HA 011. Bd. 65/Bl. 5–19: Bericht des Baupolizeiamts zum Verwaltungsbericht 1933, 13. 12. 1933
41 HStAS E 130 b. Bü. 1115/Bl. 195: Strölin an Staatsministerium, 26. 7. 1933. Strölin betonte darin: „Eines der wichtigsten Arbeitsgebiete des nationalsozialistischen Staates muß die Baupolitik sein."
42 RegBl. 1933, S. 58
43 ABl. 12, 30. 1. 1934, S. 85
44 NSK 182, 7. 8. 1933, S. 5
45 ABl. 120, 16. 10. 1934, S. 831 ff. Vgl. auch den Aufsatz von Stadtrat Otto Schwarz. Zur Frage der Bauplatzpreise. In: NS-MittBl. 4. 1936, S. 281–283
46 ABl. 72, 26. 6. 1934, S. 529
47 Vgl. Abl. 120, 16. 10. 1934, S. 831 f.
48 Vgl. Abl. 121, 18. 10. 1934, S. 851
49 Bericht in der NS-GZtg. 2. 1934, S. 448
50 ABl. 148, 20. 12. 1934, S. 1016
51 GR 5. 12. 1934, § 16
52 Zur Vogelsang-Siedlung siehe NS-GZtg. 2. 1934, S. 32: Gründung eines Vereins zur Vorbereitung der Bauausstellung; ABl. 31, 15. 3. 1934, S. 214 f. mit Lageplan; vor allem Paul Bonatz. Die Stuttgarter Hangsiedlung „Im Vogelsang". Bauausstellung Juli–September 1934. In: Die Bauzeitung 44. 1934, S. 209–232 mit einer Vorstellung von Entwürfen und einer Kritik. Zur Absage siehe ABl. 75, 3. 7. 1934, S. 355. Die Gründe für die Absage des mit viel publizistischem und propagandistischem Aufwand angekündigten Projekts sind nicht klar; möglicherweise waren die konzeptionellen Differenzen unter den Nationalsozialisten wie unter der Architektenschaft dafür ausschlaggebend.
53 GR 5. 12. 1934, § 16
54 ABl. 72, 25. 6. 1935, S. 489–496
55 RegBl. 1935, S. 181. Zu den Erörterungen in der Staatsregierung siehe HStAS E 130 b. Bü. 1115/Bl. 222: Schriftwechsel zwischen Innen- und Staatsministerium, 14. 12. 1934
56 Stadtrat Schwarz vor den Technischen Beiräten 15. 11. 1935, § 201
57 ebd.
58 Verwaltungsbericht 1937, S. 46

III. 1. Methoden und Themen der Gleichschaltung

1 Siehe S. 45
2 StAS HA 011. Bd. 70/Bl. 2–5: Bericht des Statistischen Amts zum Verwaltungsbericht 1938, o. D.
3 Vgl. das Verzeichnis der Straßenumbenennungen im Adreßbuch 1940
4 Zur Umbenennung der Eduard-Pfeiffer-Straße vgl. Verwaltungsbeiräte 13. 9. 1938, § 331; zum Eduard-Pfeiffer-Haus auch WuG-Beiräte 8. 2. 1938, § 29a und 9. 1. 1939, § 13. Zur Umbenennung des Marienplatzes „aus Anlaß der ersten nationalsozialistischen Kampfspiele im Bereich der SA-Gruppe Südwest": StAS HA 841. Bd. 143: Entschließung vom 10. 7. 1937
5 Zit. in der Anklageschrift des Oberreichsanwalts beim Volksgerichtshof (VGH) vom 18. 9. 1939:

IfZ Fa 117/232/1, S. 53-56
6 Gespräch mit Dr. Wolfgang Haußmann, dem früheren Justizminister des Landes Baden-Württemberg, am 8. 10. 1985
7 Siehe dazu vor allem Klaus Vondung. Magie und Manipulation. Göttingen 1971; Hans-Jochen Gamm. Der braune Kult. Hamburg, 1968. Die Unfähigkeit zu einer eigenen Formensprache zeigte sich auch in der kulturellen Öffentlichkeit. Vgl. Hildegard Brenner. Die Kunstpolitik des Nationalsozialismus. Reinbeck 1983; Klaus Vondung. Völkisch-nationale und nationalsozialistische Literaturtheorie. München 1973. Besonders evident war der Mangel an einer eigenen Konzeption und vor allem eigener Praxis im Bereich des Theaters, siehe dazu Kapitel III. 4. Wesentliche Anregungen für das folgende Kapitel vermittelte mir der Aufsatz von Wolfgang Kaschuba. Alltagserfahrungen im Nationalsozialismus. In: Anpassung, Widerstand, Verfolgung. Stuttgart im Dritten Reich. Die Jahre von 1933 bis 1939. Stuttgart 1984, S. 334 ff. (künftig zit. Katalog Anpassung-Widerstand-Verfolgung)
8 HStAS E 151 a. Bü. 998/Bl. 10: Rs. 8/33 der Gauleitung vom 20. 4. 1933
9 Zahlreiche Angehörige der organisierten Arbeiterbewegung bekundeten in Erinnerungsberichten, daß sie und eine größere Anzahl von Kollegen sich entweder nicht beteiligt oder aber auf dem Weg zu Kundgebungen entfernt hätten.
10 HStAS E 151 a. Bü. 998/Bl. 57: Rs. 16/35 des Gaupropagandaamts, 12. 4. 1935
11 Projekt Zeitgeschichte (PZG) Leihgeberkartei-Nummer 178/1: Wahlaufruf des Betriebszellenobmanns Ulmer zur Reichstagswahl und Volksabstimmung über den Austritt aus dem Völkerbund am 12. 11. 1933
12 HStAS E 130 b. Bü. 68: Präsident Mattheiß, Württ. Politische Polizei, an Staatsministerium, 18. 11. 1933
13 StAS HA 010. Bd. 134 (Handakten Rechtsassessor Kienmoser, 9K): Aufstellung des Statistischen Amts über die Wahlen zwischen November 1933 und März 1936, 28. 3. 1936. Wahlfälschungen bei diesen Plebisziten waren anzunehmen; über die Volksabstimmung im März 1936 hieß es in den Deutschlandberichten der Sopade: „In der Landeshauptstadt war die Aufmachung der Wahllokale sehr verschieden. Während in den inneren Stadtbezirken wenigstens zum Schein die Zellen aufgestellt waren, wurden in den Außenbezirken vielfach entweder die Zellen überhaupt entfernt oder sehr niedrige Kartonzellen angebracht, in die die zahlreich umherstehenden Aufpasser jederzeit bequem hineinblicken konnten." Deutschland-Berichte 1936, S. 433
14 Theodor Dipper. Die Evangelische Bekenntnisgemeinschaft in Württemberg 1933-1945. Göttingen 1966, S. 213. Zum Kirchenkampf der evangelischen Landeskirche in Württemberg siehe die von Gerhard Schäfer herausgegebene Dokumentation Die evangelische Landeskirche in Württemberg und der Nationalsozialismus. 5 Bde. Stuttgart 1971-1982, vor allem Band 3: Der Einbruch des Reichsbischofs 1934. Stuttgart 1974. Zur Situation der evangelischen Christen in Stuttgart auch Eberhard Röhm und Jörg Thierfelder. Das evangelische Stuttgart zwischen 1933 und 1939. In: Katalog Anpassung-Widerstand-Verfolgung, S. 342-364
15 Johannes H. Voigt. Universität Stuttgart. Stuttgart 1981, S. 34. Dort eine komprimierte Darstellung zur Geschichte der Technischen Hochschule in der Zeit des Nationalsozialismus.
16 Vgl. Sauer, Württemberg, S. 68 ff.
17 Gerhard Sander (Hg.). Die Bücherverbrennung 10. Mai 1933. Frankfurt/M. usw. 1985. Ulrich Walberer (Hg.). 10. Mai 1933. Bücherverbrennung in Deutschland und die Folgen. Frankfurt/M. 1983
18 So Schumann in seiner Autobiographie: Von Herkunft, Leben und Schaffen. Bodman ^{2}1974, S. 110 f. Vgl. Hans-Wolfgang Strätz. Die geistige SA rückt ein. Die studentische „Aktion wider den undeutschen Geist" im Frühjahr 1933. In: Walberer, 10. Mai 1933, S. 98.
Zu Schumann vgl. den Aufsatz von Michael Spohn. Der höchst private ‚Nationalsozialismus' des Gerhard Schumann. In: Katalog Anpassung-Widerstand-Verfolgung, S. 164-169. In der Spruchkammerverhandlung gegen den Historiker an der TH Stuttgart, Helmut Göring, wurde diesem zugute gehalten, daß auf *sein* Betreiben an der TH in Stuttgart „als einziger" deutscher Hochschule keine Bücherverbrennung erfolgt sei; Stuttgarter Zeitung (StZ) 85, 25. 10. 1947, S. 5. Bei weiterer Suche ließen sich wohl unschwer weitere „Väter" finden.
19 Deutsches Volksblatt 116, 19. 5. 1933, S. 3
20 Vgl. die Interviews des PZG mit Prof. Wilhelm Hoffmann, dem ehemaligen Direktor der Württ. Landesbibliothek. Die schriftlichen Unterlagen der Landesbibliothek wurden während des Krieges nahezu vollständig vernichtet.
21 Für den ländlichen Bereich nannte Kaschuba die Bedrohung des dörflichen Komments durch die Nationalsozialisten ein Potential für den Unmut der Bevölkerung; Kaschuba, Alltagserfahrungen, S. 336
22 Siehe S. 31

23 Die Unterscheidung in gute und schlechte Nationalsozialisten datierte also nicht erst aus der Zeit nach dem Ende der nationalsozialistischen Herrschaft, sondern geht bis in deren Frühzeit noch vor der Machtübernahme zurück. Diese Unterscheidung ist wesentlich aussagekräftiger als die Differenzierung nach 1945, wo sich schlechte Nationalsozialisten vor allem dadurch auszeichneten, daß sie nicht mehr am Leben waren.
24 So noch 1964 (!) Wilhelm Kohlhaas, Chronik 1918–1933, S. 109
25 VVN-A. vorl. Bü. Öffentlicher Dienst: Schreiben Dr. Walter Sigel, o. D. (tpq. 10. 5. 1946)
26 Siehe dazu die in Anmerkung 14 genannte Literatur
27 HStAS E 130 b. Bü. 1452: Reichsjustizminister an Oberlandesgericht Stuttgart, 28. 1. 1935; Sauer, Württemberg, S. 189 f.
28 ebd.: Kling an Mergenthaler, 30. 4. 1934. Pietistische Einstellungen spielten im altwürttembergischen Gebiet für das Verständnis von Obrigkeit eine große Rolle; vgl. die Interviews des PZG mit Prof. Hans-Martin Decker-Hauff, Prof. Otto Borst und Gerhard Schäfer.
29 HStAS E 151 b II. Bü. 4: Murr an Staatsanwalt Heintzeler, 31. 5. 1935

III. 2. „Die Zeitung muß ein Sekundant der Führung sein."
Die Gleichschaltung der Presse

1 Die Auflagen nach Katalog Machtergreifung, S. 52. Die Auflage der Schwäbischen Tagwacht ist in den einschlägigen Handbüchern nicht verzeichnet. Zur Gleichschaltung und Ausschaltung im Pressewesen vgl. allgemein Joseph Wulf. Presse und Funk im Dritten Reich. Frankfurt/M. 1983; Oron J. Hale. Presse in der Zwangsjacke. Düsseldorf 1965; Karl-Dietrich Abel. Presselenkung im NS-Staat. Berlin 1968; Jürgen Hagemann. Die Presselenkung im Dritten Reich. Bonn 1970
2 Friedrich Richard Bechtle. Die nordwürttembergische politische Presse 1930 bis 1949 unter Berücksichtigung allgemeiner Vorgänge im deutschen Zeitungswesen. o. O. 1952. Siehe auch Johannes Binkowski. Die Diktatur des Nationalsozialismus. In: Von der Preßfreiheit zur Pressefreiheit. Südwestdeutsche Zeitungsgeschichte von den Anfängen bis zur Gegenwart, Stuttgart 1983, S. 155
3 Bohn, Stuttgart geheim, S. 30 f.
4 Zit. nach Von der Preßfreiheit zur Pressefreiheit, S. 158
5 Bechtle, Nordwürttembergische Presse, S. 121
6 ebd., S. 71 ff.; Sauer, Württemberg, S. 125–127
7 Bechtle, Nordwürttembergische Presse, S. 68
8 StAnz. 233, 6. 10. 1933, S. 1
9 NSK 276, MA 18. 6. 1934, S. 1
10 Zit. nach Bechtle. Nordwürttembergische Presse, S. 72
11 BAK R 43 II. Bü. 1374, fol. 109: Pfundtner an Murr, 28. 8. 1933
12 Bechtle, Nordwürttembergische Presse, S. 119
13 Binkowski, Diktatur des Nationalsozialismus, S. 160
14 Bechtle, Nordwürttembergische Presse, S. 129
15 RGBl. 1933 I, S. 713
16 Bechtle, Nordwürttembergische Presse, S. 105
17 ebda., S. 207
18 Binkowski, Diktatur des Nationalsozialismus, S. 166; hier auch das Folgende
19 HStAS E 140. Bü. 33: Strölin an Rechtsanwalt Wacker, 30. 9. 1933
20 StNT 262, MA 12. 6. 1934, S. 5
21 BAK Sammlung Schumacher Bü. 95, fol. 40: Hauptschriftleiter Doch an Hauptmann Diebitsch von der Polit. Polizei, 12. 6. 1934; Diebitsch an SA-Brigadeführer Berchtold, Sonderbevollmächtigter der Obersten SA-Führung (Geheim!), 14. 6. 1934
22 ebd., fol. 28: Stv. Gauleiter Schmidt an Diebitsch, 21. 3. 1934
23 HStAS E 130 b. Bü. 2709/Bl. 385: Diebitsch an Reichsministerium für Volksaufklärung und Propaganda, 14. 7. 1934
24 Bechtle, Nordwürttembergische Presse, S. 217 ff.
25 ebd., S. 260 ff.
26 ebd., S. 268
27 Vgl. Zelzer, Stuttgart unterm Hakenkreuz, S. 278
28 Zum Beispiel Deutsches Volksblatt 172, 26. 7. 1935, S. 7

29 Dt. Volksblatt 241, 15. 10. 1935, S. 7; Chronik 1933–1945, S. 239 f.: 24. 10. 1935
30 Zur Biographie Schairers siehe Will Schaber. Der Gratgänger. Welt und Werk Erich Schairers (1887–1956). München usw. 1981, v. a. S. 120 ff. BAK R 58/1018, fol. 84: Bericht des Württ. Polit. Landespolizeiamts, Stahlecker, an den Reichsverband der dt. Zeitungsverleger, 21. 3. 1936
31 ebd..
32 Richard Schmid. Letzter Unwille. Stuttgart 1984, S. 50
33 NSK 28, AA 18. 1. 1936, S. 17. Otto Weiß: Fünf Jahre Gauverlag. Siehe auch Festschrift Stuttgarter NS-Kurier 1931/41: StAS Vaihingen. vorl. Bü. 436
34 HStAS E 140. Bü. 59: NS-Presse-GmbH an Murr, 14. 6. 1935; Munder an die Gauleitung, 29. 6. 1935

III. 3. Vom Süddeutschen Rundfunk zum Reichssender Stuttgart. Die Gleichschaltung des Rundfunks

1 Sibylle Grube. Rundfunkpolitik in Baden und Württemberg 1924–1933. Berlin 1976, S. 167. Zur Geschichte des Rundfunks zur Zeit der nationalsozialistischen Herrschaft vor allem Ansgar Diller. Rundfunkpolitik im Dritten Reich. München 1980.
Eine Geschichte des Süddeutschen Rundfunks bzw. des Reichssenders Stuttgart zwischen 1933 und 1945 fehlt bisher; das Archiv des SDR verfügt nur über Bruchstücke einer Überlieferung.
2 Vgl. die Erinnerungen von Matthäus Eisenhofer. Mein Leben beim Rundfunk. Gerlingen 1970, S. 124
3 BAK R 78/622: „Bericht über die Personalveränderungen beim Süddeutschen Rundfunk zu Stuttgart" von Bofinger, 13. 3. 1933; Eberhard Klumpp. Das erste Jahrzehnt. Der Südfunk und sein Programm. Stuttgart 1984, S. 106 f. Ich danke Herrn Eberhard Klumpp, Archiv des SDR, für seine Unterstützung.
4 HStAS E 130 b. Bü. 2681/Bl. 572: Reichsinnenministerium an württ. Staatsministerium, 22. 4. 1933
5 ebd./Bl. 580: Zeller, Staatskommissar beim Innenministerium, an das Staatsministerium, 8. 8. 1933
6 Vermutlich von taktischen Erwägungen bestimmt war Bofingers Angebot an Gaukulturamtsleiter Schmückle im April 1934, die Leitung der Abteilung Kunst beim Sender zu übernehmen. Bofinger konnte sich ausrechnen, daß Schmückle den Posten eines Abteilungsleiters, zumal unter dem nicht unumstrittenen Bofinger, mit Sicherheit ablehnen würde; vgl. HStAS E 130 b. Bü. 2681/654. Zur Kritik von Seiten der NSDAP an Bofinger siehe Sauer, Württemberg, S. 135 f.
7 Klumpp, Das erste Jahrzehnt, S. 121
8 Eisenhofer, Mein Leben, S. 127
9 HStAS Q 1/31. Bü. 17 (Nachlaß Bofinger): Masch.-Skript der Rede mit handschriftlichen Korrekturen
10 BAK R 55/226, fol. 73: Brückner an Reichsrundfunkkammer, 28. 11. 1936
11 ebd., fol. 213: Hadamovsky an Propagandaministerium, 31. 5. 1935
12 Eisenhofer, Mein Leben, S. 137 berichtet über NSDAP-Parteigenossen bei einer Sprechprobe, der jene nicht gewachsen waren. Bofinger trug die Personalpolitik des Senders offenbar ein Parteigerichtsverfahren ein, das vermutlich jedoch primär persönliche Motive hatte.
13 BAK R 55/226, fol. 20 f.: Albert G., Stuttgart-Wangen, an Reichspropagandaministerium in Berlin, o. D.
14 HStAS E 130 b. Bü. 1690/Bl. 360: Propagandaministerium an Landesregierungen, 10. 5. 1933
15 Eisenhofer, Mein Leben, S. 140
16 ebd., S. 108 ff.; HStAS E 130 b. Bü. 1690/Bl. 362: Goebbels an Landesregierungen, 22. 9. 1933
17 Klumpp, Das erste Jahrzehnt, S. 127
18 BAK R 55/226, fol. 6 f.: Autenrieth an Staatssekretär Funk im Reichsministerium für Volksaufklärung und Propaganda, 7. 8. 1934; fol. 13: Antwort (Entwurf), 29. 10. 1934: Von einer formellen Sperre werde abgesehen, den Sendern aber größtmögliche Zurückhaltung empfohlen.
19 NSK 67, MA 10. 2. 1934, Sonderbeilage „Tag des Deutschen Rundfunks"
20 Chronik 1933–1945, S. 455: 1. 1. 1938
21 So DAI-Vorsitzender Csaki, der vergeblich zusammen mit der Stadt beim Reichssender ein auslandsdeutsches Programm installieren wollte; BAK R 57. DAI 420/2: Csaki an Könekamp, 29. 5. 1935
22 StALB K 110. Bü. 45/46: SD-Unterabschnitt Württemberg-Hohenzollern, Lageberichte für das 1. und 2. Vierteljahr 1939 vom 1. 4. und 1. 7. 1939

III. 4. Keine arischen Lustspieldichter. Die Gleichschaltung des Theaterwesens

1 StALB E 18 V. Bü. 210: Mergenthaler an Staatsministerium, 12. 5. 1933 (dass. HStAS E 130 b. Bü. 1532/Bl. 148). Kehm war 1945/46 für kurze Zeit nochmals Generalintendant in Stuttgart, fühlte sich aber erneut aus dem Amt gedrängt. Zum Theaterwesen im nationalsozialistischen Deutschland Boguslaw Drewniak. Das Theater im NS-Staat. Szenarium deutscher Zeitgeschichte. Düsseldorf 1983. Drewniak will „die Rolle des Theaters in der Politik und Propaganda" des Systems aufdecken (S. 9), behandelt einleitend aber auch die Gleichschaltung und Lenkung, S. 13 ff. Vgl. dazu auch Joseph Wulf. Theater und Film im Dritten Reich. Eine Dokumentation. Gütersloh 1964.
2 HStAS E 130 b. Bü. 1532/Bl. 161: Mergenthaler beantragt als Kultminister beim Staatsministerium – Chef Mergenthaler – die Verleihung des Professoren-Titels an Krauß, 9. 4. 1934
3 ebd. Vgl. die knappe Darstellung von Michael Kienzle und Dirk Mende. Anmerkungen zur Stuttgarter Theaterszene nach 1933. In: Katalog Anpassung – Widerstand – Verfolgung, S. 170–173. Eine Untersuchung des Stuttgarter Theaterlebens in der NS-Zeit (und davor) fehlt bislang. Das vorliegende Kapitel möchte dazu einige Bemerkungen zur Gleichschaltung sowie Anregungen liefern. Auf eine Detailanalyse von Spielplänen, Besetzungslisten usw., mußte in diesem Rahmen verzichtet werden.
4 Archiv der Staatstheater. Tantiemenbuch IV 71933: Akten betr. das Aufführungsrecht zu „Schlageter". Ich danke Frau Monika Butzlaff vom Archiv der Staatstheater für ihre Unterstützung.
5 BAK R 43 II/1374, fol. 68 ff.: Murr an Hitler, 30. 6. 1933 fordert die Absetzung zur Neddens
6 BDC Georg Schmückle
7 StALB E 18 V. Bü. 1275. Darin Materialien über die Durchführung des Gesetzes zur Wiederherstellung des Berufsbeamtentums bei den Staatstheatern.
8 HStAS E 151 c. II. Bü. 291/Bl. 61: Erlaß des Polizeipräsidenten an Rechtsanwalt Dr. v. Kapff
9 StAS HA 342. Bd. 98. Bü. 1: Pachtvertrag vom 27. 9. 1933. Die Monatsmiete betrug 4200 RM; der Vertrag war bis zum 31. 12. 1933 befristet und verlängerte sich ohne Kündigung jeweils um ein Vierteljahr. Die kurze Laufzeit zeigt, daß man sich über die grundsätzliche Neuordnung noch nicht im klaren war.
10 StALB E 18 V. Bü. 1247: Krauß an Kultministerium, 2. 10. 1933
11 StAS HA 342. Bd. 98. Bü. 1: Briefe Schrempf/Horlacher an Strölin, 11. 10. 1933; Steinmüller an Reichsmusikerschaft, Strölin z. K.
12 Vergeblich versuchte Strölin den früheren Stuttgarter Spielleiter Herbert Maisch, der zu dieser Zeit am Berliner Schillertheater ein „Preußisches Theater der Jugend" leitete, für ein ähnliches Projekt in Stuttgart zu gewinnen; ebd.: Strölin an Maisch („Lieber Herbert"), 6. 2. 1934
13 ebd.: Heye an Strölin, 26. 4. 1935
14 ebd.: Hirzel an Heye, 19. 7. 1935, und Cuhorst an KdF-Gauwart Klemme, 12. 6. 1935
15 ebd.: Niederschrift von Cuhorst über eine Besprechung mit Heye, 25. 7. 1935. Ratsherr Sauer zeigte sich im übrigen befriedigt darüber, daß die KdF nicht voll zum Zuge gekommen sei; die Hintergründe für eine solche Differenz waren unklar.
16 StAS HA 342. Bd. 98/Bl. 14: Strölin an Könekamp, 1. 7. 1937
17 Wirtschaftsbeiräte 14. 7. 1937, § 516
18 StAS HA. Bd. 98. Bü. 15/Bl. 1: Könekamp an Frauenbeirätin Kötzle, 6. 9. 1939 und Heye an Könekamp, 8. 9. 1939
19 Erklärung Könekamps vor den Verwaltungsbeiräten 30. 4. 1940, § 36. 1943 mußte die Stadt das Schauspielhaus nach einer allgemeinen Weisung von Goebbels in eigene Regie übernehmen.
20 StZ 13, 14. 2. 1948, S. 5
21 StALB E 18 V. Bü. 207. Fasz. 1: Strölin an Deharde, 9. 4. 1938
22 HStAS E 130 b. Bü. 1529/Bl. 173: Aktenvermerk über eine Besprechung im Kultministerium am 13. 5. 1938, 18. 5. 1938
23 StALB K 110. Bü. 45 und 46: SD-Unterabschnitt Württemberg-Hohenzollern. Lageberichte vom 1. 4. 1939 und 1. 7. 1939
24 Vgl. Verwaltungsbeiräte 28. 3. 1939, § 62; 9. 5. 1939, § 105
25 StALB E 18 V. Bü. 1075. Statistik über durchschnittliche Kosten sowie über den Zuschußbedarf der Staatstheater, der sich folgendermaßen entwickelte: 1932/33: 1,49 Mio. RM; 1933: 1,57 Mio. RM; 1939: 2,14 Mio. RM. Eine Besucherstatistik lag nicht vor. Waren selbst im Jahr 1932 in der Wirtschaftskrise noch 644 Vorstellungen in beiden Häusern gegeben worden, so waren es 1934 nur noch 566; vgl. NSK 231, AA 18. 5. 1935, S. 4

III. 5. Nationalsozialistischer Fasching in Stuttgart

1. SM 51, 2. 3. 1933
2. Zum Thema Fasching, Fasnet, Karneval im Dritten Reich u. a. Utz Jeggle. Fasnacht im Dritten Reich. Einige brauchgeschichtliche Aspekte. In: Narrenfreiheit. Beiträge zur Fastnachtsforschung. Tübingen 1980, S. 227–238; Anton M. Keim. 11 x politischer Karneval. Mainz 1966; Joseph Klersch. Die Kölnische Fastnacht. Köln 1961; Manfred Franke. Narren unter dem Hakenkreuz. Karneval im Dritten Reich. In: Journal für Geschichte 1982, S. 42–45
3. Wirtschaftsabteilung 19. 12. 1934, 548; 6. 12. 1934, § 513
4. SM 38, 14. 2. 1935
5. SM 48, 26. 2. 1935
6. NSK 105, MA 4. 3. 1935, S. 4
7. SM 50, 28. 2. 1935
8. NSK 101, MA 1. 3. 1935, S. 6; 103, MA 2. 3. 1935, S. 3
9. NSK 104, AA 2. 3. 1935, S. 3
10. SM 55, 6. 3. 1935
11. NSK 109, MA 6. 3. 1935, S. 3
12. Beiräte für Angelegenheiten des Kurbads Cannstatt 14. 1. 1936, § 3; 27. 1. 1936, § 7
13. SM 45, 23. 2. 1936
14. NSK 74, AA 14. 2. 1936, S. 5
15. Wirtschaftsbeiräte 11. 3. 1936; § 145; 28. 10. 1936, § 651
16. StAS Zeitungsausschnittsammlung (ZAS) K II 4 a: Ernst Stockinger an Hagstotz, 24. 9. 1936; ebd. Stellungnahme Cuhorsts
17. SM 27, 2. 2. 1937. 1936 war es zu einem Streit zwischen der Stadt und der Karnevalsgesellschaft Möbelwagen gekommen, die sich „Frechheiten" gegenüber Staat und Partei erlaubt habe. Die Stadt erzwang den Rücktritt des Präsidenten der Gesellschaft und bestimmte fortan selbst den Faschingsprinzen; vgl. Wirtschaftsbeiräte 19. 2. 1936, § 104
18. NSK 60, AA 5. 2. 1937, S. 4
19. NSK 63, MA 8. 2. 1937, S. 4
20. ebd.; vgl. auch SM 33, 9. 2. 1937; WLZ-Illustrierte 7, 13. 2. 1937 und Schwäbisches Bilderblatt 7, 12. 2. 1937, 8, 19. 2. 1937 mit Fotos vom Umzug
21. Wirtschaftsbeiräte 3. 3. 1937, § 148
22. Wirtschaftsbeiräte 20. 10. 1937, § 760; 22. 12. 1937, § 890
23. StNT 44, MA 27. 1. 1938, S. 3
24. NSK 97, MA 28. 2. 1938, S. 3
25. Wirtschaftsbeiräte 23. 11. 1938, § 757
26. SM 43, 19. 2. 1939
27. NSK 76, AA 14. 2. 1939, S. 5
28. ebd.
29. StNT 85, MA 20. 2. 1939, S. 3 f.
30. StNT 89, MA 22. 2. 1939, S. 3

III. 6. „Ein Junge, der nicht Kämpfer ist, kann auch seiner Mutter keine Ehre machen." Die Gleichschaltung der Jugend

1. Die Stuttgarter Kreisleiter Otto Maier (Jg. 1901), Adolf Mauer (Jg. 1899) und Wilhelm Fischer (Jg. 1901) hatten bei ihrem Amtsantritt ebenso wenig das sog. Schwabenalter von 40 Jahren erreicht wie die neuen, nationalsozialistischen Referenten der Stadtverwaltung Fritz Cuhorst (Jg. 1902), Albert Locher (Jg. 1904), Otto Schwarz (Jg. 1899) und Felix Mayer (Jg. 1907).
2. Vgl. Hitlers Äußerungen in Mein Kampf, zit. nach Ausgabe München 1935, 167.–169. Auflage, S. 451 ff.
3. Vgl. den Fall des ehem. SPD-Stadtrats Erhard Schneckenburger, der nach langer Arbeitslosigkeit bei der Robert Bosch AG eine Stelle fand; Bohn, Stuttgart geheim, S. 108 oder das ähnliche Schicksal des Lehrers und Karikaturisten Hans Gerner, der nach „Schutzhaft" auf dem Heuberg mehrfach strafversetzt wurde; Katalog Machtergreifung, S. 58 f.
4. StAS Vaihingen. Az. 5141: Gesamtbericht der Realschule Vaihingen auf den Fildern für das Schuljahr

1932/33
5 ebd.: Bericht für das Schuljahr 1933/34
6 Deutschland-Berichte der SOPADE 1936, S. 1333 f.
7 Siehe Sauer, Württemberg, S. 209 ff.
8 Jürgen Mertens. Das Königin-Katharina-Stift 1818–1968. In: Festschrift zum 150jährigen Bestehen der Schule. Stuttgart o. J. (1968), S. 38
9 ebd., S. 39; Gesamtbericht Realschule Vaihingen Schuljahr 1933/34 (Anm. 5)
10 Gesamtbericht Realschule Vaihingen Schuljahre 1933/34 und 1935/36
11 ebd.: Gesamtbericht 1934/35
12 Frauenbeiräte 22. 11. 1938, § 132
13 Tagebucheintrag K.H.G., 16. 2. 1939; vgl. Katalog Anpassung – Widerstand – Verfolgung, S. 245. Dieses Tagebuch vermittelt einen lebendigen Eindruck vom Alltag eines aktiven und überzeugten Hitlerjungen, von den Unternehmungen einer HJ-Gefolgschaft sowie von den Überzeugungen und Enttäuschungen der Jugend
14 Erhard Kaßler. In: Friedrich Eugens-Gynnasium. Schule im Rückblick. Stuttgart 1971, S. 29. Vgl. auch die Erinnerungen von Prof. Erwin Heinle im selben Band, S. 25, der ebenfalls von einem Rückzug auf das rein fachliche Unterrichten berichtet.
15 ebd., S. 22. Bericht von Studiendirektor i. R. Dr. Max Häußler
16 StALB K 110. Bü. 46: SD-Unterabschnitt Württemberg-Hohenzollern. Lagebericht für das 2. Vierteljahr 1939 vom 1. 7. 1939
17 StALB E 202. Bü. 456: Murr an Kultminister, 22. 2. 1939, betr. Einleitung eines förmlichen Dienststrafverfahrens gegen Oberstudiendirektor C. und die Studienräte H. und B. an der Oberschule in Feuerbach
18 PZG Leihgeberkartei. Nr. 32/1: Bericht des Schulleiters, 9. 2. 1937; Ministerialabteilung für höhere Schulen, Bericht vom 8. 3. 1937; Darstellung von Prof. Dr. W., 6. 2. 1937
19 StALB E 202. Bü. 74: Mergenthaler an Ministerialabteilung für höhere Schulen, 28. 2. 1934
20 ebd.: Ministerialabteilung an Kultministerium, 1. 10. 1934
21 Zit. nach Bohn, Stuttgart geheim, S. 115
22 HStAS E 200. Bü. 75: Schreiben von Gräfin Marianne von Beroldingen an Mergenthaler, 13. 5. 1934
23 Verwaltungsbeiräte 17. 5. 1938, § 134
24 Wirtschaftsbeiräte 18. 3. 1936, § 172
25 HStAS E 130 b. Bü. 1479/Bl. 229: Entwurf eines „Gesetzes zur Änderung des Volksschulgesetzes", o. D. (vor August 1935). Die Aufhebung der Bekenntnisschulen war in der Zeit der Republik eine auch von der SPD vergeblich erhobene Forderung. Unter den gegebenen Umständen standen für die Nationalsozialisten machtpolitische Argumente im Vordergrund.
26 Vgl. den Bericht des stv. Gauleiters und – seit 1937 – Leiters des Schulungsamts der Reichsleitung der NSDAP, Friedrich Schmidt, an alle Gauschulungsleiter, 1. 10. 1938: BAK NS 22/2034. Schmidt wollte mit seinem Bericht Anschauungsmaterial für das Vorgehen in anderen Gauen liefern, nachdem die Beseitigung der Bekenntnisschule in Württemberg problemloser als erwartet über die Bühne gegangen war.
27 HStAS E 130 b. Bü. 1479/Bl. 255: Einladung des Reichserziehungsministeriums an das Kultministerium zu einer Besprechung am 6. 11. 1935 in Berlin, 26. 10. 1935; Bl. 257: Reichserziehungsministerium, 20. 1. 1936
28 Vgl. den Bericht von F. Schmidt (s. Anm. 26)
29 ebd.
30 NSK 161, MA 6. 4. 1936: Bericht über die Einweihung der Hans-Schemm-Schule und gemeinsamer Aufruf Mergenthaler und Strölins.
31 StAS Heumaden. Az. 5000: Rundschreiben „An die lieben evangelischen Glaubensgenossen", 9. 4. 1936, unterzeichnet von Prälat Schrenk, Stadtdekan Dr. Lempp und dem Cannstatter Dekan Roos.
32 Diese Zahl nach Röhm/Thierfelder, Das evangelische Stuttgart, S. 356
33 Vgl. den Bericht Schmidts (Anm. 26)
34 StaS Ka 565: Übersicht über Schulverbände und Klassen in Stuttgart
35 Vgl. den Bericht Schmidts mit der folgenden Darstellung (Anm. 26); Hervorhebung original
36 Verwaltungsbeiräte 16. 3. 1937, § 143
37 Frauenbeiräte 8. 6. 1937, § 58
38 ebd.
39 ABl. Kultministerium 1937, S. 51 und S. 209
40 RGBl. 1938, I, S. 799; siehe auch Sauer, Württemberg, S. 219

41 ABl. Kultministerium 1937, S. 93; ebenso im Band 5 der von Schäfer herausgegebenen Dokumentation über die evangelische Landeskirche und den Nationalsozialismus: Babylonische Gefangenschaft 1937–1938. Stuttgart 1982, S. 737 f.
42 So Bohn, Stuttgart geheim, S. 11
43 StALB K 110. Bü. 36: Bericht des SD-Unterabschnitts Württemberg-Hohenzollern, 26. 5. 1939
44 Siehe Röhm/Thierfelder, Das evangelische Stuttgart, S. 342, S. 357 f., S. 360
45 SD-Bericht vom 26. 5. 1939 (Anm. 43)
46 ebd.
47 Scharbuch der Gefolgschaft 14; zit. nach Katalog Anpassung – Widerstand – Verfolgung, S. 251. Exakte Mitgliederzahlen für die Frühzeit sind nicht bekannt.
48 HStAS E 151 b II. Bü. 4/Bl. 1–2: Aufbauplan des Standorts Stuttgart. Die Mitgliederentwicklung im Reich verlief in dieser Phase folgendermaßen: Ende 1932 zählte die HJ 107 956 Mitglieder, Ende 1934 bereits 3,5 Millionen; Arno Klönne. Hitlerjugend. Hannover/Frankfurt/M. 1960, S. 15
49 Die Auseinandersetzung um die Schülerbibelkreise schilderte aus eigenem Erleben Manfred Müller. Jugend in der Zerreißprobe. Stuttgart 1982. Zur Gleichschaltung der evangelischen Jugendverbände in Württemberg noch immer wichtig ist Dieter von Lersner. Die evangelischen Jugendverbände Württembergs und die Hitlerjugend 1933/1934. Göttingen 1958. Vgl. jetzt auch die exemplarische Studie für Heidelberg von Klaus Heidel und Christian Peters. Nicht nur ein Kampf um die Seelen: Die Kirchen und das „Dritte Reich" in Heidelberg. In: Heidelberg unter dem Nationalsozialismus, Abschnitt B, S. 124 ff.
50 Zit. Lersner, Evangelische Jugendverbände, S. 23
51 NSK 133, 10. 6. 1933, S. 5
52 Zit. nach Röhm/Thierfelder, Das evangelische Stuttgart, S. 347
53 Zit. nach Lersner, Evangelische Jugendverbände, S. 53 f.
54 ebd., S. 57 f.
55 ebd., S. 66. Wie stark der nationale Vorbehalt wirkte, zeigte sich besonders in den letzten Kriegsjahren. In seinen Erinnerungen betonte Carlo Schmid unter Bezug auf die Universität Tübingen die Bedeutung und die Kontinuität nach der Niederlage des Ersten Weltkriegs; C. S. Erinnerungen. München 1981, S. 143 f. Der nationale Vorbehalt bildete m. E. die stärkste Klammer der sog. Volksgemeinschaft.
56 Für das Folgende vgl. Josef Wilhelm Dötsch. Württembergs Katholiken unterm Hakenkreuz 1930–1935. Tübingen 1965, S. 158 ff.
57 StAnz. 81, 9. 4. 1934, S. 3
58 Paul Kopf und Max Miller (Hrsg.) Die Vertreibung von Bischof Ioannes Baptista Sproll von Rottenburg 1938–1945. Mainz 1971, S. 17 ff.: Brief Sprolls an Murr, 16. 7. 1935
59 Siehe z. B. Barbara Schellenberger. Katholische Jugend und Drittes Reich. Mainz 1975, S. 169 ff.
60 NSK 173, 27. 7. 1933, S. 13; StALB E 202. Bü. 581: Liste der HJ-Führer im Obergau 20
61 NSK 481, AA 15. 10. 1934, S. 3
62 Deutschland-Berichte der Sopade 1934, S. 318
63 NSK 297, AA 29. 6. 1934, S. 4
64 Aus einem Brief von Bannführer Oskar Riegraf an der Gebietsführerschule in Sillenbuch aus dem Jahre 1935 an Stabsleiter Brodbeck ging hervor, daß Wacha sich auf jeden Fall eine Verfehlung zuschulden kommen ließ, denn Riegraf sprach von der Zeit, „als Gebietsführer Wacha verschwinden *mußte*". (Hervorhebung des Verf.) StALB PL 704. Bü. 2: Riegraf an Brodbeck, 8. 5. 1935
65 ebd.: Unterbannführer Friz an Brodbeck, im Mai 1935
66 StALB PL 509: Gehaltsliste der hauptamtlichen HJ-Führer im Gebiet 20, Stand 30. 6. 1936
67 HStAS E 151 b II. Bü. 4/Bl. 1–2: Aufbauplan des Standorts Stuttgart
68 Die weitere Gliederung nach Gefolgschaften (resp. Fähnlein beim JV und Mädelgruppe beim BDM) mit bis zu 150 Jugendlichen, Scharen (bzw. Jungzügen und Mädelscharen) mit bis zu 50 Mitgliedern und schließlich Kameradschaften (Jungschaften, Mädelschaften) mit 15 Personen erlaubte zugleich die persönliche Erfassung der Jugendlichen. Als 1937 Uhlbach, Heumaden, Sillenbuch und Rohracker nach Stuttgart eingemeindet wurden, vergrößerte die Gebietsführung die Zahl der Unterbanne in Stuttgart von acht auf zwölf, der Jungvolk-Stämme auf dreizehn.
69 NS-MittBl. 3. 1935, S. 167
70 NSK 252, MA 1. 6. 1935, S. 3
71 StAS Sillenbuch. Bü. 270
72 Siehe S. 218 f.
73 WuG-Beiräte 24. 8. 1937, § 137
74 Siehe S. 219 ff.

75 RGBl. 1939 I, S. 710
76 StALB PL 704. Bü. 1 g.: Aufruf Sundermann an alle Bannführer, 30. 7. 1938
77 ebd. Bü. 1 f.: Riegraf an E. Schweizer, 14. 12. 1938
78 StALB K 110. Bü. 44: SD-Unterabschnitt Württemberg-Hohenzollern, Lagebericht über das 4. Vierteljahr 1938, 1. 2. 1939
79 ebd. Bü. 46: Lagebericht über das 2. Vierteljahr 1939, 1. 7. 1939

IV. 1. „Jetzt hat der andere Kurs nichts mehr zu sagen." Die Ausschaltung der politischen Gegner 1933

1 Vgl. S. 39 f.
2 Karl Molt an Hans Jahn, 9. 4. 1936; zit. nach Arbeiterbewegung in Stuttgart 1933, S. 47; vgl. auch VVN-A. vorl. Bü. SPD: undatierter Bericht von Karl Molt (aus der Zeit nach 1945)
3 Frieder Wurm im Gespräch mit Helmut Fidler; Arbeiterbewegung in Stuttgart 1933, S. 44 f.
4 VVN-A. D 418: anonymer Bericht, o. D.
5 Vgl. Kap. III. 2. Gleichschaltung der Presse
6 StAS Heumaden. Bü. 620: Polizeikommissar von Jagow an Polizeipräsident in Stuttgart und die Oberämter, 10. 3. 1933
7 VVN-A. D 36: Polizeipräsidium Stuttgart an Eugen W., 1. 4. 1933 (Abschrift)
8 Von der Idee zur Tat. Aus der Geschichte der Naturfreundebewegung. Hg. von Emil Birkert. o. O. o. J. (1970), S. 105 f.
9 HStAS E 130 b. Bü. 1064/Bl. 443: Polizeikommissar im Innenministerium an Staatsministerium, 25. 3. 1933
10 Später trat der nationalsozialistische Rechtsanwalt Pfannenschwarz an die Stelle von Jagows: HStAS E 151 c. II. Bü. 177/Bl. 487, doch hatte das Kommissariat ab Anf. April seine Schuldigkeit getan.
11 HStAS E 130 b. Bü. 1064/Bl. 437: Innenministerium, Dill, an Staatsministerium, 25. 3. 1933 („Eilt sehr!")
12 ebd./Bl. 439: Erlaß des Innenministeriums vom 28. 3. 1933; allgemein zur Entwicklung im Polizeiwesen: Sauer, Württemberg, S. 58 ff.
13 HStAS E 151 a. Bü. 4487/Bl. 11: Anweisung Nr. 3, 8. 4. 1933
14 HStAS E 130 b. Bü. 1064/Bl. 446: Innenministerium an die übrigen Landesministerien, 21. 4. 1933; Bl. 449: dto., 28. 4. 1933
15 RegBl. 1933, S. 138
16 Vgl. allg. Albrecht Wagner. Die Umgestaltung der Gerichtsverfassung und des Verfahrens- und Richterrechts im nationalsozialistischen Staat. Stuttgart 1968, S. 244 ff.; siehe auch Sauer, Württemberg, S. 65. Eine Geschichte der württembergischen Justiz in der NS-Zeit ist ein Desiderat. Nicht nur aufgrund des Mangels an Quellen – der größte Teil der Akten wurde 1944 vernichtet – wird eine solche Arbeit in naher Zukunft wohl ungeschrieben bleiben.
17 Chronik 1933–1945, S. 22: 8. 4. 1933; vgl. StZ 88, 2. 10. 1948, S. 7: Die Spruchkammer attestierte Landgerichtsdirektor Bohn loyale und gerechte Urteile, die „in Berlin" als zu milde beanstandet worden seien. Bohn war trotz seiner Funktion am Sondergericht kein Mitglied der NSDAP (Das ist im Hinblick darauf, daß „man" für wichtige Funktionen Parteigenosse sein „mußte", bemerkenswert.)
18 Zu Cuhorst vgl. die Unterlagen für den Nürnberger Juristenprozeß im IfZ, Nürnberger Katalog, wo auch eine Fülle von Aussagen ehemaliger Stuttgarter Juristen vorliegt.
19 Die erste Verhaftungswelle galt ausschließlich Kommunisten; vgl. StAnz. 58, 11. 3. 1933, S. 4
20 StAS PA 03-900/Bl. 13: Aufstellung über verschiedene Maßregelungen innerhalb der Stadtverwaltung, 20. 3. 1933
21 NSK 71, 25. 3. 1933, S. 4
22 Feuerbacher Ztg. 69, 24. 3. 1933, S. 5
23 Vgl. Hans-Gerd Schumann. Nationalsozialismus und Gewerkschaftsbewegung. Die Vernichtung der deutschen Gewerkschaften und der Aufbau der „Deutschen Arbeitsfront". Hannover/Frankfurt 1958
24 Zur Inszenierung des 1. Mai 1933 in Stuttgart vgl. S. 107; über die Veranstaltungen und den Verlauf des Tages berichtete die Presse Ende April/Anfang Mai 1933 ausführlich.

25 So die Erinnerung von Annemarie Rothkegel vom Zentralverband der Angestellten, in: Arbeiterbewegung in Stuttgart 1933, S. 73; vgl. auch den Bericht von Josef Kollmair, 1933 Gauleiter der Bäckergewerkschaft in Württemberg: ebd., S. 64 ff.
26 Feuerbacher Ztg. 70, 25. 3. 1933, S. 5; 75, 31. 3. 1933, S. 5
27 Feuerbacher Ztg. 85, 12. 4. 1933, S. 5
28 ebd.
29 Feuerbacher Ztg. 70, 25. 3. 1933, S. 5
30 Vgl. die Erinnerungen des SPD-Landesvorsitzenden Erich Roßmann. Ein Leben für Sozialismus und Demokratie. Stuttgart/Berlin 1947, S. 68–88. Ähnlich ein anonymer Bericht im VVN-A. D 418
31 Auch im bayerischern Konzentrationslager Dachau wurden die Häftlinge in verschiedene Kategorien eingeteilt: Stufe II war die „Normalstufe", Klasse I genoß gewisse Privilegien, während sogenannte schwere Fälle in Klasse III besonderen Schikanen ausgesetzt waren; siehe Günther Kimmel. Das Konzentrationslager Dachau. In: Bayern in der NS-Zeit II. München/Wien 1979, S. 359
32 Roßmann, Ein Leben, S. 70 f.
33 HStAS E 151 c II. Bü. 49/Bll. 1, 2.: In Vaihingen waren im Sommer 1933 bis zu 80 kranke Häftlinge untergebracht worden. Ins Arbeitshaus Vaihingen lieferte die Politische Polizei auch die sog. Asozialen ein, die im Herbst 1933 bei mehreren Razzien verhaftet wurden. Deshalb ließ sich auch ein Plan, das Lager Heuberg nach Vaihingen zu verlegen, nicht realisieren. Am 12. Oktober 1933 teilte das württ. Justizministerium dem Innenministerium mit, sämtliche Strafanstalten seien überfüllt. Besonders das Stuttgarter Gerichtsgefängnis sei wegen der großen Zahl politischer Untersuchungshäftlinge aus dem ganzen Land, deren Verfahren beim Sondergericht anhängig seien, völlig überfüllt. Schon in „normalen Jahren" (!) habe man umliegende Gefängnisse einbeziehen müssen; ebd./Bl. 3
34 BAK R 43 II/1374, fol. 120–162: Lagebericht, abgeschlossen am 30. 11. 1933
35 Bezeichnend für die Lage war, daß die Politische Polizei rivalisierende Gruppierungen in der NSDAP in die Nähe der politischen Opposition rückte. Die Begriffe Opposition oder Widerstand könne dafür freilich nicht offen sein, ebensowenig aber dürfen sie auf eine bestimmte und bewußt politische Haltung verengt werden. Widerstand war analog zur NS-Herrschaft nicht statisch, sondern dynamisch und prägte sich unter verschiedenen Bedingungen zu verschiedenen Zeiten unterschiedlich aus. Daher kennzeichnet die Abstufung von Nonkonformität, Verweigerung, Protest und aktivem Widerstand besser die Formen der Gegnerschaft zu einem Herrschaftssystem mit totalem Anspruch.
Diese Termini stammen von Detlef Peukert. Edelweißpiraten. Protestbewegung jugendlicher Arbeiter im Dritten Reich. Köln ²1983, S. 236. Den Begriff der Leistungsverweigerung betont Peter Hüttenberger. Vorüberlegungen zum „Widerstandsbegriff". In: Theorien in der Praxis des Historikers. Hrsg. Jürgen Kocka. Göttingen 1977, S. 117–139. Martin Broszat. Resistenz und Widerstand. In: Bayern in der NS-Zeit IV. München/Wien 1981, S. 691–709 nennt als Ziel des Forschungsprojekts Bayern in der NS-Zeit ebenfalls „die breite Skala der Ausdrucksformen des Widerstandes – von der zeitweilig oder beharrlich resistenten Nonkonformität bis hin zur illegalen Untergrundarbeit – aufzuzeigen". (S. 693) Auf Broszat bezieht sich auch Richard Löwenthal. Widerstand im totalen Staat. In: R. L. und Patrick von zur Mühlen (Hrsg.). Widerstand und Verweigerung in Deutschland 1933–1945. Bonn 1982, S. 11–24 und in: Nationalsozialistische Diktatur. Eine Bilanz. Düsseldorf. S. 618–632 (hier S. 621, Anm. 1). Zu Recht nennt Löwenthal das Begriffspaar Widerstand und Resistenz „unglücklich". Er schlägt statt dessen die Kategorien „bewußter politischer Kampf" und „gesellschaftliche Verweigerung" vor. Probleme bereitet allerdings die von ihm als dritte Grundform des Widerstands bezeichnete „weltanschauliche Dissidenz". Mit Broszat ist zu konstatieren, daß „wirksame Gegenkräfte gegen die NS-Herrschaft nur solche sein konnten, die bis zu einem gewissen Grad gesellschaftlich relevant waren" (S. 694). –
In den folgenden Kapiteln beschäftige ich mich mit dem politisch motivierten, bewußten Widerstand. Nonkonformes Verhalten und gesellschaftliche Verweigerung lassen sich besser im Kontext einzelner Sacherhalte und im Rahmen der Anlässe darstellen. Maßnahmen des Regimes, das Verhalten der Bevölkerung und gegebenenfalls wiederum eine Reaktion des Regimes erhalten dadurch einen unmittelbaren Bezug zur jeweiligen konkreten Situation. Außerdem werden die Möglichkeiten und Grenzen partieller Kritik in einzelnen Lebensbereichen sowie ihre Funktion deutlicher.

IV. 2. „Im Massenstreik allein stürzt die faschistische Diktatur."
Die illegale KPD in Stuttgart

1 Stuttgarter Wirtschafsberichte 8. 1933. Heft 1
2 VVN-A D 668: Bericht von Erika Buchmann, o. D. (ca. 1946/47)
3 So ein Bericht von Willy Claß. Notizen über die illegale antifaschistische Tätigkeit in der Zeit von März 1933 bis September 1934, o. D., S. 1 f.: VVN-A D 671; StALB E 356 d III. Bü. 458: Urteil des Oberlandesgerichts (OLG) Stuttgart gegen Kraus u. Gen., 19. 7. 1934
4 Die Heilbronner Gruppe wurde dennoch Anfang 1934 aufgerollt und am 15. 7. 1935 vom OLG in einem der größten Prozesse mit 26 Angeklagten abgeurteilt; StALB E 356 d V. Bü. 726
5 Willi Bohn. Transportkolonne Otto. Frankfurt/M. 1970, v. a. S. 44 f.
6 Bohn, Stuttgart geheim, S. 53 ff.; vgl. StALB E 356 d III. Bü. 328
7 VVN-A D 668: Bericht Erika Buchmanns. Die weiteren Ausführungen nach den Aufzeichnungen von Willy Claß (Anm. 3). Zur Geschichte der KPD in der Illegalität vgl. die Monographien von Horst Duhnke. Die KPD von 1933 bis 1945. Köln 1972; Klaus Mammach. Die deutsche antifaschistische Widerstandsbewegung 1933–1945. Berlin 1974, der die Position der DDR-Historiographie zusammenfaßt, sowie die Regionalstudie von Detlev Peukert. Die KPD im Widerstand. Verfolgung und Untergrundarbeit an Rhein und Ruhr 1933 bis 1945. Wuppertal 1980, mit der Peukert allen weiteren Arbeiten ein Maß gesetzt hat.
8 So das OLG in der Urteilsbegründung im Prozeß gegen Opitz, Leitner, Riegg u. a. am 7. 9. 1934; VVN-A D 872, S. 38 f. Opitz war bis Anfang Juni 1933 Leiter des KPD-Bezirks Ruhr; siehe Peukert, KPD im Widerstand, S. 31 und S. 101. Er kam später ins Konzentrationslager Sachsenhausen, wo er der illegalen Parteileitung des KZ angehörte; vgl. Wolfgang Bleyer u. a. Deutschland von 1939 bis 1945. Berlin 1969, S. 333.
9 VVN-A D 467: Anklageschrift der Staatsanwaltschaft beim OLG gegen Gohde u. Gen., 6. 6. 1934, S. 18
10 ebd., S. 15 f.
11 Karl-Heinz Jahnke. Jungkommunisten im Widerstand gegen den Hitlerfaschismus. Berlin 1977, S. 47
12 ebd., S. 45
13 RGBl. 1934, I, S. 341
14 Vgl. Wolfgang Wagner. Der Volksgerichtshof im nationalsozialistischen Staat. Stuttgart 1974, S. 13 ff., S. 83 ff.
15 StALB E 356 g III. Bü. 3512: Urteil OLG gegen Hanselmann und Gen., 2. 12. 1933, S. 9
16 ebd., S. 7 f.
17 Eine einigermaßen verläßliche Zahl der in Stuttgart verhafteten oder vor Gericht gestellten Kommunisten konnte nicht eruiert werden. Weder die Gefangenenpersonalakten des Zuchthauses in Ludwigsburg und der Strafanstalten in Ulm, Rottenburg, Heilbronn und Gottezell noch die Unterlagen beim VVN-Landesvorstand besitzen Anspruch auf eine auch nur annähernde Vollständigkeit. Allein in den ersten zwei Jahren der NS-Herrschaft konnten über 100 Urteile, die wegen kommunistischer Betätigung ergingen, festgestellt werden.
18 Vgl. den Schutzhaftbefehl gegen den Architekten Schenk: VVN-A. vorl. Bü. Stuttgart, 8. 9. 1934 (Abschrift), unterzeichnet von Ministerialdirektor Dill im württ. Innenministerium. Die folgende Rekonstruktion der illegalen Arbeit nach den Notizen von Claß und den Urteilen gegen Kraus und Genossen sowie gegen Opitz, Leitner, Riegg und Genossen (Anm. 3 und 8). Soweit die dortigen Angaben mit polizeilichen Ermittlungsakten und Urteilen verglichen werden können, sind die Notizen von Claß sehr zuverlässig.
19 VVN-A. D 763: Bericht von Anna Vielhauer, geb. Stegmaier, o. D. (1968). Die umfangreiche illegale Tätigkeit der Familie Stegmaier wird auch an anderer Stelle noch erwähnt werden; siehe S. 161
20 StALB E 356 g III. Bü. 1768: Urteil Sondergericht Stuttgart, 16. 5. 1934
21 ebd., S. 8
22 BAK R 58/641, fol. 202: Württ. Polit. Landespolizeiamt an Reichsinnenministerium, z. Hd. RegR Gisevius, 14. 3. 1935
23 Über die Struktur der RH geben einige Urteile hinreichende Aufschlüsse; StALB E 356 g III. Bü. 2592: Urteil gegen Paul Kühner u. a., 15. 10. 1934; StALB E 356 d V. Bü. 1064: Urteil gegen Erich Hohner u. a., 30. 4. 1937; StALB E 356 g III. Bü. 2659: Urteil gegen Jakob Mann, 24. 2. 1937. Die Darstellung stützt sich auf diese Urteile, soweit nichts Anderes vermerkt.
24 VVN-A. D 763: Bericht Anna Vielhauer (Anm. 19). Auch hier stimmen die Personen und Abläufe mit

den in den Urteilen genannten Details überein.
25 Vor Gericht versuchten die Angeklagten in RH-Verfahren, die sozialen Beweggründe ihres Tuns in den Mittelpunkt zu rücken, da eine private Unterstützung von Angehörigen politischer Gefangener nicht strafbar war. Man wird also davon ausgehen können, daß politische Motive in den Urteilen eher zu gering bewertet wurden.
26 VVN-A. D 671: Notizen Claß, S. 10
27 Die Erinnerungen Claß' wurden durch eine Bemerkung in der Urteilsbegründung gegen Gertrud Schlotterbeck bestätigt, wonach diese jede Aussage über einen der konspirativen Orte beharrlich verweigert habe. Man konnte daher das Schreibbüro weiter nutzen. Zu Bernhard Gehrt vgl. die Gefangenenpersonalakte H. Z.: StALB E 356 d V. Bü. 865/Bl. 10. Lebenslauf
28 VVN-A. D 671: Notizen Claß, S. 9. Ausführungen über die Kontaktaufnahme und die illegale Tätigkeit bestätigte die Urteilsbegründung gegen Heinrich Thunig u. a., den das OLG am 8. 8. 1934 aburteilte; vgl. StALB E 356 g III. Bü. 1821
29 Notizen Claß, S. 11
30 Die scheinbar naheliegende Vermutung, bei „Lotte" habe es sich um Lilo Herrmann gehandelt, ist irrig, da diese erst im September 1934 Berlin verließ und nach Stuttgart übersiedelte. Vgl. das biographische Material beim VVN-Archiv. D 680. Eine gute Zusammenfassung bietet die Broschüre: In welcher Straße wohnen Sie? – Namen und Schicksale auf dem Fasanenhof von Pfr. Holz. Stuttgart o. J., zu Lilo Herrmann S. 207–225
31 Dies und die weiteren Ausführungen nach der Anklageschrift gegen Lovasz, Steidle und Grözinger vom 11. 3. 1937; IfZ Fa 117/183, S. 10 ff. „Willi" wiederum war nicht identisch mit Willi Bohn, der sich zu dieser Zeit nach Berlin begeben hatte, wo er am 18. 10. 1934 in Haft genommen wurde; vgl. Bohn, Transportkolonne Otto, S. 129 ff.
32 Zu dieser Jugendbewegung siehe S. 179 ff. Über den Antimilitaristischen Apparat vgl. auch Peukert, KPD im Widerstand, S. 73 ff.; was dort zum Aufbau gesagt wird, gilt weitgehend auch für den Bezirk Stuttgart.
33 IfZ Fa 117/183: Anklageschrift S. 41 f. Die Polizei stellte bei Lovasz nach dessen Verhaftung eine umfangreiche, verschlüsselte Abrechnung der kasierten Beiträge und der Kosten sicher.
34 VVN-A. D 668: Bericht von Erika Buchmann
35 IfZ Fa 117/183: Anklageschrift S. 44 f.; vgl. dazu auch das Urteil des OLG Stuttgart vom 3. 11. 1936 gegen Erwin Geduldig u. a. Geduldig war der wichtigste Verbindungsmann Grözingers bei Bosch und wurde für seine illegale Tätigkeit zu einer Zuchthausstrafe von vier Jahren und drei Monaten verurteilt; StALB E 356 d V. Bü. 1341
36 So eine Formulierung im Urteil des OLG Stuttgart vom 30. 4. 1937 gegen Honer u. a. (s. Anm. 23)
37 Siehe dazu Anklageschrift des Oberreichsanwalts beim VGH vom 6. 1. 1936 gegen Kurt Baum: IfZ Fa 117/75–81, S. 8 ff.
38 Bohn, Stuttgart geheim, S. 95
39 VVN-A. D 763: Nach einem Bericht von Anna Vielhauer kam Baum über Dachau nach Buchenwald, wo er 1945 „in den letzten Tagen bei der Jagd auf jüdische Häftlinge von der SS" erschossen worden sei.
40 Zu Grözinger siehe Anklageschrift vom 11. 3. 1937: IfZ Fa 117/183; zu Wohlleben StALB E 356 d V. Bü. 1518. Das OLG Stuttgart verurteilte Wohlleben am 2. 3. 1937 zu einer Zuchthausstrafe von fünfeinhalb Jahren.
41 VVN-A. D 668: Bericht von Erika Buchmann
42 BAK R 58/641, fol. 195 ff.: Württ. Polit. Landespolizeiamt an Reichsinnenministerium, 14. 3. 1935
43 Die erwähnten Differenzen innerhalb der RH hatten sich nur wenige Tage vor Abfassung des Polizeiberichts zugetragen; vgl. dazu StALB E 356 d V. Bü. 1604: Urteil gegen Honer u. a., 30. 4. 1937
44 Bohn, Stuttgart geheim, S. 83–85 nach einem kurzen Erinnerungsbericht von Walter Engemann und Erwin Münkle. VVN-A. D 669, o. D.
45 Über die Aktivitäten der Gruppe vermittelt wiederum ein Urteil des OLG Stuttgart vom 24. 3. 1938 einige Aufschlüsse: StALB E 356 d V. Bü. 2002. Einige der Angeklagten bezeichneten ihre illegale Tätigkeit ausdrücklich als kommunistischen Widerstand; vgl. ebd. und Bü. 2013
46 BAK R 58/81, fol. 1–4: Lagebericht für den Monat Januar 1936, abgeschlossen am 5. 2. 1936, S. 7
47 BAK R 58/82: Bericht über die Linksbewegung, Februar 1936
48 BAK R 58/683, fol. 104 ff.: Württ. Polit. Landespolizeiamt, Stahlecker, an Reichsinnenministerium, 29. 2. 1936, betr. Neuaufbau der Roten Hilfe in Württemberg
49 BAK R 58/226: Berichte über die Linksbewegung, Mai und Juni 1936. Funke war bis Frühjahr 1934 Leiter des Antimilitaristischen Apparates im KPD-Bezirk Niederrhein; Peukert, KPD im Widerstand, S. 147.

50 Ehrenbuch der Opfer von Berlin-Plötzensee. Berlin 1974, S. 17 f.; dort auch Auszüge aus einem Abschiedsbrief Funkes.
51 VVN-A. Da 62: Totenliste des Kreises Stuttgart (unvollständig)
52 Vgl. IfZ Fa 177/183: Anklageschrift vom 11. 3. 1937
53 VVN-A. D 680 (e): Eidesstattliche Erklärung von Alfred Grözinger, 16. 12. 1957
54 Erklärung des Verteidigers von Göritz für das Landesamt für Wiedergutmachung, 30. 5. 1958; zit. nach Bohn, Stuttgart geheim, S. 90
55 Abschriften und Kopien der Proteste befinden sich im Archiv der VVN unter der Sign. D 680. Bei Holz, Lilo Herrmann, S. 221 heißt es: „Von der nahe gelegenen Schweiz aus begann der Sturm gegen das Todesurteil (...) Schweizer Arbeiter telefonierten mit der weltbekannten Firma Bosch in Stuttgart, um dem dortigen Vertrauensrat der Deutschen Arbeitsfront ihren Abscheu über dieses ruchlose Urteil auszusprechen. Aber die Direktion dieser Firma verhinderte dieses Gespräch." Eine Quelle hierfür ist nicht bekannt.
56 Anhand der Gefangenenpersonalakten im Staatsarchiv Ludwigsburg habe ich rund 90 Stuttgarter Personen registriert, die zwischen Ende 1936 und Frühjahr 1938 wegen illegaler kommunistischer Tätigkeit allein vom OLG Stuttgart verurteilt worden sind. Die Unterlagen sind jedoch nicht vollständig.
57 Vgl. StALB E 356 g III. Bü. 2350: Urteil OLG vom 17. 1. 1939 gegen zehn Angeklagte aus Stuttgart-Münster. Die Höchststrafe betrug drei Jahre und sechs Monate Zuchthaus.
58 Dies behauptet Mammach, Deutsche antifaschistische Widerstandsbewegung, S. 184; er führt keine Belege an.

IV. 3. Schlechte Erfahrungen mit früheren Bonzen.
Sozialdemokratisch, sozialistisch – oder illegal

1 Zur Geschichte der SPD in dieser Phase allgemein Lewis John Edinger. Sozialdemokratie und Nationalsozialismus. Der Parteivorstand der SPD im Exil von 1933 bis 1945. Hannover 1960; Erich Matthias. Die Sozialdemokratische Partei Deutschlands. In: E.M. und Rudolf Morsey. (Hrsg.) Das Ende der Parteien 1933. Düsseldorf 1960, S. 99–278. Zur Geschichte der württembergischen SPD Horst Dähn. SPD im Widerstand Wiederaufbau (1933–1952). In: Die SPD in Baden-Württemberg und ihre Geschichte. Stuttgart 1979, S. 192–232. Aufschlußreich sind auch die Memoiren von Wilhelm Keil. Erinnerungen eines Sozialdemokraten. Bd. II. Stuttgart 1948. Sie verdeutlichen den Standpunkt eines prominenten Politikers der Partei, der sich nach 1933 ins Privatleben zurückzog und sich auf gesellschaftliche Kontakte mit früheren Parteifreunden beschränkte.
2 Schumacher an Schöttle; zit. nach Arbeiterbewegung in Stuttgart 1933, S. 29
3 Siehe S. 50 ff.
4 BAK R 58/508: Polizeipräsidium Stuttgart, Landeskriminalpolizeiamt, an Geheimes Staatspolizeiamt, Berlin, 10. 5. 1933; zit. nach Arbeiterbewegung in Stuttgart 1933, S. 81 f.
5 RGBl. I, S. 462
6 Offenbar erging eine zentrale Weisung, denn die Verhaftungen waren nicht auf Württemberg begrenzt; vgl. Edinger, Sozialdemokratie und Nationalsozialismus, S. 29: „Am 14. Juni begann eine neue Terrorwelle gegen die Sozialdemokraten."
7 Schöttle an den Vorstand der SPD in Prag, 17. 6. 1933; zit. nach Arbeiterbewegung in Stuttgart 1933, S. 88. Schöttles Briefwechsel und seine Berichte befinden sich im Archiv der sozialen Demokratie der Friedrich-Ebert-Stiftung in Bonn.
8 ebd., S. 90: Schöttle an Schumacher, 13. 5. 1933
9 Zur Tätigkeit Schöttles und zu seiner Biographie siehe Walter Nachtmann. Erwin Schöttle. In: Der Widerstand im deutschen Südwesten. Stuttgart 1984, S. 155–161; ebd., S. 163–171 stellt Günther Braun Schöttles Antipoden Georg Reinbold vor. Zu Reinbold auch Widerstand gegen den Nationalsozialismus in Mannheim. Hrsg. Erich Matthias und Hermann Weber. Mannheim 1984, v. a. S. 129 ff. Auch in Mannheim gab es mit der sogenannten Rechberg-Gruppe um Emil Henk eine Gruppierung, die sich von Reinbold und dem Exilvorstand in Prag immer mehr entfernte; ebd., v. a. S. 170 ff.
10 Schöttle an Vorstand der SPD in Prag, 17. 11. 1933; zit. nach Arbeiterbewegung in Stuttgart 1933, S. 92
11 ebd..
12 ebd., S. 95
13 ebd., S. 93
14 Walter Löwenheim (Miles). Neu Beginnen! Faschismus oder Sozialismus. In: Drei Schriften aus dem

Exil. Hrsg. Kurt Klotzbach. Berlin/Bonn 1974, S. 1–88; vgl. auch Hans J. Reichhardt. Neu Beginnen. In: Jb. Gesch. Mittel- und Oberdeutschlands. 12. 1963, S. 150 ff.
15 Schöttle an Vorstand der SPD in Prag, 16. 1. 1934 und 6. 10. 1934; zit. nach Arbeiterbewegung in Stuttgart 1933, S. 98 und S. 105
16 ebd., S. 99
17 Edinger, Sozialdemokratie und Nationalsozialismus, S. 80 ff., S. 93 ff.
18 Schöttle an Vorstand der SPD in Prag, 6. 10. 1934 (s. Anm. 15)
19 Vgl. Nachtmann, Schöttle, S. 158 f.
20 Edinger, Sozialdemokratie und Nationalsozialismus, S. 113
21 Nachtmann, Schöttle, S. 159. Zur Politik der SPD in dieser Phase Edinger, Sozialdemokratie und Nationalsozialismus, S. 118 ff.
22 Die bereits von Dähn, SPD im Widerstand und Wiederaufbau, S. 212 festgestellte Verbindung der Berliner Volksfrontgruppe ehemaliger Sozialdemokraten konnte nicht konkretisiert werden.
23 BAK R 58/449, fol. 413 f.: Lagebericht der Stapoleitstelle Stuttgart, Böes, für den Monat Mai 1938 – Marxismus, 27. 5. 1938
24 ebd., fol. 481: Lagebericht für den Monat Juni 1938, 30. 6. 1938; vgl. auch Dähn, SPD im Widerstand und Wiederaufbau, S. 210
25 BAK R 58/451, fol. 125: Gestapo IIA2, betr. Grenzsekretariat St. Gallen, 25. 4. 1939, ergänzt am 3. 6. 1939
26 StALB E 356 g III. Bü. 2492: Urteil OLG vom 16. 7. 1937 gegen 17 Angeklagte der Gruppe um Braun. Diesen hatte das OLG bereits am 12. 5. 1937 zu sechs Jahren Zuchthaus verurteilt. Vgl. auch Deutschland-Berichte der Sopade 1937, S. 1539 mit einem kurzen Bericht. Zu den Kontakten Brauns mit Mitgliedern und Grenzsekretären des Exilvorstands siehe Widerstand gegen den Nationalsozialismus in Mannheim, S. 159 ff. und S. 185 ff.
27 BAK R 58/81, fol. 1–41: Lagebericht für den Monat Januar 1936 (abgeschlossen 5. 2. 1936), S. 9 ff. Zur Verhaftung von Braun und der Zerschlagung der Mannheimer Gruppe vgl. Widerstand gegen den Nationalsozialismus in Mannheim. S. 194 ff.
28 BAK R 58/449, fol. 66: Stapoleitstelle, Böes, Lageberichterstattung für den Monat Januar 1938, 30. 1. 1938
29 Arbeiterbewegung in Stuttgart 1933, S. 46–48: Molt an Hans Jahn, 9. 4. 1936. Der Briefwechsel Molts mit Jahn und Edo Fimmen befindet sich ebenfalls im Archiv der sozialen Demokratie. Die Tätigkeit der Gruppe um Molt im Rahmen der Eisenbahnergewerkschaft ist auch dargestellt bei Helmut Esters und Hans Pelger. Gewerkschafter im Widerstand. Hannover 1967, S. 77–84; kurze Erwähnung auch bei Bohn, Stuttgart geheim, S. 102–107 und bei Dähn, SPD im Widerstand und Wiederaufbau, S. 204–206.
30 Vgl. den Plan Molts im März 1933, mit dem Reichsbanner militärisch gegen die Nationalsozialisten vorzugehen; S. 147
31 BAK R 58/449, fol. 338–341: Stapoleitstelle, Lageberichterstattung für den Monat Mai 1938 – Marxisten, 27. 5. 1938
32 ebd. Zur Freilassung vgl. Lageberichterstattung für August 1938: ebd., fol. 342, 30. 8. 1938
33 VVN-A. vorl. Bü. SPD: undatierter Bericht von Karl Molt (nach 1945)
34 Hanno Drechsler. Die Sozialistische Arbeiterpartei Deutschlands (SAPD). Meisenheim 1965, S. 56 ff., S. 64 ff.; Jörg Bremer. Die Sozialistische Arbeiterpartei Deutschlands (SAP). Untergrund und Exil 1933–1945. Frankfurt 1978.
35 NSK 177, 1. 8. 1933, S. 6. Das OLG Stuttgart verurteilte am 27. 7. 1933 vier Mitglieder der SAP, darunter den 34jährigen Führer des Jugendverbands, Albert Schmid, zu Gefängnisstrafen bis zu zwei Jahren. Die Angeklagten hatten Flugblätter hergestellt, vervielfältigt und verteilt, auf denen laut Bericht des NSK zur Parteineugründung und zur proletarischen Revolution aufgerufen worden sei. Anklageschrift und Urteil konnten nicht ermittelt werden. Die folgenden Ausführungen stützen sich auf das Urteil mit Gründen gegen den Bezirksleiter Alfred Merck u. a.; StALB E 356 d V. Bü. 2930.
36 StAnz. 228, 30. 9. 1933, S. 1
37 Urteil gegen Merck u. a. (Anm. 35)
38 Vgl. Drechsler, SAPD, S. 337 f.
39 VVN-A. Da. 51: Lebenslauf von Alfred Merck nach Angaben seiner Ehefrau; siehe auch StZ 35, 5. 5. 1947, S. 5
40 So die Anklageschrift des Oberreichsanwalts beim VGH gegen Dr. Richard Schmid, Louis Pilz und Richard Krautwasser, 18. 9. 1939: IfZ Fa 117/232/1, S. 22 ff. Zur Heilbronner Gruppe vgl. StALB E 356 g III. Bü. 3243. Zu den süddeutschen Verbindungen auch Dähn, SPD im Widerstand und Wiederaufbau, S. 216 f.; Widerstand gegen den Nationalsozialismus in Mannheim, S. 217 ff.

41 Der Stapoleitstelle war die Aufdeckung dieser Verbindung eine eigens gefertigte Notiz im Lagebericht für das 1. Vierteljahr 1939 wert; vgl. BAK R 58/446, fol. 345
42 Siehe Werner Link. Die Geschichte des Internationalen Jugendbundes (IJB) und des Internationalen Sozialistischen Kampfbunds (ISK). Meisenheim 1964
43 Interview des Projekts Zeitgeschichte mit Prof. Fritz Eberhard
44 Wolfgang Niess. Richard Schmid. Rechtsanwalt und Sympathisant der SAP: In: Widerstand im deutschen Südwesten, S. 143–151. Nach 1945 wirkte Schmid als Generalstaatsanwalt in Stuttgart, von 1953 bis 1964 als Präsident des Oberlandesgerichts in Stuttgart.

IV. 4. Die illegale KPO und die Einheitsfront in Stuttgart

1 Karl Hermann Tjaden. Struktur und Funktion der „KPD-Opposition" (KPO). Meisenheim 1964
2 zit. ebd., S. 313
3 Feuerbacher Ztg. 27, 2. 2. 1933, S. 5
4 Vgl. Briefwechsel zwischen KPD-Bezirk und Kampfleitung der Eisernen Front in Stuttgart, 13. 2./14. 2. 1933. In: Arbeiterbewegung in Stuttgart 1933, S. 19–22
5 Feuerbacher Ztg. 28, 3. 2. 1933, S. 5. Tjaden berichtete von einer Funktionärsversammlung des DMV am 3. 2. 1933, die folgende „Kampfforderungen" beschloß unter Zustimmung von SPD- und KPD-Vertretern: „1. Zusammenschluß des ADGB, der SPD, KPD, KPD-O zu einem Kampfkartell, 2. Gemeinsamer Massenaufmarsch aller Arbeiterorganisationen, 3. Sofortiger Zusammentritt einer Betriebsrätevollversammlung zwecks Stellungnahme zu allen weiteren Maßnahmen." (S. 315) Möglicherweise handelte es sich um die in der Feuerbacher Zeitung erwähnte Versammlung oder aber eine vorbereitende Sitzung.
6 Vgl. Nachrichtendienst der Internationalen Vereinigung der Kommunistischen Opposition (IVKO) Nr. 4, 15. 1. 1934. Die IVKO sprach von 40 Spitzeln im KPD-Bezirk, die infolge der Volksfrontbemühungen auch für die KPO eine Gefahr darstellten. Für seine großzügige und freundliche Unterstützung danke ich Herrn Gerd Callesen, Arbejderbevaegelsens Bibliotek og Arkiv, Kopenhagen
7 Eugen Ochs. Ein Arbeiter im Widerstand. Stuttgart 1984, S. 11 ff.
8 Nachrichtendienst der IVKO Nr. 2, 30. 9. 1933; Tjaden, KPO, S. 351
9 Ochs, Arbeiter im Widerstand, S. 11–15; StAL E 356 d V. Bü. 1159: Gefangenenpersonalakten E. Ochs; Bü. 1175: Urteil OLG Stuttgart, 29. 6. 1936 gegen Ochs u. a.
10 ebd. Bü. 1159/Bl. 19: Entlassungsanzeige, 6. 10. 1938
11 Im genannten Verfahren traf dies auf Wilhelm Rühle zu: StALB E 356 d V. Bü. 1175/Bl. 16. Die Zuchthausdirektion in Ludwigsburg äußerte sich gegen eine Schutzhaft für R. und schlug stattdessen Polizeiaufsicht vor. Tatsächlich blieb R. bis 1945 in Haft.
12 BAK R 58/641, fol. 83 ff.: Württ. Polit. Landespolizeiamt, Harster, an Reichsinnenministerium, betr. Zusammenarbeit der KPD und KPO, 8. 12. 1934, mit Rs. vom 18. 10. 1934
13 Dies geht aus einem Bericht illegaler KPD-Funktionäre an „werte Freunde" hervor: ebd., fol. 112, 7. 12. 1934
14 ebd., fol. 209 f.: Landespolizeiamt, Stahlecker, an Reichsinnenministerium, 14. 3. 1935; enthält Schreiben eines KPD-Funktionärs „Otto" an die KPO vom 16. 1. 1935
15 ebd., fol. 195–208: Landespolizeiamt, Stahlecker, an Reichsinnenministerium, 14. 3. 1935; enthält eine Übersicht über die organisatorische Entwicklung der illegalen KPD, Bezirk Württemberg 1933–1935; hier v. a. fol. 200 f. über Verhandlungen von KPD und KPO
16 StAS E 356 g III. Bü. 2135/Bl. 8: Urteil OLG Stuttgart vom 7. 10. 1936
17 BAK R 58/641, fol. 85: Rundschreiben der KPD, 8. 12. 1934 (Anm. 12)
18 ebd., fol. 200 (Anm. 15)
19 ebd., fol. 118: Bericht über die Lagebeurteilung durch die KPD-Bezirksleitung, o. D., am 14. 1. 1935 vom Landespolizeiamt, Harster, an Reichsinnenministerium übersandt
20 Bernd Burkhardt. Jugend im Widerstand – die Stuttgarter Gruppe „G". In: Katalog Anpassung – Widerstand – Verfolgung, S. 379–387 vor allem aufgrund von Gesprächen mit Hans Gasparitsch; siehe auch Bohn, Stuttgart geheim, S. 73–77; vgl. vor allem das Urteil des OLG Stuttgart vom 25. 3. 1936 gegen 22 Angeklagte: StALB E 356 g III. Bü. 2165. Hiernach auch die folgende Rekonstruktion.
21 Burkhardt, Jugend im Widerstand, S. 382
22 Flugblatt im Privatbesitz von Herrn Otto Wahl, Stuttgart-Rohracker, dem ich für seine wichtigen Hinweise zu großem Dank verpflichtet bin.
23 Bericht von Ernst Kaiser über die „Widerstandsgruppen in Rohracker", 23. 5. 1947: VVN-A. D 670;

Interview mit Otto Wahl, 11. 9. 1985
24 ebd. und Burkhardt, Jugend im Widerstand, S. 382
25 Siehe Urteil OLG Stuttgart vom 25. 3. 1936 (Anm. 20)
26 So der Bericht Ernst Kaisers (Anm. 23)
27 StAS NLS Bd. 77/Bl. 220: Städt. Wohnungsamt an Frau Helene F., 11. 12. 1936; VVN-A. D 1003: Städt. Wohnungsamt. Ungerer, an Heinrich D., 6. 7. 1938: staatsfeindliche Betätigung schließt ein Mietverhältnis mit der Stadt aus.
28 VVN-A. D 273: Bericht von Gottlob B., der zu 16 Monaten Gefängnis verurteilt worden war und 1937 von der Handwerkskammer Stuttgart nicht zur Meisterprüfung zugelassen wurde.
29 Arbeitsgericht Stuttgart 7. 5. 1938, Az. 1 Ca. 375/38; zit. nach Neue Front, 7. Jahrgang. 1939, H. 2, S. 72
30 VVN-A. D 528: Biographische Angaben über Josef Steidle, der zusammen mit Lilo Herrmann, Stefan Lovasz und Artur Göritz verurteilt und hingerichtet worden war.
31 So bei Hermann Schlotterbeck (Jg. 1919), dessen Vater und Geschwister nach der nationalsozialistischen Machtübernahme mehrfach verhaftet worden waren; vgl. VVN-A. D 1030 und den Bericht von Friedrich Schlotterbeck. Wegen Vorbereitung zum Hochverrat hingerichtet. Stuttgart 1948, S. 9 f. Das Amtsgericht lehnte in diesem Fall eine Fürsorgeerziehung ab und ordnete Polizeiaufsicht an.
32 Vgl. StALB E 191. Bü. 6980: Autobiographischer Bericht von M. Klinckerfuß; siehe auch die Darstellung bei Bohn, Stuttgart geheim, S. 96 f.
33 VVN-A. D 950: Bericht von Otto S.

IV. 5. Zwei Stuttgarter Einzelgänger bei der Schwarzen Front

1 Vgl. Bernd Burkhardt. Helmut Hirsch – jüdisch und jugendbewegt. In: Katalog Anpassung – Widerstand – Verfolgung, S. 391–401
2 Vgl. Reinhard Kühnl. Die nationalsozialistische Linke 1925–1930. Meisenheim 1966; Wolfgang Abendroth. Das Problem der Widerstandstätigkeit der „Schwarzen Front". In: VfZG 8. 1960, S. 181–187. Abendroth bewertete im Gegensatz zur zeitgenössischen Linken die Widerstandstätigkeit der Schwarzen Front hoch. Über das Mißtrauen gegenüber der Schwarzen Front geben die im folgenden erwähnten Äußerungen in der Neuen Front, einer Exilzeitung der SAP, beredt Auskunft.
3 So Hirsch vor dem VGH; zit. nach Burkhardt, Helmut Hirsch, S. 394 f.
4 Nach einer Mitteilung eines emigrierten Stuttgarter Juden hatte eine Prager Haushälterin Hirsch bei der Gestapo denunziert. Dieser Quelle zufolge übernachtete Hirsch bei einer verwandten Familie in Stuttgart, ehe er im Zug nach Nürnberg verhaftet worden sei; vgl. VVN-A. D 214: Alfred Marx an Ottmar Katz, 29. 5. 1965
5 Neue Front 5. 1937, Heft 10, S. 2
6 Bernd Burkhardt. Der Mord an dem Stuttgarter Rundfunkpionier Rudolf Formis. In: Anpassung – Widerstand – Verfolgung, S. 402–407
7 Zit. ebd., S. 404

IV. 6. „Heutzutage muß der Sicherungsgedanke ganz besonders hervorgehoben werden; dem Verbrecher gegenüber befindet sich der Staat in der Notwehr." Vom Polizei- zum Sicherheitsapparat

1 Vgl. Kap. IV. 1
2 HStAS E 130 b. Bü. 1064/Bl. 521: Murr an Staatsministerium, 5. 10. 1933
3 Siehe Hans Buchheim. SS und Polizei im NS-Staat. Duisdorf 1964, S. 33 f.
4 Dazu HStAS E 151 a. Bü. 4241/Bl. 57: Murr an Innenministerium, 5. 5. 1934; HStAS E 130 b. Bü. 1065/Bl. 29: Innenminister Schmid an Staatsministerium, 7. 5. 1934 und folgender Briefwechsel
5 HStAS E 151 a. Bü. 4223/Bl. 41: Bericht des Innenministeriums betr. Kosten des Sonderkommandos der Polit. Bereitschaften anl. eines Streits über die Finanzierung zwischen dem Reich und dem Land, 30. 8. 1934
6 Vgl. Sauer, Württemberg, S. 60 f.
7 Siehe dazu HStAS E 130 b. Bü. 1065/Bl. 79: Bericht des Innenministeriums an das Staatsministerium, 23. 10. 1934
8 HStAS E 151 a. Bü. 4223/Bl. 41: Bericht Innenministerium 30. 8. 1933 (Anm. 5)

9 Buchheim, SS und Polizei, S. 41
10 RGBl. 1936, I, S. 487
11 HStAS 151 a. Bü. 4221/Bl. 104: Mitteilung der Stapoleitstelle Stuttgart an das Innenministerium, 16. 10. 1936
12 BAK R 58/611, fol. 68: Fragebogen über Personalbestand, Wagenpark usw. Stand: 31. 3. 1937
13 ABl. 11, 26. 1. 1935, S. 29
14 ABl. Innenministerium 1936, S. 1 ff.: Erl. Innenministerium nach RdErl. Reichsminister vom 25. 10. 1935
15 Verwaltungsbericht 1936, S. 43
16 Ratsherren 21. 9. 1936, § 108
17 HStAS E 151 a. Bü. 4221/Bl. 118: RFSSuCHdtPol. an Innenministerium, 25. 6. 1938
18 NSK 209, AA 4. 9. 1933, S. 6
19 NSK 78, AA 16. 2. 1934, S. 9
20 Vgl. Buchheim, Polizei und SS, S. 41 ff.; Shlomo Aronson, Heydrich und die Anfänge des SD und der Gestapo. Berlin 1967
21 BDC Werner Best. Nach einem Schreiben des Reichsschatzmeisters vom 17. 11. 1933 an die württ. Gauleitung sollte Best ab November 1933 der Ortsgruppe Gauleitung der NSDAP zugeordnet werden. Best war in Stuttgart parteiamtlich bis April 1935 gemeldet. Über seine Tätigkeit in Stuttgart geben die BDC-Unterlagen keine Auskunft.
22 HStAS E 130 II. Bü. 536/Bl. 171: Der Führer des SD-OA Südwest an Mergenthaler, 11. 5. 1935; Ankündigung des Antrittsbesuchs, hs.: 17. 5. 1935
23 ebd./Bl. 180: Im Sommer 1935 wechselte der SD-OA sein Quartier und zog über die Kernerstraße in die Reinsburgstraße. Die Tarnadresse in der Kernerstraße 52 lautete: „Karl Bitz". vgl. StALB K 110. Bü. 36
24 HStAS E 151 i I. Bü. 21 a/Bl. 114: Notiz wegen einer Sammlungsgenehmigung, 18. 2. 1937: „Nach einer Auskunft der Geh. Staatspolizei (. . .) handelt es sich bei dem Sicherheitsdienst RFSS um eine Nachrichtenstelle der Partei." Hs. Vermerk: „Das müßte doch bekannt sein!"
25 Vom Mai 1936 datieren die ersten Rundschreiben des SD-Unterabschnitts an die Außenstellen: StALB K 110. Bü. 34 ff. Sie erlauben z. T. einen guten Einblick in die Überwachung; allerdings fehlen die Berichte und Meldungen der Außenstellen weitestgehend, so daß weniger die Praxis der Überwachung als vielmehr ihr weltanschaulicher Hintergrund und die Organisation deutlich werden.
26 Erlaß vom 11. 11. 1938; zit. nach Buchheim, Polizei und SS, S. 64
27 ebd., S. 65. Die Vereinigung bildete laut Buchheim „nicht so sehr den Anfang als vielmehr den Abschluß einer Entwicklung". Als Amtsleiter I übernahm der Organisator des Stuttgarter SD, Werner Best, die Leitung der Allgemeinen Verwaltung und der Organisation. Zur Person Kauls siehe die Personalunterlagen im BDC.
28 StALB K 110. Bü. 34: Rs. 93/36 vom 15. 10. 1936
29 BDC Eugen Steimle
30 BDC Rudolf Brodbeck. Nach Übergriffen beim Judenpogrom im November 1938, die im einzelnen nicht bekannt sind, wurde B. 1939 nach Koblenz versetzt, von dort trat er den Weg mehrerer Stuttgarter SS- und SD-Führer „in den Osten" an, wo er als Mitglied eines Einsatzkommandos 1943 ums Leben kam. Vgl. NSK 96, 5. 4. 1943; S. 4 (Nachruf); 94, 2. 4. 1943, S. 6: Todesanzeige
31 StALB K 110. Bü. 34: Rs. 24/36, 7. 6. 1936; 45/36 vom 17. 7. 1936
32 ebd.: Rs. 92/36 vom 14. 10. 1936; 140/36 vom 17. 12. 1936
33 StALB K 110. Bü. 35: Rs. 104/37 vom 1. 7. 1937
34 StALB K 110. Bü. 34: Rs. 48/36 vom 20. 7. 1936
35 ebd.: Rs. 83/39 vom 19. 5. 1939; Bü. 34: Rs. 77/36 vom 8. 9. 1936
36 ebd. Bü. 36: Rs. 66/39 vom 25. 4. 1939
37 ebd. Bü. 34: Rs. 35/36 vom 25. 6. 1936
38 ebd. Bü. 35: Rs. 94/37 vom 8. 7. 1937
39 siehe S. 280
40 HStAS E 130 b. Bü. 1041/Bl. 134: Innen- an Staatsministerium, 11. 10. 1937
41 StAS Möhringen. Az. 9950: Stapoleitstelle an OBM und Landräte, 13. 5. 1937. Der HJ-Streifendienst durfte keine polizeilichen Maßnahmen treffen, hatte auch über Gruppen außerhalb der HJ keine Disziplinargewalt. Die Überwachung und die Möglichkeit der Einschaltung regulärer Sicherheitskräfte verlieh dem Streifendienst der HJ dennoch faktische Macht.
42 StAS Vaihingen. vorl. Bü. 433: Nachrichtentechn. Dienst beim Polizeipräsidium Stuttgart an BMA Vaihingen (Geheim!), 16. 4. 1936 und weiterer Briefwechsel

43 Vgl. Wirtschaftsbeiräte 19. 2. 1936, § 110; 5. 8. 1936, § 483; 7. 1. 1937, §§ 16, 18; 7. 7. 1937, § 492. Im letztgenannten Fall sprachen sich die Beiräte gegenüber Rechtsrat Weidler für eine Konzession aus; im übrigen wog eine Verurteilung als Zuhälter weniger schwer als eine vermutete oder gar belegte „kommunistische Neigung".
44 Wirtschaftsbeiräte 13. 5. 1936, § 314
45 Die Berichte befinden sich im BAK R 58/609.
46 ebd., fol. 101: Kriminalsekretär Wiedmann, Bericht über die Teilnahme an der KdF-Fahrt vom 18. 7.–24. 7. 1937 nach Oberbayern
47 ebd., fol. 140 f.: SS-UStuf. Gaukler, Bericht über die Teilnahme an der KdF-Fahrt vom 23. 8.–6. 9. 1937 nach Büsum-Nordsee
48 ebd., fol. 145: Kriminalsekretär Diener, Bericht über die KdF-Urlaubsfahrt vom 10. 10.–17. 10. 1937 nach dem Rheingau
49 Die Quellenlage ist naturgemäß mehr als schwierig; es handelt sich um ein in dieser Form kaum darstellbares Thema; einige Bemerkungen dazu S. 502, 508
50 HStAS E 130 b. Bü. 1041/Bl. 145: Reichsinnenministerium an die Reichsstatthalter, 17. 2. 1939
51 Vgl. hierzu vor allem Götz Aly und Karl Heinz Roth. Die restlose Erfassung. Berlin 1984

V. 1. Beratung oder Kontrolle. Die Stuttgarter Kommunalpolitik nach Erlaß der Deutschen Gemeindeordnung

1 RGBl. 1935 I, S. 49
2 Matzerath, Kommunale Selbstverwaltung, S. 132 ff.; vgl. auch Helmut Hanko. Kommunalpolitik in der „Hauptstadt der Bewegung" 1933–1935. Zwischen „revolutionärer" Umgestaltung und Verwaltungskontinuität. In: Bayern in der NS-Zeit III. München 1981, S. 415. Hankos Ergebnisse unterscheiden sich nicht von den hier festgestellten Resultaten zur Stuttgarter Kommunalpolitik. Wie an anderer Stelle mehrfach ausgeführt, bestanden über die beiden Oberbürgermeister enge Kontakte zwischen den beiden Kommunalverwaltungen.
3 HStAS E 151 d III. Bü. IV 5/Bl. 20: Murr an Strölin, 7. 7. 1937. Murr hatte sich offenbar von Hitler inspirieren lassen, der sich das Amt in München vorbehalten hatte; vgl. Hanko, Hauptstadt der Bewegung, S. 416
4 StAS HA 002. Bd. 17/Bl. 6: Strölin an Murr, 28. 7. 1937
5 Ratsherren 22. 7. 1937, § 141
6 BAK NS 25/174, fol. 51–64: Strölin an Hauptamt für Kommunalpolitik (HAfK), 30. 3. 1936: „Abgrenzung der Selbstverwaltung der Gemeinden" („Persönlich! Streng vertraulich!")
7 StAS HA 010. Bd. 134 (Handakten 9K). Bü. Pressenotizen: Aufruf zur Reichstagswahl an 29. 3. 1936, 27. 3. 1936
8 Vgl. BAK NS 25/85: Vertrauliche Berichtsauszüge der Gauämter für Kommunalpolitik, 1. 10. 1935. Das Gauamt Württemberg-Hohenzollern formulierte Kriterien für die Auswahl der Beigeordneten und der Ratsherren bzw. Gemeinderäte. Neben politischer und weltanschaulicher Zuverlässigkeit verlangte das Amt eine ehrenwörtliche Erklärung über Vorstrafen und einen Nachweis, daß die Steuerpflicht regelmäßig erfüllt worden sei.
9 GR 29. 4. 1935, § 44. Murr genehmigte die Satzung mit dem Vorbehalt, daß fünf Beigeordneten-Stellen mit einem Vermerk „künftig wegfallend" (kw) versehen wurden; vgl. Verwaltungsbeiräte 26. 11. 1935, § 134
10 StAS HA 010. Bd. 64/Bl. 127: Strölin an die Berichterstatter, 24. 4. 1935
11 Ratsherren 24. 10. 1935, § 29
12 Mitt. 29, 6. 8. 1935, S. 113 f.
13 So der damalige Technische Referent Otto Schwarz im Interview, 24. 10. 1981
14 Auf die einzelnen Konflikte gehe ich im jeweiligen thematischen Zusammenhang ein.
15 StAS HA 006. Bd. 37: mehrere, z. T. unvollständige Listen von Ratsherren, die geringfügig voneinander abwichen; siehe auch HStAS E 130 b. Bü. 1000/Bl. 31 a: Verzeichnis der Ratsherren. Streng vertraulich bis zur Ratsherrensitzung am 5. 7. 1935, nennt Karl Lebsanft, der dann nicht berufen wurde. Auch die Tatsache, daß nur 35 von 36 Sitzen besetzt wurden, war ein Indiz für die Differenzen
16 NS-GZtg. 3. 1935, S. 131
17 StAS Steueramt Bü. 607
18 NSK 310, MA 6. 7. 1935, S. 3

19 BDC Hermann Feldmann
20 StAS HA 006. Bd. 37. Bü. 87/Bl. 5: Strölin an Feldmann, 12. 4. 1938; Bl. 67: Feldmann an Strölin, 15. 4. 1938; F. bemühte die angebliche Einführung einer Altersgrenze, was jedoch unzutreffend war. Der Zuffenhäuser Ratsherr Eichler war älter als Feldmann, ohne daß jemals sein Ausscheiden zur Debatte gestanden wäre.
21 In seinen Erinnerungen erwähnte Carlo Schmid, Lechler sei 1918 begeisterter Kommunist gewesen, ehe er sich später den Nationalsozialisten angeschlossen habe; Erinnerungen, S. 91
22 StAS HA 006. Bd. 37/Bl. 83: Kroll an Ettwein, 15. 6. 1937
23 StAS HA 006. Bd. 44. Bü. Drescher: Am 16. 12. 1937 beantragte Strölin bei Murr und der MABK die Abberufung Dreschers nach DGO § 54 (mangelnde Eignung)
24 ebd.: Strölin an Murr, 27. 12. 1937; die Äußerung Bauers bei einer Besprechung am 9. 12. 1937. Drescher wurde erst zum 1. 7. 1939 wieder als Mitglied der Technischen Beiräte und der Beiräte für das Kurbad Cannstatt berufen.
25 NSK 310, MA 6. 7. 1935, S. 3; vgl. auch Mitt. 2, 7. 1. 1934, S. 4. Strölin versicherte, er lege Wert auf eine freie Aussprache. Die Referenten sollten sich daher auch nicht auf seine Stellungnahme berufen, sondern das Gespräch mit den Ratsherren suchen.
26 Verwaltungsbeiräte 16. 7. 1935, § 1; Mitt. 40, 22. 10. 1935, S. 155 f. Ratsherren und Beiräte galten im übrigen ausschließlich als Summe von Einzelpersonen, es gab deshalb keinen Beirat per se, sondern immer nur Sitzungen von Beiräten oder Ratsherren. In der Zeit des Führerprinzips existierte folgerichtig kein Gremium zur Vertretung der Bürgerschaft.
27 Technische Beiräte 12. 7. 1935, § 1
28 StAS HA 010. Bd. 64/Bl. 136: Strölin an die Berichterstatter und die Ratsherren, 19. 9. 1936
29 Mitt. 26, 10. 7. 1935 und Mitt. 27, 11. 7. 1935, S. 99 ff.
30 So zum Beispiel Ratsherren 26. 9. 1935, § 13
31 Verwaltungsbeiräte 18. 2. 1936, § 87
32 StAS HA 010. Bd. 134 (Handakten 9K). Bü. Ernennungen der Ratsherren. Nach dem Ausscheiden Feldmanns und der Ernennung Kinds zum Direktor des Tiefbauamts rückten zwischenzeitlich die Ratsherren Kaiser, Notter und Leistner nach.
33 Technische Beiräte 8. 1. 1937, § 1
34 Ratsherren 15. 9. 1938, § 173
35 StAS HA 006. Bd. 38/Bl. 8: Ratsherr Reuff hatte als Gast an einer Sitzung der Technischen Beiräte, zu denen er nicht zählte, Interna an einen Bekannten weitergegeben, der die Einrichtung eines Cafés und die Konzession hierfür beantragt hatte.
36 ebd./Bl. 9: Fall einer Gaststätten-Konzession, wo der Betroffene sofort nach Ende der Sitzung über deren Ergebnis informiert worden war. Der Informant konnte nicht ermittelt werden. Bl. 11: Schwarz an Strölin, 13. 8. 1937: Bei Vergaben sind nach den Erfahrungen des Tiefbauamts die Bieter häufig über den Verlauf der Sitzungen informiert. Vgl. auch Wirtschaftsbeiräte 29. 7. 1936, § 474
37 Wirtschaftsbeiräte 5. 2. 1936, § 65
38 Verwaltungsbeiräte 9. 11. 1937, § 428
39 Die Stuttgarter Ratsherren waren nicht bloß „watchdogs" der Kreis- oder Gauleitung; vgl. Jeremy Noakes. Oberbürgermeister und Gauleiter. City Government between Party and State. In: „Führerstaat", S. 207

V. 2. Der Konflikt um die städtische Personalpolitik

1 Technische Beiräte 12. 7. 1935, § 1
2 Die Technik 1936. Heft 9, S. 101 f.
3 HStAS E 140. Bü. 40: Rohrbach an Waldmann, 9. 10. 1936
4 HStAS E 140. Bü. 38: Strölin an Murr, 10. 9. 1936
5 Verwaltungsbeiräte 19. 9. 1936, § 328
6 HStAS E 140. Bü. 38: Strölin an Murr, 17. 9. 1936
7 StALB E 180 VI. Bü. 526/Bl. 2: Strölin an MABK, 7. 12. 1936; Bl. 3: Strölin an Innenminister Schmid, 2. 12. 1936
8 Flammenzeichen 1936. Nr. 48, S. 3
9 StALB E 180 VI. Bü. 526/Bl. 6–9: Sigloch an Strölin, 9. 11. 1936
10 ebd./Bl. 7: Erklärung Siglochs an Strölin, 11. 9. 1936
11 Verwaltungsbeiräte, 1. 12. 1936, § 422

Anmerkungen zu den Seiten 203 – 213

12 Technische Beiräte 4. 12. 1936, § 828
13 StALB E 180 VI. Bü. 526/Bl. 6–16. Strölin an Murr, 2. 12. 1936; Bl. 6–17: Daß sich Strölin am 24. 12. 1936 gegenüber der MABK nochmals gegen die Angriffe auf Sigloch und generell gegen die Art des Vorgehens gegen einen städtischen Beamten wandte, änderte im konkreten Falle nichts mehr.
14 Zur Nachfolgediskussion um das Amt des TWS-Generaldirektors vgl. Verwaltungsbeiräte 23. 12. 1936, § 434; 1. 12. 1936, § 422; Technische Beiräte 4. 12. 1936, § 828; StAS PA 03-160: Ortmann an Strölin, 23. 11. 1936
15 StAS HA 010. Bd. 134 (Handakten 9K): Besprechung mit dem Ältestenrat, 28. 1. 1938
16 Verwaltungsbeiräte 15. 2. 1938, § 48
17 Zur Nachfolge Gastpar siehe Verwaltungsbeiräte 17. 5. 1938, § 139; Beiräte für ärztliche Personalangelegenheiten 21. 3. 1938, § 4
18 StAS PA 03-0600. Bü. 12/Bl. 7: Saleck trat der NSDAP am 1. 5. 1933 bei, gehörte 1933–1935 der SA an und wechselte dann zur SS, wo er als Oberabschnittsarzt Südwest rasch zum Sturmbannführer befördert wurde.
19 StAS PA 02-0141/Bl. 4–1: Locher an Notter, 4. 9. 1935
20 ebd./Bl. 3–14: Kreisleiter Mauer an Locher, 3. 4. 1935
21 StAS PA 02-01410/Bl. 6: Hablizel an Personalamt, 12. 10. 1936
22 StAS PA 02-0001. Bü. 2/Bl. 1–3: Gauleitung an Locher, 15. 1. 1936
23 ebd./Bl. 3–12: Strölin an stv. Gauleiter Schmidt, 10. 2. 1936
24 Verwaltungsbeiräte 8. 10. 1935, § 386
25 StAS PA 03-083: Locher an Strölin, 8. 2. 1936; Verwaltungsdirektor Schneider an Personalamt, 18. 2. 1936
26 Verwaltungsbeiräte 18. 2. 1936, § 90
27 Verwaltungsbeiräte 23. 6. 1936, § 219
28 Verwaltungsbeiräte 25. 6. 1936, § 227; Wortprotokoll zit. nach StAS PA 02-04200
29 ABl. Innenministerium 1936, S. 207
30 StAS PA 02-160/Bl. 42: Strölin an Reichsinnenministerium, 4. 2. 1936
31 StAS PA 03-083: Entschließung OBM, 30. 10. 1936. Einmalige Zahlung von 2000 RM, ein weiteres Gesuch vom Mai 1937 wurde am 1. 10. 1937 abschlägig beschieden.
32 StAS PA 02-0141/Bl. 2–5: Betriebszellenobmann der TWS an den Vertrauensmann mit besonderem Auftrag, Läpple, 30. 6. 1936
33 Besprechung der Vertrauensmänner und NSBO-Obleute, 12. 2. 1937 (Die Niederschriften sind z. T. bei den Protokollbänden in der Hauptaktei vorhanden.)
34 StAS PA 02-0001. Bü. 5/Bl. 10: „Die Personalpolitik der Stadt Stuttgart", Vortrag von Stadtrat Locher beim 5. Lehrgang des Amts für Kommunalpolitik der NSDAP, Kreis Stuttgart, 28. 11. 1938.
35 StAS PA 03-01410/Bl. 5–5: dto, 27. 1. 1937
36 ebd./Bl. 5–2: Kreisleiter Fischer an Locher, 24. 8. 1937
37 Verwaltungsbeiräte 21. 7. 1936, § 271; 19. 1. 1937, § 17 u. v. a. m.
38 Addiert nach den Protokollen der Verwaltungsbeiräte
39 StAS PA 02-04200/Bl. 4: Strölin an HAfK, 1. 12. 1937
40 Ratsherren 28. 4. 1938, § 64
41 StAS PA 02-050/Bl. 3: Vortrag Lochers beim kommunalpolitischen Lehrgang, 18. 11. 1938
42 BAK NS 25/1635, fol. 133–138: Strölin an MABK und Reichsinnenministerium, 28. 6. 1938
43 Die folgenden Ausführungen nach StAS PA 03-136. Der Bestand behandelt die Beurlaubungen der städt. Beschäftigten durch das Personalamt.
44 ABl. Innenministerium 1934, S. 133 ff.
45 Mitt. 8, 13. 2. 1939, S. 27 f.
46 StAS, PA 02-0001. Bü. 4/Bl. 1–2: Prüfbericht der MABK über die Freimachung von Arbeitskräften auf RdErl. des Reichsinnenministeriums vom 13. 1. 1938
47 StAS PA 03-011/Bl. 5–97; Locher an Amtsvorstände und Leiter der Betriebe, 7. 7. 1939
48 RGBl. 1938 I, S. 652
49 RGBl. 1937 I, S. 39 (§ 35)
50 StAS PA 03-0201: Stadtbauinspektion an Tiefbauamt, 6. 2. 1939; Aktenvermerk Personalamt, 13. 9. 1939
51 StAS PA 03-0221/Bl. 8: OBM an Arbeitsamt, 5. 9. 1938
52 ebd./Bll. 2. 3. 17: Schriftwechsel zwischen der Stadtverwaltung und dem Arbeitsamt, April 1939

V. 3. „Täglich neue Forderungen an die Gemeinden."
Die kommunale Finanzwirtschaft

1 Kampf gegen Arbeitslosigkeit, S. 54; Rede Strölins vor den Vertretern deutscher öffentlicher Schuldner in London. In: NS-GZtg. 1. 1933, S. 74
2 Technische Abteilung 1. 12. 1933, § 709
3 ABl. 38, 1. 4. 1933, S. 227
4 BAK R 43 II/369: Ministerbesprechung am 8. 2. 1933
5 HStAS E 151 d III. Bü. 1825/Bl. 92: Württ. Industrie- und Handelstag an Staats- und Innenministerium, 11. 4. 1933
6 ABl. Innenministerium 1933, S. 253
7 Hauptabteilung 19. 9. 1933, § 56; 26. 9. 1933, § 65
8 StAS Steueramt Bü. 607: Präsident des Landesfinanzamts an Finanzamt Stuttgart-Süd, 9. 1. 1935; Vorstand des Steueramts, Schneider, an Bürgermeisteramt, 23. 1. 1935; Bericht vor den Verwaltungsbeiräten 22. 10. 1935, § 109. Die Steuer war mit einem Aufkommen von 50 000 RM (1935) finanziell absolut bedeutungslos; es ging hier allein um mittelstandsorientierte Propaganda.
9 NSK 311, AA 6. 7. 1935, S. 3
10 Verwaltungsbeiräte 25. 7. 1935, § 23; Ratsherren 2. 7. 1936, § 53
11 ABl. Innenministerium 1936, S. 33 ff.
12 Vgl. etwa den Nachtragshaushalt 1936 in Höhe von 9,4 Mio. RM, von denen ein Drittel zur Tilgung eingesetzt wurden: Verwaltungsbeiräte 17. 9. 1936, § 322
13 NSK 292, MA 27. 6. 1934, S. 1
14 Verwaltungsbeiräte 25. 7. 1935, § 23
15 Die Wende in der kommunalen Finanzwirtschaft leiteten neue Steuergesetze vom 1. 12. 1936 ein; siehe RGBl. 1936 I, S. 861 f. Zu den Problemen bei der Vorlage des Etats 1937 nach Änderung des Finanzausgleichs vgl. Verwaltungsbeiräte 22. 2. 1937, § 66; 18. 3. 1937, § 151
16 Verwaltungsbeiräte 10./11. 6. 1938, §§ 175 ff., Haushaltsberatungen
17 Verwaltungsbericht 1938, S. 12; Statistik des Deutschen Reiches Bd. 514. Berlin 1938, S. 418
18 Verwaltungsbeiräte 8. 11. 1938, § 365
19 Verwaltungsbericht 1938, S. 11
20 Verwaltungsbeiräte 23. 5. 1939, § 112; 15. 6. 1939, § 152
21 Hauptabteilung 12. 12. 1933, § 159
22 StAS HA 011. Bd. 65. Bü. 5/Bl. 13: Schulpflege an Organisationsreferat, 5. 12. 1933
23 StAS HA 002. Bd. 14/Bl. 1: „Spenden, Beiträge und Nachlässe an die Unterverbände der NSDAP und Aufwendungen für den Luftschutz", 24. 2. 1934. Eines der beiden Darlehen verwendete die Stadt später für die Erweiterung des Schulhauses in Münster und den Ausbau der Fernheizung, nachdem die HJ ihre Pläne geändert hatte.
24 ebd./Bll. 11. 12.: Aufstellung vom 7. 5. 1934 auf Umfrage des DGT betr. Zuschüsse und Leistungen der Gemeinden für NS-Organisationen; Brief DGT, Zeidler, vom 25. 4. 1934
25 Zit. nach Sauer, Württemberg, S. 107; vgl. allg. Matzerath, Kommunale Selbstverwaltung, S. 375
26 StAS HA 002. Bd. 14/Bl. 25: Aufstellung der Stadtpflege über die städtischen Leistungen für die NSDAP; ihre Gliederungen und den Luftschutz, 6. 2. 1936
27 ebd./Bl. 27: Verzeichnis der seit dem 1. 2. 1933 durch die Stadt Stuttgart für Zwecke der NSDAP und ihrer Gliederungen erworbenen Gebäude; Gesamtkosten betrugen hierfür 3,359 Mio. RM, davon entfielen 2,5 Mio. RM auf die HJ.
28 Wohlfahrtsbeiräte 23. 12. 1935, § 129; 17. 2. 1936, § 19
29 StAS HA 851. Bd. 142/Bl. 58: Entschließung vom 17. 8. 1936
30 StAS Möhringen. Az. 9900: Kreisleitung Böblingen, Amt für Kommunalpolitik, an BMA Möhringen, 31. 3. 1938
31 StAS HA 005. Bd. 35 a: Murr an Strölin, 8. 6. 1936
32 Ratsherren 28. 10. 1937, § 217
33 Vgl. zur weiteren Darstellung StAS HA 002. Bd. 16/Bl. 1–17 mit einzelnen Anträgen und Bescheid.
34 Verwaltungsbeiräte 12. 7. 1938, § 269; 9. 8. 1938, § 291
35 StAS HA 005., Bd. 35 a: Murr an Strölin, 28. 1. 1938
36 Wohlfahrtsbeiräte 21. 10. 1935, § 65; WuG-Beiräte 7. 9. 1936, § 117
37 Wohlfahrtsbeiräte, 21. 10. 1935, § 65
38 HStAS E 151 d III. Bü. IV 187 I/Bl. 67: Ettwein an Innenministerium, 12. 6. 1935

39 Eigene Berechnung nach den Niederschriften der WuG-Beiräte 1935–1937
40 Verwaltungsbeiräte 12. 2. 1936, § 63
41 ebd./Bll. 240. 241: OBM an Innenministerium, 15. 5. 1937; Antwort 24. 6. 1937
42 WuG-Beiräte 14. 6. 1937, § 75
43 ebd.
44 RGBl. 1936 I, S. 993
45 Vgl. dazu auch Matzerath, Kommunale Selbstverwaltung, S. 371 und Klönne, Hitlerjugend, S. 18
46 Heime für die HJ. Beispiel-Bericht. Heimbeschaffungsausgabe „Unsere Fahne", Gebiet Württemberg: Hrsg. von der Reichsjugendführung. Berlin o. J.
47 NSK 26, AA 17. 1. 1936, S. 3
48 Frauenbeiräte 14. 1. 1936, § 16
49 WuG-Beiräte 18. 5. 1937, § 55
50 WuG-Beiräte 24. 8. 1937, § 137
51 WuG-Beiräte 14. 6. 1937, § 81
52 WuG-Beiräte 24. 8. 1937, § 137
53 WuG-Beiräte 12. 7. 1937, § 116; passim
54 WuG-Beiräte 7. 3. 1938, § 49
55 Verwaltungsbeiräte 15. 3. 1938, §§ 83–86; 28. 3. 1988, § 101
56 Technische Beiräte 8. 4. 1938, § 218

V. 4. „Diese Ecke ist für die nächsten Jahrzehnte vom Reich her fertig."
Stuttgart, die Stadt der Auslandsdeutschen

1 In München verfügten sowohl Oberbürgermeister Fiehler wie auch Hitlers alte Vertraute Weber und Maurice über solche Kontakte; vgl. Hanko, Kommunalpolitik in der „Hauptstadt der Bewegung", S. 409. Hitlers einziger Stuttgarter Weggefährte aus der Frühzeit der Partei, Fritz Weidle, lebte nicht mehr. Vgl. auch die Bemerkungen von Dieter Rebentisch. Frankfurt am Main und das Reich in der NS-Zeit. In: Archiv für Frankfurts Geschichte und Kunst. Heft 57. 1980, S. 242–267. Auch Frankfurt verfügte nicht über persönliche Beziehungen zur Führung des Reiches und beteiligte sich um so intensiver am Konkurrenzkampf um einen nationalsozialistischen Titel.
2 Siehe dazu Ernst Ritter. Das Deutsche Ausland-Institut in Stuttgart 1917–1945. Ein Beispiel deutscher Volkstumsarbeit zwischen den Weltkriegen. Wiesbaden 1976
3 BAK R 57/10, fol. 433 ff.: Niederschrift über Vorstandssitzung am 9. 3. 1933
4 ebd., fol. 439: Niederschrift über Vorstandssitzung am 11. 3. 1933 in Anwesenheit Strölins und Schotts, einem führenden Mitglied der Bürgerpartei
5 Dieser Satz war im Protokoll handschriftlich ausgestrichen.
6 Ritter, DAI, S. 55
7 BAK R 57/10, fol. 459 ff.: Bericht über eine Sitzung Wanners mit den Abteilungsleitern am 22. 3. 1933
8 StAnz. 147, 28. 6. 1933, S. 6. Nach der Jahresversammlung des DAI 1934 teilte Strölin Wanner mit, er habe dort dessen Verdienste gewürdigt. Wanner erwiderte, „angesichts einer jahrzehntelangen, opferreichen Arbeit und Ihrer früheren freundlichen Ausführungen, ganz abgesehen von den ehrenwörtlichen Versprechungen des Herrn Dr. Steinacher, hatte ich etwas andere Worte erhofft." HStAS E 130 IV. Bü. 1397/Bl. 26: Wanner an Strölin, 15. 9. 1934
9 StAS HA 342. Bd. 101/Bl. 40 f.: Entwurf einer Pressenotiz und Text Murrs, am 22. 12. 1933 Strölin übersandt
10 NSK 248, MA 1. 6. 1934, S. 3
11 Ritter, DAI, S. 104 sieht keine besonderen Beziehungen zwischen der Stadtverwaltung sowie dem DAI zum Auswärtigen Amt. Für die Amtszeit Neuraths ist dies unzutreffend. Neurath wurde 1938 Ehrenbürger der Stadt, die er in ihrem Bemühen um einen nationalsozialistischen Titel besonders unterstützt hatte.
12 HStAS E 130 IV. Bü. 1397/Bl. 114: Strölin an Mergenthaler, 16. 8. 1934
13 ebd./Bl. 113: Einladung zur auslandsdeutschen Festwoche
14 ABl. 3, 8. 1. 1935, S. 15
15 StAS HA 005. Bd. 35 a: Bohle an Strölin, 6. 4. 1936
16 HStAS E 130 IV. Bü. 1397. Fasz. Ehrenmal der dt. Leistung im Ausland/Bl. 121: Kultministerium an Staatsministerium, 14. 9. 1934

17 Unter anderem spendete die R. Bosch AG 40 000 RM, die Daimler-Benz AG 24 000 RM, die Firma Breuninger stellte 20 000 RM sowie ein Darlehen in Höhe von 60 000 RM zur Verfügung: ebd./Bl. 174
18 Ritter, DAI, S. 72
19 StAS HA 003. Bd. 22/Bl. 10: Telegramm Lammers' an Strölin, 24. 8. 1936; Bl. 11/Murr an Strölin, 25. 8. 1936 mit dem Text des Hitlerschen Telegramms; Bl. 13: Strölin an Kreisleiter Mauer, 25. 8. 1936: „Die Bekanntmachung erfolgt aber erst am Donnerstag bei der Einweihung des Ehrenmals."
20 Siehe die ausführliche Berichterstattung der Tagespresse seit Mitte August 1936
21 Am 14. 10. 1936 wurde Goslar zur Reichsbauernstadt, am 18. 11. 1936 Frankfurt am Main zur Stadt des Deutschen Handwerks ernannt, später folgten Leipzig als Reichsmessestadt, Wittenberg als Lutherstadt und Graz als Stadt der Volkserhebung. Alle anderen Titel, die sich Städte zulegten, waren inoffiziell.
22 Ritter, DAI, S. 112
23 Ratsherren 21. 12. 1936, § 89
24 StAS HA 342. Bd. 96. Bü. 1/Bl. 21: Könekamp an Csaki, Geist und Hagstotz, 23. 2. 1937. Hier in Bü. 1 und Bü. 2 auch verschiedene Vorschläge und Initiativen für ein Aufgabenprogramm.
25 StAS HA 342. Bd. 97. Bü. Goebbels/Bl. 1: Strölin an Goebbels, 6. 2. 1937; vgl. ebd. Bü. Heß
26 ebd. Bü. Vorsprache beim Führer/Bl. 2: Strölin an Könekamp über Besprechung mit Meißner, 14. 5. 1937; Bll. 3. 4.: Telegramme an Hitler und Goebbels, 1. 8. 1937; Bl. 7: Strölin an Lammers, 3. 8. 1937. Als Anfang 1938 Els Voelter, Repräsentantin von Daimler-Benz und eine der frühesten Gönnerinnen Hitlers in Stuttgart, diesen in Berlin besuchte, versuchte Strölin auch auf diesem Wege, Kontakt zu knüpfen; siehe StAS HA 000. Bd. 1/Bl. 11 a: Telegramm Strölins an Voelter, 21. 2. 1938
27 StAS HA 342. Bd. 97. Bü. Göring/Bl. 2: Strölin an Göring, 13. 4. 1937; Bl. 4: Strölin an ORegR Neidhart, 21. 4. 1937
28 Zur Ehrenbürgerwürde für von Neurath siehe StAS HA 007. Bd. 49
29 Vgl. hierzu StAS HA 007. Bd. 50 (Heß) und Bd. 51 (Ley)
30 So Strölin vor den Ratsherren 22. 7. 1937, § 166
31 Technische Beiräte 6. 8. 1937, § 429. Die Summe nannte Strölin gegenüber Mergenthaler am 2. 8. 1940: HStAS E 130 IV. Bü. 1399. Fasz. V. Reichstagung der AO/. Bl. 15
32 Wirtschaftsbeiräte 21. 7. 1937, § 544
33 StAS HA 002. Bd. 7/Bl. 31: Besprechung Bohles mit Strölin in Anwesenheit von Könekamp und Csaki, 7. 4. 1937
34 Ratsherren 22. 7. 1937, § 166
35 Vgl. den Ablauf der Ereignisse nach den Berichten in der Tagespresse seit 24. August 1937
36 StAS HA 342. Bd. 97. Bü. Bohle/Bl. 9: Besprechung Bohles mit Könekamp, 23. 9. 1937
37 Verwaltungsbeiräte 31. 8. 1937, § 373. Differenzen ähnlicher Art hatte das Staatsministerium mit dem Landesjägermeister auszufechten, der nicht zum Empfang mit Reichsjägermeister Göring eingeladen worden war: HStAS E 130 IV. Bü. 1399. Fasz. V. Reichstagung der AO. Mergenthaler und Murr gerieten aneinander, weil letzterer unter Beteiligung seiner Gattin Tafelsilber für rund 40 000 RM hatte anschaffen lassen und die Rechnung dem Staatsministerium präsentierte. Mergenthaler lehnte jedoch eine Bezahlung ab, da er nicht konsultiert worden sei. Schließlich bezahlte Murr aus seinem Etat die Hälfte der Kosten. Dafür blieb das Silber in der Verwaltung von Frau Lina Murr, die eine Herausgabe als „großes Mißtrauen" aufgefaßt hätte; ebd.
38 Wirtschaftsbeiräte 13. 4. 1938, § 238
39 StAS HA 005. Bd. 35 a: Bohle an Strölin, 28. 10. 1937; siehe auch Besprechung Bohle-Strölin am 7. 4. 1937: StAS HA 007. Bd. 7/Bl. 31
40 Ratsherren 18. 8. 1938, § 171; zit. nach Wortprotokoll HA 342. Bd. 96/Bl. 3–15.
41 Eine Monographie über die Volksdeutsche Mittelstelle ist ein Desiderat; vgl. die Ausführungen bei Robert L. Koehl. RKFDV. German resettlement and population policy 1939–1945. Cambridge 1957. Knapper Hinweis auch bei Hans-Adolf Jacobsen. Zur Struktur der NS-Außenpolitik 1933–1945. In: Hitler, Deutschland und die Mächte. Düsseldorf 1976, S. 137–185
42 Ritter, DAI, S. 129
43 HStAS E 130 IV. Bü. 1396/Bl. 307: Mitteilung des Chefs der Reichskanzlei, Lammers, ans Staatsministerium, 25. 1. 1938; Bericht Könekamps vor den Ratsherren 3. 3. 1938, § 42
44 StAS PA 020-980. Bestand zum Zeitpunkt der Benutzung völlig ungeordnet, auch ohne chronologische Reihe. Die Auseinandersetzungen um die auslandsdeutsche Schüler- und Jugendarbeit sind deutlicher Ausdruck für grundsätzliche Differenzen zwischen RJF, Vomi, AO und DAI, wobei sich besonders die AO weitgehend aus den lokalen Streitigkeiten heraushielt; vgl. auch StALB K 110. Bü. 45: Lagebericht des SD-Unterabschnitts vom 1. 4. 1939

45 StAS PA 020-2200/Bl. 172-5: Aufstellung der Kosten, 6. 4. 1938
46 ebd./Bl. 162-10: Schnellbrief RFSSuCHdtPol., 10. 3. 1938; HStAS E 130 b. Bü. 1067/Bl. 551: dto, 11. 3. 1938
47 Wirtschaftsbeiräte 14. 4. 1938, § 236
48 Vgl. etwa den Bericht im Bosch-Zünder 20. 1938. Sonderheft zum 10. 4. 1938
49 StAS HA 000. Bd. 9 enthält eine Übersicht über den Programmablauf, die Sicherheitsvorkehrungen usw. anläßlich des Hitler-Besuchs.
50 ebd./Bl. 25-6: Könekamp an Amt für auslandsdeutsche Angelegenheiten, 14. 4. 1938
51 HStAS E 140. Bü. 54: Strölin an württ. Wirtschaftsministerium, 28. 5. 1935. Ein Staatsvertrag über den Ausbau der Strecke Stuttgart–Schaffhausen war bereits im Februar 1927 abgeschlossen worden.
52 StAS HA 010. Bd. 134 (Handakten 9K). Vom BMA den Beigeordneten und den Ratsherren am 21. 4. 1938 zugestellt, also nur einen Monat nach dem Anschluß
53 Ratsherren 28. 4. 1938, § 87; zit. nach Wortprotokoll StAS HA 324. Bd. 96/Bl. 3–6. Danach die angeführten Zitate.
54 StAS HA 000. Bd. 5: Verzeichnis der Reichstagsabgeordneten im 31. Wahlkreis Württemberg-Hohenzollern (Acht Vertreter der Gauleitung der NSDAP, ein Mitglied der Reichsleitung, für die AO Bohle und die zwei Gauamtsleiter Wilhelm Bisse und Bernhard Ruhberg, zwei Kreisleiter – Drauz aus Heilbronn und Seibold, Friedrichshafen, bildeten zusammen mit fünf Repräsentanten der SS, vier der SA sowie Vertretern des Bauernstands und der freien Berufe das württembergische Kontingent.)
55 ebd./Bl. 3: Strölin an Murr, 25. 3. 1938. Eine Abschrift sandte Strölin am 22. 4. 1938 an Mergenthaler und bat um eine Unterredung
56 StAS HA 005. Bd. 35 a: Bohle an Strölin, 5. 8. 1938
57 ebd.: Bohle an Strölin 21. 12. 1938 und 1. 2. 1939. Die AO wollte zuerst nach Wien. NSK 55, MA 2. 2. 1939, S. 1: Für die Öffentlichkeit galt die Sprachregelung, Stuttgart sei 1939 durch die Reichsgartenschau mit Veranstaltungen überhäuft.
58 ABl. 101, 1. 9. 1938, S. 623
59 Beiräte für auslandsdt. Angelegenheiten 12. 7. 1939, § 1
60 WuG-Beiräte 8. 2. 1939, § 29; ABl. 26, 2. 3. 1939, S. 150
61 HStAS E 130 b. Bü. 1517/Bl. 100: Rektor der TH, Stortz, an Mergenthaler, 23. 5. 1936
62 BAK R 18/3459, fol. 1 ff.: Württ. Staatsministerium an Reichsinnenministerium, 9. 7. 1936; Antwort vom 29. 7. 1936 (Entwurf); Reichsinnenminister an Rektor der TH Stuttgart, 23. 9. 1936
63 Ritter, DAI, S. 72

V. 5. Die Stadt ohne Wohnungen

1 Verwaltungsbericht 1937, S. 72 (Statistischer Anhang)
2 Vgl. S. 72 f.
3 Ratsherren 19. 5. 1939, § 64 Anlage
4 Zur Wohnungspolitik des Reiches vgl. die Monographien von Peltz-Dreckmann, Nationalsozialistischer Siedlungsbau; Walz, Wohnungs- und Industrieansiedlungspolitik und vor allem Roswitha Mattausch. Siedlungsbau und Stadtneugründungen im deutschen Faschismus. Dargestellt anhand exemplarischer Beispiele. Frankfurt/M. 1981
5 Fischer-Dieskau. Übergangsschwierigkeiten der Wohnbau- und Siedlungsfinanzierung. In: RABl. II 15. 1935, S. 391–394
6 Vgl. die Äußerungen Hirzels vor den Verwaltungsbeiräten 25. 7. 1935, § 23
7 Mitt. 45, 15. 11. 1935, S. 171 ff.
8 Ratsherren 12. 12. 1935, § 47
9 Galler, Arbeiterwohnungsbau, S. 59 ff.
10 HStAS E 151 f II. Bü. 222/Bl. 182: Zusammenstellung der in den Jahren 1935 und 1936 in Stuttgart mit sämtlichen Stadtteilen neu vermieteten Wohnungen und der dabei vereinbarten Durchschnittsmieten
11 Galler, Arbeiterwohnungsbau, S. 42 und S. 61; Peltz-Dreckmann, Nationalsozialistischer Siedlungsbau, S. 137: bei den Richtlinien des Reiches lag die Mietgrenze bei einem Fünftel des Durchschnittslohns
12 Siehe etwa die Vorwürfe in der Sitzung der Ratsherren 11. 11. 1936, § 114
13 Verwaltungsbericht 1936, S. 41
14 Verwaltungsbericht 1937, S. 42

15 Galler, Arbeiterwohnungsbau, S. 68
16 Ratsherren 11. 11. 1936, § 114
17 Verwaltungsberichte 1936, S. 40 und 1937, S. 41
18 Galler, Arbeiterwohnungsbau, S. 71 ff.
19 ebd., S. 119; Peltz-Dreckmann, Nationalsozialistischer Siedlungsbau, S. 169
20 Ratsherren 5. 5. 1937, § 105. Zur Rolle der DAF vgl. Mattausch, Siedlungsbau und Stadtneugründungen, S. 76 ff.
21 Verwaltungsbericht 1937, S. 24 f.
22 Verwaltungsbeiräte 9. 8. 1938, § 294
23 Wirtschaftsbeiräte 29. 11. 1939, § 538 Anlage.
24 Verwaltungsbericht 1938, S. 33
25 Ratsherren 18. 4. 1939, § 49. Hier die folgenden Ausführungen Strölins
26 Ratsherren 19. 5. 1939, § 49
27 Technische Beiräte 1. 12. 1938, § 709 mit der folgenden Bemerkung Häffners
28 Die Bauzeitung 49. 1939, S. 374–376: Die Mahle-Siedlung in Stuttgart-Bad Cannstatt. Eine vorbildliche Industriesiedlung.
29 Verwaltungsbeiräte 16. 2. 1937, § 58 a. Die Eingemeindungsproblematik wird im folgenden Abschnitt behandelt.
30 HStAS E 151 d III. Bü. IV 50/Bl. 31: Vermerk ORegR Wider über ein Gespräch mit SA-Oberführer Weiß am 8. 3. 1937, 11. 3. 1937.
31 HStAS E 130 b. Bü. 1000/Bl. 67: Strölin an Schmid, 10. 4. 1937
32 Ratsherren 28. 10. 1937, § 223; Bericht der Stadtverwaltung
33 Verwaltungsbeiräte 12. 7. 1938, § 271; Mitt. 10. 25. 2. 1939, S. 35
34 HStAS E 151 d III. Bü. IV 50/Bl. 60: Staatssekretär Waldmann an Württ. Heimstätte GmbH, 14. 2. 1938
35 Technische Beiräte 3. 6. 1938, § 353
36 Verwaltungsbeiräte 2. 5. 1939, § 46
37 StALB PL 501. Bü. 45: Rundschreiben 17/39 der Kreisleitung, 4. 5. 1939
38 Chronik 1933–1945, S. 572: 25. 4. 1939
39 Die Bauzeitung 52. 1942, S. 233; Wirtschaftsbeiräte 27. 6. 1938, § 131
40 Verwaltungsbeiräte 2. 5. 1939, § 46
41 Verwaltungsbeiräte 12. 7. 1939, § 400
42 Nach Kriegsende mußten die Siedler als politisch Belastete die Häuser zunächst räumen; sie konnten sich jedoch später vor den Verwaltungsgerichten das Wohnrecht sichern.
43 Verwaltungsbeiräte 2. 5. 1939, § 46

V. 6. Die „Stadt ohne Raum"

1 Zur Eingemeindung Feuerbachs siehe Kap. II. 1.; zu den Siedlungsprojekten Kap. II. 6.
2 Karl Strölin. Notwendigkeit, Aufgaben und Organisation der Raumplanung. In: NS-MittBl. 3. 1935, S. 221
3 Noch 1936 lehnte Bürgermeister Hirzel eine öffentliche Sitzung der Ratsherrn in Feuerbach, die die Ratsherren Weischedel aus Feuerbach und Häffner aus Weil im Dorf verlangt hatten, ab. Dies schaffe einen Präzedenzfall für andere Stadtteile, außerdem hege die Bevölkerung Feuerbachs nach wie vor einen „gewissen Groll"; Verwaltungsbeiräte 25. 6. 1936, § 231
4 StAS Uhlbach: GR 12. 5. 1933, § 93; 14. 6. 1933, § 121
5 So Strölin in seiner Denkschrift „Fragen der Raumgestaltung im Siedlungsgebiet Stuttgart", siehe Anm. 15
6 Hermann Zielfleisch. Heimat Heumaden. Stuttgart 1970, S. 54
7 Bürgermeister Steinbach. Aus der Praxis einer Landgemeinde. In: NS-MittBl. 3. 1935, S. 226 ff.
8 Ernst Erik Pfannschmidt. Wo bleibt der Landesbauberater? In: Die Bauzeitung 44. 1934, S. 274 f.
9 ebd.
10 Zur Verschärfung und Bürokratisierung des Stuttgarter Ortsbaurechts vgl. S. 101 ff.
11 Hermann Vietzen. Möhringen. Aus der Geschichte einer Fildergemeinde. Stuttgart 1982, S. 84
12 Bericht Strölins über „Die Entwicklung und Tätigkeit des Bezirksplanungsverbands"; StAS Möhringen Az. 3000: Protokoll, S. 5
13 Anfang 1934 hatte Strölin noch als letztes Mittel bezeichnet; vgl. Sitzung des Bezirksplanungsverbands

am 1. 10. 1934: ebd. Bereits Ende des Jahres sprach er sich jedoch uneingeschränkt für Eingemeindungen aus, als er mit seiner Ablehnung der ihm angetragenen Nachfolge Gottfried Feders als Staatssekretär für das Siedlungswesen eine Denkschrift über das deutsche Siedlungswesen entwarf, in der er Kritik an den bestehenden Möglichkeiten und fehlender hierarchischer Kompetenz übte; HStAS E 140. Bü. 39: Strölin an Waldmann, 15. 12. 1934, dem er eine Mehrfertigung schickte.
14 So jedenfalls Strölin vor den Ratsherren am 14. 5. 1936, § 40
15 HStAS E 130 b. Bü. 1000/Bl. 39: Beilage zum Schreiben Strölins an den Innenminister, 16. 5. 1936. Hier die folgenden umfangreichen Darlegungen. Die nationalsozialistische Stadtverwaltung Stuttgarts betrat mit ihren Vorschlägen kein absolutes Neuland. Im Rahmen der ausführlichen Debatte um Eingemeindungen 1930/1931 hatte Lautenschlager dieselbe Richtung gewiesen: „Mit dem Gebiet Zuffenhausen, Münster, Hofen, Oeffingen, Schmiden, Fellbach, Rotenberg ist Stuttgart für die nächsten 100 Jahre versorgt." Zur Begründung dieser Ansprüche führte er aus: „Landhunger ist und wird immer sein die treibende Kraft vernünftiger Eingemeindungspolitik": Verwaltungsbericht 1930, S. 3. Lautenschlagers Ausführungen fehlten jedoch der ideologische Begründungszuammenhang des Volks ohne Raum, den die Nationalsozialisten vom Reich auf die Stadt übertrugen.
16 Ratsherren 14. 5. 1936, § 40
17 HStAS E 130 b. Bü. 1000/Bl. 38: Marginale Widers zum Schreiben Strölins an Mergenthaler vom 30. 5. 1936
18 Diese Ansicht vertrat auch Ministerpräsident Mergenthaler, der zur Vorlage des Referenten notierte: „Sehr richtig"; ebd./Bl. 40: Vorlage für Mergenthaler, 26. 6. 1936
19 ebd./Bl. 42: Murr an Strölin, 1. 7. 1936
20 ebd./Bl. 43: Vorlage für Mergenthaler, 7. 7. 1936
21 Sauer, Württemberg, S. 56 f.; NSK 369, AA 10. 8. 1936, S. 7; zur Person Bohnerts siehe die autobiograph. Aufzeichnungen (masch. StAS Kc 275; aus den Jahren 1977/78). Bohnert war der NSDAP im September 1931 mit der Nummer 661 754 beigetreten.
22 ABl. Innenministerium 1936, S. 304 f.
23 Sauer, Württemberg, S. 57
24 Technische Beiräte 14. 8. 1936, § 556
25 HStAS E 151 e I. Bü. 176/Bl. 47: Reichsarbeitsministerium, Vermerk über Besprechung in Stuttgart, 2. 12. 1936; Bü. 87/Bl. 19: Vermerk über Besprechung im Innenministerium, 2. 12. 1936. In einem Halbjahresbericht vom 1. 11. 1938 buchte es die Landesplanungsbehörde als Erfolg, daß die Firma Bosch zur Ansiedlung von Filialbetrieben in Crailsheim und in Renningen veranlaßt worden sei; BAK R 113. Rep. 325. Bü. 742. Insgesamt war der Landesplaner aber nur wenig erfolgreich.
26 HStAS E 151 d III. Bü. IV 50/Bl. 14: Erlaß Murrs an Innenminister, 5. 11. 1936; vgl. auch den Bericht von Stadtrat Schwarz vor den Verwaltungsbeiräten am 24. 11. 1936, § 412
27 Bericht vor den Ratsherren 10. 12. 1936, § 136 mit den zitierten Stellungnahmen. Die Staatliche Hochbauabteilung lieferte den Kritikern in Stuttgart noch Munition, denn sie stellte fest, die Eingemeindung der von Murr vorgeschlagenen Gemeinden liefere Stuttgart gerade kein Siedlungsgelände, sondern diene lediglich der Abrundung des Stadtgebiets, vgl. HStAS E 151 e I. Bü. 71/Bl. 4. Wohl mit Blick auf die betroffenen Gemeinden schlug aber auch Strölin gemäßigtere Töne an; vgl. Verwaltungsbeiräte 23. 12. 1936, § 435
28 Verwaltungsbeiräte 21. 7. 1936, § 279; HStAS E 140. Bü. 41: Neunhöffer an Waldmann, 9. 7. 1936
29 HStAS E 140. Bü. 39: Neunhöffer an Waldmann, 16. 7. 1936
30 Die Bereitschaft zur Eingemeindung – mindestens seitens der Gemeindeverwaltungen – bestand in Uhlbach und Rohracker bekanntlich schon seit längerer Zeit; vgl. S. 236. Zum Verlauf der Verhandlungen: Verwaltungsbeiräte 23. 12. 1936, § 435 sowie die in den folgenden Absätzen ausführlich dargestellten Vorortsakten.
31 StAS Rohracker: GR 13. 12. 1936, § 2; 19. 1. 1937, § 1
32 ebd., GR 8. 2. 1937, § 1; 2. 3. 1937, § 1
33 Vgl. den Eingemeindungsvertrag StAS HA Bü. 49 (neu)
34 Rohracker und Frauenkopf. Stuttgart 1973, S. 48
35 StAS Sillenbuch Bü. 200: GR 14. 1. 1937, § 2
36 ebd., GR 11. 2. 1937
37 ebd., GR 14. 2. 1937
38 StAS Heumaden Bü. 414: GR 12. 2. 1937; 16. 2. 1937
39 StAS Uhlbach GR 5. 1. 1937 mit Schriftwechsel und GR 15. 2. 1937, § 471 mit Anlagen
40 Vgl. HStAS E 151 d III. Bü. IV 50/Bl. 11: Strölin an MABK, 7. 9. 1936 mit Anlage Schreiben Benz' an Strölin, 17. 8. 1936 sowie Verwaltungsbeiräte 15. 12. 1936, § 433; 11. 2. 1937; § 42; 27. 4. 1937, § 188.

41 HStAS E 151 d III. Bü. IV 50/Bl. 84: Murr an Innenministerium, 25. 3. 1937
42 Mitt. 10, 31. 3. 1937, S. 71; 34, 28. 9. 1937, S. 189
43 Verwaltungsbeiräte 3. 8. 1937, § 324
44 Ausführlicher Bericht im ABl. 38, 3. 4. 1937, S. 305 ff.

V. 7. „Eine Politik, die nationalsozialistischer Planung widerspricht." Stuttgart und der Streit um den Neckarkanal

1 Zur Vorgeschichte vgl. Neckarkanal 1935. Hrsg. vom Südwestdt. Kanalverein. Stuttgart o.J. (1935); Neckarkanal 1949. Stuttgart 1949; Hafen Stuttgart. Stuttgart 1959 sowie die Jahrgänge des Organs des Südwestdeutschen Kanalvereins, „Südwest-Deutschland", 1936 umbenannt in Süddeutsche Wasserstraßen.
2 HStAS 130 b. Bü. 1415/Bl. 246: Strölins Bericht über eine Besprechung im Reichsverkehrsministerium am 17. 1. 1934
3 ebd., Marginale Mergenthaler, 25. 1. 1934: „Die Frage der Autobahnen und Kanäle scheint mir nicht so einfach zu liegen".
4 HStAS E 140. Bü. 55: Rohrbach an Staatssekretär Waldmann, 3. 10. 1934
5 ebd., Rohrbach an den NS-Kurier, 30. 11. 1934 (Abschrift für Reichsstatthalter)
6 Otto Konz. Lebenserinnerungen. Stuttgart 1967, S. 103 ff.; Paul Sauer. Für Recht und Menschenwürde. Ein Lebensbild von Otto Hirsch (1885–1941). Gerlingen 1985
7 HStAS E 130 b. Bü. 1415/Bl. 274: Schreiben des Staatsministeriums an den Oberbürgermeister der Landeshauptstadt Stuttgart, beschlossen in der Sitzung des Staatsministeriums am 20. 12. 1934
8 HStAS E 140. Bü. 55: Strölin an Staatsministerium, 16. 1. 1935
9 ebd., Kiehn an Strölin, 24. 1. 1935
10 Südwest-Deutschland 11. 1935, S. 28 f.
11 ABl. 87, 30. 7. 1935, S. 590
12 Südwest-Deutschland 11. 1935, S. 55: Rede Eltz-Rübenachs bei der Eröffnung der Strecke Mannheim–Heilbronn
13 Der Kanalverein veröffentlichte aus diesem Anlaß eine Denkschrift mit dem Titel „Neckarkanal 1935" (s. Anm. 1) heraus, die weniger das bisher Erreichte feierte als vielmehr die Weiterführung des Kanals forderte.
14 Vgl. die Presseberichte zur Eröffnung: NSK 342, MA 25. 7. 1935, S. 3; Dt. Volksblatt 171, 25. 7. 1935, S. 3 u. a. m.
15 HStAS E 130 b. Bü. 1416/Bl. 353: Württ. Wirtschaftsministerium an Reichsverkehrsministerium, 27. 1. 1936
16 Die Neckarkanalisierung Abschnitt Marbach–Stuttgart. Stuttgart 1958, S. 29
17 HStAS E 130 b. Bü. 1416/Bl. 367: Bericht Strölins ans Staatsministerium, 7. 7. 1936
18 Mitteilungen des Gauamts für Technik. Die Technik 1936. Heft 3, S. 33; hier auch die Formulierung, die in den Titel aufgenommen wurde vom Kanalbau als einer „Politik, die nationalsozialistischer Planung widerspricht, welche Auflockerung der Großstadt und nicht Aufblähung zum Ziele hat". Die implizite Antwort Strölins vor den Technischen Beiräten 30. 10. 1936, § 760
19 Siehe den Bericht in Süddt. Wasserstraßen 13. 1937, S. 71–90
20 ebd., S. 50
21 Vgl. Sauer, Württemberg, S. 320; Ratsherren 16. 9. 1937, § 196
22 NSK 114, AA 9. 3. 1938, S. 1
23 Strölin bei der Sitzung des Kanalvereins am 13. 5. 1938 in Göppingen; zit. nach Süddt. Wasserstraßen 14. 1938, S. 47
24 Zu den Plänen ebd., S. 53–64. Der Technische Referent, Stadtrat Schwarz, bestätigte Strölins Hitler-Zitat dem Sinne nach in einem Gespräche am 29. 5. 1981
25 RGBl. 1938 II, S. 149
26 Siehe dazu auch S. 228 f.
27 Verwaltungsbeiräte 22. 2. 1937, § 62
28 StAS HA 840-2. Die im folgenden Abschnitt dargestellten Auseinandersetzungen um den Grunderwerb für den Kanalbau folgen den Akten dieses Bestands.
29 Wirtschaftsbeiräte 15. 2. 1939, § 99
30 Wirtschaftsbeiräte 24. 5. 1939, § 311; 14. 2. 1940, § 20

31 1945 stellten die früheren Besitzer einen Antrag auf Rückerstattung, den sie mit dem massiven Druck seitens der Ortsgruppenleiter der NSDAP in den Jahren 1939/40 begründeten. Ihr Vorstoß blieb jedoch ohne Erfolg. Die Stadt wollte und konnte endlich ihren Neckarhafen bauen und erhielt 1953 wiederum das Recht zur Zwangsenteignung; vgl. StAS HA 840-2.

V. 8. „Die Erzeugung und Verteilung bis zur letzten Lampe zusammenfassen." Die Auseinandersetzung um die kommunale Energieversorgung

1 Zur Vorgeschichte und als Überblick vgl. Chronik 1918–1933, S. 200 ff. und die Veröffentlichungen der TWS anläßlich ihres 50jährigen Bestehens: Rudolph Bernhard. Stuttgart und die TWS. Stuttgart 1983; Ulrich Kett. Stuttgart und das Gas. Geschichte der Stuttgarter Gasversorgung. Stuttgart 1983; Karl-Erich Häberle. Stuttgart und die Elektrizität. Geschichte der Stuttgarter Elektrizitäts- und Fernwärmeversorgung. Stuttgart 1983
2 Chronik 1918–1933, S. 201
3 Wolfgang Leiner. Die Energiekrise nach dem Ersten Weltkrieg und die Auswirkungen auf Württemberg. Stuttgart 1979
4 Vgl. NS-MittBl. 3. 1935, S. 390
5 Nach eigenen Berechnungen aus den Verwaltungsberichten 1934, S. 138 und 1938, S. 47 sowie Angaben in der Chronik 1918–1933, S. 200 ff.
6 Vgl. Willi Speidel. Die Energie- und Wasserversorgung der Stadt Stuttgart. In: VDI-Zeitschrift 82. 1938, S. 600
7 Chronik 1918–1933, S. 203
8 Verwaltungsbericht 1938, S. 115
9 Verwaltungsbericht 1934, S. 138; Speidel, Energie- und Wasserversorgung, S. 601
10 ebd.
11 Chronik 1918–1933, S. 204
12 HStAS E 130 b. Bü. 1399/Bl. 94: Sitzung Staatsministerium 30. 3. 1933; Murr sprach von einer Wende im Wasserkrieg
13 GR 11. 12. 1933, § 56
14 Hauptabteilung 18. 7. 1933, § 2
15 Vgl. NS-GZtg. 1. 1933, S. 160
16 BAK NS 25/391, fol. 336 f.: Strölin an Fiehler, 24. 2. 1934
17 Zu den Rahmenbedingungen und den Auseinandersetzungen auf Reichsebene siehe Matzerath, Kommunale Selbstverwaltung, S. 392 ff.
18 RGBl. 1935 I, S. 1451
19 Aufsatz Strölins. Die Abgrenzung der wirtschaftlichen Betätigung der Gemeinden. In: NS-MittBl. 3. 1935, S. 101–103
20 BAK NS 25/391, fol. 377–379: Strölin an Krecke, 30. 4. 1935, mit Kritik an mangelnder Mitwirkungsmöglichkeit; siehe auch Matzerath, Kommunale Selbstverwaltung, S. 397
21 Vgl. Schriftwechsel mit Fiehler und HAfK-Geschäftsführer Schön: StAS HA 002. Bd. 9. Hier zit. Bl. 8: Schreiben vom 5. 5. 1935
22 Technische Beiräte 27. 9. 1935, § 176; hier auch folgende Äußerung Hirzels
23 Verwaltungsbeiräte 17. 9. 1936, § 333 mit Sachdarstellung des Technischen Referats
24 ebd., HStAS E 140. Bü. 39: Strölin an Reichsgruppe Energiewirtschaft und das Reichswirtschaftsministerium, 16. 6. 1936
25 HStAS E 151 d III. Bü. IV 196 a/Bl. 12: Reichswirtschaftsministerium an OBM, 17. 7. 1936; das württ. Wirtschaftsministerium unterstützte die Stadt in einem Schreiben an das Reichswirtschaftsministerium, 12. 8. 1936.
26 ebd., siehe auch HStAS E 140. Bü. 39: Strölin an württ. Wirtschaftsministerium, 11. 8. 1936. Strölin bezog sich auf das Ergebnis eines Gesprächs vom Vortag.
27 Technische Beiräte 27. 9. 1936, § 647
28 vgl. Verwaltungsberichte 1936, S. 51 ff. und 1937, S. 58 ff.
29 Technische Beiräte 26. 2. 1936, § 118
30 Technische Beiräte 8. 5. 1936, § 285, 22. 1. 1937, § 36
31 Zur Vorgeschichte der Berufung Speidels siehe S. 203 f.
32 HStAS E 151 d III. Bü. 196 a/Bl. 39: Bericht über eine Erkundigung bei TWS-Direktor Stöckle, Vor-

lage vom 10. 4. 1937; Technische Beiräte 30. 4. 1937, § 229
33 Technische Beiräte 21. 12. 1937, § 472
34 Technische Beiräte 25. 2. 1938, § 124
35 Vgl. Wolfgang Leiner. Geschichte der Elektrizitätswirtschaft in Württemberg. Bd. 2, 2: Der Weg zur Großwirtschaft (1916–1945). Stuttgart 1985, S. 399 f. Leiner zieht einen klaren Trennstrich zwischen den Konzentrationsbestrebungen der württ. Energiewirtschaft und den nationalsozialistischen Plänen. Grundsätzlich übersieht er dabei, daß die Nationalsozialisten nicht nur hier vorhandene Vorstellungen aufgriffen, für ihre Zwecke instrumentalisierten und daß die von ihm vorgenommene Trennung somit hinfällig ist. In welchem Maß die Identität des Ziels einer Großraumwirtschaft einerseits und die Dominanz nationalsozialistischer Politik andererseits eben diese Großwirtschaft ins Werk setzten, zeigen die folgenden Ausführungen.
36 zit. ebd., S. 400
37 ebd., S. 409. Nach Leiners Darstellung entsteht der Eindruck, als habe nicht nur die Vorarlbergische Energiewirtschaft geradezu auf den Anschluß ans Reich gewartet, sondern auch die dortigen Arbeitslosen.
38 Brief Murrs an Schmid vom 27. 12. 1938, abgedruckt bei Leiner, S. 441 f.
39 HStAS E 151 d III. Bü. IV 442/Bl. 2: Schmid (in seiner Eigenschaft als Wirtschaftsminister) an die Elektrizitätsverbände, 3. 1. 1939
40 Die beteiligten Unternehmen waren die Oberschwäbischen Elektrizitätswerke (OEW) in Biberach, das Überlandwerk Aistaig, das Überlandwerk Hohenlohe-Öhringen, das Überlandwerk Ingelfingen-Hohebach, das Überlandwerk Tuttlingen, das Elektrizitätswerk Teinach und die Elektrizitätswerke Enzberg-Mühlhausen. Die Elektrizitätsversorgung Württemberg brachte 30 Millionen Kapital ein, an denen die Stadt Stuttgart mit 12,6 % beteiligt war; vgl. Technische Beiräte 30. 11. 1934, § 877. Leiner vertritt die Ansicht, von einer Gründung könne überhaupt nicht gesprochen werden, da faktisch lediglich das Aktienkapital der EVW erhöht worden sei. Eine solche Interpretation unterschlägt jedoch die politischen Implikationen völlig. Sie zeigen sich nicht nur an der Geheimhaltung der Aktion, sondern vor allem an der staatlichen Dominanz im Aufsichtsrat, den Pressionen von Ministerium und Gauleitung und den explizit politischen Begründungen.
41 BAK NS 25/138, fol. 64–66: Strölin an Dillgardt, 7. 2. 1939
42 Mitt. 24, 31. 5. 1939, S. 104: Speidel zur Dienstleistung bei der EVS beurlaubt; Mittl. 30, 11. 7. 1939, S. 129: Speidel auf sein Ersuchen zum 30. 6. 1939 aus dem städtischen Dienst entlassen. Zur früheren Kritik an Speidel siehe HStAS E 151 d III. Bü. IV 443 a/Bl. 51: Referentenentwurf für Schreiben des Innenministeriums an Strölin, 30. 12. 1938 und StAS HA 002. Bd. 9/Bl. 26: Besprechung Strölin, Hablizel, Stöckle, Speidel, 27. 6. 1938
43 HStAS E 151 d III. Bü. IV 443/Bl. 4: Aktenvermerk Wider, 3. 1. 1939: Minister Schmid will Reichsinnenministerium nicht informieren; Bl. 8: Reichsinnen- an württ. Innenministerium, 3. 4. 1939
44 Leiner, Elektrizitätswirtschaft, Bd. 2, 2, S. 416. Die Bemerkung, die alten Verbände hätten juristisch weiterbestanden, ist eine Spitzfindigkeit, die die tatsächlichen Verhältnisse ignoriert und den Charakter einer NS-gelenkten Neugründung verunklaren will.
45 Technische Beiräte 19. 8. 1938, § 520; 14. 10. 1938, § 625
46 Verwaltungsbeiräte 23. 3. 1939, § 75; Technische Beiräte 24. 3. 1939, § 149
47 Verwaltungsbeiräte 2. 5. 1939, § 98
48 Leiner, Elektrizitätswirtschaft, Bd. 2, 2, S. 417 bemerkt zu den Differenzen zwischen EVS und der Stadt Stuttgart: „Wir besitzen keine Unterlagen, die uns darüber Auskunft geben, sofern solche überhaupt vorhanden waren." Leiner, der die verwendeten Quellen ohnehin nicht nachweist, verwendete jedenfalls die hier zitierten Quellen städtischer Provenienz nicht; sie hätten sein Gebäude auch zum Einsturz gebracht.
49 Verwaltungsbeiräte 2. 5. 1939, § 98
50 Rudolf Rohrbach. Zielsetzung der württembergischen Energiewirtschaft. In: Die Technik 1939. Heft 6, S. 129–132
51 Technische Beiräte 7. 7. 1939, § 318
52 Die Technik 1939, S. 131; Ausführungen Hirzels vor den Verwaltungsbeiräten 2. 5. 1939, § 98 und vor den Technischen Beiräten 7. 7. 1939, § 318
53 Vgl. Äußerungen vor den Verwaltungsbeiräten 7. 7. 1939, § 167

V. 9. „Monumentalbauten" oder „Gartenstadt"

1 So Strölin in einem Vortrag zur Wohnungs- und Siedlungspolitik. Bericht im Zentralblatt der Bauverwaltung 58. 1938, S. 1322 f. (Noack).
2 Karl Strölin. Die Durchführung von Altstadtsanierungen. In: Die Reichsplanung 1. 1935, S. 143–147; vgl. auch Strölins Vortrag bei der Jahrestagung der Deutschen Akademie für Städtebau, Reichs- und Landesplanung am 22. 10. 1937: Die Baupolitik einer deutschen Großstadt. In: Bauamt und Gemeindebau 37. 1937, S. 237 f., S. 252 f.
3 Diese Konflikte zeigten sich bei der Frage eines neuen Baurechts ebenso wie bei der Wohnungs- und Siedlungspolitik, den Eingemeindungswünschen der Stadt und der Neckarkanalisierung, vgl. die entsprechenden Kapitel der Arbeit. Die Auseinandersetzung um die Gestalt der Großstadt war also trotz der grundsätzlichen Weichenstellungen schon bald nach der Machtübernahme eines der Kernprobleme der Kommunalpolitik.
4 Zum Städtebau im nationalsozialistischen Deutschland grundlegend die Dokumentation von Jost Dülffer, Jochen Thies und Josef Henke. Hitlers Städte. Baupolitik im Dritten Reich. Köln/Wien 1978; Erhard Forndran. Die Stadt- und Industriegründungen Wolfsburg und Salzgitter. Entscheidungsprozesse im nationalsozialistischen Herrschaftssystem. Frankfurt/New York 1984; mit einem anderen Ansatz Joachim Petsch. Baukunst und Stadtplanung im Dritten Reich. München 1976.
5 Hitlers Städte, S. 21
6 StAS HA 342. Bd. 96. Bü. 1/Bl. 21: Könekamp an Csaki, Geist, Hagstotz, 23. 2. 1937
7 Hitlers Städte; Albert Speer, Architektur. Arbeiten 1933–1942. Frankfurt 1978; zu Berlin: Lars Olof Larsson. Die Neugestaltung der Reichshauptstadt. Albert Speers Generalbebauungsplan für Berlin. Stuttgart 1978
8 Vgl. Paul Schmitthenner. Kolloquium zum 100. Geburtstag an der Universität Stuttgart. Stuttgart 1985
9 Bonatz war maßgeblich an der neuen Stuttgarter Ortsbausatzung des Jahres 1935 beteiligt; siehe Kap. II. 6. (b). Beachtung fanden vor allem Bonatz' Leistungen beim Bau der Reichsautobahnen. Vgl. die Autobiographie von Bonatz. Leben und Bauen. Stuttgart 1950.
10 NSK 271, MA 13. 6. 1935, S. 3 f. Der Artikel bezog sich auf einen Vortrag von Bonatz am 13. 2. 1935 über „Repräsentative Bauaufgaben des deutschen Volkes"; Entwurf und Zeitungsausschnitte im Nachlaß Bonatz. Vgl. auch die Darstellung von Bonatz, Leben und Bauen, S. 88 f.
11 NL Bonatz: Stortz an Mergenthaler, 16. 6. 1935
12 NSK 271, MA 13. 6. 1935, S. 3 f. Bezeichnend war, daß sich die Technische Abteilung des Stuttgarter Gemeinderats und das Stadtplanungsamt schon im Dezember 1933 gegen Schmitthenners Pläne aussprachen und die Dachausbauten als „Fremdkörper" ablehnten, diese Kritik aber nicht durchdrang; Technische Abt. 15. 12. 1933, § 464.
13 HStAS E 140. Bü. 42: Strölin an Mergenthaler, 4. 6. 1935 und Bericht des Stadtarchivs, 11. 6. 1935. Strölin verwies auch auf ständige Klagen der Bevölkerung.
14 HStAS E 130 b. Bü. 1670: Marginale vom 18. 5. 1935 auf Vorlage des Staatsministeriums. In diesem Bestand befinden sich die wesentlichen Dokumente; vgl. die eingehende Darstellung von Voigt, Paul Schmitthenner, S. 27 ff.
15 Es gab ein Nord-Süd-Gefälle, denn bis 1940 war nur eine badische und keine württembergische Stadt in die Neugestaltung einbezogen; vgl. Hitlers Städte, S. 24
16 Verwaltungsbericht 1938, S. 40
17 Chronik 1933–1945, S. 50: 24. 7. 1933
18 Technische Beiräte 2. 8. 1935, § 51; Bauzeitung 45. 1935, S. 54 ff. mit dem preisgekrönten Entwurf Leistners
19 NSK 442, MA 22. 9. 1934, S. 3; Schneider, Hitlers „wunderschöne Hauptstadt des Schwabenlandes", S. 61
20 Hauptabteilung 29. 1. 1935, § 27 mit den folgenden Ausführungen Hirzels
21 HStAS E 151 f I. Bü. V 19/Bl. 3: Landeskreditanstalt, Präsident Aichele, betr. Altstadtsanierung, 31. 5. 1935
22 Technische Beiräte 27. 9. 1935, § 177
23 NSK 539, AA 16. 11. 1935, S. 3
24 Verwaltungsbeiräte 28. 1. 1936, § 16 Anlage. In dieser Sitzung auch die Äußerungen Strölins und Siglochs.
25 Technische Beiräte 22. 5. 1936, § 320. Die Stuttgarter Architekten beschwerten sich darüber, daß die Stadt keinen öffentlichen Wettbewerb ausgeschrieben habe. Ratsherr Leistner, seit 1933 Landesleiter des BDA, mußte die Kritiker beruhigen.

26 So ein Bericht vor den Technischen Beiräten am 26. 6. 1936, § 416
27 Technische Beiräte 3. 7. 1936, § 462; 21. 8. 1936; § 580; 14. 12. 1936, § 848
28 Technische Beiräte 27. 11. 1936, § 821. Hier auch Details aus den Plänen, die aus der in Anm. (29) und (30) genannten Literatur nicht hervorgingen.
29 NL Bonatz: Stuttgart. Umgestaltung der Innenstadt. 1936
30 Winfried Wendland. Entwürfe für die städtebauliche Umgestaltung von Stuttgart, Trier, Koblenz und Düsseldorf. Architekt: Professor Peter Grund, Düsseldorf. In: Deutsche Bauzeitung 73. 1939, S. 543–547, zu Stuttgart S. 543–545. Die Planskizzen und Beschreibungen zeigen, daß Grund offenbar mehrfach Straßenbezeichnungen verwechselt hat. Dies erklärte auch die Äußerung von Schwarz, Grund sei mit den örtlichen Verhältnissen zu wenig vertraut gewesen.
31 Technische Beiräte 22. 1. 1937, § 35. Es ist daran zu erinnern, daß Murr im Sommer 1937, als er das Amt des Beauftragten der NSDAP für Stuttgart übernahm, ausdrücklich Informationen über alle städtischen Bauvorhaben verlangte.
32 So der ehem. Technische Beigeordnete Schwarz im Gespräch am 29. 5. 1981
33 Technische Beiräte 14. 5. 1937, § 234
34 ebd., Sachvortrag des Technischen Referats. Hier auch die nachstehend genannten Pläne des Referats
35 Wirtschaftsbeiräte 8. 9. 1937, § 659
36 Technische Beiräte 2. 6. 1937, § 286
37 Ratsherren 19. 8. 1937, § 171
38 Technische Beiräte 25. 6. 1937, § 328: Bericht von Schwarz und Strölin über die Entwicklung der Angelegenheit seit der gemeinsamen Sitzung aller beteiligten Beiräte am 2. 6. 1937 (Niederschrift bei den Technischen Beiräten, § 286)
39 Siehe dazu Schriftwechsel der Stadt mit der Landesregierung und dortiger Schriftwechsel; HStAS E 140. Bü. 39: Strölin an Murr, 10. 12. 1934; Bü. 41: Schmid an Strölin, 12. 12. 1934, Mauer an Strölin, 14. 12. 1934; HStAS E 130 b. Bü. 1000/Bl. 16: Strölin an Mergenthaler, 10. 12. 1934, Bll. 17, 19, 23. Nach einem Vermerk von Staatssekretär Waldmann äußerte sich Murr zunächst ablehnend, während Lehnich und Mergenthaler das Projekt begrüßten.
40 Vgl. Bauzeitung 46. 1936, S. 335 mit Planskizze und Bild
41 Verwaltungsbeiräte 25. 2. 1937, § 107
42 Wirtschaftsbeiräte 14. 7. 1937, § 511; 11. 8. 1937, § 621. Die Gesamtkosten für die Halle beliefen sich auf rund eine Million RM: Wirtschaftsbeiräte 25. 5. 1938, § 315
43 Dieser Aspekt ist bisher vernachlässigt worden. Sowohl die allgemeine Literatur zur Stadtplanung im nationalsozialistischen Deutschland als auch der Aufsatz Schneiders über Stuttgart, Hitlers „wunderschöne Hauptstadt des Schwabenlandes" beschäftigen sich fast ausschließlich mit repräsentativen Großbauten sowie Aufmarschstraßen und -plätzen. Dabei standen aufgrund praktischer Erfordernisse häufig Generalverkehrspläne am Anfang der Neugestaltung; sie erwiesen sich im übrigen auch als langfristig wirksamer. Die Konzentration auf Großbauten und deren Ableitung aus den architektonischen und städteplanerischen Vorstellungen Hitlers und Speers spiegelt einen totalitären Ansatz wider, der näherer Betrachtung lokaler Verhältnisse nicht standhält. In Stuttgart bildeten die Um- und Neugestaltungspläne ein Konglomerat aus verschiedenen städtebaulichen Konzepten und ein komplexes Gebilde widerstreitender Interessen der beteiligten Herrschaftsträger.
44 Vgl. Bericht Siglochs vor den Technischen Beiräten 5. 6. 1936, § 367
45 Technische Beiräte 19. 2. 1937, § 97
46 BAK R 13 XXIX/29: Besprechung über Park- und Garagenprobleme der Stadt Stuttgart am 2. 3. 1939 im Rathaus; Notizen von Carl Baisch, Bezirksfachabteilungsleiter VII (Kraftfahrzeuge, Kraftstoffe, Garagen) der Wirtschaftsgruppe Einzelhandel
47 Technische Beiräte 17. 9. 1939, § 475
48 Ratsherren 28. 10. 1937, § 224; dort auch die genannten Unfallzahlen
49 Mitteilung des Polizeipräsidiums an die Stadtverwaltung; Technische Beiräte 26. 11. 1939, § 599
50 Wirtschaftsbeiräte 18. 11. 1937, § 827
51 Stadtrat Schwarz vor den Ratsherren 28. 7. 1938, § 148
52 Verwaltungsbericht 1938, S. 27
53 Ratsherren 28. 7. 1938, § 148
54 HStAS E 151 f I. Bü. V 19/Bll. 20. 27: Reichsarbeitsministerium an Innenministerium, 5. 10. 1938 und 25. 7. 1939; siehe auch Technische Beiräte 15. 9. 1939, § 379
55 Technische Beiräte 9. 6. 1939, § 270
56 Vgl. Sauer, Württemberg, Bild Nr. 26; Schneider, Hitlers „wunderschöne Hauptstadt des Schwabenlandes", S. 69 mit Modell-Aufnahme

Anmerkungen zu den Seiten 265 – 272

57 So Schwarz beim Gespräch am 29. 5. 1981; vgl. auch seinen Bericht vor den Technischen Beiräten 8. 4. 1938, § 219
58 HStAS E 130 b. Bü. 1687/Bl. 77: Strölin an Goebbels, 15. 6. 1938 (hier Abschrift an Mergenthaler, 17. 6. 1938)
59 Technische Beiräte 13. 1. 1939, § 31
60 Kaufvertrag vom 31. 7. 1939: Wirtschaftsbeiräte 2. 8. 1939, § 441; die Räumung der Wohnungen zum 1. 4. 1949 kündigte schon der Verwaltungsbericht 1939, S. 27 an.
61 Schneider, Hitlers „wunderschöne Hauptstadt des Schwabenlandes", S. 81
62 Siehe dazu v. a. HStAS E 130 b. Bü. 2685/Bll. 619. 667: Niederschriften von Sitzungen des Staatsministeriums, 31. 7. 1933 und 13. 6. 1935; BAK R 55/547, fol. 174 f.: Reichsrundfunkgesellschaft an Reichspropagandaministerium, 22. 1. 1936, fol. 188 f.: dto., 15. 6. 1936. Zu der Perspektive der Stadt vgl. Verwaltungsbeiräte 10. 3. 1936, § 117; 7. 3. 1939, § 52
63 Theodor Fischer. Stadterweiterungsfragen mit besonderer Rücksicht auf Stuttgart. Stuttgart 1903
64 Verwaltungsbeiräte 7. 3. 1939, § 52
65 Technische Beiräte 1. 12. 1938: Bericht Strölins über eine Unterredung mit Speer; vgl. auch Ratsherren 15. 12. 1938, § 234
66 So Regierungsbaumeister Eckert, Schriftleiter der Bauzeitung in einem Bericht: Vorbildliche Landschaftsgestaltung aus Bäumen-Wiesen-Blumen-Häusern. Die Reichsgartenschau 1939. In: Die Bauzeitung 49. 1939, S. 217
67 Siehe z. B. StNT 94, AA 25. 2. 1935, S. 3; NSK 151, MA 30. 3. 1935, S. 3
68 Verwaltungsbeiräte 21. 7. 1935, § 41
69 Technische Beiräte 6. 9. 1935, § 310; Eckert. Reichs-Ideen-Wettbewerb für landschaftliche Gestaltung Stuttgarts. In: Die Bauzeitung 46. 1936, S. 93–95
70 Wirtschaftsbeiräte 28. 2. 1936, § 143
71 Beiräte für Reichsgartenschau 11. 3. 1937, § 1 (künftig zit. RGS-Beiräte); Verwaltungsbericht 1936, S. 36
72 Eckert, Vorbildliche Landschaftsgestaltung, S. 218
73 ABl. 140, 30. 11. 1935, S. 905; Verwaltungsbeiräte 3. 3. 1937, § 116
74 RGS-Beiräte 11. 3. 1937, § 3
75 RGS-Beiräte 13. 5. 1937, § 25
76 NS-GZtg. 2. 1934, S. 428
77 Technische Beiräte 24. 2. 1939, § 98
78 Verwaltungsbericht 1937, S. 50
79 RGS-Beiräte 21. 10. 1937, § 58
80 Eckert, Vorbildliche Landschaftsgestaltung, S. 217
81 RGS-Beiräte passim. Da die ersten Gartenschauen 1936 und 1937 stattfanden, liegt die Vermutung ohnehin nahe, daß die Unterbrechung von 1938 erzwungen war.
82 RGS-Beiräte 23. 7. 1937, § 37
83 RGS-Beiräte 30. 9. 1937, § 43
84 RGS-Beiräte 22. 12. 1937, § 61; hier auch die weiteren Ausführungen
85 RGS-Beiräte 20. 1. 1938, § 1
86 RGS-Beiräte 17. 3. 1938, § 32
87 WuG-Beiräte 7. 6. 1938, § 119
88 RGS-Beiräte 30. 5. 1938, § 32
89 RGS-Beiräte 7. 7. 1938, § 74
90 RGS-Beiräte 28. 10. 1938, § 124 (Reuff); 5. 4. 1937, § 12 (Häffner, Locher); 13. 5. 1937, § 27
91 RGS-Beiräte 23. 8. 1938, § 101
92 RGS-Beiräte 28. 10. 1938, § 124
93 RGS-Beiräte 21. 2. 1939, § 14
94 RGS-Beiräte 8. 11. 1938, § 152
95 ABl. 150, 24. 12. 1938, S. 887 f.
96 RGS-Beiräte 21. 2. 1939, § 16
97 Wirtschaftsbeiräte 22. 3. 1939, § 193; 5. 4. 1939, § 225
98 RGS-Beiräte 4. 4. 1939, § 77
99 RGS-Beiräte 28. 11. 1938, § 168; 25. 1. 1939, § 31
100 ABl. 48, 25. 4. 1939, S. 267 ff.; über die Frage der Einladung der Ehefrauen siehe RGS-Beiräte 8. 3. 1939: Niederschrift über eine Besprechung außerhalb der Tagesordnung
101 Vgl. den Hinweis Zelzers, Stuttgart unterm Hakenkreuz, S. 166, daß bei der Gartenschau Bauten aus

Stein im Mittelpunkt standen.
102 Zur Anlage vgl. die Ausführungen Eckerts, Vorbildliche Landschaftsgestaltung (Anm. 66)
103 Schneider, Hitlers „wunderschöne Hauptstadt des Schwabenlandes", S. 78 beschreibt die Wasserspiele der Anlage als Fronterlebnis. Der offizielle Führer schlägt jedoch einen Rundgang in der heute üblichen Weise vor, das heißt, die Wasserspiele greifen vom Betrachter aus: Siehe Reichsgartenschau 1939. Amtlicher Führer. Stuttgart 1939.
104 Die Vermutung von Zelzer, Stuttgart unterm Hakenkreuz, S. 167, die Parteigenossen hätten um eine vorgesehene Verwendung der Häuser in den zu erobernden Ostgebieten gewußt, ist sicherlich zu kühn; der objektive Funktionszusammenhang ist jedoch unabweisbar.
105 ebd.
106 ABl. 74, 1. 7. 1939, S. 395
107 Verwaltungsbeiräte 19. 9. 1939, § 295
108 Mitt. 45, 17. 10. 1939, S. 191; Ratsherren 28. 3. 1940, § 31

VI. „Früher war es schöner, SA-Mann zu sein."
Die Gleichschaltung der Nationalsozialisten

1 Vgl. Sauer, Württemberg, S. 71
2 ebd., S. 70 ff.; Auseinandersetzung um die Neuaufnahme von Stuttgarter Ministerialbeamten in die NSDAP
3 StALB PL 502/29. Bü. 4. Fasz. Weil im Dorf: Bericht vom 10. 5. 1933
4 NSK 123, 29. 5. 1933, S. 3
5 NSK, „Schwarzes Brett" der NS-Organisationen, August 1933 passim
6 StALB PL 502/29. Bü. 4. Fasz. Feuerbach: Ortsgruppenleiter Feuerbach an Zellenleiter, 28. 4. 1934
7 NSK 205, AA 1. 9. 1933, S. 5
8 NSK 100, AA 1. 3. 1934, S. 3
9 NSK 250, MA 2. 6. 1934, S. 3
10 HStAS E 130 b. Bü. 1788: Karl R.; Bü. 1790: Karl K.; Dr. Victor M.; Alfred H.; Ernst St.; Emil B.; Bü. 1816/Bl. 121: Anonyme Eingabe aus Ulm 27. 3. 1934; E 200. Bü. 75 (Mack). Verschiedenen Eingaben mit der Erwartung auf ökonomische Besserstellung.
11 StALB E 191. Bü. 6313: Sturmbannführer II/119 an Standarte 119, 28. 11. 1933; Oberstubaf. Himpel an Landesführung WHW, 22. 12. 1933
12 HStAS E 130 b. Bü. 1788: Karl R.; Bü. 1790: Otto G. Ende 1933 wurde die NS-HAGO selbst unter Aufnahmesperre in die DAF eingegliedert und gleichgeschaltet; vgl. Hans-Jürgen Reichardt. Die Deutsche Arbeitsfront. Berlin 1956; Hans Gred Schumann, Nationalsozialismus und Gewerkschaftsbewegung
13 HStAS E 130 b. Bü. 1789: Ottmar von A.; Dr. Franz F.; Hermann K.; Paul H. M.; Dr. Manfred B.
14 StALB PL 704. Bü. 1 a): Oskar Riegraf, HJ-Bannführer, an Wolfgang L., 17. 12. 1934
15 HStAS E 130 b. Bü. 1790: Dr. Victor M.
16 HStAS E 130 b. Bü. 1809: Eugen Rauser; zu Rauser siehe auch Genuneit, Völkische Radikale, S. 96
17 StALB F 301 II. Bü. 1054: Oskar Bröll
18 Verwaltungsbeiräte 26. 11. 1935, § 139; 28. 4. 1936, § 167
19 Zur Vergabe der Gaststätte am Max-Eyth-See siehe Technische Abteilung 17. 5. 1935, § 350; 7. 6. 1935, § 398; zur Verpachtung der Stadthalle Ratsherren 21. 9. 1936, § 105; zur Höhengaststätte auf dem Killesberg Wirtschaftsbeiräte 1. 6. 1938, § 350
20 NSK 189, 15. 8. 1933, S. 5
21 NSK 193, 19./20. 8. 1933, S. 3
22 NS-GZtg. 1. 1933, S. 153
23 BAK R 43 II/1374, fol. 120. 162: Lagebericht der Württ. Polit. Polizei, abgeschlossen am 30. 11. 1933
24 BAK NS 25/392, fol. 169: Stümpfig an HAfK, 15. 2. 1936; fol. 255 f.: HAfK, Schön, an Gauamt für Kommunalpolitik, 20. 8. 1936; Sonderrundschreiben der Gaupropagandaleitung Hauptstelle Aktive Propaganda, Mauer, 30. 7. 1936; fol. 275: Stümpfig an HAfK, 24. 8. 1936
25 RGBl. 1933 I, S. 479 und S. 1016
26 StAS HA 010. Bd. 134 (Handakten 9K): Aufstellung des Statistischen Amts, 28. 3. 1936: Stuttgarter Wahlergebnisse seit 12. 11. 1933 nach Ortsgruppen der NSDAP
27 StALB PL 505/0. Box 1. Bü. Standarte 476: Urteil Schöffengericht Stuttgart I vom 25. 3. 1935

28 Siehe Kap. IV. 6. Zur Mordaktion allg. Charles Bloch. Die SA und die Krise des NS-Regimes 1934. Frankfurt/M. 1970; Max Gallo. Der Schwarze Freitag der SA. Die Vernichtung des revolutionären Flügels der NSDAP durch Hitlers SS im Juni 1934. Wien/München 1972
29 Mündliche Hinweise von Otto Schwarz, Interview 29. 5. 1981 und – völlig unabhängig hiervon – Hermann Ziegler, Stuttgart, dem ich für informative Gespräche und Hinweise dankbar bin.
30 Im Adreßbuch 1934 waren die damaligen Ortsgruppenleiter namentlich verzeichnet, Veränderungen konnten jedenfalls teilweise anhand des Mitteilungsblatts der NSDAP-Kreis Stuttgart festgestellt werden. Die auf dieser Basis erstellte Liste bildete die Grundlage der Untersuchung. Ich danke dem Standesamt der Stadt Stuttgart, das in mühevoller, zusätzlicher Arbeit die Geburtsdaten der Ortsgruppenleiter ermittelt und damit zugleich die Benutzung des BDC ermöglicht hat, ich für die Unterstützung zu Dank verpflichtet bin. Mit Hilfe der BDC-Unterlagen war es wenigstens möglich, bei einem Großteil der Stuttgarter Ortsgruppenleiter die Eintrittsdaten in die NSDAP zu eruieren. Bei der Berufsangabe war ich weitgehend auf die Angaben im Adreßbuch verwiesen, wobei allerdings unter der Bezeichnung „Kaufmann" z. B. nicht immer eine eindeutige Zuordnung möglich ist.
31 NS-MittBl. 3. 1935, S. 442 ff.: Strölin-Artikel über den „Hamsterer" u. a.
32 NSK 404, MA 30. 8. 1935, S. 5
33 NSK 585, AA 14. 11. 1935, S. 3
34 Vgl. auch Kapitel III. 5 über den Fasching, wo sich die Obrigkeit ebenfalls dieser Stereotype bediente.
35 StALB E 180 VI. Bü. Jacob S.
36 BAK R 43 II/1374, fol. 68 ff.: Murr an Hitler, 30. 6. 1933; ebd. fol. 173 ff.: Schriftwechsel über die Nachfolge des als Präsident der Reichsfilmkammer weggelobten Wirtschaftsministers Lehnich, den Mergenthaler gern beerbt hätte; Murr konnte sich bei der Reichskanzlei mit seinem Vorschlag durchsetzen, Innenminister Schmid zusätzlich mit dem Amt zu betrauen.
37 StALB PL 501/1. Bü. 13: Meldung der Gauleitung Württemberg-Hohenzollern an die Reichsorganisationsleitung, 28. 8. 1937
38 Rundschreiben der Kreisleitung, 16. 11. 1936: StALB PL 501. Bü. 45
39 ebd., Rs. 28/38 des Kreisorganisationsleiters an die Organisationsleiter der Ortsgruppen des Kreises Stuttgart, 2. 8. 1938
40 ebd., Rs. vom 30. 9. 1938
41 StALB E 258 IV. Bü. 70: Aufstellung: Partei und Gliederungen der Partei; Unterlagen für Tab. 3 der Volks-, Berufs- und Betriebszählung 1939
42 StALB K 110. Bü. 44; vgl. Sauer, Württemberg, S. 82
43 StALB F 302 III. Bü. 386/Bl. 41: Schreiben Reißings vom 7. 7. 1932
44 HStAS E 151 c II. Bü. 691/Bl. 130: Bericht des Polizeipräsidenten ans Innenministerium vom 5. 1. 1939 über Tathergang und Meldung von MinDir. Dill an Reichsführer SS vom 4. 2. 1939 über Hinrichtung und Hinterbliebenenversorgung.

VII. 1. „Unsere Sicherungen sind dahin." Nationalsozialistische Bedrückung und neue jüdische Identität

1 Gemeindezeitung für die israelitischen Gemeinden Württemberg IX, Nr. 23 1. 3. 1933, S. 353 (künftig zit. Isr. GZtg.; Mai 1937 umbenannt in Jüdisches Gemeindeblatt für die israelitischen Gemeinden in Württemberg; aus Vereinfachungsgründen dennoch die genannte Sigle)
2 ebd., Nr. 16, 16. 11. 1932, S. 170 und Beilage zu Nr. 17, 1. 12. 1932, S. XI (Sondernummer). Zur Behandlung im Landtag siehe die Kleine Anfrage von Heymann: HStAS E 130 b. Bü. 1530/Bl. 141
3 Bericht der Isr. GZtg. 17, 1. 12. 1933, S. 188; vgl. auch die Einladung an Lautenschlager StaS Depot A. C I 18. Bd. 4 Nr. 24/Bl. 2
4 Zelzer, Weg, S. 81. Siehe den Beitrag von Gustav Feldmann in der Isr. GZtg. IX, Beilage zu Nr. 17, 1. 12. 1933, S. IX: Von 3419 jüd. Stuttgarter Bürgern (Frauen und Kinder eingeschlossen) waren 520 Frontsoldaten, 98 fielen, 232 wurden zu Offizieren oder Unteroffizieren befördert, 340 erhielten Kriegsauszeichnungen
5 Erinnerungsbericht von Karl Adler bei Zelzer, Weg, S. 173; zum Konzert der Jüdischen Nothilfe siehe Isr.GZtg. IX, Nr. 23, 1. 3. 1933, S. 250 (Anzeige) und Nr. 24, 16. 3. 1933, S. 268 (Absage)
6 StAnz. 58, 11. 3. 1933, S. 4. Im NSK 59, 11. 3. 1933, S. 5 ist die Aktion erstaunlicherweise nur höchst beiläufig erwähnt.
7 Zu den antijüdischen Aktivitäten Strölins siehe Kap. II. 1

8 NSK 75, 30. 3. 1933, S. 5; StAnz. 76, 31. 3. 1933, S. 4
9 Isr. GZtg. X, Nr. 2, 16. 4. 1933, S. 19
10 StAnz, 78, 3. 4. 1933, S. 4. Zu den Abläufen des Boykotts siehe auch Zelzer, Weg, S. 155 sowie die Tagespresse, besonders für Montag, 3. 4. 1933
11 NSK 78, 3. 4. 1933, S. 5
12 Z. B. Chronik 1933–1945, S. 23: 13. 4. 1933 uam.
13 NSK 123, 29. 5. 1933, S. 6; 183, 8. 8. 1933, S. 11
14 Vgl. S. 213 f.
15 Helmut Genschel. Die Verdrängung der Juden aus dem deutschen Wirtschaftsleben. Göttingen 1966, S. 79 f. Von dieser Sanierung hingen insgesamt 14 000 Arbeitsplätze ab.
16 RGBl. 1933 I, S. 175
17 Zit. nach Zelzer, Weg, S. 167 f.
18 StAnz. 161, 14. 7. 1933; S. 5; siehe auch Zelzer, Weg, S. 167
19 Zur Durchführung des Berufsbeamtengesetzes bei der Stadt siehe S. 53 ff.
20 Vgl. dazu Johanns H. Voigt. Universität Stuttgart. Stuttgart 1981, S. 35 f. Prof. Immanuel Herrmann, Ordinarius für Elektrotechnik, wurde bereits am 20. 4. 1933 entlassen und für einige Tage in „Schutzhaft" genommen, wenig später suspendierte das Kultministerium die außerordentlichen Professoren Julius Baum (Kunstgeschichte) und H. Kauffmann (Forschungsinstitut für Textilindustrie in Reutlingen). Der Physiker Peter Paul Ewald, mit einer Jüdin verheiratet, trat im April 1933 von seinem Amt als Rektor zurück und emigrierte 1937 in die USA. Auch einige jüdische Assistenten, darunter Bonatz' Assistent Friedberg und Keuerlebers Assistent Georg Arthur Adler, mußten aus rassischen Gründen ausscheiden; vgl. Bonatz, Leben und Bauen, S. 145 sowie zu Adler: HStAS J 355 Bü. 163 (Einzelschicksale)
21 HStAS E 151 d III. Bü. IV 680/Bl. 139: Aufstellung über Unterhaltszuschüsse, 29. 10. 1936
22 ebd.
23 RGBl. 1933 I, S. 225. Die Zahlen für die württ. Hochschulen in der Isr. GZtg. X, Nr. 4, 16. 5. 1933, S. 39
24 ebd., Nr. 5, 1. 6. 1933, S. 48
25 ebd., Nr. 4, 16. 5. 1933, S. 37
26 Zur sozialen Stellung der Juden nach der Volks- und Betriebszählung vom 17. 6. 1933 siehe die Statistik bei Zelzer, Weg, S. 178 f., die Angaben zur Altersstruktur im Anhang, S. 502
27 ebd., S. 99–103
28 Fred Uhlmann. The Making of an Englishman. London 1960. Die folgenden Zitate in der Übersetzung bei Zelzer, Weg, S. 104. Uhlmann starb im Frühjahr 1985, nachdem er wenige Tage zuvor zum ersten Mal seit seiner Emigration 1933 für wenige Stunden deutschen Boden betreten hatte, um in Stuttgart die deutschsprachige Ausgabe seines Romans „Eine Jugend über Dächern" vorzustellen, der mit autobiographischen Zügen eine deutsch-jüdische Jugendfreundschaft beschreibt.
29 Vgl. Zelzer, Weg, S. 103–114
30 Isr. GZtg. IX, Nr. 17, 1. 12. 1932, S. 188 und die folgenden Ausgaben
31 Zelzer, Weg, S. 87
32 Isr. GZtg. X, Nr. 6, 16. 6. 1933, S. 57; Nr. 15, 1. 11. 1933, S. 126; Nr. 20, 14. 1. 1934, S. 181 f.; XI, Nr. 11, 1. 9. 1934, S. 91
33 Erinnerungen des Rechnungsrats beim Isr. Oberrat, Julius Wißmann. In: Rosch Haschana Jg. 5729, S. 20
34 Isr. GZtg., XI, Nr. 11, 1. 9. 1934, S. 91: Ausführungen von Hermann Merzbacher
35 ebd., Nr. 22, 16. 2. 1935, S. 189: Bericht von der Landesversammlung
36 ebd., XII, Nr. 16, 15. 11. 1935, S. 126: Sitzung des Vorsteheramts am 30. 10. 1935: „Israelitische Religionsgemeinde Groß-Stuttgart"
37 ebd., X, Nr. 20, 14. 1. 1934, S. 181 f.
38 ebd., Nr. 7, 1. 7. 1933, S. 63
39 ebd., Nr. 18, 16. 12. 1933, S. 163
40 ebd. XI, Nr. 4, 16. 5. 1934, S. 36. Zu den Bemühungen um eine an den praktischen Berufen orientierte Ausbildung siehe auch Zelzer, Weg, S. 178–182
41 ebd., X, Nr. 20, 14. 1. 1934, S. 182. Ähnlich auch Hermann Merzbacher: ebd. Nr. 16, 16. 11. 1933, S. 136
42 ebd., XI, Nr. 3, 1. 5. 1934, S. 25
43 ebd., X, Nr. 21, 1. 2. 1934, S. 191
44 ebd., XI, 1. 9. 1934, S. 86; Nr. 18, 16. 12. 1934, S. 157 (Bericht über das Richtfest); XII Nr. 1, 1. 4. 1935, S. 3 f. (Aufnahme des Unterrichts)
45 ebd., X, Nr. 13, 1. 10. 1933, S. 106: Gründung einer Jugendabteilung; XI, Nr. 11, 1. 9. 1934, S. 92: Be-

Anmerkungen zu den Seiten 290 – 292, 292 – 295

richt über Ski- und Wanderhütte. Zu einzelnen Sportveranstaltungen siehe Isr. GZtg. passim
46 ebd., XIV, Nr. 12, 14. 9. 1937, S. 104
47 ebd., Nr. 5, 1. 6. 1937, S. 38; Nr. 15, 1. 11. 1937, S. 129
48 ebd., Nr. 24, 16. 3. 1938; vgl. Rosch Haschana Sept. 1970, S. 32; Bericht über den Abschied von Julius Rothschild und Artikel von Hans Sternheim; Isr. GZtg. XIV Nr. 23, 1. 3. 1938, S. 212: Aufruf „Helft dem jüdischen Sport"
49 Vgl. den Selbstmord des bekannten Cannstatter Sportlers Fritz Rosenfelder im Jahre 1933: Zelzer, Weg, S. 160 f.
50 Bericht von Karl Adler; zit. nach Zelzer, Weg, S. 169 – 172
51 Isr. GZtg. X Nr. 22, 16. 2. 1934, S. 203: Anzeige
52 ebd., XII Nr. 18, 16. 12. 1935, S. 142
53 Zit. nach Zelzer, Weg, S. 174
54 StALB K 745 I. Bü. 125: Reichsmusikkammer, Landesleitung, an Handharmonika-Spielring, 11. 1. 1936
55 Zelzer, Weg, S. 503
56 HStAS E 151 b II. Bü. VII 42/Bl. 44: Bericht der Abteilung für Auswandererberatung beim DAI für das III. Quartal 1933, o. D.
57 StAS Möhringen Az. 4733: Präsident des Landesarbeitsamts an Innenministerium, 14. 11. 1934; von dort den BM-Ämtern übersandt
58 Zit. nach Zelzer, Weg, S. 160

VII. 2. „Das Tempo im Kampf gegen das Judentum." Nürnberger Gesetze und Stuttgarter Wirklichkeit

59 Landgericht Stuttgart 3KLs 75/46. Bd. I/Bl. 8. Vgl. Anm. 140
60 StAS. Berichte, gesammelt von Alfred Tischendörfer und Maria Zelzer, 1960 ff. Sie sind neuerdings Teil eines Sonderbestands (SO). Künftig zit. Berichte. Sie sind nach Korrespondenzpartner gegliedert. Hier: Julius Maier
61 NSK 397, AA 26. 8. 1935, S. 3
62 NSK 313, AA 8. 7. 1935, S. 3
63 Verwaltungsbeiräte 23. 7. 1935, § 21
64 NSK 369, AA 9. 8. 1935, S. 2; 391, AA 22. 8. 1935, S. 3
65 HStAS E 151 b II. Bü. 480/H.G. an Reichsinnenministerium, 3. 11. 1937. Vgl. Anm. 75
66 NSK 428, MA 13. 9. 1935, S. 1 ff.
67 Zur Entstehung des Gesetzeswerks vgl. Uwe-Dietrich Adam. Judenpolitik im Dritten Reich. Düsseldorf 1972, S. 125 ff.
68 RGBl. 1935 I, S. 1146
69 Dokumente über die Verfolgung der jüdischen Bürger in Baden-Württemberg durch das nationalsozialistische Regime 1933 – 1945. I. Teil. Bearbeitet von Paul Sauer. Stuttgart 1966. Nr. 14, S. 24 f. (künftig zit. Dokumente I)
70 Adam, Judenpolitik, S. 140 – 143
71 StALB E 180 VI. Bü. 196: Bericht des SD-OA Südwest, Scheel, 27. 5. 1936 (dass. Dokumente I Nr. 18, S. 27 f.). Das erste Urteil veröffentlichte der NSK am 29. 1. 1936 (MA, S. 3)
72 NSK 141, MA 25. 3. 1936, S. 3
73 Chronik 1933 – 1945, S. 295: 19. 6. 1935
74 StALB E 180 VI. Bü. G.A. Aus Personenschutzgründen halte ich eine Anonymisierung für geboten, obwohl der Bestand nach den Namen der Betroffenen gegliedert und damit die Nachprüfung des Belegs erschwert ist. Es kann nicht Sinn des Personenschutzes sein, die Täter in einem kaum verständlichen Ausmaß zu schützen, wie dies bei entsprechenden Archivalien die Regel ist, die Opfer hingegen – wenngleich in bester Absicht – preiszugeben.
75 HStAS E 151 b II. Bü. 479 – 483. Ich werde im folgenden lediglich die Büschel-Nummern zitieren trotz der in Anm. 74 genannten Probleme. Das HStAS hat aus verständlichen Gründen eine Anonymisierung verlangt.
76 BAK R 18/5645, fol. 47: Reichskanzlei, Lammers, an Reichsinnenministerium, 4. 11. 1938
77 Isr. GZtg. XII Nr. 15, 1. 11. 1935, S. 117
78 Dokumente I Nr. 255: Rs. des Isr. Oberrats, 22. 10. 1935, S. 299 f.

79 Isr. GZtg. XIV Nr. 14, 16. 10. 1937, S. 118
80 ebd., XV Nr. 4, 16. 5. 1938, S. 105
81 ebd., XII Nr. 14, 16. 10. 1935, S. 105
82 HStAS E 151 b II. Bü. VII 42/Bl. 68: Bericht der Auswandererabteilung beim DAI für das III. Quartal 1935
83 RGBl. 1935 I, S. 1408 (§ 6)
84 HStAS E 151 b II. Bü. II 2942/Bl. 2: Vierteljahresbericht der Abteilung Auswandererberatung beim DAI für das 4. Quartal 1935
85 Zelzer, Weg, S. 503
86 Mitteilungsblatt des Kreises Stuttgart der NSDAP 2. 1936. Folge 3, S. 12
87 StAS HA 010. Bd. 134 (Handakten 9 K). Aufstellung des Statist. Amts der Stadtverwaltung vom 6. 8. 1936
88 HStAS E 151 b II. Bü. II 2942/Bl. 23: Bericht f. IV. Quartal 1937 (s. Anm. 84)
89 Isr. GZtg. XIV Nr. 1, 1. 4. 1937, S. 5
90 ebd., Nr. 20, 16. 1. 1938, S. 182
91 NSK 390, MA 22. 8. 1936, S. 3
92 Frauenbeiräte 17. 9. 1936, § 102
93 Ratsherren 21. 9. 1936, § 89
94 Ratsherren 5. 11. 1936, § 122; hier auch das „30-Punkte-Programm"
95 Zu den Auseinandersetzungen um Sigloch siehe S. 200 ff.
96 Technische Beiräte 9. 10. 1936, § 708. In Vaihingen hatte der Bürgermeister schon Anfang 1935 einem Grundstücksverkauf seine Zustimmung verweigert, als er erfuhr, daß der Vertragspartner Jude war: StAS Vaihingen vorl. Bü. 177: BM an Landesfinanzamt; GR-Protokoll 14. 12. 1935, § 569
97 Technische Beiräte 2. 6. 1937, § 288
98 StALB E 180 II-V. Bü. 1408/Bl. 39: Hirzel an MABK, 25. 3. 1937.
99 Wirtschaftsbeiräte 4. 3. 1836, § 131; 22. 4. 1936, § 250; 3. 3. 1937, § 121
100 Wirtschaftsbeiräte 12. 1. 1938, §§ 12. 17
101 Wirtschaftsbeiräte 2. 2. 1938, § 55
102 MittBl. der NSDAP-Kreis Stuttgart 1. 1935. Folge 5, S. 7
103 Technische Beiräte 12. 7. 1935, § 5
104 Technische Beiräte 11. 9. 1936, § 632; 22. 9. 1936, § 652; 2. 10. 1936, § 679
105 Technische Beiräte 2. 10. 1936, § 683; Mitt. 36, 11. 8. 1936, S. 131
106 Verwaltungsbeiräte 16. 1. 1936, § 6
107 Lebenszeichen, Juden aus Württemberg nach 1933. Hrsg. Walter Strauss. Gerlingen 1982, S. 28: Bericht von Richard Arnstein; vgl. auch StZ 30, 16. 4. 1947, S. 6: SA-Mann aus Rücksicht.
108 Werner Stiefele. Die Arisierung jüdischer Geschäfte in Stuttgart. In: Katalog Anpassung – Widerstand – Verfolgung, S. 530–533, der eine Anregung meiner Wiss. Arbeit aufgriff und anhand der Veränderungen im Adreßbuch einige Aufschlüsse zu gewinnen suchte.
109 Eine Untersuchung über Heidelberg, wo die Arisierungsakten vorhanden sind, bestätigt dieses Ergebnis: Im Einzelhandel wurden zwei Drittel der Betriebe liquidiert, im Großhandel weniger mehr als die Hälfte (53,8 %) und bei den Fabriken nur 13,3 %; vgl. Arno Weckbecker. Die Judenverfolgung in Heidelberg 1933–1945. Ein Überblick. In: Heidelberg unter dem Nationalsozialismus, S. 427–438.
110 Kurz vor Fertigstellung dieser Arbeit erhielt ich nach vorausgegangener Ablehnung vom Landesamt für Wiedergutmachung doch noch Akteneinsicht, so daß ich noch einige Stichproben vornehmen konnte. Die Akten sind für das Thema „Arisierung" allerdings nur begrenzt aussagefähig. Herrn Ruf und Herrn Haydu vom Landesamt für Wiedergutmachung danke ich für ihre Unterstützung.

VII. 3. „Mir wäre lieber gewesen, ihr hättet 200 Juden erschlagen und hättet nicht solche Werte vernichtet." Die Ausschaltung aus dem Wirtschaftsleben und der Pogrom

111 Genschel, Verdrängung der Juden, S. 144 ff.
112 BAK R 8 I/76: Auskunft der IHK vom 26. 2. 1938 auf Schreiben des Reichswirtschaftsministeriums vom 15. 12. 1937 wegen Zuteilung von Devisen und Rohstoffen
113 RGBl. 1938 I, S. 404, 415
114 Die Stichproben von Stiefele, Die Arisierung der jüdischen Geschäfte in Stuttgart, S. 530 ff. bestätigen

diesen Trend für Stuttgart, wo die Zahl der Arisierungen anstieg. Differenzierte Aussagen sind jedoch mittels des Adreßbuch-Vergleichs nicht möglich.
115 Genschel, Verdrängung der Juden, S. 155 f., S. 173–176
116 HStAS E 151 b II. Bü. 479/Bl. 79: Reichsinnenministerium an württ. Innenministerium, 12. 10. 1938; vgl. Zelzer, Weg, S. 290 f.; Hans Franke. Geschichte und Schicksal der Juden in Heilbronn vom Mittelalter bis zur Zeit der nationalsozialistischen Verfolgungen. Heilbronn 1963, S. 280 f.
117 RGBl. 1938 I, S. 1403
118 Dokumente II Nr. 326, S. 71
119 StAS Berichte: Emilie Rieger, mitgeteilt von Leopold Levi
120 StZ 118, 11. 12. 1948, S. 9. Die Spruchkammer stufte Niemann als Hauptschuldigen ein und verurteilte ihn zu acht Jahren Arbeitslager.
121 RGBl. 1938 I, S. 1403
122 Zelzer, Weg, S. 212. Alle drei Kinder wurden im Frühjahr 1942 nach Izbica deportiert und ermordet.
123 RGBl. 1938 I, S. 1342
124 Gerald Reitlinger. Die Endlösung. Berlin ⁴1961, S. 9 ff. Die ohnehin knapp bemessene Frist verkürzte sich noch, da die Verordnung erst am 15. 10. 1938 veröffentlicht wurde. – Zu den folgenden Ausführungen vgl. Roland Müller. „Reichskristallnacht" in Stuttgart. Der Pogrom im November 1938: Geschichte und Verläufe. Wiss. Arbeit für das Lehramt an Gymnasien. 1980 (masch.; vorhanden in der Bibliothek des Historischen Instituts der Universität Stuttgart). Eine Zusammenfassung bietet Roland Müller. Der Judenpogrom im November 1938. In: Katalog Anpassung – Widerstand – Verfolgung, S. 488–507
125 Akten zur deutschen auswärtigen Politik. Serie D. Bd. V. Nr. 95, S. 102: Aufzeichnung von Staatssekretär von Weizsäcker, 8. 11. 1938
126 Zelzer, Weg, S. 501
127 StAS Berichte: Claire Tanne
128 Wirtschaftsbeiräte 19. 4. 1939, § 233
129 Vgl. Zelzer, Weg, S. 192 f.
130 HStAS E 130 b. Bü. 1042/Bl. 173: Telegramm des Generalkonsuls an das Staatsministerium, aufgenommen 28. 10. 1938, 12.52 Uhr
131 StAS Berichte: Tony Isaak
132 Grynszpan galt gelegentlich als agent provocateur der Nationalsozialisten. Obwohl der folgende Pogrom diese Vermutung nährte, gab es jedoch keine konkreten Anhaltspunkte.
133 Lionel Kochan. Pogrom 10, November 1938. London 1957, S. 42
134 NSK 525, MA 9. 11. 1938, S. 4
135 Der Prozeß gegen die Hauptkriegsverbrecher. Hg. vom Internationalen Militärtribunal (IMT). 42 Bände. Nürnberg 1947–1949. Bd. XX, S. 320
136 Die Rede Goebbels' wurde entgegen den Gepflogenheiten nicht in der Presse wiedergegeben, sie ist aber durch einen parteiinternen Untersuchungsbericht in den wesentlichen Passagen bekannt: IMT XXII, 3063-PS.
137 Hermann Graml. Der 9. November 1938 „Reichskristallnacht". Bonn 1955, S. 26
138 Gegen 22.30 Uhr trafen in Heilbronn entsprechende Anweisungen aus Stuttgart ein: Franke, Juden in Heilbronn, S. 125
139 Vgl. IMT XXX, 3051-PS und XXV 374-PS: Befehle Heydrichs an die Stapo(leit-)stellen und SD-Abschnitte vom 10. 11. 1938 bzw. Rundschreiben des Gestapo-Amts (Müller), 9. 11. 1938 (23.55 Uhr)
140 Die Rekonstruktion der Ereignisse stützt sich im wesentlichen auf die Ermittlungsergebnisse und die Urteilsgründe gegen den ehemaligen Stuttgarter Branddirektor als Leiter der Feuerschutzpolizei, der nach dem Kriege mit anderen Angeklagten vor Gericht gestellt wurde. Herrn Staatsanwalt Dr. Gollrad danke ich für seine vielfältige Unterstützung bei der Benutzung der Unterlagen des Landgerichts Stuttgart über dieses Gerichtsverfahren vor dem Landgericht Stuttgart. (künftig zit. LG und Band). Zur Vorbereitung des Pogroms vgl. LG I, Bl. 144
141 LG I, Bl. 23
142 Zeitangabe nach NSK 528, AA 10. 11. 1938, S. 5. „Der gerechte Volkszorn übt Vergeltung"
143 ebd.
144 Vgl. den Bericht des US-Generalkonsuls in Stuttgart, Samuel Honaker: Dokumente II Nr. 304 a), S. 35
145 StAS Berichte: Caroline Eder
146 NSK 528, AA 10. 11. 1938, S. 6
147 Zelzer, Weg, S. 196 ff.; dort Erlebnisberichte und Einzelheiten der Verhaftung
148 Lebenszeichen, S. 266, 370 f.

149 Zelzer, Weg, S. 199: Bericht von Sigmund Kohnstamm. Ein Verhafteter aus Süddeutschland berichtete über seine Erlebnisse beim Umsteigen in Stuttgart: „Die Polizisten führen uns den Bahnsteig entlang in eine reservierte Wartehalle. Die Leute auf dem Bahnhof sehen uns ernst und schweigend an. Kein Schimpfwort fällt. Nachts gegen 2 Uhr erscheinen aber offensichtlich bestellte HJ- und SA-Angehörige: Rufe ertönen: ‚Fenster auf! Holt sie raus, die Schweine! Mördergesindel!' An den Abteilfenstern wird gezerrt, die Rouleaus sind sämtlich heruntergelassen, wir halten die Koffer gegen die Fenster zum Schutz gegen etwaige Steinwürfe. Die Polizisten patrouillieren in den Gängen und achten darauf, daß niemand in den Waggon eindringen kann." S. Otto Blumenthal. Die Verhaftung. In: Wir haben es gesehen. Augenzeugenberichte über Terror und Judenverfolgung im Dritten Reich. Hamburg 1962, S. 60 f.
150 Zelzer, Weg, Bild – Anhang
151 StALB K 110. Bü. 44: Lagebericht des SD-Unterabschnitts Württemberg-Hohenzollern für das 4. Vierteljahr 1938, erstattet am 1. 2. 1939; vgl. auch Dokumente II Nr. 318, S. 54
152 ebd.
153 Dokumente II Nr. 304 a), S. 37
154 NSK 532, AA 12. 11. 1938, S. 7
155 NSK 547, MA 23. 11. 1938, S. 3; 533, MA 14. 11. 1938, S. 1
156 Vgl. Bericht des SD-Unterabschnitts vom 1. 2. 1939 (s. Anm. 151). Im selben Bericht notierte der SD auch, die Maßnahmen gegen die Juden auf wirtschaftlichem Gebiet nach dem Pogrom hätten „in Kreisen des Einzelhandels und des Handwerks erfrischend gewirkt".
157 StAS Berichte: Julie Frank
158 ebd., Julius Justiz
159 vgl. Dokumente II Nr. 304 b), S. 38: Bericht des US-Generalkonsuls an das State Department, 15. 11. 1938
160 Zelzer, Weg, S. 202 f. Die WuG-Beiräte erfuhren am 24. 4. 1939, § 62 von Wohlfahrtsreferent Mayer, daß die Stadt wegen des Grundstücks Hospitalstraße 8 verhandele und hoffe, „aus Judenbesitz das eine oder andere Gebäude für städtische Zwecke übernehmen zu können".
161 StAS Berichte: Anonymer Bericht über die Ereignisse des 9. und 10. November 1938 in Stuttgart und Württemberg (Abschrift; Original in der Wiener Library, London)
162 Bericht von Karl Adler, zit. Zelzer, Weg, S. 204 ff. Über den früheren Berliner Bürgermeister Otto Hirsch, der bis 1925 städtischer Rechtsrat in Stuttgart gewesen war, hielt das Unternehmen unmittelbaren Kontakt zur Reichsvereinigung der Juden in Deutschland; vgl. Leonard Baker. Days of Sorrow and Pain. Leo Baeck and the Berlin Jews. London/New York 1978, S. 249 ff. Zu Hirsch siehe Paul Sauer, Für Recht und Menschenwürde. Ein Lebensbild von Otto Hirsch
163 Zur Haltung Himmlers vgl. IMT XLII, SS(A)-5: Affidavit Luitpold Schallermeier, 1938 Persönlicher Referent von SS-Gruf. Wolff, 5. 7. 1947; siehe auch die Besprechung im Reichsluftfahrtministerium IMT XXVIII, 1816-PS, wo Heydrich dieselbe Position vertrat
164 RGBl. 1938 I, S. 1581
165 RGBl. 1938 I, S. 1592, S. 1709
166 Übersicht bei Walk, Sonderrecht, Teil III, S. 253 ff.
167 Vgl. Bericht des SD-Unterabschnitts vom 1. 2. 1939, Anm. 151
168 NSK 548, AA 23. 11. 1938, S. 8. Aufgrund seiner Stichproben hält Stiefele, Arisierung der jüdischen Geschäfte in Stuttgart, S. 547 diese Zahl für überhöht.
169 StAS Berichte: Julius Justitz
170 Wirtschaftsbeiräte 23. 11. 1938, § 759; Lebenszeichen, S. 338: Joseph A. Winter
171 Wirtschaftsbeiräte 5. 4. 1939, § 204
172 ebd.
173 StALB K 110, Bü. 45: SD-Unterabschnitt Württemberg-Hohenzollern, Lagebericht für das 1. Vierteljahr 1939, erstattet am 1. 4. 1949; vgl. Dokumente II Nr. 346, S. 93

VIII. „In vollem Umfang eine Kürzung der Reallöhne." Die soziale Lage der Bevölkerung zwischen Krise und Krieg

1 BAK R 18/5060, fol. 247 ff.: Lehnich an Hitler, 26. 6. 1933. Lehnich berichtete Hitler über ein Gespräch mit Hugenberg und denunzierte dessen wirtschaftspolitische Ansichten beim Kanzler. Lehnich war ein Verfechter einer ständischen Ordnung der Wirtschaft mit staatlichen Eingriffen und lehnte eine Wirtschaftspolitik der „geregelten Konkurrenz", wie er sie offenbar Hugenberg zuschrieb, ab. Hugenberg hatte im übrigen das Gespräch als vertraulich charakterisiert.
2 Siehe Kap. II. 4. (c) Zu den Preissteigerungen NSK 200, 28. 8. 1933; S. 5; 219, 9. 9. 33, S. 5
3 HStAS E 140. Bü. 14: Strölin an Arnold, 29. 7. 1935. Strölin legte Arnold eine vom Statistischen Amt der Stadt Stuttgart erarbeitete Übersicht über die „Preise einiger lebenswichtiger Waren in Stuttgart im Jahre 1935" im Vergleich zu früheren Jahren vor.
4 Siehe StALB E 258 II. Bü. 578/Bl. 477 a: Zahlen zur Preis- und Lohnentwicklung in Württemberg, o. D. (Ende 1935), S. 4–8
5 ebd., S. 11. Enthält auch die folgenden Angaben über Löhne und Gehälter bei Reichsbahn und -post sowie bei der Stuttgarter Stadtverwaltung (S. 12.–16)
6 StALB 258 II. Bü. 578/Bl. 478 a: Daimler Benz AG an Statist. Landesamt, 25. 9. 1935
7 ebd. Bl. 479: Robert Bosch AG an Statist. Landesamt, 4. 10. 1935. Beide Mitteilungen fanden Eingang in den Bericht des Statistischen Landesamts; auf Bitten der beiden Unternehmen erschienen sie dort anonym.
8 StALB E 191. Bü. 5767: Bericht der AOK Stuttgart über das Geschäftsjahr 1938, S. 3 und S. 26 f.
9 Die Stadtverwaltung beklagte in der Phase des Arbeitskräftemangels seit 1936 unentwegt die Beschränkungen, denen die öffentlichen Arbeitnehmer im Gegensatz zur Industrie unterworfen seien; vgl. v. a. S. 210 f.
10 StAS Depot A. B VIII 1. Bd. 6 b: Frauenbeiräte 12. 6. 1934, § 34
11 Siehe NSK 284, MA 22. 6. 1934, S. 3
12 ABl. 14, 3. 2. 1934, S. 106; 36, 27. 3. 1934, S. 258
13 Frauenbeiräte 16. 10. 1934, § 78; 23. 10. 1934, § 81; hier auch das Folgende
14 Ortsgruppenleiter Salzer, Weil im Dorf an die Kreisleitung der NSDAP, Nov. 1934: StALB PL 502/29. Bü. 4. Fasz. Weil im Dorf
15 Vgl. vor allem John E. Farquharson. The Plough and the Swastika. The NSDAP und agriculture in Germany 1928–45. London 1976, für das Folgende bes. S. 161 ff. Zum Kontext auch Dieter Petzina. Autarkiepolitik im Dritten Reich. Der nationalsozialistische Vierjahresplan. Stuttgart 1968 und Timothy W. Mason. Arbeiterklasse und Volksgemeinschaft. Dokumente und Materialien zur deutschen Arbeiterpolitik 1936–1939. Opladen 1975; Willi A. Boelcke. Die deutsche Wirtschaft 1933–1945. Düsseldorf 1983, v. a. S. 108 ff.
16 HStAS E 140. Bü. 14: Strölin an Arnold, 29. 7. 1935 (s. Anm. 3)
17 Verwaltungsbeiräte 16. 7. 1935, § 9
18 NSK 371, AA 10. 8. 1935, S. 7
19 ebd.
20 StAS HA 7191/Bl. 16: Rechtsrat Mayer an Erich Rosenfelder, Ortsgruppenleiter Weil im Dorf, 23. 6. 1937. Rosenfelder hatte sich über erhebliche Fehlbestände im Ortsteil beschwert, dessen Bevölkerung durch Siedlungsprojekte in kurzer Zeit um 600 Personen gewachsen sei.
21 StAS Sillenbuch Bü. 256/Bl. 2: Wirtschaftsminister an Polizeipräsident in Stuttgart und die Oberämter, 2. 11. 1934
22 StAS Heumaden Bü. 604: dto, 3. 4. 1935
23 NSK 494, MA 22. 10. 1935, S. 4; StAS Heumaden Bü. 604: Wirtschaftsminister an Polizeipräsident bzw. Oberämter, 22. 10. 1935
24 NSK, AA 7. 9. 1935, S. 14
25 Ratsherren 21. 9. 1935, § 104 Anlage
26 Ratsherren 24. 10. 1935, § 35
27 ebd., Anlage: Vorschläge zur Fleischversorgung, 18. 10. 1935
28 StAS Sillenbuch Bü. 244/Bl. 3: Wirtschaftsminister an Polizeipräsident bzw. Landräte (Eilt!), 3. 10. 1936. Sillenbuch meldet am 13. 10. 1936 dem Landrat in Esslingen, in der Gemeinde seien bisher keine Geschäfte geschlossen worden. Man habe daher auf eine Belehrung der Metzger vorerst verzichtet.
29 Könekamps Bemerkung vor den Wirtschaftsbeiräten 16. 9. 1936, § 578
30 Rechtsrat Weidler in einer Sitzung der Ratsherren 21. 9. 1936, § 104

31 Frauenbeiräte 27. 7. 1937, § 94. – In zeitgenössischen Publikationen gestanden die Autoren die Probleme und Engpässe ein, die sie auch gar nicht mehr ignorieren konnten. Abgesehen von den Grundnahrungsmitteln räumten sie auch für die nahe Zukunft Schwierigkeiten bei der Lebensmittelversorgung ein. Zur Begründung führten sie die bisherige Importabhängigkeit, die damit verbundenen Devisenverluste sowie den Verlust deutschen Bodens nach dem Ersten Weltkrieg an. Vgl. Karl-Heinz Althoff. Warum Erzeugungsschlacht? Berlin 1937; Otto Daumann und Paul Skriewa. Die Schlacht für Deutschland. Ein Blick in die Ernährungs- und Rohstofflage. Halle 1937. – Obwohl zumindest in Stuttgart die Frage der Lebensmittelversorgung einen breiten Raum in der öffentlichen Diskussion einnahm, fehlen bisher lokale Studien dieses Themas.

IX. „Je stärker wir sind, je besser wir uns alle den gesamten Schutz- und Abwehrmaßnahmen einfügen, desto sicherer dürfen wir auf die Erhaltung des Friedens hoffen." Die Volksgemeinschaft und die Vorbereitung des Krieges

1 NSK 135, MA 20. 3. 1935, S. 1
2 NSK 144, AA 26. 3. 1935, S. 1
3 So Strölin in seinem Diensttagebuch unter dem 23. 2. 1940: StAS NLS Bd. 37. Dieses Tagebuch vermittelt einen direkten Eindruck der persönlichen Beziehungen und Kontakte des Stuttgarter Oberbürgermeisters. Es sagt hingegen nur wenig über sein politisches Handeln aus. Aufschlußreich und eine wichtige Quelle sind die Anlagen zum Tagebuch, die einen Teil der privaten und dienstlichen Korrespondenz umfassen sowie Akten von Verwaltungsvorgängen, die sonst nicht überliefert sind, so zum Beispiel die Niederschriften der Sitzungen der Beigeordneten in der Kriegszeit (künftig zit. Tagebuch).
4 StAS HA 011. Bd. 65/Bl. 5–19: Baupolizeiamt an Organisationsreferat, 13. 12. 1933. Bezeichnend war, daß diese Baumaßnahmen im offiziellen, gedruckten Verwaltungsbericht 1933 nicht aufgenommen waren.
5 Hauptabteilung 18. 6. 1935, § 220
6 Siehe Sauer, Württemberg, S. 326 f. Über die Sopade erhielten die Nachbarstaaten frühzeitig Nachricht über die Rüstung in Deutschland, die über das vom Versailler Vertrag zugestandene Maß hinausging: „Gegenwärtig befinden sich neue große Kasernenanlagen im Bau in folgenden Orten: Ludwigsburg, Gmünd, Heilbronn, Tübingen und Stuttgart. Alle diese Orte waren schon bisher Garnisonen von RW.-Truppenteilen. Dagegen wird in Kornwestheim, vermutlich im Zusammenhang mit dem dort befindlichen Verschiebebahnhof, einem der größten dieser Art in Süddeutschland (...) gebaut. (...) Die Kasernenbauten in Stuttgart befinden sich auf dem vor einigen Jahren zu einem Exerzierplatz umgewandelten Gelände der früheren Domäne Burgholzhof. Dort sind gegenwärtig vier große Kasernen im Bau, dazu ein großes Wirtschaftsgebäude. In unmittelbarer Nähe dieses Komplexes steht eine neu erbaute SA-Kaserne, die den ganzen früheren Arbeitersportplatz bedeckt." Deutschland-Berichte 1934, S. 787
7 NSK 459, AA 1. 10. 1935, S. 3
8 NSK 512, MA 31. 10. 1935, S. 3
9 NSK 523, AA 7. 11. 1935, S. 3
10 Zit. nach Hans Otto Stroheker und Günther Willmann. Das Cannstatter Volksfest. Das schwäbische Landesfest im Wandel der Zeiten. Stuttgart/Aalen 1978, S. 234 nach einem Bericht der Untertürkheimer Zeitung
11 Mitteilung von Rechtsrat Weidler vor den Verwaltungsbeiräten 2. 2. 1937
12 Verwaltungsbeiräte 22. 2. 2938, § 61. Hitler wünschte einen großzügigen Ausbau des Flughafens und veranlaßte eine entsprechende Gestaltung, die erhebliche Mehrkosten verursachte: Sauer, Württemberg, S. 312 f. Vgl. auch den Bericht in der Bauzeitung 47. 1937, S. 184 mit einer Aufnahme des Modells.
13 HStAS E 130 II. Bü. 575/Bl. 63: Bolz an Staatsministerium, betr. „Vorläufige Ortsanweisung für den Luftschutz der Zivilbevölkerung", 30. 11. 1932
14 RGBL. 1935 I, S. 827
15 Technische Beiräte 27. 3. 1936, § 187
16 Frauenbeiräte 2. 11. 1938, § 116
17 NSK 228, MA 19. 5. 1934, § 3; StALB E 180 II–V. Bü. 189/Bl. 28 f.: Polizeipräsident Klaiber an Innenministerium, 12. 5. 1934. StAS HA 0–9. Az. 405. Enthält eine Übersicht über die verschiedenen Luftschutz-Übungen in Stuttgart zwischen 1934 und 1938.
18 Bosch-Zünder 19. 1937, S. 227 f.

19 Verwaltungsbeiräte 9. 11. 1937, § 434. Die Übung war für den Zeitraum zwischen dem 6. und 10. 12. 1937 vorgesehen, fand dann aber vom 1. bis 3. 12. 1937 statt; vgl. StAS HA 0–9. Az. 405/Bl. 22
20 Verwaltungsbeiräte 24. 9. 1935, § 72. Hervorhebung des Verf.; offenbar bestand also bereits eine Beunruhigung der Bevölkerung aufgrund der zahlreichen Übungen.
21 Vgl. Erich Hampe. Der Zivile Luftschutz im Zweiten Weltkrieg. Dokumentation und Erfahrungsberichte über Aufbau und Einsatz. Frankfurt/M. 1963, S. 74 f., Hampe, 1934 stv. Reichsführer der Technischen Nothilfe, konnte nach dem Krieg seine Erfahrungen als Präsident der Bundesanstalt für den zivilen Luftschutz verwerten.
22 ebd., S. 75
23 HStAS E 140 Bü. 37: Neue Richtlinien für die Technische Nothilfe. In: Dienstliche Bekanntmachungen der Reichsführung der Technischen Nothilfe 14. 1933. H. 2 (Nur für den Dienstgebrauch)
24 HStAS E 151 c I. Bü. 5/Bl. 4: SA-Gruppenführer Südwest Ludin an Brigade 55/56, 20. 12. 1933 und anschließender Briefwechsel; Bl. 186: Ludin an Innenminister und Polizeipräsident, 12. 6. 1936; Bl. 50: SA-Gruppe Südwest, Verwaltungsführer Gilbert, an Innenminister, 31. 10. 1936
25 HStAS E 151 c I. Bü. 5/Bl. 137: Klaiber an Stapoleitstelle, 15. 3. 1938
26 Verwaltungsbeiräte 3. 1. 1939, § 13
27 StAS PA 03-1351: unverz. Bestand über Mobilmachungsbeordnungen und Unabkömmlichkeitserklärungen
28 HStAS E 151 c II. Bü. 1: Innenministerium an Oberbürgermeister, Landräte, usw., 22. 7. 1937
29 RGBl. 1937 I, S. 559
30 ABl. 107, 18. 9. 1937, S. 775
31 Siehe ABl. Innenministerium 1937, S. 265 ff.; Mitt. 6, 28. 1. 1937, S. 21 f.
32 Technische Beiräte 18. 3. 1938, § 178
33 Siehe Kap. V. 2. (a)
34 So Abl. 128, 2. 11. 1935, S. 833 f.
35 Vgl. Technische Beiräte 8. 1. 1937, § 1; 18. 3. 1938, § 178; 17. 2. 1939, § 79
36 StAS HA 0–9. Az. 204/Bl. 1: Verordnung des Polizeipräsidenten vom 28. 4. 1939, Bl. 2: Verordnung vom 20. 6. 1939
37 HStAS E 151 c I. Bü. 11. Fasz. Stuttgart: Schweinle an den Abwehrbeauftragten im württ. Innenministerium, Haug, 16. 6. 1939
38 Technische Beiräte 9. 6. 1939, § 288
39 Frauenbeiräte 7. 6. 1939, § 22
40 StALB PL 501. Bü. 45: Merkblatt des Kreisleiters an die Blockleiter vom 27. 5. 1939

Zweiter Teil: Totalisierung, Terror, Zerstörung

I. 1. „Ernste Ruhe." Stuttgarts Weg in den Krieg

1 StNT 384, AA 18. 8. 1939, S. 3
2 RGBl. 1939 I, S. 1391
3 Regierungsanzeiger 102, 7. 9. 1939, S. 3
4 StNT 404, AA 30. 8. 1939, S. 3
5 RGBl. 1939 I, S. 1495. Der Funkspruch ging in Stuttgart am 27. 8. 1939 um 21.03 Uhr ein; siehe HStAS E 397. Bü. 92
6 ebd.
7 Mitt. 39, 14. 9. 1939, S. 167
8 RGBl. 1939 I, S. 1498
9 StAS Ernährungsamt (EA). Bü. 360: Mitteilung der Fleischerinnung an das städtische Ernährungsamt, 28. 8. 1939
10 StNT 402, AA 29. 9. 1939, S. 3
11 StNT 403, MA 30. 8. 1939, S. 3
12 Wirtschaftsbeiräte 30. 8. 1939, § 476; Verwaltungsbeiräte 19. 9. 1939, § 200
13 Wirtschaftsbeiräte 30. 8. 1939, § 476
14 StNT 421, MA 9. 9. 1939, S. 2; 430, 16. 9. 1939, S. 5; ABl. 114, 16. 9. 1939, S. 537
15 Wirtschaftsbeiräte 30. 8. 1939, § 476
16 ebd., die Wehrmacht wollte sich nicht mit einem Treibstoffkontingent von 30 % der Stuttgarter Vorräte begnügen und beschlagnahmte eine größere Menge, die sie aber kurz darauf wieder abtreten mußte.

17 Frauenbeiräte 29. 8. 1939, § 34
18 Wirtschaftsbeiräte 30. 8. 1939, § 476
19 StNT 407, MA 1. 9. 1939, S. 1
20 StNT 408, AA 1. 9. 1939, S. 3
21 SM 204, 2. 9. 1939; den Kommentar über die „Erfolge" nach StNT 411, MA 4. 9. 1939, S. 1.

I. 2. „Als seien wir mitten im tiefsten Frieden." Anpassungsschwierigkeiten der Bevölkerung

1 StNT 410, AA 2. 9. 1939, S. 5
2 Siehe NSK 407, MA 1. 9. 1939, S. 4; 409, MA 2. 9. 1939, S. 4
3 Verwaltungsbericht 1939, S. 4
4 Verwaltungsbeiräte 3. 10. 1939, § 211
5 Technische Beiräte 12. 1. 1940, § 3
6 StNT 414, AA 5. 9. 1939, S. 4. Zur Klage der Frauen vgl. Frauenbeiräte 13. 9. 1939, § 46
7 StNT 419, Ma 8. 9. 1939, S. 2
8 StAS Möhringen. unverz. Ordner. Anweisungen an die Schutzmannschaft, Polizeiposten Möhringen an BM Neunhöffer, 18. 6. 1940
9 NSK 147, 30. 5. 1940, S. 5
10 Heinz Bardua. Stuttgart im Luftkrieg 1939–1945. Stuttgart o. J. (1967), S. 25 f. In der Form einer Luftkriegschronik mit Dokumentensammlung stellte Bardua die Luftangriffe auf Stuttgart ausführlicher dar als dies in vorliegendem Gesamtüberblick möglich ist. 1986 erschien eine überarbeitete Neuauflage des Werks, die einige Ergänzungen aus alliierter Perspektive und eine Erweiterung des Dokumententeils enthält.
11 NSK 401, MA 29. 8. 1939, S. 4; MA 31. 8. 1939, S. 3
12 StNT 425, AA 12. 9. 1939, S. 2
13 Regierungsanzeiger 105, 14. 9. 1939, S. 3. Je nach Beruf eines Autohalters und seinen Aufgaben waren nicht weniger als sieben Stellen für die Erteilung einer Fahrerlaubnis zuständig.
14 StNT 437, 23. 9. 1939, S. 5
15 BAK R 13 XXIX/29: Fachgruppe VII (Kraftfahrzeuge, Kraftstoffe, Garagen) der Wirtschaftsgruppe Einzelhandel, Bezirksleiter Baisch, an die Geschäftsführung der Fachabteilung Kraftstoffe und Garagen, 23. 1. 1940. Der Absatz einer Stuttgarter Tankstelle stieg von September auf Oktober 1939 um das Doppelte (von 20 000 auf 40 000 Liter).
16 NSK 477, 2. 11. 1939, S. 5
17 So Ratsherr Eckstein vor den Wirtschaftsbeiräten 29. 11. 1939, § 539
18 StAS HA 005. Bd. 35 a/Bl. 63–15: Murr an Strölin, 11. 1. 1940
19 NSK 44, 14. 2. 1940, S. 4; 52, 22. 2. 1940, S. 3
20 StAS PA 020-2540/Bl. 2–12: „Einige nachdenkliche Volksgenossen an das Wirtschaftsamt Stuttgart", o. D. (Abschrift) und Auszug aus StNT, 12. 9. 1941
21 NSK 223, 14. 8. 1940, S. 5
22 StALB E 180 II–V. Bü. 215/41: Wirtschaftsministerium (Landeswirtschaftsamt) an Innenministerium, 30. 7. 1942
23 BAK R 36/515: Stuttgarter Straßenbahnen AG, Direktor Schiller, an Reichstreuhänder für den Öffentlichen Dienst, 13. 6. 1939 (Abschrift)
24 StNT 414, AA 5. 9. 1939, S. 4
25 NSK 30, 31. 1. 1940, S. 7
26 Schiller vor den Technischen Beiräten 21. 1. 1941
27 Beiräte für Schulfragen 22. 10. 1941, § 3; 26. 11. 1942, § 5
28 Studiendirektor Sautter vertrat die Auffassung, pro Woche reiche ein einmaliger HJ-Dienst völlig aus; vgl. Beiräte für Schulfragen 26. 11. 1942, § 5
29 StALB E 202. Bü. 63: Erlaß des Kultministeriums an die Ministerialabteilung für die Volksschulen, 26. 7. 1942. Mergenthaler untersagte eine Veröffentlichung im ministeriellen Amtsblatt.

I. 3. „Es muß normal weitergearbeitet werden." Die soziale Lage in den ersten Kriegsjahren

1 So in der Präambel der Kriegswirtschaftsverordnung; vgl. RGBl. 1939 I, S. 1609. Auf den Zusammenhang mit den Erfahrungen des Ersten Weltkriegs hat besonders Mason, Arbeiterklasse und Volksgemeinschaft hingewiesen. Zur Lage der deutschen Arbeiter im Krieg siehe Wolfgang Franz Werner. „Bleib übrig!" Deutsche Arbeiter in der nationalsozialistischen Kriegswirtschaft. Düsseldorf 1983. Werner stützt sich neben SD-Berichten vor allem auf Berichte aus der Bergbauindustrie im westdeutschen Raum. Firmenarchive blieben ihm ansonsten weitgehend verschlossen.
2 StAS EA Bü. 150: Besprechung über die Sicherstellung der Ernährung in den Betrieben des Gaststätten- und Beherbergungsgewerbes am 4. 9. 1939
3 HStAS E 151 f II. Bü. 47 c und 47 g. Die Angaben stammen aus Fragebögen für Bewerber um eine Reichsheimstätte in den Jahren 1939 und 1940. Sie berücksichtigen demzufolge keine individuellen Unterschiede wie etwa Kinderzahl, Lebens- und Dienstalter usw., vermitteln allerdings einen besseren Eindruck als statistische Durchschnittswerte, die darauf ebenfalls keine Rücksicht nehmen.
4 RGBl. 1939 I, S. 1612 (Kriegswirtschaftsverordnung, III. Abschnitt)
5 RGBl. 1939, S. 2254
6 RGBl. 1939 I, S. 1537, 1825; Regierungsanzeiger 113, 13. 10. 1939, S. 2
7 Siehe zur Lang- und Nachtarbeit die Bestimmungen im Regierungsanzeiger 132, 15. 11. 1939, S. 3
8 StAS PA 03-5612/2: Erlaß des Personalamts an die städt. Betriebe, 26. 9. 1939 und Schreiben an das Gewerbeaufsichtsamt, 28. 9. 1939. Einblicke in die Situation der Privatwirtschaft fehlten.
9 BAK R 58/152, fol. 101: Meldungen aus dem Reich, 13. 7. 1940
10 StAS PA 03-5612/2: Aufstellung des Personalamts, 5. 12. 1940. Die Zahlen änderten sich allerdings wegen der Einberufungen ständig.
11 StAS PA 03-5612: Am 25. 8. 1941 trat nach einem Erlaß des Reichsarbeitsministeriums vom 15. 7. 1941 eine Neuregelung in Kraft, die aufgrund verschärfter Bestimmungen zu einem Rückgang der Zahl der Zulagenempfänger führte.
12 Bei der Vorlage des Verwaltungsberichts am 18. 1. 1940, S. 4
13 RGBl. 1936 I, S. 327 und RGBl. 1939 I, S. 1563
14 StAS Feuerbach. Ablieferung 1983. Bü. 6: Besprechung der Abteilungsleiter des Wirtschaftsamts am 7. 9. 1939, Geschäftsführer Hahn, 8. 9. 1939
15 ebd., Bü. 3/Bl. 165: Ergebnis der Besprechung von Zweifelsfragen auf dem Gebiet des Familienunterhalts bei der MABK, Aldinger, 27. 9. 1939
16 WuG-Beiräte 19. 9. 1939, § 132
17 Verwaltungsbeiräte 3. 10. 1939, § 216
18 RGBl. 1940 I, S. 779
19 WuG-Beiräte 9. 10. 1939, § 138
20 Wirtschaftsbeiräte 14. 11. 1939, § 151
21 NSK 19, 20. 1. 1940, S. 4
22 Siehe Dörte Winkler. Frauenarbeit im Dritten Reich. Hamburg 1977, S. 97 ff.
23 NSK 11, 12. 1. 1940, S. 5
24 Frauenbeiräte 30. 1. 1940, § 4
25 RGBl. 1940 I, S. 911
26 RGBl. 1939 I, S. 1693 und S. 1858
27 WuG-Beiräte 16. 7. 1940, § 74
28 NSK 193, 15. 7. 1940, S. 3
29 Mitt. 6, 21. 2. 1941, S. 16; vgl. auch NSK 40, 10. 2. 1940, S. 6: eine Frau erhielt wegen desselben Vergehens eine Gefängnisstrafe von zwei Monaten.
30 NSK 237, 20. 8. 1940, S. 5
31 BAK R 58/148, fol. 126: Meldungen aus dem Reich, 19. 2. 1940. Gerade die Meldungen aus dem Reich des SD zeigen, daß die hier für Stuttgart geschilderten Probleme des Regimes mit der Berufstätigkeit der Frauen in nahezu allen Teilen des Reiches zu beobachten waren. – In der Regel habe ich davon abgesehen, die Meldungen aus dem Reich bzw. andere SD-Berichte zu verwenden, wenn Stuttgart als Berichtsort neben vielen anderen Stapoleitstellen genannt war. In solchen Fällen war zu erwarten, daß die zusammenfassenden Berichte lokale Besonderheiten nivellierten.
32 BAK R 58/152, fol. 175: Meldungen aus dem Reich, 22. 7. 1940
33 ABl. 64, 4. 6. 1940, S. 311; 65, 6. 6. 1940, S. 317

34 Chronik 1933–1945, S. 610: 3. 9. 1939
35 NSK 4, 5. 1. 1940, S. 5; StNT 438, 24. 9. 1939, S. 4
36 HStAS E 151 k II. Bü. 193. Fasz. Stadtkreis Stuttgart: Jahresbericht des Städtischen Gesundheitsamts für 1939
37 StAS NLS Bd. 37: Tagebuch 6. 9. 1939
38 WuG-Beiräte 16. 9. 1942, § 69
39 StNT 401, MA 29. 8. 1939, S. 3; NSK 513, 8. 12. 1940, S. 6
40 Der erste Zug ins ehemalige Polen verließ Stuttgart am 30. 9. 1939 in Richtung Kattowitz; siehe StNT 444, 30. 9. 1939, S. 6
41 Kreisamtsleiter Güntner lobte: „Keine deutsche Großstadt hat diese von der NSV geschaffenen Einrichtungen als die Stadt Stuttgart." NSK 59, 29. 2. 1940, S. 2. Zur allgemeinen Entwicklung vgl. Matzerath, Kommunale Selbstverwaltung, S. 390–392. Strölin beschwerte sich beim HAfK, die NSV versuche, „unter Ausnützung der Kriegsverhältnisse ihren Arbeitskreis zu Lasten der gemeindlichen Wohlfahrtspflege auszuweiten"; BAK NS 26/138, fol. 260: 30. 10. 1939.
42 StALB PL 502/29. Bü. 3: Gauamtsleiter Thurner an Kreisleitungen auf Anordnung des Reichsstatthalters vom 8. 9. 1941, 2. 10. 1941
43 ebd., Ortsgruppe Reinsburg an Kreisleitung, 21. 10. 1941

I. 4. „Wir haben eine Reichskartenschau bekommen." Ernährung und Versorgung zur Zeit der Blitzkriege

1 StAS EA Bü. 150: Wirtschaftskammer Württemberg-Hohenzollern an Statist. Amt der Stadt Stuttgart, 13. 9. 1939
2 ebd., Fleischerinnung an Ernährungsamt, 31. 8. 1939
3 ebd., Aktennotiz des Auskunftschalters an Ernährungsamt, 13. 9. 1939
4 ebd., Besprechung über Sicherstellung der Ernährung in den Betrieben des Gaststätten- und Beherbergungsgewerbes am 4. 9. 1939
5 StNT 434, 20. 9. 1939, S. 6
6 StAS EA Bü. 230: Frau E. M. an Verteilungsstelle, 25. 9. 1939. Direktor Hagstotz empfahl „Vorlage bei der Kreisleitung", was Direktor Keßner mit der Bemerkung abbog: „Ist das Geschwätz das wert."
7 Besprechung vom 4. 9. 1939, s. Anm. 4
8 StAS EA Bü. 200: Mitteilung von Direktor Keßner an Hagstotz, 9. 10. 1939; dort sowie Bü. 230 auch weitere Klagen; Bericht Waldmüllers an Reichsstatthalter, 12. 10. 1939
9 NSK 401, MA 29. 8. 1939, S. 3
10 NSK 409, MA 2. 9. 1939, S. 4
11 Frauenbeiräte 26. 9. 1939, § 51
12 StAS EA Bü. 219. Bericht an Stadtrat Waldmüller, 29. 9. 1939 („Durch Sonderboten! Eilt!"); Verwaltungsbeiräte 3. 10. 1939, § 218
13 NSK 490, 15. 11. 1939, S. 5
14 NSK 499, 24. 11. 1939, S. 5
15 NSK 490, 15. 11. 1939, S. 5; 500, 25. 11. 1939, S. 6; 505, 20. 11. 1939, S. 5
16 StAS EA Bü. 230: Antwort Keßners auf zwei Schreiben des 1. Staatsanwalts Geib, 28. 12. 1939 und 8. 3. 1940
17 NSK 486, 11. 11. 1939, S. 8
18 StAS NLS Bd. 42/Bl. 43: Notiz Strölins über ein Treffen der Oberbürgermeister in Berlin
19 StAS EA Bü. 219: Strölin an Göring, 27. 11. 1939
20 BAK R 58/146, fol. 45: Meldungen aus dem Reich, 13. 12. 1939
21 Die Klage darüber, daß die Berufstätigen abends vor leeren Regalen stünden und keine Mangelwaren kaufen könnten, tauchte bei den einschlägigen Besprechungen und Debatten ständig auf; vgl. z. B. Frauenbeiräte 30. 1. 1940, § 9
22 StAS EA Bü. 230: Schreiben der Ortsgruppe Ostheim an Kreisleitung, die die Beschwerde an die Stadt weiterleitete, 13. 3. 1941. Entsprechende Briefe aus den Reihen der NSDAP nahmen meist den Weg über die Kreisleitung.
23 Ratsherren 13. 3. 1940, § 20; 28. 3. 1940, § 32
24 ABl. 69, 15. 6. 1940, S. 3
25 StAS NLS Bd. 43/Bl. 473: Niederschrift über Besprechung im Innenministerium, 23. 5. 1940

26 Ratsherren 23. 5. 1940, § 50
27 NSK 401, MA 29. 8. 1939, S. 4; 407, MA 1. 9. 1939, S. 4
28 Ratsherren 18. 1. 1940, § 55
29 StAS NLS Bd. 42/Bl. 97: Protokoll einer Sitzung des Reichsverteidigungsausschusses, 5. 2. 1940
30 NSK 93, 4. 4. 1940, S. 6
31 StALB K 100. Bü. 38: Rundschreiben des SD-Leitabschnitts Stuttgart Nr. 130/40 vom 14. 8. 1940
32 NSK 21, 22. 1. 1940, S. 3
33 BAK R 58/168: Meldungen aus dem Reich, 28. 1. 1942
34 Wirtschaftsbeiräte 7. 5. 1941, § 88
35 NSK 189, 11. 7. 1941, S. 4
36 Wirtschaftsbeiräte 25. 6. 1941, § 109
37 NSK 204, 30. 7. 1941, S. 4
38 Ratsherren 28. 8. 1941, § 83: Äußerungen der Ratsherren Hoffmann und Metzger
39 HStAS E 397 Bü. 69/Bl. 66: Statist. Landesamt, Erläuterungsbericht zum Preisüberwachungsbericht vom 16. 6. 1941, 8. 7. 1941
40 NSK 187, 9. 7. 1941, S. 4
41 StALB K 110. Bü. 47: SD-Leitabschnitt Stuttgart, Allgemeine Stimmung und Lage, Bericht vom 15. 7. 1941
42 ebd., Rundschreiben des SD-Leitabschnitts an die Außenstellen, 15. 7. 1941
43 ebd., Bü. 48: Rundschreiben an die Außenstellen vom 1. 9. 1941
44 NSK 283, 13. 10. 1941, S. 4
45 NSK 310, 9. 11. 1941, S. 3
46 NSK 7, 8. 1. 1942, S. 3
47 So Stadtrat Waldmüller vor den Wirtschaftsbeiräten am 22. 10. 1941, § 171 und den Ratsherren 21. 11. 1941, § 110
48 StAS EA Bü. 230: Mayer an Wohlfahrtsamt, 2. 3. 1942
49 StAS EA Bü. 530. 531: Tabellen und Übersichten über die Zuteilung von Lebensmitteln in den einzelnen Versorgungsperioden
50 StAS NLS Bd. 40: Tagebuch 14. 5. 1942. Bei einem Gespräch mit Gauwirtschaftsberater Reihle und Staatssekretär Waldmann meinte Strölin, die Autorität der Verwaltung sei in Gefahr – ein bei ihm häufig wiederkehrender Gedanke, vgl. StAS NLS Bd. 47/Bl. 568: Notiz vom 8. 8. 1942 über Besprechungen am 5. und 6. 8. 1942
51 Ratsherren 24. 6. 1942, § 39; Wirtschaftsbeiräte 24. 6. 1942, § 53
52 Ratsherren 17. 9. 1942, § 70
53 StAS NLS Bd. 47/Bl. 468: Besprechungsnotiz (s. Anm. 50)
54 HStAS E 151 c II. Bü. 169/Bl. 3: Kleinhandelspreise für Lebensmittel in Stuttgart. Mitte Dezember 1942. Aufstellung des Statistischen Amts der Stadt Stuttgart

II. 1. „Die Gesamtlage unseres inneren deutschen Lebens ist der Verwirklichung wahrer Selbstverwaltung nicht günstig." Die neue Lage der Kommunalverwaltung

1 RGBl. 1939 I, S. 1535; vgl. allg. Matzerath, Kommunale Selbstverwaltung, S. 317 ff., S. 419 ff.
2 RGBl. 1939 I, S. 1565
3 Verwaltungsbericht 1939, S. 1
4 StAS NLS Bd. 37: Tagebuch 15. 12. 1939
5 StAS HA 002. Bd. 9/Bl. 47: Strölin an HAfK, Jobst, 19. 2. 1940
6 StAS HA 010. Bd. 134 (Handakten 9 K): Ansprache von Bürgermeister Hirzel am 21. 10. 1940
7 StAS NLS Bd. 39: Tagebuch 23. 1. 1941
8 ebd., Tagebuch 29. 4. 1941
9 StAS 010. Bd. 57 b/Bl. 6: Kriegsstellenbesetzung der Stadtverwaltung, Stand 6. 9. 1939. Die Neuverteilung war nicht von Dauer, da Locher nach kurzer Zeit wieder zurückkehrte.
10 StAS NLS Bd. 42/Bl. 76: Strölin an seinen Vorgänger Lautenschlager, 5. 1. 1940
11 Die Briefe Cuhorsts waren nicht bei den Akten; Hinweise finden sich in den Protokollen der Ratsherren. Im Interview am 21. 10. 1981 erinnerte sich der ehem. Techn. Referent Schwarz an die Verlesung solcher Briefe durch Strölin. Cuhorsts Schreiben lieferten laut Schwarz ein ungeschminktes Bild der Vorgänge in Polen. Daß Cuhorst als Stadtpräsident an den Vorbereitungen zur Vernichtung der Juden

administrativ beteiligt war, geht aus den Niederschriften der Dienstversammlungen von Generalgouverneur Frank mit Kreis- und Stadthauptmännern hervor, bei denen diese Angelegenheiten besprochen wurden; vgl. IMT XXIX, 2233-PS, S. 438: Versammlung vom 3. 4. 1940

12 Mitt. 25, 8. 8. 1940, S. 73
13 Mitt. 6, 6. 2. 1942, S. 13
14 StAS NLS Bd. 38: Tagebuch 21. 11. 1940; Interview Otto Schwarz, 21. 10. 1981
15 Diese Protokolle befinden sich in den Anlagen von Strölins Diensttagebuch. Sie sind in knapper Form gehalten und sind bis in den Spätherbst 1943 überliefert, wo auch Strölins Diensttagebuch endet. Bei den Restakten der Hauptaktei befinden sich weitere drei Protokolle von Beigeordneten-Sitzungen vom Februar und März 1944.
16 StAS NLS Bd. 42/Bl. 8: Beigeordnetenbesprechung 11. 9. 1939
17 StAS HA 010. Bd. 134 (Handakten 9 K): Kienmoser an Waldmüller, 30. 9. 1939, Berichtsschema, anhand dessen täglich 10 Uhr dem Herrn OBM zu berichten ist.
18 Vgl. Matzerath, Kommunale Selbstverwaltung, S. 419 ff.
19 Siehe die jeweiligen Verwaltungsbeiräte
20 StAS NLS Bd. 43/Bll. 158. 169: Beigeordnetenbesprechungen vom 6. 5. 1940 und 20. 5. 1940
21 ebd., Bd. 37: Tagebuch 21. 5. 1940
22 StAS HA 006. Bd. 44. Hier auch die weiteren biographischen Angaben zu den Ratsherren; zu Bauer vgl. auch NSK 264, 24. 8. 1940, S. 3
23 Wirtschaftsbeiräte 30. 8. 1940, § 476; Verwaltungsbeiräte 19. 9. 1939, § 200
24 RGBl. 1939 I, S. 1063; Regierungsanzeiger 103, 9. 9. 1939, S. 38
25 ebd., vgl. NSK 161, 13. 6. 1940, S. 5
26 Die vorstehenden Angaben nach dem Verwaltungsbericht 1941, S. 8
27 Verwaltungsbeiräte 20. 8. 1940, § 69
28 ebd., Zum Einsatz der Kriegsgefangenen bei der Stadt siehe S. 411 ff.
29 Verwaltungsbeiräte 4. 3. 1941, § 13
30 StAS NLS Bd. 44/Bl. 203: Bericht von Locher bei einer Beigeordnetenbesprechung am 24. 6. 1940. Der Briefwechsel mit dem Arbeitsamt: StAS PA 03-0221: Arbeitsamt, Nerschmann, an Personalamt, 21. 6. 1940; Personalamt, Widmaier, an Amtsvorstand, 21. 6. 1940; Locher an Nerschmann, 21. 6. 1940 und 24. 6. 1940
31 ebd., Locher an Nerschmann, 24. 6. 1940
32 Technische Beiräte 30. 9. 1940, § 160
33 StAS PA 03-0201: Stöckle über Hirzel an Strölin, 18. 6. 1941
34 Notiz Ortmanns (hs.) an Brief an das Statist. Landesamt: StALB E 258 II. Bü. 73, 26. 7. 1941. Zur Besprechung siehe auch StAS PA 03-0221: Strölin an Arbeitsamt Stuttgart, 24. 10. 1941. Zur Abstellung StAS PA 03-0201: Leiter der Unterkommission 6/3 des Wehrkreisbeauftragten V des Reichsministers für Bewaffnung und Munition an TWS, 22. 9. 1941
35 StAS PA 0221: Strölin an Nerschmann, 24. 10. 1941; Antwort vom 29. 10. 1941
36 StAS HA 010. Bd. 57 b. Vereinfachung der Verwaltung als Kriegsmaßnahme: Erlaß Strölins an die Beigeordneten und Referenten, betr. Entlastung der Verwaltung von allen nicht kriegswichtigen Aufgaben und Verwaltungsarbeiten, 19. 1. 1942
37 ebd., Bll. 16. 17: Erlaß des Führers über die weitere Vereinfachung der Verwaltung. Vom 25. 1. 1942; Schnellbrief des GBV für die Reichsverwaltung an die Reichsverteidigungskommissare. Vom 24. 2. 1942 (Abschriften)
38 ebd., Vertraulicher Erlaß Strölins an die Beigeordneten, Referenten und Amtsvorstände, 11. 5. 1942; in der Anlage teilte Strölin die Erlasse Hitlers und Fricks (s. Anm. 37) mit.
39 StAS PA 02-738: Ortsamt Stammheim an Personalamt, 26. 8. 1942
40 WuG-Beiräte 17. 12. 1940, § 149
41 HStAS E 151 d III. Bü. IV 1380/Bl. 40: Hirzel an MABK, 4. 12. 1939; vgl. auch Verwaltungsbeiräte 5. 12. 1939, § 222
42 Ratsherren 28. 3. 1940, § 30; 19. 9. 1940, § 83
43 Mitt. 10, 4. 4. 1940, S. 35; 44, 18. 12. 1940, S. 145
44 Siehe dazu die Kassenmeldungen der Stadt an die MABK: StALB E 180 II-V. Bü. 314. 315 für den Zeitraum 1. 1. 1940 bis 30. 9. 1943
45 StAS Steueramt. Az 6051. Bü. Ausgleichsunterlagen: Direktor Klopfer an Handwerkskammer, 7. 5. 1943
46 NSK 282, 14. 10. 1943, S. 4

II. 2. „Private Wohnungssuche ist fast aussichtslos." Das Ende des Wohnungsbaus und die Wohnungsnot

1 Ratsherren 19. 5. 1939, § 64 Anlage
2 Wirtschaftsbeiräte 29. 11. 1939, § 538 Anlage
3 ebd. Hier auch die nachstehenden Bemerkungen
4 ABl. 157, 28. 12. 1939, S. 713
5 Technische Beiräte 7. 5. 1940, § 83
6 HStAS E 151 f. I. Bü. 416/Bl. 18: Landeskreditanstalt an die (Ober-)Bürgermeister in Württemberg, 9. 5. 1940
7 Mitt. 20, 8. 7. 1940, S. 59
8 HStAS E 151 f I. Bü. 146/Bl. 31: Bühler an Innenministerium, 8. 8. 1940
9 Ratsherren 25. 7. 1940, § 67
10 Siehe auch Technische Beiräte 30. 5. 1940, § 94
11 Ratsherren 19. 9. 1940, § 90
12 ebd.
13 Ratsherren 23. 1. 1941, § 4, Ausführungen Könekamps
14 Wohnungsbeiräte 11. 8. 1941, § 26
15 ABl. 110, 20. 9. 1941, S. 391
16 Wohnungsbeiräte 23. 9. 1941, § 33
17 Wohnungsbeiräte 10. 12. 1941, § 51
18 HStAS E 151 e I. Bü. 176/Bl. 169 c: Erlaß des Reichskommissars für den sozialen Wohnungsbau an den Gauwohnungskommissar, 4. 11. 1941
19 Ratsherren 21. 11. 1941, § 96
20 ebd.
21 Wohnungsbeiräte 23. 10. 1940, § 19 Anlage
22 StALB PL 501. Bü. 45: Rundschreiben der Kreisleitung der NSDAP, 2. 1. 1940, betr. Freimachung von Wohnungen, die im Besitze alleinstehender Personen sind.
23 Ratsherren 21. 11. 1941, § 96
24 RGBl. 1942 I, S. 545
25 Siehe die Verordnung RGBl. 1942 I, S. 586; zur Haltung der Stadt vgl. Wohnungsbeiräte 19. 11. 1942, § 22
26 NSK 160, 12. 6. 1941, S. 4
27 Ratsherren 3. 12. 1942, § 85
28 Ratsherren 17. 9. 1942, § 76; 3. 12. 1942, § 44
29 BAK NS 25/1664, fol. 47–51: Strölin an Fiehler, 8. 2. 1943 mit einer Darstellung der Wohnverhältnisse in Stuttgart und Vorschlägen zu Bekämpfung der Wohnungsnot, dat. 4. 2. 1943.
30 Regierungsanzeiger 2, 14. 1. 1943, S. 1: Verfügung des württembergischen Innenministers über Wohnsiedlungsgebiete vom 8. 1. 1943

II. 3. Babylonische Vorhaben oder Maßhalten. Die Neugestaltung der Stadt der Auslandsdeutschen, Teil 2

1 Ich danke Herrn Dr. Otto Schwarz, der mir ein Exemplar der Denkschrift mit einigen handschriftlichen Erläuterungen versehen überlassen hat. Zur Entwicklung der Neugestaltungspläne bis zum Kriegsbeginn vgl. Erster Teil. Kap. V. 9, S. 255 ff. Ich verweise nochmals auf den Aufsatz Schneiders, Hitlers wunderschöne Hauptstadt des Schwabenlandes, bei dem allerdings der Meinungsbildungsprozeß verkürzt wird auf eine von der Stadtverwaltung bzw. Strölin direkt umgesetzte Realisierung Hitlerscher Wünsche und Vorstellungen. Inzwischen haben auch Antero Markelin und Rainer Müller, Stadtbaugeschichte Stuttgarts, Stuttgart 1985, S. 93 auf die Neugestaltung verwiesen, ohne aber die Arbeit und die Fragen Schneiders zu rezipieren.
2 Technische Beiräte 30. 6. 1939, § 297
3 Mitt. 20, 8. 7. 1940, S. 59
4 Bezeichnenderweise unterschrieb Hitler einen Erlaß über die Neugestaltung Berlins in jener Nacht, als der Waffenstillstand mit Frankreich in Kraft trat; siehe Hitlers Städte. Baupolitik im Dritten Reich.

Eine Dokumentation von Jost Dülffer, Jochen Thies und Josef Henke. Köln/Wien 1978, S. 35
5 ebd., S. 77
6 Technische Beiräte 30. 5. 1940, § 92
7 Hitlers Städte, S. 66
8 Ratsherren 12. 6. 1941, § 51
9 Technische Beiräte 19. 9. 1941, § 88; Ratsherren 22. 9. 1941, § 93
10 NL Bonatz. Brief an Tamms, 21. 9. 1941 (Entwurf). Freilich war Bonatz an den Planungen für München selbst nicht unmaßgeblich beteiligt.
11 StAS NLS Bd. 45/Bl. 396: Niederschrift über Besprechung am 27. 5. 1941, gefertigt von Baudirektor Ströbel; hier finden sich auch zusammengefaßt die wesentlichen Auffassungsunterschiede zwischen Murr und der Stadt.
12 Das Schlußwort datiert die Denkschrift zwar auf Ende 1941, doch bestätigt ein Tagebuch-Eintrag Strölins die Aussage Schwarz', die Denkschrift sei erst 1942 fertiggestellt worden. Unter dem Datum des 15. 6. 1942 notierte Strölin: „Die Denkschrift ist nun nach unendlichen Schwierigkeiten endlich fertig." STAS NLS Bd. 40.
13 An den umstrittenen Abriß des Kronprinzenpalais am Schloßplatz, der in allen Nachkriegsplanungen der Stadt vorgesehen war und schließlich über 15 Jahre nach Kriegsende vollzogen wurde, wagte man damals offenbar nicht zu denken.
14 So berichtete Otto Schwarz am 29. 5. 1981.
15 StAS HA 0–9. Az. 601/Bl. 24: Aktennotiz von LS-Referent Scheuerle über ein Telefonat mit Schmid.
16 StAS NLS Bd. 40: Tagebuch 15. 6. 1942. Strölin hatte in der Tat vergeblich gearbeitet, was die von ihm geführte nationalsozialistische Stadtverwaltung anbelangte. Die Gutachter hatten indes Gelegenheit, nach dem Kriege zwar nicht die Hochbauten, aber die der Neugestaltung zugrunde gelegte Verkehrsplanung zu realisieren.

II. 4. In der Betonleistung Spitze. Luftschutzbau in Stuttgart

1 Vgl. Hampe, Ziviler Luftschutz, S. 248
2 Verwaltungsbericht 1939, S. 4. Siehe auch Ratsherren 18. 1. 1940, § 2 und vor allem den Bericht von LS-Referent Scheuerle zum Verwaltungsbericht für das Jahr 1939: StAS HA 011. Bd. 71. Bü. 2/Bl. 12–6, 30. 12. 1939
3 NSK 147, 30. 5. 1940, S. 5
4 Bericht von Scheuerle (s. Anm. 2)
5 Verwaltungsbericht 1939, S. 4
6 Bericht von Scheuerle (s. Anm. 2)
7 StAS PA 020-2080/Bl. 1: Strölin an Stadtrat Harbers, München, 16. 2. 1940 und folgender Schriftwechsel; Mitt. 8, 9. 3. 1940, S. 27
8 Hampe, Ziviler Luftschutz, S. 51 und S. 246
9 Technische Beiräte 12. 2. 1940. § 23. In den LS-Akten im Stadtarchiv sind die Pläne einzelner Bunker vorhanden und die Planungen ausführlich dargestellt.
10 StAS NLS Bd. 38: Tagebuch 21. 11. 1940
11 ebd., Bü. 39: Tagebuch 5. 6. 1940
12 NSK 424, 11. 9. 1939, S. 2
13 Ratsherren 5. 9. 1940, § 79
14 Die Alarme zählte ein Degerlocher Ministerialbeamter, dessen Aufzeichnungen mir freundlicherweise Wolfgang Christian Schneider zugänglich machte. Die Notizen befinden sich in einem Haushaltungsbuch, das aus der Zeit nach 1933 nur sporadische Themen über Einkäufe und Lebenshaltungskosten enthält. Mit Beginn des Luftkriegs verzeichnete der Verfasser jedoch sämtliche Alarme und Angriffe minuziös; ein Vergleich mit Bardua, Luftkrieg, und anderen Dokumenten belegt die Genauigkeit. So gewann das Haushaltungsbuch den Charakter eines knappen Luftkriegs-Tagebuchs. (künftig zit. Haushaltungsbuch) Eintrag 24./25. 8. 1940
15 Ratsherren 5. 9. 1940, § 79
16 StALB K 601. Bü. 2: Lagebericht vom 6. 11. 1940
17 Hampe, Ziviler Luftschutz, S. 291 ff.
18 ebd., S. 498. Beim Bau dieses Bunkers wurden nach Hampe 15 000 m^3 Stahlbeton verbaut.
19 Verwaltungsbericht 1940, S. 3
20 StAS HA 0–9. Az. 6116/40/Bl. 11: Murr an Strölin, 25. 11. 1940

21 StAS HA 0–9. Az. 6116/10. Bü. 2/Bl. 7: Wirtschaftsgruppe Bauindustrie an Scheuerle, 5. 11. 1940
22 StAS HA 0–9. Az. 6116/9. Bü. 1/Bl. 10: Die dringlichsten zu erstellenden bombensicheren öffentlichen Luftschutzbauten, hs. überarbeitete Aufstellung, 9. 11. 1940
23 StAS HA 0–9. Az. 6116/40/Bl. 12: Strölin an Murr, 5. 12. 1940
24 Luftschutz-Beiräte 28. 11. 1940, § 12 (künftig zit. LS-Beiräte). Hier zit. nach Az. 6116/40
25 ebd., Bü. 40/Bl. 34 a: Vermerk Scheuerles, 3. 4. 1941
26 StAS HA 0–9. Az. 6119/9. Bü. 2/Bl. 3: Fernschreiben Strölins an Todt, 4. 11. 1940
27 StAS HA 0–9. Az. 6116/10. Bü. 2/Bl. 7: Wirtschaftsgruppe Bauindustrie an Scheuerle, 5. 11. 1940
28 Fragen des Bedarfs sowie der Verteilung von Baumaterialien sind ausführlich dokumentiert in den Luftschutzakten StAS HA 0–9. Az 6116/9.
29 StAS PA 03-0212: Tiefbauamt, Kind, an Scheuerle, 21. 2. 1941
30 StAS HA 0–9. Az. 6116/10. Bü. 3/Bl. 1: Todt an die Oberbürgermeister von ... (42 Städte; Rundschreiben, hier Stuttgart eingesetzt), 26. 5. 1941
31 LS-Beiräte 24. 6. 1941, § 31
32 StAS HA 0–9. Az. 6116/40/Bl. 49: Gebietsbeauftragter Molt des GBV Bau an Scheuerle, 18. 7. 1941
33 ebd., Bl. 51: Schnellbrief GBV Bau an die Oberbürgermeister, 29. 7. 1941
34 StAS HA 0–9. Az. 6116/10. Bü. 3/Bl. 10: Aufstellung Tiefbauamt, Kind, für Scheuerle, 23. 9. 1941
35 StAS HA 0–9. Az. 6116/40 a: Besprechung Scheuerles mit den als Bauleitern eingesetzten Architekten, 14. 2. 1941
36 StAS PA 020-2080/Bl. 14: Scheuerle an Locher, 12. 2. 1941
37 LS-Beiräte 7. 10. 1941, § 65
38 Bis Februar 1942 waren im Rahmen des öffentlichen Schutzraumbaus sieben Bunker ganz und 33 betonfertig erstellt worden mit einem Kostenaufwand von 18 Mio. RM. Sie boten über 15 000 Menschen Platz. Im Selbstschutz hatten sechs Stollen und 11 600 Schutzräume für über 135 000 Personen lediglich 7,3 Mio. RM gekostet: StAS HA 0–9. Az. 6116/40 a: Aufstellung vom 14. 2. 1942.
39 Ratsherren 25. 4. 1942, § 16: Feier des Richtfests im Tunnel; vgl. die Broschüre Der Wagenburg-Tunnel. Stuttgart 1958
40 Vgl. StAS HA 0–9. Az. 6116/10. Bü. 3/Bl. 37–11: Scheuerle an den Präsidenten des Landesarbeitsamts, 15. 8. 1942
41 ebd., Bl. 37–21: Scheuerle an Gebietsbeauftragten für die Regelung der Bauwirtschaft im Wehrkreis V, 21. 9. 1942
42 ebd., Bl. 37–29: Scheuerle an den Baubevollmächtigten des Reichsministeriums Speer für den Bezirk der Rüstungsinspektion V, 15. 12. 1942
43 Friedhelm Golücke. Schweinfurt und der strategische Luftkrieg 1943. Der Angriff der US Air Force vom 14. Oktober 1943 gegen die Schweinfurter Kugellagerindustrie. Paderborn 1980, S. 165
44 StAS HA 0–9. Az. 6207. Bü. 1/Bl. 2: Niederschrift über Besprechung am 26. 2. 1941 über die Vernebelung des Luftschutzorts Stuttgart
45 Ratsherren 18. 3. 1941, § 31
46 StAS HA 0–9. Az. 6207. Bü. 1/Bl. 8: Niederschrift über Besprechung am 20. 5. 1941 betr. Vernebelung des Luftschutzorts Stuttgart. Hier auch das Folgende.
47 ebd., Bl. 12: Bericht des Chemischen Untersuchungsamts, Jesser, an Scheuerle, 19. 6. 1941. Scheuerles Bedenken waren verständlich, zerfiel doch die Nebelsäure ($H_2 SO_3 Cl$) in Verbindung mit Wasser (H_2O) zu den nicht gerade harmlosen Stoffen Schwefelsäure ($H_2 SO_4$) und Salzsäure (HCl).
48 ebd., Bl. 23: TWS-Direktoren Stöckle und Link an Werkluftschutz-Bereichstelle Württemberg-Hohenzollern der Reichsgruppe Industrie, 27. 8. 1941
49 StAS HA 0–9. Az. 6208/9/Bl. 7: Luftgaukommando an Polizeipräsidium Stuttgart, 20. 4. 1942
50 Vgl. auch Sauer, Württemberg, S. 346
51 StAS HA 0–9. Az. 6207. Bü. 1/Bl. 34: Gienger an Strölin, 15. 4. 1942
52 StAS HA 0–9. Az. 6207. Bü. 2: Notiz Strölins über Bedenken gegen eine Vernebelung, 22. 8. 1942
53 ebd., Bericht Stöckles an Scheuerle und Strölin, 13. 5. 1942; hier auch die weiteren Ausführungen
54 So Scheuerle vor den LS-Beiräten 13. 1. 1943, § 7
55 Zu den Tarnmaßnahmen siehe StAS HA 0–9. Az. 6208. Bü. 1/Bl. 5: Bericht Scheuerles vom 30. 1. 1943; Bll. 20. 24. 40: Berichte des Leiters des Tarnstabs beim Bereichs-Werkluftschutz, Karl Elsässer, an Strölin, 1. 4.–11. 6. 1943
56 Hampe, Ziviler Luftschutz, S. 122 ff.
57 Bericht von Landeskonservator Schmidt an das Kultministerium, 14. 5. 1942, nachrichtlich an Scheuerle: StAS HA 0–9. Az 602/Bl. 8
58 HStAS E 130 IV. Bü. 1478/Bl. 509: Anordnung des Polizeipräsidenten an die Kreisleitung, die LS-Re-

viere, usw., 6. 5. 1941; Bl. 510: Notiz, 19. 5. 1941
59 ebd., Bl. 539: Anordnung Schweinles Nr. SL 239/42 vom 6. 2. 1942
60 StAS HA 0-9. Az 602/Bl. 9: Niederschrift über Besprechung bei Könekamp über das städtische Archiv und den städtischen Kunstbesitz, 15. 5. 1942
61 ebd.; siehe auch Ratsherren 7. 5. 1942, § 31
62 LS-Beiräte 3. 6. 1942, § 20 Anlage
63 StAS PA 03-0219: Erlaß an Ämter und Betriebe, i. V. Hablizel, 6. 8. 1942
64 Verwaltungsbericht 1942, S. 7
65 NSK 242, 4. 9. 1942, S. 3
66 Verwaltungsbericht 1941, S. 5; StAS HA 0-9. Az. 808/Bl. 10: Wichtiges Merkblatt für Fliegerschäden. Gemeinsam herausgegeben vom Oberbürgermeister, Kreisleiter und Polizeipräsidenten, 14. 3. 1941
67 ebd., Bl. 16-10: Stuttgarter Richtlinien für die erste Betreuung der Fliegergeschädigten und von vorsorglich Umzuquartierenden, 8. 10. 1941
68 Die Abgrenzung war in der Praxis nicht eindeutig; nach Beginn der alliierten Luftangriffe wurden die Bestimmungen im Detail überdies mehrfach geändert.

II. 5. Der Sprung auf die Fildern. Eingemeindung im Krieg

1 Zur Geschichte der Eingemeindungen bis 1939 siehe Erster Teil. Kap. V. 6, S. 235 ff.
2 Wirtschaftsbeiräte 30. 8. 1939, § 476
3 StAS NLS Bd. 43/Bl. 161: Niederschrift über Sitzung beim Stadtplanungsamt, 9. 5. 1940
4 HStAS E 151 d III. Bü. IV 50/Bl. 40: Waldmann hatte diese Argumente gegen eine großzügige Eingemeindung nach Stuttgart schon 1936/37 ins Feld geführt.
5 HStAS E 151 d III. Bü. IV 50/Bl. 98: Eingemeindungsantrag, von Strölin über MABK und den Innenminister an Reichsstatthalter, 6. 11. 1940
6 Gottfried Feder. Strukturplan für die Großsiedlung Fasanenhof der Stadt der Auslandsdeutschen Stuttgart. Berlin 1941. Der Plan, der offenbar lediglich in einem Probedruck vorhanden ist, wurde mir von Herrn Dr. Otto Schwarz zugänglich gemacht. Strölin dankte Feder geradezu überschwenglich: StAS NLS Bd. 46/Bl. 455
7 Verwaltungsbeiräte 4. 3. 1941, § 12; 11. 3. 1941, § 20
8 StAS NLS Bd. 46/Bl. 464-466: Niederschriften Strölins über Besprechungen beim Reichsstatthalter, 9. und 10. 10. 1941
10 ebd., Staatssekretär Pfundtner an Murr, 13. 1. 1942
11 ebd., Bl. 150: Landesplaner Bohnert an Murr, 27. 2. 1942
12 StAS Plieningen. Bü. 338: GR 25. 11. 1940, § 15
13 ebd., GR 24. 9. 1941 mit Schriftwechsel in Anlage
14 StAS NLS Bd. 39: Tagebuch 27. 8. 1941: Rektor Zimmermann bei Strölin; Bd. 46/Bl. 469: Niederschrift über diesen Besuch, 16. 10. 1941
15 StAS Plieningen. Bü. 338: GR 6. 11. 1941, § 6: Mitteilung von BM Faiß vor dem Gemeinderat
16 ebd., GR 8. 2. 1942, § 1 und 19. 3. 1942, § 9/Bl. 179-204 Anlage, u. a. Eingemeindungsvertrag mit Stuttgart
17 StAS Möhringen. Az. 6115: BM Neunhöffer an sämtliche Gastwirte, 24. 8. 1935; die Registratur legte das Schriftstück im Büschel Ausländer ab.
18 ebd., Az. 593: GR 26. 1. 1939, § 165
19 ebd., Az. 594: GR 30. 12. 1941, § 288
20 ebd., GR 4. 12. 1941, § 272
21 ebd., GR 5. 2. 1942, § 299 und 17. 2. 1942, § 303
22 Zum Folgenden siehe die Eingemeindungsakten von Vaihingen im Bereich des Personalwesens: StAS PA 02-739: Eingemeindungsvertrag vom 10./19. 2. 1942; Locher an Strölin, 19. 3. 1942; Leiter des Gauamts für Beamte, Schumm, an Strölin, 19. 3. 1942 sowie GR-Sitzung 18. 3. 1942
23 HStAS E 130 b. Bü. 1000/Bl. 93: Vermerk Staatsministerium über eine Äußerung von Ministerialrat Göbel, Innenministerium, 1. 5. 1942
24 StAS Stammheim. Az. 115. Bü. 1: Gemeinderat von Stammheim an württ. Innenministerium, 12. 9. 1930
25 ebd., Bü. Landrat in Ludwigsburg: Landrat Thierfelder an Innenminister, 26. 8. 1936
26 ebd., Bü. Eingemeindung der Gemeinde Stammheim nach Stuttgart/Bl. 2: Bürgermeister Renz an Murr, 6. 10. 1938

27 ebd., Bü. Vorakten: Waldmann an Innenminister, 16. 2. 1939
28 StAS Stammheim. Az. 469: GR 6. 2. 1942, § 1
29 StAS PA 02-739: Murr an Innenminister, 16. 3. 1942
30 Da Stuttgart aber, wie das Beispiel Chemnitz zeigte, mit anderen Städten kontaktierte und deren Vorreiter spielte, blieb das Verbot in dieser Hinsicht wirkungslos.
31 Verwaltungsbeiräte 24. 3. 1942, § 24: Antwort Strölins auf Frage Bühlers
32 StAS Stammheim. Az. 1115. Bü. Eingemeindung nach Stuttgart/Bl. 17: Einladung von BM Renz an Landrat Thierfelder, 24. 3. 1942; Az. 469: GR 28. 3. 1942, § 1. Strölin schrieb am 27. 3. 1942 an Thierfelder: „Die Eingemeindung von Stammheim wird den Zeitverhältnissen entsprechend nicht, wie das in früheren Fällen üblich war, von besonderen Feierlichkeiten begleitet sein können."
33 StAS NLS Bd. 30: Tagebuch 1. 4. 1942
34 StAS Möhringen. Az. 594: GR 1. 4. 1942, § 320
35 Zu Neunhöffer siehe Sauer, Württemberg, S. 91
36 HStAS E 130 b. Bü. 1000/Bl. 93: Vermerk Staatsministerium
37 Ratsherren 2. 4. 1942, §§ 18–20
38 NSK 95, 8. 4. 1942, S. 3
39 Beiräte für die Ortsämter 16. 4. 1942, § 1

II. 6. „Eine historische Reminiszenz."
Das Scheitern der auslandsdeutschen Ambitionen

1 Bericht von Schwarz vor den Ratsherren 27. 6. 1940, §§ 61, 62
2 StAS NLS Bd. 38: Tagebuch 17. 7. 1940
3 Ratsherren 5. 9. 1940, § 77
4 StAS NLS Bd. 44/Bl. 244: Bericht des SD-Leitabschnitts Stuttgart, 27. 8. 1940
5 So Strölins Darstellung zum Spruchkammerverfahren, 1. 11. 1946, betr. meinen Einsatz für verurteilte oder inhaftierte Elsässer: StAS NLS Bd. 76
6 BDC Strölin: Chef des SS-Hauptamts, SS-Gruf. Berger, an Himmler, 8. 9. 1941
7 StAS NLS Bd. 43/Bl. 172: Notiz Könekamp (hs.), 24. 5. 1940, betr. Schweiz-Entwicklung der letzten 10 Tage
8 StAS NLS Bd. 77/B. 270–275: Unterlagen von Tell Geck für das Spruchkammerverfahren gegen Strölin (Abschrift)
9 Zu den Aktionen aus Anlaß des 5. Jahrestags der Erhebung zur Stadt der Auslandsdeutschen siehe StAS 003. Bd. 22. Bü. 53
10 StAS HA 002. Bd. 7/Bl. 118: Bohle an Strölin, 23. 12. 1940. Während Strölin gegen diese Berichterstattung vorgehen wollte, reagierte Bohle auf den ihm zugesandten Artikel mit Sarkasmus: „Da ich das Exemplar nicht besitze, möchte ich von Ihrem Angebot, es mir zuzusenden, gern Gebrauch machen. Man hat nicht alle Tage Gelegenheit, sein Konterfei in ein ‚Verbrecheralbum' eingereiht zu sehen."
11 ebd./Bll. 113-1. 120-4. 122-5. 17: Schriftwechsel mit der AO bzw. in der Stadtverwaltung über Verhältnis zur AO
12 ebd./Bl. 122-5: Könekamp an Kreuse, DAI-Verbindungsmann Berlin, 9. 10. 1942
13 WuG-Beiräte 7. 9. 1936, § 124
14 So Kreisfrauenschaftsleiterin Lütze vor den Frauenbeiräten 28. 12. 1939, § 9
15 Verwaltungsbeiräte 30. 4. 1940, § 30
16 HStAS E 130 IV. Bü. 1396/Bl. 341: Reichswirtschaftsminister an die Landesregierungen, 3. 11. 1941. Zur Umsiedlung vgl. Hellmuth Hecker. Die Umsiedlungsverträge des Deutschen Reiches während des Zweiten Weltkriegs. Hamburg 1971; Dietrich A. Loeber. Diktierte Option. Die Umsiedlung der Deutsch-Balten aus Estland und Lettland 1939–1941. Neumünster 1972; Koehl, RKFDV, 1957.
17 StAS NLS Bd. 76: Strölin an Murr, 9. 9. 1941 (Abschrift); an Drauz, 11. 9. 1941 (Abschrift)
18 StAS HA 342. Bd. 102. Der Band „Rückwandererheim Hotel Central" enthält einige Restakten über Verlagerung und Zerstörung des Hauses sowie das Besucherbuch. Der größte Teil der Akten wurde 1944 zerstört.
19 Frauenbeiräte 16. 10. 1940, § 109
20 Wirtschaftsbeiräte 26. 3. 1941, § 43, Bericht Schlenkers
21 StAS PA 020-980: Bericht der Schulleiterin, Gauführerin Gertraud Petzold, 1. 5. 1940
22 ebd.: Aktennotiz Könekamps nach Besuch des Reichsjugendführers Axmann, 2. 4. 1943; siehe auch

Bericht in Sitzung der Verwaltungsbeiräte 13. 4. 1943, § 24
23 StAS HA 342. Bd. 102: Amt für auslandsdt. Angelegenheiten an Organisationsamt, 18. 8. 1945; Verlagerungen hat die HJ mit Einvernehmen mit der Stadt durchgeführt.
24 StAS HA Bü. 1/Bl. 34: Strölin an Könekamp, 7. 8. 1942
25 Bericht Csaki vor Ratsherren 13. 10. 1938, § 212
26 So Könekamp an Strölin, 3. 10. 1939, Unterrichtung über die Verhältnisse beim DAI und Notiz für eine Besprechung mit Staatssekretär von Weizsäcker: StAS HA 342. Bd. 98/Bl. 56
27 StAS HA 342. Bd. 96. Bü. 6/Bl. 1: Bericht eines DAI-Mitarbeiters namens Klein, den der zeitweise beim DAI dienstverpflichtete Maler Tell Geck nach dem Krieg als eine Art Geheimdienstchef und als Kurier für Sonderaufträge bezeichnete; vgl. StAS NLS Bd. 77/Bl. 270–275
28 Siehe BDC Karl Götz; vgl. auch Ritter, DAI, S. 82 ff. und S. 139 ff.
29 Aussage des Zeichners Eugen Schmid im Spruchkammerverfahren Strölin: StAS NLS Bd. 77/Bl. 401–403
30 HStAS E 130 IV. Bü. 1397/Bl. 275: Reichpropaganda- an Reichsinnenministerium, 19. 4. 1943; an württ. Staats- und Kultministerium, 18. 5. 1943
31 BAK R 57/164: Strölin an Greifelt, 18. 11. 1939
32 Vgl. Ritter, DAI, S. 137 ff.
33 Könekamp vor den Verwaltungsbeiräten 13. 10. 1942, § 51
34 Äußerung von SS-Obergruppenführer Lorenz, Chef der Vomi, 20. 10. 1941, zit. nach Ritter, DAI, S. 144
35 ebd., S. 136
36 StAS PA 020-980: Könekamp an Strölin, 30. 8. 1944. Hier auch die Ausführungen über Auslagerungen und Zerstörungen beim DAI
37 Vgl. die Aussage Strölins in Nürnberg als Zeuge der Verteidigung im Verfahren gegen Heß: IMT Bd. X, S. 58–88. Der Leiter der Kartenabteilung wurde ebenso wie das Institut generell entlastet; vgl. Ritter, DAI, S. 148 ff.

II. 7. „Machtkämpfe in kapitalistischer Form."
Kommunale Energiewirtschaft während des Krieges

1 StAS HA 002. Bd. 9/Bl. 45: Strölin an HAfK, 11. 9. 1939 (Abschrift)
2 StAS HA 005. Bd. 35 a./Bl. 359: Dillgardt an Strölin, 6. 12. 1939
3 Matzerath, Kommunale Selbstverwaltung, S. 408; StAS NLS Bd. 44/Bl. 210: Notizen über die Aussprachen beim Stab des Stv. des Führers betr. Energiewirtschaftsfragen am 1. 7. 1940, 3. 7. 1940
4 ebd./Bl. 238: Strölin, Gedanken über die Neuordnung der Energiewirtschaft, 27. 6. 1940 (16 S.)
5 Ratsherren 16. 7. 1940, §114; 25. 7. 1940, § 65
6 Ratsherren 23. 1. 1941, § 5
7 Ratsherren 28. 1. 1942, § 5
8 HStAS E 151 d. III. Bü. IV 443 a./Bl. 21: Innenminister an die Oberbürgermeister und Landräte, 30. 12. 1937; Bl. 29: Innenminister an Reichsinnenministerium, 21. 6. 1938
9 StAS NLS Bd. 37: Tagebuch 22. 1. 1940; 15. 2 1940
10 StAS NLS Bd. 44/Bl. 230: Niederschrift über Besprechung in Völklingen, 22. 7. 1940
11 Technische Beiräte 17. 10. 1941, § 107
12 Zur Lage der Kohleversorgung siehe die Berichte der zuständigen Referenten und TWS-Direktoren bei den Ratsherren 23. 1. 1941, § 12; Technische Beiräte 21. 2. 1941, § 11; 17. 10. 1941, § 107; Wirtschaftsbeiräte 21. 1. 1942, § 4; Technische Beiräte 23. 1. 1942, § 1
13 Technische Beiräte 25. 4. 1941, § 40
14 Ratsherren 18. 12. 1941, § 122
15 Kett, Stuttgart und das Gas, S. 120 ff.
16 Technische Beiräte 8. 4. 1938, § 238; 26. 2. 1936, § 118; 22. 1. 1937, § 36
17 Technische Beiräte 7. 3. 1941, § 20: Vertraulicher Bericht von Stadtrat Schwarz
18 ebd.; siehe auch StAS NLS Bd. 38: Tagebuch 29. 10. 1940
19 Technische Beiräte 7. 3. 1941, § 20; StAS NLS Bd. 38: Tagebuch 29. 10. 1941 und 19. 12. 1940
20 StAS NLS Bd. 38: Tagebuch 29. 10. 1941: Notiz über Gespräch mit Oberst Klett
21 ebd.: Tagebuch 19. 12. 1941
22 Technische Beiräte 7. 3. 1941, § 20; Ratsherren 13. 3. 1941, § 23; jeweils Bericht von Stadtrat Schwarz

23 StAS NLS Bd. 45/Bl. 386: Strölin an Murr, 6. 5. 1941 mit ausführlichem Bericht über den Verlauf der Auseinandersetzung mit Daimler-Benz
24 Ratsherren 28. 8. 1941, § 74. Die Verhandlungen über den Verkaufspreis zogen sich bis Anfang 1943 hin. Schließlich bezahlte Daimler-Benz 10 RM pro Quadratmeter (ins. 1,4 Mio. RM); vgl. Ratsherren 19. 3. 1943, §§ 17, 18; StAS HA 851. Bd. 144: Entschließung des Bürgermeisteramts, 22. 1. 1943
25 HStAS E 151 d. III. Bü. 196 a.: Strölin an Murr, 16. 8. 1941
26 StAS NLS Bd. 46/Bl. 493: Besprechung mit Herrn Gauamtsleiter Rohrbach am 22. 11. 1941, Stöckle 24. 11. 1941 mit Ergänzungsblatt; siehe auch HStAS E 151 d. III. Bü. 196 a.: Aktennotiz von Asmuß über Besprechung bei Innenminister Schmid, 9. 8. 1941; Strölin an Murr, 16. 8. 1941; Strölin an Rohrbach, 14. 8. 1941; Verwaltungsbeiräte 14. 8. 1941, § 56 und vor allem Rohrbachs Schreiben an Murr vom 21. 10. 1941: HStAS E 151 d. III. Bü. IV 50/Bl. 128.
27 Häberle Stuttgart und der Strom, S. 144 ff.
28 ebd., S. 86
29 Technische Beiräte 14. 8. 1942, § 49

III. 1. Die Vernichtung von „Ballastexistenzen".
Stuttgart und die sogenannte Euthanasie

1 StALB K 601. Bü. 2: Lagebericht an den Reichsjustizminister, 31. 5. 1941
2 ebd.: Bericht vom 6. 11. 1940
3 Die allgemeinen Ausführungen stützen sich auf Ernst Klee. „Euthanasie" im NS-Staat. Die „Vernichtung lebensunwerten Lebens". Frankfurt/M. 1983; Wolfgang Christian Schneider. Die Chronik der Stadt Stuttgart 1933 bis 1945 und die „Ausscheidung Minderwertiger". In: Demokratie- und Arbeitergeschichte. Jahrbuch 4/5. 1985, S. 232–310. Besonders danke ich Herrn Volker Rieß, der eine Dissertation über die Rolle der Kanzlei des Führers bei den nationalsozialistischen Massentötungen anfertigte. Er gab mir zahlreiche Hinweise und Anregungen und hat mich auch auf die Bestände der Zentralen Stelle der Landesjustizverwaltungen in Ludwigsburg aufmerksam gemacht.
4 Zit. nach Klee, Euthanasie, S. 83
5 ebd., S. 100 ff.
6 WuG-Beiräte 23. 11. 1937, § 204. Zu Grafeneck jetzt auch Karl Morlock. Wo bringt ihr uns hin? „Geheime Reichssache" Grafeneck. Stuttgart 1985.
7 Zit. nach Klee, Euthanasie, S. 91
8 HStAS E 151 k VII. Bü. 5125/Bl. 27: Stähle an Zentralleitung (ZL) für Stiftungs- und Anstaltswesen, 20. 12. 1939
9 StAS Zeitungsausschnittsammlung Box K V 1. Bü. 9: Städt. Nachrichtenamt, Material zur Eröffnung von Bau 9 des Bürgerhospitals, 23. 5. 1936
10 StALB E 191. Bü. 6861/Bl. 2: Stähle an Heil- und Pflegeanstalten, 23. 11. 1939
11 Siehe den Bericht des Chem. Untersuchungsamts der Stadt der Auslandsdeutschen, Stuttgart über das Kalenderjahr 1938, S. 23. In: HStAS E 151 k VI. Bü. 211.
12 Vgl. Klee, Euthanasie, S. 84 f., S. 474 Anm. 31
13 Zu Heeß siehe HStAS E 151 k VI. Bü. 317 a./Bl. 12; zu Widmann vgl. Klee, Euthanasie, S. 474, Anm. 31.
14 Klee, Euthanasie, S. 102; zur Auswahl der Opfer ebd., S. 115 ff.
15 ebd., S. 115
16 ebd., S. 132
17 StALB E 191. Bü. 6861: Mailänder an Ministerialdirektor Dill, 22. 2. 1940. Mailänder zitierte darin ausführlich den Brief des Vorstands der Anstalt Pfingstweide und erwähnte auch das Schreiben Schossers.
18 ebd.
19 Aussage Dr. Weskott, Weißenau, zit. nach Klee, Euthanasie, S. 134
20 VVN-A. D 188: Bericht Dr. Gutekunst, Winnenthal, 22. 7. 1945 (Abschrift)
21 Klee, Euthanasie, S. 207
22 ebd., S. 185
23 ebd., S. 194 f.: Fall der Oberschwester Anna H. in Grafeneck, die bei einem solchen Zwischenfall die Schußbahn kreuzte und erschossen wurde.
24 Zum Tötungsvorgang ebd., S. 135 ff.
25 StALB E 191. Bü. 6861: Anstaltsleiter Herrmann an die ZL, 7. 8. 1940; zu Herrmann siehe Götz Aly

u. a. Aussonderung und Tod. Die klinische Hinrichtung der Unbrauchbaren. Berlin 1985, S. 17 f.; DIE ZEIT 11, 7. 3. 1986, S. 67 f.: Ralph Habich. Die Not des Heimleiters Heinrich Herrmann mit der Ermordung seiner Pfleglinge
26 StALB E 1919. Bü. 6861: Mailänder nahm für sich in Anspruch, daß mehrere Anstalten auf seine Initiative hin von der Erfassung befreit worden seien (Paulinenpflege in Winnenden und Kirchheim, Taubstummenanstalt Wilhelmsdorf, Samariterstift Obersontheim, Fürsorgeheim Tempelhof, Heil- und Pflegeanstalt Mariaberg, Erziehungsinstitut Eckwälden). Allerdings waren zwei Erlasse des württ. Innenministeriums vom 27. 12. 1940 (X 5899) und vom 23. 1. 1942 (X 141) mit wenigen Ausnahmen an diese Anstalten adressiert; vgl. HStAS E 151 k VI. Bü. 433/Bl. 31, 46
27 Vgl. Klee, Euthanasie, S. 208, 211 und 221. Der Stuttgarter Landgerichtsdirektor holte allerdings seinen Bruder immer dann nach Hause, wenn dessen Name auf einer Verlegungsliste erschien; er wußte also Bescheid.
28 Zit. nach Klee, Euthanasie, S. 221
29 Siehe Götz Aly und Karl-Heinz Roth. Das „Gesetz über die Sterbehilfe bei unheilbar Kranken": Protokolle der Diskussion über die Legalisierung der nationalsozialistischen Anstaltsmorde in den Jahren 1938–1941. In: Roth (Hg.). Erfassung zur Vernichtung. Von der Sozialhygiene zum „Gesetz über Sterbehilfe". Berlin 1984, S. 57–159
30 Wurm an Frick, 19. 7. 1940. In: Landesbischof Wurm und der nationalsozialistische Staat 1940–1945. Eine Dokumentation. Stuttgart 1968, S. 119–124 (künftig zit. Dokumentation Wurm)
31 ebd., S. 124: Erlaß an sämtliche Dekanatämter, 27. 7. 1940
32 Vgl. Klee, Euthanasie, S. 288. Ausnahmen im Episkopat bildeten vor allem der Münsteraner Bischof von Galen, der öffentlich protestierte und sogar Anzeige wegen Mordes erstattete, sowie der Münchner Kardinal Faulhaber, der zögernde Kollegen beschied: „Es handelt sich für uns nicht um das Wie, sondern um die Tatsache der Beseitigung." (ebd., S. 287)
33 Dokumentation Wurm, S. 125 ff.: Wurm an Conti, 5. 9. 1940; S. 126 f.: Wurm an Murr, 9. 9. 1940; S. 127: Wurm an Conti, 29. 9. 1940
34 ebd., S. 125 f. Siehe auch das Schreiben an Ministerialdirektor Dill im Innenministerium, 21. 9. 1940, in dem Wurm eine „saubere gesetzliche Lösung" verlangte; ebd., S. 128
35 ebd., Wurm an Bormann, 14. 11. 1940
36 StALB K 601. Bü. 2: Lagebericht vom 31. 5. 1941
37 StALB E 191. Bü. 6861. Fasz. Grafeneck-Prozeß/Bl. 9: A. N. an Landesfürsorgeanstalt Reutlingen, 27. 1. 1941
38 VVN-A. D 188: Aussage Gutekunst, 22. 7. 1945. Bemerkenswert, daß Gutekunst noch immer in der Tarnsprache von „Verlegungen" redete
39 Dokumentation Wurm, S. 126: Wurm an Frick, 5. 9. 1940
40 Zit. nach Klee, Euthanasie, S. 317
41 Dokumentation Wurm, S. 141: Äußerung von Stähle gegenüber Oberkirchenrat Sautter bei einer Besprechung am 4. 12. 1940
42 StALB E 191. Bü. 6861/Bl. 2: Erlaß Stähle vom 9. 9. 1940; aufgehoben durch Erlaß vom 24. 4. 1941; vgl. StALB E 191. Bü. 6874/Bl. 14
43 StALB E 191. Bü. 6861/Bl. 10: Erlaß vom 23. 9. 1940
44 ebd./Bl. 2: Mailänder an württ. Innenministerium, 14. 1. 1941
45 StALB E 191. Bü. 6878/Bl. 8: Mailänder an württ. Innenministerium, 3. 3. 1941
46 ebd.,
47 WuG-Beiräte 25. 3. 1941, § 32
48 WuG-Beiräte 6. 5. 1941, § 50
49 Vgl. Klee, Euthanasie, S. 289–293
50 Den Begriff der „klinischen Hinrichtung" verwendet Aly (s. Anm. 25)
51 Zentrale Stelle der Landesjustizverwaltung Ludwigsburg (ZStLB) Ordner Verschiedenes/Bll. 1–3: Stähle an Kanzlei des Führers, 25. 11. 1942; Reichsausschuß an Stähle, 5. 12. 1942
52 Für 1944 sind Bestellungen von Luminal beim Kriminaltechnischen Institut der Sicherheitspolizei belegt. Sterbelisten und Totenscheine wiesen jedoch keien erhöhten Sterbeziffern gegenüber früher auf; vgl. Einstellungsverfügung der Staatsanwaltschaft beim Landgericht Stuttgart vom 5. 7. 1963: ZStLB 9AR-Z 340/1959
53 Vgl. ABl. 46, 15. 11. 1962, S. 13; StZ 263, 13. 11. 1962, S. 20. Es ist ein ungewöhnlicher und ungeklärter Vorgang, daß das T4-Personal Urnen ohne Anforderung verschickte. Stuttgart war jedoch kein Einzelfall, wie zufällige Urnenfunde in Konstanz belegten. Offensichtlich handelt es sich um Opfer, für die eine Amtsvormundschaft bestand. Dies bedeutete, daß die Zahl der Opfer aus Stuttgart weitaus größer

Anmerkungen zu den Seiten 395, 396 – 401

sein müßte.
54 RegBl. 4, 19. 3. 1940, S. 29 ff.
55 ebd., S. 40
56 ABl. Innenministerium 1940, S. 237 f. Der Richtsatz, der als Durchschnittswert angesehen wurde, lag für einen Erwachsenen bei 33 RM, das war ein Drittel weniger als 1933.
57 Vgl. Erster Teil. Kap. II. 5
58 WuG-Beiräte 9. 4. 1940, § 29
59 WuG-Beiräte 6. 4. 1943, § 15. Sachdarstellung des Wohlfahrtsamts.

III. 2. Kennzeichnung und Konzentration in Stuttgart, Deportation und Vernichtung im Osten. Die Ermordung der Stuttgarter Juden

1 Chronik 1933–1945, S. 397: 14./15. 6. 1937
2 Zit. Eberhard Jäckel. Hitlers Weltanschauung. Stuttgart 1981, S. 72. Hitler nahm damit eine Wendung auf, die unmittelbar nach dem Pogrom bereits Göring verwendet hatte.
3 Bei der Volkszählung am 17. 5. 1939 wurden 2222 Glaubensjuden registriert: Zelzer, Weg, S. 503; eine Wohnungszählung ergab Anfang Juni 1939 2093 Juden in Stuttgart: ABl. 91, 18. 8. 1939, S. 467
4 Raul Hilberg. Die Vernichtung der europäischen Juden. Berlin 1982, S. 135 f.; zur Organisation in Stuttgart und Württemberg vgl. Archiv Yad Vashem 0-1/285: Zeugenbericht von Theodor Hirsch, aufgenommen von Dr. Ball-Kaduri am 12. 5. 1960
5 Zur Mittelstelle siehe S. 307
6 Dokumente II Nr. 396, S. 175 f.: Erlaß Stapoleitstelle an Polizeipräsidenten, usw. 9. 9. 1939: Walk, Sonderrecht IV 7, S. 304; Gespräch mit Josef Warscher, 17. 5. 1982
7 Erinnerung von Leopold Marx, zit. nach Zelzer, Weg, S. 213
8 Dokumente II Nr. 400 b) und e), S. 181 f.
9 ebd. Nr. 397 a), S. 176
10 Lebenszeichen, S. 188: Julius Marx
11 StAS EA Bü. 400: Erlaß des Ernährungsamts, betr. Neuregelung der Ausgabe der Lebensmittel- und anderer Karten an Juden, 30. 11. 1939
12 StALB PL 501/1. Bü. 47: Rs. 57/39 der Kreisleitung an die Ortsgruppen der NSDAP in Stuttgart, 22. 9. 1939
13 Walk, Sonderrecht, IV 47, S. 312; StAS EA Bü. 400: Erlaß Reichsernährungsministerium an die Landesregierungen, 1. 12. 1939
14 ebd.: Landesernährungsamt an Keßner, 5. 1. 1940
15 Hilberg, Vernichtung der europäischen Juden, S. 112
16 StAS EA Bü. 400: Frau Luise M. an Keßner, 8. 4. 1940; Notiz des Ernährungsamts, 9. 4. 1940
17 ebd.: Keßner an Kreisorganisationsleiter Spengler, 27. 2. 1941
18 Dies und der nachfolgend zitierte Briefwechsel befinden sich ebenfalls im für diesen Vorgang grundlegenden Bestand StAS EA Bü. 400.
19 ebd.
20 ebd.: Spengler an Ernährungsamt, z. H. Direktor Keßner, 1. 10. 1940. Hier auch das Folgende.
21 ebd.: Keßner an Jüdische Mittelstelle, 2. 4. 1941
22 ebd.: Mittelstelle, Marx, an Ernährungsamt, 2. 4. 1941
23 ebd.: Mittelstelle, Marx, an SD-Leitabschnitt Stuttgart, 5. 5. 1941
24 ebd.: Schreiben an das Ernährungsamt, 5. 5. 1941
25 ebd.: Mittelstelle an SD-Leitabschnitt, 5. 5. 1941
26 ebd.: Waldmüller an Reichsstatthalter, 21. 6. 1941
27 Der Film befindet sich im Stadtarchiv Stuttgart.
28 IMT XXVIII, 1816-PS: Besprechung im Luftfahrtministerium, 12. 11. 1938
29 RGBl. 1939 I, S. 864
30 ABl. 91, 18. 8. 1939, S. 467
31 ebd.
32 Wohnungsbeiräte 29. 10. 1941, § 44. Vgl. die Zahlen bei Zelzer, Weg, S. 503
33 Dokumente II Nr. 413, S. 194
34 StAS NLS Bd. 77/Bl. 223: Mitteilung der Isr. Kultusvereinigung Württembergs an die Spruchkammer, 30. 9. 1947

35 Wirtschaftsbeiräte 4. 11. 1941, § 187
36 Dokumente II Nr. 415, S. 196 f.
37 ebd. Nr. 414 b), S. 195 f.: Auszug aus der Niederschrift über die Beratungen des Bürgermeisters mit den Ratsherren, 17. 10. 1941
38 ebd. Nr. 417, S. 198 f.
39 Franke, Juden in Heilbronn, S. 154 nach einer Mitt. der Isr. Kultusvereinigung Stuttgart
40 StALB PL 506/90. Bü. 19: HSSPF Südwest, Kaul, Standortbefehl vom 15. 8. 1941
41 RGBl. 1941 I, S. 547. Hilberg, Vernichtung der europäischen Juden, S. 131 f. nennt den Prozeß der Isolierung, Konzentration und Kennzeichnung zu Recht „Ghettoisierung".
42 NSK 13. 9. 1941, S. 4
43 NSK 273, 3. 10. 1941, S. 4
44 NSK 278, 8. 10. 1941, S. 3. Zur nachfolgend zitierten Äußerung Lechlers vgl. StZ 74, 5. 8. 1946, S. 2
45 Dokumente II Nr. 462, S. 272 ff.: Erlaß Stapoleitstelle an Landräte, Polizeidirektoren, usw., 18. 11. 1941. Der erste Hinweis auf die Deportation Stuttgarter Juden stammt vom Chef der Ordnungspolizei Daluege, der in einem Schnellbrief am 24. 10. 1941 den Befehlshabern der Ordnungspolizei die Abschiebung von 50 000 Juden „nach dem Osten" ankündigte; unter den genannten Städten im Reich und Protektorat befand sich auch Stuttgart; IMT XXXIII, 3921-PS. Der Transport sollte zuerst am 17. November die Stadt verlassen; vgl. Aussage des Leiters des Wohnungsamts, Unger, vor den Wirtschaftsbeiräten 29. 10. 1941, § 73. Zu diesem Zeitpunkt hatte die Stadtverwaltung also spätestens Kenntnis. Die Deportationen waren keine interne Angelegenheit der Polizeiorgane; Reichsbahn, Transportunternehmen, Finanzämter und kommunale Behörden waren daran beteiligt. Stuttgarts Oberfinanzpräsident erhielt Anfang November einen Erlaß des Reichsfinanzministeriums, in dem es hieß: „Als Deckwort für die Abschiebung ist in Ferngesprächen die Bezeichnung ‚Aktion 3' zu verwenden"; zit. nach Hans-Günther Adler. Der verwaltete Mensch. Tübingen 1974, S. 506. Das Zitat macht deutlich, daß die Beamten durchaus Unrechtsbewußtsein im juristischen Sinne besaßen.
46 Dokumente II Nr. 468, S. 285 ff.: Formular der Vermögenserklärung
47 ebd. Nr. 462, S. 273
48 Ungerer, Leiter des Wohnungsamts, vor Wirtschaftsbeiräten 5. 11. 1941, § 183
49 Dokumente II Nr. 465, S. 278 ff.: Rs. der Jüdischen Kultusvereinigung Württembergs an die zu Deportierenden, 19. 11. 1941
50 Erinnerungen einer Ulmer Jüdin, zit. nach Adler, Verwalteter Mensch, S. 177
51 Dokumente II Nr. 463, S. 275: Rs. der Jüdischen Kultusvereinigung an ihre Mitglieder, 17. 11. 1941
52 ebd. Nr. 464, S. 276 ff.: Aktennotiz über Besprechung des Vertrauensmanns der Jüdischen Mittelstelle mit Stapoleitstelle, 19. 11. 1941
53 Lebenszeichen, S. 94: Martha Haarburger
54 Dokumente II Nr. 471, S. 291: Aktennotiz des Vertrauensmanns, 21. 11. 1941
55 ebd. Nr. 473, S. 295 f.: Rs. der Jüdischen Kultusvereinigung, 21. 11. 1941
56 Adler, Verwalteter Mensch, S. 407
57 Dokumente Nr. 473, S. 296
58 ebd. Nr. 471, S. 292: „18. Der Transportzug steht erst Sonntag morgen ab 6 Uhr auf dem Nordbahnhof".
59 Wirtschaftsbeiräte 5. 11. 1941, § 183
60 RGBl. 1941 I, S. 722
61 Siehe die Erlebnisschilderungen bei Keil, Jüdische Bürger von Ulm, S. 240 f. und Franke, Juden in Heilbronn, S. 150 f.
62 Lebenszeichen, S. 192: Victor Marx
63 Archiv Yad Vashem 0-2/854: Bericht der Überlebenden Sofi Billig. Für großzügige Hilfe danke ich Frau Hadassah Modlinger.
64 Lebenszeichen, S. 192: Victor Marx. – Zur Mordaktion vgl. auch ZStLB II 207 AR 7/1959. Dieses Ermittlungsverfahren befaßte sich in erster Linie mit der Räumung des Rigaer Ghettos und der Ermordung der Juden in der Stadt. Die Mordaktionen gegen reichsdeutsche Juden wurde nur am Rande behandelt, da hier im Gegensatz zur Räumung des städtischen Ghettos die Möglichkeiten der Ermittler von vornherein sehr begrenzt waren. Die Untersuchungen bestätigten jedoch indirekt die Aussagen der Überlebenden:
„In regelmäßigen Abständen führte die Sicherheitspolizei außerdem Auswahlaktionen im Ghetto durch. Alte, Kranke und Mütter mit Kleinkindern wurden unter dem Vorwand, in ein anderes Lager mit besseren Lebensbedingungen verlegt zu werden, aussortiert, mit Lastwagen abtransportiert und in den Wäldern von Bickernick erschossen. Insbesondere von Anfang Februar bis Ende April 1942 wur-

den mehrere Transporte durchgeführt, zu denen sich viele Ghettoinsassen freiwillig gemeldet hatten, weil ihnen leichtere Arbeiten in einer Konservenfabrik in Dünamünde versprochen worden waren." (Sonderakten I/Bl. 92) – Die Situation in Riga, den Lagern sowie das Verhältnis von lettischen und deutschen Juden beschreibt Max Kaufmann. Churbn Lettland – Die Vernichtung der Juden Lettlands. München 1947.
65 Die Zahl der Überlebenden bei Zelzer, Weg, S. 225. Zum weiteren Schicksal in den nächsten Jahren vgl. den Bericht von J. R. Gordon „Concerning the Fate of some Jewish Survivors in South Germany", 23. 12. 1945: Archiv Yad Vashem 0-2/537
66 Franke, Juden in Heilbronn, S. 154; Keil, Jüdische Bürger in Ulm, S. 241
67 Dokumente II Nr. 485, S. 308 f.: Oberfinanzpräsident in Württemberg an die Reichsminister der Finanzen, 12. 2. 1942
68 Siehe StAS NLS Bd. 39: Tagebuch 5. 11. 1941
69 Wirtschaftsbeiräte 5. 11. 1941, § 187
70 Dort wohnten rund 100 Personen. Als später die Stadt die Häuser übernahm und als Altersheime verwendete, waren es lediglich 40 Personen. Das war ein deutliches Indiz für die Überbelegung.
71 Franke, Juden in Heilbronn, S. 223 f.
72 StAS EA Bü. 400: Aktenvermerk Steinmayer, 26. 11. 1941 (hs.)
73 Zelzer, Weg, S. 503 schätzt die Zahl der Juden am 1. 1. 1942 auf über 770. Wenn das Ernährungsamt im Dezember 1941 noch 469 führte, so lag die Zahl der sog. privilegierten Mischehepartner bei rund 300.
74 Zelzer, Weg, S. 225. Zunächst war die Deportation zwischen dem 10. und 15. April geplant; vgl. Dokumente II Nr. 489, S. 314: Rs. der Jüdischen Kultusvereinigung Württembergs an die zur Deportation bestimmten Personen, 27. 3. 1942. Im Distrikt Lublin herrschte jedoch angesichts der angekündigten Transporte aus dem Reich helle Aufregung. Der Kreishauptmann von Krasnystow, zu dem Izbica gehörte, erklärte sich erst zur Aufnahme weiterer Judentransporte bereit, nachdem SS- und Polizeiführer Höfle in Lublin ihm versichert hatte, sein Kreis werde „als erster überhaupt" von Juden „freigemacht". Die ortsansässigen Juden wurden ins Vernichtungslager Belzec, das am 17. 3. 1942 seinen Betrieb aufgenommen hatte, geschleppt und dort um den 20. März ermordet; vgl. dazu ZStLB Ordner Polen 365 b./Bll. 303, 307, 318
75 Dokumente II Nr. 498, S. 325: Bericht der Bezirksstelle Baden-Pfalz an die Reichsvereinigung der Juden, 27. 4. 1942
76 Eigene Berechnung nach den Angaben des Nekrologs bei Zelzer, Weg
77 Zelzer, Weg, S. 225; vgl. auch Archiv Yad Vashem M-1E/800-672: Bericht von Alfred Marx (Ende 1946; jiddisch)
78 Dokumente II Nr. 501, S. 329 f.: Erlaß Stapoleitstelle, 10. 6. 1942; Nr. 502, S. 329: Erlaß Stapoleitstelle, 7. 7. 1942
79 Alfred Marx. Das Schicksal der jüdischen Juristen in Württemberg und Hohenzollern 1933–1945. Villingen 1965, S. 4
80 Zelzer, Weg, S. 227
81 Dokumente II Nr. 507, S. 335: Stapoleitstelle an Landräte usw., 3. 8. 1942
82 Adler, Verwalteter Mensch, S. 201. Die Zahl erscheint bei Adler für die Stuttgarter Gemeinde, zu der aber seit 1939 der ganze Bereich von Württemberg und Hohenzollern zählte.
83 Dokumente II Nr. 508, S. 336: Erlaß Stapoleitstelle, 14. 8. 1942
84 So Alfred Marx im Gespräch am 28. 11. 1984. Diese Erinnerung wird gestützt dadurch, daß die Gestapo Anfang August die Juden nochmals erfaßte (s. Anm. 81, Erl. 3. 8. 1942).
85 Zur Differenzierung der einzelnen Gruppen vgl. Adler, Verwalteter Mensch, S. 193 ff.
86 Keil, Jüdische Bürger von Ulm, S. 270. Aus dem Erlaß Mußgays ging dies nicht eindeutig hervor. Wiederum übernahm die Spedition Barr, Möring & Co. den Transport nach Stuttgart.
87 Vgl. Anm. 83, Erl. vom 14. 8. 1942. Gemeint war der Erlaß, mit dem die Stapoleitstelle die Deportation nach Izbica angekündigt hatte.
88 RGBl. 1933 I, S. 293, S. 479. Vgl. auch Adler, Verwalteter Mensch, S. 569
89 Dokumente II Nr. 511, S. 338 ff.: Rs. der Bezirksstelle Baden-Pfalz der Reichsvereinigung der Juden, 15. 8. 1942
90 ebd. Nr. 509, S. 337: Übersicht über die Zugfahrpläne, Landratsamt Biberach
91 Bericht einer Überlebenden aus Ulm; zit. Adler, Verwalteter Mensch, S. 487
92 ebd.
93 Zelzer, Weg, S. 226. Zu den Bedingungen des Transports und im Lager Theresienstadt vgl. die Erinnerungsberichte bei Zelzer, Franke und Keil. Zu Theresienstadt allg. Hans-Günther Adler. Theresienstadt 1941–1945. Das Antlitz einer Zwangsgemeinschaft. Tübingen 1955. – Der Transport sollte am 22.

August stattfinden. Einige Überlebende meinten sich allerdings entgegen der Aktenlage zu erinnern, der Zug habe Stuttgart bereits einen Tag früher verlassen. Dieses Zeugnis sollte ernstgenommen werden, da es auch bei den früheren Deportationen zu Terminverschiebungen gekommen war; vgl. die Berichte bei Franke, Juden in Heilbronn, S. 218; bei Keil, Jüdische Bürger von Ulm, S. 275.
94 VVN-A D 747: Rs. Nr. 102 der Mittelstelle, 16. 6. 1942
95 ebd.: Rs. Nr. 101, 16. 6. 1942
96 Dokumente II Nr. 435, S. 225 ff.: Erlaß des Reichsministers für Ernährung und Landwirtschaft an die Landesregierungen, 18. 9. 1942
97 Erinnerungen von Margit Edith Oppenheimer; zit. Zelzer, Weg, S. 249
98 StZ 48, 21. 5. 1946, S. 3
99 Lebenszeichen, S. 181: Franziska Mainzer
100 ebd., S. 70 f.: Bernhard Fleischer
101 Max Krakauer. Lichter im Dunkeln. Stuttgart 1947
102 Erinnerungen von Martha Haarburger; zit. Zelzer, Weg. S. 233
103 Zelzer, Weg, S. 227 f., 233
104 Erinnerungen von Margit Edith Oppenheimer: ebd., S. 248 ff.
105 Lebenszeichen, S. 94: Martha Haarburger
106 Erinnerungen von M. Haarburger; zit. Zelzer, Weg, S. 233 f.
107 ebd., S. 265
108 So Alfred Marx im Gespräch am 28. 11. 1984
109 Vgl. Zelzer, Weg, S. 262 f. über Ernst Guggenheimer; ebd., S. 533 über Sigmund Weil; Lebenszeichen, S. 59: Alfred Einstein war Hilfsarbeiter in einer Weinhandlung. Er starb im Januar 1945. Zu Guggenheimer siehe auch Rosch Haschana 5731, S. 41: Professor Guggenheimer 90 Jahre
110 Zelzer, Weg, S. 229
111 Siehe Keil. Jüdische Bürger von Ulm, S. 281 ff.: Rs. Nr. 9 des Vertrauensmanns der in Mischehe lebenden Juden
112 StAS HA 0-9. Az. 808/9. Bü. 21: Vorsteher des Finanzamts Münsingen an Reichsverteidigungskommissar, 19. 1. 1942; am 9. 2. 1942 bei der Stadt eingegangen; Wirtschaftsamt an Scheuerle, 12. 9. 1942 nach Auskunft von Vietzen; Schreiben Stadtrat Mayer an württ. Innenministerium, 18. 9. 1942
113 Wirtschaftsbeiräte 20. 1. 1943, §§ 2, 3. Zwei Stuttgarter Metallhändler raubten Metallteile von jüdischen Friedhöfen, um angesichts der Knappheit damit ein gutes Geschäft zu machen: StZ 83, 4. 9. 1946, S. 3.
114 Siehe dazu Adler, Verwalteter Mensch, S. 202
115 Zelzer, Weg, S. 228
116 Franke, Juden in Heilbronn, S. 221 spricht Theilacker von 36 Deportierten, Zelzer nennt 35.
117 Zelzer, Weg, S. 261 f.; Dokumente II Nr. 550, S. 382: Erlaß der Stapoleitstelle vom 26. 1. 1945; siehe auch VVN-A. vorl. Bü. Juden: Eidesstattliche Erklärung von Manfred Gundelfinger, 4. 2. 1946
118 StAS PA 03-175/Bl. 23.-2: Locher an MABK, 3. 2. 1945. Locher meldet auf Erlaß vom 4. 1. 1945 vier städtische Angestellte und Beamte, die mit jüdischen „Mischlingen" verheiratet seien. „Mischlinge" selbst beschäftige die Stadt nicht.
119 Dokumente II Nr. 550, S. 382
120 Zelzer, Weg, S. 266 ff.

III. 3. Kriegsgefangene und Fremdarbeiter in Stuttgart

1 Eine Fülle von Belegen trug Mason, Arbeiterklasse und Volksgemeinschaft zusammen. – Nachdem lange Zeit nur unzureichende Untersuchungen zur Geschichte der Fremdarbeiter in Deutschland existierten, steht jetzt mit der Monographie von Ulrich Herbert. Fremdarbeiter, Politik und Praxis des „Ausländereinsatzes" in der Kriegswirtschaft des Dritten Reiches. Bonn 1985 eine vorzügliche Arbeit zur Verfügung. Zur Lage der Kriegsgefangenen vgl. Christian Streit. Keine Kameraden. Die Wehrmacht und die sowjetischen Kriegsgefangenen. Stuttgart 1978; Streit rückt v. a. die Rolle der Wehrmacht im Krieg gegen die Sowjetunion in den Blickpunkt.
2 StAS Weil im Dorf. Abl. 1983. Nr. 9312/1: Ortsbauernführer Wetzel, Weil im Dorf, an Bürgermeisteramt, 17. 10. 1941
3 HStAS E 151 k VII. Bü. 2045/Bl. 166: Präsident des Landesarbeitsamts an das Innenministerium. In der vergleichsweise hohen Zahl im Bezirk waren die im Sommer 1940 als Zivilarbeiter „entlassenen" Kriegsgefangenen eingerechnet; s. u. Anm. 7.

Anmerkungen zu den Seiten 411 – 415

4 Vgl. StAS PA 03-213. Bü. 1. Dieser Bestand enthält in erster Linie Gesetze, Erlasse, Merkblätter, aber auch einige Stuttgarter Verwaltungsvorgänge zur Beschäftigung von Fremdarbeitern bei der Stadtverwaltung.
5 StAS EA Bü. 378: Innenministerium, Bevollmächtiger für den Nahverkehr – Der Stützpunktleiter für die Bahnhöfe, Rustige, an Stalag-Kommandantur, Karlskaserne in Ludwigsburg, 8. 3. 1940. Er erwähnt in seinem Schreiben auch die Stellungnahmen des städt. Ernährungsamts und des Gewerbeaufsichtsamts.
6 Herbert, Fremdarbeiter, S. 68 ff.
7 StAS Weil im Dorf. Abl. 1983. Nr. 9312/1: Namens- und Lohnlisten der bei der Ortsbauernschaft Weil im Dorf eingesetzten Kriegsgefangenen. Zur Status-Veränderung der bisherigen polnischen Kriegsgefangenen siehe HStAS E 151 d III. Bü. IV 189 a.: Erlaß RFSSuChdt.Pol. an die Landesregierungen, 10. 7. 1940
8 BAK R 11/1241, fol. 231 ff.: Wirtschaftskammer Württemberg-Hohenzollern an Murr, 6. 11. 1941; zit. nach Herbert, Fremdarbeiter, S. 101, der die Differenz von staatlichem und populärem Rassismus ausführlicher behandelt.
9 StAS NLS Bd. 44/Bl. 216: Beigeordnetenbesprechung vom 8. 7. 1940
10 Technische Beiräte 25. 10. 1940, § 175
11 StAS HA 010. Bd. 64/Bl. 197 f.: Der Technische Referent I, Schwarz, beschwerte sich bei Locher, daß er von den Entschließungen über den Ausbau der Gefangenenlager nicht informiert worden sei, 30. 12. 1940; Locher unterstützte Schwarz gegen den Technischen Referenten II, Scheuerle, 4. 2. 1941. Dieser rechtfertigte sich damit, daß der Ausbau „ausschließlich für das Luftschutz-Sonderbauprogramm" im Auftrag des Reiches erfolgt sei, für das er als LS-Referent dem Reich verantwortlich sei, 5. 2. 1941 an Locher. –
Über den Einsatz von Fremdarbeitern und Kriegsgefangenen in der Stuttgarter Industrie lagen mir nur überaus dürftige Restbestände behördlicher Akten vor. Sie erlaubten keine sinnvolle Darstellung. Anfragen bei Firmen verliefen negativ, sei es, daß Archivalien als verbrannt genannt wurden, sei es, daß mir keine Antwort oder eine Ablehnung zugestellt wurde. Besonders bedauerlich ist, daß die Daimler-Benz AG ihr umfangreiches Material nur ausgewählten Historikern bzw. Historikern nur ausgewähltes Material zur Verfügung stellt. Für Hinweise und freundschaftliche Gespräche danke ich Prof. Dr. Bernard Bellon, Georgia Institutes of Technology, Atlanta, dessen Monographie über die Arbeiter bei Daimler, Benz bzw. Daimler-Benz in naher Zukunft auch in deutscher Sprache erscheinen dürfte. Eine wesentliche Erweiterung der Materialbasis für die Daimler-Benz AG brachte inzwischen das Daimler-Benz-Buch. Ein Rüstungskonzern im „Tausendjährigen Reich", hrsg. von der Hamburger Stiftung für Sozialgeschichte des 20. Jahrhunderts. Nördlingen 1987, das die gleichsam werks-offizielle Studie von Hans Pohl, Stephanie Habeth und Beate Brüninghaus. Die Daimler-Benz AG in den Jahren 1933 bis 1945. Eine Dokumentation. Stuttgart 1986 trotz einiger Schwächen bei weitem übertrifft.
12 RGBl. 1940 I, S. 513
13 StAS PA 03-025/Bl. 53: Erlaß Lochers vom 27. 11. 1940
14 StAS PA 03-0212: Aufstellung „für die Aufgaben der Stadtverwaltung eingestzte Arbeitskommandos", dat. 19. 2. 1941
15 StAS PA 03-025. Bü. Lagerunterbringung, Verpflegung: Aufstellung vom 27. 3. 1942. Ob diese Regelung schon Anfang 1941 in Kraft war, ließ sich allerdings nicht mit Sicherheit ermitteln.
16 StAS PA 03-0212: Tiefbauamt an Technisches Referat II, 15. 2. 1941
17 ebd.: Besprechungsniederschrift vom 5. 3. 1941
18 ebd.: Mitteilung Tiefbauamt, Heeb, an Personalamt, Widmaier, 26. 4. 1941 und Liste über den Einsatz der Kriegsgefangenen, 17. 5. 1941
19 NSK 519, 15. 12. 1939, S. 5
20 StAS PA 03-0212: Entwurf des Tiefbauamts, datiert 1. 8. 1940
21 ebd.: Aktennotizen Lochers, 1. 2. 1941, und Widmaiers, 31. 1. 1941; Kreisorganisationsleiter Spengler an Hablizel, 31. 1. 1941 sowie der sich anschließende Briefwechsel
22 RGBl. 1941 I, S. 104
23 StAS PA 03-0212: Notiz anläßlich eines tödlichen Unfalls eines franz. Kriegsgefangenen, 13. 3. 1941. Weitere Zeugnisse der Praxis auf den einzelnen Baustellen fehlen allerdings.
24 ebd.: Kind an Bauleitungen, 13. 3. 1941 aus demselben Anlaß
25 ebd.: Könekamp an Hablizel, 9. 12. 1940; Werkscharführer Holzschuh an Hablizel, 14. 12. 1940. Daß die Stadt diese Aktion noch vor dem Einspruch eingestellt hatte, änderte nichts an der Feststellung.
26 Vgl. Merkblätter und Listen: StAS PA 03-0212; hier auch das Folgende.
27 Nach Aussage Sauckels am 1. 3. 1944 waren von rund fünf Millionen ausländischer Arbeiter keine

200 000 freiwillig ins Reich gekommen; vgl. Herbert, Fremarbeiter S. 254.
28 HStAS E 151 k. VII. Bü. 2045/Bll. 251, 295 usf. enthalten vereinzelte, unvollständige Berichte des Landesarbeitsamts über Ostarbeiter-Transporte an die Stapoleitstelle und das Innenministerium.
29 StAS PA 03-0212: Fuhramt an das Personalamt, 6. 11. 1941
30 StAS PA 03-025: Fuhramt an Personalamt, 26. 3. 1942
31 ebd.: Aktenvermerk Personalamt, 8. 6. 1942
32 ebd.: Notiz Widmaier, Personalamt, 12. 6. 1942
33 ebd.: Briefwechsel Locher und TWS im Juli 1942
34 Technische Beiräte 14. 8. 1942, § 48. In Essen wohnten von 40 000 Ausländern lediglich 1170 in Privatquartieren; vgl. Herbert, Fremdarbeiter, S. 192. Angesichts der allseits festgestellten und beklagten Wohnungsnot ist diese hohe Zahl besonders erstaunlich; sie deutet darauf hin, daß der Anteil von ausländischen Arbeitern aus verbündeten und befreundeten Staaten relativ hoch gewesen sein muß.
35 Schwarz vor den Wohnungsbeiräten 29. 4. 1942, § 11 mit Kritik an der Stuttgarter Industrie. Zur Diskussion um die Lager vgl. Technische Beiräte 22. 5. 1942, § 41
36 StAS NLS Bd. 47/Bl. 574: Beigeordnetenbesprechung 31. 8. 1942
37 Ratsherren 29. 7. 1943, § 48
38 Technische Beiräte 11. 12. 1942, § 82
39 Vgl. Zweiter Teil. Kap. IV. 1
40 StAS HA 0-9. Az. 6116/10/Bl. 4-15: Scheuerle an Arbeitsamt, 28. 6. 1943
41 Technische Beiräte 23. 9. 1943, § 27
42 StAS 03-025: Locher an Arbeitsamt, 3. 12. 1942; dort weitere Schreiben ähnlichen Inhalts von Ämtern und Stadtverwaltung
43 ebd.: Dienststelle Kroatien des GBV Arbeitseinsatz an Arbeitsamt Stuttgart (OBM z. K.), 27, 11. 1942
44 ebd.: Personalamt an Rechnungsprüfungsamt, 2. 12. 1942 und 7. 1. 1943
45 ebd.: Locher an Arbeitsamt, 1. 2. 1943
46 ebd.: Locher an Strölin, 16. 2. 1943. Nachdem bereits vor dem Krieg angesichts des Personalmangels die Einstellung von früheren Sozialdemokraten, die als zuverlässig galten, erlaubt worden war, ordnete Locher am 24. 3. 1943 an, es könnten auch im Rahmen des BBG entlassene Kommunisten wieder eingestellt werden, wenn „keine Zweifel an der politischen Gesinnung" bestünden. Auch die Prüfung der politischen Zuverlässigkeit von Beamten wurde auf führende Positionen beschränkt; vgl. StAS PA 025: Erlaß Locher an Ämter und Betriebe, 24. 3. 1943
47 ebd.: Notiz Personalamt, Sauer, nach Besprechung mit Arbeitsamt Stuttgart, 11. 5. 1943
48 StAS PA 03-0212: Arbeitsamt an Stadtverwaltung, 2. 6. 1943 auf Erlaß vom 10. 5. 1943
49 StAS PA 03-025: Locher an Ämter und Betriebe, 11. 6. 1943
50 StAS PA 0212: Strölin an Arbeitsamt Stuttgart, 10. 6. 1943. Das Ergebnis des Konflikts ist nicht bekannt.
51 StAS PA 03-025: TWS an Personalamt, 15. 9. 1943. Die TWS bezahlten mit Genehmigung des Reichskommissars für Preisbildung 18 Prozent der Lohnsumme an die belgische Firma. Als sich im Herbst 1943 jedoch die Möglichkeit zu einer Dienstverpflichtung ergab, nutzten die TWS diese Gelegenheit, die Personalausgaben zu senken.
52 Herbert, Fremdarbeiter, S. 189
53 ebd., S. 170 ff.; StAS Pa 03-025: Merkblatt der DAF: Richtlinien für die Betreuung ausländischer Arbeitskräfte
54 NSK 194, 18. 7. 1944, S. 4 berichtet über das sog. Güldensporenfest der Flamen in Stuttgart; NSK 179, 3. 7. 1944, S. 4 über die Einweihung eines Heims für kroatische Arbeiter. Bei der DAF existierten Verbindungsstellen für die einzelnen „Landsmannschaften".
55 StAS PA 03-0212: Verwaltung des Tiefbauamts an sämtliche Arbeitskommandos des Kgf.-Lagers Gaisburg, 23. 7. 1942
56 HStAS E 151 k VII. Bü. 2045/Bl. 236
57 siehe WuG-Beiräte 10. 2. 1942, § 28; 18. 8. 1942, § 53; 20. 10. 1942, § 82
58 Bericht von Stadtarzt Lempp vor den Technischen Beiräten 14. 8. 1942, § 51
59 HStAS E 151 k VI. Bü. 8020/B Bll. 48, 53, 58, 64: unvollständige Berichte an das Innenministerium über Fleckfieber-Fälle
60 NSK 318, 19. 11. 1940, S. 4
61 WuG-Beiräte 4. 11. 1941, § 139
62 WuG-Beiräte 8. 2. 1944, § 10
63 HStAS E 151 k VII. Bü. 2045/Bl. 352: Anordnung des Reichsgesundheitsführers vom 11. 3. 1943
64 StAS PA 03-0212: Tiefbauamt, Kind, an Scheuerle, 21. 2. 1941. Man darf annehmen, daß in dieser Phase

der Entspannung auf dem Arbeitsmarkt um die Jahreswende 1940/41 andere Kriterien für Gesundheit bzw. Arbeitsunfähigkeit galten als 1943/44 bei wachsendem Personalmangel.
65 StAS PA 03-025. Die Berichte stammen von den Lagerführern, die zur Abteilung Arbeitseinsatz beim Tiefbauamt gehörten.
66 StAS HA 851. Bd. 144: Entschließung 56/8 II vom 15. 4. 1944
67 Vgl. die Kurzberichte der Lagerführer (S. Anm. 65)
68 Die Fremdarbeiter erhielten solche Textilien, die man nach Luftangriffen deutschen Verbrauchern nicht mehr zumuten wollte: StAS HA 851. Bd. 144: Entschließung 42/2 vom 24. 3. 1944
69 StAS PA 03-025: Bericht über das Lager Lehen, 3. 2. 1945
70 ebd.: Ermittlungsbericht nach einem Todesfall durch Alkoholvergiftung, 16. 10. 1944
71 StAS PA 03-5612/Schwerarbeiter: Scheuerle an Gewerbeaufsichtsamt, 7. 7. 1944, in gleichem Sinne am 4. 7. 1944 an den Viehwirtschafts-Verband Württemberg; StAS PA 03-025. Die Ostarbeiter waren seit 1. 5. 1944 in ihren Lohnverhältnissen den übrigen ausländischen Arbeitskräften gleichgestellt. Scheuerle wies auf diesen Umstand hin und meinte, die Gleichstellung sollte auch bei der Ernährung erreicht werden.
72 StAS NLS Bd. 40: Tagebuch 3. 5. 1942
73 StAS PA 03-025: Stapoleitstelle Stuttgart an Oberbürgermeister, 17. 2. 1944
74 ebd.: Bürgerhospital-Verwaltung an Personalamt, 8. 3. 1944
75 Siehe dazu StAS Möhringen. Az. 4733: zwei polnische Landarbeiter geflüchtet (14. 7. 1940); PA 03-0212: neun Kriegsgefangene geflohen (20. 5. 1941, Tiefbauamt an Personalamt); PA 03-025: sieben Ostarbeiter, davon zwei Frauen vom Lager Killesberg (30./31. 7. 1942). Für die folgenden Jahre postulierte Herbert eine Zunahme der Fluchtversuche und abnehmende Fahndungserfolge; für Stuttgart fehlen jedoch nähere Angaben.
76 So J. A. Brodski. Im Kampf gegen den Faschismus. Sowjetische Widerstandskämpfer in Hitlerdeutschland 1941-1945. Berlin 1975 nach einem Bericht der Münchner Gestapo im Zentralen Parteiarchiv der SED im Institut für Marxismus-Leninismus
77 ebd., S. 444
78 Verwaltungsbericht 1943, S. 3
79 StAS EA Bü. 199: Verzeichnis der 66. Versorgungsperiode, 6. 10. 1944
80 StAS NLS Bd. 41: Tagebuch 26. 1. 1943
81 BAK R 58/163: Meldungen aus dem Reich, 2. 8. 1941
82 BAK R 58/172: Meldungen aus dem Reich, 28. 5. 1942
83 StALB K 601. Bü. 2: Lagebericht vom 30. 9. 1940
84 StZ 9, 30. 1. 1946, S. 3 veröffentlicht ein Bild eines solchen Vorfalls; die Zuordnung zu einer Person und ihrem Schicksal bleibt unklar. Vgl. auch StZ 66, 20. 8. 1947, S. 3: Bericht über ein Urteil der 3. Strafkammer des Landgerichts Stuttgart, das mehrere Angeklagte zu der Höchststrafe von acht Monaten Gefängnis verurteilte, weil sie 1941 einer Frau die Haare abgeschnitten und ein Plakat mit der Aufschrift „Polenhure" umgehängt hatten.
85 StALB K 601. Bü. 2: Lagebericht vom 6. 11. 1940
86 Zum Sonderrecht für die Polen und später die Ostarbeiter siehe Herbert, Fremdarbeiter, S. 74 ff. und S. 240 ff.
87 StALB K 601. Bü. 2: Lagebericht vom 31. 5. 1941
88 ebd.: Lagebericht vom 28. 1. 1943
89 ebd.
90 StALB E 323 II. Bü. 14. Fasz. 16. Der Bestand enthält Restakten staatsanwaltschaftlicher Vorermittlungsakten, erlaubt jedoch aufgrund der Lückenhaftigkeit keine generellen Aussagen über das Vorgehen der Stuttgarter Justiz. Es handelte sich ohnehin um „leichtere Fälle", bei denen die Staatspolizeileitstelle auf ihr Sonderrecht zur Einweisung in ein Arbeitserziehungslager oder Konzentrationslager ohne Einschaltung der Justiz verzichtet hatte.
91 StALB E 323 II. Bü. 45. Fasz. 56: Urteil vom 29. 8. 1944: sechs Monate Gefängnis für eine Frau: Das Gericht sah einen Geschlechtsverkehr als „nicht erwiesen" an.
92 StALB E 323 II. Bü. 35. Fasz. 26: Urteil vom 19. 8. 1943
93 Vgl. Herbert, Fremarbeiter, S. 292 und S. 294 ff.
94 NSK 294, 9. 11. 1944, S. 4
95 So Herbert, Fremdarbeiter, S. 292 f. aufgrund der Situation in Westdeutschland, wo die Quellenlage günstiger war als für Stuttgart.
96 StZ 148, 30. 6. 1973, S. 59; vgl. auch Sauer, Württemberg, S. 421 f. Die Reaktion auf den Leserbrief war – soweit in der StZ abgedruckt – äußerst gering; lediglich ein Leserbrief erschien in den nächsten Wochen.

97 Vgl. den Bericht im VVN-A. D 290 aufgrund der Aussagen zweier polnischer Häftlinge. Danach auch Walter Nachtmann. Ein unbekanntes Konzentrationslager mitten in Stuttgart. Katalog Anpassung – Widerstand – Verfolgung, S. 566 f. Siehe auch Vorläufiges Verzeichnis der Haftstätten unter dem Reichsführer-SS. 1933–1945. I. Bd. Arolsen 1969, S. 251, 253, 255. Der Suchdienst des Int. Roten Kreuzes erklärte sich auf Anfrage außerstande, weitere Einzelheiten zu ermitteln.
98 Eine Kritzelei an der Tür des ehemaligen Gestapo-Gefängnisses „Hotel Silber" in der Dorotheenstraße 10 kündet davon: „Capo Michat, 7. SS-Baubrygady K. L. Ausschwitz Gef.-Nr. 162262 Polak Radom Zeromskiego 3" (vermutlich). Für den Hinweis auf die Türe und seine Unterstützung danke ich Herrn Gebhard Blank, Stadtarchiv Stuttgart.

IV. 1. „Nun erst recht dürfen wir den fanatischen Glauben an unsere Gemeinschaft nie wieder lassen." Der totale Krieg erreicht Stuttgart

1 StALB K 601. Bü. 1: Lagebericht vom 28. 1. 1943
2 NSK 28, 29. 1. 1943, S. 3
3 NSK 31, 1. 2. 1943, S. 4
4 StAS NLS Bd. 41: Tagebuch 31. 1. 1943
5 ebd.: Tagebuch 4. 2. 1943
6 StALB K 601. Bü. 2: Lagebericht vom 31. 5. 1943
7 NSK 34, 4. 2. 1943, S. 3
8 Vgl. Walter Hagemann. Publizistik im Dritten Reich. Hamburg 1948 S. 464ff. Zum Text vgl. Helmut Heiber (Hg.). Goebbels-Reden Bd. 2. Düsseldorf 1972, S. 172–208; zu den Gemeinschaftsveranstaltungen NSK 47, 17. 2. 1943, S. 4
9 NSK 61, 3. 3. 1943, S. 3
10 Bardua, Luftkrieg, S. 39
11 Haushaltungsbuch, Eintrag 11. 3. 1943
12 Bardua, Luftkrieg, S. 50
13 Ratsherren 19. 3. 1943, § 7
14 Bardua, Luftkrieg, S. 51 f. mit weiteren Literaturangaben
15 NSK 70, 12. 3. 1943, S. 1
16 NSK 77, 19. 3. 1943, S. 3 (Foto auf S. 1)
17 Dokumentation Wurm, S. 449–453
18 Bardua, Luftkrieg, S. 52. Soweit nichts anderes vermerkt ist, stammen die Angaben zu den einzelnen Luftangriffen aus dieser Luftkriegs-Chronik.
19 ebd., S. 52 sprach von rund 400 getöteten Kriegsgefangenen. Strölin hielt in seinem Diensttagebuch den Tod von 487 russischen und französischen Gefangenen sowie von 14 sog. Zivilrussen fest: StAS NLS Bd. 41: Tagebuch 15. 4. 1943
20 NSK 104, 15. 4. 1943, S. 1
21 Die Zahl der deutschen Opfer wurde in den nächsten Tagen fortlaufend nach oben korrigiert, hingegen war immer ohne genaue Zahlenangabe von einigen hundert getöteten Gefangenen die Rede.
22 StAS NLS Bd. 41: Tagebuch 15. 4. 1943
23 Ratsherren 13. 5. 1943, § 23
24 StAS HA 0–9. Az. 808/10/Bl. 38: Strölin an Bekleidungsamt Berlin, 19. 4. 1943, 18.55 Uhr
25 Ratsherren 17. 6. 1943, § 27
26 Verwaltungsbericht 1943, S. 2
27 StAS PA 020-1230 enthält die restlichen Verwaltungsakten über die Schaffung des Kriegsschädenamts und organisatorische Einzelheiten.
28 StALB PL 704. Bü. 4 a: Kreisstabsamtsleiter Riegraf vor den Politischen Leitern des Kreises Balingen der NSDAP, 3. 2. 1944

IV. 2. „Stuttgart ist verhältnismäßig noch recht gut weggekommen."
Alliierte Luftangriffe – Reaktionen und Folgen

1 Zum Luftangriff vgl. Charles Webster und Noble Frankland. The Strategic Air Offensive against Germany 1939–1945. Bd. II. London 1961, S. 131. Zu den Luftangriffen auf Hamburg siehe Martin Middlebrook. Hamburg Juli '43. Alliierte Luftstreitkräfte gegen eine deutsche Stadt. Berlin/Frankfurt/M. 1983. Dabei verwendeten die Alliierten das sog. Window-Verfahren, bei dem Stanniolstreifen die Radarüberwachung durch Vortäuschen eines Bomberstroms irreführten; vgl. Bardua, Luftkrieg, S. 47.
2 StAS NLS Bd. 48: SD-Stimmungsbericht vom 5. 8. 1943
3 ebd.: Bericht vom 5. 10. 1943
4 Ratsherren 26. 8. 1943, § 61
5 StAS NLS Bd. 48: Stimmungsbericht vom 6. 8. 1943
6 NSK 214, 7. 8. 1943, S. 4
7 StAS NLS Bd. 48: Stimmungsbericht vom 5. 8. 1943
8 ebd.: Bericht vom 10. 9. 1943
9 ebd.: Bericht vom 30. 8. 1943
10 Vgl. die Ausführungen von Kreisstabsamtsleiter Riegraf im Gustav-Siegle-Haus vor Politischen Leitern der NSDAP des Kreises Balingen am 3. 2. 1944: StALB PL 704. Bü. 4 a.
11 Verwaltungsbeiräte 15. 9. 1943, § 58; Craven/Cate, Army Air Forces, Bd. 2, S. 688
12 ebd., S. 689; Bardua, Luftkrieg, S. 58
13 StAS NLS Bd. 48: SD-Stimmungsbericht vom 10. 9. 1943
14 Ratsherren 7. 10. 1943, § 67
15 Zum Angriff am 7./8. 10. 1943 siehe Bardua, Luftkrieg, S. 62 ff.; LS-Beiräte 20. 12. 1943, § 15
16 Ausführungen Scheuerles über Schäden: LS-Beiräte 20. 12. 1943, § 15
17 NSK 276, 8. 10. 1943, S. 4
18 StAS EA Bü. 5: Verwaltungsbericht des Ernährungsamts für 1943, S. 3; EA Bü. 218: Strölin an württ. Wirtschaftsministerium, 6. 8. 1943
19 Totalgeschädigte erhielten einen Vorschuß auf die spätere Schadenserstattung. An Kleidung konnten sie auf einen Sammelbezugschein bekommen: Männer einen Anzug, ein Ober- und ein Unterhemd, eine Unterhose, zwei Paar Socken oder Strümpfe, zwei Kragen, eine Krawatte, ein Handtuch, einen Schal, ein Paar Handschuhe, drei Taschentücher, einen Hut und ein Nachthemd. Für Frauen über 15 Jahre waren vorgesehen: ein Kleid oder ein Rock und eine Bluse, ein Unterkleid, ein Hemd, ein Schlüpfer, zwei paar Strümpfe, ein Büstenhalter, ein Hüftgürtel, ein Handtuch, eine Schürze, einen Hut, einen Schal, ein Paar Handschuhe, drei Taschentücher, ein Nachthemd; vgl. StAS Feuerbach. Abl. 1983. Bü. Fliegerschäden/Bl. 96: Auszug aus dem Sammelbezugschein des Wohlfahrtsamts für Fliegergeschädigte
20 So der Verwaltungsbericht des Ernährungsamts für 1943, S. 3 (s. Anm. 18)
21 Vgl. die Berichte des Statistischen Landesamts über die allgemeine Versorgungslage: HStAS E 397. Bü. 69.
22 SD-Berichte zu Inlandsfragen (Weiße Serie), 17. 6. 1943. In: Heinz Boberach (Hg.). Meldungen aus dem Reich. Die geheimen Lageberichte des Sicherheitsdienstes der SS 1938–1945. Herrsching 1984. Bd. 14, S. 5373–5376
23 Ratsherren 16. 12. 1943, § 90
24 Vgl. dazu auch den Bericht des Statistischen Landesamts zum Preisüberwachungsbericht vom 15. 12. 1943, 5. 1. 1943: HStAS E 397. Bü. 69/Bl. 137.
25 ebd.; hier die Stellungnahme der Gestapo erwähnt
26 StAS NLS Bd. 41: Tagebuch 29. 10. 1943
27 Die Stadt Stuttgart klagte, daß das Landeswirtschaftsamt das Verbot nicht aufhob, obwohl in Stuttgart noch komplette Zimmer vorhanden seien; Bericht Keßners vor Wirtschaftsbeiräten 22. 9. 1943, § 43.
28 NSK 253, 15. 9. 1943, S. 4; 269, 1. 10. 1943, S. 4
29 StAS HA 0–9. Az. 805: Bericht des SD-Leitabschnitts Stuttgart, 28. 10. 1943; hier auch die folgenden Zitate.
30 ebd.: Strölin an Scheuerle, 4. 11. 1943
31 ebd.: Locher an Strölin, 9. 11. 1943
32 Siehe Bardua, Luftkrieg, S. 67: Zu den Angriffen auf die Untertürkheimer Werksanlagen siehe Kap. V. 4, S. 464

33 Statistisches Handbuch der Stadt Stuttgart 1900–1957. Stuttgart 1959, S. 240
34 BAK R 8 II/79: Schreiben des Bezirksbevollmächtigten Fehrenz an die Reichsstelle für Kleidung und verwandte Gebiete, 15. 12. 1943
35 NSK 327, 26. 11. 1943, S. 3
36 StAS NLS Bd. 48: SD-Stimmungsbericht vom 3. 12. 1943
37 Statistisches Handbuch der Stadt Stuttgart 1900–1957, S. 240; Einzelheiten bei Bardua, Luftkrieg, S. 68 ff.
38 NSK 50, 21. 2. 1944, S. 1; Webster/Frankland, Air Offensive, Bd. II, S. 206
39 Ratsherren 24. 2. 1944, § 29
40 Bardua, Luftkrieg, S. 71; Reinhold Maier. Ende und Wende. Das schwäbische Schicksal 1944 bis 1946. Stuttgart/Tübingen 1948, S. 16 ff.; Wolfgang Zeller. Blätter der Erinnerung für die Glieder der früheren Garnisonskirchengemeinde in Stuttgart. Stuttgart 1949, S. 6
41 Ratsherren 24. 2. 1944, § 29; Mitt. 12, 2. 3. 1944, S. 25
42 Beigeordnetenbesprechung am 22. 2. 1944: StAS HA-Restakten
43 Ratsherren 24. 2. 1944, § 10
44 Bardua, Luftkrieg, S. 72; zu den Angriffen auf Augsburg und Regensburg vgl. Craven/Cate, Army Air Forces, Bd. 2, S. 35–41
45 Siehe dazu die Aufnahme eines Aufklärungsflugzeugs bei Bardua, Luftkrieg, Bildteil Nr. 33.
46 Golücke, Schweinfurt, S. 84 ff., S. 91
47 ebd., S. 369, 394–399: Zu den Verlagerungen siehe Kap. IV. 4, S. 457 ff.
48 Webster/Frankland, Air Offensive, Bd. II, S. 207
49 Bardua, Luftkrieg, S. 74–77
50 In Stuttgart kursierten Gerüchte, wonach das Neue Schloß überhaupt nicht gerettet werden sollte, da es führende Parteikreise an ihren Umgestaltungsplänen hinderte; mündl. Mitteilung von Herrn Hermann Ziegler, Stuttgart
51 BAK R 8 II/79: Bezirksbevollmächtigter Fehrenz an Reichsstelle für Kleidung und verwandte Gebiete, 8. 3. 1944
52 ebd.
53 Beigeordnetenbesprechung am 3. 3. 1944, Bericht Scheuerles: HA-Restakten
54 Einzelheiten bei Bardua, Luftkrieg, S. 78 ff.
55 Webster/Frankland, Air Offensive, Bd. II, S. 207; NSK 74, 16. 3. 1944, S. 1. Martin Middlebrook und Heinz Bardua. Gezielter Verrat? In: Wehrwiss. Rs. 26. 1977, S. 94–99 vermuten sogar eine allgemein gehaltene, gezielte Vorinformation durch einen alliierten Spion, der im Hinblick auf die Invasion als glaubwürdig aufgebaut werden sollte.
56 BAK R 8 II/79: Bezirksbevollmächtigter Fehrenz an Reichsstelle für Kleidung und verwandte Gebiete, 20. 5. 1944
57 StALB PL 704. Bü. 4: Zusammenstellung über Personen- und Gebäudeschäden etc. bei Luftangriffen im Kreis Stuttgart, Stichtag: 28. 4. 1944
58 Beigeordnetenbesprechung am 17. 3. 1944: StAS HA-Restakten
59 StALB PL 704. Bü. 4: Bericht von Ortsgruppenleiter Häring an Kreisstabsamt, 2. 4. 1944
60 HStAS E 397. Bü. 69/Bl. 149: Bericht des Statist. Landesamts zum Preisüberwachungsbericht vom 15. 6. 1944, 6. 7. 1944
61 ebd.
62 Siehe Bericht Lochers vor den Ratsherren 23. 3. 1944, § 16
63 RGBl. 1944 I, S. 23
64 StAS HA-Restakten 005. Bü. 2/Bl. 1: Strölin an Fischer, 17. 5. 1944; Bl. 24: Niederschrift über gemeinsame Besprechung am 2. 6. 1944, gefertigt von Hablizel
65 StAS HA 0-9. Az. 808/6/Bl. 90: Niederschrift über Besprechung mit den Leitern der Notdienststellen, 25. 5. 1944

IV. 3. Infanterie der Heimat. Der Kampf der Bevölkerung ums Überleben

1 StAS HA 0–9. Az. 6116/50 a.: Bericht Scheuerles, 15. 4. 1943. Zu den bisherigen LS-Maßnahmen vgl. S. 359 ff.
2 StAS HA 0–9. Az. 6116/9/Bl. 2–42: Scheuerle an den Bezirksbeauftragten des Ministeriums Speer, 20. 5. 1943
3 StAS NLS Bd. 48/Bl. 628: Notzen über eine Besichtigung von Luftschutzräumen am 27. und 28. 3.

Anmerkungen zu den Seiten 442 – 448 629

1943
4 StALB Pl 704. Bü. 4 a): Bericht der Kreisleitung aus Anlaß des Besuchs der Reichsinspektion für zivile Kriegsmaßnahmen am 12./13. 7. 1944
5 Die NSDAP nahm für sich in Anspruch, die Durchbrüche nach langen Auseinandersetzungen mit den Behörden durchgesetzt zu haben; vgl. die Rede Riegrafs am 3. 2. 1944: StALB PL 704. Bü. 4 a).
6 StAS HA 0–9. Az. 6116/40 a/Bl. 68: Ortsgruppe Botnang, Heppeler, an die Kreisleitung der NSDAP, Kreisstabsamt, 18. 5. 1943 (Abschrift)
7 LS-Beiräte 30. 6. 1943, § 9: Scheuerle äußerte sich distanziert, zugleich wurde aber der erste Antrag zum Bau eines Stollens im Westen genehmigt: StAS HA 0–9. Az. 6166/50: LS-Stollen unterhalb der Zeppelinplatte
8 August Bohnert. Autobiographische Schilderungen. StAS Kc. 275
9 ebd.
10 Strölin, Endstadium, S. 22 f. stellt die Dinge aus verständlichen Gründen etwas anders dar und reklamiert den umfassenden Stollenbau für sich bzw. die Stadtverwaltung.
11 StAS HA 0–9. Az. 6116/10. Bü. 3: Scheuerle an Landesarbeitsamt, 25. 8. 1943
12 ebd.: Scheuerle an Bezirksbevollmächtigten des Ministeriums Speer, 27. 8. 1943
13 StALB E 180 II-V. Bü. 208/Bl. 122: Zwei der nach Stuttgart abgeordneten Beamten stellten ihre Tätigkeit als unwichtig dar und gaben an, teilweise unbeschäftigt herumzusitzen. In einem Schreiben an die MABK widersprach die Stadt dieser Darstellung und verlangte im Gegenteil einen Verbleib der Arbeitskräfte; Locher an MABK, 23. 7. 1943.
14 StAS HA 0–9. Az. 6116/50. Bü. Stollen in Rohr: Ortsgruppe Rohr a. d. F. über die Kreisleitung an Scheuerle, 30. 9. 1943
15 Ratsherren 7. 10. 1943, § 67. Der Hinweis auf die „wilde Jagd" von Personenwagen zeigt, daß sich zahlreiche Angehörige von Dienststellen und Behörden auf den Weg machten, denn der private Pkw-Verkehr war erheblich eingeschränkt worden.
16 StAS NLS Bd. 48/Bl. 658: Strölin an Polizeipräsident Schweinle, 16. 7. 1943
17 StAS HA 0–9. Az. 6116/45. Bü. 25/Bl. 8–46: Schweinle an die Bauleiter des LS-Amts, 11. 11. 1943; Bl. 56: Besprechung mit Scheuerle, 26. 11. 1943
18 ebd./Bl. 8–57: Strölin an HSSPF Hoffmann, 29. 11. 1943. Hofmann hatte im April des Jahres den bisherigen HSSPF Kaul abgelöst
19 Ratsherren 3. 2. 1944, § 3. Bericht Scheuerles; dort die weiteren Ausführungen
20 Vertrauliche Mitteilung Scheuerles an die LS-Beiräte 11. 2. 1944, § 1
21 HStAS E 151 c III. Bü. 10/1/Bl. 55: Murr an Fischer, 4. 3. 1944
22 NSK 126, 10. 5. 1944, S. 4
23 NSK 75, 17. 4. 1944, S. 4
24 Otto Schulz. Selbsterlebtes aus Stuttgarts Luftkriegstagen, S. 29 f. (StAS Kc. 677; masch.)
25 StALB PL 704. Bü. 4 a): Bericht der Kreisleitung für Besuch der Reichsinspektion für die zivilen Kriegsmaßnahmen am 12./13. 7. 1944
26 StAS HA 0–9. Az. 6116/50. Bü. Ortsgruppe Sillenbuch, Zelle Riedenberg an Strölin, betr. Stollenbau in Riedenberg, 10. 6. 1944
27 Vgl. auch LS-Beiräte 14. 7. 1944, § 22, 23
28 NSK 342, 13. 12. 1943, S. 4
29 StAS HA 0–9. Az. 6116/50. Bü. LS-Stollen in der Parlerstr. 61–63/Bl. 3: Kälble an Kreisleitung, 19. 11. 1943
30 StALB PL 704. Bü. 4 a): Bericht der Kreisleitung, Juli 1944 (s. Anm. 4)
31 Einen Hinweis auf einen solchen Fall verdanke ich Frau Henny Trautmann, Stuttgart
32 StALB PL 704. Bü. 4 a): Bericht der Kreisleitung, Juli 1944 (s. Anm. 4)
33 Mitt. 44, 14. 7. 1944, S. 85; StAS HA-Restakten: Planbesprechung mit der Reichsinspektion im Kleinen Haus der Staatstheater, 13. 7. 1944
34 LS-Beiräte 7. 6. 1944, § 11
35 LS-Beiräte 14. 7. 1944, § 27
36 StALB PL 704. Bü. 4 a): Rede Riegraf (s. Anm. 5); er meinte wohl eher die topographische Lage.

IV. 4. „Nach dem Rest wird geforscht." Eine Großstadt wird entvölkert

1 Einen Überblick bei der Sitzung der Wohnungsbeiräte 21. 4. 1943, § 1. Eine Übersicht über die Entwicklung der Lage am Wohnungsmarkt nach Beginn des Luftkriegs über Stuttgart: StAS HA 0–9. Az. 808/11. Bü. 1/Bl. 47: Unterbringung der fliegergeschädigten Familien. Aufstellung vom 17. 11. 1943 für den Zeitraum 20. 4.–13. 11. 1943
2 Wohnungsbeiräte 21. 4. 1943, § 1. Hier auch das Folgende.
3 StAS NLS Bd. 37: Tagebuch 12. 9. 1939; vgl. auch Tagebuch 6. 9. und 27. 9. 1939
4 ebd.: Tagebuch 28. 10. 1939; 11. 11. 1939 und Bd. 42/Bl. 30: Beigeordnetenbesprechung vom 23. 10. 1939; Frauenbeiräte 17. 10. 1939, § 65
5 NSK 99, 10. 4. 1943, S. 4; Frauenbeiräte 13. 4. 1943, § 15
6 NSK 104, 15. 4. 1943, S. 4
7 NSK 124, 7. 5. 1943, S. 4
8 StAS NLS Bd. 48/Bl. 661: Beigeordnetenbesprechung vom 26. 7. 1943
9 StAS HA 0–9. Az. 6116/10. Bü. 3/Bl. 235 a.: Niederschrift über Besprechung beim Reichsstatthalter am 23. 7. 1943; siehe dazu auch Schreiben Murrs an Strölin, 23. 7. 1943: StAS HA 0–9. Az. 6116/11. Bü. 1./Bl. 16–44.
10 So etwa Ratsherr Bühler bei Wohnungsbeiräten 21. 4. 1943, § 1
11 StAS Feuerbach. Abl. 1983. Bü. 2/Bl. 39: Mitteilung des Leiters der Feuerbacher Geschäftsstelle des Wohlfahrtsamts an die Außenstellen über Anweisung Schweinles an die NSV-Kreisamtsleitung vom 24. 6. 1943, 2. 7. 1943
12 Ratsherren 26. 8. 1943, § 62
13 StAS NLS Bd. 48: SD-Stimmungsbericht vom 12. 8. 1943
14 StAS HA 851. Bd. 144: Entschließung 1 III vom 24. 9. 1943
15 HStAS E 151 k VII. Bü. 8176/Bl. 136: Innenminister an Reichsgesundheitsführer, 6. 9. 1943
16 Ratsherren 7. 10. 1943, § 69
17 ebd.
18 WuG-Beiräte 9. 11. 1943, § 56; 14. 12. 1943, § 63
19 HStAS E 151 c II. Bü. 750/Bl. 8: Strölin an Innenminister, 13. 9. 1943
20 Ratsherren 7. 10. 1943, § 70
21 BAK NS 25/1664, fol. 23: Erlaß Reichsinnenministerium an Landesregierung , 2. 11. 1943
22 HStAS E 151 c II. Bü. 10/1/Bl. 15: Bericht des Innenministeriums an Reichsstatthalter, Evakuierungsstatistik, Stand 25. 11. 1943
23 Ratsherren 7. 10. 1943, § 70: Einschließlich der rund 20 000 evakuierten Schüler sprach die Stadtverwaltung von 70 000 Personen.
24 StALB E 202. Bü. 575: Ministerialabteilung für höhere Schulen an die Leiter der höheren Schulen in Stuttgart, 19. 8. 1943
25 ebd.
26 ebd.
27 StAS NLS Bd. 48/Bl. 677: Beigeordnetenbesprechung am 10. 9. 1943; vor den Verwaltungsbeiräten 15. 9. 1943, § 59 nannte Könekamp den Verlauf „recht stürmisch".
28 StAS NLS Bd. 48: SD-Stimmungsberichte vom 31. 8. und 7. 9. 1943
29 Verwaltungsbeiräte 15. 9. 1943, § 70
30 Ratsherren 7. 10. 1943, § 70
31 StAS NLS Bd. 48/Bl. 677: Beigeordnetenbesprechung am 10. 9. 1943
32 Bericht Könekamps vor den Ratsherren 7. 10. 1943, § 70
33 Siehe dazu Kap. V. 1.
34 StALB E 202. Bü. 575: Ministerialabteilung für höhere Schulen an Kultministerium, 14. 10. 1943; an die Leiter der höheren Schulen in Stuttgart, 16. 10. 1943
35 HStAS E 151 c III. Bü. 4/2/Bl. 29: BM Biberach an Landrat in Biberach, 24. 9. 1943; von dort ans Innenministerium weitergeleitet
36 StALB E 202. Bü. 575: Ministerialabteilung für höhere Schulen an die Leiter der verlegten und noch zu verlegenden Schulen, 18. 11. 1943
37 Beiräte für Schulfragen 14. 12. 1943, § 1
38 StAS NLS Bd. 48/Bl. 707: Bericht Könekamps über den Besuch, 15. 12. 1943; Bericht Strölins vor den Ratsherren 16. 12. 1943, § 89
39 ebd.
40 Nach Angaben des NSK 273, 14. 10. 1943, S. 4 waren von den Todesopfern des großen Luftangriffs am

12. 9. 1944 25 Prozent ältere Menschen über 65 Jahre und 5 Prozent Kinder, die bei einer Evakuierung hätten gerettet werden können.
41 StAS NLS Bd. 77/Bl. 127: Brief Strölins vom 5. 1. 1944. Strölin erhielt Antworten sowohl als Einzelschreiben wie als klassenweise Briefe. Da die im Stadtarchiv erhaltenen Briefe jedoch für die Stuttgarter Luftkriegschronik offensichtlich bearbeitet worden sind, ist kaum zu entscheiden, inwieweit es sich um originale Schreiben der Schülerinnen und Schüler und inwieweit um propagandistische Texte handelt; vgl. Zeitungsausschnittsammlung G II/2/22
42 StALB PL 704. Bü. 4 a): Riegraf vor Politischen Leitern der NSDAP des Kreises Balingen, 3. 2. 1944
43 HStAS E 151 c III. Bü. 10/1: Reichspropagandaministerium an die Gauleitungen, 22. 2. 1943
44 Ratsherren 16. 12. 1943, § 89
45 HStAS E 200. Bü. 148: Kimmich an Kultministerium, 11. 5. 1944
46 ebd.: Ministerialabteilung für die Volksschulen an Kultministerium, 16. 5. 1944
47 ebd.: hs. Notiz (vermutlich Meyding), 16. 6. 1944. Ministerialdirektor Dill berichtete Ende Mai 1944 dem Reichsstatthalter, daß infolge von Schulentlassungen und unerlaubter Rückkehr die Zahl der evakuierten Schüler um rund 1000 zurückgegangen sei. Genauere Angaben ließen sich nicht ermitteln: HStAS E 151 c. III. Bü. 10/2/Bl. 96: Dill an Murr, 24. 5. 1944
48 StAS HA Az. 2046-3: Könekamp an Strölin, 11. 10. 1944
49 ebd.: Ernst Schröpfer an Ortsschulrat, 24. 2. 1945
50 StAS HA 0–9. Az. 601/Bl. 24–29: Stadtrechtsrat Waldmüller an Firma Hermann & Meyding, 15. 12. 1943
51 Herbst, Totaler Krieg, S. 119 behandelt ausführlich die strukturellen, politischen und gesellschaftlichen Implikationen der Wirtschaft im totalen Krieg, u. a. auch den Zusammenhang mit der Stimmung der Bevölkerung (S. 171–197) und dem reaktiven Krisenmanagement der Führung (S. 198–241).
52 RGBl. 1943 I, S. 67
53 RGBl. 1943 I, S. 75
54 BAK R 8/245: Reichswirtschaftsminister an die Reichsstatthalter, Landesregierungen, usw. 16. 3. 1943
55 StAS EA Bü. 462: Landeswirtschaftsamt an Oberbürgermeister, 6. 4. 1943
56 Ratsherren 29. 7. 1943, § 55
57 StAS NLS Bd. 48: SD-Stimmungsbericht vom 7. 8. 1943
58 BAK NS 6/291: Mauer an Parteikanzlei, 29. 3. 1943
59 StALB E 258 IV. Bü. 234: Übersicht über das Handwerk im Gau Württemberg-Hohenzollern für den Zeitraum 30. 5. 1942–31. 5. 1944. Die Statistik ist weder lokal noch nach Fachgruppen gegliedert.
60 StAS NLS Bd. 48/Bl. 626 f.: Notizen Strölins über die 4. Besprechung mit den Dienststellenleitern der Kreisinstanz, 25. 3. 1943
61 StAS HA 0–9. Az. 808/7/Bl. 36: Aktennotiz über Gespräch mit NSV-Gauhauptstellenleiter Ströbele, 10. 8. 1943
62 BAK R 3/263, fol. 63 f.: Verlagerungs-Kennblätter der Firma Mauz & Pfeiffer nach Nördlingen und Bopfingen mit kurzer Sachdarstellung des Unternehmens, o. D. (März 1944)
63 HStAS E 151 c III. Bü. 4/2/Bl. 137 und Bü. 4/1/Bll. 194, 264, 301, 330, 391: Briefwechsel der beteiligten Stellen mit der Firma Werner & Pfleiderer, Nov. 1943–März 1944. Danach die folgenden Ausführungen
64 ebd. Bü. 4/1. Bll. 375, 407, 408, 410: Schriftwechsel zu diesem Vorgang
65 ebd. Bü. 4/2/Bll. 200, 240, 278, 293: div. Schriftwechsel vom Dezember 1943 und Februar 1944
66 ebd. Bü. 4/1/Bll. 244, 279 und Bü. 4/2/Bll. 92, 125: Schriftwechsel über Verlagerungs-Vorgang der Firma Bleyle
67 ebd./Bl. 4/2/Bl. 152: Landesplanungsgemeinschaft Württemberg-Hohenzollern an Murr, 6. 11. 1943
68 ebd. Landrat in Nürtingen an Innenministerium, 26. 11. 1943
69 ebd. Bl. 4/1/Bl. 276: Erlaß des Innenministeriums vom 15. 2. 1944
70 Gregor Janssen. Das Ministerium Speer. Deutschlands Rüstung im Krieg. Berlin usw. 1968, S. 123
71 Ortmann hatte sich bekanntlich bereits bei den Auseinandersetzungen um die Stelle des Technischen Referenten im Jahre 1936 sowie bei den Auseinandersetzungen um die kommunale Energiewirtschaft in den folgenden Jahren hervorgetan.
72 Vgl. HStAS E 151 c II. Bü. 753 passim. Das Büschel enthält zahlreiche Umsetzungsverfügungen, die die Beteiligung von Gutscher und Meyer zeigen.
73 Siehe dazu Herbst, Totaler Krieg, S. 267 ff. und Janssen, Ministerium Speer, S. 164 ff.
74 Vgl. dazu HStAS E 151 c II. Bü. 753. Der Bestand enthält in der Regel lediglich die bloßen Umsetzungsverfügungen, so daß die unterschiedliche Situation der Betriebe, die Modalitäten der Verlagerungen nicht oder nur in Absätzen sichtbar wird. Hier das Folgende.

75 HStAS E 397. Bü. 74/Bl. 119: Landrat in Nürtingen an Landesernährungsamt, 5. 5. 1944; Bl. 121: Ernährungsamt Stuttgart, Keßner, an Landesernährungsamt, 23. 5. 1944
76 SD-Berichte zu Inlandsfragen (Weiße Serie), 8. 6. 1944; zit. nach Boberach, Meldungen, Bd. 17, S. 6584 f.
77 BAK R 3/3126: Aufstellung für die „Planungen für ober- und unterirdische Verlagerungen der für den Jägerstab eingesetzten Firmen"
78 Vgl. Janssen, Ministerium Speer, S. 182–189
79 BAK R 3/3126: Unterirdische Verlagerungen, Planungsstand 6. 4. 1944. Für die Firma Daimler-Benz war außerdem ein Frontreparatur-Betrieb in Paisay vorgesehen, der bis August 1944 fertiggestellt sein sollte. Das Unternehmen produzierte in Untertürkheim ohne Verlagerung 100 Prozent aller für das Jägerprogramm benötigten Dampfluftabschneider.
80 VVN-A. D 73: Bericht über die Neckartallager
81 ebd., S. 5. Zu den im Jahr 1944 in Württemberg eingerichteten KZ-Außenlagern vgl. Nationalsozialistische Konzentrationslager im Dienst der totalen Kriegführung. Sieben württembergische Außenkommandos des Konzentrationslagers Natzweiler/Elsaß, hg. von Herwarth Vorländer. Stuttgart 1979, u. a. mit einem Beitrag über ein Lager auf dem Flughafen in Echterdingen; vgl. auch den Überblick bei Julius Schätzle. Stationen zur Hölle. Konzentrationslager in Baden und Württemberg 1933–1945. Frankfurt/M. ²1980
82 Janssen, Ministerium Speer, S. 231; v. a. Alan S. Milward. Die deutsche Kriegswirtschaft 1939–1945. Stuttgart 1966, S. 91 ff.; Werner Wolf. Luftangriffe auf die deutsche Industrie 1942–1945. München 1985, S. 196 kam für Stuttgart zu dem Ergebnis, daß kriegswichtige Großbetriebe „nicht oder nicht in entscheidendem Maße" getroffen worden seien.
83 BAK R 3/2015: So der Eintrag in die Reichsbetriebskartei, Daimler-Benz AG
84 The United States Strategic Bombing Survey. Bd. 178: Daimler-Benz AG Untertürkheim, Germany. ²1947

IV. 5. „Der Feind konnte wohl unser Heim und unsere Arbeitsstätten vernichten, aber alle, die leben, sehen nur Arbeit und Pflichterfüllung." Die Zerstörung Stuttgarts

1 Bardua, Luftkrieg, S. 86 berichtet über zunehmende Luftangriffe auf deutsche Flughäfen; so griffen die Alliierten oft mehrmals täglich den Böblinger Flughafen an. Sie waren von den hohen deutschen Produktionsziffern und der Qualität der deutschen Flugzeuge offenbar überrascht und verfolgten mit Mißtrauen die Düsenjägerproduktion; vgl. Craven/Cate, Army Air Force, Bd. III, S. 659.
2 Statistisches Handbuch der Stadt Stuttgart 1900–1957, S. 242; vgl. Bardua, Luftkrieg, S. 88
3 ebd., S. 69. Siehe auch den Luftangriff vom 15. 4. 1943, bei dem im Kriegsgefangenenlager Gaisburg annähernd 500 Gefangene ums Leben kamen.
4 David Irving. Und Deutschlands Städte starben nicht. Zürich 1963, S. 253 ff. Danach soll Churchill sogar einen Giftgas-Einsatz erwogen haben, den aber Eisenhower abgelehnt habe. Zur Einordnung der Angriffsserie siehe auch Bardua, Luftkrieg, S. 90.
5 John Herington. Air Power over Europe 1944–1945. Canberra 1963, S. 297; Übersetzung von mir
6 Bardua, Luftkrieg, S. 109. Barduas ausführliche Schilderungen der Lage unmittelbar nach den Luftangriffen beruhen nicht zuletzt auf der sog. Luftkriegschronik der Stadt. Strölin hatte auf Vorschlag von Stadtbaudirektor Ströbel Schriftleiter Werner damit beauftragt, nach den Angriffen für eine solche Chronik Notizen anzufertigen. Vgl. StAS Zeitungsausschnittsammlung Box G II/2/22. Mappe: Auftrag an Herrn Werner für eine Chronik der Luftangriffe mit Schriftwechsel Februar/März 1944.
7 Herington. Air War against Germany and Italy 1939–1943. Canberra 1954, S. 618; Irving, Deutschlands Städte, S. 253 ff.
8 Herington, Air War against Germany and Italy, S. 618
9 Die Schäden werden zusammenfassend nach Ende der gesamten Angriffsserie dargestellt.
10 Irving, Deutschlands Städte, S. 260
11 Haushaltsbuch, Eintrag 25./26. 7. 1944
12 Siehe die Darstellung bei Strölin, Endstadium, S. 6 ff. über den Flächenbrand im Kern der Altstadt und die Zerstörung des Rathauses
13 Schulz, Selbsterlebtes aus Stuttgarts Bombentagen, S. 44
14 Diese Darstellung beruht auf der Notiz von Hermann Werner (s. Anm. 6).

15 Mitt. 45, 29. 7. 1944, S. 109
16 Webster/Frankland, Air Offensive, Bd. III, S. 175 sprechen von 496 Maschinen, Herington, Air Power over Europe, S. 207 nennt 493.
17 StALB PL 704. Bü. 4 a): Vgl. die bereits mehrfach erwähnten Ausführungen von Kreisstabsamtsleiter Riegraf am 3. 2. 1944
18 So Bardua, Luftkrieg, S. 109
19 Ratsherren 10. 8. 1944, § 26. Der Bericht Strölin ist abgedruckt bei Bardua, Luftkrieg, S. 192–217.
20 Die offizielle Statistik im Statistischen Handbuch Stuttgart 1900–1957, S. 242 verzeichnete 884 Tote, 1916 Verletzte und 14 Vermißte. Strölin ging in seinem Bericht von rund tausend Opfern aus. Die Differenz zwischen veröffentlichter Statistik und zeitgenössischen Quellen tauchte wiederholt auf, angefangen vom ersten großen Angriff im November 1942. Das Statistische Handbuch und ihm folgend Bardua nennen 28 Tote, während die Stadtverwaltung in der Sitzung der Ratsherren am 3. 12. 1942, § 94 die Namen von 33 Opfern bekanntgab und die Ratsherren ihrer gedachten. Es ist unwahrscheinlich, daß die Stadt ein Interesse hatte, die Zahl der Luftkriegsopfer höher anzugeben, so daß die spätere statistische Übersicht einen geringeren Quellenwert besitzt. Die offizielle Zahl von 4562 Luftkriegsopfern ist deshalb nicht mehr aufrechtzuerhalten.
21 Haushaltsbuch, Einträge vom 4. 8. und 10. 8. 1944
22 Bericht Strölin vor den Ratsherren 10. 8. 1944, § 26
23 StALB E 180 II-V. Bü. 208/Bl. 510: Oberbürgermeister an MABK, 17. 10. 1944. Strölin wehrte sich gegen einen Abzug der Arbeitskräfte bis Mitte Oktober des Jahres.
24 Strölin-Bericht am 10. 8. 1944 (s. Anm. 19)
25 Davon waren 8000 Ausweise für Totalgeschädigte, 13 000 grüne Ausweise für schwer und 25 000 weiße Ausweise für mittelschwer geschädigte Personen. Ein weißer Ausweis wurde dann ausgegeben, wenn entweder die Wohnung zerstört, der komplette Hausrat aber gerettet worden war, oder bei Schäden an Fenstern, Türen, am Hausdach und an Einzelstücken des Hausrats; vgl. NSK 62, 4. 3. 1944, S. 4.
26 Bis Ende 1944 verringerte sich die Zahl der eingesetzten Mitarbeiter des Wohlfahrtsamts von 450 auf 150 Personen, die der übrigen Ämter von 800 auf 500 Personen; vgl. StAS HA 0–9. Az. 808/4/Bl. 101.
27 BAK R 8 II/79: Aktennotiz über Anruf des Landeswirtschaftsamts (LWA), 31. 7. 1944
28 ebd.: Bericht über die „Aktion Stuttgart", 16. 8. 1944 und die weiteren Hilfsmaßnahmen
29 ebd.: Aktennotiz der Reichsstelle für Kleidung und verwandte Gebiete, 18. 8. 1944, betr. Hilfszug Dr. Goebbels
30 ebd.: LWA an Reichsstelle für Kleidung, 12. 9. 1944
31 Strölin-Bericht am 10. 8. 1944 (s. Anm. 19) und Bericht von Wohlfahrtsreferent Mayer bei einer gemeinsamen Sitzung der Verwaltungs-, Wirtschafts- und LS-Beiräte: Verwaltungsbeiräte 22. 8. 1944, § 47
32 HStAS E 151 k VII. Bü. 8176/Bl. 51: Innenministerium an städt. Gesundheitsamt, 26. 11. 1942
33 Vgl. HStAS E 151 k VI. Bü. 311: Strölin an Innenminister, 16. 11. 1943; Locher an Innenminister, 16. 11. 1943; dto, 8. 11. 1944; dto, 4. 10. 1944
34 WuG-Beiräte 10. 5. 1944, § 31
35 StAS PA 30–61 a: Gemeinsames Schreiben von Rohrbach und Schulz an die Betriebsführer, 7. 8. 1944
36 StAS HA 0–9. Az. 807/Bl. 1: Niederschrift Strölins über eine Besprechung mit Benz, 8. 8. 1944
37 StAS PA 03-0219: Das Personalamt konnte auf die dringenden Anforderungen von Fahrrädern durch die Geschäftsstelle Feuerbach (1. 8. 1944) und eines Motorrads durch das Gesundheitsamt nicht reagieren. Andererseits wurden Klagen über Melder laut, die beschäftigungslos im TWS-Gebäude herumsäßen.
38 ebd.: Strölin an Locher, 6. 9. 1944
39 HStAS E 151 k VI. Bü. 722/Bl. 46: Anschriften der bisherigen Stuttgarter Behörden der staatlichen Innen- und Wirtschaftsverwaltung. Stand: 3. 8. 1944
40 Mitt. 48, 23. 8. 1944, S. 115
41 Verwaltungsbericht 1944, S. 4
42 Craven/Cate, Army Air Forces, Bd. III, S. 653
43 Einzelheiten zu dem Angriff auf das Werk Untertürkheim der Daimler-Benz AG bei United States Strategic Bombing Survey. Bd. 178; siehe auch Kap. V. 2
44 Hier auch die Zahl von 68 Toten, während Strölin in einem Bericht vor den Ratsherren 12. 10. 1944, § 27 von 49 Opfern sprach. Das Statistische Handbuch 1900–1957, S. 242 und ihm folgend Bardua, Luftkrieg, S. 122 nennen lediglich 37 Tote.
45 Vgl. Bericht Strölins vor den Ratsherren am 12. 10. 1944, § 27; veröffentlicht von Bardua, Luftkrieg, S. 218–253

46 Webster/Frankland, Air Offensive, Bd. III, S. 177; Herington, Air Power over Europe, S. 297 f.
47 Vgl. Bericht Strölins am 12. 10. 1944 (Anm. 45). Allein 131 Tote bargen die Rettungsmannschaften aus dem LS-Keller des Restaurants „Deutscher Hof" bei der Russischen Kirche; vgl. Bardua, Luftkrieg, S. 129.
48 ebd. Vgl. auch die Aufzeichnungen Maiers, Ende und Wende, S. 100
49 StALB K 601. Bü. 1: Lagebericht vom 3. 10. 1944
50 StAS HA 0-9. Az. 808/7/Bl. 62: Könekamp an Strölin, 19. 9. 1944; Bl. 60: Niederschrift über Einsatzbesprechung beim Ernährungs- und Wirtschaftsamt am 14. und 15. 9. 1944, 16. 9. 1944
51 StAS HA 0-9. Az. 808/8/Bl. 6: Meldung des Städt. Nachrichtendienstes, 16. 9. 1944
52 Bericht Strölins vor den Ratsherren am 12. 10. 1944 (s. Anm. 45)
53 Die Darstellung stützt sich auf einen Bestand von Restakten der Hauptaktei, der erst 1984 per Zufall im Stadtarchiv entdeckt wurde; er erhielt die vorläufige Signatur HA 630; hier Bü. 5: Städtisches Wohnungsamt. Ich danke Frau Elke Weber, die dem Zufall nachgeholfen und meine Wünsche über Jahre mit freundlicher Geduld ertragen hat.
54 HStAS E 151 d III. Bü. 1/2: Murr an Bormann, 6. 10. 1944
55 Bericht Strölins vor den Ratsherren am 12. 10. 1944 (s. Anm. 45)
56 RGBl. 1943 I, S. 535
57 StAS HA 0-9. Az. 808/11. Bü. Deutsches Wohnungshilfswerk (DWH): Bericht von Stadtrat Schwarz über eine Besprechung in Heidelberg, 2. 9. 1943. In diesem Bestand befinden sich neben Einzelheiten zur Abwicklung auch Pläne für die Behelfsheime. Die Stadtverwaltung verhielt sich wohl nicht zuletzt deshalb so reserviert, weil die Partei das DWH leitete und durchführte.
58 Frauenbeiräte 7. 12. 1943, § 49; Ratsherren 24. 2. 1944, § 11
59 StAS HA 0-9. Az. 808/11. Bü. Erstellung von Behelfsheimen auf Markung Groß-Stuttgart/Bl. 11: Städt. Hochbauamt an Techn. Referat, 28. 11. 1944
60 StAS HA 0-9. Az. 6116/45. Bü. Öffentlicher LS-Raum am Bahnhofsvorplatz in Feuerbach: Scheuerle an Polizeipräsidium, 19. 12. 1944
61 StAS HA 0-9 Az. 6116/50. Bü. LS-Stollen im Gipswerk Korntal: Bericht der Geschäftsstelle Weil im Dorf an Scheuerle, 26. 9. 1944 an Landesplaner Bohnert, Murrs Beauftragten für den Stollenbau, gesandt. Diese Klagen und Berichte bezüglich des Luftschutzes standen verständlicherweise im Mittelpunkt der in den Akten zu fassenden Kritik der Bevölkerung. Klagen über die Versorgungslage, die 1939-1942 an erster Stelle gestanden waren, waren angesichts der Bedeutung des Stollenbaus für das nackte Überleben verstummt.
62 StAS Münster. Münster. Ablieferung 1982/6. Bü. Pionierstollen: Ortsgruppenleiter an Karl L., 13. 12. 1945; vgl. auch Ortsgruppenleiter an Stadtplanungsamt, 2. 11. 1944 und Antwort Scheuerles, 19. 12. 1944
63 StAS HA 0-9. Az 6116/45. Bü. Öffentlicher LS-Raum auf dem Marktplatz: Schreiben von Kreisleiter Fischer an das Bürgermeisteramt, 14. 9. 1944 mit dem Bericht Templers; Schreiben Lochers an Strölin, 3. 8. 1944 mit Klagen des Bunkerkommandanten über unzureichende Beleuchtungsverhältnisse.
64 StALB E 180 II-V. Bü. 1239: Sperrzonen-Plan und Verzeichnis der in den Plan aufgenommenen wichtigen Gebäude sowie deren Erhaltungszustand (Streng Vertraulich)
65 Vgl. auch den Bericht Strölins vor den Ratsherren am 12. 10. 1944 (s. Anm. 45)
66 Bardua, Luftkrieg, S. 137 ff. Vgl. auch Bardua. Vor 40 Jahren ein nächtlicher Doppelschlag. In: StZ 245, 20. 10. 1984, S. 27
67 Herington, Air Power over Europe, S. 307
68 Ratsherren 24. 10. 1944, § 28, Bericht Strölins
69 StAS HA Restakten 630. Bü. 5/Bl. 35: Mitteilung Strölins an die Kreisleitung und die Ortsgruppen der NSDAP, 26. 10. 1944
70 BAK R 8 II/79: Bezirksbevollmächtigter Fehrenz an Reichsstelle für Kleidung und verwandte Gebiete, 25. 10. 1944
71 ebd.: Fehrenz an Reichsstelle, 9. 10. 1944
72 ebd.: LWA an Reichsstelle, 12. 10. 1944
73 StAS HA 0-9. Az. 808/2/Bl. 20: Fischer an Strölin, 8. 11. 1944; Mayer an Fischer
74 ebd.: Mayers Äußerungen vom 13. 11. 1944; Strölins Schreiben an die SD-Hauptaußenstelle Stuttgart vom 7. 3. 1945: StAS HA 0-9. Az. 804/1. Bü. 4/Bl. 106
75 StALB E 258 IV. Bü. 236. Das Stuttgarter Ernährungsamt gab in seinem Verwaltungsbericht für das Jahr 1945 hingegen eine Zahl von 282 000 Einwohnern an, davon 35 000 Ausländer: StAS EA Bü. 6; Bericht S. 3.
76 HStAS E Bü. 397. Bü. 69/Bl. 137: Erläuterungsbericht des Statistischen Landesamts zum Preisüberwa-

chungsbericht vom 15. 12. 1943, 5. 1. 1944, S. 5
77 StAS HA Restakten 720. Bü. 8/Bl. 12: Vietzen an LWA, 20. 11. 1944. Dieser Bestand zählt ebenfalls zu den Fundsachen 1984 im Stadtarchiv. Er ist besonders wertvoll, da er für das überaus schlecht dokumentierte letzte halbe Jahr der NS-Herrschaft im Bereich der Lebensmittel- und Kohleversorgung aus der Perspektive der Stadtverwaltung einige Lücken zu schließen erlaubt.
78 Bericht des Statistischen Amts vom 5. 1. 1944 (s. Anm. 76), S. 6
79 StAS Zeitungsausschnittsammlung Box Luftkrieg G II /2/22: Bericht über die Auswirkungen der Terrorangriffe auf das kulturelle Leben in der Stadt Stuttgart, verfaßt von Stadtamtmann Paul Nägele, 1. 4. 1944
80 Verwaltungsbeiräte 9. 5. 1944, § 19
81 RGBl. 1944 I, S. 190
82 Bericht Strölins vor den Ratsherren am 10. 12. 1944 (s. Anm. 45)
83 Vgl. Bericht Nägeles über Auswirkungen der Angriffe (s. Anm. 79)
84 Verwaltungsbericht 1944, S. 15
85 PZG Interviews mit Prof. Wilhelm Hoffmann, dem ehemaligen Direktor der Württ. Landesbibliothek; vgl. auch Wilhelm Hoffmann. Württembergische Landesbibliothek – Vergangenheit und Neugestaltung. In: Staatsanzeiger 31, 24. 4. 1957, und 32, 27. 4. 1957.
86 50 Jahre Bibliothek für Zeitgeschichte – Weltkriegsbücherei Stuttgart 1915–1965. Frankfurt/M. 1965, S. 19 f.; Paul Gehring. Die Geschichte der Bibliothek der Technischen Hochschule als Hochschulgeschichte. In: Die Bibliothek der Technischen Hochschule. Stuttgart 1962, S. 179 f.
87 NSK 326, 27. 11. 1943, S. 4; 333, 4. 12. 1943, S. 4
88 Vgl. Bericht von Nägele über die Auswirkungen der Luftangriffe (s. Anm. 79)
89 NSK 291, 4. 11. 1944, S. 4 mit Fotos
90 Vgl. Sauer, Württemberg, S. 402
91 Ratsherren 10. 8. 1944, § 26

V. 1. „Nicht milde Maßnahmen, sondern Straffung der Disziplin und Strafen müssen helfen." Jugend im Krieg

1 Vgl. Zweiter Teil. Kap. I. 2. Der SD berichtete in dieser Zeit außerdem über Mißstände bei der HJ-Filmstunde in Stuttgart, wo die Kinobesitzer den Pimpfen und Jungmädeln ungeeignete Liebesfilme zeigten: BAK R 58/145: Berichte zur innenpolitischen Lage, 20. 11. 1939; ebd.: Meldungen aus dem Reich, 10. 4. 1940
2 ebd.
3 NSK 88, 30. 3. 1940, S. 7
4 Siehe bei Arno Klönne. Jugendprotest und Jugendopposition. Von der HJ-Erziehung zum Cliquenwesen der Kriegszeit. In: Bayern in der NS-Zeit. IV. München/Wien 1981, S. 594
5 Detlef Peukert. Arbeitslager und Jugend-KZ: die „Behandlung Gemeinschaftsfremder" im Dritten Reich. In: Die Reihen fast geschlossen. Hrsg. von D. P. und Jürgen Reulecke. Wuppertal 1981, S. 413–434
6 Klönne, Jugendprotest und Jugendopposition, S. 594
7 Peukert, Arbeitslager und Jugend-KZ, S. 423 f.
8 StALB E 191. Bü. 6878: Mailänder an Innenministerium, 22. 8. 1941
9 VVN-A. D 1052: Bericht von K. S. über seine Verhaftung und die Lagerhaft in Moringen. Als die SS 1945 das Lager räumte, suchte die Wehrmacht 250 der kräftigsten Häftlinge noch für den Fronteinsatz aus.
10 StAS Möhringen. Az. 6115; Erlaß Innenministerium an Oberbürgermeister, Landräte etc., 5. 3. 1942
11 Beiräte für Jugendwohlfahrt 29. 3. 1940, § 1; Verwaltungsbeiräte 4. 6. 1940, § 49
12 BAK R 58/144: Berichte zur innenpolitischen Lage, 9. 10. 1939
13 Beiräte für Jugendwohlfahrt 20. 12. 1940, § 13; StAS NLS Bd. 45/Bl. 326: Beigeordnetenbesprechung am 7. 1. 1941
14 Beiräte für Jugendwohlfahrt 19. 5. 1942, § 2
15 Beiräte für Jugendwohlfahrt 9. 2. 1943, § 7
16 WuG-Beiräte 1. 6. 1943, § 23; hier auch die folgende Diskussion.
17 StALB E 202. Bü. 58: Bericht von Stadtschulrat Cuhorst über den Kriegseinsatz der Schülerinnen und Schüler der höheren Schulen im Jahr 1942, 2. 12. 1942

18 WuG-Beiräte 1. 6. 1943, § 23
19 StALB E 191. Bü. 6878/Bl. 124: Eyrich an Präsident OLG Stuttgart, 10. 8. 1943
20 WuG-Beiräte 14. 12. 1943, § 71
21 StALB E 191. Bü. 6878/Bl. 100: Erlaß des Reichsinnenministeriums, 21. 4. 1943
22 WuG-Beiräte 14. 12. 1943, § 70
23 Vgl. Detlef Peukert. Die Edelweißpiraten. Protestbewegung jugendlicher Arbeiter im Dritten Reich. Köln ²1983: Dieter Hehr und Wolfgang Hippe. Navajos und Edelweißpiraten. Berichte vom Jugendwiderstand im Dritten Reich. Frankfurt/M. 1981. Für Stuttgart war die Existenz solcher Gruppen bislang unbekannt; auch die von Peukert zitierten Berichte von Polizei und HJ erwähnten keine entsprechenden Gruppen in Stuttgart. Für das Folgende siehe BAK R 58/210: Meldung wichtiger staatspolizeilicher Ereignisse, 28. 5. 1943
24 Vgl. die Unterscheidung von kriminellen, gegnerischen und Gefährdeten-Gruppen in einer HJ-Denkschrift vom September: Peukert, Edelweißpiraten, S. 160 ff. Die Swings zählten nach dieser Terminologie zu den Gefährdeten-Gruppen.
25 WuG-Beiräte 14. 12. 1943, § 71
26 StALB PL 704. Bü. 4: Ortsgruppenleiter Stuttgart-Prag, Häring, an das Kreisstabsamt, 2. 4. 1944
27 Mitt. 36, 2. 7. 1942: Erlaß der RJF vom 27. 5. 1942. Bei der Stuttgarter Stadtverwaltung sollte für die Lehrgänge wenigstens teilweise der Jahresurlaub verwendet werden. Zum Thema allgemein siehe Ludwig Schätz. Schüler – Soldaten. Die Geschichte der Luftwaffenhelfer im Zweiten Weltkrieg. Frankfurt/M. 1972.
28 Bericht vor den Beiräten für Jugendwohlfahrt 9. 2. 1943, § 8
29 StALB E 202. Bü. 571: Bericht Cuhorst, 12. 2. 1943: Heranziehung der Geburtsjahrgänge 1926/27 als Luftwaffenhelfer
30 ebd.: Übersicht über den Unterricht für Luftwaffenhelfer im Raume Stuttgart – Esslingen – Ludwigsburg, Cuhorst, Stand: 12. 4. 1943
31 Zit. nach Schätz, Schüler-Soldaten, S. 57 f.
32 ebd., S. 60, Anm. 52
33 ebd., S. 61 ff. über die Wünsche der Eltern; S. 43 über die zusätzlichen Schanzarbeiten der Luftwaffenhelfer
34 ebd., S. 55
35 ebd., S. 39 f.
36 ebd., S. 36. Die weiteren Ausführungen nach S. 86
37 zit. ebd., S. 69
38 ebd., S. 102 f.
39 StALB PL 506/6. Bü. 1: Erlaß des HSSPF Südwest, 25. 1. 1944, betr. Nachwuchswerbung für die SS
40 ebd.: Sundermann, Sonderrundschreiben (Streng Vertraulich), 11. 2. 1944, betr. Werbung für die Division Hitlerjugend und die übrigen Divisionen der Waffen-SS vom 15. 2.–15. 4. 1944 der Jahrgänge 1927 und 1928
41 NSK 289, 2. 11. 1944, S. 4
42 NSK 307, 23. 11. 1944, S. 4
43 StALB E 323 II. Bü. 67: Werner P.

V. 2. „Ich möchte nur wissen, was eigentlich wirklich vor sich geht." Die Öffentlichkeit und der Krieg

1 So der Generalstaatsanwalt in Stuttgart in einem Lagebericht an den Reichsjustizminister am 1. 4. 1940: StALB K 601. Bü. 2. – Die Führung registrierte sorgfältig die Stimmung; wichtigstes Instrument war der SD. Seine Berichte schufen ein regelrechtes „Frühwarnsystem" (Herbert, Fremdarbeiter, verwendet diesen Terminus). Zugleich konnte die SD-Führung durch eine entsprechende Auswahl ihre Interessen fördern. Zur Funktion der Berichte und zur Stimmung allgemein Marlies Steinert. Hitlers Krieg und die Deutschen. Düsseldorf 1970; Heinz Boberach. Meldungen aus dem Reich. Neuwied 1965, Einleitung, S. IX-XXVIII.
2 StALB K 601 Bü. 2: Lagebericht vom 10. 7. 1940
3 Siehe die Schilderung bei Zelzer, Stuttgart unterm Hakenkreuz, S. 182 f.
4 StALB K 601. Bü. 2: Lagebericht vom 1. 8. 1940
5 ebd.: Lagebericht vom 30. 9. 1940

6 ebd.: Lagebericht vom 6. 11. 1940
7 StAS NLS Bd. 44/Bl. 282: Auszug aus einem Bericht des SD-Leitabschnitts Stuttgart, 22. 10. 1940
8 StALB K 601. Bü. 2: Lagebericht vom 30. 11. 1940
9 ebd.: Lagebericht vom 3. 7. 1940
10 ebd.: Lagebericht vom 1. 8. 1941
11 ebd.: Lagebericht vom 1. 12. 1941
12 ebd.: Lagebericht vom 1. 12. 1941. In diesem Bericht kam die negative Stimmung gegenüber dem Krieg besonders deutlich zum Ausdruck; immerhin zu einem Zeitpunkt, als das Scheitern vor Moskau in seiner Deutlichkeit für die Öffentlichkeit noch nicht sichtbar war.
13 ebd.: Lagebericht vom 6. 11. 1940
14 BAK R 58/959, fol. 9–17: SD-Leitabschnitt Stuttgart, Vorschläge zur Rundfunkgestaltung als Ergebnis einer Besprechung in einem Arbeitskreis, 14. 12. 1942
15 NSK 10, 11. 1. 1942, S. 3
16 StAS NLS Bd. 44/Bl. 282: Bericht des SD-Leitabschnitts Stuttgart, 22. 10. 1940
17 StALB K 601. Bü. 2: Lagebericht vom 31. 5. 1941
18 ebd.: Lagebericht vom 31. 1. 1942
19 BAK R 58/959, fol. 54 ff. Der SD-Leitabschnitt registrierte sorgfältig die Aufnahme der Sendungen und leitete seine Berichte dem RSHA zu. Diese liegen zwar nur für einen kurzen Zeitraum vor, beinhalten aber die Berichterstattung über die wichtigen Monate der Niederlage bei Stalingrad.
20 ebd., fol. 104
21 ebd., fol. 113
22 Kriegschronik der Ev. Gesamtkirchengemeinde Stuttgart-Bad Cannstatt von Dekan Roos: StAS Kc 264
23 BAK R 58/363: Meldungen aus dem Reich, 1. 3. 1943
24 StAS HA 0–9. Az. 805: Bericht des SD-Leitabschnitts Stuttgart, 28. 10. 1943
25 IfZ ED 71a, fol. 62 ff: Bericht zur weltanschaulichen Lage im Gau Württemberg-Hohenzollern, o. D. (nach November 1943)
26 StAS NLS Bd. 46: Stimmungsbericht vom 27. 11. 1943; Wirtschaftsbeiräte 17. 5. 1944, § 10
27 BAK R 55/601, fol. 215: Bericht der Abt. Propaganda im Propagandaministerium, 15. 11. 1944

V. 3. Für eine Äußerung Geldstrafe oder Todesstrafe. Der Sicherheitsapparat und die Bevölkerung

1 Vgl. neuerdings Jill Stephenson. War and Society in Württemberg, 1939–1945. Beating the System. In: GSR 8. 1985, S. 89–106. Stephenson wertete die Berichte des SD-Leitabschnitts und die Restakten des LWA aus und gelangte dabei zur Differenzierung von ländlicher und städtischer Situation, wobei sie den Schwerpunkt auf den ländlichen Raum gelegt hat.
2 StALB K 601. Bü. 2: Lagebericht vom 30. 9. 1940
3 NSK 193, 15. 7. 1941, S. 4: So geschehen wegen Preistreiberei und Kettenhandel gegen neun Firmen der Reinigungsmittel-Branche in Stuttgart
4 NSK 3, 4. 1. 1943, S. 4: Urteil unter Anrechnung mildernder Umstände ausgesprochen
5 NSK 256, 18. 9. 1942, S. 4
6 StALB K 601. Bü. 2: Lagebericht vom 3. 3. 1942
7 ebd.: Lagebericht vom 6. 11. 1940
8 ebd.: Lageberichte vom 30. 9. 1942 und 28. 1. 1943
9 Vgl. StALB E 323 II. Bü. 32. Fasz. 53; Bü. 35. Fasz. 40 und 49
10 NSK 161, 15. 6. 1942, S. 4
11 Chronik Stuttgart 1933–1945, S. 868: 15. 12. 1942; Hinrichtungsnachricht ebd., S. 883: 28. 2. 1943; NSK 57, 27. 2. 1943, S. 4
12 HStAS E 151 d III. Bü. 797/Bl. 135: Keßner an Strölin, 7. 5. 1943. Dort auch Urteil des Sondergerichts vom 6. 10. 1943 und Abschlußbericht Strölins an MABK vom 6. 3. 1944
13 ebd./Bl. 104: 6. 8. 1943
14 BDC Strölin: Erlaß Strölins an Beigeordnete, Referenten, Amtsvorstände und Leiter der Betriebe sowie Auszug aus einer Ansprache vor den Ratsherrn, den Referenten und Amtsvorständen, 13. 5. 1943
15 ebd.: Dill an Reichsinnenministerium, 19. 5. 1943
16 ebd.: Vorlage von ORR Widtmann, Reichsinnenministerium, 7. 6. 1943

17 ebd.: Strölin an MABK auf Erlaß Reichsinnenministerium vom 7. 6. 1943, 30. 6. 1943
18 NSK 276, 6. 10. 1943, S. 4
19 Siehe das Verzeichnis der Todesurteile und Hinrichtungen in Stuttgart für den Zeitraum zwischen 26. 3. 1942 und 24. 8. 1944: StAS Kc 234
20 RGBl. 1939 I, S. 1679
21 Dementsprechend führte die Chronik 1933–1945, die sich auch hier auf die Berichterstattung des NSK stützt, zwar eine Fülle von Todesurteilen und Hinrichtungen von sog. Volksschädlingen auf. Explizit politisch motivierte Urteile und Todesurteile wegen Wehrkraftersetzung tauchen dagegen nur so weit auf, als sie in der Literatur (v. a. Bohn, Stuttgart Geheim) erwähnt worden sind. Die Chronik reproduziert damit das Bild nationalsozialistischer Propaganda. Vgl. dazu Frieder Schmidt. Sterben in Stuttgart. In: Dokumentation Stuttgarter Stadtchronik. Stuttgart 1981 (masch.). Die Chronik verzeichnete einzeln 67 Todesurteile bzw. Hinrichtungen; 43 Einträge betrafen in- und ausländische „Kriegskriminelle" (einschließlich zwei GV-Sachen von Polen). Das Verzeichnis der Todesurteile 26. 3. 1942–24. 8. 1944 umfaßt 415 Todesurteile und 381 Hinrichtungen in Stuttgart. Weit über hundert Urteile entfielen auf das Stuttgarter Sondergericht.
22 Vgl. auch Sauer, Württemberg, S. 342 ff.
23 NSK 22, 23. 1. 1940, S. 5
24 NSK 29, 30. 1. 1940, S. 5. Über die Hinrichtung am 3. 4. 1943 berichtete der NSK am selben Tage (S. 5).
25 NSK 60, 2. 3. 1940, S. 3
26 NSK 127, 11. 5. 1944, S. 3; das Urteil wurde am 24. 8. 1944 vollstreckt; vgl. StAS Kc 234. Verzeichnis Todesurteile. Auch Betrug und Heiratsschwindel konnten unter diesen Umständen todwürdige Verbrechen sein: NSK 337, 8. 12. 1943, S. 4 (Chronik 1933–1945, S. 939: 9. 12. 1943).
27 NSK 169, 23. 6. 1942, S. 3: Meldung über Hinrichtung; siehe auch StAS Kc 234: Verzeichnis Todesurteile
28 StZ 11, 24. 10. 1945, S. 3. Im Rahmen der Ermittlungen gegen Cuhorst, der im Nürnberger Juristenprozeß auf der Anklagebank saß, wurden auch Urteile gegen sog. Zigeuner untersucht, vgl. IfZ Nürnberger Katalog NG-456 und NG-980
29 StALB K 601. Bü. 2: Lagebericht vom 2. 3. 1940
30 ebd.: Lagebericht vom 1. 8. 1941
31 Vgl. auch Schmidt, Sterben in Stuttgart, S. 3
32 Siehe StAS Kc 234: Verzeichnis Todesurteile; Wagner, Der Volksgerichtshof im nationalsozialistischen Staat, S. 475 f.
33 ebd., S. 477
34 StAS Kc 234: Verzeichnis Todesurteile
35 Wagner, Der Volksgerichtshof im nationalsozialistischen Staat, S. 464 f., dort auch die folgenden Zitate
36 ebd., S. 469 f.
37 Schmidt, Sterben in Stuttgart, S. 3 f. nach dem Sterbebuch des Standesamts Stuttgart
38 Siehe IVKO-Nachrichtendienst Nr. 4 vom 15. 1. 1934
39 Alfred Quiri an seine Ehefrau, 18. 4. 1944; zit. nach Katalog Anpassung – Widerstand – Verfolgung, S. 378
40 So Schmidt, Sterben in Stuttgart, S. 3
41 Vgl. Wagner, Der Volksgerichtshof im nationalsozialistischen Staat, S. 416
42 Der zeitliche Ablauf ergab sich aus den Angaben im Verzeichnis Todesurteile im StAS Kc 234
43 StALB K 601. Bü. 1: Lagebericht vom 3. 10. 1944
44 Regierungsanzeiger 105, 14. 9. 1939, S. 5; HStAS EA 2/11. Bü. 75: Gliederung der Dienststellen des HSSPF bei den Reichsstatthaltern in Württemberg und Baden im Wehrkreis V und beim Chef der Zivilverwaltung im Elsaß. Vgl. jetzt Ruth Bettina Birn. Die Höheren SS- und Polizeiführer. Himmlers Vertreter im Reich. Düsseldorf 1986. Der Verfasserin danke ich für Hinweise und Anregungen.
45 Jens Banach. Die Inspekteure der Sicherheitspolizei und des SD 1936–1945. Untersuchungen zur Rolle der Sicherheitspolizei und des SD in den nationalsozialistischen Machtstrukturen. Hamburg 1985 (Wiss. Arbeit zur Erlangung des Magister-Grads, masch.). Banach datierte die Amtsübernahme Fischers in den Januar 1941, ein Schreiben Heydrichs an Fischer nannte als Termin für den Amtsantritt jedoch den 1. 2. 1941; vgl. HStAS R 130 b. Bü. 1069/Bl. 874 a. Zu Scheel siehe NSK 5, 8. 1. 1940, S. 5. Scheel kam über München 1941 nach Salzburg, wo er das Amt des Gauleiters bis 1945 versah. 1945 ernannte Hitler Scheel in seinem Testament zum Kultusminister, vgl. Peter Hüttenberger. Die Gauleiter. Studie zum Wandel des Machtgefüges in der NSDAP. Stuttgart 1969, S. 200, 223
46 Hans-Heinrich Wilhelm. Die Einsatzgruppe A der Sicherheitspolizei und des SD 1941/42 – Eine exemplarische Studie. In: Helmut Krausnick und H.-H. W. Die Truppe des Weltanschauungskrieges. Stutt-

gart 1981, S. 281 passim. Siehe auch die Todesanzeige NSK 84, 26. 3. 1942, S. 3 und den Nachruf NSK 87, 29. 3. 1942, S. 3. Bei der Einsatzgruppe A war auch Martin Sandberger in führender Position eingesetzt, 1936 Abteilungsleiter beim Stuttgarter SD-Oberabschnitt. (Wilhelm, S. 285)
47 HStAS E 130 b. Bü. 1068/Bl. 842: Heydrich hatte Mußgay bereits am 2. 5. 1940 zum Stellvertreter von Böes ernannt. Mußgay beging im September 1946 in Haft Selbstmord; vgl. StZ 7. 9./11. 9. 1946. Mußgay hatte als langjähriger Kriminalbeamter offenbar durchaus Probleme mit der jungen Garde von SS-Leuten. In einem Bericht eines zur Stapoleitstelle Dienstverpflichteten aus dem Jahre 1945 oder 1946 ist sogar davon die Rede, daß diese Gruppe die Anordnungen Mußgays sabotiert und diesen ihrerseits als Saboteur gegenüber der SS bezeichnet habe. Vgl. PZG: Bericht über die Geheime Staatspolizei in Stuttgart.
48 StALB K 110. Bü. 40: Rs. 91/41 vom 28. 8. 1941. Zur Funktion Steimles im Osten vgl. Krausnick/Wilhelm, Truppe des Weltanschauungskrieges, S. 645 f.: Vom September bis Dezember 1941 leitete Steimle das Sonderkommando 7a der Einsatzgruppe B, später das Sonderkommando 4 a der Einsatzgruppe C.
49 BDC Steimle
50 Vgl. die Dienststellenverzeichnisse BAK R 58/423, fol. 278 f., 281
51 BAK R 58/423, fol. 145–148: Als Leiter der Kripostelle war Elsner sowohl im November 1943 wie auch im Juni 1944 geführt, die Funktion eines „Chefs" für den Stuttgarter Polizeipräsidenten war hingegen weggefallen.
52 HStAS EA 2/11. Bü. 176/Bl. 2: Himmler an Winkler, 16. 3. 1940
53 Restakten zur Polizeiverwaltung im HStAS EA 2/11 enthalten fast ausschließlich innere Verwaltungsabläufe und wenige, zumeist unbedeutende Personalangelegenheiten.
54 BDC Kaul: Himmler an Bormann, 15. 3. 1943
55 BDC Otto Hofmann
56 ebd.: Himmler an Hofmann, o. D. (vor 11. 3. 1943)
57 ebd.: Himmler an Hofmann, 29. 11. 1944
58 PZG: Bericht über die Geheime Staatspolizei in Stuttgart
59 Siehe die Anklage eines Rechtsanwalts gegen einen Geschäftspartner: StZ 92, 19. 11. 1947; S. 3; vgl. Beispiele bei Sauer, Württemberg, S. 434
60 So starb ein Stuttgarter „Halbjude" nach einer Denunziation durch die geschiedene Ehefrau im KZ Buchenwald: StZ 35, 30. 4. 1948, S. 5
61 VVN-A. D 494: Bericht von Elsa Ott über das Schicksal ihres Gatten Heinrich Ott, 19. 2. 1965
62 VVN-A. vorl. Bü. Öffentlicher Dienst: Direktion der SSB an Friedrich F., 14. 12. 1939 und Bericht von Friedrich F., 9. 5. 1944
63 ebd.: Verfügung von Senatspräsident Cuhorst vom 30. 8. 1941 gegen Otto H. und Entlassung von Frau Nora S. durch die Reichsbahndirektion am 15. 10. 1942 wegen politischer Unzuverlässigkeit (beglaubigte Abschrift), 28. 4. 1947
64 StAS NLS Bd. 40: Tagebuch 21. 12. und 23. 12. 1942
65 BDC Arnold Waldschmidt: Himmler an SS-Oberführer A.W., 20. 4. 1944
66 ebd.: Waldschmidt an Himmler, 9. 5. 1944
67 BDC Georg Schmückle: Johst an Schmückle, 17. 8. 1943
68 ebd.: Johst an Himmler, 23. 8. 1943
69 StALB K 601. Bü. 2: Lagebericht vom 4. 12. 1943
70 ebd.: Lagebericht vom 2. 3. 1940
71 Vgl. Bohn, Stuttgart geheim, S. 163 f.
72 Willi Bohn. Hochverrat. Stuttgart 1984, S. 146 ff.
73 Bohn, Stuttgart geheim, S. 128; Paul Kärcher. Chronik der Gemeinde Gablenberg und seiner Gemarkung, S. 61; StAS 3602 (masch.).
74 Siehe Helmut Thielicke. Zu Gast auf einem schönen Stern. Erinnerungen. Hamburg ²1984, S. 167 f. Weitere Angaben, die die Verfolgung und die Reaktion der betreffenden Personen ausführlicher darstellen, führten zu einer Identifizierung und müssen daher unterbleiben.
75 Auch hier stellt sich dasselbe Problem, so daß ich auf nähere Belegstellen verzichte.
76 Friedrich Schlotterbeck. Je dunkler die Nacht, desto heller die Sterne. Erinnerungen eines Arbeiters. Berlin 1948, S. 146 ff. Schlotterbecks Erinnerungen liegen jetzt in einer Neuausgabe vor.
77 Zusammenstellung für den Bereich der Stapoleitstelle Stuttgart aus den Meldungen wichtiger staatspolizeilicher Ereignisse: BAK R 58/195-206
78 VVN-A. D 977: Anklageschrift des Oberstaatsanwalts an den Vorsitzenden des Sondergerichts gegen Albert E., 1. 12. 1941

79 BAK R 58/199, fol. 52: Meldungen wichtiger staatspolizeilicher Ereignisse, 8. 12. 1941
80 ebd., fol. 78: Meldungen, 12. 12. 1941
81 BAK R 58/200, fol. 5: Meldungen, 5. 1. 1942; vgl. auch StAS Kc 234: Verzeichnis Todesurteile
82 VVN-A. D 668: Bericht von Erika Buchmann
83 So wechselte beispielsweise der Stuttgarter SS-Führer Humps 1935 als Abwehrchef zu den Dornier-Werken nach Friedrichshaben.
84 VVN-A. vorl. Bü. Betriebe: Erklärung Hermann Mahles, 24. 6. 1946; Bestätigungen von Albert Wais (vor 1933 Gewerkschaftssekretär), 15. 6. 1946 und von Paul Hahn, 2. 8. 1945 u. a. m.
85 ebd.: Abschrift von Akten der Stapoleitstelle Nr. IIc 1655/42g, 30. 4. 1943: Anzeige gegen einen Konstrukteur der Firma Elektron
86 Neben den genannten Fällen vgl. weitere Erinnerungsberichte und Dokumente (zumeist Abschriften) in den Büscheln KPD und Betriebe im VVN-A
87 Trotz aller quellenbedingter Vorbehalte unterliegt dies keinem Zweifel. In Südwestdeutschland war der kommunistische Widerstand generell schwächer als in den übrigen Industriezentren Mittel-, Nord- und Westdeutschlands. Eine Ausnahme bildete Mannheim, wo 1942 die sog. Lechleiter-Gruppe aktiv war; vgl. Max Oppenheimer. Der Fall Vorbote. Zeugnisse des Mannheimer Widerstands. Frankfurt/M. 1969; Widerstand gegen den Nationalsozialismus in Mannheim, S. 323 ff. Auch Westdeutschland war 1942 ein Zentrum kommunistischen Widerstands und besaß eine wichtige Bedeutung für die Reorganisation der illegalen KPD im Reich. Nach der Verhaftung der Gruppe Knöchel Anfang 1943 bildete Mitteldeutschland die wichtigste Region der KPD; vgl. Peukert, KPD im Widerstand, S. 361 und 408 ff.
88 BAK R 58/212: Meldungen, 22. 10. 1943
89 Bohn, Stuttgart geheim, S. 144. Bogdan war schon vor dem Krieg illegal für die KPD tätig gewesen, so daß eine Verbindung von Stuttgart zur illegalen Leitung der KPD durchaus wahrscheinlich ist. Vgl. Deutschland von 1939 bis 1945. Autorenkollektiv mit Wolfgang Bleyer u. a. Berlin 1969, S. 246.
90 Bodo Scheurig. Freies Deutschland. München 1960; Willy Wolff. An der Seite der Roten Armee. Berlin 1973; beide Arbeiten mit unterschiedlichen Wertungen.
91 BAK R 58/212, fol. 22: Meldungen, 22. 10. 1943
92 Bohn, Stuttgart geheim, S. 140: Aufzeichnungen von Max Wagner. Das Folgende ebd.
93 Laut Bescheid des Oberreichsanwalts durfte die Familie keine Todesanzeige aufgeben. Die Urne wurde erst 1947 von Brandenburg nach Stuttgart übersandt und auf dem Pragfriedhof bestattet; vgl. StZ 39, 17. 5. 1947, S. 5 und Bohn, Stuttgart geheim, S. 139
94 VVN-A. D 666: Kurzbericht von Alois Gechter und Bill Schwenker, 20. 10. 1969; vorl. Bü. Stuttgart: Bestätigung Dr. Karl Gonser, 17. 4. 1946
95 BAK R 58/213: Meldungen, 30. 6. 1944. Am 7. 7. 1944 war von 25 Verhaftungen einer „seit längerer Zeit beobachteten marxistisch-kommunistischen Gegengruppe" die Rede. Vermutlich betrafen beide Meldungen denselben Vorgang.
96 Bohn, Hochverrat, S. 113–123.
97 Vgl. Erster Teil. Kap. IV. 2.
98 Schlotterbeck, Je dunkler die Nacht, schilderte als einziger Überlebender der Familie seine und seiner Angehörigen Leidensgeschichte.
99 Vgl. Arbeiterinitiative 1945. Antifaschistische Ausschüsse und Reorganisation der Arbeiterbewegung in Deutschland. Hg. von Lutz Niethammer, Ulrich Borsdorf und Peter Brandt. Wuppertal 1976, S. 503 ff.: Kampfkomitees und Arbeitsausschüsse in Stuttgart (L. N.); eine Zusammenfassung bietet Niethammer. Aktivitäten und Grenzen der Antifa-Ausschüsse 1945: Das Beispiel Stuttgarts. In: VfZG 23. 1975, S. 297 ff.

V. 4. „Eine unbewußte Volksabstimmung." Der 20. Juli 1944

1 Für die Abläufe und den Kontext des 20. Juli vgl. Peter Hoffmann. Widerstand – Staatsstreich – Attentat. Der Kampf der Opposition gegen Hitler. München 1969. Zu den Ereignissen des 20. Juli S. 466 ff.
2 BAK R 55/601: Tätigkeitsbericht der Abt. Propaganda im Reichspropagandaministerium, 25. 7. 1944. Auch einer der Überlebenden des inneren Kreises der Verschwörer, Eugen Gerstenmaier, zweifelte nachträglich an einem Erfolg des Staatsstreichs selbst „mit einem toten Hitler": „Offenbar war die Mehrheit des deutschen Volkes und wohl auch die Mehrheit der Armee damals noch immer nicht bereit, nicht reif und nicht fähig, sich dem Führerkult und der Rauschgiftwirkung der vieljährigen Staatspropaganda von einer Stunde zur anderen zu entreißen." Vgl. E. G. Von Bolz bis zu Rommel und

Wurm. Baden-Württemberger im Kampf gegen Hitler. Stuttgart 1978 (Vortrag 24. 7. 1978), S. 10
3 NSK 198, 23. 7. 1944, S. 1
4 ebd.
5 Gerhard Ritter. Carl Goerdeler und die deutsche Widerstandsbewegung. Stuttgart 1956, S. 158
6 So ein Bericht von Ulrich Hassell. Vom anderen Deutschland. Aus den nachgelassenen Tagebüchern 1938–1944. Zürich/Freiburg 1946, S. 109. Bei einer Unterredung mit von Hassell und Bosch wurde Hans Walz zu einer Besprechung mit SS-Leuten gerufen. Walz steckte sich sein Abzeichen als Förderndes Mitglied an, um anschießend in seiner Kritik an der Wirtschafts- und Finanzpolitik des Regimes fortzufahren.
7 Zum Begriff der nationalkonservativen Opposition vgl. Klaus-Jürgen Müller. Struktur und Entwicklung der nationalkonservativen Opposition. In: Aufstand des Gewissens. Der militärische Widerstand gegen Hitler und das NS-Regime 1933–1945. Bonn ²1985, S. 263–309. Zu den politischen Vorstellungen siehe Hoffmann, Widerstand – Staatsstreich – Attentat, S. 226–254; Hans Mommsen. Gesellschaftsbild und Verfassungspläne des deutschen Widerstands. In: Der deutsche Widerstand gegen Hitler. Köln/Bonn 1966, S. 73–167
8 Vgl. hierzu besonders Widerstand und Erneuerung. Neue Berichte und Dokumente vom inneren Kampf gegen das Hitler-Regime. Hg. von Otto Kopp. Stuttgart 1966 mit Erinnerungsberichten von Fischer (S. 122–166) und Hans Walz (S. 98–120). Zu Walz' Einsatz auch für jüdische Deutsche vgl. Pessach-Festschrift der Israelitischen Religionsgemeinschaft in Württemberg. Nr. 5730 (April 1970), S. 36 ff. Siehe auch den Erlebnisbericht von Hahn: StAS NLS Bü. 224. Wilhelm Kohlhaas. Eberhard Wildermuth. Ein aufrechter Bürger. Bonn 1960, S. 114 schreibt, Hahn habe sich mit dem Werkschutz eines großen süddeutschen Unternehmens (Bosch), „dessen Arbeiter sich immer ihre feste sozialdemokratische Gesinnung bewahrt hatten", bereitgehalten, „dem Vorhaben" einen Rückhalt in Württemberg zu geben. Hahn selbst erwähnte keine konkreten Pläne dieser Art.
9 StAS NLS Bd. 40: Tagebuch 13. 6. 1942: Ratsherr Götz berichtete Strölin über Bäuerles Verhaftung, wie Strölin kommentarlos notierte.
10 Widerstand und Erneuerung, S. 166 ff.
11 Thielicke, Zu Gast auf einem schönen Stern, S. 188 ff.
12 VVN-A. D 765: Bericht von Willy Collmer, 25. 2. 1946
13 Joseph Ersing. Vorgeschichte und Verlauf des 20. Juli 1944. Stuttgart 1947; Max Miller. Eugen Bolz. Staatsmann und Bekenner. Stuttgart 1951, S. 480 f. Zu Härle und Stetter siehe den Bericht von Fischer. Erlebnisse vom 20. Juli 1944 bis 8. April 1945. In: Widerstand und Erneuerung, S. 124
14 Ritter, Goerdeler, S. 397 und zu den Konflikten S. 392 f.
15 Strölin, Endstadium, S. 35 f., ders. Verräter oder Patrioten. Stuttgart 1952, S. 32 ff.
16 So Ritter, Goerdeler, S. 398
17 ebd., S. 367
18 Gerstenmaier, Von Bolz bis zu Rommel und Wurm, S. 23. Auch zwei Stuttgarter Pfarrer, mit denen Gerstenmaier sprach, hätten ihre Zustimmung bekundet.
19 Die folgende Darstellung nach Hoffmann, Widerstand – Staatsstreich – Attentat, S. 528 f. und S. 541 f.
20 ebd., S. 529., Veiel wurde im April 1945 seines Amtes enthoben. Mit dem Putschversuch hatte dies jedoch nichts zu tun; vgl. Hoffmann, S. 528 Anm. 203.
21 Fischer, Erlebnisse, S. 130 f. Die Liste hatte Gordeler entgegen den Zusicherungen und der Ansicht der beteiligten Gewerkschafter den Militärs übergeben; ebd., S. 129 und Hoffmann, Widerstand – Staatsstreich – Attentat, S. 412.
22 Vgl. Ersing, Vorgeschichte und Verlauf (o. pag.)
23 Die Haftbefehle wurden zum Teil erheblich später ausgestellt, so gegen Fischer im Oktober 1944 und gegen Ersing im Januar 1945. Dies bedeutete aber nicht, daß Ersing erst am 9. 1. 1945 verhaftet wurde, wie der Herausgeber der Chronik 1933–1945 annimmt; vgl. S. 1014: 9. 1. 1945.
24 Bohn, Stuttgart geheim, S. 128 f. Helmut Mielke. Geschichten zur Geschichte. In: Arbeiterbewegung in Stuttgart 1933, S. 60 berichtet, daß die Ärzte schließlich dem Druck der Gestapo hätten nachgeben müssen, Weimer jedoch an dem für den Transport nach Berlin bestimmten Tag verstorben sei.
25 Über Verlauf und juristische Würdigung des Prozesses siehe Wagner, Der Volksgerichtshof im nationalsozialistischen Staat, S. 775 ff. Wagner beschäftigte sich in seiner umfassenden Untersuchung auch mit den Verfahren gegen Fischer, Bolz und Hahn.
26 Ersing, Verlauf und Vorgeschichte, betont, daß Bolz im Gegensatz zu allen anderen Verhafteten ohne Koffer, Mantel und Hut festgenommen und nach Berlin gebracht worden sei. Er wertet dies als Indiz für eine Aktion Stuttgarter Stellen.
27 Gerstenmaier, Von Bolz bis zu Rommel und Wurm, S. 8

28 ebd., S. 16 zitiert Gerstenmaier zustimmend Charles Douglas-Home. Rommel. New York 1973, S. 205; Übersetzung bei Gerstenmaier
29 So Hitler in einem Tagesbefehl an die Wehrmacht vom 21. 7. 1944: NSK 198, 22. 7. 1944, S. 1
30 Es ist umstritten, ob die Verhaftungswelle im Zusammenhang des 20. Juli erfolgte oder unabhängig hiervon geplant war; Hoffmann, Widerstand – Staatsstreich – Attentat referiert die verschiedenen Ansätze (S. 614 und S. 865, Anm. 59).
31 VVN-A. vorl. Bü. SPD: Mitteilung des früheren SPD-GR Großhans, 19. 7. 1948
32 StAS HA 010. Bd. 57 a: „Gedanken über einige staatspolitische Notwendigkeiten", 11. 1. 1943
33 StAS HA 010. Bd. 57 b; der Entwurf des Exposés stammt vermutlich von Strölins Mitarbeiter Asmuß und ging hervor aus den Bemühungen um eine Verwaltungsvereinfachung, an der Strölin im HAfK führend mitbeteiligt war.
34 Vgl. Anm. 32
35 Vgl. dazu die Darstellung Strölins für sein Spruchkammerverfahren StAS NLS Bd. 76
36 StAS HA 010. Bd. 57 a: Strölin an Stuckart, 9. 2. 1943
37 StAS NLS Bd. 76: Meine Zusammenarbeit mit Dr. Goerdeler, 14. 10. 1947. In den Quellen, auch von den Strölin in seinem Nachlaß überlieferten Unterlagen, befand sich kein aktenmäßiger Hinweis auf eine Drohung mit einem Hochverratsprozeß. Da Strölin selbst einen Meinungsaustausch mit Goebbels und Bormann erwähnte, kann man allenfalls davon ausgehen, daß eine untergeordnete Stelle eine solche Äußerung tat – bei der zunehmenden Chaotisierung der Herrschaftsverhältnisse weder außergewöhnlich noch völlig ungefährlich. Unzweifelhaft wurden Strölins Beiträge von führenden Personen des Regimes zur systemimmanenten Diskussion um die Struktur der Verwaltung gerechnet.
38 ebd.
39 StAS NLS Bd. 41: Tagebuch 9. 9. 1943 und 10. 9. 1943
40 ebd.: 16. 12. 1943
41 StAS NLS Bd. 76: Meine Zusammenarbeit mit Dr. Goerdeler, 14. 10. 1947
42 Strölin traf am 14. 5. 1944 Rommels Stabschef Speidel, der sich zur Unterredung Rommels mit Strölin so äußerte: „In ihr waren die *legalen* Möglichkeiten für eine *Änderung* des Regimes und eine Beendigung des Krieges erörtert worden." Vgl. Hans Speidel. Invasion 1944. Ein Beitrag zu Rommels und des Reiches Schicksal. Tübingen/Stuttgart 1950, S. 81 (Hervorhebung von mir, R. M.)
Bei einem Treffen zwischen Strölin, Speidel und von Neurath brachte nach Speidel, S. 86 f. Strölin zum Ausdruck, Berliner Kreise wollten Hitler beseitigen. Speidel berichtet nicht, wie sich Strölin dazu verhielt. Freilich war Strölin bei einer Kenntnis zur Anzeige verpflichtet. Frau Lucie Rommel schrieb am 10. 8. 1947 an Strölin über ein Gespräch mit ihrem Gatten: „Sie hätten ihn ganz besonders darauf hingewiesen, daß, wenn Hitler nicht zur Vernunft zu bringen wäre, wenn er den Krieg nicht selbst beende, mein Mann sich für die Rettung des Reiches mit seiner Person zur Verfügung stellen müßte"; StAS NLS Bd. 76: Zeitliche Zusammenstellung der Beweismittel. Anmerkungen S. 2.
43 Ratsherren 10. 8. 1943, § 26
44 Sollte Strölin, wie er selbst angab, jede Nacht sein Quartier gewechselt haben, so hätte er sich selbst dadurch in höchstem Maß verdächtig gemacht; andererseits hätten die Sicherheitsorgane seine Verhaftung ohne weiteres vornehmen können, da er seinen Amtsgeschäften im Ausweichquartier des Rathauses täglich nachging. Mit Sicherheit stilisiert hier Strölin eine Rolle als Verfolgter des Regimes hoch, die ihm nicht zukam.

VI. 1. Der Volkssturm

1 RGBl. 1944 I, S. 253: Die Proklamation datierte vom 25. 9. 1944, wurde jedoch erst einen Monat später veröffentlicht.
2 NSK 495, 20. 11. 1939, S. 5; 111, 22. 2. 1940, S. 5. Die Stuttgarter SA wurde im September 1939 neu gegliedert, nachdem über die Hälfte der SA-Männer bei Wehrmacht, Hilfspolizei, SHD usw. verpflichtet waren. Die übrigen SA-Angehörigen wurden in sechs Stürme zusammengefaßt. Bei einem Appell am 17. 9. 1939 wurden die vormilitärische Ausbildung und die Erlangung des SA-Wehrabzeichens als Schwerpunkte der Arbeit genannt. Vgl. StNT 432, 18. 9. 1939, S. 4. Die Führung der SA-Gruppe Südwest (1943 umbenannt in SA-Gruppe Neckar) übernahm im übrigen in Personalunion Ministerpräsident Mergenthaler, nachdem Hanns Ludin 1941 zum deutschen Gesandten in Preßburg ernannt worden war.
3 NSK 107, 20. 4. 1944, S. 3
4 StAS Möhringen (unverz.) Ordner Volkssturm: Locher an Amtsvorstände und Leiter der Betriebe,

6. 11. 1944
5 RGBl. 1944 I, S. 343
6 StAS Möhringen. Ordner Volkssturm: Kreisstabsführer SA-Stubaf. Dietrich an sämtliche Betriebsführer und Betriebsobmänner des Kreises Stuttgart, o. D.
7 ebd.: Erlaß Locher, 6. 11. 1944 (s. Anm. 4)
8 ebd.
9 ebd.: Mitteilung des Ortsamts Möhringen auf Erlaß Locher, 13. 11. 1944
10 StALB K 110. Bü. 59: Bericht der SD-Hauptaußenstelle Stuttgart an den SD-Leitabschnitt, 8. 11. 1944; publiziert bei Klaus Mammach. Der Volkssturm. Das Letzte Aufgebot. Köln 1981, S. 43 ff. Mammach gibt als Quelle das Zentrale Staatsarchiv Potsdam an.
11 NSK 298, 13. 11. 1944, S.1
12 NSK Oktober, November passim
13 NSK 298, 13. 11. 1944, S. 4
14 Diese Zahlen nach Strölin, Endstadium, S. 21
15 Sauer, Württemberg, 476
16 StAS Möhringen. Ordner Volkssturm: Strölin an Beigeordnete, Referenten, Amtsvorstände und Leiter der Betriebe, 27. 11. 1944
17 StAS 03-135. Bü. Volkssturm: Erlaß Lochers, 16. 12. 1944, betr. Zuteilung der Gefolgschaftsangehörigen der allgemeinen und inneren Verwaltung in die verschiedenen Aufgebote des Deutschen Volkssturms; darin zitiert Locher die Anordnung Nr. 22/24 von Bormann.
18 Vgl. Bardua, Luftkrieg, S. 143
19 StAS PA 03-135. Bü. Volkssturm: Strölin an Fischer, 11. 12. 1944
20 ebd.: Locher an Strölin, 31. 12. 1944. Darin auch die unterschiedlichen Äußerungen Fischers und Riegrafs
21 StAS PA. Ordner Doppelte Uk-Stellungen: Locher an Kreisleitung, 10. 2. 1945
22 Bezüglich der sog. doppelten Uk-Stellungen teilte das Personalamt Verwaltungsdirektor Neunhöffer, dem Leiter des Ortsamts Möhringen, am 28. 2. 1945 mit: „Sie stehen ausschließlich dem Oberbürgermeister der Stadt der Auslandsdeutschen zur Verfügung und dürfen zu langfristigen Einsätzen – insbesondere des Volkssturms – nicht herangezogen werden. Die Teilnahme an Ausbildungslehrgängen ist dadurch nicht ausgeschlossen." Eine Entscheidung über den Einsatz traf die Kreiskommission der NSDAP.
23 StAS Möhringen. Ordner Volkssturm: Zusammenstellung der an Verwaltungsdirektor Neunhöffer ergangenen Kompaniebefehle.
24 ebd.: Kompaniebefehl 4/45 vom 15. 2. 1945
25 ebd.: Kompaniebefehl 10/45 vom 31. 3. 1945
25 StAS HA-Restakten 010/Bl. 37: Erlaß Strölins an Beigeordnete, Referenten, Amtsvorstände und Leiter der Betriebe, 10. 4. 1945
27 Chronik 1945–1948, S. 23–25

VI. 2. „Die Ereignisse waren rascher als der Verwaltungsapparat."
Die Auflösung der nationalsozialistischen Herrschaft in Stuttgart

1 StAS EA Bü. 6: Verwaltungsbericht des Ernährungsamts für 1945, S. 3
2 StAS HA 0–9. Az. 808/4/Bl. 101: Anlage zur Sitzung der WuG-Beiräte 16. 1. 1945, § 2
3 StAS EA Bü. 6: Verwaltungsbericht Ernährungsamt 1945, S. 2
4 WuG-Beiräte 16. 1. 1945, § 5
5 Bardua, Luftkrieg, S. 145 ff.
6 ebd., S. 147 ff.: Bericht von Fritz Rose, Weilimdorfer Anzeiger, 25. 1. 1952
7 StAS HA 0–9. Az. 6154/Bl. 10: Scheuerle an Flak-Kommandeur, 26. 9. 1944; Bl. 11: Ortsgruppenleiter Weil im Dorf an Kreisleitung, 16. 2. 1945
8 Bardua, Luftkrieg, S. 160 ff.; vgl. auch Chronik 1945–1948, S. 2 f.
9 NSK 38, 8. 2. 1945, S. 3
10 Bernhard, Stuttgart und die TWS, S. 35
11 StAS HA 720. Bü. 8/Bl. 10: Rs. 20/44, Keßner an sämtliche Kohlenhändler, 19. 12. 1944; vgl. auch NSK 331, 21. 12. 1944, S. 3
12 ebd./Bl. 19: Strölin an Murr, 4. 1. 1945

13 ebd./Bl. 20: Strölin an Murr und an Kohlenkontor Weihenmayer, Mannheim, und an Rhein. Braunkohlensyndikat Niederlassung Mannheim, 8. 1. 1945; Bl. 35: Strölin an alle beteiligten Reichs-, Landes- und Parteidienststellen, 22. 1. 1945
14 ebd./Bl. 17: Württ. Wirtschaftsministerium an Strölin, 10. 1. 1945
15 Haushaltsbuch, Einträge 26. 1. und 1. 3. 1945
16 NSK 4, 5. 1. 1945, S. 4; „Waffen gegen den Kohlenklau": NSK 10, 12. 1. 1945, S. 4
17 NSK 10, 12. 1. 1945, S. 4
18 StAS HA 720. Bü. 8/Bl. 28: Strölin an Beigeordnete, Referenten, Amtsvorstände und Leiter der Betriebe, 22. 1. 1945
19 NSK 31, 6. 2. 1945, S. 2
20 NSK 43, 26. 2. 1945, S. 2
21 NSK 55, 6. 3. 1945, S. 2; 67, 20. 3. 1945, S. 2: elektrische Hausgeräte durften zunächst von 21 bis 6 Uhr, dann von 20 bis 7 Uhr benutzt werden.
22 StALB K 110. Bü. 58: Bericht vom 27. 3. 1945
23 StAS EA Bü. 32: Rs. 26/45 des Ernährungsamts, 7. 2. 1945
24 Vgl. die Zusammenfassung in der Chronik 1945–1948, S. 45–48, siehe auch S. 5–7
25 Vgl. etwa die Reiseschilderungen bei Maier, Ende und Wende
26 Schulz, Selbsterlebtes aus Stuttgarts Bombentagen, S. 52
27 Chronik 1945–1948, S. 7
28 ebd., S. 5
29 StAS EA Bü. 426: Niederschrift über Besprechung beim Bevollmächtigten für den Nahverkehr, 15. 2. 1945
30 StAS EA Bü. 6: Verwaltungsbericht des Ernährungsamts 1945, S. 3; danach auch die weitere Darstellung.
31 StAS HA 720. Bü. 7/Bl. 62: Aufstellung über die Lebensmittelrationen für Normalverbraucher über 18 Jahre. Damit war die Brotration unter das Niveau von Frühjahr 1918 gesunken (Tagesration 293 Gramm gegenüber 270 Gramm), während bei Fleisch die Zuteilung größer war (52 Gramm gegenüber 36 Gramm Tagesration).
32 Haushaltsbuch, Eintrag 1. 3. 1945
33 HStAS E 397. Bü. 105/Bl. 51: Getreidewirtschaftsverband an Reichsverteidigungskommissar, 2. 2. 1945
34 Vgl. StAS EA Bü. 6: Verwaltungsbericht Ernährungsamt 1945, S. 6
35 NSK 57, 8. 3. 1945, S. 2
36 Vgl. auch Chronik 1945–1948, S. 13. Nach Mitteilung von Dr. Otto Schwarz wurden auf dem Wasen Kartoffeln angepflanzt, die im Winter 1945/46 wertvolle Hilfe bedeuteten.
37 StAS EA Bü. 6: Verwaltungsbericht Ernährungsamt 1945, S. 7
38 Z. B. NSK 87, 14. 4. 1945, S. 4
39 HStAS E 397. Bü. 105/Bl. 76: Erlaß Murrs vom 27. 3. 1945; StAS EA Bü. 6: Verwaltungsbericht Ernährungsamt 1945, S. 8
40 StAS NLS Bd. 76: Bericht der Neuen Zürcher Zeitung 160, AA 11. 4. 1945, S. 6: Verwirrung in Stuttgart; vgl. auch Maier, Ende und Wende, S. 199
41 StAS HA Restakten 010. Bü. Notverwaltung: Niederschrift Lochers, 11. 12. 1944
42 ebd.: Schmelz an Rechnungsprüfungsamt, 22. 12. 1944
43 Innerhalb der Stadtverwaltung waren diese Pläne offenbar nicht unumstritten. Nach eigenem Bekunden erklärte Schwarz die Pläne für unsinnig und undurchführbar; Interview 29. 5. 1981.
44 StAS HA Restakten 010. Bü. Hauptamt der Notverwaltung: Locher an die Amtsleiter, 14. 2. 1945
45 ebd. Bü. Aufgabenkreis des Hauptamts: Aufstellung über die Organisation der Notverwaltung
46 Die Niederlage 1945. Hrsg. Percy Ernst Schramm. München 1962, S. 407
47 Chronik 1945–1948, S. 15
48 Strölin, Endstadium, S. 24–26 wies verständlicherweise auf den wachsenden Terror gegen Angehörige der Zivilverwaltung hin.
49 StAS NLS Bd. 126. Bü. 5 b: Schmid (als Wirtschaftsminister) an die Oberbürgermeister und Landräte, 31. 3. 1945 (Abschrift); Chronik 1945–1948, S. 15
50 StAS HA-Restakten 010. Bü. Notverwaltung: Aktennotiz über Besprechung im Innenministerium, 4. 4. 1945 (Asmuß)
51 ebd.: Asmuß an die Direktoren Weinmann, Theurer, Stöckle sowie an Stadtrat Waidelich, 5. 4. 1945. Die Ausführungen von Asmuß an die führenden Männer der Notverwaltung zeigten, daß die Auffassungen der Stadtverwaltung sich nicht von denen des Innen- und Wirtschaftsministers unterschieden.

Asmuß äußerte, Strölin habe sich bei der Besprechung am 4. 4. 1945 ausführlich und nachdrücklich geäußert. Strölin selbst erwähnte die Unterredung in seinem Buch Stuttgart im Endstadium des Krieges nicht.
52 Strölin, Endstadium, S. 19–22
53 ebd.; S. 50 f. schildert Strölin seinen letzten heftigen Zusammenstoß mit Murr in der Frage des Erhalts der Fernsprechleitungen der Stadtverwaltung. Unklar ist, warum Murr ausgerechnet in dieser vergleichsweise sekundären Frage Strölin zu sich bestellte, und warum Strölin die Frage der Fernsprechleitungen nicht bei der Besprechung im Innenministerium am selben Tag ansprach, wo er gegenüber Schmid und von Scholley wohl wesentlich leichteren Stand gehabt hätte.
54 StAS NLS Bd. 126. Bü. 5 b: Aktennotiz o. D. (Streng vertraulich), Häberle und Stöckle meldeten Strölin am 6. 4. 1945, 18 Uhr das Ergebnis ihrer Verhandlungen.
55 Strölin, Endstadium, S. 43 ff. Im übrigen wurde auch Wehrkreisbefehlshaber Veiel noch am 13. April abgesetzt und wenige Tage später zum Tode verurteilt; im allgemeinen Zusammenbruch wurde das Urteil jedoch nicht mehr vollstreckt; Endstadium, S. 41
56 StAS HA-Restakten 010. Bü. Notverwaltung/Bl. 15: Besprechungspunkte für die Sitzung der Beigeordneten am 6. 4. 1945; TOP. 2: Inkrafttreten der Notverwaltung; Bl. 16: Erlaß Strölins vom 6. 4. 1945 über Inkrafttreten der Notverwaltung; Bl. 40: Erlaß Strölins, Errichtung einer Ausweichstelle der Stadtverwaltung in Isny, 6. 4. 1945
57 StAS NLS Bd. 77/Bl. 330: Aktennotiz Sauers, 27. 3. 1945. Sauer beauftragte mit der Aktenvernichtung SA-Sturmbannführer Holzschuh, den Leiter der städt. Werkscharen. Die Akten lagerten im Gefolgschaftsheim der Stadtverwaltung in Murrhardt.
58 StAS HA-Restakten 010. Bü. Notverwaltung. Fasz. Allgemeines: Erlaß Strölins vom 29. 3. 1945 an Beigeordnete, Leiter der Ämter und Betriebe
59 StAS NLS Bd. 126. Bü. 4 e: Erlaß Strölins an Beigeordnete, Referenten, Amtsvorstände und Leiter der Betriebe, 10. 4. 1945
60 Henry Bernhard. Finis Germaniae: Aufzeichnungen und Betrachtungen. Stuttgart 1947, S. 311
61 Haushaltsbuch, Eintrag 7. 4. 1945. Der Verfasser war nach eigenem Bekunden an der Sprengung beteiligt. Vietzen datiert das Ereignis in der Chronik 1945–1948, S. 18 auf den 5. 4. 1945
62 Bernhard, Finis Germaniae, S. 312
63 StAS NLS Bd. 126: Notiz über eine Besprechung Strölins mit dem früheren Kreisleiter Fischer am 2. 2. 1948. Fischer nannte neben Baumert auch SS-Brif. Müller, den Stabsleiter des SS-Oberabschnitts Südwest. – Vgl. auch StZ 16, 26. 2. 1947, S. 1: Bericht über die Verhaftung von Baumert in Frankfurt als Kopf einer Nazi-Gruppe
64 NSK 83, 10. 4. 1945, S. 1
65 NSK 91, 19. 4. 1945, S. 1; vgl. die Zusammenfassung bei Sauer, Württemberg, S. 491
66 NSK 87, 14. 4. 1945, S. 1
67 StZ 92, 20. 4. 1985, S. 25; Interview mit Dr. Wolfgang Haußmann, 8. 10. 1985
68 25 Jahre Oberbürgermeister. Festschrift für Dr. Arnulf Klett. Stuttgart 1971, S. 29 f.: Brief von Frau Annie Götz
69 Die Darstellung folgt einer Niederschrift Strölins; StAS NLS Bd. 22: Beziehungen Dr. Strölins zu Dr. Klett, o. D. Dr. Wolfgang Haußmann bestätigte die Schilderung Strölins im Interview am 8. 10. 1985.
70 Interview Kletts in der Zeitschrift Wespennest Nr. 25, 10. 8. 1946, zit. nach StAS NLS Bd. 78
71 Strölin, Endstadium, S. 47 f.
72 Interview Dr. Wolfgang Haußmann, 8. 10. 1985
73 StAS NLS Bd. 126. Bü. 6: Notariell beglaubigte Erklärung von Hans Caspert, 3. 5. 1947
74 StAS HA 720. Bü. 7/Bl. 1–65: Könekamp an Direktor Groß, Verbrauchergenossenschaft, 5. 4. 1945
75 StAS NLS Bd. 126. Bü. 2: Zeittafel, von Strölin aufgestellt. Bei Strölin, Endstadium, S. 55 hieß es demgegenüber, die Gauleitung habe die Beordungen ausgesprochen.
76 Zit. nach Chronik 1945–1948, S. 20
77 StAS NLS Bd. 126. Bü. 5 b: Häberle an den Direktor des Personalamts, Vogler, 4. 7. 1945; zum Befehl siehe ebd.: Rüstungsbevollmächtigter Südwest des Reichsministeriums für Rüstung und Kriegsproduktion, Kelchner, an Reichsverteidigungskommissar, 12. 4. 1945, am 14. 4. von ORR Benz im Büro Murrs an Strölin geschickt.
78 ebd.: Bericht Häberle an Vogler, 4. 7. 1945
79 StZ 92, 20. 4. 1985, S. 27: Bericht über ein Gespräch mit Johannes Graf Adelmann, damals Brückenkommandant am Berger Steg
80 Strölin, Endstadium, S. 58

81 Sauer, Württemberg, S. 491 f.
82 Zur militärischen Entwicklung in den letzten Kriegswochen Friedrich Blumenstock. Der Einmarsch der Amerikaner und Franzosen im nördlichen Württemberg im April 1945. Stuttgart 1957
83 Sauer, Württemberg, S. 494; Jean Joseph Marie de Lattre de Tassigny. Histoire de la Première Armée Francaise Rhin et Danube. Paris 1950, S. 567 ff.; Charles de Gaulle. Memoiren 1942–1946. Düsseldorf 1961, v. a. S. 450 ff.
84 NSK 94, 20. 4. 1945, S. 1
85 Bohn, Stuttgart geheim, S. 168 ff. Nachdem zu Beginn der NS-Herrschaft in dem Arbeitshaus Schutzhäftlinge untergebracht worden waren, hatte die SS 1944 dort ein Arbeitslager als Außenkommando des Konzentrationslagers Natzweiler eingerichtet; vgl. Bärbel Böckle. Das Arbeits- und Krankenlager Vaihingen (Enz). In: Nationalsozialistische Konzentrationslager im Dienst der totalen Kriegführung. Stuttgart 1978, S. 175–223
86 Zelzer, Weg, S. 261; mündiche Mitteilung Herrmann Ziegler, Stuttgart
87 Bohn, Stuttgart geheim, S. 170
88 Bernhard, Finis Germaniae, S. 326
89 Kriegschronik der Evangelischen Gesamtkirchengemeinde Stuttgart-Bad Cannstatt, S. 32 f. (StAS Kc 264)
90 Die Ereignisse nach Strölin, Endstadium, S. 57 ff. und Chronik 1945–1948, S. 23 ff.
91 Zit. nach Strölin, Endstadium, S. 59. Der Befehl stammte von General Kurt Hofmann, Marbachs Vorgesetztem, der seinen Dienstsitz in Ludwigsburg hatte.
92 Chronik von Wangen, Dekanat Stuttgart aus den Jahren 1933–1950, S. 11 o. J. (masch.); StAS Kc 306
93 Vgl. Heinz Eschwege. Vom Niedergang und Aufstieg der Stadt Stuttgart. Dokumente und Aufzeichnungen. 1944–1946. o. J. (masch.); StAS Kc 248. Eschwege stellte nicht nur die Kontaktaufnahme mit den französischen Truppen anders dar als Strölin, auch die Amtsübergabe an Klett erscheint bei Eschwege in einem anderen Licht. An dieser Stelle ist auf eine Bemerkung von Paul Hahn, Mitglied des Bosch-Kreises und nach dem 20. Juli 1944 inhaftiert und verurteilt, hinzuweisen. Als die Stadtverwaltung 1950 erwog, eine Chronik der Ereignisse des Jahres 1945 zu erstellen, wandte sich OB Klett auch an Hahn. Dieser kommentierte Strölins Werk über „Stuttgart im Endstadium des Krieges" mit einem Spruch Hebbels: „O rühre nimmer an den Schlaf der Welt" und verzichtete, obwohl manches zu bemerken sei, auf weitere Ausführungen; StAS HA 3702-4: Hahn an Klett, 8. 5. 1950.
94 Zur Besetzung Stuttgarts aus franz. Sicht vgl. die in Anmerkung 83 genannte Literatur.
95 VVN-A. vorl. Bü. Stuttgart: Bericht von Frau A.B., 12. 2. 1948: Ein Feldwebel des Volkssturms, der einen französischen Solaten gefangengenommen hatte, verlangte von Degerlocher Bürgern die Verteidigung der dortigen Panzersperren. Nach längerer Diskussion lenkte er jedoch ein.
96 Nicht nur in Stuttgart besaßen Stadtvorstand und leitende Beamte maßgeblichen Anteil an der kampflosen Übergabe der Stadt; beispielsweise wurde auch in München der „Alte Kämpfer" und Reichsamtsleiter Fiehler zum „Retter" seiner Stadt. Bei der Kommunalverwaltung war in der letzten Phase offenbar die lokale Verankerung dominierend.
97 Kriegschronik der Ev. Gesamtkirchengemeinde Stuttgart-Bad Cannstatt, Eintrag vom 21. 4. 1945 (vgl. Anm. 89)
98 Chronik von Wangen, Dekanat Stuttgart, S. 12 (vgl. Anm. 92)
99 Strölin, Endstadium, S. 61
100 Auch der ehemalige Stadtrat Schwarz bezeichnete Klett, den er in einem zivilgerichtlichen Verfahren als gegnerischen Anwalt kennengelernt hatte, als „scharfen Anti-Nazi"; Interview am 21. 10. 1981. – Strölins Schwenk zu Klett ist nicht eindeutig geklärt. Nach dem Bericht Eschweges, Niedergang und Aufstieg der Stadt Stuttgart, S. 27 ff. fragte Strölin zuerst einen anderen, politisch auf der Linken stehenden Kandidaten und Verfolgten des Regimes, nach dessen Bereitschaft zur Übernahme des Amts. Ohne aber eine Entscheidung abzuwarten, soll er dann überraschend Klett vorgeschlagen haben.
101 So Lutz Niethammer, Kampfkomitees und Arbeitsausschüsse in Stuttgart, S. 509. Im Zuge von Strölins Aufstieg im HAfK und der Bearbeitung der auslandsdeutschen Angelegenheiten war Könekamp immerhin zum ehrenamtlichen Reichsstellenleiter im HAfK und zum SS-Ehrenführer avanciert.
102 Statistisches Handbuch der Stadt Stuttgart 1900–1957, S. 243; Bardua, Luftkrieg, S. 261
103 Zelzer, Stuttgart unterm Hakenkreuz, S. 254; Bardua, Luftkrieg, S. 162; Statistisches Handbuch der Stadt Stuttgart 1900–1957, S. 242. Wie an anderer Stelle ausgeführt, ist die vom Statist. Handbuch genannte Zahl von 4562 Opfern zu niedrig, da die Quellen der Stadtverwaltung, die in dieser Hinsicht quellenkritisch unverdächtig sind, höhere Zahlen von Luftkriegstoten nennen (vgl. Kap. IV. 5, Anm. 20).
104 Zelzer, Weg, S. 285 ff. Der Nekrolog nennt über 1030 Opfer; darin sind diejenigen Personen, die im

Angesicht der Verfolgungen Selbstmord verübten, nicht enthalten.
105 Vgl. dazu die Ausführungen Kap. III. 1, Anm. 53.
106 VVN-A Da 62. In einer gebunden, gleichsam endgültigen „Liste der Todesopfer des Nazi-Regimes" mit insgesamt 1398 Namen ist die Zahl der Opfer wesentlich höher beziffert: VVN-A. Da 65. Allein in Dachau kamen demnach 116 Personen ums Leben, an Haftfolgen starben 38 Personen. Dazu kommen noch die Opfer von Buchenwald, Mauthausen, Flossenbürg sowie die Hinrichtungsopfer. Man muß also von deutlich mehr als 200 Opfern ausgehen.
107 Vgl. die Liste der Hinrichtungsopfer StAS Kc 234.

Verzeichnis der Tabellen

1: Die Sitzverteilung im Gemeinderat nach den Wahlen im Dezember 1928 (S. 5)
2: Die Arbeitslosigkeit in Stuttgart 1930–1932 (S. 6)
3: Die Stuttgarter Arbeitslosigkeit im Vergleich (S. 6)
4: Die Stuttgarter Bevölkerung nach ihrer sozialen Stellung (S. 6)
5: Die Stuttgarter Bevölkerung nach Berufsgruppen der Erwerbspersonen (S. 7)
6: Die Zahl der Kurzarbeiter in den Arbeitsamtsbezirken Stuttgart und München (S. 8)
7: Die tariflichen Stundenlöhne der Metallfacharbeiter im Vergleich (S. 9)
8: Die Ergebnisse der Reichstagswahlen 1928–1932 in Stuttgart (S. 13)
9: Die zehn Wahlbezirke mit dem höchsten Stimmenanteil der NSDAP bei den Reichstagswahlen am 31. Juli 1932 (S. 14)
10: Der Stuttgarter Gemeinderat nach der Wahl am 7. Dezember 1931 (S. 30)
11: Die NSDAP-Gemeinderäte nach der Wahl am 7. Dezember 1931 (S. 31)
12: Die Maßregelung der städtischen Beamten nach dem Gesetz zur Wiederherstellung des Berufsbeamtentums. Vergleich der städtischen Vorschläge und der Entscheidung des Staatsministeriums (S. 54)
13: Die Neuregelung der Fürsorge (Sozialhilfe) für Arbeitslose und Kurzarbeiter im September 1933 (S. 83)
14: Die Anteile am Stuttgarter Wohnungsneubau 1930–1935 (S. 100)
15: Der Wohnungsbestand in Stuttgart 1930–1935 (S. 100)
16: Beurlaubungen für Zwecke der NSDAP und der Wehrmacht durch die Stadtverwaltung zwischen 1936 und 1939 (S. 211)
17: Wohnungsbau in Stuttgart 1933 bis 1938 und städtische Beteiligung (S. 232)
18: Die soziale Stellung der Stuttgarter Juden nach der Volks- und Betriebszählung vom 17. Juni 1933 (S. 286)
19: Durchschnittslöhne der Bosch-Arbeiter 1933–1935 (S. 312)
20: Die Wohnverhältnisse der Stuttgarter Juden (Stand: Juni 1939) (S. 400)
21: Übersicht über die Schäden der Luftangriffe im Februar und März 1944 (S. 437)
22: Gesamtschadensbilanz sämtlicher Angriffe auf Stuttgart von 1940 bis Ende April 1944 (S. 439)
23: Geplante unterirdische Fertigungsanlagen Stuttgarter Rüstungsbetriebe (Stand: 6. April 1944; Zwischenberichte) (S. 463)

Unveröffentlichte Quellen

Quellen aus folgenden Archiven und Institutionen wurden verwendet:

Arbejderbevaegelsens Bibliotek og Arkiv Kopenhagen
Berlin Document Center (BDC)
Bundesarchiv Koblenz (BAK)
Hauptstaatsarchiv Stuttgart (HStAS)
Institut für Zeitgeschichte München (IfZ)
Landesamt für Wiedergutmachung Stuttgart
Landgericht Stuttgart (LG)
Landeskirchliches Archiv Stuttgart
Projekt Zeitgeschichte der Stadt Stuttgart (PZG)
    Die Bestände des PZG befinden sich inzwischen zum überwiegenden Teil im Stadtarchiv Stuttgart.
Staatsarchiv Luwigsburg (StALB)
Stadtarchiv Stuttgart (StAS)
    Die Bestände der alten Hauptaktei und die Restbestände der Personalamtsakten sind mittlerweile verzeichnet und durch Findbücher erschlossen. Konkordanzen sind vorhanden.
Vereinigung der Verfolgten des Nazi-Regimes – Bund der Antifaschisten.
    Archiv der Landesvereinigung Baden-Württemberg (VVN-A)
Württembergische Staatstheater – Archiv
Yad Vashem Jerusalem
Zentrale Stelle der Landesjustizverwaltungen zur Aufklärung
    nationalsozialistischer Verbrechen Ludwigsburg (ZStLB)

Mündliche und schriftliche Auskünfte erteilten:

Archiv der sozialen Demokratie der Friedrich-Ebert-Stiftung Bonn-Bad Godesberg
Archiv des Süddeutschen Rundfunks Stuttgart
Diözesanarchiv Rottenburg
Institute of Contemporary History and Wiener Library London
Internationaler Suchdienst des Roten Kreuzes Arolsen
Wirtschaftsarchiv Baden-Württemberg
sowie die Unternehmen C. Baresel AG, Wilh. Bleyle KG, Robert Bosch GmbH, Daimler-Benz AG, SKF Textilmaschinen-Komponenten GmbH, Ed. Züblin AG

Zeitzeugen

Die umfangreiche Interview-Sammlung des Projekts Zeitgeschichte stand zur Verfügung. Die Gespräche führten Bernd Burkhardt, Dr. Karlheinz Fuchs, Walter Nachtmann und Michael Spohn (†). Zum Teil liegen Transkriptionen vor. Die Interview-Sammlung befindet sich in den Räumen des neuen Projekts Zeitgeschichte, das eine Ausstellung zum Thema „Stuttgart im Zweiten Weltkrieg" vorbereitet.
Weitere Informationen und Hinweise verdanke ich Gesprächen mit
Peter Dübbers (Nachlaß Bonatz)
Dr. Wolfgang Haußmann
Dr. Alfred Marx
Dr. Otto Schwarz
Henny Trautmann
Otto Wahl
Josef Warscher
Hermann Ziegler

Gedruckte Quellen und Literatur

(Wichtige Veröffentlichungen Stuttgarter Nationalsozialisten und Beamter aus aufgeführten Periodika wurden eigens nachgewiesen.)

Abel, Karl-Dietrich, Presselenkung im NS-Staat. Eine Studie zur Geschichte der Publizistik in der nationalsozialistischen Zeit. Berlin 1958 (Einzelveröff. der Hist. Kommission zu Berlin beim Fr.-Meinecke-Institut der FU Berlin. 2)
Abendroth, Wolfgang. Das Problem der Widerstandstätigkeit der „Schwarzen Front". In: VfZG 8. 1960. S. 181–187
Adam, Uwe Dietrich. Judenpolitik im Dritten Reich. Düsseldorf 1972. (Tübinger Schriften zur Sozial- und Zeitgeschichte. 1)
Adler, Hans-Günther. Theresienstadt 1941–1945. Antlitz einer Zwangsgemeinschaft. Tübingen 1955
Adler, Hans-Günther. Der Verwaltete Mensch. Studien zur Deportation der Juden aus Deutschland. Tübingen 1974
Adler, Leo. Israelitische Religionsgemeinschaft of Wuerttemberg. Its Developement and its Changes. In: Year Book of the Leo Baeck Institute 5. 1960. S. 287–298
Adreßbücher der Stadt Stuttgart; seit 1937 Adreßbücher der Stadt der Auslandsdeutschen Stuttgart
Allen, William Sheridan. Das haben wir nicht gewollt. Die nationalsozialistische Machtergreifung in einer Kleinstadt 1930–1935. Gütersloh 1966
Allen, William Sheridan. Farewell to Class Analysis in the Rise of Nazism. In: CEH XVII. 1984. S. 54–62
Alltagsgeschichte der NS-Zeit. Neue Perspektiven oder Trivialisierung. München 1984
Althoff, Karl Heinz. Warum Erzeugungsschlacht? Berlin 1937
Aly, Götz und Karl Heinz Roth. Die restlose Erfassung. Volkszählen, Identifizieren, Aussondern im Nationalsozialismus. Berlin 1984
Aly, Götz u. a. Aussonderung und Tod. Die klinische Hinrichtung der Unbrauchbaren. Berlin 1985
Amtsblatt des württembergischen Innenministeriums 60. 1930 ff.
Amtsblatt des württembergischen Kultministeriums 26. 1933 ff.
Amtsblatt der Stadt Stuttgart; ab 36. 1936, Nr. 104 Amtsblatt der Stadt der Auslandsdeutschen
Anatomie des SS-Staates. Gutachten des Instituts für Zeitgeschichte. 2 Bde. Olten/Freiburg 1965
Der Angriff auf die Sowjetunion. Hrsg. Horst Boog u. a. Stuttgart 1983 (Das Deutsche Reich und der Zweite Weltkrieg. 4)
Arbeiterbewegung in Stuttgart 1933. Erinnerungen, Berichte, Dokumente. Hrsg. Arbeitskreis zur Erforschung der Geschichte der Stuttgarter Arbeiterbewegung beim DGB, Redaktion Helmut Fidler. Tübingen 1984
Arbeiterinitiative 1945. Antifaschistische Ausschüsse und Reorganisation der Arbeiterbewegung in Deutschland. Hrsg. Lutz Niethammer, Ulrich Borsdorf und Peter Brandt. Wuppertal 1976
Aronson, Shlomo. Heydrich und die Anfänge des SD und der Gestapo (1931–1935). Berlin 1967
Baker, Leonhard. Days of Sorrow and Pain. Leo Baeck and the Berlin Jews. London/New York 1978
Banach, Jens. Die Inspekteure der Sicherheitspolizei und des SD 1936–1945. Untersuchungen zur Rolle der Sicherheitspolizei und des SD in den nationalsozialistischen Machtstrukturen. (Wiss. Hausarbeit zur Erlangung des akad. Grades eines M.A. der Univ. Hamburg, masch.) 1985
Bardua, Heinz. Stuttgart im Luftkrieg 1939–1945. Stuttgart o.J. (1967) (Veröff. d. Archivs der Stadt Stuttgart. 23)
Die Bauzeitung, vereinigt mit Süddt. Bauzeitung 43. 1933 ff.
Bayern in der NS-Zeit. Bd. I: Soziale Lage und politisches Verhalten der Bevölkerung im Spiegel vertraulicher Bericht. München/Wien 1977. Bde. II–VI: Herrschaft und Gesellschaft im Konflikt. München/Wien 1979–1983
Bechtle, Friedrich Richard. Die nordwürttembergische politische Presse 1930 bis 1949 unter Berücksichti-

gung allgemeiner Vorgänge im deutschen Zeitungswesen. o. O. 1952 (photomech. vervielf.)
Bergmann, Klaus. Agrarromantik und Großstadtfeindschaft. Meisenheim 1970 (Marburger Abh. zur Polit. Wiss. 20)
Bernhard, Henry. Finis Germaniae. Aufzeichnungen und Betrachtungen. Stutgart 1947
Bernhard, Rudolph. Stuttgart und die TWS. Stuttgart 1983
Besson, Waldemar. Württemberg und die deutsche Staatskrise 1928–1933. Eine Studie zur Auflösung der Weimarer Republik. Stuttgart 1959.
Der Bezirksplanungsverband Stuttgart e. V. 1931–1937. Ein Abschlußbericht. Stuttgart 1937
Die Bibliothek der Technischen Hochschule 1962. Hrsg. Manfred Koschlig. Stuttgart 1962
Binkowksi, Johannes. Die Diktatur des Nationalsozialismus. In: Von der Preßfreiheit zur Pressefreiheit. Südwestdeutsche Zeitungsgeschichte von den Anfängen bis zur Gegenwart. Stuttgart 1983. S. 155–171
Birkenfeld, Wolfgang. Der synthetische Treibstoff 1933–1945. Ein Beitrag zur nationalsozialistischen Wirtschafts- und Rüstungspolitik. Göttingen 1964.
Birkenholz, Carl. Die Bedeutung der Reichsautobahnen für Arbeit und Arbeitslosigkeit. In: RABl. II Nr. 27, 25. 9. 1934, S. 345–348
Birkenholz, Carl. Nationalsozialistische Sozialpolitik auf den Reichsautobahnen. In: RABl. II Nr. 19, 5. 7. 1935, S. 201–207
Birn, Ruth Bettina. Die Höheren SS- und Polizeiführer. Himmlers Vertreter im Reich und in den besetzten Gebieten. Düsseldorf 1986
Blätter der Erinnerung für die Glieder der früheren Garnisonskirchengemeinde in Stuttgart. 1944–1949. Stuttgart 1949
Bleuel, Hans Peter. Das Saubere Reich. Theorie und Praxis des sittlichen Lebens im Dritten Reich. Bern usw. 1972
Bloch, Charles. Die SA und die Krise des NS-Regimes 1934. Frankfurt 1970
Blumenstock, Friedrich. Der Einmarsch der Amerikaner und Franzosen im nördlichen Württemberg im April 1945. Stuttgart 1957 (Darstellungen aus der württ. Geschichte. 41)
Boelcke, Willi A. Wege des industriellen Wachstums im Königreich Württemberg. In: ZWLG 32. 1973. S. 436–520
Boelcke, Willi A. Die deutsche Wirtschaft 1933–1945. Interna des Reichswirtschaftsministeriums. Düsseldorf 1983
Boelcke, Willi A. Industrieller Aufstieg im mittleren Neckarraum zwischen Konjunktur und Krise. Das Beispiel der Werkzeug-, Maschinen- und elektrotechnischen Industrie. In: ZWLG 43. 1984. S. 287–326.
Bohn, Willi. Stuttgart: Geheim! Widerstand und Verfolgung 1933–1945. Frankfurt ³1978 (1. Aufl. 1969: Stuttgart: Geheim! Ein dokumentarischer Bericht)
Bohn, Willi. Transportkolonne Otto. Frankfurt 1970
Bohn, Willi. „Hochverräter!" Frankfurt 1984
Bohnert, August. Siedlungsstruktur und Siedlungsgestaltung in Württemberg. In: VDI-Zeitschrift 82. 1938. S. 621–625
Bohnert, August. Autobiographische Schilderungen (masch; StAS Kc 275)
Bonatz, Paul. Großstadtentwicklung. Ein Vortrag von Prof. Dr.-Ing. E. h. Bonatz über Entstehung und Weiterentwicklung des Stadtteils zwischen Altstadt und Bahnhof in Stuttgart. In: Bauzeitung 44. 1934. S. 49–60
Bonatz, Paul. Leben und Bauen. Stuttgart 1950
Born, Karl-Erich. Die deutsche Bankenkrise 1931. München 1967
Borst, Otto. Stuttgart. Die Geschichte der Stadt. Stuttgart/Aalen 1973
Borst, Otto. Schule des Schwabenlands. Geschichte der Universität Stuttgart. Stuttgart 1979 (Die Universität Stuttgart. 1)
Borst, Otto. Pietismus und Industrie. In: Abschied von der Dorfidylle? Hrsg. Martin Blümcke. Stuttgart 1982. S. 170–177
Bosch-Zünder. Werkzeitschrift der Betriebsgemeinschaft der Robert-Bosch-AG. 1. 1919 ff.
Bracher, Karl-Dietrich. Die Auflösung der Weimarer Republik. Eine Studie zum Problem des Machtverfalls der Demokratie. Stuttgart/Düsseldorf 1955 (Schriften des Inst. f. Polit. Wiss. 4)
Bracher, Karl-Dietrich. Stufen totalitärer Gleichschaltung: Die Befestigung der nationalsozialistischen Herrschaft 1933/34. In: VfZG 4. 1956. S. 30–42
Bracher, Karl-Dietrich. Die deutsche Diktatur. Entstehung, Struktur, Folgen des Nationalsozialismus. Köln/Berlin 1969
Bracher, Karl-Dietrich, Sauer Wolfgang und Gerhard Schulz. Die nationalsozialistische Machtergreifung. Studien zur Errichtung des totalitären Herrschaftssystems in Deutschland 1933/34. Köln/Opladen 1960

(Schriften des Inst. f. Polit. Wiss. 14)
Braun, Theo. Entscheidung: Ja oder Nein. Erinnerungen an die Evangelische Jugendarbeit im Dritten Reich. Stuttgart 1980
Bremer, Jörg. Die Sozialistische Arbeiterpartei Deutschlands (SAP). Untergrund und Exil. Frankfurt 1978
Brenner, Hildegard. Die Kunstpolitik des Nationalsozialismus. Reinbeck 1963
Bretschneider, Heike. Der Widerstand gegen den Nationalsozialismus in München 1933–1945. München 1968
Brodski, Josef A. Im Kampf gegen den Faschismus. Sowjetische Widerstandskämpfer in Hitlerdeutschland 1941–1945. Berlin 1975
Broszat, Martin. Der Staat Hitlers. Grundlegung und Entwicklung seiner inneren Verfassung. München 1969
Broszat, Martin. Soziale Motivation und Führer-Bindung des Nationalsozialismus. In: VfZG 18. 1970. S. 392–409
Broszat, Martin. Die Machtergreifung. Der Aufstieg der NSDAP und die Zerstörung der Weimarer Republik. München 1984
Broszat, Martin und Horst Möller (Hrsg). Das Dritte Reich, Herrschaftsstruktur und Geschichte. Vorträge aus dem Institut für Zeitgeschichte. München 1983
Brucker, Heinrich. Die Stadtrandsiedlung „Hoffeld" in Stuttgart-Degerloch. Tübingen 1938
Bry, Gerhard. Wages in Germany 1871–1945. Priceton 1960
Buchheim, Hans. SS und Polizei im NS-Staat. Duisdorf 1964
Caplan, Jane. Bureaucracy, Politics and the National Socialist State. In: The Shaping of the Nazi State. Ed. Peter D. Stachura. London 1978. S. 234–256
Childers, Thomas. Who, Indeed, Did Vote for Hitler? In: CEH XVII. 1984. S. 45–53
Chronik der Stadt Stuttgart 1933–1945. Stuttgart o. J. (1982) (Veröff. des Archivs der Stadt Stuttgart. 30)
Chronik von Wangen, Dekanat Bad Cannstatt, aus den Jahren 1933–1950. (ms; StAS Kc 306)
Craven, Wesley Frank und James Lea Cate. The Army Air Forces in World War II. Bd. 2/3. Chicago 1949/1951
Czichon, Eberhard. Wer verhalf Hitler zur Macht? Zum Anteil der deutschen Industrie an der Zerstörung der Weimarer Republik. Köln 1967 (Stimmen zur Zeit. 5)
Dähn, Horst. SPD in Widerstand und Wiederaufbau (1933–1952). In: Die SPD in Baden-Württemberg und ihre Geschichte. Von den Anfängen der Arbeiterbewegung bis heute. Hrsg. Jörg Schadt und Wolfgang Schmierer. Stuttgart 1979. S. 192–232 (Schriften zur polit. Landeskunde Baden-Württembergs. 3)
Dahrendorf, Ralf. Gesellschaft und Demokratie in Deutschland. München 1965
Das Daimler-Benz-Buch. Ein Rüstungskonzern im „Tausendjährigen Reich". Hrsg. von der Hamburger Stiftung für Sozialgeschichte des 20. Jahrhunderts. Nördlingen 1987 (Schriften der Hamburger Stiftung f. Sozialgesch. des 20. Jh., Bd. 3)
Daimler-Motoren-Gesellschaft – Benz & Cie. – Daimler-Benz-Aktiengesellschaft. Historische Datensammlung 1886–1980. Hrsg. Daimler-Benz-Museum o. O. o. J.
Daumann, Otto und Paul Skriewa. Die Schlacht für Deutschland. Ein Blick in die Ernährungs- und Rohstofflage. Halle 1937
Der deutsche Widerstand gegen Hitler. Vier kritisch-historische Studien von Hermann Graml, Hans Mommsen, Hans Joachim Reichhardt und Ernst Wolf. Hrsg. Walter Schmitthenner und Hans Buchheim. Köln/Bonn 1966
Deutscher kaufe nicht beim Juden! Verzeichnis jüdischer Geschäfte in Württemberg und Hohenzollern. Hrsg. NS-HAGO-Gauamtsleitung. Stuttgart 1932
Deutsches Volksblatt 85. 1933; ersch. bis Okt. 1935
Deutschland von 1939 bis 1945. Hrsg. Autorenkollektiv mit Wolfgang Bleyer u. a. Berlin 1969 (Lehrbuch der deutschen Geschichte-Beiträge. 12)
Deutschland-Berichte der Sozialdemokratischen Partei Deutschlands (Sopade) 1934–1940. Salzhausen/Frankfurt 1980
Diehl-Thiele, Peter. Partei und Staat im Dritten Reich. Untersuchungen zum Verhältnis von NSDAP und allgemeiner innerer Staatsverwaltung 1933–1945. München 1969
Dienststellen- und Straßenverzeichnis zum Plan des Kreises Stuttgart auf Grund der Block- und Zellen-Neuordnung der NSDAP 1936, der gebietlichen Änderungen der Ortsgruppen des Kreises Stuttgart vom 26. November 1936 und unter Berücksichtigung der parteipolitischen Übernahme der eingemeindeten Orte vom 30. Mai 1937. Stuttgart 1937
Diller, Ansgar. Rundfunkpolitik im Dritten Reich. München 1980 (Rundfunk in Deutschland. 2)
Dipper, Theodor. Die evangelische Bekenntnisgemeinschaft in Württemberg 1933–1945. Ein Beitrag zur

Geschichte des Kirchenkampfes im Dritten Reich. Göttingen 1966 (Arb. z. Gesch. d. Kirchenkampfes. 17)
Dötsch, Josef Wilhelm. Württembergs Katholiken unterm Hakenkreuz 1930–1935. Tübingen 1965
Dokumentation Stuttgarter Stadtchronik 1933–1945. Vorgelegt von der Arbeitsgruppe „Chronik der Stadt Stuttgart 1933–1945". Stuttgart 1981 (masch.)
Dokumente über die Verfolgung der jüdischen Bürger in Baden-Württemberg durch das nationalsozialistische Regime 1933–1945. Bearb. Paul Sauer. Teil 1.2. Stuttgart 1966 (Veröff. Staatl. Archivverwaltung Baden-Württembergs. 16/17)
Domarus, Wolfgang. Nationalsozialismus, Krieg und Bevölkerung. Untersuchungen zur Lage, Volksstimmung und Struktur in Augsburg während des Dritten Reiches. München 1977 (Miscellanea Bavarica Monacensia. 71)
Douglas-Home, Charles. Rommel. London 1973
Drechsler, Hanno. Die Sozialistische Arbeiterpartei Deutschlands (SAPD). Ein Beitrag zur Geschichte der deutschen Arbeiterbewegung am Ende der Weimarer Republik. Meisenheim 1965 (Marburger Abh. z. Polit. Wiss. 2)
Drewniak, Boguslav. Das Theater im NS-Staat. Szenarium der Zeitgeschichte. Düsseldorf 1983
Düwell, Kurt. Die regionale Geschichte des NS-Staates zwischen Mikro- und Makroanalyse. Forschungsaufgaben zur „Praxis im kleinen Bereich". In: Jb. westdt. Landesgesch. 9. 1983. S. 287–344
Eberle, Eugen und Peter Grohmann. Die schlaflosen Nächte des Eugen E. Erinnerungen eines neuen schwäbischen Jakobiners. Stuttgart 1982
Edinger, Lewis Joachim. Sozialdemokratie und Nationalsozialismus. Der Parteivorstand der SPD im Exil von 1933–1945. Hannover 1960
Ehrenbuch der Opfer von Berlin-Plötzensee. Berlin 1974
Eisenhofer, Mattäus. Mein Leben beim Rundfunk. Gerlingen 1970
Empor und voran. Ein Entwicklungsprogramm für Stuttgart und Württemberg. Stuttgart 1930 (Tagblatt-Schriften. 16)
Erbe, René. Die nationalsozialistische Wirtschaftspolitik 1933–1939 im Lichte der modernen Theorie. Zürich 1958
Ersing, Joseph. Vorgeschichte und Verlauf des 20. Juli 1944. Stuttgart 1947
Esters, Helmut und Hans Pelger. Gewerkschafter im Widerstand. Mit einem forschungsgeschichtlichen Überblick von Alexandra Schlingensiepen. Hannover 1967
Ettwein, Friedrich. Der neue Geist in der Fürsorgewesen. In: NS-Gemeinde-Zeitung 1. 1933. S. 185–187
Ettwein, Friedrich. Sinn und Durchführung der Pflichtarbeit. In: NS-Mitteilungsblatt 3. 1935. S. 166 f.
Die evangelische Landeskirche in Württemberg und der Nationalsozialismus. Eine Dokumentation zum Kirchenkampf. Hrsg. Gerhard Schäfer. 5. Bde. Stuttgart 1971–1982
Farquharson, John E. The Plough and the Swastika. The NSDAP and agriculture in Germany 1928–45. London usw. 1976 (Sage Studies in 20th Century History. 5)
Feder, Gottfried. Strukturplan für die Großsiedlung Fasanenhof der Stadt der Auslandsdeutschen. Berlin 1941
Feiertagsschrift (Rosch Haschana). Hrsg. Israelit. Religionsgemeinschaft Württembergs. 1957 (5718)–1973 (5734)
Festschrift zur Eröffnung des Hauses der Technischen Werke der Stadt Stuttgart am 19. September 1936 im vierten Jahr des Neuen Reiches. Stuttgart 1936
Festschrift zum 150jährigen Bestehen der Universität Stuttgart. Beiträge zur Geschichte der Universität. Hrsg. Johannes H. Voigt. Stuttgart 1979 (Die Universität Stuttgart. 2)
Feuerbacher Zeitung: Neues Tagblatt und Anzeiger für Stuttgart-Feuerbach/Weil im Dorfer Zeitung. 59. 1933–67. 1941 (Nr. 126)
Fischer, Theodor. Stadterweiterungsfragen mit besonderer Rücksicht auf Stuttgart. Stuttgart 1903
Fischer-Dieskau, Joachim. Übergangsschwierigkeiten der Wohnbau- und Siedlungsfinanzierung. In: RABl. II Nr. 15. S. 391–394
Fliedner, Hans Joachim. Die Judenverfolgung in Mannheim 1933–1945. 2 Bde. Stuttgart 1971
Forndran, Erhard. Die Stadt- und Industriegründungen Wolfsburg und Salzgitter: Entscheidungsprozesse im nationalsozialistischen Herrschaftssystem. Frankfurt/New York 1984
Fraenkel, Ernst. Der Doppelstaat. Frankfurt/Köln 1974
Franke, Hans. Geschichte und Schicksal der Juden in Heilbronn vom Mittelalter bis zur Zeit der nationalsozialistischen Verfolgungen. Heilbronn 1963 (Veröff. d. Archivs der Stadt Heilbronn. 11)
Franke, Manfred. Karneval im 3. Reich. In: Journal für Geschichte 1982. Heft 1, S. 42–45
Franz-Willing, Georg. Ursprung der Hitlerbewegung 1919–1922. Preußisch Oldendorf ²1974

Franz-Willing, Georg. Krisenjahr der Hitlerbewegung 1923. Preußisch Oldendorf 1975
Frey, Anton (Hrsg.). Die katholischen Pfarreien Stuttgarts in Vergangenheit und Gegenwart. Stuttgart 1940
Friedrich-Eugens-Gymnasium. Schule im Rückblick. Stuttgart 1971
Fuchs, Peter u. a. Kölner Karneval. Seine Geschichte, seine Eigenart, seine Akteure. Köln ²1984
Der „Führerstaat": Mythos und Realität. Studien zur Struktur und Politik des Dritten Reiches. Hrsg. Gerhard Hirschfeld und Lothar Kettenacker. Stuttgart 1981 (Veröff. Dt. Hist. Inst. London. 8)
Fünf Jahre Arbeit an den Straßen Adolf Hitlers. Hrsg. Fritz Todt. Berlin 1938
25 Jahre Oberbürgermeister. Festschrift für Dr. Arnulf Klett. Stuttgart 1971 (Veröff. d. Archivs der Stadt Stuttgart. Sonderbd. 3)
50 Jahre Bibliothek für Zeitgeschichte – Weltkriegsbücherei Stuttgart 1915–1965. Frankfurt 1965
50 Jahre Gleichschaltung der Selbstverwaltungsorgane der Stadt Stuttgart. Sondersitzung des Gemeinderats am 16. März 1983. (StAS Kc 543)
Galler, Ruth. Arbeiterwohnungsbau in Stuttgart 1933 bis 1937. München 1939
Gamm, Hans-Jochen. Der braune Kult. Das Dritte Reich und seine Ersatzreligion. Hamburg 1962
Gaulle, Charles de. Memoiren 1942–1946. Bd. 2. Düsseldorf 1961
Gemeindezeitung für die israelitischen Gemeinden Württembergs I. 1924/25 – XIII. 1936/37; ab Jg. XIV. 1937/38: Jüdisches Gemeindeblatt
Genschel, Helmut. Die Verdrängung der Juden aus der Wirtschaft im Dritten Reich. Göttingen 1966 (Göttinger Bausteine zur Geschichtswiss. 38)
Gerhard, Dirk. Antifaschisten. Proletarischer Widerstand 1933–1945. Berlin 1976
Gerstenmaier, Eugen. Von Bolz bis zu Rommel und Wurm. Baden-Württemberger im Kampf gegen Hitler. Stuttgart 1978
Goebbels-Reden. Bd. 2: 1939–1945. Hrsg. Helmut Heiber. Düsseldorf 1972
Görgen, Hans-Peter. Düsseldorf und der Nationalsozialismus. Studien zur Geschichte einer Großstadt im „Dritten Reich". Düsseldorf 1969
Golücke, Friedhelm. Schweinfurt und der strategische Luftkrieg 1943. Der Angriff der US Air Force vom 14. Oktober 1943 gegen die Schweinfurter Kugellagerindustrie. Paderborn 1980
Graml, Hermann. Der 9. November 1938 „Reichskristallnacht". Bonn 1955 (Bundeszentrale für Heimatdienst. 2)
Grube, Sibylle. Rundfunkpolitik in Baden und Württemberg 1924–1933. Berlin 1976
Gruchmann, Lothar. „Blutschutzgesetz" und Justiz. Zu Entstehung und Auswirkung des Nürnberger Gesetzes vom 15. September 1935. In: VfZG 31. 1983. S. 418–442
Grundmann, Friedrich. Agrarpolitik im „Dritten Reich". Anspruch und Wirklichkeit des Erbhofgesetzes. Hamburg 1979 (Hist. Perspektiven. 14)
Haag, Lina. Eine Handvoll Staub. Frankfurt 1977
Habich, Ralph. Die Not des Heimleiters Heinrich Herrmann mit der Ermordung seiner Pfleglinge. In: ZEIT 11, 7. 3. 1986, S. 67 f.
Häberle, Karl Erich. Stuttgart und die Elektrizität: Geschichte der Stuttgarter Elektrizitäts- und Fernwärmeversorgung. Stuttgart 1983
Hafen Stuttgart. Stuttgart 1958 (Arbeiten des Tiefbauamtes. 2)
Hagemann, Jürgen. Die Presselenkung im Dritten Reich. Bonn 1970
Hagemann, Walter. Publizistik im Dritten Reich. Hamburg 1948
Hale, Oron James. Presse in der Zwangsjacke 1933–1945. Düsseldorf 1965
Halfmann, August. Aus dem Nazi-Sumpf. 6 Monate als Gauredner bei den Nationalsozialisten in Württemberg. Stuttgart 1932
Hallgarten, George Wolfgang Felix. Hitler, Reichswehr und Industrie. Frankfurt ²1955
Hamilton, Richard F. Who Voted for Hitler? Princeton 1982
Hamilton, Richard F. Braunschweig 1932: Further Evidence on the Support for National Socialism. In: CEH XVII. 1984. S. 3–36
Hampe, Erich. Der Zivile Luftschutz im Zweiten Weltkrieg. Dokumentation und Erfahrungsberichte über Aufbau und Einsatz. Frankfurt 1963
Hassell, Ulrich von. Vom anderen Deutschland. Aus den nachgelassenen Tagebüchern. Zürich/Freiburg 1946
Haus, Wolfgang. Staatskommissare und Selbstverwaltung 1930–1933. Fragwürdige Überlieferungen zum „Versagen" der demokratischen Kommunalverwaltung. In: Der Städtetag 9. 1956. S. 96 f.
Hausen, Hans Erwin und Hellmuth Rößler. Grundriß der Deutschen Wohlfahrtspflege. Leipzig 1939
Hecker, Hellmuth. Die Umsiedlungsverträge des Deutschen Reiches während des Zweiten Weltkrieges. Hamburg 1971

Hehr, Dieter und Wolfgang Hippe. Navajos und Edelweißpiraten. Berichte vom Jugendwiderstand im Dritten Reich. Frankfurt 1981
Heidelberg unter dem Nationalsozialismus: Studien zu Verfolgung, Widerstand und Anpassung. Hrsg. Jörg Schadt und Michael Caroli. Heidelberg 1985
Heimat und Identität. Probleme regionaler Kultur. 22. Deutscher Volkskunde-Kongreß in Kiel vom 16. bis 21. Juni 1979. Hrsg. Konrad Köstlin und Hermann Bausinger. Neumünster 1980
Heime für die HJ. Beispiel, Bericht. Heimbeschaffungsausgabe „Unsere Fahne" Gebiet Württemberg. Berlin o. J.
Hennig, Eike. Regionale Unterschiede bei der Entstehung des deutschen Faschismus. Ein Plädoyer für „mikroanalytische Studien" zur Erforschung der NSDAP. In: PVS 21. 1980. S. 152–173
Herbert, Ulrich. Fremdarbeiter. Politik und Praxis des „Ausländer-Einsatzes" in der Kriegswirtschaft des Dritten Reiches. Berlin/Bonn 1985
Herbst, Ludolf. Die Krise des nationalsozialistischen Regimes am Vorabend des Zweiten Weltkrieges und die forcierte Aufrüstung. Eine Kritik. In: VfZG 26. 1978. S. 347–392
Herbst, Ludolf. Der Totale Krieg und die Ordnung der Wirtschaft: die Kriegswirtschaft im Spannungsfeld von Politik, Ideologie und Propaganda; 1939–1945. Stuttgart 1982 (Studien zur Zeitgesch. 21)
Herington, John. Air War against Germany and Italy 1939–1943. Canberra 1954 (Australia in the War of 1939–1945. Ser. 3, vol. 3)
Herington, John. Air Power over Europe 1944–1945. Canberra 1963 (Australia in the War of 1939–1945. Ser. 3, vol. 4)
Hessen unterm Hakenkreuz. Studien zur Durchsetzung der NSDAP in Hessen. Hrsg. Eike Hennig. In Zusammenarbeit mit Herbert Bauch, Martin Loiperdinger und Klaus Schönekäs. Frankfurt 1983
Heuss, Theodor. Robert Bosch. Leben und Leistung. Stuttgart 1946
Hilberg, Raul. Die Vernichtung der europäischen Juden. Die Gesamtgeschichte des Holocaust. Berlin 1982
Hildebrand, Klaus. Das Dritte Reich. München 1979 (Grundriß der Gesch. 17)
Hildebrand, Klaus. Nationalsozialismus ohne Hitler? Das Dritte Reich als Forschungsgegenstand der Geschichtswissenschaft. In: GWU 31. 1980. S. 289–304
Hillebrecht, Rudolf. Entwicklungszüge des Städtebaus seit 1900. In: Jb. Gesch. oberdt. Reichsstädte 12/13. 1966/67. S. 142–172
Hillgruber, Andreas. Endlich genug über Nationalsozialismus und Zweiter Weltkrieg? Forschungsstand und Literatur. Düsseldorf 1982
Hitler, Adolf. Mein Kampf. München 1935. 165.–167. Auflage
Hitler. Sämtliche Aufzeichnungen 1905–1924. Hrsg. Eberhard Jäckel und Axel Kuhn. Stuttgart 1980 (Quellen und Darstellungen zur Zeitgesch. 21)
Hitlers Städte. Baupolitik im Dritten Reich. Eine Dokumentation von Jost Dülffer, Jochen Thies und Josef Henke. Köln/Wien 1978
Höhne, Heinz. Der Orden unter dem Totenkopf. Die Geschichte der SS. Gütersloh o. J. (1968)
Höpfner, Edith. Stuttgarter Arbeiterbewegung zwischen Republik und Faschismus. Stuttgart 1984
Hoffmann, Herbert. Im Gleichschritt in die Diktatur? Die nationalsozialistische „Machtergreifung" in Heidelberg und Mannheim 1930–1935. Frankfurt 1985 (Sonderveröff. Stadtarchiv Mannheim. 9)
Hoffmann, Peter. Widerstand, Staatsstreich, Attentat. Der Kampf der Opposition gegen Hitler. München 1969
Hoffmann, Wilhelm. Württembergische Landesbibliothek – Vergangenheit und Neugestaltung. In: Staatsanzeiger für Baden-Württemberg Nr. 31, 24. 4. 1957 und Nr. 32, 27. 4. 1957
Holz, Leodegar. In welcher Straße wohnen Sie? Namen und Schicksale auf dem Fasanenhof. Stuttgart o. J. (1973)
Hüttenberger, Peter. Die Gauleiter. Studie zum Wandel des Machtgefüges in der NSDAP. Stuttgart 1969. (Schriftenreihe der VfZG. 19)
Hüttenberger, Peter. Nationalsozialistische Polykratie. In: GuG 2. 1976. S. 417–442
Hüttenberger, Peter. Vorüberlegungen zum „Widerstandsbegriff". In: Theorien in der Praxis des Historikers. Forschungsbeispiele und ihre Diskussion. Hrsg. Jürgen Kocka. Göttingen 1977 (GuG Sonderheft. 3) S. 177–139
Ilnytzkyj, Roman. Deutschland und die Ukraine 1934–1945. Tatsachen europäischer Ostpolitik. 2. Band. München ²1958
Irving, David. Und Deutschlands Städte starben nicht. Ein Dokumentarbericht. Zürich 1963
Jacobi, Uwe. Die vermißten Ratsprotokolle. Aufzeichnung der Suche nach der unbewältigten Vergangenheit. Heilbronn 1981
Jacobsen, Hans-Adolf. Nationalsozialistische Außenpolitik 1933–1938. Frankfurt 1968

Jacobsen, Hans-Adolf. Zur Struktur der NS-Außenpolitik 1933–1945. In: Hitler, Deutschland und die Mächte: Materialien zur Außenpolitik des Dritten Reiches. Hrsg. Manfred Funke. Düsseldorf 1976. S. 137–185 (Bonner Schriften zur Politik und Zeitgeschichte. 12)
Jäckel, Eberhard. Hitlers Weltanschauung. Entwurf einer Herrschaft. Stuttgart 1981 (Erw. u. überarb. Neuauflage)
Jäckel, Eberhard. Nähe und Ferne der Hitlerzeit. Vortrag zur Eröffnung der Ausstellungsreihe „Stuttgart im Dritten Reich" am 13. 8. 1982
Jäckel, Eberhard. Hitlers Herrschaft. Vollzug einer Weltanschauung. Stuttgart 1986
Jahnke, Karl Heinz. Jungkommunisten im Widerstand gegen den Hitlerfaschismus. Berlin 1977
Jaksch Wenzel. Europas Weg nach Potsdam. Stuttgart 1958
Janssen, Gregor. Das Ministerium Speer. Deutschlands Rüstung im Krieg. Frankfurt/Berlin 1968
Jeggle, Utz. Fasnacht im Dritten Reich. Einige brauchgeschichtliche Aspekte. In: Narrenfreiheit. Beiträge zur Fastnachtsforschung. Tübingen 1980. S. 227–238 (Unters. des Ludwig-Uhland-Instituts der Univ. Tübingen. 51)
Johe, Werner. Territorialer Expansionsdrang oder wirtschaftliche Notwendigkeit? Die Groß-Hamburg-Frage. In: Zs. des Vereins für Hamburgische Geschichte 64. 1978. S. 149–180
Jubiläums- und Geschäftsbericht 1900/1950 der Handwerkskammer. 50 Jahre berufliche Selbstverwaltung des Handwerks. Stuttgart 1951
Kärcher, Paul. Chronik der Gemeinde Gabelenberg und seiner Gemarkung 1275–1960 (ms; StAS 3602)
Kaftan, Kurt. Der Kampf um die Autobahnen. Geschichte und Entwicklung des Autobahngedankens in Deutschland von 1907–1936 unter Berücksichtigung ähnlicher Pläne und Bestrebungen im übrigen Europa. Berin 1955
Kaufmann, Max. Die Vernichtung der Juden Lettlands – Churbn Lettland. München 1947
Keil, Heinz. Dokumentation über die Verfolgungen der jüdischen Bürger von Ulm/Donau. Ulm 1961
Keil, Wilhelm. Erlebnisse eines Sozialdemokraten. 2 Bde. Stuttgart 1947/1948
Kett, Ulrich. Stuttgart und das Gas. Geschichte der Stuttgarter Gasversorgung. Stuttgart 1983
Kilian, Hannes. Die Zerstörung. Stuttgart 1944 und danach. Berlin 1984
Klee, Ernst. „Euthanasie" im NS-Staat. Die „Vernichtung lebensunwerten Lebens". Frankfurt 1983
Klee, Ernst. Was sie taten – Was sie wurden. Ärzte, Juristen und andere Beteiligte am Kranken- oder Judenmord. Frankfurt 1986
Klein, Adolf. Köln im Dritten Reich. Stadtgeschichte der Jahre 1933–1945. Köln 1983
Klersch, Joseph. Die kölnische Fastnacht. Köln 1961
Klönne, Arno. Hitlerjugend und ihre Organisation im Dritten Reich. Hannover/Frankfurt 1960. (Schriftenreihe des Inst. f. Wiss. Politik. 1)
Klotzbach, Kurt. Gegen den Nationalsozialismus. Widerstand und Verfolgung in Dortmund 1930–1945. Eine historisch-politische Studie. Hannover 1969
Klumpp, Eberhard. Das erste Jahrzehnt. Der Südfunk und sein Programm 1924 bis 1933/34. Stuttgart 1984 (Südfunk-Hefte. 9)
Koch, Horst-Adalbert. Flak. Die Geschichte der deutschen Flakartillerie 1933–1945. Bad Nauheim 1954
Kochan, Lionel. Pogrom 10 November 1938. London 1957
Koehl, Robert L. RKFDV – German Resettlement an Population Policy 1939–1945. A History of the Reichs Commission for the strengthening of Germandom. Cambridge (Mass.) 1957 (Harvard Historical Monographs. 31)
Köhler, Henning. Arbeitsdienst in Deutschland. Pläne und Verwirklichungsformen bis zur Einführung der Arbeitsdienstpflicht im Jahre 1935. Berlin 1967 (Schriften zur Wirtschafts- u. Sozialgeschichte. 10)
Königin-Katharina-Stift. Festschrift zum 150jährigen Bestehen der Schule. Hrsg. vom Königin-Katharina-Stift zum 4. Oktober 1968. Stuttgart o. J. (1968)
Kohlhaas, Wilhelm. Chronik der Stadt Stuttgart 1918–1933. Stuttgart o. J. (1964). (Veröff. des Archivs der Stadt Stuttgart. 17)
Kohlhaas, Wilhelm. Chronik der Stadt Stuttgart 1913–1918. Stuttgart o. J. (1967), (Veröff. des Archivs der Stadt Stuttgart. 16)
Kohlhaas, Wilhelm. Eberhard Wildermuth. Ein aufrechter Bürger. Bonn 1960
Kohlhaas, Wilhelm. Hundert Jahre Gemeinnütziger Bau- und Wohlfahrtsverein Stuttgart, ehemals Verein für das Wohl der arbeitenden Klassen. 1866–1966. Stuttgart 1966
Kollmer, Gert. Entwicklungstendenzen der südwestdeutschen Industrie in der Zeit des Nationalsozialismus. In: Stadtverfassung, Verfassungsstaat, Pressepolitik. Festschrift für Eberhard Naujocks zum 65. Geburtstag. Hrsg. Franz Quarthal und Wilfried Setzler. Sigmaringen 1980. S. 204–229
Konz, Otto. Lebenserinnerungen. Stuttgart 1967

Kopf, Paul und Max Miller (Hrsg.) Die Vertreibung von Bischof Ioannes Baptista Sproll von Rottenburg 1938–1945. Dokumente zur Geschichte des kirchlichen Widerstands. Mainz 1971 (Veröff. der Kommission für Zeitgeschichte. Reihe A. 13)

Krakauer, Max. Lichter im Dunkeln. Stuttgart 1947 (Das kleine Gildenbuch. 8)

Krausnick, Helmut und Hans-Heinrich Wilhelm. Die Truppe des Weltanschauungskrieges. Die Einsatzgruppen der Sicherheitspolizei und des SD 1938–1942. Stuttgart 1981 (Quellen u. Darstellungen zur Zeitgeschichte. 22)

Kriegs-Chronik der Evangelischen Gesamt-Kirchengemeinde Stuttgart-Bad Cannstatt. Verfaßt von Dekan i. R. Roos (ms; StAS Kc 264)

Kruk, Max und Gerold Lingnau. Daimler-Benz. Das Unternehmen. Mainz 1986

Kühnl, Reinhard. Die nationalsozialistische Linke 1925–1930. Meisenheim 1966 (Marburger Abh. zur Polit. Wiss. 6)

Kuhn, Axel. Das faschistische Herrschaftssystem und die moderne Gesellschaft. Hamburg 1973

Kuhn, Axel. Lokal- und Regionalgeschichte als Arbeitsprinzip. Vortrag, gehalten am 19. 4. 1978 im Historischen Kolloquium des Historischen Instituts der Universität Stuttgart (unveröff. Ms.)

Lärmer, Karl. Autobahnbau in Deutschland 1933 bis 1945. Zu den Hintergründen. Berlin 1975 (Forsch. zur Wirtschaftsgeschichte. 6)

Landesbischof Wurm und der nationalsozialistische Staat 1940–1945. Eine Dokumentation. In Verbindung mit Richard Fischer zusammengestellt von Gerhard Schäfer. Stuttgart 1968

Lang, Walter. Die Schlacht am Walfischkeller. In: Hohenstaufen 9. 1975. S. 138–147

Larsson, Lars Olof. Die Neugestaltung der Reichshauptstadt. Albert Speers Generalbebauungsplan für Berlin. Stockholm 1978 (Acta Universitatis Stockholmiensis. Stockholm Studies in History of Art. 29)

Lattre de Tassigny, Jean Joseph Marie de. Histoire de la Première Armée Française, Rhin et Danube. Paris 1950

Lebenszeichen. Juden aus Württemberg nach 1933. Hrsg. Walter Strauss. Gerlingen 1982

Leiner, Wolfgang. Die Energiekrise nach dem Ersten Weltkrieg und die Auswirkungen auf Stuttgart. Stuttgart 1979

Leiner, Wolfgang. Geschichte der Elektrizitätswirtschaft in Württemberg. Bd. 2, 2: Der Weg zur Großwirtschaft (1916–1945). Stuttgart 1985

Leonhardt, Fritz. Baumeister in einer umwälzenden Zeit. Erinnerungen. Stuttgart 1984

Lersner, Dieter von. Die evangelischen Jugendverbände Württembergs und die Hitler-Jugend 1933/34. Göttingen 1958 (Arbeiten zur Geschichte des Kirchenkampfs. 4)

Link, Werner. Die Geschichte des Internationalen Jugendbundes (IJB) und des Internationalen Sozialistischen Kampfbundes (ISK). Ein Beitrag zur Geschichte der Arbeiterbewegung in der Weimarer Republik und im Dritten Reich. Meisenheim 1964 (Marburger Abh. zur Polit. Wiss. 1)

Lipset, Seymour M. Nationalsozialismus – ein Faschismus der Mitte. In: Von Weimar zu Hitler 1930–1933. Hrsg. Gotthard Jasper. Köln/Berlin 1968. S. 101–123

Loeber, Dietrich A. Diktierte Option. Die Umsiedlung der Deutsch-Balten aus Estland und Lettland 1939–1941. Neumünster 1972

Lohalm, Uwe. Völkischer Radikalismus. Die Geschichte des Deutschvölkischen Schutz- und Trutzbundes 1919–1923. Hamburg 1970. (Hamburger Beitr. zur Zeitgeschichte. 6)

Lohrer, Liselotte. Cotta. Geschichte eines Verlags 1659–1959. o. O., o. J.

Lokalmodelle nationalsozialistischer Machtergreifung. Dokumente – Bilder – Unterrichtsmodelle. Hrsg. Thomas Schnabel. Heidelberg 1983

Die Machtergreifung in Südwestdeutschland. Das Ende der Weimarer Republik in Baden und Württemberg 1928–1933. Hrsg. Thomas Schnabel. Stuttgart 1982 (Schriften zur polit. Landeskunde Baden-Württembergs. 6)

Mäschle, Hans. Untersuchungen der Bevölkerungsentwicklung Groß-Stuttgarts. Tübingen 1936

Maier, Reinhold. Ende und Ende. Das schwäbische Schicksal 1944 bis 1946. Briefe und Tagebuchaufzeichnungen. Stuttgart/Tübingen 1948

Majer, Diemut. „Fremdvölkische" im Dritten Reich. Ein Beitrag zur nationalsozialistischen Rechtssetzung und Rechtspraxis unter besonderer Berücksichtigung der eingegliederten Ostgebiete und des Generalgouvernement. Boppard 1981

Mammach, Klaus. Die deutsche antifaschistische Widerstandsbewegung 1933–1939. Berlin 1974

Mammach, Klaus. Der Volkssturm. Das letzte Aufgebot 1944/45. Köln 1981

Markelin, Antero und Rainer Müller. Stadtbaugeschichte Stuttgart. Stuttgart 1985 (Stuttgarter Beiträge. 15)

Marx, Alfred. Das Schicksal der jüdischen Juristen in Württemberg und Hohenzollern 1933–1945. Villingen 1965

Mason, Timothey W. Arbeiterklasse und Volksgemeinschaft. Dokumente und Materialien zur deutschen Arbeiterpolitik 1936–1939 Opladen 1975 (Schriften des Zentralinstituts für sozialwiss. Forsch. der FU Berlin. 22)
Mattausch, Roswitha. Siedlungsbau und Stadtgründungen im deutschen Faschismus. Dargestellt anhand exemplarischer Beispiele. Frankfurt/M. 1981
Matthias, Erich und Rudolf Morsey (Hrsg). Das Ende der Parteien 1933. Düsseldorf 1960
Matzerath, Horst. Nationalsozialismus und kommunale Selbstverwaltung. Stuttgart 1970 (Schriftenreihe des Vereins f. Kommunalwiss. 29)
Matzerath, Horst. Nationalsozialistische Kommunalpolitik: Anspruch und Realität. In: Die Alte Stadt 5. 1978. S. 1–22
Matzerath, Horst. Wachstum und Strukturwandel als Grundbedingungen der Stadtentwicklung im 19. und 20. Jahrhundert. In: IMS Beiheft 1. Berlin 1981. S. 80–88
Matzerath, Horst und Heinrich Volkmann. Modernisierungstheorie und Nationalsozialismus. In: Theorien in der Praxis des Historikers. Forschungsbeispiele und ihre Diskussion. Hrsg. Jürgen Kocka. Göttingen 1977 (GuG Sonderheft. 3). S. 86–102
Mayer, Hans Wilhelm. München und Stuttgart als Industriestandorte mit besonderer Berücksichtigung der Wirtschaftskrise. Stuttgart 1937
Megerle, Klaus. Württemberg im Industrialisierungsprozeß Deutschlands. Ein Beitrag zur regionalen Differenzierung der Industrialisierung. Stuttgart 1982 (Geschichte und Theorie der Politik. A. 7)
Meldungen aus dem Reich. Auswahl aus den geheimen Lageberichten des Sicherheitsdienstes der SS 1939–1944. Hrsg. Heinz Boberach. Neuwied/Bonn 1965
Meldungen aus dem Reich. Die geheimen Lageberichte des Sicherheitsdienstes der SS 1938–1945. 17 Bde. Herrsching 1984
Meyerhoff, Hermann. Herne 1933–1945. Die Zeit des Nationalsozialismus. Ein kommunalhistorischer Rückblick. Herne 1963
Michaelis, Klaus. Dr. Strölin. Oberbürgermeister der Stadt Stuttgart von 1933–1945. Speyer 1962 (ms. vervielf.)
Michalka, Wolfgang (Hrsg). Nationalsozialistische Außenpolitik. Darmstadt 1978 (Wege der Forschung. 297)
Middlebrook, Martin. Die Nacht in der die Bomber starben. Der Angriff auf Nürnberg und seine Folgen für den Luftkrieg. Berlin/Frankfurt 1975
Middlebrook, Martin. Hamburg Juli '43. Alliierte Luftstreitkräfte gegen eine deutsche Stadt. Berlin/Frankfurt 1983
Middlebrook, Martin und Heinz Bardua. Gezielter Verrat? Die Hintergründe eines gescheiterten Großangriffs der RAF auf Stuttgart. In: Wehrwiss. Rs. 26. 1977. S. 94–99
Miller, Max. Eugen Bolz. Staatsmann und Bekenner. Stuttgart 1951
Milward, Alan Steele. Die deutsche Kriegswirtschaft 1939–1945. Stuttgart 1966 (Schriftenreihe der VfZG. 12)
Mitteilungen des Bürgermeisteramts Stuttgarts 1933–1945 (1935 umb. in Mitteilungen der Stadtverwaltung Stuttgart)
Mitteilungsblatt des Kreises Stuttgart-Stadt der NSDAP 1. 1935 ff.
Möller, Horst. Die nationalsozialistische Machtergreifung. Konterrevolution oder Revolution? In: VfZG 31. 1983. S. 25–51
Mommsen, Hans. Beamtentum im Dritten Reich. Mit ausgewählten Beispielen zur nationalsozialistischen Beamtenpolitik. Stuttgart 1966 (Schriftenreihe der VfZG. 13)
Mommsen, Hans. Nationalsozialismus. In: Sowjetsystem und demokratische Gesellschaft. Eine vergleichende Enzyklopädie. Bd. IV. Freiburg 1971. Sp. 695–713
Müller, Klaus-Jürgen. Struktur und Entwicklung der nationalkonservativen Opposition. In: Aufstand des Gewissens. Der militärische Widerstand gegen Hitler und das NS-Regime 1933–1945. Hrsg. Militärgeschichtliches Forschungsamt. Bonn ²1985. S. 263–309
Müller, Manfred. Jugend in der Zerreißprobe. Persönliche Erinnerungen und Dokumente eines Jugendpfarrers im Dritten Reich. Stuttgart 1982
Müller, Roland. „Reichskristallnacht" in Stuttgart. Der Pogrom im November 1938: Geschichte und Verläufe. Stuttgart 1980 (ms.; Wiss. Arbeit Univ. Stuttgart)
Nachrichtendienst der IVKO/IVKO-Nachrichten. 1933–1935. Hrsg. Internat. Vereinigung der Kommunistischen Opposition. Ersch. in Straßburg und Paris
Nachtmann, Walter. Stuttgart im Nationalsozialismus. Stuttgart 1980 (ms.; Wiss. Arbeit Univ. Stuttgart)
Nationalsozialistische Diktatur 1933–1945. Eine Bilanz. Hrsg. Karl-Dietrich Bracher, Manfred Funke und

Hans-Adolf Jacobsen. Düsseldorf 1983 (Bonner Schriften zur Politik und Zeitgeschichte. 21)
Nationalsozialistische Konzentrationslager im Dienst der totalen Kriegführung. Sieben württembergische Außenkommandos des Konzentrationslagers Natzweiler/Elsaß. Hrsg. Herwart Vorländer. Stuttgart 1978 (Veröff. Kommission für geschichtliche Landeskunde in Baden-Württemberg. B. 91)
Nationalsozialistische Massentötungen durch Giftgas. Eine Dokumentation. Hrsg. Eugen Kogon, Hermann Langbein, Adalbert Rückerl u. a. Frankfurt 1983
Neckarkanal 1935. Hrsg. Südwestdt. Kanalverein. Bearb. von der Geschäftsstelle unter Mitwirkung von Strombaudirektor Dr. Konz von der Neckar-AG und Syndikus Dr. Kinzelbach von der IHK Stuttgart. Stuttgart o. J. (1935)
Die Neckarkanalisierung. Abschnitt Marbach–Stuttgart. 31. März 1958. Stuttgart 1958
Neu Beginnen! Faschismus oder Sozialdemokratie. Drei Schriften aus dem Exil. Hrsg. Kurt Klotzbach. Berlin/Bonn 1974
Neue Front 1. 1933 ff. Exil-Zeitschrift der SAP. Ersch. Paris
Neumann, Franz. Behemoth. Struktur und Praxis des Nationalsozialismus 1933–1944. Köln usw. 1977
1934–1959. 25 Jahre Stadtrandsiedlung Neuwirtshaus. Hrsg. Ausschuß der Siedlergemeinschaft Neuwirtshaus. Stuttgart 1959
Die Niederlage 1945. Aus dem Kriegstagebuch des OKW. Hrsg. Percy Ernst Schramm. München 1962
Niethammer, Lutz. Aktivität und Grenzen der Antifa-Ausschüsse 1945: Das Beispiel Stuttgarts. In: VfZG 23. 1975. S. 297.
Niethammer, Lutz. Lebenserfahrung und kollektives Gedächtnis. Die Praxis der oral history. Frankfurt 1980
NS-Gemeinde-Zeitung für Südwestdeutschland 1. 1933; ab 3. 1935. Heft 6: NS-Mitteilungsblatt des Gauamtes für Kommunalpolitik Württemberg-Hohenzollern
NS-Kurier: Südwestdeutsche Tageszeitung für Politik, Wirtschaft, Kultur. Dezember 1930; 1. 1931–15. 1945; ab 4. 1934 Nr. 180: Stuttgarter NS-Kurier
Oberbürgermeister. Büdinger Forschungen zur Sozialgeschichte 1979. Hrsg. Klaus Schwabe. Boppard 1981 (Dt. Führungsschichten der Neuzeit. 13)
Ochs, Eugen. Ein Arbeiter im Widerstand. Stuttgart 1984
OMGUS. Ermittlungen gegen die Deutsche Bank 1946/1947. Hrsg. Dokumentationsstelle zur NS-Politik, Hamburg. Nördlingen 1985
Oppenheimer, Max. Der Fall Vorbote. Zeugnisse des Mannheimer Widerstands. Frankfurt 1969
Peltz-Dreckmann, Ute. Nationalsozialistischer Siedlungsbau. Versuch einer Analyse der die Siedlungspolitik bestimmenden Faktoren am Beispiel des Nationalsozialismus. München 1978
Peters, Christian und Arno Weckbecker. Auf dem Weg zur Macht. Zur Geschichte der NS-Bewegung in Heidelberg 1920–1934. Dokumente und Analysen. Heidelberg o. J. (1983)
Petsch, Joachim. Baukunst und Stadtplanung im Dritten Reich. Herleitung, Bestandsaufnahme, Entwicklung, Nachfolge. München/Wien 1976
Petzina, Dieter. Autarkiepolitik im Dritten Reich. Der nationalsozialistische Vierjahresplan. Stuttgart 1968 (Schriftenreihe der VfZG. 12)
Petzina, Dietmar. Die deutsche Wirtschaft in der Zwischenkriegszeit. Wiesbaden 1977 (Wiss. Paperbacks Sozial- und Wirtschaftsgeschichte. 11)
Peukert, Detlev. Die KPD im Widerstand. Verfolgung und Untergrundarbeit an Rhein und Ruhr 1933 bis 1945. Wuppertal 1980. (Düsseldorfer Schriften zur Neueren Landesgeschichte und zur Geschichte Nordrhein-Westfalens. 2)
Peukert, Detlev. Edelweißpiraten. Protestbewegung jugendlicher Arbeiter im Dritten Reich. Köln ²1983
Pohl, Hans, Stephanie Habeth und Beate Brüninghaus. Die Daimler-Benz AG in den Jahren 1933 bis 1945. Eine Dokumentation. Stuttgart 1986 (Zs. f. Unternehmensgesch. Beiheft 47)
Preis, Kurt. München unterm Hakenkreuz. Die Hauptstadt der Bewegung: Zwischen Pracht und Trümmern. München 1980
Preller, Ludwig. Sozialpolitik in der Weimarer Republik. Stuttgart 1949
Prescher, Rudolf. Der rote Hahn über Braunschweig. Luftschutzmaßnahmen und Luftkriegsereignisse in der Stadt Braunschweig 1927–1945. Braunschweig 1955 (Braunschweiger Werkstücke. 18)
Der Prozeß gegen die Hauptkriegsverbrecher. Hrsg. Internationales Militärtribunal. 42 Bde. Nürnberg 1947–1949
Rave, Paul Ortwin. Kunstdiktatur im Dritten Reich. Hamburg 1949
Rebentisch, Dieter. Städte oder Monopol. Privatwirtschaftliches Ferngas oder kommunale Verbundwirtschaft in der Weimarer Republik. In: Zs. für Stadtgeschichte, Stadtsoziologie und Denkmalpflege 3. 1976. S. 38–75

Rebentisch, Dieter. Frankfurt am Main und das Reich in der NS-Zeit. In: Archiv f. Frankfurter Geschichte und Kunst 57. 1980. S. 243–267
Rebentisch, Dieter. Lokalgeschichte und Nationalsozialismus. Erfahrungen bei der Erstellung einer ortsgeschichtlichen Dokumentation. In: Der Archivar 33. 1980. S. 409–412
Rebentisch, Dieter. Der Nationalsozialismus als Problem der Stadtgeschichtsschreibung: In: IMS. Beiheft 1. Berlin 1981. S. 127–135
Rebentisch, Dieter (Hrsg). Dreieich zwischen Parteipolitik und „Volksgemeinschaft": 5 Gemeinden in Dokumenten aus der Weimarer Republik und der NS-Zeit. Frankfurt 1984
Rebentisch, Dieter und Angelika Raab (Hrsg). Neu-Isenburg zwischen Anpassung und Widerstand. Dokumente über Lebensbedingungen und politisches Verhalten 1933–1945. Neu-Isenburg 1975
Rebentisch, Dieter und Karl Teppe (Hrsg). Verwaltung contra Menschenführung im Staat Hitlers. Studien zum politisch-administrativen System. Göttingen 1986
Reckers, Marie-Luise. Staatliche Wohnungsbaupolitik im Zweiten Weltkrieg. In: Die Alte Stadt 5. 1978. S. 177–137
Reckers, Marie-Luise. Die Großstadt als Wohn- und Lebensbereich im Nationalsozialismus. Zur Gründung der „Stadt des KdF-Wagens". Frankfurt/New York 1981
Regierungsblatt für Württemberg 1930 ff.
Reichhardt, Hans-Jürgen. Die Deutsche Arbeitsfront. Ein Beitrag zur Geschichte des nationalsozialistischen Deutschland und zur Struktur des totalitären Herrschaftssystems. Berlin 1956
Reichhardt, Hans-Jürgen. Neu Beginnen. Ein Beitrag zur Geschichte des Widerstands der Arbeiterbewegung gegen den Nationalsozialismus. In: Jb. Gesch. Mittel- und Oberdeutschlands 12. 1963. S. 150–188
Reichsgesetzblatt 1930 ff.
Die Reihen fast geschlossen. Beiträge zur Geschichte des Alltags unterm Nationalsozialismus. Hrsg. Detlev Peukert und Jürgen Reulecke unter Mitarbeit von Adelheid Gräfin zu Castell Rüdenhausen. Wuppertal 1981
Reitlinger, Gerald. Die Endlösung. Hitlers Versuch der Ausrottung der Juden Europas 1939–1945. Berlin ⁴1961
Reuter, Hans-Georg. Stadtgeschichtsschreibung im Wandel. In: AfK 17. 1978. S. 68–83
Ritter, Ernst. Das Deutsche Ausland-Institut in Stuttgart 1917–1945. Ein Beispiel deutscher Volkstumsarbeit zwischen den Weltkriegen. Wiesbaden 1976 (Frankfurter historische Abh. 14)
Ritter, Gerhard. Carl Goerdeler und die deutsche Widerstandsbewegung. Stuttgart 1956
Rohrbach, Rudolf. Zielsetzungen der württembergischen Energiewirtschaft. In: Die Technik 4. 1939. S. 129–132
Rosmus-Wenninger, Anja. Widerstand und Verfolgung. Am Beispiel Passaus 1933–1939. Passau 1983
Roßmann, Erich. Ein Leben für Sozialismus und Demokratie. Stuttgart/Berlin 1947
Ruckhaberle, Wilhelm. Rohracker und Frauenkopf. Zeitgeschichtliche Betrachtungen über Berg und Tal, einst und jetzt. Stuttgart 1973
Sämisch, Moritz. Gutachten des Reichssparkommissars über die Verwaltung der Stadt Stuttgart. o. O. 1932
Saldern, Adelheid von. Mittelstand im „Dritten Reich". Handwerker – Einzelhändler – Bauern. Frankfurt/New York 1979
Salm, Fritz. Im Schatten des Henkers. Arbeiterwiderstand in Mannheim. Frankfurt 1973
Sander, Gerhard (Hrsg). Die Bücherverbrennung 10. Mai 1933. Frankfurt 1985
Sauer, Paul. Die Jüdischen Gemeinden in Württemberg und Hohenzollern. Denkmale, Geschichte, Schicksale. Stuttgart 1966 (Veröff. Staatl. Archivverwaltung Baden-Württembergs. 18)
Sauer, Paul. Die Schicksale der jüdischen Bürger Baden-Württembergs während der nationalsozialistischen Verfolgungszeit 1933–1945. Statistische Ergebnisse der Erhebungen der Dokumentationsstelle bei der Archivdirektion Stuttgart und zusammenfassende Darstellung. 2 Bde. Stuttgart 1969 (Veröff. Staatl. Archivverwaltung Baden-Württembergs. 19/20)
Sauer, Paul. Württemberg in der Zeit des Nationalsozialismus. Ulm 1975
Sauer, Paul. Für Recht und Menschenwürde. Ein Lebensbild von Otto Hirsch (1885–1941). Gerlingen 1985
Schaber, Will. Der Gratgänger. Welt und Werk Erich Schairers (1887–1956). München usw. 1981 (Dortmunder Beiträge zur Zeitungsforschung. 39)
Schäfer, Hans Dieter. Das gespaltene Bewußtsein. Deutsche Kultur und Lebenswirklichkeit 1933–1945. Frankfurt/M. u. a. 1983
Schäfer, Wolfgang. NSDAP. Entwicklung und Struktur der Staatspartei des Dritten Reiches. Hannover/Frankfurt 1956 (Schriftenreihe des Inst. f. Wiss. Politik. 3)
Schätz, Ludwig. Schüler-Soldaten. Die Geschichte der Luftwaffenhelfer im Zweiten Weltkrieg. Frankfurt 1972

Schätzle, Julius. Stationen zur Hölle. Konzentrationslager in Baden und Württemberg, 1933–1945. Frankfurt 1974
Scheurig, Bodo. Freies Deutschland. Das Nationalkomitee und der Bund Deutscher Offiziere in der Sowjetunion 1943–1945. München 1960
Schlemmer, Oskar. Briefe und Tagebücher. Hrsg. Tut Schlemmer. München 1958
Schlotterbeck, Friedrich. . . . wegen Vorbereitung zum Hochverrat hingerichtet. Stuttgart o. J.
Schlotterbeck, Friedrich. Je dunkler die Nacht, desto heller die Sterne. Erinnerungen eines Arbeiters. Berlin 1948; Neuausgabe: Je dunkler die Nacht . . . Erinnerungen eins deutschen Arbeiters 1933–1945. Stuttgart 1986
Schmid, Carlo. Erinnerungen. München 1981
Schmid, Richard. Letzter Unwille. Stuttgart 1984
Schnabel, Thomas. Württemberg zwischen Weimar und Bonn 1928–1945/46. Stuttgart 1986 (Schriften zur polit. Landeskunde Baden-Württembergs. 13)
Schneider, Wolfgang Christian. Die Chronik der Stadt Stuttgart 1933 bis 1945 und die „Ausscheidung Minderwertiger". In: Demokratie- und Arbeitergeschichte. Jahrbuch 4/5. 1985. S. 232–310
Schneider, Wolfgang Christian. Hitlers wunderschöne Hauptstadt des Schwabenlandes – Nationalsozialistische Stadtplanung, Bauten und Bauvorhaben in Stuttgart. In: Demokratie- und Arbeitergeschichte. Jahrbuch 2. 1982. S. 51–95
Schneider, Wolfgang Christian. Stuttgart und Bremen in der NS-Zeit. In: Neue Politische Literatur XXXII. 1987. S. 166–171 (Sammelrez.)
Schoenbaum, David. Die braune Revolution. Eine Sozialgeschichte des Dritten Reiches. München 1980
Schramm, Georg Wolfgang. Der zivile Luftschutz in Nürnberg 1933–1945. 2 Bde. Nürnberg 1983. (Nürnberger Werkstücke zur Stadt- und Landesgeschichte 35/1.2.)
Schulz, Otto. Selbsterlebtes aus Stuttgarts Bombentagen (ms; StAS Kc 677)
Schumann, Gerhard. Von Herkunft, Leben und Schaffen. Bodman ²1974
Schumann, Hans-Gerd. Nationalsozialismus und Gewerkschaftsbewegung. Die Vernichtung der deutschen Gewerkschaften und der Aufbau der „Deutschen Arbeitsfront". Hannover/Frankfurt 1958 (Schriftenreihe Inst. f. Wiss. Politik. 6)
Schwarz, Otto. Zur Frage der Bauplatzpreise. In: NS-Mitteilungsblatt des Gauamts für Kommunalpolitik Württemberg-Hohenzollern 4. 1936. S. 281–283
Schwarz, Otto. Steildach oder Flachdach. In: NS-Gemeindezeitung für Südwestdeutschland 2. 1934. S. 278–281
Schwarzwälder, Herbert. Geschichte der Freien Hansestadt Bremen. Bd. IV: Bremen in der Zeit des Nationalsozialismus. Bremen 1985
Schellenberger, Barbara. Katholische Jugend und Drittes Reich. Eine Geschichte des katholischen Jungmännerverbandes 1933–1939 unter besonderer Berücksichtigung der Rheinprovinz. März 1975 (Veröff. Kommission für Zeitgeschichte. B. 17)
Seeger, Helmut. Der Staatskommissar mit besonderer Berücksichtigung Württembergs im Jahr 1933. Tübingen 1940.
Speidel, Hans. Invasion 1944. Ein Beitrag zu Rommels und des Reiches Schicksal. Tübingen/Stuttgart 1950
Speidel, Willy H. Die Energie- und Wasserversorgung der Stadt Stuttgart. In: VDI-Zs. 82. 1938. S. 598–602
Spiegelbild einer Verschwörung. Die Kaltenbrunner-Berichte an Bormann und Hitler über das Attentat vom 20. Juli 1944. Stuttgart 1961
Statistik des Deutschen Reiches. Bde. 434, 457, 475, 482, 499, 514
Statistisches Handbuch der Stadt Stuttgart 1900–1957. Bearb. und hrsg. vom Statistischen Amt der Stadt Stuttgart. Stuttgart o. J. (1959)
Statistisches Handbuch Württemberg. 25. 1927–1935
Steinberg, Hans-Josef. Widerstand und Verfolgung in Essen 1933–1945. Hannover 1969
Steinert, Marlies. Hitlers Krieg und die Deutschen. Stimmung und Haltung der deutschen Bevölkerung im Zweiten Weltkrieg. Düsseldorf/Wien 1970
Stephenson, Jill. Women in Nazi Society. London 1975
Stephenson, Jill. War and Society in Württemberg, 1939–1945: Beating the System. In: GSR 8. 1985. S. 89–106
Streit, Christian. Keine Kameraden. Die Wehrmacht und die sowjetischen Kriegsgefangenen 1941–1945. Stuttgart 1978 (Studien zur Zeitgesch. 13)
Ströle, Karl. Aus meinem bunten Leben. Erinnerungen für meine Familie zur Feier des 80. Geburtstages aufgeschrieben. Stuttgart 1967 (ms.)
Strölin, Karl. Die wirtschaftliche Lage der Arbeiterklasse und des Mittelstandes der Stadt Stuttgart vor und

nach dem Kriege. Gießen 1923 (Diss.)
Dr. Strölins Rede in London. Bericht des Vertreters des Deutschen Gemeindetags, Staatskommissar Dr. Strölin (Stuttgart), vor den Vertretern der Auslandsgläubiger deutscher öffentlicher Schuldner in London. In: NS-Gemeindezeitung 1. 1933. S. 73–76
Strölin, Karl. Zur Finanzlage der deutschen Gemeinden. Bericht von Oberbürgermeister Dr. Strölin, Stuttgart, vor den Vertretern der Auslandsgläubiger deutscher öffentlicher Schuldner im Februar 1934 in Berlin. In: Württembergische Gemeindezeitung 63. 1934. S. 85 f.
Strölin, Karl. Die Durchführung von Altstadtsanierungen. In: Reichsplanung 1. 1935. S. 143–147
Strölin, Karl. Nationalsozialistische Grundsätze in der Gemeinde. In: NS-Gemeindezeitung 3. 1935. S. 22–24
Strölin, Karl. Notwendigkeit, Aufgaben und Organisation der Raumplanung. In: Nationalsozialistisches Mitteilungsblatt 3. 1935. S. 221–226
Strölin, Karl. Die Abgrenzung der wirtschaftlichen Betätigung der Gemeinden. In: Nationalsozialistisches Mitteilungsblatt 4. 1936. S. 101–103
Strölin, Karl. Der Kampf gegen die Arbeitslosigkeit in der Stadt Stuttgart. Stuttgart 1936
Strölin, Karl. Die Baupolitik einer deutschen Großstadt. In: Bauamt und Gemeindebau 82. 1937. S. 237 f., 252 f.
Strölin, Karl. Einfluß der Technik auf Gestaltung und Ausbau der Stadt Stuttgart. In: VDI-Zs. 82. 1938. S. 593–597
Strölin, Karl. Süddeutsche Wasserstraßen-Politik. In: Süddeutsche Wasserstraßen 15. 1939. S. 44–45
Strölin, Karl. Wohnungswesen – Städtebau – Raumordnung im Rahmen der internationalen Zusammenarbeit. In: Bauzeitung 51. 1941. S. 281 f.
Strölin, Karl. Stuttgart im Endstadium des Krieges. Stuttgart 1950
Strölin, Karl. Verräter oder Patrioten? Der 20. Juli 1944 und das Recht auf Widerstand. Stuttgart 1952
Strohecker, Hans Otto und Günther Willmann. Das Cannstatter Volksfest. Das schwäbische Landesfest im Wandel der Zeiten. Stuttgart/Aalen 1978
Strohschein, Kurt. Die Pendelwanderung Stuttgarts. Elberfeld 1937
Stuttgart. Das Buch der Stadt. Hrsg. Fritz Elsas. Stuttgart 1925
Stuttgart im Dritten Reich. Eine Ausstellung des Projekts Zeitgeschichte. Prolog: Politische Plakate der späten Weimarer Republik. Stuttgart 1982; Völkische Radikale in Stuttgart. Zur Vorgeschichte und Frühphase der NSDAP 1890–1925. Zusammengestellt von Jürgen Genuneit. Stuttgart 1982; Friedrich Wolf. Die Jahre in Stuttgart 1927–1933. Ein Beispiel. Stuttgart 1983; Die Machtergreifung. Von der republikanischen zur baunen Stadt. Stuttgart 1983; Anpassung, Widerstand, Verfolgung. Die Jahre 1933 bis 1939. Stuttgart 1984.
Die Stuttgarter Denkschrift über Gebäudeerneuerung. Zwei Vorträge, gehalten am 28. Februar 1935 vor dem Deutschen Verein für Wohnungsreform. In: Die Wohnung 10. 1935. S. 1–11
Stuttgarter Neues Tagblatt 87. 1930–100. 1943 (31. März)
Stuttgarter Wirtschaftsberichte 1. 1925–10. 1934
Süddeutsche Zeitung: Morgenblatt für nationale Politik und Volkswirtschaft 8. 1920–22. 1934 (30. Juni)
Südwest-Deutschland. Hrsg. Südwestdeutscher Kanalverein. 1. 1924–18. 1942; ab 12. 1936: Süddeutsche Wasserstraßen
Die Technik. Mitteilungen des Amtes für Technik der Gauleitung. Gau Württemberg-Hohenzollern 1. 1936–5. 1940
Thielicke, Helmut. Zu Gast auf einem schönen Stern. Erinnerungen. Hamburg ²1984
Thies, Jochen. Nationalsozialistische Städteplanung: „Führerstädte". In: Die Alte Stadt 5. 1978. S. 23–38
Tjaden, Karl-Hermann. Struktur und Funktion der „KPD-Opposition" (KPO). Eine organisationssoziologische Untersuchung zur „Rechts"-Opposition im deutschen Kommunismus zur Zeit der Weimarer Republik. Meisenheim 1964 (Marburger Abh. zur Polit. Wiss. 4)
Toury, Jakob. Jüdische Textilunternehmen in Baden-Württemberg 1683–1938. Tübingen 1984
Treue, Wilhelm. Hitlers Denkschrift zum Vierjahresplan. In: VfZG 3. 1955. S. 184–210
Treue, Wilhelm. Die Elektrizitätswirtschaft als Grundlage der Autarkie-Wirtschaft und die Frage der Sicherheit der Elektrizitätsversorgung in Westdeutschland. In: Wirtschaft und Rüstung am Vorabend des Zweiten Weltkriegs. Hrsg. Friedrich Forstmeier und Hans-Erich Volkmann. Düsseldorf ²1981. S. 136–157
Turner, Henry Ashby jr. Faschismus und Kapitalismus in Deutschland. Studien zum Verhältnis zwischen Nationalsozialismus und Wirtschaft. Göttingen 1972
Uhlig, Heinrich. Die Warenhäuser im Dritten Reich. Köln/Opladen 1956
United States Strategic Bombing Survey. European War. Bd. 53: The German anti-friction bearing indu-

stry. Washington 1947. Bd. 178: Daimler-Benz AG, Untertürkheim, Germany. Washington 1947
Von der Idee zur Tat. Aus der Geschichte der Naturfreundebewegung. Berichtet und zusammengestellt von Emil Birkert. o. O., o. J. (1970)
Vezina, Birgit. „Die Gleichschaltung" der Universität Heidelberg im Zuge der nationalsozialistischen Machtergreifung. Heidelberg 1982
Vietzen, Hermann. Chronik der Stadt Stuttgart 1945–1948. Stuttgart 1972. (Veröff. des Archivs der Stadt Stuttgart. 25)
Vietzen, Hermann. Möhringen. Aus der Geschichte einer Fildergemeinde. Stuttgart 1982
Vogelsang, Thilo. Neue Dokumente zur Geschichte der Reichswehr 1930–1933. In: VfZG 2. 1954. S. 396–436
Voigt, Johannes H. Die Universität Stuttgart. Phasen ihrer Geschichte. Stuttgart 1981
Voigt, Johannes H. Paul Schmitthenner im Sog des Nationalsozialismus. In: Paul Schmitthenner. Kolloquium zum 100. Geburtstag an der Universität Stuttgart. Stuttgart 1985. S.
Volksgemeinschaft und Volksfeinde. Kassel 1933–1945. Eine Dokumentation. Fuldabrück 1984. (Kasseler Quellen und Studien. 5; Kassel in der Zeit des Nationalsozialismus. 1)
Volz, Hans. Daten zur Geschichte der NSDAP. Berlin/Leipzig ⁹1939
Vondung, Klaus. Magie und Manipulation. Ideologischer Kult und politische Religion, des Nationalsozialismus. Göttingen 1971
Vondung, Klaus. Völkisch-nationale und national-sozialistische Literaturtheorie. München 1973
Vorläufiges Verzeichnis der Konzentrationslager und deren Außenkommandos sowie anderer Haftstätten unter dem Reichsführer-SS in Deutschland und deutsch besetzten Gebieten (1933–1945). Arolsen 1969
Der Wagenburgtunnel in Stuttgart. Stuttgart 1957 (Die Arbeiten des Tiefbauamts. 2)
Wagner, Wolfgang. Der Volksgerichtshof im nationalsozialistischen Staat. Stuttgart 1974. (Quellen und Darstellungen zur Zeitgeschichte. 16/III)
Walberer, Ulrich (Hrsg). 10. Mai 1933. Bücherverbrennung in Deutschland und die Folgen. Frankfurt 1983
Walk, Joseph (Hrsg). Das Sonderrecht für die Juden im NS-Staat. Eine Sammlung der gesetzlichen Maßnahmen und Richtlinien – Inhalt und Bedeutung. Heidelberg/Karlsruhe 1981 (Motive – Texte – Materialien. 14)
Walz, Manfred. Wohnungsbau- und Industrieansiedlungspolitik in Deutschland 1933–1939 dargestellt am Aufbau des Industriekomplexes Wolfsburg-Braunschweig-Salzgitter. Frankfurt/New York 1979
Watzinger, Karl Otto. Geschichte der Juden in Mannheim 1650–1945. Stuttgart 1945
Webster, Charles und Noble Frankland. The Strategic Air Offensive Against Germany 1939–1945. 4 Bde. London 1961 (History of the Second World War. U. K. military Series. 12)
Weisenborn, Günther (Hrsg). Der lautlose Aufstand. Bericht über die Widerstandsbewegung des deutschen Volkes 1933–1945. Hamburg 1953
Weller, Arnold. Sozialgeschichte Südwestdeutschlands unter besonderer Berücksichtigung der sozialen und karitativen Arbeit vom späten Mittelalter bis zur Gegenwart. Stuttgart 1979
Wendland, Winfried. Entwürfe für die städtebauliche Umgestaltung von Stuttgart, Trier, Koblenz und Düsseldorf. Architekt: Professor Peter Grund, Düsseldorf. In: Deutsche Bauzeitung 73. 1939. S. 543–547
Wenke, Bettina. Interviews mit Überlebenden. Verfolgung und Widerstand in Südwestdeutschland. Stuttgart 1980
Wer ist unser Herr? Evangelische Christen und das Dritte Reich. Erfahrungen aus Stuttgart. Hrsg. Martin Klumpp. Stuttgart 1982
Werner, Wolfgang Franz. „Bleib übrig!" Deutsche Arbeiter in der nationalsozialistischen Kriegswirtschaft. Düsseldorf 1983 (Düsseldorfer Schriften zur Neueren Landesgeschichte und zur Geschichte Nordrhein-Westfalens. 9)
Widerstand und Erneuerung. Neue Berichte und Dokumente vom inneren Kampf gegen das Hitler-Regime. Hrsg. Otto Kopp. Stuttgart 1966
Widerstand und Exil der deutschen Arbeiterbewegung 1933–1945. Bonn 1981. (Sonderausg. f. d. Schriftenreihe der Bundeszentrale für polit. Bildung. 180)
Widerstand gegen den Nationalsozialismus in Mannheim. Hrsg. Erich Matthias und Hermann Weber unter Mitwirkung von Günter Braun und Manfred Koch. Mannheim 1984
Der Widerstand im deutschen Südwesten 1933–1945. Hrsg. Michael Bosch und Wolfgang Niess. Stuttgart 1984 (Schriften zur polit. Landeskunde Baden-Württembergs. 10)
Widerstand und Verweigerung in Deutschland. 1933–1945. Hrsg. Richard Löwenthal und Patrick von zur Mühlen. Bonn 1982
Winkel, Harald. Geschichte der württembergischen Industrie- und Handelskammern Heilbronn, Reutlin-

gen, Stuttgart/Mittlerer Neckar und Ulm: 1933–1980. Zum 125jährigen Bestehen. Stuttgart 1981
Winkler, Dörte. Frauenarbeit im Dritten Reich. Hamburg 1977 (Historische Perspektiven. 9)
Winkler, Heinrich August. Extremismus der Mitte? Sozialgeschichtliche Aspekte der nationalsozialistischen Machtergreifung. In: VfZG 20. 1972. S. 175–191
Winkler, Heinrich August. Mittelstand, Demokratie und Nationalsozialismus. Die politische Entwicklung von Handwerk und Kleinhandel in der Weimarer Republik. Köln 1972
Winkler, Heinrich August. Vom Protest zur Panik: Der gewerbliche Mittelstand in der Weimarer Republik. In: Industrielles System und politische Entwicklung in der Weimarer Republik. Hrsg. Hans Mommsen u. a. Düsseldorf 1974. S. 778–791
Wintterlin, Kurt. Karl Strölin, der Retter in Stuttgarts größter Not. (ms.; StAS Ka 189)
Wir haben es gesehen. Augenzeugenberichte über Terror und Judenverfolgung im Dritten Reich. Hrsg. Gerhard Schönberner. Hamburg 1962
Witt, Thomas E. J. de. The Economics and Politics of Welfare in the Third Reich. In: CEH 11. 1978. S. 256–278
Wolf, Werner. Luftangriffe auf die deutsche Industrie 1942–1945. München 1985
Wolff, Willy. An der Seite der Roten Armee. Zum Wirken des Nationalkomitees „Freies Deutschland" an der sowjetisch-deutschen Front 1943–1945. Berlin 1973
Wolffsohn, Michael. Industrie und Handwerk im Konflikt mit staatlicher Wirtschaftspolitik? Studien zur Politik der Arbeitsbeschaffung in Deutschland, 1930–1934. Berlin 1974 (Schriften zur Wirtschafts- und Sozialgeschichte. 30)
Württembergische Gemeindezeitung 60. 1931 ff.
Württembergische Wirtschaftszeitschrift. Amtliches Organ der württ. Handelskammern. 11. 1931–23. 1943
Wulf, Joseph. Presse und Funk im Dritten Reich. Frankfurt 1983
Wulf, Joseph. Theater und Film im Dritten Reich. Eine Dokumentation. Gütersloh 1964
Wuppertal in der Zeit des Nationalsozialismus. Hrsg. Klaus Goebel. Wuppertal 1984
Zahnenbenz, Günter. Stuttgart als Industriestandort 1850 bis 1982. Stuttgart-Hohenheim (Diss.) o. J. (1985)
Zang, Gert (Hrsg). Provenzialisierung einer Region. Frankfurt 1978
Zeller, Wolfgang. Blätter der Erinnerung für die Glieder der früheren Garnisonskirchengemeinde in Stuttgart. Stuttgart 1949
Zelzer, Maria. Weg und Schicksal der Stuttgarter Juden. Ein Gedenkbuch. Stuttgart o. J. (1964)
Zelzer, Maria. Stuttgart unterm Hakenkreuz. Chronik aus Stuttgart 1933–1945. Stuttgart 1983
Die Zeugen Jehovas. Eine Dokumentation über die Wachtturmgesellschaft. Hrsg. Manfred Gebhard. Schwerte 1971
Zielfleisch, Hermann. Heimat Heumaden. Stuttgart 1970
Zum Gedenken an Paul Collmer. 2. März 1907–18. April 1979. Stuttgart 1979
20 Jahre Steinhaldenfeld. Festschrift zum 20jährigen Jubiläum der Stadtrandsiedlung Steinhaldenfeld. Stuttgart 1953

Namenregister

Ackermann, Karl 157 f
Adler, Karl 283, 290 f, 305, 307, 396, 399
AEG 353, 459, 461
Albrecht, Alfred 177
Aldinger, Friedrich 480, 482 f
Alker, Hermann 356
Allianz 156
Altenmüller, Kreisleiter 374
Amann, Max 114, 116
Anderst, Kurt 530
Appelt, Willi 398
Armbruster, Charlotte, 66, 514
Arnold, Alfred 74, 267, 310, 313
Asmuß, Gustav 65, 203, 327, 346, 348, 360, 369, 529
Autenrieth, Alfred 121
Autenrieth, Staatsanwalt 187

Baeck, Leo 290, 396
Bätzner, Philipp 45
Bäuerle, Theodor 510
Bareiß, Oswald 45
Baresel AG 362, 364, 418, 444
Barth & Raible 297
Battenberg, Friedrich 51
Bauder, Theodor 243
Bauer, Christian 196 f, 347
Bauer, Fritz 150
Baum, Kurt 160 f
Baumert, Helmut 229, 531
Bayh, Gotthilf 44, 149
Bazille, Wilhelm 20
Beck, Eugen 164
Becker, Heinrich 19 f
Beer, Karl 44, 149
Beißwenger, Gustav 20
Bellemann, Franz 160, 164
Benz, Julius 241
Benz, Karl 471, 533

Benz & Cie. 3
Berger, Gottlob 109, 148 f, 362, 376, 513, 515
Bergmann, Gretel 290
Berrer, Johanna 67
Best, Karl Werner 188
Birk, HJ-Führer 111
Birkhold, HJ-Führer 486
Birr, Renatus 497
Bleicher, Willi 177 f
Bleyle KG 24, 459 f
Bloch, Oskar 289
Bloch, Restaurant 297, 309
Bloch, Robert 407
Bodenhöfer, Gotthilf 182
Böes, Joachim 171, 500
Bögler, Franz 169
Böhm, SS-Führer 188, 500
Boerglin, Eugen 497
Böttner, Johannes 267
Bofinger, Alfred 119 f, 122
Bofinger, Otto 170
Bogdan, Herbert 507
Bohle, Ernst Wilhelm 223, 225 f, 229, 377
Bohn, Alfred 149, 496
Bohn, Willi II f, 38, 153, 155, 161, 175, 179, 507, 534
Bohnert, August 94, 239, 372 f, 443, 460
Bolz, Eugen 29, 39, 508, 511 ff
Bonatz, Paul 3, 47 f, 81, 102, 236, 257, 260 ff, 266, 356 f, 362
Bopp, General 20
Bormann, Martin 392, 474, 516, 520, 531
Bosch, Elisabeth 67 ff, 315
Bosch GmbH (AG) 3, 8, 24, 66, 79, 158 ff, 176, 178f , 196, 233, 239, 251, 307, 309, 311 f, 318, 353, 383, 403, 428 f, 431, 435 f, 461 ff, 510, 523, 529
Bosch, Robert 115 f, 510
Bouhler, Philipp 386, 391

Boyna, Franz 50, 165, 514
Brack, Viktor 388
Brandel, Kuno 177
Brandler, Heinrich 176
Brandt, Karl 386
Braun, Georg 241
Braun, Wilhelm 169 f
Brecht, Bertolt 123
Breitling, Otto, Bekleidungsgeschäft 196
Breuninger, Alfred 196, 319, 338
Breuninger, Firma 214, 313, 437
Brodbeck, Rudolf 143, 189
Bröll, Oskar 60, 276
Bruckmann, Peter 243
Brückner, Wilhelm 120
Brütsch, Fritz 159, 179 ff
Buber, Martin 290
Buchin, Erich 504
Buchmann, Albert 38, 152 f
Buchmann, Erika 152 f, 160 f, 506
Buck, Karl 151
Bühler, Karl 49, 62, 100, 199 f, 221, 352 f
Bürkle, Rudolf 240
Burgdorf, Wilhelm 512

Claß, Willy 153, 156, 158 f
Collmer, Paul 511
Conti, Leonhardo 335, 387
Crummenerl, Siegfried 167 f
Csaki, Richard 223, 380
Cuhorst, Fritz I, 65, 124 ff, 130, 139, 346, 481, 483, 486
Cuhorst, Hermann 149, 391, 495 f

Dähn, Hans 23
Daiber, Paul 143
Daimler-Benz AG VI, 3, 8, 79 f, 158, 177, 179, 196, 233, 311, 317, 319, 355, 362, 365 f, 383 ff, 416, 429, 432, 434, 461 ff, 472
Daimler-Motoren-Gesellschaft 3
Dalferth, Robert 241
Daluege, Kurt 186
Darré, Walther Richard 267, 271, 326
Dehardé, Gustav 125 f
Dehlinger, Alfred 42, 186, 216
Deizler, Karl 197
Dempel, Karl 24, 30 f, 42, 45, 96, 284, 462
Denne, Albert 498
Deutschen Bank 172
Diebitsch, Kurt 115
Dietrich, Sepp 24
Dietrich, SA-Sturmbannbührer 519

Dihlmann, Eugen 19
Dill, Gottlob 82, 85, 389, 481
Dillenz, Otto 172
Dillgardt, Just 253, 381
Döcker, Richard 47 f
Dörge, Georg 116
Dollberg, Hans 142
Dollinger, Paul 5, 41, 47, 65
Dollmaier, Wilhelm 156
Dornier-Werke 164
Drascher, Wahrhold 222
Dreher, Wilhelm 21 ff
Drescher, Karl 197 f
Drost, Heinrich 120
Duchrow, Alfred 160
Dürr, Max 99

Eberhardt, Fritz s. Rauschenplat
Eberhardt, Ilse 66
Eberle, Josef 119 f
Eckstein, Hans 196, 309, 349, 352
Eichler, Ludwig 196
Eisenlohr & Pfennig 3, 266
Elsner, Paul 501
Eltz-Rübenach, Paul von 244
Endraß, Fridolin 172
Engelhardt, Franz 41, 44, 149, 514
Engemann, Walter 177 f
Enke, Lise 67 ff
Epa, Kaufhaus 495
Epple, Bauunternehmung 263
Erhardt, Wilhelm 170
Ersing, Joseph 511, 513
Esser, Karl 113, 115
Essich, Paul 21
Etam, Firma 47
Ettwein, Friedrich 30, 45, 65 f, 83, 85 f, 88, 93, 95, 204 f, 219 f, 296
Eulenberg, Herbert 121
Evert, Christine 66
Eyrich, Max 393, 484

Fabritius, Fritz 225
Färber, Paul 46
Fahr, Otto 529
Faiß, Eugen 371 f
Fechenbach, Hermann 290
Feder 237, 370
Feder, Gottfried 237, 252, 370
Feldmann, Hermann 45, 196 f, 199
Fiedler, Kuno 175
Fiehler, Karl 28, 249 f, 339, 355, 381

Fimmen, Edo 171
Fischer, Albrecht 510 ff
Fischer, Friedrich 46
Fischer, Hans 500
Fischer, Johannes 151
Fischer Nathanael 388 f
Fischer, Theodor 266
Fischer, Wilhelm 193, 209, 235, 297, 321, 426, 428, 445, 450, 477, 520 f, 529 f
Flaxland, Alfred 157
Fleischer, Bernhard 409
Formis, Rudolf 184 f
Fortuna-Werke 170, 353, 461
Franck, Richard 19
Frank, Hans 40
Frank, Karl 168
Frank, Reinhold 513
Frank, Manfred 443
Franz, Franz 181
Franz, Otto 181
Freisler, Roland 391, 504, 513, 515
Freu, Meta 290
Freytagh-Loringhoven, Axel von 224
Frick, Wilhelm 52, 58 f, 210 f, 223, 225, 229, 391 f
Führer, Konrad 160
Funk, Walter 121, 325
Funke, Ewald 162
Furrer, August 174

Gäntzle, Gotthold 398
Gärttner, Emil 509
Gaiser, Karl 170
Gaißmaier KG 78
Galen, Clemens August von 183
Gasparitsch, Hans 179, 181
Gastpar, Alfred 205
Gaulle, Charles de 533
Gauß, Heinrich 532
Gayer, Schriftleiter 302
Gehrt, Bernhard 158 f
Geiger, Wilhelm 49
Geist, Georg 223
Gengenbach, Wilhelm 196, 276
Gerst, Adolf 505
Gerstenmaier, Eugen 511 ff
Geyer, Hermann 317
Gienger, Georg 31, 196, 352, 366
Giesler, Hermann 384
Glöckler, Oskar 19
Glück, Eugen 30
Goebbels, Joseph 21, 37, 39, 70, 91, 114, 120 f, 123, 223 f, 226, 265, 277, 302 f, 307, 427, 516, 518
Göbel, Kurt 111, 373
Goerdeler, Carl 510 f, 513, 516 f
Göring, Helmut 224
Göring, Hermann 116, 123, 212, 215, 224, 226, 232, 299, 302, 307 f, 330, 338 f, 343, 353, 363, 365, 400, 415
Göritz, Artur 162, 164
Götz, Annie 532
Götz, Karl 348, 380
Gohde, Hans 154
Goldstein, Emil 289
Graevenitz, Fritz von 72
Graubner, Gerhard 258, 267, 269 f
Grözinger, Alfred 159 ff, 164
Groß, Maria 498
Großhans, Karl 44, 55, 149
Großmann & Kirchhofer KG 437
Grün & Bilfinger 463
Grünspan, Hermann (Grynszpan, Herszel) 301 f
Grund, Peter 260 ff
Grundler, Karl 348, 375, 417
Gschwend, Wilhelm 196 f
Güntner, Herbert 91, 93 ff, 195 f, 347
Gürtner, Franz 391
Gütt, Arthur 205
Guggenheimer, Ernst 410
Gumbel, Gottfried 295
Gumbel, Siegfried 396
Gundlach, SA-Führer 21
Gustloff, Wilhelm 223, 302
Gutscher, Hermann 461
Gutschow, Konstanty 260 ff

Haag, Willy 196
Haarburger, Alice 290
Haarburger, Martha 409
Haarer, Wilhelm 348, 375
Hablizel, Gotthilf 52 f, 65, 199, 204, 207, 229, 296, 346
Hadamovsky, Eugen 120
Häberle, Erich 530, 533
Häcker, Karl 372
Häffner, August 63, 204, 233, 235, 239, 314, 319, 481
Haeften, Karl Werner von 511
Hägele, Verwaltungssekretärin 46
Häring, Thomas 440
Härle, Christian 511
Hagestotz, Karl 258, 267, 325, 338
Hahn & Kolb 24

Hahn, Paul 510, 512 f
Haindl, Anni 69
Haldenwang, Maximilian von 149
Harris, Arthur D. 465
Harsch, Karl 348, 375, 484
Haueisen & Cie. 176
Haug, Gottlob 527
Haußmann, Wolfgang 40, 106, 532
Hayer, Paul 31
Heckert, Fritz 156
Hedblom, Gustav Adolf 272
Heeß, Walter 388
Heilig, Hans 170
Heinkel-Hirth-Werk Zuffenhausen 349, 353, 401, 462, 464, 475
Heinle, SA-Führer 22
Heintzeler, Karl 111
Heinzer, Erich 509
Helfferich, Emil 224
Heller, Walter 191
Hengerer, Erich 258
Henlein, Konrad 225
Hermann, Heinz 391
Hermann-Tietz-AG 46, 214, 283 ff
Herrmann, Lilo 162, 164
Hertz, Hermann 174
Heß, Rudolf 223 ff, 229, 285, 491
Heusel, Robert 106
Heyde, Werner 388
Heydrich, Reinhard 184, 187 ff, 303, 396, 500
Heye, Max 124 f
Heymann, Berthold 282, 291
Heyne, Heinrich 159
Hierl, Konstantin 82
Hilburger, Lorenz 426
Hilgenfeldt, Erich 92
Himmelheber, Else 508 f
Himmler, Heinrich 88 f, 143, 185 ff, 189, 192, 225 ff, 307, 380, 397, 411, 418, 480, 484, 500 ff, 515, 518, 520, 533
Himpel, Eduard 276
Hindenburg, Paul von 37 ff, 42, 49, 51, 58, 165, 223, 278, 285 f
Hinkel, Hans 122
Hirn, Josef II, 32 f
Hirsch, Helene und Louis 286
Hirsch, Helmut 183 f
Hirsch, Hermann 116, 129, 533
Hirsch, Otto 243, 282, 396
Hirsch, Theodor 396
Hirth-Motoren GmbH, Zuffenhausen 233, 317, 401

Hirzel, Walter 5, 9 ff, 33, 48, 52, 65 f, 79 f, 85, 124 f, 130, 132, 198, 215 f, 239, 241, 248, 250, 254 f, 259, 297, 318 f, 334, 339, 346, 350 f, 372 ff
Hitler, Adolf V, 17 f, 20 ff, 27 f, 37 ff, 49, 51, 54, 58, 70, 91, 107, 109, 147, 164 f, 187, 194, 206, 221, 223 f, 226 ff, 245, 256 ff, 265, 269, 276, 278, 280, 285, 294 f, 302, 316, 327, 331, 350, 356, 361, 384, 386, 391, 393 f, 396, 412, 455, 462, 474, 487, 499, 509, 512, 514, 516 ff, 528 f
Höger, Fred 132
Hoffmann, Josef 196, 313
Hoffmann, Kurt 530
Hoffmann, Wilhelm 511
Hofmann, Otto 434, 445, 487, 501 f
Holzhäuer, Wilhelm 391
Horlacher, Adolf 116
Hottmann, Gottlob 349, 531
Hotz, Firma 371
Hugenberg, Alfred 249
Hummler, Anton 507
Hurlebaus, Wilhelm 53 f
Husser, Robert 498

Jäck, Arbeitsamtsleiter 96
Jaeger & Co. 506
Jagow, Dietrich von 22, 37, 42, 147 f
Jahn, Hans 171
Jaschek, Theodor 18 f
Jessel, Leon 291
Jesser, Hugo 365
Johst, Hanns 122, 503
Joos, Karl Eugen 388
Josenhans, Else 534
Junker, Kurt 426
Jurr, Werner 157

Kadep, Kaufhaus 46, 214, 283
Kächele, Gotthilf 45, 532
Kälble, Hermann 446 f
Kärcher, Alex 150
Kahn, Emil 119 f
Kahr, Gustav von 20
Kaiser, Theodor 196, 348
Kalb, Hermann 153
Kaltenboeck, Bodo 19
Kaltenbrunner, Ernst 503
Kaufmann, Ignaz 290
Kaul, Kurt 189, 500 f
Kehm, Albert 122
Keil, Wilhelm 166
Keinath, Karl 161

Keitel, Wilhelm 531
Keller, Franz 348
Kern, Albert 148
Kerrl, Hans 391
Keßner, Karl 312 f, 325 f, 339, 342, 462, 494, 531
Kiefner, Agnes 66 f, 69
Kiehn, Fritz 244
Kienzle, Oskar 126, 128, 130 f
Kimmich, Wilhelm 455 f, 511
Kind, Werner 64, 197, 199, 349, 414 ff, 418
Kirchgeorg, Otto 20
Kissel, Wilhelm 383
Klaiber, Rudolf 20, 40, 79, 123, 128, 150 f, 282, 310, 500
Klein, Gottfried 5, 42, 45
Kleinert, Hans 45, 52, 65
Klemm GmbH 317
Klenk, Sophie 509
Klett, Arnulf II, 532, 534, 536 f
Klinckerfuß, Margarete 182 f
Kling, Adolf 92, 111
Knöringen, Waldemar von 169
Knörzer, Alfred 529
Koch, Erwin 172
Kodak AG, Wangen 459
Köbel, Eberhard 183
Köhler, Hermann 505
Könekamp, Eduard 52, 64 f, 67 ff, 100, 130 f, 224, 228, 231, 269 ff, 352 ff, 376, 380, 449 f, 452 ff, 537
Körner, Ernst 177
Köstlin, Karl 120
Kötzle, Else 67
Kötzle, Hermann 94, 205
Kommerell, Blanche 67, 88, 334, 454
Konz, Otto 243
Kottmann, Max 392
Kraft, Karl 519
Kraft, Wilhelm 172
Krailsheimer, Robert 285
Krathwohl, Heinrich 178
Kraus, Jakob 153, 155 f, 158
Kraushaar, Claudius 123 f
Krauß, Eberhard 111
Krauß, Otto 122 f, 125
Krautwasser, Eugen 174 f
Krecke, Carl 250
Krehl, Alfred 223
Kreidler GmbH 80, 233
Kroll, Hugo 21, 23, 31, 45, 51, 67, 69, 140, 195, 197, 284, 315, 318, 321
Krollmann, Maria 160

Krummacker, Anton 498
Kübler AG, Baugeschäft 362
Kuen, Eberhard 45
Küstner, Otto 386, 489 f, 494, 504
Kuhn, Hans 21 f
Kunz & Co. 364
Kurz, Hermann 197, 240

Lämmle, August 72
Lamm, Fritz 175
Lammers, Hans Heinrich 531
Laubenthal, Heinz 132
Lauster, Willi 450
Lautenschlager, Karl 3 f, 9 f, 27 ff, 42 ff, 48 ff, 65, 116, 282
Lechler, Karl Ludwig, 89 ff, 94, 197, 205, 348, 402
Leeger, Gottlieb 532
Lehnich, Oswald 74, 83, 252 f, 310
Leistner, Erich 62, 258, 378, 417
Leitner, Walter 153, 155
Lempp, Karl 230, 394, 420, 471, 523, 531
Lerchenthal, SAP-Funktionär 174
Leuschner, Wilhelm 511
Ley, Robert 225 f, 232, 279, 396
Linden, Herbert 388
Link, Otto 497
Linse, Eugen 170
Locher, Albert 56 ff, 65, 126, 203, 205 ff, 209 f, 218, 320, 346, 349, 413 f, 417 f, 434, 437, 440, 459, 521, 527 f, 531
Locher, Wilhelm 89, 126, 481
Locherer, Paul 174
Löbe, Paul 165
Löwenheim, Walter (Miles) 168
Lohß, Otto 95
Lorenz, Karl 46
Lorenz, Werner 227
Lossow, Otto Hermann von 20
Lovasz, Stefan, 159 ff, 164, 178
Ludendorff, Erich 20
Ludin, Hanns 319
Ludwig, Georg 5, 64 f
Lütze, Theodora 67 ff, 134
Lundie, Herbert 53
Lutz, Gertrud 156, 509
Lutz, Paul 44 f, 65 f
Lutze, Viktor 226, 303

Mack, Albert 486
Maddalena, Max 160
Mader, Fritz 130

Mäckle, Eugen 53, 234
Mahle KG 37, 233, 353, 366, 464, 506
Maier, Emil 399
Maier, Hermann 111, 145, 196 f, 220 f
Maier, Otto 24, 27, 99, 109 f, 274, 279
Maier, Reinhold 6, 40, 300
Maier-Stehle, Eugen 316
Mailänder, Karl 91 ff, 389, 391, 393, 481 f, 484
Manuwald, Pater SJ 142
Marbach, Paul 530, 533 ff
Marquardt, Otto 153, 175
Marx, Alfred 399, 410 f
Marx, Leopold 290
Marx, Max 123
Mattern, Hermann 267, 269
Mattheiß, Hermann 110, 112, 149, 151, 185, 278 f
Mauer, Adolf 59, 70, 110, 114, 193 ff, 197, 201, 206, 209, 237, 279 f, 303 f, 458
Maußer, Albert 46
Mauthe, Otto 387, 393
Mauz & Pfeiffer KG 459
May, Ver. Möbelfabriken 457
Mayer, Felix 204, 215, 221, 327, 333 f, 343, 395, 470, 477, 481 ff
Mayer, Karl 119, 196, 348
Mayer, Paul 144
Meißner, Hans Otto 224
Meitz, Hans 153
Mendelsohn, Erich 3
Menges, Renatus 498
Merck, Alfred 172 ff
Mergenthaler, Christian 20 ff, 32, 42, 109 ff, 116, 122 f, 133, 135 ff, 185, 188, 223, 244, 257, 263, 280, 331, 533
Merzbacher, Hermann 288
Merzbacher, Siegfried 283
Metzger, Karl 30 ff, 41, 232, 333, 352, 355, 483
Meyer, Georg 461
Meyer-König, Walter 372, 374 f
Milch, Erhard 462
Miller, Alois 44, 149, 165
Mößner, Gustav 46, 176
Molo, Alois von 282
Molt, Karl 147, 171 f
Moraller, Franz 114
Moshack, Gustav 377
Müller, Alfred 81
Müller, Ludwig 111, 141
Müller-Altvatter & Co. 364
Münz, Paul 161
Münzenmayer, Karl 196, 449
Munder, Eugen 21 f, 118

Murbach, Adolf 497
Murr, Wilhelm 21 ff, 26 f, 37, 40, 42 f, 54, 71, 81, 89, 110 ff, 118, 123, 137, 142 f, 148, 185, 193 f, 197, 201 ff, 205, 217 ff, 222 ff, 228 f, 234, 237 ff, 244, 248, 253, 257, 260 ff, 267, 276, 280, 283, 329, 336, 345, 355 f, 358, 361 f, 369 ff, 373, 376, 381, 399, 413, 434, 443, 445, 449 f, 453, 455, 458 ff, 469, 474, 501, 510, 512, 516, 519, 522, 524 f, 527, 529 ff
Mußgay, Friedrich 402, 407, 500, 529
Mussolini, Benito 430

Nanz, Firma 78 f
Nedden, Otto zur 123
Neidhart, Emil 124
Neinhaus, Carl 346
Nerschmann, Oskar 212, 349, 458
Neubert, Paul 174
Neuburger, Klara 290
Neunhöffer, Max 240, 328, 372, 374
Neurath, Konstantin von 223 ff
Niemann, Ernst 300
Niemöller, Martin 116
Noethlichs, Richard 120
Norma, Kugellagerfabrik 179, 233, 353, 436, 460, 464
Notter, Eugen 55, 196, 313, 333, 337, 349, ,483
Nübling, Richard 49, 203 f, 252

Ochs, Eugen 176 ff
Öchsle, Richard 44, 149, 165
Österle, Friedrich 267, 348
Österle, Leonhard 180 f
Opitz, Max 153, 155 f, 158
Ortmann, Friedrich 195 f, 201, 203 f, 251, 261 f, 347, 349, 461
Oßwald, E. Otto 3
Oster, Friedrich 178
Ostertag, Benno 410
Osterwald, Oskar 177 f
Ott, Albert 498
Otto, Spinnweberei 19, 461
Overdyk, Karl 114

Palmer, Otto 173
Papen, Franz von 40
Peters, Anna 131
Pfeiffer, Eduard 105
Pfeiffer, Wilhelm 454
Pflüger, Albert 151, 166
Pfundtner, Hans 114, 371
Pieck, Wilhelm 507

Namenregister

Pilz, Louis 175
Pirath, Karl 356
Plebst, Richard 46
Porsche, Ferdinand 271
Porsche GmbH (KG) 233
Privat-Telephon-GmbH 108
Pursche, Friedrich 45

Quiri, Alfred 498 f

Raßler, Joseph von 142
Rath, Ernst vom 302 f
Rath, Gebr. 113, 224
Rau, Fritz 158
Rauschenplat, Hellmuth von (Fritz Eberhardt) 117, 174 f
Rauser, Eugen 18, 20, 276
Reichert, Willy 124, 130 f
Reinbold, Georg 167 ff
Reinhardt, Fritz 71, 215
Reißing, Karl 281
Rembte, Adolf 160
Remmele, Hermann 19
Renz, Erwin 373 f
Reuff, Erwin 64, 196, 199, 203, 271
Reuschle, Walter 120
Reuß, Paul 531
Reuter, Eugen 62
Ribbentrop, Joachim von 225
Richter, Artur 119
Rieger, Martin 300, 407
Rieger, Martin 300, 407
Riegg, Franz 154 ff
Riegraf, Helmut 174
Riegraf, Oskar 143, 145, 430, 441, 448, 455, 521
Röhm, Ernst 25, 278 f
Rößle, Ernst 170
Rogler, Rudolf 236 f
Rohrbach, Rudolf 201, 203, 243, 253 ff, 385, 471
Rominger, Reisebüro 271
Rommel, Erwin 511 ff
Rosen, Suse 123
Rosenberg, Alfred 123, 225, 293
Rosenfelder, Fritz 292
Rosenthal, Heinz 123
Roser, C. F., Lederfabrik 196
Roßmann, Erich 40, 151, 166, 514
Rothschild, Julius 290
Rothschild, Theodor 289
Rüdiger, Hermann 222
Rühle, Willi 178
Ruoff, Emil 187

Rust, Bernhard 137

Sämisch, Friedrich Ernst Moritz 48
Sagebiel, Ernst 317
Salamander, Schuhfabrik 159 f
Saleck, Walter 205, 335
Salm, Albert 170, 174
Sauckel, Fritz 440, 478
Sauer, Paul (Ratsherr) 31, 42, 63, 65, 130 f, 196, 199, 208, 221, 225, 228 f, 246, 262, 264, 277 f, 284, 294, 352, 405, 428
Sauer, Paul (Verwaltungsdirektor) 530 f
Sauter, Wilhelm 173
Sautter, Reinhold 140, 391
Schacht, Hjalmar 299
Schäfer, Heinrich 48
Schätzle, Julius 164
Schairer, Berthold 481 f
Schairer, Erich 117 f, 175
Schaufler, Alfred 196
Scheel, Gustav Adolf 189, 500
Scheler, Hermann 177 f
Schemm, Hans 23
Schenkel, Gotthilf 149
Scheuerle, Richard 347, 360, 362 ff, 367, 421, 429, 431 f, 441 ff
Schiefer, Major 530
Schikora, Elisabeth 159, 180 f
Schildknecht AG, Möbelfabrik 457
Schiller, Walter 330
Schirach, Baldur von 141, 143, 182, 221, 225 f, 450
Schleicher, Kurt von 11
Schlenker, Lise 67
Schloßstein, Willy 510
Schlotter, Paul 169 f
Schlotterbeck, Friedrich 172, 505, 508
Schlotterbeck, Gertrud s. Lutz, Gertrud
Schlotterbeck, Gotthilf und Maria 509
Schlotterbeck, Hermann 508 f
Schmalzried, Kreisbauernführer 325
Schmid, Albert 173
Schmid, Gregor 26, 302
Schmid, Jonathan 87 f, 109 f, 185, 234, 253, 255, 358, 369, 385, 529
Schmid, Richard 105 ff, 112, 173 ff
Schmidt, Friedrich 30 f, 37, 92, 107, 137 f, 206, 223, 274, 367
Schmidt, Oskar 72
Schmidt, Richard 374
Schmitthenner, Paul 47 f, 109, 257 f
Schmückle, Georg 123, 126, 257, 260, 503

Schocken AG 46, 65, 117, 214, 259, 283 f
Schöneberger, SA-Führer 414
Schöttle, Erwin 40, 150, 165 ff, 178
Schöttle, Helene 168
Scholl, Robert 485
Scholley, Eduard von 529 ff
Scholpp, Paul 26, 302
Scholtz-Klink, Gertrud 68
Schosser, Alfons 389
Schott, Ernst 11
Schuler, Walter 241
Schulz, Friedrich 30 f, 150, 471
Schumacher, Kurt 38, 40, 150, 165 f
Schumann, Gerhard 109, 269
Schuster, Anton 142
Schwaderer, Ernst 62, 233, 348
Schwarz, Otto 64, 66, 94, 103 f, 201, 203 f, 221, 240, 245, 251, 260, 262, 264 f, 320 f, 347, 349, 356 f, 360, 369, 376, 384, 413, 416
Schweinle, Carl 321, 360 f, 365, 367 f, 430, 441, 443, 445, 450, 500
Schweizer-Mjölnir, Hans 269
Schwinger, Ferdinand 197, 321
Seitz, Emmy und Hermann 509
Seldte, Franz 114, 237
Senger, Alexander von 257
Seyß-Inquart, Arthur 229
Siewert, Robert 177
Sigel, Walter 111
Sigloch, Daniel 5, 65 f, 198, 200 ff, 259, 297, 320
Solz, Adam Trott zu 511
Sommer, Otto 40
Sontag, August 497
Spaatz, Carl 472
Spann, Othmar 27
Speer, Albert 257 f, 261, 266, 356 f, 459 ff, 529
Speidel, Willy 204, 252 f
Spengler, Georg 280, 398
Sproll, Ioannes Baptista 116, 138, 142, 392
Stäbler, Karl 508
Staege, Arthur 453, 483
Stähle, Eugen 94, 197, 205, 387, 389, 391, 393
Stahlecker, Walter 80, 110, 117, 185, 279, 500
Stamm, Robert 160
Stampfer, Friedrich 165
Stauffenberg, Claus Graf Schenk von III, 509, 512
Steffens, Fred 157 f, 160
Stegmaier, Anna 157, 161
Steidle, Josef 162, 164, 182
Steimle, Eugen 189, 342, 500
Steinacher, Hans 223

Steinbach, Wilhelm 240 f, 359
Steiner, Rudolf 136
Stenzel, Karl 257
Stenzer, KPD-Funktionär 153
Stephan, Paul, Baugeschäft 81
Stern, Ludwig 291
Sternberg, Fritz 173
Stetter, David 511
Steyrer, Ludwig 20
Stingel, Max 162
Stockinger, Ernst 130
Stöckle, Walter 340, 349, 385, 530
Stohrer, Karl 158
Stortz, Wilhelm 109, 257
Strasser, Gregor 22, 26 f
Strasser, Otto 183 f
Strawinsky, Igor 125
Strecker, Max 131
Streicher, Julius 296
Ströbel, Hermann I, 355 f, 384, 416
Strölin, Karl I f, 27 ff, 43 ff, 55 ff, 61 ff, 73 ff, 84 ff, 90 f, 93 f, 98 f, 101 ff, 110, 115, 124 f, 129, 197 ff, 217 f, 221 ff, 231, 233 ff, 242 ff, 248 ff, 253, 255 ff, 259, 262 ff, 272, 282 ff, 293, 296 ff, 302, 339 ff, 343, 345 ff, 355 f, 358 ff, 365 f, 372 ff, 376 ff, 380 ff, 399, 421 ff, 426 ff, 433 ff, 440 ff, 449 ff, 454 ff, 466 ff, 471 ff, 478 f, 491 f, 502, 511 f, 514 ff, 520 ff, 527, 529 ff
Stuckart, Wilhelm 370, 516
Stümpfig, Georg 278
Stuttgarter Zeitungsverlag GmbH 115
Stutz, Friedrich 227
Süddeutsche Kolbenbolzenfabrik 461
Sundermann, Erich 143 ff, 379, 435, 487

Templer, Rudolf 475
Thalheimer, August 176
Theurer, Gustav 531
Thielicke, Helmut 511
Thierack, Otto Georg 426, 499, 504
Thierfelder, Hermann 374
Thorbeck, SS-Richter 503
Thumm 46
Tiedje, Wilhelm 356
Todt, Fritz 80
Trefz, Kreisleiter 374
Trefz & Söhne GmbH 297
Trostel, Wilhelm 143 ff
Tschammer und Osten, Hans von 226
Tscherning, Marie 67, 134, 219

Namenregister

Uhlmann, Fred 287 f
Ulbricht, Walter 169, 507
Ulmer, Richard 153
Ulrich, Fritz 514
Ulshöfer, Ernst 17 f

Vater, Baufirma 463
Veiel, Rudolf 512, 519
Vielhauer, Walter 155
Vietzen, Hermann III, 326, 367
Vögele, Josef 39
Voltz, Adam 160

Wacha, Heinrich 141 ff
Wagner, Christian 28
Wagner, Max 507
Wagner, Otto 187, 423, 427, 489, 491, 497, 499, 504, 512
Wahl, Eugen 481
Wahl, Otto 181 f
Waidelich, Ernst 351 f, 429, 531
Walcher, Jakob 172
Waldmann, Karl 109 f, 201, 240, 243, 280, 369, 373
Waldmüller, Karl 65, 246, 297 f, 314, 337 f, 340, 343, 399
Waldschmidt, Arnold 19, 21, 503
Waldvogel, Georg 46
Walz, Hans 510, 513
Wanner, Paul 222
Weber, Bernhard 529
Weber, Max 19
Wehner, Herbert 169
Weidle, Fritz 22
Weidler, Hugo 65, 297, 319, 346
Weimer, Jacob 511, 513
Weinert, Erich 507
Weinmayr, Ortsgruppenleiter 22 f
Weinstein, Ernst 25
Weiß, Friedrich 196
Weiß, Otto 113 ff
Weiß, Viktor 234
Weißenborn, Alfred 196, 309

Weißhaupt, Hermann 25, 60, 276
Weixler, Josef 23 f
Weizsäcker, Ernst von 301
Wels, Otto 165
Welschinger, Lucienne 498
Werber, Paul Lambert 39
Werle, Georg 498
Werlin, Jakob 384
Werner & Pfleiderer 176, 459, 529
Wertheimer, Fritz 222
Wetzel, Heinrich 48, 109, 356
Wicke, Heinrich 501, 529
Wicker, Alfons 160
Wider, Fritz 20, 45
Widmaier, Eugen 153
Widmann, Albert 388
Widmann, Paul 498
Wiesenfeld, Fanny 154
Wilhelm, Karl 181
Willich, Helmut 500
Winker, Friedrich 46
Winkler, Gerhard 450, 501
Wirth, Christian 388
Wisten, Fritz 123
Wlassow, Andrei A. 421
Wohlleben, Georg 160 f
Wolf, Friedrich 180, 291
Wolf, Max 46
Wolz, Flak-Kommandant 360
Württemberg, Herzog Albrecht von 108
Wurm, Friedrich 147, 514
Wurm, Theophil 108, 111, 391 ff, 428, 510 ff
Wurz, Gottfried Herrmann 508

Zeiss Ikon, Contessa-Werk 233, 461
Zeller, Robert 119, 148 f, 222
Zenetti, Emil 365
Ziefle, Hugo 46
Zimmermann, Walter 372
Zondler, Eugen 181
Züblin, Eduard & Cie. AG 362
Züfle, Friedrich 172

Ortsregister

Historische Ortsnamen und Verwaltungseinheiten wurden nicht auf den heutigen Stand gebracht.

Aichhalden 153
Aldingen 238
Allensbach 175
Antwerpen 170
Auschwitz 407, 409 f, 425
Bad Cannstatt (Stuttgart-) 13, 70, 90, 93, 96, 138, 159, 161, 162, 180, 197, 199, 231, 233, 235, 258 f, 263, 265, 272, 275, 284, 288, 316 f, 352, 353, 361 ff, 366, 383, 417, 421, 429, 435, 453, 464, 476, 484, 520, 526, 534
Bad Mergentheim 74
Basel 170, 173
Belzec 407
Berlin 37, 39, 150, 158, 162, 164, 165, 173, 177, 216, 256, 257, 507, 512
Bernburg 394
Bernhausen 370
Biberach 453 f, 526
Bietigheim 411, 415
Birkach (Stuttgart-) 238, 241 f, 369, 370 f, 375, 448
Blaubeuren 526
Böblingen 5
Botnang (Stuttgart-) 3, 13, 155, 235, 442 f, 467, 523, 526
Brandenburg 388, 390, 394
Bregenz 255
Bremen 256
Buchenwald 89, 181, 394, 396, 409, 425
Büsnau (Stuttgart-) 234 f
Burladingen 461
Buttenhausen 86 ff, 395, 483 ff
Calw 526
Celle 164
Chemnitz 256, 292
Dachau 162, 181, 305, 394, 423, 425, 534
Degerloch (Stuttgart-) 13, 96, 152, 217, 235, 468, 476, 535 f
Dellmensingen 401
Ditzingen 238
Donzdorf 461
Dresden 269
Ebingen 461
Echterdingen 370
Eglfing/Haar 183
Ellwangen 185
Eltingen 238
Eschenau 406
Essen 256, 269
Esslingen 22, 153, 159, 162, 172, 173, 182, 236, 238, 251 f
Fasanenhof 234, 353, 369 f
Fellbach 236, 238
Feuerbach (Stuttgart-) 49, 70, 82, 93 f, 135, 158 f, 179, 217, 232, 235 f, 275, 361 ff, 411, 416 f, 435, 453, 467, 472, 476, 523
Frankfurt 12, 172
Freiberg (Stuttgart-) 475
Freudenstadt 161
Friedrichshafen 164, 171
Gablenberg (Stuttgart-) 13, 234, 467, 534
Gaisburg (Stuttgart-) 13, 217, 247, 330, 353, 362, 413 ff, 417, 419 f, 429, 476
Geislingen an der Steige 18, 173
Geradstetten 526
Gerlingen 236, 238, 370
Göppingen 18, 173, 387, 526
Göttelfingen 86
Grafeneck 386 ff, 394
Graz 230
Gurs 406
Hadamar 394
Haigerloch 401
Hamburg 12, 66, 225, 256, 257

Ortsregister

Hannover 12
Hartheim 390, 394
Hechingen 461
Hedelfingen (Stuttgart-) 3, 26, 64, 217, 220 f, 235, 245, 275, 417, 535
Hegnach 238
Heidenheim 252
Heilbronn 153, 155, 156, 158, 174, 243, 245, 252, 305, 531, 533
Hepsisau 218
Herrlingen 401
Heslach (Stuttgart-) 13, 26, 147, 157 f, 180, 182, 382, 417, 428
Heumaden (Stuttgart-) 197, 236, 238 f, 241 f, 335, 353, 369, 535
Hofen (Stuttgart-) 3, 13, 70, 235, 265, 429
Hoffeld 96 ff
Hohenheim (Stuttgart-) 109, 369 ff, 375
Isny 530, 531
Izbica 406
Kaltental (Stuttgart-) 3, 13, 235, 428, 526
Kehl 383
Kemnat 238, 369
Kirchheim 159
Kochendorf 463
Köln 256
Korntal 236, 238 f, 475
Kornwestheim 159 f, 316 f, 373
Kreuzlingen 166, 167
Lauffen 366
Laupheim 401
Leinfelden 370, 461
Leipzig 256
Leonberg 5, 167, 238
Liebenau 390, 393
Linz 257
Lublin 346, 407
Ludwigsburg 159, 161, 175, 236, 238, 411, 422
Luginsland (Stuttgart-) 220 f
Mannheim 170, 171
Marbach 247, 252, 254, 385
Markgröningen 393
Mauthausen 182 f
Möhringen (Stuttgart-) 234, 236 ff, 240, 316, 328, 369 f, 372, 374 f, 417, 438, 448, 519, 521, 534 f
Moringen 480, 481, 483
Mühlacker 531
Mühlhausen (Stuttgart-) 49, 82, 235, 320, 353, 429
München 12, 17, 19, 20, 25, 32, 155, 167, 222, 224, 256, 257, 302
Münchingen 238

Münster (Stuttgart-) 13, 54, 70, 95, 164, 217, 235, 247, 250 ff, 255, 349, 417, 429, 436
Nagold 22
Natzweiler 463
Neckartenzlingen 460
Nellingen 238
Neuwirtshaus (Stuttgart-) 97 f
Nürnberg 183, 184, 211, 222, 224, 256, 257, 296
Nürtingen 145, 461
Obertürkheim (Stuttgart-) 3, 13, 161, 235, 242, 275, 534
Oberurbach 451
Obrigheim 463
Öffingen 238
Ofterdingen 460
Oranienburg 425
Ostheim (Stuttgart-) 13, 152, 180, 353, 382, 467
Paris 162
Plieningen (Stuttgart-) 238, 370 ff, 375, 448, 534
Potsdam 45
Prag 155, 166 ff, 183
Ravensbrück 409
Reichenbach/Fils 461
Reutlingen 170
Riedenberg (Stuttgart-) 197, 238 f, 241, 353, 370, 375, 535
Riederich 460
Riga 405
Rohr (Stuttgart-) 236, 238, 278, 375, 444, 526
Rohracker (Stuttgart-) 144, 180 ff, 197, 236, 238 f, 240 ff, 335, 369
Rommelshausen 451
Rotenberg (Stuttgart-) 13 f, 235
Rottenmünster 388, 392
Rottweil 156, 451
Ruit 238, 369
Saarbrücken 170
Saargemünd 170
Sachsenhausen 425
Scharnhausen 238
Schmiden 236, 238
Schorndorf 526
Schussenried 387
Schwäbisch Gmünd 526
Schwäbisch Hall 74
Schwenningen 153, 169
Schwieberdingen 238
Sillenbuch (Stuttgart-) 143 f, 197, 217, 236 ff, 240, 242, 335, 352, 369, 526, 535
Sindelfingen 158, 161, 177, 370
Sommerrain (Stuttgart-) 101, 233
Sonnenberg (Stuttgart-) 237, 239 f, 375

Sonnenstein 394
Sontheim 295
Spaichingen 156
St. Gallen 168 f
Stammheim (Stuttgart-) 170, 238, 370, 373, 375, 448, 472, 536
Stetten am Kalten Markt 148, 150 f
Stetten im Remstal 387
Sulz 174
Tailfingen 461
Theresienstadt 407 ff
Tigerfeld 401
Tübingen 109, 252
Tuttlingen 153
Uhingen 461
Uhlbach (Stuttgart-) 197, 236, 238, 240 ff, 275, 369
Ulm 22, 148, 151, 173, 252, 305, 526
Unterboihingen 81
Untertürkheim (Stuttgart-) 13, 161, 247, 275, 353, 361, 363, 366, 383, 385, 434, 453, 464, 472, 535
Vaihingen (Stuttgart-) 24, 79, 133 f, 152, 234, 236, 238, 316, 369 f, 372 f, 375, 428, 438, 451, 453, 526, 535
Vaihingen/Enz 151
Waiblingen 5, 238
Wangen (Stuttgart-) 179, 217, 220 f, 472, 492
Weil im Dorf (Stuttgart-) 49, 97, 99, 138, 235, 274, 313, 412, 416, 448, 475, 523, 534
Weinsberg 387, 388
Weißenau 387
Weißenstein 401, 526
Welzheim 89, 175, 305, 395, 422
Wilhelmsdorf 391
Winnental 183, 387 f, 392
Wolfenbüttel 410
Zahory 184
Zazenhausen 49, 64, 235
Zbaszyn (Bentschen) 301 f
Zürich 153, 155, 162
Zuffenhausen (Stuttgart-) 5, 13, 25, 64, 97, 149, 217, 231, 234 f, 366, 373, 417, 464, 472, 534, 536
Zwiefalten 387

Bildnachweis

Stadtarchiv Stuttgart 1–5, 7–11, 13, 15–19, 33, 34, 41–44, 46–59, 63–66, 69, 70, 76
Projekt Zeitgeschichte 45 (Dr. P. Müller), 67, 68, 71–75, 77, 78 (H. Eschwege), 90
Nachlaß Illenberger 20–23, 25, 26
Archiv der VVN 28–31, 80–87
Stuttgarter Zeitung (im Stadtarchiv) 89, 91
Bibliothek für Zeitgeschichte 92
Berlin Document Center 79
Bundesarchiv Koblenz 6
Staatsarchiv Ludwigsburg 88
Helene Schöttle 27
Otto Wahl 32
Reproduktionen aus
    Baumeister 33.1935, S. 120: 12
    Baumeister 34.1936, S. 398: 14
    Bauzeitung 51.1941, S. 228: 62
    Deutsche Bauzeitung 73.1939, S. 543: 35
    Monatshefte für Baukunst 1939, S. 207: 37
Süddeutsche Wasserstraßen 14.1938, S. 41: 40

Stuttgart im Buch · Konrad Theiss Verlag

Otto Borst
Stuttgart
Die Geschichte der Stadt

3., durchgesehene und erweiterte Auflage.
620 Seiten mit 107 Abbildungen auf 64 Tafeln. Mit Zeittafel, Literaturverzeichnis, Namen-, Sach-, Orts- und Straßenregister. Kunstleinen.
„Es ist in der Tat Geschichtsschreibung, wie sie mir liegt, wie ich sie liebe. Erzählte Geschichte, mithin unterhaltend und spannend, bei aller wissenschaftlicher Gründlichkeit." (Golo Mann)

Wolf Strache
Stuttgart mit meinen Augen

104 Seiten mit 64 Farbfotos.
Format 25 x 25,5 cm. Dreisprachiger Text. Kunstleinen.
Dieses Buch zeigt über die Dokumentation des oft Gesehenen hinaus Blickpunkte und Perspektiven auf, die kaum entdeckt, die neu und ungewohnt sind, unvermutete Ansichten also, in denen die Eigenart dieser Stadt sich durchaus glaubhaft widerspiegelt und die dennoch für den Betrachter überraschend sind.

Helmut Dölker
Flurnamen der Stadt Stuttgart

Die Namen der Innenstadt sowie der Stadtteile Berg, Gablenberg und Heslach. Nachdruck der Ausgabe von 1933, ergänzt durch 41 Abbildungen, davon 6 in Farbe sowie 2 Karten. Leinen.
Ein Klassiker der Flurnamenforschung mit nahezu 900 Stuttgarter Flurnamen. – In Straßennamen sind zwar noch manche der alten Flurnamen erhalten, doch nur die wenigsten Stuttgarter wissen davon. Manche Namen lassen sogar ahnen, wie es im Tale aussah, noch ehe es dort einen „Stutengarten" gab.

Stuttgart-Handbuch

Herausgegeben von Hans Schleuning.
476 Seiten mit 173 Abbildungen, davon 23 in Farbe. Kunstleinen.
Ein reich bebildertes Sachbuch und Nachschlagewerk, das Fragen zur Erdgeschichte und Landschaft, zu Wald, Landwirtschaft und Weinbau einst und jetzt beantwortet. Es stellt die Entwicklung Stuttgarts und seiner Stadtteile zur heutigen Industrie- und Wohnstadt ausführlich dar und informiert umfassend über die Schlösser, Gärten und öffentlichen Bauten.

Kurt Leipner
Stuttgart
Daten zur Geschichte

Von den Anfängen bis zum Ausgang des 19. Jahrhunderts.
180 Seiten. Mit ausführlichem Personen-, Sach- und Ortsregister. Fester Einband.
Eine handliche, kurzgefaßte Stadtgeschichte in Daten, die den Interessierten schnell und einprägsam über rund 1000 Jahre Stuttgarter Vergangenheit informiert. Die Chronik endet mit dem Jahr 1899. Für die Zeit ab 1900 ist ein Fortsetzungsband geplant.

Dieter Kapff
Römer, Rätsel und Ruinen

Ausflüge in die heimatliche Archäologie. 128 Seiten mit 49 Abbildungen und 16 Kartenskizzen. Kartoniert.
Ein ungewöhnliches heimatkundliches Lesebuch und zugleich ein praktischer Führer und Begleiter zu historischen und archäologischen Sehenswürdigkeiten rund um Stuttgart zwischen Rems und Glems, Asperg und Schönbuch.

Landesgeschichte/Zeitgeschichte · Konrad Theiss Verlag

Badische Geschichte

Vom Großherzogtum bis zur Gegenwart. Herausgegeben von der Landeszentrale für politische Bildung Baden-Württemberg.
392 Seiten mit 148 Abbildungen und zahlreichen Kartenskizzen.
Das Sachbuch über 170 Jahre badische Geschichte – von der Gründung des Großherzogtums Baden bis zur Gegenwart – erstmals umfassend und in allgemein verständlicher Weise behandelt, veranschaulicht durch Kartenskizzen und dokumentarisches Bildmaterial. Zeittafel, Literaturangaben und Register erleichtern die Übersicht und ergänzen das Buch zu einem praktischen Nachschlagewerk.

Willi A. Boelcke
Wirtschaftsgeschichte Baden-Württembergs von den Römern bis heute

805 Seiten mit 169 Abbildungen auf 80 Tafeln. Kunstleinen.
Die erste umfassende Wirtschaftsgeschichte Südwestdeutschlands von der Römerzeit bis zur Gegenwart. Eine Darstellung, die von modernen Fragestellungen ausgeht und auch die aktuellen Probleme der heutigen Volkswirtschaft eines Bundeslandes behandelt.

Die Geschichte Baden-Württembergs

Herausgegeben von Reiner Rinker und Wilfried Setzler, 458 Seiten mit 203 Abbildungen, Stammtafeln, Zeittafel. Kunstleinen.
26 Landeshistoriker stellen – unter Berücksichtigung der Besonderheiten der badischen, württembergischen, pfälzischen und hohenzollerischen Geschichte – die Entwicklung des heutigen Baden-Württemberg von der Steinzeit bis in die Gegenwart dar.

Karl Weller/Arnold Weller
Württembergische Geschichte im südwestdeutschen Raum

464 Seiten mit 56 Tafeln, 19 Karten, Zeittafel, Register. Leinen.
Beginnend mit der Vor- und Frühgeschichte bis hin zur regionalen Neuordnung des Bundeslandes Baden-Württemberg spannt sich der Bogen dieser umfassenden Darstellung der Geschichte Südwestdeutschlands.

Das Dritte Reich in Baden und Württemberg

Herausgegeben von Otto Borst. Mit einem Vorwort von Manfred Rommel. Band 1 der Schriftenreihe des Stuttgarter Symposions.
320 Seiten mit 15 Abbildungen. Kartoniert.
Dieses Buch unternimmt zum erstenmal den Versuch, des Dritten Reiches im deutschen Südwesten habhaft zu werden. Elf Zeithistoriker untersuchen die Auswirkungen der braunen Ideologie vor Ort. Auf diese Weise ist ein Kapitel südwestdeutscher Heimatkunde entstanden, das betroffen macht.

Joachim Hahn
Erinnerungen und Zeugnisse jüdischer Geschichte in Baden-Württemberg

Herausgegeben von der Kommission für geschichtliche Landeskunde und dem Innenministerium Baden-Württemberg. Mit einem Geleitwort von Dietmar Schlee und einem Vorwort von Meinrad Schaab.
500 Seiten mit 400 Abbildungen und 100 Karten. Leinen.
Das große Handbuch und Nachschlagewerk zur Geschichte der Juden im Raum Baden-Württemberg vom Mittelalter bis zum 20. Jahrhundert, das, reich illustriert, erstmals die Spuren und Zeugnisse jüdischen Lebens und Leidens in südwestdeutschen Dörfern und Städten detailliert dokumentiert.